周远廉教授近照

周远廉，1930年生，四川省资中县人，1955年毕业于四川大学历史系。中国社会科学院历史研究所研究员，1992年享受国务院"政府特殊津贴"。清史专家。出版学术专著：

《清太祖传》（独著），人民出版社，2004。

《清摄政王多尔衮全传》（与赵世瑜合著，1993年获吉林省长白山优秀图书二等奖），吉林文史出版社，1986；陕西人民出版社，2008（再版）。

《顺治帝》（独著，1993年获吉林省长白山优秀图书二等奖），吉林文史出版社，1993（初版），2004（再版）；陕西人民出版社，2008（再版）。

《康熙新传》（独著），故宫出版社，2013。

《乾隆皇帝大传》（独著，获"中南五省市优秀图书奖"和"全国畅销图书优秀奖"），河南人民出版社，1990；台湾大行出版社，1993；陕西人民出版社，2008（再版）。

《清高宗弘历》（独著），台湾万卷楼图书公司，2000。

《乾隆画像》（独著），中华书局，2005。

《清朝开国史研究》（独著），辽宁人民出版社，1981；故宫出版社收入《明清史学术文库》，2013（再版）。本书获辽宁出版局1981年优秀图书一等奖。

《清朝兴起史》（独著），吉林文史出版社，1986；广西师范大学出版社，2006（再版）。

《清代八旗王公贵族兴衰史》（与杨学琛合著，1986年获"第一届北方十五省市自治区哲学社会科学优秀图书一等奖"），辽宁人民出版社，1986；故宫出版社（收入《明清史学术文库》），2013（再版）。

《清代租佃制研究》（与谢肇华合著），辽宁人民出版社，1986。

《中国通史》（白寿彝总主编）之17卷、18卷《清》分卷（主编），上海人民出版社，1996。

《清朝通史》之《乾隆朝》分卷（独著），紫禁城出版社，2003。

《中国封建王朝兴亡史》（总主编，1998年获第十一届"中国图书奖"），广西人民出版社，1996。

《金川风云》（独著），中国电影出版社，2013。

《岳钟琪传》（独著），中国电影出版社，2013。

另出版长篇历史小说《香妃入宫》（独著，华艺出版社，1993）、《乾隆皇帝下江南》（独著，北京燕山出版社，1996）、《天下第一清官：清代廉臣张伯行》（独著，河南人民出版社，1999）、《宁远大将军岳钟琪》（独著，中国电影出版社，2013）。

作者简介

周远廉◎主编

清朝兴亡史

【第五卷 | 全盛之时】

周远廉　著

北京燕山出版社

图书在版编目（CIP）数据

清朝兴亡史/周远廉主编. — 北京：北京燕山出版社，2016.3
ISBN 978-7-5402-4103-2

Ⅰ. ①清… Ⅱ. ①周… Ⅲ. ①中国历史－研究－清代 Ⅳ. ①
K249.07

中国版本图书馆CIP数据核字(2016)第056637号

清朝兴亡史

周远廉　主编

第五卷《全盛之时》

周远廉　著

责任编辑：满　懿
封面设计：一言文化传媒
责任校对：赵　媛　扈二军
出版发行：北京燕山出版社
社　　址：北京市丰台区东铁营苇子坑路138号C座
电　　话：010-65240430
邮　　编：100054
印　　刷：成都鑫成发印务有限公司
开　　本：889mm×1194mm　1/32
字　　数：806千字（第五卷）
印　　张：26.25（第五卷）
版　　次：2016年3月第1版
印　　次：2019年11月第2次印刷
定　　价：860.00元（全套）

目 录
Contents

第四编 南巡与秋狝

第一编 乾隆初政

一、脱颖而出

乾隆皇帝姓爱新觉罗，名弘历，是清朝的第六位皇帝，是中国古代执政最久、年寿最高、影响较大，又是颇有争议的一位封建帝君。

弘历25岁继位为帝，改年号为乾隆，89岁去世，被尊谥为"法天隆运至诚先觉体元立极敷文奋武孝慈神圣纯皇帝"，简称"纯皇帝"，庙号高宗。清代的官书、笔记、文集、方志称他为纯皇帝、纯庙、纯皇和高宗，蒙古王公尊称他为"大皇帝"，西藏达赖喇嘛、班禅喇嘛敬他为"大君""曼殊顺利大皇帝"，而民间一般习惯则称他为乾隆皇帝、乾隆帝，有时又简称为乾隆。

谈到弘历，人们往往会说，他深受皇祖康熙帝玄烨和父皇雍正帝胤禛的宠爱，少年时候一定非常幸福。这种看法并不完全符合历史实际，因为，至少在八九岁以前，他的身份和地位并不值得人们羡慕。

弘历于康熙五十年（1711年）八月十三日来到人间的时候，处境并不好。他虽然是王爷之子，但在当时子以母贵的条件下，并没有什么优势。论嫡庶，生母钮祜禄氏是已经退休的四品典仪凌柱的女儿，13岁嫁与雍亲王胤禛，过了八年，生下弘历，又过了十年，丈夫继位为君，整整18年，一直是一个没有封号的小妾——"格格"。按照规定，嫡庶之间，区别极大。亲王的嫡福晋生的第一个儿子封"世子"，为宗室封爵十四等中第二个等级，仅次于亲王。嫡福晋生的其他儿子封镇国公、辅国公。亲王的侧福晋生的儿子，封二等镇国将军。亲王的"妾媵"生的儿子，封三等辅国将军。钮祜禄氏身为小妾，其子弘历按例只能封为宗室封爵第八个大等级的辅国将军，比亲王的嫡子"世子"低了六个大等级。

弘历共有十个兄弟，长大成人者只有三哥弘时、五弟弘昼、六弟弘瞻和他自己。这四兄弟中，三哥弘时的母亲是雍亲王侧福晋李氏，六弟弘瞻的母亲是贵人刘氏，生母的身份地位都比弘历的母亲高。五弟弘昼的母亲耿氏虽然也是"格格"，也是小妾，但甚受胤禛宠幸。如果单就生母身份来讲，弘历在雍王府中的地位是难以显赫的。

再就与弘历同辈的上百位皇孙来比较，不少皇孙的父亲是亲王、郡王、贝勒、贝子，母亲是嫡福晋，而且诚亲王允祉之子弘晟、恒亲王允祺之子弘昇皆已封为"世子"，他们的身份远比弘历高贵。在这样不利的形势之下，弘历能有远大前途吗？难，太难！

然而，令人惊讶的是，奇迹出现了。这位普普通通的小王子弘历，竟然凭借自己的天资才干和努力，脱颖而出，大显光华，超越百位皇孙，博得皇祖赞赏和喜爱，也得到父王的特殊宠爱。

弘历6岁就学，受书于谨厚刚正朴诚的庶吉士福敏。据说弘历能过目成诵，十分用功，课业进展迅速。康熙六十一年（1722年）春，父王带他拜见皇祖父玄烨于圆明园，玄烨看到这个不到11岁的孙子聪睿俊秀，十分喜爱，谕命养于宫中，让皇后的妹妹、贵妃佟佳氏及和妃瓜尔佳氏精心抚育。如此优遇，超过了其他皇孙。

这位年近古稀的祖父，曾经亲自给小孙子讲课，并以《爱莲说》相试，弘历毫不惊慌，"诵解融彻"，祖父非常高兴，夸奖备至。为了让这个可爱的龙孙得到全面培养，玄烨让弘历向其十六叔庄亲王允禄学火器，向二十一叔允禧学骑射。弘历勤学苦练，技艺日增，深通家传妙法，不管是在圆明园练射，还是在南苑行围，他经常能屡发屡中，这个垂髫的小孩如此英武，观者莫不称赞。

这一年的夏天，弘历由父母带领，随皇爷爷前往承德避暑山庄，在皇爷爷赐予居住的"万壑松风"中读书。万壑松风建筑精巧，踞冈临湖，类似江南园林。有一天，弘历看见御舟停泊于晴碧亭，听到皇祖父叫他，立即迅速跑去，直趋岩壁之下。康熙帝怕孙子摔跤，叫他不要快跑，以免蹉跌，其爱护之情确非寻常。又有一次，康熙帝来到狮子岭之北的狮子园（这是赐给雍亲王的园子）用膳，嫡福晋乌拉那拉氏率钮祜禄氏向皇上问安拜觐。康熙帝善于识人，看见钮祜禄氏后，非常高兴，笑容满面，连声称赞她是"有福之人"。康熙帝前往木兰打猎，弘历跟随，进入永安莽喀围场后，康熙帝命侍卫用枪打中一头马熊，马熊倒在地上；康熙帝又命弘历去射，欲图让这个宝贝孙子得到初次打围就猎获大熊的美名和吉兆，有意对他特别培养，不料差点出了大祸。弘历刚刚踩着马镫骑在马上，这头似乎死了的大马熊突然立起，像是要扑咬来人的样子，众人大惊。面对马熊拼死反扑极易伤人的危险，年方11岁的少年皇子弘历毫不惊慌，既勇敢，又机警，将缰绳一带，控辔自若，指挥马左右奔驰，避开马熊。康熙皇帝赶紧发枪，将熊射死。回到帐中休息时，玄烨对和妃瓜尔佳氏说，这个孙子命很"贵重，福将过予"，如果他到了熊的面前时熊才立起，后果不堪设想。一位久御朝政威震四海的英明天子，对这样一个聪明英勇的小孙子如此特殊培养和宠爱，必然会在朝廷产生巨大影响，文武百官一定会理解到这些行为的深刻含意，也就是说，它在康熙帝择立嗣君的问题上将起到不可低估的作用。礼亲王昭梿为此专门在其《啸亭杂录》中写了《圣祖识纯皇》，评论说："由是（圣祖）益加宠爱，而燕翼之贻谋因此而定也。"

皇祖如此垂青，父王胤禛自然要更加宠爱，弘历在雍亲王府中的地位从而远远高于他的其他兄弟。胤禛即位后，于雍正元年（1723年）八月在乾清宫西暖阁召见总理事务王大臣和满汉大臣，谕告说：已经预将嗣君之名书写于密封的锦匣内，放置在乾清宫正中的"正大光明"匾额的后面，日后需要时即从这里取下来宣诏。这个预定的嗣君，既不是生母贵为侧福晋、比钮祜禄氏地位高的李氏之子三哥弘时，也不是贵人刘氏之子六阿哥弘瞻，而是妾媵身份的"格格"钮祜禄氏之子，12岁的四阿哥弘历。

这一年的冬天，康熙帝去世一周年时，13岁的皇子弘历被父皇派往景陵代祭。雍正十一年（1733年），弘历被皇父封为宝亲王，命其年年代祀北郊，并了解用兵准噶尔的军机要务。十三年（1735年）春，贵州苗疆骚乱，雍正帝委任宝亲王弘历、果亲王允礼等人为办理苗疆事务王大臣，直接处理涉及是否坚持实行改土归流的重要国务。

弘历没有辜负皇父的培养、期望和重托。早在雍正三年（1725年），他才15岁时，便就原抚远大将军、一等公年羹尧的治罪及抄家问题，力排众议，"密奏无杀（年）羹尧及抄家诸事"。这可是有着很大风险的。这几年，雍正帝连兴大狱，残酷打击政敌和权势太大的勋贵，重惩贪官，将他们削爵革职抄家流放处死，搞得政界相当动荡，尤其是对年羹尧的治罪，更是过于严苛和不公。年羹尧是帮助雍正取得帝位的大功臣，又在防御准噶尔入侵和平定青海罗卜藏丹津亲王叛乱时立下卓越功勋，是一位善于征战的大帅。可是，由于其手握重兵，权势赫赫，功高震主，又对皇上不够恭顺，雍正帝不放心，便罗织其大罪92条，要将年治罪。文武大臣都知道皇上的意图，都害怕这位心狠手辣的万岁，不敢触怒龙颜，惹祸上身，因而没有一个大臣为年求情和申辩，"举朝无一人言及者"。正是在这样危险万分的关头，年方15岁的弘历不顾个人安危，不怕失去皇父恩宠，不怕影响将来的嗣位，挺身而出，直言利弊，奏请皇父免年之死，革除苛刻抄家弊政，实为难能可贵。雍正帝虽然没有赦免年羹尧，仍然将其革职抄家，勒令自尽，但也没有责备弘历，反而对他十分欣赏，后来还下谕讲述此事，称赞他"仁贤"。

由于贵州苗疆部分土司反对改土归流，起兵反抗，侵占州县，烧杀掳掠，汉人纷纷逃离家园，官兵连战连败，苗疆大乱。雍正皇帝动摇了，认为不该在贵州实行改土归流，于雍正十三年（1735年）七月、八月两次下谕，承认经理苗疆是失误，是"轻率误信"大学士、云贵广西三省总督鄂尔泰的奏请，是"害民之举"，欲图停止对苗疆的用兵，取消在贵州的改土归流。身为宝亲王和办理苗疆事务王大臣的弘历，经过三个多月的工作，对苗情、军机、政界议论和父皇的意图都很了解，深知此事关系重大，不赞同父皇的决定。因为如果停止征讨，放弃苗疆改流，则贵州省将减少一半的辖地（约8万平方公里），并且很可能产生连锁反应，影响四川、云南、湖南、广西等省已经改土归流成功的州县发生变乱，局面更不好收拾。弘历为了江山社稷，冒着被严厉父皇斥责惩治的危险，在六月份，雍正帝向办理苗疆事务王大臣谈到欲放弃苗疆时，立即谏阻，力言不能停止征讨，现在不能放弃苗疆。雍正帝当时采纳了王大臣的意见。

二、"政尚宽大"　纠错补偏

（一）主宽容　戒繁苛

乾隆皇帝弘历虽然对先帝胤禛励精图治的精神和刚强果断的作风十

分敬佩，对其所取得的重大成就表示高度赞赏，但对这位君父的严酷手段和政令的繁苛则很反感，尤其是对由此而可能引起的潜在的政局动荡更是非常担心，因此即位前期，便坚决地确立了"政尚宽大"的方针，并采取一系列的具体措施，使这一方针迅速得到贯彻执行。

从严酷到宽容，由繁苛至宽松，是一个很大的转变，而且是很难实现的转变。清朝诸帝皆一致强调"敬天法祖"，都以尽孝为律己治国之首务，均赞颂先帝神纵英武，标榜自己循皇考旧制扬先祖之业绩。在这样的形势下，要指责前君的弊政和予以废除或纠正，是要冒很大政治风险的，有可能被扣上忤逆不孝、擅改祖制的罪名。特别是新君执政不久，威望甚低，所用大学士、军机大臣、部院尚书和总督将军，基本上是先皇倚重的臣僚，那些弊政多系他们经办，他们从中获得了巨大的政治利益和经济利益，不少人就是凭靠苛政而由末弁微员青云直上荣任大臣的，他们能紧跟当今皇上革弊兴利吗？很难。

尽管面临层层障碍和不小的阻力，但弘历并未胆怯、畏缩、犹豫迟疑。这位从小依靠个人的努力赢得父、祖宠爱，而超越诸弟兄君临天下的年轻皇帝，继承了列祖列宗勇于进取、善以智胜的传统，坚决推行以宽代严的方针。他想出了一条妙法，既可改变皇父严酷之弊，又不授人以冒犯先帝的把柄，即大讲雍正帝当时以严治国的必要性，将其弊委过于臣僚，并反复论述己之主宽与父皇之严的内在联系。

雍正十三年十月初九日，这位刚登上帝座三十多天的新君，便下谕给庄亲王允禄、果亲王允礼、大学士鄂尔泰与张廷玉等总理事务王大臣，讲述以宽代严之事。他说：

"治天下之道，贵得其中，故宽则纠之以猛，猛则济之以宽。……皇祖圣祖仁皇帝，深仁厚泽，垂六十年，休养生息，民物恬熙，循是以往，恐有过宽之弊。我皇考绍承大统，振饬纪纲，俾吏治澄清，庶事厘正……此皇考之因时更化，所以导之于至中，而整肃官方，无非惠爱斯民之至意也。……兹当（朕）御极之初，时时以皇考之心为心，即以皇考之政为政，唯思刚柔相济……以臻致平康正直之治……（故）朕主于宽。"①

---

① 《清高宗实录》卷4，第30页。

乾隆帝在这道谕旨中，主要讲了三个问题。一是肯定了皇祖康熙帝以宽治国方针的正确，认为这项方针使得国家太平，人民安居乐业，全国一片欢乐景象。二是说明皇父雍正帝的以严治国，是出于形势的需要，怕出现过宽之弊，因而整饬朝纲，澄清吏治，目的还是"惠爱"子民，究其用心而论，与康熙帝的宽大方针并不矛盾。第三点最为重要，是下达这一谕旨的主题，即正式宣布以宽治国，详细论证己之"主于宽"是十分必要的，是因时制宜，以柔济刚，相辅相成，与皇父之政并不冲突，要求总理事务王大臣认真体会己之"宽大居心"和"用宽之意"，严明振作，使己能"常用其宽，而收宽之效"。

过了五个月，弘历于乾隆元年(1736年)三月十一日，又下谕给庄亲王允禄、果亲王允礼、大学士鄂尔泰、张廷玉、徐本及领侍卫内大臣一等公讷亲、户部尚书海望等总理事务和协办总理事务王大臣，进一步明确了雍正年间严酷之弊是臣僚所为。他说：皇父即位时，见人心玩忽，诸事废弛，官吏不知奉公办事，小人不畏法度，故不得不加以整顿，以革除积弊。不料群臣"误以圣心在于严厉"，因而奉行不善，"每事刻核，大为闾阎之累"。他又讲道，为了改变严酷之弊，他留心经理，以"减去繁苛，与民休息"。[1]

弘历虽是至高无上的皇帝，是亿万臣民尊奉的真命天子，拥有生杀予夺的无限权力，但要实现这一以宽代严的转变，也并非是易举之事，曾招致了许多官员的阻挠和反对。不少大臣习于官场旧俗，胸中毫无主见，遇事不计其是非曲直和对国计民生的利弊，专以"迎合揣摩"皇上心事为重，希图"保全禄位，固结恩眷"，因而在雍正年间"专主于严"，而现在则因新君"宽大居心"，又"专主于宽"，甚至故意疏纵废弛，欲求宽厚之名，以博皇上青睐。[2]有的大臣，惯弄权术，苛刻严酷，更竭力反对宽大之治。如贵州平越人王士俊，雍正元年始任河南许州知州，六年晋广东布政使，九年擢湖北巡抚，十年升任河东总督兼河南巡抚。他的前任田文镜严督州县开垦，以少报多，迎合雍正帝劝垦之意。王士俊继任后，督促更加严厉，授意州县官多报开垦，多报则超迁议叙，少报则严批申饬上疏弹劾。地方官员畏其权势，希望得到他的宠信，纷纷上报新垦大量荒地，一县有报数十顷

---

①《清高宗实录》卷14，第21页。

②《清高宗实录》卷4，第30页；卷14，第22页。

的，全省多达数千顷。其实，所谓垦田，多系虚名，不过是将新垦地的升科钱粮，飞撒于现在地亩之中，"名为开荒，而实则加赋"。弘历继位后，户部尚书史贻直极言河南垦荒之弊，"小民鬻儿女以应输将"，弘历下谕，斥责田文镜"苛刻搜求，以严厉相尚，而属员又复承其意指，剥削成风"，斥责王士俊"借垦地之虚名，而成累民之实害"，令王士俊解任来京候旨。不久，命王署兵部侍郎，寻转署四川巡抚。就是这个被言官劾为"奸顽刻薄""苦累小民"而离职降调的酷吏王士俊，竟于乾隆元年七月二十八日密奏时政，声称："近日条陈，唯在翻驳前案。甚有对众扬言，只需将世宗时事翻案，即系好条陈。传之天下，甚骇听闻。"[①]

王士俊的这几句话十分厉害。其一，他不是只针对某一事或几件事，而是指向所有之事，是囊括乾隆帝即位以来十一个月的整个朝政。其二，他明确指出，群臣条陈皆是"翻驳前案"，即翻驳先帝雍正时候的案。群臣竟敢既翻先帝之案，又加以驳斥，实属狂妄，确系谬误。其三，更严重的是，他以指责群臣翻驳前案为名，影射新君，实际上把乾隆帝定为专翻皇父所定之案的不肖之子。归结到一点，即彻底否定新政，否定乾隆帝以宽代严、革除弊政的大政方针。这不仅涉及对新君个人的评价，而且关系到新政能否继续施行，若不加以制止，便会出现第二个、第三个王士俊，便会混淆视听，扰乱人心，新政就有夭折的危险。

乾隆皇帝阅毕王士俊密折后，十分恼怒，立即在奏折上严批申饬，将原折发与总理事务王大臣和九卿传阅，又于第二日(七月二十九日)在养心殿召见了他们，严斥王之欺君悖理。他首先揭露了王之条陈的实质，指责王之所言群臣翻案，"是即谓朕为翻案"，给王定上了"大悖天理"、侮骂皇上的大罪。紧接着详细论证了康雍乾三朝方针的一致性，力驳所谓翻案之说。他指出，雍正帝针对康熙末年"法纲渐弛，风俗渐玩"之弊，而"加意振饬"，此乃"因势利导之方"，是"继志述事之善""岂得谓翻圣祖之案"。他又讲道，皇父世宗大力整顿后，到雍正九年、十年，见"人心已知法度，吏治渐澄清"，已开始注重宽容简政，对臣僚苛刻者，常予匡正，并留下遗诏，"谕令向后政务，应从宽者，悉从宽办理"。因此，即位以后，用人行政，皆遵遗训，"兢兢以皇考城民育物之心为心，以皇考执两用中之政为政"。他据此强调，"皇祖、皇考与朕之心，原无丝毫间别"。最后，他谴责王士俊乃"金邪小人"，为人巧诈，竟敢将"悖理之言，妄行陈奏""不可姑恕"，令王大臣、九卿议处。王大臣等随即奏准，将王士俊从四川拿解来京，"斩监候，秋后处决"。[①]

以上乾隆帝关于康雍乾三朝方针一致性的说法，是缺乏根据的，是不科学的，是违背历史实际的。所谓世宗的遗诏，更使人难以相信，如果真有此遗诏，为什么即位之时不正式谕告群臣？而且在下面就可看到，乾隆帝对钦案要犯允禩等人子孙的宽大处理，绝非世宗的心愿。他之所以要这样讲，不过是为推行自己以宽代严的新政寻找根据而已，不外乎要去掉反对派妄图给新君加上违背祖制的罪名。可见，乾隆帝确系用心良苦，为革弊兴利而费尽心血。

（二）宽待钦犯　清除旧弊

雍正帝胤禛刻薄寡恩，心胸狭窄，牢记旧恨，秉性多疑，累兴大狱，残酷镇压政敌和有可能不利于己的臣僚，搞得人心惶惶，严重破坏了统治阶级内部的正常关系。乾隆帝弘历对此早有异议，继位以后，立即就最引起非议而且又是最难改变的严罪允禩、允禟等人案件，做了重大的调整，实行宽大政策。

雍正二年、四年，雍正帝胤禛将皇八弟廉亲王允禩、九弟贝子允禟、十弟敦郡王允䄉、十四弟恂郡王允禵相继定罪革爵拘禁。这是清朝罕有的大案，这一钦案极其不得人心。第一，它完全是雍正帝一手制造的，所加之罪，大多缺乏根据，基本上难以成立。雍正帝给允禩定上大罪四十款、允禟二十八款、允禵十四款。归纳起来，这些罪状大致是三个方面，一系对皇父圣祖玄烨不孝，欲谋争夺嗣位立为太子，因而遭到圣祖多次严厉斥责甚至欲处死允禩、允禵。二为对新君雍正帝不恭。三是骄横敛财。这些罪状都没有说服力，都是"欲加之罪，何患无辞"。姑以所谓第一大罪来看，如果康熙帝真把允禩等人当作"忤逆不孝之子"，那么许多问题就无法解释。比如，以允禩而论，他在康熙三十七年（1698年）被父皇封为贝勒，四十七年（1708年）九月署内务府总管。同月，允禩虽因大哥允禔向皇父奏举自己为太子而被圣祖锁拿，随即革爵，但十一月，帝命满汉文武大臣推荐皇太子人选时，康熙帝的亲

---

① 《清高宗实录》卷23，第16—21页；《清史稿》卷294，《王士俊传》；卷303，《史贻直传》。

舅舅一等公佟国维，大学士马齐，孝昭仁皇后之兄、领侍卫内大臣、理藩院尚书、一等公阿灵阿，康熙帝之亲表弟、领侍卫内大臣、一等公鄂伦岱，以及户部尚书王鸿绪、礼部侍郎揆叙等人，均主立刚被削爵的闲散宗室皇八子，与参加会议的各大臣"暗通消息"，最后一致推荐允禩。尽管圣祖不赞同此议，但仍命复其贝勒爵，并在召见诸皇子和大臣时指出，"诸臣奏称其贤"①。此后允禩因事被父皇几次申斥，但爵位照旧保持。如果允禩真的犯了忤逆大罪，康熙帝怎能不重惩他？他怎能受到满汉大臣的一致推荐？

再就允禵而言，这位被雍正帝指为遭父厌恶甚至拔刀欲杀的"昏庸狂妄"之"孽子"，却深受父皇宠爱。康熙四十八年（1709年）允禵封贝子，五十七年（1718年）任抚远大将军，统领大军征讨准噶尔部。康熙帝特命允禵用正黄旗的纛，"照依王纛式样"，来往文书称"大将军王"，当其离京时还举行了隆重的出征仪式。一直到康熙六十一年（1722年）十一月，他仍率出征大军坐镇西北。当时不少大臣认为允禵受皇父如此重任，是表明他将被立为皇太子。这与雍正帝所述，完全两样。其他罪款，情况与此类似。可见，允禩、允禵等人被雍正帝扣上的那些大罪，实难成立。

第二，雍正帝对允禩等人的处治，太野蛮，太残酷，史无前例。他不仅对允禩等人肆意辱骂，革爵拘禁，甚至将允禩、允禟阴谋杀害，称之为"冥诛"，还黜其宗籍，另改名字，称允禩为"阿其那"、允禟为"塞思黑"。虽然"阿其那"与"塞思黑"不是传说所谓猪、狗的意思，但确实是很难听的名字，"塞思黑"就是令人厌恶之意。堂堂至高无上的皇帝，竟不念骨肉之情，废除父皇所定的名讳，给同父所生的兄弟赐予卑贱名字，实为中外罕有。对于一母所生的亲兄弟允禵，雍正帝也不轻饶。尽管允禵调兵遣将，驱逐了准噶尔在西藏的军队，册立六世达赖，留兵驻守，增强了清朝中央政府对西藏地区的统辖关系，立下了功勋，深受康熙帝嘉奖，并为其特撰《御制平定西藏碑文》，但雍正帝不言其功，反以为过，指责其浪费帑银贻误军机。他本欲将允禵加重惩处，但因亲母孝恭仁皇后坚决反对，据说以死相争，才未斩杀，而革其爵，与其子白起并拘禁于寿皇殿左右。

雍正帝对允禩等人的处治，在朝野中引起的反响十分强烈，被扣上"逼母""屠弟"之名，政治上十分不利。乾隆帝对此案做了重大的修

①《清圣祖实录》卷234，第23、24页；卷235，第2、5、18—28页。

正。他当然不能全部推翻父皇的结论，而只能以"从宽"的形式进行新的处理。他在雍正十三年（1735年）十月初八日下谕说，阿其那、塞思黑的子孙是圣祖的支派，如俱削除宗籍，则与庶民无异。他将此事推到当时王大臣身上，说是他们的再三要求，不是雍正帝的本意。他责令八旗王公和满汉文武大臣确议具奏，不久决定，将二人的子孙给予红带，恢复宗籍，收入玉牒。同月二十四日，他又下谕说：允䄉、允禵已被拘禁数年，现欲酌量宽宥，令总理事务王大臣、宗人府、九卿会议具奏，随即释放，并于乾隆二年（1737年）四月下谕，封赐二人为辅国公，以示"笃厚宗支之意"。后来允䄉死时，用贝子品级祭葬，允禵连升四级，晋为恂郡王。①

乾隆帝对所谓允禵集团的成员延信、苏努等人，也采取了宽大的政策。延信是雍正帝之伯祖父、肃武亲王豪格之孙，温良郡王猛峨的第三子，初封奉国将军，后任都统、平逆将军，摄抚远大将军事。他率军进入西藏，赶走了准部士卒，立下大功，康熙帝盛赞其功，下诏说：平逆将军延信领满洲、蒙古、绿旗各军，"经自古未辟之道，烟瘴恶溪，人迹罕见。身临绝域"，"勇略可嘉"，封辅国公。对于这个有功于国、同一曾祖的弟兄，雍正帝因其与允䄉、允禵相好，而定上二十条罪状，其中包括进藏之过数条，对其革职削爵拘禁，削宗籍。苏努的高祖父是清太祖努尔哈赤，乃广略贝勒褚英的曾孙，初袭父杠努文镇国公爵，后晋贝勒，亦因附随允禵被革爵黜宗室。二人的子孙俱连坐黜宗籍。乾隆帝命恢复他们子孙的宗籍，赏给红带，收入玉牒。②

乾隆帝又宽待父皇所定年羹尧一案的株连人员。年羹尧原受雍正帝特宠，任至川陕总督、抚远大将军，封一等公，在康熙末年进军西藏，尤其是雍正元年、二年平定青海罗卜藏丹津叛乱的战争中，功勋卓著，对雍正帝的继位为帝和牵制皇十四弟允禵，也起了很大的作用。这样一个有功于国、更有功于雍正帝的朝廷重臣，也被雍正帝定上九十二条罪状，革职削爵赐死籍没，其幕客邱鲁、汪景祺亦处死，亲属发配宁古塔给披甲人为奴，并以冒滥军功为辞，将一批立功于西藏、青海的文武官员革去职衔。乾隆帝命吏部、兵部复查，将革职官员中的"才具可用"之人，保送吏部、兵部，酌量录用，将汪景祺的兄弟及侄子从宁古塔放回，其族人牵连监禁者，悉予宽宥。

①《清高宗实录》卷5，第31页；卷41，第14页。
②《清高宗实录》卷289，第16页；《清世宗实录》卷64，第8—11页。

乾隆帝对皇父晚年崇信佛道、迷信祥瑞等错误做法，也予以纠正。雍正帝信奉佛教，年轻时就令人代他出家为"替僧"。他自比"和尚""野僧"，自命为"释主"（佛教教主），号称"破尘居士""圆明居士"。他与章嘉胡土克图、迦陵性音等高僧交往密切，论说佛法，还曾于雍正十一年（1733年）在宫中举行法会，亲自收了庄亲王允禄、果亲王允礼、平郡王福彭、大学士鄂尔泰、张廷玉、左都御史张照、文觉禅师元信觉鸿、妙正真人娄近垣、皇子宝亲王弘历、和亲王弘昼等八俗五僧一道共十四人为门徒。他把道士贾士芳、张太虚、王定乾等人养在宫苑，修炼丹药，医治疾病。不少僧道利用皇上宠幸，横行于地方，招摇生事。乾隆帝一即位，就采取措施，改变这种不良风气。雍正十三年（1735年）八月二十五日，即雍正帝去世后的第二天，弘历就命都统莽鹄立传谕，将张太虚等道士驱回原籍，斥责他们"平时不安本分、狂妄乖张，惑世欺民，有干法纪"，并严厉警告他们今后要安分守法，不得"在外招摇煽惑"，否则，必严行拘拿审问，立即正法。①九月初六日，他即位后的第三天，下谕指责不肖僧徒"借佛祖儿孙之名，以为取利邀名之具，奸诈盗伪，无所不为"，令礼部传旨，谕告曾在内廷行走的僧人，不得"招摇不法"，不得夸耀雍正帝时所受恩遇和教诲，违则必按国法佛法加倍治罪。②过了半个月，他宣布实行度牒制，裁汰僧道。他下谕说："近日缁流太杂，品类混淆"，各省僧徒"真心出家修道者，百无一二"，佛法日衰，因此颁发度牒，情愿出家之人，必须领有度牒，才能"披剃"。不久，又降旨取缔"房头应付僧"与"火居道士"。后又规定，领到度牒之僧，每人只准收生徒一名。直到乾隆四年（1739年），因各省领牒者达三十余万，合师徒计六十余万人。又再次谕告各省总督巡抚，命他们体会皇上"渐次裁减"僧道之意，设法使僧道日渐减少。③

雍正帝酷爱讲求祥瑞，臣僚迎合帝意，频繁奏报嘉禾、瑞麟等吉祥景象，诸如一茎十五穗、万蚕同织瑞茧一幅、牛产毓麒麟、凤凰出现、甘露普降、五星连珠、黄河水清、五色卿云等，一而再，再而三，名目繁多，祯祥万千，用以表明大清天下是一派升平吉祥景象。乾隆帝十分厌恶这种自欺欺人的拙劣做法，一即位就谕示总理事务王大臣，令其传

① 《清高宗实录》卷1，第19—21页。

② 《清高宗实录》卷2，第18页。

③ 《清高宗实录》卷3，第19页；卷6，第9页；卷94，第4页。

谕各省总督、巡抚、将军、提督、总兵官等，今后"凡庆云、嘉谷一切祥瑞之事，皆不许陈奏"。[①]

雍正帝为了鼓励农民积极生产，特创老农制，责令州县官每年或三年在每乡择选一两个勤劳朴实、没有过失的老农，赐予八品顶戴，"以劝民稼穑"，奸猾刁民乘机贿嘱钻营，谋充此位，大耍威风，甚至有的自称"左堂"，传呼农民，横行乡里。乾隆帝批准了云南巡抚张允随的建议，取消了这一制度。同时，还废除了"钱粮总吏""提牢典吏"，使他们不能借此苛索民财、侵没官赋、欺压狱犯。[②]

三、征剿黔苗　坚持改土归流

（一）古州苗变　黔省大震

弘历于宣读其继位遗诏后的第三天，即雍正十三年八月二十六日，即下谕旨，谕告庄亲王允禄、果亲王允礼等总理事务王大臣，将黔省苗疆用兵，作为目前两项最重要的"紧急之事"之一。不久，他更进一步指出："苗疆用兵，乃目前第一要务。"[③]新君即位，日理万机，军国大事何止数十件上百件，为什么要把用兵于贵州苗疆列为第一要务？为什么要征讨苗疆？这一战争属于什么性质？它有何重大影响？要解释这一系列疑问，还得从半年以前贵州省古州等地苗民起兵谈起，而且还要涉及雍正帝在西南少数民族地区的改土归流政策。

雍正帝顺应时代潮流，委任鄂尔泰、张广泗、哈元生等官将，统领大军，以剿为主，剿抚兼用，坚决推行改土归流政策，裁汰了大批苗族土司、土官、土目，在苗区设立了长寨厅、归化厅、八寨厅、丹江厅、都江厅、台拱厅、清江厅、古州厅等州县，任命满汉官员辖治，管理苗、汉人民，一般将这些改土归流的地区称"苗疆"或"新疆"。苗疆地域广阔，"辟地二三千里，几当贵州全省之半"。雍正帝大喜，厚赏有功人员，鄂尔泰由云南巡抚升任云南、贵州、广西三省总督，拜保和殿大学士，任军机大臣，兼兵部尚书，封一等伯；张广泗由知府升按察使，再晋贵州巡抚，又擢湖广总督；哈元生从一个五品守备升至正二品

---

① 《清高宗实录》卷2，第44页。

② 《清高宗实录》卷22，第25页。

③ 《清高宗实录》卷1，第24页；卷5，第54页。

总兵官，任贵州提督，并因入觐至京，蒙帝特恩，授军机大臣。

正当清廷庆贺殊勋、有功官将青云直上、兴高采烈之时，忽然贵州烽烟大起，紧急警报直奏皇城。由于许多土司不愿放弃祖传特权，兼之新任官员料理不善，甚至作威作福、鱼肉苗民，因此不少地区发生变乱。雍正十二年（1734年）七月，苗人老包到处宣传"苗王"出现。雍正十三年二月，以官吏"征粮不善"，古州所属八妹、高表等寨苗人首先起兵，台拱、清江各寨苗民"同声响应"，攻打官兵营房，一时众达两万之多，事态迅速扩大。

清廷对苗民起兵采取的措施极不得力，犯了不少严重错误。首先是起事之前地方官员麻痹大意，兵力部署欠妥。贵州省有绿营兵三万余名，而一些"紧要州县"，却只有几十名兵丁。像台拱厅，原系"九股生苗"地区，雍正十年（1732年）刚设营驻兵，派参将一员，统兵一千驻戍，此地上下九股数百苗寨便起来反抗，围困兵营，贵州提督哈元生领军六路合击，历尽艰辛，好不容易才平定下去，斩杀和俘获苗人数千。邻近这样易生事端的"九股生苗"之地的黄平州与青溪县，却分别只有兵丁三四十名，不仅不能外出作战，"即看守城池，亦甚不足"，一遇变乱，自然轻易失守。

其次，苗变之后，省府州县文武官员庸碌无能，或如在梦乡毫不知觉，或无力应变，剿抚不力。古州文武官员，"不能善为弹压，一闻聚集之信，不即迅速擒拿"，以致苗民"渐至附和勾结"，声势日大。总兵韩勋拥兵三千，于王岭击败苗民时，"不即行追捕""致令蔓延"。都匀府属清平县知县邱仲坦，当苗民围攻凯里时，严谕民人不得逃避，自己却见"贼势凶横"，而退回县城，待苗民攻下凯里转攻清平时，他又"不能巡查防守"，以致一些苗人"入城放火"，狱中犯人乘机全部逃走。平越县知县杨兴道，对提督统兵征剿所需"一切军装粮运"，不认真备办供应，只是一味"饰词推诿，阻滞不前"。平越府知府朱东启见苗民起事，"畏惧苗疆"，借称患病，请求回乡调理，以避苗乱。贵州巡抚元展成，"平时经理粗疏"，如"在睡梦之乡"，对苗事不加注意，不"先事预防"，亦不上奏，苗变之时，"又复茫无觉察"。[①]这样一群笨官劣员怯官懦将，怎能制止成千苗寨的变乱。

再次，雍正帝用人不当，指挥欠妥，领兵人员各持己见，互相攻

①《清世宗实录》卷157，第16、19页；卷159，第5、9页。

许，钦差大臣"行事乖张"。苗变一起，清帝便调兵遣将征剿，授贵州提督哈元生为扬威将军，以湖广提督董芳为副将军，不久又派刑部尚书张照为"抚定苗疆"钦差大臣，命副都御史德希寿协助。雍正帝还特命果亲王允礼、皇四子宝亲王弘历、皇五子和亲王弘昼、大学士鄂尔泰和张廷玉、户部尚书庆复、礼部尚书魏廷珍、刑部尚书张照和宪德、工部尚书徐本等，"俱办理苗疆事务"。除贵州本省官兵外，又调广东、广西兵八千，湖南、湖北兵五千，还有四川、云南兵，合计三万余名。雍正帝还命从直隶保定、热河、浙江及湖广西征准部回来的兵丁，抽调五千，前往接近苗疆的湖南，以备应用。大军数万，六省会剿，皇上亲处苗事，钦差大臣坐镇，扬威将军率部冲杀，本来是应当很快平定毫无训练的苗人的，但是，局势恰恰相反，官兵迟迟不能奏效。亲聆御旨的钦差大臣张照，"举动乖张，妄行调遣"，"办理失宜"，偏袒副将军董芳，"专主招抚"，对董所办之事，"极口赞扬"，于哈元生则"痛加丑诋"。巡抚元展成误认为"熟苗必不致反"，哈元生又因过去屡败苗民而骄傲地认为"苗人不难扑灭"，董芳则手握重兵，困守八号，"仅以招抚为可了事"，哈、董二人互不相下，各自为战。这种局面的出现及其迟迟不能纠正，根源在于雍正帝的决策出了问题。他任命张照为"抚定苗疆"的钦差大臣，就是一大失误。张照并不是低能之人，而是才华出众的大文豪，"资学明敏，书法精工，为海内所共推"。他精明能干，久任刑部侍郎、尚书，颇有建树，但对用兵却并不内行。雍正帝之错在于用非其长，不该用只长于治学理政之人去统率大军指挥征战，更不该对张照这样意气用事因私废公之人委以重任。号称洞察秋毫连大臣在家打牌都能侦悉的雍正皇帝，竟不能了解张照之右董左哈，同意了张照的建议，将大兵一分为二，身为主帅的扬威将军哈元生仅辖滇、黔军，只管施秉以上地区，而为哈之副手的董芳却统率湖南、湖北、广东、广西四省之兵，征剿施秉以下地区。在张照的偏袒下，董芳、哈元生之间，文稿往来频繁辩论，专注于划分双方之间的辖地，不致力于征剿，严重地贻误了军机。①

最后，官兵军纪松弛，杀良冒功，是造成征剿不力的重要因素。清军所至，烧杀掳掠、"概将空寨焚毁，甚至将已抚之苗出寨当夫者，辄

———————————

① 《清世宗实录》卷157，第23页；《圣武记》卷7，《雍正西南夷改流记》下；《清史稿》卷304，《张照传》。

行诛戮"。像八寨协副将冯茂，设下奸计，巧言欺骗，诱杀降苗六百余人及头目三十余名。官军的滥施屠杀，激起苗民极大愤怒，幸免于死逃脱之人，"播告徒党，诅盟益坚，多手刃妻女而后出抗官兵"，因而"蔓延不可招抚"。①

由于这些原因，从雍正十三年二月二十五日古州各苗寨起事，到八月二十三日雍正帝去世为止，尽管有六省三四万官兵征剿，苗乱却一直延续，而且苗兵还接连攻下黄平、清平、余庆、青溪等州县，围困柳罗、丹江等兵营，"焚掠及镇远、思州"，汉民纷纷逃往湖南等邻近省份，清军顾此失彼，"疲于奔命""驿路四隔"，省城为之戒严，黔省大震，西南不宁。②

（二）庸碌钦差议停改流

雍正十三年九月初七和初九日，刚举行登基大典的新君弘历，两次降谕严厉斥责"抚定苗疆"钦差大臣张照，并先于八月二十八日谕令其回京，实即解除其钦差之职，不久又责其"扰乱军务，罪过多端"，令严审具奏。这位自命为"以皇考之心为心"的孝子，为什么要罢免皇父委任、信赖的大臣？为什么要如此不留情面痛斥其非且要严惩？张照究竟有何大过？

通观乾隆帝谈论张照的十几次上谕，发现他给张照定的罪状主要是三条。第一条罪是张照奏请抛弃苗疆，力言"新辟苗疆，当因其悖乱而降旨弃绝"。第二罪为张照假传圣旨，说雍正帝曾提出"弃置新疆"，并将此作为"密奉弃置之谕旨"，转告扬威将军哈元生。第三罪系张照到贵州以后，"挟诈怀私，扰乱军务，罪过多端"。③张照确实怀有私心，因而在处理苗变时，领导不力，安排欠妥。他本来就是一个长居京师的文官，不懂军事，又未做过地方官员，不了解苗疆情况。他之所以主动申请前往贵州，是因为他与鄂尔泰一向不和，看到苗变之后雍正帝指责鄂尔泰"措置不当"，便想乘机抒恨打击仇敌。④既不谙苗情，又不懂兵法，还挟有私心，当然不可能肩负起"抚定苗疆"的钦差大臣重

---

① 《清高宗实录》卷3，第11页。《圣武记》卷7，《雍正西南夷改流记》下。

② 《圣武记》卷7，《雍正西南夷改流记》下。

③ 《清高宗实录》卷2，第21、27页；卷9，第9页。

④ 《清史稿》卷304，《张照传》。

任，以致一误再误，数万大军不能奏效。就此而论，乾隆帝说张照"挟诈怀私，扰乱军务"，是合乎实际情况的，没有冤枉他。但是，乾隆帝给张照定上的第一、第二两条大罪，是否确有其事，究竟有多少根据？问题就不那么简单了，说服力就不强了。

张照提出因苗寨变乱而扔弃苗疆，这显然是十分错误的，是目光短浅庸碌之辈的谬论，应予否定和批驳。但是，张照为什么要这样做？真是假传圣旨与雍正帝无关吗？不是，张照的抛弃苗疆之说，并不是他的创新，而是按先皇雍正帝的旨意上疏奏请的，是雍正帝首先提出要"弃置苗疆"。这个主张有其深刻的军事、政治背景。

古州、台拱等地的苗寨起事，给予雍正帝很大刺激。尽管他亲自处理苗事，特设办理苗疆事务处，调遣六省官兵征剿，遣派钦差大臣，并多次下谕斥责有关官员贻误军机，严令臣僚克期竣事，还以贵州巡抚元展成经理不当，谕令将其革职留任，如仍失职，即行正法。但这些措施，收效甚微，"大兵云集数月，旷久无功"，雍正帝气愤交加，坐卧不宁。原来因办理贵州等省改流有功而特封一等伯的大学士鄂尔泰，只好上疏请罪，自认"布置未妥，筹虑未周"，以致台拱九股诸苗"辄行反复，扰累腹地"，恳乞罢斥大学士职务，削去伯爵。雍正帝谕令解其大学士职、削爵，使其专心养病。这时，一些鼠目寸光才识低下而又自命为英才的官员，纷纷发表议论，对改土归流大肆诋毁，"争咎前此苗疆之不当辟，目前苗疆之不可守"。①一些官员出于派系之争，因反对鄂尔泰而反对改流，也乘机而出，大发贬词。

在这军事征剿无效，苗乱滋延及部分臣僚的反对言论影响下，雍正帝动摇了，认为不该在贵州实行改土归流。雍正十三年七月十八日鄂尔泰上疏请罪时，雍正帝降谕说：古州苗疆改土归流之事，鄂尔泰恳请施行，因相信其"居心诚直""必有成算"，始允其请。不料从那以后，"苗即数次蠢动，近则直入内地"，询问鄂尔泰，彼"亦以出于意外为词"，可见，"是从前经理之时，本无定见，布置未协所致"，"则朕一时之轻率误信，亦无以自解"。②过了半个月，八月初三日他又谕告办理苗疆事务王大臣，说明经理苗疆的目的是为了"安民""利民"，不料反而害民，责令地方官员"竭力抚绥""救灾恤困"。他说：

①《清世宗实录》卷158，第15页；《圣武记》卷7，《雍正西南夷改流记》下。

②《清世宗实录》卷158，第17页。

"从来经理苗疆之意，原因苗性凶顽，久为地方居民之害，是以计议剿抚，为义安百姓之计。若云利其民人……若云贪其土地，则其地本在吾版图之中。纵使日久之后，苗众抒诚向化，输纳钱粮，计算尚不及设汛养兵万分之一，然则国家果何所利而为此哉！……今逆苗突入内地，勾引熟苗，肆行抢掠，良民遭其荼毒。以安民之心，而成害民之举，朕与经理之大臣安能辞其过耶！……着将此旨通行晓谕各省官弁兵民等，咸使闻知。"①

雍正帝这样接连两次下谕，正式承认经理苗疆是失误，是"轻率误信""本无成见"之臣僚的错误建议，成了害民之举，可不是一时心血来潮的轻率言谈，而是其反复考虑之后做出的严肃结论，这就是他准备要"弃绝苗疆"了。其实，早在雍正十三年五月、六月，他就有了这种想法，曾同办理苗疆事务王大臣谈过，认为过去不该在贵州古州等地实行改土归流，应当"弃置新疆"，当时这些王大臣主张，"苗人现在跳梁，此时断无弃置之理，唯有俟事平之后，再行计议"。②王大臣的主张，也是主要从朝廷的脸面考虑，在苗变之时宣布放弃苗疆，太丢人了，等平定之后再说，并不是说他们一定坚持要死守苗疆不许抛弃。雍正帝当时虽然同意了王大臣的建议，但仍未放弃原有想法，故派张照为"抚定苗疆大臣""令察其利害"，即了解和分析弃置与否的利弊。

张照聪明过人，蒙受雍正帝重用，由一个区区从七品的微员检讨，十二年内超擢为九卿之一的从一品刑部尚书，又被委任为办理苗疆事务处的大臣和抚定苗疆钦差大臣，他当然了解皇上的性格和想法，知道朝廷的态度和朝野的倾向。雍正帝也知其为人，认为他会贯彻自己的意图，因而才特派他为钦差大臣。兼之张照想借此打击鄂尔泰，因而一到贵州的沅州镇后，就"密奏改流非策"，并"致书诸将，首倡弃地之议"。③可见，张照弃绝苗疆的建议，实即来源于雍正帝的主张，并不是他一人冥思苦想的创见，只不过他夹杂了个人恩怨罢了。

①《清世宗实录》卷159，第2、3页。

②《清高宗实录》卷2，第21、27页。

③《清史稿》卷304，《张照传》；《圣武记》卷7，《雍正西南夷改流记》下。

征剿无效，朝野讪谤，雍正帝犹豫、后悔和动摇，加上张照以其蒙帝宠信善悉君意的特派钦差大臣的身份，公开宣扬欲弃苗疆的圣旨，因而形成"前功几尽失，全局几大变"的严重局面，贵州的改土归流眼看着就要完全失败了。[①]

（三）乾纲独断　平定苗疆

正当苗疆改土归流处于危急之时，雍正十三年八月二十三日雍正帝突然病逝，弘历继位，坚持改流，军政形势发生了巨大变化。

早在雍正十三年五月成立办理苗疆事务处时，弘历就是经管此事的王大臣之一。通过三个多月的工作，他对苗情、军机、政论和父皇意图，以及张照的性格、想法，都很了解。他很关心苗疆的去向，不赞同废弃苗疆的主张。他深知此事关系重大，必须认真对待，妥善处理。他一即位就明确地强调"苗疆用兵，乃目前第一急务"，坚持要将改土归流进行到底。他严厉斥责抚定苗疆大臣张照假传圣旨，反复论证皇父并无弃绝苗疆之意，并谕令总理事务王大臣会同刑部将张照严审定罪。这样，一下子就煞住了车，捂住了主张抛掉苗疆之口，扭转了反对改流的狂澜，从政治上统一了朝廷对苗疆坚持用兵的思想。

乾隆帝采取的另一重要决策是更换统帅，惩办失职官将。他一即位就将张照撤下来，委任湖广总督张广泗为经略，"统领军务"，自扬威将军哈元生、副将军董芳以下，俱令听张"节制调遣"。他多次降谕，慰抚张广泗，寄予厚望，授予大权，言及苗疆用兵事关重大，旷日持久，尚无头绪，"是以命卿为经略，总统军务，一切惟卿是赖"，并命张兼领贵州巡抚，增拨兵饷一百万两，使张广泗感激涕零，誓尽全力平苗报恩。[②]乾隆帝多次下谕，指责张照扰乱军务，副都御史德希寿随声附和；贵州巡抚元展成抚绥不当，玩忽公事，轻视民命，文武不和；扬威将军、贵州提督哈元生事先不能预为防范，用兵又观望迟疑，筹谋无术，调度失宜，稽迟军务；副将军、湖广提督董芳仗恃张照之势，与哈元生"有意龃龉"，仅以招抚为事，皆令革职拿解至京，严审定罪。这样一来，事权统一，赏罚严明，对保证平定苗疆起了很大作用。

乾隆帝对剿抚之间的关系，做了明确的规定，禁止滥杀，欲图以

---

①《圣武记》卷7，《雍正西南夷改流记》下。

②《清高宗实录》卷1，第33页；卷4，第12页；卷5，第54页；卷10，第10页。

"德"济"威"。他于九月二十一日谕总理事务王大臣和办理苗疆事务
王大臣，数说官兵不应焚毁被迫胁从的苗寨，屠杀老弱子女，因为"若
将胁从之苗寨概行焚毁，并诛其老弱子女，则益坚其抗拒之心，于剿抚
机宜，殊为未协"，但若过分宽纵，"使逆苗并不畏威，兼不怀德，则
亦非一劳永逸之计"。①他于十一月十八日再谕总理事务王大臣和办理苗
疆事务王大臣，命赦投诚苗众之罪，让他们传谕经略张广泗，令其明白
晓谕："除怙恶不悛者定行剿除，以彰国法，其余若能闻诏投戈，输
诚悔过，当悉贳其罪，予以自新，务使边宇安宁，百姓乐业，以负朕
义安海内，一视同仁之意。"②这对劝说苗民降顺，略微限制一下官
军的滥杀，是会有影响的。

在乾隆帝坚主用兵、改流的正确方针指导下，总督张广泗认真总结
了前面八九个月战争的利弊得失和经验教训，认为过去之失利，除了政
治上文武不和、剿抚未定等因素外，军事上最大的失策是"合生苗、熟
苗为一"，"分战兵、守兵为二"，真正用来征剿之兵太少，六省官兵
数万名，绝大多数用于"大路沿途密布"，"而用以攻剿之师，不过一
二千人"，以致"东西奔救，顾此失彼"。他建议集中兵力，分化生苗
熟苗，"直捣巢穴，歼渠魁，溃心腹"，"涣其党羽"，"暂抚熟苗，
责令缴凶缴械，以分生苗之势"，而"大兵三路同捣生苗逆巢"，使其
彼此不能相救，"则我力专而彼力分，以整击散，一举可灭"，然后再
攻"从逆各熟苗"，"以期一劳永逸"。③

乾隆帝完全信任张广泗，有所奏请，概予允准，大力支持。张广泗
拥有军政大权，号令统一，率领六省官兵，放手进行征剿，先分兵三
路，攻上九股、下九股和清江下流各寨，"所向克捷"。乾隆元年
(1736年)春，又分兵八路，排剿抗拒苗寨，"罔不焚荡铲削"，随即进
攻牛皮大箐。此箐位于苗寨之中，盘亘数百里，北至丹江，西为都匀、
八寨，东系清江、台拱，"危岩切云，老樾蔽天，雾雨冥冥，泥潦蛇虺
所国"，虽附近的苗徭，"亦无能悉其幽邃穷其荒阻者"，所以各处苗
寨被攻下以后，苗人纷纷逃据其中，以为官兵万万不能到此，欲图待军
退后再出活动。张广泗檄令诸军分扼箐口，重重合围，逐渐进逼，从四

①《清高宗实录》卷3，第11页。
②《清高宗实录》卷7，第11页。
③《圣武记》卷7，《雍正西南夷改流记》下。

月至五月，官兵"犯瘴疠，冒榛莽，靡奥不搜，靡险不剔"，又许苗人自相斩捕除罪，因此，生苗"渠魁"全部被擒被杀，"俘馘万计"，"其饥饿颠陨死岩谷间者，不可计数"。六月，张广泗复乘胜搜剿从乱熟苗，分首、次、胁从三等，直到秋天，先后毁除一千二百余寨，赦免三百八十八寨，斩一万七千余人，俘两万五千余人，获铳炮四万六千余及刀、矛、弓、弩、标甲十四万八千余，尽平苗变，原来黄平等州县逃居邻近省份的汉民，陆续回到旧地，战火纷纷，兵荒马乱，连续折腾了一年多的苗疆，终于平定下来了。[①]

用兵苗疆的顺利进展及其迅速平定，是乾隆帝即位以后的一大胜利。这位年方二十五岁、刚刚主持朝政的青年君主，竟能在战局不利的形势下，不受一大群庸臣劣将的影响，摈弃他们妥协退让的错误主张，甚至冒着违背皇父止兵弃地旨意的危险，坚主用兵，坚持改土归流，果断采取得力措施，更换统帅，惩办失职官员，全权委付张广泗率军征剿，终于力挽狂澜，扭转了战局，大获全胜，办好了皇父未能办成的"最要最重事件"[②]。乾隆帝对此当然感到十分高兴，重赏有功官兵，厚赐银米，晋张广泗为贵州总督兼领贵州巡抚，授三等阿达哈哈番世职，并每年赏给养廉银一万五千两。但是，乾隆帝并未沉醉于庆贺声中而飘飘然，而是在积极着手进行更为艰巨的工作。

征剿苗变，固非易举，风餐露宿，崇山峻岭，瘴雾弥漫，水土不合，瘟疫流行，军情瞬息万变，未必能稳操胜算。但是，以全国之力制一隅之地，遣派六省官军对付数万素无训练的苗民，只要调度有方，总算是能够办得到的，可是要治理苗疆，使其今后不发生或少发生变乱，则显然是更为艰难。雍正四年（1726年）起，为在苗区改土归流，用兵五六载，刚刚收兵，设州县，委流官，建兵营，收赋税，台拱上下九股数百苗寨即于雍正十年（1732年）起事，围攻大营，持续将近一年，才被官军镇压下去，不久又发生了这次大的变乱。这两次苗变表明，清廷必须采取正确措施，才能真正稳定苗疆，少起动乱。

早在苗疆战争还在进行的时候，乾隆帝就在探索造成此次苗变的原因，而且得出了应有的结论。他于雍正十三年（1735年）十一月谕告总

---

① 《清高宗实录》卷10，第8页；卷11，第28页；卷15，第36页；卷17，第27页；卷19，第31页；卷22，第4页；卷27，第21页；《圣武记》卷7，《雍正西南夷改流记》下。

② 《清高宗实录》卷7，第43页。

督张广泗说：古州之变，是因为苗民"原属化外不入版图之人，一旦制之以礼法，赋之以租税，虽云最薄最少，以示羁縻"，亦必引起反感，以致"偾事"。^①因此，他在平定苗变后，明智、果断地在苗疆实行了与其他地区不同的新政策。最重要的一条是免除苗赋。乾隆元年（1736年）七月初九日，乾隆帝颁发了"永除新疆苗赋"的圣旨。他先简要地说明了改流和用兵的原因，指出之所以要将苗疆"收入版图"，是由于苗民"俯首倾心"，切望"输诚归顺"，故允准督臣的请求，实行改流，使苗民能够"沾濡德泽，共享升平之福"，并非贪图其土地人口。当初所定粮额，"本属至轻至微，不过略表其向化输租之意"。不料苗变发生，危害人民，因而发军征剿。接着详细说明下令免除苗赋的缘故，他指出，苗民亦"皆吾赤子"，起事之苗，"身罹刑辟，家口分离"，甚为可怜，而现在的"就抚苗众""多属胁从附和"，还有不少从未参与变乱"始终守法之各寨"，这都必须"加意抚恤"。而苗人纳粮，正额虽少，"但征之于官，收之于吏"，繁杂之费，恐"转多于正额"，只有"将正赋悉行豁除"，使苗民与胥吏"终岁无交涉之事""则彼此各安本分，虽欲生事滋扰，其衅无由"。因此令总督张广泗出示通行晓谕，"将古州等处新设钱粮，尽行豁免，永不征收"。这样，苗民"既无官府需索之扰，又无输粮纳税之烦"，各自耕田凿井，"俯仰优游""永为天朝良顺之民，以乐其妻孥，长其子孙"，他们便不会舍弃安居乐业而生变乱。^②

另一重要政策是尊重苗民风俗。他在上述永除苗赋的谕中同时又讲道，苗民风俗，与内地百姓大不相同，因此规定，今后生苗中"一切自相争讼之事，俱照苗例完结，不必绳以官法"。至于生苗与汉族兵民及熟苗争执的案件，则属于文官应办者，归文臣办理，应隶武将者，由武官办理，有关官员必须"秉公酌理，毋得生事扰累"。^③

乾隆帝实行的第三项重要政策屯田，但不如免赋那样一谕定局，而是经过好些反复。乾隆元年（1736年）十一月二十二日，他在审阅总督张广泗陈奏的苗疆善后事宜时，谕告总理事务王大臣，指出张奏请将"逆苗绝户田产"分给汉民领种的办法大为不妥，因为"苗性反复靡

①《清高宗实录》卷7，第41页。

②《清高宗实录》卷22，第20、21页。

③《清高宗实录》卷22，第22页。

常"，现虽慑服，今后难保永安，若将"所有逆产招集汉民耕种"，万一苗变再起，汉民将受其害。因此，"逆苗因罪入官之地"，可设屯军，令兵丁耕种，这样，无事可尽力务农，万一有警，"就近即可抵御"，所收粮谷，"又可少佐兵食"，以省内地的转运，且使苗疆驻兵有所增多而又能节省添兵的费用。乾隆帝遂让王大臣告知张广泗。①

这个办法遭到一些大臣的反对。协办吏部尚书事务顾琮奏称，于深山邃谷招募屯田，是"尽夺生苗衣食之地"，甚为不妥。可是，总督张广泗坚决拥戴皇上谕旨，积极筹办屯田事项。乾隆二年（1737年）八月二十九日，张广泗上奏：遵旨筹划苗疆，已将"叛苗绝户田产，安设屯军"，原来计算绝户田地，可安屯军五六千户，现据各州县报告，清江县可安屯军两千六百余户，八寨可安八百余户，丹江九百余户，古州、台拱、凯里、黄平、施秉、胜秉、清平等地可安六七千户，共计能设屯田一万余户，应设屯堡一百余处，皆分布于形势险要之处，对保证苗疆"经久之计""已属万全"。乾隆帝对此加以赞许，并经总理事务王大臣合议奏准，令张广泗照此方案办理。②张广泗随即具体规划，奏准增设官兵，安设屯堡，严格稽查屯军，违规者枷责示众，依法严处；严禁典卖屯田，规定屯粮数额，上田一亩纳米一斗，中田八升，下田六斗，每斗加鼠耗三合；屯军按期操练等事项，详细具体，切实可行。苗疆安设屯军之事，终于顺利办成。

乾隆帝又于三年（1738年）十二月十六日下谕，命慎选苗疆守令，责令今后委官，必须选用"廉静朴质之有司"，要他们视苗民如同赤子，"勤加抚恤""使之各长其妻孥，安其田里，俯仰优游，一无扰累"，这样，苗民民会安分守法了。③

乾隆帝的朝纲独断，用兵平变，免除苗赋，尊重苗俗，安设屯军，以及其他有关安抚苗疆的谕旨，产生了强大的影响，尽管偶尔还发生一些小争执和小规模的干戈事件，但从此贵州苗疆基本上是安定下来了，正如魏源在《圣武记》卷7中所说，"自是南夷遂不反"。这对贵州特别是苗疆的发展，起了积极的促进作用。仅以军屯而论，乾隆四年（1739年）十一月二十九日贵州古镇总兵韩勋奏称：过去"新疆地方"，小麦、高粱、小米、黄豆、脂（芝）麻、荞麦等种，"素不出产"，自安设屯军以

① 《清高宗实录》卷31，第4、5页。

② 《清高宗实录》卷49，第19页。

③ 《清高宗实录》卷83，第1页。

后，"地方文武设法劝种杂粮，今岁俱有收获""军、苗田亩，早晚稻丰收"。现正督令屯军于堡内及山上空地，多栽茶、桐、蜡等树。苗疆过去没有市场，"近年兴立场市，备寨苗民、商贩按期交易称便""军、苗实属乐业"。[①]韩勋讲述的这些事例，是很能说明问题的。

四、议和准部　西北宁谧

（一）和通泊惨败的教训

雍正十三年（1735年）八月二十六日，即雍正帝去世后的第三天，新君弘历谕告总理政务的庄新王允禄、果新王允礼、大学士鄂尔泰与张廷玉和办理苗疆事务王大臣："朕思目前紧要之事，无过于西北两路及苗疆用兵者。"[②]所谓"西北两路"，乃是指屯驻巴尔库尔与察罕泊两处用来对付准噶尔部的大军。为什么乾隆皇帝对准部之事如此重视，把它列为必须全力以赴、谨慎处理的第一"紧急之事"？这得从四年以前发生的一桩震惊全国的特大事件谈起。

雍正九年（1731年）七月初，远离都城一万余里的北路军主帅靖边大将军、三等公傅尔丹，遣派急使，飞速奔驰，于十二日赶到京师，向皇上跪呈奏折，报告大军于和通泊为准噶尔兵击败。这一意外的消息，顿使朝野大震，年方二十岁的皇四子弘历，也必然惊愕不已。

原来傅尔丹于雍正九年五月初六日至科布多，据拿获的准部兵士(实为谍者)塔苏尔海丹巴供称：准部大台吉噶尔丹策零派兵三万来攻北路军营，大队尚未到达，前队只有一千余人和驮马两万，在博克托岭。傅尔丹信以为真，欲乘其不备，"速迎掩杀"，便拣选兵丁万名，分为三队，于六月初九日出发，轻装进袭。噶尔丹策零伏兵两万于山谷之中，以少数兵士、牲畜引诱，伪败而逃，傅尔丹中计，冒昧前往，堕入伏中，大败于和通泊(科布多西二百里)。这一仗清军伤亡惨重，生还至科布多者仅二千人，副将军、辅国公巴赛，副将军、兵部尚书查弼纳，一等公、前锋统领、参赞大臣达福，以及参赞大臣马尔萨、素图等阵亡，参赞大臣觉罗海兰、定寿和侍郎永国等自杀，是七十余年以来清军的第

①《清高宗实录》卷105，第22页。

②《清高宗实录》卷1，第24页。

一次大惨败。

和通泊之败，不仅对雍正末年政治、军事、经济等方面产生了重大的影响，而且直接影响到乾隆初年的政局，使四年以后的新君坚定了与准噶尔议和的决心，因为他和父皇雍正帝一样，不得不认真探讨失败的原因及其影响，从中吸取必要的教训，采取新的政策。

和通泊之败，使雍正帝及其倚任的文武大臣，对清朝与准部双方的形势和力量的对比，有了比较清醒的认识。雍正帝很早就想征服准噶尔，实现圣祖未遂之愿。从雍正四年起，他就命令怡亲王允祥、大学士张廷玉与蒋廷锡及川陕总督、三等公岳钟琪"小心缜密"经办"军需一应事宜"，筹集了大量器械、粮米和牲畜，运往前线。雍正七年（1729年）三月，他任命傅尔丹为北路大军主帅、靖边大将军，岳钟琪为宁远大将军领西路军，下谕讲述准部大台吉噶尔丹策零及其父策旺阿拉布坦的罪状，强调指出若不将其"迅行扑灭"，将来"必为蒙古之巨害，贻中国之隐忧"。①

雍正帝认为此战必能取胜，必能征服"准噶尔弹丸之地"，因为各方面的条件皆已具备，"天时人事，机缘辐辏，时不可迟，机不可缓"，若"天与不取"，必将有误。岳钟琪特上"王师之十胜"奏疏，认为噶尔丹策零是"众叛亲离，天怒人怨"，大军进征，有"十胜"的根据。这十胜是："一曰主德，二曰天时，三曰地利，四曰人和，五曰糗粮之广备，六曰将士之精良，七曰车骑营阵之尽善，八曰火器兵械之锐利，九曰连环迭战攻守之咸宜，十曰士马远征节制整暇。"大学士张廷玉等奏称"皇上天兵驯熟精锐，所向无敌"②。满朝一片预庆必胜的热烈气氛，好像征服准部真的是指日可下了。不料，这些估计，完全错误，准部不仅依然屹立于西北，而且还打了胜仗，清军却遭受了七十余年未有的大败。

清军之败，固然有其客观因素，此时的准部，上下团结，兵马强壮，将帅善战，指挥正确，兼之他们在本土作战，以逸待劳，熟悉地形，易于埋伏；而清兵是长途跋涉，人地生疏，水土不合，疲惫不堪，供应困难，在地利上处于不利的境遇。但是，为什么40年前的八月初一日，清抚远大将军裕亲王福全能大败无敌于世的准部博硕克图汗噶尔

①《清世宗实录》卷80，第27页；卷81，第12页；卷82，第6页。

②《清世宗实录》卷78，第21页；卷81，第13页；卷82，第5页。

丹？为什么35年前康熙帝第二次亲征准部，吓得噶尔丹率部仓皇逃遁，被清抚远大将军、一等伯费扬古大败于昭莫多，连其妻阿奴可敦也死于八旗兵丁刃下？显然清军之败于和通泊，主要在于清朝本身的因素。首先是雍正帝决策有误，任人不当。这位精明过人的专制君主，虽长于治政，却不谙用兵。他因雍正元年顺利、迅速平定青海罗卜藏丹津之叛而骄激自负，过高地估计了自己的力量，错误地贬低了准部的实力，轻率决定进征准部。他任用的两员大帅，皆非帅才。统率西路大兵的宁远大将军岳钟琪，本系将门之子，又多年征战，军功累累，雍正元年仅领兵五千就出奇制胜，兼程突袭，大败众达十余万的青海和硕特部达赖浑台吉罗卜藏丹津，平定了青海变乱，因功封三等公，由四川提督晋为兼甘肃巡抚、甘肃提督，再升为川陕总督，在当时确实也是难得的优秀将领，但他青云直上，位至大将军，官高阶崇，持重思安之念日浓，特别是宦海风波，官场倾轧，谤书盈箧，不少人忌其功高权重，上书朝廷，诬称岳钟琪系岳飞之后，"欲报宋、金之仇"，将要谋反，虽然雍正帝对此不予理睬，但岳钟琪自然会心怀疑虑，瞻前顾后，难以决策，对满洲将官不敢冒犯。至于傅尔丹，本事更差了。他的曾祖费英东，虽系被人誉为"万人敌"的猛将，是军功卓著的"开国元勋"，但傅尔丹本人却是匹夫之勇，浮躁寡谋，易为人欺，终于轻信敌谍，中计入伏。

其次，朝中无能人，八旗军高级将官多系庸碌无能，怯战畏敌。接替傅尔丹的抚远大将军、一等公马尔赛，虽系智勇双全所向无敌的抚远大将军、一等忠达公图海之孙，却是一纨绔子弟，历任文职，无所作为。当上大帅之后，他退缩不前，"辗转不定"，全无祖父的英雄气概，被降为抚远将军，又放任惨败于喀尔喀亲王策凌之手的准部残军安全逃走，贻误了军机，被按律处死。马尔赛之后的北路大军主帅靖边大将军锡保，擅长于阿谀逢迎，奉承皇上，被雍正帝誉为"才具优长，乃国家实心效力之贤王"，并以其署振武将军时"治军勤劳"，而由郡王晋为亲王。谁知，锡保的这些功劳皆系虚报，终因畏敌不前，危害了战局，被议罪革职削爵。如此劣帅直接影响到中下级将官和士卒的锐气，一向勇猛善战以少胜多的八旗劲旅，竟变得士气低落怯于征战，连号称强中之强的索伦兵，也在和通泊之战中首先溃逃。

　　和通泊之败，在三个方面给予清朝政府以沉重打击。第一，军威大损，实力下降。清军的惨败，严重地削弱了其战斗力，士气更为不振，西北边防出现了严重危机。当雍正九年九月准兵乘两个月前的大胜而东征喀尔喀时，全靠喀尔喀郡王、额驸策凌率部奋勇迎战，斩其骁将，才击败准军，逐其退走。第二年七月，噶尔丹策零亲领大军，"由北路倾国入寇"，也还是靠这位额驸拼死反击，于杭爱山东侧鄂尔浑河畔的额尔德尼昭，大败准军，使其伤亡一万余人，仓皇逃走。如果这时统领数万大军的靖边大将军顺承亲王锡保与抚远将军马尔赛遣兵配合夹击，则将尽歼准军，可是，这两位大帅竟拥兵观望，怯战不前，致使准部余军安然无恙，回到故地。①没有策凌额驸及其部下的英勇奋战，清军是不能抵挡准部进攻的，那样一来，准军就要不断进掠喀尔喀三部，甚至深入内地，西北、北方就不得安宁，西藏、青海、甘肃也要受到严重威胁，后果将是极为严重的。

　　再次，军费浩繁，帑银剧减。西北两路大军，人数众多。雍正七年（1729年）正式下谕出征时，北路有京城八旗兵六千名，车骑营兵九千名，奉天、船厂、察哈尔、索伦、土默特、右卫、宁夏七处兵八千名，有总统将军、副将军、参赞大臣、前锋统领、副都统、总兵、副将、侍卫、参将、游击等将官七百五十三员；西路有兵两万六千五百名，文武将官三百二十四员，漠南四十九旗蒙古王公和漠北喀尔喀三部王公，也派有大批蒙古兵士从征。和通泊失败以后，清廷又急忙赶派兵马增援。雍正十二年（1734年）八月，北路军营有满洲、蒙古、绿旗兵六万零三百余名，西路有兵数万，加上各部蒙古兵，共有兵士十余万人，另有随同将官士卒的跟役十万余人。这几十万人每年所需兵饷，数量相当大。仅雍正九年二月从北京八旗挑选的旗下包衣兵两千名，每名就给其家主银一百两，其父、母、妻、子每人给家主身价银十两，每名还照马甲之例发给钱粮、马匹、器械，又赏一百两，共计用银数十万两。作战所用的大炮、枪支弹药、弓箭、刀、枪，官兵的军服、帐篷、车辆，又需巨万银两。按官方规定驻兵一万，"需粮料十万余石"计算，这远离京师万余里的十余万大军的食粮和十几万匹战马的饲料，每年需粮一二百万石，而道路遥远，交通不便，运到军营的一石粮，常需花十几石的用

---

　　①《清世宗实录》卷111，第23、24、25页；卷122，第13页；卷123，第3、4、5、6页；《圣武记》卷3，《雍正两征厄鲁特记》；《清史稿》卷296，《策凌传》。

费。这一切，耗费了数千万两白银，使国库存银急剧下降。雍正中期户部库存银六千余万两，自七年用兵准部以后，"动支大半"，乾隆帝即位时，只剩下两千四百万两。

最后，干戈不停，全国难安。十余万大军转战于数千里之外，延续好几年，军情瞬息万变，胜负难卜，安危未定，使清廷不得不全力以赴，专注于对准部用兵事项，为此特设"军需房"，著名的雍乾以后具体议处国政的新的中央机构"军机处"，就由此而出现了。这固然是政权机构的一大改革，但是，它也表明对准部的用兵占据了何等重要的位置，使得清廷无法对其他方面的大事认真考虑。雍正七年以后，清廷没有在政治、经济等方面采取新的重大改革措施，恐怕与此不无关系。而且，十几万兵士的佥派、补充和更换，也是一个非常棘手的难题。这样大数量的军队，是从全国各地征调兵士而组成的。京师、奉天、吉林、黑龙江、山西、山东、江苏、湖北、陕西、甘肃、宁夏等省的满洲八旗兵士，皆奉命派至军营，遇有伤亡或年限太久，则从本地征补。雍正帝还专门挑选了几千名能挽硬弓、体壮力大的勇士，加以训练后派到前线。大军由各地开往西、北两路军营，沿途所需粮草马骡车辆，数量巨大，州县竭尽全力，也难备办齐全，尤其是陕西、甘肃，更是交通要道，负担尤为沉重，军民痛苦不堪。漠南科尔沁等四十九旗蒙古和喀尔喀三部蒙古，既要派出大批士卒从征，又要供应大量马、骆、牛、羊，仅雍正十年十一月，清靖边大将军锡保一次就向各部王公"采买"军马十万匹、羊四十万只、山羊十万只。总而言之，用兵西北，闹得全国不得安宁，长期延续下去，后果不堪设想。

正是由于这样严酷的形势，使得雍正帝决定停兵议和，而噶尔丹策零也因两次败于喀尔喀策凌额驸手下，伤亡惨重，元气大损，愿意休战，因此，从雍正十二年八月起，双方开始谈判。八月初三日，雍正帝遣侍郎傅鼐、额外内阁学士阿克敦、副都统罗密赍谕，前往准噶尔，与噶尔丹策零议和，并将大军后撤，以示议和诚意。策零同意议和，但提出以哲尔格西拉胡鲁苏为喀尔喀游牧地界，以阿尔泰为厄鲁特游牧地界，又请领辖阿尔泰山梁外的哈道里、哈达清吉尔、布喇清吉尔等处地方，以呼逊托辉至喀喇巴尔楚克为中间空闲地带。几经商讨，雍正帝基本上同意了准部的要求，但强调以阿尔泰为界，于雍正十三年（1735年）闰四月二十八日遣使赍谕相告：自克木齐克、汗腾格里，上阿尔泰山梁，由索尔毕岭下，至哈布塔克、拜塔克之中，过乌兰乌苏，直抵噶斯口，以此为准部与喀尔喀部的分界地。另以呼逊托辉至喀喇巴尔楚克为空闲地带，双方不得渗入。准部尚未回答，雍正帝即已去世，因此，双方定界议和的重担，便只好由新君乾隆皇帝来承担了。

（二）息兵守边　议和定界

雍正十三年十一月三十日，新君弘历在北路军主帅、定边大将军、一等公庆复报告准噶尔部情况的奏折上，写了下述批示：

> "朕仰遵皇考眷爱生灵之意，统计国家钱粮数目，无论准噶尔之和与不和，谨守我疆域，以养民力，彼来时不过折挫锐气，自取败亏，是以深虑远谋，始建息兵之议。……朕思准噶尔……三二年间尚不至起事，惟数年之后，我兵尽撤，伊若潜过阿勒台(尔泰)山梁，扰动喀尔喀等游牧地方，惟时归化城兵不能速到，必至喀尔喀等寒心，此亦应筹划之事。若一味坐守，则数万兵丁运戍鄂尔坤等处，何时休息！汝曾任户部尚书，此数年所费钱粮，汝岂不知！" "准噶尔请和与否在伊，而防守在我，疆域既固，彼若请和，则允其请，倘不请和，伊不得交易货财，数年后自致匮乏，倘此时深入内地，不过自取亏败耳！朕是以令王大臣等将现在守边息兵机务详议，并谕汝知之。"[1]

这段批示十分重要，讲明了乾隆帝对待准噶尔部的基本方针，即"息兵""守边"、议和。乾隆帝认为，必须"息兵"，因为从"眷爱生灵"和国家钱粮两方面考虑，都只能息兵而不能兴兵。大战再起，长期僵持，将使西北二路官兵劳累不堪和大量伤亡，使喀尔喀蒙古和陕甘二省以及直接与战事有关地方生灵涂炭，民力大损，国家财政也要受到很大影响。几年来的巨量军费支出和帑银急剧减少，使他在"统计国家钱粮数目"后，深深感到必须息兵，国家的财政条件，无法承担长期大举进剿的重担。当然，他也清醒地看到，息兵虽然必要，可是能否息兵，则取决于许多条件，特别是本身的实力，有恃才能无恐，有备无

---

①《清高宗实录》卷7，第46、47页。

患，能战能守，才能使准部不敢贸然来攻，才能打退准军的进袭，保持边境安宁。而且早在康熙年间，康熙帝就总结出与准部交锋的正确战术是宜守不宜攻，以诱其进犯设伏围歼为上策。他曾密告皇子胤禛："彼地辽远，我往则我师徒劳，彼来则彼师受困"，"唯有严兵诱致邀击为万全策"。清军和通泊之败，与远道进攻师疲遇伏是有很大关系的。因此，乾隆帝坚主守边固疆，敌兵到来则全力痛歼，固守边疆，使准军无法入掠，长此以往，准部"不得交易货财"，不能以马牛羊骆从内地换取必需的生活用品、生产工具，则几年以后，他们必将"自致匮乏"。这样一来，准部倒有可能打消进掠的念头，转而愿意议和，清廷就掌握了和战与否的主动权。由此可见，乾隆帝的方针是，从息兵的目的出发，通过固守边疆，促使准部停战议和，使得双方保持正常的和平关系，西北、北方宁谧，军费大量减少，全国得以安宁。事实表明，乾隆帝对待准部所采取的这一基本方针是正确的，对促进西北息兵讲和，起了重大的作用。

准部首领噶尔丹策零在与清朝几经商讨后，本来是已经决定划界定和了，这时突然传来雍正帝去世的消息，他便想乘机向清朝施加压力，要求领辖更多的地区。他遣使臣吹纳木喀于乾隆元年正月至京，送呈表文。在谈到定界时，尽管雍正帝所列地界基本上是应噶尔丹策零所请而写的，可是这次他根本不提这一方案，却表示"阿尔台(泰)本我游牧之地，杭爱乃喀尔喀游牧之地"，要求喀尔喀内徙，"别留中间阔远之地"，实即欲得整个阿尔泰地区，扩大准部的辖地。①

乾隆帝在晓谕来使及赐噶尔丹策零的敕谕中，坚决地拒绝了策零的要求。他详细讲述了双方谈判的基本过程，阐明了雍正帝提出的划界方案是合理的，符合准部与喀尔喀部的实际辖地情况，并且着重指出，这个方案还是策零及其父亲策妄阿拉布坦最先提出，雍正帝只不过是为了促进议和予以赞同而已。他明确宣布，必须按照这个方案来划定双方的界地，不划定边界就不能"通市"，准部"若能遵皇考谕旨定界"，则"朕必格外施恩"，准部将得到更多的利益。

乾隆帝又强调了守边待和有备不惧的态度，告诉准部，清朝"只守内地边疆"，不会兴师远征，即使准部"欲激发朕怒，亦断不勤兵于远"。如果准军"不自揣量，犯我边境""起衅殃民"，则"尔准噶尔

① 《清高宗实录》卷11，第2页。

螳臂之力，劳师涉远，岂能有济"！①

噶尔丹策零收到敕谕后，虽然知悉清廷的态度十分坚决，不会满足他统辖整个阿尔泰和侵占喀尔喀地区的要求，但并未就此罢休。他因为两次战败于喀尔喀策凌额驸手下，策凌及其部落已经成为清军的主要依靠力量，是准部南进的巨大障碍，所以，他就把注意力转向策凌，企图争取策凌额驸联合抗清，至少争取策凌中立，这样一来，便可利用雍正九年准部大败清军于和通泊的军事优势，向清朝施加压力，以图得到更多的地区。他对策凌额驸采取了竭力拉拢和施加威胁的"双管齐下"策略。他于乾隆二年（1737年）派遣特使致书策凌额驸，尊称策凌为车臣汗，建议定界，要求得到阿尔泰地区。准部使臣哈柳至京时，曾往谒策凌，问道："额驸游牧部属在喀尔喀，何弗居彼？"这显然带有挑拨性，意为策凌既系独尊于部的车臣汗，为何降为清帝属臣，扣押于京师，何不返回故土，南面称王。对于这样离间策凌与清帝之关系的言论，策凌额驸严词相告说："我主居此，予惟随主居，喀尔喀特予游牧耳。"明确地宣布自己愿为清帝之臣，坚决效忠于清帝，针锋相对地驳斥了哈柳的离间之词。哈柳见此计不成，又再施一策，询问策凌说："额驸有子在准噶尔，何不令来京？"这句话带有很大的威胁性。原来雍正十年六月，准军曾袭击策凌游牧地塔密尔，掠取了策凌的两个儿子。哈柳的言下之意是，叫策凌温顺一些，不要得罪准噶尔，不要死心塌地地为清帝效劳，否则，将对其二子下毒手。对此，策凌严正相告："予蒙恩尚公主，公主所出乃予子，他子无与也。即尔送还，予必请于上诛之。"②策凌如此坚决效忠于清帝，斩钉截铁地拒绝了准部的无理要求和威胁，使噶尔丹策零计穷法尽，不得不断了这一念头。

策凌额驸所采取坚忠于清的立场，有其深刻的历史背景和现实条件。策凌年幼时，因避噶尔丹的侵扰，随母逃到北京，为康熙帝收入"内廷教养"，成年之后又娶康熙帝之女，授和硕额驸，寻赐贝子品级，携所属归牧故土塔密尔。策凌因喀尔喀部久遭准部欺凌，十分气愤，"锐自磨砺"，收猛士一千人为亲兵，严格训练部下，练成了一支

①《清高宗实录》卷11，第2页；卷12，第16、25、26页。

②《清高宗实录》卷41，第21—24页；卷56，第11页；《圣武记》卷3，《国朝绥服蒙古记》；《清史稿》卷296，《策凌传》。

称雄于漠北的劲旅。雍正九年九月与十年八月策凌额驸率部两次大败准军，建立了殊勋。雍正帝大喜，晋策凌为亲王、固伦额驸，授喀尔喀大扎萨克，命其任定边副将军，厚赐金银财帛，并为其筑城于塔密尔，易庐帐为宫室，"如京师赐第"。策凌原系土谢图汗属下的赛音诺颜部首领，清帝因其功大，遂命分土谢图汗所辖的二十旗给予策凌，增赛音诺颜部，喀尔喀遂由三部变为四部（另三部为土谢图汗部、车臣汗部、扎萨克图汗部）。策凌既蒙受清帝特恩，准部又系喀尔喀的世敌，他与清朝有着共同的切身利害关系，因而自然会坚决效忠于清帝，当然会拒绝噶尔丹策零的要求。尽管噶尔丹策零聪明过人，善用计谋，可是他却万万没有想到，清政府之所以断然拒绝准部占据阿尔泰地区的要求，不是由于其他什么原因，而是完全出于策凌额驸的建议。正是策凌额驸坚决反对准部管辖整个阿尔泰地区，向清帝上奏，力主此议，清帝才敕谕噶尔丹策零，不准准部占据阿尔泰地区。现在噶尔丹策零却想从策凌这里谋取策凌坚决维护的地界，岂不是自讨没趣白碰钉子！

乾隆帝严持守边息兵议和的方针，牢牢固守边疆，又继承父皇遗规，厚待策凌额驸。他一登基就谕告庄亲王允禄等总理事务王大臣说，额驸策凌"系国家效力出众之人，亦曾蒙皇考格外恩宠"，命"照内地亲王（即宗室王）之例"，赏与缎匹。他并亲写手敕，谕策凌说："汝受皇祖、皇考重恩，宜竭力效忠国家。皇考曾谕朕：所有军务，唯尔是赖。"这样一来，噶尔丹策零既不能诱使清兵出征而设伏围歼，又无法越过阿尔泰山向清军突袭，争取策凌额驸之策也不生效，长期僵持，断绝市易，使准部处境相当困难。因此，噶尔丹策零下定了议和的决心，放弃了对阿尔泰山以南地区的要求，于乾隆二年闰九月遣使者达什赍"奏大皇帝一书"及与"车臣汗"策凌额驸一书，"请嗣后喀尔喀与厄鲁特各照现在驻牧，无相掣肘"。双方条件基本接近，再就一二枝节问题几度商谈，最后达成了协议，以阿尔泰山梁为界，准部在山北游牧，喀尔喀在山南游牧，噶尔丹策零可遣三百人入藏为已故的班禅"熬茶诵经"，四年之内，在北京、肃州各贸易一次。①至此，清朝与准噶尔部之间长达二十余年的战争时期，终于结束了，双方开始进入友好往来、频繁贸易、关系正常的新时期。乾隆帝的息兵、守边、议和的正确方针，

①《清高宗实录》卷41，第21~24页；卷61，第6页；卷62，第16页；卷65，第5页；卷87，第8页；卷106，第24页；卷107，第11、20页；卷109，第5页；卷110，第9~13页。

对促进这一新时期的到来，起了积极的作用。

（三）干戈化玉帛　满蒙汉皆利

清政府与准噶尔部首领的议和定界，对双方均大有裨益。定界以后，边境安宁，彼此皆享太平之福。和议刚成，乾隆帝便对噶尔丹策零及其使者强调了议和对双方的好处。他着重指出："朕为大君，统一中外"，"惟思与普天之下，共享升平。今噶尔丹策零既遵朕旨定界，嗣后近边居人，各安故土，更无争竞，永远安生矣"[①]。此旨虽不无夸扬帝恩君威之词，但总的说来，双方近边地区，确实比较平静，互相都很谨慎，尽量避免发生摩擦，没有出现严重的争执和大的流血事件。因此，一些紧靠阿尔泰山的喀尔喀蒙古部落，便陆续迁回原来游牧地区。过去由于用兵，"曾令喀尔喀内移"，以翁金的布尔察克、鄂尔坤的乌贵诺尔、色楞额的喀喇托郭为界，现向北移动，以阿勒坦噶达苏等处，"定为外界"。[②]喀尔喀蒙古各部共同尊奉的哲卜尊丹巴呼图克图（与章嘉呼图克图并称为蒙古两大活佛），先前因准噶尔兴兵时欲图来抢夺，被雍正帝移居多伦库尔，现在他看到噶尔丹策零"奏请求和，边庭无事"，"军事已定"，希望还居故地，乾隆帝同意这一请求，并赐整装银一万两，让其回到库伦。[③]陕西、甘肃、宁夏等地居民的运输负担和粮食供应数量大为减少，役烦差重民不宁居的情况有了很大的改变，大体上可以安居务农经商做工。准噶尔部人民也不用披坚执锐流血沙场，能够在故土自由放牧和垦田种地，农业、畜牧业都有了显著的发展。

议和对促进准部与内地的经济、文化交流起了很大的作用。准噶尔使者频繁入京朝贡，按例领取赏品，交易货物，并在肃州、哈密、西藏互市。准部带来大批牲畜，换回巨量银两和各种货物。以西藏而论，乾隆八年准部三百余人入藏"熬茶"，带来马两千三百余匹、骆一千七百余头、羊两千八百余只及大批毛皮、葡萄等货，从清甘肃巡抚处领银七万八千余两。十二年准部三百人又带骆两千余头、马三千余匹、羊三千余只入藏，领官银十六万四千余两。准部商人还在哈密进行贸易，仅乾隆八年四月和八月，二十五名准噶尔人就带来羊七千余只、马三百余

---

① 《清高宗实录》卷107，第11页；卷110，第10页。

② 《清高宗实录》卷24，第5页；卷116，第2页。

③ 《清高宗实录》卷110，第4页。

匹、牛二百八十头、骆驼三十三头。贸易规模更大、人数更多的是肃州的
互市。乾隆八年，额连胡里等一百二十二人携带骆七百二十六头、牛二百
六十头、马五百余匹、羊两万六千八百只，在肃州卖银四万余两，在哈密
卖银九千余两。还是这个额连胡里，他带领二百一十三人于十三年再次前
来，卖出骆驼、马、牛一千九百余匹(头)及羊七万余只，获银八万六千余
两。另一大商人诺落素帕，于十五年带领三百零一人来，卖出马、牛、
骆驼五千余匹（头）和羊十五万六千余只，获银十九万四千余两。这对
促进准部经济的发展和增强与内地人民的联系，产生了重大的影响。

定界议和还使军费大量减少。过去十数万大军远驻塞外，"军需浩
繁"，现在基本上撤回内地，守边重任主要由喀尔喀及内扎萨克科尔沁
等部蒙古军队承担，清军人数也相应减少。雍正年间因"西陲用兵"及
苗疆、河工等处，全国绿营兵增加了十一万六千余名，超过了旧额五分
之一，现"军务告竣"，到乾隆六年五月已裁减两万余名，并陆续裁
减，每年可节省大量兵饷。①自雍正七年用兵到十三年，六年中用银五六
千万两，平均每年八九百万两，现在这笔巨费基本撤销。

以上"政尚宽大"，革除弊政，平定苗疆，议和准部，使政局较前
平衡，人心比较安定，军费大量减少，这为乾隆帝进一步发展经济，整
顿吏治，文治武功兼备，促成"全盛之时"，提供了重要的有利条件。

五、丙辰博学鸿词科

（一）征士三诏

雍正十一年（1733年）四月初八日，雍正帝谕示内阁举办博学鸿词
科说：

"国家声教覃敷，人文蔚起，加恩科目，彬彬乎盛矣。朕惟博学鸿
词之科，所以待卓越淹通之士，俾之黼黻皇猷，润色鸿业，膺著作之
任，备顾问之选。圣祖仁皇帝康熙十七年，特诏内外大臣荐举博学鸿
儒，召试授职，一时名儒硕彦，多与其选，得人号为极盛。迄今数十
年，馆阁词林，储才虽广，而宏通博雅淹贯古今者，未尝广为搜罗，以

①《清高宗实录》卷128，第8、9、10页；卷135，第1-3页。

示鼓励。自古文教修明之日，必有瑰奇大雅之材，况蒙圣祖仁皇帝六十余年寿考作人之盛，涵濡教泽，薄海从风。朕延览维殷，辟门吁俊，端崇实学，谕旨屡颁。宜有品行端醇，文材优赡，枕经葄史，殚见洽闻，足称博学鸿词之选者，所当特修旷典，嘉与旁求。除现任翰詹官员毋庸再膺荐举外，其他已仕未仕之人，在京著，满汉三品以上，各举所知，汇送内阁。在外着督抚会同该学政，悉心体访，遴选考验，保题送部，转交内阁。务斯虚公详慎，搜拔真才。朕将临轩亲试，优加录用，广示兴贤之典，茂昭稽古之荣。应行事宜，着大学士九卿会议具奏。"①

谕下之后，内外大臣没有重视，没有认真办理，很少有人推荐，雍正帝颇为不满，于雍正十三年四月再次下谕，对各省总督巡抚予以批评，并加以催促说：

"朕令荐举博学鸿儒，以广育才之典，为督抚者自应秉公采访，加意搜罗，以负朕爱惜人才之至意。乃降旨已及两年，而外省之奏荐者寥寥无几，以江浙两省人才众多之地，至今未见题达，此非人才之不足应选，乃督抚等奉行不力之故也。大凡荐举之典，臣工得以行其私者，往往踊跃从事，争先恐后；若不能行其私，则观望迟回，任意延缓，其迹似乎慎重周详，其实视公事如膜外也。凡督抚学臣之所考取者，不过就耳目见闻之所及，彼伏处岩隅、学问淹雅、素有抱负之士，未必肯以文章笔墨求售于有司，以幸邀一日之遇合。是在督抚学臣留心访察，加意旁求，屏虚名而崇实学，以佐国家右文之治，如李卫、吴应棻合举二人，吴应棻又独举二人，就中则有宣化府进士。夫以宣化北边一郡，尚有可举之人，何况各省内地之大？可见李卫、吴应棻乃实心为国家留意人才者。着再通行宣谕，无论已奏未奏之省，俱着再行遴选。倘因朕此旨，而遂冒滥以行其私，亦难逃朕之鉴察。若果有才华出众而与例不符者，着具折陈奏，候朕降旨。其在京三品以上之大臣，均有荐举之责。将此一并晓谕知之。钦此。"②

①《清世宗实录》卷130，第8、9页。

②余金：《熙朝新语》卷10，第2、3页，上海古籍书店1983年版。

半年以后，雍正十三年十一月初十日，新君乾隆帝又下令催促内外大臣认真推荐博学鸿儒，限于一年之内至京应考：

> "国家久道化成，人文蔚起，皇考乐育人才。特降谕旨，令直省督抚及在朝大臣，各保举博学鸿词，以备著作之选，乃直省奉诏已及二年，而所举人数寥寥。朕思天下之大，人才之众，岂无足膺是举者？一则各怀慎重观望之心，一则衡鉴之明，视乎在己之学问。或己实空疏，难以物色流品，此所以迟回而不能决也。然际此盛典，安可久稽？朕因再为申谕，凡在内大臣及各直省督抚，务宜悉心延访，速行保荐，定于一年之内齐集京师，候旨廷试。倘直省中实无可举，亦即具本题覆。钦此。"①

乾隆皇帝这道谕旨可把内大外臣扣死了，不推举是不行了。因为，这道谕旨提出三个使因循拒荐的大臣无法逃避的问题，设下了他们必须逾越却又跨不过去的三道关卡。第一个问题，也就是第一道关卡：如果大臣们不荐举，就是怀有观望之心，就是因私忘公，怠慢君命。作为内外大臣，如被定上这个过失，还想安坐大堂保全要职吗？还想博君欢心再晋职爵吗？很难。第二个问题，第二道关卡：如果你们不举荐品行端淳、文才优长的博学鸿儒，就说明你们这些大臣，哪怕是曾经考取进士，入过翰林院，甚至是中过状元、榜眼、探花，当过或现在仍是大学士、军机大臣、礼部尚书、翰林院掌院学士、詹事府的詹事和各省学政，都是没有学问的"空疏"之人。试问，这些大臣愿意戴上这顶难堪的帽子吗？第三个问题更是没法回避，第三道关卡更是难以逾越：因为，谕旨讲得很明确，定得很死，被荐举的博学鸿儒必须在一年内"齐集京师，候旨廷试"，如果某省没有，某省督抚就要专门具本上奏，说明本省没有人才，这不也反映出督抚之无能吗？三管齐下，各省督抚和在京三品以上大臣只有赶快想法，推荐鸿儒了。

这样一来，闹了几年的博学鸿词科的考试得以如期举行，一百多名博学鸿儒齐集京师，接受天子的廷试。

---

① 《清高宗实录》卷6，第15页。

（二）群英荟萃

乾隆元年（1736年）的"丙辰博学鸿词科"，按福格的《听雨丛谈》所记，在京大臣与各地督抚共保举了博学鸿儒272人，除去有5人是被两位大臣同时保举，算是"重保"，应予扣除外，实际上共保举了267人。从这267人当时的身份来看，颇为多样，有进士，有举人，有生员。生员这一大类中又包含了许多名称，其中，有监生，有廪生，有贡生，有副榜贡生，有拔贡生，有优廪生，有优贡生，有增生等。还有内阁中书，有知府，有通判，有知县，有候选知州，有笔帖式，有府教授，有州学正，有县教谕，有盐场大使，有八品茶大使。另外还有什么都不是的"布衣"。名目虽多，但还是以有功名的进士、举人、生员占了绝大多数。

这267位被保举人，虽然功名、官衔不同，身份不一，有好几十样的身份，但有一点是共同的，即他们都是皇上下诏征取的"博学鸿词之士"，都是当地有真才实学的著名才子或名儒，不少人还是此时众望所归的"海内知名之士"，后来在政界、学界、文界的成就都很大，地位很高。这267位博学鸿词之士，可以分成两大类，一类是考上的，人数不多，只有15位，加上第二年补试录取的4位，共19位。另一类是未被录取的，其中又可再分为四个小类，一是当年参加了会试殿试中了进士的人，他们不需参加博学鸿词科的考试；二是因故未来的；三是考试时出了差错或身体不适；四是未被录取。先看未被录取这一大类中的第一小类，即中了当年进士之人。

金德瑛，浙江仁和人，丙午举人，被太仆寺卿蒋涟保举，应于乾隆元年九月参加博学鸿词科廷试，但他于当年三月参加会试，中贡士。四月殿试时，读卷大臣拟定取他为第六名，乾隆帝阅看其卷，十分赞赏，钦定为一甲第一名，授修撰。金德瑛既中了状元，又授了修撰之职，当然就无须参加博学鸿词科考试了。因为，鸿词科考中之人，也不过授予编修、检讨或庶吉士，极少给予修撰的职衔。金德瑛先为江南乡试考官，后历任右庶子、江西学政、少詹事、太常寺卿、山东学政、内阁学士、礼部侍郎、江西乡试正考官、会试副总裁、顺天学政、左都御史。操守甚好，"取士公明"，政绩卓异。[1]

---

① 《清史列传》卷20，《金德瑛传》；《清史稿》卷305，《金德瑛传》；陈兆仑：《光禄大夫都察院左都御史仁和金公德瑛墓志铭》，《清代碑传全集》卷31。

　　曹秀先，江西新建人，雍正十年（1732年）举人，被户部左侍郎李绂保举乾隆元年博学鸿词科，当年四月中进士，选为庶吉士，后历任编修、山东乡试副考官、监察御史、给事中、鸿胪寺少卿、光禄寺少卿、国子监祭酒、浙江乡试正考官、江苏学政、内阁学士、户部侍郎、江南乡试正考官、四库全书馆副总裁、顺天乡试正考官、礼部尚书、上书房总师傅。为政"勤慎廉俭"，乾隆帝赞其"学问优长，奉职勤慎"，卒时晋赠太子太傅，谥文恪。①

　　全祖望，浙江鄞县人，少年聪颖，"十六岁能为古文，讨论经史，证明掌故"。全祖望于雍正十年考上举人，三年后为户部左侍郎赵殿最保举博学鸿词，乾隆元年四月中了进士，选充庶吉士，因而没有参加九月的博学鸿词考试。由于户部侍郎李绂十分赞赏全祖望考举人时的试卷，赞其为"此黄震、王应麟以后一人也"，而李绂与当时协助皇上具体议处朝政的大学士张廷玉水火不相容，张廷玉因此厌恶全祖望，全祖望也不去张府拜望，所以当全祖望庶吉士结业时，被定为下等，"归班以知县用"。生性亢直的全祖望便返回家乡，从此不出仕为官，专注于治学，成为一代大家。全祖望治学，"渊博无涯涘，于书靡不贯串"。在翰林院当庶吉士时，"与李绂共借《永乐大典》读之，每日各尽二十卷"。当时正开"明史馆"，全祖望"复为书六通移之，先论艺文，次论表，次论忠义、隐逸两列传。皆以其言为韪"。全祖望最敬服黄宗羲。黄宗羲"表彰明季忠节诸人"，全祖望便"益广修复社掌故、桑海遗闻以益之，详尽而核实，可当续史"。全祖望著作等身，著有100卷《宋儒学案》、10卷《经史问答》、50卷《鲒埼亭文集》，还有《读易别录》《孔子弟子姓名表》《汉书地理志稽疑》《公车征士小录》《续甬上耆旧诗》等书。他还"七校《水经注》，三笺《困学纪闻》"，"足见其汲古之深"。阮元非常推崇全祖望的博才。他说："经学、史才、词科三者，得一足传，而祖望兼之。其《经史问答》实足以继古贤，启后学，与顾炎武《日知录》相埒。"②

　　黄永年，江西广昌人，雍正十三年（1735年）举人，为江西巡抚常安保举，乾隆元年四月殿试中进士后，授刑部主事，官阶正六品。黄永

---

①《清史列传》卷20，《曹秀先传》；《清史稿》卷321，《曹秀先传》。

②《清史列传》卷68，《全祖望传》；《清史稿》卷481，《全祖望传》；陈康祺：《郎潜纪闻初笔》卷2，《全谢山不得与鸿博试》。

年刚直廉俭，认真勤恳，精明能干，酷嗜读书治学，受命后，"敞车塞驴入曹，矻矻治案牍，疑狱多所平反。归则闭门，手一编，萧然自得"。有一天，一位客人前来拜谒，伏地叩头致谢说："某陷冤狱，非公久登鬼篆也。"并呈送珠子一盒。黄永年非常生气，"变色曰：嘻，我为刑官，据法出无罪，职尔。何比于汝而乃污我"。来人十分惭愧，"纳珠袖中去"。黄永年后授平凉府知府，移任镇江知府，转常州知府，"为政宽重有体，尤尽心沟渠之利。行部所在，咨访高才，尊礼有德"。黄永年不仅颇有政绩，而且未废治学，"介节凛然"，为人称赞，著有《希贤录》《静子日录》《南庄类稿》《白云诗钞》《奉使集》等书。①

另外，江苏江都举人金门诏和江苏武进举人吴龙见也是虽被保举，但因中了乾隆元年进士，而未参加当年考试的"博学鸿词之试"。

第一大类的第二小类，即虽被保举，但因故未到京廷试的"博学鸿词之士"，如方观承、杜诏、方楘如、符曾、严遂成、车腾芳、许遂、罗天尺、苏珥、金农等。

方观承，安徽桐城人。祖父方登峰，任工部主事；父亲方式济，进士，任内阁中书，因连坐戴名世的《南山集》案，同被流戍黑龙江。当时，方观承年少，寄食清凉山寺，每年与兄方观永徒步跋涉，奔波数千里，前往塞外探望祖、父，几年以后，祖、父皆逝，更加贫困。然而，方观承因此而"俱知阨塞及民情土俗所宜，励志勤学"，为定边大将军平郡王福彭知悉，奏请以方观承为书记，给中书衔，随往北路军营。雍正十三年回京后，补授内阁中书。方观承虽被少詹事王奕清保举博学鸿词，但未参加考试，此后，历任主事、郎中、清河道、直隶布政使、浙江巡抚，乾隆十四年升直隶总督，兼理河道。方观承在直隶总督任上长达20年，政绩卓著，尤其在治理河道方面，贡献更大，屡蒙乾隆帝嘉赞，在帝之御制《怀旧诗》中，将其列入五督臣内，卒后人祀贤良祠。②

杜诏，江苏无锡人，少从严绳孙、顾贞观游，得其指授，"工诗，尤善填词"。康熙四十四年（1705年），康熙帝南巡，杜诏献《迎銮词》十二章考试，列高等，特命供职内廷。杜诏曾与同事写《御制金莲花赋》，各赋《纪恩诗》，杜诏独进一首词，拔置第一，随即又奉命纂

---

①《清史列传》卷67，《黄永年传》。

②《清史列传》卷17，《方观承传》；袁枚：《太子太保直隶总督方恪敏公观承神道碑》，《清代碑传全集》卷72。

修《历代诗余》及《词谱》等书。康熙五十年（1711年）杜诏中举人，第二年钦赐进士，改翰林院庶吉士，以终养告归。杜诏"天才秀逸，论诗专主性灵"，性好山水，恣游陕西、甘肃、江西、湖北、广东、山东、河南名胜，"所至赋诗纪游""古文亦得庐陵神髓"。著有《云川阁集》《浣花凤髓》《蓉湖渔笛谱》《词稿》《读史论略》等书，乾隆元年被大学士兼吏部尚书稽曾筠保举博学鸿词，未入都，病逝。①

方榤如，浙江淳安人，进士，丰润知县，缘事免官，乾隆元年被保举博学鸿词，因曾革任被吏部驳罢，未能应试。方榤如"博闻强记，经史百家，靡不淹贯，于汉儒笺注，尤能指其讹舛"。"古文奥劲，有笔力，时与方苞并称"。方苞、杭世骏对方榤如极其推崇。征鸿词之士时，方苞评论说："榤如及柯煜、龚缨、余华瑞四人，能无愧作焉。"方榤如著有《周易通义》《尚书通义》《毛诗通义》《郑注拾沈》《离骚经解》《集虚斋学古文》《十三经集解》《四书口义》《四书考典》等书。②

金农，浙江钱塘人，嗜奇好古，收金石文字千卷。"诗格高简，有奇气"。好游山水，足迹遍天下，书法"出入楷隶，本《国山》及《天发神谶》两碑"。年五十，始学画，"涉笔即古"，书、画皆为时人称赞喜爱，晚年寄食维扬几二十年，"卖文自给，岁得千金，随手散尽"。著有《冬心集》《三体诗》《画竹纪》。③

车腾芳，广东番禺人，举人，被举博学鸿词，以亲老推辞，知县亲临催促，为其治装，不得已方动身，到京城时，时间已过，遂未参加考试。腾芳品节高尚，"论者谓羊城有道德能文章者，以腾芳为最"，著有《萤照阁集》。④

符曾，浙江钱塘人，乾隆元年举博学鸿词时，因父逝丁忧（父母去世需回祖籍守制二十七个月），未参加考试。其诗"脱于清便，气额尤高"，沈德潜、陈撰对其很是推崇。符曾与同里沈嘉辙、吴焯、赵昱、厉鹗、赵信等，同撰"南宋杂事诗"，每人各写100首，"揉摭浩博，足资考试"，查慎行尊称七人为"七君子"，亲写序言，广为传播。符曾

---

① 《清史列传》卷71，《杜诏传》；华希闵：《杜青士诏传》，《清代碑传全集》卷47。
② 《清史列传》卷71，《方榤如传》。
③ 《清史列传》卷71，《金农传》。
④ 《清史列传》卷71，《车腾芳传》。

还著有《春凫小稿》《半春唱和诗》。①

苏珥，广东顺德人，廪生，擅长撰文与书法，"诗有别趣"，惠士奇称其为"南海明珠"，以母老未到京城廷试。"为文长于序记，与其书，称二绝，皆见重于时"。著有《宏简录》《辨定笔山堂丛书》《前明登科入仕考》《安舟遗稿》。②

严遂成，进士，历任知县、云南嵩明州知州、镇雄州知州，虽被保举，但因丁忧，未参加博学鸿词廷试。严遂成在各地任内，开峻坡险道，创办凤山书院，"所至有声"，政绩卓异。写诗"雄奇绮丽，二者兼有"，"工于咏物，读史诗尤隽，尝自负为咏古第一"。严遂成的《明史杂咏》，"持论尤当，人以诗史目之"。此书对张魏公之论述有"传史功过如何序，为有南轩上笔难"这样两句，袁枚评为"冷峭蕴藉，恐朱子在九原亦当干笑"。严遂成还著有《诗经序传辑疑》《海珊诗钞》《补遗》。③

第一大类的第三小类，即考试时出了差错，或身体不适影响了答卷，如厉鹗、胡天游、黄之隽等。

厉鹗，浙江钱塘人，举人，少年时家境贫寒，性格孤峭，始学写诗，即有佳句，"于书无所不窥，所得皆用之于诗，故时多异闻轶事"。乾隆元年参加博学鸿词考试时，误将论写在诗前，致未考上。厉鹗"搜奇嗜博"，著有《宋诗纪事》100卷和《南宋院画录》8卷。又著《辽史拾遗》，采摭群书多达300余种，自比为裴松的《三国志注》。厉鹗还著有《秋林琴雅》《东城杂记》《湖船录》等书，"皆博洽详赡"，其《樊榭山房集》20卷，"幽新隽妙，刻琢研铄"。"论者谓鹗之诗，天游之文，祖望之考证，求之近代，罕有其比"。"其诗余，尤擅南宋诸家之盛"。④

胡天游，浙江山阴人，副榜贡生，"少有异才，于书无所不窥"。乾隆元年九月博学鸿词考试时，因持服未考，第二年，服除补考，考试的那一天，突然鼻血大流，"遂投卷出"，没有考上。当时，四方文士云集京师，每当人多之时，胡天游"辄援笔数千言，落纸若飞，纵横奥

① 《清史列传》卷71，《符曾传》。

② 《清史列传》卷71，《苏珥传》。

③ 《清史列传》卷71，《严遂成传》。

④ 《清史列传》卷71，《厉鹗传》。

博，见者嗟服"。其所作之文，如《文仲庙铭》《灵济庙碑》《安颐先生碑》《任御史赵总兵两墓志》《逊国名臣赞序》《柯西石宕记》，"论者谓皆天下奇作"①。陆以湉赞其"文雄杰，实一代奇才"②。

黄之隽，江苏华亭人，少年聪颖，读书过目成诵，康熙六十年（1721年）中进士，改庶吉士，后历任编修、日讲起居注官、福建学政、中允，因故革职。乾隆元年被尚书徐本保举应博学鸿词考，当时，黄之隽已年逾七旬，"试日属稿成，以目眩不能就烛下作书，遂纳卷出"，没有考上。黄之隽"综览浩博，才华富赡，下笔不能自休，撰述甚富"。他手编《唐堂集》50卷及《补遗》2卷、《续集》8卷。他纂修《江南通志》，"时人比之范成大、梁克家"。黄之隽所写之诗，"别开生面"，尝集句为《香屑集》18卷，共有古今体诗930余首，"千首中句无重出，一首中人无叠见，且有叠韵不已。至于倒押前韵，而对偶工整，意义通贯，排比联络，浑若天成"。他"又集唐文句为之序，亦一千六百余言，组织工巧，一一如自己出，虽非正格，实为唐宋以来未有也"③。

第一大类的第四小类，即参加了考试，未被录取的学者。这一类，人数很多，大家、名家不少，还有榜眼和一些政绩卓著的督抚九卿，如沈德潜、袁枚、顾栋高、裘曰修、刘大櫆、杨述曾等。

沈德潜，江苏长州人。这位清代大诗人、大名家，于乾隆元年应博学鸿词考时，已经是63岁的花甲老人了，可还只是一位廪生。试毕落选，过了三年，乾隆四年，沈德潜才中了进士，改庶吉士，此后历任编修、左中允、左庶子、侍讲学士、詹事、内阁学士、礼部侍郎。致仕后，加礼部尚书衔。乾隆帝很称赞沈德潜的学问和诗词，称其为"江南老名士"，予以特殊优待。当乾隆十一年沈德潜请假归葬时，帝命给其三代封典，并御制诗相赠说："我爱德潜德，淳风揖古初。从来称晚达，差未负耽书。方藉通玄笔，胡悬韦孟车。其如感风木，暂许返林间。南国欣归陆，东门漫拟疏。江乡春意懒，能不忆金陵。"乾隆十四年，沈德潜76岁年老致仕，帝命其以原品休致，赐人参官帛。乾隆十六年南巡时，帝又谕其在籍食俸，并赐其诗说："水碧山明吴下春，三年契阔喜相亲。玉皇案吏今词客，天子门生更故人。别后《诗裁》经细

①《清史列传》卷71，《胡天游传》。

②陆以湉：《冷庐杂识》卷4，《一代奇才》。

③《清史列传》卷71，《黄之隽传》。

检，当前民瘼听频陈。老来底越精神健，劫外胎禽雪里筇。"乾隆二十二年再次南巡时，帝又赐其诗说："前席何曾隔六春，三千里不间疏亲。星垣帝友岂无友，吴下诗人尚有人。咨度瘼情期达礼，平量句义欲胪陈。步趋望九虽称健，灵寿听教手握筇。"沈德潜著述吟诗很多，有《归愚集》《西湖志稿》及选撰《国朝诗别裁集》等。乾隆帝为其所进《归愚集》作序，赞称"其诗伯仲高、王"，高乃高启，王是王士祯。[①]

　　袁枚，浙江钱塘人。"幼有异禀"，12岁时即为县学生，乾隆元年被广西巡抚金鉷保举博学鸿词科考试时，年仅20岁，是267位博学鸿词之士中最年轻者。乾隆三年袁枚参加了顺天乡试，榜上有名，第二年中进士，改庶吉士，散馆后授江苏溧水县知县，不久转江浦县、沭阳县，再调江宁知县。此时两江总督是尹继善，十分赏识袁枚，袁枚亦"遇事尽其能"，事无不举。袁枚深知豪奴奸吏猾役对官府和百姓的危害，宣称必须"严束家奴吏役，使官民无壅隔，则百弊自除"。袁枚历任数县，洞悉民俗士情，善判讼案，不畏强暴。有位贩布商人雇的船在江中碰上战船，一名兵士溺水死，众兵缚捕船夫和布商，到县衙告状。袁枚知道，这并不是船夫故意杀人，而如果累及布商，则必然害得布商倾家荡产，便叫船夫布商上船，"乘风张帆作触舟状，纵之法"，以埋葬钱发兵，了结了案子。侍郎尹会一督学江宁，有两人骑马冲其前麾，且恶言谩骂，声称自己是某亲王府中人员，其他知县皆畏其威，不敢审问。袁枚却不畏淫威，捕捉二人，严厉审问，查明此乃为大将军投书总督之人，搜其箧，查获关节书十余封，袁枚将书信尽行烧毁，重杖二人逐出。袁枚任溧水知县时，迎养其父。其父担心袁枚年轻，无吏才，遂隐瞒姓名，私访乡村，人们皆极口称赞袁枚说："吾邑有少年袁知县，乃大好官也。"不久，袁枚辞官，定居江宁，筑小仓山，号随园，崇饰弛馆，疏泉架石，分为二十四景，读书写诗撰文，优游其园五十年。袁枚著作甚丰，著有《小仓山房诗文集》70余卷，"诗话、尺牍、说部之属，凡三十余种"，其"所为诗文，天才横逸，不可方物"，其神道碑、墓志铭等文，虽纪事颇多失实，"唯骈体最工"。时人总评袁枚说："枚仕虽不显，而备林泉之清福，享文章之盛名，百

　　①《清史列传》卷19，《沈德潜传》；《清史稿》卷92，《沈德潜传》；钱陈群：《赠太子太师大宗伯沈文悫公德潜神道碑》，《清代碑传全集》卷32。

余年来无及者。”[①]

裘曰修，江西新建人，乾隆元年以廪生为顺天府尹陈守创保举，参加博学鸿词考试，未中。第三年，乾隆四年考上进士，改庶吉士，后历任编修、侍读学士、少詹事、詹事、内阁学士，兵部、户部、吏部、工部侍郎，顺天府尹，礼部、刑部、工部尚书，军机大臣等官。在南书房行走多年，并曾任江西乡试正考官、方略馆副总裁、永乐大典总裁、四库全书馆总裁等职，所在各职皆有作为。尤其是多年治河，成效显著，乾隆帝在《御制中州治河碑文》中，称赞裘曰修治河“不惜工，不爱帑，不劳民，水用泄，土计方，上源下游，以次就治”。曾与裘曰修“同直内廷”的戴震评述其人其事说：“（公）在内廷日，多与余旦夕商论，事无巨细，公片言辄中窾要。盖余同官中，习处最久，莫如公，志同见合，相知无间，莫如公。”“公之才，无不优为，而河渠特其一事，顾功施于民，适以此事最著。”“（公）以文学侍从之臣，遍历六部，更兼司撰述，充会典馆总裁，奉敕撰《热河志》《太学志》《西清古鉴》《秘殿珠林》《石渠宝笈》《钱录》等书”，又“自著《诺皋集》并诗文奏疏若干卷”。昭梿在其《啸亭杂录》卷7，《裘文达公》条目中，对裘曰修做了全面的介绍，给予了很高的评价。他说：裘曰修于乾隆元年以廪生荐博学鸿词，四年中进士，大考翰林，名最高，迁侍读学士，“任九卿者三十余年”。“遇事神解超释，每诣一曹，受一职，手文书默然，数日后判决如流”。二十一年，征伊犁，当时任军机大臣、吏部左侍郎的裘曰修，“面奏军务机宜，纯皇帝大悦，以其才似舒文襄，即赐御衣冠，乘传至巴里坤传宣圣意。会逆酋莽阿里克遣其弟诡称押送诸番，探信卡伦，公与哈密镇臣祖云龙缚畀总督发其奸。哈密兵少，有赴巴里坤种地者700人，公请暂留为卫……上皆奖许。公以一介书生，冒矢石行万里外，与陕甘督抚、满洲诸将军计议密勿，而能下协边情，上符睿算，近代儒臣所未有也。公听视机警，受大任举重若轻。上爱其才敏，倚若股肱，凡有事于四方，与大学士刘文正公先后奔走，前命未复，后命又至……足迹常遍天下。公所谳决，无苛严亦无纵舍。尤善治水……所治黄、淮、淝、济、伊、洛、沁、汜等共九十三河，疏排濬瀹，贯穿原委，俱有成效，可为后法。凡遇政事，诸大臣或探圣意，

①《清史列传》卷72，《袁枚传》；孙星衍：《故江宁知县前翰林院庶吉士囊君枚传》，《清代碑传全集》卷107。

嘈口不前，而公独抗声有犯无隐"。裘曰修病逝后，乾隆帝下谕悼惜说："工部尚书裘曰修品学端淳，才猷练达。入直内廷，屡膺使命，宣力年久，倚任方深。……兹闻溘逝，深为悼惜。"①

顾栋高，江苏无锡人，进士，内阁中书。雍正年间，以引见时奏对越次，革职。署江苏巡抚顾琮推举顾栋高参加乾隆丙辰博学鸿词科考试，未取。乾隆十五年举办经学特科时，全国共举40余人，顾栋高为大理寺卿邹一桂推举，甚得众望，授国子监司业。顾栋高以年老不任职，特赐司业衔，官阶正六品。后陛辞还乡，乾隆帝特亲书七言律诗二首相赐。帝南巡时，又加赐顾栋高祭酒衔，官阶从四品，并赐御书"传经耆硕"。顾栋高从小就精经术，"尤嗜左氏传"，著述甚丰，其《春秋大事表》50卷、《舆图》1卷、《附录》1卷，"以春秋列国诸事比而为表，又为辩论以订旧说之伪，凡百三十一篇，条理详明，议论精核，多为前人所未发"。其《毛诗类解》21卷，《续编》卷说"采录旧说，发明经义，颇为严谨"。他还著有《大儒粹语》28卷、《尚书质疑》2卷。时人评论说："大抵栋高穷经之功，《春秋》为最，而《书》则用力少也。"②

刘大櫆，安徽桐城人，副榜贡生，为内阁学士方苞保举，应博学鸿词考试，其试卷被主考官大学士张廷玉黜落。不久，张廷玉知此试卷是刘大櫆所作深为惋惜后悔，乾隆十五年特为荐举刘大櫆参加经学，不幸又未中。后刘大櫆选任黟县教谕，任职数年，辞职返乡。刘大櫆"嗜读书，工为文章"。当其以布衣游京师时，"以古文辞负重名"的方苞，看见刘大櫆送与他的文章，非常称赞，对人说："如苞，何足算耶？邑子刘生，乃国士尔。"刘大櫆"虽游方苞之门，所为文造诣各殊。苞择取义理于经，所得于文者义法。大櫆并古人神气音节得之，兼集庄、骚、左、史、韩、柳、欧、苏之长，其气肆，其才雄，其波澜壮阔。尝著《观化篇》，奇诡似庄子。其他言义理者，又极淳正"。刘大櫆著有《海峰文集》。桐城自方苞为古文之学，刘大櫆继之，姚鼐续起，桐城古文学遂大盛，世人称之为"方刘姚"。③

---

① 《清史列传》卷23，《裘曰修传》；戴震：《光禄大夫工部尚书太子少傅裘文达公墓志铭》，《清代碑传全集》卷33。

② 《清史列传》卷68，《顾栋高传》。

③ 《清史列传》卷71，《刘大櫆传》；姚鼐：《刘海峰先生传》，《清代碑传全集》卷112。

杨述曾，江苏武进人，举人，学者杨椿之子。被户部左侍郎陈树萱保举，参加乾隆元年博学鸿词科考试，未中。过了6年，乾隆七年经会试殿试，得中一甲第二名进士，即榜眼，授编修，历任云南、广东、陕西乡试副考官，陕西乡试正考官，右中允，侍读，日讲起居注官及《通鉴辑览》馆纂修官。杨述曾少承家学，"于诸史尤精心贯串"，对《通鉴辑览》的编成起了很大作用，著有《南圃文稿》20卷。①

（三）金榜题名

乾隆元年（1736年）九月二十七日举行的博学鸿词科考试，有176位"博学鸿词之士"参加，取了一等5位，二等10位；第二年七月十六日的补试，从应试的26位中取了一等1位，二等3位，总共是19位。这19位"博学鸿词之士"是：一等刘纶、潘安礼、诸锦、于振、杭世骏，二等杨度汪、陈兆仑、刘玉麟（刘藻）、沈廷芳、夏之蓉、汪士锽、陈士瑶、齐召南、周长发、程恂；补试一等万松龄，二等朱荃、洪世泽、张汉。

这19位被乾隆皇帝录取的"博学鸿词之士"，大多数确有真才实学，或著作等身，或领袖文坛，或担任要职，政绩卓异，需要做些评介。首先要提到的是丙辰年录取的一等第一名刘纶。

刘纶，江苏武进人，乾隆元年以廪生为江苏学政张廷璐保举，参加博学鸿词科考试，这时，他才26岁。刘纶才华出众，博学多识。《藤阴杂记》载述刘纶考试时的杰出表现说："廷试五六天地中之合赋，诸征士不解所出，公独挥翰如飞。张文和公（张廷玉）故晚公卷，对众朗吟，始共得题解。诗题山鸡舞镜，有句云：'似拟投林方戢戢，可能对语便关关。'一时传诵。时沈归愚宗伯同试未第，俯首曰：吾辈头胪如许，乃不如白面后生，得不愧死！"②考试完毕，刘纶被取为一等一名，授编修，历任侍讲、日讲起居注官、陕西乡试正考官、太仆寺卿、大理寺卿、内阁学士、顺天府尹、侍郎、户部工部吏部尚书、军机大臣、协办大学士、大学士，并相继充任武会试正考官、会试正考官，以及充任《续文献通考》《平定金川方略》、国史馆、《诗经》馆、《平定准噶

①《清史列传》卷71，《杨述曾传》。

②戴璐：《藤阴杂记》卷1，第9页，北京古籍出版社1982年版。

尔方略》《三通》馆诸馆副总裁和国史馆正总裁。刘纶久任九卿、军机大臣、协办大学士、大学士等要职，政绩卓著，清廉俭朴，气度端凝。自乾隆十六年于工部侍郎丁忧归后，"买宅数楹，后服官二十年，未尝益一椽半甃"，"衣履垢敝不改作"。军机京王昶于严冬之时有急奏草稿，夜半到刘纶家，刘纶起床燃烛，"操笔点定"，太冷，叫厨子"具酒脯，而厨传已空，仅得白枣十数枚侑酒。其清俭类此"。考试评文取士时，尤其慎重。他曾经说："衡文始难在取，继难在去，文佳劣相近，一去取间，于我甚易，独不为士子计乎？"因此，他读卷取士之时，"较量分寸，辄至夜分不倦"。刘纶在军机处10年，"与大学士刘统勋同辅政，有'南刘东刘'之称"。卒后，乾隆帝下谕悼惜说："大学士刘纶品行端淳，学问博雅，久直禁廷，简畀阁务，勤劳夙著，倚任方殷"，着加赠太子太傅，入祀贤良祠。①

　　齐召南，浙江天台人，副榜贡生，被浙江总督程元章保举，参加乾隆元年博学鸿词科考试，录取为二等八名，历任检讨、右中允、侍读学士、日讲起居注官、会试同考官，入直上书房。翰林院、詹事府各官大考时，得获一等一名，由从四品的侍读学士升任从二品的内阁学士兼礼部侍郎。先后充任《大清一统志》《会典》《明鉴纲目》《续文献通考》纂修及副总裁。乾隆帝得一面宁古塔古镜，询问廷臣。齐召南详细析述其镜的原委疑识，乾隆帝大喜，称赞齐召南说："是不愧博学鸿词矣"。齐召南"天才敏慧，幼称神童"，"性聪强，读书目下十行，一览终身不忘"。他曾借别人异书八册观阅，第二日还与书的主人说，"已阅讫矣"。主人不信，随便抽出一二册诘问，齐召南一一背出，"不差一字，主人大惊"。乾隆帝南巡时，问致仕在籍的齐召南，天台、雁荡古迹景物如何？齐召南说，未曾游览此二山。帝问："名胜在乡里间，何以不往？"齐召南对答说："臣有老母，孝子不登高，不临深，是以不往。"当时，乾隆帝正奉孝圣皇太后南巡，闻听此言，十分赞奖，"遂不复幸浙东"。齐召南曾说："郦道元《水经注》，明于西北，暗于东南。"他著《水道提纲》30卷，其源流分合，方隅曲折，统以今日水道为主。他又著《尚书礼记春秋三传考证》《史记功臣侯表》5卷、《考证汉书》100卷、《后汉书郡国志》5卷、《隋书律历天文》

---

① 《清史列传》卷20，《刘纶传》；《清史稿》卷302，《刘纶传》；昭梿：《啸亭杂录》卷10，《刘武进相公》。

5卷、《旧唐书律历天文》2卷、《史汉功臣侯第考》1卷、《历代帝王年表》13卷和《后汉公卿表》1卷。①

陈兆仑，浙江钱塘人，进士、知县、内阁中书、军机章京。乾隆元年博学鸿科考试时，被授检讨，历任湖北乡试正考官、日讲起居注官、左中允、侍读学士、顺天府尹、太常寺卿、太仆寺卿，先后充任《大清会典》《明纪纲目》《世宗宪皇帝实录》《续文献通考》纂修官和《续文献通考》总裁。陈兆仑幼年聪慧，7岁就从师傅学习，每天诵书百余行，能通晓其大义，15岁读完《十三经》，旁涉诸子史书，"以博闻强识称于时"。他"精六书之学，尤长经义，于《易》《书》《礼》均有论述"。"其为诗文，不以气炫才，不以词害志，醇古淡泊，清远简放，适如心所欲出"。"京师士大夫奉为文章宗匠"。陈兆仑曾说："吾，书第一，文次之。"梁同书亦称赞他说："我朝不以书名，而书必传者，兆仑也。"陈兆仑著有《紫竹山房文集》20卷、《诗集》12卷。②

杭世骏，浙江仁和县人，家贫力学，借人之书，昼夜阅读，遭父母禁止，遂"篝灯帐中，默诵"。雍正二年（1724年）中举人，乾隆元年参加博学鸿词科考试，被录取为一等五名，授编修。乾隆八年二月，天旱，乾隆帝欲得直言及通达治体之臣，考试翰林等官。杭世骏参加了考试，未到中午，即写完数千言的条陈，讲了四件事，尤其是力言用人应该满汉一视同仁，批评重满轻汉之弊，又强调要重用江南人士，不能重用边省人才。杭世骏说："意见不可先设，畛域不可太分。满洲才贤虽多，较之汉人仅十之三四，天下巡抚，尚满汉参半，总督则汉人无一焉，何内满而外汉也？三江两浙，天下人才渊薮，边隅之士，间出者无几，今则果于用边省之人，不计其才，不计其操履，不计其资俸，而十年不调者，皆江浙之人，岂非有意见畛域？"③

杭世骏所说现在重用边省人士，不重视江南人才的意见，是错误的，既不符合江浙人占据九卿、巡抚多数名额的实际情形，又太存偏见，自视太高，把江南人士捧入九霄，贱视边省人才，理应予以驳斥。但是，杭世骏所说朝廷重满轻汉之弊，确实存在着，而且十分严重，带

①《清史列传》卷71，《齐召南传》。
②《清史列传》卷71，《陈兆仑传》。
③《清高宗实录》卷184，第7、8页。

来的危害也很大，需要改正。此议可说是切中时弊，这是清朝建国以来无人敢予评议、反对的一项大大的弊政。杭世骏敢于直斥这一大弊，确实难能可贵，但也因此差点给他招来杀身之祸。

自诩明君的弘历，读了杭世骏的奏疏后，怒火冲天，大发雷霆，立即谕告大学士，对杭世骏严厉斥责说：

"国家选举人才，量能器使，随时制宜。自古立贤无方，乃帝王用人之要道，满汉远迩，皆朕臣工联为一体，朕从无歧视。若如杭世骏之论，必分别满洲、汉人，又于汉人之中，分别江浙边省，此乃设意见分畛域之甚者，何所见之悖谬至此。况以现在而论，汉大学士三缺，江南居其一，浙江居其二，汉尚书六缺，江南居其三，侍郎内之江浙人，则无部无之，此又岂朕存畛域之见，偏用江浙之人乎？至于用人之际，南人多而间用北人，北人多而又间用南人，督抚之中，有时满多于汉，或有时汉又多于满。唯其才，不唯其地，亦因其地，复量其才，此中裁成进退，权衡皆出自朕心，即左右大臣亦不得参预，况微末无知之小臣乎！且国家教养百年，满洲人才辈出，何事不及汉人。杭世骏独非本朝臣子乎，而怀挟私心，敢于轻视若此，若稍知忠爱之义者，必不肯出此也。杭世骏着交部严察议处。"[①]

乾隆帝此谕，纯系诡辩，他特别强调江浙人士占据九卿督抚要职，却对满重汉轻轻描淡写，甚至歪曲总督一职满多于汉的实际，吹嘘什么"满洲人才辈出，何事不及汉人"，未免睁眼说瞎话，近乎厚颜无耻了。"满洲根本"，乃历代清帝的根本方针，总督多系满洲和汉军，而且明文规定川陕总督是满缺，只有满洲和汉军人才能担任，山西巡抚、陕西巡抚、甘肃巡抚亦是满缺，怎能说成是"督抚之中"，"有时汉又多于满"？更为谬误的是，堂堂天朝大皇帝竟动用至高无上的帝威，将应诏进奏直言时弊的杭世骏交部严察议处，随即以"溺职例"革去杭世骏官职。

杭世骏罢官回乡后，"杜门奉母，益并力肆志，发挥才藻"，著有《续礼记集说》100卷，及《石经考异》《史记考证》《三国志补注》《补晋书传赞》《北齐书疏证》《续方言》《经史质疑》《续经籍考》

---

① 《清高宗实录》卷184，第7—9页。

《两浙经籍志》《词科掌录》《词科余话》《两汉书蒙拾》《文选课虚》《道古堂集》《鸿词所业》《榕城诗话》《亢宗录》等书。他还刻有《岭南集》。其诗"风格遒上，最为当时所称"。他曾作《方镜诗》二十四首，"一时辇下传诵和者几及千家"，连乾隆帝也很欣赏其诗，曾在巡幸塞外天雨新霁时，在马上吟"迎风苇露清于染，过雨山痕澹人诗"二句，对侍臣说："此杭世骏诗也，惜其没福耳。"①

沈廷芳，浙江仁和县人，监生，参加博学鸿词科考试，被录取为二等四名，授庶吉士，后历任编修、监察御史、山东登莱青道、河南按察使、山东按察使。直言时弊，问民疾苦，致仕时数千人涕泣长送。沈廷芳著述甚丰，有《理学渊源》10卷、《十三经注疏正字》80卷、《续经义考》40卷、《鉴古录》16卷、《古文指授》4卷、《隐拙斋诗集》30卷和《文集》20卷。②

夏之蓉，江苏高邮人，进士，乾隆元年博学鸿词科考试时，被录取为二等五名，授检讨。乾隆九年充任福建乡试正考官，十年提督广东学政，十三年督学湖南。夏之蓉"天才宏放，通经史，善诗文，于风骚之旨，能究其源流正变之所在。方苞称其古文可方侯、魏"。夏之蓉的诗以杜甫、韩愈、苏轼三家为宗，"沉雄雅健，长于论古，歌行尤跌宕淋漓"。著有《兴艺录》《汲古论》《读史提要录》《半舫斋偶集》《半舫斋诗文集》等书。③

陈士瑶，浙江钱塘人，生员，乾隆元年参加博学鸿词科考试，录为二等七名，授庶吉士，散馆后任户部主事，先后充任顺天乡试同考官、四川乡试副考官、郎中、江西端州府知府。陈士瑶"持躬廉介"，"官户部时，清案牍，豁拖累，不与同官立异，亦不曲徇上官"，病逝之日，"家无余财"。陈士瑶的诗，"谨守绳墨，而气骨颇遒，早年追踪汉、魏，步趋三唐，晚乃出入白、苏、黄、陆"。著有《梦碧轩诗钞》10卷、《文钞》10卷和《使蜀集》。④

周长发，浙江山阴人，进士，广昌县知县，博学鸿词科考试时，录

①《清史列传》卷71，《杭世骏传》；国史稿文苑传稿《杭世骏传》，《清代碑传全集》三编，卷36。

②《清史列传》卷71，《沈廷芳传》；汪中：《沈廷芳行状》，《清代碑传全集》卷84。

③《清史列传》卷71，《夏之蓉传》。

④《清史列传》卷71，《陈士瑶传》。

为二等九名，授检讨，后迁侍读学士，因事降侍讲。周长发少年时"刻励为诗文，才华敏捷，时比张鹏翀"。两次奉旨前往祭告嵩华、吴山、江淮等处，"归时诗必成帙"。曾参与纂修《纲目》《皇明文颖》，校刊《辽史》《续文献通考》《词林典故》等书，并著有《赐书堂集》，诗数千篇，后汰存十之一，为八卷。①

诸锦，浙江秀水人，进士，庶吉士，金华府教授，乾隆元年博鸿词科考试时，录为一等三名，授编修，官至左春坊左赞善，曾相继充任福建乡试正考官和山西乡试副考官。诸锦少年丧父，家贫，酷嗜读书，"生平浸淫典籍，寝食俱废，闳览博物，于笺疏考核尤精"。著有《毛诗说》《通论》《补缋礼》《夏小正诂》及《绛跗阁诗》11卷，并辑录浙中耆旧诗为《国朝风雅》，共12册。

在丙辰博学鸿词科考试时录取的15名博学鸿词之士中，官阶仅次于大学士刘纶的是刘藻。刘藻，山东菏泽人，原名刘玉麟，由举人任观城教谕，官阶正八品。乾隆元年经山东巡抚岳濬保举，参加博学鸿词科考试，录为二等三名，授检讨，改名刘藻，历任右中允、侍读、太常寺少卿、右通政、左佥都御史、通政使、内阁学士、布政使、云南巡抚、云贵总督、湖广总督。刘藻虽然长于文学，为官也还廉洁，上过一些比较好的奏疏，但他在云贵总督任内遇到缅甸军队进扰边境时，怯于征战，不谙用兵，调度无方，讳败为胜，御敌无策，贻误了军机，遭到乾隆帝的严厉斥责，遂畏罪自杀。②

对于乾隆元年举办的丙辰"博学鸿词科"的评价，前人有些论述。余金（徐锡麟、钱泳两位合著者的姓氏偏旁相加的化名）的《熙朝新语》评论说："本朝自康熙己未至乾隆丙辰，两开制科，得人之盛，旷古罕闻。"丙辰科虽"较康熙己未取数较隘，然榜首刘文定公纶起家词赋，洊历政枢，明良契合，千载一时，实与王文恭公先后媲美云"③。福格的《听雨丛谈》卷4，《博学鸿词制科·经学制科》说："此三科得人最盛，本朝著作之家，多出于此。丙辰一科，刘纶荐自张廷璐，而拟试题出于其兄大学士张廷玉之手，刘又年逾逾冠，一时未录未荐之士乃谓出于宿构，造作歌词。要之公道具在，凡应荐之士，无论取落，皆非村

①《清史列传》卷71，《周长发传》。

②《清史列传》卷23，《刘藻传》。

③余金：《熙朝新语》卷10。

儒俗士侥幸得名者可比也。"光绪三十年（1904年）甲辰科探花商衍鎏于1956年撰写的《清代科举考试述录》中，评述丙辰"博学鸿词科"说："张廷玉主试事，托慎重之名，苛绳隘取，如淹通经史之桑调元、顾栋高、程延祚、沈彤、牛运震、沈炳震，文章诗赋之厉鹗、胡天游、刘大櫆、沈德潜、李锴，他如裘曰修、钱载等，皆一时续学能文者，俱未人选，颇失士林之厚望焉。"①

　　总的看来，丙辰博学鸿词科的被荐举者和录取者，或是诗文高手，或系经史名家，或是才华横溢之文坛泰斗，或为著作等身的一代大儒，有的还体恤民情，善断疑案，革弊兴利，政绩卓著。这二百多位被举被录之人当中，大多数确有真才实学，"绝非村儒俗士侥幸得名者"，不愧为"博学鸿词之士"。问题主要出在录取名额太少，有些才子不该落选。但是，尽管有不少缺点，这次丙辰博学鸿词科还是尽可能地网罗了当时最有才华最有学问的"博学鸿词之士"，可以说是群英荟萃了。

　　弘历继位为君的前几年里，也就是所谓的"乾隆初政"，"政尚宽大"，纠错革弊，平定苗疆，议和准部，举办"博学鸿词科"，以及屡蠲钱粮等"恤民"措施，使得政局平稳，人心安定，军费大量减少，为乾隆帝今后进一步发展经济，惩办贪官，整顿吏治，充盈国库，增强国力，文治武功兼备，促成"大清国全盛之势""全盛之时"，提供了十分重要的有利条件，也受到朝野的称赞。原礼亲王昭梿在其所著的《啸亭杂录》卷1，《纯皇初政》中对此写道："纯皇帝即位时，承宪皇严肃之后，皆以宽大为政。罢开垦、停捐纳、重农桑、汰僧尼之诏累下，万民欢悦，颂声如雷。吴中谣有'乾隆宝，增寿考，乾隆钱，万万年'之语。一时辅佐之臣如鄂文端尔泰、杨文定名时、朱文端轼、赵泰安国麟、史文靖贻直、孙文定嘉淦，皆理学鸿儒，见识正大，故为一代极盛之时也。"

---

　　① 商衍鎏：《清代科举考试述录》，第144页，人民出版社1958年版。

第二编　"惠养元元"

一、蠲租减赋　普免全国钱粮

（一）民有恒产　"本固邦宁"

乾隆皇帝多次下达抚爱百姓的谕旨，宣布自己即位以来，便"以爱养百姓为心"，为了"加意培养元元""爱养黎元""加惠元元""爱养民生"，而"朝乾夕惕"，日夜操劳，励精图治，革弊兴利。[①]为什么乾隆如此的"爱养百姓"？这些话是言而不行的陈词滥调，还是确有实情？看来还需仔细分析他的一道重要谕旨。

雍正十三年（1735年）九月二十五日，刚即位22天的乾隆皇帝，给庄亲王允禄、果亲王允礼、大学士鄂尔泰与张廷玉等总理事务王大臣，下了一道类似施政纲领的、十分重要的长谕，现摘录如下：

"从来帝王抚育区夏之道，唯在教养两端。盖天生民而立之君，原以代天地左右斯民，广其怀保，人君一身，实亿兆群生所托命也。书称正德利用，厚生惟和，又云惟土地爱厥心臧。盖恒产恒心，相为维系，仓廪实而知礼义，理所固然，则夫教民之道，必先之以养民，惟期顺天因地，养欲给求，俾黎民饱食暖衣，太平有象，民气和乐，民心目顺，民生优裕，民质自驯，返朴还淳之俗可致，庠序孝悌之教可兴，礼义廉耻之行可敦也。……皇祖圣祖仁皇帝，六十余年，久道化成，重熙累

---

①《清高宗实录》卷14，第5页；卷90，第19页；卷161，第1页；卷172，第34页；卷242，第9页；卷243，第7页。

洽，所以惠养元元，礼陶乐淑者，至周至备。惟是国家承平日久，生齿日繁，在京八旗及各省人民，滋生繁衍，而地不加广，此民用所以难充，民产所以难制也。……今朕继承大统，身为人主，衣租食税……安忍己垂裳而听天下之民之有寒不得衣，己玉食而听天下之民有饥不得食者乎。……朕日夜兢兢，时廑本固邦宁之至虑。……爰赖中外诸臣，共体朕心，以成朕志，于民生日用所由阜成，民生乐利所由丰豫之处，在在求其实际，事事谋其久远……勿朘民生以厚己生。"①

乾隆帝在这道诏谕中，讲了四个问题。其一，"本固邦宁"。他着重指出，自己日夜操劳，兢兢业业，"时廑本固邦宁之至虑"，时时刻刻考虑本固邦宁之事。他在策试天下贡生之制书时又强调说："盖君之于民，其犹舟之于水耶。舟不能离水而成其功，人主亦不能离民而成其治。"②这君民之间的舟水关系，最早是唐太宗李世民提出来的。太宗教导太子李治说："舟所以比人君，水所以比黎庶，水能载舟，亦能覆舟。"李世民的这一名言，是在正确总结隋炀帝杨广因残暴荒淫劳民虐民而亡国的经验教训时讲的，从此以后，成为后代欲图有所作为的君主的座右铭。乾隆帝引用前朝"本固邦宁"与君民犹如舟水的铭言，就是讲要处理好君民关系，要"爱养元元"，要让百姓能够过上比较安定的日子，不致饥寒交迫，无以维生，铤而走险，揭竿起义，危及大清王朝。

他这样说，是因为确有前车之鉴。汉唐以来中原王朝兴衰之例姑且不谈，就以清朝而言，这位每日必读太祖、太宗、世祖、圣祖、世宗五朝实录的乾隆皇帝，对本朝之龙兴、开国、安邦、治国的历史，是十分熟悉的。《清太宗实录》卷3记载得非常清楚：天聪元年（1627年）由于"国中大饥，斗米价银八两，人有相食者"，因而"盗贼繁兴，偷窃牛马，或行劫杀"。群臣奏请按律严惩，以图止息，太宗拒绝说，因"年饥乏食，致民不得已而为盗耳"。遂大发帑银，"散赈饥民"。《清圣祖实录》卷293、294、295记述朱一贵大起义情形时载称：台湾知府王珍纵役生事，滥捕无辜人民，游击周应党"纵番妄杀"，台民愤怒，朱一贵率众起义。康熙帝谕告台湾百姓说：尔等俱系内地之民，"或为饥寒

---

① 《清高宗实录》卷3，第30—33页。

② 《清高宗实录》卷164，第1、2页。

所迫，或因不肖官员刻剥”，遂致生变，“原其致此之罪，俱在不肖官员”，尔等宜停战就抚。他又下旨，严厉斥责“台湾府文职官员平日并不爱民，但知图利苛索”，“但知肥己，刻剥小民，激变人心，聚众叛逆”，令将道职以下文官全部捉拿，审明后即行正法。这些活生生的事例，就是乾隆帝强调“本固邦宁”的历史依据。

其二，“恒产恒心”。乾隆帝认为，要想做到“本固邦宁”，就必须使民有恒产，因为，恒产与“恒心”是“相为维系”的，有了恒产，便能产生恒心，百姓有吃有穿，“饱食暖衣”，仓有余粮，才能“知礼义”“民生优裕”“民质自驯”，这样，民心顺，四海安宁，“太平有象”；如果民贫如洗，饥不得食，寒不得衣，哪怕酷刑滥杀，民亦将起而反抗，天下难以太平了。有一次举行仲春经筵时，讲官三泰、任兰枝讲解孟子的一个重要论点，谈到“圣人治天下，使有菽粟如水火。菽粟如水火，而民焉有不仁者”。乾隆帝完全赞同孟子之论，宣谕说：“民为邦本，食乃民天，菽粟如水火，斯民敦礼让之习，户有盈宁之象，仁风于是乎兴焉。”①

其三，“生齿日繁”，“民用难充”。乾隆帝清醒地分析了当前形势，认为民间现状颇为严峻，在谕中着重指出，满汉人民“生齿日繁”“地不加广”，人多地少，因而“民用难充”“民产难制”。因为这是一道纲领性的谕旨，不可能详细阐述，所以他只这样原则性地讲了几句，话虽不多，却包含了丰富的内容，有在此前后大量的数字和事例为其依据。先就“生齿日繁”而言，这是乾隆朝的一大难题。明万历六年（1578年），全国在册人口为一千零六十二万余户，六千零六十九万余口，经过明末清初长期征战，清顺治八年（1651年）在册人丁下降为一千零六十三万余丁。康熙帝、雍正帝励精图治，人口逐渐增加，康熙六十一年（1722年）在册人丁为二千五百三十万余丁，到雍正十二年（1734年）又增加了一百一十余万丁。乾隆一朝，人口猛烈增长，乾隆六年（1741年）在册人口为一亿四千三百四十余万人，二十七年（1762年）突破两亿大关，为两亿零四十余万人，再过三年，又增加了六百五十余万人，此后还在迅速增长。

人口激增，田地却未能如此相应增加。明万历六年全国在册民田为七百零一万余顷，加上屯田五十九万顷和官田，约为七百七八十万顷。

①《清高宗实录》卷86，第2页。

过了将近二百年，乾隆十八年（1753年）全国在册民田七百零八万余顷，加上屯田、学田、旗地、官田，约为七百五十二万余顷，不仅没有增加，反而比万历六年减少了二十余万顷。当然，这是官方所载征收赋税之土地数，实际数字肯定还要更多，乾隆时的耕地总数必然超过了一百九十余年前明万历六年的田地数量，但上述这些数字也可表明，田地增加的速度，远远不如人口滋生之快。

人多地少的直接后果，就是康熙中期以后，尤其是乾隆年间，社会生活中出现了两大令人震惊的奇怪现象，即地价上涨粮食昂贵。以号称"鱼米之乡"的江苏无锡为例，顺治初，一亩良田不过卖银二三两，康熙年间涨至四五两，至乾隆初年，价又渐涨，到二十九年、三十年，涨至七八两一亩，多者十余两一亩。湖南平江县朱谦益于康熙五十七年绝买田三十五亩，价银三十五两，乾隆十年绝卖与人，得银五百四十两，27年内，田价增长了14倍。乾隆帝曾因谷米价昂专门下谕给各省督抚，询问其情和原因，督抚之奏，大同小异，皆一致认为粮价太贵，且与人多地少田贵密切相连。比如，江西巡抚开泰奏称："米贵之故……大抵由于生齿日繁，地方官奉行未善，各省田亩，初值银数两者，今值十数两。"云贵总督张允随说："米贵之由，一在生齿日繁，一在积贮失剂。……天下沃野，首称巴蜀，在昔田多人少，米价极贱，雍正八九年间，每石尚止四五钱，今则动至一两外。……国家定蜀百余年，（外省去川之人）户口之增不下数十百万，而本地生聚，尚不在此数，一省如此，天下可知，此时势之不得不贵者。"贵州按察使介锡周呈称，雍正四年，"人烟疏散"，京斗米一石价银四钱五分，现人口日增，厂矿人员一二十万，米价上涨，丰年亦需七八九钱一石，歉岁则卖一两二钱至二两左右。[①]署理湖北巡抚彭树葵说，康熙年间，"户口未繁"，上游之四川、湖南，"人少米多，商贩日至"，因此米价低贱，湖北"遂号称产米之乡"，现在户口增多，田价渐贵，粮价"年复一年，有长无落"。[②]湖南巡抚杨锡绂更道出了粮价、地价与土地兼并集中的内在联系，认为米谷之贵，主要由于"户口繁滋"和"田归富户"。他说：康熙年间，稻谷上市时，每石谷不过二三钱，雍正时需四五钱，今则必需五六钱，"盖户口多则需谷亦多"。清初，"地余于人，则地价贱"，

①《清高宗实录》卷311，第28、29、44、46页。
②《清高宗实录》卷311，第33页。

"承平既久，人余于地，则地价贵"，以往每亩一二两者，今卖七八两。"近日田归富户者，大约十之五六，旧时有田之人，今俱为佃户，岁入难敷一年口食，必须买米接济。[①]

其四，"勤政爱民"。乾隆帝认为，要想克服困难，使民有恒产、恒心，达到"本固邦宁"，人君必须勤理国政，为民兴利，内外官员必须善体帝心，实现君之志愿，讲求利民富之法，不得欺压百姓盘剥人民，"勿朘民生以厚己生"。他很了解贪官污吏损民利己的弊端，对此深恶痛绝。就在上述之谕下达后的第四月，乾隆元年正月初二日，他给总理事务王大臣下了一道专谕，责令督抚"务休养，戒废弛"。他首先强调说："为治之道，在于休养在民，而民之所以休养，在乎去其累民者"，使其能"各谋其生，各安其业"，然后才可见其富足之日。紧接着，他斥责督抚大臣或"以苛察为才能"，或昏庸寡识，为属员蒙蔽，以致"累民之事，往往而有"。他具体指出各种弊端：催征钱粮，"而差票之累，数倍于正额"；拘讯讼狱，"而株连之累，数倍于正犯"；抽分关税，"而落地、守口、给票、照票，民之受累，数倍于富商巨贾"，"如此等者，不可枚举"。"以此扰累吾民，无怪乎民多不得自安其生业，而朝廷之德施，终不能尽致闾阎于康阜也"。他要求督抚董率属员，"务以休养吾民为本"，尽除"一切扰累之事"。[②]

乾隆帝即位之初颁下的这道谕旨，是他执政期间的重要施政纲领，在相当长的时间里，他确实在努力作为，勤理国政，"爱养百姓"，革弊兴利，以图达到民有恒产、恒心，本固邦宁。他在乾隆四年四月十二日谕告群臣说："朕自维即位四年以来，朝乾夕惕，无非以爱养民生为念，凡有利民之政，无不兴举，害民之事，靡不革除，寤寐焦劳，唯恐一夫不获其所。"[③]这不仅是他对自己登基四年来治政的自我总结，在以后相当长时间里，他也是这样自勉、自责和努力的。

（二）蠲租为"爱民"之首务

乾隆帝认为，使民有恒产、对民最为有利的事，是轻徭薄赋，减免钱粮。他曾下谕明确讲道："朕爱养元元，时以轻徭薄赋为念，凡遇各

①《清高宗实录》卷311，第34—37页；《清史列传》卷18，《杨锡绂传》。

②《清高宗实录》卷10，第2、3页。

③《清高宗实录》卷90，第19页。

省应免钱粮之处，一经查确，即予蠲除，以纾民力。"①他又谕告王公大臣说："诚以民为邦本，治天下之道，莫先于爱民。爱民之道，以减赋蠲租为首务也。"②

乾隆朝蠲免钱粮次数之多和数量之多，在历代封建王朝中，可以说是空前绝后。蠲租的理由和方式，多种多样，主要有四类：一为灾蠲。或倾盆大雨，洪水泛滥，河堤决口，一片汪洋，冲塌村庄，淹死人畜；或久旱不雨，田地龟裂，赤地千里，颗粒无收，或蝗虫蔽天遮日，百万虫军席卷大地，所过庄稼尽遭摧残；或大地大震，天崩地裂，房屋倒塌，黎民死伤等灾荒，均可减免赋租。二为恩蠲。新皇登极，太后、天子五旬、六旬、七旬、八旬万寿，恭上帝后徽号，庆贺武功等大喜之日，常下恩诏，蠲租减税。三为事蠲。或系遣军出征，用兵所在州县供应军需，劳民伤财，或系皇帝出巡，沿途供办皇差，耗银费力；或因修建宫殿陵园，工程浩大，有关地方疲累不堪等，也可分别减免。四为"逋蠲"。额征钱粮，历年积欠，年复一年，愈欠愈多，根本无力交纳，到了一定时间，被恩准减免。另外，还有其他情形，如旧额赋重，予以减少，无地"浮粮"，免于征收等。蠲租数量也多少不一，有的全免，有的按一定比例减免，但总的说来，数量还是很大的。

雍正十三年九月初三日，乾隆帝举行登基大典，特颁恩诏大赦天下，其中专有一条，规定"各省民欠钱粮，系十年以上者，着该部查明具奏，候旨豁免"。③过了二十天，九月二十三日，他又谕总理事务王大臣，再免民欠，宣谕说：欲继皇考"惠养黎元之至德，俾服畴力穑之人，均沐恩膏，积逋全释"，故特行降旨，"将雍正十二年以前各省钱粮实在民欠者，一并宽免"。从前江南积欠钱粮内之"官侵吏蚀二项"，系从民欠中分出来的，当时承办之官员处理很不妥当，现在将此欠粮亦"照民欠例宽免"。④这次蠲免的范围很广，数量很大，全国各州县，凡有施欠钱粮者，均一律免除。虽然目前尚未发现有关此次免除欠赋总数的材料，但可以肯定，其数是很大的，姑举二例为证。邻近畿辅的山东省，雍正二年在册土地为九十六万余顷，应征田赋银三百万零七

---

①《清高宗实录》卷93，第20页。

②《清高宗实录》卷9，第3页。

③《清高宗实录》卷2，第8页。

④《清高宗实录》卷3，第15页。

千余两、米四十七万余石，麦三万余石，从康熙五十八年至雍正十二年，积欠三百余万两，经河东总督王士俊、山东巡抚岳濬奉雍正帝之旨严厉催征，收了一百七十余万两，其余一百二十余万两，根据上述恩诏，全部蠲除。江南省（江苏、安徽）逋赋情况十分严重，雍正帝严令大臣清查，雍正十年查明，从康熙五十一年至雍正九年，所属州县积欠钱粮一千零一十一万余两，其中，"官侵"（官员侵占）、"吏蚀"（吏胥吞蚀）为四百七十二万余两，"实在民欠者"为五百三十九万余两。这"民欠"五百余万和"官侵""吏蚀"四百余万，总共一千万余两，相当于全国一年田赋总数的三分之一，这笔巨额欠赋，亦被乾隆帝全部免掉。①

乾隆二年，免甘肃全省田赋和陕西田赋的一半，约赋银一百二三十万两。四年三月二十二日，乾隆帝特下蠲，免直隶、江苏、安徽三省田赋诏谕说："朕切念民生，时廑宵旰。"或各省督抚陛见，或遇司道官员请训，"务以编氓疾苦，备细咨询，唯期海隅仓生，培固元气，庶臻家给人足之风"。近年畿辅歉收，江南上年遇旱，"遂使吾民有乏食之虞"，因此，特颁谕旨，将直隶地丁钱粮蠲除九十万两，蠲苏州巡抚所属地丁钱粮银一百万两，免安徽六十万两赋银。②七年，他又下谕：雍正十三年，江苏、安徽、福建三省民欠正项钱粮银十七万余两，甘肃、福建、江苏三省欠米、豆、粮九万余石，甘肃欠草一百零七万余束，江浙二省欠漕项银七万余两、米二万余石等，皆一律免征，"务令闾阎均沾实惠"。③

乾隆帝多次离京，到奉天、承德、山西、山东、江苏、浙江等省区拜谒祖陵、行围、祭孔、巡幸，每次都要蠲免所在州县钱粮。乾隆二年，至易州安葬"皇考"世宗，他以沿途七个州县民人"趋役勤慎"，谕免今年田赋。六年，因北京至热河、木兰行围所过州县"安营除道""有资民力"，命减今年额赋十分之三。八年，往盛京拜谒祖陵，照行旧例，免所过州县本年额赋十分之三，又免盛京户部庄头七年所欠米豆草束和八年应交仓粮。十一年至山西五台，十三年往山东曲阜，十五年到易州，至河南祥符、登封二县，皆分别蠲减租赋。十六年出巡江浙，

①《清高宗实录》卷115，第4页。

②《清高宗实录》卷89，第8页。

③《清高宗实录》卷14。

免除江苏省乾隆元年至十三年积欠地丁银二百二十余万两及安徽欠银三十万两，蠲浙江省本年额赋银三十万两。史称从乾隆元年至十八年，乾隆帝共免赋银两千四百九十余万两，"粮米称是"。①这还不包括登极恩诏所蠲一两千万两积欠田赋和乾隆十年的普免全国钱粮，可见蠲赋次数之多数量之大。

除这些临时蠲减时，乾隆帝曾多次下谕，豁除不少州县无法交纳的"虚粮"。江浙苏州、松江、嘉兴、湖州四府州，因系明初籍富民之田为官田，按其私租定为官赋，故赋税特重，雍正帝有所豁免，乾隆帝又下谕"再除江省浮粮银二十万，以纾民力"。江苏淮安府桃源县、徐州府宿迁县和睢宁县，濒临黄河，沿河地亩潦涸不常，雍正五年河复故道，旧潦之地涸出，河道总督以此为新淤田产，三县共报升科地一万两千九百余顷，经雍正帝委员查核，豁除七千二百余顷，其余五千七百余顷按则纳粮。乾隆帝对此下谕说："朕以爱养百姓为心"，既知真情，"自当加恩开除"，将此三县所谓新淤地钱粮全部豁免。安徽泗州原报新淤地九千八百余顷，雍正帝开除八千六百余顷，乾隆帝以此处水势涨落不定，收成难保，将剩下的一千二百余顷新淤地田赋免除。灵壁县五湖田地低洼，波淹之区极难涸出，应纳粮地两千五百余顷，其赋亦予开免。山东剡城等二十八个州县遭大水灾之后的"沙存冲压地"一千三百余顷，需纳地丁银五千余两，以及章丘县"缺额粮银"三千九百余两，亦予永远豁免。江苏高淳县，明朝有草场田五千余顷，现因其田久非马户承耕，人民既纳田赋又交场租，特令除其赋额。山东济宁州、鱼台县水淹地土九百七十余顷，海丰、利津等州县"水冲沙压地"九百八十余顷，额征粮银一概免除。②乾隆三十年以前，共豁免浮粮、虚赋数十万两。这一切，对减轻民间困苦，起了不小的作用。

（三）五次"普免天下钱粮"

以减租蠲赋为"爱民"之"首务"的乾隆皇帝弘历，不仅多次地、大规模地按地区蠲减各处正额租赋，而且还于乾隆十年、三十五年、四

---

① 《清高宗实录》卷196，第13页；卷205，第22页；《清文献通考》卷4；王庆云：《石渠余纪》卷1，《纪蠲免》。

② 《清高宗实录》卷8，第20页；卷24，第12页；《清文献通考》卷4；王庆云：《石渠余纪》卷1，《纪免科》。

十三年、五十五年及嘉庆元年（1796年）五次下达普免全国一年钱粮的谕旨，而且还三次全免南方漕粮（一次为米四百万石），累计蠲免赋银二万万两，相当于将近五年的全国财赋收入，其数量之多，是空前绝后的。现将第一次乾隆十年正月初六日免赋的上谕摘录如下，做些分析，以便更好地了解这位英君下旨免赋的原因、目的和影响。乾隆帝在这道旨中宣谕说：

"……朕临天下，十年于兹，抚育蒸黎，民依念切，躬行俭约，薄赋轻徭。……今寰宇敉宁，既鲜靡费之端，亦无兵役之耗，所有解部钱粮，原为八旗官兵及京员俸饷之所需，计其所给，较之宋时养兵之费，犹不及十之一二。至于各处工程，为利民之举者，亦只取于存公银两，即朕偶有巡幸，赏赉所颁，亦属无几，是以左藏尚有余积。……朕思海宇乂安，民气和乐，持盈保泰，莫先于足民。况天下之财，止有此数，不聚于上，即散于下。仰唯我皇祖在位六十一年，蠲租赐复之诏，史不绝书，又曾特颁恩旨，将天下钱粮普免一次。……朕以继志述事之心，际重熙累洽之候，欲使海澨山陬，一民一物，无不均沾大泽，为是特降谕旨，将丙寅年（十一年）直省应征钱粮，通行蠲免。其如何办理之处，着大学士会同该部，即速定拟具奏。"①

乾隆帝这次普免钱粮的谕旨及其实施办法，表明了三个问题。

其一，效法皇祖。乾隆帝对祖父康熙帝十分崇拜，常讲"以皇祖之心为心""以皇祖之事为事"，以皇祖为楷模，效其所行，法其所事，达到皇祖所取得的伟大成就，在此基础上有所发展，功勋更著，是他毕生追求的一个重要目标。他把蠲租作为"爱民"之"首务"，亦与此有着密切的联系。康熙帝读过汉文帝赐民田租诏后曾着重指出："蠲租乃古今第一仁政，下至穷谷荒陬，皆沾实惠，然必宫廷之上力崇节俭，然后可以行此。"②祖、孙对蠲租之同样重视，显然是贤孙继承祖志仿其所行。

康熙四十九年（1710年）十月初三日，康熙帝谕告户部普免全国一年钱粮说：

①《清高宗实录》卷242，第9、10页。

②王庆云：《石渠余纪》卷1，《纪蠲免》。

"……（朕）每思民为邦本，勤恤为先，政在养民，蠲租为急。……百姓足，君孰与不足，朝廷恩泽，不施及于百姓，将安施乎！……而民生所以未尽殷阜者，良由承平既久，户口日蕃，地不加增，产不加益，食用不给，理有必然。朕洞瞩此隐，时深轸念，爰不靳敷仁，用□民力。……自明年始，于三年以内，通免一周，俾远近均沾德泽。直隶、奉天、浙江、福建、广东、广西、四川、云南、贵州所属，除漕项钱粮外，康熙五十年应征地亩银共七百二十二万六千一百两有奇，应征人丁银共一百一十五万一千两有奇，俱着察明全免，并历年旧欠共一百一十八万五千四百两有奇，亦俱着免征。其五十一年、五十二年应蠲省份，至期候旨行。"①

过了34年，圣祖康熙帝钟爱之贤孙乾隆帝弘历，亦下了同样的谕旨，专门讲到皇祖全免一年钱粮之事，宣布普蠲全国一年租赋，其实施办法亦沿此例。大学士、一等公讷亲等遵旨于乾隆十年（1745年）六月二十四日议奏：查康熙五十一年（1712年）蠲免天下钱粮，将各省分作三年全免一周。查全国地丁钱粮额银共两千八百二十四万余两，请将直隶、奉天、江苏、西安（陕西）、甘肃、福建、四川、湖南、云南、贵州等省银一千零四十二万余两，于十一年全免，浙江、安徽、河南、广东、广西等省银八百六十二万余两于十二年全免，山东、湖南、湖北、江西等省银九百一十九万余两于十三年免除。耗羡银照旧输纳，留充地方公用。帝从其议。不久又规定，原来不在蠲免范围内的甘肃"番粮草束"，福建、台湾之粟米，四川之"夷赋"，陕西、西宁的马贡，西南官庄义田，广东官租学租，浙江滨海之租谷租银，直隶固安、霸安之旗户屯粮，奉天之米豆，山西之本色兵饷，遇该省届免之年，一律停其输纳。②将此和康熙免租相比较，确是十分类似，只不过康熙四十九年十月之诏还免了各省积欠和应届漕运钱粮，而乾隆十年之谕未提此事，仅此差别而已。

其二，知难而进。普免全国一年钱粮，并非轻而易举，没有一定的物质条件，没有很大的勇气，是不能施此特恩的。经过十年的苦心经

①《清圣祖实录》卷244，第2-4页。

②《清高宗实录》卷243，第14页；王庆云：《石渠余纪》卷1，《纪蠲免》。

营，国家财政进一步好转，国库存银有所增加，"左藏尚有余积"，为乾隆帝普免租赋提供了一定的必要条件。但是，十年的时间，并不太长，积累的帑银毕竟有限，兼之，租赋已蠲免上千万两，乾隆七年黄河、淮河涨水，赈济江苏、安徽饥民用银一千余万两，各项支出又大量增加，财经状况不能说可以使人安枕无忧。乾隆六年，户部左侍郎梁诗正奏述收支情形说："度支经费，莫大于兵饷"，每年春秋二拨解部银，多则七八百万两，少则四五百万两，而京中各项支销，合计需一千一二百万，入不敷出。因为，八旗兵饷和绿营军费日增，雍正元年以前各省绿营总额为五十八万余名，后用兵准噶尔及苗疆，增设十一万六千余名，比康熙时岁增饷银五六百万两。八旗生齿日繁，衣食维艰，应当裁减冗兵，遣派北京闲散旗人往东北屯垦田地。过了四年，已升户部尚书的梁诗正，又上疏说："每岁天下租赋，以供官兵俸饷各项经费，惟余二百余万，实不足备水旱兵戈之用。今虽府库充盈，皇上宜以节俭为要，勿兴土木之工，黩武之师，应以持盈保泰。"[1]

姑且按每年余银二百万两计算，十年也不过两千万两，除去乾隆七年赈济江苏、安徽一千万两，新增余银仅只一千万两左右，加上即位时世宗遗下库银二千四百万两，大致估算，此次乾隆帝宣布普免全国钱粮时，库存帑银有四千多万两。如若年成正常，每岁田赋、丁银、盐课、关税等项收入四千万两，扣除各项开支，略有节余，那么，这四千余万两的库银，确是相当可观的数字，有了这笔巨额余银，遇到遣兵出征、水旱大灾等非常事件，就不会惊惶失措，无银支付。[2]但是，这项帑银设若作为普免全国钱粮的储备资金，则显然不太充足，仅免征七百余万顷的地丁银就为两千八百余万两，加上广东官租学租等，大致少收银三千万两，一下就使存银减少到一千余万，很难应付突然发生的各项急需，正如梁诗正所说"实不足备水旱干戈之用"。

因此，在这时下谕全部免除一年钱粮，必然引起一些才识短浅重利轻仁之人的议论，要知道，康熙帝是当了四十九年皇帝之后才降普蠲之旨，而今皇上刚执政十年就行此举，未免过分匆忙。御史赫泰竟公然上

<hr />

① 《清史稿》卷303，《梁诗正传》。

② 乾隆十三年十二月二十五日，乾隆帝言需及早停止征大金川的理由时讲到，部库存银仅两千七百余万两，《清高宗实录》卷331，第52页。扣除十一、十二、十三年共三年余银八九百万两，为一千八九百万两，加上乾隆帝继位时父皇遗钱粮，库存帑银仅四千余万两。

疏谏阻，力言"国家经费，有备无患，今当无事之时，不应蠲免一年钱粮"。①

乾隆帝一向注重国家财政收支情形，当然不会不知道普蠲将会影响到库银的暂时减少，财政上可能遇到一些困难，但他高瞻远瞩，将此视为实现其使民有恒产、"本固邦宁"的目标之有效措施，坚决贯彻执行。他特下专谕，严厉斥责赫泰"逞其私智小慧，妄议朝廷重大政务""悖谬已极"。他再次重申爱民之意，宣谕说："朕以爱养百姓为心，早夜思维，惟期薄海内外，家给人足，共享升平之福，故特颁发谕旨，将天下钱粮通行蠲免……俾海澨山陬，无人不被其泽也。"他以赫泰不能体己"爱民之心"，"而生异议"，交部严加议处，降二级调用。②这样一来，就制止了异议之风，为使普蠲钱粮之旨顺利执行起了重大作用。

其三，成效显著。"朝廷粮赋"，岁岁交纳，违令抗粮，严惩不饶。有清一代，年年都有数十万、数百万贫苦农民和中小地主因欠交国赋，而惨遭贪官污吏豪横差役残酷鞭挞和百般勒索。除了额定正赋，还有各种分外苛派，常数倍于正额。一旦明谕免赋，正额固然不纳，苛派也无从收起，对占有小块土地的自耕农和中小地主，确是一大福音，因此受到广大百姓的赞颂。家居江苏昆山的巢林散人龚炜，出身书香门第，父系进士，岳父乃娄东望族，本人喜经史，工诗文，善丝竹，然屡试不第，著书自娱。这样一位怀才不遇颇有牢骚之雅士，对乾隆帝之普蠲天下钱粮却极力称赞，专门写了如下颂词：

> "乾隆十年上谕，本年各省地丁钱粮按次全蠲，与民休息。诏下之日，万方忭舞。自上嗣服以来，大赦积逋，再减浮赋，岁收稍薄，辄费天庾，水患偶乘，动支国帑，天地犹有憾，皇仁蔑以加矣。我侪小人，唯是祝丰年急公税，稍申媚兹之忱，乃更沐非常溥博之泽于望外，苍生何福以当之。自唯草茅，无以报效，衢歌不足颂扬，只有清香一炷，祷祝上苍，唯皇子子孙孙永保民。"③

---

① 《清高宗实录》卷243，第7页。

② 《清高宗实录》卷243，第7、8页。

③ 龚炜：《巢林笔谈》卷4，《乾隆十年全蠲丁粮》。

普蠲之诏上达之日，"万方忭舞"，这是对乾隆帝大蠲租赋之最好赞扬，可见此举之深得人心，对促进农业的发展，繁荣社会经济，改善中小地主、小自耕农的处境，均起了不可忽视的积极作用。

二、田地正赋不增反减

乾隆皇帝这样多次地、大规模地蠲免田地正赋，也许会引起人们怀疑，是否是先前已经屡加田赋，现在做做惠民样子，收买民心？这样质疑不能说是毫无根据，因为，历朝君王颇多玩弄文字游戏，巧言诡辩，欺骗黎民。但是，揆诸历史事实，这种说法是站不住脚的。乾隆不仅没有增加田地正赋，而且还予以减少。

从顺治帝定下"永不加赋"政策以后，康熙、雍正都没有增加田地的正赋，雍正还把重赋的苏州府、松江府、嘉兴府、湖州府额定正赋减掉50余万两。乾隆比其皇父、皇祖做得更好，更果断，成效更大，下述几个数字，就是铁证。

顺治十八年（1661年）全国已经统一，《清圣祖实录》卷5，第23页载，这一年，全国田地是5265028顷，赋银25724124两，米豆麦610万余石。《清文献通考》卷2、3、4载：康熙二十四年（1685年），天下田地共6078430顷，田赋银24449742两，粮4321131石。雍正二年（1724年）天下田土共6837914顷，田赋银26362541两，粮4731400石。乾隆十八年（1753年），天下田土7081142顷，赋银2961120两，粮8406422石。乾隆三十一年（1766年），天下土田7414495顷，赋银29917761两，粮8317735石。

这些数字，说明了六个问题。

第一，官府册载征赋的田地逐期增加，从顺治十八年的526万余顷，过了105年，到乾隆三十一年，增加到741万余顷，多了215万余顷，即2亿1千多万亩，增加了41%。

第二，田地的赋银（即正赋之银），从顺治十八年的2572万余两，到乾隆三十一年为2991万余两，多了419万余两，增加了16%。赋银的增加率仅为田地增加率的1/3左右。

第三，田地正赋的赋银不增反减。虽然田地赋银在逐渐增加，可是实际上每亩田地征收的正赋赋银，不仅没有增加，反而是逐渐减少。顺治十八年征赋银25724124两，除以全国田地5265028顷，平均每亩征赋银4分8厘8毫5丝。康熙二十四年，每亩征赋银4分0厘2毫2丝。雍正二年，每亩征赋银3分8厘5毫5丝。乾隆十八年，每亩征赋银4分1厘8毫1丝。乾隆三十一年，每亩征赋银4分0厘3毫5丝。康熙二十四年，雍正二年的每亩征赋银数，分别比顺治十八年每亩少了8厘6毫3丝和1分0厘3毫，当然是不增反减。

第四，乾隆十八年、三十一年的田土每亩征银数，也少于顺康雍年间。虽然《清文献通考》记述乾隆十八年、三十一年的田地、赋银数量，平均每亩分别征赋银4分1厘8毫1丝和4分0厘3毫5丝，看起来比康熙二十四年、雍正二年每亩征赋银多，可是《清文献通考》这样记述，是错误的，忽略了雍正帝实行了摊丁入地政策，将丁银摊入田地之赋银中征收，因此乾隆年间对田地的征赋，是既有丁银，又有田赋，这时的赋银，应叫"地丁银"，或简称"地丁"，而不能与顺治、康熙时期及摊入地之前雍正年份的田地征赋的"赋银"等同起来，一概粗疏地写为赋银。所以计算乾隆年间对田地征收的赋银，应该扣除摊入田赋的丁银。

清朝官方文书，将国家对人丁征收的银子叫丁银或"徭里银"。《清文献通考》卷18、19载，雍正二年，"直省人丁三千五百二十八万四千八百一十八口"（这里的口，就是指的丁）。"凡天下户口之赋，亦曰徭里银。顺治十八年，统计直省徭里银三百万九百五两有奇"，"康熙二十四年，银三百一十二万三千九百三十二两有奇"，"雍正二年，银三百二十九万一千二百二十九两有奇"，"乾隆十八年，丁银三百二十九万五千三百五十九两有奇"，"各省丁银，俱匀入地粮内"。

因此，计算乾隆十八年国家征收田地的正赋银数时，应从29611201两"赋银"总数中，扣除丁银3295359两，得出田地征收的正赋银为26315842两，再除以全国田地7081142顷，得出每亩实征田地正赋银3分7厘1毫6丝。乾隆三十一年扣除丁银（按乾隆十八年丁银数计算）后，每亩实征田地正赋银3分5厘9毫。可见，乾隆十八年、三十一年实征田地正赋的赋银，皆比顺治、康熙、雍正少。

第五，亩征赋银相当低少。按正常年岁米价银价比算，大体上是1两银买米1石（400斤）。每亩交正赋赋银3分5厘9毫，折米为14斤半。如果每亩收谷1石，折米150斤，则赋银为收获物的十分之一。如果亩产谷8斗，折米120斤，赋银为收获11.6%。亩征正赋赋银不多、不高，又广蠲地丁银，五免天下钱粮，极有利于自耕农、半自耕农维生度日，有利于中小地主积银米，有利于大地主财富增多，从而促进社会经济发展，为大清"全盛之时"奠定了坚实基础。

第六，亩征正赋赋银的减低，使乾隆十八年、三十一年减征了几百万两地丁银。如以顺治十八年亩征赋银4分8厘8毫5丝来征收乾隆十八年全国田土的正赋赋银，则应征34591378两，加上丁银3295359两，为37886737两，比现在乾隆十八年，实征地丁银29611201两，多了8275536两。若以康熙二十四年亩征赋银4分0厘2毫2丝来征收乾隆十八年全国田赋，则应征28480353两，加上丁银为31775712两，比实征地丁银多了2164511两。如以顺治十八年亩征银数表征乾隆三十一年全国田赋，并加上丁银，当为39515167两，比三十一年实征地丁银多了9597406两，如以康熙二十四年亩征赋银4分0厘2毫2丝来征乾隆三十一年全国田赋，加上丁银，应为33116493两，比实征地丁银多了3198732两。

乾隆帝实征田赋的减少，的确是一项重要德政。

三、奖劝农桑　赈灾治河

（一）"重农务农劝农"

乾隆帝汲取前代帝君重农务本之历史经验，十分重视奖劝农桑及促进农业生产。乾隆二年（1737年）五月十三日，他特下两道谕旨，强调务农劝农。一谕专讲"重农务本"。他着重指出："食为民天，一夫不耕，或受之饥，一女不织，或受之寒，而耕九余三，虽遇灾年，民无菜色。"目前，国中尚有未耕之弃地，种稻、黍的方法，"水耨火耕之异"，南方人尚多不谙习，北方民人更不讲求，此皆牧民之官的责任。各省督抚，罕有以身为倡，"课百姓以农桑本务者"。他宣布，从即日起，"欲驱天下之民，使皆尽力南亩"，要求督抚牧令"身先化导"，督抚以民务农桑与否，定州县官员之短长，帝以此考核督抚之优劣。北方五省之民，"于耕耘之术，更为疏略"，因而常闹灾荒，令户部会同九卿，详议劝民垦种、提高北方生产技术、奖惩地方官员的办法，使"劝课有成"，广大百姓"家有盖藏"。这样，礼乐刑政之教，方可"渐于讲习"。[1]

---

①《清高宗实录》卷42，第18、19、20页。

　　过了二十天，乾隆二年六月初二日，九卿遵旨议奏教农之事说：
"明农教稼，所以务本也。我皇上轸恤民瘼，恩膏屡沛，洞悉久安长治
之道，先筹家给人足之源，特颁谕旨，首重农桑，以力田为小民之切
务，以劝课为官吏之责成，诚禹贡王制之良经"，应令各省督抚督促地
方官员认真教导，若有成效，"地辟民勤，谷丰物阜"，交部议叙，如
教戒无方，则交部议处，如此，则吏民"皆知所劝"，可收耕九余三之
效。帝从其议。①

　　乾隆帝于五月十三日下的另一上谕，是要求编写农书。他在谕中着
重指出，"农桑为致治之本"，皇祖曾绘耕织图，"以示劝农德意"，皇
父屡下劝农之诏，亲耕耤田。自古以来，"为耒耜，教树艺"，皆系古之
圣人。其播种的方法、耕耨的节候、备旱驱蝗之术，散见于各种经籍，
"至详至备"，其后农家之学说，亦各有可取之处，应当荟萃成书，颁布
中外，"庶三农九谷，各得其宜，望杏瞻蒲，无失其候"。他谕令南书房
翰林和武英殿翰林编纂进呈。②到乾隆六年，此书完成，共七十八卷，他命
名为《授时通考》，并亲写序言说："(朕)日与中外臣工，为斯民筹食用
至计，胼胝机杼之苦，日廑于怀"，因检阅前人之《农桑通诀》《农政全
书》等书，"嘉其用意勤而于民事切"，故命内廷词臣广加搜辑，从各书
中，"举物候早晚之宜，南北土壤之异，耕耘之节"，储备之方，蚕织畜
牧之利，荟萃成编，以期间阎务农，"阜成海宇之至愿"。③

　　此后，乾隆帝多次下谕，宣谕重农务农的重要性，责令督、抚、
州县官员课劝农桑，发展农业生产。他还采取了劝农的具体措施，就
是减粮免科，以改善农业生产条件，刺激务农者的积极性。就在他即
位之后不久，户部尚书、总理陕西巡抚事史贻直上疏说："荒地难
于报垦"，请将永寿县原报"荒缺地"二千零十四顷，以四亩五亩
折征一亩，折地四百五十七顷，照五等地粮科征。淳化县原报"缺荒
可垦地"一千三百零九顷，以四亩五亩折合一亩，折地二百七十九
顷，"俱照铁地科征"。澄城县原报缺荒可垦地七百一十二顷，照下
下地科粮。汧阳县原报缺荒可垦地一千三百三十七顷，以三等地减作

①《清高宗实录》卷44，第6、7页。
②《清高宗实录》卷42，第20页。
③《清文献通考》卷218。

五等，以五等地减作七等，征收税粮。户部议复，乾隆帝批准其议。[1]这六七千顷荒地大量减收国赋，定会促使人们踊跃将其开垦成熟。

影响更大的是乾隆五年（1740年）七月的一道上谕。五年七月二十六日，乾隆帝特下开垦闲地减粮免科之谕。他谕命开垦闲旷地土，说：

"从来野无旷土，则民食益裕。即使地属畸零，亦物产所资，民间多辟尺寸之地，即多收升斗之储，乃往往任其闲旷，不肯致力者，或因报垦则必升科，或因承种易滋争讼，以致愚民退缩不前。前有臣工条奏及此者，部臣从国家惟正之供，无不赋之土，不得概免升科，未议准行。朕思则壤成赋，固有常经，但各省生齿日繁，地不加广，穷民资生无策，亦当筹划变通之计。向闻边省山多田少之区，其山头地角，闲土尚多，或宜禾稼，或宜杂植，即使科粮纳赋，亦属甚微，而民夷随所得之多寡，皆足以资口食。即内地各省，似此未耕之土，不成□段者，亦颇有之，皆听其闲弃，殊为可惜。用是特降谕旨，凡边省内地零星地土可以开垦者，嗣后悉听该地民夷垦种，免其升科，并严禁豪强首告争夺，俾民有鼓舞之心，而野无荒芜之壤。其在何等以上，仍令照例升科，何等以下，永免升科之处，各省督抚悉心定议具奏，务令民沾实惠，吏鲜阻挠，以负朕予惠元元之至意。"[2]

各省督抚遵旨议奏，户部复议，经帝批准，制定了下列规定："悉听民间垦种"，免征赋粮的土地有：直隶零星地土数量在二亩以下，不成坵段者，山东中则以上不及一亩，下则一亩以外之山头地角及河滨溪畔地；山西开垦十亩以下，为数奇零不成坵段之瘠薄下地；河南不及一亩之上等地，不及五亩之中等地(山坡上岭，土薄力微，收获无多)；江苏未垦之山头地角硗瘠荒地，不成坵段之沟畔田埂奇零隙地；安徽奇零不成坵段之一亩以下的水田和二亩以下的旱田；山西二亩以下之山头地角地，山岭水涯高低不齐坍涨不一之地；福建不及一亩之奇零田地；浙江临溪傍崖零星不成坵段之硗瘠地；湖北只能种杂粮、植树之山头地角硗瘠地，旱地不及二亩，水田不足一亩，湖南奇零土地，种稻不及一亩、种杂粮不及二亩之溪涧高滩地；陕西、甘肃之山头地角地，四川不及五分之上田、中田，不足一亩之下田、上地、中地，山头地角问石杂

---

[1] 《清高宗实录》卷8，第20、21页。

[2] 《清高宗实录》卷123，第22、23页。

砂之瘠地(不论顷亩);广东之山梁岗陌地;广西上则、中则水田一亩以下旱田三亩以下;云南砂石硗瘠水耨火耕地;贵州山头地角奇零土地。山西、河南等省开垦地亩较多者,减则纳租。这道开垦闲地免征、减赋的上谕及其具体规定,对促进闲旷土地的开垦起了很大的作用。

尤需专门讲述的是,乾隆帝对台湾的开发,从田赋丁银的征收上,给予了很大的支持和照顾。乾隆元年八月初八日,他特下减台湾丁银之谕说:"朕爱养元元,凡内地百姓,与海外番民,皆一视同仁,轻徭薄赋,使之各得其所"。闻听台湾丁银,每丁征银四钱七分,加上火耗,达五钱余,比内地丁银增加一两倍。着将台湾四县丁银,照内地例"酌中减则",每丁征银二钱,"以纾民力","永着为例"。①二年正月初五日,他又谕告总理事务王大臣,令减台湾"番饷"及澎湖、淡水二厅丁银。他宣谕说:以往台湾丁银重于内地,已经减征。现闻"台地番黎",大小计九十六社,每年输纳"番饷",按丁征收,有多至二两、一两余及五六钱者,"朕思民番皆吾赤子,原无歧视",所输"番饷",即系百姓丁银,着照民丁之例,每丁征银二钱,其余悉行裁减。澎湖厅、淡防厅之额编人丁,原每丁征银四钱余,着照台湾四县之例减征。

乾隆三年十月二十一日,又免台湾、凤山等厅县额征社饷并粟石折价钱八千四百余两,免各社鹿皮折价银一百余两,减征台属各县"厅番地贴饷银一半"。六年五月十四日,乾隆帝再下恩谕,以台湾上年缺雨现今米贵,而蠲免台湾县自雍正十三年至乾隆三年未完人丁正杂钱粮饷税银二千余两、未完供粟四万三千余石,免凤山县三年未完钱粮七百余两和供粟五千余石,免诸罗县未完供粟二千六百余石及官庄银四百余两,使海疆百姓共受蠲赋之益。

乾隆九年,台湾田赋制度做了重大调整。台湾统一于清之前,南明郑成功父子执政时,上田一甲(折合内地十一亩三分余)征赋粟十八石,中田十五石六斗,下田十石零二斗。康熙二十三年(1684年)改为上田一甲征粟八石八斗,中田七石四斗。雍正九年(1731年)规定,自雍正七年以后新垦田园及自报升科者,改照福建省泉州府同安县下沙则地纳赋,上田一甲纳粟一石七斗五升,上园一甲一石七斗一升,中下田园递减。此后,户部认为,这一规定"科则过轻",奏请按照台湾旧额(上田一甲八石八斗)输纳。乾隆帝于九年(1744年)下诏,否定其议说:"朕

<hr>

① 《清高宗实录》卷24,第7页。

念台民远隔海洋，应加薄赋，以昭优恤"，除从前(指雍正七年以前)开垦田园照依旧额不减外，雍正七年以后报垦之地，仍照原定之同安下则地科征(即上田一甲一石七斗五升)，从现在起，新垦田园，令地方官确勘肥瘠．照同安县则例，分别以上、中、下则定额征收，"俾台民输纳宽舒，以昭加惠边方之至意"。①随即具体规定，上田一甲征粟二石七斗四升，中田二石零八升，下田一石七斗五升，上园一甲二石零八升，中园一石七斗五升，下园一石七斗一升六合。这个规定，一直延续到晚清光绪十二年(1886年)。

乾隆帝所说征收"薄赋"以"加惠边方"，并非夸张之词，亦非一般圣谕之陈词滥调，确系实情之表述。虽然台湾按同安县则例一样输纳，但台湾土地肥沃，水利发达，产量远远高于同安县。康熙末年，台湾县新垦之地，因其土肥，一甲之田，"上者出粟六七十石，最下者亦三四十石"。②在彰化县、淡水厅，"田皆近溪，一年两熟，约计一甲田可收产谷四五十至七八十石不等，丰稔之年，上田有收至百余石"。③雍正十年彰化县一张地契载明，佃人李恩仁、赖束、李禄亭、梁学俊等租垦业户李朝荣之荒地，言定"成田之日，限定经丈八十五石满斗为一甲，每一甲经租八石"。④台湾一甲田相当于内地十一亩三分。上田一甲收谷七八十石至一百余石，姑按八十石计算，仅纳国赋粟二石七斗四升，业户(地主、自耕农)有上田一甲，每年可收入粟七八十石，十甲为七八百石。可见，台湾田赋确系"薄赋"，这对促进台湾的开发和农业生产的发展产生了重大的作用。

(二)大赈灾民　兴修水利

乾隆帝不愧为名君，对赈灾之事十分重视。乾隆四年(1739年)四月初七日，他特下一道禁止地方官员匿灾不报的谕旨。他在谕中讲道：

"朕御极以来，仰体皇考诚求保赤，视民如伤之至意，广咨博访，庶几民瘼得以上闻。至于水旱灾荒，尤关百姓之身命，更属朕心之所急欲闻知而速为经理补救者，是以数年中颁发谕旨，不可胜数，务令督抚藩臬等，飞章陈奏，不许稽迟，亦不许以重为轻，丝毫粉饰，倘或隐匿

① 《清文献通考》卷4；范咸：乾隆《台湾府志》卷4，《赋役一》。
② 陈文达：康熙《台湾县志》卷7，《赋役志》。
③ 《台湾汇录》甲集，《大学士阿桂奏台湾叛产入官酌定章程折》。
④ 《清代台湾大租调查书》二章一节第三号。

不陈，或言之不尽。朕从他处访闻，必将该督抚等加以严谴。盖年岁丰歉，本有不齐之数，惟遇灾而惧，尽人事以挽之，自然感召天和，转祸为福，若稍存讳灾之心，上下相蒙，其害有不可胜言者，是以孜孜不怠，唯恐民隐不能上达，即天下想亦洞悉朕心矣。……夫民瘼所关，乃国家第一要务，用是特颁谕旨，通行宣示，嗣后督抚等，若有匿灾不报，或删减分数，不据实在情形者，经朕访闻，或被科道纠参，必严加议处，不少宽贷。该部即遵谕行。"①

　　他还曾多次讲道："国家之正供，原出于闾阎，今地方被灾，应行赈恤，以取之于民者用之于民，是属理之当然，虽多何所吝惜。"②

　　乾隆帝所说"水旱灾荒，尤关百姓之身命"，系其急欲闻知速为赈救之大事，为此，大发帑银，以取之于民者用之于民，其言可嘉，其行应赞。纵观两千年封建王朝的历史，若论赈灾次数之多、范围之广、规模之大、发放银米数量之巨，乾隆帝可谓历代帝君之魁。此非空论，有大量事实为证，姑举数例。

　　乾隆元年，乾隆帝下谕：地方发生水旱灾荒，其察勘户口，造具册籍，皆由胥役吏保经手，他们所需饭食舟车纸张等费用，皆"派累民间"，甚至还需索于灾民，扰得民间不得安宁。从今以后，饭食等项用费，均"动用存公银"，不许"丝毫派累地方"。

　　乾隆三年，他因省府州县各学贫寒书生领银有限，一遇歉岁，"不能自给，往往不免饥馁"，"深可悯念"，令今后每逢受灾发赈之时，饬教官开具贫生名籍，送地方官核实，于存公银两内发给银米，资其饮食。四年正月初五日，因上年江南地方"收成歉薄，民食维艰"，他"宵旰焦劳，多方筹划，唯恐一夫不获其所"，于当日连下两道上谕，命存留江苏漕粮数十万石，"以备接济平粜之用"。原来户部与江南督抚议定，极贫之户，赈四个月，次贫赈三月，又次贫赈二月，现今改为，下江地方极贫之民加赈一月，上江歉收更为严重，将被灾五分以上的州县之极贫、次贫民人加赈一月，被灾四分以下州县加赈极贫之民一月。③

①《清高宗实录》卷90，第10、11页。
②《清高宗实录》卷175，第2、3页。
③《清高宗实录》卷84，第5、6页。

　　乾隆三十年以前，灾情最重，费银最多的，是七年（1742年）江苏、安徽二省的水灾。七年六、七、八月，江南黄河、淮河同时涨水，"水势漫溢，甚于往时"，江苏、安徽的江、海、淮、徐、凤、颍、扬、泗等府所辖五十余州县灾情严重，扬州"民间自中人之家，以及极贫之户，皆流离四散"。安徽凤阳府、泗州、颍州所属州县灾民多达二百二十余万人，江苏更倍于此数。乾隆帝闻悉扬州灾情，十分着急，立谕督抚说："似此情形，实非寻常被灾可比，朕心深为轸恻"。他责令督抚"不得拘于常例，务须多方设法，竭力拯救，使灾黎稍可资生"，水退之后，定要"倍加抚绥，俾得安其故业，毋致失所"。[1]他除了下谕免除被水州县本年额赋以外，又特派直隶总督高斌、刑部侍郎周学健为钦差大臣，前往江南，"办理赈恤水利事务"。八月十一日，因凤阳等十九州县"于积困之余，又罹灾患，非加恩于常格之外，不足以拯贴危"，他谕命除照定例应赈月份以外，加赈二月、三月。[2]

　　乾隆帝先后颁发数十道谕旨，谕令大学士、江南督抚和漕运总督、河道总督筹拨银米，赈济灾民，排泄洪水，兴修水利。八月，发赈银二百五十余万两救济灾民。九月初一日，他下谕给大学士说：江南淮安、徐州、凤阳、颍州等处，"今年被水甚重，民人困苦，朕宵旰忧劳，百端筹划，为养民裕食之计"。江南赈济，"需米正多"，两江总督德沛、江苏巡抚陈大受已将江南各州县仓谷三十万石及淮安府、徐州等处存谷二十四万石拨为赈恤平粜之用，又借浙江仓粮十万石，江苏、安徽巡抚前又发银十万两赴河南买麦，现令将山东截留漕米十万石运送江南备用，再发山东登州贮谷六万石海运至江淮，不知能否足用？需米若干，命德沛陈大受、张楷（安徽巡抚）通盘计算，具折速奏。[3]九月十六日他又下谕说：江南被水，"需费浩繁"，已陆续拨下江藩、粮、盐三库存银九十四万两，米谷一百十一余万石，上江藩库存银八十余万两米谷一百二十万石，今年盐课存库银一百三十万两，以及本年运京漕粮酌量存留，两省现存银米五百余万，因"赈恤之务，必须接济"，"期于充裕"，令邻省再拨银一百万两，备明春之用。此后继续增拨，合计江苏所属二十九州县卫共发给灾民米一百五十六万余石、银五百零五万余

<hr>

① 《清高宗实录》卷172，第4、5页；卷175，第29页。

② 《清高宗实录》卷172，第32页。

③ 《清高宗录实》卷174，第1、2页。

两, 安徽所属二十四州县赈银二百三十三万余石、米八十三万余石, 总计用银一千余万两, 赈济灾民七八百万人。[①]此时, 江苏在册民田为六十八万余顷, 征赋银三百三十余万两、粮二百一十余万石, 安徽民田三十余万顷, 征赋银一百六十余万两、粮八十余万石, 合计约为银七百万两, 而此次赈银一千余万两, 为二省额征赋银一倍半, 可见, 乾隆帝之所说取之于民用之于民, 并非虚谈。

乾隆皇帝还因有些灾民流往他省, 而责令所在地方官员妥善安顿。他于八月十五日下谕说: 今年上下两江 "水灾甚重"。 "朕宵旰忧劳, 百端筹划, 以拯吾民之困厄"。但思此等穷民携家四出觅食于邻省邻郡者 "亦复不少", 着江南、河南、山东、江西、湖广等省督抚, 严饬地方官员, 遇到江南灾民, 即随地安顿留养, 或借用寺庙, 或盖篷厂, "使有栖止之所", 计口授粮。[②]下旬, 山东巡抚晏斯盛奏: 江省被灾流民, "就食来多, 待哺甚急", 已饬令州县官员查明, "每日计口给米, 总期宁滥无遗", 并欲让灾民留养一段时间。乾隆帝赞其办事得当说: "此奏与朕意符合, 嘉悦览之。"[③]河南巡抚雅尔图亦奏: 上下两江今年水灾, "多有穷民就食豫省", 已动支公款, 买米分设粥厂, 每日计口散给, 待其省水涸, 即分别资送回籍。[④]

不仅对赤地千里或一片汪洋的水旱灾荒进行赈济, 就是对虫灾、地震、风灾等灾害, 乾隆帝也同样调拨大量银米, 赈济灾民。乾隆三年十一月二十四日, 甘肃、宁夏发生了大地震, 十二月十三日再震, 水涌, 新渠县、宝丰县城沉没, 宁夏 "满城官兵房屋尽皆坍塌"。乾隆帝于十二月初九日看到宁夏将军阿鲁的奏折, 知道此事后, 立即下谕, 表示 "朕心深为轸念", 责令将军和州县官员作速查明灾民, "加恩赈恤", "毋致一夫失所"。[⑤]过了三天, 十二日他又下谕说: 续据阿鲁奏报, 此次 "地动甚重, 官署民房倾圮, 兵民被伤身毙者甚多, 文武官弁亦有伤损者, 朕心甚为惨切", 着令兵部侍郎班第迅即前往, 拨兰州藩库银二十万两, 对灾民逐户赈济, "急为安顿, 无使流离

①《清高宗实录》卷175, 第1、2、29页;《清文献通考》卷46。

②《清高宗实录》卷172, 第37、38页。

③《清高宗实录》卷173, 第39页。

④《清高宗实录》卷173, 第41页。

⑤《清高宗实录》卷82, 第20页。

困苦"。①除了发放银米外，他又豁免宁夏满兵借支藩库收拾军器银和应扣驮价银一万九千余两。因宁夏城塌，他下谕命迅速重修，随即议定，宁夏满城旧址低洼，难以重建，移于汉城之西十里平湖桥之东南，汉城旧城单薄，改照满城高厚之式，于旧址内收进二十丈建筑，所圈民地，按户给价，或拨换官地。被灾满汉官民五万户，除给予房价外，因其器具多被损毁，每户再赏银一两。到乾隆四年三月，用于赈济宁夏灾民及重建城池、召集流移、缮修民房，已拨帑银数百万两。

乾隆帝痛恨匿灾不报和救灾不力的官员，予以申饬和处治。宁夏总兵杨大凯，地震之时，总兵大印皆未保存住，被火烧掉，震后又"怠忽殊甚"，帝立命将其交部严加议处，另委新总兵。②甘肃巡抚元展成延缓行期，未立赴宁夏办赈，斥其"尚在睡梦之中"，难"称封疆之任"。③对于敢于任事、为民减苦的贤能官员，他则嘉奖备至。以大学士兼川陕总督查郎阿得知宁夏地震，立即从西安"星驰前往"，比驻地更近的巡抚元展成早动身、早到达，他甚为称赞，嘉其"闻报即前往，甚属可嘉"。④山东平度州知州颜希深，因州遭大水，城几尽没，"灾民嗷嗷，流冗载道"，其母闻之恻然，命发仓粟尽数赈饥，"民赖以苏"。上司以其擅动仓谷，奏劾其过，欲革其官。乾隆帝览疏大怒说："有此贤母好官，为国为民，宜保反劾，何以示劝。"立擢颜希深为知府，赐其母三品封。⑤颜希深后官至巡抚，子检任直隶总督，孙伯焘为闽浙总督。原宁夏提督俞益谟之子武生俞汝亮，捐制钱二千串、银一千两、羊一百五十只及当铺内所存皮棉夹衣二千九百余件，交与官府，以为灾民赈饥御寒之用，乾隆帝嘉其"念切灾伤，好善乐施"，下谕授俞汝亮为守备。⑥

乾隆帝对于赈济受灾之民，确系异常重视，不吝银米。乾隆二十一年（1756年）正月十九日，以江苏常熟县民朱思藻"因灾望赈"而发怨言，乾隆帝特下谕旨，讲述自己大发帑银米谷赈救灾民之事。他说：

> "朕自即位以来，刻以爱民为念，偶遇地方荒歉，多方赈恤，惟

①《清高宗实录》卷82，第20、28、29页。

②④《清高宗实录》卷83，第41页。

③《清高宗实录》卷83，第42页。

⑤ 陈康祺：《郎潜纪闻初笔》卷7，《颜中丞母发仓粟赈饥》。

⑥《清高宗实录》卷85，第10、11页。

恐一夫失所，此实上可以质之天、祖，而下可以对之黎庶者。即如上年命户部查奏，雍正十三年之间，江南赈项，凡用一百四十三万，已不为不多，而乾隆元年至十八年，用至二千四百八十余万，米称是。"①

这段材料是很有说服力的。乾隆帝效法皇祖康熙帝，大力赈济灾民，对减少军民损失、恢复灾区生产、促进社会经济发展起了相当大的作用，也受到了官民的称赞。史称其擢用颜希深后，"天下翕然，颂圣天子如天如神焉"。②此语虽不无夸扬圣德之意，但也能说明一些问题。

乾隆帝十分重视兴修河工防治水灾，将"河工海防"视为"民生之最要"，先后拨银数亿两，委任治河能臣稽璜、高斌、高晋等为河东河道总督、江南河道总督，大力兴修直隶、山东、江苏、安徽、浙江、河南等省河工，成效显著。详见第四编第二节"六下江南"。

四、"天下业户、佃户皆吾（帝）赤子"

（一）"劝减佃租"

雍正十三年（1735年）十二月十七日，继位为君三月余的乾隆皇帝，下达了"劝减佃租"的谕旨。他在谕中讲道：

"治天下之道，莫先于爱民。爱民之道，以减赋蠲租为首务也。惟是输纳钱粮，多由业户，则蠲免之典，大概业户邀恩者居多，彼无业贫民，终岁勤动，按产输粮，未被国家之恩泽，尚非公溥之义。若欲照所蠲之数，履亩除租，绳以官法，则势有不能，徒滋纷扰。然业户受朕惠者，十苟捐其五，以分惠佃户，亦未为不可。近闻江南已有向义乐输之业户，情愿捐免佃户之租者，闾阎兴仁让之风，朕实嘉悦。其令所在有司，善为劝谕各业户，酌量减彼佃户之租，不必限定分数，使耕作贫民，有余粮以赡妻子。若有素丰业户，能善体此意，加惠佃户者，则酌

① 《清高宗实录》卷505，第3页；钱泳：《履园丛话》卷17，《尊报》。
② 陈康祺：《郎潜纪闻初笔》卷7，《颜中丞母发仓粟赈饥》。

量奖赏之，其不愿者听之，亦不得勉强从事，此非捐修公项之比。有司当善体朕意，虚心开导，以兴仁让而均惠泽，若彼刁顽佃户，借此观望迁延，则仍治以抗租之罪。朕视天下业户、佃户，皆吾赤子，恩欲其均也。业户沾朕之恩，使佃户又得拜业户之惠，则君民一心，彼此体恤，以人和感召天和，行见风雨以时，屡丰可庆矣。"①

这道谕旨十分重要，可以说是乾隆帝处理主佃减租之事的基本文件，虽然后来有时小有修改，但大体上乾隆年间是以此为据的，而且还延续到嘉庆、道光以后，需要略加分析。这道谕旨主要讲了三个问题。

其一，田土多为地主占有。在以农立国的当时，土地是最主要的生产资料，土地占有的情况，是朝廷确定国策的基本依据之一，必须对其有深刻的、正确的了解。乾隆帝对此做了相当准确的高度概括，认为钱粮多由"业户"输纳，蠲赋之时"业户邀恩者居多"。联系到后边所言"无业贫民"，便可知晓，这指的是田土多为不事耕耘的地主占有。这一概括是符合当时土地占有的实际情况的。清初土地占有相对分散、自耕农相当多的局面，到了乾隆年间，已因近百年激烈的土地兼并而一去不复返了，皇室、贵族、缙绅、富商、高利贷者集中了全国大多数土地，自耕小农大批破产，出卖祖业，租种原田，沦为佃农。②

其二，蠲赋之时不减佃租。乾隆帝所说"无业贫民终岁勤动，按产输粮，未被国家之恩泽"，是蠲赋之时地主多不减佃租之情的真实写照。从后面的论述及所引的史料，可以看出，乾隆帝的这一概括，又是与实际情形相当吻合的。

其三，劝减而非令减。虽然知悉贫苦佃农不能分享蠲赋之益，但乾隆帝仍仅只责令地力官员"善为劝谕各业户酌量减租"，而不硬性规定必按蠲赋之数"履亩除租，绳以官法"。这样的意图、这样的规定，不会对促使业主减租产生强烈的影响。既然是劝减，不是强迫减租，业主完全可以自行其是不减佃租。当然，会有一些田多家富的"业户"，欲图博取皇上的欢心，戴上善人的桂冠，而"加惠佃户"，以求朝廷恩赏，也会有一些中小地主慑于佃农抗租斗争的威力，于灾荒之时，酌减

①《清高宗实录》卷9，第2、3、4页。

②详见拙著《清代租佃制研究》。

租谷租银，但前者毕竟为数极少，而后者又与此旨没有什么关系。因此，尽管乾隆帝强调"天下业户、佃户皆吾赤子"，欲让佃户也沾蠲赋之恩，但实际情形却远非如此，广大贫苦佃农很难从这道恩谕中得到什么好处。

乾隆帝此谕，对其皇祖之旨来说，是一个倒退。康熙四十九年（1710年）十一月初一日，兵科给事中高遐昌奏称：凡遇蠲免钱粮之年，请将佃户田租亦酌量蠲免，作为例。康熙帝谕大学士："蠲免钱粮，但及业主，而佃户不得沾恩，伊等田租亦应稍宽。但山东、江南田亩，多令佃户耕种，牛种皆出自业主，若免租过多，又亏业主，必均平无偏，乃为有益。此本着交部议奏。"户部遵旨议复：嗣后凡遇蠲免钱粮，合计分数，业主蠲免七分，佃户蠲免三分，永着为例。帝从其议。①本来业、佃分免已"永着为例"，可是乾隆帝即位却下了一道"劝减佃租"之谕，显然在此问题上倒退了。

乾隆元年十一月二十八日，乾隆帝谕告总理事务王大臣：自京师至易州，共经过七个州县，"民人供应差役，急公可嘉"，已降旨将此七州县本年钱粮全部蠲免，"并晓谕业户等，酌宽佃人租粮，使伊等同沾恩泽"。今思尚有佃种入官田土的穷民，亦当加恩优恤，着将本年官地佃户租银，"照定例每一钱者，宽免三分"。②

对于帝之"劝减佃租"谕旨，一些官员并不赞同，他们提出了硬性规定减租分数的建议。五年六月初九日，河南巡抚雅尔图上疏，奏请制定交租之例，"以恤贫民"。他奏称："豫省佃户，均系贫苦之人，而地主苛刻者多，宽厚者少，往往于被灾年份，照常征租，穷民无所出，有卖男鬻女以偿租者。请酌定章程，如被灾五分，则收成止五分，自应止收五分之租，被灾六分，则收四分之租，甚至被灾十分，租息自应全免。"③

乾隆帝读过此疏后，表示赞同，批示说："着照所请行。至各省可否照此办理之处，大学士会同九卿议奏。"④本来这是一次改进处理主佃租务纠纷办法的一次好的机会，皇上皆已亲自批准豫抚之请，并谕大学士、九卿商议可否推行于全国，硬性规定歉岁必让田主减租，实即表示要否定五年前下的"劝减佃租"之谕，如果理政大臣能善体帝之此意，

①《清圣祖实录》卷244，第12、13页。

②《清高宗实录》卷31，第10页。

③④《清高宗实录》卷118，第16页。

为佃民着想，为缓和主佃矛盾和促进农业生产考虑，就应予以推动，施行于全国，这会对发展、巩固"康乾盛世"起相当大的作用。但是，此时的大学士是张廷玉、鄂尔泰、徐本、福敏、查郎阿、赵国麟，基本上是原来雍正帝任用之大臣，对佃民之利考虑很少，更着重于照顾业主的利益，迟迟未予复议。

不久，河南道监察御史陈其凝上奏，反对豫抚的主张。他说：河南巡抚雅尔图请定佃户交租之例，"奉旨允行"，"臣窃谓天下之田地，佃种交租，不出于分收、交纳之二法，虽上熟之年，田主亦不能收十分租谷，若有荒歉，唯照收成分数交租，田主断不能收租子分数之外，佃户亦止肯交租于分数之中。业户出田以养佃，佃户力作以交租，民间交易，情可相通，若官为立法，强以必从，则挟制争夺，势必滋扰，请民田佃种，照旧交收，不必官为定例。"①

陈其凝之言，纯系诡辩。固然，丰收之岁业主不能收全租，歉收岁月照收成分数减租，此等事例，确实存在，而且有些地区还相当普遍；但另一方面，丰年业主于全租之外另行科索，灾荒岁月颗粒不减收取"铁板租"之地主，亦不乏其人，两种情况同时并存，基本上决定于主佃之间力量的对比。如果为佃民着想，为王朝的长治久安着想，官府当然应该干预此事，制止豪横业主虐佃行为，强制规定歉岁按收成分数减租。可是，户部尚书等大臣，却支持陈其凝之利于田主的主张，搬出五年前的圣谕，于闰六月初一复议此疏时奏称："该御史所奏，似属平允，请敕下各省督抚，仍照雍正十三年十二月内谕旨，实力遵行，以杜纷扰。"更可恶的是，他们竟驳回了乾隆帝允准豫抚规定歉年减租的圣旨，要雅尔图"勿得拘泥原议"，要他饬令州县官员"加意抚绥劝勉，务使主佃相安，闾阎不扰"，实即给雅尔图扣上滋生事端、造成主佃纷扰的罪名。当政大臣的如此议论，使乾隆帝收回了成命，同意户部的意见，照旧执行"劝减佃租"的政策。②这些大臣目光短浅，气度偏狭，拖住了皇上，使其在此事的处理上未能前进。按当时封建官员的说法，他们可算是使"圣德有亏"了。

继河南巡抚雅尔图之后，主张规定灾年和特恩蠲赋时减租的，还有给事中卫廷璞、御史孙灏和山东学政李因培。李因培于十四年春奏称：

①②《清高宗实录》卷120，第6页。

山东连遭荒歉，谕许积欠田赋分年带征，此恩"仅及有田有粮之人，而贫者未能沾溉"，请于将届麦秋收获之前，特颁谕旨，令抚臣广行劝谕，"有田者将本年粮粒，与佃民平分，积年宿逋，不得一概追索"。乾隆帝阅过此疏后，于十四年三月初七日下谕拒绝其议说："佃民终岁勤动，固宜体恤"，"但有田之户，经营业产，纳粮供赋，亦图自瞻身家，岂能迫以禁令，俾其推以予人"，着令州县官善于开导，"使有田者好义乐从，佃民得沾惠济"。①

乾隆帝虽行"劝减佃租"之策，不硬性规定业主必须减租，但对有些地方官员实行责令减租之法，以及民间通行的俗例，亦不加以制止，听其自行其是。乾隆四年，两江总督那苏图疏言灾蠲时称：上下两江（江苏、安徽）上年被旱，蠲免钱粮，"问例计田派蠲"，现请改为征赋银五两以上者不免，止免五两以下的"穷户"。"至佃户纳租，向照免数量减"。乾隆帝对此习俗，没有干涉。②六年十月，吏部尚书、署两江总督杨超曾奏称：下江本年遭受水灾，如到十一月中积水渐涸，闾阎不致冻馁，"则仅谕令业户酌减租息"，若水未退，则请如赈。杨超曾要"谕令"业户减租而不是劝减，显然与帝之"劝减佃租"之谕相冲突，可说是违抗帝旨，罪状不轻，但乾隆帝对此毫不介意，反而批示说："所见甚是，届期奏闻可也。"③

乾隆十年（1745年）六月普免天下钱粮时，乾隆帝亦专门讲到酌减佃租之事，下谕说："有田之家，既邀蠲赋之恩，其承种之佃户，亦应酌减租粮，使之均沾惠泽。着该督抚转饬州县官，善为劝谕……一切照雍正十三年十二月谕旨行。"④七月，江苏巡抚陈大受呈报江苏贯彻执行普蠲之旨的三条具体办法，其第三条为减佃租："吴中佃户抗租，久成锢习，况业户既邀恩免，顽佃尤得借词赖租，今酌议业户收租，照蠲免之银，酌减分数，如业户邀免一两者，应免佃户五钱。"⑤乾隆帝对此表示赞同，批示说，"所议尚属留心，行之则仍在人耳。"⑥业主免赋银一两，佃农少交五钱租银，这样一来，主佃均平蒙受普蠲钱粮之恩，佃民

①《清高宗实录》卷336，第16页。

②《清高宗实录》卷91，第19页。

③《清高宗实录》卷153，第24、25页。

④《清高宗实录》卷243，第14页。

⑤⑥《清高宗实录》卷245，第23页。

确实可以得到一些实惠。

当然，此例之来，并非偶然，不是因为江苏田主存心宽厚，而是由于佃农的长期斗争。"吴中佃户抗租，久成锢习"，普镯之谕自会成为他们援以为据进行合法抗租斗争的武器。巡抚陈大受在这一问题上比较明智，才采取了这种预防性的措施，欲图避免佃农联合抗租，破坏封建统治秩序。陈大受此举，有其亲身的经验。四年前，他所管辖的太仓州的崇明县，便爆发了老施二领导的大规模抗租斗争(详后)。在此之后，崇明县向化镇佃农姚八等，又联合反抗，欲减佃租，烧毁业户房屋，拒捕殴伤官兵，太仓州知州只好"传集通县粮户，将本年收租数目，分别田土高下，定为上中下三则，酌减收租"，这才使"业佃允服，地方宁谧"！[1]就连乾隆二十三年、二十四年严厉镇压佃农抗租运动的江苏巡抚陈弘谋，在其颁发的《业佃公平收租示》中，虽禁止佃农抗租，但也不得不宣布：业已批檄各州县官，凡报虫灾者，官员"务即履亩亲勘禾苗，在田勘明收成分数，传谕业佃人等，按照所收分数完租。如因分数多少争较者，即就田内所收，各半均分"。[2]乾隆帝对这些官员实行规定业主因灾减租的办法，亦未申斥其非，听其自作主张。

由此看来，乾隆帝确曾想对佃户施予恩惠，歉收岁月或蒙恩特镯钱粮之时，欲图使佃租有所减少，但由于环境的影响和当政大臣的反对，他在相当长的时间里，只实行了"劝减"而不是"令减"的政策，同时对地方官员采取责令田主按年成或特镯而相应减收佃租的规定，亦予以默认。这对佃户来说，尤其是对抗租斗争比较盛行的地区还是略有补益的。

（二）保护甘肃佃民的"永佃权"

乾隆七年（1742年）九月，甘肃巡抚黄廷桂上疏呈请维护甘肃佃户的永佃权。他奏称：

"甘省地处边徼，从前土旷人稀，我朝定鼎以来，流亡渐集。然开垦之始，小民畏惧差徭，必借绅衿出名，报垦承种，自居佃户，比岁交租，又恐地亩开熟，日后无凭，一朝见夺，复立永远承耕不许夺佃团

---

① 《康雍乾时期城乡人民反抗斗争资料》第36、37页。

② 陈弘谋：《培远堂偶存稿》卷45，第25—26页。

约为据。迨相传数世，忘其所自，或租粮偶欠，或口角微嫌，业主子孙，既以夺田换佃，告官驱逐，而原佃之家，又以团约炳据，恣争越控。臣查各省业主之日，出资财而认买，招力作以承耕，佃户之去留，凭于业主。非若甘省佃户，其祖父则芟刈草莱，辟治荒芜，筑土建庄，辛勤百倍，而子孙求为佃户而不可得，实于情理未协。应请将当日垦荒之原佃子孙，止令业主收租，果有拖欠，告官押追，不许夺佃。倘立意抗欠粮租至三年者，方许呈明地方官，讯实驱逐，田归业主。若业主贫乏，将田另售，契内注明，佃户系原垦人之子孙，照旧承种，不许易佃。若业主子孙，有欲自种者，准将肥瘠地亩，各分一半，立明合同，报官存案，不得以业主另租与人，长佃户告讦之风。"①

九月二十九日，户部复议，请如其奏，乾隆帝同意，批准执行。

黄廷桂上述奏疏，讲了不许甘肃地主夺田换佃的理由，请予制止。为什么深受皇上信赖的二品封疆大臣会如此重视此事？为什么皇上会亲自阅疏处理佃民换佃与否问题？为什么《清实录》将此洋洋四五百字基本收载入书？联系当时实际，细加分析，才使人们恍然大悟，原来，田土换佃与否，初看起来，好像是琐屑之事，不值得大僚过问，不应该惊动皇上，其实，此情并不简单，它乃乾隆年间社会生活中的一大问题，能否正确处理，关系到千千万万佃户的切身利益，也影响到地方安宁、农业发展和王朝的兴盛，黄廷桂之上疏和乾隆帝之决策，是完全正确的。

随着土地兼并的激烈和土地占有的高度集中，从康熙中期以后起，地价、租额和押租就不断上涨，乾隆年间已达到相当惊人的程度。地价之涨，前已简言，现概述租额和押租之情。

除了分外科索以外，田主向佃户征收的正额地租，形式多种多样。北方多系主佃按一定比例（或对半，或四六成、三七成，也有主八佃二的）分收粮食，南方多系计亩（或计种子）收取一定数量的银、米和杂粮，前者称为分成租制，后者叫定额租制。姑以定额租为例，乾隆年间，正额租的数量已相当高，南方一亩田或播种子一斗的田，租谷往往是一石，收二三石的也不少，最多的高达租谷八石四斗。租额之高，不仅表现在地租的绝对数量上，也表现在它远远超过了生产力的水平。四川泸

---

①《清高宗实录》卷175，第19、20页。

州优龙乡胡洪林，于乾隆二十五年佃户施金玺租的田租额六石，当年仅收获四石九斗谷子，全部交租尚且不足。

　　租额既高，而且乾隆年间还在不断上涨。湖北黄冈县小自耕农王绍昌，于乾隆十四年将田一斗二升五合当与孙孟周，田仍由己佃种，言定当银十两，每年纳租谷三石。十六年王又将田一斗五升当与孙孟周，当价十二两，纳租谷六石。乾隆十四年当出佃种之田，一斗种交租谷二石四斗，十六年当出之田，一斗种交租谷三石。仅仅过了两年，同一村庄同一典田佃种之人，后一块田的租额就比前一块田增加了四分之一。

　　造成租额上涨的一个重要原因，是地主增租夺佃。地主为了多收地租，往往要将田土撤回，另换佃户，增加租额。江西玉山县邓贵伯原来佃种邓开章六亩地，年纳田租四石，后新地主严公欲买得此田，以"欲起田自种"相要挟，逼得邓贵伯托原中练长姜复初调处，"两次加租一石五斗，又出小耕银二两五钱"，地租增加了三分之一，方得继续佃耕。四川泸州袁浦将地一块于乾隆四年交阳景先佃种，"每岁议租谷八石五斗"，乾隆八年，袁浦将此地转招刘朝万佃种，"议租二十四石、随租银二十两"。[1]四年之内，这块地的租额上涨了两倍多，如果加上"随租银二十两"，按通行利率三分计算，还要增加利谷好几石。

　　与此同时，押租的数量也越来越大。押租，是农民向地主租地时，事先交付的一定数量的保证金，一旦欠租，地主便要以此扣抵；佃农退佃，如未欠租谷租银，地主则如数退给佃户。押租制起源于元明之际，到了乾隆时期，已经迅速发展，几乎遍行于全国各省。押租的数额相当大，有的接近一年的正租，比较多的是为正租的1～2倍，有的还几乎接近于地价。像湖北宜城县监生杨国点，于乾隆二十五年将山田两处招张起洪耕种，"议定押课钱一百千，课租四十三千"[2]，此田的押租为正租的1.3倍。

　　押租又是地主增加收入的重要来源，或者准确一点说，收押租就是增加地租。虽然押租要退给佃户，但在未退佃之前，钱在田主手里，按江西宁都县的流行办法，佃户承租时不能交足押租钱的，"照依银数，每岁入息三分"，[3]即每年佃农交一笔利银。

　　① 刑科题本，乾隆九年四月十四日，四川巡抚纪山题。
　　② 刑科题本，乾隆三十年五月十一日，管刑部事务刘统勋题。
　　③《民商事习惯调查录》第424页。

押租额也在迅速上涨,许多地主为了提高押租而撤地另佃,或逼原佃增交押租。比如,安徽六安州九龙庵有庙田七石,于乾隆二十一年批与张南讹耕种,收押租钱二十两,到三十年,转招朱广文承佃,押租银为四十两。九年之内,押租涨了1倍,四十两押租银按年息三分计,可得利银十二两。又如,湖南衡山县刘毅士,以八百五十两银买寺僧攸月私田五石,租与伍添吉种,得押租银二百三十两,平均每石四十六两,每年还收租谷五十石。过了七年,刘毅士将此田抽出三石,另招聂孔言佃耕,收押租银一百八十两,平均每石六十两,押租涨了三分之一。刘毅士所收全部押租银二百七十两,如每年借贷与人,按法定利息三分计,可得利银八十余两,能买谷一百二三十石,超过正额租谷五十石2~3倍,或者说,刘又可多收租谷一百二三十石。

正是由于地租正额和押租银不断上涨,撤田另佃会给业主带来更多的收入,因此清朝前期,地主增租夺佃之恶习遍及全国。不管是多年承耕的老佃户,还是从未欠租的良佃,或者是披荆斩棘自费工本开垦成田的原佃,地主都不念其情,而唯知图利,将其赶走,夺田另佃,主佃为此争论互殴,直至闹出人命案子之事,层出不穷。

弄清这些情况后,便可知晓黄廷桂奏疏之可贵和乾隆帝之明智了。黄廷桂奏准,从此以后,甘肃垦地成熟的老佃户,子子孙孙拥有永远耕种其地纳租的权利,不许地主夺佃,业主若将此田卖出,新业主不得换佃。老佃户获得了永佃权,而且是经过国家认可,取得了合法地位,这对保障老佃户经济利益,起了重大的作用。这样一来,对促进老佃户增加投资,兴办水利,改进技术,提高产量,发展甘肃农业生产,也产生了强烈的影响,并对减少主佃纠纷,保持地方安宁,亦会起积极的作用。它对促进其他省份佃农争取永佃权的斗争,也大有裨益。可以完全肯定地说,这是一条利于佃户、利于人民、利于国家的好法例,乾隆帝所说爱恤佃户如同赤子的言论,在此事上有了一定的实现。

(三)主佃相争 "以凡论处"

由于农民阶级长期进行反对封建剥削制度斗争的强大威力,佃农对地主的人身依附有所松弛。清朝初年,一些颇有见识的官员提出了减轻地主对佃农的人身奴役的建议,建议不许欺压佃民为奴。康熙帝于康熙二十年(1681年)降旨,命户部通令,禁止绅衿大户将佃农"欺压为

奴""随田转卖""勒令服役""如有将佃户穷民欺压为奴等情，各该
督抚即行参劾"。①雍正五年（1727年）河南巡抚田文镜以豫省绅衿地主
横行不法，压佃为奴，私刑拷打，奸淫妇女，地方官员徇私舞弊，包庇
绅衿，奏请严禁。雍正帝颁布了禁止绅衿"私置板棍，擅责佃户"和佃
户"拖欠租课，欺慢田主"的法令。②从此以后，佃户与没有爵位官衔，
不是贵族、大臣的一般平民地主，发生争执之时，官府判案，往往皆是
"以凡论处"，即双方都是"凡人"、"平民"，在法律面前是同等身
份之人。

在这一重要问题上，乾隆帝继承了皇祖、皇父的方针，并有所发
扬，不止一次地强调："朕视天下业户、佃户，皆吾赤子。"每当涉及
业主、佃农相互争执的时候，他都基本上依法裁处，以凡相论。

乾隆年间，许多豪横绅衿地主倚势仗财，横行乡里，欺凌佃农，非
法虐民。比如，江苏奉贤县监生金鼎绶弟兄二人及其孀嫂，田连阡陌，
佃户众多。佃户认耕金宅田土时，一般都立有佃票。佃户王武京便立了
两张认佃的佃票："立认佃票王武京，为因无田布种，央中认到金宅田
一则，言过每年还租三石六斗整。乾隆十七年正月，立认佃票王武京，
中庄锡范。"另一票为："立认佃票王武京，为因无田耕种，央中认到
金宅田一则，言过每年还租六斗整。乾隆十八年二月，立认佃票王武
京，中庄锡范。"③

这两张佃票，十分简单，只有正额地租数目，没有节鸭、席桌等额
外盘剥，没有送河运仓的苛求，看不出主佃双方有高低之分贵贱之别，
但是，从下述案件看，实际上地主对佃农施予了野蛮迫害。金鼎绶弟兄
在江苏华亭、奉贤二县有很多土地，托堂叔金胜章收取田租。"因各佃
欠租不还"，金胜章以侄儿名义，"开具佃欠"，赴松江府管粮通判衙
门控官追欠，"以粮从租办，抗租正以误漕等语"，促使管粮通判宋圣
选同意，发下官票，遣役王宁"督保催完"。王宁因欠租佃户太多，带
妻舅顾英协催，陆续收齐几家佃户的欠租，到了金家，金胜章给王宁、
顾英三千五百文钱（约可买米三石），作为"船钱盘费"。此时，欠租
佃户华鸣九、顾四观来田主家算租，顾英"因已受钱，即为出力"，用
私自带来的铁链，"将二人对锁"。金胜章欲带华鸣九等人"上城催

①《大清律例通考》卷27。
②《清文献通考》卷197。
③刑科题本，乾隆三十三年三月二十一日，管刑部事刘统勋题。

比，并即顺道讨租"，金鼎绶欲往南桥亲戚家送嫁，遂分坐二船，一同出发。路上，金胜章见到佃户唐文元、何大观、张二观，"索租不还"，即令家人徐元用船上锁挂跳板的铁链，将唐文元三人"锁于船内"。不久，又遇到"积欠旧租"的王武京，金鼎绶向其索讨，"必欲清还"。金胜章将王武京带入船内，怕其逃跑，将王武京与张二观对锁。时值隆冬，王武京"在船受寒"，冻饿交迫，又气又怒，发病死去。[①]

案发到官，江苏巡抚明德题报，大学士管理刑部事务刘统勋会同吏部、户部、都察院、大理寺遵旨复议后，做出下列建议：将金胜章按"威力制缚人因而致死者绞监候律"，拟绞监候，秋后处决；金鼎绶，革去监生，杖八十；厅差王宁，杖一百，枷号一个月，革役；顾英，杖九十，枷号二十五日，所得赃钱照追入官；王武京已死，所欠租粮免追，其田听其弟、子"照旧佃种还租"；松江府管粮通判宋圣选"失察衙役、白役"，罚俸一年半。乾隆帝批示："金胜章依拟应绞，着监候，秋后处决。余如议。"[②]

金鼎绶是大地主，又是监生，王武京等人是贫苦佃农，双方在社会上，地位是大为悬殊的，何况王武京等确实欠下田租，而皇上一向是不许佃农抗租的（详后）。但是，一旦出了人命案子，佃农被锁在船上冻饿而死，乾隆皇帝可就贯彻执行他所说的"视天下业户、佃户，皆吾赤子"的方针了，将双方皆视为"凡人""平民"，依法"以凡论处"，将凶犯金胜章正法，杖责金鼎绶，罚失察官员之俸。不仅此案，其他主佃争执之案，亦根据事实、是非，依法论处。总观中国第一历史档案馆所藏乾隆朝刑科题本土地债务类的五千八千余件档案，主佃之间的纠纷，刑部等衙门将业主和佃户均视为"凡人"，依法同等判处，乾隆帝对此皆批示同意。这就十分有力地证明，出现人命案子时，乾隆帝基本上是将"业户""佃户"同等视为"凡人"，按法论处的。

（四）惩治"刁佃" 禁止抗租

自称爱恤佃民如赤子的乾隆皇帝，当贫苦佃民遭受灾害难以维生之时，便下谕施放银米，进行赈济。乾隆四年（1739年）七月，山东布政使黄叔琳奏：菏泽等六州县发生水灾，已予赈济。过去"佃种之户，因田主力能照管，是以例不予赈。今被水户口，佃户居多，田主自顾不

暇，势难赡及佃人，兹值灾黎望救之时，似应查明田主无力、乏食之佃户，一体赈济"。乾隆帝赞同此议，批示说："所见甚是。但须查察明确，使灾黎得受实惠，虽费千万，朕亦不惜。若不能使民受赈恤之益，而徒饱吏胥，则升斗亦不可耳。"①

乾隆二十二年七月，河南布政使刘慥奏陈抚恤贫穷佃户的三项办法。一是过去遇逢灾荒之后，官府出借耕牛种子与民，恢复生产，但"佃户概不准借"，业户田至二顷以上，亦不准借。归德府所属州县，土地瘠薄，"虽有田至三五顷，抑或穷乏，不能办给牛种，辄至抛荒"。应查明各县业已抛荒但尚可耕种之地，如系乡绅富户，令其自备耕牛种子给予佃户，若虽"田有多顷，实系贫乏"的业户，则官府酌量借与"牛具银两"，"押令买牛招佃"，其籽种口粮，亦查明酌借，责令业主领取，届期还与官府。二是"佃户一切牛种，悉仰给于业主"，而业主常"先将牛种计息取偿"，实属过为刻薄，请予禁止。三是请遇灾荒之时，"官为酌定租数"。乾隆帝命河南巡抚胡宝瑔"留心体察，奏闻办理"。胡奏称，第一、第二两项，可依其议，第三项官方规定收租分数，"徒滋繁扰""毋庸议及"。乾隆帝批示："如所议行。"②

虽然乾隆帝对佃民确是有所"抚恤"，但在涉及主佃关系的一个根本问题，即佃农抗租不交时，他的"爱恤"之意，便全部化为乌有，这位自诩为视佃为赤子的文雅明君，一下子就变成为严禁抗租杀气腾腾的粗鲁之帝。乾隆六年六月、七月，江苏太仓州崇明县"风雨过多，并未成灾"，佃户老施二"辄起意赖租"，向顾七、张三、徐龙、倪七、何九等倡议，"声言不必还租，打逐业户"。田主黄申遣侄黄锡廷带领家人，于八月"赴乡看田议租"，老施二之子小施二"首先声喊阻议"，约集众佃拾泥掷打收租家人。黄申控于县官，县令差派衙役，将佃户小施二、黄七拘押于保正李孟儒家。老施二率领众佃，先后烧掉田主黄申的租房和保正之屋，救出小施二、黄七，并鼓动罢市。老施二与顾七"创写传帖底稿"，找人帮同抄录，率领佃民上千人来到镇上，"遍贴传帖"。"老施二以布裙为旗，小施二鸣锣，喊逼各店关闭，镇民被逼罢市。"官府发兵驱赶，擒获老施二等为首之人。署江苏巡抚陈大受题报，刑部等衙门复审，拟将老施二处以"斩监候，秋后处决"，顾七、

①《清高宗实录》卷97，第26页。

②《清高宗实录》卷543，第38页。

小施二等分别充军、枷责，逃脱之徐宝等人，"作速饬缉"，"各犯所欠租息，均照该年分数一体清还"。①乾隆帝阅读陈大受第一次呈报"老施二等纠众抢劫设法办理"的奏疏时，于十月二十四日批示："此等刁风，不可长也，当严拿务获实犯奏闻。"②吏部尚书署两江总督杨超曾亦就此事上奏："崇明被灾地方，多有土棍捏灾为名，结党聚众，不许还租，刁风实不可长，现在切实严拿。"乾隆帝批示："是。告知新督臣，令其速催务获可也。"③十年七月十八日刑部题报案情及处理意见后，乾隆帝于七月二十日批示："老施二依拟应斩，着监候秋后处决。余依议。"④

为什么乾隆帝会采取如此严厉镇压抗租佃民的政策？从其下达的两道谕旨，也许可以帮助人们了解他这样做的真实原因。十四年（1749年）三月初七日，他下谕给军机大臣，讲述不能硬性规定田主减租的原因时说：

"佃民终岁勤动，固宜体恤。……但有田之户，经营业产，纳粮供赋，亦图自赡身家，岂能迫以禁令，俾其推以予人。况佃民多属贫无聊赖，其中贤否不一，丰收之岁，尚不免凌其业户，抗负租息。今若明降谕旨，令地方大吏出示饬遵，在田主既不能强以必从，而顽佃更得借端抗欠，甚至纷争斗殴，狱讼繁兴……刁风由兹渐长，不可不为远忧也。"⑤

另一旨是十一年八月二十九日他颁下的"命督抚训饬刁风"之谕。其谕说：

"据福建提督武进升折奏：汀州府上杭县，因蠲免钱粮，乡民欲将所纳业户田租，四六均分。有土棍罗日光、罗日照等，聚众械殴业主，及至地方官弁，拨差兵役拘摄，复敢聚众拒捕，等语。朕普免天下钱粮，原期损上益下，与民休息，至佃户应交业主田租……其减与不减，

①《清高宗实录》卷153，第23页；《康雍乾时期城乡人民反抗斗争资料》第30页。
②③《清高宗实录》卷153，第23页。
④《康雍乾时期城乡人民反抗斗争资料》第31-33页。
⑤《清高宗实录》卷336，第16、17页。

应听业主酌量，即功令亦难绳以定程也，岂有任佃户自减额数抗不交租之理。……罗日光等借减租起衅，逞凶不法，此风渐不可长，着严拿从重究处，以惩凶顽，毋得疏纵。……各该督抚，遵奉此谕，通行出示晓谕之。"①

　　这两道谕旨，讲了不少应当严禁佃户抗租的理由，但最主要的是两条。一条带有根本性的理由是，田主"经营产业，纳粮供赋，亦图自赡身家"。这一点，他的臣仆讲得更为明显。江苏巡抚陈弘谋在其颁布的《业佃公平收租示》中着重指出："朝廷赋粮出于田租，业主置田原为收租，佃不还租，粮从何出？在业主岂甘弃置不取，而江南百余万石漕粮，非租将何完纳？"②一位江阴县令出的《严禁顽佃抗租告示》，亦持同样论点，强调说："粮从租办，普天同例。"③皇上、巡抚、知县一个腔调，把禁止抗租的基本原因和问题的实质，讲得非常清楚。占朝廷每年总收入三分之二以上的、约三千万两白银的田赋，主要是来自于田主的地租，每年各省运到京城，供帝、王、将、相、后、妃、公主、夫人、文武大臣和八旗兵丁食用的四百万石白米，也多系由田主租仓中提供，如果佃农抗不交租，朝廷正供从何而来，皇上御膳和众多佳宴从何而开？田主于朝廷有此难以抹杀的大功，皇帝焉能对其漠然视之，更不能听任"贫聊无赖"之"刁佃"断绝天子的财源，毁掉国家的经济基础，因此，不仅是乾隆帝，就是其皇父、皇祖乃至其他君主，都对此事持同样的态度，都要对抗不交租的佃农严厉惩罚。

　　另一同样重要的理由是"刁风不可长"，"王法"不可违。佃民聚众抗租，不仅影响了田赋的征收和国库的收入，而且打乱了封建统治秩序，破坏了王法，若不制止，任其发展下去，必然要冲击封建土地所有制（佃不交租，就意味着农民要从地主阶级手中夺取土地），最后有可能走上和官府直接对抗的道路。此非虚测，有事实为证。乾隆二十三年八月，江苏太仓州崇明县向化镇遭遇风潮，"禾稻棉花有损"，佃农施受等"起意赖租"，写好"免租稿"，"商谋密约传布"。十月，田主黄兰遣家人黄仁到乡下收租，施受等"议欲减租"，黄仁不允，"众佃

①《清高宗实录》卷273，第26、27、28页。
②陈弘谋：《培远堂偶存稿》卷45，第25-36页。
③《康雍乾时期城乡人民反抗斗争资料》第28页。

争嚷",将其主房二间烧毁。县役王如等赶来,拿下姚八等六人。县丞冯绍立、守备曹文元闻报,分别领人往拿其余抗租的佃户,姚受等"拒捕",赶逐县差,殴伤差役徐春三人,打伤兵丁,并用竹竿"将县丞轿围戳破",又"混戳守备马匹"。

十一月十五日,乾隆帝知悉此事后,谕军机大臣:"据施廷专奏:崇明县刁佃抗租,烧毁草房,经该县及营弁等查拿,有乡民聚众拒捕,殴伤差役兵丁等语。刁民借词抗租,已于严禁,乃于官弁查拿时,辄敢伙聚多人,执持竹篙拒捕,殴伤兵役,尤属凶顽不法,尹继善、陈宏谋何以均未奏到?着传谕该督抚,将案内拒捕各犯严行究治,以惩刁风,毋得稍存姑息。"①不久,两江总督尹继善、江苏巡抚陈弘谋连续奏报案情及对各犯的议处意见:将为首之姚受、施仲文依"山陕刁恶棍徒聚众抗官为首者照光棍例","拟斩立决;佃民郭二麻子等分别处以绞监候、充军、枷责;守备曹文元、县丞冯绍立、都司王韬等官弁革职,知县张世友、署太仓州知州王镐"摘印饬令离任,交部议处。②

乾隆帝认为佃民抗租是"刁风""恶习",坚主严惩。乾隆六年九月,署江苏巡抚陈大受奏:靖江县团民徐永详等,携带摘尽棉花的枝干,"纠众赴县争察,借词报荒,希幸减租"。崇明县"刁佃""伙党挟制该县县丞出示减租,当即饬拿审究"。乾隆帝批示:"所见甚正,刁风不可长也。"六年十一月两江总督那苏图奏:"靖江、崇明二县刁民,罢市胁官,妄希冒赈,已严饬地方官,务将首恶奸棍,尽法严处。"帝批:"是,所见甚正。"③七年正月,那苏图再奏:拿究崇明、靖江、丹徒、宝应"捏灾借赈、赖租冒蠲、罢市罢官之犯,民风已肃,并分别上江莠民、饥民,恩法并施。"乾隆帝批示:"所见甚正,妥协为之。"④

综合上述各方面的情况,可以清楚地看出,乾隆帝对待千千万万的佃民,采取的基本方针是"恩法并施",在经济上施予一些恩惠,劝减佃租、赈济,承认一些地区的永佃权等,对维护佃农的利益,起了一定的积极作用;但与此同时,他又坚决保障地主阶级的收租权和土地占有

---

①《清高宗实录》卷574,第31页。

②《康雍乾时期城乡人民反抗斗争资料》第37-40页。

③《清高宗实录》卷151,第20页;卷155,第23页。

④《清高宗实录》卷159,第12、13页。

权，严禁抗租运动，打击"刁风"，行使王法，成为地主阶级的最高代表和最强大的靠山。既"爱恤""良佃"如赤子，又视"刁佃"为"莠民"，这就是乾隆帝的真实形象。

五、变更祖制　释放皇庄壮丁为民

乾隆九年（1744年），已过而立之年的乾隆皇帝，批准了一个会使其列祖列宗非常吃惊的重要奏章。这个奏章就是内务府呈请释放皇庄壮丁出旗为民的奏疏。中国第一历史档案馆保存了这份珍贵文献，现摘录如下：

"（乾隆九年，内务府总管大臣奏：）臣等查得，口内整分庄头各给官地十八项，半分庄头各给地九项，此内顺治年间开设者，尚有开垦余地，至康熙年间安设者，官地仅足数额，而有余地者甚少。今各庄人口生齿日繁，亲丁、壮丁已至三万余名，其庄头等承应官差，养赡亲丁尚有拮据不能者，其名下壮丁过多，势必不能养赡。且庄头等陆续自置人口，遇比丁之年，一入丁册，即系官人，又不敢令其他往谋生，是以壮丁等每处于坐受饥寒之苦，且庄头等身不能约束人，其中往往有庄头以壮丁妄生事端，而壮丁又以庄头不肯养赡，互相控告。臣等忧思，庄头名下壮丁过多，是属无益，应如该司（会计司）所呈，除庄头等亲生子弟及缘罪发遣壮丁毋庸置议外，其余自盛京随来，并自置、投充，以至无罪发遣之壮丁内，如有庄头委用年久有益农务，以及鳏寡孤独老幼废疾者，仍令庄头留养，其尚可谋生之壮丁等，令该庄头据实陆续呈报，该司呈明，臣等移咨该部，转交该州县载入民籍，听其各谋生计。嗣后庄头自置人口，不准载入丁册，其售卖之处，听其自便。倘遇歉收，惟准庄头之亲丁，并缘罪发遣壮丁，及鳏寡孤独老幼废疾者，仍照旧散给口粮，其余壮丁概不准其散给。如此，不但可免伊等互相争控之端，且庄头等既无拖累，而壮丁等亦得各谋生计矣。……谕允臣等行令臣衙门所属盛京佐领、锦州副都统、热河总管，暨凡有庄园之各该处一体遵行。是否有当，伏祈皇上睿鉴施行，为此谨奏。奉旨：依议。"①

　　内务府总管大臣的奏疏与乾隆帝之批示，及其随即遵旨施行的情况，反映出清朝政治、经济等方面发生了重大变化，说明了不少问题。

　　其一，皇庄数量很多，作用很大。奏疏中所提"口内庄头"、盛京佐领、锦州副都统、热河总管等所属庄园，皆归内务府管辖，为清帝私有，通称为皇庄，亦名内务府官庄，或简称官庄。清朝的皇庄，起源于进关之前清太祖努尔哈赤、太宗皇太极占有的"拖克索"（即庄）。入主中原以后，世祖福临、圣祖玄烨采取圈占民田、调拨官地、逼民带地投充、垦拓官荒等方式，掠夺了巨量土地，金拨大批壮丁（关外旧奴、投充人、缘罪无罪发遣人员、庄头置买奴仆等），设立了名目繁多的庄园。康熙中期，畿辅有内务府所辖粮庄四百余所、银庄一百三十二所、果园二百五十余所、瓜菜园九十余所，盛京有内务府粮庄三百余所、果园一百三十一园，还有棉、靛、盐、碱庄六十所，以及盛京户部、礼部、工部、三陵所属官庄一百余所，总计皇帝共拥有庄园一千六百余所，占地近六百万亩，遍布于直隶、奉天、吉林、黑龙江、山西及内蒙古。此后不断扩建，乾隆年间增至一千九百余所，壮丁七万余名，连带老幼家口，人数当在二三十万以上。

　　弄清这些情况，便可解开清史中的一个疑团，即清帝之俭约。康熙中期廷臣奏称，故明宫中用费极多，本朝极为俭约。前明每年用金花银九十六万余两，今悉充饷，光禄寺送内用银每岁二十四万余两，今只三万两。明朝宫中年用木柴两千六百万余斤、红螺炭一千二百余万斤，今分别只有七八百万、一百余万斤，"我皇上撙节俭约，至矣极矣"。康熙帝也多次宣称，"明朝费用甚奢，兴作亦广"，"一日之用，足供朕一月之需"。其宫中脂粉钱四十万两、供应银数百万两，入清时"始悉除之"。他于康熙四十九年（1710年）十月初三日下达普免天下钱粮的谕旨中，又着重指出，"朕每岁供御所需，概从俭约"，故有储蓄，以供蠲赋之用。②乾隆帝于乾隆十年六月初六日下的全免国中田赋之谕，亦讲了同样的原因，由于他"躬行俭约"，故"左藏尚有余积"，才能善蠲钱粮。

　　康熙、雍正及乾隆皇帝执政初期，是很注重俭约的，宫中用费确比

①中国第一历史档案馆藏，乾隆十年六月《内务府会计司三旗银两庄头处呈稿》。
②《清圣祖实录》卷240，第10页；卷244，第312页；《石渠余纪》卷1，《纪节俭》。

故明减少了很多，这是事实；但是清朝皇庄之多及其"皇粮"数目之大，远远超过了明朝的皇庄，从而能够提供皇上大部分消费用品，减少了向户部要银和向民间征派，这也是事实。一千六百至一千九百余所各种类型的皇庄，六七万名壮丁，六七百万亩田地和大量山场牧场，在此基础上征收的"皇粮"，品名甚多，数量巨大，基本上能满足清帝及其宫中人员的需要。"皇粮"的品种，有米、谷、豆、麦、芝麻、苏子、瓜、果、蔬菜、鸡、鸭、鱼、蛋、猪、鹿、油、盐、布、草、石灰、木炭、柳条等一百余种，总数极为庞大。康熙中期，仅畿辅的四百余个粮庄，每年便上纳租谷十余万石，并交鸡、鸭、鹅六万余只、蛋四十余万只，草和秫秸八十万余束，灯油三万余斤，猪二千口。畿辅银庄年交租银三万八千余两。各类庄园、牧场年贡鱼、雉、鹿、狍、马、牛、羊、骆、参、珠、皮张，多达数百万。这为清帝少向户部、光禄寺要银，少科派于民，"躬行俭约"，提供了雄厚的物质条件。

　　其二，适应形势，更改祖制。从太祖努尔哈赤到圣祖玄烨，在这四朝一百余年中，皇庄基本上是采取编丁隶庄耕种应役的农奴制经营方式。庄园的劳动者被称为"壮丁"，身份为奴仆。他们在庄头的管束下，耕种官地（牛具、种子、房舍由内务府供给），交纳皇粮，遭受皇室严格束缚和野蛮压迫，实际上处于封建农奴的地位。落后的生产关系与剥削方式，摧残了壮丁，束缚了生产力，激起壮丁猛烈反抗。早在关外，壮丁就不断逃亡，入关以后，他们更大批外逃，有的还参加反清斗争，不少壮丁和庄头争控，"滋生事端"。这种落后的生产关系，在壮丁的反抗与汉族地区封建租佃制的包围和影响之下，日益衰落，庄头不得不大量出租庄地和典卖庄地，康熙末年，皇庄采取庄头招民佃种的租佃制已很盛行。因此，到了乾隆初年，原先是皇庄主要劳动力的壮丁，竟成为脱离生产、需要庄头养赡的"拖累"。据畿辅四百六十余名庄头的报告，他们所辖的一万六千八百余名壮丁中，"委用年久有益农务"的壮丁，仅二百九十余名，不到壮丁总数的百分之二。正是在旧有的农奴制经营方式陷入穷途末境难以延续的形势下，一向自诩为"敬天法祖"、"以皇祖之心为心"的乾隆帝，采取了明智的态度，对旧有的祖制果断地予以改革，批准了内务府总管大臣的建议。畿辅、奉天、热河、驻马口等地内务府所属庄园，除庄头亲生子弟及缘罪发遣壮丁毋庸置疑外，其"盛京随来"之壮丁、投充人、庄头自置壮丁及无罪拨庄壮丁中，鳏寡老幼残疾者与少数"庄头委用年久有益农务"之壮丁，仍令庄头"留养"外，其余壮丁交地方官"载入民籍，听其各谋生计"。皇庄制度发生了重大变化。

其三，促进生产，利民益国。乾隆帝对皇庄的改革，产生了强烈的影响。首先，大批壮丁释放为民。据畿辅四百六十余名粮庄庄头向会计司呈报，遵照帝旨，应拨出为民的，有"盛京随来"之壮丁一万零三百余人，投充人两千零三十余人，庄头自置壮丁三千六百余人，无罪拨庄壮丁一百八十余人，共一万六千余人，仅留下壮丁九百余人。奉天等地内务府庄园也放出大量壮丁。这样一来，数以万计的原来处于农奴、奴仆地位的壮丁，摆脱了农奴制枷锁，成为"良民"。他们或赴边外垦荒，成为自耕小农，或在原地认租旗地民田耕种，大多数人的境况较前颇有改善。

其四，推动了旗地一般封建租佃制的迅速发展，皇庄的阶级关系起了显著变化。乾隆帝批准释放大量壮丁出旗为民以后，畿辅、奉天、热河等地内务府辖属的各种庄园，普遍实行了封建租佃制的经营方式，满汉农民向庄头承佃官地，缴纳租银，不与皇室发生直接联系，庄头再向内务府纳粮当差，佃农成为皇庄的主要劳动力。八旗王公官员庄田也受此影响，租佃关系迅速发展。清朝初年，摄政王多尔衮、乾隆帝之曾祖顺治皇帝，在关内强制移植、扩大的役使壮丁生产的农奴制，彻底衰落了，农奴制残余只在旗地（包括皇庄和八旗王公官员与一般旗人占有之地）中占有很小的比重了。

其五，皇庄的租役剥削有所减轻。由农奴制到封建租佃制的转化，决定了皇庄的分配关系也要相应地发生变化。佃农在法律地位上是"凡人""民人"，自备耕牛、农具、种子，不是皇室的"包衣"（奴仆），人身依附关系比壮丁有所松弛，因此，原有的剥削壮丁的方式必须改变，剥削率需要降低。这个变化主要表现为"皇粮"的折色增多，额租下降和杂差减少三个方面。

这一切表明，乾隆帝对皇庄实行改革，释放大批壮丁为民，对旧时壮丁和承种皇庄的满汉佃民的压迫剥削，有了相当程度的减轻与缓和，对促进社会生产的发展和满族的进步起了积极的作用。

六、"开户家奴"出旗为民修改主杀包衣律例

乾隆帝在改变皇庄经营方式的旧制基础上，对八旗王公官员和富裕旗人占有"包衣"的祖制，亦进行了改革。他于乾隆二十一年（1756年）二月初二日，下了一道释放八旗"开户家奴"出旗为民的谕旨。他说：

"八旗另记档案之人，原系开户家奴，冒入另户，后经自行首明，及旗人抱养民人为子者。至开户家奴，则均系旗下世仆，因效力年久，伊主情愿令其出户，现在各旗及外省驻防内，似此者颇多，凡一切差使，必先尽另户正身挑选之后，方准将伊等挑补，而伊等欲自行谋生，则又以身隶旗籍，不能自由。现今八旗户口日繁，与其拘于成例，致生计日益艰窘，不若听从其便，俾得各自为谋。着加恩将现今在京八旗在外驻防内另记档案及养子开户人等，俱准其出旗为民，其情愿入籍何处，各听其便，所有本身田产，并许其带往。此番办理之后，隔数年，似此查办一次之处，候朕酌量降旨。此内不食钱粮者，即令出旗外，其食钱粮之人，若一时遽行出旗，于伊等生计，不无拮据，其如何定以年限，裁汰出旗之处，交与该部会同八旗都统，详悉定义具奏。"①

同日，他又下了允许宗室王公的"包衣"出旗为民之谕。该谕说：

"至宗室王公等包衣户口，有因其效力年久，据该王公等咨请拨附旗下佐领者，现今八旗另记档案及养子开户者，俱经查明办理，如仍旧准其拨附，则旗人众多，伊等不能遽得钱粮，生计未免艰窘，彼此均无裨益。嗣后宗室王公等包衣户口，拨附旗下佐领之处，着停止。再宗室王公等包衣户口，滋生日繁，该王公等养赡，亦恐拮据，着该宗室王公等，会同各该旗都统等，将各包衣户口，亦着查明办理一次。此次办理之后，隔数年，似此办理之处，候朕酌量降旨，庶此项人等，均得一体谋生。该王公、都统等，即行遵旨办理。"

①《清高宗实录》卷506，第3、4页。

乾隆帝在谕中所说"开户家奴",亦常简称为"开户",原来皆系八旗异姓贵族(王、公、侯、伯、子、男)、官员、富裕旗人的"包衣"(即奴仆)。从太祖努尔哈赤起,至本谕下达之日,清帝及八旗王公贵族官员占有大量包衣。包衣的主要来源有:掠民为奴,逼民投充,民人因罪入官(或为清帝占有,或赐予王公贵族官员,或发卖),买民为奴,民人随母改嫁与旗人或过继与旗人。宗室王公一般都有上千包衣。像统军入关的摄政王睿亲王多尔衮,仅"投充人"便有一千四百余丁,连带家口,多达数千人。平南王尚可喜、靖南王耿仲明只收留从其他王公官员等人的逃亡包衣,就有一千余人。尚可喜因子之隆"蒙恩尚主",遣派八百一十五名包衣进京服侍公主,他还有在辽东庄园耕地的包衣一千八百余名。清初开国有功的大学士、一等子范文程,除去关内包衣外,在关东种地的包衣还有一百一十九户,共五百六十四人。顺治五年(1648年),整个八旗满洲有五万五千三百三十丁,而包衣却有二十一万余丁,加上其妻室儿女,当有百万之众。

早期,上百万的包衣,主要是耕种家主庄园田地,纳租养主,同时,还有部分包衣从事家务劳动,随主从征厮杀,形成了"若无阿哈(包衣),主何能生""满洲籍家仆资生"的局面。[①]康熙以来,由于满洲官员、兵丁的阵亡、负伤等因素,一部分包衣被家主收为养子,令其披甲当差(包括少数为官做宦),领取钱粮,养赡主人。

由于广大包衣激烈反对家主的"任情困辱""非刑拷打",遂大批地、不断地逃亡,顺治十年(1653年)至十一年(1654年)初,"一年之间,逃人多至数万",庄主不得不招民佃种。一部分旗人家业衰落,将地典卖,许多庄头和包衣也暗中典卖主地。因此,到了乾隆初年,八旗官员庄田和兵丁份地,大都已由金丁拨庄的农奴制经营方式,过渡到招民佃种收租的一般封建租佃制,"资佃耕种,收取租息",代替了早年的"满洲籍家仆资生"。[②]

旗地生产关系和阶级关系的变化,使许许多多旧日种地之包衣无地可种,需要庄主"养赡"。不少家主境遇恶化,自身尚且衣食不周,焉能供给包衣吃穿,有的还索取赎身银两,将包衣放出本户,令其自谋生路。于是,从康熙中期以后,陆续有包衣脱离本主,自行开户,另载旗

①《满文老档·太祖》卷2;《清圣祖实录》卷14,第2页。

②《清高宗实录》卷127,第24页;《皇朝经世文编》卷35,孙嘉淦:《八旗公产疏》。

册。到乾隆年时，这种"别载册籍"的 "开户家奴"，不管是京师八旗，还是外省驻防，人数都相当多，成为影响八旗制度的一个重大问题。

对于众多的"开户家奴"，处理办法不外有三：一是将其释放出旗，载入民籍，从包衣变为"平民""民人"。二是提高其身份，使开户家奴与"正身旗人"（即非包衣的八旗满洲人员）享受同等待遇，取消其"旗下世仆"之奴籍。三是维持现状，因循苟且，不予解决。第二条，应是解决"开户家奴"问题的中策，但是，此策难以实行。近两百年里，主奴有别，家主尊贵无比，包衣极为低贱，已经成为清朝社会生活中牢不可破的传统，要想打破主奴之间的界限，化奴为主，奴主相等，那是绝对办不到的，这一办法根本无从谈起。而且，此时八旗生计问题已很尖锐，人口增多，官职、兵缺有限，正身旗人尚难谋上一个领取钱粮的位置，开户如再提高为正身旗人，人多职少之矛盾必然愈加尖锐。

第一条，释放"开户家奴"出旗为民，当是上策，可是阻力很大。尽管有些家主已经得到赎身银，释放了包衣，有些包衣经过斗争已取得了"民人"身份，脱离了旗籍，但是，要让大量 "开户家奴"摆脱家主的辖束，出旗为民，可不是一件简单的事情。须知，一百年以前，乾隆帝之曾祖父顺治帝福临，便因为包衣是"先朝将士血战所得"，而严惩收容逃亡包衣的"窝主"，重责谏阻的汉官。[1]康熙帝也和其父一样，尽力控制包衣于八旗之内，根本不许包衣出旗。就是乾隆皇帝本人，即位初期亦同样实行列祖列宗保障家主权利的政策，于乾隆三年批准了一条新订的"旗人开户例"，规定："凡八旗奴仆，原系满洲、蒙古，直省本无籍贯，带地投充人等虽有本籍，年远难考，均准其开户，不得放出为民。"[2]这条法例讲的是，凡系八旗满洲、蒙古正身旗人（不论官民）的奴仆，无籍贯者，或虽有祖籍但年代久远难以考证者，均不准出旗为民。第二年，他又批准了一个更为详细、更为苛刻、使包衣很难出旗为民的法例，规定：

　　"国初俘获之人，年份已远，及印契所买奴仆之中，有盛京带来，带地投充之人，系旗人转相售卖，均应开户，不准为民。又，八旗户下

①《清世祖实录》卷84，第3页。
②《清文献通考》卷20。

家人，有本主念其世代出力准令开户者，亦准其开户。……乾隆元年以前八旗家奴经本主放出已入民籍者，准其为民，若系乾隆元年以前放出至元年以后始入民籍者，令归旗作为原主户下开户壮丁。至于赎身之户，均归原主佐领下作为开户。"

虽然乾隆帝本人曾经批准了维持旧制的法例，但随着岁月的推移，他治理国政的才干迅速提高，经验愈加丰富，更加感到在"开户家奴"问题上需要承认现实，需要有所改革，因此才于乾隆二十一年二月初二连下两道谕旨，彻底解决"开户家奴"问题，将他们释放，出旗为民，并允许宗室王公的包衣出旗。

遵照帝谕，户部会同八旗都统会议后上奏，对开户家奴出旗为民提出了下述一系列具体建议：开户家奴中，凡在京文武官员，由吏、兵二部定议，将其调补汉缺，外任绿营将弁和文官，"即令出旗为民"；其系现在捐纳候缺人员、进士、举人、生员等，亦即准其为民；闲散人等（即无职之开户家奴），令各该旗询明愿入何处之籍，咨地方官，令其入籍，仍造册送户部备查；其系现食钱粮之人（指披甲为旗兵者），情愿退粮为民者即令出旗，仍在当差者，待缺出时裁汰。乾隆帝批准了这些建议。[①]

根据帝谕，大批"开户家奴"和宗室王公的包衣被释放出旗，转入州县，成为民人，不再是旗奴了。像一等子范文程家，其子孙便遵依帝旨，将关东庄园的包衣，"恩放出户家奴十四户"，在盖平等县"入于民籍"。[②]

乾隆二十四年（1759年），又颁布了"八旗户下家人赎身例"，规定："凡八旗户下家人，不论远年旧仆及近岁契买奴仆，如实系本主念其数辈出力，情愿放出为民，或本主不能养赡，愿令赎身为民者，呈明本旗咨部转行地方官，收入民籍，不准求谋仕官。至伊等子孙，各照该籍民人办理。"[③]

八旗"开户家奴""赎身户下家人"和宗室王公部分包衣的出旗为民，使八旗的旗下家奴人数大为减少。顺治五年（1648年），八旗有包衣二十一万余丁，相当于满洲正身旗人的4倍，过了一百六十多年，满洲

①③《清文献通考》卷20。

②辽宁省档案馆藏，范府《关东地亩人丁册》。

人丁增加了3倍多，照此类推，包衣总数当为八九十万丁，可是，此时包衣才十七八万丁。可见，乾隆帝确曾释放了以数十万计的包衣男丁及其家属出旗为民。

这是清朝社会生活中的一件大事。乾隆皇帝在"包衣"这一关系到政治、经济、军事、民族关系等方面的十分敏感的重大问题上，敢于突破祖制的束缚，厉行改革，于国于民，皆有裨益，确应对其此举给予充分的肯定。

另外，乾隆帝对家主残酷杀害包衣之事，十分不满，予以从重惩处。乾隆三年四月二十六日，刑部议奏：镶红旗满洲三等护卫释伽保，图奸家人破脸之妻金氏，未能如愿，将破脸毒打致毙，"实属行止有亏"，请照故杀奴婢例，革释伽保之职。乾隆帝查阅案情后，认为拟议不当，下谕令将释伽保发往黑龙江，并修改律例。他在谕中着重指出：

"家主之于奴仆，虽系名分有关，而人命至重，岂容轻易致毙。如果奴仆逞凶犯上，情罪重大，家主责打之时，不暇详审，以致受伤身死，情尚可原，若寻常小过，及偷盗财物等事，罪不至死者，辄行殴毙，草菅人命，已属不法。今释伽保图奸仆妇不遂，即将伊夫破脸毒殴，腿断骨折，立时毙命，凶恶已极，甚属可恶，释伽保着革职，发往黑龙江，余依议。

"朕为天下主，凡遇命盗案件，于律无可宽待者，尚且反复推详，冀其有一线可轻之路，凡身为职官之人，何得因系奴仆，遂忍心立毙其命。据定例，故杀奴仆者，降二级调用。恐不肖官员，恃有职衔，谓打死家人，罪不过降革，且任内有加级记录，又可抵免，遂致恣意残害，如释伽保之流，此风断不可长。从前定例，尚未明晰，即以故杀而论，恶仆逞凶，其主杀之，乃故杀也，今释伽保之因奸毒杀其仆，亦得以故杀论，又岂可同日而语者。此处着九卿分别详悉定义具奏。"①

刑部之拟议及旧有家主故杀奴仆例，确是太为偏袒不法主人了。人命关天，怎能因其系殴死包衣，家主遂得安然无恙仅以革职了结，何况革职之罚，又可以加级记录抵消，这样一来，凶手更是一无所失万事大

①《清高宗实录》卷67，第19、20页。

吉了。由于有此律例，为官做宦之家主有恃无恐，可以随意打死包衣，可以任意奸淫奴婢仆妇，凶横残暴，无恶不作，而包衣则因官府偏袒家主，又有王法俱在，即使不幸惨死于主人之手，亦无法申冤叫屈，除了逃跑之外，别无他法，只有忍气吞声，遭受主子的虐待。这一律例，助长了官员家主作恶之风，加剧了包衣的灾难，也激化了主奴之间的矛盾，促使不少包衣被逼潜逃或直接武力反抗，打死、打伤凶横主人，自然会影响到封建统治秩序的稳定。乾隆帝有鉴于此，果断更改旧律，令九卿重议。九卿遵旨议奏：家主图奸仆妇不遂，毒殴奴仆致毙，将伊主不分官员、平人，悉发黑龙江等处当差。至奴婢罪不至死，而家主起意打死奴仆，则将家主处以降级调用之罪，"虽有加级，不准抵消"。乾隆帝批准此议，改革了行之多年祸害包衣之旧例。①这对减轻家主对包衣的虐待、促进满族的发展都起了一定的作用。

七、改定"逃人法" 颁行《钦定督捕则例》

"逃人法"，是清政府关于惩办逃亡的包衣（通常称为"逃人"）和收容包衣的"窝主"之法例。"逃人法"乃清朝之独创，康熙《大清会典》载称："逃人之例，创自国朝。"为了控制住包衣，使其耕种家主田地侍奉主人，从太祖努尔哈赤起，就严禁包衣逃走，违者处死，窝主按盗贼论，没为包衣。②顺治元年（1644年）清军入关以后，摄政王多尔衮、清帝福临虽皆任用汉官，沿袭明制，汉化程度很深，而且他俩在治政上还算比较开明，但于逃人一事，却因包衣系八旗王公大臣"血战所得人口，以供种地牧马之役"，包衣逃亡，将使家主"驱使"无人，"养生"无赖，因而多次制定法例，严办逃人和窝主，包衣三次逃走者处死，窝主处死，或籍没家产，流徙东北。康熙年间，"逃人法"有所松弛，处罚较前减轻了一些。雍正二年（1724年）修订了一些规定，又有所松动，但还未作原则性的变动。

乾隆帝即位以后，对这成为顺治年间祸国殃民的五大弊政之一的"逃人法"，决心从根本上进行修改。此时，"资佃耕种，收取租息"

①《清高宗实录》卷67，第19、20页。

②《满文老档·太祖》卷8，第21页；《清太宗实录》卷1，第10、12页。

的封建租佃制，已取代了清初"满洲籍家仆资生"的农奴制，这就使严惩窝逃、控制包衣的旧的"逃人法"，既显得没有必要，又带来了很多麻烦，为贪官污吏敲诈良民提供了机会。因此，乾隆帝谕命大学士徐本等人撰修新的督捕则例，改定"逃人法"。乾隆八年徐本等人遵旨修完书稿，经帝审批同意后，命名为《钦定督捕则例》，颁行全国，原顺治十一年（1654年）的"逃人法"、康熙十五年（1676年）大学士索额图等奉敕修订的《督捕则例》停止使用。

乾隆帝之《钦定督捕则例》，有两卷，共一百零三条。与过去的"逃人法"相比，此则例有很大的不同。

其一，减轻了对逃亡包衣的处罚。原来规定，包衣三次逃走者，获后处死，现在改为免死，发给各省驻防官兵为奴。同时，还明文规定，对逃走一次、两次的包衣，如其家主不领回，则免死刺字，交与州县，"与民人一体管束"。这就是说，只要包衣的主人不予追究，不把包衣领回（在当时多数旗人家业衰落的情况下，不少家主并不想到官府去索要奴仆），包衣就摆脱了主人的统治与奴役，获得了自由，出旗为民了。

其二，大大减轻了对"窝主"的惩办。新法规定："民人知情窝留三个月以内者，照知情不首律，杖一百。过三个月者，杖九十，徒二年。若过一年以上者，窝家杖一百，徒三年。"后又改定，"旗民知情窝留旗下逃人者，照知情藏匿罪人律各减罪人一等治罪"。此处所谓"知情藏匿罪人律"，全文为"凡知人犯罪，事发，官府差人使唤，而藏匿在家，不行捕告，及指引道路，资给衣粮，送令隐匿者，各减罪人一等"。比如，"知人杖一百罪，事发，藏匿在家，不行捕告，及指引资给，送令隐匿者"，将该窝主杖九十。既然包衣初次逃走，鞭一百，则窝主仅鞭九十，即了结案件。顺治十一年（1654年）九月制定的"逃人法"规定：庶民"隐匿逃人者，正法，家产入官"，生员隐匿逃人，"与平民一例正法"，文武官员窝逃，"将本官并妻子流徙，家产入官"。①康熙六年（1667年）改定之法为，隐匿有主逃人的窝主，流徙尚阳堡。第二年改为免流徙，窝主枷号一至二月，责四十板释放。两相比较，新法对窝主的处分，较前减轻了很多。

其三，放松了对邻佑、地方的制裁。原来规定，两邻、十家长如不首告，责四十板，流徙，现改为，"邻佑、十家长、地方知情不首者，

①《清高宗实录》卷86，第5、6页。

鞭八十"，结案释放。

其四，特别重视知情、不知情的区别。顺治年间，不问留住包衣之人及其邻佑、地方是否知情，皆按窝逃处罪。现在，窝主、邻佑、十家长，只要是不知情，就可免罪，因此，收留逃亡包衣之人和邻佑、地方，完全可以辩称并不知情，不知被留住之人是逃亡的包衣，就可借此免掉窝逃之罪。有了这个规定，就基本上把其他所有惩办窝逃的条例都抵消了，实际上是取消了原来严惩窝藏逃亡包衣的"逃人法"。换句话说，顺治年间制定的延续到康熙时控制包衣维护农奴制剥削方式的"逃人法"，至此基本上是名存实亡了。乾隆帝之《钦定督捕则列》的"捕逃"，主要已改为针对为数不多的旗人家内奴仆的逃亡和八旗兵丁的逃旗了。[①]《钦定督捕则例》的基本内容和大多数条目，一直延续至清朝末年。

八、欲图解决"八旗生计"问题

乾隆元年（1736年）五月二十八日、八月二十四日，刚继位为君的乾隆皇帝，下了两道专讲旗人生计的谕旨，摘录如下：

> "八旗生齿，日渐繁庶，而生计渐不及前。朕日为旗人详细筹划，于喜丧之事，照常给予恩赏银两外，屡次赏赐兵丁银粮，又降旨查免欠项，仍恐于旗人生计，不能永远有益，今又饬查官房官地，赏给以为产业。但旗人甚众，虽行赏赉，未能周遍。"[②]

> "朕因八旗兵丁，寒苦者多，再四思维，特命借给官库银两，俾伊等营运有资，不忧匮乏。伊等自应仰体朕心，诸凡撙节，以为久远之计，乃闻领银到手，滥行花费，不知爱惜。而市肆贸易之人，唯利是图，将绸缎衣服等项，增长价值，以巧取之。……着顺天府、五城通行晓谕商人，并令八旗大臣等教训兵丁，咸使闻之。"[③]

---

① 本书关于"逃人法"的叙述，参阅了《历史研究》1979年第9期杨学琛所写《关于清初的"逃人法"》。

②《清高宗实录》卷19，第28页。

③《清高宗实录》卷25，第16、17页。

这两道谕旨，讲了五个问题：一是八旗人丁增多，二系旗人浪费，三是八旗兵丁多数"寒苦"，四为皇恩屡施，五是无济于事。集中起来是一个问题，即旗人生计困难，时人称之为"八旗生计"问题。

"八旗生计"是康熙时便已存在的老问题。由于顺治到康熙二十年（1681年）攻南明，剿农军，讨伐"三藩"，兵火连年，八旗兵丁"争先用命，效死疆场"，伤亡惨重，"丁口稀少"，兼之，军装战马，用费浩繁，广大兵丁生计艰难。部分上层旗人(中下官将和部分领催及富裕闲散旗人)奢侈腐化，挥霍银米，入不敷出，家业衰落。

康熙四十年（1701年）以后，基本上处于和平时期，生产发展，人口便迅速增长。顺治五年（1648年），八旗满洲男丁为55330丁，蒙古28785丁，中经康熙二十年左右的"丁口稀少"，到康熙六十年（1721年），满洲男丁为154117丁，比顺治五年增加了2倍，蒙古为61560丁，也增长了1倍多。[①]雍乾时期，人口增长更快。各地驻防八旗人口迅速增加。雍正九年（1731年），陕西西安将军泰布奏：西安额设驻防八旗兵丁八千名，"今户口繁滋，将及四万"。[②]乾隆六年（1741年）十二月，荆州将军衮泰奏称："驻防满兵，生齿日繁，现在入册闲散幼丁，共计两千六百余名，请添养育兵八百名。"[③]荆州将军所辖旗兵为四千名，而入册之闲散便有两千六百余名，为正额百分之六十多。京师八旗人丁之增长，更超过了驻防旗人。乾隆十年，御史柴潮生疏陈理财三策，第一策讲的就是京师八旗人口大幅度增长，满洲、蒙古、汉军八旗"丁口蕃昌，视顺治时盖一衍为十"。[④]进士魏源也指出，"计八旗丁册，乾隆初已数十万"。[⑤]

人丁数倍于昔，而兵额仍旧。顺治到康熙中期，京师满洲、蒙古、汉军共一千一百余佐领，兵额约十万。广大八旗满洲兵丁本已处境艰难，现"生齿日繁"，钱粮未增，以数丁、十余丁之人，食"一甲"(即一名兵士)之粮，更加艰窘不堪。

---

① 安双成：《顺康雍三朝八旗丁额浅析》，《历史档案》1983年第2期。

②《清世宗实录》卷108，第1页。

③《清高宗实录》卷157，第19页。

④《清史稿》卷306，《柴潮生传》。

⑤《圣武记》卷14，《军储篇四》。

因此，从康熙中期以后，八旗兵丁和部分官员、领催，纷纷典卖旗地，甚至违章卖与民人。史载，"民典旗地之事，自康熙二三十年之间，即有此风"。①乾隆二十二年户部奏称："近年以来，（追赎康熙年间典卖旗地的）案牍日多，词讼不息。臣等伏思，康熙年间典卖旗地，至今多则八九十年，少亦三四十年。"②

钱粮份额不增，人口大量滋生，旗地又已典卖，坐困于京城及畿辅五百里内的数百万旗人，生计艰难，而且每况愈下，愈加穷苦。这直接影响到清王朝的支柱——八旗军队的素质，昔日百战百胜的八旗劲旅，战斗力已大为削弱。清帝视"八旗甲兵"为"国家根本"，没有强大的八旗军队，没有八旗满洲人员的坚决支持，爱新觉罗家族的江山是很难保住的。满洲人丁的贫穷化，给清王朝的长治久安，带来了严重的威胁。因此，从康熙帝起，便极力设法解决八旗生计问题。

康熙帝主要采取了赏赐银两的方式。早在征讨"三藩"的过程中，康熙帝就谕告八旗兵丁要奋勇冲杀，允诺平乱之后要对他们从厚奖赐。康熙三十年（1691年）十月十七日，康熙帝谕户部：

> "八旗甲兵，国家根本，当使生计充裕，匮乏无虞。向因剿除三逆，久历行间，制办军器，购送马匹，兼之户口日增，费用日广，以致物力渐细，称贷滋多，朕每念及，深为轸测，若不大沛恩施，清完凤遗，将愈至困迫，难以资生。今八旗满洲、蒙古护军校、骁骑校，及另户护军、拨什库、马甲，并子幼或无嗣、寡妇、老病幼残告退人等家下马甲，所有积债，尔部动支库银给还。汉军每佐领，各给银五千两，令其偿完债负外，余者各该都统收贮，以备公用。"③

这次共赐银540余万两，平均满洲男丁每丁可得银70～100两。随即又设立官库，贷银与贫困需钱的八旗官兵。康熙三十六年（1691年），康熙帝谕免三次出征准噶尔部的八旗兵丁所借官库银两。四十二年又贷给八旗兵丁银650余万两，至四十五年，尚欠395万余两，康熙帝亦命免除。五十六年，再免兵丁欠官库银196万余两。仅三十年、四十五年、五

---

① 赫泰：《筹八旗恒产疏》，《皇清奏议》卷45。

② 中国第一历史档案馆藏，乾隆二十二年《内务府呈文》。

③《清圣祖实录》卷150，第14页。

十六年这三次，共赐银、免欠银1100余万两，平均京师八旗满洲男丁每丁可得银一百余两，能买米一百多石，数量确实不小。雍正帝即位后，几次赏给八旗兵丁一月钱粮，每次三十五六万两，又创行井田，约派二百户京旗人员，往霸州等处种地，并立"养育兵"新制，增添了5120名"养育兵"，从八旗余丁中挑补。[①]可是，这些措施，收效甚微。

乾隆帝继承了皇祖、皇父以"八旗甲兵"为"国家根本"的国策，花了很大力气，试图解决八旗生计问题。他"轸念伊等生计艰难"，一方面，"频频赏赉，优恤备至"，宽免旗人亏空的钱粮，查还其入官的坟茔地亩，赐还部分官员获罪革退的世职，欲令旗人"家给人足"；另一方面着重做了三件事：第一件事是增加养育兵名额。乾隆三年规定，满洲、蒙古八旗原设的4160名养育兵，由每人月银3两减为2两，多余之4160两另增2080名养育兵，并将满洲、蒙古八旗每佐领下增足养兵10名，汉军旗每佐领下增足6名，合共设养育兵15124名，比雍正时增加了2倍名额。十八年又规定，原设之养育兵，每名减为月银1两5钱，余下之银，另增新养育兵5044名，再"恩赏"5044名，每月皆为月银1两5钱，合共设养育兵25212名，每年饷银为45万余两，较雍正时增加了1倍多。

第二件事是赎回民典旗地。乾隆五年，拨发帑银，赎回民典旗地"数千万亩"，二十二年至二十七年，又赎回14534顷，每年收租银31万余两，以备"赏给贫乏旗人，以资养赡之用"。[②]

第三件事是迁移部分京旗人员到东北耕种田地。虽然雍正帝的"井田制"没有成功，花了数万两白银，移去不到二百户，十年之内，咨请回京的就有九十多户。乾隆帝即位后，将其改为屯庄，但不少有识之士，如舒赫德、柴潮生、孙嘉淦等，皆先后奏请，"移八旗散丁数万屯东三省，以实旧都而还淳朴，分京师生齿之繁"。乾隆帝反复思考，终于在二十年决定，遣派京旗人员，前往吉林拉林垦地。乾隆二十一年正月初五，他就此事下谕说：

"数年以来，朕念八旗生计维艰，曲为筹划，除八旗领设前锋、护军、马甲外，复特降谕旨，添设领催、养育兵额缺，伊等生计，较前已有起色。但念京中满洲，生齿日繁，额缺有定，恃一人钱粮，供赡多口，终恐拮据，是以于拉林开垦地亩，建造房屋，挑取八旗满洲，前往

①《清文献通考》卷39。
②《清文献通考》卷5。

屯种，此欲我满洲世仆，仍归故土，生计充裕至意。……此次前往人等，由京起身之先，每户赏给治装银两，沿途复给予车辆草束，到彼又赏给立产银并官房田地，以及牛具籽种等项，计一户需银百余两，则所遣三千满洲，用银不下数(十)万两。朕所以不惜此费者，盖欲伊等永远得所，曲为体悉。……"①

虽然乾隆帝亲自主持拉林垦地之事，花了大量银两和精力，督促官员经管，但也未收到多大成效，原定派三千户，实际只去了两千户，而且到达拉林之后，并不认真耕地，四年之内，"逃回者甚众"。②

此外，为减轻八旗人口压力，乾隆七年四月十三日，他又下谕宣布允许汉军人员出旗为民。可是，出旗者不多，过了一年，才有1396名汉军人员愿意离旗入于民籍。

尽管乾隆帝动用巨量银米，力图减少八旗人员的困难，但并未能收到多大成效，八旗生计问题没有解决。一直延续到清末，此事仍然是困扰清朝政府的一大难题。

九、"雇工法"的三次更改

长期以来，佃户、雇工和奴仆都属于贱民阶层，他们与主人之间的关系，都是主仆关系。明朝洪武年间制定刑律，"雇工人"第一次出现在《大明律》上，其身份与奴婢近似，在量刑的时候，"雇工人"仅比奴婢轻一等。例如，奴婢殴家长者皆斩，杀者皆凌迟处死，而"雇工人"殴家长者，杖100，徒3年；殴家长死者，斩；故杀者，凌迟处死。家长殴"雇工人"，非折伤、笃疾，均勿论；折伤者，则按折伤凡人罪减一等。奴婢骂家长者，绞；"雇工人"骂家长者，杖80，徒2年。到了明朝后期，情况有了变化，"雇工人"中立有文券议有年限的"长工"与"短雇受值"的短工，身份已不相同。明朝万历十六年（1588年）第一次制定了专门的"雇工法例"，规定：

---

① 《清高宗实录》卷504，第12、13页。
② 《清高宗实录》卷600，第33页。

"奴婢，官民之家，凡倩工作之人，立有文券、议有年限者，以雇工人论；止是短雇日月，受值不多者，依凡人论。其财买义男，如恩养年久，配有室家者，照例同子孙论；如恩养未久，不曾配合者，士庶之家依雇工人论，缙绅之家比照奴婢律论。"①

这样一来，短工在法律上便取得了凡人地位。

到了清朝，较长时间里，清律对属于长工的"雇工人"的规定，基本上沿袭明律。比如，奴婢殴家长者，皆斩；杀者，皆凌迟处死；过失杀者，绞。"雇工人殴家长者，杖一百，徒三年；伤者，杖一百，流三千里。折伤者，绞。死者，斩。故杀者，凌迟处死。""财买义男，如恩养年久，配有室家者，照例同子孙论。如恩养未久，不曾配有家室者，士庶之家依雇工人论，缙绅之家，比照奴婢论。"②

尽管法律仍维持着一二百年前的旧规，但时代毕竟在前进，清朝康熙以后，尤其是乾隆年间，现实生活发生了相当大的变化，其中一个重要的变化，就是雇工人数大量增加，其人身地位有了提高，许多雇工身份相当自由，与雇主之间的关系，基本上是平等的雇佣关系，不存在封建人身依附关系。另一重要变化就是许多平民，如佃富农、富农、自耕、非官僚的经营地主，一般被称为农民或民人的雇主，纷纷雇请工人耕田种地、开店办厂。例如，江苏丹阳县丁玉国雇蔡七做工，每年2两银子的工钱，未立文契。雇主欠蔡七4钱工银，蔡七于乾隆五年向雇主索讨，雇主说这几天没有银子。蔡七当即表示："你不给我银子，我不做工。"丢了镰刀就走。③这件事例表明了三个问题，一是蔡七虽被丁玉国雇为长工，每年工价是2两银子，但双方并未立下文契，当然也没有议立年限。结合其他档案材料，类似的长工相当多，都没有立下文契。二是雇主无权不给欠下的工钱，不给，雇工就要索讨。三是雇工可以自由辞工，雇主不付欠下的工银，工人可以拒绝再干，"丢下镰刀就走"。三者集中到一点，即雇主对工人没有强制其人身自由的权力，双方都是平等的地位，只是以钱换工，只是简单的雇佣关系，不存在封建人身依附关系。

又如，河南灵宝县雇工袁文喜，于乾隆三十八年（1773年）被雇给毋

①《明神宗实录》卷194。

②光绪《大清会典事例》卷810。

③中国第一历史档案馆藏乾隆朝《刑科题本·命案·土地债务类》，乾隆五年六月初十，张渠题。（以下简称《刑科题本》）

尔平、毋尔实家做工，每年工价钱4500文，没立文约。五月二十四日干活到巳牌时刻，毋尔实还不给饭吃，袁文喜说饭太迟了。毋尔实强词夺理说："你做活也迟钝。"袁文喜气愤地说："你既嫌我做活不好，我把你长支的工钱还给你吧"，于是退了长支的工钱143文，辞工不干。毋尔平劝袁文喜回去，袁不肯。毋尔平的另一位雇工薛成也支持袁的行动说："工价既然退还，就到别处做工何妨。"于是袁文喜就到毋兵儿家做活了。[①]袁文喜虽被雇为长工，每年工钱4500文，但未立文约，当然也就未议年限，而且因与雇主发生口角，就辞工不干，另去他家做活，雇主不能反对，不能强迫雇工继续干。这也表明身为长工的袁文喜，与雇主也只是平等的以钱换力的雇佣关系，他的人身是自由的。

再如，乾隆四十六年，河南卢氏县张文亮雇肖抱保为佣工，议定每年工钱3000文。肖抱保感到钱少，想另觅雇主。后来肖抱保打听到张保要雇人做工，于是双方商定，每年工钱3600文，俟明年正月上工。不久，张文亮和张保斗殴，出了人命。知县、巡抚判决这一命案时，都认为："肖抱保因工限将满，择价另觅雇主，亦无不合，亦毋庸议。"[②]可见，长工在就雇与否和改选新的雇主时，是有权进行自由选择的，官府也承认这不是"不合"的。

又如，山东临邑县袁祥雇本县翟家庄张景轩做长工，"讲过每年工价小钱六千，没立文契，也没有年限"，因雇主不让雇工在饭后休息，差派雇工去干重活，双方发生争执，张景轩打死雇主的儿子，发生了命案。[③]

还有一些长工与雇主之间，更是平等，更无主雇区别，可以"同桌同吃"，根本不存在什么主仆名分。乾隆二十五年，浙江富阳县沈庆祥雇柴加禄耕种田地，当时双方议定："每年工银四两，不立工票，也不议定年限，是同桌同吃，没有主仆名分。"[④]山东莱州府掖县石从德，于乾隆五十一年来到吉林三姓地方，租旗地四十垧耕种，雇民人袁德星做活，"言明十个月，共给工钱四十二千文。又雇民人高忠、李维周等做活十个月，各给工钱三十五千"，并"说定做活账，俱未立有文契"，雇主与工人"都在一处同坐吃饭，一炕睡觉"。

①《刑科题本》，乾隆三十九年五月初九日，舒赫德题。
②《刑科题本》，乾隆四十一年六月十一日，富勒浑题。
③《刑科题本》，乾隆二十二年二月初八日，鄂弥达题。
④《刑科题本》，乾隆二十二年三月二十四日，舒赫德题。

正是由于时代在不断变化，一二百年前的旧法已经远远落后于现实，不改变是不行了，所以乾隆二十四年清政府对雇工的法例做了修改，规定：

"除典当家人及隶身长随俱照定例治罪外，其雇请工作之人。若立有文契、年限，及虽无文契而议有年限，或计工受值已阅五年以上者，于家长有犯，均依雇工人定拟。其随时短雇受值不多者，仍同凡论。"①

这次法例，与沿袭自明万历至今的法例相比，多了一个内容，即"计工受值已阅五年以上者"，也按雇工人定拟。这个规定，一方面可以说它比旧法加重了。旧法只规定，立有文契、年限及虽无文契而议有年限的工人，按"雇工人"论处，那么，未立文契、未议年限的雇工，该怎么对待，旧法没有明说。若按旧法的文字来体会，未定文契、年限的雇工，应按凡人论处，而不是按"雇工人"处理，可是，这次更定的新法，却规定计工受值超过五年的雇工，不是凡人，而是"雇工人"，显然比旧法对雇工的处理，是加重了。但是，另一方面，新法又对工人有宽松的一面。因为，实际生活中，连续被家主雇佣超过五年以上，而未议立文契年限的雇工，是太少了，雇佣时间超过五年的雇工，可能绝大多数是与雇主立下了文约，议定了年限，所以他们本来就属于"立有文契年限"，应以"雇工人"论处的范围，而不是未立文契年限的凡人雇工。新法规定一个"五年"的年限，就为那些未立文契年限受雇不超过五年的长工，提供了与家主平等相待，彼此都是凡人的机会，按凡人论处，这对未立文契年限的五年以下的长工，在法律地位上是一个很大的提高，摆脱了近似奴婢的地位。

过了八年，乾隆三十二年（1767年），清政府对"雇工法"做了第二次修改，规定：

"凡官民之家，除典当家人、隶身长随及立有文契年限之雇工，仍照例定拟外，其余雇工，虽无文契而议有年限，或不立年限而有主仆名分者，如受雇在一年以内，或有寻常干犯，照良贱加等律，再加一等治罪。若受雇在一年以上者，即依雇工人定拟。其犯奸杀、诬告等项重情，即一年以内，亦照雇工人治罪。若只是农民雇请亲族耕作、店铺小

━━━━━━━━━━━━━

① 光绪《大清会典事例》卷810。

郎，以及随时短雇、并非服役之人，应同凡论。"①

　　这次修改，在两个重要问题上，根据实际情形，做了补充和修改。一是特别强调了主仆名分。立有文契年限，或虽无文契而议有年限，固然是有主仆关系，当以"雇工人"定拟，而无文契又未议有年限但"有主仆名分者"，受雇在一年以上，也要"依雇工人定拟"，不到一年者，也"要照良贱加等律"加一等治罪。若犯奸杀诬告，尽管不到一年，亦按"雇工人"论处。这样的更改，显然是从贵族官僚缙绅人员的利益出发，考虑到在实际生活中，他们雇佣的工人，不管是否立了文契，议有文约，都是他们的奴仆，都有主仆名分，当然要按"雇工人"论处，绝对不能把这些雇工定为"凡人"。过去的法例对这一点没有明确规定，所以这次把它补充上来，加以突出。二是专门突出了"农民"雇主。被官府称作"农民佃户"的雇主，在全国各地普遍存在，日益发展，形成了与一百年前不同的新特点。这样的雇主，与他们所请的雇工，在法律上的身份基本相同，都是"凡人""民人"，双方的关系只是以钱换工的简单的雇佣关系，没有什么主仆名分。对于这样的"农民"雇主及其没有主仆名分之雇工的雇佣关系，不能套用过去的简单的"雇工人"法来加以审理定案，必须实施新的法律。因此，这次的修改，就明确地专门制定了农民雇佣工人的条例，规定："若只是农民雇请亲族耕作、店铺小郎，以及随时短雇并非服役之人，应同凡论"，这是十分重要的变化，也是很大的进展，它使"农民"雇主雇佣的长工和短工都取得了"凡人"的法律地位，都摆脱了"雇工人"近似奴仆的卑贱地位。

　　乾隆三十二年对"雇工法"的第二次更定，虽然在两个方面对旧法做了补充和修改，但是仍然不够明确，尤其是"农民"雇主与雇佣的工人之间的关系，双方在法律上的身份地位，以及发生案件时怎样定拟，比较含混，致使一些省的问刑衙门往往把这类无主仆名分的雇工按"雇工人"论处，轻重颠倒，判决不公，在社会上引起比较大的混乱。因此，刑部尚书喀宁阿等于乾隆五十一年（1786年）四月十六日特上专疏，建议再次更定"雇工法"，避免此弊端。现将其原疏引录于下：

---

　　① 光绪《大清会典事例》卷810。

"刑部尚书、降四品顶戴、仍带革职留任臣喀宁阿等谨奏，为申明例义酌加增易，以便援引，以昭慎重事：

"窃查例载：雇请工作之人，若立有文契年限及虽无文契而议有年限，或计工受值已在五年以上者，于家长有犯，均依雇工定拟。其随时短雇，受值无多者，仍同凡论。又雇工虽无文契而议有年限，或不立年限而有主仆名分者，如受雇在一年以内，有犯寻常干犯，照良贱加等律，再加一等治罪；若受雇一年以上者，亦照雇工人治罪。若只是农民雇请亲族耕作、店铺小郎以及随时短雇，并非服役之人，应同凡论。各等语，是办理雇工之案，固以文契年限为凭，尤当询其有无主仆名分及是否服役之人。如有主仆名分，虽无文契年限，而一经受雇，即为服役之人，故在一年以内有犯寻常干犯。照良贱加等律，再加一等；若犯奸杀等项重情，即以雇工人治罪。严雇工者，所以重名分也。若无主仆名分，则是雇请工作之平民，虽议有年限工价，并非服役，彼此无良贱之分，故例同凡论。宽平人者，所以慎庶狱也。例文互载分明，引断不容牵混。

"兹据山东巡抚明兴题王成子强奸雇主王克仁之妻邢氏不从，将邢氏砍死一案。缘王成子与王克仁同姓不宗，乾隆五十年二月初二日，王成子雇与王克仁家佣工，言明十月为满，工价制钱七千文，未立文契。九月初一日，王成子同王克仁自地回家，王克仁外出，王成子见邢氏坐地扬簸芝麻，顿萌淫念，拉氏求奸，邢氏不从喊骂。该犯恐人闻喊往捕，顿起杀机，即取菜刀砍伤邢氏顶心殒命。将王成子依雇工杀家长期亲律，凌迟处死。又题齐刚谋杀雇主吕季常一案。缘齐刚于乾隆五十年正月雇与吕季常家工作，言明工价小钱六千五百文，未立文契。胡氏因其懒惰，时加训斥。十月间，胡氏将一年工价付清，令其他往，齐刚延挨未去。十月十三日，胡氏更加辱詈，不与饭食。齐刚怀恨，蓄意谋害，即于是夜三更，携带枪头，越墙进院，胡氏闻声出视，齐刚即用枪头向戳未中，胡氏喊救躲避。吕季常持棍赶出，击落齐刚所执枪头。齐刚闪进草屋，携出铡刀，砍伤吕季常胳膊倒地，赶入屋内，用刀砍伤胡氏顶心殒命。将齐刚依雇工谋杀家长律，凌迟处死。各等因先后具题到部。

"臣等详核二案，王成子同王克仁在地工作，齐刚在吕季常家工

作，均不过寻常庶民之家一同力作，无分良贱，即属农民雇请耕作之
人。且王成子自二月至九月，齐刚自正月至十月，受雇均在一年以内，
并非日久，工价均数千文，受值亦属无多。既无主仆名分，即与服役不
同。按之律例，王成子强奸杀死本妇，例应斩决；齐刚谋杀人命，律应
斩候。今该抚因其有十月为满及每年工价若干之语，谓之议有年限，而
不论其主仆名分，治以因奸故杀家长期亲及谋杀家长之罪，拟以凌迟处
死。查凌迟处死系属极刑，惟谋反、逆伦等案，罪大恶极，始定此无可
复加之罪。今以农民雇请耕作之人，并无主仆名分，因其谋故情重，即
与谋反、逆伦等案同一科断，殊觉轻重不伦。且如该抚所题，不问其有
无主仆名分，即以雇工定拟，是凡农民雇佣长工，但有言明一二年为满
者，皆得同于服役之人。设被雇主殴杀，即依殴杀雇工律，止拟杖徒，
不同凡人问拟绞抵，不惟幸宽雇主之罪，且长凌虐工人之风，更恐食力
良民不甘为服役之人，致绝其谋生之路。揆之情理，均未允协。

"惟是例文内载雇工虽无文契而议有年限，或不立年限而有主仆名
分者，本系一气相承，原无歧误。但外省问刑衙门未能贯通例义，往往
仅执议有年限一语为断，而不问有无主仆名分，俱以雇工论，以致办理
雇请平民之案，拟入重刑，已属失当。设遇雇主殴死此等无主仆名分之
雇工，转得从轻拟徒，尤非所以惩凶徒而重人命。虽近年来，臣部随案
驳正，尚无错误，但与其逐案改驳，不如申明例文，共知遵守。臣等公
同酌议，应请嗣后官民之家，除典当家人，隶身长随，以及立有文契之
雇工仍照例定拟外，其余雇工之人，如无文契，不论议有年限与否，总
以有无主仆名分，是否服役之人为断。如有主仆名分，为之服役者，即
照例以雇工论；若非服役之人，只是农民雇请耕作，店铺小郎，既无主
仆名分，不论是否亲族，俱依凡人科断。如此明立界限，庶援引既无牵
混，平民不至轻入极刑，雇主亦不得幸邀宽纵，于刑名益昭慎重矣。如
蒙俞允，臣部将例意修纂明晰，并通行直省问刑衙门一体遵办。

"所有山东省王成子、齐刚二案，即照本犯谋故杀例，改拟具题。
是否允当，伏祈圣明训示遵行。为此谨奏请旨。"[1]

乾隆皇帝认为刑部此疏颇有道理，赞同不应将农民佃户雇用的无主
仆名分的雇工按"雇工人"论处，于当日即下谕，令军机大臣会同刑部

---

[1] 中国第一历史档案馆编：《清代档案史料丛编》第11辑，第40页。

详细酌议具奏：

> "刑部奏酌改雇工致死家长条例一折，立意虽觉近是，但向来雇工谋故杀家长者，例应问拟凌迟，原所以重主仆名分。若仅雇请佃户及店铺雇觅佣作之类，并无主仆名分，亦未服役者，俱照雇工之例概拟极刑，则雇主殴死雇请平民，皆得援例问拟杖徒轻罪，殊未允协，自应分别科断。但雇工与雇请平民如何区别主仆名分及是否服役之处，必须明立界限，庶问拟两不相混。刑部所奏尚未详尽，着交军机大臣会同该部详晰酌议具奏。"

军机大臣和珅等立即遵旨，会同刑部商议后，于本月十九日上奏说：

> "查服役雇工与雇请平民，名分本自判然，但不明立界限，细为区别，援引终多牵混。刑部议奏仅以有无主仆名分、是否服役之人为断，尚属笼统定议，未能条分缕析，诚如圣谕所奏尚未详尽。臣等公同酌议，应请嗣后除典当家人、隶身长随，以及立有文契服役之雇工，仍照旧例定拟外，凡官民之家，如车夫、厨役、水火夫、轿夫及一切打杂受雇服役者，平日起居不敢与共，饮食不敢与同，并不敢尔我相称，系听具使唤之人，是有主仆名分，无论有无文契年限，均照例以雇工论。若农民佃户雇请耕种工作之人，并店铺小郎之类，平日共坐同食，彼此平等相称，不为使唤服役者，此等人并无主仆名分，亦无论其有无文契年限，及是否亲族，俱依凡人科断。

> "如此详细分析，庶服役雇工与雇请平民各有明条，而主仆名分及是否服役之处亦有界限。内外问刑衙门遇有雇工干犯家长及杀伤之案，并家长杀伤雇工与雇请平民互有杀伤等案，援引得有依据，拟罪亦昭允协矣。如蒙俞允，刑部即将此例纂入例册，并将旧例删除，通行直省问刑衙门一体遵办。所有山东省王成子、齐刚二案，该抚因其奸杀情凶，拟以凌迟，于原例内若犯奸杀、诬告等项重情，即一年以内亦照雇工人治罪一条符合。今既分别界限，立定科条，应请将二案即照新例改拟具题。"①

---

① 中国第一历史档案馆编：《清代档案史料丛编》第11辑，第40页。

这次新定的"雇工法"十分重要，对雇工的身份做出非常明确具体的规定，彻底划分清楚了近似奴仆性质的"雇工人"与无主仆名分、以凡人论处的雇工的原则界限。决定雇工是"雇工人"，还是"凡人"身份的雇工，不是看其雇用时间的长短，也不是看其是否立有文契、议有年限，而是取决于唯一的关键因素，即雇主与雇工之间是否有主仆名分，若有主仆名分，这类工人就是"雇工人"，就近似于奴仆，就是"卑贱之人"，就不是平民，不是凡人。而与"农民佃户"雇主之间没有主仆名分，"平日共坐共食，彼此平等相称，不为使唤服役，素无主仆名分者"，不论其有无文契年限，这类被雇佣的工人，包括长工和短工，都是凡人，与雇主发生纠纷时，"俱依凡人科断"，双方之间在法律上，身份都是一样的、平等的，都是"凡人"。

这次修定的新"雇工法"，十分重要，影响巨大。它使"农民佃户"雇请从事农业劳动的长工、短工，在法律上取得了"凡人"的地位，成了"平民""良民"，与雇主处于同样平等的地位，而不再是听命于雇主、依附于雇主，近似于奴仆的卑贱之人，他们的法律地位大大提高了，从而相应地在实际生活中提高了他们的社会地位。从乾隆五十一年，乾隆帝批准刑部改定的新"雇工法"，会典载明为五十三年议定的新法开始，此后农民佃户雇主与农业雇工之间发生纠纷的案件里，"无主仆名分"、依"凡人科断"的雇工大量涌现。嘉庆朝《刑科题本·命案·土地债务类》档案中，就有许多这样的事例，此不赘述。

从档案来看，在手工业、商业和运输业中，有好几十个具体行业，都存在相当数量的"同坐共食，尔我相称，并无主仆名分"，"依凡人科断"的雇工。乾隆五十一年奉旨议定的新"雇工法"中所说"农民佃户雇请耕种工作之人"，并非只指"农民佃户"，亦非仅限于"农民佃户"雇来耕种田地的雇工，而是泛指被称为"民人""凡人""平民"的雇主，雇佣来为己从事农业、手工业、商业、运输业的工人，只要这些工人与雇主之间是同坐共食，平等相称，没有主仆名分，他们就是"凡人"身份的雇工，而不是近似于奴仆的"雇工人"。这样的雇工和雇主，人数就很多了。

新"雇工法"中所说的"农民佃户"雇主，不仅是指一般的农民、手工业作坊主和店铺主人，即普普通通的老百姓，而且也包括一些有了功名的生员。比如，江苏徐州丰县监生徐大智雇骆欧种田，"没立雇契，平日同坐共食，尔我相称，并无主仆名分"。①广东遂溪县捐纳贡生梁乔及其子监生梁著琳雇林那子牧牛，每年工钱4000文，"并没主仆名分"。②四川汶川县贡生陈三俊兄弟雇甘立爵帮摘茶叶，每月工钱400文，"同坐共食，平等称呼"。③山东莒州生员孙汝津雇康文福佣工，已经连续雇请五年，每年工价京钱13千，但仍然是"平等相称，并无主仆名分"。④这些生员雇主与其雇工之间的关系，完全是简单的以钱换雇的雇佣关系，双方之间并无主仆名分，在法律上都是一样的身份，都是平民，若双方发生了纠纷，官府都按"凡人"论处。

这样一来，从乾隆五十一年改定新"雇工法"以后，无主仆名分的"凡人"雇工，在农工商的许多行业，在全国的各个州县大量涌现，这数以十万计的广大雇工，摆脱了"雇工人"的卑贱身份，成了"凡人"，成了"良民"，对社会发展来说，这是很大的进步，对促进农业、手工业、商业乃至整个社会经济的发展，尤其是对农业、手工业、商业中资本主义萌芽的发展，起了很大的作用。就此而言，乾隆年间三次修改"雇工法"，特别是乾隆五十一年议定的新"雇工法"，是应该充分肯定其积极作用的。

①《刑科题本》，嘉庆六年七月十六日。
②《刑科题本》，嘉庆十七年六月初八日。
③《刑科题本》，嘉庆十七年十月初四日。
④《刑科题本》，嘉庆二十一年十月初五日。

第三编　整顿吏治　严惩贪官

一、学政贿卖生员正法　藩司敛银论斩

乾隆皇帝为了创造"盛世"、延续"盛世"，而不断制裁墨员、整顿吏治。他之所以这样做，主要是有鉴于明朝的灭亡。顺治元年（1644年）六月二十日，即清军进入北京之后的一个半月，摄政王多尔衮谕告"众官民"，宣布吸取明亡于贪官之因，要严厉惩处贪婪官吏。他说：

> "明国之所以倾覆者，皆由内外部院官吏贿赂公行，功过不明，是非不辨。凡用官员，有财之人虽不肖亦得进，无财之人虽贤才亦不得见用，所以贤者皆抱恨隐沦，不贤者多夤缘倖进。夫贤既不得进，国政何由而理，不贤用贿得官，焉肯实心为国，甚至无功者以行贿而冒功，有功者以不行贿而功掩，乱政坏国，皆始于此，罪亦莫大于此。今内外官吏如尽洗从前贪婪肺肠，殚忠效力，俸禄充给，永享富贵，如或仍前不悛，行贿营私，国法俱在，必不轻处，定行枭示。"①

过了三个月，九月初七日，多尔衮又传集大学士冯铨、洪承畴、谢升及六部侍郎、都察院、詹事府、通政司、光禄寺、翰林院、五城御史、鸿胪寺等衙门官员，对其训示说："明祚沦亡，率由臣下不忠交相纳贿所致。若居官黩货，不恤生民，耻孰甚焉，其切戒之。"②

①《清世祖实录》卷5，第20页。
②《清世祖实录》卷8，第7、8页。

顺治元年（1644年）十月初十日，顺治帝的即位恩诏里专列禁贪一条：遇贪即惩，罪不容赦。恩诏说："朝廷高爵厚禄，优养臣僚，原欲其尽忠为国。国之安危，全系官僚之贪廉，官若忠廉，则贤才向用，功绩获彰，庶务皆得其理。庶务皆得其理，天下何患不治。官若奸贪，则贿赂肆行，庸恶倖进，无功冒赏，巨憝得以漏网，良善必至蒙冤，吏胥舞文，小民被害，政之紊乱，实由于此。"自本年五月初一日以后，凡在京大小衙门，及在外抚按司道，各府州县，镇协营路军卫等官，并书吏、班皂、通事、拨什库、粮长、十季、夜不收等役，"但有贪贿枉法剥削小民者，照常治罪，不在赦例"。①

顺治帝、康熙帝、雍正帝皆多次下达专谕，讲述惩贪尚廉的必要，擢用清官，惩办劣员。尤其是雍正帝更大力整顿吏治，惩罚了一大批贪官。这对巩固统治、发展生产，起了很大的作用。

熟读列祖实录的乾隆皇帝，也深知此举之至关重要，故多次强调人臣"尚廉"，不断惩处贪官，破除官官相护恶习，为创造"盛世"、延续"盛世"服务，而且也确实收到了不小成效。现从其执政期间审断、惩办一百余起文武大臣的案件中，选择部分案例，做些评述。

乾隆六年（1741年）三月，在乾隆朝的政治生活中，是一个值得记述、评论的重要月份。这一月，发现了四桩贪污案件，当事者皆受到乾隆帝的严厉惩罚，两员大臣被勒令自尽，另外两位官员被判处绞刑，监候待决。

乾隆六年三月初七日，山西巡抚喀尔吉善弹劾山西布政使萨哈谅的奏疏，送到皇上面前。喀尔吉善疏称：山西布政使萨哈谅"收兑钱粮，加平入己，擅作威福，吓诈司书，纵容家人，宣淫部民，婪赃不法，给领饭食银两，恣意克扣，请旨革职"。乾隆帝批示：萨哈谅者革职，其贪婪不职各款，及本内有名人犯，该抚一并严审具奏。

第二天，三月初八日，喀尔吉善参劾山西学政喀尔钦之疏又到。喀尔吉善奏称：喀尔钦"贿卖文武生员，赃证昭彰，并买有夫之妇为妾，声名狼藉，廉耻荡然，请旨革职"。乾隆帝批示：喀尔钦着革职，"其败检淫泆等情"，及本内有名人犯，着侍郎杨嗣璟前往，会同该抚严审定拟具奏。②

乾隆帝看过这两份奏疏后，十分气愤，于三月初八日下谕痛斥这两

---

①《清世祖实录》卷9，第12页。

②《清高宗实录》卷138，第9、10页。

员贪官说:

"朕御极以来,信任大臣,体恤群吏,且增加俸禄,厚给养廉,恩施优渥,以为天下臣工,自必感激奋勉,砥砺廉隅,实心尽职,断不致有贪黩败检以干宪典者。不意竟有山西布政使萨哈谅、学政喀尔钦秽迹昭彰,赃私累累,实朕梦想之所不到,是朕以至诚待天下,而若辈敢于狼藉至此,岂竟视朕为无能而可欺之主乎?

"我皇考整饬风俗,澄清吏治,十有余年,始得丕变,今不数年间,而即有荡检逾闲之事,既不知感激朕恩,并不知凛遵国法,将使我皇考旋转乾坤之苦衷,由此而废弛,言念及此,朕实为之寒心。昔日俞鸿图贿卖文武生童,我皇考将伊立时正法,自此人知畏惧,而不敢再犯。今喀尔钦贿卖生童之案,即当照俞鸿图之例而行,若稍为宽宥,是不能仰承皇考整饬澄清之意也,朕必不出此也。

"萨哈谅、喀尔钦二案,着吏部侍郎杨嗣璟前往会同巡抚喀尔吉善,秉公据实严审定拟。若杨嗣璟有意为之开脱,是伊以己之身家,博二人之感悦,亦断难逃朕之洞察也。且此二案,系朕先有访闻,始行参奏,一省如此,他省可知矣,喀尔吉善着该部严查议处。凡为督抚者,遇该省贪官污吏,不思早发其奸,或题参一二州县以塞责,而于此等大吏,反置之不问,且妄意朕心崇尚宽大,遂尔苟且姑容,以取悦于众,返之子公忠体国之义,甚可愧报,且国法俱在,朕岂不能效法皇考乎。可传谕各省大小臣工知之。"①

乾隆帝在这道谕旨中,着重讲了四个问题。

其一,官员不该贪污。乾隆帝没有笼统地、抽象地从理论上讲大臣不应贪赃枉法,也许他认为这不能打动臣心说服臣僚。他采取了直截了当的手法,从物质条件上来数落墨吏之谬误,从欺君忘恩的高度来斥责贪官。他所说的对群臣"增加俸禄,厚给养廉,恩施优渥",并非虚夸之词,而是确有其事。姑且不谈位列从二品的布政使的年薪和乾隆帝即位以来的多次恩赏,单就养廉而言,从雍正帝创定养廉银制度起,到此

①《清高宗实录》卷138,第10、11页。

谕下达之日，清朝官员，尤其是各省大吏，收入确实相当可观。按规定，山西学政一年的"养廉银"为白银四千两，约可购米四千石，如依亩租一石计算，相当于四千亩田的地租收入。山西布政使的养廉银更多，一年为八千两。拥有如此大量的固定收入，布政使、学政全家完全可以过上优越生活，还可以年年买田添产，根本不需勒索民财来养家。这四千两、八千两足够学政、布政使"养廉"了。蒙受皇上如此厚恩，还要贪赃枉法，苛求民财，这些官员真是愧对"圣上"，有负"皇恩"。

其二，贪官应予严惩。不重罪污吏，不仅百姓遭殃，受其盘剥勒索，国赋难以收齐，帑银库谷被其吞没，而且将使国法名存实亡，雍正帝十几年"旋转乾坤"辛苦整顿吏治的成果荡然无存，那时，法纪废弛，贪污盛行，后果不堪设想。乾隆帝专门列举了俞鸿图的例子。俞鸿图是河南学政，雍正十二年（1734年）三月，以"受贿营私"，为刑部议处斩立决。雍正帝降旨说："俞鸿图着即处斩。学政科场，乃国家与贤育才之要政，关系重大。""今观俞鸿图赃私累万，则各省学政之果否澄清，朕皆不敢深信矣。"督抚与学政同在省会，深知学政的优劣，仅因"督抚有所请记分润"，故代学政隐瞒，嗣后如各省学政有考试不公徇情纳贿之弊，将督抚按溺职例严加处分。[①]乾隆帝谕令依照此例惩治喀尔钦。

其三，积弊需要革除。官官相护，是清朝宦海多年积弊。总督、巡抚、布政使、按察使、学政、知府、知州、知县等官员，平时仗权横行，各显神通，吞没国赋，侵盗库银，榨取民财，淫人妻女，草菅人命，一遇风吹草动，守口如瓶，互相包庇，若实在是惊涛骇浪，巨船将翻，封疆大吏就舍卒保帅，抛出一两名知县，应付一下，自己和同僚便逃之夭夭，脱漏于法网之外，照旧腰横玉带，身着蟒袍，头戴乌纱帽，仍然是制台大人、抚台大人、藩台大人、臬台大人、知府大人，甚至奉旨来察的钦差大臣，也往往因受京中宰辅、九卿或亲友嘱托，或为地方官员厚礼所动，或胆小怕事碍于情面，从而避重就轻，大事化小，含糊其词，不了了之。刚过而立之年的乾隆皇帝，深知此弊，严厉训诫吏部侍郎杨嗣璟不得"有意为之开脱"，否则，其身家难保，而且还着重指出，此系帝"先行访闻"，巡抚"始行参奏"，令将巡抚喀尔吉善交部严察议处，并警告各省总督、巡抚力戒此弊，不然，"国法俱在"，必将重惩枉法徇私之人。

---

① 《清世宗实录》卷141，第9页。

其四，当今天子"并非无能而可欺之主"。乾隆帝即位以来，力革昔日皇父雍正帝苛刻过严之弊，主张宽厚施政，以诚待臣，优遇文武官员，不料萨哈谅、喀尔钦竟以帝为"无能而可欺之主"，违法负恩，"秽迹昭彰，赃私累累"，督抚又以帝"心崇尚宽大"，而苟且姑容，包庇大的贪官污吏，取悦于众，因此他非常生气，予以严厉斥责，表示决心要重惩犯法劣员，革除互为包庇的积弊。

三月初九日，即下谕后的第二天，乾隆帝又对九卿下达长谕，进一步申述了惩贪尚廉之事。他一共讲了六个问题。其一，廉洁为文武百官正身律己的最高美德。谕旨的第一句话就是："人臣之所最尚者唯廉"。为君之仆、为民父母的文武官员，需要注重许多事情，但为政清廉，廉洁奉公，却是各级官员必须最为尊崇的高尚美德。其二，严惩贪官污吏。乾隆帝说，登极以来，崇尚宽大，体恤臣僚，于常俸之外，特加双俸，连教职微员，亦予恩赐，目的是让各官"日用充裕，庶乎保其操守"，尽管"务崇宽德"是"朕之本性"，但"遇有贪官污吏，朕亦断不肯姑容"。萨哈谅、喀尔钦之"贪婪败检"，必予惩治，并降谕旨，通饬各省督抚引以为戒。其三，贪官乃衣冠禽兽。谕旨引用古人警句，痛斥贪官污吏说："贾谊云：上设礼义廉耻以遇其臣，而臣不以节行报其上者，则非人类也。"其四，群臣不应匿过不奏。谕旨责备群臣不劾贪污之事，着重指出，萨哈谅二人的种种劣迹，系帝访闻查出，而九卿中并无一人言及，石麟曾为山西巡抚，廷臣中亦有山西人，"岂竟漫无见闻"？科道等官，"动云风闻言事，所奏率多无关紧要之言，而遇此等事，转未有入告者"，不要以为"朕处深宫"而无一见闻。乾隆帝还严厉斥责反对劾治墨吏之人，痛骂"谓喀尔吉善参奏喀尔钦之事为过当者"是"岂复有人心者乎"！其五，偏信满官怀疑汉员。乾隆帝说："现今满尚书六人，朕可保其无他，而汉尚书中所可信者，不过新用之一二人而已"。其六，勉励九卿持廉尚洁。乾隆帝语重心长地说："九卿为朕股肱心膂，才具虽有短长，操守何难自勉，若于此不能自持，其他更复何望。自兹以往，务宜各砥廉隅，交相劝勉，以成大法小廉之治，有负朕厚望焉。"①

乾隆帝将廉洁作为官员的最高美德，把洁身自好注重操守作为各官必须具备的条件，提倡廉洁奉公，正身爱民，鄙视赃员，严惩贪官，这

---

① 《清高宗实录》卷138，第13、14页。

种看法和做法无疑是正确的，于国有利，于民有益。当然，在封建社会里，是不能实行廉洁政治的，封建专制制度、租赋制度和土地制度，决定了清官廉吏只能是凤毛麟角，绝大多数官员难以保持操守，但是，乾隆帝能如此提倡清廉和不断惩治贪官，毕竟还是应予肯定的。尽管以上谕旨本身还有相当不妥之处，比如，他既过分相信满员，认为六部满尚书皆无贪污之事，可以为其担保，又过高估计了自己用人识人的能力，好像汉尚书中只有他新用的人才不是墨吏，这就太脱离实际了。其实，不仅汉尚书难保无贪婪之事，满尚书也不例外，兵部尚书鄂善马上就要因收受贿银而出丑了。

乾隆帝连续下谕，处理萨哈谅、喀尔钦贪污案件。五月十七日，他下谕说：喀尔钦于山西学政任内贿卖文武生员之事，今俱审实，萨哈谅于布政使任内滥行酷虐贪婪之处，亦已审实。朕对萨哈谅、喀尔钦如此施恩，授为藩司、学政，而二人不图报恩，廉洁持身，勤勉效力，乃敢贿卖文武生员，纵容家人营私舞弊，滥行酷虐贪婪，"辜负朕恩，实莫此为甚"，若不将二人"从重治罪，抄没家产，则国法不伸，将来人亦罔知惩戒"，着将二人家产严查入官。[①]第二天，他又派乾清门侍卫巴尔聘往山西将喀尔钦押解来京。

又过了一天，五月十九日，钦差吏部右侍郎杨嗣璟等人的奏折到京，奏称：奉旨查审萨哈谅"贪婪不法，款迹确凿"，照律计赃拟罪。乾隆帝降旨：萨哈谅前任广东布政使，声名不好，且趋奉鄂弥达，故朕将其左迁山西按察使，继因山西布政使缺出，一时不得其人，将其补授，以观后效。今杨嗣璟等人的本内谈到，萨哈谅在臬司任内，已有劣款种种，及升任藩司，婪赃尤多，共计一千六百余两，且实系科派属员，重收尾封，赃私入己，并非公项余银应报不报者可比。当时库吏言称旧例所无，力行禀阻，而萨哈谅斥其胆小，悍然不顾，"则其始终狡诈，蔑法负恩，罪实难逭"，着"三法司从重定拟，以昭炯戒"。[②]

刑部等衙门遵旨议奏，请将喀尔钦拟斩立决，将萨哈谅拟斩监候秋后处决。乾隆帝批准此议，喀尔钦解到刑部后，立即正法。

乾隆帝乘此时机，于五月二十八日连下两道谕旨，狠煞贪风，整顿吏治。他在第一道谕旨中，列举山西官员贪婪不法苛索民财诸弊，责令

---

①《清高宗实录》卷143，第2页。

②《清高宗实录》卷143，第5、6页。

他们痛改前非。他说：山西地方，自石麟为巡抚以来，因循旧习，吏治废弛，继以萨哈谅、喀尔钦贪纵无忌，而各属浮收滥取之弊，更相习为固然。如征收地丁钱粮，每两例加耗羡一钱三分，今加至一钱七八分不等，更有加至二钱者，若如此征收，民何以堪。至乡村编氓，有以钱纳粮者，每两银折收大制钱一千零三十文，按时价合算，"计一两加重二钱有余，是耗外又加耗矣""小民有限脂膏，岂能供官吏无厌溪壑"。其他如需索盐店当商陋规，买取货物，任意赊欠，短发价值，或勒定官价，苦累行户，"种种积弊，不一而足"。在晋省官吏中，并非没有洁己自爱之人，然而"积习已久，效尤成风，故贪黩者常多，廉洁者常少""民生吏治，关系匪轻"。朕特施宽大之恩，既往不咎，自今以后，"着严行禁革，务使痛改前非，洁己恤民，奉公守法"，若不改悔，朕一闻知，即派大员彻底清查，水落石出，"必将大小官员从重治罪，不少宽贷"。①

这道谕旨将山西贪风盛行、民难承担之情，讲得十分清楚。仅就地丁钱粮而言，每两本应只加耗羡银一钱三分，而各级官员却加至一钱八分甚至二钱，每两地丁赋银多收了耗羡银五分至七分。姑按六分银计，此时山西全省地丁赋银约为三百万两，各级官员利用这一方式多向晋民征收了白银十八万两。再加上"耗外之耗"，乡村农民和中小地主以钱纳粮，每两多交二钱余银子，若按全省三分之二的地丁银系乡民所交，则官员又多征银四五十万两。两项相加，晋省官员仅通过地丁钱粮的加耗和"耗外之耗"，每年就榨取民财六七十万两银子，民何能堪！正如乾隆帝所说："小民有限脂膏，岂能供官吏无厌溪壑！"

第二道谕旨是训饬科道官员纠参贪官墨吏不力。乾隆帝说：科道职司言路，为朝廷耳目，凡有关于民生利弊之事，皆当留心访察，据实上闻。即如山西巡抚石麟之废弛，布政使萨哈谅之贪黩，各属浮收重耗，甚为民累，科道等官每将无干琐务陈奏朕前，"而此等紧要大端，并不指实纠参，岂果出于不知耶？抑明知而不言耶？"至本省之人，于本省事务，见闻尤切，知之必悉。给事中卢秉纯，本系山西人，石麟莅任甚久，萨哈谅劣迹多端，"卢秉纯岂得推为不知，而并未一经参奏，何也？"现特颁谕旨，通行申饬科道等官，嗣后当留心访察各省有关民生利弊之事，一有确据，即指实纠参，若知而不奏，必将本省之科道官议

────────

① 《清高宗实录》卷143，第19、20页。

处一二人，以示警诫。[①]

在乾隆帝严厉训饬下，山西巡抚喀尔吉善上疏劾奏婪赃不法之知州、知府章廷珪、童绂、车敏来、卢教、龚振五人。乾隆帝批示：这五人皆革职，其婪赃不法等情，着喀尔吉善严审具奏。"山西吏治，甚属废弛"，着九卿保举贤员前往，担任知府、直隶州知州。乾隆帝又将不行访察题参萨哈谅之原山西巡抚石麟，给予革任的处分。

二、浙江巡抚卢焯纳银论绞监候

乾隆六年（1741年）三月十四日，即山西巡抚喀尔吉善劾参学政喀尔钦之折到京后的第七天，左都御史刘吴龙上疏弹劾浙江巡抚卢焯贪赃枉法。刘吴龙奏：闻得浙江巡抚卢焯"营私受贿"。卢焯准理嘉兴府桐乡县汪姓分家一案，汪姓送知府杨景震银三万两，又托杨转送卢焯银五万两，"物议沸腾"。总督德沛檄委嘉湖道吕守曾查访知府劣迹。卢焯一闻消息，恐事发牵连本人，星夜出本，题参知府杨景震，又参劾湖州府乌程县革职道员费谦流轻信诬奸一案，幕容得银五百两后听送银者嘱托，"颠倒是非"。又运判员缺，嘉兴县知县阎沛年亲送卢焯银二千两，卢即题升其充任。"凡委署州县，俱有馈送，以缺之大小，为数之多寡"。以上各款，既已风闻，不敢隐瞒，请旨密查。乾隆帝读后既恨卢焯之贪，又十分高兴，降旨嘉奖刘吴龙说："此奏，卿其秉公察奏。朕以至诚待臣下，不意大臣中竟尚有如此者，亦朕之诚不能感格众人耳，曷胜愧愤。近日萨哈谅、喀尔钦之事，想卿亦知之矣，此事若虚则可，若实亦惟执法而已矣。朕知卿必不附会此奏，以枉入人罪，亦必不姑息养奸而违道干誉也。卿其勉之。若有实据，一面奏闻，一面具本严参。"[②]

此案与前述萨哈谅、喀尔钦之案相比，有不少奇特之处。从赃银数量说，萨哈谅为一千六百余两，而按刘吴龙所劾，卢焯仅收汪姓之银就达五万两，还不包括其他贿银，较之萨哈谅，多了数十倍。可是萨哈谅一案，从题参到结案，只用了四个月的时间，而卢焯一案，却历时一年零一月有余，中间还时起风波，原因何在？看来可能有两个因素在起作

①《清高宗实录》卷144，第6页。

②《清高宗实录》卷138，第23、24页。

用。一系萨哈谅一案，是乾隆帝先行访闻巡抚才随后题参的，皇上亲自下达谕旨，揭发此案，定其性质，巡抚、刑部尚书等官怎敢怠慢迟延，怎不依旨而行遵谕审处，结案的时间当然很快。而卢焯一案，却系言官风闻弹劾，是否属实，如何定罪，当然要周密调查，细心审理，而且还很难没有大员为其说情，更增加了定案的难度，非几易其稿，恐不能定。

另一因素则是卢焯本人的才干、政绩及其曾蒙帝之嘉奖。卢焯是汉军镶黄旗人，入赀捐授直隶武邑知县，县旧有均徭钱，按田派敛以供差费，而一遇有差，仍按田派夫，民有双重负担，卢革除此弊，归火耗于公，又惩办把持公务欺凌小民的大庄头。雍正六年（1728年）卢解饷入京，蒙雍正帝召对，即迁江南亳州知州，禁械斗，清监狱，再迁山东东昌知府，筑护城长堤，疏运河，赈恤灾民，政绩显著。雍正九年（1731年），卢迁督粮道，移河南南汝道，十年授河南按察使，十一年迁布政使，十二年擢福建巡抚。乾隆元年、二年（1736—1737年），卢焯奏减福建邵武县永安所、霞浦县福宁卫屯田征米科则，豁除侯官诸县额缺田地，减免平和、永安、清流诸县摊余丁银，又教民蚕织，疏浚省会的城河。乾隆三年调浙江巡抚兼盐政，卢焯奏请停仁和、海宁二县草塘岁修银，减嘉兴府所属七县银米十分之二，请禁商人短秤，饬州县捕私盐毋扰民，毋捕肩挑小贩，盐场征课不得用刑追索。卢又减盐价，免米税，广学额，"革官价买物之陋规""浙人实受其惠"。卢并请改海宁草塘为石塘，筹备塘河运石。尖山坝为浙省屏障，日久将倾，乾隆四年卢焯奏准筑尖山大坝，"工料悉照民价，兵夫匠役给以饭食，不时犒赏"，很快完工，对护卫浙民免遭水灾起了很大的作用。卢对浙省缙绅予以优遇，"举乡贤名宦，络绎不绝"。卢焯之政绩曾蒙二帝嘉奖，雍正帝赐其以"文澜学海"之匾。乾隆帝亲书尖山坝之碑文，盛赞其功说："尖山坝工，上廑先帝宵旰焦劳，封疆大吏不数月告成，用慰朕心。"[①]可能是由于这些原因，乾隆帝在看到左都御史刘吴龙的弹章三个多月后，才于六年六月十六日下谕说：浙江巡抚卢焯着解任，所有参奏情节，令总督德沛、副都统旺扎勒逐一查审具奏。过了十三天，六月二十九日闽浙总督德沛参劾卢焯"营私受贿各款迹"的奏折才送到京师，

---

① 《清高宗实录》卷79，第12页；《清代碑传全集》卷71，陈宏谋：《湖北巡抚卢先生焯暨德配周夫人副室崔宜人合葬墓志铭》；袁枚：《原任浙江巡抚卢公神道碑》；《清史稿》卷337，《卢焯传》。

乾隆帝批令德沛、旺扎勒严审定拟具奏。①

又过了五天，七月初五日，福州将军署闽浙总督策楞之折到京。策楞奏：原任总督郝玉麟、调任巡抚卢焯，在任期间，"并无政声，簠簋不饬"，乃均于闽省"肖像置牌，附供生祠数处"，郝玉麟还专立生祠书院一所，违犯定例，且恐流传日久，贤否难辨，于朝廷激扬之道两相悖戾。乾隆帝批示：此奏甚是，有旨谕部。郝玉麟在闽督任内，并未实心办事，与卢焯朋比行私，闽省吏治废弛，皆二人之罪。可查其在任内有无私弊或工程钱粮不清之处，若有可参之处，具折奏来。②

同一天，他又就生祠一事下谕：外省官员，现任之时，不许建立生祠，例有明禁。若去任之后，"实有功德在人"，当地官民建祠"以志去思者"，准予留存，此外一概不准。因为，此等生祠之建，多系出于下属献媚逢迎，及地方绅缙与出入公门包揽词讼之辈，倡议纠合，假公敛费，上以结交官长，下以私饱其囊，而非出于舆论之同懿德之好也。最近访闻外省此风尚未尽革，郝玉麟、卢焯在闽省建立生祠书院，肖像置牌，妄行崇奉。闽省如此，其他各省亦恐相同，着各省督抚秉公察核，以定各类生祠之去留存拆。③

八月二十七日，奉旨审理卢焯之案的闽浙总督德沛、副都统旺扎勒的奏折到京，言及"卢焯狡饰支吾，供词闪烁，请革职刑讯"，乾隆帝批准其请。④这就使此案的审理发生了重大的变化。在此之前，卢焯虽被左都御史刘吴龙和闽浙总督德沛参劾，奉旨被审，但仍官居巡抚要职，仍系从二品封疆大臣，而且因其筑尖山坝等事有利于民，绅民拥戴，因此，卢焯可能存有侥幸之心，幻想支吾过去，审案者也碍于其系二品大员，不便严究，故历时二月，一方是"狡饰支吾"，另一方是难压钦犯，审理无法进行。现在，形势大变，皇上谕令革卢焯之职，用刑拷问，这便很明确地表明了乾隆帝对此案的态度和对卢焯的看法，已钦定其为贪官，钦差大臣就可放手行事，卢焯的幻想也就破灭，只好考虑认赃服罪之事了。

闽浙总督德沛、副都统旺扎勒严厉审问卢焯、升任山西布政使的原

---

① 《清高宗实录》卷145，第1、24页。

② 《清高宗实录》卷146，第10页。

③ 《清高宗实录》卷146，第10、11页。

④ 《清高宗实录》卷149，第13页。

嘉湖道吕守曾、嘉兴府知府杨景震及其他有关人员，动用大刑，但进展并不快，德沛又对卢焯家有所安抚。乾隆帝甚为不满，屡次降旨申饬德沛、旺扎勒。十一月初，浙江布政使安宁就此上奏说：浙省审理参革巡抚卢焯等人之案，"可以结而不结，不当严而过严，督臣、钦差不能和衷共济"。帝赞其言，于十一月二十九日批示："若此据实陈奏，朕实嘉悦览之。朕早闻其如是，亦已降旨矣。"同一天，他谕告大学士：德沛、旺扎勒承审卢焯婪赃一案，"种种不协之处，已屡降旨训谕矣"。近闻山西布政使吕守曾已经自缢，此固本人畏罪所致，亦由承审官办理不善之故。又闻，初审时，甚为严刻，案外拖连多人，案内要犯监毙数人，"且有严刑叠夹，腿骨已碎，尚未招认者"。既如此严刻，而德沛又将皮棉衣服数十件送与卢焯家，"是又何意"？卢焯一案，为时已久，该地审办情由，朕皆得知，为何德沛并未陈奏？况卢焯等自有应得之罪，早应定案，何以稽迟至今？①

第二天，十一月三十日，德沛、旺扎勒的两份奏折同日送到，言及吕守曾畏罪自尽，会审卢焯之案，"有百姓数百人，喧言求释卢巡抚，推倒副都统衙门鼓亭栅门"。②吕星垣记此次越民闹事之情说："越民呼呶罢市，竟篡夺公，舁置吴山神庙，供铺粮如墙，求保留者数万人，走督辕击鼓，公呵不散，乃夜逃归颂系所。"③袁枚亦书此事说："狱两月不具，浙之氓呼呶罢市，篡公于颂系所，舁至吴山神庙中，供铺粮菜，盛者如墙而进，所过处，妇女呼冤蹞足，数万人赴制府军门，击鼓保留。"④

乾隆帝对德沛之奏批示：吕守曾的自尽，百姓的闹事，皆"汝等办理不妥所致"，不须"严究为首之人"，以免"又滋一番扰累""但刁风亦不可长""可速结卢焯之案"，令旺扎勒进京。⑤

乾隆七年四月二十八日，刑部等衙门会题卢焯营私受贿一案。据调任闽浙总督德沛、钦差副都统旺扎勒疏称，经"臣等逐一讯明，分别按拟，除卢焯事后受财，求索借贷等轻罪不议外，应如德沛、旺扎勒所

①《清高宗实录》卷155，第18、19页。
②《清高宗实录》卷155，第24页。
③《清代碑传全集》卷71，吕星垣：《资政大夫湖北巡抚卢公神道碑》。
④《清代碑传全集》卷71，袁枚：《原任浙江巡抚卢公神道碑》。
⑤《清高宗实录》卷155，第24、25页。

题""卢焯、杨景震俱依不枉法赃律,拟绞监候,秋后处决"。吕守曾亦应拟绞,已缢死,毋庸议,但其身任监司,婪赃逾贯,原系应拟死罪之犯,自不得援身死勿征之条宽免,仍着其嫡属勒追入官。帝从其议。[1]

若按赃银数量而言,卢焯之赃超过萨哈谅、鄂善(详后)数十倍,可卢却仅以绞监候结案,与萨哈谅相同,轻于鄂善(被勒令自尽),看来乾隆帝是因其有才和筑尖山坝有功,才对其从轻发落。第二年乾隆帝以卢焯完赃减其罪,戍军台,乾隆十六年召还,二十年起用,署陕西巡抚,二十一年授湖北巡抚,二十二年又因其减值置办入贡方物等过革其职,戍巴里坤,二十六年召还。三十二年卢焯去世。

三、兵部尚书鄂善受贿千两处死

乾隆六年(1741年)三月十九日,也就是山西布政使萨哈谅被弹劾后的第十二天,乾隆帝下了一道颇为奇特的谕旨,令王大臣查审原九门提督、今兵部满尚书鄂善受贿之案。一开始他说,据御史仲永檀参奏:原提督鄂善于张鸣钧发掘银两案内,受俞长庚之妻父孟鲁瞻银一万两,孟托范毓馥"与提督说合""属其照拂"。侍郎吴家骐亦得俞姓银二千五百两。此系"风闻""据实密奏,以备访查"。紧接着他便讲道:鄂善系朕倚用之大臣,非新用小臣可比,仲永檀"欲朕访奏",不知应委何等之人?若委之禁近小臣,岂大臣不可信而小臣转可信乎?若委之大臣,又岂能保其必无恩怨乎?况命人暗中访查而朕不明言,藏于胸臆间,是先以不诚待大臣。此事甚有关系,若不明晰办理,判其黑白,"则朕何以任用大臣,而大臣又何以身任国家之事耶?"着怡亲王弘晓、和亲王弘昼、大学士鄂尔泰、张廷玉、徐本、尚书讷亲与来保秉公查审,使其事果实,"则鄂善罪不容辞,如系虚捏,则仲永檀自有应得之罪,王大臣必无所偏徇于其间也"。"朕所以广开言路,原欲明目达聪,以除壅蔽,若言官自谓风闻言事,不问虚实,纷纷渎陈,徒乱人意,于国事何益!"是以此案必须彻底清查,不便含糊归结,"亦正人心风俗之大端也"。[2]

此旨之奇在于,他对言官很不满意,颇有怪罪之意。弹劾贪官是科

①《清高宗实录》卷165,第23页。

②《清高宗实录》卷139,第5、6、7页。

道的主要职责之一，"风闻言事"更是朝廷给予言官的权利，何况就在此旨下达的前十天，皇上还因言官未曾参劾墨吏萨哈谅、喀尔钦而下谕予以指责。可是，为什么今天仲永檀的劾疏，乾隆帝却要抓住其"访查"之辞而大做文章？他一则说鄂善是"朕所倚用之大臣"，非新用的小臣可比，显系暗示鄂善不是贪官，不会做出这种贪赃枉法的勾当，联系到十天前他对满尚书的操守打包票的谕旨，此意更为明显。再则他说不应"访查"，用近身小臣查，不可；用大臣查，也不可，恐其有个人恩怨；暗中访查，亦不行，是以不诚对待大臣，照此讲来，则大臣所做违法之事，是不能查了，是不该查了，只要是大臣，就可为所欲为，他人不敢说半个不字，天下哪有如此不讲道理的逻辑？三则他又怒冲冲地宣布，必将此事明晰办理，否则难以任用大臣，大臣无法身任国家之事，这简直是明显地对言官加以威胁了。四则又指责言官凭仗"风闻言事"，而不问虚实，纷纷渎奏，扰乱人意，于国无益，此话更是谬而又谬了。简而言之，乾隆帝之所以讲了这样一大堆不合情理以势压人的话，不过是告诉群臣，他对仲永檀之劾奏鄂善，是十分不满的，他将对其加以惩处。

按照官场惯例，臣僚对皇上的脾气、做法是善于体会的，能够剥开外表，从洋洋万言的谕旨中，捕捉到皇上的真正想法。奉旨查审此案的王大臣不会不了解此旨的要害所在和皇上欲图达到的目的，照说他们非常可能会按照帝意去审理此案，加罪言者。不料，结果却出人意料。怡亲王弘晓、和亲王弘昼、大学士鄂尔泰、张廷玉、徐本、吏部尚书讷亲、刑部尚书来保，经过认真查审，弄清了事实真相，证明鄂善确系受贿，并据实上奏。

此举使帝异常惊讶，但乾隆帝此时毕竟不愧为英君明主，他并非坚持谬见，一错到底，而是承认事实，知错便改。三月二十五日，即其颁降奇谕后的第六天，他给王大臣下了长达一千余字的上谕，详述此案经过及勒令鄂善自尽的理由。乾隆帝一共讲了四个问题。其一，本意欲罪言官。御史仲永檀参奏鄂善得受俞长庚贿银一案，"朕初以为必无此事，仲永檀身待言官，而诬陷大臣，此风断不可长"，欲加其罪，但又因事未查明，难治仲之罪，故派王大臣七人秉公查审。其二，鄂善受贿是实。怡亲王弘晓等七位军国重臣屡经研讯，鄂善的家人及交银者俱承认确有此事，鄂善收了俞长庚送纳的贿银。帝又特召和亲王弘昼、大学士鄂尔泰、吏部尚书讷亲、刑部尚书来保同鄂善进见，当面讯问。鄂善初犹抵饰。帝谕告其人说："此事家人及过付之人，皆已应承""汝若实无此事则可，若有，不妨于朕前实奏"，朕将谕诸大臣从轻审问，将此事归之于家人，以全国家之体。鄂善仔细思考后，"乃直认从家人手中得银一千两是实"。其三，令其自尽，鄂善翻供。鄂善已经自认，"毫无疑窦"，以皇考及朕平日深加信用的大臣，"而负恩如此，国法断不可恕。若于此等稍有宽纵，朕将何以临御臣工"。因垂泪谕告鄂善："尔罪按律应绞"，念尔曾为大臣，不忍明正典刑，"然汝亦何颜复立人世乎？"宜自处之。又恐如此处理有过刻之处，命和亲王等四人会同大学士张廷玉、福敏、徐本、尚书海望、侍郎舒赫德等再加详议。王大臣等奏称：鄂善"婪赃负国，法所不容，人心共愤"，蒙恩令其自尽，并不过刻。鄂善得知将被赐死后，突然翻供，妄称系因顾全皇上体面，皇上曾屡次降旨担保满尚书的操守，今己被劾，"恐皇上办理为难，是以一时应承"，实未收纳赃银。其四，斥其欺罔，交部严审。乾隆帝见鄂善改口，十分愤怒，斥其"无耻丧心，至于此极"，原本欲待其诚心悔过，恳切哀求，而免其死，监候待决，今因其欺罔之罪，法当立斩，着将鄂善拿解刑部，命刑部等衙门会同九卿科道严审。[1]

此谕最后虽说交刑部等衙门会同九卿科道再审，但全谕含意异常清楚，乾隆帝已将鄂善定了纳贿、欺君的大罪，本应正法，加恩改为立即自尽，之所以要叫刑部、九卿、科道再审，不过是走走过场，欲图显示其公正郑重之意而已，刑部等衙门官员怎能不按帝意断案？

乾隆帝又估计错了，刑部等衙门会同九卿、科道审理的结果，竟将鄂善按照"受贿婪赃"之律治罪，把王大臣原拟的绞立决改为绞监候，未论其欺君之罪。乾隆帝甚为不满，于四月十五日下谕痛斥刑部等衙门办事之谬说：此案情节，从前所降谕旨，甚为明晰。鄂善贪赃受贿，自认不讳，因"欲以礼待大臣而全国体"，不忍明正典刑，加恩改为令其自处，乃鄂善竟尔翻供，"肆行抵赖"此乃"欺罔""大不敬"之大罪，王大臣将其拟处绞立决，"实属情罪相符"。今九卿科道等官忽改为绞监候，仅以其婪赃轻罪论处，而置欺君、大不敬之重罪不问，实系"错缪已极""着大学士传旨严行申饬"，命新住、五十七前往刑部，带鄂善至其家，"令其自尽"。[2]乾隆帝以上处理萨哈谅、喀尔钦、卢

①《清高宗实录》卷139，第19、20、21、22、23页。

②《清高宗实录》卷140，第18、19、20页。

焯、鄂善四人的贪婪之案，虽有不尽妥当之处，但其决心惩治贪官，革除官官相护的积弊，力扫只治七品芝麻官，不罪二三品大员的恶习，不管是帝"所倚用之大臣"掌治戎事的从一品满兵部尚书鄂善，还是由知县升至巡抚曾蒙帝嘉奖的能臣卢焯，一旦知其苛索民财、欺压百姓、收纳贿银，即遣钦差大臣严审治罪，并举此为例，告诫群臣，使贪污之风有所收敛，于民于国，皆有所补益，对乾隆盛世的出现，起了积极的促进作用。

四、云贵总督恒文短值市金奉旨自尽

恒文，乌佳氏，满洲正黄旗人，雍正初年以生员授笔帖式，连续升迁，不到十年，任至贵州布政使，官阶从二品。乾隆十二年(1747年)开始征剿大金川后，恒文奏请改革贵州兵制说："兵贵神速。臣官甘肃平庆道时，见提督以下诸营，或三之一，或四之一，择勇健者，名为援剿兵将，备预定旗帜器械，及奖赉诸项亦预存。贵州乃无此例。本年四川调兵二千，迟至六日方得起程。请仿甘肃例预为计，提督驻安顺，设重兵，请于府库贮银五千待用。"不久，又上疏讲行军事项。乾隆帝"嘉其能治事"，移任直隶布政使，乾隆十六年，擢任湖北巡抚。恒文又一再上疏，"请采汉铜广鼓铸""请增筑武昌近城石堤""请停估变省城道仓空廒，备贮协济邻省米石"，均蒙帝批准，降旨允行。乾隆十八年，恒文署湖广总督，移任山西巡抚，二十一年二月升任云贵总督，二十二年三月"疏劾贵州粮道沈迂娈索属吏，鞫实论斩"。①这些事实说明，恒文确系深受皇恩，蒙君赏识，才由一个小小生员不断升迁，任至主管两省军政的从一品封疆大臣。然而，天有不测风云，人有旦夕祸福，就在恒文安享荣华富贵，并且还在想方设法欲讨帝君欢心，以求更上一层楼的时候，他的贪婪不法被人弹劾，将面临牢狱之灾了。

弹劾恒文的不是别人，而是与他同居一城的贵州巡抚郭一裕。郭一裕，湖北汉阳人，雍正初，"入赀为知县"，到江南清河县上任，不久，迁任山西太原知府，乾隆中期，"累擢云南巡抚"。郭一裕于二十二年三月上疏，参劾恒文"令属员买金，短发金价，巡阅营伍，沿途纵

①《清史稿》卷339，《恒文传》。

容家人收受属员门礼"等行为。

乾隆帝开始并不相信郭一裕的奏劾，但为了弄清事实真相，于二十二年四月初五下谕，派刑部尚书刘统勋前往贵州，会同贵州巡抚定长查审此案，务要"秉公严审。应革职解任者，一面奏闻，一面查办，按律定拟具奏"。①

过了六天，四月十一日，乾隆帝又谕军机大臣：关于郭一裕参奏恒文一案，着刘统勋见到定长时，将所奉谕旨令其阅看，即一同前往云南，不必先行告诉滇省，以免漏泄消息。恒文的家人赵二是此案要犯，当密为防范，勿令其闻风远扬。如果查明了案情，即将恒文摘印质审，一面奏闻，一面将总督印务交定长暂行署理。②

钦差大臣刘统勋会同贵州巡抚定长来到云南后，迅速查明了案情，上奏皇上。乾隆帝十分恼怒，于六月初一日下谕，痛斥恒文，将其革职拿问。谕旨说：

"前据郭一裕参奏恒文令属员买金，短发金价，巡阅营伍，沿途纵容家人收受属员门礼等情。朕以恒文历任封疆，受恩最重，当不应至此，是以特命刘统勋会同定长前往查察，今据刘统勋等奏到，恒文买金一事，及纵容家人收礼，俱属确实。恒文身为大臣，自应洁己率属，乃簠簋不饬，一至于此，实为深负朕恩。恒文着革职拿问。其案内有名之汪筠、罗以均等，着一并革职，严审究拟具奏。"③

恒文被严审时，知道是郭一裕所劾，心生怨恨，遂把郭一裕也供了出来，案子又深入了。乾隆帝便于六月初二日下谕，命将郭一裕一并审讯。谕旨说：阅看恒文供词，"内称：购金情节，实缘欲购备方物进贡，商之郭一裕，据云滇省唯金较贵重，我拟制金手炉四个进贡。因令标员明柱向巡抚衙门领取炉样，购金制备"。"臣工贡献，前曾屡经降旨，概行禁止，即督抚所贡之物，不过茗柑食品等物，以备赏赐。或遇国家大庆，间有进献书画玩器，以示庆祝，从未有以金器进贡者。乃恒

---

① 《清高宗实录》卷526，第11页；《清史稿》卷339，《郭一裕传》。

② 《清高宗实录》卷526，第25页。

③ 《清高宗实录》卷540，第2页。

文借词进贡金炉，勒派属员，短价购买，冀图牟利""以致喧传阖省，
殊玷官箴"。但郭一裕既以进贡金器怂恿总督，随以购金参奏恒文，
"是复何心"？着刘统勋、定长将此情节，逐一秉公研讯。至于恒文的
家人，或偶尔需索，尚可诿为耳目不周，乃金银赃物，计值累千，"是
其网利营私，稔恶盈贯，何得仅以失察为解？"着一并严审具奏。①

过了一天，六月初三日，乾隆帝又下谕讲郭一裕劾奏恒文之事。他
说：恒文身为大臣，借口进献，勒派属员，短价取利，罪固难逃。但果
如恒文所供，则郭一裕先以金炉式样给恒文看，继乃以购金参劾总督，
又明知金炉不可进献，必遭严谴，乃告恒文以今年不进，"竟似恒文全
坠其术中者，此乃市井所不为，岂大吏同事一方，而竟出此！"或系郭
一裕先曾制炉备贡，后因恒文纷纷购金，阖省喧传，恐彼此俱致败露，
遂不复进献，"而转以参劾恒文，为先发计，亦未可知"。郭一裕是否
购金制炉，买自何人，未进之金炉何在？着刘统勋等人"务将此中实在
情节，悉心详审，即行具奏"。②

七月初一日，乾隆帝再次下谕，斥责郭一裕奸险取巧，将其解任，
来京候旨。他说：读了刘统勋等官审讯郭一裕与恒文商量贡金的奏折。
恒文身为总督，乃借贡献为名，"纵其欲壑"，现据查出赃私累累，应
俟各案审查，按律治罪。至于郭一裕，先以贡金炉怂恿恒文，并呈示式
样，后见阖省喧传，乃先发制人，"冀立身于不败，迹其所供，行险取
巧情状，一一毕露"。"伊本属小器"，前于山东巡抚任内来京陛见时，
曾面奏家计本足自给，且久历外任，愿进银一万两为工程之用。"朕听之
骇然，深斥责其非"，今观其先购金置炉预备进贡，"其病根深锢，是以
随处发露耳"。且其购金亦委派司道办理，"即云照数发价"，而以司道
大员，供督抚私役，成何政体！郭一裕深负封疆之寄，着解任来京候旨。
布政使纳世通、按察使沈嘉征，遇督抚有此等事情，乃"匿不以闻，惟事
迎合上司"，着交部严加议处具奏。随即令革其职。③

乾隆帝对郭一裕的这样处理，是颇为谬误的。恒文之罪，不在于其
购金制造金手炉以备进贡，贡品奢侈，不过遭帝斥责而已，构不成大
罪。恒文之所以被定为有罪，是因其借买金为词，勒派属员，短价购

①《清高宗实录》卷540，第4、5页。
②《清高宗实录》卷540，第8、9页。
③《清高宗实录》卷542，第2、3页。

买，借此牟利，以及纵容家人收受门礼纳取贿银，是犯下了贪婪之罪，而不是进贡之罪，进贡不能定罪。这一点，乾隆帝不会不知，他曾多次因臣僚进献贡品奢侈豪华而拒收其物，降旨训诫，也不过是训诫而已，并未将此定为大罪革职严审。前述谕旨也列举了郭一裕奏进银一万两之事，亦仅仅予以申斥，并未将郭革职惩办。作为封疆大臣，郭一裕是不应该以进献厚礼来博取皇上欢心，但此仅系作风欠妥的问题，应予严斥，可是不宜以此来定其罪。更重要的是，郭一裕是因参劾恒文之罪，而被恒文供出商制金炉之事，即使此事属实，也不能说郭一裕是："行险取巧""先发制人"，有意陷害恒文，最多不过是做法欠妥，欲贡重礼取悦皇上而已，谈不上犯什么大罪。权衡主从轻重，是郭一裕参劾恒文之后，才查明任至总督大臣的恒文，竟是一个赃私累万的大贪官，应当说郭是立下了一大功，对整顿吏治颇为有益，为民除去了一个大的吸血鬼，为朝廷清理出一个奸臣，应予重重奖赏。可是乾隆帝不知是出于什么考虑，竟紧紧抓住恒文供称与郭商议制造金手炉一事，大做文章，一再下谕，吹毛求疵，连捐银万两的老账都翻了出来，硬将郭说成为有意陷害总督的奸诈小人，还罢其巡抚之官，责令钦差尚书严查其贪婪苛民之事，好像不将郭一裕定成贪赃枉法的赃官，难解心中之恨。虽然他曾专门辩称此举不是偏满轻汉，斥责外人所说："郭一裕以汉人参满洲，是以两败俱伤"之言是"谬误"的。[1]但揆诸上述逾旨，很难使人信服，他的这番辩解，显然是软弱无力的。

也许乾隆帝逐渐意识到此举有些欠妥，因此于下谕罢免郭一裕之职后的第四天，七月初五日，他又下一谕说：前因郭一裕供称制炉购金时是"照数发价"，但此外有无赃私，难以置信，故谕令刘统勋"据实穷究，如应查封，即将伊任所查封"。刘统勋奉旨后，应秉公查办，如郭不能洁身自爱，贪污不法，亦如恒文之负恩，自当将其家财查封，请旨治罪。若无此情，"而因朕已降旨，遂有意苛求，遽将伊任所赏财封禁，则是全不识事理之轻重矣。此事关于政体官常者甚大，必虚公研究，方能情罪允当"。[2]

乾隆帝虽想做些调整，欲图略微减少一点压力，让钦差大臣审案稍稍公正一点，但大臣皆知帝意，哪能拟议公允？八月初，刘统勋之折到

①《清高宗实录》卷542，第3页。

②《清高宗实录》卷542，第10、11页。

京。刘奏称：奉旨查审郭一裕一案，"讯明郭一裕诈伪贪鄙款迹，按律拟流"，并请查封郭之家产。照说，刘统勋还算办事较公之臣，他虽接到令郭解任对其严审之旨，拟议意见不能不受谕旨约束，相当苛刻，但在查证问题时还是比较实事求是的，没有严刑逼问、诱供逼供，没有硬给郭栽上莫须有的赃银巨万的大罪，并如实上奏。乾隆帝于八月初四日下谕拒绝其议说，郭一裕与恒文，各有应得之罪，而轻重不同。恒文赃私累累，众证确凿，家产自应查封，以惩贪黩。而郭一裕不过交属员代买物件，短发之钱不及百金，更有将原物退还者。即其令属员修造花厅，亦只数百两，较之恒文，情罪亦应有所差别，若一律抄家，"殊不足以服其心"，已传谕定长，将郭赀财照旧给还，不必查封。①

乾隆二十二年九月十二日，乾隆帝下谕，列举恒文、郭一裕之罪，勒令恒文自尽，革郭之职，发往军台效力。他说：根据刘统勋、定长的查审和上奏，恒文令属员买金，短发金价，巡查营伍，纵容家人勒索门礼等款，"俱属确实"，恒文任所赀财多至数万两。恒文并非素丰之家，其历任封疆不过二三年，养廉银除用于一岁公用及往来盘费外，"即极为节啬，亦何能若是之多，是其平日居官之簠簋不饬，不待言矣"。昨刘统勋面奏，尚认为恒文之败检，皆由于家人恣横所致，"其意似为恒文卸罪者，此则所见非是"。恒文果以洁清律己，奴仆下人焉敢如此肆行无忌。况且勒索门礼即系家人所为，而购金短价，受属员馈送，"岂亦家人教之耶？"恒文深负朕恩，情罪重大，若"曲为宽宥，其何以饬官方而肃吏治！"着派侍卫三泰、扎拉丰阿驰驿前往，于解送所至之地，即将此旨宣谕，"赐令自尽"。郭一裕为人，"本属庸鄙"，前岁曾面奏愿捐养廉羡余银一万两，到滇后又有购金制炉之举，"唯以声色货利殖产营运为事"，深忝封疆之任，但其在官，尚不致如恒文之狼藉，同系购金，发价并未短扣。郭一裕着革职，从宽发往军台效力，"以为大吏鄙琐者戒"。②不久，又以署云贵总督定长请免于处分署玉屏县知县赵沁等十五员，因其系被恒文之家人赵二等勒索银两，而复自首，不必革职罢官，而下谕斥责其非说：上司家人需索属员，例有明禁，该知州、知县等官员，果能持正不阿，则应一面锁拏需索的家人，一面据实禀闻上司，听其惩治，即或上司祖护家奴，地方官可直揭

① 《清高宗实录》卷544，第11页。

② 《清高宗实录》卷546，第22~24页。

部科，据情详查，对"如此大有风力之员"，"朕不但加意保全，且将召见而擢用之矣"。乃赵沁等官，始则被恶奴勒索，甘心贿送，及至恒文败露之后，经署督行文饬查，始行报出，焉能借称自首得免吏议不至去任？赵沁等十五位官员，俱着交部察议。①不久吏部奏准，赵沁等十四员降一级留用，其余永昌知府佛德、临安府知府方桂等三十八人亦分别被惩罚。②

恒文、郭一裕之案，至此总算了结了。恒文、郭一裕二人，原本企图贡献珍品取悦于帝，不料弄巧成拙，求福得祸。恒文因此而丑迹败露，从一个飞黄腾达的治政能臣、一品大员，一变而为赃私累累、声名狼藉、违法致死的大贪官，人死家破又财空。郭一裕险被定为污吏，几经周折，最后被皇上定为庸鄙奸险投机取巧之小人，革职罢官，发往军台效力。

乾隆帝严惩恒文，拒绝刘统勋宽免恒文罪过之议，以及处治馈送总督贿银的赵沁等十五位州县官员，以惩贪风，肃吏治，是十分正确的。只要是贪赃横行，违犯国法，就应加以制裁，哪怕恒文是贵为总督的满人、蒙帝擢升的能臣，也不能逃漏于法网之外，而被按律处死籍没，这是无可非议的。但是，他对郭一裕的发落，却甚为不妥，颇欠公允，这样一来，恐将使汉官缄口，不敢弹劾满员大臣，以免两败俱伤，自身遭受横祸，其消极的影响，不宜低估。也许是由于这个原因，或者出于其他的考虑，乾隆帝于二十二年十一月初四日下谕说：郭一裕之派属员买金，虽亦不能算是无罪，但恒文之事，实由郭一裕举发，郭前在部呈请赎未准，恐将来各省督抚有贪婪之事，"同官以事相干涉，惧于已有碍，转不据实入告，将无由发觉，其何以明国宪而儆官邪耶！"郭一裕着加恩准其纳赎。③数年以后，乾隆帝赐予郭一裕三品衔，授河南按察使，这样一来，总算做了一些调整和修改。

五、山东巡抚蒋洲贪婪命丧黄泉

蒋洲，江南常熟人，乃官宦之家，书香门第。祖父蒋伊，进士，庶吉士，历任御史、河南提学道副使。伯父蒋陈锡，进士，历任知县、主

①《清高宗实录》卷547，第20、21页。

②《清高宗实录》卷548，第33页。

③《清高宗实录》卷550，第9页。

事、员外郎、道员、按察使、布政使、巡抚、云贵总督，颇有政绩。蒋洲的父亲蒋廷锡，官位更高，举人、进士、庶吉士，历任编修、内阁学士、侍郎、尚书、大学士，政绩卓异，"工诗善画"，甚受康熙帝、雍正帝宠任，赐世职一等阿达哈哈番。蒋洲之兄蒋溥，举人、进士、庶吉士，历任编修、内阁学士、侍郎、尚书、军机大臣、协办大学士、大学士。蒋洲的弟弟蒋棚，堂兄弟蒋涟、蒋泂，都是进士，分别任至太仆寺卿，加侍郎衔布政使，户部兵部侍郎。[1]蒋洲一家，可以说是一门七位进士，父兄双宰相，确实是门第高贵，人间罕有。

蒋洲自己也因父兄恩荫而早年得志，从主事一再升迁，当上了官阶从二品的山西布政使，乾隆二十二年(1757年)再升山西巡抚，移任山东巡抚。正是飞黄腾达前程似锦的大好时刻，不料乐极生悲，贪案发现，被人弹劾，下狱问罪。

山西巡抚塔永宁上疏，参劾原山西布政使、现移任山东巡抚蒋洲贪婪不法说："蒋洲于山西布政使任内，亏银至二万余金，升任时勒派通省属员弥补，尚有不敷，又于寿阳县方山木植卖银补项。"[2]

乾隆帝阅疏十分诧异，也非常生气，于二十二年十月初五日连下两道谕旨，命正在督修山东运河工程的刑部尚书刘统勋前往山西，审查蒋洲案件说："此事实出情理之外，为之骇然。塔永宁既有此奏，不得不彻底清查，审明虚实。着刘统勋即传旨，将蒋洲革职拿问，带往山西，并折内有名之杨文龙等，一并严审定拟具奏，其任所字迹赀财，一并查明奏闻。"[3]

乾隆帝所讲看过奏疏后，"为之骇然"，认为"此事实出情理之外"，是有原因的，因为蒋洲一家是门第高贵之家。姑且不说其祖父、伯父和已经逝世多年的父亲，就是只讲现在之人吧，兄长蒋溥是帝之亲信倚任大臣，此时正身任军机大臣、协办大学士兼礼部尚书署吏部尚书多种要职，过了两年又升任大学士，兼领户部。蒋洲一家中，出了父、兄两位大学士，四十年的高官要职，姑且不说侵吞帑银，科索民财，收受贿银，就是正额薪俸、养廉，皇上恩赐，属员献纳，督抚馈赠，门生敬奉等收入，为数也十分可观，这样富豪高贵的家庭，怎会出现贪官污

①《清史稿》卷33，《蒋洲传》。

②《清高宗实录》卷548，第11页。

③《清高宗实录》卷548，第11、12页。

吏？父、兄皆系科甲出身，任至大学士，自应正身律己齐家，严教子弟，其子、其弟怎能丧失廉耻见利忘义？所以，乾隆帝不禁为蒋洲之贪婪而"为之骇然"！

过了11天，十月十六日，乾隆帝再谕军机大臣：据塔永宁奏，蒋洲任内，一切舞弊纳贿之事，皆其幕友吴姓及管门家人黄姓、马姓等从中经手，已密咨山东巡抚，提犯人解送山西等语。吴姓诸人均系此案要犯，着传谕山东巡抚鹤年即速严拿，委员解晋，交刘统勋归案严审，务该委员严加防范，迅速解送，勿使该犯逃脱，或畏罪自戕。

经过思索，乾隆帝感到问题不只是蒋洲一人，便着手新的审查。第二天，十月十七日，他又谕军机大臣，讲了四个问题。其一，蒋洲借端诡辩。据刘统勋奏，蒋洲供称：因修理衙门，多用银两，以致亏空，等语。外间亦有如此议论者，此话究未可信，修理布政使司衙门，需费即多，何至用银两万余两！显系借端捏饰。其二，查审明德。巡抚明德与蒋洲共事较长，两署仅一墙之隔，蒋洲如此侵公帑银狼藉，明德岂毫无所知，何以并未上奏？恐其中必有缘故。即使谆诸不知，而藩司侵吞帑银如此之多，犹一无所闻见，"巡抚所司何事耶？"着传谕刘统勋、塔永宁一并详细查察，明德为何如此庇护？务得实情，据实陈奏。其三，追查拖穆齐图。蒋洲供内，又有拖穆齐图欠银三千两之话，看来拖穆齐图为人亦甚不妥。其在山西，养廉银颇多，为何去任起程时，又须蒋洲为之担承至三千两银？"种种情节，俱当悉心研究，使水落石出，毋得草率完结"。其四，严防蒋洲自戕。刘统勋现正带蒋洲前往山西，途中需要速行，不可久稽时日，更应留心防范，勿令其畏罪自戕。[①]

随着审查蒋洲案件的深入发展，又发现了新问题，这就是山西省贪官污吏太多，吏治十分腐败，必须大力整顿。十月二十六日，刘统勋、塔永宁呈报查讯情形之折到京，二人奏称：平定州知州朱廷扬侵亏帑银二万余两，守备武琏亏银一千余两。乾隆帝于这一天连下四道谕旨。第一道谕旨着重讲彻底清理贪官污吏。他说：朱廷扬侵银两万余两，武琏亏银一千余两，"由此类推，其恣意侵蚀而未经查出者，更不知凡几，该省吏治尚可问耶！"乃塔永宁奏称，若遽行盘查，恐通属惊慌，必致贻误地方政务。此话不免有畏首畏尾之意。且据刘统勋、塔永宁另折所奏蒋洲案内道府勒派情节，于杨龙文（冀宁道）署内，"查出派单一

①《清高宗实录》卷549，第2、3页。

纸"，太原府知府七赉连名作札，向各属催取，"明目张胆，竟如公檄，视恒文之授意派买，更有甚焉。此致各属中之素有侵亏者，皆无所顾忌，如朱廷扬、周世紫，皆盈千累万，此又与蒋洲之勒派无涉。吏治至此，尚不为之彻底清厘，大加整饬，何以肃官方而清帑项！"此等劣员，被勒索银两者情尚可原，可如滇省被勒之员例子处理。至于杨龙文、七赉、朱廷扬等人，则罪无可逭，"塔永宁何所瞻顾而为此调停之奏耶！"七赉着革职拿问，交予刘统勋一并严审究拟。着刘统勋会同塔永宁，"严行查办，不得稍存姑息"。①

第二道谕旨宣布将原山西巡抚、现任陕西巡抚明德革职拿问。谕旨说：据刘统勋等人奏报，晋省州县中，侵亏库银，竟有至盈千累万者，"是该省风气，视库帑为可任意侵用，已非一日"。明德身为巡抚，察吏是其专责，乃一任属员侵帑营私，至于此极，实为深负委任，着即将明德革职拿问，解赴山西，交刘统勋审拟具奏，其任所赀财，立即查封。②

第三道谕旨中说：山西平定州知州朱廷扬亏帑银二万余两，山西巡抚已行文直隶，查封其家产，但闻知该犯原籍系浙江绍兴人，可传谕杨廷璋(浙江巡抚)，即速访查该犯居住地点，将其所有资产严行查封，以补帑银，不得稍有泄漏，以致其家藏匿寄顿。

第四道谕旨，是命刘统勋、定长对明德"秉公严讯，不可稍为回护"。其蒋洲案内各犯及现在查出侵亏帑银的官员，"一并令刘统勋等彻底清厘"。所有各犯监禁于晋省，均须留心防范，严行看守，倘有松懈，致其自戕灭口，不得明正典刑，则有关人员罪责难逃。③

过了三天，十月二十九日，乾隆帝再谕军机大臣，令速结蒋洲之案。他说：蒋洲勒派属员，弥补亏空，及将寿阳县木植卖银补款之案，刘统勋已于杨龙文署中查出勒派银数清单，并且经过各州县中提取了七赉等人连名书札，此事已确有证据，只要审讯蒋洲、杨龙文、七赉三人，即可速为审拟，具奏正法。至于山西通省亏空之事，已降旨命刘统勋会同该抚查办，此乃在蒋洲勒派本案之外，不妨于蒋洲案完结之后，再详悉办理。

又过了五天，二十二年十一月初五日，乾隆帝下谕，宣布对蒋洲一案的处理意见。他说：蒋洲乃原任大学士蒋廷锡之子，由部属擢用，任

①《清高宗实录》卷549，第17、18页。

②《清高宗实录》卷549，第18页。

③《清高宗实录》卷549，第21页。

至布政使、巡抚，不思洁己奉公，乃恣意侵吞亏空帑银巨万，又复勒派通省属员，以为弥补之计，"其贪黩狼藉，玷辱家门，实出情理之外"。杨龙文身为监司，曲意逢迎上司，侵帑勒派，不法已极，其情罪实无可宽宥。蒋洲、杨龙文俱依拟即行正法，以昭炯戒。七赏作札催取，但以知府迎合司道，较杨龙文罪稍轻，着依拟绞监候，秋后处决。其余应行拟罪议处各官，仍命刘统勋、塔永宁逐一查明，分别定拟具奏。明德收受蒋洲及各属古玩金银等物，已降旨将其革职拿问，解赴山西，命刘统勋审明定拟。拖穆齐图与蒋洲结纳交通，携取蒋洲古玩，收受银物，"甚属贪污无耻"，着革职拿解来京治罪。"山西一省，巡抚藩臬朋比为奸，毫无顾忌，吏治之坏，至于此极，朕将何以信人，何以用人！外吏营私贪黩，自皇考整饬以来，久已肃清，乃不意年来如杨灏、恒文等案，屡经发觉，而莫甚于蒋洲此案，若不大加惩创，国法安在！朕为愧愤！"①

第二天，十一月初六日，乾隆帝下谕，斥责科道缄口结舌，不劾恒文、蒋洲的贪婪不法。谕旨说：

"科道为耳目之官，凡有见闻，举得入告，乃近日如恒文、蒋洲之贪婪败检，不一而足，科道中未有一人举奏。恒文远在滇南，其买金纳贿，迹涉暧昧，科道等犹得谓见闻不及，至蒋洲密迩山西，在布政司任内，已侵亏狼藉，及授为巡抚，乃勒派属员，遍于通省，此其声息相传，岂无一人之知，而竟未有据实劾奏者。试思科道为言官，此而不言，更何可言，言官不言，更谁当言。况近年来，如陈庆升、周照等，议奏科场，条陈灾赈，稍有建白，朕未尝不加奖予，饬部议行，设于贪黩大员，据实参奏，岂不足以儆官邪而澄吏治，朕当益深嘉奖，亦复何惮而不为，而乃缄口结吞，竟若茫无知见，国家没立言官之意安在？……着通行申饬，其尚发乃天良，俾予实政。"②

蒋洲勒派属员之案，至此告一段落。此案本系追查蒋洲布政使任内勒派属员银两，弥补亏空，不料，案情不断发展，牵扯到巡抚、按察

①《清高宗实录》卷550，第7～9页。
②《清高宗实录》卷550，第16、17页。

使，涉及监司、知府，并从而查出了晋省不少州县官员侵吞帑银，山西吏治之坏、贪风之盛的真情，暴露于光天化日之下，使乾隆帝惊呼"何以信人！何以用人！"他决心痛惩贪官，整顿吏治，斥责塔永宁畏首畏尾欲图草率了结，诛杀蒋洲，革除劣员官职。身为故相(蒋廷锡)之子现相(蒋溥)之弟荣任二品大员山东巡抚的蒋洲，就这样被作为贪官，绑赴法场，成了刀下之鬼，身败名裂，家产荡然。当时有不少类似蒋洲出身经历的官宦，之后身任要职的九卿和督抚藩臬监司，照说应以此为鉴了，可是，从后面的一些例子看，重蹈蒋洲覆辙的，大有人在。

六、庇护贪吏　巡抚蒋炳革职九卿受罚

杨灏，直隶曲阳人，乾隆中，任湖南布政使。乾隆二十一年(1756年)九月，湖南巡抚陈宏谋上折，参劾杨灏侵扣仓谷银两说："藩司杨灏于应发买补运江谷价二十万余两，每百两扣银一两三四钱及二两六七钱不等，通计侵扣银三四千两，兑验属实，请将杨灏并库官周照革职，暂委臬司夔舒摘印署事，清查库项。"

乾隆帝看过奏折后，十分高兴，于二十一年九月二十二日降旨批示，予以嘉奖说："如此察吏，何愁吏治不清，朕甚为湖南吏民庆幸而嘉悦焉。"[1]

同一日，他下谕将杨灏、周照革职审理说："这所参杨灏、周照俱着革职，其贪黩侵扣情由，及管库家人书吏，该抚一并查拿，严审究拟具奏。藩司为通省钱谷出入之地，况买补谷价，关系仓庾，乃克扣短发，必致贻累闾阎，陈宏谋能留心体察，据实参奏，毫无瞻徇，甚属可嘉，着交部议叙。"[2]

不久，陈宏谋奏准，将杨灏处以斩监候，秋后处决。

二十二年七八月，湖南巡抚蒋炳以杨灏于限内缴清赃银，拟入缓决，九卿科道未提异议，三法司赞同，遂将杨灏定拟缓决，列入秋审官犯册内的缓决人犯项内。乾隆帝看过秋审册后，极其愤怒，于二十二年九月初九连下四谕，痛斥蒋炳及有关人员，斩杀杨灏。他在第一道谕旨

① 《清高宗实录》卷521，第7页。
② 《清高宗实录》卷521，第8页。

中说：秋审官册内，拟斩之原任湖南布政使杨灏一案，定拟缓决，"甚属错谬，阅之不胜骇然"。杨灏身为藩司，乃侵肥克扣至三千余两，其贪黩败检，本应立行正法，"以彰国宪，监候已系朕格外之恩。朕以为该抚审拟招册"及三法司九卿科道等廷谳时，自当入于情实，乃册内妄以该犯限内完赃，归入缓决。试思藩司大员，狼藉至此，犹得以限内完赃，概从末减，则凡督抚大吏，皆可视婪赃亏帑为寻常事，侵渔克扣，肆无忌惮。幸而不经发觉，竟可安然无恙，即或一旦败露，亦不过于限内完赃，仍得保其首领，"其何以饬官方而肃法纪耶！"廷臣等于此等案件，并不权衡事之轻重，竟尔恣意欺罔，蒙混照覆，将视朕为何如主！朕临御二十二年，所办案件，内外臣工所共见共闻，尚敢如此窃弄威柄，施党庇伎俩，朝臣亦可谓有权！今日检阅之下，不胜手战愤栗。原拟之蒋炳，着交部严加治罪。其与审之九卿科道等官，俱着交部议处。在京票拟之大学士等，"依样葫芦，并不夹签声明，是何意见，着明白回奏"。[1]

第二道谕旨是斩杀杨灏。乾隆帝谕军机大臣："杨灏受朕特恩"，简用藩司，乃敢侵扣银至三千余两，负恩枉法，罪无可贷。监候已属恩典，岂得借口完赃更从缓决，着蒋炳接奉此旨后，即率同藩臬二司，将杨灏即行正法。倘若泄露风声，致杨灏先知而自戕殒命，不及明正典刑，即令蒋炳抵偿。[2]

第三道、第四道谕旨，是革蒋炳之职，抄其家产。谕旨说：杨灏身为方面大吏，贪盗数千金，本系立即应行正法之犯，候秋审时，"断无不入情实之理"，蒋炳竟敢将该犯入于缓决，"甚属乖谬""此非寻常蒙混瞻徇可比"，着将蒋炳革职，拿解来京，交部严加治罪，将其任所字迹赀财严行查封具奏，并将其本籍家产查抄具奏，不得让其隐匿寄顿。[3]

十月初六日，吏部遵旨议拟九卿科道蒙混照覆蒋炳党庇杨灏的革降处分，乾隆帝阅过其疏后，降旨将尚书、侍郎、给事中、御史赵弘恩、鄂弥达、蒋溥、李元亮、王际华、李清芳、王和、勒尔森、舒明、董邦达、金德瑛、刘纶等68人，分别处以革职留任、降级留任、销级、销纪

---

①《清高宗实录》卷546，第11～13页。

②《清高宗实录》卷546，第13页。

③《清高宗实录》卷546，第13、14页。

录、降级、注册等处分。①

十一月初四日，乾隆帝看过刑部的奏章，因建议将蒋炳拟以"斩监候"的处分，过于严刻，下谕宽减说：蒋炳审拟杨灏侵扣娶赃一案，拟入缓决，希图蒙混，刑部拟以斩监候，实属罪有应得。但蒋炳办理此案，虽系营私沽誉，尚无受贿情弊，着从宽免其斩候，发往军台效力赎罪。

曾经震动京华的蒋炳一案至此结束。它再一次表明，乾隆帝确曾想整顿吏治惩处贪官，以期于国有利、于民有益。但是，从后面所述诸例看，他的这种愿望是完全落空了，斩掉一个杨灏，又出现几十、几百名杨灏式的赃官。而且，贪污的银两越来越多，规模愈益扩大，吏治更为腐败。

七、徇情庇奸　巡抚庄有恭、和其衷革职论斩

庄有恭，广东番禺人。乾隆四年（1739年）27岁时参加殿试，高中状元，授修撰，直上书房，后历任侍讲学士、光禄寺卿、内阁学士、户部侍郎、江苏学政、江南乡试考官、江苏巡抚、署两江总督、署江南河道总督、署湖北巡抚，二十四年调任浙江巡抚，二十七年移任江苏巡抚，二十九年擢刑部尚书，留巡抚任，三十年正月授协办大学士，仍暂留巡抚任，八月奉旨召入京师，就任协办大学士。

庄有恭系帝钦点状元，天子的得意门生，得到皇上的赏识和提拔，十年之内擢至官阶从二品的封疆大臣，坐镇江浙十余年，两次因过革职皆随即复蒙帝特旨起用，并再晋刑部尚书、协办大学士，确系被君关怀备至皇恩浩荡了。庄有恭也力图忠君爱民，"以清廉自励"，做了不少利民利国的好事，政绩卓著。乾隆十八年（1753年）夏秋之交，淮、扬诸郡水灾严重，庄有恭亲往察勘抚恤，上奏灾情，帝命截留漕米，发帑银500万两，用于赈济，"民乃得苏"。乾隆二十年大江南北又以灾告，庄有恭亲自督率属吏，检视灾民，严令"胥吏不得侵渔"，奏陈救灾诸策，"上皆允行，所费内府白金凡千余万"，济者无数。他又特别重视水利，修海宁柴塘，增坦水，设竹篓内贮石块以护塘根，大修三江水利，疏桥港河身，清除官民圈占的茭芦鱼塘，增筑鱼鳞石塘。史称其

①《清高宗实录》卷548，第16、17页。

"抚江浙，治海塘，重水利，有惠于民"①。

这样一位满腹经纶、才干超群、清廉爱民、政绩卓著，为帝赏识和提拔的能臣，本应升任更高职务，发挥更大的作用，不料他却因一念之差，太过分地看重了同事情面，而有所徇情，犯了错误，被革职抄家，差点成了刀下之鬼。

事情是从两江总督高晋的一份奏折引起的。乾隆三十年（1765年）十二月十九日，乾隆帝就高晋所题审拟苏州同知段成功纵容家人书役诈扰累民的题本，下谕说：此本内称，"该员因患疟昏迷，不能检点案牍，家人龚玉等娄赃各款，该员均未知觉"等语。"所办甚属错谬"。段成功不过一时患疟，并非重症，且疟疾或间日一发，或一日一发，每次亦不过一二时辰之久，何至不能检点案牍，听任家人横行。明系承审官员有意为段开脱，妄图从轻完结，故如此书写。高晋自擢用总督以来，甫经审办一案，"即意存瞻徇，巧为尝试，此等伎俩，岂能逃朕殷鉴！"江南吏治废弛已久，现在正当督抚更换之时，高晋尤宜加意整顿，力矫积习，"何意竟敢于姑息蒙混若此！"看来此案必出自朱奎扬之意，此人素非善类。本应将该督交部严加议处，但念高晋新任总督，初次获咎，且在河道总督任内尚能实心办事，姑从宽免，此后若再不知改悔，必不曲为宽贷。高晋此事实属昏聩糊涂，有负帝恩，着传旨严行申饬。此本交内阁掷还，仍命高晋传谕朱奎扬，令其小心。②

同日，他又下谕，命江苏巡抚明德将此案情节，秉公查实速奏，并将朱奎扬近日办事情形据实奏来。第三天，十二月二十一日，他又下谕给在浙江审案的侍郎四达，命其赴苏，会同高晋，将此案审讯明确，务得实情具奏。

乾隆帝确系聪明之君，能够看出高晋蒙混庇护段成功的错误，严加驳斥，委官会审，这一点颇为难得。但他万万没有料到，高晋如此谬误具奏，是有其考虑的，一经严谕督责，便将真情奏明，使皇上大吃一惊。乾隆三十一年正月十一日，江苏巡抚明德的奏折进京。明德奏：段成功之家人龚玉出票滋扰民间，"段成功俱属知情，其中尚有染指之处"，承审之苏州府知府孔传珂，主审转之按察使朱奎扬，均明知段成功装病而"瞻徇未究"。乾隆帝览疏甚怒，立即下谕，命将朱奎扬、孔

---

① 钱大昕：《庄有恭墓志铭》，《清代碑传全集》卷28；《清史稿》卷323，《庄有恭传》。
② 《清高宗实录》卷751，第6、7页。

传珂俱革职拿交刑部治罪，其成招会转之布政使苏尔德，未能扶正争执，亦难辞咎，将其交部严加议处。^①

紧接着，两江总督高晋的奏折又送至京，高晋说："庄有恭原参，即有段成功抱病被蒙字样。"乾隆帝异常惊讶，于正月十三日连下两谕。第一道谕旨讲了两个问题，一系段成功之罪。他说：四达会同两江总督高晋查出，"此案出票婪索，皆系段成功亲笔标发，实有染指等弊，则段成功之情罪，已无疑义"。这算是他所预料到的。第二个问题却大出他意料之外，他十分诧异也非常生气地说：高晋所奏庄有恭于八月参劾段成功的折子内，有段"抱病被蒙字样"，读后"实属骇异"。庄有恭既已访知段成功有出票婪索之事，具本参劾，"岂有复信其捏病被蒙之理！"其若仍任江苏巡抚，决不肯如此姑息了事，亦不肯为此隐跃两可之语。其意以为，离任在即，何必结怨，故留此间隙，即使他日审出实情，亦可博救之不得之名，如因此而开脱了段成功，便可"解怨市恩""此等卑琐居心行事，尚安得为纯臣乎""庄有恭受朕深恩，特加擢用，乃敢为此巧于市恩之术""是有心欺朕矣"，着将其交部严加议处。第二道谕旨是令将孔传珂、朱奎扬革职锁拿，交与四达等官，"严行究讯，务得实情"，质审明确后，再解部治罪，如孔、朱二人再不吐露实情，其首领必不能保全。^②乾隆帝此时对段成功之案，算是有所了解了，知道庄有恭是在施展隐跃两可之计，但这还只接触到此案的第一层，距案之最深处还有距离。庄有恭之如此冒险行事，不仅仅是为了包庇属员，解怨市恩，还有更深的隐情。

此谕下达七天后，正月二十日，吏部拟议处分之疏送呈帝前，建议将"巧为解怨示恩"的庄有恭，革去刑部尚书与协办大学士之职，将两江总督高晋予以降调处分。乾隆帝谕令革去庄之协办大学士职，余俟四达审明之后，再行处理，高晋着革职从宽留任。

又过了四天，正月二十四日，案情又有了新的发展，钦差四达之折到京。四达奏：据原知府孔传珂供：段成功被参劾后，巡抚饬他审讯时，"曾经庄有恭面谕：如果他（指段成功）家人书役不供出段成功知情得赃，也就罢了"。原按察使朱奎扬供：庄有恭曾面谕，段成功一案，府审止系家人书役得赃，段成功不知情，可照此揭参。"窃窥庄有恭意

---

① 《清高宗实录》卷752，第12、13页。
② 《清高宗实录》卷752，第15—18页。

在从宽，遂亦不加深究"。乾隆帝阅奏后，非常生气，下谕指责庄有恭"居心欺诈""此案之上下相蒙，俱由庄有恭授意指使，以致臬司、知府扶同欺混"，若再姑息其过，"何以董正天下督抚哉"！着将庄有恭革职，拿交刑部，命军机大臣会同刑部严审定拟具奏，其前在学政任内有应罚未完银两，曾加恩宽免，今仍着照数追缴，并将其在广东原籍及苏州寓所赀财严加查封，不许稍有隐匿寄顿。他又指出，庄有恭"并非袒护段成功，而于保举段成功之和其衷，则曲意为之瞻徇，因和其衷为新任巡抚明德弟兄，恐事发累及举主，有碍颜面，遂尔心存瞻徇。上司属员，意会色授，各相喻于不言。"①

乾隆三十一年二月二十一日，刑部议处有关人犯之奏说：庄有恭原发款单，即有段成功患病之语，而具题参劾，复先叙入，豫为将来卸罪之地，是此案徇纵，实由庄有恭开其端，而孔传珂、朱奎扬揣合意指，不加究诘。庄有恭应照罪该处死巧言谏免暗邀人心律，拟斩，监候秋后处决；孔传珂、朱奎扬应照听从上司主使出入人罪律，拟斩监候，秋后处决。乾隆帝降旨："外省上下和同，官官相护，积习最为恶劣，若不急为整饬，将启党援门户之弊，于世道人心，深有关系。朕力挽颓风，遇有此等案件，唯有严加惩创以饬纪纲，内外大小臣工，各宜守法奉公，痛自湔洗，务使锢习一清，毋蹈覆辙。"庄有恭身为巡抚，属员视其趋向，自应依律问斩，着斩监候秋后处决。朱奎扬、孔传珂究系为从，着从宽免其死罪，发往军台效力。"并将此通谕中外知之"。②

庄有恭之案至此告一段落，但段成功之案却仍在继续深查严审。原来，乾隆帝在谕令严查庄、段之案的过程中，又访闻段成功以往在山西阳曲县当知县时，曾亏空帑银，及其升任苏州府同知离任，"上司代为弥补"，因此命江苏巡抚明德将段成功押往山西，交山西巡抚彰宝收审。钦差四达又奏称，请将从前保举段成功堪任知府的上司，查明交部议处。三十一年二月十一日，彰宝之折至京，奏称：段成功于升授同知时，"亏空银一万两以外，上司知情弥补，俱属确实"。这里讲的上司，是原为山西巡抚现移任陕西巡抚的和其衷。

乾隆帝读过彰宝的奏折后，十分恼怒，立下长谕，痛斥和其衷等官之罪，尽革其职，一并究审。其谕说：

①《清高宗实录》卷753，第14—16、18页；卷755，第12页。

②《清高宗实录》卷755，第11—13页。

"此事可谓大奇！从前蒋洲亏空库帑勒派婪赃一案，经朕大加惩治，方谓凡有人心者，皆当知所儆惧，而晋省覆辙在前，尤当引以为戒。不意未及十年，复有上下交通营私欺罔若和其衷之甚者，实出朕意料之外，是其罪较庄有恭更重矣……和其衷明知属员亏空盈万，不但不参劾究治……（反转为出资相助）掩饰弥缝，其玩法欺蔽之罪，尚可贷乎！……且段成功仅一县令，何至亏空如许之多？即云首邑用度较繁，亦不应妄费若此，而通省各上司，何以互相容隐，竟无一人举发其事，和其衷甚至给银五百两代为凑补，是段成功平日必有交结逢迎之处，不可不彻底根究。若和其衷竟受其馈送，遂尔曲意周旋，则更不能稍稽刑宪矣。和其衷前此曾获重愆，经朕弃瑕录用，擢至巡抚，竟敢如此徇私蔑法，深负朕恩。和其衷着革职拿问，派四达前往山西，会同巡抚彰宝，将此案各情节秉公严审定拟具奏。……至文绶系专管钱粮大员，明知属员亏空，纵容弥补，刘墉系亲临知府，并不揭报亏空，通同容隐，按察使蓝钦奎、前任冀宁道富勒浑知情不举，均非寻常徇庇可比，俱着革职，交与四达等，将有无授意及助银弥补之处，一并究审。"①

不久，四达、彰宝奉旨查明后奏称：段成功仅在曲阳当了半年知县，就亏空库银一万余两，库簿所载帮银弥补的州县官员有32人，在短短的交代限内，"即能弥补足数，苟非上司授意，焉能迅速齐全"。和其衷供称：前赴热河陛见时，系段成功代雇骡脚，又带信令段购买皮张，用银980两。"段成功平日与通省州县，俱有交接，其自行央恩帮助之处，藩司、知府俱属知情，又向刘墉面催两次，据称现在严催弥补。"②

乾隆帝闻悉，连下数谕，痛斥和其衷等官徇私党庇，交结馈赠，将和其衷论斩监候，革山西布政使文绶、太原府知府刘墉职，发往军台效力赎罪。把帮给银两为段成功弥补亏空的州县官员交部严加议处，处死段成功。乾隆帝从这样一位知县、同知纵容家人书役诈扰的小案件，清查出一大批党庇徇私违法官员，将两位巡抚斩监候，一员总督革职留任，两位按察使革职发往军台效力赎罪，90名州县官员交部议处，把官

①《清高宗实录》卷754，第20—23页。
②《清高宗实录》卷753，第22页；卷754，第15、23页；卷756，第13—15页。

官相护，吏治废弛的情弊，又一次公诸于众，并有所整饬，可见其对贪官污吏确系不为姑容。但是，惩治归惩治，贪污仍贪污，两年以后又发生了一起大的贪污案子。

八、皇贵妃之弟盐政高恒纳银被诛

乾隆三十三年(1768年)六月初七日，乾隆帝读过新任两淮盐政尤拔世的奏折，十分惊异。尤拔世奏："上年两淮盐政普福奏请预提戊子纲引目，仍令各商每引缴银三两，以备公用，共缴贮运库银二十七万八千两有零，普福任内共动支过八万五千余两，其余现存十九万余两，请交内务府查收。"

乾隆帝立即感觉到此事非同小可，令军机大臣查检档案，未有记载，便下谕清查此事说：此项银两，盐政从未奏明，"私行动用，甚可骇异"。军机大臣翻阅户部档案，没有找到造报派项用数的文册，"显有蒙混不清，私行侵蚀情弊。且自乾隆十一年提引之后，每年提引自二十万至四十万引不等，若以每引三两计算，二十年来银数应有千万余两，自须彻底清查"。但年岁既久，头绪纷繁，恐尤拔世一人不能独办，着江苏巡抚彰宝秘密速往扬州，会同该盐政详悉清查，务使水落石出，不得丝毫隐饰，不可畏难姑息了事，不许少有瞻徇，即速据实复奏。①

此谕下后二十八天，六月二十五日，江苏巡抚彰宝之折到京。彰宝奏：抵达扬州后，会同尤拔世查办预提纲引之事。此事当日本系奏办之事，"但其中尚有余利，每引缴公费若干，亦应一并奏闻，乃竟隐匿不报，前盐政等居心实不可问"。因传唤总商详讯，并令其开出清单。查历年提引各商，"共获余利银一千九十余万两。据称历年办贡及预备差务共用过银四百六十七万余两，尚有各商未缴余利银六百数十万两。伏思此项银必与盐政等有暗行馈送情弊，复加严讯。据总商黄源德、江广达等供称：辛巳(乾隆二十六年)纲两次缴过高盐政收银八万五千九百余两，丙戌(乾隆三十一年)纲又送银四万两，乙酉(乾隆三十年)纲又送银一万两，均系管事人顾蓼怀经手收进。又自乾隆十四年起，代吉盐政办

①《清高宗实录》卷812，第13、14页。

贡物共垫银三千余两，又二十一年代普盐政办如意银三百二十两。此外有无另项，并未吐实"。请将商人黄源德等六人革去职衔，运使赵之璧暂行解任。①

彰宝此折，震惊朝野，因为它涉及四个大问题。其一，巨款去向。这可不是1800两区区小数，而是1000万余两，相当于清政府岁收的三分之一。这么多的银两下落如何，怎样使用，为谁侵吞？作为贪污案子来说，涉及的银两为数之大，堪谓空前未有，必须查清惩处。其二，上涉圣躬。两淮盐商的总商供称，"历年办贡及预备差务，用过银四百六十七万余两"，办贡是进献皇上，差务是天子四下江南和巡幸扬州。乾隆帝一向宣称拒收贡物，禁绝献宝，出巡乃系"省方问俗"，一切用费皆系"官为经理"，不取于民，那么，此460余万两银子，又作何解释？其三，牵连广泛。从乾隆十一年到三十二年，这20来年中的盐政、盐运使、同知、扬州知府、布政使、按察使、江苏巡抚、两江总督等数十名地方高级官员，皆难辞其咎，不是侵吞分肥，便是收受贿赂，至少也是失察疏纵，按律究治，很难逃脱处死籍没、发充军台、革职降级等项处分，两淮总商和一些富裕盐商，也不易幸免，官商二界势必惊惶不安，人心浮动。其四，皇亲难参。总商黄源德、江广达所称缴过高盐政银13万余两，此高盐政可不是一般无足轻重的盐政，而是贵妃之弟、相爷之子，为帝宠信、声势赫赫的高恒。高恒之姐乃慧贤皇贵妃，乾隆帝即位以前即为侧福晋，深受夫君宠爱，于乾隆初封贵妃，卒后帝亲谥以"慧贤皇贵妃"。高恒之父高斌，历任布政使、两淮盐政、江南河道总督、直隶总督、吏部尚书、内大臣、协办大学士、军机大臣、大学士、管两江总督等职，乾隆帝赞其治河成绩显著，"功在民生"，"较齐苏勒、稽曾筠有过无不及"。高恒之从兄高晋，历任布政使、巡抚、江南河道总督、两江总督，并授大学士兼礼部尚书，署漕运总督仍留两江总督任。此时，皇贵妃姐姐和大学士父亲虽已不在人间，但从兄高晋仍为两江总督。高恒凭仗姐、父、兄的权势和帝恩，于乾隆初以荫生授户部主事起，步步高升，飞黄腾达，出监山海关、淮安、张家口榷税，署长芦盐政，任天津总兵，于二十二年赴任两淮盐政，二十九年授上驷院卿，仍领两淮盐政，直到三十年因高晋为两江总督，例当回避，始被帝召入京，署户部侍郎，寻授内务府总管大臣，三十二年又署吏部侍郎。

① 《清高宗实录》卷813，第19—21页。

高恒任职的30年里，绝大部分时间是管理关税和盐政，这两项差事都是肥缺，侵帑纳贿，勒索商民，收受馈赠，收入极为可观。而且这两种官员，又肩负有了解民情、侦察地方官吏动静、报告物价气象等情的重要使命，非内务府人员难任其职，不为皇上信赖和宠爱，更难如此长期久任此职，这充分显示了高恒的特殊政治地位及其为皇上所宠信。而且还要看到，乾隆帝第三次、第四次下江南时，身任两淮盐政的高恒，董率商民，筹划巨款，对天子的迎接、侍奉、游赏，是尽心竭力操办的，办得很好，使乾隆帝非常满意。故当其从兄高晋任两江总督需要回避时，不是移调其他盐区或关口，而是召入京师荣任内务府总管大臣，这又是财源茂盛、接近君主、为帝倚任的美差。对于这样一位门第显赫、赀财巨万的皇亲、近臣，能参倒吗？能不招来横飞之祸吗？确系疑问。由此可以明白，为什么江苏巡抚彰宝虽然报告了余利银隐匿不奏及高恒收受盐商巨银的事实，并笼统地说了一句"前盐政等居心实不可问"，但只敢奏请将现任运使赵之璧暂行解任，而对高恒却只字不提，不敢对其弹劾，更不敢奏请将其革职拘审。因为，他不敢冒犯两江总督高晋，不敢开罪于天子宠信的皇亲、近臣高恒。

对于这样一桩特别重大的案子，乾隆帝一开始是十分重视的，是想彻底查清的。他读过江苏巡抚彰宝的奏折后，非常生气，于当日（六月二十五日）及次日，连下八道谕旨，责令严查严办。第一道谕旨是革高恒、普福等人官职和总商的职衔。谕旨说：彰宝、尤拔世所奏"种种情节，殊堪骇异"。"朕屡次巡幸江南，一切行宫道路诸费，俱系官为经理，丝毫不累闾阎，唯两淮坐落陈设等事，向系商人承办，虽伊等情申报效，分所当然，朕尚以其损赀急公，微劳宜录，是以叠次加赏职衔，赉予至为优渥。今阅彰宝所奏，则该商人等一切办公物件，均为应交官项内动支，是不但不应加恩，并当查明治罪，所有从前赏给奉宸苑卿衔之黄源德、徐尚志、王履泰、布政使衔之江广达、按察使衔之程谦德、汪启源，均着革去职衔。""高恒、普福等久任盐政，竟将预提盐引散给商人，辄将官项任意侵肥，高恒任内则查出收受商人所缴银两至十三万之多，普福任内则收受丁亥（乾隆三十六年）纲银私行开销者已八万余两，其历年代购物件借端开用者，尚未逐一查出，正不知更有若干？伊等受朕厚恩，乃敢明目张胆，肆行染指，实出情理之外，高恒、普福均着革职，严加看守"，盐运使赵之璧、原盐运使卢见曾着革职审讯。①

第二道谕旨是命山东巡抚富尼汉传旨，将前任运使卢见曾革去职衔，委员解送两淮，交彰宝审讯，并将其原籍赀财严密查封，不许隐瞒寄顿。

第三道谕旨是针对两淮盐商而发的。乾隆帝说：该商等借称办公名色，以提引应交官帑，冒称乐输报效，滥邀褒奖，又将支用所余应输运库之银，干没不交，"其情甚属可恶，理应彻底查办，示以惩创"。着传谕彰宝即速按款查究，"除折内所称纲引应交官帑各商未缴余利六百数十余万两，并该商等代盐政等一切冒滥支销应行追出归公之项，自应按数查办外，至历任盐政等如此任意侵肥，审明有应着追之项，如力不能完，亦应于商人等名下按数分赔"。该盐政等在任日久，"其中必有留寄两淮等处令商人生息渔利情事"，该商等即应一一供明，和盘托出，如有含混，一经发觉，唯商人是问。②

第四道谕旨是训斥两江总督尹继善和高晋。乾隆帝说：从来总督有稽查盐政之责，高恒、普福等如此恣意妄为，总督岂竟毫无闻见？尹继善久任江南，"何以视同局外，不行据实参奏"。高晋与高恒，更非同官所比，其弟如此"箪篚不饬"，"而甘心缄默隐忍，尤不得辞其咎"，均着交部严加议处。③

第五道谕旨，是以上述两淮提引一案"彼此通同，情弊甚大"，现在彻底根究，令将普福任所赀财严加查封，不许隐匿寄顿。④

第六、第七道谕旨，传令江苏巡抚彰宝将"案内酿成事端之要犯"高恒之办贡人顾蓼怀，提往扬州质讯，稍有头绪即解交刑部审拟，并将其原籍家产密速查抄。

第八道谕旨是传谕两淮盐商，说明现在严查办理，是使"私蚀官项之总商，不得侵公自肥，且令其余众商共知儆惕"，但两淮盐务关系数省民食，不许各商因有质讯之事而推诿观望，致应运食盐，遭到壅滞，责令各商务将盐源源运出，不得停阻，否则将犯重罪。⑤

从以上八道谕旨看，乾隆帝是想彻底查清这一特大案件，具体要求

①《清高宗实录》卷813，第20—22页。
②《清高宗实录》卷813，第23—24页。
③④《清高宗实录》卷813，第26页。
⑤《清高宗实录》卷813，第27—29页。

有三条。一系查审高恒、普福二位盐政及赵之璧、卢见曾两位盐运使贪婪之罪；二是追查总商未交余利银及应赔之款；三为惩处负有稽查盐政之责的尹继善、高晋两位总督。这都是令人棘手的难题。高恒久任盐政和管理关税，贪婪详情难以一一查清。两淮盐商仅未缴余利银就多达六百余万两，如按谕旨所说还要追其冒滥支销之银，历任盐政侵公之银无法偿回者亦要盐商代赔，则将多达七八百万、八九百万两，这样巨大数量的银两，两淮盐商是无力承担和交清的，势必使其家产尽没，难以运盐。这不仅将影响到数省几千万人丁食盐的供销，两淮运司年交国库几百万两的课银亦将落空，对皇上的额外收入也有重大影响，还不要说二十年中曾任两淮运司的其他盐政、运使、监掣同知、运判等盐官和总督、巡抚等官员。简而言之，此案涉及人员很多，银数极大，关系到清政府的国库收入，要想彻底查清，既非常困难、风险很大，又没有必要，因其将直接影响国库的来源和天子今后的享用，并且大量银两也确系供皇上巡幸和办贡而用掉，所以最后只能是有所查清，但不能尽惩。案件的发展和结局，就是这样的。

在乾隆帝前后数十道谕旨的指授、安排、督促下，经过江苏巡抚彰宝、两淮盐政尤拔世、山东巡抚富尼汉、扬州知府杨魁等官员的查访审讯，经刑部复审，大学士复议，历时四月，到三十三年十月下旬，此案大致结束，其最后做的案情"事实"结论如下：前盐政高恒所收20余万两银，多系备办差务用掉，前盐政普福所用8万余两，亦多用于"公务"，二人之罪状是"于提引应归官帑银两，恣意侵渔，数至累万"，高恒"受银三万二千两，普福私销银一万八千八百余两"，原任两淮盐运使卢见曾隐匿提引银两，"私行营运寄顿"，解任盐运使赵之璧，虽"并无染指"，但对盐政高恒、普福侵蚀公帑，对属下监掣同知杨重英勒索淮商3500余两之事，诿为不知、不劝阻、不参奏；两淮盐商未交之"余引无着银"不是600余万两，而减至396万余两，其中还有"代高恒、普福、卢见曾垫办器物之项"；为高恒办贡之人顾蓼怀，经手收取盐商的15万两银，"系高恒责令向商支银制办物件，并非高恒尽行侵用，亦非商人奉令代办"，仅系"怂恿高恒，己亦牟利，酿成大案"之人；翰林院侍读学士纪昀、候补中书徐步云、军机处行走中书赵文哲、军机处行走郎中王昶"漏泄通信"，使卢见曾预闻查抄之旨将家产四处寄顿匿藏。[①]将此诸事与案发之时情罪相比，显然是大为缩小了，高恒仅贪污32000两而非吞没数十

---

① 《清高宗实录》卷814，第25、31、32、37、38页；卷821，第21、22页。

万两，两淮盐商只少交390余万两而不是600余万两，盐运使赵之璧"并无染指"，连帝钦定之"案内要犯"顾蓼怀，也非盐商托令代办物品，所取商银15万两系备买物，最多不过从购买货物过程中有所中饱。一桩涉及几百万两白银及众多人员的巨大贪污案件，就这样缩小至三十万两赃银、案犯仅有数人而结局，实出人所意料之外。就此而言，乾隆帝是大为退步了。

当然乾隆帝如此了结此案，有其深刻的考虑，绝非草率、糊涂、不明真情，或者毋宁说，正因为他是太了解此事的内幕和实质，才这样从宽、从轻结案。真要彻底清查，前述各种危险，如国库和帝君的收入，几千万食淮盐的人丁之盐的供应，牵连众多官员等，便很可能难以避免。尽管在案犯多少、赃银数量等方面，乾隆帝是退了一大步，但此时他毕竟还在力图整顿吏治重惩贪官，因而在处治高恒、普福、卢见曾的问题上，坚决排除干扰依法惩办。他谕令，抄没三人家产，将高恒、普福押赴法场斩首示众，将卢见曾处以绞监候，秋后处决；革去为卢见曾泄漏抄家消息的纪昀之职，发往乌鲁木齐效力赎罪；两淮盐商所欠之银，定限10年如数交予运库。高恒虽只定了侵吞帑银32000两之罪，但其抄没入官的家财，却多达数十万两，在经济上也算是执法从严了。

乾隆帝将慧贤皇贵妃之亲弟，即自己的小舅子高恒处以死刑，并非没有干扰，为高恒说情者大有人在，甚至连帝一再夸奖为"军国第一宣力大臣"之大学士、军机大臣、一等忠勇公、孝贤皇后之弟傅恒，也亲自求帝施恩宽减。《啸亭杂录》卷1，《杀高恒》载："两淮盐政高恒，以侵贪匿费故，拟大辟。勾引日，上恶其贪暴，秉笔欲下，傅文忠代为之请曰：'愿皇上念慧贤皇贵妃之情，姑免其死。'上曰：'若皇后弟兄犯法，当如之何？'傅战栗失色，上即命诛恒。"

傅恒之奏请免高恒之死，其言相当巧妙，亦未尝不无理由。他搬出乾隆帝之已故爱妃慧贤皇贵妃来，既欲以夫妻之情打动皇上，求免妃弟一死，这一招，很有分量，很有说服力，又暗示律有八议之条，议亲即其重要一项，于情于理于法，赦免高恒的死罪，是可以说得过去的。以傅恒这样一位为帝特别宠信的军国重臣和至亲之人的身份，说出这样颇似有理之词，照说帝会允准其请的，恐怕大多数帝君都会采纳其言。不料，乾隆帝却一言以拒之，只说了一句话："若皇后弟兄犯法，当如之何？"这句话说得太好了，王子犯法，与庶民同罪，怎能因系贵妃之弟而曲法以贷！此话还包含有严厉警告傅恒之意：不要以为你是皇后的兄弟，就可超越于王法之外，只要犯了国法，也将如高恒一样将你处死！这就是为什么傅恒听后竟吓得魂不附体，"战栗失色"。乾隆帝依法斩杀高恒，是十分正确的，是颇为英明的。这表明他的确力图严惩贪官，整饬吏治。

九、贵州巡抚良卿徇纵劣员斩首示众

良卿，富察氏，满洲正白旗人，进士，历任户部主事、郎中、道员、布政使，乾隆三十二年（1767年）署贵州巡抚。征缅甸，良卿董台站，上疏言贵州兵能走险峻道路，耐瘴气，请募兵5000人，练习枪炮藤牌，以备征发前线。帝嘉其尽心，赐孔雀翎，移任广东巡抚，因兵尚未募足，留任贵州巡抚。

贵州产铅，每岁开采运输，供铸钱使用，近几年内，产量不多，没有达到规定数额，遭到皇上多次训诫。良卿为了推卸掉自己的责任，于三十四年（1769年）八月上折，参劾经办铜铅的知州刘标说："承办铜铅之威宁州知州刘标，发运铅斤，短缺百数十万，挨查多无着落，而已领脚价，应办省局铜铅，又复托词稽缓，抗不解交，显有侵欺支饰情弊。"①良卿本想借此舍卒保帅，推出刘标，保住自己，不料弄巧成拙，由此掀起一场大波，导致连他在内的两位巡抚被斩，潘臬二司遭惩。

九月十一日，乾隆帝就良卿的奏折，下谕将承办铜铅的威宁州知州刘标革职拿问，交良卿"严行审究，务得实情，定拟具奏"。但他对良卿并不放心，又于同日谕军机大臣："黔省办运铅斤，屡经迟缓误期，皆由良卿不实力督办所致，今因节次饬查，始将属员侵欺等弊，查参塞责，可见该抚平日于鼓铸要务全不留心整顿，殊属非是。良卿着传旨严行申饬。"如良卿欲存心袒护刘标，曲为开脱，"断难逃朕洞鉴，必将良卿重治其罪。着将此谕令知之"。②

良卿接到此旨以后，于九月下旬上奏：审讯革职威宁州知州刘标，其亏缺铜本脚价银48390余两，少铅700余万斤，又缺工本脚价银10余万

---

① 《清高宗实录》卷842，第14页。

② 《清高宗实录》卷842，第15页。

两。请将专管铅务的粮驿道永泰以及知府马元烈革职究审,并恳派大臣来黔会审。乾隆帝于十月初四日览折后降旨:永泰、马元烈着革职,派内阁学士富察善驰驿前往,会同该抚一并详查严审究拟具奏。良卿在任四载,属员承办铜铅,亏缺如此之多,漫无觉察,所司何事!着交部严加议处。刘标欠项若不能完,即着良卿等三人分赔。同日他又谕告军机大臣,命传谕直隶总督杨廷璋,即速派官前往刘标原籍大城县,将其家产严密查封,不许隐匿寄顿,并谕良卿将刘标任所赀财查封。

正当良卿参劾刘标亏空工本脚银力图掩盖己过之时,被其奏请革职之刘标上级粮驿道永泰,却向户部呈报刘标亏空缘由,揭发按察使高积营私枉法之罪,其中有涉及良卿之处。统兵进攻缅甸的副将军阿桂从军营发往京师的报匣中,夹有普安州民的诉词,控告官吏土目借口军兴,私派累民,侵蚀恩赏银两等事。乾隆帝知悉后非常生气,于十月十五日下谕,严斥良卿之过,派遣大臣往审。他说:自滇省办理军务(攻缅)以来,经由各省,俱特发帑银赏赉急公奉上之民,屡饬各省巡抚悉心洞察,务使百姓均沾实惠,良卿一再回奏官员胥役"实无丝毫侵扰"之事,今阅普安州民呈词,所控之事,"款证凿凿","则前者良卿所奏,全系捏词欺饰,不可不彻底根究,良卿之罪,实在于此"。永泰揭报高积违法之事,又涉及良卿。此案关系重大,非富察善一人所能查办,着湖广总督吴达善往黔,会同钦派侍郎钱维城审讯,务令水落石出,"以惩积弊"。如良卿、高积有应革审者,吴达善即一面奏闻,一面将二人"革职拘禁,毋任稍有腾挪掩饰及疏虞自戕等事",并留心访察良卿任所赀财。[①]

此谕下达不久,案情又有新的发展,不仅现任巡抚良卿、按察使高积难逃罪责,前任巡抚方世儁等官也被牵涉而出。贵州布政使张逢尧于十月进京陛见时,军机大臣遵旨向其讯问高积贩卖水银之事,张回答说:今年夏季,曾闻船户言及,他们曾经装过高按察使的水银。同月,刘标差人至京赴户部,呈控铜厂赔累及各上司勒索缘由,并呈出用印底簿一册,内开各官索银详情,其中有前巡抚方世儁勒索白银六千余两的记载。乾隆帝大怒,于十月二十五日至十一月初六日,连下五谕,从三个方面严密追查。其一,审查高积。他说:从张逢尧的回奏,可以肯定,"高积贩卖水银,已实有其事。伊以臬司兼署藩司,乃以藩库所有

① 《清高宗实录》卷844,第43—46页。

水银，私行贩卖，即此一端，已罪无可贷"，着吴达善将其任所赃财严密查封，对其严审具奏，其寄居苏州赃财，命两江总督高晋就近查抄，其原籍闽省的一应田房产业，着闽浙总督崔应阶即速严密查抄。其二，复审良卿。乾隆帝说：良卿与高积同在省城，"岂有署藩司私卖水银而巡抚毫无闻见之理，何不早行查奏"？"其中或有知情徇庇及希冀分肥情弊，亦未可定"。着吴达善将良卿因何隐匿不报情由，以及二人平日有无往来密交形迹，严审据实具奏，并将良卿任所赃财查抄。其三，革方世儁职。乾隆帝说：方简任巡抚以来，看其办事尚属认真，平日为人亦颇谨饬，是以由黔调任湖南巡抚，"不意其勒索属员，狼藉若此，且公然直索金银，毫无顾忌，实出情理之外"。着观音保前往湖南署理巡抚，传谕方世儁解任，察其神气形迹，若有惊惶失措，即一面具折奏闻，一面将其押往贵州质审，并严密查封其任所赃财。①

十一月二十二日，帝又连下三道旨，指出"高积、良卿需索贪婪一案，业据高积等一一供认"，并究出前任方巡抚亦有索取金银等事，命将高积等人革职，将方之家人李四及其侄孙方四等人犯拿解黔省质讯，其本籍家产予以查抄。②

十二月初七日，乾隆帝又降旨说："良卿与高积交密往还，并令幕宾通同勾结，肆意侵渔，实出情理之外，不料良卿竟敢如此。督抚与藩臬，至于上下一气，串通结纳，任意营私，将何事不可为，此则甚有关系，不可不审明从重治罪，毋令稍有遁饰。至永泰、马元烈，为刘标本管上司，岂有馈送遍及抚司，而道府转无交结之事？"着严究定案。③

在乾隆帝数十道谕旨的指授方略和督责下，钦办审案的湖广总督吴达善、侍郎钱维诚、内阁学士富察善，历时五月余，对这一案件的事实做了如下结论：巡抚良卿与高积"上下扶同，营私肥橐，置一切公事于不问"，明知刘标亏帑数逾巨万，并不早为参劾，直至见事难掩盖，始作为访闻举发，对刘标私自出借之官帑10800余两不予究追，且将其已追出的6700余两，批令留抵，私填公项，不列入查抄款内，"知情故纵，始终掩饰"；普安州民吴国治控告差役许文衡"借差派累"，遭知州陈昶斥责，州民上告到省，良卿转令被控知州会审；良卿又长支养廉银

①《清高宗实录》卷845，第34、35页；卷846，第9~11页。

②《清高宗实录》卷847，第9~11页。

③《清高宗实录》卷848，第15页。

1790余两。^①按察使高积收受属员贿银，私将藩库水银及从厂收买水银共26200斤运往苏州发卖。布政使张逢尧虽无染指情弊，但徇情透支巡抚良卿养廉银，已又预支养廉银930两，对刘标之亏空不即查参，有失藩司"整饬通省属员之责"。原任巡抚方世儁得受刘标银1000两，已为其家人方四供认不讳。刘标亏空铜铅脚价工本共帑银29万余两，自知势将败露，早于案发之前三四个月，即派侄子、侄婿等亲戚带行装十七八驮，从四川绕道回籍，并叫家乡亲属隐匿寄顿，以致官府查抄时，刘标在直隶大城县之田房地亩，仅值银400余两，经过多次追查，亦不过值两三万两，加上其揭报上司勒索之银，亦仅2万两，其余20多万两赃银下落不明，显系密藏。

乾隆帝览奏后，陆续下谕，惩处有关案犯。他指责良卿负恩枉法，谕令将其正法说："前因良卿在热河道任上，办事尚知奋勉，故加恩擢用巡抚，岂料其志满意足，又恃地远或易为欺。其与高积受贿交通，听任高积贩卖水银，并任幕友往来无忌，已属败检不法。"至刘标积年亏帑侵公，数达20余万两，良卿既已明知故纵，并授意令人弥补，复请添移钱局，冀为通融掩覆，及经部驳，知事必败露，始以一参塞责，又不严追亏项，转批令将出借银两私留作抵，不列入查封款内。其于平越府之私交兵米折色，侵蚀口袋脚价等事，并不觉察劾究。"是其徇纵劣员，毫无顾忌，致通省效尤，罔知检束，吏治官方，不可复问"。其普安州民吴国治告官吏科派一案，良卿既不严行查办，又转令被控之本州知州陈昶一同会审，致使抑勒劝和，敷衍了局。"是其心存消弭，尽丧天良，公行欺罔，并不止于骫法婪赃，封疆大吏败裂至此，天理国法尚可复容乎！"良卿着依拟处斩，即于贵州省城，令钦差大臣监视正法，"俾各省督抚共知炯戒"！其子富多、富永，着销去旗籍，发往伊犁，赏给厄鲁特为奴。^②

乾隆帝以方世儁在黔抚任内，婪索刘标货物，并于开矿一事，受贿盈千，其罪亦无可逭，但其所犯在于得赃，"较之良卿欺君长奸，目无法纪者，尚属有间"，命将其从宽，改为绞监候，秋后处决。^③对于布政使张逢尧，因其"仅以斤斤自守"，不查参刘标，"致贵州省吏治官

①《清高宗实录》卷849，第23、28页。

②《清高宗实录》卷852，第2、3、27页；《清史稿》卷339，《良卿方世儁》。

③《清高宗实录》卷852，第3页。

方，狼藉至此"，他下谕说："国家于此等颓废职守之藩司，将安所用之"，将其革职，发往军台效力赎罪，其经手给予良卿的预支养廉银及本人借支养廉银共1920余两，按"十倍赔缴"，以示惩戒。①他因湖广总督吴达善奏请将良卿、方世儁、高积、永泰的家产抵补亏帑，不足之银再由历任上司分赔，下谕斥责其非说：刘标亏空官帑至29万余两之多，"为从来侵牟所未有，总由良卿等欺瞒藏奸，扶同舞弊，以致狼藉至此，因将伊等重治其罪，以昭炯戒。其所查抄家产，乃以惩良卿等之枉法欺公，非为代刘标等抵补亏项"。吴达善并非不知此理，乃竟妄呈此议，其意显系以此减少历任上司理应分赔之银，"一味取悦沽名"，殊为谬误。"着将此折掷还，交吴达善等另行改议具奏"。②他还谕令将刘标父子"严加刑审，实力穷诘，务令其于亏缺之数，逐一指出，实有着落"。③

乾隆帝除严办诸犯外，又于三十五年二月十三日下谕，列举此案，告诫地方官员，申饬科道言官闭口不劾，作为此案的结束语。他说：已将刘标一案的有关犯员"严加治罪，以示惩创"。"朕临御以来，整饬官方，谆谆训诫，于诸臣功罪，无不秉公核定"，"若其犯出有心，孽由自作，一经败露"，亦未尝不执法示惩。从前如和其衷、李因培等，"获罪重大，并于本案按律抵法，俾众人共知炯戒"。"为督抚大吏者，苟有人心，亦当洗心涤虑，畏国宪而保身家，何意尚有冥顽不灵天良尽丧如良卿等者"。"科道为朝廷耳目之官，于大吏等有簠簋不饬蠹国剥民之事，皆当随时举劾，知无不言"，"何此案未经发觉以前，并未有一人劾奏其事者"？言官职司纠察，若唯知摭拾细故，而置此等侵亏败检大案于不问，则"国家亦安用此委蛇缄默之言官为耶"？"着将此旨传集各科道通行申饬，并宣谕中外知之"。④

十、布政使钱度赃银数万刀下丧生

钱度，江南武进人。乾隆元年(1736年)进士，历任主事、御史、知府、督粮道、河库道、云南布政使，乾隆三十三年升广东巡抚，移广西巡抚，因过降调云南布政使。钱度利用职权贪婪不法，但因其狡诈，未

①《清高宗实录》卷849，第29页。

②③《清高宗实录》卷852，第25页。

④《清高宗实录》卷852，第18—20页。

被发现，不料却以缺铜议减价银而遭帝斥责处罚。

乾隆三十四年（1769年）二月十七日，因为云南运解北京供铸钱用的铜历年短欠迟误，乾隆帝下谕给军机大臣，命对云贵总督明德"传谕申饬"，并责令明德奏报"从前办铜短少"原因，何人贻误，以及如何催运等事。三个多月以后，明德上奏，呈请让有关人员分赔缺铜之银，将汤丹厂的铜按青龙等厂之价赔银。户部复议时发现，汤丹厂的铜每百斤价银6两4钱，而青龙厂的铜每百斤价银只有5两1钱，每百斤少了1两3钱，总计少赔27400余两，显系避重就轻，因而予以驳斥，不允其请。乾隆帝于六月二十四日下谕，痛斥明德错谬说：明德所请按青龙等厂价银赔补，"致短赔银至两万七千四百余两，显系为属员等避重就轻，尤属非是。明德近来办事顿不如前，朕屡加训饬，冀其悛改，何以办理此案，尚深染外省恶习颟顸错谬如此。明德著传旨严行申饬"。①随后，在帝强调指出前之议价，"显有瞻顾历任上司及徇徇同官属员之意"，责令奏陈具体拟议之人时，明德奏称是钱度拟议的价。②

乾隆帝甚为恼怒，于三十四年九月初五日下谕，严斥钱度之过说："钱度经朕擢任封疆"，屡获罪戾，仅予降补云南布政使，已属格外加恩，乃不知实力报效，于应赔铜之定价一事，并不据实查办，反敢瞻顾情面，避重就轻，"其取巧沽名之恶习，尚不知改"，不可不明示惩处。其现经手承办军需，若予罢斥治罪，反得卸责偷安，其又系屡经革职留任之人，即再处以革任注册，亦不愧畏，"钱度着革去顶戴，仍留云南布政使之任，以观后效"，倘若不改，必重治其罪。③

乾隆帝虽对钱度之降低赔铜的价银予以惩处，并斥其庇护属员之过，但他并不了解钱度此举的真实原因。钱度固有沽名取巧的往例，此时亦包含有这一因素，但最根本的因素并非此故，还有其更深刻的考虑，这一点，马上就可看明白了。

乾隆三十七年初，云南省宜良县知县朱一深上揭于户部，控告钱度贪婪，勒令属员购买金玉。乾隆帝立命刑部侍郎袁守侗前往云南，会同云贵总督彰宝、云南巡抚李湖查审其事。④当钦差大臣尚未来得及细审之

①《清高宗实录》卷829，第5页；卷837，第17页。
②《清高宗实录》卷840，第1、2页。
③《清高宗实录》卷842，第8页。
④《清高宗实录》卷902，第18、20页。

时，钱度却自我暴露于光天化日之下。

乾隆三十七年三月初，贵州巡抚图思德之折到京。图思德奏：钱度的家人张林、顾安，送箱笼赴滇，带有金玉器件，已将其物截留，押运家人至滇查办。乾隆帝十分惊讶，于三月初八日下谕给军机大臣说："此事殊堪骇异"！钱度系停给养廉之人，焉能有金器四百余两值银在四五千两以上，"苟非婪索属员，取自暮夜，安能有此，其为贪赃败检，已可概见"。着彰宝、李湖、袁守侗"即将钱度严行审讯，务得确实情节，迅即从重定拟，由驿奏闻"。①

此谕刚下不久，江西巡抚海明之折又到，更使乾隆帝大吃一惊。海明奏：德化县知县黄汝源一经奉到文件，即督县役追拿已过县境之钱度家人王寿的坐船，拿获王寿等8人，查出白银29000余两，"并钱度亲笔书信，有趁王寿回南，寄归二数，好为收贮，或做地窖，或做夹壁，以作永久之计"。乾隆帝于三月二十二日下谕说：批阅海明之折，"实堪骇异"。钱度在布政使任内，已有三四年不给养廉银，前在黔省查出金玉器件值银四五千两以上，"已出情理之外"，今王寿又从云南带回寄家之银，又有29000两之多，"若非婪索多赃，安得有如许积聚，必系虑事将发觉，豫遣人寄归，蓄积埋藏，以图三窟之计。且纵子售卖玉器，数复盈万，并其家人亦私蓄银六百余两，是冥赃私狼藉，已非一日，初不意钱度之负恩败检竟至于此"。近来办理各省贪婪之案，必彻底严究，按法创惩，以期纲纪肃清，常谓司道人员必不致复有簠簋不饬之事，"不料仍有肆意婪赃盈千累万如钱度之甚者，实可痛恨，若不严审究拟，如官常国宪何"！着传谕袁守侗、李湖，"即传朕旨，严审钱度"，问其任藩司并不太久，开获罪革职留任，数年不给养廉银，"因何积有金银如许，实系婪得何人，其欲埋藏地窖夹壁，是何肺腑"？务令其逐一据实供出，倘仍狡展不认，即严加刑讯。其子钱沣、家人王寿，亦予严审。另外，钱度名下尚有应行分赔之款，并未交清，今既有银数万两而不交纳，"反为肥橐之计，即此一端，更属罪不容逭"。钱度罪重，万无可贷，当严加看守，明正典刑，不许自戕。此谕由六百里发往。

同一天（三月二十二日），乾隆帝又下一谕说：前因钱度在云南布政使任内，经厂员（宜良县知县）朱一深揭报其赃款累累，已传谕（两江总

① 《清高宗实录》卷904，第12页。

督)高晋将其原籍家产赀财严密查封,今据江西巡抚海明奏到其家人带银之事,"览奏实深骇异"。钱度系数年不给养廉银之人,"若非恣意婪赃,安得有如许积蓄"。其信既有藏埋地窖夹壁之话,则其"从前之诡秘隐匿,定复不少"。钱度本籍常州府城,又复寄居江宁,着再传谕高晋即将其所有两处财产严密查封,并将其家属严行究讯,逐细详检,毋使藏匿寄顿,若有透漏,唯高晋、萨载是问。将此旨由六百里发往传谕。①

江西巡抚海明连续呈报钱度案情的两道奏折相继至京。海明奏称:萍乡知县王鉴盘获钱度的幕友叶士元,据供系同钱度之子钱沣于正月初十日自滇起程,二月十九日至湖南常德府,钱沣等候行李,在府城西门内原任云南定远县知县陈长钧之家暂住。叶士元带有白银2万余两。乾隆帝更为吃惊和愤怒,于三月二十三日、四月初一日连下谕旨两道说:朱一深揭报案内,"既有钱沣勒索各款,昨海明截拿钱度家丁王寿等搜出钱沣售卖账簿,又数至逾万,是其平日在滇之倚势肆行,婪私肥橐,尤属显然"。钱沣实为紧要案犯,着传谕湖南巡抚梁国治即速密委大员,驰往常德,立将钱沣锁拿,解滇审讯,并将其寓所赀财物件详细查抄。叶士元在滇作幕,一年修金不过800两,岂能积至2万余金?"看来竟系宾主串合,通同婪索,实出情理之外,深为可恶"。着传谕袁守侗、李湖,待该犯解到云南时,"即行严加刑讯",务得实情,按法究拟。②

钱度不枉为进士出身和久任道、藩、抚职,贪婪有术,狡辩擅长,一见江西截留了他的29000余两银,就精心编造,供称克扣铜本平余,得获赃银2万余两,欲图就此了结,免致查及家中藏银。钦差侍郎袁守侗、云贵总督彰宝、云南巡抚李湖居然被钱度花言巧语骗过,于四月十一日上疏奏请按此定罪结案。谁料,此折到京之前,皇上已收到了两江总督高晋、江苏巡抚萨载的折子,奏称于钱度江宁家内搜出埋藏银26000余两、金子2000两。乾隆帝大怒,于四月十四日下谕说:"通核金银各项,多至八九万两,钱度究系从何处得来,不可不严加刑讯,彻底根究",着传谕袁守侗、李湖,即将钱度、钱沣迅速严行审讯明确,定拟具奏,并将二人押解来京承审,如有不实不尽,"经朕别行讯出,唯袁守侗等是问"。③

---

① 《清高宗实录》卷905,第15—17页。

② 《清高宗实录》卷905,第20、21页;卷906,第3、4页。

③ 《清高宗实录》卷906,第27、28页。

八天以后，四月二十二日，乾隆帝下谕，严厉斥责袁守侗、彰宝、李湖轻信钱度之言，按2万多两赃银之数结案。他说："袁守侗等奏审拟钱度婪索多赃一案，所讯情节，尚多不实不尽，欲图草率了事，甚属非是。"钱度赃私累累，实出意料之外，不可不彻底严究。袁守侗等只就江西截封银29000余两之数，遂据钱度所供扣克铜本平余及勒派属员售价数目，迁就附和，希图完事，不知其江宁原籍又查出金银合共值价五六万两，此银又系从何而来？可见该侍郎等所讯，以及钱度之供，均不足信。着传谕袁守侗等另行严讯确供，据实复奏。此谕刚刚发出，袁守侗等人之折又到，奏称："钱度在滇省，两任藩司，其贪婪劣迹，久未败露。"兹因厂员朱一深告发，正在按款根究，江西截封钱度之银29000余两，当即悉心讯究，谁知钱度供称此即扣克铜本平余和勒卖货物之银，"再三严鞫，终无异词"，"臣等遂据供冒昧定拟"，于四月十一日上奏后，二十三日接两江总督高晋咨会，才知又起获赃银，"实不料钱度苍滑狡饰如此"，"臣等拘泥原供，牵连录叙，实属不知轻重，愧恨无及"。[①]

三十七年七月中旬，即案发之后第五个月，钱度贪婪案告一结束。钱度遇逢藩库支放铜本等项银两时，每百两扣平余银一钱七八分不等，计前后共发放2200余万两，共扣平余银4万余两，"其支放时，系家人掌平，随时带进"。钱度还勒令属员购买玉器古玩，多收价银。其子钱沣仗父权势，"婪索多赃"，"携货售卖"。[②]七月二十六日，乾隆帝批准军机大臣的奏请，下谕将钱度押赴法场斩首，八月十六日将钱沣处以绞监候，秋后处决。[③]

十一、皇贵妃之侄办事大臣高朴诛死

高朴，满洲镶黄旗人，大学士高斌之孙，其父系因贪被诛的内务府总管大臣、原两淮盐政高恒。高朴之姑是已经逝世多年的慧贤皇贵妃，按亲戚关系说，高朴是乾隆帝弘历的外甥。高朴历任武备院员外郎、给事中、左副都御史、兵部右侍郎，乾隆四十一年（1776年）被派往新疆，

---

①《清高宗实录》卷907，第22、23、25页。

②《清高宗实录》卷906，第28页。

③《清史稿》卷339，《钱度传》。

任叶尔羌办事大臣，官阶仍按原官兵部右侍郎从二品。高朴乃相爷之孙、皇贵妃之侄，十足的官宦之家、皇亲国戚，故官运亨通，早年得志，年岁不算太大，已升至二品大员，还曾蒙帝嘉奖。如果他小心一点，克制一点，不要贪得无厌，必然还要更上一层楼，官居一品。可是，这个皇亲国戚，不学其祖高斌忠于朝廷，勤勉任职，洁身自好，却跟其父一样，凶狠贪婪，因而在正是飞黄腾达之时，突然被人参劾，陷入法网。这个参劾者不是别人，而是其顶头上司，即刚刚痛遭帝君斥责贬官降职，来到新疆乌什办事的永贵。

永贵，满洲正白旗人，父亲兰泰，任至江西巡抚和古北口提督。永贵从笔帖式起，历任郎中、道员、布政使、巡抚、副都统、参赞大臣、刑部侍郎、礼部尚书、吏部尚书、署伊犁将军，左都御史、喀什噶尔参赞大臣、乌什参赞大臣、署大学士。永贵以侍郎、尚书、左都御史等官衔长期在新疆董理粮饷屯田事务和担任喀什噶尔与乌什参赞大臣，政绩卓异。四十三年二月以袒护原给事中李淑芳，革吏部尚书职，拔去花翎，赏给三品顶戴，前往乌什办事。永贵来到乌什后，叶尔羌阿奇木伯克色提巴尔第向永贵控告叶尔羌办事大臣高朴贪婪不法，私采玉石，役使回民。永贵思考后，立即赶到叶尔羌，摘取高朴印信，逮捕高朴，一面向帝奏报。

乾隆四十四年九月十六日，乾隆帝于恭谒盛京祖陵后返京途中，下谕讲述永贵逮捕和参劾高朴的情形，立即震惊朝野。谕旨说：

"永贵奏：据阿奇木伯克色提巴尔第控告高朴在叶尔羌私采玉石，串通商人，贩至内地售卖一案，亲往该处，将高朴翎顶拔去，与案内人犯质审等语。高朴系慧贤皇贵妃之侄、高斌之孙，经朕加恩擢用，不料如此贪黩妄为，殊出情理之外。永贵据实奏办，公正可嘉，着即秉公严审，如果属实，一面具奏，一面将高朴即在该处正法。淑宝协同办事，于高朴种种劣迹，匿不陈奏，咎亦难辞，俟审明时，着拿解来京治罪。将此谕令知之。"①

永贵逮捕参劾高朴，之所以震惊朝野，主要是因为这个案子涉及了

①《清高宗实录》卷1067，第4、5页。

三个重大问题。其一，案情严重。色提巴尔第控告高朴私役大批"回民"（即维吾尔族）开采玉石，"扰累回民"，这将严重危及新疆的安定局面。其二，涉及面广。上千斤的玉石，从叶尔羌运到苏州和京师发卖，万里之遥，途经甘肃、陕西、山西、直隶诸省若干府州县，一经审实，将兴大案，数以百计的总督、巡抚、布政使、道员、知府、知州、知县，会因"失察""徇私""受贿"而遭重惩，政局波动必不会小。其三，吉凶难卜。高朴何许人也？谕旨讲明了一部分事实，即此人非同一般，乃系慧贤皇贵妃之侄、高斌之孙。但还有一些情况需予补充说明，高朴乃前面提到的高恒之子。也许是因为乾隆帝念及慧贤皇贵妃之情和大学士高斌的治水之功，因而斩杀贪官高恒之时，不仅没有株连其子高朴，像惩处云南巡抚良卿那样将其子富多、富永销去旗籍，发往伊犁，给予厄鲁特为奴；反而对高朴关怀备至，很早就授其为武备院员外郎，累迁给事中，巡山东漕政，三十七年更超擢其为都察院左副都御史，成为位列正三品大员。不久，因月食，高朴未即入侍，帝虽降谕斥其过失说："高朴年少奋勉，是以加恩擢用，非他人比。乃在朕前有意见长，退后辄图安逸，岂足负朕造就栽成之意？"但当吏部议拟革其官职时，乾隆帝又命宽免。随即又迁其为兵部右侍郎，位列从二品，比左副都御史还升了一级。三十九年七月，高朴因奏太监高云从私泄《道府记载》之事，而蒙帝嘉奖，四十一年出任叶尔羌办事大臣。高朴之从叔高晋，久任大学士，兼礼部尚书、署漕运总督、两江总督，治水有功，屡蒙皇上褒赞。像高朴这样祖、叔皆为大学士，姑系皇贵妃，门第显赫的皇亲、大臣，怎能轻易为人劾倒？何况其弹劾者永贵又是因过贬降之臣。永贵也算是一位历任内外要职的大臣，从笔帖式起，任至吏部尚书、署大学士。但是，他也曾官场失意，任浙江巡抚时，即因对"灾状有所讳饰"，而被革职，赴北路军董理粮饷，好不容易，经过在新疆十几年的勤勉努力，连续升官，相继任吏部、礼部尚书，又因小过，革尚书，授左都御史，不许用翎顶。又经过几年的努力，当上了吏部尚书，却因奏请升主事李淑芳为员外郎，惹恼了君主，乾隆帝于四十三年二月十八日、十九日连下两道长谕，狠狠地斥责"永贵深负朕恩"，"逞其私智，于用人大端，公然擅干"，将永贵所有职任悉行革退，"并拔去花翎，加恩赏给三品顶戴，自备资斧，前往乌什办事，换绰克托回京"。乾隆帝还严厉警告永贵说："永贵至乌什后，若不痛改前非，实心任事，必将伊在彼正法，以示炯戒"。①

绰克托是工部尚书，留任乌什参赞大臣。在永贵革职以前的二月初六日，乾隆帝已经下谕，授正白旗领侍卫内大臣特成额"为参赞大臣，赴乌什办事"，换绰克托回京。二月十八日革永贵之谕又宣布，授绰克托为吏部尚书，顶补永贵之缺，授特成额为工部尚书。②这次帝谕只说派永贵"前往乌什办事"，换绰克托回京，并未说任命永贵为乌什参赞大臣，实际上是要永贵办参赞大臣之事，但没有参赞大臣的官衔，比署乌什参赞大臣还差一个档次。这是清帝惩罚臣僚的惯用手段。

永贵总算是祸尽福来，他这次出于公心，欲图为"回民"除害，为朝廷效劳，弹劾高朴，竟幸运地得到了皇上的嘉奖和大力支持。乾隆帝对此案的重要性及高朴之过带来的巨大危害，看得非常清楚，坚决排除各种干扰，严厉督促臣僚彻底查清此案，依法重惩。他在四十三年九月十六日至二十日，连下十道谕旨，督办此案。第一道、第二道谕旨是嘉奖永贵，命其严审高朴及助高为虐的伯克。他说：色提巴尔第呈内"有高朴自鄂对故后愈甚等语"，可见，"其苦累回众，非自今日，若不严加惩治，必致回人俱不聊生，因而瓦解"。伊什罕伯克乃帮同阿奇木办事之人，"高朴扰累回民，理当谏阻"，而阿布都舒库尔和卓却"从中怂恿取利，情实可恶"，着予严行讯鞫。③

第三道、第四道谕旨是命令各地盘查高朴的家人。谕旨指出，色提巴尔第称高朴曾遣家人进京送回银两等物，伙同商人盗运玉石至内地贩卖。从叶尔羌至内地，"处处俱有关隘盘查"，今以数百斤之重的玉石，如何能运至内地？显系地方官员懈弛之故，着沿途各省总督、巡抚，飞饬各属，留心盘诘，如有高朴的家人过境，"即行锁拿，并将伊随带物件，严密搜查，派委妥员，一并解送至京审讯"，仍将作何办理缘由及有无盘获者，即行复奏。④

第五道谕旨是因乌什事务较繁，命永贵在叶尔羌迅速审理高朴案内人犯，驰奏以后，即返乌什，暂派和阗办事大臣冯兴阿往叶尔羌，管理

---

① 《清高宗实录》卷1051，第4-7、10-3页。
② 《清高宗实录》卷1050，第10页；卷1051，第7页。
③ 《清高宗实录》卷1067，第4-6页。
④ 《清高宗实录》卷1067，第6-8页。

地方及采玉之事。①

　　第六道谕旨分析了案情。乾隆帝说：检阅五月间高朴的奏折，其呈请间年一次，于密尔岱山开采玉石，密尔岱山久经封闭，严禁开采，并安设卡座一处，以防私窃，乃高朴借称"严防回人之涉险营私"，而欲间年开采一次，显系暗与商人串通渔利，"特借此奏豫占地步，得以逞所欲为，其居心实不可问"。高朴曾代色提巴尔第差人往密尔岱，即送色提巴尔第元宝50个，"计其所得，不过娄索之一股，分贿以塞其口"。且只此一次，已多至2500两，"则高朴娄得之数，不知几何？其从前勾通商人私卖之弊，不知又有几次？均不可不确切根究"。又，伊什罕伯克所得，据称仅仅2000余腾格，其系与高朴通同作弊之人，何乃反少于给色提巴尔第之数，其赃银必不止于此，着永贵一并严切讯究，务得实情，迅速具奏。②

　　第七道谕旨是命令严查贩玉的私商。谕旨说：偷采玉石，例有禁令，商人出口私自偷买，运回贩卖，已有应得之咎，乃竟敢与钦差大臣讲明勾结，赴山偷采，"尤为可恶"。恐商人先已私运进口，甘肃的嘉峪关及陕西的潼关，均系大路总汇之区，各商进口，必由二关行走。着传谕陕甘总督勒尔锦、陕西巡抚毕沅，即饬属下在关留心盘诘，如有客商贩玉石经过，即行严拿，奏明治罪，并将其所带玉石搜查送京。

　　第八道、第九道谕旨是根据阿桂之奏而发。留守京师的大学士、一等诚谋英勇公阿桂奏：查抄高朴家产时，发现高朴从叶尔羌寄回家中的信，其中讲道："所有物件俱令常永、李福两次带回家中"，"家人李福差往内地别处办事，年底方得回京"。高朴家内查有金珠玉碗。李福、常永尚未到京，现派员分路截拿。乾隆帝在第八、第九两道谕旨中讲了四个问题。其一，夸奖阿桂，称其"善于办事"。其二，责令缉拿高朴家人，李福既系奉主之命往"内地别处办事"，大约不是去苏州，就是在江宁置办物件，命江苏巡抚杨魁、署两江总督萨载分别于苏州、江宁严密查拿，一经缉获，即锁押解京。此二人皆高朴所用之人，高朴行事，二人必知。解到京师时，着阿桂严加刑讯，令将高朴数年娄赃作弊之事，和盘托出。其三，痛斥高朴。他说：查阅了色提巴尔第所开高朴的金珠、玉碗等物之单，单上所载玉碗甚多，家信又云"系极好者"，而高朴每次所进玉器，不过九件，且俱平常。今高朴"乃以佳者

①②《清高宗实录》卷1067，第9页。

留藏家内，即此一端，亦可见其天良尽丧矣"。其四，审讯有关侍卫。侍卫纳苏图为高朴携带物件，"且甚为亲密"，解玉之侍卫绰克托，受高朴之托为其携带物件，"自系通同一事之人"，着阿桂将二人严讯，务令供吐实情。[1]

第十道谕旨是指责曾任巡抚、布政使的叶尔羌帮办大臣淑宝懈弛无能。"高朴如此任意扰累，色提巴尔第俱不能堪"，淑宝所司何事，岂可诿为不知，着永贵对其严行究讯。[2]

乾隆帝随即又连续下旨，责令缉拿为高朴办事的熊先生，究讯高朴家人之隐匿私藏银两者，因从家人常贵住房内创出银2000余两等。

九月二十八日，乾隆帝连下三道谕旨，处死高朴，奖励有关官员。高朴之贪婪不法，本应问斩，但其所以如此之快将其定案处决，确非一般，而且此时这一案件尚未结束，还牵连到不少大臣，还在进行审理之中，照说是不需立即执行的。乾隆皇帝这样坚决、迅速、果断地斩杀高朴，充分显示出其高瞻远瞩的英君明主气概。高朴之该诛，其罪恶之大，不在于其敛取了几万两银子，而在于他"扰累回民"。作为皇上派遣的钦差大臣，理应传谕帝旨，代君行事，抚绥"回民"，安定"回疆"，哪能私役"回民"3000余人开采玉石。须知，此乃极苦之差。出玉之密尔岱山，远距叶尔羌城四百余里，"崇削万仞。山三成，上下皆石，惟中成玉，极望莹然，人迹所不至也"。采玉之人，要冒极大的风险，历尽艰辛，才能攀上其处，又要经过许多艰难困苦，才能将坚如金石之玉凿下，再费尽九牛二虎之力，将这几十、几百、几千斤重的玉石运至叶尔羌，转运外地，不知有多少"回民"葬身于崇山悬崖之下，又不知多少人劳累伤病而死。正因为这是苦害"回民"的大祸，搞得叶尔羌民不聊生，怨声载道，所以阿奇木伯克色提巴尔第激于义愤，出于为"回民"请命，才拒重金而不顾，冒死上疏弹劾高朴，若不是到了再也不能忍受的地步，这位平时进见办事大臣高朴需要下跪叩首的伯克，怎敢控告相门后裔、皇贵妃之侄的钦差大臣？乾隆帝一知此事，就立即深刻地认识到此案关系重大，下谕严办，并于案发之后的第十二天，便降旨以其与"勒索回人，几至激变"[3]的厄鲁特统治回疆时之喀喇汗(罕)相提

---

① 《清高宗实录》卷1067，第12～14页。
② 《清高宗实录》卷1067，第14页。
③ 《清高宗实录》卷1067，第36、37页。

并论，对其将激使回疆变乱而切齿痛恨，立谕处死。案犯执法之快，前所未有，乾隆帝此举十分正确。

在九月二十八日的三道谕旨中，乾隆帝又宣布革绰克托职，晋升永贵和色提巴尔第。他说：叶尔羌伯克色提巴尔第公爵对高朴等人的通同舞弊，能"秉公呈报，甚属可嘉"，着赏给贝子职衔，以示鼓励。总办回疆事务的乌什参赞大臣绰克托，蒙恩擢用吏部尚书，高朴如此声名狼藉，绰克托为何不据实劾奏，"其通同徇隐，几酿事端"，着即革职，拿交刑部治罪，命永贵补授吏部尚书。

乾隆帝还就此奖惩专门讲了赏罚分明之事。他说：

"朕于臣功罪，一秉大公至正。如高朴贪黩负恩若此，较伊父高恒尤甚，不能念系慧贤皇贵妃之侄、高斌之孙，稍为矜宥也。又如绰克托，前因其总理回疆，尚觉认真，特加擢用，乃敢徇私误公，咎难轻逭，因即黜革拿问。若永贵，原因市恩淑芳身获重谴之人，今办理此事，公正可嘉，因复加恩擢用，此诸臣所共知共见。祸福惟视其人之自取，朕并不稍存成见于其间。将此通谕知之。"①

乾隆帝虽下谕将高朴斩杀，但对这一大案并未就此罢休，而是仍在抓紧清查审理。直到乾隆四十四年四月，他先后下达数十道谕旨，责令臣僚追查，历时七个月，才算最后结束了这个案子。他主要抓了以下四个问题。

其一，追查高朴私采盗卖玉石的详细情形和具体数目。经查明，高朴之家人李福，与原系镇江监生充任四库馆誊录的熊濂，为高朴代管笔札，由高朴给银为熊捐了州同职衔，二人往苏州贩卖玉石，在苏停留半年多，"携带玉料，值银数十万两，肆行贩卖"，已获银128000余两。二人又于九月十七日，"乘坐大船，上有兵部左堂旗号，船内有箱四十余只"，过关北上，九月二十六日被署两江总督萨载遵旨于淮关拿获。可能因李福已有所闻，预先藏匿，故船上只被官府搜出现银24000余两和会票、期票所开的46000余两。②高朴的另一个心腹家人常永，率领跟班张元、马德亮等人，带大车9辆，载高朴的玉料3000斤和家人的玉料

①《清高宗实录》卷1067，第37-39页。
②《清高宗实录》卷1068，第11、13、14页。

1000斤，被陕西巡抚毕沅在长武县盘获，常永亦已先将大量玉料四处藏匿。据商人卫金义之货单载称，玉如意一尺，需售银4000两。①照此估算，仅此两项玉料，就值银近百万两，可见高朴确是一个特大的贪官。

其二，惩处回疆有关官员。高朴曾因三月里叶尔羌阿奇木伯克贝勒鄂对病故，奏请以鄂对之子鄂斯满接替，乾隆帝认为如此则叶尔羌阿奇木伯克将为鄂对家世职，"久之与唐时藩镇"无异，未从其奏。现查出鄂对与高朴相好，对高朴之"扰累回人、偷贩玉石"，不仅不竭力劝阻，反而"扶同附和"，并"私采玉石"，还给予高朴金50两、玉2000余斤，"令其带回内地售卖"，又欠苏州贩玉商人张銮银7000余两。帝谕革去鄂对之子鄂斯满所袭贝勒职衔，仅授其为散秩大臣，留任喀什噶尔阿奇木伯克，并令鄂对家属交出欠张銮之银，没入官府。②因主事职衔达三泰除高朴所派3000人采玉以外，又添派"回人"200名，"回众俱皆怨恨"，帝谕将达三泰严刑究讯，送刑部治罪。③

其三，严厉斥责高晋庇侄枉法。九月下旬，大学士、两江总督高晋见高朴案发，奏称春天"高朴差家人赴苏州办贡，路过江宁，曾寄家信一次"。乾隆帝览奏后于九月三十日下谕，痛斥高晋"徇私容隐"，不早为举发，"获戾甚大"，着将高晋交刑部严加议处。不久，又查出，高朴的家人到江宁见高晋时，高晋曾给予"护牌"，牌内开写："接准钦差驻扎叶尔羌办事大臣高朴札知，现差家人李福等来南，到苏办理贡物，发给执照，以免沿途盘诘。"李福就是拿着这张"护牌"，关卡不敢拦阻，畅行无堵。乾隆帝虽因高晋一向办事谨慎忠诚，现又以古稀之年董督河工，任务紧急，操劳过度，而不治其罪，但也连下数谕，指责高晋"其罪甚大"，"错谬太甚，实出情理之外"，对其侄高朴偷卖玉石一案，"始终隐匿欺罔，实属昧良负恩"，令传旨将其再予严行申饬。④

其四，训责、惩处徇私庇护高朴之官。乾隆帝严厉斥责江苏巡抚杨魁说：高朴之家人李福携带大量玉石，在苏半载有余，肆行牟利，甚至连檣运装箱笼数十只，擅用高朴之兵部左堂职衔旗号，明目张胆，众所

①《清高宗实录》卷1068，第10、20、39页；卷1070，第11页。

②《清高宗实录》卷1069，第5页。

③《清高宗实录》卷1068，第24页。

④《清高宗实录》卷1069，第2—5、14、30、31页。

共知。"杨魁身任巡抚，近在苏州"，"乃竟任其枉法无忌，一至于此，实不知其是何肺腑"。杨魁系汉军世仆，由县令升至巡抚，"乃敢昧良至此，自揣当得何罪"？着杨魁自行议罪具奏。①对于苏州织造兼管浒墅关税的舒文，因其负有侦察地方民情为帝耳目之责，乾隆帝更是多次痛斥，并革其职。他于十月初三日下谕说：高朴之家人李福在苏州横行无忌，牟利售货，长达半年之久，其船又必由浒墅关经过，舒文怎竟听其连檣北上，如此徇情故纵，"实属天良丧尽"，其罪实不可逭，着革职，令其自行在苏州织造上效力行走，并自行议罪具奏。寻因舒文议罪复奏之折，巧言谎饰，隐匿了李福持高朴名帖及高晋所给之护牌至织造衙门，舒文令其开单代为上税之事，乾隆帝于十月十八日再次下谕，斥其"有心欺妄"，"巧词饰辩，实属胆大"，"昧良负恩，罪实难逭"，将其革去织造监督之任，仍以自行在苏州织造上行走赎罪。②陕甘总督勒尔锦、陕西巡抚毕沅、署两江总督萨载等官，亦因失察而遭帝训斥。各省地方官员因失察高朴之私玉过境，以及陕西、山西、直隶三省滥给高朴家人银两的驿站官员，皆分别被处以降调注册等处分。

十月二十八日，因永贵奏遵旨已将高朴及阿布都舒库尔和卓等在叶尔羌城外正法，"回众俱皆悦服，惟色提巴尔第以此案因伊控告，恐不知者谓其构衅，实深愧惧"，乾隆帝下谕为之嘉奖和劝谕说："高朴平素扰害回人，众皆痛恨，今见其明正典刑，无不欢悦，自属情理。至此事由色提巴尔第发觉，颇为奋勉，朕尚当施恩嘉奖，有何愧惧之有。即着永贵传谕，令其实心办理，以承恩眷。"③

色提巴尔第之所以"实深愧惧"，并不是无的放矢，而是有所指而发。他之上控，使皇亲国戚、钦差大臣高朴抄家问斩，同族阿布都舒库尔和卓等或死或贬，甚至连多年效力为帝宠信蒙受殊恩的鄂对贝勒，亦被牵连，死后革爵，子被谴责，还不用说大学士高晋、署两江总督萨载、江苏巡抚杨魁、陕甘总督勒尔锦、陕西巡抚毕沅等大臣，亦因此案而挨训受骂，得罪了这样一批有权有势的达官贵人，今后能不遭其陷害报复？思念及此，确是不寒而栗。

也许是乾隆帝从永贵的上述奏折，感到了有必要详细论述高朴之案

①《清高宗实录》卷1068，第11页。

②《清高宗实录》卷1069，第8、9、17页。

③《清高宗实录》卷1069，第38页。

及朝廷安抚回疆的政策，因此于十一月初七日下达长谕，讲述朝廷对"回部"的方针政策，说明严惩高朴一伙的必要，训令大臣、伯克抚绥"回人"，以保回疆安宁。他说：

"从前各城回众，于厄鲁特时，派喀喇罕前往驻扎，受其种种苦累，复被霍集占兄弟任意扰害，回子等甚属难堪。朕因怜悯西域群生，特移平定准部之兵，前往平定回部，安抚地方，即于各城分驻官兵，并派钦差大员经理其事，是以回子等赖以得就生理，各安本业。后素诚在乌什，不知爱养回人，且与阿奇木伯克阿布都拉任意滋扰，于私事辄行派累差使，以致回人怨愤激变，复经派兵平定。迄今二十年来，各处办事大臣均知守法，抚辑地方，颇属宁谧，不意高朴又与鄂对、阿布都舒库尔等朋比为奸，恣意勒索，希图渔利，私行派拨三千余人，往密尔岱山采取玉石，伙通奸商，潜赴内地售卖。而鄂对、阿布都舒库尔等，亦冀携带伊等私玉，遂告知高朴，复凑派二百余人，致令回子力不能支，各怀怨恨，实非意料所及，殊堪骇异！幸色提巴尔第感激朕恩，念地方紧要，据实呈告，永贵即秉公参奏，其事始得败露，彻底查办，以肃法纪而缉回民，若再迟一二年不办，安知不又有如乌什从前之事耶？……(今已惩治高朴等人)又念回子等屡被扰累，甚为可悯，因将高朴所有派累之腾格、普尔，令其于官项内动支，照数拨还。其派出采玉之回子三千余人，所有明岁应输钱粮，概行蠲免。(并为防止再有此事，将密尔岱山永远封闭)……驻扎各回城办事大臣、官员、伯克等，果能仰体朕爱养回众之至意，善为抚驭，于伊等应行输纳官赋之外，毫不多为派累，俾新疆回众永享升平，方不失满洲体面，负朕恩眷。倘有肆行扰累……致令回子怨望，酿生事端，朕必重治其罪，高朴即其榜样也……将此传谕各回城驻扎大臣、官员及伯克等，俾各凛遵奉行。"[①]

---

① 《清高宗实录》卷1070，第29—32页。

十二、大学士、总督李侍尧收银三万两论斩籍没

　　李侍尧，汉军镶黄旗人，是八旗勋旧大臣之后。其四世祖李永芳是清朝开国元勋，娶了清太祖的孙女，尊称"抚顺额驸"，其子霸彦以功封一等伯，后追赠"昭信"谥号。李侍尧之父李元亮，官至户部尚书，谥"勤恪"，入贤良祠。李侍尧于乾隆元年（1736年）授六品荫生，八年补印务章京，九年授副参领，官阶正四品。乾隆帝一见李侍尧，即夸奖其为"天下奇才"，立授副都统，官阶正二品。部臣以违例谏阻，帝谕："李永芳孙，安可与他汉军可比？"李侍尧的才干为众所公认。昭梿称其："短小机敏，机警过人，凡案籍经目，终身不忘，其下属谒见，数语即知其才干。拥几高坐，谈其邑之肥瘠利害，动中窾要。州县有阴事者，公即缕缕道之，如目睹其事者。"[①]

　　这样一位为帝赞奖，才干超群之能臣，当然在仕途上是一帆风顺，迅速高升。李侍尧从授副都统起，转工部侍郎，调户部，署广州将军，二十一年便署两广总督，至二十四年实授，二十六年被召入京师，授户部尚书、正红旗汉军都统，袭勋旧佐领，二十八年授湖广总督，第二年调两广总督，以丁忧还京师署工部尚书、刑部尚书，三十二年回两广总督任，袭二等昭信伯，三十八年升武英殿大学士，仍留总督任，四十二年调任云贵总督。在二十来年的京内外尚书、总督要职上，李侍尧办了不少事，尤其是在总督任上，政绩比较显著，被帝誉为"老成能事"之督抚中佼佼者，不少大臣亦赞其"历任封疆，实心体国，认真办事，为督抚中所罕见"。[②]

　　正当李侍尧官运亨通，春风得意之时，突然风云突变，东窗事发，大祸降临，他竟锒铛入狱，沦为阶下囚。原来李侍尧的婪赃不法被皇上察觉，将其革职审问了。

　　贪婪情形的最早泄露者是原任总督明山之子海宁。海宁在云南当了很久的粮储道，官阶正四品，知道总督不少情形。乾隆四十四年末，海宁因升任按察使自滇回京，等候陛见。在此期间，他因惧怕总督权势，不敢将总督贪婪不法写成奏折，呈明军机大臣转奏，而只是"私自议

---

　　① 昭梿：《啸亭杂录》卷4，《李昭信相公》；《清史列传》卷23，《李侍尧传》。
　　②《清高宗实录》卷1126，第4页。

论"。乾隆帝有所见闻，两次召见海宁，向其讯问，海宁始终隐匿，不敢奏出李侍尧的罪状，且称李"能办事"。乾隆帝大怒，命军机大臣传旨严讯，海宁始向军机大臣面禀李之贪情。①

乾隆帝立即于四十五年正月二十六日、二十七日连下三道谕旨：派户部左侍郎和珅、刑部右侍郎喀宁阿前往贵州查办案件，与其同行的司员，均一并驰驿前往；命兵部右侍郎颜希深驰往贵州，等候和珅到达之时由其面传谕旨；谕军机大臣严密稽查沿途驿站，防止透漏消息，并传谕湖南巡抚李湖，该省为去贵州的必由之路，令其派委干员，严密稽查，如有私骑驿马由北往南，便系透漏消息之人，即予截拿，审讯来历，据实具奏。第二、第三道谕旨由六百里加紧传谕。②

乾隆四十五年二月初四日，乾隆帝又谕军机大臣：前因海宁控告李侍尧在滇各款，已派和珅、喀宁阿前往查办，着和珅到黔时，传旨命贵州巡抚舒常一同前往云南，如查有实据，即传旨将李侍尧解任，令舒常署理云贵总督，其贵州巡抚一职，命颜希深暂行署理。③

和珅尚未来得及上报查询情况，乾隆帝已从两方面获得了使他震惊的消息。二月下旬，湖南巡抚李湖之折到京。李湖奏称：盐法道纪淑曾截拿云贵总督差弁刘凤翼、张曜、尹适、云南巡抚承差尹位等人。张曜、尹适系受李侍尧差派，送银5200余两及玉器10件回京城家中，李侍尧之家人张永受等也托张曜带银7000余两回京，永昌府知府特升额亦托张带银1000两，还有书信什物，在正月初到京，将银两玉器等俱各交清，于正月十七日离京返滇，途中被获。协办大学士、户部尚书兼管刑部的英廉，也审讯了李侍尧在京管事家人八十五，八十五仅供称正月初收到了张永受寄来之银5000两。

乾隆帝于二月二十六日连下三谕，指出八十五供银数少，"显有隐匿情事"，命李湖速将刘凤翼、张曜、尹适等严行押解进京，交与英廉"详悉研讯，质对明确，务使水落石出，毋致稍有遁饰"。又命传谕和珅，严讯张永受，此犯乃一家人，何以积银竟有7000余两之多。谕旨还讲到：李侍尧久任封疆，"闻其家人多拥厚赀"，"奴隶贱人何以积银

①《清高宗实录》卷1103，第12页。
②《清高宗实录》卷1099，第7、8页。
③《清高宗实录》卷1100，第4页。

如此之多"？命英廉将家人连国雄、八十五等严加讯诘，尽行追出。①

因英廉查办欠妥，过为宽疏，乾隆帝连下四谕，指责其非，命认真审讯。谕旨说：八十五系李侍尧"得用之人"，"伊等每借家主势力，积蓄私财，盈千累百，及至家主遇有事故，又复脱身事外，另投一主，甚为可恶"！英廉前次审讯时，并未根究及此，又未查抄八十五等家人财产，着将八十五、张永受、连国雄三个得用家奴财产严密查抄。待查明连国雄、张永受、三保之私财皆"盈千累万"后，谕旨又指责英廉听任八十五隐匿狡辩说：连国雄等私财尚如此之多，"八十五系李侍尧在京管事之人，所有家务俱交经理，较之张永受等更为得用，其私蓄赀财自必较肥，何以转无寄顿？"英廉因何并未问及？②

不久又查出，张永受在京有自置房产6处、地亩1处，借出银4000两，其母在易州居住，有住房30余间和四五顷地。

三月中旬，和珅、喀宁阿等奏折到京。和珅等奏称，李侍尧供：收受题升迤南道庄肇奎银2000两、通判素尔方阿银3000两、按察使汪圻银5000两、临安府知府德起银2000两、东川府知府张珑银4000两。又于前年差家人张永受进京修屋，素尔方阿送银5000两，德起送银5000两，俱在板桥驿交与张永受。张永受供，主子发交珠子2颗，1颗卖给昆明县知县，勒要银3000两，1颗卖给同知方洛，勒要银2000两。总共赃银31000两。

乾隆帝览奏后于三月十八日连下五道上谕。第一道旨是革诸犯之职。上谕说：李侍尧由将军用至总督，历任20余年，"因其才具尚优，办事明干，在督抚中最为出色"，遂用为大学士。李侍尧"具有天良，自应感激朕恩"，奉公洁己，以图报效。乃昨据海宁呈禀李侍尧贪纵营私各款，因命侍郎和珅、喀宁阿前往查办。今据和珅等查奏……"批阅之下，不胜骇异"。李侍尧身为大学士，历任总督，乃负恩婪索，盈千累万，甚至向属员变卖珠子，"赃私狼藉，如此不堪，实朕梦想所不到，不特朕用人颜面攸关"，即各省督抚闻之，谅无不惭愧痛恨。李侍尧着革职拿问。按察使汪圻、迤南道庄肇奎、原署东川府知府张珑、降调通判素尔方阿、丁忧同知方洛等，俱着革职，交与和珅，严审定拟具奏。

第二道谕，革巡抚孙士毅职。孙士毅由南巡召试中书，在军机司员

①《清高宗实录》卷1101，第12—14页。

②《清高宗实录》卷1102，页2、16；卷1103，第2页。

上行走，不次简用，擢至云南巡抚，受恩深重，乃目击李侍尧营求受贿，赃迹累累，竟置若罔闻，隐匿不奏，经朝廷派员查办，犹复辩言饰非，巧为诿卸。"国家设立督抚，原为互相纠参，以维吏治而饬官方"。巡抚为封疆大吏，近在同城，而不据实劾参，"又安用此巡抚为乎？"孙士毅着革职，发往伊犁，自备资斧效力赎罪，"以为欺隐不职者戒！"

第三道谕，是委任新督抚。以奉天将军福康安"才具明干，秉性公忠"，命其补授云贵总督，以颜希深为云南巡抚。

第四道谕是办案。和珅奏称，李侍尧在审办纳楼土司命案时，起出金600两、银1000两，李于奏折内私将金数改为60两，银数改为7500两。乾隆帝说，此"显系有心吞隐"，因其隐匿之金540两，价值远远超过所增之银6500两，明系"巧为侵蚀"，命和珅严讯李侍侥，此金、银均着入官。[1]

第五道谕是因李侍尧之家人张永受所供之房产、土地数和财产，与京中所查之数不符，命将张提押至京后，交英廉严审确对。

五月初七日，因和珅等定拟将李侍尧处以斩监候，而大学士、九卿改为斩立决。乾隆帝下谕，命各省督抚各抒己见，定拟具题。他说：

"李侍尧历任封疆，在总督中最为出色，是以简用为大学士，数十年来，受朕倚任深恩。乃不意其贪黩营私，婪索财物，盈千累万，甚至将珠子卖与属员，勒令缴价，复将珠子收回。又厂员调回本任，勒索银两，至八千余两之多。现在直省督抚中，令属员购买物件，短发价值，及竟不发价者，不能保其必无，至如李侍尧之赃私累累，逾闲荡检，实朕意想所不到。今李侍尧既有此等败露之案，天下督抚又何能使朕深信乎？朕因此案，实深惭惕！近又闻杨景素声名亦甚狼藉，但其人已死，若至今存，未必不为又一李侍尧也。各督抚须痛自猛省，毋谓查办不及，倖逃法网，辄自以为得计。总之，有则改之，无则加勉，触目惊心，天良具在，人人以李侍尧为炯戒，则李侍尧今日之事，未必非各督抚之福也。所有此案核拟原折，即着发交各督抚阅看，将和珅照例原拟之斩候，及大学士、九卿从重改拟斩决之处，酌理准情，各抒己见，定拟具题，毋得游移两可。……将此通谕中外知之。[2]

① 《清高宗实录》卷1103，第6—10页。
② 《清高宗实录》卷1106，第12、13页。

乾隆帝以李侍尧之例，说明督抚不应贪婪违法，辜负圣恩，以免重蹈李之陷入法网覆辙，欲图整饬吏治，用心不为不善，但时至此日，贪风盛行，这道谕旨很难生效。至于对李侍尧之处理，此谕已经表明了倾向性，既言李卓有才干，为最出色之总督，又云和珅"照例"拟斩监候，而大学士、九卿"从重改拟斩决"，并且联系政局惯例，当大学士、九卿复议意见与原奏总督、尚书意见不一之时，皇上一般是依大学士之议而决，此谕却一反常例，再命各省督抚议拟。如此等等，皆足表明帝意欲免李侍尧之死，欲以和珅之议来了结此案。

当督抚遵旨上奏前后，乾隆帝对李侍尧一案及其涉及之处，做了如下的处理。

其一，委补大员，惩治劣官。李侍尧因罪革职而空出的汉大学士一缺，命户部尚书英廉补授，委和珅接替英廉之户部尚书，以刘秉恬为云南巡抚，任颜希深为贵州巡抚。东川知府陈孝升代李侍尧交付银两置办物体，"有玷官箴"，革其职。督标中军吉隆阿副将与总督家奴刘十儿称兄道弟，按溺职例革其职。将已故巡抚裴宗锡、革职巡抚孙士毅原籍家产查封存记，俟云南查出亏空银数需其赔补时，将其家产扣抵，如有余剩，仍予给还。

其二，清理云南各府州县仓库钱粮。和珅奏称："自李侍尧婪索属员，赃私狼藉，云南通省吏治废坏，闻各府州县多有亏空之处，必须彻底清查"。乾隆帝下谕：李侍尧任意贪婪，按察使汪圻等"仰承意旨，争馈多金，若非侵渔属员，安所取资，则各府州县中之亏空，势所必有，不可不严行根究，以清帑项而整官亏"，待福康安到任后，将通省各府州县仓库钱粮逐一详查。[①]

其三，宽待李侍尧之家属。乾隆帝命将李侍尧名下置买的田产等物查明入官，其盛京房地及老圈地亩，不用籍没。其之伯爵，系李永芳子孙的公共世职，不应剥夺。后以其弟李奉尧袭爵。[②]

十月初三日，乾隆帝最后决定了对李侍尧的处理意见并予以宣布。在此之前，各省督抚均已遵旨回奏，绝大多数总督、巡抚赞成大学士、九卿所拟之斩决，原因很简单，他们与李皆为督抚，如若轻议其罪，恐被别人以及皇上认为有心祖护李侍尧，为己贪婪打掩护，因而勉强附和

①《清高宗实录》卷1103，第11页；卷1106，第19页。

②《清高宗实录》卷1106，第28页。

大学士所议。只有一位总督和一位巡抚，对大学士之议不太赞成，另一位总督原主宽减，后改请立决。闽浙总督陈辉祖对将李侍尧之拟斩决，颇有异议，但陈辉祖不敢直言，仅奏请将李之罪再交尚书和珅与大学士、九卿复议，意在"主监候"，但并不"据见直陈，作游移两可之词"。湖广总督富勒浑在江南行宫朝见乾隆帝时，盛赞李侍尧"历任封疆"实心体国，认真办事，为督抚中所罕见，其意以为李虽晚节不饬，但尚可弃瑕录用，不料当帝命督抚各抒己见时，富勒浑又按大学士之议，请将李正法。乾隆帝斥责富勒浑"自异其说"，陈辉祖"游移两可"，令将二人交部察议。①

只有安徽巡抚闵鹗元摸准了帝欲宽免的意旨，冒险奏请按和珅之拟结案，拟斩监候，而不是大学士、九卿所拟斩立决。他奏称：李侍尧以大学士办总督事，贪黩营私，罪无可逭。"唯是李侍尧历任封疆，勤干有为，久为中外推服，可否援照八议条内议勤议能之文，稍宽一线，不予立决，出自圣恩。"②闵鹗元这番话，讲得颇为巧妙，既言李贪污不法罪不容赦，又云其才干超群，众望所归，最后又搬出"八议"，求帝施恩，说得头头是道，各方面均予照顾，正中帝欲免李之死的下怀，为其赦李斩决之罪搭好了一个下台之阶。因此乾隆帝于四十五年十月初三日正式下达免予立斩李侍尧之谕。他说：

"各省督抚核拟李侍尧罪名一案，俱已到齐。李侍尧以大学士兼管总督，受恩最深，乃敢营私败检，骄纵妄行，实出意料之外。核其情罪，非仅如彰宝之因病纵性致家人勒索供应者可比，较之从前恒文、良卿贪婪骫法，致罹刑宪，情节实约略相等。惟恒文等甫任督抚，即肆意婪赃，平日又无出力办事之处，李侍尧则身任总督二十余年，如办理暹罗，颇合机宜，缉拿盗案等事，亦尚认真出力。且其先世李永芳，于定鼎之初，归诚宣力，载在旗常，尤非他人所可援比。是以前于尚书和珅照例定拟斩候，大学士、九卿请改立决时，朕复降旨令督抚等各抒己见，确议具题，原欲以准情法之平。兹各省督抚，大率以身在局中，多请照大学士、九卿所拟，而闵鹗元则以李侍尧历任封疆，勤干有为，为

①《清高宗实录》卷1106，第5、6页。

②《清高宗实录》卷1116，第4页；《清史稿》卷323，《李侍尧传》；卷338，《闵鹗元传》；《清史列传》卷23，《李侍尧传》。

中外所推服，请援议勤、议能之文稍宽一线具奏。是李侍尧一生之功罪，原属众所共知，诸臣中既有仍请从宽者，则罪疑唯轻，朕亦不肯为已甚之事，李侍尧着即定为斩监候，秋后处决。余着照大学士、九卿原拟行。朕详慎庶狱，一秉大公至正，从不存畸重畸轻之见，若各省督抚，以李侍尧暂缓刑诛，辄萌侥幸苟免之见，亦断不能逃朕洞鉴也。将此通谕中外知之。"①

一场震动朝野的大案，就这样结束了。李侍尧被帝施予特恩，免于立斩，所谓斩监候、秋后处决，实际上是监而不斩。并且，不久他又被皇上重新起用为陕甘总督。乾隆帝因李侍尧纳受属员银两及令属员买珠，受赃银数万两，而将其革职削爵抄家籍没，且处以"斩监候"的刑罚，不能说是错误的。能将李侍尧这样一位官居正一品大学士，兼从一品总督且袭伯爵之军国重臣和八旗贵族，给以革职削爵籍没斩监候的惩处，也算是按律惩贪了，对遏制贪风、整饬吏治会起一定的作用，但不久他又将其再擢总督，并且最后还以李在镇压台湾林爽文起义时有功而使其图形于紫光阁，则显系谬误。这也充分表明，乾隆帝虽然确在努力惩治贪官污吏，但也很不彻底。

十三、甘肃"捐监冒赈"　百余官员不死即戍

"捐监冒赈案"是发生在乾隆年间金额最巨、涉及官员最多的一件特大贪案。捐监，是清朝多次实行的一项措施，即允许童生捐纳银谷，取得国子监生员的身份，一般简称监生。乾隆三十九年（1774年），陕甘总督勒尔谨奏请在甘肃恢复捐监之制。

乾隆帝于三十九年四月十八日下谕，宣布批准勒尔谨的奏请，并派王亶望前往经理此事。谕旨说：

"勒尔谨奏报肃州、安西两州收捐监粮一折，已批交该部议奏矣。甘省捐监一事，上年止准令肃州以西收捐本色。昨据该督以甘省通省仓

①《清高宗实录》卷1116，第4、5页。

储，一时未能全行足额，奏请仍照旧例，口内各属，一体收捐，业经部议，准令本色报捐，仍饬该管上司，核实稽查，勿使滋弊，业已允行。第念此事，必须能事之藩司，实力经理，方为有益。尹嘉铨谨厚有余，而整饬不足，是以改擢京职，特调王亶望前往甘省。王亶望自必来京陛见，俟其到时，朕当面为训示，交令妥办。但董饬稽查，乃总督专责，着严切传谕勒尔谨，于王亶望到任后，务率同实心查办，剔除诸弊，如仍有滥收折色，致缺仓储，及滥索科派等弊，一经发觉，唯勒尔谨是问。"[1]

　　管理户部的大学士于敏中赞同勒尔谨之奏，"即行议准"，帝听从其言。如果单就上述谕旨而言，本来不会有什么错误。甘肃"向称地瘠民贫，户鲜盖藏"，时有灾荒，若能通过捐监，每人上交粮食几十石，捐为监生，筹集几百万石粮食，也可在歉收岁月对灾民加以赈济，于国于民，俱为有利。过去甘肃也曾有过这样的"旧例"："令民输豆麦，予国子监生，得应试入官，谓之监粮。"[2]乾隆三十一年，舒赫德奏请革此"旧例"，帝从其请。现在恢复此例，未尝不可。但是，后来的事实证明，此举大为谬误，关键在于乾隆帝不该用王亶望来主持此事，这一失误，铸成了大错。

　　王亶望何许人也？为何被帝当作"能事之藩司"？原来，此人并非市井细民，而是巡抚之公子。其父王师，进士出身，由知县历任知州、道员、按察使、布政使，直到江苏巡抚。王师勤政爱民，平冤狱，导民垦荒，从大学士高斌规划直隶水利，多有建树。王亶望以举人捐纳知县，先后任甘肃山丹、皋兰诸县知县、宁夏知府、浙江布政使，署浙江巡抚。乾隆帝认为王亶望有才干，特将其由人称"美缺"、"要职"的浙江布政使，调任地处边僻的甘肃布政使，委以开捐收粮的重任。

　　乾隆帝万万没有想到，委任王亶望主持开捐，给国家带来了多大的损失。勒尔谨也绝对没有想到，竟会因帝委派"能臣"王亶望来经理，而使自己成了刀下之鬼。

　　就在王亶望赴任之后的第六个月，乾隆三十九年十月，王亶望上折奏称：收捐的安西州、肃州及口（内）外各属，到九月底止，共捐监生19017名，收各色粮827500余石。乾隆帝览折后顿起疑心，于十一月十九

---

①《清高宗实录》卷957，第9、10页。

②《清高宗实录》卷1167，第18页；《清史稿》卷339，《王亶望传》。

日就此事下谕，除了肯定王亶望系"承办认真"外，着重指出此事"情理多有不可解处"。谕旨具体讲了有四 "不可解者"。其一，甘肃人民艰窘者多，安得有2万人捐监？若系外省商民到此报捐，则京城现有捐监之例，众人何以舍近而求远？其二，甘省素称"地瘠民贫"，本地人民食用尚且不敷，焉有如此之多余粮供人采买？若言商贾从他处搬运，至边地上捐，则沿途脚价所费不赀，商人怎肯为此重费捐纳？若系收自近地，边民素无储蓄，为何忽然之间有此丰盈？其三，半年收捐之监粮，即多至80余万石，一年则应有160余万石，如此下去，年复一年，积聚日多，势必添设仓库收贮，陈陈相因，不免潮湿损坏，似此经久发红的陈粮，怎样动用？其四，若言每岁春间出借种子口粮需费甚多，如不开捐，则不得不采买，岁需价银100余万两，但是，此谷毕竟系购自民间，与其敛余粮归之于官，复行出借，何不如多留米谷于闾阎，听其自为流转？谕旨责令总督勒尔谨将此四"不可解"逐一详细查核据实上奏。

不久，勒尔谨遵旨上奏：甘省报捐监生，多系外省商民，由于新疆开辟，商贾流通，兼之路远物稀，"获利倍厚"，安西、肃州又为边陲门户，商民皆必经过此处。近年粮价平减，他们以买（卖）货之银，就近买粮捐监，较赴京捐监更为便捷，故"倍形踊跃"。甘省过去虽称地瘠民贫，"盖藏原少"，但连年收成丰稔，殷实之家积粮日多，实系本地富户余粮，供捐生采买，并非运自他处。今报捐之例，"在捐生出余赀买粮上捐，固所乐从，而本地富户粜粮得价，亦无勉强，虽敛粟归官，实复散之于民，均称利便"。乾隆帝一时找不出什么破绽，便批示说："尔等既身任其事，勉力妥当为可也。"[①]其实，勒尔谨此奏，全系按王亶望之意，"饰辞具复"，把皇上的疑问搪塞过去，实际上号称捐监所收的80余万石粮食，并无颗粒入仓，完全是纸上之数。

乾隆四十二年五月，王亶望擢任浙江巡抚。这也许是皇上奖其捐监有功吧，因为，从三十九年四月批准捐监开始，不到三年，就收到"监粮"600多万石，约有15万名商民纳粮而成为监生。监粮之多，监生之多，这不仅在陕甘是空前未有之事，就是在全国，也算是名列第一。地瘠民贫粮食短缺的甘肃，三年内突增600万～700万石"监粮"，确是了不起的大事，对甘省的经济发展和人民生活的改善将产生巨大的促进作用。要知道，此时甘肃全省在册田地只有236330余顷，征田赋银28万余

[①]《清高宗实录》卷971，第14、15页。

两、粮52万余石，银粮合算不过征粮80万～90万石。现在"监粮"有600万～700万石，超过甘省全年额赋七八倍，数目之大，可想而知。如果再联系到十几年前平准定回之战中，从陕西等省运往甘肃肃州供应前线军营之用的军粮，一石米的脚价需数石米，更可想象出这600万～700万石"监粮"价值之宝贵。还要看到，甘肃是全国最穷的"地瘠民贫"之省，灾荒又多，钱粮长期拖延，朝廷多次蠲免其积欠粮银。乾隆三十六年因甘肃"民间节年所借籽粮、口粮、牛本等项积欠甚多"，乾隆帝下谕，将其"旧欠仓粮四百余万石概行豁免"，"其旧欠各项银两一百三十余万，分作六年带征，以纾民力"。后因"甘省历年均有偏灾"，民力难支，又将此旧欠未完之银84万余两，于乾隆四十一年全部免除。①这样穷困的省收到了600多万石"监粮"，该是多么了不得之事，是多大的功劳，王亶望焉能不高升？

乾隆帝在擢任王亶望为浙江巡抚时，做梦也未想到这位"能臣"所收的600万～700万石"监粮"，竟全系纸上之数，仓库之中一粒未有。四十五年春乾隆帝五下江南时，王亶望在浙江竭力逢迎，"供张甚侈"，帝虽戒其勿再如此铺张，但还特别下谕，以其母邓氏年逾八旬，而加恩赏给御书匾额及大缎2匹、貂皮4张。

此时王亶望官居从二品，身为一省之主的封疆大臣，又以"能臣"见知于帝，家财数百万，富贵荣华，志得意满。他万万没有想到，气象之报，竟使他这位"能臣"原形毕露，成为声名狼藉、死于刀下的大贪污犯。

乾隆四十六年三月，甘肃河州回民苏四十三聚众起义，帝派和珅、阿桂至甘督办。四月，和珅到甘肃后上疏奏报军情，言及入甘境即遇雨。阿桂上报征战之情，亦屡称雨水太多延滞用兵。乾隆帝回想到过去甘肃连年奏报干旱，大起疑心，立即警觉起来，降旨询问阿桂："该省向来年年报旱，何以今岁得雨独多，其中必有捏饰情弊。"谕令阿桂和署理陕甘总督的李侍尧仔细访察办理，据实上奏。②

乾隆帝确算经验丰富，相当英明。他从雨水之多，立即察觉到甘省年年报旱可能有伪，并且一下子就抓住了问题的本质，即甘省连年的赈灾用谷必有虚饰吞没之弊。事情果然不出他之所料。阿桂很快就查明，"监粮"未收粮食，而是折收银两。

---

① 《清高宗实录》卷1019，第12页。

② 《清高宗实录》卷1148，第7页；《清史稿》卷339，《王亶望传》。

乾隆帝谕令闽浙总督兼管浙江巡抚的陈辉祖，查询在浙丁忧的王亶望，又命接替王亶望任甘肃布政使的王廷赞呈报监粮私收折色实情。四十六年六月初，王廷赞向遵旨询问的军机大臣、大学士、九卿供称：到任后，原不许折色，因无人报捐，只得仍旧如此办理。又恐各州县有短价勒买粮石之事，故定一名交银55两的数额，甘省粮价较贱，此数足敷定额。又因捐生多在省城，将此事改归首府办理，由其收捐，仍将收来之银，发给各州县，购买粮食补还仓库，按季申报，道府并加结于上。

王廷赞此供，纯系巧言编造，隐匿真情。乾隆帝于六月初十日下谕驳斥其非说："所供殊不足信。"甘肃收纳监粮，原为仓储赈济起见，自应收取本色粮食，焉能公然定数私收折色，且从无一字奏闻。若言甘省粮贱，55两银买的粮食，已符定额，则该处收成自必丰稔，为何每年又需赈灾？如灾赈属实，粮价必昂，则55两银必不能买足所定的粮数。"二者均不可解"。"可见所供尽属支离，其中恐有竟不买补，虚开赈济，冒销情弊"。且捐监一事，自应听凭本生自行平买，交纳粮食，为何必欲官为收银，并交首府总办？"明系官则折收于前，又复冒销于后，两边俱得便宜，而百姓仍从中受累。此事情弊甚大，不可不彻底清查。""此时唯阿桂、李侍尧为中外最能办事之人"，且于此事又从未经手，毫无回护，着传谕二人，即将此案实在情形，详悉查明，据实具奏。①

乾隆帝此谕，将王廷赞驳斥得体无完肤，尤其是论述粮贱则必系丰收，为何又要年年赈灾？如果赈灾属实，粮价必贵，55两之银焉能购买额定捐监之粮数？两者不能共存，必有一真一假。这段话讲得十分透彻，王廷赞是无法掩饰和回辩的。而且他又据此分析出，官府"恐有竟不买补，虚开赈济"的冒销情弊，已经将此案的性质做了明白无误的正确的结论，为彻底侦破这一大案奠定了基础，指明了方向。当然，此时局面还不明朗，他只能根据已有的很少的材料，做些分析论证，还不可能看到这不是"恐有"冒销之情，不是少数官员所作的局部之弊，而是根本未收粮食，省府州县各级官员通同作伪，将全部"监粮"的折银尽行吞没。

此谕下达后的第三天，六月十三日，闽浙总督陈辉祖之折到京。陈辉祖奏，查讯王亶望在甘肃藩司任内私收监粮折色一事，据王亶望供称："风闻有折色之事，当经责成道府查禁结报，且意在捐多谷多，以致一任通融。"

①《清高宗实录》卷1134，第15、16页。

　　王亶望此供又系诡辩，乾隆帝于六月十三日下谕对其驳斥，并宣布要彻底清查此案。他说：着传谕陈辉祖，再行审讯王亶望，将当时道府是谁，如何私收捏报，令其逐一供明复奏。并传谕阿桂、李侍尧，即将王亶望在甘肃时结报监粮之各道府，查审具奏。至于捐收监粮，原为仓储起见，今既称私收折色，仍行买补粮食还仓，且以捐多谷多为能事，则该省之粮充足可知，但为何"每年又须赈恤"？且即欲收捐，亦当听该生自行交纳本色，不致抑勒百姓，百姓仍得贵价，"何须官为包揽，以致弊窦百出"？"朕于监粮一事，本为甘省地瘠民贫，每岁不惜百十万赈济，以惠养穷黎"。若以惠民之事，而转为累民之举，"徒令不肖官员，借端肥橐，所关甚大"。况此事不发则已，今既经发觉，自应根求到底，令其水落石出。"此事积弊已久，通省大小官员无不染指有罪，但亦断不能因罚不及众，辄以人多不办为词"。即从前之结报各道府，此时已经升调者，人数不多，无难治罪。"况中外人才不乏，断无少此数人便不能办事之理。此而不严行查办，将何事不可为也"。着传谕阿桂、李侍尧："务将此事如何舞弊分肥，如何冒销勒买各情弊，并向来蒙混出结之道府，严切根究，据实指名参奏。倘阿桂等此次稍存瞻徇，代为担承，将来别经败露，伊二人其何以对朕耶。"[1]

　　乾隆帝此谕，比三天前下达之旨，在三个方面将案件的审理推进到新的高度。

　　其一，他明确指出，不肖官员已将"监粮"这一"惠民之事"变成"累民之举"而大发横财，再一次并且更为清楚地将此案定为贪污案。其二，断定此案为并非三五劣吏之作恶，而是集团贪污，省府州县官员通同作弊，"通省大小官员无不染指有罪"。其三，宣布要坚决彻底根究，不会因罚不及众、牵连太多而罢休，一定要严行查办，并责令阿桂、李侍尧不得徇情瞻顾，否则后果自负。

　　过了四天，六月十七日，因阿桂奏报"连遇阴雨"，"大雨竟夜"而无法进攻，乾隆帝又连下三谕说："甘省如此多雨，而历来俱谎称被旱，上下一气，冒赈舞弊。""甘省向年俱奏雨少被旱，岁需赈恤，今阿桂屡奏称，雨势连绵霑霈，且至数日之久，是从前所云常旱之言，全系谎捏。该省地方官竟以折收监粮一事，年年假报旱灾冒赈，作弊已属显然。"着王大臣会同刑部审讯原陕甘总督勒尔谨和藩司王廷赞，为何

　　①《清高宗实录》卷1134，第19、20页。

"从前俱以雨少被旱为词"，命其据实供吐。他并令王大臣专向王廷赞宣谕：其从前 "保全省城，功不可没"，若能将甘省历年通同舞弊之情逐一据实供明，可以加恩宽宥，以其功抵罪，否则，必自取重罪，"伊之生死，总在此番实供与否"。①

这样一来，乾隆帝已将此案的基本情节和性质，以及牵连的人犯，均已了解无遗，并一一做了结论，责令钦差大臣、大学士、一等诚谋英勇公阿桂和署理陕甘总督李侍尧严切究办，二位大臣当然会全力以赴，认真办案，不敢瞻顾徇私，因而整个案件便迅速、彻底查明。

七月初，阿桂、李侍尧将王亶望等在甘肃将 "监粮" 折收银两，在省包办，冒销赈粮等种种弊端，全行查出，向帝奏报。乾隆帝于七月三十日下达的一道上谕，对此案情形做了总结性的概括。谕旨说："甘省收捐监生，本欲藉监粮为备荒赈恤之用。乾隆三十九年经勒尔谨奏请开捐，议准允行，原令只收本色粮米，其时王亶望为藩司，即公然征收折色银两，勒尔谨竟如木偶，毫无见闻。于是王亶望又倚任兰州府知府蒋全迪，将通省各属灾赈，历年捏开分数，以为侵冒监粮之地，自此上下勾通一气，甚至将被灾分数，酌定轻重，令州县分报开销，上侵国帑，下屯民膏，毫无忌惮。"②

从案情来说，阿桂之奏和帝之谕旨已讲得十分清楚，作弊之法并不复杂，也不神秘，而是非常简单的，即王亶望、蒋全迪与甘省各府州县官，分别收取若干名监生交纳的 "监粮" 之折色银，然后每年用因灾赈济的名义，将此银冒销，于是，"监粮" 之银便全部落入王亶望等官员手中。

王亶望等人的捏灾侵帑一案，本身并不复杂，但它却具有五大特点。其一，案情之严重，情节之恶劣，侵吞银数之多，为清顺治以来130余年中罕见之第一大案。王亶望一伙，究竟收了多少监生捐纳的折色银两，吞没多少，还盗窃了哪些粮食？总数难以确知，但从四个事实可以肯定其数是十分巨大的。一是甘肃从三十九年四月批准开捐，到四十二年初，距开捐例不到三年，甘省官员已借称干旱遭灾赈济饥民 "而开销监粮至六百余万石"，并将旧存常平仓之粮 "又销去一百三十余万石"，即约800万石。③二是陕西依照甘省之例，亦开捐监，从四十年起

---

① 《清高宗实录》卷1135，第2-4页。

② 《清高宗实录》卷1136，第8、9页；卷1137，第45页。

③ 《清高宗实录》卷1138，第18页。

至四十五年止，共捐监生9600余名，"统计不及甘省二十分之一"。[1]姑按1/20计，则甘省共应收捐生18万余名，每名收银55两，当为1010万两。三是浙江查抄王亶望家产时，虽然从闽浙总督兼浙江巡抚陈辉祖起，到有关抄家衙役，都私自盗取、吞没了不少珠宝金银，但上报朝廷的数目还是极为惊人。王亶望之家资，多达"三百余万(两)之多"。[2]当然，此数不全是王在甘肃贪婪之银，还包括有祖遗财产及其任另外官职时掠取之银，但从史料记载，王之主要收入确系来自甘肃藩司任内。四是甘省府州县官员从此"监粮"中贪污之银，亦多达数百万两。由此可见，王亶望一伙通过"监粮"，侵吞了上千万银两，他本人的赃财又多达300余万两，这在入关以后的清朝百余年里，还无人无案能与此相匹，其赃银数量之多，实居第一。

其二，全省大小官员通同作弊。以往成百上千的案子，或系单个作案，或系上司伙同三五属员纳贿索财，但像这样从总督勒尔谨开始，以布政使王亶望为首，兰州知府蒋全迪具体主持，"全省大小官员无不染指有罪"，这样大规模的"上下一气"的集体作案，在清朝的一百多年中，也还是第一次。八月二十三日，乾隆帝下谕，批准阿桂等奏请将"甘省捏报灾赈侵蚀帑项"的各州县官员革职拿问的建议，现任知府前任知县杨赓飏、任诺玺，现任同知前署知州韦之瑷，同知前任知县闵鹗元、孟衍泗、赵枋林，同知善达、顾芝、张春芳，通判贾若琳、经方、博敏、佛保、谢廷庸，知州那礼善、伍葆光、觉罗承志、陈常，知县陈鸿文、王臣、李元椿、邱大英、詹耀璘、陈澍、伯衡、舒攀桂、万人凤、杜耕书、舒玉龙、福明、陈韶、杨有澳、林昂霄、彭永和、徐树楠、尤永清、丁愈、钱成钧、章汝楠、黄道昭、蒲兰馨、顾汝衡、孙元礼、宋树谷、赵元德、万邦英、沈泰、王旭、夏恒、陈金宣、华廷飏、墨尔更额、王墦、庞櫄、申宁吉、史堂、李弼、叶观海、何汝楠、郑科捷、陈起搞、陶士麟、麦桓、景福、而瞻、成德、王梦麟、麻宸、吕应祥、陈严祖、广福、刘冶传，州同前署知县王万年，州判前署知州吴洗，州判前署知县薛佩兰，布政司经历前署县丞许士梁，县丞前署知县周兆熊、闵崐，县丞史载衡、李立，经历前署知县张毓琳等，均予降旨革职拿问，其已离甘省及升任别省官员，亦命各督抚拿解兰州审问。

① 《清高宗实录》卷1140，第27页。

② 《清高宗实录》卷1166，第24页。

甘肃共有直隶州6、直隶厅1、州6、厅8、县47，上谕列有贪官知县、署知县63员，知州5员，同知3员，通判5员，县丞2员，共81员，另谕又载了21员。共计侵盗银两1000两以上的甘肃省府州县官员，有102人，确是"全省大小官员无不染指有罪"。

其三，贪婪有术，赃银累累。除了吞没"监粮"以外，王亶望等贪官还想了不少办法，大肆盗取国库帑银。捐监所收的600多万石以上的"监粮"，虽全系折色银两，可是他们却借口增粮太多旧仓不敷装藏，而呈请添建新仓，先后共26起，又冒领银16万余两。以往赈灾时，需将粮食运往适中地方，发给灾民，故需开支脚价银，现"监粮"皆银，俱被官员冒领，他们仍沿"旧例"，以脚价银名目支领帑银。仅王廷赞在任两年便领脚价银28690余两，署藩司文德亦领银17500余两。王亶望任内收的"监粮"用于赈灾的"监粮"，数目很大，多达600余万石，所领的脚价银当然更多。哈密办事大臣佛德初次查出哈密通判经方侵吞库银23000余两，不久又参劾经方亏空银61300余两。随后另一官员图思义奏称，经方共亏空库银及豆草脚价银136000余两。如果加上其吞没监粮之数，这个区区六品的小官，侵吞之银就多达15万两以上，超过前面提到过的大学士、两广总督李侍尧纳取赃银4倍多，实在令人吃惊。据署理陕甘总督李侍尧的奏报，甘肃皋兰等34厅州县仓库共亏缺银888900余两、粮74万余石、草400余万束。阿桂、李侍尧查明，省府州县官员侵吞"监粮"之银2万两以上的，有20人，1万两以上的有11人，1000两至9000两的有26人，其中最多的吞银至9万两。经方还不在上述人员之内。人数之多，赃银之多，确系空前罕有。

其四，官官相护，知而不举，敷衍塞责。乾隆四十二年，乾隆帝也许是对甘肃捐监一事还有些怀疑，特派刑部尚书袁守侗、刑部左侍郎阿扬阿前往，盘查甘省监粮。袁守侗原系举人，当过军机处章京，久任吏、户、礼、刑诸部侍郎、尚书，五次被帝派为钦差大臣，出京查办封疆大吏和高级将领重案，经其查实和参劾，使云南布政使钱度、云贵总督彰宝、原定边右副将军一等侯富德相继正法或论斩。乾隆帝派遣这样一位办案能臣和刑部堂官到甘省，充分表明了他对"监粮"的怀疑、重视和欲图弄清实况的决心。不料，这位曾五过难关、擅长破案的"大司寇"，这次不知是什么原因，竟未识破这一弥天大谎，将并无一粒在仓之"监粮"，向帝奏称"仓粮系属实贮"，帝听信其言，不再追查。这次案发之后，乾隆帝忆及此事，于七月二十二日下谕给军机大臣说：甘省监粮，开捐以后，全系私收折色，并未实贮于仓。前次袁守侗、阿扬阿钦差前往盘查，"据称彼时仓粮系属实贮"，其言殊难凭信。该省监粮既未买补，则仓储焉能足数，此必当地官员一闻查仓之信，挪东掩西，为一时弥缝之计，其签量人役，均系地方官所管，易于通同弊混，而袁守侗等受其欺蔽，率称并无亏短，亦未可定，着确查此事。①

适值阿扬阿正随帝秋狝，在承德避暑山庄，帝即面讯；阿扬阿奏称："在甘省盘查时，逐一签量，按册核对，俱系实贮在仓，并无短缺。"乾隆帝对此毫不相信，于七月二十三日下谕说：此等签量人役，即系地方官所管之人，阿扬阿当时"虽逐仓查验，亦止能签量廒口数尺之地，至里面进深处所，下面铺板，或掺和糠土，上面铺盖谷石，此等弊窦，阿扬阿能一一察出不受其蒙蔽乎？"②

乾隆帝此谕问得很好，把袁守侗、阿扬阿之受骗失职，揭示得非常清楚。过了半个月，八月初九日，他正式下谕对袁守侗二人之失察做了结论，命予议处。他说："袁守侗、阿扬阿系朕特派前往盘查监粮之人，岂无耳目，乃一任各州县通同蒙蔽。"前次监查时，距开捐例不及三年，"而开销监粮至六百余万石之多，亦应问其故也。至旧存常平仓，又销去一百三十余万石，其中弊端疑窦，何以并未察及"？袁守侗、阿扬阿查办此案，均难辞咎，着交部严加议处。③帝之这一提问，袁守侗、阿扬阿是无法回答的。甘肃人口并不太多，怎能在不到三年内就动用粮谷700万～800万石发给灾民？哪有这样多灾民？素称精明能干善破疑狱之"大司寇"袁守侗，聪明才智焉在？怎能连这最为简单之事和最易觉察的漏洞视而不见？是智者千虑之一失，还是别有原因？如官官相护之恶习，如总督勒尔谨、藩司王亶望之逢迎和请求，才造成这一严重失察，还需进一步深究。看来，后者的可能性更大一些，因为，不仅是袁守侗和阿扬阿，还有不少官员也是徇情失察。

当时的陕西巡抚是毕沅。毕沅系颇有名气的人物，当过军机处章京，是乾隆二十五年的状元，自三十一年出任甘肃巩秦阶道起，直到五十年，皆在陕甘为官，当了十年陕西巡抚，屡署陕甘总督。这样一位才

---

① 《清高宗实录》卷1137，第22、23页。

② 《清高宗实录》卷1137，第30页。

③ 《清高宗实录》卷1138，第18、19页。

华横溢的状元公，这样一员久任陕甘封疆大吏的老练大臣，为什么在此案暴露之前噤若寒蝉片语未奏？御史钱沣因此上疏，参劾毕沅署陕甘总督时，"于该省冒赈诸弊，瞻徇畏避，请敕部将毕沅比照捏结各员治罪"。帝命毕沅明白回奏，毕沅复奏辩称：四十一年署理督篆时，因金川凯旋，经手军需事件，迅速回陕，于甘省监粮情弊，"曾经查问属员，支吾隐饰，急切不能得其要领"。四十四年再署督篆时，又赴西宁口外办事，"在省为日无多，未能觉察举劾"，请交部严加治罪。乾隆帝下谕，斥其"托词卸责，所奏实属支饰"，两署督篆时，对"王亶望等折捐冒赈，上下通同舞弊等事"，"不即据实参奏"。[1]浙江巡抚陈辉祖之弟陈严祖，江苏巡抚闵鹗元之弟闵鹓元，皆系捏灾冒赈之贪官，陈辉祖与闵鹗元对其弟之"婪赃舞弊"，"亦有所闻"，但恐一经陈奏，其弟将遭重罪，故"隐忍瞻徇"。[2]实际上，对于此案，不仅毕沅、陈辉祖两位大臣，就是籍隶陕甘的科道官员，甚至"内外大臣，皆知而不举"，形成"天下无不共知"，"内外臣工并无一言及"，使帝"思之实为寒心"的极其严重的瞻徇顾私、官官相护的局面。[3]

其五，严惩不贷，大诛贪官。以往案件，犯员不多，诛戮较少，这次却迥然不同，斩杀劣员之多，空前罕有。四十六年七月三十日，乾隆帝下谕，命将王亶望立即正法，令勒尔谨自尽，将王廷赞绞监候。他列举诸人之罪说：勒尔谨、王亶望、王廷赞等捏灾冒赈、侵蚀监粮、通同舞弊营私各款，已经查明。今诸弊已露，若再不办，是朕不能惩贪察吏，朕岂肯受此。从前恒文、方世儁、良卿、高恒、钱度等，俱以婪赃枉法，先后伏诛，然尚未至侵蚀灾粮，冒销国帑至数十万金，如王亶望之明目张胆肆行无忌者。王亶望由知县，经朕加恩用至藩司巡抚，乃敢负恩丧心至此，自应立正典刑，以彰国宪。王亶望着即处斩。勒尔谨对王亶望私收折色冒赈婪赃一案全无觉察，且已亦收受属员代办物件，一任家人从中影射侵肥，其原已因"平回"之事失误判处斩监候，现赐令自尽。王廷赞以微末之员擢至藩司，接任之时，对王亶望之违法行为不据实参奏，且效尤作弊，虽未收受属员银两，亦派属员买物，并加收心红纸张银两，又始终匿饰此案，不吐实情，但念其守城微功，免于立

---

[1]《清高宗实录》卷1147，第12、13页。

[2]《清高宗实录》卷1148，第7页。

[3]《清高宗实录》卷1148，第6—9页。

决，加恩改为绞监候，秋后处决。后于九月绞决。①

八月十八日，他又下谕，将侵冒帑银"监粮"银2万两以上者，立即正法；2万两以下者"问拟斩候，入于情实"；1万两以下各犯，亦问拟斩监候，到时请旨定夺。九月十五日他再下谕，对各犯做了具体处理：侵冒监银2万两以上的程栋、陆玮、那礼善、杨德言、郑陈善、蒋熏熹、宋学淳、李元椿、王臣、许山斗、詹耀璘、陈鸿文、黎珠、伍葆光、舒攀桂、邱大英、陈澍、伯衡、孟衍泗、万人凤20人，冒赈虽不及2万两但侵欺了建仓银两之徐树柟、陈韶2人，判为斩监候，入于本年勾到情实官犯内办理，派刑部侍郎阿扬阿前往甘省，会同陕甘总督李侍尧，传旨晓谕，监视行刑。侵冒银1万两以上的闵鹓元、林昂霄、舒玉龙、王万年、杜耕书、杨有澳、李本楠、彭永和、谢桓、周兆熊、福明11人，以及冒赈不及1万两但侵欺了建仓银的成均、王旭、陈金宣、宗开煌4人，判为斩监候，免入本年秋审，牢固监候，听旨裁决。哈密通判经方侵吞帑银15万余两，立即处斩。其余侵冒银1000两以上、9000两以下的尤永清等26人，俱判为斩监候，于明年秋审时请旨办理。通计到十月，陆续正法者共56名贪官，免死发遣者46人。一次就斩杀绞决、发遣这样多的贪官，在清朝还是前所未有的。

乾隆帝为示惩戒，还将勒尔谨等要犯之子加以治罪。八月初五日，他下谕说：勒尔谨久任甘省总督，一切政务废弛，视同膜外，形如木偶，其子焉能脱身事外，着将其长子候补郎中伊凌阿及其次子，一并发往伊犁，严行管束，充当苦差，"以为满洲大员贻误封疆者戒"。②初八日、二十五日他又下二谕，命将王亶望的11个儿子全照伊凌阿之例，发往伊犁充当苦差，其中8个儿子尚系6岁以下的幼童，待其长到12岁时再行发往。九月十二日，他复下谕：甘省捏灾冒赈一案，"枉法营私，大小官员通同一气，为从来未有之奇贪异事，故当以重法治之，非不知罪人不孥，而此实非常之罪也"，着将王廷赞、杨士玑、程栋、陆玮、那礼善、杨德言、郑陈善七犯之子，俱革去所捐官职，发往伊犁，充当苦差。③以经方吞银太多，谕将其子重庆销去旗籍，发往伊犁，给予厄鲁特为奴，"以示炯戒"。④

① 《清高宗实录》卷1137，第46-48页。

② 《清高宗实录》卷1140，第31-35页；《清史列传》卷25，《勒尔谨传》。

③ 《清高宗实录》卷1140，第24、25页。

④ 《清高宗实录》卷1146，第10、19页；宫中档乾隆朝奏折48辑，第683页，雅德题。

　　对于瞻徇容隐的陕西巡抚毕沅，乾隆帝几次下谕将其训斥，令其自行议罪，毕沅奏请缴银3万两并于养廉银内罚银2万两，"以赎前愆"，帝命将其降为三品顶戴，仍留陕西巡抚之任，"所有应得职俸及养廉，永行停支"，以示惩戒，并责令其不得因停领养廉银而需索属员，否则将重治其罪。①因江苏巡抚闵鹗元、浙江巡抚陈辉祖庇护己弟，不予奏参，按毕沅之例，降为三品顶戴留任，"所有应得职俸养廉，永行停支，以示惩创"，并规定此后毕沅等三人，不许呈进贡物。②陕西、甘肃二省捐监之例，立即停止。

　　乾隆四十七年十月二十七日，乾隆帝下达长谕，讲述全案经过，训示内外大小官员，应以此为鉴，廉洁守法。现摘录如下，作为此案的结束语。乾隆帝说：

　　"甘省收捐监生，本欲借积贮监粮，为备荒赈恤之用。前次开捐时，已不免稍有弊端，经大学士舒赫德奏请停止。至乾隆三十九年，该省复奏请开例，彼时大学士于敏中管理户部，即行议准，又以若准开捐，将来可省部拨之烦，巧词饰奏。朕误听其言，遂尔允行，至今引以为过。其时王亶望为藩司，恃有于敏中为之庇护，公然私收折色，将通省各属灾赈，历年捏开分数，以为侵冒监粮之地。设此时于敏中尚在，朕必重治其罪，姑念其宣力年久，且已身故，是以始终成全之，不忍追治其罪。盖自此次开捐监粮以后，甘省上下，勾通一气，竟以朕惠养黎元之政，为若辈肥身利己之图，侵帑殃民，毫无忌惮，天下无不共知，朕亦早有风闻，而内外臣工，并无一人言及，思之实为寒心。……（现已查明处理）此案陆续正法者，前后共五十六犯，免死发遣者，共四十六犯，似此通省捏灾冒赈，藐法营私，案情重大……内外大小臣工，见此案内之身受大辟者，即当知畏，其得邀免死者，当知愧而不当以为幸。经此番惩创之后，务须各凛永渊，共矢小廉大法之诚，负朕明刑弼教之意……若再有以身试法者，即当按法处治。……所有办理此案缘由，着通行晓谕中外知之。"③

①《清高宗实录》卷1147，第13页。
②《清高宗实录》卷1148，第9页。
③《清高宗实录》卷1167，第18—22页。

乾隆帝将甘肃捐监折色捏灾冒赈的主要案犯勒尔谨、王亶望、王廷赞、蒋全迪等官斩绞发遣后，就甘肃而言，这一大案算是结束了，但它的影响还仍然存在，至少直接波及新疆和浙江，出现了新疆捏报粮价和浙江侵吞抄没的王亶望家产两大案件。

乾隆四十六年九月初四日，钦差大学士、一等诚谋英勇公阿桂与署理陕甘总督李侍尧合奏之折到京。阿桂、李侍尧奏称：监粮捐例章程内载有乌鲁木齐、巴里坤、哈密三处，额收粮10万石，济木萨、奇台、穆垒、昌吉等处收5万石。现在甘肃捏冒等弊俱经查办，乌鲁木齐等处，亦恐有挪移亏缺之处，请饬交新任都统明亮彻底清查。

明亮查询后，上奏朝廷，言及案情严重。乾隆帝谕派刑部侍郎喀宁阿率领司员，会同明亮彻底追查，并着重指出："该处地方官藉采买之名，将价值以少报多，希图侵冒肥橐，若非该管都统有收受馈送之事，岂肯任其浮开冒销，以致官价与时价迥不相符"，着将有关各州县官解任，严行鞫讯，究出实情。①

四十七年四月，喀宁阿、明亮之折到京。这两位大臣奏称：乌鲁木齐各州县采买粮食浮开价值一案，原系自乾隆三十九年以后，其地"粮麦价值平贱"，各州县官却不照市场卖粮的实际价格报销，而浮开多报。比如，小麦每京石用银不过8、9钱至1两零9分不等，州县却以每石1两8、9钱具报。据各州县官供认，每石多报银3、4钱或5、6钱，通计各官历年侵冒银两自1万两至数百两不等。各官又供认"通同舞弊"，馈送都统索诺木策凌银两自千两至数千两不等。现在已将新疆各官严密查抄，请旨饬下各省督抚一体查抄。②

经过几个月的审讯，案情完全清楚，乾隆帝于四十七年七月初三日下谕，宣布处理意见：德平等各犯经手采买粮食、侵吞帑银及馈送都统之事，均已查明属实。德平、湖图里等侵吞银自数万两到数百两不等。索诺木策凌始犹畏罪狡赖，及再四严鞫，方行供认。上年甘省冒赈一案办理刚完，今又查出乌鲁木齐侵蚀采买粮价银之事，本应从重究办，但此案"亦因冒赈案内查出，事同一例"，同样办理。湖图里在宜禾县任内侵蚀银33000余两，又亏空库银数万两，着即处斩，其子亦照甘省侵冒

① 《清高宗实录》卷1148，第5、6、15、16页。
② 《清高宗实录》卷1155，第28、29页。

案内银在4万两以上犯人之例，发往伊犁充当苦差。邬玉麟系缘事发遣新疆人犯，竟混入都统衙门办事，如同幕宾，胆敢向各州县交结勾通，私纳贿赂，得赃银3000余两，情节甚为可恶。王老虎、郭子系索诺木策凌管门家人，私向德平等犯勒索银1000余两之多，复敢代为其主承认收受属员银两礼物，希图为其主卸罪，尤属狡诈不法。邬玉麟、王老虎、郭子俱即行处绞。索诺木策凌改为斩监候，秋后处决。其余侵蚀银1万两以上之德平、伍彩雯、王喆，侵蚀银1万两以下之徐维绂、傅明阿、木和伦、张健庵，俱判斩监候，秋后处决，交刑部存记，届期请旨分别办理。①

八月二十一日，乾隆帝因窝什浑供出馈送索诺木策凌银1万余两，下谕将二人处死。他说：乌鲁木齐采买粮食浮开价值一案，索诺木策凌身为都统，任听属员侵冒浮销，且收受德平等馈银数万余两，"始犹狡供，希图卸罪，经朕亲加鞫问，始吐实情"，现又查出原奇台县知县窝什浑曾馈送其银1万余两。着将索诺木策凌照国泰、于易简之例，派工部右侍郎诺穆亲会同刑部堂官，"宣旨令其自尽，以为大臣辜恩昧良者戒"。窝什浑侵用帑银4万余两，实属法无可贷，着传谕刑部堂官，待该犯解到京师时，即将该犯正法。第二日，八月二十二日，他又下谕，将侵蚀银1万两以上之德平、伍彩雯、王鸫立即处斩。二十四日，以傅明阿、木和伦二犯之侵冒银两，"究由上司勒索，与监守自盗者有闻"，徐维绂曾有守城之功，张健庵吞银较少，帝加恩宽免四人之死，将四人分别发往烟瘴地方及黑龙江充当苦差，虽遇大赦，不得省释。②至此，乌鲁木齐官员采买粮食捏价冒蚀之案，亦告结束。

十四、闽浙总督陈辉祖斩监候

陈辉祖，湖南祁阳人，系陈大受之子。陈大受家境贫寒，"躬耕田麓"，勤学不倦，考上进士，改庶吉士，乾隆元年（1736年）授编修，后历任吏部侍郎、安徽巡抚、江苏巡抚、福建巡抚、兵部尚书、吏部尚书、协办大学士、军机大臣、两广总督，政绩卓著，"清节推海内"，

①《清高宗实录》卷1160，第7—10页。
②《清高宗实录》卷1163，第12、13、17、18页。

卒后谥"文肃",祀贤良祠。陈辉祖以荫生授户部员外郎,迁郎中,累迁至闽浙总督,兼领浙江巡抚。这样一位清官能臣之子,理应效法先父,忠君爱民,清廉治省,前途自然光明,再升高官。不料他却忘父遗训,贪财枉法,身败名裂。事情是从王亶望入官财物被调换而暴露的。

乾隆四十七年初,乾隆帝观看浙江解京的原浙江巡抚王亶望的查抄家产,发现"呈览物件,大率不堪入目",与这位赀财多达300余万两的大贪官,很不协调,顿起疑心,感到其中大有问题。二月,浙江布政使国栋进京陛见时,帝"面加讯问此事",国栋并不据实呈奏。[①]

同年夏季,帝在热河时,布政使李封、升任安徽按察使之盐法道陈淮、臬司王杲俱至热河陛见。乾隆帝亲自询问三人浙省办理查抄王亶望家产之事有无情弊,三人"俱各隐匿不言"。乾隆帝更为怀疑,于七月命新任浙江布政使盛柱"留心察访"。[②]

九月初七日,以盛柱奏称查抄有弊,乾隆帝下了两道谕旨。第一道谕旨是派户部右侍郎福长安、刑部侍郎喀宁阿(随即升任刑部尚书)为钦差大臣,前往河南,名义上是会同大学士阿桂查看河工,实际上是去传达帝旨,将升任河南按察使的原浙江粮道王站柱解职,押往浙江质对审问。第二道谕旨是命闽浙总督兼浙江巡抚陈辉祖先清理此案。乾隆帝此时对陈毫不怀疑,认为是其属员舞弊,故令其办理此案。谕旨说:陈辉祖查抄王亶望物件一案,现疑有抽换抵兑之弊,已派福长安、喀宁阿往河南,将随同抄家之王站柱解往浙江。着传谕陈辉祖即同盛柱先行提齐人证和文卷,将原册与呈送北京之物体有何不符及抽换抵兑之处,"逐一根究,务令水落石出"。陈辉祖上年办理塘工,"颇为出力",又系兼管抚篆,事务繁多,"或一时查察不到,尚属情理所有。朕于此事开诚布公,因陈辉祖受朕深恩,必不肯扶同徇隐,是以令其会同办理"。陈辉祖果能"一秉天良",尽心查办,将来不过有失察处分,"朕必加恩宽宥",倘不肯实力办理,或意存回护,一经钦差查出,则必不"曲贷"。

第二天,九月初八日,乾隆帝又下谕说,陈辉祖查抄王亶望赀财一案,据盛柱奏称,"查出王站柱底册不符,抽换显然",因派侍郎福长安、喀宁阿前往,但福长安等人办理此等事件,"究不能如阿桂之历

---

①②《清高宗实录》卷1165,第18页。

练"，着在河南办理河工之阿桂先向王站柱传旨，"令其将如何抽换缘由逐一供吐"，待福长安到河南时，即将王站柱交福长安带赴浙省办案。

又过了两天，九月初十日，乾隆帝再次降谕说：前任浙江盐道陈淮来京陛见时，询其关于查抄王亶望赀财之事，陈答称已来京引见，不能知悉。然而"观其辞色，甚属闪烁"，因命盛柱查访，现盛柱奏称，"有将金易银抽换挪掩情事"。陈淮驻扎省城，对此事断不能一无所闻，着传谕其"将如何隐匿抽抵，及何人换去金两，此外或有别项情弊，逐一据实具奏"，否则将予重惩。次日又命军机大臣谕令原系浙江省司道之李封、王杲奏报此事。[1]

此谕下达不久，阿桂的奏折到京，乾隆帝览后大惊，才感觉到此案非同小可，并非仅系抄家人员营私舞弊，而与总督有关，闽浙总督陈辉祖难辞其咎，立于九月十七日下达四道谕旨。第一道旨是谕命将陈辉祖革职拿问，并简述此案经过。他说：前因陈辉祖查抄王亶望赀财，王既"恣贪侈用，而呈览物件无甚入观者，疑有抽换情弊"，因传谕盛柱留心察访。据盛柱奏，查出王站柱底册，有金叶、金条、金锭等共4748两，查对解缴内务府进呈册内并无此项金子，仅多列银73594两，"系将金易银"。又底册内有玉山子、玉瓶等件，亦未载人进呈册内，"显有抽换挪掩情弊"，因派喀宁阿、福长安前往查办，并传谕阿桂先往询问王站柱。现阿桂奏，据王站柱供：上年(四十六年)查抄王亶望赀财，会同府县佐杂，每日亲往点验，交府县各官收管，"金约有四千数百余两，银约有二三万两，玉器甚多"，当即造有三分底册。"我于六月初九日起身进京陛见"，即将底册一分呈送总督，其余两份分存藩司、粮道衙门，"我若果有不肖之心"，岂肯将底册留于浙省作为后人把柄。至查办时，"总督陈辉祖曾调取备用物件阅看"等语。王亶望入官物件，"该省竟敢抽换藏匿，公为期罔，殊出情理之外"，陈辉祖着革职拿问，命河南巡抚富勒浑补授闽浙总督。[2]

第二道谕旨是以富勒浑不能很快到任，谕福长安署理总督，福长安未到之前，着王进泰暂行兼署。第三道谕旨是命阿桂往办此案。上谕说：据阿桂奏讯据王站柱所供，"自属实情，竟系陈辉祖营私舞弊，抽

①《清高宗实录》卷1164，第20、24、30—32页。

②《清高宗实录》卷1165，第4、5页。

换抵兑，实出情理之外，此事甚大，非阿桂前去审办不可"。着阿桂迅速驰驿前往浙江，"彻底查办"。过去阿桂曾称陈辉祖能办事，用为闽浙总督，兼管抚篆，今阿桂查讯此案，"即首疑及陈辉祖，并不稍存回护，大臣居心，理宜如此"。刑部堂官需人，着尚书喀宁阿回京。王站柱所供，尚非虚捏，即将其带往浙江质对，若所质属实，其便无罪，不必查办。①

第四道谕旨说：安徽布政使国栋，前任浙江藩司时，经手查抄王亶望赀财，且查抄底册在藩署收存，纵使国栋无分肥情弊，已有应得之罪，着将国栋革职，解赴浙江，交阿桂严审。

乾隆帝的上述谕旨下达不久，陈辉祖之折到京。陈奏称：以银易金之事，系在查抄王亶望家产时，"布政使国栋面禀商换，并言及金色低潮，恐解京转难适用，不如易换银两，较为实济，遂尔允行"。②陈辉祖此奏，纯系无理狡辩。他这样讲，既将责任推之于国栋身上，是藩司要求以银易金，自己仅只"允行"而已，不是主谋；又将此事粉饰为一无谬误，金色低潮，解京不便使用，因而以银易换，如此说来，二人是为帝着想，哪能说是存心不良要损公肥私？尽管陈辉祖绞尽脑汁，精心编造谎言，并且一度骗过了钦差大学士阿桂，但一则他没有料到国栋会供出一些真情，再则他更未想到皇上英明善断，识破了辩解之词。

乾隆帝于乾隆四十七年九月二十二日下达长谕，驳斥了陈辉祖的骗人之词。乾隆帝从四个方面批驳陈奏之非。其一，陈辉祖既称金色低潮，恐解京转难适用，则应将所有金子尽行易换，何以解交内务府册内又列入金叶9两3钱，明系借此以为掩饰弥缝之地。其二，陈称照价易换白银7万余两，而阿桂讯问王站柱的口供内又言及王亶望有银两三万两，则此易金之银，"已有王亶望银少半在内，陈辉祖又将何辞抵饰乎"？其三，陈辉祖称欲留此款为塘工之用，如果办理塘工，银不敷用，即当奏明请款，若欲私自为此变易，"已属非是"，乃前次陈奏称，塘工之银，尚剩下39万余两，陈既早知"有盈无绌"，"又何必借此易金之银？岂非预为侵蚀地步耶！"且王亶望之赀财器物甚多，何不尽以塘工为名一并易换？其四，此次陈折只言及易金之事，而于玉山子等件作何隐匿之处，并无一字提及，"是其欺罔蒙混，更无疑义"。

①《清高宗实录》卷1165，第6页。
②《清高宗实录》卷1165，第14页。

乾隆帝总论陈辉祖、国栋之过，指出陈之所奏，"全不成话"，如果陈辉祖欲易银为塘工之用，即使预先奏明，其事已属矫强，况当日并未具奏，"竟与国栋商同舞弊，是此项金两，全系陈辉祖、国栋二人抽换抵兑，分肥入己，自属显然。此事大奇，为从来所未有"，国栋着革职拿问，交阿桂审办。陈辉祖系协办大学士陈大受之子，父子皆系总督，"世受国恩，最为深重，何至丧良无耻至于此极。是王亶望所为，系明火执仗，而陈辉祖竟同穿窬行径矣"。①

十月初五日，乾隆帝阅读了两江总督萨载呈奏的原浙江布政使国栋的供词。国栋供：陈辉祖说王亶望在家产被抄时，"曾求过总督，说金子太多，恐怕碍眼，不如照依时价变银，将来办理顺易"。"国栋原曾劝阻，陈辉祖执意要换"。陈辉祖曾说，王亶望家抄出的朝珠，"甚属平常，难以呈进，谕令委员购买数盘添入，又将自己朝珠挑选添入。国栋亦曾劝过"。陈辉祖向经办查抄人员杭州府同知杨先仪"要进金子五百两，过了数日，又经退出"。陈辉祖"将多宝橱内玉器取出后，止总开列玉器"。乾隆帝下谕，就此供词予以分析和有所批驳说：陈辉祖显系将王亶望的好朝珠私自藏匿，而把平常不堪之珠放入，"以为抽换地步"，其取金五百两，亦系"有心侵用"。"此案业已众证确凿"，不怕陈辉祖不据实供吐，不可动刑。②他又批准暂署闽浙总督、浙江巡抚的王进泰之请，将此案始终经手的衢州府知府王士瀚、嘉兴府知府杨仁誉、杭州府同知杨先仪、钱塘县知县张翥革职拿问，查抄其任所及原籍家产。

过了几天，阿桂、福长安等之折到京。阿桂相信了陈辉祖的辩解之词，奏称易金银两，系仁和、钱塘二县分作五次，于上年（四十六年）十二月以前国栋任内交纳齐全，"是以银易金之事，尚无虚列抽抵等弊"。③以银易金，乃此案之关键，若此无弊，则对陈辉祖等官的革职拿问等措施，皆属无的放矢，且系冤枉好人，皇上便犯了大错，陈辉祖等人便应官复原职。

乾隆帝览折后，于折上加了驳斥的批语，并在十月十二日下谕指责阿桂之误。他就四个问题论证了陈之狡辩和阿桂的轻信。其一，陈辉祖

①《清高宗实录》卷1165，第14—16页。

②《清高宗实录》卷1165，第10—12页。

③《清高宗实录》卷1166，第24页。

如无侵蚀金子之事，则是听王亶望之请托，"为之营私舞弊，所关甚大，陈辉祖取死之道，实在于此"。王系已获死罪之人，陈岂肯代王"担承如此关系为之弥缝掩饰之理"？必系陈希图侵蚀，将金入己，闻有交盛柱密行访查之信，始陆续将金吐出。其二，此系总督交仁和、钱塘二县承办之事，"何弊不可为，即有库收，安知无倒提年月等事"。阿桂等人到浙，为何便信以为真？"此一节，系此案最要关键"，应严讯陈辉祖及经手之仁和、钱塘二县官员，"令其据实供吐"。其三，阿桂称金子未曾短少，可是，布政使李封曾奏因嫁女换金50两，陈解交内务府金叶9两3钱，且李封尚得金子，其余经手之人如国栋、杨仁誉等，"所买之数，自必更多"，此等金子皆应在4700余两之内，何以并未扣除？其四，朝珠之事，必系陈欲换取王亶望的好朝珠，故粉饰诸词，阿桂为何不就此严切究问陈辉祖。[①]

乾隆帝谕令将陈辉祖在任所的财产，与王站柱所造底册详细核对，并命王站柱识认，如其家中有王亶望之物在内，"即可从此一款根究，其余无难水落石出"。他责令阿桂、福长安究审查明上述情节，若不查清，将遭重惩。[②]

乾隆帝能够这样理直气壮、满怀信心地断定陈辉祖犯了抽换王亶望抄家财物之罪，不仅仅因为他发现了陈之供词有漏洞，看出了阿桂所作陈无问题的结论之非，而且因为他深知金、银兑换的比例及金乃稀少之物，人们常欲以银换金，牟取利益和制作用品。他在另一谕旨中指出，1两黄金换银20两上下。姑按1两金换银20两计，4700余两金当换银94000余两，陈辉祖解交内务府之银只有73500余两，其中还有从王亶望家抄出之银2万~3万两，则陈以4万~5万两白银盗换了价值9万余两银的黄金，可获纯利白银4万~5万两。这笔账是极易算明的，乾隆帝看准了这一点，因此断定此案必有问题。至于阿桂所说易银之金于四十六年末已交存库内，更不值一驳，藩库收条完全可以倒填日月，将奉旨查抄以后才放入库中之金，改写为早已入库。这一官场惯例，皇上深知，阿桂也不会不明此习。素称善于侦察、屡办钦案的大学士阿桂，此次不知为何如此糊涂，其聪明才智焉在？确系一疑问。

以上谕旨，批驳了陈辉祖的狡供，否定了钦差阿桂的错误结论，断

①《清高宗实录》卷1166，第24、25页。

②《清高宗实录》卷1166，第25、26页。

定陈之罪过已经确凿无疑，指示了审案的方式和突破的途径，严令阿桂等官必须彻底查究。这一切，为查清陈辉祖等犯抽换王亶望入官财产的大案，奠定了基础，案件的审理得以迅速顺利地进行。

阿桂、福长安接旨后，知道自己犯了错误，立即遵谕加紧办案。乾隆四十七年十月二十九日，阿桂、福长安之折到京。阿桂奏称：将经手的委员、官员、胥役等"设法推究，隔别盘诘"，"据刘大昌等供出陈辉祖抽换玉器字画等件，并换金八百两，质之陈辉祖，业已供认"，"并究出从前缴库易金银两挪移掩饰及倒提年月各情弊"。乾隆帝览折后十分高兴，下谕说："此奏方得实情，阅之稍为爽视。此等偷换隐匿，弊窦显然，朕早已鉴及"。"若非朕屡降严旨，训饬驳诘，阿桂等未必肯别求间隙，层层推究至水落石出也"。那样一来，阿桂等怀有成见，必致开脱陈辉祖之罪，"代伊受过"幸其二人及早悔悟，"全案尽破，果不出朕所料，未始非阿桂等之幸也。"①不久，署河东河道总督何裕成奏：陈辉祖交其妻舅申兆仑银3万两，"令开典铺生息"，又于上年十月内交其杂色金1000余两，"嘱其易银营运"，并令申兆仑"勿向人言"。②

十一月初一日，乾隆帝下谕：陈辉祖抽换抵兑等弊，"业经各委员从实供出，并据陈辉祖自行承认，而王站柱认出之玉蕉叶花瓠等件，已在陈辉祖供认抽换物件之内，是全案关键已得"，着再将朝珠之事审明，即可定拟具奏，阿桂便往山东查勘河工，福长安押带陈辉祖、国栋及案内经手各犯，迅速来京审办。③

十二月初二日，就大学士、九卿核议阿桂、福长安关于陈辉祖"商同属员隐匿抽换王亶望入官财物照例拟斩"之折，乾隆帝下谕了结此案说："陈辉祖以陈大受之子，受朕厚恩，用为总督，不思洁己率属，勉图报效，其于地方应办诸务，不能实心实力，随事整饬，于查抄入官之物，又复侵吞抽换，行同鼠窃，其昧良丧耻，固属罪无可逭"，但与王亶望、国泰之罪尚有区别。"所云与其有聚敛之臣，宁有盗臣。陈辉祖只一盗臣耳"。着将陈辉祖从宽改为斩监候，秋后处决。前布政使国栋、知府王士瀚、杨仁誉，斩监候。知县杨先仪、张矞，发往新疆，充

① 《清高宗实录》卷1167，第26页。

② 《清高宗实录》卷1168，第11、12页。

③ 《清高宗实录》卷1168，第2、3页。

当苦差。布政使李封、按察使陈淮，革职，发往豫省河工效力赎罪。
"嗣后外省官吏，当以陈辉祖之见利忘义，玷辱封疆大臣之体，引为纲鉴，庶几大法小廉，不负朕谆谆教诫之意。所有办理此案缘由，着通谕中外知之"。

乾隆四十八年二月初三日，因查明陈辉祖贻误地方，武备废弛，仓谷亏空，乾隆帝下谕，令其自尽，"以为封疆大臣废弛地方者戒"。[①]

乾隆帝又下谕宣布清查浙江仓库钱粮说："浙省吏治，自王亶望以来，废弛日久，陈辉祖接任后，又复营私牟利，国栋庸懦无能，其通省仓库钱粮，难保无积压亏缺抑勒交代之弊"，着传谕闽浙总督富勒浑责成属下官员"速行弥补全完"，否则重惩。[②]后又一再下谕督促，令必补足。五十一年二月浙江巡抚福崧奏：四十七年清查各属仓库钱粮，共亏空134万两，节年已补银100万两左右，还亏空33万余两。乾隆帝命悉心筹办。

十五、鲁抚国泰纳贿斩监候

国泰，满洲镶白旗人，是文绶之子。文绶于雍正十三年自监生授内阁中书，历任礼部员外郎、内阁侍读、凉州知府、山西布政使，乾隆三十一年（1766年），因迎合巡抚和其衷庇护阳曲知县段成功亏帑案，被革职，戍军台，不久授道员衔，往哈密办事。乾隆三十三年文绶授河南巡抚，移任陕西巡抚，三十六年授陕甘总督，三十七年调四川总督，因庇护原大学士、四川总督阿尔泰纵子明德布婪索不法，被革职，发往伊犁效力，不久又授湖广总督，移任四川总督。四十六年文绶以因循纵盗，为害民间，又被革职，发往伊犁效力。[③]

国泰初授刑部主事，迁郎中，外授山东按察使，迁布政使，乾隆四十二年升山东巡抚。国泰本系纨绔子弟，又早年升任要职，骄横粗暴，"遇属吏，不以礼，小不当意，辄呵斥"。原大学士于敏中之弟于易简竭力奉承国泰，"事之谄，至长跪常事"。正当国泰骄纵横行之时，他

---

① 《清高宗实录》卷1174，第6页。

② 《清高宗实录》卷1170，第17、18页。

③ 《清史稿》卷332，《文绶传》。

的克星的一道劾疏，将他推入法网。这个克星就是江南道监察御史钱沣。钱沣于乾隆四十六年春上疏参劾山东巡抚国泰与布政使于易简说："国泰贪纵营私，勒索属员，遇有升调，唯视行贿多寡，以致历城等州县亏空或八九万或六七万之多。布政使于易简，亦纵情攫贿，与国泰相埒。"①

此疏立即震惊朝野，因为，它直接涉及一批权臣势要，甚至与皇上也有牵连。其一，钱沣所劾之主要贪官国泰，是山东巡抚，其父文绶久任总督。布政使于易简，亦非寒门细民，其兄于敏中，乾隆三年高中状元，蒙帝赏识，于乾隆二十年擢兵部右侍郎起，历任刑部右侍郎、户部右侍郎、户部左侍郎、户部尚书，协办大学士、大学士兼军机大臣，直到四十四年十二月去世。于敏中当了八年户部尚书、六年大学士、十年军机大臣，深蒙乾隆皇帝嘉奖和厚遇，虽于四十四年底病故，但其门生故旧分任内外要职，仍在政局留下很大影响。因此，要想劾倒国泰、于易简，或者退一步说，要想让皇上批准言官之请，进行查审，也是很不容易的。

其二，乾隆帝刚于四十六年秋处理了甘肃捐监冒赈案，斩杀和免死发遣省府州县官员100余人，钱沣上奏的这一月，四十七年四月，又查出新疆迪化等州县官员采买粮价侵蚀帑银的大案，后来导致原都统、盛京将军索诺木策凌等官诛死、发遣。如果钱沣所奏属实，山东巡抚、藩司、臬司及各府州县官员又将基本上遭受重惩，通通换任，连兴大狱，势必影响政局的安定，如果考虑到这一个省的各级官员之亲友座师等关系，牵连的官员就更多了。这样一层强大的关系网，怎能突破？

其三，更为严重、更为厉害的是国泰有一坚强后台，即他与和珅关系密切。此时和珅任军机大臣、领侍卫内大臣、御前大臣、户部尚书，兼任内务府大臣、步军统领、都统等要职，其子丰绅殷德为帝指婚为和孝公主之额驸。和珅还多次被帝委任为钦差大臣，到地方统军征战，查办要案，其被帝之宠爱超过任何大臣，史称其"宠任冠朝列"。此次国泰之案，和珅又系钦差大臣，钱沣要想查明真相劾治国泰，确是难而又难。

其四，钱沣之疏，与乾隆帝也有所涉及。一年多以前，军机大臣阿桂、福长安、和珅向帝密奏："国泰性情乖张"，"不宜久任山东"，请调其至京为官，"消弭其事"。乾隆帝认为这不是办法，于四十六年正月，命军机大臣传谕于易简来京询问，了解国泰有无"不法款迹"。

①《清史稿》卷339，《国泰传》。

于易简奏称："国泰并无别项款迹，唯驭下过严，遇有办理案件未协，及询问不能登答者，每加训饬，是以属员畏惧，致有后言。"帝又问：国泰屡次保荐吕尔昌(原济南府知府，升任安徽按察使)，"有无徇庇交通情事"？于易简奏称：国泰与吕尔昌均系刑部司官出身，国泰常委吕尔昌审理案件，"并无交通徇庇之事"。四十六年正月十四日，乾隆帝就此事谕军机大臣：于易简所言，"诚据实之奏"。"朕于各督抚，从不肯寄耳目于藩臬，但于易简系大学士于敏中之弟，经朕面询，自不敢不据实奏对，是以令其来京陛见。今据所奏如此，是国泰尚系办事认真欲速见长之过，并非有别项款迹"。若将来发觉国泰有弊，"不特国泰罪无可辞，即于易简亦有应得之罪。着传谕国泰并于易简知之"。①二月初一日，他又谕军机大臣，以阿桂等曾奏"国泰不宜久任山东"，将正月询问于易简之事告诉阿桂，言于所奏"自为确实"，实即告其不需调动国泰。②皇上两次下谕，讲述国泰无不法之事，现在钱沣弹劾国泰贪婪不法，岂非英明君主犯了失察之过？

由此可见，御史钱沣之奏，确系冒着很大的风险。观察钱沣经历，才知他之此奏并非偶然，因为他是乾隆年间一位敢于直言的谏官。钱沣于乾隆三十六年中进士，四十六年由检讨考选江南道监察御史。同年，甘肃捐监冒赈事发，钱沣立即上疏，弹劾两署陕甘总督的陕西巡抚毕沅说：冒赈折捐，固由王亶望枉法，但王为布政使时，毕沅两署总督，"近在同城，岂无闻见？使沅早发其奸，则播恶不至如此之甚"。毕沅"瞻徇回护，不肯举发，甚非大臣居心之道。请比照捏结各员治罪"。③所谓比照捏结各员治罪，即要予以重惩，毕沅不是死于刀下，便是发遣充军，至少也要革职籍没。乾隆帝览疏后，责令毕沅明白回奏，几次严谕斥责，后将其降为三品顶戴留任。钱沣后来还疏劾和珅不在军机处办公，另居内右门直庐之非，帝为之训斥和珅，并命钱沣稽查军机处。和珅深恨钱沣，于乾隆六十年将钱沣毒死，这虽是后话。但钱沣之敢于上疏直言，弹劾势要，却是其一贯的作风，实为难能可贵。

钱沣知道参劾国泰是凶多吉少，已经做好了被惩充军的准备。据陈康棋的《郎潜纪闻》载称：钱沣将劾国泰之前，对好友邵南江翰林说：

①《清高宗实录》卷1122，第17、18页。
②《清高宗实录》卷1124，第4页。
③《清高宗实录》卷1147，第12页；《清史稿》卷322，《钱沣传》。

"家有事，需钱十千，可借乎？"邵南江回答说："钱可移用，将何事也，盍告我？"钱沣说："子勿问何事，有事欲用此钱，当于吾子取之。"过了三天，"弹章宣矣"。"时国泰声势方盛，人皆为之危，幸高宗英明，察其忠直，寻擢通政司，而山左去一奸人，朝野歌颂焉"。邵南江问钱沣："子前告我需钱十千，岂为此事耶？"钱沣说："然。吾自度劾国泰，必受严遣戍边，故预备资用耳。"邵南江说："若果有此行，十千钱亦不济事。"钱沣说："吾性喜食牛肉，在道可不用仆从，以五千钱市牛肉，日啖之可无饥，其余钱吾自负之，得达于戍所足矣。""闻者悚然"。陈康祺对此十分敬佩，说："乾隆至今，不少敢言之谏官，求如通政之廉俭为体，刚正为用，亦本朝有数直臣也。"①

乾隆帝读过钱沣之疏后，于四十七年四月初四日下了两道谕旨。第一道旨说：派尚书和珅、左都御史刘墉、工部右侍郎诺穆亲驰驿前往涿州、德州至江苏省一带，有查办事件，随带司员一并驰驿，御史钱沣亦着驰驿前往。第二道旨说：御史钱沣参奏山东巡抚国泰贪纵营私，布政使于易简亦纵情攫贿，今特派和珅等人前往秉公据实查办，断无不水落石出之理。叶佩荪由山东按察使升任湖南布政使，着令其将在山东任内时之"所有见闻，国泰等如何贪纵营私之处，逐一据实迅奏，若稍存徇隐"，将来查明，"叶佩荪何以对朕"？②

过了两天，四月初六日，乾隆帝又对军机大臣下谕，讲了查审国泰一案的方针和办法。他说：

"昨据御史钱沣参奏国泰、于易简等贪纵营私，遇有提升调补，勒索属员贿赂，以致历城等州县仓库亏空，请旨严办一折，已面降谕旨，令和珅等严切查究，自能遵照办理。朕辗转思维，折内所称仓库亏空至八九万两不等，和珅等到彼时，迅速逐一比对印册盘查，自无难水落石出，此事尚属易办。至各属以贿营求，思得美缺一节，不特受贿者不肯吐露实情，即行贿各劣员，明知与受同罪，亦岂肯和盘托出。即或密为访查，尚恐通省相习成风，不肯首先举发，唯在委曲开导，以此等贿求，原非各属等所乐为，必系国泰等抑勒需索，致有不得不从之势，若

①陈康祺：《郎潜纪闻三笔》卷11，《钱南园劾奏国泰之勇决》。
②《清高宗实录》卷1154，第6页。

伊等能供出实情，其罪尚可量从末减。和珅等必须悉心明白晓谕，务俾说合过付，确有实据，方成信谳。此事业经举发，不得不办。然上年甘省一案，甫经严办示惩，而东省又复如此，朕实不忍似甘省之复兴大狱，和珅等惟当秉公查究，据实奏闻。将此由六百里传谕知之。"①

此谕讲明了三个问题：一是乾隆帝基本上已经相信钱沣之劾疏，认为山东巡抚国泰是纳贿营私，视下属馈赠之多少，定其升降去留，派和珅等前往查办和处理。二是晓以自首从宽政策，谕令钦差大臣委曲开导，使送银之官能供出实情，查出确证，方行定案，如不明白晓谕，恐受银收银之人不肯吐露真情，通省官员相习成风，不愿举发，有碍案情的查审。三是宣布不像甘省捐监冒赈那样复兴大狱，这也对稳定山东府州县官员情绪，促其尽早举发，将起到重大作用。如不明示此意，他们害怕像甘省官员那样革职抄家诛戮或发遣，就会心怀疑虑，既不利于办案，又将贻误地方公事。就此而言，乾隆帝的这道谕旨，对查清国泰贪纵营私一案，提供了比较有利的条件。

当然，乾隆帝之谕，也有其估计不确之处。比如，他认为仓库亏空一事，容易办理，只要按照印册盘查，就会查明，"无难水落石出"。此言未免太浅薄了，这表明他对官场积弊，尤其是仓库钱粮之亏空，所知不多，不知道这里面大有文章。地方官员舞弊之法很多，应付钦差大臣盘查之策也不少，钦差有意上下其手者亦大有人在，并不是一派人盘查就能知悉真相的。此案即系一例。

又过了两天，四月初八日，乾隆帝复谕军机大臣："安徽按察使吕尔昌，从前曾任山东府道，屡经国泰保奏"，现御史钱沣参劾国泰贪婪不法。"吕尔昌系国泰用人"，且在山东历任府道，"钱沣所奏国泰等种种劣迹，吕尔昌断无不知之理"。着两江总督萨载即传吕尔昌到省，"传旨令其将钱沣所参款迹，伊在山东时所见国泰、于易简如何贪纵营私，并伊如何与国泰交结，国泰何以信任保奏伊之处，逐一据实指供，毋许丝毫欺隐"，否则重惩。②这对清理国泰之案也起了作用。

乾隆帝委派了三位钦差大臣，按其职衔之高、权势之大和受帝之宠信看，和珅是军机大臣、户部尚书，还身兼多种要职，是皇上之第一宠臣，此次又在三位钦差中名列第一，显然是这一钦案的主要负责人。刘墉虽系乾隆帝倚任的亲信大臣大学士刘统勋之子，但相父已去世七年，本人仅系左都御史，权势、资历当然远在和珅之下。诺穆亲条件更差，仅仅系一工部右侍郎，而且刚因祀天大礼布置不周，遭帝训斥，被帝拔去顶戴花翎，革职留任，"十年无过，方准开复"。①这样一位渎职遭惩之官，怎敢得罪掌握实权的军机大臣和珅，自然会以和珅马首是瞻，不敢坚持是非抗违其言。

和珅本身就是一个揽权纳贿的最大的贪官，也很有可能接受过国泰馈送之银物，这次对国泰极力袒护。在这样条件下清查国泰之贪纵营私，谈何容易，钱沣的处境，确是相当的艰难。

和珅、刘墉、诺穆亲三位钦差大臣及原劾者御史钱沣，于四月四日离京前往济南。"和珅阴祖国泰"，"怵沣"；钱沣坚持秉公办案的立场，不畏其之恐吓。和珅便另施诡计，当他们到达济南时，国泰已早知查仓盘库之信，急忙向商人勒借银两，存放库中，凑足了库银数量。像历城县，本来亏空银4万两，现在便以商银补充，暂时掩盖了亏空之情。和珅一行到达历城后，就盘查仓库。"和珅令抽视银数十封，即起还行馆"，实即表示盘查已毕，没有亏空。钱沣细心观察，发现取出验证之银，每锭的数量多少不等，"银色不对"，而帑银却一律是50两为一锭，心知有诈，立即建议将库封存。回馆之后，钱沣了解到借商银充库之情，便遣人宣告于众，如被借银存于库中的商人，不将银呈官报明请求归还，则将尽没其银。第二天，三位钦差大臣和钱沣一行，再到银库，打开库门，查验银色和数量，确与帑银不符，各商人纷纷奏呈被借之故，将银领还，"库为之空"，一下子就使历城县亏空帑银4万两之弊，显露于光天化日之下，和珅此时也毫无办法，只好据实向帝奏报。历城县亏银之弊的查清，固与钱沣之正直、多智有关，但也得力于刘墉的支持。刘墉"持正，以国泰虐其乡，右沣"。如无刘墉的支持，和珅完全可以驳回钱沣封库以备再查的要求，以验银无弊而上报，此案就很难破获了。②

---

①《清高宗实录》卷1154，第8、9页。

②《清高宗实录》卷1154，第20页；《清史稿》卷319，《和珅传》；《清史稿》卷322，《钱沣传》；陈康祺：《郎潜纪闻二笔》卷10，《钱南园通政之敢言及清廉》。

《郎潜纪闻》还载述了国泰逞威，遭刘墉制止的情形："方谳狱日，国泰忽起立詈御史（钱沣）曰：汝何物，敢劾我也。文清（刘墉）大怒曰：御史奉诏治汝，汝敢詈天使耶！立命隶人扰其颊。国泰惧而伏，珅遂不敢曲庇。"①

钱泳在其《履园丛话》卷5，《书南园先生事》对此做了具体的叙述：

"先是，台谏衙门自李淑芳左迁后，无人敢言事者。居无何，复劾山东巡抚国泰吏事废弛，借纳贡名，贪婪无厌，官民苦之，所属州县亏空累累，奏请按问，且言嗣后愿皇上勿受贡物，俾天下督抚无以借口……已而有旨随同军机大臣和珅、刘墉、诺穆亲等前往查证。当是时，和珅柄国，而国泰素奔走其门下者，人皆为先生危。及抵山东境，而和已早授意于国泰弥缝，辄以危言动先生。先生曰：且到山东再看。惟刘墉深知其弊，常与先生密商。比到省盘库，则和珅先言不用全数弹兑，第抽盘数十封，无短绌可也。和遽起回馆舍，先生请封库。次日彻底拆封，则多系圆丝杂色银，是借诸商铺户以充数者，因诘问库吏，得其实。遂出示召诸商来领，大呼曰：迟来即封贮入官矣。于是商贾皆纷纷具领，库藏为之一空。复改道易马，往盘他处亦然。案遂定，而和亦无可如何也。"

四月十三日，和珅等奏称：先将历城县库盘查，查出该县知县郭德平亏空银4万两，"有挪移掩饰之弊"，"并询问国泰任意婪索各属员盈千累万各款迹，亦俱承认"，俱系调任漳州府前任济南府知府冯埏经手，从前系吕尔昌经手。"于易简身任藩司，一任县库亏空，扶同弊混，甚至见巡抚时长跪回话，卑鄙无耻。其余案内款迹，现在彻底严究"。

和珅等又奏称：四月初八日到省，询问于易简。于称国泰闻钦差前来之信，就让历城县知县郭德平向济南府知府冯埏府库要去银四万两，"挪移掩饰"。按察使梁肯堂说："国泰勒派属员银两，俱系冯埏经手。"冯埏、郭德平供认此情，冯并"呈出各府州县帮费清单"，"国泰勒派通省属员，婪索银八万两"，复令于易简等人"当面质证国泰，

<hr />

① 陈康祺：《郎潜纪闻三笔》卷11，《钱南园劾奏国泰之勇决》。

据伊供认前情不讳"。①

乾隆帝览折后十分愤怒，于四月十三日、十四日、十五日连下四道谕旨，督办此案。这四道上谕讲了五个问题。其一，将国泰等革职拿问。谕旨说："国泰身任巡抚，竟敢明目张胆，逼勒派累，任意婪索，通省官员俯首听从"。今据冯埏呈首帮费清单，止系其任内经手之事，从前吕尔昌任内如何勒派之处，着和珅严行讯问国泰，务令逐一供出，"此案国泰自应按律定拟斩候"。于易简专管钱粮，乃于历城县库听其亏空，"挟同弊混"，又向国泰长跪回话，"实属卑鄙"，着予严究，并命和珅于五月押带国泰、于易简到京，候帝亲讯。国泰、于易简、吕尔昌、冯埏、郭德平均着革职拿问。其二，盘查东平三州县，钱沣指名参劾的亏空之县，有历城、东平、益都、章丘四州县，今历城既经查出，其余三州县着刘墉一律查办，务使水落石出。其三，限期弥补，不兴大狱。山东亏空，"人数众多"，虽与甘肃上下通同一气公然冒赈殃民者有所区别，但与直隶州县因办公差而有所短缺者也不同，如果各州县官员自知畏法，不以帑银为结欢上司之贽，"何以致有亏空"？"今朕格外施恩，不欲复兴大狱，然不可不彻底详查，予以限期，令其上紧弥补"，若不抵补，即从重惩治。其四，追查泄密。国泰为何"闻有钦差过境，恐有盘查"？必有人与其送信，着将于初四日出京前往济南的国泰之家人套儿严切讯问。其五，查抄犯员家产，将巡抚国泰、布政使于易简之任所及原籍赀财一并查抄。②

不久，和珅、刘墉等人之折又送到京城。和珅等奏：国泰供认，吕尔昌前任济南知府时，"代办物件，并各州县帮费，俱系吕尔昌经手"。于易简尚无婪索属员银两之赃证，唯年节时"收受属员水礼绸缎等物"。乾隆帝于四月十九日就此折下谕："看来情节不过如此。"国泰系小有才干之人，居心巧诈，因于易简曾在皇上面前为己保奏，"所以故为严厉"，不给予留脸面，而于易简又实系庸懦卑鄙不堪之人，甘心隐忍，曲意逢迎国泰，故通省属员，皆鄙薄藩司，不肯送银与于易简。"此案大概已有根据，不过如此"，和珅即可一面定案奏闻，一面押带国泰、于易简至京。刘墉、诺穆亲、钱沣查明章丘、东平、益都等三州县仓库钱粮有无亏空后，一同回京。至于山东通省州县之亏空，因

①《清高宗实录》卷1154，第15—17、19页。

②《清高宗实录》卷1154，第15—23页。

人数众多，"且出自国泰之抑勒，朕实不忍似甘省之复兴大狱"。着新任山东巡抚明兴详查妥办，给以二三年之限，令其自行弥补，若复因循延宕，则自取重咎。①

刘墉等查明历城、东平仓库亏空后，上报朝廷，并称"系因从前办理逆匪王伦滋扰案内，因公挪用，以致各有亏空银三四万两"。国泰、于易简亦辩称，因办理王伦时，"有预备守城，不准开销之项，各州县因公挪移，致有亏空"。乾隆帝先后下达两道谕旨，对此借口加以驳斥说：如果真如此，该省巡抚、藩司为何不据实上奏？"况凡地方公务应用钱粮，朕从无不格外加恩，准其开销"。即如两金川平定后，凡军需奏销，经部指驳，仍令川省承办军需大员详悉查明，切实具奏，即特降恩旨，概予准销，或径行豁免，"动以千百万计，此天下所共见共闻者"。山东如真系平王伦时"公用挪移，即应据实奏明，朕必降旨准其报销"。并且，王伦之事，办理不及一月，"即使因公挪移，何致有二百万两之多"？显系由于国泰、于易简"一则恣意贪婪，一则负心欺罔"，以致酿成东省之亏空。②

乾隆四十七年六月十一日，帝下谕宣布对国泰、于易简的处理。谕旨说："国泰贪纵营私，勒索各属官员财物，以肥囊橐，实属目无法纪，其罪自难宽贷，但念其所得赃私，尚与枉法鬻爵者有间，着从宽改为应斩监候，秋后处决。"于易简身为藩司，明知国泰种种不法款迹，既不据实参奏，"复敢于朕前欺隐"，着斩监候，秋后处决。③

前任山东按察使升任湖南布政使叶佩荪，现任山东按察使梁肯堂，与国泰同城相居，并未将国泰等纵情婪贿情节据实参奏。吏部奏请将二人革职交刑部治罪，帝命从宽，令将叶佩荪降补知府，梁肯堂降补道员。

新任山东巡抚明兴于六月初奏报：山东全省共亏空帑银约200万两，各府州县官接旨后，设法弥补，已补银50余万两，现仍亏空130余万两，准备到年底再补50万～60万两，余下70万～80万两请宽限于明年补齐。乾隆帝批准了明兴的奏请，并于七月初八日下谕，以东省亏空多至200万两，赐令国泰、于易简自尽。历时四月之久的国泰勒派属员财物、东省

① 《清高宗实录》卷1155，第10—12页。
② 《清高宗实录》卷1156，第18、19页。
③ 《清高宗实录》卷158，第10、11页。

亏空200万两帑银之案，至此结案了。乾隆帝勒令贪官巡抚国泰和庇护其过之布政使于易简自尽，是十分正确的，不杀贪官及其庇护者，不籍没其赃财，难以遏制贪风，于民有害，于国有患。但是，他对州县官之处理，却太为宽纵了。经查明，国泰通过济南知府冯埏而勒派属员之银为8万两，前任知府吕尔昌经手派取之银，未见记载，如按相等计算，两者不过10万～20万两。那么，山东10府、10州、90余县的官员为什么却亏空了官银200万两？除去上交国泰巡抚之10万～20万两外，这170万～180万两银落入何人之手？需知，这是一笔巨款，相当于山东全省一年人丁田赋银的50%，数量之大，相当惊人。如按律例，贪污银子1000两者即要问斩监候，秋后处决，这170万～180万两赃银就可杀1000多名官员。这样大规模地集体盗取帑银中饱私囊的大贪污案，怎能仅以交银补足而了结？显然这是太为姑息了。乾隆帝此举很不明智，贻害不浅。

十六、闽浙总督富勒浑斩监候

富勒浑，是一等诚谋英勇公、大学士阿桂的族孙，早年中举人，授内阁中书，迁户部郎中，相继任山西冀宁道道员、山东按察使，以失察阳曲知县段成功亏帑案降任山西雁平道道员，随即升浙江布政使，署浙江巡抚。在这里，他奏劾闽浙总督崔应阶之仆诬指钱塘县民为贼，"擅刑致毙，论罪如律"。乾隆三十七年（1772年）迁任湖广总督，三十八年署四川总督。木果木之役清军溃败，富勒浑率新至贵州兵驰赴蒙固桥防守，蒙帝嘉奖，四十一年复授湖广总督，此后历任礼部尚书、工部尚书、镶蓝旗蒙古都统、湖广总督、闽浙总督，因未奏劾王亶望及贪官杭嘉湖道道员王燧，遭帝斥责，降为三品顶戴，授河南巡抚。四十七年以富勒浑督防河溃有功，还现任顶戴，不久复授闽浙总督。五十年七月，乾隆帝因富勒浑在总督之中，"资格较深，历练亦久，在近来总督中上之列"，故将其由闽浙调任两广总督。"委以海疆繁剧重任，方资倚毗"。①富勒浑得到乾隆帝的提拔，历任要职，赏戴孔雀翎，飞黄腾达二十余年，还有望再次高升，入阁拜相，不料却因纵仆索财案发被审，下狱问斩。事情是从一道上谕引发的。

①《清高宗实录》卷1255，第18页；《清史稿》卷332，《富勒浑传》。

　　乾隆五十一年三月十九日，乾隆帝给军机大臣下了一道谕旨，讲述查办原闽浙总督调任两广总督富勒浑之事。他说，前几日召见移任工部尚书的原两广总督舒常，"询以富勒浑操守如何"？舒常奏称，"不敢具保"。昨粤海关监督穆腾额至行在陛见，又详细询问富勒浑"居官办事如何"？穆腾额答，"未敢深信"。复令军机大臣询其有无实据。穆腾额说："看其衙门热闹，信用家人，并有家人李姓在衙门外边居住，不免招摇，有骇观听。至其操守，虽无实据，亦不敢下保。"富勒浑历任督抚多年，"于地方事务，可称老练"，故调其移任两广，对其操守之好坏，从未听闻。"今据舒常、穆腾额皆称不敢具保，是其平素必有篡窃不饬之事"。现在正查浙省亏空一案，富勒浑与浙江巡抚福崧甚为不睦，为何回护不据实参奏，"是其在闽浙总督任内，亦恐有不能自信之处，虑及巡抚攻讦其短，是以隐忍不言"。着传谕广东巡抚孙士毅，命其"将富勒浑如何操守难信，及家人如何滋事，并此外有无别项需索情弊，据实密陈，毋稍徇隐"。将此由五百里传谕孙士毅，着其迅速复奏。①

　　尽管富勒浑是乾隆帝一手提拔起来的，擢其久镇闽、浙、湘、楚、川等重要省份，现又调镇两广，"方资倚毗"，但一旦对其操守有所怀疑时，他便立即着手访察，谕令孙士毅据实陈奏，并派舒常至粤，会同查办，又令查抄富勒浑之家人殷士俊原籍财产。五月初四日，因浙江学政窦光鼐奏称富勒浑前年来京经过嘉兴、严州、衢州一带时，"供应浩繁，门包或至千百"，他又下谕，命阿桂查办说：富勒浑之家人在广东，"有招摇婪贿之事。朕意富勒浑到粤，不过数月，何以家人赀产，即有数万两之多，必系其在闽浙任内，任听家人婪索所积"。富勒浑虽系阿桂族孙，谅阿桂断不至稍存回护之见。着阿桂查照窦光鼐原奏，逐款严讯，据实复奏。②

　　过了几天，江苏织造四德及长龄的奏折送到京城。四德奏：遵旨前往富勒浑之家人殷士俊住居的常熟，于其家查出现存及借出银钱共2万余两、田630余亩、房屋3所，并起出殷士俊之子殷孝基捐监部照一张。乾隆帝览折后既惊讶又愤怒，于五月十四日下谕说：

　　①《清高宗实录》卷1251，第4—6页。
　　②《清高宗实录》卷1254，第5、6页。

"殷士俊以微贱长随，拥赀数万，且父子蒙混捐纳，滥膺顶戴，计其一切赀财，俱系跟随富勒浑为长随后所得。富勒浑若果无知情故纵……止于如部中书办，诈骗招摇，地方官吏见其久而不灵，断不肯多给银钱，岂能积赀累万？盖各部书役遇有案件，往往设计撞骗，然所得者无多，亦断不能颠倒是非，作奸枉法，计其家私积至千百者，容或有之，断无积累巨万之事。且朕日理万机，常在朕前使令之总管太监、奏事太监辈，如伊等欲婪索银钱，必须积压外省文报奏折，或于朕前揣探意旨，假作威福，方能婪得厚赀。今之总管、奏事太监等，不过借每月钱粮养家糊口，其家赀之至多者，或不过千金，从无与中外官吏结交招摇之事。朕为天下主，尚不肯假手近侍，任拥厚赀，乃殷士俊不过跟随总督之长随，积赀竟如许之多，必系属员中有托其营求升调，富勒浑曲意听从，或勒索不遂，富勒浑即不假辞色，该犯有所恃而不恐，始敢恣意勒索，而属员中因其夤缘有效，触忤蒙愆，相率送给银钱，是以数年以来，乃至拥赀累万，父子俱捐纳顶戴官职。……若谓富勒浑于该犯如此婪索，竟同木偶，若罔闻知，夫谁信之？此即童稚尚不可欺，安能逃朕之洞鉴乎！即此一节，富勒浑之罪已不可逭，富勒浑着革职。"[1]

此谕有些欠妥之处，即乾隆帝断言各部书役之财绝无上万两之多，总管太监、奏事太监亦仅借钱粮养家糊口，家赀最多者亦不过千金。这一论断是错误的，与实际情形出入很大，不少狡猾胥吏及有权有势的太监，诈骗招摇，纳贿索银，作威作福，聚敛了大量赃银，十倍、数十倍、成百倍地超过了千金之数。但是，总的看来，此谕的基本论断是正确的，即殷士俊之所以能敛银巨万，是由于其家主富勒浑"知情故纵"，甚至可能别有情弊，故命阿桂、孙士毅"秉公质讯审办"，不久，他又谕令孙士毅补授两广总督，兼署广东巡抚。[2]又过了几天，广东巡抚孙士毅的奏折到京。孙士毅奏：审讯富勒浑之家人殷士俊等人婪索一案，巡捕任光玉供称：富勒浑到任，各盐商馈送其家人李世荣花钱1000两，"方准各回安业"。洋商潘文岩等称：殷士俊勒派各商分买人参1斤，浮卖价银4700两。李世荣令洋商购买物件，短发价银100两。"又点派口岸，令书巡等缴银一万九千六百余两，交殷士俊、李世荣转交内署"。以上各款，"俱经殷士俊、李世荣供认不讳"。

①《清高宗实录》卷1254，第15-17页。

②《清高宗实录》卷1254，第21页。

乾隆帝于五月二十七日就此下谕说：殷士俊等系富勒浑家人，乃勒派需索洋盐两商，赃款累累，"若非倚仗主势，何至恣肆自由，全无忌惮若此？至勒派各口岸银两，富勒浑先以帮贴公费为词，收受入署，迨发觉之后，将前项银两，交监督衙门解京充公，明系事已败露，自知不可掩饰，为此先侵后吐之计。着阿桂逐款详晰质讯，务期水落石出，并命户部尚书曹文埴、浙江巡抚伊龄阿(时二人正奉旨查审浙省仓库亏空案)会同阿桂办理此案"。①

乾隆帝曾于春间密谕闽浙总督雅德查访富勒浑之操守及其家人滋事情弊，雅德不仅没有调查和据实上奏，反而对富勒浑"力为保奏"，并动用司库养廉银1万两，代富勒浑归还欠帑。乾隆帝知悉此事后十分愤怒，连下两道谕旨，对雅德严厉斥责，并于六月二十九日将其革职审问。他说：富勒浑历任封疆，"方资倚毗"，不料其纵容家人恣意勒索，又将关口勒派银两先侵后吐，实属昧良负恩。雅德"以密谕传询之事，竟敢昧良徇隐，公然饰词保奏，且为富勒浑代还借项，是止知下睦而不顾大义，其情节较富勒浑尤为可恶"，着将雅德革去闽浙总督之职，解送浙省，交阿桂归案审办。②

尽管乾隆帝亲自主持查审富勒浑贪婪案件，多次下谕指授方略，督促钦差大臣彻底清查，惩办庇护案犯之大臣，但奇怪的是，大学士阿桂、户部尚书曹文埴、工部尚书舒常和浙江巡抚伊龄阿，以及两广总督孙士毅，就是没有将富勒浑定上贪污帑银纳受贿金之罪，只说其是纵容家人营私舞弊。是富勒浑果真没有侵吞帑银收受贿赂吗？不是。仅在这次审理中，至少是有一件事本来可以做出其系贪污纳贿结论的。这件事是，署泉州府知府郑一桂曾供称：与殷士俊原系亲戚，五十年富勒浑由闽浙总督调任两广总督时，殷士俊随主赴任，路过泉州，郑将金叶50两托殷转送与富勒浑。乾隆帝得知此情，立即下谕说："今此项金叶，既系富勒浑自行婪得，又何怪其饶恕殷士俊。如此贪黩败检"，焉能说其听任家人婪索而不知情？着阿桂严切审讯，"谅富勒浑亦无从狡赖"。③其后，他又几次谕令阿桂根究此事，可是，富勒浑却坚供不知此事，殷士俊言此系郑一桂送与自己之物，郑一桂又翻供说并未托殷送予其主，

---

① 《清高宗实录》卷1255，第15—21页。

② 《清高宗实录》卷1257，第26、27页。

③ 《清高宗实录》卷1258，第5、6页。

而系给予殷士俊。最后只好不了了之。

富勒浑想赖掉勒派各口岸银之事，没有成功。乾隆帝曾几次下旨，论证阐述，断定富勒浑勒派各口岸缴银19000余两是"先侵后吐"，本想吞没入己，但因听说将遭帝审问，而退交海关监督衙门，解京充公。富勒浑辩解说：于兼署粤海关监督时，各口岸未经解到之银太多，"恐赔项无着，是以预筹垫解，及穆腾额回任交收"，适殷士俊等事发，"是以具奏归公"。乾隆帝就此驳斥说：关税系监督专管，总督不过兼辖，即使税课缺额，自有该监督回任料理，富勒浑何必行此一举？"其为侵吞入己，实属显然。及殷士俊等款迹败露，始行具奏报解充公，此等伎俩，岂能掩人耳目！"[1]尽管皇上将这一条定死了，可是，富勒浑总算是在查办他之前就先行交了出来，与完全中饱私囊总有区别。

查来查去，查了几个月，最后就是没有查出富勒浑直接纳贿吞赂之罪，没有查出家人殷士俊等诈索赃银后交与主子若干主奴分肥之罪。出现这样的局面，可能是由于两个因素。一是家奴护主，为主认罪。殷士俊以一普通平民跟随富勒浑后，几年之间，就暴发横财，一跃而为田产房屋兼有、赀财数万的财主和威势逼人的豪门，府州县官员都得求他疏通关节，署泉州知府郑一桂还与他认亲叙戚。这一切，都是其主富勒浑有意或无意给予他的，他怎能不紧紧抱住这个靠山，拼死开脱主子之罪。何况自己家财被抄，赃证确凿，无路可逃，即使牵扯出主人，也救不了自己的性命，倒不如咬定家主无过，这样，富勒浑因无贪婪之罪有可能免遭重惩，那时主子也许会记住奴才护主之功，或怕其供出主人之过，而设法挽救自己。因此，殷士俊不仅没有将自己科索银财纳受贿银与富勒浑连在一起，硬说其无知情分肥之过，而且连郑一桂供称馈送富勒浑的金叶50两，他也包了下来，力言主子不知。再通过秘密联系，郑一桂也推翻了前供，使唯一能定上富勒浑收纳贿银之事，就这样被轻易推翻掉。另一因素是办案大臣软弱无能。照说，这次办案的钦差大臣阿桂、曹文埴，权够大了，地位够高了，能力也算是够强的了，还有尚书舒常、巡抚伊龄阿，以及两广总督兼广东巡抚的孙士毅，这个办案官的班子相当强了。可是，不知是什么原因，他们就是没有查出富勒浑贪婪之罪，连其勒派各口岸银19000余两之事，也是在皇上指出这是"先侵后吐"的性质以后，他们才跟着附和的。就算是殷士俊死死保住富勒浑，

---

[1]《清高宗实录》卷1258，第36、37页。

不供出其知情分肥之事，也可以从其他人员追查出富勒浑收纳贿银之事。可是，查了几个月，没有"查出"。是富勒浑真系清廉毫无劣迹？不是。九年以后乾隆帝查审闽浙总督伍拉纳贪婪之事时，盐商供认，当富勒浑任闽浙总督时，"曾索取盐商等银五万五千两"。①除了盐商，还有米商、布商等其他行业的商人，广东还有"洋商"，两广闽浙共100多个府州县，若干商道，这些官员和商人难道就不会被富勒浑索取钱财？可见，富勒浑并非不贪污，只是钦差大臣阿桂等未能执行帝旨查出或不愿查出而已。

乾隆五十一年闰七月十九日，根据阿桂等钦差大臣的奏折和军机大臣、三法司的复议，乾隆帝下谕，宣布了对富勒浑一案的处理。他说："富勒浑受朕深恩"，简任封疆，擢用总督，历练亦久，资格较深，故由闽浙调用两广，委其以海疆繁剧之任。"乃伊竟志得意满，纵容家人长随，关通婪索，营私舞弊，漫无觉察，形同木偶，已属知情故纵"。又于兼署粤海关印务时，听从家人长随等怂恿，勒令书吏预缴银19000余两，存贮私宅，"希图侵蚀，及见家人赃私败露，始奏请归公，勒结存案，为掩饰推诿之计，其先侵后吐，罪无可宽。着依拟应斩监候，秋后处决"。闽浙总督雅德于富勒浑的家人招摇婪索枉法营私情弊，毫无见闻，"经朕降旨密访，并不据实直陈，且反饰词保奏，其昧良徇隐，甘心面欺，情节甚为可恶"，着将浙省亏空案内富嵩、富勒浑、雅德三人名下应该分赔的139000余两内富勒浑应赔之银，令雅德代赔，因富勒浑之家产已经查抄，仍俟雅德到京后，再将其派差赎罪。阿桂等将殷士俊、李世荣拟以绞监候，"实属宽纵"，将阿桂、曹文埴、舒常、伊龄阿俱交部察议，殷士俊、李士荣着即处绞。②不久，富勒浑被释，出刑部狱，闲居，雅德往新疆任职。

十七、窦光鼐查案 "不要性命，不要做官"

乾隆五十一年（1786年）四月十二日，乾隆帝下了一道导致震惊朝野的长谕，摘录如下：

---

① 《清高宗实录》卷1486，第32页。

② 《清高宗实录》卷1261，第11—13页。

"据窦光鼐奏：浙省各州县仓库亏缺，未补者多。盖因从前王亶望、陈辉祖贪墨继踵，败露时督臣富勒浑仅以仓库亏缺具奏，并未彻底查办，只据司道结报之数，浑同立限，各州县遇有升调事故，辄令接任之员代为出结，办理殊属颟顸。闻得嘉兴府属之嘉兴、海盐二县，温州府属之平阳县，亏数皆逾十万，应查明何员亏缺若干，分别定议，指名严参等语。所言皆属公正。浙省自王亶望、陈辉祖在彼，贪婪继踵，而其败露，则系监粮、官物二案。其时富勒浑、福崧以合省仓库亏缺具奏，朕因不欲复兴大狱，唯令设法勒限弥补，已系朕格外之恩，该省大小官员稍有人心，自当及时弥补，乃自立限后已届五年，而福崧仍以各属未能弥补全完恳请展限具奏，又复公堂设誓，成何政体！是以派尚书曹文埴等前往彻底查办。昨据曹文埴等奏到，该省亏缺仓库，自勒限弥补后，尚亏缺三十三万余两，现在酌议清查等语，是所奏与福崧等原报之数相符。今据窦光鼐奏，嘉兴、海盐、平阳三县亏数皆逾十万，则是此三县亏空，已有三十余万，其余通省州县亏缺，自不止此数，而曹文埴等所奏合省尚亏三十三万余两之处，殊非实在确数，似有将就了事之意，而未谕朕不为已甚去其甚之意也。

"此事从前富勒浑等仅据司道结报之数，浑同立限，并未彻底清查，而此时曹文埴等到彼，亦仅就福崧、盛住开报数目据以入奏，看来曹文埴等亦欲就案完事，殊非令彻底清查之意。伊等系朕派委前往查办，自应将该省何处亏缺若干，何处弥补若干，何处竟未弥补，何处不但不能弥补且有增多之处，逐一详查根究底里，方为不虚此行。若只就福崧等开报之数，颟顸结局，则将来该省官员，以仓库亏缺为前任之事，辗转推诿，而不肖之员，且以此挟制上司，更肆其侵蚀伎俩，将复成何事体！……

"又据窦光鼐奏：去岁杭州、嘉州、湖州三府秋收歉薄，仓库正需平粜，而仓内有谷可粜者无几，浙东八府岁行采买，唯折收银两，以便挪移，等语。曹文埴等亦未奏及此也。州县设立常平义仓，收贮谷石，原为偶遇荒歉，临时平粜散赈之用，乃杭州等属，竟至无谷可粜，而浙东采买，且有折收银两之事，尤堪骇异。窦光鼐为该省学政，经朕批询，据实指陈，必系耳闻目睹，所奏不为无据。着将原折抄寄曹文埴等阅看，令其查照窦光鼐所奏各款，逐一秉公详细盘查，务将该省数年积玩亏缺实数，及原亏续缺装点各情弊，并亏空数逾十万之嘉兴等县，及平粜无谷折银挪移之杭州浙东等属，逐一查明，据实严参办理。倘曹文埴等仍有回护瞻徇，不实不尽，将来别经发觉，朕唯三人是问，恐曹文埴等不能当其咎矣。着由六百里速行传谕曹文埴等，并令速行回奏，富勒浑、福崧各令其明白回奏外，将此通行传谕知之。"①

这道约1200字的谕旨，虽然讲了许多事情，涉及的方面相当广泛，但集中来看，它主要讲了一个问题，即乾隆帝褒奖浙江学政窦光鼐据实陈奏浙省仓库亏缺太多，训诫钦差大臣曹文埴等三人不要再"回护瞻徇""将就了事"，责令他们认真清查，"据实严参办理"。

乾隆帝的这种态度是对的，倾向性也很明确，支持窦光鼐如实反映问题。但是，他万万没有想到此举给窦光鼐带来了多么大的危险，没有想到专办查库的三位钦差大臣竟会违抗帝旨，合伙陷害、整治直言的学政，更加出乎他意料的是，这个窦光鼐竟是一个不怕权臣、"不要性命，不要做官"，坚持把追查贪污的斗争进行到底的铁汉子。

窦光鼐的危险在于，他彻底清查浙江仓库钱粮亏空的立场和行动，得罪了一大批有权有势的官员，陷入孤军作战的困境，甚至会被定上欺君大罪。

其一，他遭到浙江巡抚、布政使、按察使和许多道员、知府、知州、知县，即浙省大多数官员的坚决反对。谕中所讲的浙省亏空，是乾隆帝于四十七年查办闽浙总督陈辉祖侵吞原巡抚王亶望入官金子案件的时候，估计到通省钱粮"难保无积压亏缺"之弊，而下谕清查，当年查出各府州县仓库钱粮共亏空130余万两。经帝多次催促，五十一年二月，浙江巡抚福崧上奏，四年以来，已弥补96万余两，尚亏空33万余两，难以依限全补，请求展限上交，并言已于新年正月"传齐司、道、各府共同立誓，共砥廉隅"。②

福崧于四十七年由甘肃布政使升任浙江巡抚，足足催了四年之久，才弥补了962000余两的亏空，还欠33万余两，而且还因无法依限纳清而请求皇上宽限，并召集司、道、各知府立誓于新年，以便补足欠项，可见其弥补亏空是何等的艰难！

当然，浙江乃鱼米之乡，33万两的亏空，并不是什么了不起的大数，不过仅仅相当于全省一年人丁田赋银的1/10，如果真要弥补，并不是多么难的事。收入、赋银远远少于浙省的山东，亏空的200万两银，只

① 《清高宗实录》卷1252，第17—20页。
② 《清高宗实录》卷1249，第5、6页。

用了两年的时间就补足了，山东能办到，为什么浙江用了四年多的时间还交不齐130余万两亏空之银？显然，这并非该省力不能及，而是通省大小官员有意延宕抗违。

因此，乾隆帝读过福崧之奏后，十分生气，于五十一年二月十七日下谕，严厉斥责福崧说：浙省"向无亏缺之事"，四十六年、四十七年王亶望、陈辉祖贪黩之案相继败露后，闽浙总督富勒浑将浙省仓库亏缺据实查奏，朕因不欲更兴大狱，是以降旨令其勒限弥补，乃该省官员历三四年之久尚未补完，并敢厚颜奏请展限，且公同立誓，"成何政体"！山东亏空200余万两，已于2年限期内全完，浙省"何以立限已逾，尚复宕延亏帑"？"是该省大小地方官恃朕有不为已甚之旨，竟敢玩视帑项，一味稽迟"，"此而不严加惩创，各省纷纷效尤，伊于何底耶"？①

乾隆帝于同谕宣布，派三位钦差前往浙省，"对各州县仓库彻底盘查"，并于三月二十七日降旨，令福崧来京候旨，命伊龄阿接替其浙江巡抚之任，革去布政使盛柱之职，命其留内务府郎中职充当杭州织造。②

巡抚、布政使皆因未完33万余两的旧欠而被革职，窦光鼐还说浙省亏空不止此数，各州县亏空很多，这将置原巡抚福崧、布政使盛柱以及府州县官于何地？如真系大量亏空，查出之后，这批官员怎能逃脱革职抄家甚至诛戮发遣的命运？因此，窦光鼐之奏，必然招致浙江全省官员（至少是大部分官员）及其心腹、党羽的拼死反扑。

其二，惹怒了钦差大臣，遭其暗算和公开打击。三位钦差大臣是户部尚书曹文埴、刑部左侍郎姜晟、工部右侍郎伊龄阿。曹文埴进士出身，卓有才干，从乾隆四十四年任都察院左副都御史起，历任刑、兵、工、户诸部侍郎，兼管顺天府尹，乾隆五十年因与伊龄阿复审员外郎海升杀妻假报其自缢案，得其实情，按律惩治，帝奖其不徇情容隐，"公正得大臣体"，擢户部尚书。姜晟也是进士出身，授刑部主事，迁郎中，"以治狱明慎"为帝赏识，四十二年出授江西按察使，四十五年超擢刑部侍郎，屡被帝派往各省按事谳狱，是乾嘉时期著名的审案能臣。③

这三位钦差大臣于五十一年二月十二日被皇上派往浙省，"彻底盘查"各州县仓库，三月至四月初，曾三次奏报情况，前两次说，据福崧

① 《清高宗实录》卷1249，第6、7页。

② 《清高宗实录》卷1249，第6、7页。

③ 《清高宗实录》卷1251，第22、23页；《清史稿》卷321，《曹文埴传》；卷352，《姜晟传》。

开报尚亏30余万两，四月初的奏折则说，"该省亏缺仓库，自勒限弥补后，尚亏缺三十三万余两，现酌议清查"。乾隆帝于上述四月十二日的谕旨中，根据窦光鼐之奏，对他们的这一结论予以批驳，指责他们"有将就了事之意"，"欲就案完事，殊非令彻底清厘之意"，谕令他们必须参照窦光鼐所奏各款，逐一详查，据实严参办理，不得"仍有回护瞻徇，不实不尽"，否则将自取罪咎。这使三位钦差大臣相当难堪，号称善于办案的三员大臣，竟不如一个曾被皇上几次称之为"迂拙"、"拘钝无能"的书呆子窦光鼐。况且，这还不只是脸面问题，若真如窦光鼐所奏，钦差大臣则将犯下有负重任徇情失职的大罪，遭帝严惩。可见，这三位钦差大臣对窦光鼐肯定是颇为恼怒的。

正是由于上述原因，虽然乾隆帝曾有过嘉奖之旨，并派窦光鼐会同钦差大臣一道彻底清查州县的亏空，好像窦光鼐之从公出发的劾奏，取得了胜利，其处境相当顺利，但这只不过是一时的表面现象，不久就要发生剧变，窦光鼐很快就要遭到大祸了。

乾隆五十一年五月初，乾隆帝收到了钦差大臣户部尚书曹文埴与浙江学政两人分别奏报浙省亏空之事的奏折。曹文埴报：查过宁波、台州、处州等11府，库银仓储共亏缺银272000余两，"核之册报数目，有减无增，现饬将各州县存贮之银，尽数提归藩库，并与藩司一切卷宗，逐款核对"。窦光鼐奏：仙居、黄岩等7县的前任知县徐廷翰等人亏缺之数，"多至累万"。布政使兼杭州织造盛柱上年进京，"携赀过丰，外间颇有烦言"，"上司进京，属员馈贶"。总督富勒浑经过嘉兴、衢州府、严州府上下游地方，"供应浩繁，门包或至千百"。[①]

从曹、窦之奏看，显然双方对浙省亏空之事有着根本对立的见解和对策。钦差大臣曹文埴等人寸步不让，坚持原有成见，硬说没有新的亏空，所欠之数比福崧呈报之数还少，即表明自己无过，并未徇情袒护。窦光鼐则认为浙省亏空太多，仅仙居等7县的县官，亏缺之数就多至累万。双方之奏都是针对对方而言，拉开了查亏空与反查亏空斗争的帷幕。

窦光鼐看来确实有些"迂拙"，一事未了，又兴一事。他的此番上奏，除了和钦差大臣交锋外，又拉扯出了新的权臣，既弹劾藩司兼织造的盛柱"携赀过丰"，"属员馈贶"，即言其有贪污败检行为，又明劾

---

① 《清高宗实录》卷1254，第3、4页。

总督家人收受成百上千两银的门包。尽管他是力图除奸去恶，但涉及之人太多，树敌太多，策略上有欠考虑，不如一个一个地解决更好。

此时乾隆帝对窦光鼐还是信任和支持的。他就曹、窦之折下谕，讲了四个问题。一是曹文埴所奏将州县存银提归藩库逐款清查，"自应如此"，令其与窦"和衷详查办理"。至于窦光鼐所劾仙居等县官员之亏缺，是否在27万两之内，命曹奏明。二是窦光鼐身为学政，现科试未竣，又系乡试之年，着窦即按期考试未考之府，不必参与盘查仓库。三是派大学士阿桂到浙，会同曹文埴等彻底查办，因此案重大，"恐曹文埴等不能收束定案"。四是将盛柱解任候质，命和琳暂署杭州织造，谕阿桂查审盛柱、富勒浑之案。①

阿桂之被派往浙江，总管盘查浙省亏空之事，对窦光鼐来说，是福是祸，一开始还不甚明朗。按一般情理看，此举对窦比较有利。因为，钦差大臣户部尚书曹文埴等人，态度已很明确，就是要按福崧之奏"将就了事"，不愿彻底清查，而且反对窦之盘库惩贪的做法，如仍由曹做主，此案只能不了了之，现在换了一个新的决策者，总会增加支持彻底盘查的可能性。而且，阿桂当时德高望重，算是朝廷中一位颇有才干、为国着想、办事公正的军国大臣，曾经查办了甘肃捐监冒赈和陈辉祖吞没入官金子等大案，想来他会支持坚决清查亏空的。

但是，情理归情理，事实是事实，阿桂一到浙东，就出乎窦光鼐的想象和愿望，给窦来了一个下马威。阿桂与曹文埴等一起，当面询问窦光鼐：你所奏永嘉、平阳二县借谷勒派之事，系何人告知？窦称"不能记忆姓名"。阿桂又问：你所言藩司、织造盛柱进京携带银两，有何证据？窦"亦不能指实"。②阿桂、曹文埴等人之如此质询，是有偏见的，是不公正的，也可以说是出乎常情。窦光鼐乃一学政，职掌在于教育，民政非其所责，他是遵奉帝旨而回奏浙省亏空之事，当然只能是"风闻言事"，不可能大遣属员差役详悉查审，在这样的条件下，阿桂要窦提供确证，岂不是强人之所难？至于平阳亏缺之事的消息提供人，阿桂更不该问，问此做甚？是办案还是别有用心？窦以"不能记忆姓名"相答，确算比较明智，当然不需要也不应该将此告诉阿桂，谁知阿桂打的什么算盘？

---

① 《清高宗实录》卷1254，第3—6页。

② 《清高宗实录》卷1255，第6、7页。

阿桂将上述问答向帝报告，并着重讲述了盛柱携银进京之事。阿桂奏：盛柱上年进京，带有应解人参价银39000余两，到京后赴广储司兑交。盛柱称并未给十五阿哥(即九年以后继位为君之嘉庆帝)送与物件。

阿桂如此上奏，显然表明是不满窦光鼐之所为，认为其是无事生非，扰乱浙省，诬陷好人。这一奏折，影响巨大，顿使乾隆帝对窦光鼐的看法，发生了180度的大转变，从嘉其据实直奏，改变为斥其信口诬人，从爱其所奏，变为憎其所言。

乾隆五十一年五月二十二日，乾隆帝就阿桂之奏下谕，奚落和斥责窦光鼐说：窦言不能记忆报告平阳县亏空之人的姓名，"是窦光鼐既欲于朕前见长，又恐得罪众人，实属进退无据"。窦见盛柱进京带银数多，"遂疑为盛柱私赍，若如此疑人，天下竟无一清廉之官矣！尤为可笑"。"至总督、藩司收受属员门包馈送，事关大员婪索，若并无确据，何得率行陈奏，乃询问该学政，毫无指实，是竟系信口诬人。若窦光鼐欲诬人谋反，将不论其有无，将人治罪，有是理乎？此案若非朕特派阿桂前往查办，则窦光鼐与曹文埴等争执扳引，即经年之久，办理亦不能完结，更复成何事体！今阿桂与曹文埴等公同面询，逐层驳诘，俱确有可据，窦光鼐竟不能复置一词"。着将此旨由五百里传谕阿桂知之。①

乾隆帝为什么对窦光鼐以及对浙省亏空的看法和态度(即准备就曹文埴之奏了结此案)，发生了这样根本的变化？究竟是什么原因？他没有明确讲述，但剖析与此旨相关的上谕，联系时局，还是可以归纳出几点推论。其一，阿桂等系帝倚重、信任的大臣，容易听信其言。他曾在另一谕中训斥窦光鼐无自知之明说："阿桂、曹文埴、伊龄阿，屡蒙任使，皆系素能办事之人。朕之信窦光鼐，自不如信阿桂等。即令窦光鼐反躬自问，亦必不敢自以为在阿桂上也。"②

其二，盛柱是内务府官员，蒙帝信任，派其充任杭州织造并晋为布政使，乃窦光鼐劾其有私，并牵涉到其曾送物与十五阿哥。乾隆帝素以英君自诩，一向对诸皇子严加管教，不让他们与大臣私下交往，更不准发生收受官员礼物的违法行为。迄今为止，此类事尚属罕见，而今窦却声称盛柱与十五阿哥之间有此丑事，岂不大丢其脸。何况十五阿哥是将来继承大统之人，关系更大。因此，他一听到阿桂奏称盛柱说未送物

①《清高宗实录》卷1255，第6-8页。
②《清高宗实录》卷1260，第3页。

品，"阿哥亦从不许其帮助"时，高兴极了，在斥责窦之谕中着重指出："阿哥等素常谨慎，宫中廪给亦优，本无须伊等帮助之处，盛柱所言，自属可信，朕阅之深为嘉悦。"①皇上这种内心深处的秘密，只有阿桂这样久侍禁近之亲信大臣才能意揣，书呆子窦光鼐焉能知晓？

其三，乾隆帝此时已是年逾古稀的老皇帝，从精力和壮志而言，76岁之君当然不如三四十岁时之帝，自然容易失之于宽纵，何况五十余年的太平盛世，因循营私之弊盛行，仓库钱粮之亏空，成为全国通病。他知悉此情，并不想彻底整顿，只是要求能过得去就行了，所以，他对钱粮亏空的总方针是"不欲为已甚之举，亦不为姑息之政"，或者换句话说是"不为已甚去其甚"。他不只对钦差大臣曹文埴讲了这一方针，还在派阿桂赴浙时再三叮咛其要"仰体朕意，妥协办理，不蔓延，亦不致疏漏"。②因此，他自然更愿意接受阿桂、曹文埴、伊龄阿追齐原奏之20余万两亏空之银，而不乐意采纳窦光鼐之彻底盘查的主张。

是否是这些原因，姑且不论，但严峻的事实是，乾隆帝听从了阿桂、曹文埴之言，不愿根究亏空的全部问题，已对窦光鼐采取憎恶、怀疑和动辄训斥的态度了。对于窦光鼐来说，从此形势便急转直下，打击一个接着一个，处境迅速恶化。

上谕下达之后的第21天，六月十三日，乾隆帝依据阿桂、曹文埴的奏报，下谕对浙省亏空一事做了结论。谕旨说：前经阿桂等奏称，查明浙省亏空银两已弥补和未弥补的实际数量，"详核定议"，请将福崧等交部严加议处。此奏折已交军机大臣会同该部议奏。"浙省亏空一案，大局已定"。所有仓库弥补未完银253700余两，与福崧初报27万余两之数，"有少无多，足见其尚无隐饰"，"福崧尚无贪黩败检情事"，其咎只是不能实力督催，以致逾限不完，失之柔懦，着加恩命其署理山西巡抚。③

这道谕旨宣布了查办亏空之事，已告结束，浙省并无新的亏空。它实际上也就是告诉文武大臣和浙省各级官员，窦光鼐所上浙省弊私多端之奏，纯系捕风捉影无稽之谈。

①《清高宗实录》卷1255，第7页。
②《清高宗实录》卷1251，第8页。
③《清高宗实录》卷1256，第14、15页。

又过了十几天，阿桂、曹文埴等人专门批驳窦光鼐之折送到京师。阿桂等人奏称：窦光鼐所奏"永嘉、平阳等县挪移勒派各款""俱经严密访察，并无其事"。窦光鼐劾奏平阳县知县黄梅 "丁忧演戏一节"，亦属非实。查系本年正月，黄梅为母九十岁生日演戏，其母"一时痰壅，适于演戏之夜猝故"。乾隆帝于七月初三日下谕，同意阿桂之奏，并严厉斥责窦光鼐诬告黄梅"丁忧演戏"，是"污人名节，以无根之谈冒昧陈奏，实属荒唐"，着予申饬，并令其据实明白回奏。①

窦光鼐于遵旨回奏时，不顾风险，坚持正见，讲了五个问题。一是参劾前仙居县知县徐延翰将临海县生员马实借故"滥禁，因而致死"。二是平阳县知县黄梅，"母丧演戏，系阖邑生童所言"。三是平阳县之亏空，始于黄梅。"该员以空空太多，挟制上司，久据美缺，纵令伊子借名派索滥用"，"抗不弥补，通省共知"。四是指责阿桂等大臣于议处亏空官员，"未将黄梅从重办理"。五是钦差大臣所派人员赴平阳县查审时，"为地方官所蒙"，现在自己"亲赴平阳，查核确实，再行回奏"。②

乾隆帝览奏后，非常生气，于闰七月初一日下谕，严厉斥责窦光鼐，将其交部议处。他也讲了五个问题。一是"浙省亏空一案，业经阿桂等查办完结"，将乾隆四十三年以后历任各员，拟以革职、暂行留任，按照在任日月分赔，勒限不完照虚出通关律治罪。"黄梅之罪，亦与他州县相仿"，焉能单独对其从重处治！二是窦光鼐将参奏仙居县知县徐延翰之折，交与钦差尚书曹文埴看，"声言汝等办理此案，若不将徐延翰照故勘滥禁，治以重罪，我必将汝等参奏。并令告知阿桂、伊龄阿"。其此举是"袒护劣衿，偏执己见，不自知其言之狂妄若此"。如照其言办理，"将来劣生必致武断乡曲，目无官长，适足以成恶习而长刁风，尚复成何政体！"三是窦光鼐坚持诬告黄梅"丁忧演戏"，是"污人人节"，"禽兽不如"。四是窦如至平阳县后，滋生事端，"陵凌夷地方官，是伊自取咎耳"。五是窦乃学政，"校士是其专责"，今乃必欲亲往平阳访查，"置分内之事于不办"，殊属轻重失当。"且其固执辩论，意在必伸其说，势必陷明季科道盈廷争执，各挟私见，而不顾国事之陋习，不可不防其渐"。窦光鼐着交部议处，"并将此通谕

① 《清高宗实录》卷1258，第3、4页。
② 《清高宗实录》卷1260，第2-4页。

知之。"①

窦光鼐虽然被帝贬称为"迂拙""拘钝无能",即言其迟钝呆笨,但再呆、再笨,他对自己的处境也不会不了解。身为首辅与军机大臣领班、国家之第一军国重臣、一等诚谋英勇公阿桂,口衔帝命,全权主持浙省仓库亏空问题的查办,审案能臣为帝倚任的第二位钦差大臣户部尚书曹文埴,曾任钦差大臣现为浙江巡抚的伊龄阿,一致反对窦光鼐,再三坚持浙省没有新的亏空,没有大的贪污问题,可以就此结案。威严无比的英君乾隆皇帝听信了阿桂等人之言,下谕严责窦光鼐,并命交部议处。都察院会同吏部遵旨具奏,请将窦革去官职,尽管皇上尚未立即批准,但显然形势不妙。窦光鼐不会不知道已经处于孤立无援即将革职问罪的绝境,怎么办?他自然会回想几十年的宦海浮沉。

窦光鼐其实并不呆笨,而且相反,却是一位神童、大家和善识英才的伯乐。他"幼负绝人之资,贷书于人,览即成诵"。他12岁时写的《琅玡台赋》,为监司某公大加赞扬。他22岁就中了进士,选入翰林院为庶吉士,散馆授编修。乾隆帝知其学问较好,特擢左中允,累迁至内阁学士。窦丁忧耽误数年,乾隆二十年服满即补左副都御史,督浙江学政,任满还京,因与刑部堂官议狱争执,被吏部议处以降调,帝命留任。二十七年帝以窦迂拙,不能胜任副都御史之职,命署内阁学士,授顺天府府尹,窦又因与总督争辩而被部议准夺职。数月以后,帝以"光鼐但拘钝无能,无大过",授通政司副使,再迁宗人府府丞,任至十年之久,才再督浙江学政,擢吏部侍郎,留任浙江。

窦光鼐虽有满腹学问,却屡因坚持己见、为民谋利、为国效劳而与大臣争执,遭到惩治和排挤,不得肩负重任施展才能。这次好不容易才摆脱了十年冷坐宗人府的困境,奔赴浙江,为培育英才而出力,并因奉旨而仗义据实参劾浙省官员贪婪亏空之弊,好像时来运转,有了用武之地,不料风云突变,一下子就被皇上多次斥责,交部议处。他的出路看来只有两条。一条路是就此罢休,不再坚持盘查亏空惩治贪官,向钦差大臣赔礼道歉,向皇上呈疏请罪,争取得到一个较轻的处罚,或只训诫不革职的宽待。这条路是比较容易走通的。另一条路可就难了,即坚持斗争,不达目的决不罢休。这很容易陷入绝境。不仅浙省各级官员要拼死阻碍盘查,钦差大臣也不会袖手旁观,不会允许窦光鼐清查各个州县

<hr>

① 《清高宗实录》卷1260,第2—5页。

仓库，皇上也不会批准窦的请求。而且时间不多了，吏部拟议革窦之职的奏疏，说不定皇上就要批准了，那时一个削职罢官的窦光鼐，只有坐等圣上处罚之责，哪有查库审贪之权！就是窦有天大能耐，也不能施展了。

走前一条屈辱妥协之路，非窦之愿，走后一条路又太难。也许是情急智生吧，他抓住了一个容易突破的关键，星夜飞赴远离省城1000余里的平阳县，发动全县童生、监生和平民百姓，狠追平阳知县黄梅的贪婪赃证。

浙江新巡抚伊龄阿对此异常恼怒，立即飞章劾奏。乾隆帝读过伊龄阿之折后，亦十分生气，立于五十一年闰七月十八日，下达长谕，历述此案经过，痛斥窦光鼐，将其革职。他说：前因浙省仓库亏空，不能依限弥补，特派大臣前往查办，"并于窦光鼐奏到考试折内，批令就所闻见，据实具奏，此朕兼听并观之公心也"。继因窦奏浙省亏缺多于上报之数以及平阳知县"丁忧演戏"等，"曾于折内批谕，褒其公正"。迨阿桂等人查明该省亏缺，较前所报之数，有减无增，黄梅演戏并无其事，朕尚不欲立即加罪，乃窦执辩不休，"哓哓渎奏"，且置录士不问，"亲赴平阳等处，自行访查，意在必申其说"，故将其交部议处。都察院、吏部具奏，"以该学政袒庇劣生，擅离职守，议以革职"，朕尚将此折暂存。今据伊龄阿奏，"窦光鼐于未到平阳之先，潜差人赴平阳一带，召集生童，呈控地方事件。及行抵彼处，于明伦堂召集生监，询以黄梅在任款迹，生监等答以不知，窦光鼐即发怒咆哮，用言恐吓，并勒写亲供，锁拿该县书役，用刑逼喝"等语。生监等把持唆讼，学政方将约束之不暇，而窦光鼐"招告于未到之先，逼吓于既到之后，咆哮发怒，纷纷若狂，实属大孤厥职"。窦光鼐"科分较深，学问亦佳，从前未经升用者，即因其性情偏执，遇事辄挟私见，见以迟迟耳"。近念其学问尚优，历俸最久，乃用为侍郎，留任学政。今其竟于浙省一案，执辩不休，无故陷人于忤逆名节有亏之事，又召集生监滋事，难再姑息，着照部议，将窦光鼐革职。①

过了六天，闰七月二十四日，浙江巡抚伊龄阿之折又送到了北京。伊龄阿奏：窦光鼐在平阳城隍庙，多备刑具，传集该县书吏，追究原任知县黄梅款迹，"生监平民人等一概命坐，千百成群，纷纷嘈杂"。及

---

① 《清高宗实录》卷1261，第3—5页。

其由平阳回省，"携带多人，坐船由溪河昼夜行走，以致水手落河淹毙。抵省时，称黄梅款迹，不是丁忧演戏，乃另有呈控之案。哓哓致辩，并有不欲做官，不要性命之言"等语。乾隆帝览疏大怒，立于当日下谕，斥责窦光鼐"竟系病疯，是以举动癫狂如此"，如此乖张为乱，不但有失大臣之体，"且恐煽惑人心，致启生监平民人等，讦告官长效尤滋事之风"，不可不严惩，仅予革职，"不足蔽辜"，"着将窦光鼐拿交刑部治罪"。窦光鼐便这样由从二品的吏部侍郎、学政的高级官员，一下子就沦落为戴上刑具，押赴京师问罪的因犯。竭力反对窦光鼐的伊龄阿之流，定会为此旨而欢喜若狂。不过，历史是最无情、最公正的审判官，事实总难以长期被歪曲掩盖，不久他们就要大失所望了。

乾隆五十一年闰七月，年近古稀的罪官前吏部侍郎、浙江学政窦光鼐，戴上刑具，被如狼似虎的差役押着，向京城而来。这时的窦光鼐，想必已筋疲力尽了。须知，从省会杭州，到达平阳，足足有1000余里的路程，舟车交替，日夜赶行，对一个白发苍苍、久居京师的文臣来说，是相当艰苦的了。何况他还要想方设法，排除障碍，搜集平阳知县黄梅的罪证，这可是一件非常困难之事。不要说他已是一位遭受钦差大学士阿桂、户部尚书曹文埴、现任巡抚伊龄阿竭力反对，并为皇上严斥之失意学政(此时他还未被革职)，官场势利，朝变夕改，县里官员、差役不会与他合作，生监平民也不见得会向他提供人证物证，就是几月前钦差尚书曹文埴派往平阳查案之司员海成，在县堂放告三天，都没有一人前来告状，海成只有空手回省，要想搜集到一些确凿可靠的证据，他不知费了多少心血，熬了多少个通宵，等等因素，这位老翁能不劳累疲惫？

尽管此时窦光鼐已变成了阶下囚，前途吉凶难测，而且很可能是祸多福少。他对朝廷之如此不公，如此昏庸，定会愤怒不已，但是这位铁御史也会为此行之收获和采取的正确决策，而有所安慰。这位被皇上贬称为"迂拙"之人，在这次陷入重围孤军奋战中，显示了惊人的超群之才。这在三个方面表现得异常突出。一是他放弃了全面普查全省亏空的做法，集中狠抓平阳知县黄梅的罪证。他很清楚，在强大的人数众多的官僚面前，他这位没有实权的学政，无法查清全省11府、70余州县钱粮亏空的实情，找不到大量确凿可靠的证据，不能够推翻阿桂、曹文埴、伊龄阿等人做出的结论。可是，单抓平阳，情况就不一样了，就有可能以此为例，以此为确证，驳倒阿桂等人所云浙省无弊的结论。二是他赶在被革职之前，急赴平阳县，苦口劝谕生监平民，计逼吏胥，得到了全县广大生监和平民百姓的坚决支持，搜集到2000多张田单、印票、借票、收帖等确凿无疑的物证，足以驳倒任何徇情枉法的官员之诡辩。三是当伊龄阿等官员欢呼革职拿办窦光鼐的谕旨下达的时候，窦光鼐已早将奏折由一日五百里的速度发出，附有各种物证，这会使皇上明了真情，改变方针，重审此案。形势正是朝着这个方面发展变化的。

在乾隆帝颁降拿解窦光鼐至京交刑部治罪之旨后的第三天，五十一年闰七月二十七日，即收到窦之奏折的当天，他接连下了两道震惊朝野的长谕，宣布重审窦光鼐及平阳县之案。第一道谕旨说："据窦光鼐奏：亲赴平阳，查出黄梅以弥补亏空为名，计亩派捐，每田一亩，捐大钱五十文。又每户给官印田单一张，与征收钱粮无异。又采买仓谷，并不给价，勒捐钱文。莅任八年，所侵吞部定谷价与勒捐之钱，计赃不下二十余万，并据各生监缴出田单、印票、收帖，各检一纸呈览"等语。前据伊龄阿劾窦举动疯狂，故将其拿交刑部治罪。"今观窦光鼐所奏，又似黄梅实有勒派侵渔之事，且有田单、印票、借票、收帖各纸，确凿可据，岂可以人废言"。前因浙省勒限弥补亏空，恐有不肖官员借端勒派，扰累闾阎，屡降谕旨饬禁，今黄梅借弥补而勒捐，既勒捐仍不弥补，"以小民之脂膏，肥其欲壑，婪索不下二十余万，似此贪官污吏而不严加惩治，俾得漏网吞舟，不肖之徒转相效尤，于吏治大有关系"。"若朕惟阿桂、曹文埴、伊龄阿之言是听，而置此疑案不明白办理"，不但不足以服窦光鼐之心，且浙省现值乡试，生监云集，"众口藉藉，将何以服天下舆论！此事关系重大，不可不彻底根究，以服众惩贪"。阿桂现已起程返京，着其接此旨后即回浙江，秉公审办。阿桂受朕深恩，用为大学士，自然不肯存心回护，但究系原审之人，着添派江苏巡抚闵鹗元会同审办。此时窦光鼐业已由浙起解，仍着其返浙质对。阿桂、闵鹗元"总须将黄梅勒捐派累实在情形审讯明确"。窦光鼐进呈田单、印票、飞头谷领收帖、借票各件，"俱系黄梅勒派、勒借及采买仓谷不发价值虚填收领实在凭据"，窦进呈者，不过每样各检一纸，其留浙省者甚多。"以此观之，则伊龄阿不免为属员所欺矣，此事却有关系，伊龄阿尚可，朕与阿桂可受其欺乎！必应审明，朕不回护，唯有大公至正而已"，闵鹗元亦应如此。阿桂等到达其地，只需就此各项字帖，并吊齐控案，逐款根究，即不难水落石出。何况"票内一半钤有官印及伊私有图记，断非捏饰"。[①]

第二道谕旨讲了六个问题。一是黄梅罪证确凿。窦光鼐"五百里驰奏之折"及其进呈之物证，"系显有证据"，黄梅"向户民按亩派捐钱五十文，公然写给印票，又借部民吴荣烈等钱文，于借票上用贴教堂图记，俱系证据凿凿者"，"即此二款，黄梅断无从抵赖"。二是钦差大臣是无意失误，可以原谅。原之惩处窦光鼐，是"因阿桂等查审此案完竣"，窦仍坚持己见，伊龄阿又两次参劾窦发布招告，传集生监逼写亲供，"千百成群，纷纷若狂"，故将其革职拿问，"非朕之憎窦光鼐也"。今据窦奏折，"黄梅赃款确凿，则是阿桂等前此在彼查审时，竟为地方官瞒过。然朕知阿桂必非有心为黄梅开脱。不但阿桂无此心，伊龄阿甫任巡抚，亦无所用其回护，想亦为地方官所蒙蔽"，就是派往访查的司员海成，亦以地方事件猝往查办，一时不能知其底细，致为知府范思敬"诡词遮饰，海成即坠其术中"。"此等情节，朕无不洞悉原谅矣"。三是必须彻底查清黄梅贪婪之案，按律惩处。窦光鼐逐款陈奏，并将田单借领等纸呈览，平阳县生监平民呈出未经进呈京师的文契尚有2000余张，"朕岂肯稍为回护，将就留此疑案，颟顸了事"！阿桂又岂可回护原辩，让贪官幸脱法网！"且窦光鼐性情坚执，而浙省士子议论风生"，倘阿桂心存袒护，不将黄梅款迹彻底查办，以服人心，而含糊结局，"将来窦光鼐到刑部时，岂能钳其口而不言？而该处舆论藉藉，倘经御史复行参奏，朕将何以中止"？"阿桂等亦不值为此劣员任咎也"。着传谕阿桂、闵鹗元同往浙省，将黄梅款迹逐一根究，并将该处生监，传集质对，"无论各款俱实，固应将黄梅按律定拟，置之典刑，即有一二款得实，亦应从重治罪，以为州县勒派殃民亏缺仓库者戒！"四是改变清查重点。彻底查出黄梅在任八年之种种劣迹，"明正其罪"，此事在全省清查之时，"原非案内紧要情节，而此时则为重大之件，关系菲轻"。五是窦光鼐之行为难能可贵。"黄梅如果赃款属实，从前历任督抚因循不办，及阿桂等前此审办时，又为地方官所欺，几至吞舟漏网。而窦光鼐执辩不挠，独能列款入奏，虽其举动乖张，固有应得之咎，而始终不肯附和，亦属人之所难，如果所奏不诬，朕尚欲加恩原宥。阿桂遇彼时，不妨即以此旨给其阅看，令伊心服也"。六是开导首相，阿桂系受恩深重之人，自不致稍有回护。闵鹗元素能办事，"亦

当善体朕怀，秉公查讯"。"朕因此事，思之再三，本日三次召见军机
大臣，恐阿桂因从前未经查出，稍存偏袒芥蒂之见，故特再为逐层谆切
开导，阿桂等当知朕办事之苦心，总无成见也。将此由六百里传谕知
之，仍即由六百里加紧回奏，朕计日以待也"。[1]

这两道谕旨，把重新审查平阳知县黄梅贪婪案件的原因、方法及帝
之结论，讲得十分清楚。黄梅罪证确凿，钦差大臣必须遵照帝旨，放弃
成见，将黄梅之罪查清惩办。此事不必多说。令人惊奇而且不得不称赞
的是，乾隆帝竟然能在见到窦光鼐的奏折之后，立即觉察到前办之非，断
定窦之奏劾属实，黄梅确系贪吏，并于当日即下二谕重审此案，命将黄梅
重惩。这样180°的大转弯，在一般官员来说，已经是难乎其难。能够知过
而改并且承认错办案件，很不容易，不仅有一个脸面、尊严问题，还有错
办遭惩之险，这就是为什么有清一代极少有官员自行纠正自己错审案件的
原因。至于君临天下威严无比的天朝大皇帝，更罕有能主动承认失误，立
即改正者，更不要说还要苦口婆心地开导、劝谕办案之臣认错重审，这更
是绝无仅有之事。由此可见，乾隆皇帝确可算是一位反应敏捷、才干超
群、胸怀宽广、知过能改的英明之君。

过了两天，五十一年闰七月二十九日，乾隆帝又下谕肯定窦光鼐参
劾黄梅之事属实，谕令阿桂在遇见窦光鼐时，"即传朕旨，将伊除去刑
具，免其拿问，着即带往浙省，随同查办此案"，并将黄梅任所赀财查
封，缉拿其长子。伊龄阿受属员怂恿，两次参奏窦光鼐，此案不令其会
办，"以免回护"。[2]

又过了一天，八月初一日，乾隆帝又特下开导阿桂之谕，以自身对
窦光鼐由憎到信之态度的变化，谕劝阿桂效己所为，按己旨秉公办案。
他说：前因窦光鼐于黄梅之案执辩哓哓，亲赴平阳，被伊龄阿两次参
奏，"朕原憎其煽惑人心，有类疯狂"，故降旨将其革职拿问，"是窦
光鼐在浙省咆哮多事，不特阿桂、伊龄阿等憎其为人，即朕亦厌其举动
乖张，污人名节"。待其前几日两折奏到，将黄梅任内劣迹逐款罗列，
并于生监平民等呈出之黄梅勒捐派累强借等印信图书字帖2000余张内每
样进呈一纸，"朕详加阅看，并命军机大臣查对，俱系黄梅劣迹之确凿
可靠者"。"朕于窦光鼐，始则憎之，而此时则觉其言之确凿，唯欲将

①《清高宗实录》卷1261，第39—42页。
②《清高宗实录》卷1261，第50—52页。

黄梅劣迹彻底查办，以正其罪。所谓无固无我，不存成见，前之憎窦光鼐，乃憎其所可憎，今之信窦光鼐，亦信其所可信也"。阿桂前在浙省查办时，"目睹窦光鼐多事咆哮，性情执拗，自为心怀厌恶，今复令其前往查办，断不可仍执其前见，稍涉私嫌，唯当以朕之心为心，逐款秉公研讯，俾贪员劣迹一一审出，置之重典，所谓惩一可以儆百，政体国法，必当如此，阿桂想必与朕同心也"。并将此亦传谕闵鹗元，其"亦当善体朕意也"。①

经过乾隆帝这样三番五次降旨开导、训诫和督促，阿桂、曹文埴、伊龄阿等自然不敢再执成见，便按帝旨查审，很快就将黄梅贪婪之案查明上报。五十一年八月二十七日，乾隆帝就阿桂等奏述黄梅供认勒借部民钱文，按田科派之折，下谕指出了黄梅以弥补亏空为名，向部民勒借派捐，"业有确据，其贪婪不职，殊出情理之外"，着将黄梅革职拿问，温州府知府范思敬亦着解任，一并质审定拟具奏。黄梅之长子黄嘉图，"民皆号为石板炮，是黄梅纵容伊子，在外招摇婪索，贻害地方，必有实在款迹，以致众怨沸腾，混号即其实据"，着阿桂将其严审。所有对此案漫无觉察之上司及该管道府，"均着阿桂等于定案时分别查参"。②

过了十天，九月初七日，因钦差大臣户部尚书曹文埴来到行在，向帝复命，谈到黄梅亏缺仓谷情形，乾隆帝又下谕说：前据窦光鼐参奏黄梅到任8年，侵吞部定谷价与勒捐之钱20余万两，经上司勒限催追，仍悍然不顾。平阳县仓应贮谷47100余石，现"仓内实无贮谷"。经朕面询，曹文埴称：仓谷除借放兵粮及营借交还谷价，以及黄梅缴出谷价5600余两外，"实在亏缺谷石，核计价银一万七千三百九十余两"。黄梅既任意亏挪仓谷，又复借弥补为名派捐勒借，婪索银两，且不弥补亏空，"实出情理之外"，着阿桂严切根究黄梅实在侵蚀数量。③

乾隆五十一年九月十六日，乾隆帝下谕，宣布了对窦光鼐及福崧、盛柱等人的处理意见。他说：前因窦光鼐执辩不休，且亲赴平阳聚集生童招告，煽惑人心，故将其革职拿问，待窦查出黄梅贪黩款迹，即将其宽释，令阿桂带其同往查办。现阿桂等查明，黄梅勒借吴荣烈等民人钱2100千文，侵用田单公费钱及朋贴采买钱14000余千文，于原报亏缺

①《清高宗实录》卷1262，第2、3页。

②《清高宗实录》卷1263，第20-22页。

③《清高宗实录》卷1264，第14、15页。

谷价仅弥补4000余两，下欠之数未依限补足。"是窦光鼐所奏，唯黄梅匿丧演戏及侵用禀生饩粮并短发老民银两三款属虚，其余三款已为确实。是伊从前冒昧固执之咎，尚属可宽"，着令窦光鼐署理光禄寺卿，立即来京供职。前任巡抚福崧，于此等劣员不据实参查，"岂可复膺封疆之任"，着其自山西来京候旨，其山西巡抚之职着勒保补授。前藩司盛柱，亦不应仍任织造。二人现交部严议，"自系革任革职"，着先革去二人翎领。伊龄阿偏听属员之言，两次冒昧参奏窦光鼐，其已自请交部严加议处，着在任听候部议。其余失察之各上司，俱着交部严加议处。

此旨下后第三天，五十一年九月十八日，乾隆帝又下达长谕，历数阿桂等人过失，将他们交部严加议处，对窦光鼐亦有所数落。他说：因浙省仓库亏空，特派大学士阿桂、户部尚书曹文埴、刑部左侍郎姜晟、工部右侍郎伊龄阿等前往彻底查办，"伊等自应将各州县亏空实在情形，及有无借弥补为名借端勒索侵肥之事，详悉查完，据实参劾，方不负委任之意，何得仅凭地方官结报就案查核遽为了事！"阿桂等以该省亏缺较原报之数有减无增，即予完案，而对黄梅之借端派敛之弊不予查访，以致遗漏，"则阿桂等岂无应得之咎，乃并不自行检举"。阿桂、曹文埴、姜晟、伊龄阿"俱着交部严加议处"。窦光鼐所参黄梅款迹，虽有三款审实，但前据伊龄阿等奏称，"窦光鼐哓哓执辩，咆哮生事，并有'不要性命，不要做官'之语，亦殊乖大臣之礼"。且其劾黄梅母死演戏、家人携物外逃泄漏信息及逼令典史李大璋书写呈词三项，"今已审明并无其事"，"是窦光鼐亦不得为无过，是以现在只令署理光禄寺卿，若无此等情节，朕必将伊仍以侍郎补用矣"。[①]

过了两天，五十一年九月二十日，乾隆帝又下谕，斥责温处道张裕谷、永嘉县知县程嘉缵、平阳县知县田嘉种回护温州知府范思敬与前知县黄梅，"迎合上司"，向巡抚伊龄阿禀称窦光鼐在平阳"咆哮发怒"等情。他们身为巡抚属员，并不查明实情上报，"乃竟官官相护，联为一气，率行装点情节，扶同具禀，希图蒙混上司"，"此等外省恶习，最为可恶，不可不严加惩治"，"着将三人交部严加议处"。[②]

曾经轰动京师及浙省的窦光鼐参劾浙江亏空案，至此结束了。窦光

---

① 《清高宗实录》卷1265，第2-4、9-11页。

② 《清高宗实录》卷1265，第16、17页。

鼎敢于冒犯龙颜，不畏权贵，仗义据实参劾贪官，甚至宣布为此力争，"不要性命，不要做官"，精神可嘉，气节高尚，定当载名史册，万古流芳。乾隆帝知过能改，纠错补偏，明断疑案，亦属难能可贵，英君、直臣皆会受到人民的褒奖。

十八、浙江巡抚福崧赃银数万斩首示众

福崧，乌雅氏，满洲正黄旗人。福崧是官宦之家，其祖父硕色，历任主事、员外郎、按察使、布政使、陕西、四川、山东、河南巡抚、两广总督、云贵总督、湖广总督。福崧之叔穆和蔺任河南巡抚。

福崧于乾隆三十六年(1771年)授内阁中书，此后，迅速升迁，不到10年即任至从二品的广东布政使，移任甘肃布政使，查明甘肃亏空银88万余两、粮170余万石，被皇上嘉奖，擢升浙江巡抚。因失察平阳知县黄梅贪案革职，不久起用，历任阿克苏办事大臣、叶尔羌参赞大臣、安徽巡抚、江苏巡抚、署两江总督等职，乾隆五十五年十月调任浙江巡抚。

福崧从乾隆三十九年授四川川北道员起，为官20余年，当了12年巡抚等官的封疆大臣，只要不生贪念，平庸任职，本来可以平安为官稳妥升迁的，不料他却贪婪不法，终于东窗事发，身败名裂。事情是从移任两淮盐运使的浙江盐道柴桢挪用盐课银被人参劾而败露的。

乾隆五十七年十二月，两淮盐政全德上疏，参劾两淮盐运使柴桢挪用盐课银说：两淮盐运使柴桢"将商人王履泰等应纳钱粮，在外截留，作为己收，私自移用，共二十二万两。库官黄德成曾禀请该运使明示，因柴桢告以急用暂挪，当即设措归款，黄德成随听其作弊"。柴桢的家人柏顺供称："实因柴桢浙江交代未清，恐浙省参奏，是以私挪十七万两，前往填补，其余五万系自己侵用。"

乾隆帝十分气愤，并敏锐地感到此案和浙江巡抚福崧可能有牵连，遂于十二月十二日连下六道谕旨，处理此案。第一道谕旨是谕令福崧认真审查柴桢贪案。谕说：柴桢在浙江盐道任内，亏空库银至17万两之多，"福崧系兼管盐政，竟形同木偶，毫无闻见，所司何事"？这项银两，柴桢究系因何亏空？离任时如何交代？浙省如有柴桢寄顿赀财，"着福崧严密查出，毋任稍有隐匿"，并将自己不及早参奏柴桢挪用库

银代其隐瞒情形，"据实明白回奏"，否则将获重罪。这道谕旨"由六百里传谕"。

第二道、第三道谕旨是革柴桢和黄德成之职，将其拿问，交两江总督书麟、江苏巡抚奇丰额、两淮盐政全德严审。谕旨说：柴桢以贵州举人用至运使（官阶正三品），其前任浙江盐道（全名是盐法道，官阶正四品），"即系美缺，迨调用两淮，缺分尤好。该员以边省寒酸，坐享丰腴，亦当知足安分，谨守出纳，何得将商人应交钱粮私自挪移至二十二万之多"。柴桢调任两淮未久，"何以即用银五万两，且浙江盐道养廉亦厚，又何以交代未清多至十七万两！种种情节殊堪骇异！"着书麟等人迅速查明，查封柴桢本籍财产。如银子确系柴桢吞没，着传旨即将该员一面正法，一面奏闻，以为运使大员侵帑不法者戒。

第四道、第五道谕旨是将福崧解任，派山西巡抚长龄移任浙江巡抚，查办此案，因福崧可能与柴桢有交结勾通之处。谕旨说：柴桢到浙江任盐道的时间并不长，甫逾一载，"何以亏空至有十七万两之多，必另有别故，非伊一人侵用"。福崧兼管盐政，近在同城，岂竟毫无闻见？"若知盐道亏空，任其弥补，不行参奏，则福崧必有与柴桢通同联手之事，方肯代为隐忍"，此案若交福崧查办，"必致始终回护，此事仍难水落石出"。"现在督抚中，唯长龄尚能查办"，特将长龄调任浙江巡抚，长龄"务将柴桢在任时如何私自挪用"，为何亏空如此之多，或历任皆有弊？"福崧因何不行据实参奏，代为隐瞒，有无交结勾通之处？逐一彻底查明，据实具奏"。

第六道谕旨是对两淮盐商的惩罚。谕旨说：两淮盐商王履泰等听凭运使柴桢截留盐课银，私自挪用，而不禀告盐政查办，"其咎甚重"，所有柴桢挪用的22万两银子，"罚令王履泰等加倍缴出，以示惩儆"。①

福崧接到查讯柴桢亏空谕旨后，立即上疏否认柴桢有亏空巨银之事，奏称："柴桢在盐道任内，有滥支高捐银两，及经管变价物件微损短交，自认照数赔缴，已据护盐道明保催收清楚，其接任盐道张慎和亦经结报无亏。"乾隆帝闻疏后，于十二月二十六日下谕，严斥福崧"借词支饰"，着即将福崧拿问，交钦差大臣兵部尚书庆桂、浙江巡抚长龄"秉公确讯"，"据实严参"。②

① 《清高宗实录》卷1418，第21-27页。
② 《清高宗实录》卷1419，第15页。

　　柴桢开始时尽力掩饰挪用侵吞库银的问题，只是供称："在浙江交代时，因升了(两淮)运使，令将盐道库内无着银二十多万两交出，是以到扬州后，私向众商暂挪课银十七万两，赶送浙省，又曾将玉器等件留于浙江道库，押抵银三万五千两，后来浙江定要现银，及解往浙江，银须加色，是以复挪课银五万两，共是二十二万两。"乾隆帝看过柴桢口供后断定："福崧必然知情染指"，下谕将福崧革职。①

　　在钦差大臣严厉审问下，柴桢不得不供出福崧勒索贿银之事，供称："在浙江盐道任内，福崧曾向娄索金银，及派办物件，不发价银，通共用去十一万五千余两。"不久钦差大臣庆桂、长龄又查出福崧"侵用掣规月费等项，共银六万六千余两"。②随后，庆桂又奏称："福崧之母游玩西湖，每次预备食用灯彩船只等项，共用银二千余两"，皆"派令盐道预备供应"。③

　　乾隆帝于五十八年二月初六日下达长谕，宣布将福崧、柴桢处死。谕旨说：

　　"（全德参劾柴桢时）彼时朕不但不疑福崧于此案有通同侵染情弊，即柴桢由贵州举人用至府道，擢授运使，该员以边省寒酸，得此优厚俸廉，已为逾分，亦不应再有败检营私之事。今据庆桂等审明福崧、柴桢侵娄各款，于原参二十二万之外，又审出福崧侵用掣规月费等银六万余两，殊为骇异，实出意料之外。……福崧系硕色之孙，伊家世受国恩，历任封圻，自应廉隅谨饬，勉力图报，乃辄向盐道娄索多赃，以致柴桢亏缺库项，营私舞法，莫此为甚，此而不严办示惩，何以肃官方而做贪黩……即令庆桂于押带福崧所到地方……在该处监视正法，亦足为封疆大员辜恩舞法者戒（柴桢即于浙江正法）。"④

　　乾隆帝又陆续下了几道谕旨，惩处有关人员。浙江布政使归景照，不参劾福崧，且代其购买金子，可见其"在藩司任内，素属无能，唯知

---

①《清高宗实录》卷1149，第5、6页。

②《清高宗实录》卷1420，第5页；卷1421，第7页。

③《清高宗实录》卷1426，第6页。

④《清高宗实录》卷1422，第10－12页。

取悦上司，听从指使"，着发往伊犁效力赎罪。护盐道知府明保、盐道张慎和不禀明库银亏缺，"乃扶同徇隐，率行接受交代，结报无亏，亦属溺职"，均着革职，发往军台效力赎罪。柴桢的家人柏顺，代伊主子馈送金两，从中侵扣，着即正法。浙江布政司王懿德到任已有两月，按察使顾长绂在任有年，皆"扶同容隐"，不参劾福崧，"实属辜恩溺职"。顾长绂着即革职，发往军台效力赎罪；王懿德革任，赏给道员职衔，前往哈密办事。原杭州织造基厚，"身同聋聩"，不据实参劾福崧，着由内务府员外郎降为笔帖式。闽浙总督伍拉纳，对福崧贪纵各款，"未经参奏，已有应得之咎"，况且还曾到浙巡查营伍，"乃竟身同聋聩，并不据实劾参，其咎实无可逭"，"着传旨严行申饬"。①

乾隆帝又下谕斥责浙江省籍的科道言官缄默不参福崧，说："该省科道虽在京服官，但本省地方大吏，似此任意妄为，其亲友往来，断无不互相传说，何以总未据一人参奏，国家设立言官，原令职司纠察，虽本籍地方事件不便越职干预，若督抚等似福崧之恣意贪纵，款迹昭然，自当据实纠参，方为无忝厥职，乃竟始终缄默，又安用此科道为耶！"所有籍隶浙江省杭州府属的给事中、御史，俱着停升2年。其籍隶浙省其他府州者，俱着停升1年。②

福崧在被押解京师途中，饮鸩而死。《清史稿》卷338，《福崧传》对福崧此案评述说："其得罪死，颇谓其忤和珅，为所陷，尤虑至京师廷鞫，或发其阴私，故以蜚语激上怒，迫之死云。""柴桢、福崧死于赇，然封疆有政声。论者以为冤，事或然欤？"

《清史稿》的上述评论，显然需要商榷。姑且不说福崧之赐死，是与和珅有关系的说法，《清史稿》没有举出必要的证据，就算是和珅施展了手段，诱使或影响了乾隆帝做出了斩杀福崧的决定，但福崧死得冤不冤、该不该杀，根本决定性的因素在于他是否犯下了该诛的罪行，而不是皇帝怎么判、和珅怎么耍手腕。福崧若未犯下该斩之罪，乾隆帝将其问斩，就不应该，就大错特错，就是冤杀大臣能臣，就是草菅人命；如果福崧确实有罪，其罪达到了非杀不可的程度，那么，不管是不是和珅在捣鬼，甚至是暗中左右了此案的判决，乾隆帝成了和珅操纵的傀

---

① 《清高宗实录》卷1422，第12、13页；卷1424，第19页；卷1425，第9、10页；卷1426，第17、18页。

② 《清高宗实录》卷1425，第3、4页。

偃，福崧也应该杀，死得不冤，死有余辜！

按照钦差大臣庆桂的审讯，柴桢、福崧的供认，人证物证皆有，福崧确系婪索了赃银11万余两，又侵吞了掣规月银6万余两，还不说每次奉母游玩西湖，勒令盐道备办用银数千两，其赃银之数，已经百倍于前述因受贿千两而被革职处死的兵部尚书鄂善、云南巡抚方世儁、山西布政使萨哈谅，至于云贵总督恒文、山东巡抚蒋洲、云南布政使（原云南巡抚）钱度、两淮盐政高恒、闽浙总督陈辉祖、陕甘总督勒尔锦等一二品大员，赃银之数都少于福崧，却又都被革职处死，如果福崧不该斩、不该处死，那么，鄂善等人岂不是更应该活下去，更不应杀，更成了冤死鬼！完全可以肯定，福崧因贪而诛，是罪有应得，是法网恢恢，疏而不漏，没有一星半点的冤枉。

还应指出的是，福崧的赃银，很有可能是没有完全查出来，这十几万两赃款，只是福崧向盐道柴桢索要之数，作为一个贪婪的巡抚，福崧还有好些敛财之道索银之人。像藩司，每年征收地丁钱粮282万两银子和粮138万余石；像关税，北新关、南新关每年征税银20余万两。至于全省司道府县正职官员上百缺的任用免革等，这都是福崧可以敛银的好渠道，都能给福崧带来大量银两的收入，福崧能于此一文不取两袖清风吗？

总而言之，福崧既然贪婪不法，赃银巨万，革职问斩，是罪有应得，死有余辜。

十九、闽浙总督伍拉纳、闽抚浦霖家藏赃银数十万两正法

伍拉纳，姓名是觉罗伍拉纳，满洲正黄旗人。按清制，清太祖努尔哈赤的弟兄及其子孙，也就是"显祖宣皇帝"塔克世（努尔哈赤之父）本支，尊称宗室，系金黄带。努尔哈赤的伯父叔父之子孙，伯祖父叔祖父的子孙，也就是"兴祖直皇帝"福满和"景祖宣皇帝"觉昌安的子孙（不包括塔克世的子孙），被尊称为觉罗，系红带，以别于其他满洲旗人。伍拉纳初授笔帖式，后历任张家口理事同知、福建布政使、河南巡抚，乾隆五十四年（1789年）起任闽浙总督，官阶从一品。

浦霖，浙江嘉善人，乾隆三十一年进士，授户部主事，迁郎中，外授湖北安襄郧道，累迁福建巡抚，移任湖南巡抚，复调任福建巡抚。

乾隆六十年春，台湾陈周全聚众反抗贪官污吏，攻陷彰化。伍拉纳出驻泉州，派署陆路提督乌兰保、海坛镇总兵特克什布前往征剿。乾隆帝以其未即赴台湾，下谕斥责其过说：伍拉纳身为总督，一闻变乱，理应即日渡台，前赴鹿仔港一带，督率办理，据实详查，乃仅派乌兰保领兵前往，"是其始终退缩，尚复何颜忝膺封疆重寄"，着伍拉纳立即遵旨速赴台湾，查办一切，"仍交部严加议处"。①

这时福建因上年遭水灾，今春又未丰收，致米价昂贵。福建巡抚浦霖委办官员分赴浙江、江西，各采买米10万石，所需银两，奏请于二省藩库借支，不日偿还。乾隆帝于六十年四月十一日立谕江西、浙江巡抚派委干员，与福建官员会同，迅速买米运往福建。②

也就是这个时候，福州将军魁伦呈报"闽省各州县仓储多非实贮"的奏折到京。乾隆帝于四月十一日谕令清查说："各省仓储，俱系实贮，岂容丝毫亏短，乃闽省各州县仓储多非实贮，因何该督抚等并不奏闻。此事关系不小，不可不彻底查办，除已降旨令魁伦查明参奏外，并传谕田凤仪(新任藩司)接奉此旨，即起程驰驿前赴闽省，随同魁伦，将该省各处仓储，何处亏短若干，是否系州县任意侵挪舞弊，抑或上司通同弊混之处，逐一查明，据实联衔具奏。"③

四月十九日，乾隆帝可能已经感到福建问题严重，便撤换巡抚，委任新官，下谕斥责闽省"近年以来，吏治废弛已极"，着浦霖解任来京候旨，调云南巡抚姚棻移任福建巡抚，未到之前，着福州将军魁伦署理福建巡抚。④

魁伦又上疏，参劾伍拉纳、浦霖等人说："闽省近日洋盗增多，由于漳、泉被水后，粮价昂贵，浦霖等办理不善，以致贫民流为匪党。伍拉纳现住泉州，饥民围绕乞食。又，伍拉纳素性躁急，加以钱受椿、德泰迎合怂恿，办理各案，亦多未协。"⑤

①《清高宗实录》卷1477，第6页。

②《清高宗实录》卷1476，第17页。

③《清高宗实录》卷1476，第18页。

④《清高宗实录》卷1477，第8页。

⑤《清高宗实录》卷1478，第10页。

　　魁伦此奏，风险不小。伍拉纳是觉罗，是皇帝的族人，坐镇闽浙7年，官阶从一品，管辖福建、浙江两省军民官商，权势赫赫，而且和巡抚浦霖、布政使伊辙布、按察使钱受椿等狼狈为奸，司道府州县官仰其鼻息，这样一个盘根错节的贪污集团，能轻易扳倒吗？更令魁伦不得不考虑的是，此时乃是奸相和珅当政，官员任免降升，多系由和珅决定，形成了人们公认的"和相专权，补者皆以赀进"，"政以贿成"的局面。而伍拉纳恰恰又是"和珅姻戚"，皇上能采纳魁伦劾疏而惩治最为宠信的军国重臣和珅的姻戚吗？难，太难了。何况，据清人笔记记载，魁伦自身也有短处。昭梿在《啸亭杂录》卷9，《魁制府》条中写道：魁制府伦，完颜氏，副将军查弼纳之孙。"公喜声伎，尝夜宿狭巷，为制府伍拉纳所觉，欲劾之。伍固贪吏，尝纳属员贿，动逾千百，有不纳者，锁锢逼勒，又受洋盗贿，任其劫掠，毫不缉捕，五虎门外，贼艇云集。公慨然曰：夫夜合之欲，情不自禁，乃过之小者，若伍公以天子封疆大吏，举止有同盗贼，贪黩无厌，不知自相愧悔，乃反欲劾人耶？……乃抗疏劾伍之贪纵，并闽省库藏亏绌事"。

　　尽管风险很大，魁伦还是上了劾疏。幸好，乾隆帝虽然极其宠信和珅，但涉及贪婪大案，涉及封疆大臣的贪赃枉法，危害邦国，他还是能一查到底，依法严惩的。乾隆帝看过魁伦奏折后，于五月初六日下谕，革伍拉纳等人官职。他说：闽省上年水灾，朕特降谕旨，加倍赏恤，宽免秋粮，屡饬该督抚加意抚绥，乃浦霖等并不董率所属，实心办理，"甚至总督驻扎泉州，饥民围绕乞食，尚不认真筹办，又无一字奏闻。伍拉纳之罪，此节尤为重大，殊出情理之外"，着将伍拉纳、浦霖、伊辙布、钱受椿等革职审问，调两广总督觉罗长龄接署闽浙总督，长龄未到之前，由魁伦兼署，查办此案。[①]

　　过去，伍拉纳曾经奏请清查各州县仓库，清查后上报，共亏谷64万余石、银36万余两，限三年内责令各有关人员偿纳。现在，魁伦上折奏称："闽省仓库亏缺，从前奏过谷六十四万余石、银三十六万余两，本非实数，又有续亏，前后约共二百五十万两以上。现查明，省城两厅两县亏空仓谷五万三千余石、库项七万八千余两。请将现在闽省之告病同知李振文、邵武县知县李堂、将乐县知县路钊、降调知县郭廷魁、上杭县知县姚鹤龄革职严审定拟，查明任所赀财变抵。其已离闽省之方维

<hr>

宪、秦为干等十二员，亦飞咨各旗籍查明家产，追出归款。"①钱泳在《履园丛话》卷14，《元旦雷雨》载称：其年四月，镇闽将军魁公伦入奏闽省亏帑600万，自总督、巡抚、藩司、道、府、州、县皆伏法。

乾隆帝阅折后，十分恼怒，于六十年五月二十九日下谕，将伍拉纳、浦霖、伊辙布等人革职拿问。谕旨说："此事大奇。各省仓库，帑项攸关，岂容丝毫亏短，乃闽省各厅州县任意侵挪，省城两厅两县已亏空仓谷五万三千余石、库项七万八千余两之多，其余各处，更可不问而知。历任督抚藩司以及该管道府，并不随时揭报查参，所司何事，且恐其中有通同染指情弊，此而不彻底究办，其何以重仓库而儆官邪！魁伦等所奏尚为允当。"伍拉纳、浦霖、伊辙布、杨适理（台湾道员）、邓廷辑（福州知府）、李振文、李堂、路钊、郭廷魁、姚鹤龄等人革职拿问，交署闽浙总督长龄、署福建巡抚姚棻审办。②

魁伦随即又奏劾秦为干等官员说：同知秦为干、知县李廷彩、牛世显、汪光绪、县丞史恒岱等，"在闽年久，所至声名狼藉，众怨沸腾，经手钱粮，任意侵亏"。泉州知府张大本，"贪鄙性成，现在办理平粜一事，开粜则倒填日期，报价则短开数目，便已病民，怨声载道"。乾隆帝于六月十六日就此下谕说："闽省吏治，废弛已极，皆由不肖官员不思实力抚绥，惟事剥削苛刻，侵帑殃民所致。魁伦甫行署任，即据实纠参，所办甚是。"张大本、李廷彩、秦为干等均着革职，"交与该督抚一并严审定拟具奏"。③

魁伦又参劾从云南巡抚调闽、新授福建巡抚的姚棻，过去在福建"漳州道府任内，所属三县亏空库项二万余两"。乾隆帝于六月二十九日下谕："姚棻着解任，交长龄等严切讯问，据实参奏。"④

本来福州将军、署福建巡抚魁伦在审查伍拉纳等亏空库银贪赃枉法的案子，正在雷厉风行地查办，照此下去，必然会查清一切贪婪不法问题，将一大批贪官绳之以法。不料，这个势头突然停了下来，案情进展不快，没有继续奏举出更大的案子，看来，显然是与署闽浙总督觉罗长龄已经到了福建，接过了审办此案的主要职责和权力大有关系。长龄，

①《清高宗实录》卷1479，第20页。
②《清高宗实录》卷1479，第20、21页。
③《清高宗实录》卷1481，第2页。
④《清高宗实录》卷1481，第20页。

"明敏有口辩"，乾隆四十年进士，授刑部主事，不到十年就任至官阶从二品的江苏布政使，乾隆五十二年已当上了山东巡抚，不久移任江苏巡抚，后历任山西巡抚、浙江巡抚、两广总督。长龄本来是位颇有才干政绩卓异的贤能督抚，他在浙江巡抚六年任期内"访察民隐，擒治强暴，禁革奢俗，清漕政，斥贪吏，为时所称"。长龄任山西巡抚，到京入觐时，奸民"董二诬告逆匪王伦潜匿山西某家"，和珅在宫门前告诉长龄，一定要将董二诬告的这位被告"坐以逆党"。长龄经过调查，察明该被告是董二的仇人，故遭董二诬陷。长龄决定秉公执法，"慨然曰：吾发垂白，奈何灭人族以媚权相"，遂将董二处以诬告反坐罪。和珅听后，非常生气。① 在乾隆五十七年查办浙江巡抚福崧贪案时，乾隆帝以"现在督抚中，惟长龄尚能查办"，派长龄去审理，很快就查明事实，将福崧绳之以法。如果长龄能持之以恒，秉公察审，以他的聪明才智，是完全能够很快查清伍拉纳一伙贪婪罪行的，但案情并未向这个方面发展，而是迟延拖拉，大有大事化小的迹象。这里面，很可能有两个因素在起作用，一是长龄与伍拉纳都是觉罗，都是皇族，难免有为族人徇私之心；二是伍拉纳是"和珅姻戚"，长龄为惩办诬告者奸民董二，已经使"和珅大忤"，已经得罪了和珅，这次再重罪其姻戚，岂不是再一次与和珅为敌，后果不堪设想。不管是不是这两个因素，但事实上长龄是在大事化小，瞻徇贪督。

这时，乾隆帝已是85岁高龄的帝君了，尽管他在一些时候一些事情上已经有些糊涂，但对这种贪婪大案，他还是清醒的，能辨明是非曲直，还是能够正确判断和正确处置的。早在七月初一日他就下谕，对长龄、魁伦提出警告说：伍拉纳、浦霖俱在闽年久，听凭各州县任意侵挪，以致仓库空虚。目前据魁伦参奏，臬司钱受椿等为其任用，昨又奏知府张大本、同知秦为干等声名狼藉，众怨沸腾，伍拉纳等岂无见闻，何以并不参奏。看来伍拉纳、浦霖俱有任用私人为之营私舞弊，甚至借弥补为名，通同派累，俱所必有此事。现交长龄、魁伦会同查办，"伊二人务当秉公严查，一经查出，即据实参奏。长龄向来沽名，魁伦系属原参，或因此事既已发觉，革职治罪，已可完结，欲为消弭，将查出婪索贿赂各情弊，压下不办，化大为小，将来别经发觉，伊二人自思当得何罪，不值从井救人，以身试法也，勉之，

---

① 《清史稿》卷343，《长龄传》。

慎之！"①

过了三天，七月初四日，长龄奏折送到京城。长龄奏称：审讯浦霖、伊辙布。伊辙布供称：周经系伍拉纳当福建布政使时充当库吏，到伊辙布任内时，已经报满，不当库吏，"在外开张银店"，"每年州县报解库银，必由伊处倾销，俾沾余润"。因交代时，"查出周经尚有未交银八万五千二百两之数"，恐新任不肯接收，当即向周经勒追，周经已交现银45200两，尚有4万两无从措缴。"恐库中正项有缺，即将办赈余存项下银四万两代为措垫"。乾隆帝于当日下谕说："看此情形，伍拉纳之罪，更重于浦霖。周经以藩司库吏，竟敢在外开张银店，短缺库银至八万五千余两之多。伍拉纳先系福建藩司，旋擢闽浙总督，每年具奏银号并无舞弊，及接收盘查时，何以俱未查出，任其亏缺，必系周经为伍拉纳私人，有通同侵用情弊。"着传谕长龄、魁伦，严讯周经所短库银4万两在何处用去，是否与伍拉纳通同侵用，一经查出伍拉纳有从中侵用情节，立即据实参奏。"长龄与伍拉纳同系觉罗，若稍意存袒护，将库银如何亏短情节，尽令周经承认自行花用"，即于了结，"或将究出伍拉纳通同侵用及婪索属员之处，隐饰不奏"。"朕必将伍拉纳拿解来京廷讯，一经审出实情，恐长龄、魁伦不能当此重戾也"。②

尽管乾隆帝一再训诫，且以"从井救人，以身试法"，警告长龄、魁伦二人不要包庇贪官伍拉纳等人，但长龄仍然瞻前顾后，心存袒护，没有严格认真地查审此案，总想大事化小，推到库吏周经身上，马虎了事。魁伦则完全以长龄马首是瞻，听其决定。长龄、魁伦在未接到七月初一令其不要"从井救人"之旨和七月初四之谕以前，上疏奏称：周经供称：亏缺库银系其一人所为，未涉及伍拉纳、浦霖，没有"用到伍总督身上"。伍拉纳、浦霖对周经之亏空，并不知晓，"自认昏聩糊涂"。乾隆帝阅后非常生气，于八月初四、初六日连下两谕，严斥长龄、魁伦说：长龄、魁伦之奏，"太不成话"。周经是伍拉纳为藩司时充当的库吏，"其为伍拉纳任用私人，已属显然"。周经亏缺库银8万余两，为何督抚藩司从未查出，"任其挪移短少"，听其"违例开设银号，并开盐店当铺，以官帑而为该犯牟利地步"。伊辙布始而任凭周经拖欠官银，不严刑追查，不将周经值银4万两的店铺房产变价充抵，继而

①《清高宗实录》卷1482，第7、8页。

②《清高宗实录》卷1482，第12—15页。

又暗将办赈余银为之垫补，"设非平日有与通同分肥情事，岂肯不顾己罪，担此重大干系"。长龄、魁伦为何对此"并无一言讯及"，显系二人"不知不觉竟蹈从井救人之愚"，着"传旨严行申饬"。如果长龄、魁伦接奉严行申饬之旨后，"不敢回护前非，能审出伊辙布、周经侵用库项，并馈送督抚藩司各实情则已，若伊等仍欲颟顸了事"，可即将伊辙布、周经解京廷讯，倘伊辙布、周经来京后"供出通同侵蚀实情"，长龄、魁伦"自思当得何罪"！此谕用六百里发出，长龄、魁伦查明实情后，亦用六百里加紧回奏。①

此后，乾隆帝又连下多道谕旨，后责长龄、魁伦"意存化大为小，颟顸了事"，催督尽速查明上奏，否则重重惩处。长龄、魁伦无奈，只好抓紧办理，但对周经是否馈送督抚，督抚有无通同侵用之事，始终坚持前奏，案子没有进展，至于伍拉纳、浦霖婪索属员之事，也未尽数查明上奏，只是在四个问题上有了突破、有了进展。一是伊拉纳等总督巡抚，收过福建盐务银两。长龄、魁伦奏称："福建盐务，有凑送经费一款，自乾隆四十四年起，历任总督收受银二万两至五万两不等，伍拉纳任内，共收过银十五万两，巡抚浦霖于五十七年索银二万两，均系按引摊派"。前任闽浙总督富勒浑"亦曾索取盐商等银五万五千两"，前任闽浙总督雅德"曾向盐商索银四万五千两"。②

乾隆帝于九月初七日对此奏折下谕，再次严厉斥责长龄、魁伦说："果不出朕所料。此案前据长龄等奏到，朕即以伍拉纳、浦霖若无通同分肥情事，岂肯代人担此重大干系，乃该署督抚意存将就，一味颟顸，并不切实根究，倘非朕叠次降旨严饬，长龄、魁伦竟思御罪于周经，将该犯正法灭口，而伍拉纳、浦霖惟自认糊涂失察，遂可了事，有是理乎！试思朕为何如主，长龄、魁伦辄敢以此等伎俩巧为尝试。今既查出伍拉纳得受经费十五万两之多，而浦霖亦得银二万两，该署督抚前此未经究明，显系有意瞻徇，罪无可辞，乃本日折内并无一字引咎，尤属非是，况伍拉纳、浦霖身任封圻，得受赃私至于累万，实出情理之外，俟审明从重办理。现已另派大臣及传谕吉庆，将伊家财严密查抄，其任所赀财，该署督抚何以未经查办，种种疏漏，实不可解，长龄、魁伦着再传旨严行申饬。"③

①《清高宗实录》卷1484，第6—11页。

②《清高宗实录》卷1486，第30—34页。

③《清高宗实录》卷1486，第30、31页

　　长龄、魁伦奏报查出的第二个问题是，乾隆五十九年四月漳州民人薛姓、李姓械斗，伤毙林荫。该府县于五月拿获多名犯人解省，臬司发交首府审讯，该犯并非正凶，臬司钱受椿并不亲提审究，辄向督抚商同换卷，并将人犯发回，以致此案延搁一年多，"监毙十命"。帝即下谕，强调指出必系臬司钱受椿有"听受贿嘱等事"，谕令严审，并将知府全士潮、知县顾揆革职审问。随后长龄、魁伦奏称：钱受椿收受知府全士潮"朝珠呢羽绣料等事"，又得受知县顾揆金叶30两。①

　　长龄、魁伦奏报查出的第三件贪案是，"伍拉纳、浦霖两次各得受厦门同知黄奠邦银九千二百两"。②

　　长龄、魁伦查出的第四个问题是，查明一些地方官员亏空库银，如李堂、秦为干、李廷彩等十员，亏缺库银都在一万两以上。③

　　从以上长龄、魁伦呈报的查办情况看，以长龄为主、魁伦为辅的查案大臣，对原闽浙总督伍拉纳、福建巡抚浦霖、布政使伊辙布、按察使钱受椿等贪官的贪婪案子，查得很不彻底、很马虎，很多贪污受贿事实和人犯没有查出，伍拉纳、浦霖还有巨量的赃银没有查出来。比如，既然福建盐务送伍拉纳银15万两，而伍拉纳是闽浙总督，既管福建，又管浙江，那么浙江盐务也应该送总督金银，何况浙江产的盐比福建多几倍，福建盐运司每年额定引课银30余万两，而浙江盐运司是90余万两，伍拉纳当然不会放过这个重大财源，为什么查案大臣署闽浙总督长龄没有查出浙江盐务送与伍拉纳的银两？

　　再如，伍拉纳、浦霖这样权大势横，贪得无厌之人，自会向属下道府州县官员索要金银珠宝，这些官员也会恭献重礼，为什么查了那么久，长龄、魁伦只奏称查出伍拉纳、浦霖收受厦门同知黄奠邦银9000余两，难道其他官员没有向总督、巡抚行贿送银吗？不可能。当浦霖押解至京，乾隆帝"亲加廷鞫"时，浦霜又供出"得受知府石永福、知县史恒岱洋钱等物"。这件事，为什么长龄没有查明？举一反三，可见一斑。

　　又如，乾隆帝谕令查抄伍拉纳、浦霖原籍及任所赀财，伍拉纳从乾隆五十四年起任闽浙总督，直到案发为止，坐镇福建7年，浦霖亦久任福建巡抚，为什么长龄、魁伦奉旨查抄二人任所赀财后，没有向上奏报赀

　　①《清高宗实录》卷1486，第31-33页；卷1488，第12页。

　　②③《清高宗实录》卷1488，第12页。

财数量，难道是伍拉纳、浦霖在任所的赃财太少，不值得呈报？或者虽然报了，数量太小，《清高宗实录》未予记载，不值得记载？可是，为什么浙江官员向帝奏称："查抄浦霖原籍赃财，查出现存银钱及埋藏银共二十八万四千三百余两，房屋地契共值银六万余两，金七百余两，其余朝珠衣服玉器等物尚不在此数"，"他服物称是"。查抄伍拉纳北京之家，"得银四十万有奇，如意至一百余柄"。①两相比较，便可看出，长龄、魁伦是对伍拉纳、浦霖"始终回护，袒庇瞻徇"了。

乾隆帝根据长龄、魁伦奏报的伍拉纳、浦霖收受盐务银两等事，根据浙江及京师查抄两员贪官的家中赃财，又亲自廷鞠，两人"俱供认婪索不讳"，遂于六十年十月初六日、初九日连下两道谕旨，判决伍拉纳等人死刑，革去长龄官职。谕旨说：查抄浦霖浙江原籍赃财和伍拉纳京师之家赃财，赃银巨万，"而伍拉纳先经查抄京中家产内，如意一项，多至一百余柄，此与唐元载查籍家财胡椒至八百斛何异"。"伊二人贪黩营私，殊出情理之外"。"伍拉纳、浦霖受朕厚恩，用至督抚，乃于地方、洋务，一切废弛，又任意贪饕，以致各州县仓库亏缺累累，并任用钱受椿等，通同一气，于人命重案竟敢骫法徇情，抽详销案，辗转稽延，拖毙十命。伊等身任督抚，而荡检逾闲，婪赃蔑法，至于此极，实属昧良负恩，罪无可逭。伍拉纳未尝学问，或不知洁己奉公之义，至浦霖系科甲出身，由寒素用至巡抚，乃一味贪黩无厌，罔顾廉隅，而得谓之有人心者乎"！"伍拉纳、浦霖俱着照拟即行处斩，并派仓场侍郎宗室宜兴、刑部侍郎阿精阿监视行刑，以为封疆大臣贪黩营私废弛侵亏负恩昧良者戒"。伊辙布于解京途中病死。钱受椿押回福建，先夹刑2次，重责40杖，"再传集全省官员，监同正法"。馈送上司的各官员，遣戍新疆。伍拉纳、浦霖、伊辙布、钱受椿等人子嗣，"如系官职生监，概行斥革，俱照王亶望之例，发往伊犁，充当苦差，以昭炯戒"。长龄"向好沽名取巧，而于此案始终回护，袒庇瞻徇，意存化大为小，殊负委任深恩"，着革职，"并将伊京中家产查封入官，以为封疆大臣辜恩昧良之戒"。②

过了两天，十月十一日，乾隆帝因长龄京中家产查抄时，"查出房

<hr>

① 《清高宗实录》卷1488，第12页；《清史稿》卷339，《伍拉纳传》《浦霖传》。

② 《清高宗实录》卷1488，第12—14、16、23页；卷1491，第14页；《清史稿》卷339，《伍拉纳传》《浦霖传》；卷343，《长龄传》。

产地亩衣服等件尚不为多"，其罪又"止于好名观望瞻徇而已"，将来还要授官任职，谕将其查抄物产归还与长龄。[1]

不久，乾隆帝又下谕，将福建府州县亏缺库银万以上的李堂等10员，拟斩监候，亏空1000两以上万两以下者，分别"谴黜有差"。[2]

钱泳在其《履园丛话》卷14，《元旦雷雨》中，对此案做了这样的叙述：乾隆六十年四月，"镇闽将军魁公伦入奏闽省亏帑六百万，自总督、巡抚、藩、臬、道、府、州、县皆伏法"。

昭梿也在《啸亭杂录》卷1，《诛伍拉纳》中讲了此事，并说和珅想救伍拉纳，帝仍斩杀其人。昭梿写道："伍制军拉纳，继福文襄督闽，唯以贪酷用事，至倒悬县令以索贿。故贪吏充斥，盗贼纵横，魁将军伦劾之。上大怒，并巡抚浦霖罢斥，槛解入京。时和相擅柄，故缓其行，以解上怒。上计日不至，立命乾清门侍卫某飞骑召人，于丰泽园廷讯。伍、浦皆服罪，立置于法，和亦无能为力。是日冬月，天气和暖，人皆以为刑中故也。"

---

①《清高宗实录》卷1491，第12页；卷1492，第12页。

②《清史稿》卷39，《伍拉纳传》。

第四编　南巡与秋狝

一、岁岁秋狝

（一）　秋狝之由

乾隆皇帝喜爱巡幸行围，在执政63年里，他东谒盛京祖陵，考古吉林，承德避暑，木兰秋狝，南下江浙，西幸五台，光临豫省，阅视天津，孔府朝圣，泰山登高，先后多达一百余次，时人及后世对此颇有非议，现对秋狝、南巡做些评述。

乾隆六年（1741年）二月初八日，监察御史丛洞听说皇上要到热河木兰巡幸行围，上疏谏阻说：恐怕侍从人员以狩猎为乐，留京大臣怠惰，目前纪纲急需整顿，营务不能松弛，请帝"暂息行围，以颐养天和"。乾隆帝弘历拒其所请，下达专谕，详述行围之必要性说：

"古者春搜夏苗秋狝冬狩，皆因田猎以讲武事。我朝武备，超越前代。当皇祖时，屡次出师，所向无敌，皆因平日训肄娴熟，是以有勇知方，人思敌忾，若平时将狩猎之事，废而不讲，则满洲兵弁，习于晏安，骑射渐至生疏矣。皇祖每年出口行围，于军伍最为有益，而纪纲整饬，政事悉举，原与在京无异。至巡行口外，按历蒙古诸藩，加之恩意，因以寓怀远之略，所关甚巨。皇考因两路出兵，现有征发，是以暂停围猎，若在撤兵之后，亦必举行。况今升平日久，弓马渐不如前，人情狃于安逸，亦不可不加振厉。朕之降旨行围，所以遵循祖制，整饬戎兵，怀柔属国，非驰骋畋游之谓。至启行时，朕尚欲另降谕旨，加恩赏费，令其从容行走，亦不至苦累兵弁。朕性耽经史，至今手不释卷，游逸二字，时加警省，若使逸乐是娱，则在禁中，纵所欲为，罔恤国事，何所不可，岂必行围远出耶？朕广开言路，丛洞胸有所见，即行陈奏，意亦可嘉，但识见未广，将此晓谕知之。"①

这道上谕，否定了御史丛洞谏阻秋狝的理由。丛洞认为，狩猎就是为了娱乐，尽管他不敢直言帝爱游逸，而以"恐侍从以狩猎为乐"为辞，但其含意已十分明显，并紧接着又讲留京臣僚将"生怠惰"，更使此意愈加突出。乾隆帝对丛洞之意当然能够理解，故下达上谕，从四个方面加以反驳。其一，以猎讲武。自古以来，有志之君，"皆因田猎以讲武事"，何况清朝武功超越前代。皇祖玄烨屡战屡胜，所向无敌，皆系由于平时训练娴熟，特别是到口外行围，"于军伍最为有益"。其二，怀柔蒙古。出围之时，途经蒙古地区，"按历蒙古诸藩，加之恩意"，对清朝之安危盛衰，关系甚大。其三，未误政务。皇上虽未在京，但未耽误政务，一切军政要事，以及人事调动，照旧进行。其四，宫中更可享乐。行围是为了整饬军旅，怀柔属部，并非乐于驰骋。若系仅为娱乐，则深宫之中，何事不可为！

这道谕旨讲的四条理由，应当说是有根有据的，将行围的必要性、正当性已阐述得十分清楚了，本来不需另加论证，但若联系清朝兴起的历史与乾隆帝之志向、性格及其在此前后的行动，便可发现，此谕还包含更深刻的意图和更宏伟的设想。最能反映乾隆帝的想法是谕中的两句话，一为"我朝武备，超越前代"，二为"当皇祖时，屡次出师，所向无敌"。爱新觉罗家族的首领之所以能从管辖几十名诸申的小小部落头人，一跃而为君临天下的"大皇帝"，主要是靠"武功"，是"马上得天下"，而且凭借"无敌军威"，再加上"文治"，以治天下，安天下。离开"武备"，大清王朝就会动荡不稳，甚至可能土崩瓦解、衰败灭亡，而有了"武备"，有了无攻不克之雄威，就可以进据辽东，入主中原，统一全国，三胜噶尔丹，打败策妄阿拉布坦，进军西藏，臣服青海和硕特蒙古，大规模地对"西南夷"实行改土归流。如果军威不壮，宝刀不厉，就可能遭受挫折，雍正九年清军惨败于和通泊，以及由此而引起的向准部噶尔丹策凌汗的议和，即为明显之例。胸怀雄才大略的乾

① 《清高宗实录》卷136，第10、11页。

隆帝，每日早晨必读列朝实录，对先祖创业之艰辛及其得国的主要秘诀，是十分清楚的。他不仅要牢保祖宗百战封疆万无一失，而且要乘胜前进，夺取"十全武功"，拓疆展域，创建更为富强的"盛世"。这一切，都离不开"武备"，都缺不了军威，都需以猎讲武。因此，"以皇祖之心为心"、行皇祖之事的乾隆帝，一当初政有了头绪，就立即下谕秋狝，而且基本上是年年行围，至老不断。这样深刻的意图和宏伟壮志，岂是御史之流所能理解和赞同！

（二）　行围之制

乾隆帝批驳了御史丛洞的谏阻后，连续下谕，筹备行围之事。乾隆六年二月初十日，即阐述行围之必要性后的第二天，他又下谕说：本年行围，蒙古王等既奏请情愿随围，着喀喇沁出派1000名，翁牛特200名，科尔沁100名，敖汉50名，共派1350名。随围人多，于行围颇有裨益。此后行围，大体上均按此例实行。

同一天，兵部奏：今年巡幸木兰，所有随围之官员兵丁，应早定人数，以便办给驮马，请行文各处，令将应派人数，定议具奏。乾隆帝批示：久未出口行围，若令各处决定人数，反转不能划一，令兵部会同领侍卫内大臣查照旧例定议具奏。兵部等随即上奏：从前圣祖仁皇帝时，扈从的侍卫、官员、拜唐阿、护军等四千余名，或五千名，随行至热河，进哨时酌留十之一二，其余人员尽随进哨。其应骑马之人，自京各给马一匹，到博罗河屯时，照例全数发给。此次皇上奉皇太后巡幸木兰，若照前派人数，一切差务，必不敷用。请照皇上、皇太后谒陵之例，共派六千余名。至应骑马之人，初次出口，与从前练习不同，若仍旧只给马一匹，未免竭蹶。请对例应得马五六匹之人，给予三匹；例得三四匹之人，给予两匹；例得一二匹之人，给一匹，至博罗河屯时，再更换疲瘦之马，照数全给。除各部院衙门随往之章京、笔帖式等，例不给马外，此次统计需马1万余匹、驼700～800只，应照数预备。从前进哨时，特派汉军官兵每旗章京1员、骁骑校2员、马甲20名，共汉军章京8员、骁骑校16员、马甲160名，令其"步行随往，学习行走"，此等人员没有需用之处，此次可毋庸派去。乾隆帝批示：知道了。

乾隆六年三月初三日，工部奏：进哨行围，一切事情，应行文备办。乾隆帝降旨："依议。国家武备，不可废弛。朕于本年秋月出口行围，原以训练兵丁，仿古狝狩之礼。昔我皇祖，每岁举行，所经由道路，及一切事宜，俱有章程，朕今岁踵行，悉遵旧制，但恐历年已久，地方官员或借端派累，随从之人或有恣意需索，及强买物件不按时价者，着总督孙嘉淦不时查参，毋得容隐。"①

乾隆六年五月十三日，管理行营事务的和亲王弘昼等奏：遵旨议奏今年巡幸木兰事宜，扈从的侍卫、章京等，应分别赏赐。乾清门侍卫、大门侍卫、拜唐阿、銮仪卫章京、奏事批本人员、营总、护军参领、包衣护军参领，各赏银30两。护军校、骁骑校、包衣参领、闲散章京、步军协尉、步军校、绿营守备、掌伞总管，以及粘竿处行走官员等，各赏银15两。护军、领催、披甲人、匠役食饷人等，各赏3个月钱粮。共需赏银60400余两。又请派员阅射步箭，侍卫、章京中5箭者赏银10两，中4箭者7两，中3箭者5两。护军校、护军中5箭者赏银9两，中4箭者6两，中3箭者3两。扈从文武官员的秋季俸银，兵丁的八月份钱粮，均于七月内支给。"奏入，报闻"。②

以上参加木兰秋狝的满洲八旗官员兵丁、漠南扎萨克蒙古随围者的人数和赏银等规定，是参照康熙时的旧例，略加修改而制定的，此后每年的秋狝，大体上皆照此办理。

围猎时的主要阵式及狩猎之法，乾隆朝大致是这样的。主要行围之地是木兰，沿途亦常围猎。木兰在直隶承德府北四百里，系原来辽代上京临潢府、兴州藩地，明至清初为漠南蒙古翁牛特部之牧地。康熙年间，蒙古王公将此地进献，以为狩猎场所。其地毗连千里，林木葱郁，水草茂盛，群兽聚此，是最好的讲武习猎地方，康熙帝常于此举行秋狝，乾隆帝袭祖制基本上年年行围。

行围时，蒙古喀喇沁等部，岁出1350人为虞卒，名叫"围墙"，以供合围之役。围中设黄纛为中军，左、右两翼以红、白二纛分别标明以便识别，两翼末，清语叫"乌图里"，各立蓝纛为标志，皆听中军节制。管围大臣，皆以满洲、蒙古八旗的王公大臣担任，副以扎萨克蒙古王公台吉，两乌图里各以巴图鲁侍卫三人率领驰行。

行围之制有二：一为行围，一为合围。只以数百人分翼进入山林，

①《清高宗实录》卷138，第6、7页。
②《清高宗实录》卷142，第16页。

围而不合，叫行围。合围则人数众多。五更之前，管围大臣率领蒙古管围大臣及虞卒和满洲八旗官兵，以及虎枪营士卒、各部落射生手，齐出营盘。视围场山川大小远近，纡道绕出围场之后，或三五十里，或七八十里，齐至看城，便为合围。合围以后，从乌图里处，虞卒脱帽以鞭擎举，高声传呼玛尔噶口号。玛尔噶乃蒙语"帽"之意，玛尔噶声依次传递至中军，连传三次。中军便知围已合成，遂拥纛徐徐行进，左右指挥，以待皇上入围，此时已是辰末巳初时刻。合围数十里，渐促渐近，出林至冈阜，离皇上驻跸之行营两三里。这时，已于高敞处设黄幕，幄中设毡帐，名叫"看城"。待至看城时，虞卒皆马并耳人并肩。围内之广场不过三里多，自围墙外至放围处，重设一层人员，乃虎枪营士卒及各部落射生手，他们负责专射自围内逃出之兽，围内例不准射。

日出之前，皇上自御营乘马，先至看城稍为休息，待两翼乌图里蓝纛至后，便从看城出来，由扈从大臣、侍卫及亲随射生手、虎枪手等拥护，自中道抵达中军，在中军前半里左右，周览围内形势，了如指掌，于是发敕指挥，并亲自射击。如遇围内有虎，则暂不射杀，待皇上看完勇士杀虎之后，再遵敕猎杀群兽。每当收场之后，行至看城，皇上即驻马观看诸王公及射生手等驰逐余兽。如果这日看城场内兽集太多，则奉旨特开一面，让其逃走，仍禁围外之人不准追杀。猎毕之后，皇上回到大营，名叫"散围"。各部落皆按队归营，此时刚刚申时（午后3～5点），一日行围之事，遂告完毕。

如系捕鹿之日，其制与平常行围又略有不同。皇上于五更放围之前出营，侍卫及各类各差人员，分为三队，约出营十余里听到圣旨后，第三队停下，又过四五里，第二队停下，再过两三里将至哨鹿处，第一队停下，此时侍从与扈卫之臣，仅十余骑。不久，便听到清角声扬，远林呦呦，低昂呼应，突闻箭声一响，便知皇上已射中一鹿了，随围人员皆听旨调遣，三队人马依次到达皇上面前。

（三）秋狝之效

乾隆六年七月二十六月，乾隆帝于北京西郊圆明园，奉皇太后起銮，开始了第一次木兰秋狝之行。出发之前一个多月内，他连下数谕，具体安排秋狝之事。六月初四降旨：此次行围，着履亲王允祹、和亲王弘昼、大学士鄂尔泰、张廷玉在京总理诸事。七月十八日，他谕告大学士等："朕因讲武，行围口外"，其办理一切政务，与在宫中无异。在京部旗诸臣，理应更加勤勉，精勤奉职，倘或稍有懈怠，不但迟误公事，"且重负朕宵旰图治之本怀。可传谕文武诸臣共知之"。①

七月二十七日，即出发后的第二天，他下达减所过州县额赋之谕说："朕初次行围，所有经过州县，前经屡降谕旨，不令丝毫扰累，但安营除道，未免有资民力，朕心轸念，着将该地方本年应征额赋，酌量蠲免，统计十之分三，以昭朕体恤词间之至意。"②以后秋狝，大体上皆依此制。

乾隆帝于乾隆六年七月二十六日离京，九月二十日返京，来去共55天。这次行围的日程和驻宿地点如下：七月二十六日乾隆帝奉皇太后于北京西郊圆明园出发，当日驻蔺沟，二十七日驻怀柔县，二十八日驻密云县，二十九日驻要亭，三十日在古北口阅兵后驻两间房，八月初一初二两日行围，驻常山峪，初三至初五日在喀喇河屯，初六日驻小营，初七日驻波罗河屯，蒙古王公恭迎圣驾，初八驻张三营，初九日驻十八里台。初十、十一、十二、十三日行围，十四日至二十二日连续行围9天，二十四日至二十六日行围3天，二十八日至三十日行围3天。在此期间，先后驻拜布哈昂阿、乌拉岱哈达前、准乌拉岱、都木达乌拉岱、布尔哈苏台、巴彦沟、鄂尔楚哈达、扎克月鄂佛罗等地，九月初三日至初七日在承德避暑山庄住了5天，初八日返回，二十日回到北京。前后共行围20日。

乾隆六年以后，除七年、九年、十一年、十三年、十五年、十九年等一些年份以外，直到去世之日止，他一共到承德避暑山庄50余次。一般是七月去九月回，也有一些时候是五月、六月或八月去。乾隆三十五年前，去必行围，就是在他已过花甲之年时，他还要率领满洲八旗官兵猎捕兽禽。后来由于年过古稀，行围之举才日渐减少，改为主要驻于避暑山庄。他去世的前半年，即嘉庆三年夏秋，虽已88岁，他仍然离开京师，去到山庄。

在这几十次木兰秋狝和住德避暑山庄的时间里，乾隆帝的确是紧紧抓住以猎讲武和怀柔蒙古这两件大事，做了大量工作，取得很大成效。他不仅指挥、鞭策满洲官兵奋勇驰逐，擒捕猛兽，而且亲自骑马奔

①《清高宗实录》卷147，第4页。

②《清高宗实录》卷147，第21页。

驰，拉弓放箭。曾做过军机章京的大史家赵翼对乾隆帝之讲武十分称颂，赞其"最善射"，"每夏日引见武官毕，即在宫门外校射，秋出塞，亦如之。射以三番为率，番必三矢，每发辄中圆的，九矢率中六、七"。①

乾隆帝不但经常深入林中，射捕奔鹿，而且特别喜欢督众捉虎。史称其："较猎木兰，如闻有虎，以必得为期。"②乾隆二十二年秋，有一日，停围设宴演剧，款待蒙古各部王公。这时，乾隆帝忽然看见两个蒙古王爷正在耳语，问其何故？蒙古二王奏称："适有奴子来报，奴等营中自昼有虎来搏马，是以相语。"乾隆帝立即谕令停乐，骑马出外，侍卫见状仓促跟随，虎枪人闻知，飞骑奔追，才得赶上，侦察得虎窝仅有两只小虎。帝命一侍卫往取，侍卫刚一举手，小虎发威，此侍卫稍稍退缩，乾隆帝马上下令，革其翎顶。这时，恰有一小蒙古突然冲出，攫一虎挟入左腋，又攫一虎挟入右腋。乾隆帝大喜，即以所褫侍卫之翎顶赐予小蒙古。此时，小虎之父已远逃，唯有母虎因恋小虎，尚未奔逸，仍在前山回顾。虎枪人尽力追逐，攀山越岭，腾跳绝涧，直到酉时，才将母虎打死抬回。此虎自头至尻，长八九尺，蹄粗至三四围，乃虎中之最大者。虎枪人有三人被伤，一人受伤最重，帝赐以孔雀翎1支、银200两，另二人各赐银100两。乾隆八年九月初一日，他还于乌什杭阿行围时，"亲射殪虎"。③乾隆这年的巡幸行围中，共射死老虎十余头。

乾隆帝不仅以身作则，勉励、督促满洲官兵，而且还对诸皇子严加管教，训练他们讲武习劳，"每岁木兰行围，多值严寒风雪，阿哥等俱随从行围"。④皇子、皇孙中有不少善射之人。有一次，在邻近木兰的张三营行宫，他命随行的皇子皇孙射箭，观其优劣。"皇子、皇孙依次射。皇次孙绵恩方八岁，亦以小弓箭一发中的，再发再中"。乾隆帝非常高兴，谕令再中一矢，就赏黄马褂。绵恩再射，又中一矢，遂得赐衣。⑤

除了行围捕兽以外，乾隆帝还经常举行较射、跳驼等活动，以演习

①赵翼：《檐曝杂记》卷1，《圣射》。

②赵翼：《檐曝杂记》卷1，《木兰杀虎》。

③《清高宗实录》卷200，第1页。

④《清高宗实录》卷1100，第6、7页。

⑤赵翼：《檐曝杂记》卷1，《皇子善射》。

武艺。离京以后，未到木兰以前，途中每到行宫，他"辄坐宫门外较射。射毕，有跳驼、布库诸戏，皆以习武事也"。"跳驼者，牵驼高八尺以上者立于庭，捷足者在驼旁，忽跃起，越驼背而过，到地仍直立不仆，亦绝技也"。布库，乃徒手相搏，胜败以仆地为定。①

在历次木兰行围中，乾隆帝经常对参加行围的满洲王公大臣兵丁，就其技艺和从猎的表现，予以训诫或嘉奖。乾隆六年八月二十八日即第一次秋狝时，他下谕说：此次巡幸木兰，所有随围的兵丁，"首推东三省暨察哈尔之巴尔呼等，汉仗好，马上熟练，手技便捷，行围整齐。至他省及京兵，汉仗弓马膂力骨骼，尚属去得，当差亦甚勤奋，但于行围耐劳等处，较之稍逊，皆因平素好贪安逸之所致，士气日见萎靡矣。我满洲兵丁，从来到处超群，同是丈夫，岂可行走落后。……夫兵丁精强，习学马上技艺，俱在平素操练，即如各省弁兵，每年操演围猎，京城兵丁，亦教习步围，兵丁等既有官拴马匹，如果专心，各加勤习，何致不成？着交各该管大臣官员等，务须悉心训练兵丁以马步骑射围猎之法，兵丁等亦应各加奋勉，留心习学马上技艺，耐受劳苦，及养马调降之调膘"。②

他曾于七月三十日在古北口阅兵，见兵士武技良好，特降旨称赞说：古北口为畿辅藩篱，提督所属弁兵，"素称劲旅"。"朕今因出口行围，亲临检阅，见队伍整齐，技艺娴熟，洵由统领大员董率有方，将弁兵丁勤于练习所致，朕甚嘉之"。提督已赏马2匹，着再加恩赏上用缎2匹。副将赏官用缎2匹，参将、游击以下守备以上，每员赏给金牌1面，千总、把总每员赏给银牌2面，兵丁每名赏银牌1面，"以示鼓励"。武备尤以弓矢为要务，向来绿旗弁兵，"亦知留心队伍，而骑射未为长技"，"该提督当不时训练，并将朕旨传谕各弁兵等知之"。③

他因初举秋狝竟有一些满洲王公大臣托词不去，颇为恼怒，于回京之后，下达专谕，"训饬随围托故之诸王大臣"。他先引太宗皇太极之旨，太宗曾严厉训斥王公大臣及其子弟"耽恋室家，偷安习玩"，不愿出征行围，将使国势日衰。诵完此谕后，他接着强调指出："此等流弊，有关于满洲风气，是以蒙太宗皇帝谆切训谕。朕此次行围，诸王大

① 赵翼：《檐曝杂记》卷1，《跳驼撩脚杂戏》。
②《清高宗实录》卷149，第11页。
③《清高宗实录》卷147，第23页。

臣中，竟有耽恋室家，托故不愿随往者。……夫行围出猎，既以操演技艺，练习劳苦，尤足以奋发人之志气，乃满洲等应行勇往之事。若唯事偷安，不知愧耻，则积习相沿，实于国势之隆替，甚有关系。嗣后倘有不知悛改仍蹈前辙者，朕断不轻为宽宥。可遍行传谕诸王大臣及官兵人等知之。"①

乾隆帝通过上述种种措施，对加强满洲官兵的训练，提高军队的战斗力，克服八旗人员偷安积习，起到了比较显著的作用。

在怀柔蒙古方面，他收到了更大的成效。就在乾隆六年初举秋狝之时，漠南蒙古科尔沁等部王公，或亲至行营恭迎圣驾，或派专使前来请安，未被指派随围的王公呈请随围，已被派遣随围的王公踊跃参加。乾隆帝十分高兴，于八月二十日对蒙古扎萨克诸王、贝勒、贝子、公、台吉等下达专谕，予以嘉奖说：

"尔蒙古等自太祖、太宗时归仁向化，每逢军旅田猎等事，均与满兵一体效力，是以我皇祖、皇考眷爱尔等，无异满洲，教养兼施，百有余年。朕此次巡幸口外，入哨行围，操练满洲、蒙古兵丁，所有未经派围前来请安之王、台吉等，俱奏请随围，意甚诚切。其随围之蒙古兵丁，行列整齐，号令严明，均知奋勉。秋狝之典，多年未举，今初行围，尚能与皇祖巡幸时无异，皆尔扎萨克等平素管教有方之所致也。尔扎萨克等，果能如此操练所属，俾致精强，何敌不克，朕甚嘉焉。至尔蒙古等，均系游牧生理，惟赖滋息牲畜，尔等理宜轻减赋役，令得休息，滋养牲畜，俾各勤生业，严禁盗贼，谕以伦常，以期永远仰承国恩。"②

他随即厚加赏赐。管理围场的科尔沁、敖汉、翁牛特、喀喇沁的贝勒3人、贝子1人、公3人、多罗额驸1人、固山额驸1人、台吉塔布囊72人、侍卫官员225人，皆照康熙六十一年之例赏赐。随围的骁骑、捕户人等1811人，除照例每人赏银6两外，再各加赏3两。牵驼马人、赶车人共296人，除照例赏与银布外，各加赏银1两5钱。贝勒、公等的护卫官员，

---

① 《清高宗实录》卷151，第16、17页。

② 《清高宗实录》卷149，第3、4页。

亦照前例，各加赏毛青布1匹、银3两。科尔沁土谢图亲王等15人，各加赏纬帽1顶、装缎衣1袭。科尔沁达尔汉亲王等3人，各加赏刀1把、弓矢全撒带1副、上用龙缎1匹。额驸策凌虽未随围，亦照随围亲王之例赏给一份。

乾隆帝继承皇祖康熙帝借秋狝怀柔蒙古之法，收效很大。《檐曝杂记》卷1，《蒙古诈马戏》，对此做了很好地概括和表述。其文说："上每岁秋狝，非特使旗兵肄武习劳，实以驾驭诸蒙古，使之畏威怀德，稽首帖伏而不敢生心也"。皇上幸热河，近诸蒙古王公例来迎谒。秋八月万寿节，行宫演大戏十日，蒙古王公皆入宴，兼赐蟒缎等物。行围兵一千三百名，皆蒙古人，每遇行围之时，即趋役供事。蒙古王公侍帝左右，"听指挥唯谨"。行围十余次后，蒙古王公必选择一日进宴，"上亲临之"。这一天，设大蒙古包作正殿，旁列四蒙古包，以款待随驾的王公大臣。蒙古王公"奏乐多弦索，极可听，又陈布库、诈马诸戏"。布库不如皇上御前之人，而诈马乃其长技。诈马之法为：驱未曾羁勒过的生驹千百群，令善于骑马之人手持长竿，竿头有绳作圈络，突然冲入驹队中，驹方惊慌，持竿之人已将绳系在驹之头上，跳到驹背之上，驹不愿受鞭策，猛烈跳跃，欲把骑者摔下，骑驹之人以两足紧紧夹住驹背，始终不下马，一会儿，此驹便帖服于主人了。"此皆蒙古戏，以供睿赏者也"。"岁岁如此，不特上下情相浃，且驯而习之于驱策之中，意至深远也。又喀尔喀四大部，地最远，每岁则以一部来入觐。上虽岁岁出塞，而其部须四年一觐。……此又驭喀尔喀之长计也"。

乾隆帝在反驳御史丛洞谏阻秋狝之谕中，曾讲到行围不会贻误政事。此话确系非假。总观乾隆帝秋狝之时，皆同在京之日一样处理军国要务，就是在驰捕兽禽之日，也照样批处奏章。"其行围所有奏章，皆俟上还营后，披览发出，毫无遗滞"。[①]

现在再以乾隆三十六年（1771年）的秋狝为例，略予叙述。三十六年七月十九日，乾隆帝奉皇太后离京，"秋狝木兰"，十月初八日返至京师西郊畅春园。在这80天的秋狝中，除了处理一些重要事件外，他着重抓了两个大问题，一是土尔扈特归顺，二是用兵大小金川。离京之前，乾隆帝已根据驻乌什的都统衔参赞大臣舒赫德之奏，当机立断，决定接纳离开俄国万里迢迢归回祖国的土尔扈特部落数万人员。秋狝期

---

① 昭梿：《啸亭杂录》卷7，《木兰行围制度》。

中，他对土尔扈特部人员主要采取了两大措施。其一，千方百计赈济土尔扈特。就在出发那一天，七月十九日，他因舒赫德奏请赶紧运送牲畜救济穷困的来归人员，下谕说：舒赫德"所奏甚是"。"土尔扈特自俄罗斯率领妻子颠连前来，窘迫已极，若不加意抚恤，令伊等或至饿毙，朕心实有不忍"。现在巴里坤有滋生羊只，哈密、吐鲁番、辟展皆系出羊之地，可以加紧办送。但土尔扈特男女将近10万，"必须专派贤能大臣亲往妥办"。着派陕西巡抚文绶即带干员前赴哈密等处，用银20万两，尽数购买孳生贩卖之牲畜，送至土尔扈特人员游牧住居地方。①此后，他又多次下谕，指授文绶等人办理赈济之事。文绶等人根据帝旨，不到一个月，就筹集了马牛羊26万~27万匹（只、头）、官茶2万余封、米麦4万余石、羊裘5万余袭、布6万余匹、棉花59000余斤，以及大量毡庐、棉袄、棉褂等物，使7万余名土尔扈特人员摆脱了"或衣服破烂，或靴鞋皆无"的饥寒交迫困境，开始了安定乐业自由牧耕的新生活。

其二，编旗封爵，辖隶中央。乾隆帝在安排土尔扈特赈济物品的同时，即积极筹备让其首领入觐之事，并特命额驸色布腾巴勒珠尔亲王陪其来到热河。九月初八日，乾隆帝于行围之伊绵峪大营，召见土尔扈特部渥巴锡汗等人，赐赏顶戴冠服等物，并亲撰《御制土尔扈特全部归顺记》和《御制土尔扈特纪略》两篇文章，详述土尔扈特历史，嘉奖渥巴锡汗归顺，列举赈济物品，宣布要按皇祖安置、优恤喀尔喀三部人员之例，优待土尔扈特人。

第二日，九月初九日，乾隆帝赐渥巴锡汗等人鞍马，"并令随围从观"，以后多次设宴款待他们。九月十四日，他又下谕封授土尔扈特汗、台吉爵位。他说：渥巴锡等台吉，"因与俄罗斯风气不同，且不时兴兵争夺，不得安生，仰企朕推广黄教安抚四夷之化，率数万人跋涉远途，不辞劳苦，归诚效顺，殊属可嘉，自应指地安插，使伊等衣食有俾，并予以滋生牲只，以资久远之计。除业经饬交伊犁大臣等办理外，兹特加恩，赐以封爵"。封渥巴锡为旧土尔扈特部卓里克图汗，策伯克多尔济为布延图亲王，舍楞为新土尔扈特部弼里克图郡王，巴木巴尔为毕锡勒图郡王，恭格、默们图为贝勒，旺丹、沙喇扣肯、奇布腾、雅兰丕尔、额墨根乌巴什为贝子，拜济湖为辅国公，诺海、伯尔哈什哈为一等台吉，阿勒克巴等30人为一、二、三、四等台吉。"尔等仰叩朕恩，

①《清高宗实录》卷889，第8、9页。

其加意管束所属，咸务生理，延及子孙，永荷安全之福矣"。[1]后又按漠南、漠北扎萨克蒙古之制，编立盟旗，分授各王、贝勒、贝子、公、台吉为盟长、副盟长、扎萨克，完成了漠西蒙古四部悉隶于清的历史任务。

在这次秋狝中，乾隆帝处理的第二件军国大事是用兵金川。他在秋狝中，多次下谕指授用兵方略，斥责四川总督德福及大学士、管理四川总督事务之阿尔泰庸懦无能，并因其难以改过，而罢革德福四川总督和军机大臣之职，授文绶为四川总督，命定边右副将军温福带云南军营全部满兵入川，接替阿尔泰用兵金川之任。由此可见，木兰秋狝，的确未曾影响政务。

二、六下江南

（一）　南巡之因

乾隆十四年(1749年)十月初五日，乾隆帝下了一道谕旨，讲述欲于十六年春天巡幸江南之事说：

"江南督抚等，以该省绅耆士庶，望幸心殷，合词奏请南巡，朕以矩典攸关，特命廷臣集议，今经大学士、九卿等援据经史，且仰稽圣祖仁皇帝六巡江浙，谟烈光昭，允宜俯从所请。朕轸念民依，省方问俗，郊圻近省，不惮躬勤銮辂，江左地广人稠，素所廑念，其官方、戎政、河务、海防，与凡闾阎疾苦，无非事者，第程途稍远，十余年来未遑举行。屡尝敬读圣祖实录，备载前后南巡，恭侍皇太后銮舆，群黎扶老携幼，夹道欢迎，交颂天家孝德，心甚慕焉。朕巡幸所至，悉奉圣母皇太后游赏，江南名胜甲天下，诚亲披安舆，眺览山川之佳秀，民物之丰美，良足以娱畅慈怀，既询谋合同，应依议允从所请。但朕将以明年秋幸五台，经太原，历嵩、洛、赵、魏，回銮已涉冬令，南巡之举，当在辛未年(乾隆十六年)春，正我圣母六旬万寿之年也，将见巷舞衢歌，欢

①《清高宗实录》卷892，第51、52页。

腾献祝，称朕以天下养之至爱，上以广承欢之庆，下以慰望幸之忱，益深嘉悦。届期诹吉以闻，向导人员，朕酌量先期简派，前往清跸，所至简约仪卫，一切出自内府，无烦有司供亿。至行营宿顿，不过偶一经历，即暂停亦不逾旬日，前岁山左过求华丽，多耗物力，朕甚弗取，曾经降旨申饬，明岁晋、豫等省，以及江南，俱不可仿效。至名山古迹，南省尤多，亦只扫除洁净，足备临观而已，无事崇饰，倘有颓圮，随宜补葺，悉令动用官项，但当据实，不得任有司浮冒。其民间张灯结彩，圣祖尝以为戒，载在方册，宜共恪遵，其慎勿以华侈相尚，所司通行晓谕。其一切应行典礼，着照所议行。"①

过了12天，十月十七日，他又降谕说：

"闽浙总督喀尔吉善、署浙江巡抚永贵奏请临幸浙省，阅视海塘一折，前因江南督抚等奏请南巡，特命大学士、九卿会议，询谋金同，业经降旨俞允。江浙邻封接壤，均系圣祖屡经临幸之地，且海塘亦重务也，今既据该省士民感恩望幸，群情踊跃，合词代奏，宜允所请，于辛未春南巡，便道前至浙省，临视塘工，慰黎庶瞻依之意，所至不烦供亿，匆事兴修，勿尚华靡，已详前旨，其共谕焉。"②

这两道谕旨讲述巡幸江浙的原因，按其行文的顺序，可以归纳为四点。一是两江总督、江苏巡抚、闽浙总督、署浙江巡抚高斌、喀尔吉善等官代表五省军民绅衿，恭请皇上临幸，臣民赤心不宜辜负，民愿难以拒绝。二是大学士、九卿等廷议以后，援据经史，且以圣祖仁皇帝之巡江浙的光辉先例相引，不能不允其所请。三是江浙地广人稠，其官方、戎政、河务、海防，民间疾苦，一向惦念，但因路远，未能前往，实有遗憾。四是恭读圣祖实录，见其所记前后南巡，恭奉皇太后，百姓夹道欢迎，赞颂皇帝孝德，十分羡慕。这次能奉母后南巡，游览名胜甲天下之江南，观其山川秀佳，民物丰美，慈颜必喜，十六年又是太后六十大

① 《清高宗实录》卷350，第11—13页。
② 《清高宗实录》卷351，第2、3页。

寿，更是尽孝的好时机。因此，定于乾隆十六年春前往江苏、浙江。

这些都是事实。乾隆帝一向自诩效法皇祖，孝养母后，皇祖能奉太后巡幸江南，自己当然也要仿之而行。但是，如果联系当时局势和六次南巡的具体情形，以及乾隆帝的抱负和个性来看，便可知晓，奉母览胜以尽孝心，只是出巡的一个目的，而且是一个不太重要的附属目的。其所以要一而再，再而三，而至六下江南的根本目的和愿望，则主要是政治性的，是他为了创立和巩固"大清全盛之势"而出巡的。这与江浙的客观环境和历史条件及其在清帝心目中的地位，是紧密相连的。

江苏、浙江两省，虽然地域并不大，人口也不特别多，到宣统三年（1911年）才2400多万人，两省面积一共只有20万余平方公里，仅占全国国土面积的2%。但这两省是"鱼米之乡"，其经济条件、人文条件却在全国占据着十分重要的地位。乾隆十八年（1753年），全国在籍田地为708万余顷，征赋银2961万余两，赋粮840余万石，平均每顷征银4两1钱、粮1石1斗8升。而江苏一省才有民田68万余顷，却征赋银337万余两、粮215万余石。浙江省有民田45万余顷，征银281万余两、粮113万余石，两省共征赋银618万余两、赋粮328万余石。江苏、浙江两省只占国土面积的2%，而其交纳的赋银、赋粮却分别达到全国赋银总数的20.8%和赋粮的39%。

乾隆二十九年（1764年），全国盐课银共380余万两，而江苏、浙江两省为258万余两，占全国盐课银总数68%。如果加上"灶课"等项收入，在稍晚一点时间，全国盐课、灶课等项收入，每年为775万余两，其中江苏、浙江为477万余两。在每年运抵京师供帝王后妃、文武官员、兵丁食用的400万石漕粮里，江苏、浙江占了257万石，为漕粮总数的64%。在户部、工部所属的29个征税的税关中，江苏、浙江有淮安关、浒墅关、扬州关、西新关、江海关、北新关、浙海关、龙江关、宿迁关、南新关等11个税关，每年税额是200万余两，将近占全国税额总数的50%。此外，江苏、浙江每年还要交纳耗银60万两左右。仅这几笔简单的数字，便足以表明江浙二省在全国经济领域里占据着特别重要的地位。可以毫不夸张地说，如果丢掉江苏、浙江，没有这两个省提供巨大的财政收入，清朝的统治就难以继续维持下去。

与此相同的重要性是，江苏、浙江人文茂盛，是全国文化最发达地区，才子、学者之多，数倍甚至数十倍于其他任何一个省。仅以关系到政局和学术文化界的科举而言，江浙出的状元最多。从顺治三年（1646年）清政府开始科举的会试殿试起，到乾隆六十年（1795年），在这150年里，共举行了61科。现将每科的状元、榜眼、探花的姓名及其籍贯，列一简表。

顺、康、雍、乾四朝状元、榜眼、探花简表

时间	状元及籍贯	榜眼	探花
顺治三年（1646）	傅以渐（山东）	吕缵祖（直隶）	李奭棠（顺天）
四年	吕　宫（江苏）	程芳朝（安徽）	蒋超（江苏）
六年	刘子壮（湖北）	熊伯龙（湖北）	张天植（浙江）
九年	邹忠倚（江苏）	张永祺（顺天）	沈荃（江苏）
十二年	史大成（浙江）	戴王纶（直隶）	秦鉽（江苏）
十五年	孙承恩（江苏）	孙一致（江苏）	吴国对（安徽）
十六年	徐元文（江苏）	华亦祥（江苏）	叶方霭（江苏）
十八年	马世俊（江苏）	李仙根（四川）	吴光（浙江）
康熙三年（1664）	严我斯（浙江）	李元振（河南）	周宏（江苏）
六年	缪　彤（江苏）	张玉裁（江苏）	董讷（山东）
九年	蔡启僔（浙江）	孙在丰（浙江）	徐乾学（江苏）
十二年	韩　菼（江苏）	王鸿绪（江苏）	徐秉义（江苏）
十五年	彭定求（江苏）	胡会恩（浙江）	翁叔元（江苏）
十八年	归允肃（江苏）	孙卓（安徽）	茆荐馨（江苏）
二十一年	蔡升元（浙江）	吴涵（浙江）	彭宁求（江苏）
二十四年	陆肯堂（江苏）	陈元龙（浙江）	黄梦麟（江苏）
二十七年	沈廷文（浙江）	查嗣韩（浙江）	张豫章（江苏）
三十年	戴有祺（江苏）	吴昺（安徽）	黄叔琳（顺天）
三十三年	胡任舆（江苏）	顾图河（江苏）	顾悦履（浙江）
三十六年	李　蟠（江苏）	严虞惇（江苏）	姜宸英（浙江）
三十九年	汪　泽（江苏）	季愈（江苏）	王露（河南）
四十二年	王式丹（江苏）	赵晋（福建）	钱名世（江苏）

时　间	状元及籍贯	榜　眼	探　花
四十五年	王云锦（江苏）	吕葆中（浙江）	贾国维（江苏）
四十八年	赵熊诏（江苏）	戴名世（安徽）	缪沅（江苏）
五十一年	王世琛（江苏）	沈树本（浙江）	徐葆光（江苏）
五十二年	王敬铭（江苏）	任兰枝（江苏）	魏廷珍（直隶）
五十四年	徐陶璋（江苏）	缪曰藻（江苏）	傅王露（浙江）
五十七年	汪应铨（江苏）	张廷璐（安徽）	沈锡辂（浙江）
六十年	邓钟岳（江苏）	吴文焕（福建）	程元章（河南）
雍正元年(1723)	于振（江苏）	戴瀚（江苏）	杨炳（湖北）
二年	陈惠华（直隶）	王安国（江苏）	汪德容（浙江）
五年	彭启丰（江苏）	邓启元（福建）	马宏琦（江苏）
八年	周澍（浙江）	沈昌宇（浙江）	梁诗正（浙江）
十一年	陈倓（江苏）	田志勤（顺天）	沈文镐（江苏）
乾隆元年(1736)	金德瑛（浙江）	黄孙懋（山东）	秦蕙田（江苏）
二年	于敏中（江苏）	林枝春（福建）	任端书（江苏）
四年	庄有恭（广东）	涂逢震（江西）	秦勇均（江苏）
七年	金甡（浙江）	杨述曾（江苏）	汤大绅（江苏）
十年	钱维城（江苏）	庄存与（江苏）	王际华（浙江）
十三年	梁国治（浙江）	陈柟（浙江）	汪廷玙（江苏）
十六年	吴鸿（浙江）	铙学曙（江西）	周沣（浙江）
十七年	秦大士（江苏）	范棫士（江西）	卢文弨（浙江）
十九年	庄培因（江苏）	王鸣盛（江苏）	倪存宽（浙江）
二十二年	蔡以台（浙江）	梅立本（安徽）	邹奕孝（江苏）
二十五年	毕沅（江苏）	诸重光（浙江）	王文治（江苏）
二十六年	王杰（陕西）	胡高望（浙江）	赵翼（江苏）
二十八年	秦大成（江苏）	沈初（浙江）	韦谦恒（安徽）
三十一年	张书勋（江苏）	姚颐（江西）	刘跃云（江苏）
三十四年	陈初哲（江苏）	徐天柱（浙江）	陈嗣龙（浙江）

时　间	状元及籍贯	榜　眼	探　花
三十六年	黄转（安徽）	王增（浙江）	范衷（浙江）
三十七年	金榜（安徽）	孙辰东（浙江）	俞大猷（顺天）
四十年	吴锡龄（安徽）	汪铺（山东）	沈清藻（浙江）
四十三年	戴衢亨（江西）	蔡廷衡（浙江）	孙希旦（浙江）
四十五年	汪如洋（浙江）	江德量（江苏）	陈昌期（安徽）
四十六年	钱棨（江苏）	陈万青（浙江）	汪学金（江苏）
四十九年	茹棻（浙江）	邵瑛（浙江）	邵玉清（直隶）
五十二年	史致光（浙江）	孙星衍（江苏）	董教增（江苏）
五十四年	胡长龄（江苏）	汪廷珍（江苏）	刘凤诰（江西）
五十五年	石韫玉（江苏）	洪亮吉（江苏）	王宗诚（江苏）
五十八年	潘工恩（江苏）	陈云（顺天）	陈希曾（江西）
六十年	王以衔（浙江）	莫晋（浙江）	潘世璜（江苏）[①]

这份简表说明了好些问题。

其一，江苏、浙江两省的状元之多，令人惊奇。在顺治朝的8次殿试会试里，出了8位状元，其中江浙占了6位，占状元总数的75%。康熙朝21科，江苏、浙江出了20位状元，占状元总数的95%。雍正科5科，江浙两省出了4位状元，占状元总数的80%。乾隆朝27科，江苏、浙江出了21位状元，占状元总数的78%。顺康雍乾四朝共举行了61次殿试会试，江苏浙江两省出了51位状元，占全国状元总数的87%，几乎包揽了状元的名额。

其二，在榜眼、探花的名额里，江苏、浙江两省也居于压倒优势。61位榜眼中，江苏浙江两省出了38位榜眼，占榜眼总数的62%。61位探花里，江苏浙江两省有47位探花，占探花总数的77%。

其三，江苏、浙江两省的才子不仅分别在状元、榜眼、探花的名额里占了大多数，而且不少科的状元、榜眼、探花竟然全是江浙才子。顺治十六年（1659年）的状元是徐元文，榜眼是华亦祥，探花是叶方蔼，三人全是江苏人。康熙朝的21科里，有12科的状元、榜眼、探花全是江

①法式善：《清秘述闻三种》卷1-8，《乡会考官类》；朱彭寿：《旧典备征》卷4，《各省状元人数》；商衍鎏：《清代科举考试述录》，第153-159页，生活·读书·新知三联书店，1983年。

苏、浙江人。雍正八年（1730年）的状元周澍是浙江人，榜眼沈昌宇、探花梁诗正也是浙江人。乾隆朝的27科里，江苏、浙江才子包揽了11科的状元、榜眼、探花。在顺康雍乾四朝的61科中，有25科的状元、榜眼、探花全是江苏、浙江人。

其四，宰相不少，九卿督抚众多。这136位江苏浙江的状元、榜眼、探花，很多成了宰相卿贰和督抚，不少人政绩卓著，声望甚隆。像徐元文、傅以渐、吕宫、陈元龙、王杰、于敏中、梁诗正等皆任至大学士，彭启丰、魏廷珍、黄叔琳、任兰枝、王安国、秦蕙田等皆任至尚书、巡抚，还有金德瑛、钱维城、金甡、庄存与等，既任至二三品大员，又在经史书画等方面颇有贡献。

总的来说，江苏、浙江两省状元、榜眼、探花如此之多，他们以后大都担任大学士、九卿、总督、巡抚、布政使、按察使、学政等职，自然在政界有着强大的影响力，清廷必然要对这两个省的人才特别重视。另外，江苏、浙江又是明末遗民活动的中心，反清思想和反清言行一直不断，发生了多起文字狱。

以上事实表明，江浙在经济上、政治上、文化上具有特别突出的地位，朝廷必须牢固控制住江浙，充分利用江浙的人力、财力和物力，来巩固其统治，来发展其"盛世"。这就是乾隆帝要效法皇祖六下江南的根本原因。

（二）　巡前准备

从乾隆十四年(1749年)十月初五日下达第一道巡幸江浙的谕旨后，乾隆帝又多次下谕，督促臣僚进行安排，批准有关拟议，责令群臣不要浪费民力。十五年正月二十九日，他谕军机大臣，禁止迁移民坟说：

"朕巡幸江浙，问俗观风，清跸所至，除道安顿，有司不必过费周章，已经屡降谕旨。至川原林麓，民间坟墓所在，安厝已久，不过附近道旁，于辇路经由无碍，不得令其移徙。即如直隶近畿，常经车驾往还，及由都城以至西苑，所司平治道途，虽观瞻所及，间或蔽以布帷营帐之属，旷野中竟不为障蔽。南省系初次办差，恐未尽悉。……应令该督抚等留心体察，戒饬承办各员，无得借端轻议迁瘗，致滋纷扰。将此传谕知之。"①

---

① 《清高宗实录》卷357，第15页。

同月，军机大臣会同浙江巡抚永贵议奏扩建修建杭州行宫、西湖行宫说：

"明岁南巡浙省，所有杭州织造署中行宫，有圣祖仁皇帝龙牌，供奉行宫西首殿内，殊非敬谨之意。今议将织造移驻裁存盐政衙署，就现在行宫量加修葺，敬于宫后建楼，供奉龙牌，以协体制。至西湖行宫已奏改佛寺，内供奉圣祖仁皇帝龙牌，亦在西偏，应请敬移于旧寝宫内供奉。其迤西一带屋基甚宽，应并寺后山园酌量划出，另建行宫，但就现在房屋相度行势，从俭办理。至由杭城前往海塘，止塘路一条，塘外系涨沙洼地，塘内即村舍桑园，中小亹一带，亦窄狭纡曲，均难相度驻跸之处，是以海塘引河，圣祖均未临幸，今堤工巩固，引河顺轨，此次似毋庸亲临阅视。惟候潮门外，旧有观潮楼，即中小亹引河等处，亦可远眺，从前圣祖曾经临幸，今应略为修饰，以备巡览。又绍兴府之南镇、兰亭二处，近接禹陵，从前圣祖未经临幸，该处俱有房屋，并略修理，应否临观，恭候幸浙时钦定。"①

同年三月十九日，闽浙总督喀尔吉善呈述巡幸御道的安排施工情形说："臣查勘御道，窃以南省道路，山水交错，不似北地平旷，可以随宜布置，且杭嘉二府，道旁弥望皆桑，平原颇难多得。臣与向导大臣恭阅御舟所经河道，纤路最宽者，不过一丈以上，或尚不及一丈。臣等不敢过求开阔，有损田园，凡营盘处所，必详勘无妨民业之处，签桩修治。至于杭城西湖各名胜所经陆路，亦止期修治平坦，无事开拓宽广。其民间陵墓，正拟斟酌妥办，旋奉廷寄，令臣等无得轻议迁瘗，当于临期设法屏蔽，不稍滋扰。"帝即批示："知道了。总以务朴省事及息浮议为要。"②

过了几天，向导大臣努三和兆惠的奏折到了，二人奏称："由杭州府渡江，至绍兴禹陵、南镇一路，河道窄狭，仅容一船，经过石桥四十余座，须拆毁过半。旱地安设营盘，地气甚属潮湿。"

向导大臣努三、兆惠此奏，实系以道路难行为理由，劝阻皇上不祭

①《清高宗实录》卷357，第9、10页。
②《清高宗实录》卷361，第5、6页。

禹陵。乾隆帝很不满意，于十五年三月二十七日下谕，斥责努三、兆惠不理解拜祭禹陵的重要性，并提出解决行进困难的办法，即坐小船，造一大船住宿，不设营盘。他说：

"朕初次南巡，禹陵近在百余里之内，不躬亲展莫，无以申崇仰先圣之素志。向导及地方官，拘泥而不知权宜办理之道，鳃鳃以水道不容巨舰，旱地难立营盘为虑，若如此，所议拆桥数十座，即使于回銮之后，一一官为修理，其费甚巨，且不免重劳民力，岂朕省方观民本意耶。朕在宫中，及由高梁桥至金海，常御小船，宽不过数尺，长不过丈余，平桥皆可径度，最为便捷，越中河路既窄，日间乘用，俱当驾驶小船，石桥概不必拆毁。其原拟安立营盘二处，必系湾岸稍宽可以停泊之地，即于此处造大船一只，专备晚间住宿，更不于旱地安营，既避潮湿，且免随侍人众践踏春花之患。其驻宿大船，惟取坚完，既不借以涉大川，破巨浪，一应帆樯篙楫，亦不必齐全，所费不过造船工价二三千金，过后物料尚可变用，较之拆桥进艇，多费周章者相去远矣。着详悉传谕该督抚等，令其遵照指示，妥协办理。"①

看起来无法逾越的巨大障碍，就因乾隆帝不拘泥于必坐龙船坚舰的常规，临机应变，改乘小船，不安营盘，换宿大船，而轻易地跨过去了。

十五年十月，闽浙总督喀尔吉善呈报巡幸浙江需要解决的两个问题。他奏称："明春南巡浙省，查杭嘉两郡俱系水乡，湖荡港汊，纵横交错，自江南交界至杭，陆路惟运河纤道，宽仅七八尺……凡应用什物及执事人等，有需先送前站预备者，若开辟陆路，于民间田园必多挖废。今勘定副河一道，什物及执事人等，均由副河前进。……御道两旁，俱应安兵站围，浙省运河纤道竟有无可站立之处。今酌定于两岸内，凡支河汊口各安卡兵二三名，临时禁遏人舟，如无路径处，不复安兵站围。其两岸有村镇居民处，许令男妇老幼跪伏瞻仰。"乾隆帝批示："甚是，妥当之极。""好。不必严为拦阻。"②

十五年十一月十三日，总理行营王大臣、庄亲王允禄等奏述南巡随从官兵马船的安排说：

①《清高宗实录》卷361，第15、16页。

②《清高宗实录》第375，第24、25页。

"明春皇上南巡江浙，所有应行预备事宜。查水路随从官兵必宜酌减，除大臣等，应中途留住及随从已钦派外，侍卫仍派三班，统于六班内选足。兵丁派八旗六百名、健锐营四百名，但此次兵丁，中途应行减派，其江浙一路，又俱乘船，建锐兵久不操练，恐致生疏，应停派。至江南登舟时，各处官员人等量减，但取差使无误，余俱留住河北。其前锋、护军等兵，减派五百名，合之江宁迎驾兵二百名，足敷差使。其章京拟派四十员，虎枪侍卫兵丁内拣选四十员，俱先支两月路费，途中计日补给，应骑官马人等，仍于京中全数给发。随驾大臣官员，明年春季俸银，俱于今冬先放。皇上登舟后，随行之王大臣官员驼马，不必过河，令与留住之官兵一体留住，仍着总管大臣加意管束静候，留住官兵之马，及随往江浙人等官马，一体留住饲养。再查江浙旱路应需之马，除御马用船载往，随从人等官马，查照康熙年间例，皆取用于地方。每大臣一员，马五匹，章京侍卫一员，马三匹，护军、紧要执事人等，马二匹，余每二人马三匹，于驻防绿营官马、驿马内预备，合计需马六千六百九十余匹。其由徐家渡至直隶厂，由小五台至平山堂、高曼寺，由苏州至灵岩、邓尉、虎丘等处，非紧要差使，俱留于舟次，约需备马四千匹，仍令每十匹外多备一匹，以便添用。至船多亦恐拥挤，拟将派出大臣，或每员给二只，或一只，其侍卫官员等，或二三人一只，或四五人一只，拜唐阿兵丁，或八九人一只，或十数人一只，酌量匀派，除装载物体便民船二十五只外，统计沙飞、马溜船四百四十只即可敷用。现在或有预备余船，各觅生理，不必守候。随行官员人等，在十里以内者，回船住歇，远者于附近寺院歇店宿歇，不许占住民房。米粮柴草，派地方官招商，于行营左右公平售买。其黑豆令山东巡抚采买，运往沂州一带接济。"[1]

不久，两江总督黄廷桂奏：应备之马，已经照数调备，并备马2000余匹，届期赴浙协济。但马数太多，江省人稠地狭，难以安顿饲养，请再酌减。闽浙总督喀尔吉善也奏称：马多道窄，恐致喧挤，拟调通省营马5000匹，以备乘用，其什物另备人夫扛抬，应将原议每马10匹外多备1匹之处减省。两人的奏议皆被批准。[2]

江宁将军锡尔璊、两江总督黄廷桂奏述南巡阅兵事项安排：明春南

①《清高宗实录》卷376，第27-29页。

②《清高宗实录》卷379，第10、11页。

巡大阅，镇江驻防旗兵、将军标汉兵均应在教场预备，将军水师标兵应在江面预备，但苏抚标兵"仅止五百余名"，不足备阅。满兵除循旧例轮派水操兵1000名，实兵止3000兵，督标两营及城守两营额兵止有2000余名，除防守差务外，"不足以壮军威而肃观瞻"，请预备满兵1500名、汉兵1500名，会合操练候阅。邓尉山下前傍太湖，水势不深，水操捷便可观，谨量调苏松镇标及太湖营船只，于邓尉山下操舟，恭候登山阅视。奏入，"报闻"。①

鸿胪寺奏称：南巡之时，沿途地方文武官员，于几十里以内接送。奉旨："着三十里以内接送。"②

由于南巡的路程，多数是在江河中行走，因此还须建造专供御用的龙舟。六下江南，乾隆帝都是乘坐安福舻，另备翔凤艇备用，御船造得很好，船中设置也很符合帝之意愿，帝坐御舟，感到"甚为安适"，"甚为安吉"，"已极便适"。③

乾隆帝还对进入浙江后雇用民夫拉纤的旧制进行了改革，下谕给军机大臣，令由河兵担任此役：

"皇祖圣祖仁皇帝南巡时，自顺河集以达江口，皆系河臣派拔河兵，以供舟行挽纤之用，渡江后，则由江省地方官雇觅民夫更替，及行至浙江交界，该省换纤，亦另用雇夫应差，此旧制也。朕明春巡幸江浙，闻江省督抚河臣会商，拟于渡江后，仍用河兵挽纤，以省募夫接替之烦，惟浙江地属隔省，尚欲遵循昔年雇夫成例。朕思两省本属一水可通，若江省概用河兵，而浙省又别招募，往来守候，未免纷繁。兵丁向隶河标，舟行乃其素习，且在江省经行已久，亦必益就熟娴，若即令其随至浙江，一路就便应用，较之临期鸠集之夫自为有益。况浙省本有雇夫工价，若即以此加给河兵，在伊等既可获赍斧之需，而浙省地方官并得省雇募之役，彼此均觉妥便。着传谕该督抚等，令其会同河臣，就事一体通融筹酌，定议奏闻，惟期公务有裨，毋存此疆彼界之见。"④

①《清高宗实录》卷377，第39、40页。

②《清高宗实录》卷377，第21页。

③《清高宗实录》卷1196，第15页；卷1197，第2页。

④《清高宗实录》卷376，第2、3页。

军机大臣传谕之后，江浙督抚会同河道总督商议后奏称："均遵谕旨办理。其押纤员弁，亦请仍用江省人员随往。"帝从其议。[①]

（三）蠲赋恩赏

做好了应有的准备工作以后，乾隆帝仿效其祖康熙帝，开始了江浙之行，先后六次前往江南。第一次是乾隆十六年（1751年）正月十三日出发，五月初三日返回。第二次是乾隆二十二年（1757年）正月十一日出发，四月二十六日回京。第三次是乾隆二十七年（1762年）正月十二日至五月初四日。第四次是乾隆三十年（1765年）正月十六日到四月二十一日。第五次南巡是乾隆四十五年（1780年）正月十二日至五月初九日。最后一次下江南是乾隆四十九年（1784年）正月二十一日至四月二十三日。这六次巡幸，一般都要到江宁（南京）、苏州、杭州、扬州，后四次还加上浙江的海宁。前四次是奉太后懿旨前往，后两次为帝率臣游幸。

六下江南，每次所经之地和所做之事，虽然不尽相同，但大体上包括以下几个方面：蠲赋恩赏，巡视河工，观民察吏，加恩缙绅，培植仕子，阅兵祭陵。

六下江南期间，以广蠲赋税为基本国策的乾隆帝，多次下谕，蠲免江浙皖上千万两银子。第一次南巡之前11天，乾隆十六年（1751）正月初二日，乾隆帝下谕蠲免江苏、安徽积欠粮银和浙江本年部分地丁银：

"朕巡行江浙，问俗省方，广沛恩膏，聿昭庆典。更念东南贡赋，甲于他省，其历年积欠银粮，虽屡准地方大吏所请，分别缓带，以纾民力，而每年新旧并征，小民终未免拮据。朕宵旰勤劳，如伤在抱，兹当翠华亲莅，倍深轸切，用普均沾之泽，以慰望幸之忱。着将乾隆元年至十三年江苏积欠地丁二百二十八万余两、安徽积欠地丁三十万五千余两，悉行蠲免，俾官无诖误，民鲜追呼，共享升平之福。夫任土作贡，自应年清年款，江苏积欠乃至二百二十余万之多，催科不力，有司实不能辞其咎，而疲玩成习，又岂民间风俗之浇漓尚有未尽革欤？朕以初次南巡，故特加恩格外，嗣后该地方官，务宜谆切劝谕，加意整顿，其在小民，亦当湔除旧习，勉效输将，勿谓旷典可希冀屡邀，而唯正之供，任其逋负也。其浙江一省，虽额赋略少于江苏，而节年以来，并无积

---

① 《清高宗实录》卷376，第3页。

欠，岂犬牙相错之地，不齐乃至是欤！此具见浙省官民，敬事急公之义，而江苏官民，所宜怀惭而效法者也。朕甚嘉焉，着将本年应征地丁银蠲免三十万两，以示鼓励。"①

　　此后五次南巡，都有类似免赋恩谕。第二次南巡时，乾隆帝下谕恩免江苏、安徽、浙江三省积欠说：兹当翠华发轫之初，宜沛渥恩，用昭盛典。乾隆十六年曾免江苏、安徽十三年以前积欠和浙江当年"应征地丁三十万两"。迩年来江浙间被偏灾，积欠未完之数又复不少，若令新旧并征，于民力未免拮据，"着将江苏、安徽、浙江乾隆二十一年以前积欠未完地丁银两概予蠲免"，"务俾恩膏普逮，实惠均沾，称朕怀保黎元至意"。②同年三月初一日，他又下谕蠲免浙江积欠漕项等银20余万两说：前已下谕豁免江苏、浙江二省积欠银两，"而浙江所免独少"，今巡省莅止，因命悉查各项，则尚有十八、十九、二十等年各属未完缓征及蠲剩漕项银189000余两，二十年分杭、嘉、湖、绍四府属县场未完借欠籽本银37800余两，十八、二十年分各卫未完屯饷银6400余两，并海宁县未完沙地公租银2000余两，着加恩概行蠲免。③

　　乾隆二十七年第三次下江南时，乾隆帝于正月初二下谕，蠲免江苏、浙江、安徽三省自乾隆二十二年起至二十六年止"所有节年灾田缓征及未完地丁各欠项"。④正月二十四日又下谕，蠲免山东历年"民欠常平、商输等谷三万七千余石"及"民欠籽种，麦本、牛具等银一万四千九百余两"。⑤三月初六日又下谕将浙江省二十三、二十四、二十五、二十六等年"灾缓带征未完地丁屯饷等银五万三千余两""灾缓未完及二十五年以前民欠未完漕项银十一万余两，并水乡灶课未完银十万一千余两"，"通行蠲免"。⑥三月二十七日，又下谕"将江南之江宁、苏州、浙江之杭州附郭诸县本年应征地丁银两悉行蠲免"。⑦

　　第四次南巡时，连下数谕蠲免江浙皖钱粮。乾隆三十年正月初二

①《清高宗实录》卷380，第2、3页。
②《清高宗实录》卷530，第2、3页。
③《清高宗实录》卷534，第1、2页。
④《清高宗实录》卷652，第2页。
⑤《清高宗实录》卷653，第9页。
⑥《清高宗实录》卷656，第9页。
⑦《清高宗实录》卷657，第17页。

日，乾隆帝下谕蠲免江苏、安徽、浙江积欠百余万两说：前三次南巡蠲免江南省积欠时，地方官对因灾缓征待征的欠银，未予蠲免，"朕心深为轸念"，"着加恩将江苏、安徽乾隆二十五年以前节年因灾未完、蠲剩河驿、俸工等款，并二十六日至二十八三年因灾未完丁、河驿等款，以及二十八年以前节年因灾未完漕项，及因灾出借籽种口粮、民借备筑堤堰等银一百四十三万余两，又籽种口粮内米麦豆谷十一万三千余石，概予蠲免"。"浙江乾隆二十六、二十七、二十八三年因灾未完地丁银两，并二十七年屯坍、沙地公租，二十六、二十七两年未完漕项等银十三万三千七百余两，又二十八年借给籽本谷一万三千七百余石，加恩悉行蠲免"。①

第五次南巡时，乾隆四十五年二月初五日，乾隆帝下谕豁免江苏、安徽积欠银粮等银130余万两说："江省为财赋重地"，"着加恩将江宁藩司所属自乾隆四十一年至四十四年积欠及灾缓共未完银四十五万二千余两、未完米十七万三千余石，苏州藩司所属自乾隆三十九年至四十三年灾缓未完地丁、屯折、漕项、学租银二万三千九十六两、未完灾缓漕粮漕项兵粮米十二万九千八百九十余石，又安徽藩司所属自乾隆四十三年以前积欠灾缓地丁漕项等款共未完银四十万七百余两、未完米麦谷九万七千六百余石，俱全行蠲免"。②不久又蠲免浙江积欠钱粮7万余两(石)。③

乾隆四十九年第六次南巡，二月十六日乾隆帝下谕说：朕翠华南幸，庆典时行，跸路所经，"已降旨将直隶、山东二省因灾积欠钱粮概予蠲除"。"江省为财赋重地"，"着加恩将江宁藩司所属积欠地丁漕项等款未完银三十六万七千五百十两零、民借籽种口粮未完银一十五万一千九百五十九两零、漕粮漕项等款未完米麦豆一十八万九千七百二十六石零，苏州藩司所属地丁漕项等款未完银四万五百五十四两零、民借籽种口粮未完银一千二百四十八两零、漕粮漕项等款未完米豆三万八千九百六十四石零，安徽藩司所属地丁等项未完银三十七万三千二百六十一两零、民借籽种口粮未完银六万一千九百两零、漕仓等项未完银八万三千一百六十三两零、漕粮漕项等款未完米麦豆六万五千七百四十余石零，俱着全行蠲免"。④三月十二日又谕：前已降旨，将浙江经过地方本

<hr/>

①《清高宗实录》卷726，第2、3页。

②《清高宗实录》卷1100，第5页。

③《清高宗实录》卷1101，第22页。

④《清高宗实录》卷1199，第1、2页。

年额赋蠲免十分之三，并省城驻跸的仁和、钱塘二县本年应征地丁钱粮概行豁免，现将杭州、嘉应、湖州三府属县本年应征地丁钱粮银"共一百九万余两"再免十分之三。①

此外，直隶、山东、江苏、安徽、浙江水陆经行州县，每次都按出巡成例，免本年地丁钱粮十分之三，后来江南、浙江又加恩，蠲免十分之五，江宁的附郭县上元县、江宁县，苏州的附郭县长州县、元和县，杭州的附郭县仁和县、钱塘县这六个附郭县的当年地丁钱粮全部蠲免，每次还豁免灶课银数万两。

这样一来，六下江南蠲免江苏、浙江、安徽三省的钱粮，总数就相当大了。上述六巡中有明确数字记载的有：一巡之时江、浙、皖三省290余万两；二巡之时浙江23万余两；三巡之时浙江27万余两；四巡时江、浙、皖三省170余万两；五巡时江苏、安徽130万余两，浙江7万余两；六巡时江、浙、皖三省170余万两。这几笔有数字的蠲免银一共是800万余两。二巡之时免去乾隆二十一年以前江苏、安徽、浙江三省的钱粮积欠，三巡之时又免除三省乾隆二十二年至二十六年的钱粮积欠，若按每年欠赋20万两计算，这两次豁免的积欠粮当有100万～200万两之多。另外，灶课欠银的蠲免，总数也有20万～30万两或30万～40万两，仁和等六个附郭县当年应征钱粮全免，总数亦不下百万两。将以上各项全部加起来，六下江南免去的赋银估计有1000万两以上，这还不包括"跸路所经"40余州县当年应征地丁十分之三的钱粮，这笔数字也不小，六次巡幸又要免去经过州县钱粮上百万两。蠲免上千万两的赋银，对江苏、安徽、浙江三省的社会稳定和经济发展，自会起到相当大的作用。

南巡的"广沛恩膏"，不只是蠲免田赋丁税灶课民欠，这只是"恩膏"的一个方面，它还包括赏赐随驾和办差官将兵士等。以第一次南巡为例，乾隆帝于乾隆十六年正月十一日从京师启驾后，相继颁降谕旨十余道，宣布：所有经过直隶、山东、江南、浙江地方各营讯兵丁被派办差务者，"赏给两月钱粮，以昭恩赉"；这些省份承办差务的文武官弁，"一体加恩"，凡有罚俸降级之案，"俱准其开复"，无罚案者，各加一级；两淮盐商捐银报效，各按其本身职衔，加顶戴一级；江南河道总督高斌和仓场侍郎协办河务的张师载，管理挽纤河兵，实心办理，所属河工人员勤勉出力，高斌加一级，张师载加顶戴一级，官阶从一

---

① 《清高宗实录》卷1200，第22页。

品，河工办差人员均加一级；江宁、京口、浙江等处驻防满洲、汉军官兵年满70岁和80岁以上者，分别赏赐；所过地方，男妇年过70岁以上者，分别赏赐。[①]

对于随驾人员，也遍赏银两：随从头品以下、三品以上文武大臣，赏半年俸银；四品堂官、侍卫、銮仪卫、章京等，"赏银四十两"；五品堂官、监察御史、包衣护军统领等官，赏30两；六品以上文武官，赏20两；七品以下及巡捕营守备，赏15两；前锋校、亲军校、蓝翎长、骁骑校、巡捕营千总把总、库使，赏6两；前锋、亲军、护军，赏5两；领催、视四两钱粮等长、拜唐阿等，赏4两，食二两三两钱粮等长，赏3两；各项匠人，赏2两；总管太监，赏20两；首领太监、有顶戴太监，15两；太监，赏4两。总理行营事务大臣、一等公傅恒，赏银600两；扎拉丰阿、色布腾巴勒珠尔，赏银400两；旺扎勒、哈达哈、舒赫德、班第、努三、汪由敦，赏给1年俸银。留在顺河集等处人员，亦照随从人员之例，分别按其职衔差使赏给银两。[②]

此后第二、三、四、五、六次南巡的"广沛恩膏"，大体上是照此进行赏赐的。

（四）大兴河工

"以皇祖之心为心"的乾隆帝，也像其祖父康熙帝那样，极其重视河工海防，把它视为六巡江浙的一个主要任务。江苏、安徽、浙江经常发生水灾，灾情十分严重。例如，乾隆七年（1742年）六月、七月、八月，江南黄河、淮河同时涨水，"水势漫溢，甚于往时"，江苏、安徽的江、海、淮、徐、凤、颍、扬、泗等府所辖50余州县"水灾甚重"，扬州"民间自中人之家，以及极贫之户，皆流离四散"。安徽凤阳府、泗州、颍州所属州县灾民多达220余万人，江苏更倍于此数。乾隆帝多次下谕，拨银赈济，两年之内，发给江苏所属29个州县灾民米156万余石、银505万余两，安徽所属24个州县灾民米83万余石、银233万余两，共赈济灾民700万～800万人。[③]乾隆帝为了确保江浙财赋重地，减少水灾，保证漕运，对水利工程非常重视，尤其是对治理黄河、运河、淮河和浙江

①《清高宗实录》卷382，第12、15页。

②《清高宗实录》卷382，第8页。

③《清高宗实录》卷175，第1、2、29页。

海塘，花费了巨大精力，拨银数千万两，投入巨大的人力、财力和物力。

关于六巡江浙时对河工的重视和修建治理，在乾隆帝于乾隆四十九年（1784年）的御制《万寿重宁寺碑记》和《南巡记》的两篇文章中，概括得非常准确，论述十分精辟。如御制《万寿重宁寺碑记》称：

"朕临御四十九年，率祖攸行，六巡江浙，计民生之最要，莫如河工海防，凡一切补偏救弊、因时制宜之方，亦既殚精劳思，夙夜讲求，不惜数千百万帑金，以薪一劳永逸，为亿兆生灵永远安全之计。兹幸南北河工，自开放新河之后，化险为夷，海塘石工依限告蒇，是以年逾古稀，省方问俗，不敢康宁。"①

御制《南巡记》亦写道："南巡之事，莫大于河工。""六巡江浙，计民生之最要，莫如河工海防"，"南巡之事，莫大于河工"，"临莅江浙，原因厪念河工海塘，亲临阅视"。②这些话并非空谈，而是乾隆帝倾尽全力大兴河工的历史之真实概括。河工兴修规模之大，投入财力人力物力之巨，兴修时间之长，乾隆帝可以称为是古今唯一的帝君。以经费而言，乾隆年间，每年固定的"河工岁修银"大体上是380余万两，约占"岁出"额数十分之一。③临时兴修的大工，动辄用银数百万两，蔺阳青龙岗之工，"费帑至二千余万"。④这在任何朝代任何帝君，都没有这样办的。在第一次南下江浙之前的准备阶段，乾隆帝之所以拒绝向导大臣努三的奏请，坚持即使是乘坐小船，也要前往禹陵拜祭，就是他特别重视河工的一个明显例子。每次南巡，他都要亲临若干现场，阅视河工。早在第一次南巡时，他就直接处理了几件河工事务。向导大臣努三、兆惠奏称：江南附近御路朱家闸的引河，洪泽湖的九里闸，清口的木龙、运河闸，高邮州的东堤、南关、车逻坝及离家堰，这八处"均关运道民生，工程紧要，仰请亲临阅视"，

①《万寿重宁寺碑记》，见《重修扬州府志》卷3，《巡幸三》。

②《清高宗实录》卷1102，第10页。

③《清史稿》卷125，《会计》。

④《清史稿》卷126，《河渠一》。

奏入，"报闻"。①江南河道总督高斌等奏称，高堰汛内大坝、里坝等处石工，上年春夏之交，连日风雨，"共倒卸四段，长七十三丈五尺"，请拨银兴修。帝批准其议。②他又下达专谕，命修建淮安石堤说："朕经过淮安，见城北一带，内外皆水，虽有土堤为之防，而人烟凑集之区，设经异涨，其何以堪，甚觉怵然。亟应改建石工，以资保障。着总河高斌等会同总督黄廷桂，确勘详估，及时建筑毋怠。"③乾隆帝亲祭禹陵，行三跪九叩大礼，阅视蒋家坝等堤工，并几经思考，于四月初十日下达长谕，筹定洪泽湖五坝水势，畅开清口，并论述河工之难及其弊端说：

"洪泽湖上承清、淮、汝、颍诸水，汇为巨浸，所恃以保障者，唯高堰一堤，天然坝乃其尾闾，伏秋盛涨，辄开此坝泄之，而下游诸州县，胥被其患。冬月清水势弱，不能刷黄，往往浊流倒灌，在下游居民，深以开坝为惧，而河臣转借为防险秘钥，二者恒相持。朕南巡亲临高堰，循堤而南，越三滚坝，至蒋家闸，周览形势，乃知天然坝断不可开，夫设堤以卫民也，堤设而民仍被其灾，设之何用！若第为制流缓涨，自保上游抢险各工，而邻国为壑，田庐淹没，勿复顾惜，此岂国家建立石堤，保护生灵本意耶！为河臣者，固不当如此存心也。天然坝当立石永禁开放，以杜绝妄见。……再高堰石堤，至南滚坝以南，旧用土工石堤，有首无尾，形势不称，应自新建信坝北雁翅以北，一律改建石工，南雁翅以南，至蒋家闸，水势益平，则石基砖甃，如此方首尾完固，屹如金汤，永为淮扬利赖。……河工宿弊，不可枚举，而无益之费尤多，或明知无用，而因循不废，或阴以为利，而妄事兴修，高斌、张师载于此，虽能持正，如茆家圩头二草坝，固已废所当废，而此外无益之费，即以朕巡视高堰，一坝之内，已不胜屈指数，然属员已议其不发帑不兴工矣。……历来河臣，不乏表表尸祝之辈，而糜帑养患，有罪无功，其识机宜，得关键，实著功效者几人哉！果使全不兴工，则置民瘼于不问，河臣几于虚设，固无此政体，如其糜脂膏，以掷虚耗，则蠹弊之最巨者。总之，河不可不治，而无循其虚名，工不可不兴，而必归于

---

① 《清高宗实录》卷361，第13页。

② 《清高宗实录》卷382，第15页。

③ 《清高宗实录》卷382，第16页。

实用，斯为至要。"①

这还是第一次南巡时，对河工知晓不多，乾隆帝尚只是"敕河臣慎守修防"。此后，他努力钻研，详细了解，听取意见，反复思考，采取了更多的措施，大规模地兴修河工。乾隆四十九年，在御制《南巡记》中，乾隆帝对三四十年来的河工做了如下总结：

"予临御五十年，凡举二大事，一曰西师，一曰南巡……若夫南巡之事，则所为宜迟而莫速者……盖南巡之典，始行于十六年辛未，是即迟也。南巡之事，莫大于河工，而辛未、丁丑两度，不过敕河臣慎守修防，无多指示，亦所谓迟也。至于壬午，始有定清口水志之谕（向来河臣率皆靳拆清口，恐干多费工料之议，洪湖盛涨，则开五坝，下河一带，无岁不被偏灾。自壬午年三次南巡，始定高堰五坝，水志高一尺，清口则开放十丈为准，俟秋汛后洪湖水势既定，仍如常接镶口门，嗣是河臣恪守此法，数十年来下河免受水患，田庐并资保护），丙申乃有改迁陶庄河流之为（向来清口每虑黄河倒灌，康熙己卯春，皇祖南巡，亲莅河干，阅视形势，命于清口迤西隔岸挑陶庄引河，导黄使北，因河臣董安国开放过早，旋复淤垫。其后庚辰、辛巳、壬辰、甲午，以及雍正庚戌，历命大臣会同河臣筹勘挑办，功迄未就。嗣以黄水倒灌，舍开陶庄引河，更无善策，乾隆丙申春，谕河臣萨载详悉履勘，绘图贴说，往返指示，即于是年秋兴工，至丁酉仲春蒇事，开放新河，大溜畅达，既免黄河倒灌之虞，更收清水刷沙之益，因命建河神庙以答神佑）。庚子遂有改筑浙江石塘之工（浙江海塘自戴家桥迤西，皆柴塘，不足资巩护。庚子南巡，亲临阅视，因饬该督抚于老盐仓一带改建鱼鳞石塘，仍谕令存留旧有柴塘，以为重门屏障。辛丑、壬寅等年陆续采办石料，勘估建筑，至癸卯八月，该督抚富勒浑、福崧等奏报，石塘三千九百四十丈全行告竣）。今甲辰更有接筑浙江石塘之谕（浙江海塘老盐仓一带鱼鳞石塘虽已全竣，而章家庵以西，惟借范公塘土堤一道护卫，形势单薄，不足以资捍御，因先期传谕该督抚详晰筹划，采石鸠工，兹甲辰南巡，亲临指示，不惜百余万帑金，降旨一律接筑石塘，俾滨海黔黎永资

① 《清高宗实录》卷386，第11～14页。

乐利）。至于高堰之增卑易砖（庚子南巡，阅视高家堰工，据萨载请将三堡、六堡等卑矮砖工加高，余以砖工究不若石工之经久，因命毋惜帑费，一律改建石工，分年修瓮，以冀永远巩固）。徐州之接筑石堤并山（丁丑、壬午、乙酉三次南巡，均至徐城阅视河工形势，次第筹办，添瓮石堤，均用石十七层，以资巩固。其旧有石工三段，长九百七十余丈，较之新建石堤，短少二三层，于庚子南巡时，命嵇璜、萨载会勘，一律加高十七层。又自韩山至奎山一带，向止土堰，兹亦一律接筑石堤四百五十丈，直连山脚，俾滨河永保安居）。无不筹度咨诹得宜而后行，是皆迟之又迟不敢欲速之为。"①

这篇《南巡记》对河工的兴修，做了非常好的总结，现以此为纲，依次叙述四大工程。

《南巡记》首先提到的是"壬午始有定清口水志之谕"，这是讲的洪泽湖治理工程。洪泽湖是江苏省第二大湖，面积约2000平方公里，"上承清、淮、汝、颍诸水"，湖水从清口注入黄河，为了防止黄河水倒灌，在淮阴县西南黄淮交汇处的清口筑东西两坝，夹水而行，湖东全靠高家堰大堤。长期担任两江总督、江南河道总督的满洲大臣尹继善对此情景描述说："淮水挟七十二河之水，汇入洪泽湖，仅恃高堰一线孤堤，为淮扬保障，夏秋黄淮交涨，拍岸盈堤，势难容受。"②为了保护高堰大堤，河臣往往开放堤上闸坝，使湖水分流，致下河州县常被淹没，受灾严重。乾隆帝于第一次南巡视察河工时，做出了慎开闸坝的决定，规定视上游水势涨情而依次启闸，必在仁、义、礼三坝过水已达3尺5寸时，才启开智坝，如水仍不减，再开信坝。第三次南巡时，乾隆帝又亲临巡视，询问臣僚，反复思考后，于乾隆二十七年四月初六日下谕宣布将仁、义、礼、智、信五坝长期封闭，不再启放，河水涨时，拆宽清口，以利宣泄。

这一正确决策，收效很大，"河臣遵奉，下河即每岁大稔，十余年来，高（邮）、宝（应）遂无水患"，保护了淮安、扬州、泰州、盐城、通州等富庶地区，免受水涝。乾隆帝对此亦很自诩。乾隆三十五年九月江南河道总督李宏奏述江南河工情形说："秋汛已过，徐、扬各属，一切

①《清高宗实录》卷1201，第17—18页；御制《南巡记》，见《重修扬州府志》卷3。
②《清史列传》卷18，《尹继善传》。

埽坝工程，一律坚整，重运经临，应预为筹备，白露节后，即饬运河厅营，将骆马湖尾闾各坝及时堵闭，以资收蓄。洪泽湖水较上年为大，臣恪遵训示，设法疏泄，现在渐次消落，清口东西坝已相机接筑收蓄。"乾隆帝很得意地批示："览。设非南巡亲见，实虑不及此，他人亦见不到。此一节，实可为后世法。"①

乾隆帝又多次拨发帑银，调配人夫，加固高堰大堤，还曾遣派军国重臣一等公、大学士阿桂前往阅视。乾隆四十六年再一次大修堤岸，自武家墩到蒋坝，共长17000余丈，全部改建为石堤，洪泽湖大堤更加坚固，起到了更大的防洪作用。

《南巡记》中提到的第二项大工程是陶庄引河工程。这是防止黄河水倒灌的工程。洪泽湖由清口注入黄河的水，必须强劲，才能抵御黄河淤沙。若湖水太小，黄河水太强，河水就会倒灌清口，淤沙堵塞了清口，洪泽湖所承受的全部淮河水就没有流泄之处，黄河下游河床亦无清水冲刷冲深，以致黄河、淮河、运河、洪泽湖均皆受害。为了防止黄河倒灌清口，康熙、雍正年间曾五次兴工，想开挖一条引河，将黄河水引离清口，但都未成功。乾隆帝不因前人失败而灰心，命河道总督萨载会同曾久任河道总督现任两江总督的高晋考察办理此事。

乾隆四十一年五月，高晋、萨载会奏，建议于陶庄开挖引河：

"臣高晋在工二十余年，历经黄流倒灌，河道停沙，通塞靡常，变迁莫定，不惟海口茫茫万顷，无可施工，即黄河坍涨，亦难疏治。唯有将清口内通湖引河设法挑挖，使得畅流，汇黄东注，并力刷沙，则黄河不浚自深，海口不疏自治，补编救弊，此或一法。向来洪湖志桩存水九尺，是湖水未能畅出，遇黄盛涨，必有倒灌之虑，则黄、运两河淤垫，在所难免。臣等再四熟筹，必须于冬春水落时，照依各引河宽长丈尺，两头煞坝，大加挑挖，并将清口东西坝基址移下一百六十丈，使清水畅流有力。"

在奏折上，乾隆帝批示："此系治本之论，宜实力为之。"②

---

①《清高宗实录》卷869，第16页。

②《清高宗实录》卷1009，第15、16页。

　　高晋、萨载等又奏："清口之西，所建各架木龙，原以挑溜北趋，翼刷陶庄积土，使黄不逼清之意，历年虽著成效，但骤难尽刷。若于陶庄迤上积土之北，开挖引河一道，使黄水离清口较远，清水益得畅流，至周家庄会黄东注，不唯可免倒灌，而二渎并流，河海淤沙，渐可攻刷，即堰、圩工程亦可资稳固，所谓治淮即以治黄，舍此别无良法。"帝批示："此亦一法，勉为之。……此奏皆合机宜形势，是治淮黄一大关键，届时妥为之。"①

　　乾隆帝现在认准了"陶庄之引河不开，终无救清口倒灌黄流之善策"，一再谕命督臣妥办快办。四十一年六月十九日，他下谕催促高晋、萨载速奏挖引河之事说："高晋等前奏，拟于陶庄引河之北，开挖引河一道，使清水益得畅行，至周家庄会黄东注，可免倒灌之虞，是亦治淮黄之一大关键，经朕殊笔圈出，令将圈处放一大样帖说来，以便观览，何以至今尚未奏到。此时高晋办理秋审已毕，自应前赴清河防汛，与萨载筹办河防事宜。着即遵前谕，迅速绘图帖说呈进。将此由五百里传谕知之。"②

　　从北京至两江总督所在的江宁，驿程共2339里，按帝谕此旨以日行500里计，需时4天半，即六月二十四日必须送到高晋处所，高晋等接旨后，立即照办，七月初三日，帝就看到了高晋等呈上的"大图帖说"。乾隆帝当日便下达长谕，批准高晋等臣开挖引河，并提了一些意见。他在这道谕旨中还强调了为办河工，不惜花费"巨亿"。他说：

　　"高晋等奏复开挑黄河周家庄引河一折，并展大图帖说进呈，朕批阅图内所绘引河，形势尚觉太窄，已于图内批示。从来河不两行，既经开挑引河，则黄河大溜，即应由引河行走，必须开挖宽深，方能引溜全注，细阅帖说，但称计长一千零五十丈，而于宽深丈数，均未奏及，恐高晋等因省费起见，是以不肯开宽。朕念切爱民，凡有关民间利病及保障之事，从不稍为靳费，况此项引河，为黄淮紧要关键，若果能开放深通，使黄流不至停淤，清水得以畅出，实为最善之举，即多用帑金，亦所不惜，但须核实经理耳。国家筹办要务，若行之有益，纵数逾巨亿，

①《清高宗实录》卷1009，第16页。
②《清高宗实录》卷1011，第10页。

亦不为多，若为而无成，虽费仅千余，亦属虚掷，即如近日征剿两金川，用至六七千万，而大功既成，足为一劳永逸之计，不得谓之靡费，此其明效大验也。着高晋等悉心筹度，将拟开之引河，一律挑挖宽深，其引溜处，尤宜宽展，使正溜易于趋注。高晋等即将河身拟挑宽若干丈，较现在河身几分之几，底深若干，于图内详细帖说复奏。再图说内称，俟引河开就，应于对岸另筑挑水坝，挑溜引注清河，等语。朕意似可将第四木笼略移向上。在朱图记出之处安置，便可借以挑溜，但未知能得力否。又就图内河流形势而论，于新开引河，似可再移向上，于第二木笼对岸，径直开下，似更便捷。该督等或因彼处大溜，趋势尚未甚急，恐不能引流直注，如建瓴之势，是以欲于稍下施工，抑或可照朕所指，量为移上否。并发高晋等一并详加勘度，据实复奏。"①

这道谕旨十分重要，一是它表明了乾隆帝的治河方针是，只要是关系至大且"行之有益"的河工，便决不吝惜经费，"纵数逾巨亿，亦不为多"。二是明确指出陶庄引河工程"为黄淮紧要关键"，必须挖宽挖深，务使黄河之水不致停淤，清水得以畅出，"即多用帑金，亦所不惜"。三是提出具体建议，欲将引河移上，于第二木笼对岸开下。这对陶庄引河工程的定案和正确兴工，起了积极的作用。

高晋等臣寻即复奏："查勘现在河身宽一百四丈，酌拟挑宽引河，河头四十丈，河身三十五丈，河尾三十丈，较现在河身三分之一，河底拟深一丈至一丈五尺不等。至新开河头，移于第二木笼对岸开下，溜行更为便捷。第四木笼移上安置。唯河面宽阔，仍拟于对岸筑挑水坝，俟霜降后复勘，请旨办理。"奉旨："览奏俱悉，届时更当相机妥为之。"②

此后，高晋、萨载多次察勘，画图帖说上奏，乾隆帝仔细阅览，朱笔标注。到乾隆四十一年九月，高晋、萨载二人奏称："估计陶庄迤上引河，共长一千零六十丈，河头宽四十丈，深一丈，河身宽三十五丈，深一丈二尺五寸，河尾宽三十丈，深一丈五尺，连移扎木笼，筑挑水拦水坝，共需银八万五千六百余两，择九月十六日开工。"帝批示：

---

① 《清高宗实录》卷1012，第3、4页。

② 《清高宗实录》卷1012，第5页。

"好。知道了。"①

乾隆四十二年二月十六日，乾隆帝又降谕催促大学士管两江总督高晋即"由驿递四百里"驰奏引河开放情形。高晋、萨载呈报引河放水，使黄河离开清口五里远的奏折，于二月二十四日送到京城，乾隆帝大喜，于二十四、二十五、二十六日，三日连下三谕，讲述引河工程由来，嘉奖河道总督萨载等人，并命建立神庙感谢河神。他说：

"朕从前屡次南巡，阅视清黄交汇处，悉其倒灌之患，因思若能引向陶庄以北而流，则清口通畅，庶免黄流倒灌。因未躬临陶庄一带阅视，是以踟蹰，及询之历任河臣，亦未有能任此事者。昨岁萨载赴山东行在召见时，谕令赴黄河海口上下察看，伊即奏请，若于陶庄开挖引河一道，使黄水绕北下注，相距清口较远，清水益得畅行，与朕意适相符合，因与再三筹酌，伊果能遵照指示，别挑完竣。今据奏报，于二月二十五日将引河开放过水，新河内大溜畅注，冲刷宽深，形势甚顺，各等语。黄河大溜既由陶庄北行，离清口甚远，可免黄水倒灌之虞，并收清水刷沙之益，即就近险工，亦俱化为平稳，萨载办理此事，实心实力，其所办引河，实为全河一大关键，非寻常筑堤打坝开河者可比。萨载着交部查照齐苏勒之例，从优议叙，以示奖励。其在工出力各员，交高晋、萨载查明交部议叙。"

吏部遵旨议奏："请照齐苏勒之例"，赏给萨载骑都尉世职。帝从其奏。

乾隆帝又说："陶庄开挑引河，为治黄一大关键。今开放之后，新河内大溜畅注，冲刷宽深，形势甚顺，从此清、黄分流，直至周家庄汇归东注，清口可免倒灌之虞，实为一劳永逸，非河神默佑，不能成此巨工，自应于该处立庙，以酬神贶"。着高晋、萨载办理。②

同年三月初八日，两江总督高晋奏述引河情形说："清黄分流，直至周家庄汇归东注，与黄河下游各工，并老坝口工程，均无妨碍。新河头现在刷开至七十余丈，河身河尾现宽五六十余丈，河底水深一丈四五

①《清高宗实录》卷1017，第19页。

②《清高宗实录》卷1027，第15—17页。

尺，两崖尚高出两三尺，两岸应筑堤土，南岸就陶庄积土翻筑，北岸以越作缕，加高培厚。从前会奏，因旧河口尚未竣工，未经绘图，昨形势大局既定，已由河臣萨载绘图奏闻。"①

第二天，三月初九日，江南河道总督萨载奏述河工情形的折子送到。萨载说：陶庄积土外，添筑新堤一道。其南岸一带老堤，直至清口旧西坝止，均属高厚。东道河滩，今春旧河工筑坝时，即于滩上斜筑拦水堤一道，"长一百四十丈"，已于二月二十八日绘图帖说奏闻。"至建庙地基，拟在新河头、旧河口适中地方建立，谨绘图帖说复奏。"②

江南河道总督萨载得到皇上批准建庙后，即筹备和施工，到同年（四十二年）六月初一日，陶庄新筑河神庙建成。乾隆帝十分高兴，亲写《御制陶庄河神庙碑记》，讲述陶庄引河兴工始末及其功效。《碑记》之文摘录如下：

"成大事者，必有其时，事有视若易，尽人力而为之，然终弗成者，则以天弗助，神弗相，而非其时也。事有视若难，尽人力而为之，而终于有成者，则以天所助，神所相，而适逢其时也。虽然，天助也，神相也，无所为告之者也。使时可乘，而人弗尽力为之，亦难望其有成也。故举大事，必当审事机，乘时会，尽人力，以敬祈天助神佑，则庶乎奏平成之功，三者不可阙一焉。吾于陶庄引河，益信此理之不爽。陶庄之土，逼河南流，近清口，盖始自宋时南徙，历元及明，不知几何年矣。于是有黄水倒漾之患，于是有借清敌黄之说，然而清水常弱，黄水常胜，虽劼劼补苴，终不能得其要领，而倒漾自若也。唯我皇祖圣祖仁皇帝，首见及于此，康熙己卯岁南巡时，即命开陶庄引河，俾远避清口，以除倒灌之患，诚釜底抽薪之计也。其后庚辰、辛巳岁，壬辰、甲午岁，以及雍正庚戌岁，历代河臣屡挑屡淤，于是引河之事，遂置而弗论。逮乾隆己未岁，予命大学士鄂尔泰视河，仍持开引河之议，而河臣、河员率以为难行。高斌向称为善治河者，亦以为功不易就，乃创建木笼，挑溜北趋，图补偏救弊之为，于是引河之事更罢，而无有言及者矣。然予以为陶庄之引河不开，终无救清口倒灌黄流之善策，但南巡四

① 《清高宗实录》卷1028，第17、18页。
② 《清高宗实录》卷1028，第19页。

次，未至其地，用是耿耿于怀。适昨岁东巡，河臣吴嗣爵、苏州抚臣萨载各来觐，因见嗣爵老病，遂以萨载易之，与之谈及河务，以为海口淤泥之说终难行，至陶庄引河，则必宜开，而未敢必也，命其抵任悉心相视。及萨载之任，与督臣高晋亲履其地，测量高下曲直，头尾宽窄，绘图帖说以闻，朕复详酌形势，以朱笔点记，往返相商者，不啻数次。议既定，乃于去岁九月十六日兴工，以今岁二月十五日乘春汛水涨之候，放流入新河，而旧河筑拦黄坝以御之。既放之后，新河顺轨安流，直抵周家庄，始会清东下，去清口较昔远五里，于是永免倒灌之患，而引河之工成。"①

乾隆帝办成了这件"永免倒灌之患"的好事，非常欢欣，除封赏江南河道总督萨载外，还赐诗予以嘉赞说："久知程土逼陶庄，清口恒虞倒灌黄。急则治标乏佳策（向年河臣治河之策，止于筑堤防护及打坝下埽，或安设木笼挑溜挂淤，皆急则治标，非釜底抽薪良法。今陶庄引河开通，大溜北趋，冲刷宽深，清口分流旺盛，直至周家庄，汇流东注，为一劳永逸之计，淮南诸郡可为额手称幸矣），要于抽底实良方。引流以北海斯赴，各壑而东淮始强，能事美哉能任善，是宜优叙与褒扬。"②

乾隆帝对陶庄引河完工以后的情形十分关心，经常询问，并令两江总督、河道总督和钦差巡视河工的军国重臣大学士阿桂随时奏报必须处理的事情。乾隆四十五年初，阿桂历经年余奋战，率领河务员工，堵住了河南仪封大决口后，前往浙江行在复命，经过陶庄，查看过后，向帝奏请再次加宽引河的河身说：

"自豫省来浙复命，经过淮徐一带，查看陶庄引河，两道已宽至九十丈，其中段仅宽六十余丈，河身虽已刷深，但水势被束，不能大畅，且将来伏秋大汛，水来猛涨，恐一时宣泄不及，若将河身通行开宽四十丈，俾一律深通，汛水便可畅注。"

①《清高宗实录》卷1034，第1—4页。
②《陶庄开放引河功成，诗以志事》，乾隆四十一年，《御制诗四集》卷42。

乾隆帝于三月初八日对此下谕批示说："所奏自属应行办理之事，现在已令阿桂前往该处，会同萨载会勘后，阿桂即行回京，据实面奏，萨载再来。如果应行办理，并速派委妥员，兴工挑挖，务于四月内全行赶办完竣。"

萨载接到五百里加急上谕后，随即奏称：江南黄河，比河南的黄河更窄，自徐州起，已节节被束，不仅陶庄新河一段。然而该处河身，已较初开之时冲刷宽深，即使偶遇盛涨，而上游两岸有毛城铺、苏家山、峰山闸、祥符闸，俱可分泄，"不患壅遏"。今议开宽，南岸逼近清口，只有北岸可以施工，"臣即先行筹度，俟阿桂到，会勘定议"。①正是由于如此继续地关注引河，不断改善扩建维修，陶庄引河工程才能在相当长的时间里发挥了重大的防洪作用，免去了"倒灌之患"。

《御制南巡记》里提到的第三项大工程，是"庚子遂有改筑浙江石塘之工"，于老盐仓一带修建鱼鳞石塘。浙江、江苏是沿海省份，经常发生大的海潮，冲袭沿海地方，淹没大片田园庐舍和盐场，成千上万人葬身鱼腹，家破人亡。为了"捍御咸湖，奠民居而便耕稼"，沿海县乡村镇多修海塘，江苏自松江的金山到宝山，海塘长36400余丈，浙江自仁和县的乌龙庙至金山界，长37200余丈。海潮为患之大，以浙江最厉害。"浙则江水顺流而下，海潮逆江而上，其冲突激涌，势尤猛险"。浙江又以钱塘江口为工程重点。钱塘江的海潮出入原有三条路，一是南大亹，靠近南岸上虞，一是北大亹，靠近北岸海宁，两者之间是中小亹。康雍年间，上虞沙滩淤涨，南大亹逐渐封闭，乾隆初，中小亹亦渐堵塞，潮水遂全由北大亹进出，水势全趋北岸，海宁一带塘岸经常被冲，威胁杭州湾繁庶地区。

明代的海塘有两个特点，一是民间自修，官府不拨银米；二是全系土塘土堤。清朝以后，这两个方面发生了变化，逐渐由土塘改为石塘，变民修为官修。康熙年间，海塘多次被冲决。三年，"海宁海溢，溃塘二千三百余丈"，官府出银修复，并修尖山石堤5000余丈及海宁石塘1000丈。三十七年，飓风大作，海潮越堤而入，"冲决海宁塘千六百余丈，海盐塘三百余丈"。五十九年，"上虞夏盖山迤西沿海土塘冲坍无存，其南大亹沙淤成陆，江水海潮直冲北大亹而东，并海宁老盐仓皆坍没"。

---

①《清高宗实录》卷1102，第11、12页。

　　乾隆帝即位以后，十分重视海塘工程，在康熙、雍正年间已经修建的部分石塘的基础上，陆续将明朝的土塘土堤改为石堤石塘。乾隆元年，批准南河总督嵇曾筠请建鱼鳞石塘6000余丈之奏，二年建成海宁浦儿兜至尖山头鱼鳞大石塘5900余丈，四年建成尖山大坝，此后陆续修建。第三次南巡时，乾隆帝于二十七年三月初二日到浙江海宁，阅视海塘，第二天又阅视海塘石堤。阅视后，乾隆帝于三月初三、初四两日连下两道长谕，讲述塘工之事。初三日的谕中，因石工太难，命修缮柴塘。

　　三月初四日的谕旨，是谈尖山石坝须改筑条石坝。该谕说："尖山、塔山之间，旧有石坝。朕今亲临阅视，见其横截海中，直逼大溜，犹河工之挑水大坝，实海塘扼要关键，波涛冲激，保护匪易。但就目下形势而论，或多用竹篓加镶，或改用木柜排砌，固宜随时经理，加意防修。如将来涨沙渐远，宜即改筑条石坝工，俾屹然成砥柱之势，庶于北岸海塘永资保障。该督抚等其善体朕意，于可兴工时，一面奏请，一面动帑攒办，并勒石塔山以志永久。"[1]

　　尽管这次因为土质为粉沙土，"土性善坍"，未能改建石塘，但乾隆帝对柴塘仍然不放心，经常思考解决办法，每次南巡，都要阅视海塘。第四次南巡时，他阅视海宁绕城石塘后，下谕加高护城石塘坦水说："海宁石塘工程，民生攸系，深厪朕怀，年来潮汛安澜，各工俱属稳固。兹入疆伊始，即日就近亲临相度，先行阅视绕城石塘，五百三十余丈，实为全城保障，而塘下坦水，尤所以捍卫石塘，但向来止建两层，今潮势似觉顶冲，外沙渐有汕刷，三层之外，应须预备保护"。着将全城塘下坦水都"普筑三层石坦"，"则于护城保塘尤资裨益"。除上年浙江巡抚已在险要地方加建三层坦水60余丈以外，再添筑460余丈三层坦水。[2]

　　第五次南巡，乾隆四十五年三月初二日，古稀之年的乾隆帝在海宁观潮，第二天又到尖山，阅视海塘，当日下谕，命将海宁绕城石塘的两处改建鱼鳞石工，并开始于老盐仓一带改建柴塘为石塘。他说：

　　"海宁州石塘工程，所以保卫沿海城郭田庐，民生攸系，从前四次亲临，指授机宜，筑塘保护，连年潮汛安澜，各工俱为稳固。今朕巡幸浙江，入疆伊始，即亲往阅视，石塘工程尚多安好。唯绕海宁城之鱼鳞

---

①《清高宗实录》卷656，第6页。
②《清高宗实录》卷730，第6页。

石塘，内有工二十余丈，外系条石作墙，内填块石，历年久远，为潮汐冲刷，底桩微朽，兼有裂缝蹲矬之处。又城东八里之将字号至陈文港密字号，止有石塘工七段，共长一百五六十丈，地当险要，塘身卑薄，亦微有裂缝。此塘为全城保障，塘下坦水所以捍护塘工，皆不可不豫为筹办，着将两处塘工，均改建鱼鳞石工，俾一律坚稳，并添筑坦水，以垂永久。该督抚即派妥员，确勘估计具奏。

"又石塘迤上，前经筑有柴塘四千二百余丈，现尚完整，究不如石塘之巩固。虽老盐仓有不可下桩为石塘之处，经朕亲见，然不可下桩处，未必四千余丈皆然。朕于民瘼所系，从不惜帑省工，俾资保护，着该督抚即将该工内柴塘可以改建石塘之处，一并委派诚妥大员，据实逐段勘估，奏闻办理。如计今岁可以办竣，即拨帑赶紧兴修，若秋间不能完竣，则竟俟秋后办理。该督抚其董率所属，悉心经画，以期工坚料实，无滥无浮，务期滨海群黎，永享安恬之福，以负朕先事预筹至意。"①

过了30多天，四月初七日，乾隆帝怕地方官吏百姓损坏柴塘，危害民间，下谕保护柴塘，禁止损坏柴塘：

"朕此次巡幸浙江，由海宁阅视塘工。至杭州老盐仓一带，有柴塘四千二百余丈，虽因其处不可下桩为石塘，然柴塘究不如石塘之坚固。业经降旨，将可以建筑石塘之处，一律改建石塘，以资永久保障。兹忽忆及该地方官及沿塘居民，见该处欲建石塘，或视柴塘为可废之工，不但不加保护，甚或任听居民拆毁窃用，致有损坏，则石塘未蒇工之前，于该处城郭田庐，甚有关系。且改建石塘，原为保卫地方之计，若留此柴塘，以为重关保障，俾石塘愈资巩固，岂不更为有益。况当石工未竣以前，设使潮水大至，而柴塘损坏，无可抵御，不几为开门揖盗乎。着该督抚，即严饬地方文武官，将现有柴塘仍照前加意保固，勿任居民拆损窃用。将来石工告竣，迟之数年，朕或亲临阅视，尔时柴工倘有损坏，唯该督抚是问。"②

---

① 《清高宗实录》卷1102，第4、5页。
② 《清高宗实录》卷1104，第7、8页。

　　由于海宁附近缺少石料，除令浙江产石的山阴等四县采石"二万余丈"以外，又责令江苏"在洞庭等山分办太湖石料十一万三千七百余丈"。因江苏巡抚闵鹗元不认真督办，敷衍塞责，乾隆帝几次下谕予以痛斥，责令其赶紧采办运抵工地。[①]这样一来，才保证了工程所需的石料。

　　因浙江巡抚李质颖对改建石塘心存疑虑，并当面奏称："改建石塘后，柴塘、土塘仍需岁修，以资保护。"既然柴塘、土塘"仍需岁修"，这就要动用大量银钱人夫，实际上是指兴修石塘为无用，白白浪费数百万银两。乾隆帝当机立办，于四十五年十二月二十三日下谕，派军国重臣精通河工事务的一等公、大学士阿桂前往海宁勘办说："朕从前亲阅塘工，老盐仓一带难以下桩，素所深悉，但思难以下桩处所，其长不过数里，非数十里之柴塘皆不可下桩，改石也，其余可以下桩处所，若一律改石塘，岂不为一劳永逸之计，乃李质颖今有是奏，此事关系重大，朕亦不能悬断，着大学士阿桂同李质颖驰驿前往，会同富勒浑，将李质颖、王亶望所见不同之处，秉公确勘，据实复奏。"[②]

　　阿桂遵旨前往海宁，勘察之后，于乾隆四十六年二月呈上《勘办浙省改建石塘折》，奏称："前奏请仿照条块石塘，酌加工料，加添尺寸，以期施工易而成事速。今遵旨悉心履勘，通盘筹酌，条块石塘究不如鱼鳞石塘之坚固，按工计料，办理鱼鳞石塘二千二百四十丈，工料脚价约估银三十余万两，督率工员上紧赶办，计四十七年冬间可以完工。"奏折又说："老盐仓立字号至积字号二百余丈不能钉桩处所，应请仍留柴塘。其余一千五百丈，用桩夯打，打至四个半时辰，打下一丈四五尺，即不能再打，沙嗑棒牢，力能擎石，或可一律筑砌，或应仍存其旧，俟阿桂到京时面奏。"奏折又请求拨给钉桩夫役额外贴费说："桩架一副，用夫十三名，每日钉桩二根，按例每桩一根，销银五分，承办各员需帮贴银七八钱不等"，请赏银19万余两。乾隆帝批示："应如所奏办理，唯在实力妥为以期久安黎庶"，所需之银，即予赏给。[③]石塘施工时，一位老塘工提出了建造石塘的新方法。其法是："用大竹探试，俟扦定沙窝，再下木桩，加以夯筑，入土甚易"。"又梅花桩以五

　　①《清高宗实录》卷1120，第3页。

　　②《清高宗实录》卷1121，第8页。

　　③《清高宗实录》卷1125，第10、11、16、17、18页。

木攒作一处，同时齐下，方能坚紧，不致已钉复起"。河务员工"依法扦筑"，"果有成效"。①

这样一来，连原来不准备改建石塘的老盐仓一带，也兴工改建了。乾隆帝又特派久任江南熟悉江浙情形的工部侍郎杨魁前往浙江，"专驻海塘工所，帮同陈辉祖(闽浙总督)办理海塘事务"。②

石塘工程进展迅速。依照各处地势高下不一的情况，鱼鳞石塘的层次多少略有不同，最少的为16层，最多的是18层。到乾隆四十六年（1781年）的六月初，已修好西塘大部分地段工程。这一月的十八日十九日，突发大风，"风势狂猛"，海浪很大，冲击堤塘，老盐仓迤东各柴塘，韩家池柴工，尖山石坝，都被海浪冲损，或裂缝，或塌卸，独新办的"西塘鱼鳞新石工，均一律整齐，并无损动"，③发挥了保护塘内田园庐舍盐场的作用。

经过乾隆四十六年、四十七年和四十八年三年的艰辛修建，到四十八年八月，海宁老盐仓一带鱼鳞石塘"四千一百余丈全行告竣"，用银数百万两。

《南巡记》提到的第四项大工程是"甲辰更有接筑浙江石塘之谕"，这是将原有的范公塘一带的土塘，添建石塘。甲辰年是乾隆四十九年（1784年），"甲辰之谕"，是乾隆帝于四十九年三月十六日下达的长谕，主要讲新修的老盐仓一带石塘的维修和添筑范公塘石塘这两个问题。谕旨如下：

"浙江建筑石塘，所以保障民生，关系甚重。前庚子（四十五年）南巡时，朕亲临阅视，指示机宜，于老盐仓旧有柴塘后，一律添建石塘四千二百余丈，次第兴修，于上年七月间告竣。因其砌筑坚整，如期蒇工，原欲将该督抚及承办文武官员交部议叙。今抵浙后，亲临阅看，乃所办工程，不惟不应邀叙，并多未协之处。盖朕于老盐仓添建石塘，固以卫护民生，亦因浙省柴薪日益昂贵，岁修柴塘，采办薪刍，致小民日用维艰，是以建筑石工，为一劳永逸之计，庶于闾阎生计有益。然石塘

①《老盐仓一带鱼鳞石塘成》，乾隆四十九年，《御制诗五集》卷5。
②《清高宗实录》卷1125，第12页。
③《清高宗实录》卷1136，第30页。

既建，自应砌筑坦水，保护塘根，乃陈辉祖、王亹望并未筹划及此，而后之督抚，亦皆置之不论，惟云柴塘必不可废，此乃受工员怂恿，为日后岁修冒销地步。况朕添建石塘，原留柴塘为重门保障，并未令拆去柴塘，前降谕旨甚明也，若如该督抚所言，复加岁修，又安用费此数百万帑金，添筑石塘为耶！又石塘之前、柴塘之后，见有沟槽一道，现有积水，并无去路，将来日积日甚，石塘根脚势必淹没渗漏，该督抚亦并未虑及。又石塘上有堆积土牛，甚属无谓，不过为适观起见，无当实际，设果遇异涨，又岂几尺浮土所能抵御耶，所有塘上土牛，即着填入积水沟槽之内。仍将柴塘后之土，顺坡斜做，只需露出石塘三四层为度，并于其上栽种柳树，俾根株蟠结，塘工益资巩固，如此，则石柴连一为势，即以柴塘为石塘之坦水，且今柴塘亦时见其有坦水也。总之，现在柴塘不加岁修，二三十年可保安然无事，即如范公塘尚历多年，况此历年添建工程，更为坚实耶。

"至范公塘一带，亦必需一律接建石工，于于省城足资永远巩护。着自新筑石塘工止处之现做柴塘及挑水段落起，接筑至朱笔圈记处止，再接筑至乌龙庙止，亦照老盐仓一带做法，于旧有柴塘土塘后，一体添筑石塘，将沟槽填实种柳。并着拨给部库银五百万两，连从前发交各项帑银，交该督抚据实核算，分限年分，董率承办工员实力坚筑，仍予限五年，分段从东而西，陆续修筑。俟工程竣后，朕另行简派亲信大臣，阅看收工，以期海疆永庆安恬，民生益资乐利。该部即遵谕行。"[1]

在乾隆帝的严谕督促下，在巨量帑银的保障下，河务官员夫役努力修建，到乾隆五十二年（1787年），工程完竣。这一切，对防御海潮侵冲，保护农业生产，保护沿海百姓生命财产安全，起了重大的作用。乾隆五六十年以后，陈文述在对比当年海塘利民和现在海塘失修灾害加剧的情形时，写下《议修海塘有感而作》之诗，怀念乾隆帝大修海塘的功绩说：

叹息鱼鳞起石塘，当年纯庙此巡方。
翠华亲莅纡长策，玉简明禋赐御香。
列郡田庐资保障，万家衣食赖农桑。

① 《清高宗实录》卷1201，第1—4页。

如何六十年来事，容得天吴骇浪狂。①

另外，《南巡记》里还提到了将高家堰的三堡、六堡等砖工一律改建石工，徐州添筑石堤，乾隆帝谕命"毋惜帑费"，将其改建添建石堤工程完成。仅据《清高宗实录》的记载，在六次南巡阶段，乾隆帝对黄河、淮河的河工及浙江、海苏的海塘，下达了数以百计的上谕，除岁修帑银300余万两以外，还动用了几千万两帑银，大兴河工、塘工，完成了多项工程，对减少洪灾，保护百姓田园庐舍和生命安全，起了不能抹杀的重大作用，理应载入史册。

（五）敬绅培士

南巡期间，乾隆帝对礼遇致仕大臣和"培养士类"做了大量工作，他重新起用或擢升实心办事、颇有政绩的大臣。乾隆十三年（1748年），久董河务的大学士高斌，因过被革大学士，仅任江南河道总督，南巡期间，乾隆帝以"其属员无不奋勉，足见高斌董率有方"，谕命恢复其原职，"仍以大学士衔管河道总督事"。②大学士陈世倌因咎曾被革职，乾隆十五年陈世倌入京祝帝万寿，赏原衔，仍闲居在家，这次被帝一再于行在召见。乾隆帝下谕，命其官复原职入阁办事，说："原任大学士陈世倌，从前罢任，尚无大咎，上年已复予原衔，此番于行在屡经召见，虽年过七十，精力尚健，且系旧人，仍着入阁办事。"③又谕：礼部侍郎沈德潜，"照伊原官，赏给本俸"。④乾隆帝又赐沈德潜御诗一首："水碧山明吴下春，三年契阔喜相亲。玉皇案吏今烟客，天子门生更故人。别后诗裁经细检，当前民瘼听频陈。老来底越精神健，劫外胎禽雪里筼。"⑤因沈德潜主持紫阳书院，求帝御题匾额，帝题额为"白鹿遗规"，并亲写长诗以赐：

械朴重育贤，菁莪麈即俊。

① 陈文述：《议修海塘有感而作》，《清诗铎》卷4。
② 《清高宗实录》卷384，第13页。
③ 《清高宗实录》卷385，第24页。
④ 《清高宗实录》卷385，第8页。
⑤ 《南巡盛典》，见《苏州府志》卷首二转引。

矧兹文雅都，造士方应慎。

书院号紫阳，义益由慕蔺。

德潜重悬车，乡教犹能振。

乞我四字额，更无他语训。

白鹿有芳规，气贵消鄙吝。

学非蓁贫地，贫乃士之分。

学复不重华，华乃实之衅。

功成亏一篑，山弗成九仞。

诗虽凤所耽，不足示后进。

努力崇实修，佐我休明运。[1]

此后南巡，乾隆帝也做了同样的事情。乾隆二十二年，乾隆帝二下江南，他谕命休致在家恭接圣驾的原大学士史贻直恢复原职，入阁办事。谕旨说："原任大学士史贻直，从前为伊子致书，是以令其休致，两年以来，家居安静，业已改悔。兹朕南巡，前来接驾，见其精神未衰，尚堪任使，且宣力年久，本系旧臣。大学士黄廷桂现在兼管陕甘总督，内阁需人，史贻直着仍补授大学士，入阁办事。"[2]也就是二下江南，他又谕令历任编修、右通政、顺天学政、内阁学士、刑部尚书现休致在家的钱陈群依其本官给俸，加沈德潜礼部尚书衔。

这些措施都很好，高斌、陈士倌、史贻直都是当时的能臣，政绩卓异，仅因小过或一时不顺帝之旨意，而被降被革，使其才干无所施展，于国于己，皆有损害，现在借南巡之机，复其原官，重新起用，他们又能为朝廷效劳，为民办事，裨益匪浅。沈德潜乃江南文坛泰斗，大诗人，钱陈群诗、书皆优，二人皆为帝赏识和器重，常常吟诗唱和，在江南甚至在全国文人士子中，影响很大，可说是德高望重，万士敬佩，他们得到皇上如此礼遇，定会在文人中、在缙绅中产生良好的影响。

与加恩缙绅有密切关系的是"培养士类"，主要措施有二，一是增加生员名额，二是考试和赏赐献诗献画人员。第一次南巡时，乾隆帝于十六年二月初一下谕增加州府县学生员名额说："朕俗观风，南巡

①《苏州府志》卷首二。

②《清高宗实录》卷535，第13页。

江浙，清跸所至，广沛恩膏。更念三吴两浙，为人文所萃，皇祖圣祖仁皇帝屡经巡幸，嘉惠膠庠，试额频加，覃敷教泽。朕法祖省方，銮舆斯莅，式循茂典，用示渥恩，所有江苏、安徽、浙江三省，本年岁试文童，府学及州县大学着增取五名，中学增取四名，小学增取三名，举行一次。该部传谕各该学政，慎加搜择，拔取真才，负朕育才造士至意。"①

以后五次南巡江浙，都照此而行，增加取录生员名额。江苏省辖有府、厅、州、县79个，浙江省有府、厅、州、县89个，安徽省有府、厅、州、县68个，三省共有府厅州县236个，平均按每府每厅每州每县增取4名生员计算，应增取944名生员，六下江南则该增录5664名生员，人数相当多了。如果按照清朝学制规定，大府每三年取20名，大州大县15名，小州小县取7名或8名，中县取12名。这样一来，每次南巡增录的生员，几乎相当于每三年一次正式考试录取名额的1/4左右。这道恩诏当然会使三省数以万计的童生欢欣若狂了，为他们考上生员(俗名秀才)提供了有利条件。

"培养士类"的另一措施是考试进献诗赋的士子。乾隆帝于十六年二月二十七日下谕考试进献诗赋的士子说：

"朕省方观民，南巡江浙，群黎士庶，踊跃趋迎，就瞻恐后，绅士以文字献颂者，载道接踵，爱戴之忱有足嘉者，朕已叠沛恩膏，随时赏赉。缅昔皇祖圣祖仁皇帝时巡所至，优奖士类，一时硕学通才，多蒙鉴拔，方策所载，称盛事焉。兹之元元而乘，皆械朴作人，久道所赔也。夫膠庠之秀，志切近光，其积学有素，文采颖异者，加之甄录，良合于陈诗观风，育才造士之道。顾工拙既殊，真赝错出，理应试之，无使鱼目碱砆，得混珠玉，其如何分别考试，着大学士傅恒、协办大学士梁诗正、侍郎汪由敦会同该总督、学政详议具奏。"

大学士傅恒等随即奏准：江苏、安徽进献诗赋的士子，经该省学政取定者，俱令赴江宁一体考试，浙江进献诗赋取定者，在杭州考试，由帝派大臣监试，并由帝钦命试题，收卷后呈上。各省督抚预备士子

①《清高宗实录》卷382，第1页。

茶饭。①

　　第一次南巡，乾隆帝在江宁考试江苏、安徽进献诗赋的士子时出的题是：蚕月余桑赋；理学真伪论；赋得指佞章(得忠字五言八韵)。在杭州考试浙江士子的试题是：天逸图赋；明通公溥论；赋得披沙拣金(得真字五言八韵)。钦命阅卷大臣是大学士河道总督高斌、兵部右侍郎汪由敦、刑部左侍郎钱陈群。江南取了一等5名，一等1名是怀宁县拔贡生蒋雍植，一等2名是嘉定县附学生钱大昕，一等3名是全椒县增生吴烺，一等4名是长州人褚寅亮，一等5名是吴志鸿。浙江取中嘉善优贡生谢墉、陈鸿宝、王又曾三人。乾隆帝谕授谢墉等人功名官职说："此次(浙江)考中之谢墉、陈鸿宝、王又曾，皆取其最精者，且人数亦不多，着加恩特赐举人，授为内阁中书"，仍准其会试。②江苏的蒋雍植、钱大昕、吴烺、褚寅亮、吴志鸿亦照浙江之例，特赐举人，授内阁中书。③

　　乾隆二十二年二下江南时，考江苏、安徽士子的试题是：精理亦道心赋；经义制事异同论；赋得鸿渐于陆(得时字五言八韵)。浙江考题是：黄屋非尧心赋；明通公溥论；赋得蚕月条桑(得留字五言八韵)。江南的阅卷大臣是协办大学士梁诗正、两江总督尹继善、左副都御史窦光鼐。浙江阅卷大臣是大学士蒋溥、工部尚书秦蕙田、户部左侍郎刘纶。江苏、安徽考取一等的有7名：一等1名青浦县进士王昶，授内阁中书，一等2名嘉定县优贡生曹仁虎，一等3名芜湖县拔贡生韦谦恒，一等4名吴省钦，一等5名褚廷璋，一等6名吴宽，一等7名徐日琏，俱特赐举人，授内阁中书。考取二等的刘潢等14名，各赏缎2匹。④江考取一等的共4名，一等1名山阴县生员童凤三，一等2名嵊县贡生陈文组，一等3名钱塘县生员顾震，一等4名钱受谷，均特赐举人，授内阁中书。考取二等的沈初等12名，各赏缎2匹。⑤

　　乾隆二十七年三下江南时，江南阅卷大臣是协办大学士两江总督严继善、兵部尚书刘纶、户部侍郎于敏中；浙江阅卷大臣是大学士刘统

　　①《清高宗实录》卷383，第14、15页。

　　②《清高宗实录》卷384，第13页。

　　③《清高宗实录》卷385，第24页。

　　④《清高宗实录》卷535，第9、10页。

　　⑤《清高宗实录》卷534，第10页。

勋、户部侍郎于敏中、兵部尚书刘纶。江南的钦命试题为：观回人绳伎赋；耗羡有无利病策；赋得江汉朝宗（得宗字八韵）。浙江题是：和阗玉赋；海塘得失策；赋得春雨如膏（得逢字五言八韵）。江苏、安徽考取一等的有8位，考取二等的14位。一等1名生员程晋芳、一等2名生员赵文哲，一等3名进士吴泰来，俱授内阁中书，一等的另外5名是进士陆锡熊、郭元灏，生员严长明、徐步云、钱襄，俱授内阁中书，是生员的，还皆赐举人。考取二等的刘潢等14名，各赏缎2匹。①浙江考取一等的有4名，一等1名进士孙士毅，一等2名举人汪孟铜，一等3名生员沈初，一等4名生员王銮，俱授内阁中书，沈初、王銮还特赐举人。②

乾隆三十年四下江南，江南的钦命考题是：玉壶冰赋；圣人定之以中正仁义而主静论；赋得稼穑惟宝（得夫字八韵）。阅卷大臣为大学士、两江总督尹继善，协办大学士、江苏巡抚庄有恭，户部尚书于敏中，户部左侍郎钱汝诚，安徽学政全魁。进献诗赋生员考取一等的有11名，即举人郑澐、举人张熙纯、生员鲍之钟（第一名）、金榜（第二名）、秦潮（第三名）、周发春、吴楷、洪朴、陈希哲、蒋宽、刘钟之，均授内阁中书，鲍之钟等9名生员还特赐举人。考取二等的程世淳等21名，各赏缎2匹。③浙江的钦命题目是：菜花赋；赋无为几善恶论；赋得春作茧（得国字五言八韵）。阅卷大臣是户部尚书于敏中、兵部左侍郎蒋楒、礼部左侍郎双庆、内阁学士全魁。考取一等的有4名，第一名进士张培，第二名举人吴寿昌，第三名生员陆费墀，第四名是进士冯应榴，皆授内阁中书，陆费墀还特赐举人。考取二等的黄瀛元等14名，各赏缎2匹。④乾隆帝又谕命对"江南进献诗册入选之"程晋升、胡萃隆、王嵩高、金学诗、任大椿、吴省兰、陈初哲、吴珏、赵帅、汪履基、洪榜、姚兴、张曾敞、金枢等人，"各赏缎一匹"。⑤

乾隆四十五年第五次南巡时，江苏、安徽进献诗册诸生中，考取一等的举人汪履基，生员吕光复、洪梧、赵怀玉、杨撰、黄教增，朱文翰、盛悖大、言朝标、金廷诉、江涟，俱授内阁中书，是生员的还特赐

①《清高宗实录》卷657，第19页。

②《清高宗实录》卷656，第14页。

③《清高宗实录》卷732，第10页。

④《清高宗实录》卷730，第16、17页。

⑤《清高宗实录》卷733，第2页。

举人。①浙江进献诗册士子中，考取一等的生员马履泰、沈飏、李彤、沈叔埏，俱特赐举人，授内阁中书。二等的生员李纯等13名，各赏缎2匹。②这次还有江西省士子来恭献诗赋，其考取一等的生员蒋知让、裘元复，赏给举人，准予会试。江苏、安徽、江西三省献诗册的生员中，考取二等的叶恩绂等23名，各赏缎2匹。③

乾隆四十九年第六次南巡时，江苏、安徽进献诗册的士子中，考取一等的进士庄选辰，生员刘召扬、郑宗洛、黄文辉、汪彦博、司马宣、叶铃、孙一元、缪炳泰、庄复旦、程振甲、张曾献、鲍勋茂、金应琦、朱承宠，俱授内阁中书，是生员的还特赐举人。江西省进献诗册考取一等的生员谭光祥、吴本，照第五次南巡之例，赏给举人，准予会试。这三省考列二等的生员周爱莲、蒋光世、袁肃、陆甲林、张云培、周嘉植、唐仁埴、秦智鉌、徐淮宜、詹应甲、洪士达、唐广模、汪文锦、胡风仪、印鸿纬、毕敦、吴堦、徐嵩、张贻、顾凤毛、翟金兰、黄钺、王浦、程尚义、吴绍涞、方熊、唐仁最、巴慰祖、闵道愉、叶栋、蒋知廉、赵本治、方振、伍廷昺、黄旭、裘元巽，各赏缎2匹。④浙江、福建进献诗册士子考取一等的生员张师诚、费锡章、何金、姚祖同，俱特赐举人，授内阁中书。浙江省士子考列二等的吴纯等18名，福建考列二等的郑光策等3名，各赏缎2匹。⑤

乾隆帝六下江南对进献诗赋书画的士子如此嘉奖和授职，对争取江南绅衿起了相当大的作用，这从进献诗画士子的人数之多，及其日益增加，（后来的南巡比开始的南巡，献诗士子增加了不少），而且连江西甚至福建的士子都来到苏州、江宁和杭州，恭献作品，参加考试，就反映得十分清楚了。士农工商中的四民之首"士"，对朝廷更加拥戴，更愿为朝廷效力，要从他们当中寻找或发展反清复明的人员，恐怕是太难了，曾经一度是反清核心的江南文人，再也找不出像清初顾炎武、黄羲之、王夫之、吕留良那样的反清元老了。

另一方面，通过考试，清政府又发现和培养了一批饱学之士，他们

①《清高宗实录》卷1103，第27、28页。

②《清高宗实录》卷1102，第15页。

③《清高宗实录》卷1103，第28页。

④《清高宗实录》卷1202，第16、17页。

⑤《清高宗实录》卷1201，第12页。

中的一部分人后来进入仕途，为国效劳；另一部分，挥毫撰述，题字绘画，丰富文化宝藏。以乾隆十六年第一次南巡为例，这次取的士子不多，江苏、浙江、安徽三省只取了一等8名，即江苏、安徽的一等一名蒋雍植、二名钱大昕、三名吴烺、四名褚寅亮、五名吴志鸿。浙江是一名谢墉、二名陈鸿宝、三名王右曾。这些人中，后来有政界能臣，有学界泰斗，还有诗文大家。钱大昕，字晓征，江苏嘉定县人，乾隆十六年以附学生进献诗赋参加考试，被取为一等2名，特赐举人，授内阁中书，十九年27岁时考上进士，改翰林院庶吉士，二十二年期满，授编修，官阶正七品，二十三年升任右春坊右赞善，二十四年充山东乡试正考官，此后历任会试同考官、湖北乡试正考官、翰林院侍讲学士、广东学政、詹事府少詹事，四十年父丁忧回家后，不再出任，先后主讲钟山书院、娄东书院、紫阳书院。钱大昕幼即聪慧，"善读书"，"始以辞章名"，沈德潜编的"吴中七子诗选，大昕居一"，"既乃研精经史，蔚为著述，于经义之聚讼难决者，皆剖析源流，文字、音韵、训诂、天算、地理、氏族、金石，以及古人爵里、事实、年齿，了如指掌，古人贤奸是非，疑似难明者，皆有确见"，被公认为有清一代经史权威、学界泰斗、文坛大家、诗词巨星。钱大昕著作等身，在庶吉士的三年里，参与修撰《音韵述微》《续文献通考》《续通志》《一统志》《天球图》等书。后来，他自己著有《唐石经考异》《经典文字考异》《声类》《二十二史考异》（100卷）《唐书史臣表》《唐五代学上年表》《宋学士年卷》《元史氏族表》《元史艺文志》《三史拾遗》《诸史拾遗》《通鉴注辨证》《四史朔词考》《南北史隽》《三统术衍》《术铃》《风俗通义逸文》《吴兴旧德录》《先德录》《洪文惠年谱》《洪文敏年谱》《王伯厚年谱》《王弇州年谱》《疑年录》《潜罕堂文集》（50卷）、《诗集》（20卷）、《词垣集》《潜攀堂金石跋尾》（25卷）、《金石文字目录》《天一阁碑目》《养新录》（23卷）、《恒言录》和《竹汀日记抄》，著述之多，实为罕有。

谢墉，浙江嘉善人，乾隆十六年以优贡生考取浙江一等1名，特赐举人，授内阁中书，第二年会试，中进士，改庶吉士，三年散馆授编修，二十四年起在上书房行走，历任会试同考官、侍讲、右春坊右庶子、福建乡试正考官，翰林院侍读学士、内阁学士、殿试读卷官、工部侍郎、吏部侍郎、国史馆副总裁，四库全书馆总阅，两次充任江苏学政，后因七日不到上书房，降为编修，不久病故。乾隆帝称其"学问较优，在上书房行走多年"；嘉庆帝称，昔日当皇子时，在上书房"蒙皇考特派谢墉讲论，颇资其益"，"念谢墉究系内廷旧臣，学问优长，且在上书房供职时，并无过失，着加恩追赠三品卿衔"。①

褚寅亮，江苏长州人，江南考试，取一等第4名，赐举人。授内阁中书，官至刑部员外郎，"明于律，尤戒深刻，研鞫无冤滥"。褚寅亮"心思精锐，于史书鲁鱼，一见便能订其误谬。中年覃精经术，一以注疏为归，从事《礼经》几三十年"，造诣很高，著《礼仪管见》30卷和《公羊释例》30篇，对阐述《仪礼》和《公羊》何氏学，做出了重要贡献。他还著有《勾股广问》《十三经笔记》（10卷）、《诸史笔记》（8卷）、《诸子笔记》（2卷）、《名家文集笔记》（7卷）、《周易一得》、《四书自课录》等书，成就很大。②

王右曾，浙江秀水人，江南考试取一等3名，乾隆十九年考上进士，改礼部主事，转刑部主事。在京时间，"极为陈世倌、汪由敦所推许"，"工诗，与钱载齐名，时号'钱王'。其诗专务沉静，毕沅称其削肤廓而见性情，能自成一家"，著有《丁酉老屋集》。③

以后乾隆帝二、三、四、五、六下江南考取的一等的士子，也可说是人才济济。其中以孙士毅的官衔最高。孙士毅，浙江仁和县人，乾隆二十六年中进士，第二年三下江南时，考取浙江一等第1名，历任侍读、郎中、大理寺少卿、四库全书馆总纂官、广西布政使、云南巡抚、广西巡抚、广东巡抚、两广总督、四川总督、两江总督、吏部尚书、协办大学士、大学士，曾封一等谋勇公，后削爵，再封三等男，卒于军中，加赠公爵。④

比孙士毅官阶略低一点的是王昶。王昶，江苏清浦人，乾隆十九年进士，二十二年南巡时考取一等1名，此后历任员外郎、郎中、鸿胪寺卿、大理寺卿、左副都御史、江西、直隶、陕西按察司、江西布政使、刑部右侍郎，颇有政绩。⑤

江苏南汇生员吴省钦，于乾隆二十二年考取一等4名，赐举人，二十

①《清史列传》卷25，《谢墉传》。
②《清史列传》卷68，《褚寅亮传》。
③《清史列传》卷72，《王右曾传》。
④《清史列传》卷26，《孙士毅传》。
⑤《清史列传》卷26，《王昶传》。

八年考上进士，此后历任编修、侍读、贵州、广西、湖北、浙江乡试正考官、四川学政、湖北学政、光禄寺卿、顺天府尹、礼部右侍郎、工部左侍郎、都察院左都御史。此人才干学识尚可，但晚年心术不正，谀附和珅，在和珅家教读，得以从侍郎升为左都御史，和珅被问罪后，吴省钦被议罪革职回籍。①

人称"吴中七子"里的曹仁虎、赵文哲、吴泰来、钱大昕、王昶，皆是献诗考试录取一等的士子。曹仁虎，江苏嘉定人，年方16，就补取生员，被学政崔纪"目为奇才"。乾隆二十二年考试，被特赐举人，二十六年中进士，改庶吉士，后任编修、右中允、侍讲、右庶子、侍讲学士，官阶从四品，"每遇大礼，高文典册多出其手，"五十一年任广东学政。"仁虎于学无所不通，而于诗尤妙绝一世，神明变化，一洗粗率佻巧之习。论者谓其雄秀宏逸，最近李于鳞"。曹仁虎著有《宛委山房》《春槎瑶华唱和》《秦中杂稿》《辕韶鸣春》等集子，还有《蓉镜堂文稿》《二十四气七十二候考》《转注古音考》等书。②

赵文哲，江苏上海县人，廪生，第三次南巡时考取一等2名，授内阁中书，赐举人，入直军机处，"大学士刘统勋、刘纶、于敏中皆奇其才"，随征金川，论功擢户部主事，木果木溃败时殉难。赵文哲，"天才英敏，于文无所不工，论诗以王士祯为主。从军滇蜀，所见殊方绝徼可惊可愕状，一发之于诗，瑰玮绝特"，著有《媕雅堂》《娵隅》等集。③

吴泰来，江苏长州人，乾隆二十五年成进士，第三次南巡时考取一等3名，赐内阁中书，不赴任，先后主讲关中书院、大梁书院。家有遂初园，藏书数万卷，"寝馈凡十余年"，先与曹仁虎等才子唱和，后又"与洪亮吉、钱泳诸人饮酒赋诗无虚日，时比之许元度、刘真长"，著有《砚山堂》《净名轩》等集。④

褚廷璋，江苏长州人，第二次南巡时考取一等5名，授内阁中书，二十八年成进士，改庶吉士，历任编修、江西乡试副考官、山西乡试正考官，官至侍讲学士，以故降主事，充方略馆纂修。"廷璋敏慧绝伦，有荀令谢郎之目"，"少与曹仁虎、赵文哲等结社，以诗鸣"，在方略馆

---

①《清史列传》卷68，《吴省钦传》。

②《清史列传》卷72，《曹仁虎传》。

③《清史列传》卷72，《赵文哲传》。

④《清史列传》卷72，《吴泰来传》。

任纂修时，"于准夷、回部山川风土，最为谙悉"，奉敕纂《西域图志》《西域同文志》，"并通等音字母之学"。廷璋"性直耿，以大学士和珅非科目出身，不以先辈奉之。既降官，终身不谒铨选，曰：此膝不为权贵屈也"。其诗"初学青丘，既学元、白，旨远，词文卓然大雅，所赋西域诗，尤见称于世"，著有《筠心书屋诗钞》。[①]

严长明，江苏江宁人，第三次南巡时，以生员献诗考取一等，赐举人，授内阁中书，入直军机处7年，后"主庐阳书院"。严长明在军机处时，"通古今，多智，又工于奏牍，大学士刘统勋最奇其才"。户部奏称，天下杂项钱粮，名目繁多，请取消这些名目而将其数额并入地丁征收。严长明反对此议说："今之杂项，古正供也。今法折征银，若去其名，他日吏忘之，谓其物官所需，必且再征，是使民重困也"。刘统勋盛赞其言，上奏力争，取消了户部的拟议。严长明做了不少可喜可愕之事。例如，云南粮道罗浩源因分偿属吏亏银，有诏逾期即诛，罗浩源未能筹集赔银，逾期十日，呈请宽限时日。帝命军机大臣会同刑部议处。严长明找到大学士、军机大臣兼管刑部的刘统勋，欲救不应冤死的罗浩源说："浩源事急矣！第所追乃分偿属吏汪某金也，今汪已捐，复将曳绋缓出都，而浩源乃骈首东市，于义未协。按法宜令汪某分缴，以活浩源，始昭公平"。刘统勋赞同，奏准令汪某徵银，罗浩源得免于死。类似之案不少，被冤被救之人，"至有图长明像以祀者"。在治学上，严长明亦有很大成就。史称其"聪强绝人，于书无所不读，或举问，无不能答。为诗文，用思周密，和易而当于情。尝语学者曰：'士不周览古今载籍，不遍交海内贤俊，不通知当代典章，遽欲握笔撰述，纵使信今，亦难传后。'"他从军机处辞走后，不再为官，"筑室三楹，回归求草堂，藏书二万卷，金室文字三千卷，日哦其中"。严长明历任《通鉴辑览》《一统志》《热河志》《平定准噶尔方略》等书的纂修官，还著有《归求堂诗文集》《西清备对》《毛诗地理疏证》《王经算衍补正》《三经答问》《三史答问》《淮南天文太阴解》《文选课读》《文选声类》《尊闻录》《献征余录》《知白斋金石类签》《金石文字跋尾》《石经考异》《汉金石例》《五岳贞珉考》《五陵金石志》《平原石迹表》《吴兴石迹表》《西安府志》《汉中府

---

① 《清史列传》卷72，《褚廷璋传》。

志》，著作等身。①

六下江南考取一等的东南士子，不少人参加了《四库全书》的编辑工作，有些人还是重要人物，对《四库全书》的编纂，做出了突出的贡献。仅据初步统计，名列四库全书馆任事官员的便有十六七位，他们是副总裁沈初，总阅官谢墉，总纂官陆锡熊、孙士毅，总校官陆费墀，翰林院提调官冯应榴，武英殿提调官陆费墀、韦谦恒，总目协勘官程晋芳，校勘《永乐大典》纂修官兼分校官吴省兰，缮书处分校官金榜、张培、鲍之钟、沈叔埏、杨揆、赵怀玉，篆隶分校官王念孙。除了孙士毅和谢墉在前面已经介绍了以外，现依次对这些学者叙述如下。

沈初，副总裁，浙江平湖人，三次南巡时以生员考取一第3名，赐举人，授内阁中书，第二年会试殿试，高中一甲第二名进士（榜眼），授编修，此后入直南书房，历任日讲起居注官、侍讲、河南学政、侍讲学士、侍读学士、詹事府詹事、礼部、兵部、吏部侍郎、四库全书馆副总裁、《三通》馆副总裁、会试副考官、顺天学政、江苏学政、都察院左都御史、军机大臣、兵部、吏部、户部尚书、实录馆副总裁，以"学问优长"，"供职勤慎"，为帝嘉赞，颇有政绩，卒后，"入祀乡贤祠"。②

陆锡熊，总纂官，江苏上海人，乾隆二十六年考取进士，第二年南巡召试，取一等，授内阁中书，相继担任山西、浙江乡试副考官、广东乡试正考官、会试同考官、刑部郎中。乾隆三十八年二月四库全书馆正式开馆，陆锡熊任总纂官。同年八月，乾隆帝阅看书馆将《永乐大典》内检出各书，下谕说，"见其考订分排，具有条理，而撰述提要，粲然可观，则成于陆锡熊、纪昀之手。二人学问本优，校书亦报勤勉，纪昀曾任学士，陆锡熊现任郎中，均着授为翰林院侍读"。此后，因其在馆办事出力，先后嘉奖擢升，历任侍读学士、光禄寺卿、大理寺卿、都察院左副都御史，留任福建学政，乾隆五十五年正月任满回京，以《四库全书》有错谬，被帝训斥，被派往盛京，校勘文渊阁所存《四库全书》，校正了好些错误，后因天寒生病卒于盛京。③

陆费墀，总校官，浙江桐乡人，四次南巡时，以生员考取一等3名，赐举人，授内阁中书，三十一年中进士，改庶吉士，授编修，不久，任

①《清史列传》卷72，《严长明传》。

②《清史列传》卷28，《沈初传》。

③《清史列传》卷25，《陆锡熊传》。

四库全书馆总校官兼武英殿提调官。乾隆三十九年，乾隆帝谕奖陆费墀说："编修陆费墀承办《四库全书》，并《荟要》处缮录之事，一切综核稽查，颇能实心勤勉，且其学问亦优，加恩以侍读升用"。后又以其出力办成，全书告成，陆续升迁，历任侍读学士、少詹事、内阁学士、礼部侍郎、四库全书馆副总裁，充文渊阁直阁事。后因发现《四库全书》中有"妄诞不经"之语，且"应删不删"，"舛谬丛生"，罚陆费墀出钱赔办江苏扬州文汇阁、镇江文宗阁、浙江杭州文澜阁所存《四库全书》内"所有面页装订木匣刻字等项"。几年之间，陆费墀往来于江浙二省，劳累奔波，忧愤交加，含恨去世，家产的绝大部分被籍没充公，用来装满三阁书籍。[①]

程晋芳，总目协勘官，字鱼门，江苏江都人，乾隆二十七年献诗考试，取江南一等1名，赐举人，授内阁中书，经会试殿试，中进士，补吏部主事，迁员外郎，充四库全书馆纂修官，书成，擢翰林院编修。程晋芳家世代经营两淮盐业，家赀富豪，族人习尚奢侈，独他"惛惛好儒，罄其赀购书五万卷，招致方闻辍学之士，与共探讨"。"晋芳学无所不窥，经史子集、天星地志、虫鱼考据，俱能研究。晚与朱筠、戴震游，乃治经，究心训故。其卒也，京师为之语曰：'自竹君先生死，士无谈处，鱼门先生死，士无走处'，谓朱筠及晋芳也，其声华之盛如此。"程晋芳还"与商盘、袁枚唱和诗文，并擅其盛"。他著有《周易知旨编》30余卷、《尚书今文释义》40卷、《尚书古文解略》6卷、《诗毛郑异同考》10卷、《春秋左传翼疏》32卷、《礼记集释诗经答问》12卷、《群书题跋》6卷、《勉行斋文》10卷、《蕺园诗》30卷。[②]

金榜，分校官，乃南巡献诗考试士子中的佼佼者，安徽歙县人，乾隆三十年以廪生考取一等2名，赐举人，授内阁中书，三十七年殿试夺魁，高中一甲一名进士(状元)，授翰林院编修，四库全书分校官，本会青云得志，仕至卿贰宰辅，但他散馆后却无心仕途，"养疴读书，不复出"，成为经学大家。"榜少工文辞，以才华为天下望"。后以江永为师，以戴震为友，"遂深经术"，著《礼笺》10卷，"大而天文、地域、田赋、学校、郊庙、明堂，以及车旗、服器之细，贯串群言，折中一是"。"文章奥博"、"锐意求才"、屡典乡试、两典会试的大学士

①《清史列传》卷26，《陆费墀传》。

②《清史列传》卷72，《程晋芳传》。

朱珪读过《礼笺》后，"叹其词精而义核"。金榜"治三礼，最尊郑康成，然博稽而精思，慎求而能断"，"故郑义所未衷者，必纠正之"。①

冯应榴，翰林院提调宫，浙江桐乡人，乾隆二十六年中进士，三十年四次南巡时献诗考试，录取为一等4名，授内阁中书，此后历任宗人府主事、湖北乡试副考官、顺天乡试同考官、吏部郎中、御史、户科给事中、山东乡试正考官、鸿胪寺卿。冯应榴的父亲冯浩任过编修、御史，著有《玉谿生诗评注》8卷、《樊南文集详注》8卷、《极精瞻》，还有《孟亭诗文集》。冯应榴"凤承家学，肆力于诗，以苏诗注本疏舛尚多，因为《合注》50卷、《附录》5卷，所采自正史外，凡丛书胠说，靡不搜讨，于古典之沿讹者正之，唱酬之失考者补之，舆图之名同实异者核之，即友朋商榷之言，亦必标取姓氏，其虚怀集益如此。钱大昕谓：王注长于征引故实，施注长于臧否人伦，查注详于考证地理，唯应榴实兼三家之长"。冯应榴还著有《学语稿》。②

赵怀玉，分校官，乃康熙名臣户部尚书赵申乔的四世孙。四次南巡时，怀玉赴行在献赋，五次南巡时考取一等，赐举人，授内阁中书，历任山东青州府同知、署登州知府、署兖州知府，"后主通州、石港讲席六年，诸生极爱戴之"。怀玉"工古文辞，持论侃侃。惮敬谓其文不惑于贵势，不率于朋友，故集中所存，无有杂言诐义离真反正者"。怀玉之诗，"与孙星衍、洪亮吉、黄景仁齐名，时称孙、洪、黄、赵"，著有《亦有生斋文集》59卷、《续集》8卷。③

鲍之钟，分校官，"少负俊才，文采秀逸"，"以《初月赋》为诸城刘墉所知"（刘墉任大学士、尚书）。四次南巡时，鲍之钟以贡生献诗考试，录为一等1名，赐举人，授内阁中书，乾隆三十四年进士，历任贵州乡试副考官、广东乡试副考官、宗人府主事、户部郎中、《四库全书》分校官。鲍之钟"诗有家法，在京师时，与洪亮吉、吴锡麒、赵怀玉唱酬最密，法式善称为'诗龛四友'"，著有《论山诗集》。④

王念孙，分校官，江苏高邮人，其父王安国系雍正二年榜眼，历任编修、左都御史、兵部、礼部、吏部尚书，政绩卓异，"深研经籍"。

① 《清史列传》卷68，《金榜传》。
② 《清史列传》卷71，《冯应榴传》。
③ 《清史列传》卷72，《赵怀玉传》。
④ 《清史列传》卷71，《鲍之钟传》。

王念孙"八岁能属文，十岁读《十三经》毕，旁涉史鉴，有神童之目"。南巡之时，王念孙"以大臣子迎銮，献文册，赐举人"，乾隆四十年中进士，改庶吉士，相继任工部主事、工部郎中、御史、吏科给事中。嘉庆四年仁宗亲政，王念孙首先上疏，弹劾大学士和珅，使其革职削爵自尽，此后历任直隶永河道、山东运河道、永定河道，在河道的十余年中，"查工节帑，移弊一清，累得旨褒奖，所条上河务事，多议行"。王念孙"精熟水利，官工部，著《导河议》上下部"，又奉旨参与编纂《河源纪略》，书中之"辨伪一门"，系其所撰。王念孙还是经学大家，著有《读书杂志》82卷，"分《逸周书》《战国策》《管子》《荀子》《晏子春秋》《墨子》《淮南子》《史记》《汉书》《汉隶拾遗》，凡十种于古义之晦误、写校之妄改，皆一一正之。一字之证，博及万卷，其精于校仇如此"。他所著的《广雅疏证》32卷，"其书就古音以求古义，引申触类，扩充于《尔雅》《说文》，无所不达，然声音文字部分之严，一丝不乱"。其子王引之能继承家传，著有《经义述闻》15卷、《经传释辞》10卷、《周秦古字解诂》、《字典考证》。时人对其祖孙三代经学成就之大，给予了高度评价："论者谓国朝经过，独绝千古，高邮王氏一家之学，三世相承，自长州惠氏父子外，盖鲜其匹云"。

另外，南巡时献诗文考试录取一等担任四库全书提调官的韦谦恒，分校官张培、沈叔埏、杨揆等人，也都著述甚丰，在此就不一一列述了。他们都为编纂中国古代思想文化遗产之总汇的《四库全书》，付出了心血，做出了贡献。

乾隆帝酷爱书画，对书法高超、绘画精妙的士子也嘉奖有加，擢任官职。第一次南巡时，士子张宗苍、徐扬敬献画册，乾隆帝授两人为画院供奉，并赐监生徐扬为举人。他还为张宗苍献的《吴山十六景》画册，"御笔每幅题诗一首"，现摘录五首于下：

寒山晓钟

姑苏城北夜泊船，寒山钟声清晓传。

春容断续亦同此，传不以钟以人耳。

千秋过客不一况，或听欢欣或凄怆。

在悬待叩捴无心，此义画师何以状。

千尺飞泉

千尺泉飞有声雪，下激回喷石根裂。
石根裂处得溪平，渊潋澄泓清且洁。
匡庐何大此何小，空诸所有无诸扰。
南华第二已分明，坐而证之益了了。

海涌一峰

一峰不知何所来，万古枒秀临苏台。
讵数层峦及叠嶂，饶看野竹兼疏梅。
石泉鹤涧泻冰雪，梵宫琳宇栖崔巍。
晴空照影入沧海，宛似涌出西蓬莱。
是宜仙人所托憩，而我登临实快哉。

包山奇石

震泽三万六千顷，神区奥壤无不包。
是山得名独标众，下临无地上干霄。
怪异不堪偻指数，奇石多出山之凹。
波冲浪击成孔穴，柔能克刚理则昭。
米颠一拳夸亨帝，作记艳说皇山樵。
诚令观此难为石，八十一穴真鹳桨。
洞天福地列第九，丈人窃书传童谣。
传称夫子不语怪，此语何自真虚嚣。

莫厘缥缈

洞庭相望分东西，西则缥缈东莫厘。
两峰茪茪连云水，是一是二谁怀疑。
渔舟贾商浮浦浒，月天琳宇楼嶙崎。
眼前劳逸不可齐，谁欲齐者问画诗。①

---

① 光绪《苏州府志》卷首二。

这些诗的雅俗佳劣，不必细评，但作为"天下共主"的大皇帝，能亲笔为一位名不见经传的普通士子的画册，御笔题诗，一幅一首，确系殊荣，怎能不让张宗苍欢欣若狂！凡是进献诗赋书画的士子，都会得到应有的奖赏；有才华者，还特赐举人，授内阁中书，随即赴京会试，殿试挥毫，高中进士，历任各职；有的还名列卿贰，入阁拜相；有的则诗文惊人，经学深博，学界泰斗，文坛大家。追根求源，皆与六次南巡，进诗考试，为帝擢奖有着密切的联系。这怎能不叫万士倾心，万士趋奉。朝廷与四民之首的"士子"，关系愈益密切了，"士子"也为朝廷效力，做了很多事，在政治、文化等方面，发挥了重大影响。这就是南巡期间"培植士类"的作用。

（六）阅兵察吏

六下江南时活动的一个重要内容就是阅兵，检阅满汉官兵。清以武功得天下，十分重视官兵的操演练习和检阅，定有明确的制度，但入关已逾百年，营务废弛，八旗军和绿营兵的战斗力大大下降，士卒疲弱，将弁松懈，乾隆帝对此非常不满，即位以后，多次降谕训斥。乾隆六年（1741年）七月初八日，他下达《训饬营伍废弛虚冒》谕，严斥陋习：

"武备关系紧要，前已屡降谕旨，令督抚提镇等力为振刷，不得苟且因循。大约外省营伍，整饬者少，废弛者多，而抚标为尤甚。盖巡抚专留心于文事，其标下将弁又属专辖，别无统率之人，该抚少不留心，则怠惰成风，武备渐不可问矣。嗣后各督抚提镇等，当谨遵朕谕，以尽职守，以励戎行，如一二年后，朕派公正大臣前往，验看优劣，如骑射果否娴熟，军容果否改观，皆显而易见，难于掩藏者，倘有仍前废弛之处，朕必将该管大臣严加处分，毋谓朕不教而罚也。"[1]

乾隆九年正月二十日，谕派一等公、吏部尚书讷亲"查阅外省营伍，从河南至上下江一带，及淮徐山东一路，查阅营伍，并看验

---

[1]《清高宗实录》卷146，第17页。

河工"。①

过了半年多，七月二十四日，钦差大臣讷亲上疏，奏述阅视营伍情形说：

"遵旨查阅外省营伍，将河南省之河北镇标、河南抚标、南阳镇标，江南省之寿春镇标、安庆抚标、江宁督标、苏州抚标、松江提标、苏松水师镇标、京口将军标、狼山镇标、淮安漕标、清江河标，山东省之河东河标、兖州镇标、登州镇标、山东抚标，以次阅看，三省共一十七标，除器械完整技艺未甚生疏外，其弓马鸟枪生疏最甚者，莫如河南南阳镇标，连环每队九人，施放亦多断续。苏松水师镇标，抢风折戗，全在头舵水手，兵丁专司枪炮弓箭，水操时，见其冲敌对阵之船只，进退参差，往来间断，全与阵势不合，皆由二镇该管大员，不能勤加训练所致，应请分别察议。……至各省兵丁弓力，能挽五六力以上者，不过十之二三，其余多系二三四弓力，未免过于软弱，无资实用，亦应习挽五力以上。江南提标，竟有衰老者，余亦多半老弱。……今阅各省员弁，步马箭多有生疏，衰老者固然，少壮者亦不免。……各省满兵，虽比绿营稍优，而较之满洲旧技，殊多废弛。……德州员弁，技艺均属生疏，骑射尤劣。鸟枪兵，计其著牌人数，十仅得五，而中牌次数，亦仅十三，施放连环，亦未娴熟。"②

乾隆帝阅后，十分恼怒，于第二天降下长谕，严厉斥责有关大臣：

"国家承平日久，各省营伍日就废弛，朕早已知悉……现今据奏各处情形，大概甲仗旗帜，尚属鲜明，而鸟枪骑射，各种技艺，则皆属平常……该管大臣平日所司何事，而轻视武备若此乎！本拟概行从重议处，但人数众多，只将甚属废弛者交部议处外，为此特降谕旨，严行申饬。该将军督抚提镇等，各宜痛改旧习，勤加训练，俾士皆精锐，戒行改观（否则严惩）。"③

---

① 《清高宗实录》卷209，第3页。

② 《清高宗实录》卷221，第13—16页。

③ 《清高宗实录》卷221，第16—19页。

随即他又下谕："据讷亲所奏，阅看河南、江南等处兵丁一折，奏称河南、江南、山东驻防满兵，技艺骑射率多废弛，渐失满洲本业等语。此皆朕所素知，不等讷亲陈奏，曾经谆谆降旨饬谕省大臣，今乃仍复如此，是大臣等实负朕恩矣"。"其河南、江南、山东驻扎之将军大臣等，着严行申饬"，若不改悔，努力操演，仍前废弛，定予惩治。[①]

南巡所至江南、浙江，驻有大量八旗军和绿营兵。在江南地区，两江总督节制江苏、安徽、江西三省巡抚、江南水陆提督和崇明镇、狼山镇、寿春镇、南昌镇、南赣镇五镇总兵官，共有绿营官兵5万名，江南河道总督辖河兵13072名，漕运总督辖漕兵5002名，加起来将近7万名。在浙江，浙江巡抚和浙江水陆提督的抚标、提标及所节制辖治黄岩镇、定海镇、温江镇、处州镇、衢州镇五镇总兵官，有绿营官兵41529名。江南、浙江还有7000～8000名驻防八旗军。力创"大清全盛之势"的乾隆皇帝当然要充分利用这支力量，要加强这批军队的训练，因此，在巡前准备工作中，就列有阅兵的项目。

乾隆十六年一下江南时，就按照事前的规定，相继在苏州、杭州、江宁、嘉兴阅兵，以后五次南巡，也大体上是照此进行的。在六次南巡期间，除了阅视将士操演外，乾隆帝也做了一些营务整饬的事。以一下江南为例，乾隆十六年二月、三月，他先后下了数道谕旨，一是斥责安徽寿春镇总兵官常岱"身任总兵，不能骑射，何以表率营伍"，将其革职，贬任蓝翎侍卫。[②]二是将京口不能胜任的副都统王儒正革职，降为协领，并且不是立即上任，而是候缺补用。三是因京口营务"甚觉废弛"，京口将军久缺未补，初命天津镇总兵王进泰补授，令其"速赴新任，加意整饬"。后觉不太适宜，又下谕调杭州将军萨尔哈岱移任说："京口营伍，亟须整顿，萨尔哈岱在杭州任内，操练兵弁，尚属可观，着将萨尔哈岱调补京口将军，即由此速赴新任，杭州将军员缺，着（吉林乌拉将军）卓鼐调补"，王进泰改任寿春镇总兵。[③]四是升官阶从二品隶属总兵管辖的嘉兴协副将黄正纲为江南松江镇总兵宫（正二

---

①《清高宗实录》卷221，第17、18页。

②《清高宗实录》卷385，第10页。

③《清高宗实录》卷385，第11页。

品）。^①另外，随从当差的黏竿拜唐阿德克新，"在杭州强入民家，酗酒滋事"，总理行营事务大臣一等公、大学士傅恒奏准，将德克新当地正法，粘竿大臣阿岱、粘竿总管七十、广华，均降一级。^②

乾隆二十二年再巡江浙时，乾隆帝见到杭州兵丁接驾时吹奏细乐，尤为不满，于二月二十七日特下谕旨，严厉斥责，勒令禁止说："今日朕至杭州省城，其接驾之绿营兵丁有奏箫管细乐者，夫身隶行伍，当以骑射勇力为重，戍楼鼓角，不过用肃军容，即古者铙歌鼓吹之词，亦以鸣其得胜之耳气。若吹竹弹丝，技近优伶，岂挽强引重之夫所宜相效，此等绿营陋习，各省均所不免。可传谕各该督抚提镇等，转饬所属标营，嗣后营伍中，但许用钲鼓铜角，其箫管细乐，概行禁止。"^③第二天，他又下谕，禁止驻防将军、提督、总兵官出行坐轿，说："外省驻防将军及营之提镇，出行则皆乘舆，夫将军提镇，有总统官兵之责，若养尊处优，自图安逸，亦何以表率营伍，而作其勇敢之气。况旗人幼习骑射，即绿营中亦必以其弓马优娴，厉加升用，乃一至大僚，转至狃于便安，忘其故步，此岂国家简擢之意耶。京师都统、副都统，既皆乘马，而满洲侍郎则无论年逾六旬，亦俱不得乘舆，即朕巡幸所至，尚每日乘马而行，乃外省武职独相沿陋习，此其非宜。嗣后将军提镇，概不许乘舆，其编设轿夫并着裁汰，如有仍行乘坐者，照违制例治罪。可通行传谕知之。"^④

尽管六次南巡期间，通过阅兵和将领任免调移及训诫惩治，乾隆帝对整饬营务也做了一些事。但总的看来，八旗军和绿营兵已经是积重难返，这些措施没有起到什么作用。

六巡江南的另一重要目的与活动，是"入疆考绩""察吏观民"。还在一下江南之前，乾隆十五年九月，山东巡抚准泰参奏济南府知府刘元锡"诸事萎靡，不能察吏安民，又办理南巡跸路，亦漫不经心"，请将其勒令休致。十月初一日乾隆帝下谕，将刘元锡和另一玩忽职守的河南盐驿道金山，一律革职。谕旨还论述了巡幸考察的好处说："金山、刘元锡乃道府大员，平日玩忽性成，而又临差规避，造谣者或谓因办差

①《清高宗实录》卷383，第14页。

②《清高宗实录》卷384，第7页。

③《清高宗实录》卷533，第23页。

④《清高宗实录》卷533，第26页。

之故，致大员屡被参劾，不知庸劣之员，姑容误民。朕临幸各省，道府大员必一一亲询政绩民瘼，其不胜任者，亦在所甄别，或者该抚恐朕责以不能察吏，是以先行奏请，亦未可知，此足见入疆考绩，裨益良多。将此并谕中外。"①

乾隆十六年正月二十五日，乾隆帝在出巡途中下谕："向例銮舆巡幸，经过地方官员，应行接驾，由鸿胪寺具奏里数请旨，临时该寺带领接驾，至驻跸后，复奏闻带领行礼。朕入疆考绩，地方大吏，随营行走，不时召见。即州县各官，凡有承办差务者，业已于路旁随便跪接。"②这里所说的"地方大吏"，与"州县各官"相对而言，应系指当地的督抚提镇司府道员。通过"当面召见"，"亲询政绩民瘼"，一定可以了解到很多情况，对于地方利弊，官将贤劣，皆能有所知晓，这是仅仅深居九重，批阅章奏，所无法比拟的。

不要说是总督、巡抚等封疆大臣，帝可随时召见，询问吏治民情，以考其政绩得失，就是州府官员，也能因其接驾而面询各事，察核其人，予以任免升降。例如，乾隆帝出巡时，于途中分别召见沂州知府尹文炳和兖州知府王禄朋，问二人是否向原山东巡抚国泰送献银两，两人均称未送。乾隆帝不相信二人的话，因国泰曾向各府州县官勒派过银两，各官都送，这两人怎能逆流勇抗，遂命军机大臣查阅国泰案子文件，查出二人皆曾送过。他十分生气，谕令惩处尹文炳、王禄朋：

"昨召见沂州府知府尹文炳，询及从前国泰在巡抚任内，勒派各属银两，伊曾否馈送，据称并未送过。复询以国泰勒派银两，各府州县皆所不免，何以伊一人独无？则称沂州缺分平常，并无出息，平日洁清自守，实在未曾馈送。并称兖州府知府王禄朋亦未送过银两等语。因令军机大臣检查原案，则尹文炳曾交银二千两，王禄朋曾交银一千二百两，是尹文炳所奏全属虚捏。当国泰勒索属员之时，各府州县无不趋承迎合，如尹文炳果能守正不阿，独无馈送，则该员尚有气节，朕必加奖擢，即藩臬大员俱可简任，乃尹文炳既经馈送于前，及朕询问时，复捏词具奏，且不但自为欺饰，并代人隐瞒，若果如伊所云，平日操守清廉，又无出息，则所交出之二千两从何而得！此等矫饰之词，即施于朋友，尚且不可，乃竟于君父之前巧为尝试，犹得谓之有人心者乎！……着交部严加议处。"

军机大臣随即奏准，将尹文炳革职，王禄朋降为通判。[1]

太监于荣焕在乾隆帝二下江南巡幸期间大闹街市，侮辱巡检，咆哮公堂，地方官畏其淫威，反而参劾秉公执法责治太监的巡检。乾隆帝知悉大怒，于二十二年四月初一再行下谕，斥责有关臣僚，惩治太监。谕旨说："于荣焕倚恃内监僧人，既在街市出言戏侮巡检，复于公堂咆哮，甚属不法，着发往黑龙江安插。张若瀛（巡检）责治甚是。常亮惧海保等，遂详该督，而方观承据详参奏，甚不识大体，朕岂曲庇内监之主！嗣后伊等若有在外侮骂生事者，听人责惩，朕皆不问。邳姓千总听太监总管之言，袒护于荣焕，踢打巡检弓兵，尤属不合，着交常亮责四十板。海保、富贵着交总管内务府大臣察议具奏。"[2]

乾隆帝还通过出巡途中的观感，加以思考分析，派员调查，发现了好些地方官员瞒上欺下的问题。比如，二次南巡，有一天从徐州出发时，河南省夏邑县灾民张钦遮道告状，控告知县瞒灾不报。过了几天，夏邑县另一灾民刘元德又向来到邹县的皇帝告御状，控告地方官"散赈不实"，河南省的夏邑、商丘、虞城、永城四县洼地成灾，巡抚"以例不成灾未报"。乾隆帝虽然多次宣称爱民如子，发银赈灾，但十分痛恨"刁民越级上告"，控告州县父母官，因此他谕令将两位告状者严加拷问，追究主谋。此事发生之前，因病休致的夏邑县人、原江苏布政使彭家屏曾于接驾之时，奏称"夏邑及邻县永城上年被水灾独重"。帝询问来朝行在的河南巡抚图勒炳阿，图勒炳阿犹奏"水未为灾"，帝命图勒炳阿偕彭家屏同行查勘。帝又问河东河道总督张师载，张据实相奏，与彭家屏所奏相同，帝对图勒炳阿予以训斥，责其"秉公勘奏，毋更回护"。乾隆帝在徐州阅视河工时，"所见贫黎，鸠形鹄面，因忆夏邑等县，与江南山东接壤，其被灾村庄不知若何，为之恻然动念"，遂派步军统领衙门员外观音保"微服前往，密行访查"。观音保查后回奏："该四邑连岁未登，积歉已久，灾地未涸未种者居多，穷黎景况更有不

[1]《清高宗实录》卷1200，第21、22页。
[2]《清高宗实录》卷536，第1、2页。

堪入目的"。"灾民鬻子女，人不过钱二三百"。观音保"并于彼处收买童男二人，才用钱四五百文"。乾隆帝阅过奏疏，"不胜悯骇"，大为震怒，立下谕旨，痛斥劣臣，革巡抚图勒炳阿职，"发往乌里雅苏台军营，自备资斧效力赎罪，以为地方讳灾者戒"。夏邑、永城二县知县，"俱着革职拿问"。"虞城、商丘二县，如应行参处，即着鹤年一并参奏拿问。该管道府，俱着查参议处"。①

以上情形皆足以说明，通过巡幸，（南巡、东巡等）深居九重的乾隆帝，得以"入疆考绩""察吏安民""亲询政绩民瘼"，知悉不少事情，对整饬吏治、革弊兴利，起了不小的作用。

（七）　赏景赋诗题字书匾

乾隆帝于讲述南巡之因的谕旨中，提到的一个重要原因："江南名胜甲天下，诚亲掖安舆，眺览山川之佳秀，民物之丰美，良足以娱畅慈怀"。②此话不假，乾隆帝六下江南期间，确实是遍游江浙名胜，观古赏景，悦目怡心，赋诗唱和，题字留念，广写匾额。

"江南名胜甲天下"，江苏、浙江两省，山清水秀，名胜众多，既是"上有天堂，下有苏杭"的苏州、杭州所在地，又有六朝古都之南京，还有扬州、镇江、无锡等历史名城，面积广达2400余平方公里的太湖，世界奇迹钱塘江潮等，至少可以举出国家一级的几十处旅游胜地。诗、书、文、语兼长，酷爱出巡旅游，被人称之为"马上皇帝"的乾隆帝，怎能来而不游，游而不写！六次南巡期间，他几乎游遍了苏州、杭州、扬州、江宁、镇江等地所有名胜古迹，而且是一游二游三游四游，有的名胜还游览了十几次。游一处，观赏一处，也写一处。现以一下江南在苏州游赏赋诗题字书匾为例。

乾隆十六年正月十三日离京，二十一日至二十五日在苏州，巡幸杭州等地后返回，三月十六日、十七日、十八日又驻苏州，总计在苏州驻跸8天，时间之长，仅次于杭州（9天）。在苏州期间，乾隆帝参观了所有苏州的名胜古迹，如虎丘寺、狮子林、灵岩山、邓尉山、香雪海、支硎山、寒山别墅、千尺雪、听雪阁、华山、法螺寺等。在这些山水寺庙

---

① 《清高宗实录》卷536，第14、18页；卷537，第6—8页。

② 《清高宗实录》卷350，第12页。

亭台楼阁，他写了70余首诗。如：

奉皇太后游虎丘即景

闲登海涌峰，雨洗绿鬈浓。
古迹多留咏，春郊尽力农。
雪楼既虚敞，月牖且从容。
最引予心慕，虞歌每每逢。

游支硎

马首见支硎，迎人枬秀色。
一径入松竹，峰秀不可得。
到山始畅然，环秀真奇特。
却失来时径，但见绿云幕。
山川聚灵气，变幻曷有极。
回向参世尊，万虎于以息。
石室汲寒泉，一一供游历。
支公鹤不闻，空亭只留迹。

寒山千尺雪

支硎一带连寒山，山下出泉为寒泉。
淙淙幽幽赴溪壑，跳珠溅玉多来源。
土人区分称各别，岂能一一征名铨。
兰椒策马寻幽胜，山水与我果有缘。
就中宦光好事者，引泉千尺注之渊。
泉飞千尺雪千尺，小篆三字铭云峦。
名山子孙真不绝，安在舍宅资福田。
槃陀坐对清万虑，得未曾有诗亦然。
雪香在梅色在水，其声乃在虚无间。

驻跸灵岩

塔影遥瞻碧汉中，梵王宫侧旧离宫。
观民展义因时切，石栈云林有路通。
竹籁萧萧喧处静，梅花漠漠白边红。
太湖万顷轩窗下，坐辨洞庭西与东。

法螺寺

前朝跋山路，法螺近咫尺。
却为游华山，竺庵暂虚掷。
灵岩今返跸，取便寻幽适。
牝谷才几曲，便觉仙凡隔。
石泉常似咽，磴道不嫌窄。
别室亦潇潇，松竹有佳色。
微辨来时路，下盘绿云隙。

范文正祠

文正本苏人，故山祠宇新。
千秋传树业，一节美敦伦。
魏国真知己，夷维转后尘。
天平森翠笏，正色立朝身。

听雪阁

雪宜落天上，云胡落涧底。
其源不可极，千尺约略耳。
三间白板阁，占尽林泉美。
珠玉碎复完，琴筑鸣无止。
涧叶冬不凋，岩葩春似喜。
人望窈且深，宜听静方始。
是合忘名言，而复不能已。

　　除赋诗以外，乾隆帝还给行宫、寺庙、书院、祠庄题写匾联，仅一
下江南驻跸苏州时，就题写匾联30副，例如：

苏州行宫匾：
撷芳揽秀

虎丘佛殿匾联：
须弥春满
雁塔影标霄汉表
鲸钟声度石泉间

邓尉寺匾联：
梵天香海
万顷湖光分来功德水
千重花影胜入旃檀林

灵岩寺匾联：
吴苑香林
云去云来池边留塔影
烟凝烟泮林外泛湖光

华山寺匾联：
莲界云岑
秀挺莲峰观空悟华藏
清延松径听法演潮音

赐宋臣韩世忠祠匾：
中兴伟业
赐明臣文征明祠匾：
德艺清标
赐原任江苏抚臣汤斌、臣张伯行、河督臣陈鹏年合祠匾：
清惠扬休。

乾隆二十二年再下江南驻跸苏州期间，乾隆皇帝除旧地重游外，又游了沧浪亭、穹窿山、拈花寺、天平山、狮子林、香雪海、上方山等处，为新旧景点写了90余首诗。比如：

游狮子林

早知狮子林，传自倪高士。
疑其藏幽谷，而宛居闹市。
肯构惜无人，久属他氏矣。（今为黄姓涉园）
手迹藏石渠，不忘赖有此。
讵可失目前，大吏称未饰。
未饰乃本然，益当寻屐齿。
假山似真山，仙凡异天咫。
松挂千年藤，池贮五湖水。
小亭真一笠，矮屋肩可倚。
缅五百年前，良朋此萃止。
浇花供佛钵，瀹若谈元髓。
未拟泉石寿，泉石况半毁。
西望寒泉山，赵氏遗旧址。
亭台乃一新，高下焕朱紫。
何幸何不幸，谁为剖其旨。
似觉凡夫云，惭愧云林子。

邓尉香雪海歌叠旧作韵

邓尉西北山名吾，昔游未到兹到初。
奇峰诡石更幽邃，商丘三字泐匪诬。
虎山桥春水碧涨，光福塔舍利光舒。
湖光表里互映带，都拱香雪为范模。
循名讨实何不可，无妨片刻鸣銮纡。
万峰小别化人寺，至理缓问山村途。
弥高旦下真创见，清芬冷韵非时趋。
襄陵□漫亦奚必，蔚云□漠则有余。
鲛人出珠珠不计，海童邀路路多娱。
香雪非江亦非湖，天高地下物散殊。
惟海为巨为委输，扬华繁采无复需。
笑我昔年略涉港，叹观止矣诚云疏。
由来于廓渺无际，即令乃见三山孤。

舆图府志各执异，袁墓光福宁非吴。

临湖榭

震泽三万六千顷，虚榭三间十笏宽。

榭置泽上粒黍浮，泽延榭中片镜悬。

游乎物外忘忧乐，东坡昔道皆可观。

偶来灵岩驻春跸，几余一凭临湖栏。

气清天朗阳侯静，具区渺渺无微澜。

洞庭西东列眉黛，芥纳须弥曾不难。

灵威丈人纵可接，我心何暇求神仙。

这次乾隆帝又给狮林寺和园妙观的玉皇阁、三清殿、斗姆阁、开元寺、瑞光寺、临湖榭、澄怀堂、对瀑、空谷、琳琅丛、清晖楼、芙蓉泉、上方山观音殿、石佛寺、海潮庵、灵岩行宫、穹窿山玉皇殿等30余处题写匾及楹联40余。例如：

上方山关帝殿匾联：

神佛贤豪

丹心自比午日炯

浩气常存寰宇周

赐三山会馆天后宫匾联：

德孚广济

忠信涉波涛周历玉州瑶岛

神明昭日月指挥水伯天吴

以后三、四、五、六下江南驻跸苏州时，每一次乾隆皇帝都要畅游名胜古迹，写下几十首诗，题写几十副匾联。在江宁、杭州、扬州、镇江、海宁等驻跸之地，这样的情景同样出现，每个城市的名胜古迹都留下了乾隆帝的足迹和"墨宝"及"御诗"。像江宁的明故宫、报恩寺、雨花台、明太祖陵、鸡鸣山、清凉山、玄武湖、燕子矶、灵谷寺、慧居寺、栖霞山、紫峰阁、凭虚阁、朝天宫等，每处都写下了"御诗"，并且不止一首，而是好几首，题时匾联也不少。例如：

慧居寺匾联：

光明法界

地控秣陵金殿香浮华鬘动

山盘勾曲石坛月朗戒珠园

清凉寺：

台顶飞云

波心似镜留明月

松韵如簧振午风

这几千首御诗和上千副匾和楹联，对描述江浙风景名胜古迹起了一定的作用。御诗当然全部辑入《御制诗》中，上千副匾和楹联大多数仍然挂列原地，成为今天旅游参观的文物和景点，为"江山如此多娇"的中国增添了几片砖瓦。

（八）南巡得失

六下江南，有得有失，有利有害。综上所述，通过六巡江浙，乾隆帝主持的清朝中央政府，相当清楚地了解了江南的官风民情，又大兴河工，广蠲赋税，礼遇致仕大臣，培养士子，阅兵察吏，赏景赋诗题字，宣扬了圣恩，对争取缙绅士民，安定江浙，保护百姓的身家财产，发展生产，丰富文化，创造和延续"大清全盛之势"，都起了积极的促进作用，尤其是花费数千万两白银大修河工、增建海塘，蠲免上千万两赋银，作用更为重大，效果十分显著。

但是，另一方面，开支确实十分巨大。每次南巡，历时4～5个月，随驾当差的官员将士一般是3000名左右，约需用马6000匹、船400～500只、骡车300～400辆，还有上千名拉纤夫、役河兵，地方上恭办迎驾皇差的官员兵士夫役人数也以千计，这样大量的人马车船，衣食住行的消费，用掉了上百万银两，六下江南的总开支，起码耗银千万两以上，而且还给民间带来了极大的骚扰。而这还是正常的开支，是官府出的银子。

尽管乾隆帝曾先后下达几十次谕旨，讲述一切费用动支帑银，禁止骚扰地方，亏累百姓，力求俭朴，不许奢侈，但是事实上却远非如此。随侍官兵士弁内监作威作福，地方官员拼命巴结，竞奢华，比阔绰，除官府支出的正额银两外，又浪费了巨大的财力、人力和物力。

究竟除"朝廷"支出的帑银以外，地方上花了多少钱，这笔钱又由谁提供，它与"朝廷"的收入支出又有什么样的关系？这些问题尚无论著予以解答，也找不到全面性的总结性数字史料，现仅以扬州的两淮盐商为例，对这几个问题做些论述。

"两淮盐商"指的是从事江苏省内两淮产盐区生产食盐、销售食盐的商人，主要集中在两淮盐政、两淮运使、衙署所在地扬州，乾隆年间有数百家，其中董事者为总商，有4～8人。

乾隆十六年(1751年)二月初九日，乾隆帝下谕，嘉奖两淮盐商急公捐输，恩升其衔说：

"朕稽古时巡，省方问俗，直隶屡经临幸，地方供顿办理，夙有章程，山左山右曾准商捐，于闾阎并无扰累。兹当巡幸江南，地方官初次承办大差，距皇祖南巡，已四十余年，旧章难于稽考，深虑其办理拮据，或至有累民力。今两淮商人踊跃急公，捐输报效，地方官一应公务，俱于此取给，可信其无丝毫扰累闾阎，而办理工程，贫民更得资其利赖，于生计转有裨益，甚属可嘉，着加恩各按其本身职衔，加顶戴一级，以示朕恤商为民至意。"[1]

过了七天，二月十六日，乾隆帝又下谕恩赏两淮商人盐斤说：

"朕省方所至，广沛恩膏，前因两淮商众踊跃急公，业已加恩优奖，更念其运纲输课，接济民食，恤商斯足以惠民，特行再布殊恩，着将两淮纲盐食盐，于定额外，每引赏加一十斤，不在原定成本之内，俾得永远沾受实惠。商人当仰体朕博爱敦本至意，风俗虽不必骤改，近一

---

[1] 《清高宗实录》卷382，第12页。

分反朴之心，即远一分极奢之念，植息毋取其三倍，减一分售盐之价，即利一分食盐之人，其有昂值纲利，致累闾阎，则深负加恩德意矣。该盐政其通示商众知之。"①

这两道谕旨表明了四个问题。

其一，皇上促使两淮盐商"急公"捐银。商人最重利息，谋利是为商的根本准则，几万两、几十万两甚至是上百万两的巨款，哪能主动地向皇上"报效捐输"，不是迫于两淮盐政（管辖两淮户盐区的最高长官）的督责和皇上的暗示（既必须报效而又有利可图），精明绝顶唯利是图的盐商是不会报效的。

其二，两淮盐商是皇上的"外库"。乾隆帝及其辅助大臣（如大学士、户部尚书）认准了盐商，尤其是两淮盐商是朝廷最大的"外库"，最大的额外收入的财源宝地。不只是巡幸要花很多钱，赈灾、河工、战争也要花很多很多的钱，全用帑银，既要减少国库存银，又实在令人心痛，于是朝廷便把目光盯上了当时获利最多、资金最巨、家产最为富豪的盐商，特别是两淮盐商，叫盐商申请报效，实际上乃是"以捐助题请者为急公，亦阴勒商总（即总商）公派"。最早肇始于雍正时长芦盐商为西北用兵"捐银十万两"。②两淮、两浙盐商随即紧紧跟上，以赈灾、军需、河工、圣诞等名义报效捐输银两。乾隆三年，因扬州府所属州县旱灾，两淮盐商报效捐输银12万余两，其中总商汪应庚一人捐助47310两。同年，"淮扬水利"，两淮总商黄仁德等捐银30万两。乾隆六年、七年、十一年，"淮扬水灾"，两淮总商黄仁德、汪应庚、程可正、程谦六等人三次捐输57万余两。乾隆十三年，因"大金川军需"，两淮总商程可正、程谦六等人又报效银80万两。乾隆十八年起，因"通泰淮被水""伊犁军需""金川军需""东省工赈""荆州决堤""台湾军需""后藏军需""湖南苗疆军需"，两淮总商程可正、黄仁德、江广达、洪箴远、程俭德等，先后于十八年、二十年、二十三年、三十八年、四十七年、五十三年、五十七年、六十年九次报效捐银1730万两。③既然军需、河工、赈灾都要"阴勒商总公派"银两来报效，那么皇上南

①《清高宗实录》卷383，第1、2页。

②《清高宗实录》卷123，《食货四》。

③薛宗正：《清代前期的盐商》，《清史论丛》第四辑，中华书局，1982年。

巡，两淮盐商当然也要敬表忠心报效银两了。

其三，每巡必捐，报效银两巨大。一下江南时，两淮盐商报效了多少银两，皇上和两淮盐政没有明说，但是可以分析得出来，数量是不小的。根据之一是，谕中讲道，"今两淮商人踊跃急公，捐输报效，地方官一应公务，俱于此取给"，既然"地方官一应公务"都在两淮盐商报效银内取用，可见其数之大。根据之二是乾隆四十五年五下江南时，两淮盐政伊龄阿代盐商奏请"捐银一百万两，以效悃忱"，供南巡办差之用。①此数也可作为参考。

其四，皇恩浩荡，回报优厚。两淮盐商捐输的银子，不是白白地丢掉了，而是恩赏优厚，获利很大。盐商们，尤其是几大总商，一个个都因为"急公""报效"，而被皇上钦赐职衔。像总商黄源德被赐奉宸苑卿衔，官阶正三品；江广达被赐予布政使衔，官阶从二品，与巡抚同一品级；程谦德被赐予按察使衔，官阶正三品。更为重要的是实惠，皇上给予了两淮盐商很多实惠，使他们发了大财。就在一下江南时，乾隆帝就下谕："着将两淮纲盐食盐，于定额外，每引赏加一十斤，不在原定成本之内，俾得永远沾受实惠"。②这一条，就可使两淮盐商赚得巨量银两。根据这道谕旨，两淮盐商可以赚三笔巨款。一是免交盐税。两淮运司（即两淮产盐区域）每年额定行盐160万余引，每引重400斤，现在每引加10斤。免税，则160万引应加1600万斤，相当于4万多引。乾隆年间，两淮运司额定盐税（包括正课杂课）是335万余两，这只是官方规定的正式征收的数字，实际还要多三分之一，每年大致是"输纳之款在五百万上下"。以引数相除，每引盐税为3两，照此计算，帝谕所说每引赏加盐10斤，免税，则这4万余引的盐税12万～13万两就免了，每年盐商少出12万～13万两税银。帝谕还说，赏加10斤盐，是"俾（盐商）得永远需受实惠"，即不是仅这一年免，而要继续年年免，那么，10年下来就是120万～130万两，20年是240万～250万两，30年是360万～370万两，数量的确很大，这笔巨款为两淮盐商得了。二是卖盐获利甚多。乾隆年间是人口增殖最快的阶段。雍正十二年(1734年)，全国官府在籍人口为27355432人，到乾隆五十九年(1794年)就增加到313281795人，增加了几倍。这3亿人口每年要吃多少盐，可是清政府规定两淮运司每年行盐仍然

①《清高宗实录》卷1101，第1页。
②《清高宗实录》卷383，第1页。

是160余万引，加上两浙、福建、广东等其他8个产盐区，每年全国行盐也只有700万余引，仅比雍正年间额数增加了20%～30%，当然食盐成了当时全国最畅销的商品，供不应求，价格急涨，盐商获利也就相应猛增。当时两淮盐商将盐贩运到湖北卖，平均每引盐要净赚6～8两，这4万余引盐就可赚20万～30万两。三是夹带大量私盐。上面所说的只是合法的4万余引官盐，还只是按绝对遵守法令不夹带私盐计算的，实际上，盐商凭借官引夹带私盐成风，大致是每官盐一引要夹带私盐一引，那么，这4万余引"恩赏"的加斤官盐又可夹带4万余引私盐，连偷税和贩盐获利，这4万余引夹带私盐可获利30万～50万两。以上几方面加起来，两淮盐商从谕旨所说每引赏加10斤盐中，共可赚银60万～70万两，一年如是，十年就是600万～700万两。这可真是一笔巨款。照此类推，两淮盐商每年向官府交纳额定160余万引盐的400～500万两银子的盐税后，从这160余万官引的合法官盐及借此夹带相同数量的私盐上，可以赚得上千万两银子。这就是"朝廷"要盐商报效，而盐商又心甘情愿恭献巨银，求办南巡皇差的根本原因。

两淮盐商承办南巡皇差，究竟用了多少银子，公开捐输了多少银子，总数难以确知，但肯定是大得不得了。除了从"一应公务"皆从盐商报效银中支取和乾隆四十五年《实录》载明捐银一百万两可以有所了解外，还有一个更大的数字能够证明。乾隆三十三年查明，南巡之时，"两淮坐落陈设等事，向系商人承办"，一、二、三、四下江南期间，两淮盐商"历年办贡及预备差务，共用过银四百六十七万余两"。[1]467万余两，相当于一年田赋丁税2900万余两的16%，数字真是大得惊人了。

两淮盐商还为了迎接皇上巡幸扬州，让皇上赏心悦目，集资新修、改修、重修和扩建了大量楼台亭阁。据档案《扬州行宫名胜全图》记载，两淮盐商修了高桥、香阜寺、天宁寺、迎恩桥、虹桥、莲花桥、万松亭、平山堂、宝塔寺、高曼寺、锦春园等宫殿楼廊5154间和亭台196座，并购置其中陈设景物，使扬州市容、风气大变，更加奢华。

两淮盐商还花费巨款，聘用巧匠能手，精心构思，仿照五次南巡时御舟安福舻样式，造了一艘专供御用的龙船宝莲航，请盐政伊龄阿奏请皇上笑纳，乾隆帝虽然下谕斥责盐政不该"虚靡商力"，仍令其"将此舟停泊扬州，候朕经过时阅看"。[2]

①《清高宗实录》卷813，第20页。

②《清高宗实录》卷1196，第15页。

当然，不只是盐商要为南巡皇差报效捐输银两，地方官员也要表达忠心和敬意。这在下面谕旨中反映得十分清楚。乾隆四十五年二月十六日谕：

"朕清跸时巡，省方观俗，供顿尽由公帑。昨伊龄阿奏，两淮商人请捐银一百万两，以效悃忱。在办差经费，原无须此等捐输，第众商情词脆恳，且昨已蠲免伊等应完银一百二十万两，又缓征银二十七万两，其踊跃乐输之悃，自必倍殷，却之转阻其诚意，此项银两即留为此次各省办公之用。着交伊龄阿，于此项银两内，给还直隶公捐养廉银五万两、山东公捐养廉银十三万八千五百余两、江南公捐养廉银十二万三千七百余两。又前赏江南办差银三十万两，亦着于此项内归还原款。又直隶正定隆兴寺庙工告竣，明春朕当亲莅观光，又山西五台自乾隆二十六年巡幸后，迄今已阅二十年，亦应于明春前往拈香。其直隶、山西境内，跸路所经，有应行修葺旧有行宫四处，此外总用行营。断不许再行添建，并着于此项捐银，赏给直隶银三万两、山西银五万两，以资修葺之费，毋庸再行捐廉办理。其余三十万余两，仍即交存山西运库，以备将来办公之用。"[1]

此谕表明，地方官员要捐养廉银来承办南巡皇差。养廉银乃养官廉洁之银，哪能用来捐助南巡皇差！此举也是太无出师之名了。直隶的一年"养廉办公银"是25万余两，这次要捐输5万两；江苏养廉银是23万余两，这次要捐12万余两；山东养廉银26万余两，这次要捐13万余两，数目是不小的了。

《清稗类钞·巡幸类》的《高宗南巡供应之盛》，记述了第五次南巡时的铺张浪费情形：

"高宗第五次南巡时，御舟将至镇江，相距十余里，遥望岸上著大桃一枚，硕大无朋，颜色红翠可爱。御舟将近，忽烟火大发，火焰四射，蛇掣霞腾，几炫人目。俄顷之间，桃訇然开裂，则桃内剧场中峙，上有数百人，方演寿山福海新戏。彼时各处绅商，争炫奇巧，而两淮盐

---

[1]《清高宗实录》卷1101，第1、2页。

商为尤甚，凡有一技一艺之长者，莫不重值延致。又揣知上喜谈禅理，缁流迎谒，多荷垂询，然寺院中实无如许名僧，故文人稍通内典者，辄令髡剃，充作僧人迎驾。并与约，倘蒙恩旨，即永为僧人，当酬以万余金，否则任听还俗，亦可得数千金。故其时士子稍读书者，即可不忧贫矣。又南巡时须演新剧，而时已匆促，乃延名流数十辈，使撰《雷峰塔传奇》，然又恐伶人之不习也，乃即用旧曲腔拍，以取唱渔之便利，若歌者偶忘曲文，亦可因依旧典，含混歌之，不至与笛板相连。当御舟开行时，二舟前导，戏台即架于二舟之上，向御舟演唱，高宗辄顾而乐之。"

乾隆四十九年三月二十四日，乾隆帝于第六次南巡驻跸杭州时，写了《御制南巡记》，总结性地叙述了六下江南的原因、目的、成效及功成的缘故。他首先指出："临御五十年，凡举两大事，一曰西师，一曰南巡。"然后在讲了两件大事成功的原因以后，写道：

"然而为君者一二日万几，胥待躬亲临勘而后剔其弊，日不暇给焉，则仍应于敬天明理根本处求之，思过半矣。予之举两大事而皆幸以有成者，其在斯乎！其在斯乎！若夫察吏安民，行庆施惠，群臣所颂以为亟美者，皆人君本分之应为，所谓有孚惠心，勿问元吉，予尝以此自勖也。至于克己无欲，以身率先，千乘万骑，虽非扈跸所能减，而体大役重，俾皆循法而不扰民，亦亟其难矣。斯必有以振其纲而挈其要，然后可以行无事而胥得宜，实总不出敬明两字而已。故兹六度之巡，携诸皇子以来，俾视予躬之如何无欲也。视扈跸诸臣以至仆役之如何守法也，视地方大小吏之如何奉公也，视各省民人之如何瞻觐亲切也，一有不如此，未可言南巡。而西师之事，更不必言矣。敬告后人，以明予志。"①

这一段话明确地规定，要南巡，必须具备这四个条件，即帝君之无欲，护驾人员之"守法"，地方官员之"奉公"，民人之"瞻觐亲

---

① 《清高宗实录》卷1201，第18、19页。

切", 否则, "未可言南巡"。这四个条件, 太高了, 不可能达到, 不可能具备。这也就是说, 今后皇子皇孙中继位为君者, 不要南巡江浙了。

过了十几年, 乾隆帝归政为太上皇时, 回顾过去, 对六下江南劳民伤财方面, 有了更深刻的认识。他对军机章京吴熊光说: "朕临御六十年, 并无失德, 唯六次南巡, 劳民伤财, 作无益, 害有益, 将来皇帝如南巡, 而汝不阻止, 必无以对朕。"①

----

① 梁章钜:《浪迹丛谈》卷3,《吴槐江督部》;《清史稿》卷357,《吴熊光传》。

第五编 "十全武功"

一、一征金川

（一）任帅不当 两次受挫

乾隆帝把他领导进行的十次大的战争钦定为"十全武功"，他自己也取了"十全老人"名号。这十次大的战争是两征金川、两征准噶尔、平定回部、征缅甸、攻安南、平定台湾、两征廓尔喀。

乾隆十二年（1747年）三月十一日，乾隆帝下了一道十分重要、影响巨大并使他深为后悔的谕旨：

> "大学士庆复在外多年，纶扉重地，应召取回京，办理阁务。昨岁四川瞻对之役，甫经告竣，今又有大金川番蛮肆横不法，已命庆复相机征剿。今思彼地番众恃强生事，屡屡不能安缉，必须经理得宜，始可永远宁帖。贵州总督张广泗，于此等苗蛮情形，素所熟悉。……川陕总督员缺，着张广泗补授，不必来京，即由贵州取道，速赴川省。大学士庆复，俟伊到川之后，将彼地事机情形，详悉告知，或可回京，或仍应留川，一同办理，自行酌定。"①

这一上谕，正式决定和宣布了清军要进攻金川，著名的所谓"十全武功"之第一"武功"首征金川，就这样要开始了。

金川，地处小金沙江的上游，其一促侵水出松潘外西藏地方，经党坝，流入金川境，水深河阔，为大金川；另一攒纳水，源流较近，为小

① 《清高宗实录》卷286，第15、16页。

金川，皆以临河之山有金矿而命名。大金川、小金川均自东北向西南流，至明正土司地合流为若水，再往前至会理州为金沙江，亦名泸水。二河沿岸地区分别名为大金川、小金川。居民是藏族，明朝时隶杂谷安抚司。此处万山丛蘦，中绕汹溪，来往交通使用皮船和索桥，天气寒冷，多雨雪，唯产青稞、荞麦，产量不高。大小金川土司皆系明金川寺演化禅师哈伊拉木的后裔。顺治七年（1650年）小金川土司卜儿吉细归附，授原职。康熙五年（1666年）大金川土司嘉勒巴归附于清，清政府授以演化禅师印，"俾领其众"。后来清军征服大小金川，初于大金川设阿尔古厅，小金川设美诺厅，不久改为懋功厅，置同知，成为四川省十四厅之一，民国年间改为懋功县。大金川今系四川省阿坝藏族羌族自治州的金川县，在成都西北四百余里。小金川系此州的小金县，在成都西边偏北三百余里。

乾隆帝在谕中讲到征讨金川的原因是"番蛮肆横不法"，"恃强生事"，究竟此事真情如何？原来，大小金川土司也像附近杂谷、绰斯甲、革布什咱、明正、瓦寺、沃日、党坝等土司一样，是清政府的属部。各土司的首领，受清政府封授宣抚使、安抚使、宣慰使、长官司、土守备、士千户、土百户等职衔，定期向朝廷交纳贡赋，听从调遣，带领部下人员从征应役，不得劫掠为盗，不得侵占其他土司地土，土司之间发生争执，须听清政府裁处，不许互相攻杀，违则要受官府惩治，革职问罪，兴兵征剿。尽管清政府对各土司加以约束，不许他们惹是生非扰乱地方，但一些人多势大、兵精将悍的土司，经常袭掠邻近土司，侵占其地，纠纷时起。大小金川土司在这方面显得特别突出。

大金川早先并未被清朝正式封为土司，其首领均附于小金川，成为小金川土司的土舍。康熙六十一年（1722年），嘉勒巴之庶孙色勒奔以金川土舍身份，带领部下随四川提督岳钟琪征讨"羊峒番"，立下战功。雍正元年（1723年）十二月二十七日，云贵总督高其倬因小金川强横，上奏说：四川土司多，"人广地众之处，理宜分立支派，互相钤束"。今小金川"实为强横"，而金川土舍色勒奔"曾出兵羊峒，著有勤劳"，"应请给以安抚司职衔，以分小金川土司之势"。雍正帝同意此议，授色勒奔为安抚司，从此大小金川才正式成为平行对等的两个土司，均受清政府辖束。雍正初，杂谷、大金川、沃日诸土司发生地界争端，抚远大将军、川陕总督、一等公年羹尧令大金川割美同等寨给予沃日，色勒奔弟兄不服，与沃日等土司仇杀不已，后年羹尧被罢官，署川陕总督岳钟琪奏准，将美同等寨归还大金川。①

各土司仍然互相厮杀。乾隆四年（1739年）七月，署四川巡抚、布政使方显上疏密奏：因"金川从来不受约束"，杂谷土司苍旺、梭磨土司勒儿恪等，"意欲纠众"攻击大小金川二土司。护理木坪土司王氏禀称，"各土司愿自备土兵粮粮，征服报效"，现已飞饬各官，前往化诲解散。②但未能收效，七月十四、十七、十九日，杂谷、梭磨、沃日等土司发兵攻小金川，大金川土司色勒奔亦于十四、十七、十八日，三次发兵，与革布什咱土司丹津罗尔布格斗。川陕总督鄂弥达一面上疏奏请委总兵一员，带汉兵二千名，征土兵二千名，"前往勒兵化诲"，一面飞饬道员王奕鸿、副将马化正前往解散。各土司遵官府化诲，于八月下旬撤兵回到自己的碉寨，"各安住牧"，听候裁处。③九月二十四日，瓦寺土司容忠，因恼怒三齐寨头人汪太，擅发土兵一千三百余名，欲渡河攻击该寨，署抚立派文武官员前往制止。土司之间的争斗愈益激烈。

对于四川这些土司，乾隆帝最初还是实行传统的管辖方式，没有采取改土归流的办法。乾隆四年十一月，署四川巡抚方显奏：杂谷、梭磨等土司，因与小金川互相争夺必色满地方而成仇恨，约集沃日等土司，联合发兵攻打小金川，本应"参处示警"，有的官员建议"乘机将金川参革，改土归流"。此议不当。因为，杂谷、梭磨有户口十余万，金川紧接杂谷，"户口不过数万"，长期以来，"杂谷素惮金川之强，金川则畏杂谷之众，彼此钳制，边境颇宁，固不可任其争竞，亦不必强其和协也"。况且，沿边多"生番"，留下这些土司，"可资捍卫"，防御"生番"的袭掠，遇有战事，调取土兵，他们"莫不如数遣发，著有微劳"，彼此争斗，并"未敢干扰内地"，官府遣人调停裁处，他们恭敬遵命，故对杂谷等土司，不予参究。对金川土司，亦不参革和改土归流。因为实行改流，"非惟弹丸土司无裨尺寸，且所给印信号纸，一经追取，即成无管生番"，容易滋生事端，违背约束，那时又要颇费周折了。乾隆皇帝十分赞同方显的意见，批示说："此见甚是。"④这一政策

①宫中档：雍正元年十二月二十七日云贵总督高其倬题；《清史稿》卷295，《年羹尧传》，卷296，《岳钟琪传》。

②《清高宗实录》卷97，第27页。

③《清高宗实录》卷101，第25页；卷103，第28页。

④《清高宗实录》卷105，第19—21页。

持续到乾隆十一年（1746年），因大金川土司作乱，才有所改变。

乾隆八年（1743年）十一月初十日，清政府以已故大金川安抚司色勒奔之弟色勒奔细袭其兄之职。

这位色勒奔细，就是后来多次见诸《清高宗实录》、震惊朝廷的著名的大金川首领莎罗奔。过去，《圣武记》《清史稿》以及近人论著，皆把色勒奔细与其兄长色勒奔混为一谈，当作是一个人，因而把色勒奔之从征立功授职等事，加在色勒奔细（即莎罗奔）身上，这是十分错误的。莎罗奔骁勇多智，与兄长积极训练士卒，扩展辖地。早在乾隆二年，色勒奔就夺占了西边革布什咱土司的部分土地，革布什咱土司上告，官府断令大金川退还，色勒奔一直未交。乾隆九年，莎罗奔的女婿巴底安抚司纳旺所辖地区多灾疫，莎罗奔遣发人夫，运送物品，将为纳旺"赏赉百姓"，纳旺之叔巴底土舍汪扎担心大金川"乘机占夺"，遂调兵堵截防御，并向舅舅革布什咱土司求救，革布什咱土司带兵来援汪扎，与大金川之人"互相争杀"。川陕总督庆复、四川巡抚纪山、提督郑文焕相继遣官前往查询争执原因，令其各归本地，并上奏朝廷。乾隆帝谕令诸臣"妥协为之，不可存省事之心"，一定要"妥协办理，据实奏闻"。[①]

莎罗奔又想控制小金川，以女阿扣嫁与其土司泽旺。泽旺为人懦弱，"为妻所制"。乾隆十年莎罗奔派人将泽旺劫归，夺其印，经总督庆复檄令退回，始送泽旺返小金川。

对于莎罗奔扩展辖地兴兵厮杀，川陕总督庆复于十一年十一月疏言其过，并提出对付之策。庆复说，莎罗奔"性更凶悍"、"实为强横"，但其处"地势极险，运粮无路"，且自在土司之内相争，未干犯内地，因此，让地方文武官员设法"令其彼此钤制，以保无事"，倘若莎罗奔不听官府裁断，"亦唯有以番御番之法，用众力以收功"。乾隆帝主张慎重，不赞成用兵，批示说，"瞻对甫完功，佳兵不祥"。[②]

过了三个月，乾隆帝仍然不愿大动干戈，于十二年二月十三日谕军机大臣：（川抚）纪山奏称大金川土司莎罗奔侵占革布什咱土司地方，互相仇杀，又诱夺其侄小金川土司泽旺的印信，扬言欲攻革布什咱。"苗蛮易动难驯"，如果只是小小攻杀，事出偶然，即当任其自行消释，不必兴师问罪。"但使无犯疆圉"，不致侵扰，"于进藏道路、塘

①《清高宗实录》卷219，第10、21页；卷223，第31页。

②《清高宗实录》卷279，第20、21页。

汛无梗"，仅在内部相斗，"竟可置之不问"。设若仇杀日深，事态扩大，亦当以宣谕训诲令其息恨宁人为主，不宜轻举妄动，"千钧之弩，不为鼷鼠发机"。①

但是，不到一个月，乾隆帝就改变了态度，于十二年三月十一日、十二日、十九日三次下谕，宣布用兵金川说："（四川各土司）恃强凌弱，攘夺仇杀，叛服不常"，"历年常生事端"，"数年以来，屡多不靖"，郭罗克、瞻对、曲曲乌等处多次生事。大金川土司莎罗奔钤制小金川、巴底，攻革布什咱的正地寨和明正司的鲁密章谷，"番民望风畏避"，坐汛把总李进廷抵敌不住，退保吕利。莎罗奔又攻围霍尔章谷，击杀千总向朝选，并侵压毛牛，枪伤游击罗于朝。"毛牛逼近西炉（即打箭炉，今四川省康定县），逆酋敢于侵扰，伤及官兵"，"扰我汛地"，"侵蚀诸番，张大其势"，"猖獗已甚"。这都是因为瞻对之事办理不妥，"无所惩创，不足以震慑蛮心"，必须派军，"迅速剿灭"大金川，筹划"永远宁谧之图"。②

这些上谕表明，乾隆帝是想以惩治大金川，来"震慑诸蛮"，彻底控制住四川各土司，"永靖边陲"。过了两个月，他的这一意图更为明确了。五月十六日，他谕示军机大臣：川省土司的叛服无常，是由于地方官员办理不善。如果仅以"得其人不足臣"，"得其地不足守"，而将其置之度外，是不合适的。"若但来则应之，去则弗追，试思十至而十应，何如以十应之劳用之于一举，毁穴焚巢，芟芟荡涤之为愈也"。前人如马援、诸葛亮、王守仁，皆能收一劳永逸之利，"近日滇黔古州等境，悉成乐土，具有明效。川省诸番亦当加意经画"。可传谕庆复、张广泗熟筹长策，"令蛮众弭耳帖服，永为不侵不叛之臣，使丛篁密箐，息警消烽，共安至治"。③

谕中所谓滇黔古州等境，"悉成乐土"，系指雍正至乾隆初年清政府以剿为主，以剿威慑，剿抚兼施，将这些地区改土归流，设官管理，使其地人民直隶朝廷统辖。可见，乾隆帝的用兵金川，不只是为了制止其袭掠其他土司，而且想一劳永逸，在这里实行改土归流，使四川各土司完全听命于中央，直隶清帝。

①《清高宗实录》卷284，第19、20页。

②《清高宗实录》卷286，第15—19页；卷287，第4、5、24页。

③《清高宗实录》卷291，第2、3页。

（二）失误军机　总督张广泗损兵折将

乾隆帝欲使四川藏、羌、彝等少数民族人员皆为清帝之赤子，各民族居住之处及其邻近的汉民地区永远安靖，彻底结束各土司互相厮杀劫掠盛行的混乱局面，这一想法是不错的。如果能够实现这些目标，对增强祖国的统一和进步，对促进各少数民族和整个中华民族的发展，都会起重大的作用，因此，他的这一雄心壮志，无可非议，应予肯定。但是，只有美好的愿望是不行的，还需有主观的努力和必须具备的客观条件，才能将希望变成为现实，否则不仅不能达到既定的目的，而且还会惹出大祸，致局面无法收拾。乾隆帝的一征金川，就是一个显著的例证。此时，他正在励精图治，政局安定，生产发展，经济繁荣，还下达了大得人心的普免全国一年钱粮的谕旨。他本来想乘胜前进，为解决康熙以来川省多乱的难题做出一番贡献，建树丰功伟绩，不料，由于在采取的方式、选择的时间、进攻的对象和任用将帅等方面，犯了严重的错误，结果是事与愿违，劳民伤财，败师殒将。

废除土司制度，改土归流，对少数民族来说，本来是一件好事，但是，一则归流后不少满汉官员会乘机鱼肉少数民族人员，再则，由于长期的传统影响，很多少数民族人员，尤其是土司对此会有所怀疑，犹豫不定，如果在其未能认识此举的必要性、进步性之前，即客观条件尚未具备之前，就采取强硬措施，进行军事镇压，很容易引起全民族的反抗，矛盾将愈益激化，从而使好事变成坏事。在用兵的对象上，乾隆帝犯了极大的错误，不该征讨金川。四川西北地区有很多少数民族，他们一般都能吃苦耐劳，勇于劫杀，登高山如履平地，洒热血面不改色，枪林弹雨之中来往奔驰，特别是金川的藏族，更是勇猛异常。稍晚一些时间，一位知府叙述其亲眼看见金川土兵的勇敢情形时讲道：其兵皆著虎皮帽、牛皮靴，胸前挂小藏佛，背负火枪、腰刀、械、火药、糇粮，约二三十斤，"登山越岭如平地"，火枪能命中致远。行军必争前锋，"耻落后"，每日安营完毕，即演习火枪，角胜负，昼以小石为的，夜则燃香为的。闻有敌兵，则"奋臂前驱，十数人辄辟易千人"。善于夜摸敌巢，"最善仰攻，专于有石处取路"，每队三人，若十数队（即数十人）登山，后以大队人马疾登，"贼众无不望风而靡"。[1]乾隆帝要以疲

---

[1]《圣武记》卷11，《兵制兵饷》。

弱川军攻击这个勇悍善战的土司，确实是选错了对象。兼之，任用将帅，又不得人，更加贻误了军机。

乾隆十二年（1747年）三月十一日，乾隆帝调贵州总督张广泗为川陕总督，主持金川用兵之事。九月以前，大学士、前川陕总督庆复仍在四川，与张共商军务。四月初五日，军机大臣议准，兵分川西、川南两路，派松潘镇总兵宋宗璋、建昌镇总兵许应虎分率两路官兵进剿。

莎罗奔进攻沃日土司属下各寨，沃日土司向官府求救，庆复调松茂协副将马良柱领兵1500名往援，四月十二日解热笼寨之围，二十三日抵沃日官寨，先前驻沃日防护土司都司马光祖带属下兵士200名出迎。小金川土司泽旺向马良柱投降。

五月初一日，新任川陕总督的张广泗到达成都。此人是以征苗治苗而平步青云的。雍正四年（1726年），张还是偏僻山区的黎平知府，因被云贵总督鄂尔泰看中，以其佐讨"乱苗"，于五年擢贵州按察司，并因平苗乱有功，于六年超授巡抚，十年任副将军，护理宁远大将军印，十三年还授湖广总督，镇压了贵州古州苗变，任云贵总督兼领巡抚，进世职为三等阿达哈哈番。乾隆帝对张十分赞赏，誉为"在督抚中娴习军旅者"无出其右，故特委以征讨金川之重任。

张广泗受命后，也想大显身手，再建奇勋，晋爵升职。他于五月初会同庆复上奏，请增派兵士，五月二十一日军机大臣议准，原有汉土官兵1900名，续派陕西绿旗兵3000，现又增调四川兵2000。五月三十日乾隆帝又收到了张广泗的奏折，张奏称：到川以后，"备知大金川贼酋莎罗奔凶横不法，官兵屡次失利"。现调汉土官兵虽有2万余名，"但土兵各怀二心"，非徘徊观望，即逃匿潜藏，不足为恃，请调黔兵二千。帝从其议，并批示说："甚通之论，足见干济，今照汝等所请。但既已添兵，应克奏肤功，仍当以班滚为戒。"①

乾隆帝从十一年十二月十一日下谕决定用兵金川之后，多次谕告军机大臣、庆复、张广泗、纪山，责令他们"兵贵神速"，迅速剿灭大金川，擒获莎罗奔，以瞻对班滚之事为戒。十二年六月十四日，他很焦急地谕示军机大臣：

"从来兵贵神速，名将折冲，未有不以师老重费为戒者。大金川之

①《清高宗实录》卷291，第30页。

事，调兵逾半载，拨饷过百万矣。前据庆复、张广泗奏报，迄今已几两月，所调陕兵何时到齐，庆复、张广泗于何时前进……何时可捣贼巢，俱宜不时奏报，何以尚未具奏，深用廑念。其鉴瞻对前车，迅奏肤功，所有近日军情，作速详悉奏闻。"①

过了三天，六月十七日，他看到庆复、张广泗呈述兵情的奏折，言及小金川土司泽旺率众投诚，并退还抢占的沃日三寨，大金川已"外援隔绝"，官兵即将分路进攻，便具体提出对金川的处理意见。他谕告军机大臣：金川虽不能马上按照"苗疆之例，改土设流"，亦应分置卫弁，统辖汛兵，或分派大员弹压，经理田赋狱讼，"驯扰羁縻"，"期于绥靖地方，约束蛮众"，不致如"土司之专有其人，易于蠢动，可以永除后患"。②

这两次上谕及前述同意张广泗增兵二千的批示，充分反映出乾隆帝对敌情缺乏正确的认识。知己知彼，方能百战不殆，而他对大金川的地形、人口、兵数，尤其是莎罗奔之才干和全土司藏民的勇悍，太不了解了，因此错误认为调集汉土兵2万余名，拨饷百万两，就可取胜，不但能夷平金川，还可擒获首领。这一脱离实际的幻想，自然会很快破灭。乾隆十二年七月二十六日，庆复、张广泗合奏之疏抵京。二人奏称莎罗奔居勒乌围，其兄就日吉父子居刮耳崖(又写作噶尔崖、刮耳月、噶拉依)，现分兵两路攻剿，河西各寨则派游击罗于朝同土司汪结带兵进攻，俱定于六月二十八日各路齐进。张广泗驻小金川之美诺寨，庆复拟驻旧保。张广泗、庆复又与四川巡抚纪山合奏善后事宜，认为"金川正在众番蛮土司之中，深邃幽险，尺寸皆山"，难以安设营寨，若驻兵防守，运饷艰难，建议于平定之后，择恭顺效力有功的土司之子弟头人，"量为划界分授，少其地而众建之"，使其力弱不能为乱。乾隆帝看后，不甚满意，谕示军机大臣，批评庆复、张广泗等人"未能领略从前谕旨，为出奇制胜之策"，其"以蛮治蛮"之善后方法，亦不妥当。军机大臣等奏称，平定之后，或设卫分辖，或派大员驻扎其地，令该督将"长靖番蛮至计"上奏。③

①《清高宗实录》卷292，第24、25页。
②《清高宗实录》卷293，第2、3、4页。
③《清高宗实录》卷295，第17-20页。

　　八月二十三日，庆复、张广泗的奏折到京，言称西路威茂协副将马良柱"连战克捷，各寨望风乞降"，现离刮耳崖仅20余里。乾隆帝对这一所谓"捷音"，很为不满，批示说："朕日夜望捷音之来，迟至如今，亦不过小小之破碉克寨，何足慰朕耶"！必须善为筹划，使"如古州之至今苗民相安耕作，控御有方"。①

　　乾隆帝迫切希望迅速获胜，张广泗也想早日克敌建树功勋，一再向皇上保证务必在九十两月内"进取贼巢"。他俩还因误认为即将取胜，而忙于筹划金川善后事宜。乾隆帝初步知道金川地势险峻之后，改变了原先设立流官驻兵弹压的想法，于九月三十日谕示军机大臣，欲将金川归入西藏，令郡王颇罗鼐之子珠尔默特那木扎勒"就近管束"，"受达赖喇嘛化导"，其平时一应钤辖稽查，命王子派头目前往经理，以专责成，其上有驻藏大臣"总辖董率，足资弹压"。②这一想法颇为谬误。不仅因为金川远离西藏数千里，即使西藏王子和达赖喇嘛忠于清帝，愿意效劳，认真管辖金川，也鞭长莫及，而且更危险的是，西藏政教首领是否会长期臣属于清帝？如果他们要和中央政府闹独立、闹对抗，那么，他们可以将金川作为一个基地，作为一块跳板，由此进攻几百里外的成都，进而侵占整个四川。这并不是危言耸听和无根据的瞎说，历史是一面镜子，是最有说服力的。三年以后，乾隆十五年十一月，就是乾隆帝欲依以为靠的王子珠尔默特那木扎勒及其党羽，在西藏发动叛乱，杀害了驻藏大臣都统傅清、左都御史拉布敦。假如乾隆帝真的将金川委任这位王子管辖，其后果之严重，可想而知。

　　张广泗则持另一意见，欲按照贵州苗疆之制办理，奏请于金川地区设兵弹压，安设重镇，分布营汛，"以控制蛮方"，拟增兵7000余人。军机大臣等认为，此议不妥，增兵多，转运粮饷器械困难，奏请遵照帝旨，将金川归入西藏管辖，"以番治番"。帝从其议。③

　　正当乾隆帝盼望速胜筹划善后事宜之时，前线送来了官兵失利的奏折。原来，张广泗遣派诸将于十二年六月二十八日同时出击，开始还比较顺利，七月末，西、南两路军队皆已抵达大金川的腹地，距刮耳崖与勒乌围不远。然而，到了八月，因大金川"尺寸皆山，险要处皆设碉

①《清高宗实录》卷297，第10页。

②《清高宗实录》卷299，第22—24页。

③《清高宗实录》卷300，第7、8页。

楼,防范周密,枪炮俱不能破""贼守弥固",故虽占领了大金川的大半地区,仍不能直抵勒乌围。^①莎罗奔与其兄就日吉父子"屡遣番目乞降",张广泗谕告来使之人:"莎罗奔罪无可赦,如必欲免死,自行面缚而来",另候酌夺。莎罗奔又邀请随同清军征战的里塘土司汪结至勒乌围,"恳请招安",并派人同汪结到小金川张广泗军营。张又对来人说:"该逆酋罪大恶极,更非瞻对可比,此番用兵,务期剿除凶逆,不灭不已。"^②

清军将帅的骄横,激起大金川藏族人民极大的愤怒,遭到其拼死反抗,不仅使川陕总督张广泗九十月平定金川的保证落了空,而且还在其再次向帝保证于明春"灭蛮"之时,却被莎罗奔一个猛然袭击,大败官兵。清军将近3万,而大金川的"精壮土番"不过7000~8000名,经过一段时间的征战,据张广泗估计,只剩下4000余名。尽管敌众已寡,但莎罗奔及属下人员毫不畏惧,于十二年十二月发起反击,向驻守马邦山梁的清署泰宁协副将张兴进攻,施发石炮,"以机发石伤人",清兵抵挡不住,从右山梁退至山麓,金川藏民于山梁河口筑砌石卡,截断了清军粮运水道。张广泗派署参将王世泰前往救援,张兴、陈礼关闭营门,不与王世泰联系,反与金川头人讲和,"并出重资分散各番,许送官兵过河。"待张兴等出营后,金川人将其军引至右山梁沟底,全部杀死,并乘势攻打清军各处营寨。十三年正月初,金川人又击败驻守曾达的参将郎建业等所领汉土官名1000余名,斩杀标标督游击孟臣,迫使郎建业等弃营后退,撤至丹噶。总兵马良柱因大雪多日粮尽援绝,害怕敌军围攻,率兵5000余人撤至纳贝山下。清军连连溃败,军备、枪炮多被金川藏民获得。大金川藏民"皆欢跃大言,谓官兵计日可退"。^③

张广泗又怒又惧,急忙上疏,奏准调陕西固原提督标兵2000、西宁镇兵1000、河州镇兵1000、甘肃提督标兵500、肃州镇兵500名及凉州、延绥、宁夏镇兵2000名,以及云南兵2000、贵州兵1000,合共1万名兵士,于明春三月齐抵军营,准备大举进攻。又奏准从北京运九节炮10门,并仿铸10门,运送大批枪炮子弹,仅四川巡抚纪山在川省就铸造了大小炮子76600余颗。

① 《清高宗实录》卷298,第19页;卷300,第8页。
② 《清高宗实录》卷301,第17页;卷305,第10页。
③ 《清高宗实录》卷305,第38、39页;卷309,第47—50页。

　　张广泗想了许多办法来进攻金川的战碉，如穿凿墙孔以施放火球，堆积柴薪于碉之墙外围烧，皆因金川藏民防御严密，官兵畏怯不能近前而失败。他又采取地雷战术，选调各厂矿夫，掘地穿穴至碉底，多置火药轰放地雷，以图炸塌碉墙。第一次在曾达试行，挖成后，于穴中听到碉内人声，以为已到碉底，遂放地雷，不料炸响之后，才发现离碉还有二三丈远，未能收效。第二次又在木耳金岗一大碉挖地道，引药爆炸后，只震掉耳碉碉顶，正中大碉虽然摇动，并未震塌。金川人员立即设防，各于碉外挖掘深堑，地雷法也不能再用。

　　张广泗无计可施，官兵士气异常低下。乾隆帝看到战局不利，于十三年正月初派兵部尚书班第为钦差大臣，前往四川军营了解详情。二月三十日，班第的密折呈于皇上面前。密折的一个内容是关于军情的叙述："大金川地纵不过二三百里，横不过数十里，蛮口不满万人。现在军营已集汉土官兵及新调陕甘云贵四省兵丁，已至五万，乃闻将弁怯懦，兵心涣散，土番（即其他土司）因此观望。张广泗自去冬失事后，深自愤懑，急图进取，对番情非所熟悉，士气积疲。"密折的另一内容是建议起用岳钟琪，因为"增兵不如选将"，岳钟琪"夙娴军旅"，父子世为四川提督，"久办土番之事，向为番众信服"，即绿旗将弁，亦多系其旧属，现其在成都居住，63岁，"精力壮健，尚可效用"。[1]三月二十九日，乾隆帝又收到了班第的另一奏折。班第评述用兵以来的军情变化说："去岁初进兵时，我师颇锐，连克碉寨，各番畏惧，降附甚多，日久渐懈……防御更疏，致贼伺隙来攻，转多惶惧。及张兴事败，众兵愈馁，张广泗益加愤懑，将阖营将弁一概谩骂鄙薄，至不能堪。"[2]

　　乾隆帝经过反复考虑，终于在三月、四月两月于将帅任用上实行了重大的变动。尽管张广泗连续奏报军情及进攻之法，保证要于夏秋获胜完事，但乾隆帝已经对这位他曾誉之为"在督抚中娴习军旅"无出其右之川陕总督，有些失望，不愿再让其总负此任了。他首先于三月谕令班第不必忙于办理粮饷，留在军营，"与张广泗协商一切军务，佐其不逮"。这里虽说是让班第与张"协商"，形式上仍系张为统帅，但班第身为兵部尚书，又系钦差大臣，这种"协商"便非仅仅参谋而已，而是实际上包含了监督、决策的性质了。并且，谕中还明确讲到，让班第对

　　① 《清高宗实录》卷309，第44、45页。
　　② 《清高宗实录》卷311，第39页。

张广泗"夏秋告捷"的保证"留心察看"，如若未能奏效，须预为筹划良策，更显示出班第在军事指挥上权限、影响之大，张广泗已经实际上不再是督军进征的唯一统帅了。①

接着，他谕令班第与张广泗商议，可否用岳钟琪以提督、总兵衔"统领军务"。张与岳向有旧怨，雍正十一年（1733年），张以副将军身份上疏，痛诋宁远大将军岳钟琪调度失宜，贻误军机，使岳被罢官问罪。因此，张对用岳之议，甚为不满，奏称岳有"纨绔之习，喜独断自用，错误不肯悛改。闻贼警则茫无所措，色厉内荏，言大才疏"。但是，因有皇上特谕，只好呈称愿遵旨将岳调赴军营，令其赴党坝军营统领。乾隆帝不顾张广泗明从暗抗，特下谕旨，赐岳钟琪以提督职衔，令其奋勉图报，立功之时，从优议叙。②

这两项措施，应该说还是不错的，班第连续上奏，使乾隆帝对前线军情有了更多的、更为真实的了解，班第还对张广泗赏罚不公偏袒属员之过有所匡正。岳钟琪于乾隆十三年四月二十一日到达军营后，对揭示张之弊病及关于用兵之法的建议颇为中肯，后来还立下了大功。但是，乾隆帝采取的另一更为重大的措施——用讷亲为经略，却铸成了大错，严重地危害了对金川的军事进攻。

（三）用短弃长　经略讷亲误国丧命

乾隆十三年(1748年)四月十一日，乾隆帝连下四道上谕，任命讷亲为经略，现摘录如下：

"四川大金川军务，历时许久，尚未就绪。总督张广泗历练军情，尚书班第专办筹饷，现在竭力办理，各省官兵亦已调集。但此番狡寇，负固猖獗，非寻常小丑可比，应遣重臣前往，提挈纲领，相机商度，乘时策励，则军声振而士气一，及锋而用，可期迅奏肤功。大学士、公讷亲……着速来京，给予经略大臣印信，驰驿前往，经略四川军务。……此番驻师日久，兵气不扬，将士懈怠，现在各省调拨官兵，云集川省，张广泗一人未能独任，且自张兴覆没之后，益加愤懑，其抚驭将士，亦

①《清高宗实录》卷310，第10页。
②《清高宗实录》卷309，第44页；卷313，第13、14、48、49页。

未能恩威并著。……唯大学士讷亲前往经略，相机调度，控制全师，其威略足以慑服张广泗，而军中将士亦必振刷归向，上下一心，从前疲玩之习，可以焕然改观，成克期进取之效，即后此之善后机宜，亦可一手办理，杼朕西顾之忧。……可传谕张广泗，诸凡同心协力，务期早得渠魁，速歼群丑，俾番蛮慑服，咸知向化，一劳永逸。"①

这四道谕旨，表明了乾隆帝处理金川之役的三个问题。

其一，狠下决心，誓平金川。这最明显地反映在讷亲出任经略上。讷亲可不是一般的文武大员，而是乾隆帝之第一亲信宠臣，是体现帝旨、处理全国军政要务的实际上的大宰相。讷亲，姓钮祜禄氏，是清开国元勋弘毅公额亦都的曾孙，是康熙初年四大辅臣之一、一等公遏必隆的孙子，其姑为康熙帝之孝昭仁皇后。雍正五年（1727年），讷亲袭父音德之三等果毅公，授散秩大臣，十一年任军机大臣，十三年八月受世宗顾命，十月被乾隆帝授为镶白旗满洲都统、领侍卫内大臣，协办总理事务，十二月因推孝昭仁皇后外家恩，晋一等公。从此以后，讷亲极受乾隆帝宠爱和栽培，历任兵部尚书、吏部尚书、大学士、军机大臣诸职，多次口衔帝命，巡视地方，审理要案，勘察河工，检阅营伍。讷亲从乾隆四年任协办大学士起，十年迁大学士，十一、十二两年任首席大学士。在军机处，讷亲任职更长，从雍正十一年直到乾隆十三年，连任16年军机大臣，而且从乾隆十一年至十三年，皆为名列第一的领班军机大臣。换句话说，在乾隆十一年、十二年，讷亲既是首席大学士，即人们尊称的首辅，又是领班军机大臣，其地位之高权势之大，受帝之宠信，可想而知。乾隆帝本人便曾多次讲到对讷亲无微不至地培养和极其特殊的宠爱：论培养，"当大学士鄂尔泰在之时，朕培养陶成一讷亲"；讲恩遇，"自御极以来，第一受恩者无过讷亲"；谈重用，"朕向所倚任者，亦无出于讷亲之右者"。②至于清朝文献中群臣言及讷亲为帝"厚加倚任"，诸军机大臣中唯其一人单独见面承帝旨等记载，更是屡见不鲜。③乾隆帝能将这样一位不可须臾离的最为倚任的军国重臣和一等宠信之爱卿调任经略，远征金川，可见他的确是下了最大的决心，

①《清高宗实录》卷312，第17—21页。

②《清高宗实录》卷325，第31页；卷328，第43页；卷359，第53页。

③《啸亭杂录》卷1，《杀讷亲》；赵翼：《檐曝杂记》卷1，《军机大臣同进见》。

要誓灭"番蛮"了。

其二，形势需要，舍其(讷亲)莫属。乾隆帝让讷亲远征金川，是由于国家军政财经严重形势的迫切需要，使他认为只有走此一着，才能使全盘皆活。张广泗统率3万大军，进攻小小一隅的金川，长达两年，竟阻于险碉，寸步不前。三军"将弁怯懦，兵心涣散"，奏凯之日，遥遥无期。经济上，军需浩繁，费用无限，仅在乾隆十二年下半年，3万士卒和2万多役夫，日需米面500石。十三年四月以后，兵卒4万和各色人员，将近10万，食粮倍增，姑按1日800石计算，从四川运至军营，每石需脚价银18两(还不包括对民间的科派)，800石就是14000两，1个月为42万两，1年为504万两，如果加上官兵军饷、枪炮弓箭弹药器械、战马饷料等用费，又将倍增。在乾隆十三年前后，这样巨量的用费，清政府是无力长期支付的。战事延长，旷日持久，调兵各省，沿途骚扰，西南地区不得安宁，朝廷忙于处理军务，贻误了其他重要事件的裁处。乾隆帝为了挽转战局，急需派遣一位军国重臣前往主持军务，而尚书班第的"力量、识见、物望，均不能胜此重任，张广泗亦未必倾心信服"，所以不得不把讷亲派去，以便凭借其位极人臣势倾朝野的威望和才干，"慑服张广泗"，改变低下士气，统率全军奋勇冲杀，早日获胜。①

其三，获胜有望，促其成功。此时乾隆帝还是认为，张广泗有军事才干，但川兵疲弱，张御下无方，"督责过严"，使将弁怀怨，因而不能克敌。现在增派陕甘锐卒万名，赶运大炮枪铳弹药，四万大军对付四千藏民，以众凌寡，条件是相当好的。而且，起用宿将勇将，曾以兵五千败敌十余万的原宁远大将军岳钟琪，被任为四川提督，原靖边大将军傅尔丹被授为内大臣兼镶黄旗护军统领，曾单骑定乱兵的勇将任举从固原提标参将升为总兵，前赴金川军营。兵多将勇，炮厉粮足，重兵围攻，胜利是有希望的。讷亲之被任为经略，对全军官兵会有很大影响，"俾军令肃而士气奋"。这样，"娴于军旅"的川陕总督张广泗，"得专意征剿"，当讷亲抵达军营时，即或"尚在征剿"，也可"资其(讷亲)威略"，促进胜利。而按照乾隆帝的估计，讷亲将于五月底六月初到金川，此时，依总督张广泗奏报的计划(张早已多次保证获胜，四月底

①《清高宗实录》卷306，第16、17页；卷307，第3、4页；卷311，第38、39页；卷312，第19页；卷314，第37页；卷329，第55页。

五月初又奏称，兵分十路，定于五月初八日开始进攻），"计经略抵营之日，正当告捷之时"。①清兵已经胜利，讷亲有经略之名，凭经略之衔可戴建树奇勋之桂冠，既无须亲临前线指挥，劳神费力，鞍马劳顿，又不冒战阵厮杀难免死伤或战败溃逃的危险，有乐无苦，坐享其福。这可是乾隆帝对其第一心爱宠臣的又一特殊栽培和极大恩遇了。

乾隆帝经过长期深思熟虑，制定了如此的制服金川的锦囊妙计，便静待蜀西早报捷音了。不料，十三年七月初十日，经略大学士、一等公讷亲与川陕总督张广泗呈报官兵于五月三十日至六月十六日腊岭、卡撒、党坝、甲索、乃赏、马奈、正地诸路攻战情形的四份急折，同时送到北京，奏称诸路进攻被阻，署重庆镇总兵任举、参将买国良阵亡，副将唐开中受伤，总兵治大雄患伤寒，"一时统领乏员"，已调原固原提督段起贤、副将胡大勇来军营，乞简发曾经保举的总兵、副将、参将、游击十余员来川作战，并奏请督军筑碉，以己碉逼金川守兵之碉，"与敌共险"。②

讷亲、张广泗上述所谓前进遇阻等语，显系玩弄文字游戏，将其失败真情予以掩盖缩小。其实，这不是一般的遇阻，而是重大的失败。这主要表现在三个方面。首先是兵丁大量伤亡。奏折没有谈到士兵伤亡情形，但是，这一问题相当严重。讷亲、张广泗于五月底至六月初发动进攻时，汉土官兵有4万余名，经过这次战争，及相继的几次小的进攻，除去死亡及伤病遣回者，到九月初只剩下汉土兵25100余名，减员八分之三。可见伤亡之惨重！③

其次，士气低落。两军相逢勇者胜，如果兵无斗志，哪怕有百万之众，亦如一群绵羊，任人宰割，一遇风声鹤唳，便会狼狈溃散，兵败如山倒。此时清军，刚遭大败，总兵战亡，副将重伤，经略束手无策，总督智穷才尽，因此士气异常低落，"士无斗志"，战辄奔逃，"一遇贼徒，辄鸟兽散，将领皆所不顾"。④闰七月二十七日，官兵三千余人，由卡撒攻喇底二道山梁，领兵的副将、游击，畏缩不前，督至沟口而止，带兵的守备等官又复落后，金川兵数十人从山梁呐喊冲下迎战，清兵"三千余众拥挤奔回，多有伤损"。三千余名士卒竟见敌兵数十名而

---

① 《清高宗实录》卷312，第19、21页；卷315，第36页；卷325，第22页。

② 《清高宗实录》卷318，第23-27页。

③ 《清高宗实录》卷324，第12页；卷325，第38页。

④ 《清高宗实录》卷324，第13页；卷325，第37页。

"闻声远遁，自相蹂躏"。①确系罕见。乾隆帝闻此不胜愤怒，连说"殊为骇听"，"实出情理之外"。②

再次，筑碉株守，实为无策。讷亲、张广泗原来是制定十路并进的战略方针，以党坝、美卧、甲索、乃当、正地五路，攻勒乌围，以卡撒、腊岭、纳喇沟、纳贝山、马奈五路攻刮耳崖。莎罗奔住居勒乌围。岳钟琪早就主张从党坝进攻，因为，党坝至勒乌围不过50～60里，只要攻破党坝右边的康八达，"便可直捣巢穴"，而卡撒、腊岭中阻刮耳崖，即使打下刮耳崖，离勒乌围还有100余里，道路险阻，又要耽误许多时间。这次讷亲、张广泗统率大军从腊岭进攻，惨遭失败，畏惧金川之战碉，攻一碉动辄死伤数十人乃至数百人，因此欲筑碉相逼，以碉攻碉。殊不知，这样一来，清军龟缩碉中，怎能前进，坐耗大量钱粮，天长日久，饷道堵塞，水源断绝，敌兵乘虚来击，必致全军覆没。因此乾隆帝痛斥讷亲、张广泗之谬议。这一在军史上实为罕见的攻敌之法之出现，正说明此时清军已陷入"智勇皆困"、计穷策尽的绝境。

尽管乾隆帝相继下谕数十道，教诲、督促、斥责讷亲和张广泗，要他俩重整军威，克期破敌，可是毫无效果，二人除了连连上奏疏辩解外，拿不出任何办法，军务毫无进展。乾隆帝十分恼怒，将二人革职削爵问罪，于乾隆十三年十二月斩张广泗，抄没其家；以遏必隆的遗刀，送往军前，勒令讷亲用其祖之刀自裁。

对于讷亲、张广泗用兵失败的原因，当时的将帅曾做过评述。四川提督岳钟琪于乾隆十三年六月重庆镇总兵任举阵亡之后，在七月下旬上奏，讲到这一问题，认为主要是川陕总督张广泗调度不当，如士兵怯懦，官兵守营放卡防台护粮用兵太多，以致真正用于进攻之兵太少，深感力单不足，小金川土司泽旺之弟良尔吉私通其嫂阿扣，恐与大金川莎罗奔"暗通"。督臣不允己请，不增派兵归己，从党坝进攻等。乾隆帝对此深表赞同。

接替讷亲之任的经略大学士傅恒于乾隆十四年正月上疏，详言讷亲、张广泗之失误，时人皆以其言十分中肯，广为传述，现摘录如下。傅恒奏称：

"金川之事，臣到军以来，始知本末。当纪山进讨之始，惟马良柱转战直前，逾沃日，收小金川，直抵丹噶，其锋甚锐。其时张广泗若速

①《清高宗实录》卷323，第2、3页。
②《清高宗实录》卷323，第3页。

济师策应，乘贼守备未周，殄灭尚易，乃坐失机会，宋宗璋逗留于杂谷，许应虎失机于的郊，致贼得尽据险要，增碉防御，七路、十路之兵无一路得进。及讷亲至军，未察情形，惟严切催战，任举败殁，锐挫气索，晏起偷安，将士不得一见，不听人言，军无斗志，一以军务委张广泗。广泗又听奸人所愚，唯恃以卡逼卡、以碉逼碉之法，无如贼碉层立，得不偿失，先后杀伤数千人，尚匿不实奏。臣查攻碉最为下策，枪炮惟及坚壁，于贼无伤。而（一碉）贼不过数人，从暗击明，枪不虚发。……又战碉锐立，高于中土之塔，建造甚巧，数日可成，随缺随补，顷刻立就。且人心坚固，至死不移，碉尽碎而不去，炮方过而人起。……攻一碉难于克一城……得一碉辄伤数十百人。……如此旷日持久、劳师糜饷之策，而讷亲、张广泗尚以为得计，臣不解其何心也。"①

　　以上傅恒、岳钟琪对先前用兵失利的原因，主要归纳为四点：经略无谋胆小偷安；督臣指挥失宜，诸将逗留失机；金川地形险要；守兵拼死反击。这些都是事实，这样的分析不能说不是正确的，但是，也不能说是十分深刻的。更主要、更起决定作用、更为根本的因素，他俩没有提到，或者说得准确一点，他俩是不敢涉及，没有胆量讲出来。这一因素就是乾隆帝的重大失误。

　　乾隆帝在用兵金川之事上，犯了两个错误：一是判断欠妥，误认为可以轻易取胜，故而草率决定发军征讨；二是任人不当。乾隆帝只看到张广泗在平苗变、治苗疆过程中的杰出才干，没有想到其在金川之战中会如此无能。如果仅仅就此而论，倒还可以谅解，谁能担保对一个人的军事指挥能力的估计，可以永远正确。但是，在另一问题上，即张之性格、度量、作风上，乾隆帝却不该无所了解了。张广泗其人，得志之后，心胸狭窄，成见太深，贪功专权，桀骜不驯，骄横跋扈。岳钟琪久为四川提督，熟悉"番情""向为番众信服"，对莎罗奔还有厚恩。②如果张广泗能从其建言委以军权，充分发挥岳的作用，肯定会对军务大有裨益。可是，张广泗既因与岳曾有前嫌，又嫉贤妒能，对岳钟琪处处提防，多方限制，使其才干未能发挥。更为严重的是，他对讷亲的抵制和

――――――――――

①《清高宗实录》卷7，《乾隆初定金川土司记》。

②《清高宗实录》卷309，第44页。

谋害，使局面更为恶化。

乾隆帝原本以为委任讷亲为经略，"其威略足以慑服张广泗"，可以使官兵振奋，变怯为勇，张广泗能"专意征剿"，缓和其与诸将之矛盾，而加速出征之胜利，并可借此抬高讷亲之声望，予以更大的恩宠，实为一举两得之妙计。不料，张广泗竟然蔑视圣旨，傲对讷亲，根本不与讷亲合作，千方百计拆讷亲的台。后来，乾隆帝以此作为张之一项大罪，多次下谕斥责张广泗"闻有讷亲经略之命，辄心怀观望，诸事推诿"，贻误了军机。①钦差大臣、署四川巡抚班第对此详奏说：

"查讷亲抵营时，各路官兵具以调齐，正可进攻，而张广泗迟回不进，犹驻美诺，经讷亲再四勒催，始来军营。但讷亲不能细察形势，督催过激，以致布置疏虞，任举、买国良相继阵亡，自此一切军务俱不敢主持，仍听张广泗调度。而张广泗遂无论事之大小，动云面奉经略指示，其实皆出张广泗之意，而讷亲不知也。张广泗之居心委卸，举动乖张，讷亲未尝不知，臣亦尝与言及。……"②

乾隆帝对讷亲的认识和委用，更为错误。讷亲本来是一位精明能干之人，青年得志，深受乾隆帝赏识，勤奋敏捷，颇有见识，时人称其"料事每与上（乾隆帝）合"。他身任多职，理事浩繁，审案勘河巡阅营伍，办理皆甚妥善。尤为难得的是，他"以清介持躬"，不贪财纳贿，不交结权贵，不与官员私交，"其门前惟巨槩终日缚扉侧，初无车马之迹"。人们因其"廉介自救""不敢于以私"，怕碰钉子，遭其惩处。③这是一位治理国政的能臣，乾隆帝对其栽培陶养十几年，心血是没有白费的。但是，讷亲虽善治政，却不谙用兵，又因是名门之后，贵胄子弟，生性娇惯，怕劳畏死。谁知，乾隆帝竟将这位"素未莅师"的儒臣任为经略，使其肩负征剿大金川的重任，这样地弃其所长用其所短，当然会误国误军，也害了讷亲本人。

刚到金川，讷亲还是想有所作为的。他于十三年四月下旬得知此命

① 《清高宗实录》卷325，第37页。

② 《清高宗实录》卷328，第8页。

③ 《啸亭杂录》卷1，《杀讷亲》。

即速回京师，短住一时便赶赴四川，六月初三日抵达大金川，立即发动进攻。史称其"锐意灭贼"，但"自恃其才，蔑视广泗，甫至军，限三日克刮耳崖。将士有谏者，动以军法从事，三军震惧，多有损伤"。[①]金川藏民的英勇反击，官兵的严重伤亡，使这位"意气骄溢"的宰相吓破了胆，处事态度发生了巨大变化，从此就"锐挫气索"，不敢言战，由"蔑视广泗"转变为"不敢专攻，仍倚张广泗办贼"，每临战时，"避于帐房中""人皆笑之"。而张广泗则"轻讷亲不知兵而气凌己上，故以军事推让而实困之"。讷亲虽知张"居心委卸，举动乖张"，但"以军旅之事，素未谙练，倚仗张广泗，希图成功，是以明知其非，曲为徇隐"。这样一来，"将相不和，士皆解体"，"军威日损"，进攻焉能获胜。[②]由此可见，乾隆帝任帅不当，错用讷亲、张广泗，是造成清军进征金川失败的主要因素。这一点，他很快就认识到了，立即采取对策，遣派协办大学士傅恒代替讷亲，出任经略，准备向金川发动第二次大的战役。

（四）改任新经略傅恒　再图大举

乾隆十三年（1748年）九月二十八日，乾隆帝下谕说：大金川之事，讷亲、张广泗旷日持久，有负重托。"自御极以来，第一受恩者无过讷亲，其次莫如傅恒"。傅恒年方壮盛，且系勋旧世臣，义同休戚，着傅恒暂管川陕总督印务，即前往军营，与班第、傅尔丹、岳钟琪等妥协办理军务，务期犁庭扫穴，迅奏肤功。第二日又谕令授傅恒为经略，"统领一切军务"，十月初六日再晋其为保和殿大学士，位居首辅。

傅恒，字春和，姓富察氏，其曾祖哈什屯、祖父米思翰分别系顺治帝、康熙帝之忠臣和亲信大臣，其姐为乾隆帝之爱妻孝贤纯皇后。由于这些原因傅恒青年得志，二十四五岁就当上了军机大臣，过了两年（乾隆十二年）又擢户部尚书，十三年四月加太子太保，升协办大学士，兼领吏部，十月授保和殿大学士，此时他还不到三十岁，可见其受帝之宠爱和栽培。

乾隆帝派出这位第二宠臣时，认真吸取了先前错用讷亲的教训，在

---

①《啸亭杂录》卷1，《杀讷亲》；《圣武记》卷7，《乾隆初定金川土司记》。

②《清高宗实录》卷328，第8页；《啸亭杂录》卷1，《杀讷亲》；《圣武记》卷7，《乾隆初定金川土司记》。

任傅恒为经略时，两次下达长谕，既详言讷亲"身图安逸"、畏缩不前、"负国负恩"之大罪，将予严惩，并明确告诫傅恒不要"如讷亲之怯弱"，否则"前鉴具在"；又夸奖傅恒"念切休戚，力图获丑"，有"锐往直前破釜沉舟之志"。①这对促使傅恒勇于任事，誓平金川，自然是会起作用的。

乾隆帝又连下数谕，责令护川陕总督傅尔丹、署四川巡抚班第、四川提督岳钟琪，"务须乘机度势，可进则进"，不要迟延，不许像从前"张广泗闻有讷亲经略之命，辄心怀观望，诸事推诿"，当以张为戒。这为调整将帅关系，加强统一指挥，很有裨益。

乾隆帝专对金川军营将弁兵丁下达特谕，既指责兵丁"不能鼓勇先登，摧锋陷阵"之过，将弁"虚糜廪禄，均属有罪之人"，又告以"咎归主将"，乃讷亲、张广泗，官兵等"罪为可宽，而情为可悯"，现派经略大学士傅恒赍往内帑银两，赏赉将弁兵丁，"鼓励士心"，责令他们务必"各知奋勉"，"踊跃前驱"，"共成伟绩"。②

乾隆帝在调兵上也做了重大的改进，决定增派大批满汉官兵。他于十三年九月、十月下谕，遣派京师满兵2000、东三省满兵3000、陕甘二省兵15000名、云贵4000、湖南湖北二省4000名、西安满兵2000、四川满兵1000，合共35000名，派总兵6员、副将8员统领，限于十四年三月齐集金川军营。加上金川现有汉土官兵及少数满兵共24900余名，清军总数多达6万名，超过金川藏兵10余倍，而且其中有清帝倚为根本支柱的满兵8000余名，可见乾隆帝誓平金川的决心之大。对出征官兵，皆厚赐银两，满兵的前锋、护军，每人赐银50两，可购米50~60石。给经略每月养廉银1000两、"赏赉银"1万两。

在粮饷器械方面，也力求富余充足。运去大批枪炮，其中冲天炮、九节炮威力极大，是"国家利器"，威远炮在康熙年间征西藏时，"曾以此得胜"，制胜炮威严雄壮，均为圣祖时制造，平时均"贮之禁中"，这次也特为请出，送往前方。金川军营又铸造了多位重2000余斤的铜炮。乾隆帝拨户部库银和各省银400万两以供军储，又出内帑10万供傅恒赏赐官兵之用。

乾隆帝为使傅恒"专一经理进剿事宜，俾肤功早奏"，保证粮饷器

①《清高宗实录》卷328，第34、35页；卷326，第2-8页。
②《清高宗实录》卷326，第24、25页。

械的供应，增强指挥效率，于十月十四日解其带管川陕总督之职。特派数员能臣前往，以两广总督尹继善为协办大学士，摄陕甘总督，主馈运；派兵部尚书兼户部尚书舒赫德随傅恒行；因讷亲之兄两江总督策楞及讷亲之堂弟吏部尚书达尔当阿，恳请从征效劳，授策楞为四川总督。命以上四员大臣及内大臣傅尔丹均为参赞大臣，"参赞军务"。①

乾隆帝的这些措施，以及诛讷亲，斩张广泗，惩治四川巡抚纪山，使新经略感戴帝恩，文武大臣加强了责任感，三军将弁士卒畏惧处罚争求立功，军纪严明，士气大振；兼之，粮饷充足，枪炮众多，军需物资齐备，这一切，为进攻金川提供了获胜的可靠保证。

乾隆十三年十月二十七日，乾隆帝御太和殿，赐经略大学士傅恒敕书。十一月初三日傅恒出师，帝亲诣堂子行祭告礼，亲祭吉尔丹纛和八旗护军纛，至东长安门外御幄，亲赐傅恒酒，命其于御幄前上马；又遣皇子及大学士来保等送至良乡。未及而立之岁的青年大帅傅恒，深受特宠，誓报帝恩，决心要踏平金川，建树丰功伟绩。他一出京门，便兼程前进，飞速奔驰，日行240～250里，每日还要看阅帝旨和有关军情的文件，处理军务和地方要事，缮写奏折。十一月末他从渭城驿驰赴成都，日行320余里，鞍马之劳顿，可想而知。他从成都出发，沿途崇山峻岭，道路险恶，尤其是十二月初九日行至天赦山，"乃成都至军营第一险路"，平常时日都只能牵马步行，而现在连日降雪，"路途益滑"，"极滑处"将马用绳系拉而上，"一二步即倒"，有十几匹马坠入山涧，傅恒亲自率众步行70里，整整劳累一天，才登上山岭。历经艰辛，傅恒于十二月十八日赶到金川军营。②

对于与军中大将岳钟琪、傅尔丹的关系，傅恒十分慎重，竭力争取和衷共济，同建功业。他于十二月初在途中上奏说："闻军中绿旗将士，知臣来川，日夜盼望。而傅尔丹等闻臣将至，转生疑惧。"待到军营后，当对傅尔丹等"详悉开导，使之释然无疑"。拟告岳钟琪：你受皇上深恩，弃瑕录用，"当一矢丹诚，竭力报效，不可稍存瞻顾"。若你进攻有效，即你之功，若不尽力则有过。我为经略，"众人之功，即我之功"，"唯在同心协力，相与有成"。并欲将此"谆切告语"，"宣布军中将士，使傅尔丹等疑惧尽释，庶臣得收指臂之效"。同时，

①《清高宗实录》卷332，第29页。

②《清高宗实录》卷329，第25页；卷330，第23页；卷331，第33、34页；卷332，第2页。

他奏减兵9000，只派新兵26000名。乾隆帝盛赞其"筹审精详，思虑周到，识见高远，实乃超出等伦"，"经略大学士信为有福之大臣，观此，则大功必可告成也"。[①]

傅恒立志做番事业，一再向帝奏称誓平金川，明确讲道："此番必期成功，若不能殄灭丑类，臣实无颜以见众人。"[②]他详细了解军情以后，于十四年正月初专上长疏，详述了讷亲、张广泗的失误，提出了征剿方略。他说：等待各省调派之兵到齐以后，即同时并举，分地奋攻，别选锐师旁探间道，裹粮直入。"番众"不多，外边防备既密，内部守御必疏，我军从捷径深入，出其不意，"则守碉之番各怀内顾，人无固志，均可不攻自溃"。卡撒一路，岭高沟窄，我"既身为经略，当亲任其难"，党坝一路由岳钟琪统率，"两路并进"，"使其面面受敌，不能兼顾"。士兵中，小金川兵骁勇善战，沃日、瓦寺兵强而少，杂谷、梭磨、绰斯甲等兵众而懦，明正、木坪忠顺有余，强干不足，革布什咱兵精锐，均"可资其兵力"，"定于四月间报捷"。[③]

在此之前，他奏准斩杀私通大金川之奸细，小金川土舍良尔吉及其嫂阿扣和汉民王秋，断了莎罗奔安插在清军里的内应。他"申明纪律，整顿营伍，亲身督战，露立风雪之中，连宵达旦攻克碉卡"，军威大振。

傅恒之下的大将四川提督岳钟琪，深感皇上不念前过起用重任的厚恩，决心报效朝廷，立功建业。尽管他已是63岁的老翁，但从乾隆十三年四月抵达军营后，便尽心竭力从事征剿，提了不少十分中肯的建议。尤其是张广泗战败被斩无法对岳排挤以后，他更为发奋，于九月十二日至十九日，统领党坝之军，进攻康八达山梁。他所辖之兵，号称1万余名，但因要防守25座营盘、105卡和粮台塘站，以及伤病，只剩下7000余人可供进剿之用，其中大半系附近土司之兵。他用这支以土兵为主的军队，猛攻敌碉，夺毁大战碉、小战碉各数座，打下木卡、石卡、木城、石洞十八座(处)，焚金川藏民粮食12仓，取平房46间，斫破大皮船4只，攻占跟杂一带地方，南北40余里东西20余里，"前后杀贼甚众"，为数月以来罕有之胜。[④]岳于此月奏请用兵35000，以1万由党坝水陆并进，直

---

①《清高宗实录》卷330，第36-39页。

②《清高宗实录》卷331，第40页。

③《圣武记》卷7，《乾隆初定金川土司记》。

④《清高宗实录》卷326，第26-28页。

捣勒乌围，以1万由甲索夺马牙冈、乃党、两沟，经抵河边，与党坝之兵会合，攻取勒乌围莎罗奔住碉，留兵8000于卡撒防御刮耳崖莎罗奔之侄郎卡来援，俟取勒乌围，前后夹攻，夺占刮耳崖；余兵7000分守营盘，防护粮运。他向帝表示："专责臣办理，一年内可成功"。①此奏深受乾隆帝赞赏。岳钟琪又于十一月十八日至二十一日和十二月十三日，连续领兵1000余名，猛攻界于康八达与木耳金岗两山之中的塔高山梁，将其石城轰坍，又火焚木耳金岗战碉2座、卡2处，击杀金川藏兵100~200人。乾隆帝闻知甚喜，批示说："欣悦览之，汝调度有方，实可嘉悦，总俟克成大勋，从优议叙。"②岳虽因年老和昔日进剿西藏时"染受寒湿，左手足麻木不仁"，金川山高路险，难于乘骑，但在攻打火烧梁、木耳金岗、革什戎岗、康八达等三十余处时，仍"策杖扶人，徒步督战"。③岳钟琪的战功，鼓舞了三军士气，对扭转清军的被动局面产生了积极的影响。

乾隆十三年十二月末，金川军营有汉满士兵38000余人，加上十四年正月陆续调来之兵，到二月初，总数当在4万名以上，超过大金川藏兵7~8倍。大军压境，枪炮众多，连下碉卡，士气振奋，傅恒、岳钟琪决计深入，正在准备大举进攻。不料，从京城方面连续传来圣旨，乾隆帝要经略收兵息战班师回朝，使广大官兵诧讶不已，议论纷纷。

（五）获胜无望后悔用兵　下诏班师

乾隆十四年正月十五日，乾隆帝弘历下谕，宣召经略大学士傅恒、吏部尚书达勒当阿、户部尚书舒赫德回京说：

"金川用兵一事，朕本意欲以禁遏凶暴，绥辑群番，并非利其民人土地，而从前讷亲、张广泗措置乖方，屡经贻误，是以特命经略大学士傅恒前往视师，熟察形势，相度攻剿。经略大学士傅恒自奉命至军，忠诚劳勋，超出等伦，其办事则钜细周详，锄奸则番蛮慑服，整顿营伍则纪律严明，鼓励戎行则士气踊跃，且终宵督战，不避风雪，击碉夺卡，

---

① 《清高宗实录》卷325，第8、9页。
② 《清高宗实录》卷330，第30、51页；卷331，第32页。
③ 《清高宗实录》卷329，第63页。

大著声威，诚为仰副委任。朕思蕞尔穷番，何足当我师颜，而机务重大，部务殷繁，诸大臣皆为此一事，驰骋经营。经略大学士傅恒，乃中朝第一宣力大臣，素深倚毗，岂可因荒徼小丑，久稽于外，朕心实为不忍，即擒获渠魁，扫荡巢穴，亦不足以偿劳。此旨到日，经略大学士傅恒着即驰驿还朝。尚书达勒当阿、舒赫德各有部职，亦未便久旷，总督尹继善统制全秦，边防綦重，着一同回任。所有军营一切事宜，交与该省总督策楞、提督岳钟琪等，尽现在兵力，足以调派，即傅尔丹，尚有满兵在彼，亦应暂留，殚心筹划，妥协办理，以竣军务。"①

过了两天，正月十七日，乾隆帝谕告军机大臣，详言必须班师的理由，认为"此时宜定撤兵之计"，因"军务为国家大事，当询谋佥同，方可定议"，命议政王大臣"通盘筹酌，详议具奏"。议政王大臣立即集议，奏称："王师除逆安边，原非利其土地民人，金川情形，既经奏悉，限于地势，诅可劳师糜饷，从事于人力难施之荒徼，应请撤兵，召经略大学士还朝。"乾隆帝从其议，即于当日正式下诏班师说：

"经略大学士傅恒自抵军营，即诛渠魁，克碉卡，军威大振。贼首穷蹙求降，经略大学士志期殄灭种类，欲俟各路兵丁齐到，一举荡平，不肯允降。朕思蠢尔穷番，何足污我斧钻，既已乞降，允宜网开三面。且经略大学心膂重臣，久劳于外，朕心实为不忍，已降旨召令还朝，赞襄机务，所有纳降事宜，命川督策楞随宜酌办。内大臣傅尔丹暂留，统领满兵陆续撤回。其各路满汉官兵未抵营者，于所至之处，着班第、纪山、高越知会统兵官弁，令其按起，仍由原路回营，不必前进。……大兵既经撤回，军糈亦毋庸挽运。……"②

又过了一天，正月十八日，乾隆帝以奉皇太后之命，下诏封傅恒为一等忠勇公说：

"……朕恭请皇太后圣母万安，仰蒙垂询，朕以班师纳降具奏。钦

---

① 《清高宗实录》卷332，第42、43页。
② 《清高宗实录》卷333，第6—10页。

奉慈谕：息众宁边，乃国家太平长策。皇帝御极十有四年，予从不问外朝政事，上年皇帝奏闻，因系军国重务，时惟予怀，近见皇帝宵旰焦劳，尤为注切。今既下诏撤兵，实我大清国景运兴隆亿万年社稷苍生之庆。大学士傅恒忠勤宣力，谋勇兼优，成绩懋著，朝廷宜封以公爵，用示奖励，予心如是，皇帝以为何如。朕念经略大学士傅恒殚心为国，实冠等伦，超锡五等之崇班，允协酬庸之盛典，仰遵慈谕，封为忠勇公，铭勋册府，光我邦家，朕实嘉焉。"①

乾隆帝是于十三年九月二十九日授傅恒为经略的，并于十一月初三日为其出师饯行，拨款400万两，增派满汉官兵35000，对其寄予厚望，要其"振旅兴师""犁庭扫穴""迅奏肤功"。为什么时隔不久，他就改变初衷，要下诏班师？总观乾隆帝在十四年正月初二至二月初十日关于止兵的近20道上谕，可以使人们十分清楚地看到，此意由来已久，是他经过长期反复考虑而慎重做出的结论。促使他这样做的主要因素有五。

其一，进攻难以获胜。乾隆帝原本以为，金川乃一偏僻之区弹丸之地，只要派遣数千绿旗士卒，征调附近土司的土兵，就可势如破竹，迅速"直捣巢穴""擒获渠魁"，大功告成。不料，事与愿违，川陕总督张广泗领兵3万，一挫于马邦、曾达，经略大学士、一等果毅公讷亲和张广泗统军4万再败于腊岭，用兵两年，被挡于莎罗奔所居勒乌围数十里外，寸步不前。这时，他才知道金川气候恶劣，地形险峻，藏民誓死反击，进剿很难成功。他在正月十五日谕召傅恒回京的同时，告诉军机大臣说："朕思用兵一事，总系从前不知其难，错误办理。今已洞悉实在形势，定计撤兵。"金川"坚碉难破"，一夫当关，万夫莫敌，"天险非人力可施"。敌之石卡，守御仅11人，我以700人进攻，只毙其半，而土兵、绿旗死者已达11人，伤者至70余人。若以百人敌其一人，则"贼徒三千，当用三十万众"。②在此之前，他多次讲到"番境道路奇险，军行艰难"，卡撒"坚碉林立""险峻逾常"，勒乌围、刮耳崖"险必更甚"，若早知"征途险阻如此"，决不派遣傅恒前去了。他还忧心忡忡地说：悬军深入，歧径莫测，敌军设伏断后，"种种可虞，险着讵宜尝

①《清高宗实录》卷333，第11、12页。

②《清高宗实录》卷332，第43、44页。

试"！①他的这种说法是比较符合实际的。由此可见，金川藏民凭险死守，"人心坚固，至死不移，碉尽碎而不去，炮方过而人起"，"贼据地利，万无可望成功之理"，清军极难取胜，并常有败师殒将的危险，是迫使乾隆帝下诏班师的决定性因素。

其二，费银巨万，国力难支。乾隆十三年十一月初三日傅恒出京奔赴金川时，军营只有汉土兵24900余人。经过朝廷增调满汉官兵及随行夫役，以及金征土兵，到十二月中，人数大增。办理粮饷的刑部右侍郎兆惠和署四川巡抚班第的奏折，于十二月二十三日送到北京。他俩奏称："现在通筹各军粮，计口预备"，卡撒5万人，党坝3万余人，甲索1万余人，马奈、正地各5000余人，"各有存积"。②官将兵丁役夫已有10万余人；到了十四年二月初，人数又有所增加。四川布政使高越于十三年十二月初奏称，现驻军营官兵夫役，月需米21000余石，今又添满汉官兵和运夫，添2万余石，从本年十二月到明年（十四年）五月，共需25万石。当时，从成都运米到军营，每石需脚价银18两。姑按高越的计算，每月需米4万余石，1年就是50万石，1石脚价银18两，每年仅食米一项，就需脚价银900万两。另外，还有其他开支。高越又奏称，从十三年十二月到十四年五月，"一切需费"，约银870万余两。③除去25万石米的脚价银480万两，则其他项目的用费为390万两，相当于5个月内食米脚价银的80%。照此推算，每年食米的脚价银和其他开支，应需银1600余万两，相当于全国田赋银总数一半以上。数量之大，实在令人吃惊。

乾隆帝在得知高越奏折后的第4天，即十三年十二月二十一日下谕说：前据高越奏称，川省军需，年内至明年五月，尚须拨银870万两。"金川小丑，初不意靡费如许物力，两年之间，所用几及二千万"。④又过了7天，十二月二十七日，他在论述"金川用兵，定不过（十四年）四月初旬之期"的理由时讲道：若四月初不能收局，"则劳费无已，势将难继"。今部库所存，通计仅2700余万两，"各省拨协钱粮，已动及留备"，若迟至（十四年）秋冬，"则士马疲惫，馈饷繁难"。此2700余万

①《清高宗实录》卷331，第36、40、52页；卷332，第5、7、17、44页。

②《清高宗实录》卷331，第46页。

③《清高宗实录》卷331，第16、31页。

④《清高宗实录》卷331，第31页。

两，倘若"悉以掷之蛮荒绝徼，设令内地偶有急需，计将安出"。①如果联系到乾隆帝即位时国库已有银2400万两，十三年之久只增加了300万两，更可显示出这2700万两之宝贵，怎能轻易掷于金川。巨万军费，非此时清政府所能承担，这是促使乾隆帝决定停兵的第二个重要因素。

其三，"疲于供亿"，民力难堪。月需4万余石米的军粮，每门重2000余斤的大炮，上万枪铳，数以十万计的大小炮子，以及军装刀枪剑戟等，数量浩繁，而川省道路崎岖，骡马难行，全靠人们肩挑背磨，十分艰难。四川布政使高越曾上专疏奏称："蜀中挽运军需，全资民力，轮流更替，即村曲乡民，亦多征拨不已，近添新旅，募夫尤众。一出桃关，山路崎险，雪深冰结，艰苦视内地倍甚。成都米价昂贵，民食艰难。"②乾隆帝根据地方官员的奏报，深知军需转运的累民，多次下谕讲道，川省军兴以来，"一切夫马粮饷，供亿浩繁，内地民情，疲困殊甚""川省物力虚耗""川省疲惫""川省夫马钱粮拮据""川省连年困于征发，民力实已劳惫不支"。他又就征剿对各省的危害说："此番用兵，不独川陕疲敝，即各省亦不免于骚动。"直隶、河南、山西，大兵经过，支应固浩繁，至兵所不及，"如江浙米价昂贵，亦由川米不到"。③他于十四年正月初三日再次下谕解释必于四月初收局时讲道：若不早日收兵，"劳费无已"，"非惟川省民力难支，即沿途各省，半属边境，骚动可虞"。④他很担心差重役繁，民难支撑，将怨愤反抗。他曾多次下谕讲道："川省民番杂糅。加之流匪，遇事逞凶"，今烽燧连年，"人苦劳役""设有奸徒从而煽诱""以易动之民，当困惫之际，内地少有疏虞，诸事深为可虑"。⑤他之所以很早就限于十四年四月初完工和后来令傅恒立即回京，便与此有关，"盖深有见于此也"。⑥

其四，军情紧迫，贻误政务。征战以来，军中事务繁多，军情瞬息万变，胜败难卜，不仅阵前将帅精力高度紧张，京师帝、王、大臣运筹

①《清高宗实录》卷331，第52页。

②《清高宗实录》卷331，第57页。

③《清高宗实录》卷331，第40、56页；卷332，第13、27页；卷333，第25页。

④《清高宗实录》卷332，第13页。

⑤《清高宗实录》卷331，第11页；卷332，第27页。

⑥《清高宗实录》卷331，第57页。

数千里之外，亦甚烦劳，因而影响了政务的妥善裁处。乾隆帝于十四年正月初九日下谕，专门详细讲述此事，把它作为必须班师的一条重要理由。他说：自办理金川军务以来，"一切政务，未免因此分心"。朕昨御斋宫，偶一检点应发之旨，遂有数件。"六部为天下政务根本"，经略大学士以阁臣而兼理户、工两部，今专任于军旅，而尚书之在军前者，有吏部尚书达勒当阿、户部尚书舒赫德，兵部尚书瑚宝亦暂留于陕甘。军机大臣之中，大学士张廷玉年老休暇，大学士来保、尚书陈大受、汪由敦、纳延泰所理之吏、户、刑三部及理藩院，"均属紧要"，而他们近来"晨夕内直"，承旨办理军前事务，便难照常料理部务，自会旷误。金川军务一日不竣，则诸大臣一日无暇，"朕亦不忍更责以旷误部务之愆"。直隶诸省督抚州县，"因供亿军行"，必使吏治民事"迟延耽误"。今"聚能办事之部院大臣，悉赴行间，致旷内外诸务"，实不应该。经略大学士"宜深为内外政务筹虑"，早还朝一日，即可早办一日之事，诸臣亦得各事其事，"朕亦得安心万几，不致惦念"。①

其五，厚爱经略，虑其有失。任经略之前，傅恒本来就因为是孝贤皇后之弟和勤慎事上，而深受乾隆帝宠爱，越级提拔，未及而立之岁便任至户部尚书、军机大臣、协办大学士，成为仅次于讷亲之第二宠臣。当张广泗料理未妥帝心烦闷之时，讷亲安坐未动，傅恒却奏请"愿效前驱"，赴军指挥，分担帝忧，此举甚受皇上赞扬。傅恒就任经略以后，不辞辛苦，长途奔驰，赶到军营，整顿营伍，露立风雪之中，"彻夜督战"，夺碉取卡，军威大振，更赢得了皇上的信任和欢心，乾隆帝决定要让其接替讷亲之位，成为"素深倚毗"、最受宠信的"中朝第一宣力大臣"，因此对其用兵十分担心，既怕其战败，又恐其负伤或劳累成疾，所以要傅恒尽速统兵回朝。他于十四年正月十五日宣召傅恒回京的谕中讲道：经略大学士"乃国家第一宣力大臣，赞襄机务，所关綦重"，"岂可因荒徼小丑，久稽于外"，况悬军深入，"种种可虞"。且孝贤皇后念经略大学士是手足至亲，教导成就，"恩意笃挚"。朕亦因孝贤皇后诸弟之中，"能如此忠诚任事"，殊不易得，"是以优加眷遇"。其在金川"临阵督战，彻夜露立风雪之中，此岂人所能甚"，于

---

① 《清高宗实录》卷332，第35—38页。

心不忍，是以特召回朝。①第二日，正月十六日，他又下谕说：经略大学士年力壮盛，"赞襄之日方长"，实国家所不易得之社稷重臣，"朕岂肯以将来五六十年辅弼良佐"，而令其殚穷年之力，专办一无足轻重之"番蛮"。大学士督战金川，使"朕心日夜悬注"，皇太后因朕筹划忧勤，"又致圣心日夜悬注"。贤臣久劳在外，"朕心实有所不忍"，应即撤兵还朝。②

　　以上这些因素，促使乾隆帝深悔不该错对金川用兵。因此，从十三年十一月初三日送傅恒离京，到十四年正月初三日，仅仅过了两个月，他就决定要止兵撤军了，并准备派岳钟琪统兵1万，驻守打箭炉，防止金川兵袭击要道和内地。应当说，乾隆帝知错能改，还是应予肯定的。人孰无误，知过能改，筹划弥补之法，于国、于民、于己，都是大有裨益的。然而，历史进程变化多端，有时还曲折有趣，正当乾隆帝引咎自责面带惭色之时，经略大学士、一等忠勇公傅恒的告捷露布，从远离京城五千里的金川军营，飞速传送，日行六七百里，仅仅用了八天的时间，就呈于御案之上，顿时龙眉舒展，变愁为笑，宫殿内外，喜气洋洋，一派欢庆大捷的快乐景象。

（六）岳钟琪劝降勒乌围　莎罗奔营前归顺

　　连续接到皇上劝说、谕令班师回京的圣旨，被乾隆帝赞为"殚心为国"之"中朝第一宣力大臣"的经略傅恒，感到十分为难。他本来抱有誓平金川的雄心壮志，至军营后一再向帝奏称："此番必期成功，若不能殄灭丑类，臣实无颜以见众人"，必欲打下勒乌围、刮耳崖，生擒莎罗奔及其侄郎卡，"荡平贼境，慑服群番"。③何况，军务颇有起色，卡撒、党坝两路大军均连续夺碉取卡，渐逼莎罗奔住碉，大金川藏民震于清军"兵威，且粮食将尽"，屡次要求降顺。在这样有利的条件下，突然撤兵回朝，真是为山九仞，功亏一篑，太可惜了，对朝廷，对自己，都是一大损失。因此，他多次上奏，要求把战争进行到底，但一再遭到皇上拒绝。而且皇帝既连下长谕，嘉赞经略为国尽忠效劳建树了功勋，又温情脉脉，以至亲身份，苦口婆心地从

①《清高宗实录》卷332，第43、46、48页。

②《清高宗实录》卷333，第3、4页。

③《清高宗实录》卷331，第40页；卷333，第2页。

国家大局到个人安危婉言相劝，阐述收兵的必要，还特封一等忠勇公爵，搬出皇太后的慈谕，提及长姐孝贤皇后之恩眷，这一切特恩殊宠，都使傅恒难以坚持己见。尤其是乾隆帝于十四年正月十五日宣召经略回京的上谕中，明确宣布，"此旨到日，经略大学士傅恒着即驰驿还朝"，如此严谕，臣子怎能违命。兼之，十七日班师之诏又已下达，各省增派之兵尚在中途者一律返回原地。在这样的形势下，傅恒只好上疏，奏称愿意离开军营，遵谕返京。

十四年二月初九日酉刻，乾隆帝收到傅恒的奏折，言及金川头人阿申内附，机有可乘，弃之可惜，恳展还朝之期。初十日丑刻，傅恒之疏又到，奏称奉到十六日谕旨，"敬谨遵奉。于（正月）二十九日或（二月）初二日，即行星驰就道"，纳降之事，交策楞办理。乾隆帝赞嘉说："如此方为明于事理能知轻重之大臣，朕心深为嘉悦。罢兵一事，朕再四熟筹，为国家远大之计，无逾于此。"[1]

傅恒所说欲于正月二十九日或二月初二日动身回京，并非真话。当时从北京到金川军营，谕旨及经略的奏折，一般需要12天。傅恒系于正月二十七日或二十八日奉到十六日的上谕，而他奏称将于一天之后，在二十九日起身，执行圣旨之如此坚决和迅速，当然会得到皇上的夸奖。但是，从后来的事实看，傅恒上奏之时就已决定要延期起程，而且要亲自纳降。尽管近20道上谕促其返京，而且明确限令其停止战争，撤军回朝，他也上了奏疏，表示要遵旨归京，可是他并未放弃建功立业的愿望，只不过是在"纳降"上做了重大的变动而已。

早在十三年十一月初，莎罗奔便"日遣头人在卡喊降"，护川陕总督傅尔丹、署四川巡抚班第告诉来使说：必须让莎罗奔、郎卡"面缚叩见，方准伊不死"。初七日，头人得什阿朗到达党坝四川提督岳钟琪军营，"哭禀郎卡现在病重，求差官注验"。岳遣千总杨自功等于初八日赴勒乌围，验得郎卡果系病重，并探明勒乌围一带道路及山川形势。岳传谕得什阿朗：若莎罗奔、郎卡"抗不赴营，嗣后毋庸喊降"。随后，十余名藏民陆续来降，言及刮耳崖已无粮，勒乌围粮少，普通藏民"不能得食"，"人人思溃"，"贼酋……欲诱令（藏民）同出投诚"。[2]乾隆帝得知此事后，改变了在原先讷亲、张广泗任职时制定的政策，当时

①《清高宗实录》卷334，第17页。
②《清高宗实录》卷330，第43、44页。

是要二人以瞻对班滚之事为戒，不许收降，现在因已后悔不该用兵金川，故于十三年十二月十六日下谕宣布，如果3个月内不能成功，即应"许其求降，以省帑费，以息人力"。①

傅恒在十三年十二月中至十四年正月二十七日的40余日里，连续奉到多道言及尽早收兵的上谕。他一方面几上奏疏，要求实行他制定的"锐师深入，从中峰压下，直捣贼巢之策"，欲图荡平金川；与此同时，他也开始考虑计诱"番酋"之法。他于十四年正月十四日至十六日奏称："番众震我兵威，且粮食将尽，屡次喊降"。正月十二日"具禀衷恳"，十五日又遣头人来营，送还抢去绿旗兵3名，"观其情词恳切，穷蹙似系实情"，因谕以莎罗奔、郎卡若亲缚赴辕，当贷以不死。"臣意乘其投诚，仍抵贼窟，将二酋带入内地，还朝献俘"。②

傅恒意欲骗诱莎罗奔及其侄郎卡来营投降时，缚二人入京献俘，这种做法实为谬误。傅恒可能是借此博取生擒"逆酋"之"美名"，谋取殊勋特功之封赏，但此举将带来严重后果。失信于"番"，金川藏民将重举义旗，拼死反抗，局面很难收拾。何况，堂堂天朝大帅，行此鼠窃狗偷之计，岂不贻笑大方。乾隆帝对傅恒之策予以摈斥，于正月二十六、二十七日连下二谕，令其废除此法。他指出：莎罗奔、郎卡会考虑到被骗的危险，而"令人冒充"。就算是二人来投，一旦擒拿押献，不仅其"随从之众，一时情急生变"，而且"彼中人心团结，必复另有推戴，其仇恨深切，力抗坚拒，更倍于前"，如欲"痛断根株"，非一两年不可。何况，既许以不死，又"絷之槛车，献俘阙下"，则"群番环视，且畏且惊"，不如"昭布殊恩"，遣彼回归故地，"告布各番"，使知"王师有征无战，降者不杀，信义宏孚，恩威并著"，这样一来，"边徼由此永宁"。③

傅恒在奉到这两道上谕之前，已决定放弃诱擒之法，改为纳降和好，允其返回。他之所以做出如此重大的改变，可能是出于两个因素。一是他已收到令其见旨之后立即返京的正月十五、十六两日的上谕，恐因捉拿莎罗奔、郎卡引起"番变"，无法离开金川，从而违背了"着即还朝"命策楞纳降的圣旨，犯下欺君抗诏的大罪。二是莎罗奔真心降顺，于正月二十日遣头人来到军营，"呈献甘结，遵依六事"：一、永不敢侵扰"诸番"；二、供役比各土司勤勉；三、尽返所夺"邻番"之

---

① 《清高宗实录》卷331，第4页。

②③ 《清高宗实录》卷333，第29、30、33、34页。

地；四、擒献过去误犯天兵之凶首；五、送还从前所侵掠之人民、马匹；六、照数献出枪炮。虽被傅恒以其"未经面缚"而"峻拒其请"，莎罗奔仍求降不已，并托绰斯甲土司转求提督岳钟琪"代请贷死"，还屡派亲信头人"致词献币"，禀称果贷其死，"当为经略大学士建祠顶祝"。①傅恒很可能考虑到，与其遵旨立即被迫乘马还朝，将纳降之功让与别人，自己落得一个虚糜粮饷无功返京的可耻下场，倒不如抓住这一极为难得的机会，允许莎罗奔投顺，还可亲享四个月来鞍马劳顿勤理军务之佳果，立一大功，博得"平定金川"之美名，因而放弃了诱擒的安排。

乾隆初年，岳钟琪署川陕总督时，曾推翻原总督年羹尧的错误决定，将大金川割与沃日土司之美同等寨，归还与莎罗奔弟兄，因此莎罗奔对岳十分感激。现在岳钟琪向傅恒提出纳降，愿意亲至勒乌围招抚，傅恒同意。岳遂带兵四五十人，进抵勒乌围，宣谕劝说，莎罗奔见岳轻骑亲至，大喜，"迎谒甚恭""悉听约束"，是夜留岳宿于帐中，岳"解衣酣寝如常"，莎罗奔更为信服。次日，岳至莎罗奔的经堂，令绰斯甲土司同莎罗奔、郎卡"依番礼誓予佛前"。岳随即前往卡撒军营，告诉经略。十四年二月初五日，莎罗奔、郎卡于卡撒经略之军门外，"除道设坛"，带领喇嘛、头目多人，"焚香顶戴，作乐跪迎"，傅恒轻骑简从，"示以不疑"，升帐就座，莎罗奔等人"次第俯伏帐下"。傅恒"开诚训饬，义正词严"，宣布帝旨，"示以德威，宥以不死"，莎罗奔等人"感激欢欣，致词恳切，永誓不敢再有违犯"，并呈献古佛一尊、银万两。傅恒却银受佛，颁赉恩赏，手授荷包，莎罗奔跪谢领受，叩称银两不敢领回，愿以此银为经略大学士傅恒"建祠诵经，子孙戴德"，傅恒遣其归还勒乌围。此日，"远近各番，观者如堵，莫不踊跃欣喜，敬信畏服"，"万声欢庆"。②

乾隆十四年二月十五日，乾隆帝得到傅恒"奏报天威远畅平定金川""献捷班师"的露布，非常高兴，立即下谕宣布喜讯，盛赞傅恒"迅奏肤功"，从此"远徼敉宁，蛮氛尽息，生灵休养，食德饮和，实我大清国亿万年无疆之休，垂诸史册，盛烈光昭"。他从厚封赏功臣，赐令一等忠勇公傅恒服四团龙补褂（按清制，此服仅亲王、郡王才能穿

---

① 《清高宗实录》卷334，第17、18、29、30页。

② 《清高宗实录》卷334，第18、26、27、29、30页；《啸亭杂录》卷4，《金川之战》；《圣武记》卷7，《乾隆初定金川土司记》。

用），赐与金黄带及宝石帽顶，并依开国元勋超等公、追赠武勋王扬古里额驸之制，加赐豹尾枪2杆、亲军2名，不许恳辞；又照勋臣额亦都、佟国维之例，为其家"敕建宗祠，春秋致祭"，"用奖忠勋"。对提督岳钟琪，加太子太保，复封三等公，赐号威信，授兵部尚书衔，赐紫禁城骑马，免其西征准噶尔时罚令赔补之银70余万两。①

莎罗奔感帝"宥死之恩"，"选进番童番女各十名，代伊等服役"，送至经略傅恒处，求进献大皇帝，又于刮耳崖修建祠宇，供奉经略大学士忠勇公傅恒"长生禄位"。乾隆帝得悉四川总督策楞奏报此事后，谕令送还"幼番"，量加奖赏，允其建立傅恒生祠。他又于十四年二月二十九日下谕给金川土司莎罗奔等人，讲述了讷亲、张广泗办理不善已处以军法等事，谕其"安分守法，勉力向善，皈依佛教，各守封疆，永无侵轶"，设若邻近土司前来欺凌，许其向总督、提督控告，当"为尔等分剖曲直"。②第二日，二月三十日，又下谕给邻近的各土司，重申上述意见。

三月十三日，大学士等议准四川总督策楞奏上之金川善后事宜十二条：一、巴底、巴旺，仍由其原土司纳旺管辖。二、允许从军出力之革布什咱土舍扎什诺尔布承袭该土司，给予号纸。三、杂谷、草布什咱、沃日、小金川四土司仍各辖己地，毋庸"联为一气"。四、沃日女土司泽尔吉与小金川土司泽旺婚配。五、沃日土司印务，仍由女土司泽尔吉护理，所生之子，分袭沃日、小金川二土司。六、小金川被毁的碉房，听其自修自守。七、小金川副土司小朗素及大朗素，酌予安插。八、先来投诚之大金川土舍汪尔吉，乃郎卡之异母弟兄，交伊舅革布什咱土司扎什诺尔布带赴游牧，待有安插之处时，即予安排。九、梭磨、竹克基、党坝等土司、土舍，仍保留原有职衔，毋庸加衔。十、各土司恭顺辛勤，业蒙恩旨赏赉，交部分别加级，以示鼓励。十一、"严汉奸出入番地之禁"，各土司钱谷文移需人代办，听其自行延请汉民充任，"番民贸易"难以禁绝，唯严察匪徒出入。十二、木坪、瓦寺两土司，紧接内地，"番民""典买汉地甚多，管业已久"，不必勒令汉民赎还，今后严禁内地民人将田地"私售番民，违者治罪"。③

---

① 《清高宗实录》卷334，第26—28页；卷336，第22页；卷350，第24、25页。

② 《清高宗实录》卷335，第28、29页。

③ 《清高宗实录》卷336，第37、38、39页。

（七）斩相诛帅耗银劳民　名胜实败

乾隆十四年二月十五日经略大学士、一等忠勇公傅恒奏报"平定金川"的告捷露布送到京师以后，乾隆帝万分高兴，封赏功臣，遣派大员祭告天、地、太庙、大社、大稷、奉先殿、永陵、福陵、昭陵、昭西陵、孝陵、孝东陵、景陵、泰陵和先师孔子，立碑太学，编平定金川方略，并恭谒泰陵，上崇庆慈宣康惠皇太后徽号，颁诏天下，恩赐出征官兵夫役和伤病兵丁，宽免犯人，其《御制平定金川告成太学碑文》，概述了征剿的原因、过程和奏凯之情，现摘录部分内容如下：

　　"……金川莎罗奔者，居西蜀桃关以外，界绰斯甲、小金川之间，向曾从征，得受符檄，与诸土司齿，顾恃其险远，夜郎自大，构衅邻番。各土司申诉封疆吏，吏曰，蔓之不图，岂其视为瓯脱，乃请兵筹饷，期扫其穴。而司其事者，或怯缩以老师，或剿狡以蓄志，军无适从，事用弗集。（乃命傅恒为经略）……（傅恒）恩威既明，士用益励……奸酋授首，军声大振。……（莎罗奔）稽首请降……经略宣朕明旨，登坛受降，己巳二月之望日，金川平定捷音至京。是役也，深入数千里，奏凯未七旬……"[①]

　　乾隆帝及其文武大臣把莎罗奔之降当作平定金川之一大武功，而且后来列为"十全武功"之首，因其余九大武功皆在此之后。此役延续两年，调兵数万，可谓规模不小，但是否能将此称为"平定金川"，是否能以它作为清军大胜的赫赫"武功"，就很难说了。

　　金川之战是否能成为清朝的一大武功，主要取决于清政府在此战之中，是得不偿失，还是获利无穷。清帝投入了大量人力、物力和财力。就军队来说，乾隆十二年，川陕总督张广泗调征汉土官兵3万，受挫之后，十三年上半年再增为4万。傅恒于十三年十一月出任经略，又从陕西、甘肃、云南、贵州、湖北、湖南、四川、京师和东三省增派满汉官兵35000名，加上金川军营之兵25000，多达6万之众。用兵两载，耗费了巨量银两。一征金川，究竟用银多少，以往无人涉及。乾隆帝于十三年

---

①《清高宗实录》卷335，第3—7页。

十二月二十一日曾惊呼："两年之间，所用几及二千万。"①这个数字偏大一些。金川事平之后，参赞大臣、户部尚书舒赫德于十四年二月上疏，详言军费开支情况，其文如下：

"钦差户部尚书舒赫德奏称：川省旧管新收，共军需银七十七万二千九百余两，部拨及外省协济银八百七十九万一千一百余两，现存一百五十万三千余两。军兴以来，用司库及府厅州县酌留存贮银五十七万一千余两。查此项银以备地方紧要，不可久缺，应于存银照数拨还，尚余九十二万一千余两。现在应付回兵水陆船只夫马之需，又从前雇马雇夫运米及铁斤草料，价应找给，又出师官兵赏恤，均宜留备，查各省尚有奉拨未到银，应请将一百万两，留备前项支用。余银查川省本年额赋奉恩缓征，临边要地，炉藏各站，岁有供应，宁使多备无缺，应再拨银一百万两，以备岁需，计核少银四十五万两，请于就近湖广起解银，截拨足数。（从之）"②

按照舒赫德的奏报，截至乾隆十四年二月中，金川之役已用银8632000两，加上支付大军班师所需水陆运费及先前欠付的脚价等费，又是100万两，则共用军费963万余两。如果再加上瞻对之役的100余万两银，则军费多达1100万两。

用兵金川的过程中，清军两次失败，伤亡惨重。前面曾说过讷亲、张广泗所统之4万余名兵士，因战死和重伤遣返，只剩下24900余名，减员八分之三。四川提督岳钟琪奏报张广泗等损失之具体情形说：每打一碉一寨，大者官兵带伤不下数百名，小者不下百数十名，军营现存官兵，"每百名中（带伤者）竟有数十，且有身带四五处伤不等者"。③经略大学士傅恒在前往金川途中，"见陕西、云南受伤遣回之兵，敝衣垢面，几无人色"。④

由于供应军需，转运粮饷，民力十分疲惫，尤以川省为甚。停战之

---

①《清高宗实录》卷331，第31页。

②《清高宗实录》卷335，第20、21页。

③《清高宗实录》卷325，第7、8页。

④《清高宗实录》卷331，第15页。

后，乾隆帝降旨：川省军兴，"一切供亿输挽，有资民力"，令川督将运米州县分等具报，听候施恩，并将十三年、十四年地丁钱粮缓征。四川总督策楞于十四年四月遵旨上奏后，帝于五月初八日下谕：列为一等的茂州等14州县，"地居冲要，差务殷繁，承办米夫最多"，加恩蠲免1年钱粮。列在二等的温江等43州县厅，办米出夫亦多，仅次于茂州，有的州县或派出口站夫，或当北路孔道，"差务亦重"，免1年钱粮7/10。列为三等、四等的乐山、隆昌等75州县，或出夫而不办米，或粮由舟运，"人力稍省"，分别免一年钱粮的十分之五或十分之三。①此时四川省有州、厅、县143，而上述因出夫运米蠲免钱粮的州、县、厅却为132，占全省州、县、厅总数92%，可见金川之战使四川民力亏损之严重。

乾隆十年七月至十一年四月的瞻对之战，使历任尚书、总督、都统、领侍卫内大臣、大学士等要职的国舅爷一等公庆复，坐赃误军机律，革职削爵，勒令自尽；署四川提督李质粹被处以死刑。十二年六月至十四年二月的一征金川，使势倾朝野的乾隆帝之第一宠臣、首辅、领班军机大臣、一等果毅公、经略讷亲，被削爵问罪，丧命于其祖遏必隆的宝刀之下；因治苗疆平苗变而平步青云超升总督、副将军，被帝赞为"在督抚中娴习军旅者"无出其右的川陕总督张广泗，以失误军机"有心误国"罪，立即处斩。

乾隆帝付出了如此重大的代价，又得到了什么？当然，也不是一无所获。其一，不管怎样，大金川土司莎罗奔总算是"稽首请降"了，还具了甘结，遵守六条，金川地区保持了十几年比较安定的局面。其二，逃匿多时的下瞻对首领班滚，慑于军威，"悔罪投诚"，率领弟兄、土目、头人，"出界跪迎"四川总督策楞派往晓谕的官员，"誓死明心"，"亲身率众归诚"，并表示立即"约束番众禁做夹坝，遇有差使，倍竭报效"。其亲戚土目，"亦各同声欢庆，如获更生"。②瞻对之役的未竟之事，也算得到了解决！这一地区保持了相当长时间的和平与安宁。其三，降服苍旺，将杂谷土司改土归流。乾隆十七年八月下旬至九月初，以杂谷土司苍旺攻打邻界之梭磨、卓克基土司，不遵官府调处，又"私造铁炮，潜蓄逆谋"，四川总督策楞、提督岳钟琪发兵4000前往征剿，半个月内擒获苍旺，降服"番寨"100余寨，招抚藏民

---

① 《清高宗实录》卷340，第19页。

② 《清高宗实录》卷349，第6页；卷358，第6页。

4万余人，将这延袤两千余里的大土司改土归流，设立理番厅。此事虽在攻打金川之后，但显然与岳钟琪起为提督，执掌四川兵权，以及其两次攻取金川碉卡，劝降莎罗奔，有着密切的联系，因此，可以将此列为用兵金川的成效之一。

至于所谓莎罗奔之"跪降"及其六条条约，倒很难作为"一大武功"的依据，或者说得更准确、更明白一些，它反而是表明乾隆帝用兵金川之误及其并未成功的有力证据。莎罗奔之"跪降"一事，很有文章。乾隆帝援引傅恒、岳钟琪的奏疏，说莎罗奔多次求降，情切辞恳，但是他们却在"求降"之事的三个重要关节上含糊其词。一是虽然莎罗奔与其侄郎卡确曾一再和清军联系，要求停兵议和（即傅恒等人说的求降），但在相当长的时间里，他俩坚决拒绝清朝要其自缚到营面议的要求，只是屡遣头人来见，本人从不前往清军大营。二是莎罗奔之所以能于十四年二月初五日至卡撒傅恒军营外设坛除道，很重要的原因是岳钟琪的劝降。堂堂天朝的大将军、四川提督岳钟琪，竟然仅仅率领四五十名随员，就纡尊降贵，亲临小小土司寒舍，反复劝导，而且肯定讲述了清政府宽待莎罗奔的方针及"跪降"的具体安排。先有岳的大驾光临及其保证，才有二月初五日莎罗奔、郎卡等人至军营的"跪降"。三是莎罗奔仅仅是率众跪迎，并未自缚其身"肉袒羊牵"，而且傅恒宣布帝旨"示以德威，宥之不死"，当即遣返回家，没有施加任何凌辱和处罚。如果考虑到，莎罗奔原本是经帝批准袭承其兄之职的一个小小安抚使，是清帝所辖之微不足道的一位"番酋"，连清政府中的七品芝麻官到来，他都要率众跪迎，那么，这次二月初五的"跪降"，便没有什么特殊性了，便不是因战败而跪迎将军、经略。

与此相类似的，是所谓莎罗奔的"呈献甘结，遵依六事"，即不侵邻"番"、退还占地、勤勉当差、献擒凶首、送还俘获、交献枪炮。这与其说是莎罗奔战败而签的投降条约，倒不如说是友和协议和例行公文。莎罗奔是清帝"属番"，他作为清政府统辖之下的一个安抚使，本来就应遵守清朝国法，不得侵扰邻"番"抢掠汉民，不许侵占其他土司之地，更不得对抗官军，杀伤将弁士卒，夺取枪炮，如果违令则要依法严惩，直至抄家问斩，踏平全境。这次的两年之战，莎罗奔先后击杀了总兵任举、副将张兴、参将买国良、游击孟臣等将领多人，杀伤官兵上万，还夺取了许多枪炮，犯下了"十恶不赦"的灭门大罪。可是，六条之中，莎罗奔只是退地、还人、当差、献炮而已，交了一个马邦头人朗多阿朗，作为"起祸之原"、"误犯天兵的凶首"，而他这位指挥"番民"万人侵邻、占地、掠人、夺炮、数败官军的大土司，却安然无恙，既不问罪，又不受罚，还不挨骂、不受羞辱，照样稳坐安抚使的金交椅，统辖五百里的大金川，这六条怎能成为清军获胜建立武功的根据？

看看用兵初期乾隆帝关于此战的目的、要求的谕旨，更可使人们明了所谓平定金川之武功的真情。十二年三月十九日，他下谕决定征讨金川时讲道：此番进剿，"务令逆酋授首，铲绝根株，以期永靖边陲"。[①]擒斩莎罗奔，诛其弟兄叔侄子孙，铲除再起变乱的根源，就是乾隆帝用兵金川的主要目的。这一方针，此后多次在谕旨中继续宣扬和强调。七月二十七日，他对大学士、川陕总督庆复呈述副将马良柱解沃日土司之围、小金川投诚、莎罗奔退守的"捷奏"时，批示说：此乃小小取胜，与去岁进攻瞻对相似。"蠢兹小丑，大兵压境，未尝不畏威慑服"，"究难保其日后之不复肆横，置之化外，仍不免劳师动众，岂为一劳永逸之计"。[②]十月十六日，他谕告军机大臣：四川巡抚纪山报称莎罗奔遣人求降，因其未亲赴军营，不准。川陕总督张广泗亦曾奏述莎罗奔及其兄就日吉父子"屡遣番目乞降，断难允行"。张之"所见极是。逆蛮反复狡猞，即使面缚归诚，尚难保其日后不复肆横。况此番官兵云集，正当犁庭扫穴，痛绝根株，一劳永逸，断无以纳款受降，草率了局之理。着传谕张广泗，务将莎罗奔擒获，明正典刑"。[③]在这里，他再次明白宣布：必擒莎罗奔，犁庭扫穴，不许纳降，哪怕"番酋"面缚归诚，也不允其请。十二月十九日，因张广泗奏称，莎罗奔托土司汪结"恳请招安"，已坚拒其请，告以"该酋罪大恶极，更非瞻对可比，此番用兵，务期剿除凶逆，不灭不已"。今岁不能，至明岁，明岁不能，至后岁，决不似瞻对烧毁罢兵。他盛赞其处理得当，批示说："好。明告之，甚是。看此，朕实庆用卿之得人也。勉之，虽迟何妨。"[④]过了9天，十二月二十八日，他令军机大臣传谕张广泗，命其"擒执逆酋""拿解京师

---

① 《清高宗实录》卷287，第4、5页。

② 《清高宗实录》卷295，第20页。

③ 《清高宗实录》卷301，第17页。

④ 《清高宗实录》卷305，第10页。

献俘，明正典刑"。①

类似谕旨，还有不少，无须赘引。问题最清楚不过了，乾隆帝此次出兵，是为了踏平大金川，生擒莎罗奔，彻底制服这一地区，绝不是"纳降了局"，即使莎罗奔"面缚求降"，也不罢休。将此和十四年二月初五日傅恒所奏的"平定金川"大捷相对照，其名胜实败的真情便不言而喻了。

总的看来，乾隆帝发动的十二年六月至十四年二月的金川之役，并没有取得胜利。他的这一所谓"平定金川"的"一大武功"，既不威武，也无功可言，不过是进行了一场错误的战争而已。由于他决策有误，用兵的时间不对，选择的打击对象大金川土司莎罗奔欠妥，较长时间里任用将帅不当，因此，耗费了巨量银两，劳民伤财，败师殒将，得不偿失，最后不得不以"纳降"来"草率了局"，实际上是打了一场大败仗。

二、再征金川

（一）木果木清军惨败

乾隆三十六年（1771年）七月初六日，因实际上掌管小金川土司事务的土舍僧格桑骚扰沃什、瓦寺土司，大金川土司索诺木又占据了革布咱什土司的官寨，乾隆下谕征讨小金川，一年以后又命进剿大金川。

清军进攻小金川初期，乾隆帝委任大学士四川总督阿尔泰、四川提督董天弼负责指挥。旋因阿尔泰由部员出身，未娴军旅，且齿迈躯肥，不宜驰骋行阵，改调谙习军务的云贵总督德福为四川总督，不久因德福奏述缅甸军情欠妥，又改令文绶为川督。在此期间，征讨小金川的军务由阿尔泰主持。阿尔泰畏难逗留，乾隆帝大怒，多次下谕严斥其非，后并革其大学士、总督职，拿问治罪，赐令自尽。三十六年九月十一日，他以主持征缅军务的定边右副将军温福曾从兆惠征讨霍集占，颇为勇敢，力战负伤。遂命温福带军营满兵200名和精壮黔兵3000名，星驰赴川，指挥大军进攻小金川，以侍郎、军机大臣桂林相佐。

---

① 《清高宗实录》卷305，第29页。

　　温福于乾隆三十六年十月十八日至成都,十一月中抵达章谷军营。乾隆帝决心剿灭大、小金川,给温福提供了极为优越的条件。他大调士卒,三十六年九月,三路共调汉土官兵16500名;十月,温福所带之兵至川,又奏准添调贵州兵2000、陕甘兵3000;十二月又增调陕甘兵3000。三十七年二月再增派贵州兵3000、陕甘兵3000。至此,陕甘、贵州共调兵17000名,加上川省汉土官兵,共33000余名,而小金川"番民"仅1万余人。到三十七年十月宣布征剿大金川时,各省共调兵丁38000余名,加上川省汉土兵3万余名,共约7万名,而大金川"番民"不过2万余人,官兵显然处于绝对优势。且官兵拥有大批枪炮火药,温福尚未到川之前,官兵各营已有火药109000余斤、枪子528万余颗、火绳6万盘,还有大批枪炮。温福又铸重4000斤、3000斤至1000斤的大炮,另有靖远炮、劈山炮等重炮。乾隆帝调拨了大量军需银两,三十六年十一月,以钦差侍郎桂林奏称川省已动支备贮银37万余两为军用,仅存备贮银67万余两,不敷应用,帝命于湖南、湖北各拨30万两,广东60万两,广西120万两,又于广东盐课内拨60万两,共300万两,解往蜀中兵营。后又多次拨银,到三十八年六月初,已拨银2900万两,3倍于一征金川之军费,而且乾隆帝下谕宣布:"但能扫荡擒歼,为一劳永逸之计,即使再多费一千万两,朕亦不靳。"①

　　乾隆帝给温福派去了不少勇将,如参赞大臣、都统海兰察,参赞大臣明亮,提督哈国兴等,皆久经战阵军功卓著之名将,特别是有大将之才的原副将军阿桂亦在军营,应当说清军之中确是人才济济。

　　乾隆帝还对温福特施厚恩。温福是乾隆帝一手提拔起来的。温福原系翻译举人,雍正六年(1728年)补兵部笔帖式,乾隆五年始迁兵部主事,从此升迁迅速,八年迁员外郎,任军机章京,十年迁吏部郎中,十一年擢湖南布政使,十四年调贵州布政使,以办案草率,于十九年革职,自备资斧于乌里雅苏台办理粮饷,效力赎罪。二十三年温福被授为内阁侍读学士,赴定边将军兆惠军营办事,随军征战,手受枪伤,"奋勉效力",蒙帝嘉奖,授内阁学士,议叙军功,加六级。二十五年回京后授仓场侍郎,三十四年晋福建巡抚,三十五年五月任吏部侍郎、军机大臣,七月授理藩院尚书,八月兼正黄旗蒙古都统,擢任定边右副将

　　①《清高宗实录》卷896,第30页;卷903,第30页;卷919,第23、25页;卷930,第3页;卷934,第10页;卷936,第5页。

军，赴滇办理征缅军务。乾隆帝于三十六年九月调温福赴川，十一月即授其为武英殿大学士兼兵部尚书，第二年又升其为定边将军，对其异常信任和宠爱。并听从其言，将自己的亲女婿固伦额驸、亲王、尚书、参赞大臣色布腾巴尔珠尔革职削爵，将参赞大臣伍岱革职遣戍伊犁。对于用兵金川方略，乾隆帝亦多依温福所奏而定。

温福蒙帝厚恩，拥有这样优越的条件，在征战初期，确系知恩图报，统率官兵，奋勇向前。温福由汶川出口，为西路军，总督桂林由打箭炉出口，为南路军。乾隆三十七年春，桂林克复革布什咱土司故地，温福克资里、阿喀。五月，桂林遣参将薛琮率兵3000入墨龙沟，全军陷没，帝任阿桂为参赞大臣，代桂林，统南路兵。两军连夺碉卡险隘，不断深入敌境，至三十七年十二月，温福领兵连克东玛、固卜济山梁、路顶宗、博尔根山梁、达克苏、公雅山、明郭宗；阿桂率南路军克甲尔木、僧格宗，并与温福西路军会合，取僧格桑所居之美诺。僧格桑赴父泽旺居住的底木达，泽旺闭寨门不纳，僧格桑遂逃入大金川，泽旺降。至此，尽取小金川全境，清军大胜。

乾隆帝在得悉攻取僧格宗消息后，于三十七年十二月十三日下谕：小金川之局，年内即可告成，"金川索诺木助恶主谋，罪更浮于僧格桑，即应移师并剿，歼此渠魁，庶杜边夷后患"。大军应分三路进攻，温福着授为定边将军，阿桂、丰升额俱为副将军，授舒常为温福一路之参赞大臣，海兰察为阿桂一路参赞大臣，哈国兴为丰升额一路参赞大臣，各自统辖兵弁，分路进剿。

温福、阿桂奏言用兵大金川之法说：过去张广泗等征金川时，十路七路分合不常，其实只有六路，总以前抵勒乌围、噶尔崖为主。一为喀尔萨尔，由小金川美诺至噶尔崖约五程，为傅恒进兵之路；一为党坝（丹坝），由维州桥经番地抵勒乌围，二十余程，中有穆津冈天险，为岳钟琪进兵之路，前后三载未逾寸步；一为僧格桑由美诺抵噶尔崖，六七程，即总兵马良柱之路；一为革布什咱，一为马尔邦，皆距噶尔崖五六程，险狭难行；一为绰斯甲之官寨，至勒乌围，仅二程，山路较平。今既得美诺，即当由喀尔萨尔正路进兵，俄坡一路既有绰斯甲土司愿出兵复其失地，可为犄角，其余各路分兵牵制，使不能兼顾。温福统军由功噶尔拉至喀尔萨尔，进捣噶尔崖（噶拉依）；阿桂自僧格宗、纳围、纳扎木至当噶尔拉，进攻噶尔崖；丰升额由章谷吉地赴绰斯甲布，经俄坡，攻勒乌围。乾隆帝阅奏后于三十七年十二月二十七日降旨予以嘉奖。

三路大军分头进攻后，温福以攻噶尔拉碉固路险，墙坚冻滑，改从别道攻昔岭，驻营木果木，令提督董天弼分屯底木达，以守小金川之地。乾隆帝读过温福奏折后，十分担心，恐大金川袭掠官兵后路，于三十八年二月二十三日、二十四日两次谕告军机大臣："朕按图察看，我兵业已深入，后路各处，均关紧要，贼匪本属狡诈，不敢明为接仗，或乘间由大兵之后，前来偷袭，亦未可知"，殊为惦念，着令诸将细心防护。①

乾隆帝的担心不是没有根据的，三个多月以后，果真出现了大金川截断官兵后路大败清军的惊人事件。原来，主帅定边将军、大学士、兵部尚书温福，刚愎自用，获胜骄傲，居功自负，仗势凌人，轻视同僚。当进攻昔岭遭金川兵猛烈抵抗，难以前进时，"不广咨方略，惟袭讷亲、张广泗以碉卡逼碉卡之故事，修筑千计，所将兵二万余大半散予各卡，每逾数日当奏事，即派兵扑碉，不计地势之难易，得不偿失，士心解体"。温福还"狃于易胜，不复调檄各路兵马，唯日与提督董天弼辈置酒高宴"。②参赞大臣、都统伍岱曾上密折劾温福"自以为是，不听伊言，以致众兵寒心"；参赞大臣、额驸色布腾巴勒珠尔赞成伍岱之议，亦疏劾温福，但均被温福诡辩驳回，反使帝信其言，重惩二臣。③参赞大臣海兰察对温福顿兵坚碉之下十分不满，扣刀讥温福说："身为大将，而惟闭寨高卧，苟安旦夕，非丈夫也。今师虽疲老，使某督之，犹可制胜。若公终不肯出战，不若饮刃自尽，使某等各竭其力可也。"温福虽被此尖利言辞刺痛，拂袖而起，但仍因循苟且，"亦无有所指挥也"。④

温福将大营扎于木果木，命侍卫德尔森保领兵驻扎簇拉角克一带，令提督董天弼守底木达。由于屯兵日久，屡攻不下，金川番兵又藏匿各处密林，夜间四出劫营，官兵不胜其扰，防不胜防，士气低落，防范松懈。大金川土司索诺木乘机让僧格桑遣派许多头人由美卧沟出至小金川，"煽故降番，使复叛。诸降番见大军久顿不进，遂蜂起应之"。乾隆三十六年六月初一日夜间，大小金川番兵从大板昭山口下，夺清军卡5所，抢占底木达营盘，击杀董天弼，随又夺占粮台，潜攻木果木。温福

① 《清高宗实录》卷927，第19、20、21、22页。
② 《圣武记》卷7，《乾隆再定金川土司记》；《啸亭杂录》卷7，《木果木之败》。
③ 《清高宗实录》卷902，第8页，卷908，第2页。
④ 《啸亭杂录》卷7，《木果木之败》。

闻悉，尚不严备山后要隘。六月初八日金川夺据炮局，初九日抢占大营东北山上木栅，初十日又夺占大营后面木栅。此时温福军营尚有官兵近2万人，本可据营坚守，甚至反守为攻。但几日来的失利，使许多官兵心惊胆战，绿营兵丁又素来怯懦惧战，兼之，温福指挥失宜，当运粮民夫3000余人逃奔大营时，温福竟下令紧闭大营四门，民夫溃散，"声如坏堤，于是军心益震"。金川兵四面进攻，突入营中，"温福中枪死，各卡兵望风溃散"。海兰察率领部分士卒突围而出，沿途收集溃兵，于十二日退至美诺。

清军木果木之败，损失惨重。阵亡或未经冲出的文武官员有：定边将军温福，提督董天弼，四川提督马全，署贵州提督牛天界，总兵张大经，副都统阿尔素纳、巴朗，御前头等侍卫德尔森保，副将二达色、多隆武、赵琮，参领观音保、德保、额尔塞、阿哈达，知州徐谂、吴璜、彭元玮、常纪，知府吴一嵩，以及主事、知县、同知、典史、副参领、护军校、骁骑校、协领、防御、参将、游击、都司、守备等，共100余员，兵士阵亡3000余人。木果木军营遗失米粮17000余石、银5万余两、火药7万余斤、大炮5尊。这是乾隆帝执政三十六年来第一次的大惨败。

（二）皇上紧急应变 副帅智脱险境

乾隆三十八年（1773年）六月初十日定边将军、大学士、兵部尚书温福命丧木果木之时，远在数千里外的乾隆帝并不知情，还在苦苦思索克敌妙计，等待捷音，并连发谕旨，指授用兵方略。当大金川兵于六月初一突袭大板昭、底木达时，乾隆帝于此日再次下谕，重申必灭金川的决心。他谕军机大臣：温福等奏，攻剿昔岭及达扎克角木栅，均有金川人出寨邀击官兵。金川"竟敢公然打仗，实为可恨，必当剿洗净尽，不可稍有游移"。至于军需银两，共拨2900万两，约计用至明年四五月，尽属宽裕。设或以多费为可惜，中止撤兵，"贼必并吞各土司，联而为一，直闹至维州桥，其时岂能置之不问，是现在所用，尽为虚掷，又须另起炉灶，所费必更不赀，而办理倍难，谋国者断不应出此。即或急切未能藏事，但能扫荡擒歼，为一劳永逸之计，即使再多费一千万两，朕亦不靳。温福、阿桂、丰升额等各宜深体朕意"。[①]六月初十日，他又谕示军机大臣，遣春宁、特成额带荷包、奶饼，往温福、阿桂军营分赏，

并查看打仗情形，即回具奏。他不知道，此时温福已在木果木成了大金川人的刀下鬼了。

正当皇上志灭金川伫候捷音之时，急报接连而至。六月十六日，温福、阿桂于五月末发出的奏折到京，言及金川侵扰粮站。第二日阿桂之折又到，奏称六月初二日得悉，底木达于初一夜间失陷，喇嘛寺粮台被占。二十三日参赞大臣海兰察紧急奏折到京，言及初十日木果木大营失陷，温福阵亡，已带满兵突围，于十二日退至美诺，四川总督刘秉恬亦由登春奔回，正会同博清额、伍岱、和隆武商议固守及开通将军阿桂后路。

乾隆帝获悉木果木惨败后，当日（六月二十三日）连下五道谕旨，又于第二日下达七道上谕，部署紧急对策。这十二道谕旨主要讲了五个问题。其一，添派满兵。"温福等失事，皆为绿旗兵所误。去年春，朕已派定健锐等营精兵数千备调，因温福、阿桂奏，以兵较绿旗兵费几数倍，朕为其说所游移，遂尔中止"。今事已如此，悔亦无及，现选派健锐、火器营兵各1000、黑龙江兵1000、吉林兵1000、伊犁厄鲁特兵1000，前往军营，照例厚给赏赐。其二，增遣将官。色布腾巴勒珠尔复为固伦额驸，仍戴宝石顶、三眼孔雀领，授为参赞大臣，富德着由三等侍卫授为头等侍卫、领队大臣，并派出乾清门侍卫保宁、伊达里、纳木扎、珠尔格德等人前往。其三，指授方略。此时海兰察已与刘秉恬、富勒浑（署四川总督，率贵州兵）会合一处，"唯当示以镇静"，将美诺至明郭宗一带办理周密，其余各紧要处，须开通者迅速开通，"应剿杀者尽力剿杀，总须占住小金川、沃克什地方，整顿兵众，鼓励士气，以期另办"。阿桂知悉木果木情形，自必统领大兵撤回，"只需阿桂与海兰察等会合，大局即定"。宜喜一路，留参赞大臣舒常带兵驻守，副将军丰升额即由该处径往阿桂军营。其四，缓征钱粮。川省官兵经过州县，钱粮缓征二年，京兵、陕甘兵经过州县，钱粮分别缓征5~8分。其五，惩奖士卒。"温福军营绿旗兵尽皆溃散，实堪发指，若不将倡首及附和者正法多人，军律安在"！必须严办。其随从海兰察、伍岱剿敌之兵，亦系绿营，尚知奋勉打仗，即应赏赐以示鼓励，或赏1分盐菜银，或赐半月饷银，对土兵土练亦一体赏赐。[①]

温福一路失败以后，乾隆帝把希望寄托在阿桂身上，于六月二十四日下谕说，据阿桂奏："现在派兵防守，杀贼多人，并设法将叛逆降番

---

① 《清高宗实录》卷937，第20~32页。

羁其头人，歼其丑类，剿清后路军营，军心稳定"，储备充裕，铅药敷用。阿桂所办，"甚合机宜，实为嘉慰"，着即授阿桂为定边将军，另整规模，俟京兵到齐后，另筹进剿，"务须扫荡贼巢，擒歼两逆，以雪愤恨而申威令"。①

乾隆帝极为担心阿桂一路的安危，恐其被金川截断后路全军覆没，多次下谕指出，"此时最要之事，唯在阿桂从军营回至美诺"，"唯接阿桂，最为紧要"，催促海兰察开通阿桂的后路予以接应，要求阿桂尽快撤退至美诺。②他的担心是有根据的，阿桂处境确实危险。木果木清军惨败之讯，鼓舞了大小金川人斗志，纷纷出击，已降之小金川人亦欲起而响应。绿营兵本来就懦弱怯战，现在得知将军战死，更易动荡不安，如不及时采取得力措施，绿营兵必狼狈溃散，那时阿桂就将落到与温福一样丧命的下场，木果木之败的情景又将出现。更使乾隆帝不安的是，海兰察等抵挡不住金川的进攻，被迫从美诺撤出，后退至很远的日诺屯驻，更难以接应阿桂了。

在这万分险恶的紧急关头，副将军阿桂采取了严守防地、清除内应、断绝河南河北大小金川人丁之间的联系等紧急措施。阿桂一闻底木达失陷，便"料其必有小金川番人为内应，即察各寨头人内之迹涉可疑者，羁留营中，不令回寨"，又于当噶尔拉至章谷后路一带，"将小金川精壮男番歼灭，碉寨尽行烧毁"，并派兵在达乌、翁古尔垄等处防剿，其僧格宗至当噶尔拉之必经之路的色木则，令奎林、崔文杰堵剿，扑杀多人，添兵防护纳围粮站，征剿河以南之拉约寨，"痛加剿戮，焚烧寨落"，又尽收皮船，使河南、河北大小金川兵丁不能往来接应，从而清除了隐患，切断了大金川的内应，稳定了军心，防御严密，累败敌兵。③因此，尽管海兰察一路官兵已经撤退，"丰升额一路现又分拨官兵护粮防后，亦不能竭力西攻，所有贼番力量全注于当噶尔拉（即阿桂军）一路"，但阿桂仍然信心十足，向帝奏称："当噶尔拉一路，军粮火药尚为充裕，唯有悉力筹办，即贼匪百出侵扰，臣等鼓励众心，亦尚能坚守两三月。"

大金川土司索诺木见阿桂防守严密，难以进攻，又想让清军尽早退

①《清高宗实录》卷937，第34页。

②《清高宗实录》卷938，第5、29页。

③《清高宗实录》卷937，第34、43页；卷938，第24页；卷939，第1页；卷939，第5页。

出大金川，遂多次遣派头人到军营禀称，"我金川系大皇帝家旧土司，如今官兵百姓等，我金川一点不敢侵扰"，"（索诺木）吩咐两金川人众，凡阿将军处出来兵丁百姓，断不可稍有伤损"，希望清军退出。①阿桂因"当噶尔拉后路险仄绵长，如翁古尔垄、策尔丹色木等处，悬崖鸟道，只需数十人据截，虽有多兵，不能冲过。即如木果木一路官兵二万有余，德尔森保一经失事，即不足恃，皆因后路一断，兵卒等慌张溃乱所致"，故"将计就计"，立允其请，于六月二十五日陆续撤兵，分拨于思纽、得里、翁古尔垄、阿仰、卡了、邦科、约咱、索布章谷等处，他自己亲带滇兵1600名断后，于七月初一日撤出，在翁古尔垄、思纽扼要地方暂为存驻。大金川守信，未予截击。撤出之时，阿桂见沿途各隘，皆有忠于清帝之土兵"驻守接应，始知巴旺、布拉革底土司已将得力头人尽数派出，并攒集土司把守后路，其明正土司及革布什咱土司，亦各尚知报效，不肯为贼番等所眩惑"。②

乾隆帝于三十八年七月十六日收到阿桂全师而出退驻翁古尔垄的奏折，非常高兴，立谕军机大臣："连日盼望阿桂军营信息，甚为悬切，因屡谕富勒浑及富德等速往带兵接应。"今阿桂全师而出，"朕心稍慰"。阿桂此次办理，"事事妥协，甚属可嘉，已授为定边将军，统办进剿之事，实堪倚任，此外大臣等，亦罕有能出其右者，阿桂即当实力担承此事，不必稍存疑虑"。③

乾隆帝认为，阿桂安全回驻，使"大局已定"，从此便积极调兵遣将，"一俟兵力略振，即可收复小金川"，并进剿大金川。④金川之役即将进入新的阶段了。

（三）用名将拨银七千万两　誓擒"二酋"

乾隆帝从三十八年六月二十三日获悉温福丧身于木果木起，至十月底，抓紧进行再征金川的准备工作。他主要做了三件事。

其一，选任将帅。乾隆帝认为，木果木之败的主要原因是任帅用将失误。刚开始，他还以为温福的失事，是由于提督董天弼丢了底木达、

---

① 《清高宗实录》卷939，第4、5页。

② 《清高宗实录》卷939，第2、4、5、25、50页。

③ 《清高宗实录》卷939，第2、3、6页。

④ 《清高宗实录》卷938，第10页。

头等侍卫德尔森保疏于防备，故对温福之死表示悼惜，赐封伯爵，俟后知悉其种种过失贻误军机时，才深悔用其之误。他于三十八年七月初十日下谕，历数温福之错说："温福军营，民散在前，兵溃在后，实系温福未能先事预防所致"，"温福之仓皇失算，其死乃由自取"。温福军营阵亡文武大小各员多至数十人，而将弁兵丁之未出者至3000余人，"此皆温福乖方偾事，以致折将损兵，使其身尚在，即当立正典刑，以申军纪，岂可复膺五等之封"，着革其伯爵。"朕之误任温福，又误信其不发劲旅，悔已无及，唯有引咎自责而已"。①

因此，这次他在任用将帅上特别慎重。经过多方考虑，他委任阿桂为定边将军，以丰升额、明亮为副将军，任富德、色布腾巴勒珠尔、海兰察为参赞大臣。乾隆帝特别多次强调"此事唯阿桂是仗"，"军营一应机宜，朕唯阿桂是倚"。②他又因检阅将军印谱时，发现定西将军印系顺治年间将军爱星阿征剿李定国时佩戴，"成功甚速，最为吉祥"，故改授阿桂为定西将军，佩戴此印。

其二，增派满汉兵丁。阿桂请增调京兵3000、吉林兵4000、索伦兵3000、湖广兵5000、山西兵5000、云南兵2000，共23000名。乾隆帝认为，"温福等失事，皆为绿旗兵所误"，"总因营中无满洲兵可为倚恃，遂使绿营率惊溃无存，亦由温福等倡议不用京兵所误"，故增派京师健锐营满兵1000、火器营满兵1000、吉林满兵2000、黑龙江满兵索伦2000、西安驻防满兵1000、荆州驻防满兵1000、成都满兵500，共8500名；又派伊犁厄鲁特兵1000，并增派湖广兵4000、云南兵2000、陕甘兵2000，共计满汉兵17500名，还有贵州等省已调之兵3000余名，加上过去所调成都驻防及各省兵39000名及川省官兵与屯土兵练。乾隆三十八年七月，清军总共有7万余名，后更陆续增至10万。③

其三，筹拨大量军需银两和枪炮弹药。乾隆帝决心剿灭金川，调拨巨量银两以供军需之用。至乾隆三十八年七月止，已拨银2900余万两，此时，每月需银100余万两。八月两淮盐商奏捐400万两，十月长

①《清高宗实录》卷939，第35、36、38页。

②《清高宗实录》卷939，第32页；卷940，第5页。

③《清高宗实录》卷937，第21页；卷938，第38页；卷939，第13、55页；卷949，第12页；卷1004，第24、25、26页。

芦、山东盐商呈捐90万两，山西士绅捐银110万两。乾隆帝谕告军机大臣："军需费用虽多，而现在再拨二三千万，库帑亦尚充盈。朕意唯在剿灭两金川，永除后患，断不靳惜多费。"他又谕令"川运开捐，约计可收千万"。此后朝廷继续解运银两，到乾隆四十一年二月平定金川时，共用7000余万两。①除军营自铸大炮以外，又解运军营冲天炮、劈山炮等重炮及大批弹药，仅平定之日军营存储未用完的生熟铁即将近6000万斤。

做好兵力、物力、财力等方面准备后，乾隆帝便吩咐阿桂等统军进剿。在用兵方略和战术上，他基本上同意阿桂的建议，而不时加以补充或提醒其应注意之事。阿桂刚回到翁古尔垄不久，就上疏建议"应分三路进取，此时先须收复小金川"。乾隆帝于三十八年七月二十九日降谕赞同说，"自当如此筹办"，并据此做了三路进攻的部署。他以"此三路中，沃克什既为正路，尤关紧要，且日隆等处现有之兵（即原温福所统之西路兵），多系溃退之余，心多怯懦，尤不可不亟为振作鼓舞，以期奋励"，故令阿桂统领此路（西路）兵马，令色布腾巴勒珠尔固伦额驸为参赞大臣。别斯满一路（即北路）令副将军丰升额统率，海兰察为参赞大臣。南路由副将军明亮统领，富德为参赞大臣。②

十一月初，定西将军阿桂等奏：定于本月二十九日分路进兵，攻剿小金川。乾隆帝就此谕军机大臣："阿桂等奏分路派兵剿复小金川一折，所办甚好，伫盼捷音。此次添有满洲劲旅，声势甚盛，而阿桂等派拨带兵之处，亦甚合宜，看来收复美诺，自属益事。"③

战局果如乾隆帝所预料和盼望的那样，进展很快，西路阿桂两天之内就攻下了上次五六个月才克取的阿喀木雅、木阑坝等"势俱绝险"之地，十一月初三日就收复了美诺；南路明亮亦连克碉卡，十一月初六日攻取僧格宗，至此，将小金川之地全部攻取。进军之快，克碉之多，实属罕有。乾隆帝获悉捷音后，十分高兴，连下数谕嘉奖官兵，从厚赏赐，并亲写纪事诗一章，颁赐阿桂。他分析得胜之因说：此次进兵以

①《清高宗实录》卷941，第21、31页；卷944，第15、18页；卷949，第12页；卷991，第30、31页；卷1004，第24、25、26页。

②《清高宗实录》卷939，第57、58页。

③《清高宗实录》卷946，第7、8页。

来，"连得贼酋险要碉卡，如摧枯拉朽，固由添派满洲劲旅勇往直前，绿营亦皆效法知勉"，"将军、参赞调度董率有方"。①

（四）定西将军阿桂调度有方　大功告成

阿桂等略事休整后，向朝廷报告，定于乾隆三十九年（1774年）正月初十日，向大金川进攻。乾隆帝于正月初五日得悉此奏后，谕军机大臣："据阿桂等奏，定于正月初十日各路同时并发。所办甚好，伫听捷音。又据称官兵彻赴底木达，俱令裹带干粮，不许举火。自应如此办理。至所称僧格宗、章谷一路，应于总兵英泰、参将汪腾龙内派留一员驻扎，即着派英泰在彼实力妥办。"②

阿桂等将军、参赞大臣仔细商量攻剿之法，拟由谷噶、凯立叶及马奈、博堵三路进击，阿桂自谷噶入，副将军丰升额领兵攻凯立叶，副将军明亮击马奈、博堵，最后三路合攻大金川土司索诺木居住的勒乌围。阿桂于三十八年十二月中奏称：谷噶第一道山梁，碉卡少，第二道山梁，碉卡严密，若从此绕越，抢据格鲁瓦觉三寨，断其来援之路，则第二道山梁之敌可不攻自溃。"过此至勒乌围，皆系居高临下，甚为得势"。其凯立叶一路，现调丰升额进兵，若占据萨尔赤罗山梁，顺山而下，则康巴达格什戎冈亦被官兵截断在外，而穆尔津冈之敌即不能与勒乌围相通，且官兵一至谷噶山梁，与凯立叶相望，从内转攻穆尔津冈，"贼必难于抵御"，而党坝存驻之兵，亦可前来会合。绰斯甲布应袭土司雍中旺尔结因"大兵必灭金川"，除已派3600名部下从征外，"愿添派番兵，别寻径路，誓必夺取山梁"。乾隆帝于三十九年正月初六日看到此折后，谕军机大臣："阿桂等奏筹划进剿情形，颇见诚心，所筹甚善，是阿桂、丰升额一路之兵甚为得势。如果能进逼勒乌围，则贼人外险已失，必多惶窘，自难久于支拒，便可扫荡贼巢，擒缚凶竖，以成大功。指日即届进兵吉期，伫望捷音速至"。"两金川罪大恶极，万无可逭，并非缚献逆酋所能完局。况今各路进兵，尤不宜复通文檄，设或贼人情急，差人诣军门献俘求降，均宜置之不理……一面督兵上紧进剿。各路将军均当深体朕意，切实办理，朕惟早盼喜音之至。"③

---

① 《清高宗实录》卷946，第17、19、21、22、25页。

② 《清高宗实录》卷950，第12页。

③ 《清高宗实录》卷950，第13-16页。

过了六天，阿桂之折又到，奏称给丰升额增派3000余名兵士。大金川头人丹巴沃咱尔等喊禀："伊土司欲将僧格桑献出，请差一二兵丁往验"。"臣饬令卡兵，严斥不理"。乾隆帝嘉奖阿桂"所办俱合机宜，可谓尽心筹划"，给丰升额增兵是"尤能悉秉诚心，不分畛域"，"体国奉公"，"甚属可嘉"，并着重谕示不能允许金川投降。他说：阿桂对丹巴沃咱尔差人叫唤，"付之不理"，"所见甚是"。"从前准令金川投降一节，朕深悔所办姑息。今贼酋敢如此负恩反噬，不可不急为剿灭，以除后患。……各路将军等总当如阿桂之坚持定见，设遇贼人禀吁，竟不必与之交言，若送僧格桑到营，即并其送来之人，设法擒获，一面仍加紧进攻，贼人计无可施，自必易于集事。"①

阿桂等准备完竣，即各分头进军。定西将军阿桂、参赞大臣色布腾巴勒珠尔等于三十九年正月初二日至布朗郭宗，查点满汉兵丁，应带火药铅弹军械及十日口粮，均已齐全，遂分三队起行。第一队5000余名，由海兰察、额森特、普尔普、保宁带领，于初六日进发。第二队5000余名，由色布腾巴勒珠尔率福康安、乌什哈达、特成额、成德带领，初七日出发。第三队5000余名，由阿桂率积福、倭升额、福珠礼、海禄带领，初八日起行。定边右副将军明亮、参赞大臣富德于正月初五日抵格藏桥，即于桥北地方藏兵，密施号令，兵分三支。河北骆驼沟一路，派兵6000名，由富德统领；河南博堵一路，派兵4000名，由奎林、三保统领，俱紧随土兵进攻，土屯兵共3800余兵；明亮统兵1600名，在河北马奈进攻迎面敌卡。定边右副将军丰升额领兵6000余名，以及阿桂增派已到之兵2000名，于正月初八日抵萨尔赤鄂罗山，占据南面雪山，分攻各隘。乾隆帝得悉军情后，嘉奖阿桂等将军办理妥当，并因阿桂奏若得新增之兵，"捣虚直入，更可以致其死命"，即谕四川总督文绶，命其派将到川省的荆州驻防兵1000名、湖广绿营兵1000名，调往布朗郭宗，听从阿桂使用。②

阿桂等将军统领满汉官兵35000余名及大批土兵，浩浩荡荡向大金川进攻，本想如同进剿小金川那样迅速取胜，当时五天下美诺，八天尽取小金川，现在难道不能半月攻克勒乌围吗？然而，战场的现实却是另一番情景。不是一两个月，也不是半载一岁，这场战争足足打了两年多才

①《清高宗实录》卷950，第22-23页。

②《清高宗实录》卷951，第2-5、8-9页。

算结束。

　　大金川本来就是地险碉坚兵丁勇悍，自乾隆十二年、十三年一征金川之役以后，大金川更"全力抗守，增垒设险，严密十倍小金川"。[①]尽管大金川"跬步皆山"，险碉林立，守御严密，但在皇上誓灭金川的决心的鼓舞和鞭策下，阿桂、明亮、海兰察、普尔普、福康安等将帅矢志克敌，带领满汉官兵奋勇冲杀，绰斯甲布等土司之兵亦争先进击，因此不断获胜，兴胜保等夺占木豁山梁，即系一例。定边右副将军明亮、参赞大臣富德呈报此战之情说：卡卡角前山，形如丁字，凡官兵竭力上攻之处，即金川人加意防守之处。查木豁山梁之半，"东向峭壁，攀缘俱绝"，其上虽有金川人滚石放枪，而山峰一带并无卡隘，因将扎勒桑所带当噶尔拉牵缀兵1000名撤回，一面令各队官兵于十九日分路进攻，一面密挑健兵300名，派扎勒桑带领蓝翎兴善保、守备田蓝玉先于十八日在山梁下预伏，是夜，兴善保、田蓝玉潜领吉林兵7名、索伦兵2名、屯兵8名，"于万难容足之地，攀附而行"，黎明时已在峭壁之上，其余兵士接踵而至，金川兵正在四面迎战各队官兵，"突见我兵从此截出，惊惶失措，碉内各番，望风溃散，官兵奋勇齐登"，击毙多人，将两山梁全行占据。[②]清军大炮众多，大将军重达3000～4000斤，食弹子20余斤，二将军、三将军重1000～2000斤，冲天炮、劈山炮威力皆大，还有喷筒，杀伤力强，满兵弓箭亦很厉害。因此，虽然大金川拼命挡拒，但清军仍连战连胜，步步进逼，不断深入，直抵勒乌围。索诺木药死僧格桑，献送其尸，要求投降，乾隆帝多次下谕，坚拒其请。他于三十九年八月初二日以官兵进逼逊克尔宗，将抵勒乌围，即谕告军机大臣，宣布必灭金川说："官兵既近逼贼巢，大势已失，加以官军勇锐，贼酋自难以久持，第恐其情窘计穷，相率乞降，以冀缓死，将军等断不可为其所惑，稍存姑息。金川负恩肆逆，罪大恶极，自取灭亡，必当明正刑诛，以快人心而慑边徼。况官军费如许力量，始得平定其地，不当以受降完结，使诸番无所儆畏，且不可留此余孽，复滋后患。着传谕阿桂等，若逆酋索诺木及莎罗奔兄弟等，此时诣营求降，唯即擒拿俘献，不得稍有游移。"[③]此后，他又多次重申此意。

　　①《圣武记》卷7，《乾隆再定金川记》。

　　②《清高宗实录》卷952，第7-8页。

　　③《清高宗实录》卷64，第4-5页。

清军顽强进攻，从乾隆三十九年三月初十日起，直到第二年八月十六日，才将勒乌围攻下。定西将军阿桂、副将军丰升额、参赞大臣海兰察、额森特于当日具折，向帝奏报此战情形说：

"查勒乌围碉寨高坚，墙垣巩固，其南为转经楼，又过甲尔日桑桥而南为科布曲山腿，与官寨互为犄角，枪炮俱可以相及，其间寨落木城石卡又皆鳞次栉比，联络接应。前阻大河，后负高碉，对河扎乌古、阿尔古一带之枪炮既能隔水救援，而其后之高碉层层，每层丈余至数丈不等，碉上均有卡栅碉座，备御甚严，且自转经楼而甲尔日磜桥以达于科布曲，陆路既可通行，而用皮船过渡，亦为便易，是以贼人希图死守。奴才等自压至勒乌围之上，分兵攻绕，既用大炮轰摧，复将冲天炮击打，唯恐尚需时日，因从勒乌围转经楼碉卡密排之中，一面攻抢占据，一面拿栅横截而下，以断其后路，并令冷角寺一带官兵由西北合轰官寨，沿河向南拿栅，以断贼人下水之路。但荣噶尔博以及喇嘛科尔等处遁回贼人全聚于此各碉寨内，而贼酋等复悉索噶喇依一带番人均于此合力抗拒，枪炮倍为紧密，且高碉陡峭，兵力难施，因又令官兵砍伐树林作为柴捆挡牌，并将口袋装盛沙土，令官兵匍匐地上，头顶柴捆土袋，以手扳转而行，一至碉沿，层层堆起，赶运木植，连起三层高栅以击碉下之贼，并于地道中运往炮位，轰击从碉下挖沟抗拒之贼，共计高碉八层，均被官军连日逐步抢占。……（十五日夜里）维时预备攻打勒乌围官寨之兵，奴才海兰察率同纳木扎格勒尔德自官寨东南进攻，普尔普、台斐英阿自南进攻，福康安、特成额、明仁从西北进攻，而伍岱攻其东北，奴才丰升额带兵为各处策应，其额尔特、岱森保于攻得木城之后又并力前往攻打，官兵四面围攻，呼声动地，抛掷火弹，诚如流星闪电，官兵乘势各自攀缘上登。贼人始犹抗拒，及见我兵四围蜂拥而入，胆落欲逃，被我兵歼戮者更为不少，遂于十六日子刻将勒乌围官寨攻克。"①

阿桂将此胜用红旗报捷，只用了七天的时间，于八月二十四日丑时

①军机处月折包第2776箱，156包，37513号，乾隆四十年八月十六日，阿桂奏折录副。转引自庄吉发著《清高宗十全武功研究》。

送到木兰行在。乾隆皇帝大喜，立于当日下谕："此实仰赖上天眷佑，成功迅速，而将军、参赞实心宣力，调度得宜，将领弁兵各奋勇集事，均属可嘉"，着将阿桂等交部从优议叙。①他于八月三十日读到阿桂等呈叙战事详情的奏折，知悉此战攻获敌方"碉房、寨落、木城、石卡六十余座，杀贼数百人，夺获枪炮刀矛无算"，高兴极了，下谕说："此皆由上天垂佑，尔等同心协力，方能成此大业，嘉悦之外，几欲垂泪，更当合力前进，速成大功，以俟厚奖。"②

阿桂、丰升额、海兰察等已于八月十七日即继续进军，追讨逃至噶拉依的索诺木。此时，满汉官兵有7万余人，加上土兵，将近10万。清军于四十年十二月十八日抵达噶拉依官寨，团团围困，猛烈进攻，官寨无力抵挡。索诺木之母阿仓、姑阿青及索诺木之姊妹于十八日离开官寨，二十日到达阿桂军营投降，阿仓并向将军呈准，差人往谕索诺木出降，二十八日索诺木之长兄莎罗奔冈达克来营投降。阿桂、丰升额、明亮三路大军齐抵噶噶依官寨，激烈攻打，索诺木再也抵挡不住了，于四十一年二月初四日，带同兄弟并伊妻及其大头人、喇嘛、大小头目和藏民二千余人出寨，乞免诛戮。阿桂遵旨将索诺木及其他头人槛送京师，并红旗报捷，至十二日，用了八天时间，赶送到桃花寺行在。③乾隆帝非常高兴，立即下谕嘉奖将帅官兵，随即于四月二十七日举行郊劳大典，次日献俘社庙，并御门受俘后，将索诺木等"寸磔"，又上皇太后徽号，勒碑太学及两金川地。乾隆帝大封立功人员，封定西将军阿桂为一等诚谋英勇公，进协办大学士、吏部尚书、军机大臣，赐御用鞍马、紫疆、四团龙补褂、金黄带；对副将军果毅公丰升额再赏一等子爵，封参赞大臣海兰察为一等超勇侯，封副将军明亮一等伯，对领队大臣奎林、福康安、和隆武、普尔普等各封晋爵位，其他将弁士兵及从征土司、土目、土兵，各奖赏有差。

将军阿桂遵照帝旨，紧张安排金川善后事宜，主要是安插降番和治理新区。阿桂、丰升额、明亮三路进军以来，陆续收纳了"投出番人二万有零"，除将形迹可疑及罪大之人及时正法外，其余人员分别安插到革布什咱、绰斯甲布、梭磨、布拉克底、巴旺、明正、卓克采、从噶

①《清高宗实录》卷989，第15、16页。

②《清高宗实录》卷989，第35页。

③《清高宗实录》卷990，第5页；卷991，第16页；卷995，第8页；卷1000，第9、25、26、70页。

克、丹坝、木坪、沃什、瓦寺等12个土司，各土司又将他们分别安置于各寨，委派头人管束，"垦耕安业，尽力农功"。大小金川人丁分居力单，从此再也不能滋生事端。

乾隆帝谕在金川设镇驻兵，阿桂遵旨议奏，于大金川驻兵3000名，在勒乌围设总兵1员、游击1员、都司2员、守备2员，噶喇依设副将1员，噶尔丹寺、茹寨、马尔邦、曾达各设参将、游击、都司、守备等官。于小金川安兵3000名，美诺设总兵1员，底木达、僧格宗、翁古尔垄、约咱各设参将等官。每兵3人，给地亩1分，"两人当差，一人耕种"。官兵所需盐菜银7万～8万两，于江浙等省酌裁名粮抵补。帝命此银由正项开支，余依议。①

乾隆帝于四十一年四月二十八日行受俘礼后，颁下《御制平定两金川告成太学之碑》文，命勒石大成殿阼阶前。此文对二征金川的原因、经过、艰苦及皇上本人之功过，做了较好的评述，现摘录如下：

"（金川）阴谋负恩，已自戊寅年（乾隆二十三年）始。盖戊辰（乾隆十三年）之师，实缘其跳梁不靖，而师既临境，彼即穷蹙乞降，遂以赦罪颁师。甫十年而其酋郎卡即与革布什咱搆衅，又四年遂与绰斯甲布及三杂谷为敌，而逆子索诺木凶悖益甚，自恃地广人众力强，与各土司搆兵迄无宁岁，故各土司皆畏之如虎，而以势分力散，又莫能如之何。余以为业已受其降，不宜复加兵，且蚁斗蛮触，不足以劳三师，因命地方文武大吏随宜弹压，令弗越内地界，亦足以安民而示度耳。不虞地方大吏欲息事而每示宽，逆首转以为无足惧而日益逞，其小金川逆首僧格桑者，始则与索诺木水火相仇，继乃狼狈为奸，于是索诺木计杀革布什咱土司色楞敦多布，取其印敕以归，而僧格桑亦侵占鄂克什地界，且发兵围其土司色达拉之官寨，期于必取。总督阿尔泰、提督董天弼知事不可掩，乃有发兵之请。是役也，或咎阿尔泰依违误事之过，而余则以为阿尔泰之过，皆余之过。盖金川因其地险众悍，久蓄异志，是以有杀至维州桥之谣，则其不忘内地，情率可知。戊辰之役，我师深入屡胜，即不宜赦其罪而受其降，此一误也。甫十年而郎卡背恩作乱，以及逆子踵其迹，皆不即发兵问罪，唯令地方大吏随宜处置，又屡误也。以

① 《清高宗实录》卷1004，第46、47、48、49页。

至尾大不掉，终于兴师，故予不咎人之议为穷兵黩武，而转咎己之类于
姑息养奸。盖中国之制外域，张挞伐则彼畏而敛迹，主和好则彼轻而生
心，汉唐宋明之覆辙，率可鉴也。若谓予穷兵黩武，则予赖天恩，平伊
犁，定回部，拓疆二万余里，岂其尚不知足，而欲灭蕞尔之金川，以为
扬赫濯纪勋烈之图哉。虽然平伊犁，定回部，其事大矣，然费帑不及三
千万，成功不过五年，兹两金川小寇，地不逾五百里，人不满三万众，
而费帑至七千万，成功亦迟至五年，则以跬步皆险，番奴效命死守，故
得延至今日。而我将军阿桂立志坚定，决机明敏，两副将军及参赞、领
队诸臣同心合力，各军士敌忾奋勇，凡经大小数百战，而后成功，视平
伊犁定回部，费力转不啻倍蓰。设非天恩助顺，众志成城，则金川未易
言灭，而国威或致少损矣。是不可不记。"[1]

魏源在《圣武记》卷7，《乾隆再定金川土司记》中，亦对用兵金川
之因及其艰难，做了如下评述：

"初，乾隆二十年，平准、回两部，辟地二万余里，用兵五年，用
帑银三千余万两。金川地仅千里，不及准、回两部十之一二，而用兵亦
五年，用帑银至七千万。功半而事倍者，则以天时之多雨久雪，地势之
万夫莫前，人心之同恶誓死，兼三难而有之。方其神施鬼设，伺间出
奇，九地九天，霆劈电骤，或七萃从石缝而出，或千矛随炮声而入，险
万阴平，艰百石堡，自蚩尤以来，未有凿凶裂缝贼目詟魂如兹役
者。……非乘国家全盛之物力，与庙堂宵旰之忧勤，固烈不臻此，非前
狃于钟琪之宽大受降，后激于温福之偾辕失律，亦劳不致此。然则穷武
节殚飚锐以事之，奋伐深入，圣心亦岂得已哉！"

乾隆帝再征金川，虽然耗银7000万两，用兵5年，双方士卒死伤众
多，付出了重大的代价。然而，自此以后，金川及其邻近地区，皆享宁
谧。金川地区屯田发展，人丁日增，到乾隆五十年（1785年），即停兵
以后第十年，金川"屯事日兴，荒土尽辟"，垦地136635亩，"降番"
已因"久沐深恩，各安耕作，遇有差遣，莫不奋勉出力，无异内地民

①《清高宗实录》卷1007，第19、20、21、22、23页。

人"，而"改土为屯，除去降番名目"。①这对金川及其邻近地区藏、汉人民的安定生活及经济发展交流，均起到了较大的作用。

三、一征准噶尔

（一）力排众议定用兵

乾隆十八年（1753年）十月，清定边左副将军、蒙古喀尔喀赛音诺颜部扎萨克、和硕亲王成衮扎布，在塔密尔军营里听到哨探禀报，杜尔伯特大台吉车凌、车凌乌巴什、车凌孟克（通称三车凌）遣使巴颜克什克等前来，呈述准部内乱，征战不停，要求归顺，部众3000余户在额克阿喇勒待命。成衮扎布立遣守汛将士往侦。因准部首领一向善用计谋，他怀疑车凌之来有诈，恐其借此率兵入侵，便调遣军营的喀尔喀士卒，严加防范，并派使者飞速奏报朝廷。

乾隆皇帝阅完报告后，于十一月二十三日谕告军机大臣：

"朕观车凌等来降，似非叵测，何也？达瓦齐与讷默库济尔噶尔搆兵不已，俱令车凌等相助，两家胜败既难预定，即幸而所从者胜，亦仍受其约束，自不若归降大国，冀得妥生。伊等既经来至边卡，将情事实告，应即令其入内休息。可速传谕成衮扎布，即遣军营明白历练大员，前往晓谕，告以尔等率众投诚，业经奏闻大皇帝，大皇帝念尔等俱准噶尔台吉大员，输诚向化，甚可嘉悯，今所驻额克阿喇勒，乃我边卡外地，倘有追兵至此，未便应援，或有所失，朕心深为不忍，即可移入卡内驻扎。……从前准噶尔台吉阿喇布坦、丹济拉等投诚，俱封以显爵，优加赏赍，其宰桑及部落人等，皆授官分产，至今安居乐业。伊等入见后，朕自格外加恩，此时先令成衮扎布动用官项牛羊，赏给伊等，以为接济，其驻牧处所，另行酌定。至准噶尔素称狡诈，固宜派兵防范，但伊等天性好疑，亦不可启其猜嫌，倘车凌等愿留卡外居住，我虽预备，毋庸宣露，若已入卡内，则更无可疑，不须过为防范。"②

①《清高宗实录》卷1192，第4页；卷1297，第31页。
②《清高宗实录》卷451，第11、12页。

　　乾隆帝的这道谕旨非常重要，是清政府改变对待准噶尔部政策的一个重要标志，对西北地区形势的剧变产生了强烈影响。乾隆帝讲的这番话，概括起来，可以分为下述三个方面的内容。第一，他敏锐地察觉到准部大变，准确地把握住准部内乱这一至关重要的实质问题。谕中所说"达瓦齐与讷默库济尔噶尔搆兵不已"，就是对准部长期纷争内战不停的混乱局面的很好归纳。乾隆帝虽然在即位后积极采取与准部议和，双方建立起正常的朝贡和平关系，但他并未把它置之脑后不闻不问，而是密切注视着准部形势的变化。乾隆十年三月，西藏郡王颇罗鼐遵旨派人前往准部刺探消息后，向清政府报告，准部人员"出痘死者甚众"，噶尔丹策零连续对属下台吉及邻近部落用兵。十一月，乾隆帝获悉噶尔丹策零于九月病故，"恐伊部落内，彼此心离，易生变乱，或潜至边境，偷盗牲畜"，谕令西北两路将军"固守边疆，严谨卡伦"，预为防范。[①]

　　乾隆十五年（1750年）九月二十三日，准部达什达瓦台吉的宰桑萨喇尔（萨喇勒、萨赖尔）率所属来归，报告了准噶尔内部争夺情况。在此之前，沙喇克、敦多布等来降时，也讲了不少事情。原来，噶尔丹策零去世后，其次子策妄多尔济那木扎勒继承汗位，凶暴淫乱，不理政务，羁禁其姐乌兰巴雅尔，又欲杀害同父异母的长兄喇嘛达尔扎。其姐夫赛音伯勒克等台吉、宰桑起兵，拿获策妄多尔济那木扎勒，剜其双目，连其亲密朋友达什达瓦一同送往阿克苏幽禁，拥立喇嘛达尔扎为汗。喇嘛达尔扎将达什达瓦属下人员分赐予各有功台吉、宰桑，又欲拘禁达什达瓦的堂侄大策零敦布多之孙达瓦齐，因其"人众地险"，未能如愿。乾隆帝对此十分重视，重赏萨喇尔，编入蒙古正黄旗，授散秩大臣。十七年正月喇嘛达尔扎遣使入贡至京，要求归还萨喇尔，乾隆帝严词拒绝说：萨喇尔虽从尔处来，但他"实因惧祸逃生"，"朕为天下大皇帝，以生成众生为本，岂肯转置之死地"，此奏"甚属错误"，今后不许"以此等断不可行之事渎奏"。不久，授萨喇尔为北路参赞大臣，委以驱逐乌梁海部落的重任。[②]

　　从萨喇尔来归以后，乾隆帝更加重视对准部情况的了解，指示西北两路军营的将军抓紧侦探对方形势。乾隆十六年（1751年）十一月，定边左副将军、亲王成衮扎布奏报：喇嘛达尔扎传唤达瓦齐，达瓦齐不敢

　　① 《清高宗实录》卷252，第18、36页。
　　② 《清高宗实录》卷373，第10—11页；卷406，第8—11页；《清史稿》卷314，《萨赖尔传》。

去，欲于九月"前来投诚"，"投奔大皇帝"，被喇嘛达尔扎遣兵剿捕。乾隆帝立即谕令成衮扎布："达瓦齐若投入我边卡，实系力穷，恳求收养"，可予优待。[1]乾隆十八年五月，成衮扎布再奏：达瓦齐于春天拿获喇嘛达尔扎，"达瓦齐即为台吉"。[2]此奏有所欠真，实际情况是，达瓦齐于乾隆十七年十月率兵突入伊犁，杀死了喇嘛达尔扎。达瓦齐连续用兵，攻打不听命于他的准部台吉和宰桑，准部大乱，不少人员投入内地，杜尔伯特三车凌即因达瓦齐发兵来征，而归顺于清帝。

第二，乾隆帝的谕旨的第二个重要内容就是，他断定三车凌是真降而不是伪降。做出这一结论，十分重要，也很不容易。准部人员"素称狡诈"，从噶尔丹到噶尔丹策零均曾多次制造假象，伪称降顺或兵败，而乘机摆脱清军追袭（如乌兰布通之战），或诱骗清军入伏（如和通泊之战），致使清军将帅大多是心有余悸，不敢相信准人之话。这次又是三车凌携带3000余户共1万余人前来，这几千名剽悍善战的蒙古健儿进边以后，如果闹腾起来，四处抢掠，可不是容易对付的。因此，肩负防卫北路重任的定边左副将军成衮扎布疑其有诈，急忙调兵严加防范。乾隆帝却根据准部大乱这一决定性前提出发，否定了成衮扎布的意见，果断地、准确地做出了判断："车凌等来降，似非叵测"。这就为正确安置降人，遣军北征，解决准部问题奠定了基础。

第三，确定了厚待三车凌的方针。乾隆帝举过去噶尔丹属下台吉阿拉布坦降后受封之事为例，表示将对三车凌"格外加恩"。三十多年前，阿拉布坦投降后至京，康熙帝亲御保和殿，召其入殿内宝座前，嘉其率众来归，赐宴款待，特赐避风石、貂皮袍褂、银币、鞍马等物，封为多罗郡王，命于洪郭尔阿济尔罕地方游牧。乾隆帝以此为证，表示要对三车凌"格外加恩"，并具体指出先赏给牛羊，再安排游牧场所。他特遣侍郎玉保携御用元狐帽，赏给车凌、车凌乌巴什各一顶，又给端罩各一件，并以京城气候与边外相异，蒙古部落中未出痘者甚多，虑其到京后患病，令三车凌于明年夏季至热河朝觐。

三车凌惧怕准噶尔兵来袭，请求立即徙入汛内，成衮扎布遵奉帝命，迎其入卡，令暂驻乌里雅苏台，后定牧于扎克拜达里克。第二年（乾隆十九年）五月，三车凌率众台吉、宰桑至热河，乾隆帝对他们格

①《清高宗实录》卷403，第6—7页。

②《清高宗实录》卷439，第14页。

外优待，赐宴于万树园，命观烟火游戏，封车凌为亲王、车凌乌巴什为郡王、车凌孟克与色布腾为贝勒，赐车凌银5000两、车凌乌巴什银4000两、车凌孟克与色布腾各银3000两，其余台吉、宰桑亦各封贝子、公、一等台吉不等，皆赐予银两。三车凌带来的3000余户共1万余人，按内扎萨克、喀尔喀扎萨克例，编立旗分佐领，设十三扎萨克，赐号赛音济雅哈图盟，以车凌为盟长、车凌乌巴什为副盟长，赐三车凌羊1万余只、米4000石以及数百石种子。

三车凌的来归，使乾隆帝详细了解了准噶尔内部大乱的情形，知道"准噶尔篡夺相仍，人心离散，实有可乘之机"，北路军营又陆续奏报达瓦齐与阿睦尔撒纳交战及阿睦尔撒纳失利欲归顺清朝的消息，因而在他心中酝酿很久的一个想法便逐渐成熟了，欲图用兵准部，彻底解决几十年悬而未决的难题。

乾隆帝将用兵准部之事告诉满洲王公大臣，征求他们的意见，不料，除一等忠勇公、大学士、军机大臣傅恒赞同此议，主张"用间出征"外，"其他尽畏怯退缩，恐生事端"，反对遣军攻打准噶尔。这些人认为，雍正九年（1731年）清军远征，深入至博克托岭，遭受了七十余年以来第一次大惨败——和通泊之败。时犹未久，当年损兵折将之惨相仍历历在目。这次再冒险深入，定将重蹈覆辙，殷鉴可虑，还是不征为上。①满洲王公大臣的这种看法，不能说毫无道理。准噶尔部有新旧鄂拓24、昂吉21、集赛9，共20余万户60余万人。准部人员剽悍善战，崇尚勇武，习于冲杀，"一人能劫数人者为壮士，能劳苦，勇战斗"，声威逼人，"各回城及哈萨克一闻其至，则闺匿逃窜，掳掠驱载惟所欲"。②如果清政府用兵于万里之外，冒险远征，很难有败此强敌的绝对把握。何况，五年以前，数万大军围攻弹丸之地大、小金川，劳师三载，费银1000余万两。将士伤亡数千，两位大臣被诛，结果清廷仍然被迫退兵休战，未能取胜。似此情境，焉能开衅边外远攻劲旅！

乾隆帝对满洲王公大臣这种不明敌情、因循保守、胆怯惧战的态度十分不满，毅然排斥一大群庸臣之议，决定征讨准部，于乾隆十九年（1754年）五月初四日下谕说：

①《清高宗实录》卷474，第16页；卷489，第9—13页；卷490，第21—23页；《圣武记》卷4，《乾隆荡平准部记》。

②《圣武记》卷4，《乾隆荡平准部记》。

"……准夷素性猜疑，阴怀叵测，将来必至搆衅滋事，不得不先为防范。况伊部落，数年以来，内乱相寻，又与哈萨克为难，此正可乘之机。若失此不图，再阅数年，伊事势稍定，必将故智复萌，然后仓促备御，其劳费必且更倍于今。况伊之宗族车凌、车凌乌巴什等率众投诚，至万有余人，亦当思所以安插之。朕意机不可失，明岁拟欲两路进兵，直抵伊犁，即将车凌等分驻游牧，众建以分其势，此从前数十年未了之局，朕再四思维，有不得不办之势。"[①]

乾隆帝的这段话，字虽不多，却简明扼要地讲清了用兵准部的三个重要问题。

第一，必征准部。谕中所说准部人员"素性猜疑，阴怀叵测，将来必致搆衅滋事"，虽不无侮辱准部的言辞和口气，但准部确系好战，已经给清朝西北和北部地区以及喀尔喀蒙古带来严重威胁，康熙帝、雍正帝均曾"屡集廷议，皆有'此贼不灭，天下不安'之论"。准部已使清政府"三朝（康、雍、乾）四顾，盱食仄席，戍塞防秋"，耗费了巨量人力、物力和财力。仅从康熙五十八年（1719年）派兵防卫策妄阿喇布坦至雍正末（1735年），军费便用银7000余万两，几乎相当于清朝全国两年的总收入。[②]长此以往，后果难以设想。另外，雍正九年（1731年）清军大败于和通泊，极大地震动和刺痛了清朝政府，君臣均将此视为奇耻大辱，因而要"雪两朝之愤"的强烈愿望，促使乾隆帝更加坚定了必平准部的决心。

第二，立即进军。谕中讲道，准部"数年以来，内乱相寻"，又与哈萨克作对，正是"可乘之机"，而三车凌率众万余来归，既需考虑安置地区和对待办法，又可利用其人力兵力，了解准噶尔内部详情，让他们引导大军前行，正是"天时人事辐辏"，"宜乘机大举"。如果错过这一几十年未遇的良好时机，数年以后，达瓦齐控制住了局势，"事势稍定"，"必将故技复萌"，袭扰边境与喀尔喀，那时"仓促备御"，"其劳费必且更倍于今"，要想征服准部，就难上加难了。

乾隆帝在谕告内扎萨克、喀尔喀众蒙古王、贝勒、贝子、公、台吉

①《清高宗实录》卷464，第9—10页。

②《清高宗实录》卷474，第16页；卷489，第9页；《圣武记》卷4，《乾隆荡平准部记》。

的谕旨中，也专门讲了乘机用兵的问题。他着重指出：杜尔伯特车凌等大台吉率部数千户来归，"此际达瓦齐力穷失据，且内乱相寻，众心不服，失此不图，数年后伊事务稍定，仍来与我为难，必致愈费周章，且于尔扎萨克蒙古等，亦多未便"。[①]

乾隆帝的这两次谕旨，不是一时心血来潮随意胡说，而是有着充分的历史依据。九十年前，身为喇嘛在西藏念经的噶尔丹，听到兄长浑台吉僧格为人杀害汗位被夺时，日夜兼程赶回准部，几经曲折，终于当上了博硕克图汗，消灭政敌，雄踞西北，兵锋直抵距京七百里的乌兰布通，迫使清朝都城为之戒严。僧格之子策妄阿拉布坦，年幼势弱，未婚妻阿海被叔父噶尔丹霸占，弟弟索诺木阿拉布坦又为噶尔丹所杀，本人亦险遭毒手，被迫逃亡于外。后来策妄阿拉布坦趁噶尔丹灭亡之机，收集旧部，四处征战，很快成为漠西厄鲁特蒙古四部之长，直接威胁到青海、西藏的安全。如果这次清军不发，达瓦齐很有可能统一厄鲁特四部，便将严重影响到西北的安宁。因此，不仅要征准部，而且要立即出兵。

第三，能获全胜。雍正九年清军之败于和通泊，就准部本身条件而言，便因为它的内部是团结的，"（噶尔丹策零）亲贤使能，诸酋长感其先人之德，力为扞御"。[②]这次的形势可就迥然不同了，准部大乱，来归清朝者络绎不绝，连"令行三部（杜尔伯特、辉特、和硕部）"的阿睦尔撒纳也因与达瓦齐相争而欲降清，这的确是几十年难遇的大好时机，为清军平定准噶尔提供了异常有利的条件。

虽然乾隆帝将用兵准部的必要性、迫切性和可能性讲得很清楚，又明白无误地表述了自己决意遣军的坚定态度，但不少满洲王公大臣仍然心怀疑虑，持不同意见，使乾隆帝异常生气。为了扫清障碍，更好地完成出征的准备工作和促进用兵的顺利进行，他于同年十月十三日御太和殿，专门召见满洲王公大臣，再次晓谕进攻准部的必要性及其必然会取胜的原因，狠狠地申饬了持反对意见的庸人。谕旨一开始就讲道："今日召见尔等，特为晓谕办理平定准噶尔及满洲臣仆昔年勇敢迩来怯懦之故。"他重重地斥责王公大臣"畏怯退缩"，不思"效法前人，报国立功，而惟守妻孥以求安逸，闻战阵而甘退缩"。他明确表态说，"朕于此，不无深憾焉"。最后他又严肃宣布："此用兵要务，朕筹之已审，

<hr />

①《清高宗实录》卷464，第9—10页；卷465，第8页。

②《啸亭杂录》卷3，《记辛亥败兵事》。

岂以众人怯懦即失机宜半途而废！但满洲臣仆习气至于此极，朕若姑息因循，不速为整顿，振兴旧俗，数年后，不知何所底止也。故召尔等降旨开导，将此宣示八旗大臣官员，以及兵丁等知之。"[①]

经过乾隆帝的再三谕告和坚持远征，才使大多数满洲王公大臣从内心里接受了出征准部的主张，从而积极调兵遣将备办粮草马匹器械。这样一来，便为顺利进军提供了重要的前提条件。

（二）变方略"以准攻准"

乾隆帝在十九年（1754年）五月初四日第一次正式向有关大臣宣布征准的谕旨中，对怎样用兵，也作了原则性的指示。他讲道：明年兴兵所需的粮饷士卒马驼，均应预先筹划。西路需兵2万，欲拨甘凉绿旗兵8000及西宁、凉州、庄浪、西安、归化城土默特、察哈尔和新降厄鲁特兵前往。二十一口军机大臣奏准：北路派兵3万，西路2万。金派京城满洲兵4000、黑龙江兵2000、索伦巴尔虎兵8000、绥远城右卫兵2500、西安满洲兵2500、凉州庄浪满洲兵1000、宁夏兵1000、察哈尔兵4000、新降厄鲁特兵2000、归化城土默特兵1000、阿拉善蒙古兵500、哲里木兵2000、昭乌达兵2000、喀尔喀兵6000、和托辉特兵500、宣化大同绿旗炮手兵1000、甘肃各营与安西绿旗兵1万，共兵5万。每兵需马3匹，共马15万匹，另需驼16000头、口食羊30万只，于喀尔喀四部、内扎萨克六盟、三车凌及"甘肃所管番子"处采买，不足者，从官方牛羊牧厂提取。

军机大臣奏准调派的5万名兵士中，有清帝认为可以信赖的满兵13000名，索伦、巴尔虎兵8000名，还有久随征战的察哈尔兵4000名，土默特兵1000，共26000名，超过了全军总数一半以上。另外还有阿拉善、哲里木、昭乌达、喀尔喀、和托辉特等蒙古兵11000名。满兵、索伦兵、巴尔虎兵和蒙古兵共37000名，绿旗兵才11000名，满蒙士卒占了出征军队总数的3/4，与雍正九年主要依靠绿旗兵(西路军皆绿旗)相比，有很大的差异。这一事实表明了乾隆帝确实是下了决心，一定要平定准部。

军机大臣所说新降的厄鲁特兵2000名，是三车凌的士卒，亲王车凌领1000，隶北路，车凌孟克和色布腾协助办理；另1000名由郡王车凌乌

---

① 《清高宗实录》卷474，第4、14—19页。

巴什率领，隶西路。这2000名杜尔伯特士兵只占全军总数的1/25，影响有限，主要起向导作用，引导大军前进。

关于平准之后的根本安排，乾隆帝于五月初四的谕旨中只原则性地说了要"众建以分其势"。过了22天，他命军机大臣传谕定边左副将军策楞时，便进一步指出，要对厄鲁特蒙古，按原来"四卫拉特（即四部）之制，议编四部，封汗别居"。

至于出征的时间，乾隆帝根据降人提供的情况和群臣的建议，最后决定于乾隆二十年（1755年）秋季用兵，由军机大臣传谕各地奉调士卒，俱于二十年四月内分别到达西路、北路军营。

对出征官兵和蒙古王公台吉，乾隆帝从重奖赏。乾隆十九年五月规定，给"出师人等""治装银两"：大臣官员各赏俸银2年，京师前锋、护军各赏银40两，驻防满兵30两，绿营兵20两。哲里木、昭乌达、阿拉善蒙古台吉各银150两，管旗章京100两，参领80两，佐领50两，兵20两。厄鲁特（即三车凌部）管旗章京各赏银200两，参领100两，佐领80两，兵30两。各蒙古王公扎萨克，按爵级分别赏赐。明年正式进兵时，出征官兵、王公，"俱照旧例赏给"。[①]

正当清政府积极调遣兵马赶运粮草加紧进行用兵的准备工作时，突然北路军营送来消息，定边左副将军策楞奏报，七月初八日，阿睦尔撒纳带兵5000余名、人口2万，已进边卡，投奔大皇帝。阿睦尔撒纳的来归，对进攻准部发生了强烈影响，乾隆帝为此对用兵安排做了重大的改变。

阿睦尔撒纳是和硕特部拉藏汗之孙，系策旺阿拉布坦的外孙，因其母博托洛克改嫁辉特部台吉卫征和硕齐，故成为辉特部首领，游牧于雅尔，其同母之兄班珠尔为和硕特台吉。阿睦尔撒纳娶杜尔伯特台吉达什之女后，袭杀达什，胁迫其子讷默库归附于己，权势激增，"令行三部"，野心也就越来越大，欲图统辖整个厄鲁特四部，因而与达瓦齐征战不已。乾隆十九年五月，达瓦齐亲领精兵3万，又遣骁将玛木特率乌梁海兵8000，东西夹攻，阿睦尔撒纳不能抵挡，遂与讷默库、班珠尔领辉特、和硕特、杜尔伯特三部2万余人投降清朝。乾隆帝久知其骁勇多谋，"为部众所畏服"，"乃最要之人"，从优款待，厚加赏赐，封其为亲王，封讷默库与班珠尔为郡王，并拟于平定达瓦齐后编设四部时，封阿睦尔撒纳为辉特汗、班珠尔为和硕特汗。乾隆帝命策愣尽速送其往热河

---

①《清高宗实录》卷465，第17、18、20页。

朝觐，以便询问准部情形及其关于用兵的建议。为了能够早日见到阿睦尔撒纳，能多谈几次，乾隆帝甚至不惜打破惯例，加速行走，本来从北京至热河避暑山庄"须行六站"，现在他谕告军机大臣，下令来去都"并作三站行走"，并着重指出，"朕所以计日并站而行者，无非急欲见阿睦尔撒纳之意，将此寄知玉保（北路军营参赞大臣），令其晓谕阿睦尔撒纳知之"。①

阿睦尔撒纳遵旨于十九年十一月初赶到热河，详细陈述了准部大乱、达瓦齐失德寡助的情形，并提出了进军的最好时间。先前阿睦尔撒纳于七月初进入边卡时，也许由于战败之后十分气愤，急欲报仇和返回故部，因而向定边左副将军策楞建议："现在准噶尔内乱，人心离散，黄教颓废，若乘此机会，领兵前进，先将包沁扎哈沁人等收服，兵威远扬"，准部人员来降，即行收纳，又可接应与己同来而落后于途中之人。到了避暑山庄后，他提出最好于明年春天出征。原达瓦齐的勇将玛木特降清后，亦提出同样建议。②

乾隆帝根据阿睦尔撒纳等人的奏述和建言，考虑到形势已与半年前有了较大的变化，便修改了作战方略，主要是在两个方面做了重大的改变。一是将出师的时间提前，由原定二十年秋改为春季进兵，后并具体规定于二月出发。二是大量减少满、蒙、汉兵丁，由原来以满兵为主辅以索伦、巴尔虎和蒙古兵，酌用绿旗，将三车凌的杜尔伯特兵当向导，改为以厄鲁特兵为主，即以阿睦尔撒纳、讷默库、班珠尔、三车凌率领的厄鲁特的辉特部、和硕特部、杜尔伯特部士兵为主。

阿睦尔撒纳、班珠尔、讷默库带兵5000余名于七月进入边卡时，即奏准于属下人内派兵2300余名从征，乾隆帝因而命减少3500名喀尔喀兵，留其看守游牧，只征调2500名。随后，由于"新降厄鲁特等（即阿睦尔撒纳等人属下），咸愿出力报效"，清廷陆续减兵，原来的1万绿旗兵减为6000，宣大两镇的炮手兵1000名尽行裁去。闽浙总督喀尔吉善以福建藤牌兵"精悍灵便"，奏请派往西北征剿准部，乾隆帝批示说："朕此次即满兵亦不多用，仍以新归顺之厄鲁特攻厄鲁特耳。"③

①《清高宗实录》卷469，第10、11、16页；卷470，第8、9、11页；卷471，第8、12页；卷475，第3页。

②《清高宗实录》卷470，第8、9页；卷479，第20页；《圣武记》卷4，《乾隆荡平准部记》。

③《清高宗实录》卷470，第7、19页；卷471，第15页；卷473，第8页；卷479，第11、20页。

在"以新归顺之厄鲁特攻厄鲁特"（简称为"以准攻准"）的方针指导下，乾隆帝采取了新的战术，即主要依靠前锋（亦称"哨探兵"）来进行战争，征服准部。他于十九年十二月宣布，北路任班第为定北将军、阿睦尔撒纳为定边左副将军；西路任永常为定西将军、萨喇尔为定边右副将军；郡王讷默库、班珠尔为北路参赞大臣；亲王车凌、郡王车凌乌巴什、贝勒车凌孟克为西路参赞大臣。西路派兵16000名，其中，选"先进精锐兵五千"，计有车凌、车凌乌巴什的杜尔伯特兵2000、察哈尔兵1000、凉庄满兵1000，再派阿拉善蒙古兵500、宁夏满兵1000，共5500名，如战马不敷，则裁兵500。乾隆帝令将这支军队交萨喇尔率领，迅速前进，命定西将军永常带领少数兵马，在后缓慢尾行，不得急驰。北路前队（亦称"哨探兵"）6000名，由阿睦尔撒纳统率，主要是其来归的部下，定北将军班第带少数兵丁，距前队十日路程逐渐前行。[1]由于定西将军永常于二十年三月初九日即带绿旗兵与"回兵"（维吾尔族士卒）出发，欲与前队会合，乾隆帝非常生气，连降急诏，严厉斥责永常办事"一味草率，其急欲进兵"，是欲与萨喇尔争功，实属谬误，勒令其立即返回肃州，办理陆续来到肃州的兵丁所需的粮饷马驼，待"全行妥协"后，才"尾行前进"。[2]

乾隆帝解释为什么要屡降谕旨令班第和永常缓行的原因时说：因为阿睦尔撒纳是"准噶尔人众知名之人，令伊带哨探兵前行，人多认识，于收服准夷人众较易"。如将军、副将军"合并一处"，"则众人唯知有将军，不复更知有副将军，转置阿睦尔撒纳于无用之地，不足以展其所长，殊于军行无益"。[3]

这固然是一种原因，但乾隆帝之所以这样安排，肯定还有更深层的因素，那就是把整个征服达瓦齐、统一准部的重担全部加在阿睦尔撒纳以及其他大台吉、大宰桑（如萨喇尔）的身上，彻底实行"以准攻准"政策，让厄鲁特人自相厮杀，清军将帅却远离战场数百里，安然观战，不冒士卒伤亡或战败的危险，而一旦前锋得胜，直下伊犁，当然要归功于清军，归功于朝廷。这就是为什么乾隆帝指责永常"急欲进兵"的真实原因。可是，乾隆帝万万没有想到，他的这种精心安排，竟犯了重大

---

① 《清高宗实录》卷478，第14页；卷479，第11、14页；卷480，第3页；卷482，第4页。

② 《清高宗实录》卷484，第15页；卷485，第8页。

③ 《清高宗实录》卷486，第18—19页。

错误，严重危害了统一准部的大业，为阿睦尔撒纳以后的叛乱提供了良好条件。

（三）三月下伊犁　全准归顺

乾隆二十年正月初十日，乾隆帝根据西、北两路军营将军、副将军班第、永常、阿睦尔撒纳、萨喇尔连续寄来的奏疏，谕告军机大臣说："看来准噶尔内乱，计穷力竭，我兵神速，即可成功"，令"即拣选精兵数千，于二月中旬奋勇深入"。[①]

遵照帝旨，西北两路军立即行动起来。北路定边左副将军阿睦尔撒纳领前队兵6000名，于二月十二日出发；定北将军班第带领察哈尔兵1500名于三月初八日出巴颜珠尔克边卡前往。西路定边右副将军萨喇尔领兵5000余名，于二月二十五日出发。在此前后，达瓦齐不顾清军征剿的危险，"终日饮酒，事务皆废"，遣军往擒额琳沁，兵败而回，哈萨克军来攻，"行文各处备兵，兵皆未到"，许多部落被哈萨克兵抢夺。属下人员，以其自为"台吉以来，无一日安宁"，而"人人嗟怨"。因此，一听到清朝大皇帝发军来剿，准噶尔、和硕特，辉特、杜尔伯特等部的台吉、宰桑和部众，纷纷脱离达瓦齐的统治，争向大军投降。二月中下旬两路副将军率兵出发以后，进展异常迅速，"各部落望风崩角"，"所至台吉、宰桑，或数百户，或千余户，携醍酪，献羊马，络绎道左"，竞相来归。[②]乾隆帝命视其人口多少、势力强弱、影响大小，从优封赏，妥善安排。额林哈毕尔噶的宰桑阿巴噶斯、乌勒木济、哈丹三人率部向阿睦尔撒纳降顺，又奉命领兵从征，乾隆帝以其系"旧日大宰桑之子孙"，今日"诚心归顺"，封授三人为散秩大臣，赏给孔雀翎，将其部众专编一支，仍归三人管辖。[③]布噜古特的诺海奇齐等30余台吉和业克明安辉特的扎博勒登台吉率部向西路萨喇尔副将军投降。准噶尔大台吉噶勒藏多尔济跪听大皇帝谕其来归的敕旨后，奏称与达瓦齐势力相等，"不相侵犯"，拒绝其让

---

①《清高宗实录》卷480，第15页。

②《清高宗实录》卷481，第21页；卷487，第20-21页；《圣武记》卷4，《乾隆荡平准部记》。

③《清高宗实录》卷486，第3-4页。

己备兵一万的命令，"今闻恩旨，愿率属归诚"，后并带兵从征。乾隆帝以其系大台吉，"所属之人甚众"，命萨喇尔、三车凌携旨前往奖谕，封其为绰罗斯汗（即准噶尔汗）。[①]这样一来，各部台吉、宰桑，更是来归恐后。因此，大军"师行数千里，无一人抗颜行者"，仅仅两个多月，就打到伊犁。[②]

乾隆二十年（1755年）五月十九日，定边左副将军、亲王阿睦尔撒纳奏章至京，言及大军于五月初二日进入伊犁，"达瓦齐逋窜游魂，可计日就缚"。乾隆帝十分高兴，立即下谕，再次讲述征讨准部的必要，数说满洲王公大臣"意存畏缩"，"懦怯乖张"，强调要遵循"独运乾纲，主持振作"的家法，谕令群臣要"竭心协志"，"奋发有为"，并大赏功臣，赐阿睦尔撒纳亲王双俸（一般称其为双亲王），其护卫官员增加1倍，加赏豹尾枪4杆，其子封为世子。班第、萨喇尔俱晋封一等公，赏四团龙补褂、金黄绦朝珠。玛木特晋三等公，赏二龙团补褂。车凌赏亲王双俸，所属护卫官员增添1倍。车凌乌巴什、班珠尔、讷默库俱由郡王晋为亲王，车凌孟克贝勒晋郡王。其余官员兵丁依次议叙赏赐。大学士、一等忠勇公傅恒独赞用兵，与帝"协心赞画"，加恩再授一等公。六月初一日，以平定准噶尔告祭太庙，初七日加上皇太后徽号，颁恩诏，庆贺平准。十三日"回部"霍集斯伯克诱擒达瓦齐，押送于清军。[③]至此，厄鲁特四部已全部纳入清朝版图，乾隆帝取得了又一辉煌胜利。

关于厄鲁特今后的安排，乾隆帝遵循百年以来行之有效的祖制，采取了对待漠南蒙古和漠北喀尔喀四部一样的办法，欲将他们编立四部，分设四汗，实行扎萨克制度。明代前期，漠西厄鲁特蒙古分为四部，即准噶尔部、和硕特部、杜尔伯特部和土尔扈特部。土尔扈特部于明末远徙俄国，而强大的准噶尔部首领巴图尔浑台吉和多和沁、博硕克图汗噶尔丹、浑台吉策妄阿拉布坦及其子噶尔丹策零等人，则一直是四部的总汗，其他三部的大小台吉皆须听命于准部之主。乾隆帝

①《清高宗实录》卷485，第19—24页，卷486，第3—4、8、11页；卷472，第12页。

②《圣武记》卷4，《乾隆荡平准部记》。

③《清高宗实录》卷488，第9—13页；卷490，第2—3、14、17页；卷491，第21页；卷499，第10页。

认为四部统一于一人之下，总汗势力过分强大，是造成几十年来干戈频起、西北不安的主要因素，必须改变这种局面。因此，他很早就提出要"众建以分其势"，要将"四卫拉特""议编四部，分设四汗"。大军正式出征之前，乾隆帝具体指定了四汗的人选。他谕告军机大臣说："准噶尔平定之后，朕意将四卫拉特封为四汗，俾各管其属，封车凌为杜尔伯特汗、阿睦尔撒纳为辉特汗、班珠尔为和硕特汗。"①至于准噶尔汗，因尚无合适的人选，他只原则规定要由其旧汗之家族中的大台吉担任。

对于厄鲁特四部，皆按照内扎萨克、喀尔喀四部之例，实行扎萨克制度，编立旗分佐领，每部设立盟长、副将军各一员，有事向清朝派去的驻扎大臣报告，求其转奏朝廷。各台吉属下人员应交贡赋，由各台吉自行办理，其无台吉之宰桑人等所辖人众，过去是向达瓦齐交纳贡赋，现由定北将军班第等酌定其贡赋数目。

在诸事大体就绪后，六月初八日，乾隆帝特对"准噶尔（实指厄鲁特四部）全部台吉、宰桑"下达专谕，首先叙述了准部内乱，人民"俱受荼毒"，故派大兵进剿，除暴安民，众台吉"去逆效顺"等情况，接着宣布了对待四部的政策，谕令众台吉效忠于朝廷，"为天朝臣仆"，共享太平之福。他说：

> "今准噶尔全部底定，仍将尔四卫拉特台吉等，施恩封为汗、贝勒、贝子、公爵，令各管辖属人，安居乐业。尔台吉、宰桑等，俱宜仰体朕一视同仁之意，约束所属人等，安静谋生，勿因睚眦小嫌，互相构衅，亦毋得将所属人等残虐。众属人等，亦并遵守条教，畜牧耕种，各勤职业，以共享太平之福……尔四卫拉特，俱为天朝臣仆。……"②

正在朝野上下欢庆胜利的时候，突然北方又起烽火，清军不得不再次远征。

---

① 《清高宗实录》卷481，第3页。

② 《清高宗实录》卷490，第24—25页。

四、再征准噶尔

（一）阿睦尔撒纳叛乱

乾隆二十年（1755年）九月初三日，正在木兰行围的乾隆皇帝，忽然听到陪同阿睦尔撒纳入觐的喀尔喀亲王额琳沁多尔济的使者前来奏报：定边左副将军、辉特汗、和硕亲王阿睦尔撒纳把副将军印信交与额琳沁多尔济，托言回其游牧处治点行装，让额琳沁多尔济先行。第二日，阿睦尔撒纳从额尔齐斯地方逃走，"沿途抢掠"，现已派索伦兵200名、喀尔喀兵100名前往追逐。[①]乾隆帝因其奏报"甚属含糊"，"尚未深信"，谕令再行详报。初四日又接到莫尔浑的报告：阿睦尔撒纳之兄贝勒齐木库尔、普尔普等，将阿睦尔撒纳私遣至游牧之人拿获，询知其告诉游牧人"先行起程，伊即从阿尔台一路来迎"。乾隆帝谕告军机大臣：阿睦尔撒纳"种种逆迹，俱已败露"，齐木库尔等能"不顾弟兄私情"，擒捉来人，"深明大义，实可嘉予"，待拿获阿睦尔撒纳后，即将其户口产业赏与其兄。[②]

为什么蒙帝厚恩荣为辉特汗与硕亲王，尊为定边左副将军的阿睦尔撒纳，不愿去到热河避暑山庄朝觐大皇帝？为什么这位一年以前率部2万余人长途跋涉自动降清的大台吉，要潜行逃走并起兵反叛？在这个问题上乾隆帝有无失误之处？剖析这一阶段的历史事实，使人们能够正确地解答这些重要问题。原来，阿睦尔撒纳的出走和作乱，并不是一种偶然行为，而是有着特定的历史背景和深刻的思想根源。

阿睦尔撒纳骁勇机智，人多势强，早就想取代达瓦齐成为厄鲁特四部的总汗，但是，几经鏖战，接连失利，败于达瓦齐之手下，无可奈何，才逃入边卡，归顺于"天朝大皇帝"，暂时找一栖身之处。可是，他并未完全放弃独主准部的强烈愿望，时时刻刻都在寻找机会。他很清楚，自己力量太弱，加上同父异母之兄班珠尔和内弟讷默库，不过只有败残士卒5000余名，单靠这支部队，是无法打败达瓦齐返回故部的，更不用说去夺取浑台吉（即四部总汗）的宝座了。当时只有清朝大皇帝才能对付达瓦齐，因此，阿睦尔撒纳把实现自己目标的希

---

① 《清高宗实录》卷496，第4页；魏源：《圣武记》4卷，《乾隆荡平准部记》。

② 《清高宗实录》卷496，第5、6页。

望寄托在乾隆皇帝身上，尽量争取博得皇上的欢心。他主要在两个问题上取得了清帝的信任。一是刚入边卡就奏请率领属下从征，并进献炮九位，此后，多次要求领部厮杀，为大皇帝效劳。二是他选准了用兵的最好时间。先前，乾隆帝选定于二十年秋季进军，因为这时塞外草密水足，战马肥壮，利于奔驰。阿睦尔撒纳却提出，正因为秋高草茂，"我马肥，彼马亦肥"，开战以后，敌军容易逃窜。而且，秋季时间不长，冬天很快就要到来，那时大雪封路，气候寒冷，草枯水冻，大军无法久驻，只有撤兵，达瓦齐就会重返故地。清军是离境数千里外作战，供应太困难，要将米一石运到前线，往往需花十几石甚至几十石米的成本，士卒又水土不合，易患疾病。因此，清军利于速决战，希望一次就解决问题，不利于持久战，更害怕反复交锋，年年都要进军，哪一次也不能彻底取胜征服准部。阿睦尔撒纳建议于春季出征，此时，春草尚未长出，达瓦齐部"马畜疲乏"，"不能抗拒"，又未想到清军会于春月进攻，没有准备，"且不能远遁，可一战擒之，无后患"。后来实践证明，这一建议是十分正确的，准部人员"皆言大兵前来，须待明年草青"，估计清军"于出青前，断不能进"，因而没有防备，为清军的迅速进展敞开了方便之门。[①]因此，阿睦尔撒纳很快就成为大皇帝宠信和倚任之人。

对于阿睦尔撒纳的来归，一些满洲大臣持有怀疑态度。在北路军营办事的户部尚书舒赫德和定边左副将军、二等公策楞，很早就建议将阿睦尔撒纳及其士卒留在军营待命从征，其老少子女俱移往数千里外戈壁以南之苏尼特与四子部落接壤地方。这样办的理由是，如安插在乌里雅苏台附近地方，则军营粮饷马匹军器牲畜，俱在周围，又系通往准部的大路，恐他们将明春进兵之事向准噶尔人泄漏，而且，2万余人需食用大量牛羊米粮，喀尔喀地方无法供应。

话虽然说得比较婉转，实际上却表明了策楞、舒赫德对阿睦尔撒纳抱有强烈戒心，不相信其系真心投诚。可是，乾隆帝却是另外一种态度，他相信阿睦尔撒纳是诚心归顺，把平准的希望寄托于这位准部大台吉身上，"欲倚阿睦尔撒纳擒达瓦齐"，因此，他见到策楞的奏章后十分生气，立即严词痛斥，指责他们"办理此事，甚属错谬"，"必欲坏国家大事"，"不知是何居心，乖张谬戾，实为朕所不

---

① 《清高宗实录》卷479，第20页；卷480，第12页；《圣武记》卷4，《乾隆荡平准部记》。

料"。他着重指出,策楞、舒赫德将"远方归顺之人",离散其父母妻室儿女,分居于数千里以外,降人必"生疑惧","不知将伊眷属作何发落","倘或心生怨望,激发事端",就难以处置。他愤怒宣布,将二人革职,"着以闲散在参赞上效力赎罪",所有家产全部籍没,策楞之子特通额、舒赫德之子舒常革职,发往黑龙江披甲当兵,二人在京诸子,俱拿交刑部,"以为大员负恩者戒"。①

乾隆帝对策楞、舒赫德二人如此不讲道理的训斥和严厉处罚,给予群臣一个十分清楚的信号,即明白无误地告诉文武官员,他一定要重用和依靠阿睦尔撒纳,来征讨达瓦齐平定准部,不许臣子对此怀疑,谁若胆敢反对或阻挠,就要受到严惩。

乾隆帝这样做,是又一严重失误。他对阿睦尔撒纳本来就所知甚少,此时这位败下阵来的准部大台吉还未入觐,未睹龙颜,大皇帝怎能对这未曾相见的台吉如此轻信无疑?怎能全盘否定身在军营亲理军务的将军、尚书的意见?而且退一步说,就算二人考虑不周,安排欠妥,也不应大发雷霆,滥施帝威,搞得群臣人人自危,不敢涉及此事。这样一来,阻塞了言路,封锁了军情,使乾隆帝不能全面了解阿睦尔撒纳的为人,妨碍了他及时识透这位台吉的真面目,而一味予其以偏袒、赞扬和重用,阿睦尔撒纳却不失时机地紧紧抓住了乾隆帝的弱点,对其失误做了最大限度的利用。

阿睦尔撒纳的一大成功,是利用大皇帝错误的用兵部署,掌握了北路军权。乾隆帝因阿睦尔撒纳等人提供的情况和建议,而对用兵方案做了重大修改,从以满、蒙兵士为主,改为"以准攻准",委任阿睦尔撒纳为定边左副将军,带领北路"前队"6000人(主要系其部众)进攻,命令号称为主帅的定北将军班第带领少量士卒相距前队十日路程尾行,以树立副将军的威信。班第最初带察哈尔兵1500名出发,后只领600名前行。阿睦尔撒纳利用乾隆帝的这一差错,"建其旧纛前进",沿途发号施令,招纳降人,实际上掌握了北路用兵大权。

阿睦尔撒纳凭仗乾隆帝的宠信、厚待与手中的权力,急剧扩大个人势力。他抢掠各部人口,收纳降人,属员迅速增加。乾隆十九年七月入边卡时,他和班珠尔、讷默库统领的辉特、和硕特、杜尔伯特三

---

① 《清高宗实录》卷469,第22—23页;《清史稿》卷313,《舒赫德传》。

部人员，一共才4000户，而进军以后，短短几个月的时间，他自己的属人就增到5000余户。他大量劫夺财畜，仅从达瓦齐的游牧，就掠取马、驼各1000余匹（头）、羊2万余只。他诬蔑和硕特部大台吉沙克都尔曼济叛逆，实即欲图排斥异己，兼并邻部，彻底扫除完全统治和硕特部的障碍。

阿睦尔撒纳尽力提高自己的威信，扩大个人势力，贬低大皇帝和清军的作用。他宣扬自己军功卓著，下伊犁，檄令回部霍集斯擒送达瓦齐，皆其一己之力，并一再"妄自夸张，谓来归之众，俱系向伊投诚"。他不穿清朝官服，不佩御赐黄带翎顶，不用清朝副将军印，而私用达瓦齐所用的"浑台吉"菊形小红印章，"移檄各部落"，隐瞒降清之事，"不将已经内附受恩之处，告诉厄鲁特人众"，而"以总汗自处"，"言统领满、汉、蒙古兵来平此地"。他"擅诛杀掳掠"，残酷虐待不听命于己的"宰桑等大员，抄没家产"，"凡有仇隙者，任意杀害"。他排斥主帅定北将军班第，不让其知道，便借口防御哈萨克、布鲁特，"利用图记，调兵九千"。他竭力拉拢喇嘛，"送银与喇嘛熬茶"，声称"将来统据准噶尔之后，当即善为照看"。在与邻部的交往中，他也讳言投降清政府蒙受厚恩为帝臣僚的事实，而以厄鲁特四部总汗自居。他行文哈萨克首领时，"隐讳投降受恩之事"，仅说是"借兵报仇"，"总统准部"。经过几个月紧张活动，阿睦尔撒纳的军事力量大为增强，网罗了一批党羽，又得到伊犁喇嘛的大力支持，因此他就向清政府正式提出要当厄鲁特四部的总汗。

乾隆二十年（1760年）五月，阿睦尔撒纳秘密会见清定北将军班第，进行了一次十分重要的谈判。他首先提出，若以噶勒藏多尔济为绰罗斯汗（即准噶尔汗），"众心不服"，不如待事定以后，召集各宰桑得木齐等，广为咨询，于噶尔丹策零的亲戚中，"不论何姓"，"择众心悦服能御哈萨克、布鲁特者，公同保奏，俾领其众，则舆情既协，亦可永远宁帖"。①阿睦尔撒纳对噶勒藏多尔济被封为准噶尔汗之否定，以及其对新汗所举三个必具的条件，理由是很不充分的。

第一，既然是要册封准噶尔部的新汗，那么，这个候封的台吉必须首先是准部之人，而且还应是被清政府承认的浑台吉的家族，怎能说是"不论何姓"皆可充当！早在进军之前，乾隆帝即已宣布要在噶

①《清高宗实录》卷496，第5、6页。

尔丹策零家族中选择合适之人封为准噶尔部的新汗，而噶勒藏多尔济既与噶尔丹策零皆系巴图尔浑台吉的曾孙，又拥有大量人畜，是准部之中一位人多势强的大台吉，完全符合清帝所言的条件，为什么不能受封？

第二，阿睦尔撒纳虽然没有直截了当地说他要当新的准部之汗，可是按其所提三个条件来挑选，其他人都难入选，只有他最合适，因为，只有他才为"众心悦服"，只有他才有力量防御哈萨克与布鲁特，而且，他还是噶尔丹策零的亲戚，他的母亲是噶尔丹策零的妹妹。由此可见，所谓噶勒藏多尔济不为众人信服，所谓不论外姓等三个条件，皆是借口之词，其真实含意是要封阿睦尔撒纳为准部新汗。

对这种含意，三朝为官，历任理藩院侍郎、兵部尚书、都统、巡抚的定北将军班第，不会不明白。他却坚决反对这一要求，告诉阿睦尔撒纳说：遵奉圣旨，四卫拉特各封一汗，"令自管辖"，如果另选外姓之人，不仅违背了圣意，"即准噶尔众心，亦岂允服"。[①]班第的话不多，却很有分量。他把当时最有权威、最有力量、最厉害的法宝——圣旨搬了出来。按照国法，任何人，不管是平民百姓，还是文武大员，甚至贵如王爷，都是大皇帝的臣仆和子民，都要听从帝命服从圣旨，不得有半点违抗。四部各封一汗，准噶尔汗封授予噶勒藏多尔济，这是圣旨所定必须照办，如要"另选别姓"（包括阿睦尔撒纳本人），就是抗旨，就违背了圣意。这个罪名可担当不起！班第以其人之道还治其人之身，拿出"准噶尔众心"不服，来回敬阿睦尔撒纳，暗示说，你这位辉特部台吉如果要当准噶尔汗和总汗，四部人员是不会"允服"的。

阿睦尔撒纳虽然碰了一个大钉子，但话已出口，势难收回，何况清政府很快就要向厄鲁特四部公开宣布分封四汗之事，那时就难以扭转了。因此，他又对班第讲了下述一段话：

> "我蒙皇上重恩，已极尊荣，复有何求？但我等四卫拉特，与喀尔喀不同，若无总统之人，恐人心不一，不能外御诸敌，又生变乱，俟与额驸共同商酌，再为陈请。"[②]

---

①《清高宗实录》卷489，第28页。

②《清高宗实录》卷489，第29页。

阿睦尔撒纳的第一句话，有真有假。他说蒙帝重恩，"已极尊荣"这是事实。十个月以前，他遭到达瓦齐东西夹攻，接连失败，无处安身，逃出准部，进入边卡，乞求大皇帝保护。正是由于他适应了乾隆皇帝欲图平准和"以准攻准"的需要，博得了大皇帝的欢心，他才由一个濒临灭亡的台吉，一跃而为辉特汗、双亲王，当上了"天朝"定边左副将军，威行厄鲁特四部，确是极为"尊荣"，四部大小台吉上百，哪一个能和他比，哪一个有他这样为帝宠信、地位显赫？但是，他向班第说他自己是无有所求，却是一大谎言。他不是无所求，而是大有所求，求的是要当四部的总汗。他的后边那几句话，实际上是直接针对着乾隆皇帝的。皇上多次讲过，要像对待喀尔喀四部那样对待厄鲁特四部，实行扎萨克制，四部各封一汗，而阿睦尔撒纳却说，厄鲁特与喀尔喀不同，不能分为四汗各辖其属，必须要有一"总统之人"，没有这个总汗来统管四部，人心就会纷乱，就没有力量抵御外敌，内部还会发生变乱。这简直成了公开的威胁了，不封阿睦尔撒纳为总汗，厄鲁特四部就要大乱，就要"生变"。他所说与额驸商议，这个额驸就是乾隆帝的女婿科尔沁亲王、固伦额驸、参赞大臣色布腾巴尔珠尔。阿睦尔撒纳极力拉拢这位额驸，愚弄此人，让其为己说话，牵制班第，并想让额驸向其岳父大皇帝求情，允许他当四部总汗。

班第将这次谈话内容，紧急写成奏折送到北京。此时乾隆帝尚不知晓前述阿睦尔撒纳种种不法行为，只能就此折所报情形进行判断，做出结论。尽管他一向相信阿睦尔撒纳忠于朝廷，对其格外优遇，言听计从，但这次一涉及是分封四汗还是设总汗的原则问题，他便立刻警觉起来，寸步不让。他于五月二十七日谕告军机大臣，认为"阿睦尔撒纳不无希冀侥幸之心"，班第回答四部封四汗之事，"业已降旨，断不可改"，答得很好，"持论甚为得体"。他明确表示，不能让阿睦尔撒纳为总汗，"若止封阿睦尔撒纳为汗，则办理准噶尔一事，全为伊一人集事矣"。但是，他对这位台吉的为人还是了解太少，认识不深刻，认为其仅仅是有此想法，只要班第"正词相拒"，就能制止其异念，"料伊亦不敢遽尔妄行"。因此，他对如何安排阿睦尔撒纳，拿不定主意，既说此人有了要当总汗的想法，则"久留彼处，于事无益"，又说若即催促其立即来京，又恐使其怀疑惧怕，"亦有不便"。他把这一难题交于班第解答。他说：如果过些时候，待擒获达瓦齐时，"将伊同众台吉遣回"，"固可安然无事"，但以前曾下谕旨，令其留在准部"驻扎办事"，现在设若将其急遽遣回，又恐其"顿起猜嫌"，不如仍照前旨实行，令班第酌量情形，"善为筹划，不必拘泥朕旨"。对于封准噶尔汗之事，他指出，阿睦尔撒纳和萨喇尔都认为不宜封噶勒藏多尔济，"看来众心果有不愿，亦未可定"。命班第密查，"如果不足服众"，则于噶尔丹策零近族内封一人为汗，与阿睦尔撒纳商议具奏。[①]

过了半个多月，六月十五日，乾隆帝谕告军机大臣：据班第密奏，阿睦尔撒纳不欲派遣青滚杂卜去招降乌梁海人，班第不允，仍遵前旨办理。可见，只要班第"能果断定夺"，阿睦尔撒纳亦"不敢有异词"。[②]此时，乾隆帝仍未想到阿睦尔撒纳会有谋叛之心。

又过了几天，六月二十二日定北将军班第、参赞大臣鄂容安的密折送到京师，对阿睦尔撒纳的不轨行为，做了如下详细的奏述：

"伊渐志足意满，唯知寻获被抢人口，攫取牲只。又妄自夸能，谓来归之众，俱系向伊投诚。及入伊犁，益无忌惮。纵属下人肆行劫夺，不行禁止。……又素性贪忍，凡有仇隙者，任意杀害。……至查办牧场及遣人收服四路之事，亦尚未办，一意迁延，唯与各宰桑头目私行往来，行踪诡秘。……凡有传行事件，并不用印信，仍仿达瓦齐私用小红铃记。臣等节次理论，终不遵行，动即扬言此处人众欲叛，视萨喇勒如仇，潜行猜忌，图据伊犁，恋恋不已。仰恩特降谕旨，令其速行入觐，早定四部封汗之事，以杜非分之想。"[③]

---

①《清高宗实录》卷489，第29—31页。

②《清高宗实录》卷491，第9页。

③《清高宗实录》卷491，第14—15页。

尽管班第、鄂容安把阿睦尔撒纳的谋逆言行讲得已经相当清楚，但乾隆帝仍不相信其会谋反，批示说："初览伊奏，似事端已成，再四详阅，仍系阿睦尔撒纳希图侥幸，贪得牲只什物耳，并无图占准噶尔确据。"当然，乾隆帝并非庸君，何况此时他早已过了不惑之年，执掌朝政二十载，经验十分丰富，不会对亲理军务、"夷务"的将军、大臣之议完全置之不顾。他又批示说，令班第、鄂容安"再细心察看"，如其"占据僭越之形，果有密据，即行密奏，朕另行定夺。如并未至于此极，不过希图肥己，亦不必过于苛求。"同时，他立即于当日下谕给阿睦尔撒纳，嘉奖其"办理诸事，动合机宜"，命其速赴热河，将分封四汗，"赏功策勋"。①

过了六天，即六月二十八日，乾隆帝的态度完全变了，相信了班第等人的奏报，认为阿睦尔撒纳确实"欲图占据准噶尔"。他下谕给军机大臣说：

"班第、萨喇勒、鄂容安等密奏阿睦尔撒纳意欲占据准噶尔，种种僭越妄行，情迹显著一折。……班第等奏称：阿睦尔撒纳指称防守哈萨克、布鲁特，用钤记行文，调兵九千。……又擅杀达瓦齐众宰桑，抄没家产。私用噶尔丹策零小红钤记，结交奸佞之徒，各处遣人潜行招服。又告谕属下，有哈萨克惧伊，伊在此断不敢前来等语。种种不法之处，图据准噶尔，已无疑义，岂必待其生变，始为实据耶！……将此密谕班第等，阿睦尔撒纳若仍未起程，班第等即行密商，如何擒拿办理，相机完结，伊信用之宰桑等，亦即拿解前来。……事关紧要，伊等务熟筹妥办。"②

乾隆帝虽然正确地做出决定，要擒捕阿睦尔撒纳，以安定准部，保持西北、北方安宁。但是，一则时间较晚，阿睦尔撒纳势力已相当强大，已做了相当充分的起兵的准备；再则更重要的是，他在前些时

①《清高宗实录》卷491，第14—16页。
②《清高宗实录》卷491，第22—24页。

候处理善后事宜时犯了严重的错误。他既不该让阿睦尔撒纳主持平准之后的善后工作，更不该将满蒙汉大军过早撤出准部。

早在五月初二日，乾隆帝就下谕给班第等将军、大臣，命他们在打下伊犁后，酌量存留跟随将军驻扎的士卒，大军"即速陆续分起凯旋"。十三日，他在西路定边右副将军萨喇尔建议"功成之后，请停止伊犁驻兵"的奏折上批道：不会永远驻兵，只留数百名或一二百名兵士跟随大臣，以听差遣。也可以只派大臣驻扎，不派士卒。六月二十五日，也就是乾隆帝知悉阿睦尔撒纳有"非分之念"而下达命其入觐的谕旨后的第三天，他批准了班第留兵500名的建议，大军撤回，只留察哈尔兵300名，喀尔喀兵200名。①

此时的准噶尔，经过多年内乱，四分五裂，元气大伤，战斗力已明显下降，如果清军留驻，哪怕只有一两万人，也可控制住局势，也能制伏多数台吉、宰桑，使他们不敢贸然行事，不敢附和阿睦尔撒纳叛乱，而且也可能镇住这位大台吉，使其野心有所收敛。但是，乾隆帝计不出此，一味实行"以准治准"的政策，幻想仿照对待喀尔喀四部的办法，编旗设扎萨克，让其自行处理属下内部事务，重大要事由朝廷裁处，不派驻大臣和官兵，既收辖治其部之效，又不千里转输，耗费银米，劳累士卒人民。结果，犯了一个大错误，为阿睦尔撒纳的谋叛提供了十分有利的条件。

在六月二十八日下谕命擒阿睦尔撒纳之后，班第、鄂容安又连续呈报此人阴谋不轨情形，乾隆帝多次批示，催其迅速入觐，以便在热河将其逮捕；如其不来，则令班第在伊犁动手，拿获解京；设若已经起行，则于途中擒拿。总之，乾隆帝主意已定，一定要捕擒阿睦尔撒纳。但是，他万万没有料到，这三管齐下之计未能生效，阿睦尔撒纳从大皇帝布下的埋伏圈里安然无恙地溜走了。

当乾隆帝于六月底决定除掉阿睦尔撒纳时，这位台吉还不知皇上已经变脸，还把当厄鲁特四部总汗的希望，寄托在大皇帝的施恩上。他知道班第会从中作梗，因此就托科尔沁亲王、固伦额驸色布腾巴尔珠尔向

① 《清高宗实录》卷488，第3、4、24页；卷431，第19页。

朝廷转奏己情，要求封他为总汗。额驸于六月随大军凯旋，约定于七月下旬告诉消息。科尔沁额驸回京以后，看到形势发生了很大的变化，皇上已从宠信、依赖阿睦尔撒纳，转变为必欲将其擒诛而后快，十分惧怕，不敢上奏，使阿睦尔撒纳的这一打算，完全落空。

阿睦尔撒纳虽还不知清帝己下达擒拿自己的密谕，但从各个方面侦探到的消息，已使他产生了怀疑，估计到通过清帝加封这条途径来达到荣为四部总汗的目的，是很难成功的。班第又不断催促到热河朝觐，一到热河，岂不是自投罗网。因此，他加紧进行起兵叛乱的准备工作。由于他对科尔沁额驸还抱有幻想，所以在预约回信的七月下旬以前不愿和清政府公开破裂，尽力敷衍，并于七月初十日，随参赞大臣、喀尔喀亲王额琳沁多尔济出发，开始了入觐热河之行，但行走缓慢，不断与亲信密谋，并遣同母异父之弟纳噶察往见班第，进行威胁。纳噶察告诉班第说：阿巴噶斯、约苏图、乌克图与喇嘛等"潜行计议，如不令阿睦尔撒纳统领驻扎，伊等宁剖腹而死，不能贪生，别事他人"。[①]班第立即遣人将此情况秘密赴京奏报。

七月中旬，班第收到了乾隆帝六月二十八日关于擒拿阿睦尔撒纳的上谕，此人已与喀尔喀亲王同行。其后，又收到几道谕旨，令将此人追回军营，或于途中捕捉。班第等回奏，由于有哈萨克贡使同行，恐其惊疑，未能下手，只有待其到达热河再说。其实，这并不是贡使惊恐与否的问题，而是由于班第不能办理此事。他手下只有500名士兵，而伊犁一处就有喇嘛6000余人，他们大都支持阿睦尔撒纳。在这些喇嘛的影响之下，伊犁地区的准部人员也多数拥护这位台吉，再加上其旧部和阿巴噶斯等宰桑、台吉的部下，起码几十倍于班第的小小军队。处于这样众寡悬殊的恶劣形势，班第怎能公开派兵捕捉阿睦尔撒纳，只好尽量催其入觐，待其到达热河时，就可轻易将其处治了。但是，乾隆帝和班第的希望都落空了，阿睦尔撒纳不愿束手就擒，当他等到八月中旬还未见到科尔沁额驸的回音，便知必然是"事中有变"，就于八月十九日行至乌隆

---

① 《清高宗实录》卷494，第2页。

古河，距其札布堪河旧游牧不远的地方，率众潜逃，由额尔齐斯河间道北逸。震动清廷的阿睦尔撒纳的叛乱，就这样发生了。

（二）定北将军班第殉国

乾隆二十年八月二十四日，清定北将军、兵部尚书、领侍卫内大臣、一等诚勇公班第，参赞大臣、三等襄勤伯鄂容安，定边右副将军、一等超勇公萨喇尔率兵500，从伊犁河北尼楚滚将军府第出发，匆匆忙忙向崆吉斯退去。原来，阿睦尔撒纳已经反叛，其党羽起而作乱呼应，宰桑阿巴噶斯、哈丹率人抢掠西路台站，夺取官茶。伊犁的宰桑克什木、敦多克曼集、乌克图、图布慎、巴朗、都噶尔、巴苏泰等，纠集喇嘛及"回人"，于二十三日抢掠台站，二十四日占据了伊犁，班第等兵少力薄，无法抵挡，只好撤退。克什木等人率众紧紧追赶，二十九日于距伊犁二百余里的乌兰固图勒，将班第、鄂容安、萨喇尔重重包围。萨喇尔见敌兵势大，"即欲奔避"，鄂容安相告说："贼来，当与决战，何至奔逃。"萨喇尔不听劝阻，鞭马逃走，兵多从逃，只剩下司员、侍卫及卫卒60人。班第与鄂容安"力战不支"，"相顾曰：今日徒死，于事无济，负上托耳。"班第拔剑自刭，鄂容安亦自杀，但因"腕弱不能下"，命仆人用刀刺己腹而死。[①]

主帅被围自尽，这还是康熙以来清军战史中的第一次。这场九十四年内罕有的大悲剧的发生，与乾隆帝的失误，有着密不可分的关系。从阿睦尔撒纳叛逃以后，台站中断，音信隔绝，清廷与班第失去了联系，很久都打听不到他们的下落。过了一个月，二十年十月二十日，乾隆帝才第一次看到了关于班第去向的消息。北路参赞大臣哈达哈报告：据从伊犁逃出的收楞额讷默库告称，班第、萨喇尔由西路从哈什带兵出来。但是，这个消息是不准确的。第二天，西路参赞大臣策楞的奏折送到了京城。策楞报告：据从伊犁逃出来的索诺木告称：敦多克曼济等"会同喇嘛、回人等作乱，班第、鄂容安被陷。"[②]

---

① 《清高宗实录》卷499，第22、28页；卷501，第2页；卷503，第5页；卷509，第2页；《清史稿》卷312，《班第、鄂容安传》。

② 《清高宗实录》卷499，第19、20、22页。

乾隆帝知道这一消息后，立即于二十三日谕军机大臣，命即令策楞与参赞大臣玉保、扎拉丰阿设法和班第等通信，将下述谕旨传谕班第等人：

"以朕初意，准噶尔危乱之余，甫经安定，若屯驻大兵，恐多惊扰，是以但命伊等驻扎办事，兵少力弱，为贼所困，非失守封疆可比。伊等或相机脱出，或忍死以待大兵，方为大臣举止，若谓事势至此，唯以一身殉之，则所见反小矣。鄂容安素称读书人，汉苏武为匈奴拘系十九年，全节而归，阿睦尔撒纳固不足比匈奴，我大清又岂汉时可比，自当爱惜此身，以图后效。恐伊等以失守雁罪，不识大义，遽尔轻生。"[①]

在乾隆帝执政二十年来下达的成千上万道的谕旨中，这道谕旨是相当特殊的。乾隆帝非常强调气节，多次宣讲，为臣必须坚守臣节，食君禄，做君事，为国捐躯在所不惜，以身死节，名垂千古。就在五年前，驻藏大臣傅清、拉布敦诛除谋叛的藏王后，因被乱军包围力穷自尽。乾隆帝高度赞扬二人以身殉国的崇高气节，在其丧还之日，亲临祭奠，追封傅清、拉布敦为一等伯，二人之子孙世袭一等子，各赐银万两，并建祠于京师，命名为双忠祠。他对雍正九年（1731年）和通泊之败时为准军所俘未曾尽节的官兵，十分鄙视，以其重生失节，谕令分别处死或罚配为奴。可是，这次他却一反常态，不仅不用以身殉国之义相胁，而且还苦口婆心地劝谕他们要生存下去，要活下去，即使不能"相机脱出"，也要"忍死以待大兵"，甚至搬出苏武牧羊十九载为例相劝，确是情深意长，百般宽慰。为什么会出现如此之大的变化？细看谕旨，原来乾隆帝怀有深深内疚的心情。

这次班第、鄂容安的失败及其自尽，固然有其本身的责任，他们的工作有不少欠妥之处。班第身为定北将军，肩负安抚、辖治厄鲁特四部的重任，理应抓紧做好各部台吉、宰桑和有影响的上层喇嘛的工作，争取他们支持，让他们管好属下人员，安分守法，各就本业。如果他对"投诚之台吉、宰桑等人"，"因其求见，开诚晓谕，有应鼓励者，奏

---

① 《清高宗实录》卷499，第21、25、26页。

闻加恩"，就能得到他们的拥护，使"新附之人，倾心悦服，遇事无不
陈告"，这样，不仅可以了解地方情形和人心向背，即"伊等可信与
否，亦得以灼见"。但是班第却"过于谨慎，气局狭小，好亲细事"，
除办理陈奏事件外，"不与伊等接见"。鄂容安虽系进士出身，久在军
机处、上书房行走，历任巡抚、总督，颇有才干，但不谙军务，又不通
蒙古语，"一应机密筹划，未能洞悉"。萨喇尔倒善于征战，也拥有显
秩，身任定边右副将军，受封一等超勇公，但其原来仅系台吉达什达瓦
手下一员宰桑，地位不高，名望不大，厄鲁特四部众台吉、宰桑"原所
不服"，而"伊复粗率自大"，更加引起各上层人员的反感。三人本应
和衷共济，齐心协力对付险局，而他们却"性习各殊"，意见参差，甚
为不睦，[①]严重地影响了安定准部的工作。兼之，阿睦尔撒纳过分"狡
诈"，早有安排，"其所不悦，尽遣入朝"，班第、鄂容安左右皆其党
羽，三人反"深信不疑，疏于自卫，兵散处，马远牧"，一朝有事，
"缓急无应"。军营又存贮大量金帛茶布，"夷众眈眈以视"，班第等
却不介意。三人又无应变之才，像宰桑敦克多曼集，乃系阿睦尔撒纳信
用之人，班第等一闻抢掠台站的消息，就应立即将其擒戮，"以剪其爪
牙"，不料他反而让其"传谕喇嘛，安抚夷众"，敦克多曼集得以乘机
"招集群凶，操戈相向"，班第等"仓促冲突"，无依无靠，孤军奋
战，当然逃脱不了失败的下场。[②]

尽管乾隆帝对班第三人的过失做了如上的评述，但他并未借此来掩
饰自己的错误，减轻本人应负的责任。他之所以下达劝告班第不要殉节
的特殊谕旨，就是因为他承认和公开宣布此次失败，主要应归咎于他自
己的决策有误。正是由于他低估了敌情，只从省粮饷少惊扰部民考虑，
刚攻下伊犁，就快速撤军，仅留下区区500名士卒，去对付那"素称狡
诈"人心难测的辽阔新域，一旦骁勇多谋、威望颇高的辉特汗阿睦尔撒
纳作乱兴兵，班第等自然是"兵少力弱"，难以支持。所以，乾隆帝才
打破惯例，尽量劝慰三人不要轻生，并命令策楞等竭力遣军前往营救。

乾隆帝刚于十月二十三日下达了谕劝班第勿寻短见待军营救的谕

---

① 《清高宗实录》卷501，第5页；卷502，第25—26页。

② 《清高宗实录》卷502，第26页。

旨，第二天，二十四日收到了策楞呈述班第、鄂容安自尽、萨喇尔被锡克锡尔格拿获送往伊犁的奏折，当即降旨，谕令策楞加紧征剿阿巴噶斯、哈丹游牧，相机前往伊犁。第二年，班第、鄂容安的灵柩运到北京，乾隆帝亲临祭奠，令执倡乱叛酋克什木、巴朗等，"馘耳以祭"，寻以班第二人义烈，仍命照傅清、拉布敦之例，建祠于京师，亦命名为"双忠祠"，并"图形紫光阁"。乾隆帝还破例赐鄂容安谥号为"刚烈"，亲写赞文，其中有"用违其才，实予之失"等句，对其之死不胜惋惜，深深引为己咎。

（三）英主欠妥庸将误军　厄鲁特大乱

阿睦尔撒纳叛逃，伊犁变起，定北将军班第、鄂容安死节，使当初反对用兵的王公大臣们又"多疑议"，认为不该派军往征。乾隆帝严厉训斥了这些庸臣的怯懦无能，几次下达长谕，讲述用兵的必要性及其征讨的沿革，痛责"妄生异议者"，坚持平叛的正确立场。他一获悉乱起之后，立即采取各种措施，调兵遣将，追捕阿睦尔撒纳及其抢掠西路台站的党羽阿巴噶斯弟兄，极力争取拿获首犯，平息叛乱，安定厄鲁特四部。

此时的形势，对清政府的平乱是比较有利的。阿睦尔撒纳拥众不过二千余人，其游牧已被清军包围和降服，其妻、子、女及同母之兄班珠尔亦被押往北京，呼应为乱的仅阿巴噶斯、哈丹及伊犁的克什木等少数宰桑，而四部中的大台吉、大宰桑，大都至热河避暑山庄朝觐大皇帝，如准部辖众五六千户的大台吉噶勒藏多尔济、和硕特部大台吉沙克都尔曼济、辉特部大台吉巴雅尔、坚决拥护清朝的杜尔伯特三车凌，以及准部大宰桑鄂勒哲依、哈萨克锡喇等，正在热河行宫随侍清帝，领取冠服和赏银，参加宴会。阿睦尔撒纳的继父之子辉特部大台吉齐木库尔、普尔普、德济特、纳噶察等，正由喀尔喀亲王、参赞大臣额琳沁多尔济领着，前往热河入觐。这些台吉、宰桑都表示要效忠于大皇帝，愿带本部人员从征，追捕阿睦尔撒纳。齐木库尔、普尔普等还"不顾弟兄私情"，在变起之前，多次向清朝将军、大臣密告其弟欲图谋叛。仍然留在本部的台吉、宰桑，也有不少人是拥护清政府的。

在准部四分五裂、各据一部、从逆之人甚少的形势下，清军如果征抚得法，本来是能够很快擒住阿睦尔撒纳平定叛乱的。但是，由于乾隆帝的指挥欠妥和几位将军、大臣的软弱无能、惧敌怯战，错过了这一良好时机，延长了用兵的时间，厄鲁特四部再起大乱。

　　乾隆帝多次否定阿睦尔撒纳乞当总汗的要求，坚决发兵镇压叛乱，这是十分正确的。但是，他对厄鲁特四部的形势毕竟认识得不够深刻，在用兵的安排上有着重大的失误。他在平乱初期，不该过分倚赖准噶尔、辉特人员，继续实行"以新归降之厄鲁特攻厄鲁特"的策略。九月十二日，即知悉阿睦尔撒纳反叛消息后的第八天，他特下专诏，封授厄鲁特四部的大台吉、宰桑为汗、公、大臣。诏书说：

> "准噶尔部落人等，互相残杀，群遭涂炭，不获安生。朕统一寰区，不忍坐视，特发两路大兵进讨，各台吉、管理鄂拓克宰桑等，畏威怀德，率属来归，从军自效，今已平定伊犁，擒获达瓦齐，是用广沛仁恩，酬庸赐爵。准噶尔旧有四卫拉特，今即仍其部落，树之君长，噶勒藏多尔济封为绰啰斯汗（即准噶尔部之汗），车凌封为杜尔伯特汗，沙克都尔曼济封为和硕特汗，巴雅尔封为辉特汗。台吉和通额默根、达瓦、布鲁特封为公。……宰桑鄂勒哲依、哈萨克锡喇俱授为内大臣，办理图什墨勒事务，鄂勒哲依仍管喀喇沁鄂拓克，哈萨克锡喇仍管噶勒杂特鄂拓克。……噶勒藏多尔济等，及管理鄂拓克之宰桑鄂勒哲依等，受朕深思，其董率所属，各勤教养，共图生聚，尔等如恪遵朕训，自永受无穷之福。钦哉勿怠。" [1]

　　乾隆帝显然是想通过封授爵位官职，来促使四部台吉、宰桑效忠朝廷率部从征，因此先命噶勒藏多尔济、沙克都曼尔济、巴雅尔等，遣派宰桑，"寄信晓谕伊等游牧人众"，"集兵会剿贼众"，随即将这些台吉、宰桑或直接派往军营，或遣回本部，令其统领属下士卒征讨叛军。乾隆帝授噶勒藏多尔济等人为领队大臣，送往军营，以鄂勒哲依等中途出痘，特授鄂勒哲依、哈萨克锡喇骑都尉世职，授恩克博罗特等人云骑尉世职。因贝勒齐木库尔擒送其同母异父之弟阿睦尔撒纳遣派的侍卫，晋其为郡王，并授为辉特部的盟长。[2] 以噶勒藏多尔济之子诺尔布琳沁领

---

　　① 《清高宗实录》卷496，第26-27页。

　　② 《清高宗实录》卷496，第9、33页；卷497，第24-27页；卷498，第11页；卷505，第11页。

兵千余击败阿巴噶斯，特封为郡王。达什达瓦之妻率部众数千户冲破伊犁乱军的阻挠，长途跋涉，赶到西路军军营巴里坤，乾隆帝嘉奖了她这一正义行动，封她为"车臣默尔根哈屯"（意为聪明智慧的王妃）。

他还想利用已成阶下囚的原浑台吉达瓦齐的影响，来促进平乱的顺利进行，为此专门下诏，改变了对达瓦齐的评价，封其为和硕亲王。诏书说：

> "达瓦齐原无获罪于天朝之处，伊之残酷暴虐，亦皆出于阿睦尔撒纳之口，迨俘获来京，视之则一庸懦可悯之人耳，且言久思归顺，特以阿睦尔撒纳领兵前往，实不便于其军前纳款，此其肝隔本怀，非由饰说。古者异国降王，或优以封爵，示无外也。达瓦齐着加恩封为亲王，赐第京师，奉朝请。"①

达瓦齐感谢大皇帝封王和不杀之恩，"思图报效"，亲写书信，寄伊亲信之库木诺雅特台吉诺尔布、杜尔伯特台吉伯什阿噶什、宰桑约苏图、车凌多尔济等，"令其协擒阿逆，以彰国法"。后来辖众数千户的大台吉伯什阿噶什来归，被封为和硕亲王。②

乾隆帝想充分调动厄鲁特四部台吉、宰桑的力量，来征剿乱军，这个做法并不坏，但还需要有一条根本性的必具条件，那就是要有一支强大的清军。在平乱中，清军应是主要威慑力量，清定西将军是统率全军（包括厄鲁特兵）的主帅，台吉、宰桑们只能是助手、是向导、是翻译官，厄鲁特军队只能起配合的作用，不能成为讨逆的主力军。乾隆帝的失误就在于此，过分依靠准部台吉、宰桑及其士卒。他最初决定只由西路进攻，西路定西将军永常统兵5000余人，而绰啰斯汗噶勒藏多尔济一汗即奉命率其部4500名士卒，"会同进剿"，还有辉特汗巴雅尔、杜尔伯特汗车凌、和硕特汗沙克都尔曼济三汗的兵士，再加上车臣默尔根哈屯的一两千名兵丁，以及鄂勒哲依等大宰桑的部下，显然清军在数量上居于劣势，厄鲁特士兵远比清军为多，这不仅不利于平乱的顺利进行，而且还潜伏了很大危机，使台吉、宰桑们轻视清军，易生叛念，容易再蹈阿睦尔撒纳反叛的覆辙。

当然，如果清军将帅智勇双全，指挥得当，这五六千人的部队也会

①《清高宗实录》卷500，第27页。

②《清高宗实录》卷500，第28页；卷521，第10页。

具有强大的威力，也能打败乱军，慑服从征的厄鲁特台吉、宰桑，控制住四部的形势。但是，平乱初期的将军、大臣太无能了，严重贻误了战机，危害了平叛之战。定西将军、内大臣永常，拥有劲兵五千，驻于穆垒，一听到阿睦尔撒纳叛逃的消息，即惊恐万状。当时，"西路各部台吉坚心内向"，遣人来告军营，"求以兵力壮其声势"，"自效之意，显然可见"。业克明安宰桑札木参等，率所部数千人赴永常处，"叩请迁移附近军营居住，以为倚庇"。此时如果永常能"克振军威，诸部得所依倚"，率来归之众，令为前驱，全军勇往直前，"厉兵迅往"，则"追捕叛迹，其势甚易"，也可"早通伊犁声息"，声援班第，拿获阿睦尔撒纳，使西陲安然无事。但是，永常却对来告的宰桑，"不审虚实，疑为诡计，张皇失措，挟其宰桑置军中为质，兼程却走"，又怕乱军追来，急檄驻戍巴里坤的副都统、原定边左副将军策楞派兵接应，大军匆匆忙忙撤退到巴里坤。永常轻信谣言，以为阿睦尔撒纳已飞越数千里，来袭巴里坤，急忙致札陕甘总督刘统勋檄调陕西、甘肃绿营官兵来援。刘统勋受其影响，"望风疑畏"，以雍正七年（1729年）巴里坤马驼为噶尔丹策零派兵劫夺为辞，向帝奏报，要求撤退至哈密。如果这一计划付诸实行，清军就失掉了前进基地，后果实难设想。

乾隆帝大怒，速下谕旨痛斥永常、刘统勋"为浮言惊骇，无端退避，使新附寒心，士卒沮气"，贻误了军机，令将二人革职拿解至京议罪，二人之子，或革职在军营效力，或拿交刑部。命策楞代为定西将军，以玉保、富德、达尔当阿为参赞大臣，哈达阿为定边左副将军，扎拉丰阿为定边右副将军。同时，他又授厄鲁特宰桑鄂勒哲依、哈萨克锡喇、尼玛、达什车凌等人为参赞大臣，并以鄂勒哲依曾在准部办理图什墨勒事务（相当于宰相），"招降人众，易于集事"，"加恩照将军体制办事"，让其统领大兵，与已摆脱乱军控制的萨喇尔同掌副将军印。[①]定西将军策楞遣玉保等领兵1100名，于二十年十二月初七日起程，余兵随后继进，众台吉、宰桑分别随先行部队及大军出发，定边左副将军哈达阿奉旨统领索伦、喀尔喀、和托辉特兵3000名，由北路进攻。

乾隆二十一年正月初三日，哈达哈将阿睦尔撒纳的奏折送到了京师。阿睦尔撒纳委过于班第、萨喇尔，声称"受恩图报"拟整顿厄鲁特

①《清高宗实录》卷497，第1、7、21页；卷499，第35-36页；卷500，第13页；卷505，第11页。

四部，"并令回人、布鲁特、塔什干、哈萨克等臣服"，"祈赏臣管辖四卫拉特印信"，仍然希望清帝封其为四部总汗。①乾隆帝拒绝了这一要求，命大军继续前进。在此前后，他几次下旨，谕告厄鲁特四部台吉、宰桑及伊犁地区宰桑、喇嘛，要他们认清阿睦尔撒纳的罪过，协助大军征剿。

进军初期，新封的厄鲁特四部台吉、宰桑率部从征，征抚兼施、勇往直前，起了很大作用。内大臣、参赞大臣、布噜古特台吉尼玛自到军营以后，"颇著劳绩"，"勇往任事"，领兵紧紧追击哈丹，擒获其妻孥，招降众得木齐，受到朝廷嘉奖，晋封公爵。鄂勒哲依向各鄂拓克集兵4000余名，与策楞分道前进，使乌噜特、克噜特、绰和尔等鄂拓克"俱归顺"，并向上奏称"可以克期擒贼"。策楞因伊犁喇嘛、宰桑等悔过，愿"发兵擒贼赎罪"，须遣人前往"抚慰众心"，而鄂勒哲依在噶尔丹策零时，"曾给以调遣众鄂拓克兵马钤记"，现又愿前往谕告伊犁喇嘛宰桑等"相机行事"，故令其先行，以"离贼党羽"。后因其与擒获伊犁"贼党"克什木的哈萨克锡喇俱能感激帝恩，"实心效力"，皆封授公爵。

由于厄鲁特四部大多数人员的支持，清军进展十分顺利，于乾隆二十一年二月收复了伊犁。但是，乾隆帝及将军、大臣们万万也没有想到，一场更大的变乱即将发生，大多数台吉、宰桑转变了态度，站在了清政府的对立面，兴兵作乱。原来，这次进军，和十个月前征讨达瓦齐之战，有很多相似之处，清军的数量少于从征的厄鲁特士兵，鄂勒哲依、哈萨克锡喇等大宰桑，起着与上次阿睦尔撒纳、萨喇尔类似的作用，伊犁的收复及沿途击败乱军招降各部，主要应归功于这些率部从征的宰桑、台吉及其属人，清朝的将军、大臣很少建立殊勋，而且还充分暴露出他们庸碌无能的真实面目。当二十一年正月大军长驱直入抵达特克勒河时，探知阿睦尔撒纳与清军相距仅有一日路程，如果急速往追，便可将其拿获。不料，阿睦尔撒纳巧施计策，派人至军营伪报台吉诺尔布已将其擒捉，正押送来献。清参赞大臣玉保竟然相信了这一谎言，驻军不动，且以红旗报捷于定西将军策楞，策楞不察虚实，马上飞章告捷，乾隆帝大喜，谕封策楞为一等公、玉保为三等男。阿睦尔撒纳利用清军中缓兵计的机会，率残部越库陇癸岭，逃入哈萨克，而策楞、玉保却互相推咎，借口马力已乏，屯兵伊犁，不前往追捕。策楞、玉保被革职拿解后，继任的定西将军达尔当阿和负责北路的定边左副将军哈达哈，更为愚蠢。达尔当阿由西路出，击败哈萨克及阿睦尔撒纳军队，阿

①《清高宗实录》卷504，第7页。

睦尔撒纳变换衣服潜遁，清军追及相隔一谷，仅二三里，"贼仓促不及驼载"，眼看就要将其擒获，可全歼残敌，忽然一哈萨克人来报：即欲捕捉阿睦尔撒纳献与大军，但需待其汗至，"乞暂缓师待"。清军将领"争欲进捕"，而达尔当阿却信其谎言，下令停止前进，驻军以待，他不知道来报之人又系阿睦尔撒纳所遣。阿睦尔撒纳趁清军中计止兵，飞速逃走，免掉了灭顶之灾。哈达哈领军由北路出，遇哈萨克汗阿布奈之兵一千余人于巴颜山，按兵不击，听其逃逸。因此，大军出发数月，停滞不前，无甚收获。[①]

乾隆帝过分依赖厄鲁特台吉、宰桑，以及将军、参赞大臣的失职，不仅使阿睦尔撒纳几次逃出虎口化险为夷，大军迟迟不能获取全胜，而且使许多台吉、宰桑对大皇帝、对大将军的才干和威力产生了怀疑，看到几位将军多次"见卖无能"，"皆轻之"。适值与阿睦尔撒纳关系密切的喀尔喀车臣汗部郡王青衮杂布于乾隆二十一年七月率部叛变，撤掉了清政府所设第十六驿至二十九驿的台站，"羽书中断"，信息隔绝，清朝在西北地区的统治出现了危机，因此，不少台吉、宰桑改变了态度，希望完全"复其旧制"，"而耻为我(清)臣"，遂从拥清转为反清。阿睦尔撒纳之妻弟杜尔伯特部郡王讷默库首先为乱，接着，从乾隆二十一年十月至第二年三月，绰罗斯汗（即准噶尔汗）噶勒藏多尔济、辉特汗巴雅尔、辉特部大台吉与郡王车布登多尔济、阿睦尔撒纳的弟兄普尔普、德济特、和硕特汗沙克都曼尔济之弟明噶特先后反叛，从征有功为清帝重用和嘉奖的大宰桑鄂勒哲依、哈萨克锡喇、尼玛、达什车凌、唐木忒等亦相继率部为乱。宁夏将军、巴里坤办事大臣和起于二十一年十一月为哈萨克锡喇、尼玛等人诱斩。阿睦尔撒纳得知"四部大乱"消息，从哈萨克归回，会新叛变的诸台吉、宰桑于博罗塔拉河，自立为总台吉，厄鲁特四部"复大扰乱"，策楞、玉保于解京途中被厄鲁特乱兵杀害。[②]

（四）调度有方 迅获全胜

乾隆二十一年末至二十二年初，绰罗斯汗、辉特汗等厄鲁特四部台吉、宰桑纷起为乱，杀将军，抢台站，推立总台吉，西北大乱，警报频

① 《清高宗实录》卷506，第35—37页；卷508，第4页；卷520，第7—10页；卷529，第9—14页；《圣武记》卷4，《乾隆荡平准部记》；《清史稿》卷314，《达尔当阿、玉保、哈达哈、策楞传》。

② 《清高宗实录》卷524，第24—26页；卷527，第18—20页；卷528，第4页；卷529，第119页；卷530，第12页；卷541，第35页。

传，京师为之震动。原来不同意用兵的王公大臣们又"生疑议"，认为确实不该进军于万里之外。乾隆帝虽然完全没有料到大功垂成之时又生变乱，但他镇定自若，没有任何丝毫的犹豫，坚持进军，一定要把办理厄鲁特四部之事进行到底。

乾隆二十一年十一月二十三日，他知道巴雅尔、哈萨克锡喇、尼玛、莽噶里克等"同谋为逆"后，谕军机大臣说，"厄鲁特等似此辜恩背叛，必应尽行剿灭"，即告定边右副将军兆惠率所部兵丁回巴里坤，"沿途遇背叛贼人，悉行剿灭"。①

过了四天，十一月二十七日，大学士、管陕甘总督黄廷桂与西路参赞大臣觉罗雅尔哈善相继奏报，宁夏将军和起被尼玛等所率布噜古特、杜尔伯特、扎哈沁、"回人"数千兵丁围攻，力尽而死。乾隆帝给军机大臣下了一道十分重要的长谕，主要讲了五个问题。

第一，一定要用兵厄鲁特。除了过去多次提到的安插杜尔伯特三车凌和阿睦尔撒纳数万来归人这些理由外，谕旨还特别提出了边患问题。上谕批驳"无识之人""妄生议论""谓此事原不当办"的谬论说：

> "殊不思准噶尔之为西北边患，自有明迄今，垂四百余年，我皇祖、皇考当噶尔丹、噶尔丹策零等藩篱完固兵力强盛之时，尚且屡申挞伐，以为边陲久安之计，朕仰承鸿绪，上荷天麻，适值该夷部落携离、人心涣散之候，既已有机可乘，而安坐失之，岂不贻笑于天下后世，亦何以上对皇祖、皇考在天之灵。此所以熟筹审计，实有万不得已之苦心，非一时之好大喜功开边衅而勤远略也。……况该夷地近西陲，虽定以疆界，准通贸易，而犬羊之性，久之亦难保其不生衅端。今即重烦兵力，得以永靖边围，揆之事机，尚应断然为之，岂有已成之功，转为弃置之理。"②

第二，必须擒获阿睦尔撒纳。乾隆帝认为，阿睦尔撒纳的漏网，是促使各宰桑、台吉降而复叛的重要因素。他就和起被尼玛等叛兵杀害一事指出："贪残好乱，反复狡诈，固属准夷常性，然亦由阿逆未经擒获之故，昨降旨黄廷桂，所谓叛贼一日不获，则伊犁一日不安，边陲之事

---

① 《清高宗实录》卷527，第12—13页。

② 《清高宗实录》卷527，第21页。

一日不靖者，正为此耳。"[①]他严令定西将军、定边左副将军、定边右副将军，一定要集中兵力追捕阿睦尔撒纳，不将其捕获绝不罢休。

第三，取消旧规，拟行新制。乾隆帝初征准部时，并未想完全改变厄鲁特四部旧有制度，只是想做一些较大的更动，恢复其八九十年前四部各有所主、不听命于总汗的原有局面，四部分封四汗，"众建而分其势，俾其各自为守"。同时仿照内扎萨克、喀尔喀四部之例，将厄鲁特人员编立旗分佐领，设扎萨克和盟长，使其既纳入清朝版图遵从帝旨，又保持有相当大的内部自治权，与州县大有区别。但是，各台吉、宰桑降而复叛，欲图完全脱离清朝，耻为清臣，使乾隆帝感到，原来的设想弊病甚多，稳定不了局势，难保今后"不生衅端"，必须另筹新制，将其直接辖属于朝廷之下，设立厅府州县，取消其独据一方的权力。

第四，放弃"以准攻准"旧策，主要依靠清军。两年的实践证明，"以新归顺之厄鲁特攻厄鲁特"的政策，带来了严重危害，使各部台吉、宰桑看不到清军的威力和作用，产生了轻视朝廷的想法，因而降后又叛。像上面提到的和起之死，便系一典型例证。身为宁夏将军、尊为钦差大臣的和起，奉定边右副将军兆惠之令，去征讨已叛的辉特汗巴雅尔。巴雅尔既为一部之汗，属人至少有数千户，至少有数千名兵士，而和起率领进攻的军队虽有数千人，可是只有一百名索伦兵是其旧部，余下之兵系他向厄鲁特台吉、宰桑和回部伯克征调而来，其中，尼玛之兵一千五百余名，莽噶里克、哈萨克依喇及额敏和卓各有兵数百、千余不等，因此，一旦尼玛等"操戈相向"，莽噶里克之兵"从后鼓噪"，和起的一百士卒当然抵挡不住，力尽而死。如果他统有满蒙汉官兵数千，这一悲剧怎会发生？所以乾隆帝改变了方针，放弃了"以准攻准"的政策，改为以清军为主。他在谕中讲道，"现在巴里坤地方，已经添驻重兵，并派调索伦、察哈尔、吉林等兵，迅速前往，协力擒捕"。[②]

第五，一定能夺取胜利。尽管噶尔丹、策旺阿拉布坦与噶尔丹策零曾于康熙、雍正时期称雄于西北，大败清军于和通泊，但乾隆帝敏锐地、准确地把握住了准部内乱元气大伤这一根本性弱点，明智地断言必能取胜。他说：现"值该夷部落携离、人心涣散之候"，"机有可乘"，"前岁平定伊犁时，偏师直入，业已所向披靡，今该地又经阿逆蹂

---

①《清高宗实录》卷527，第20页。

②《清高宗实录》卷527，第19~22页。

蹦之后，凋敝已极，大兵所至，自可计日裁定，尚属易于经理之事"。①

乾隆帝的这一断言，并非随意胡诌无稽之谈，而是有两年来清军进征厄鲁特的历史事实为其依据。乾隆二十年春征讨达瓦齐，西、北二路"哨探兵"才11000余人，就降服了这位曾屡败敌兵统一四部的浑台吉的广阔辖地，而且在五月十四日达瓦齐拥宿卫亲兵万人屯格登山时，奉命侦察敌情的清军翼领喀喇巴图鲁阿玉锡，仅带24人就"突入贼营冲击，出其不意"，"贼兵大溃"，收降7000余人，达瓦齐仓皇逃走。②号称骁勇多谋的阿睦尔撒纳，反叛以后，屡为清军击败，不得不四处流窜。北路领队大臣阿里衮率兵70余人，便曾于二十一年九月击败哈萨克兵1000余，俘获大量马匹辎重。最能说明尼玛等宰桑的军队战斗力不强的例证是兆惠的征战。闻听和起被害，兆惠领兵2000余名，于二十一年十一月从伊犁撤退，沿途皆被各部截阻，从济尔噶朗河转战而南，一战于鄂垒，再战于库图齐，又战于达哈齐，前后击杀敌军数千。二十二年正月退至乌鲁木齐，噶勒藏多尔济、扎那噶鲁布等"诸贼俱会"，"日数十战"，清军"无不一当百，皆步行冰雪淖中，履袜不完，食瘦驼疲马"，行至特纳格尔，被敌军重重包围。时侍卫图伦楚领兵八百来援，兆惠率疲军冲出，并往击巴雅尔，然后全师回至巴里坤西路大军军营。③兆惠仅以区区二千驻防之兵，就能突破各部宰桑、台吉数倍于己的敌军包围，转战千余里，击伤敌军数千，全军而回，可见厄鲁特四部反清军队士气之不振、军力之衰弱。

乾隆帝从这些战例中吸取了经验教训，增强了平准的决心和信心，连下谕旨，调兵遣将，拨发帑银，抓紧办理厄鲁特四部之事。他以喀尔喀亲王成衮扎布"熟悉蒙古事务"，"诚心报效"，授为定边将军，统领大军由北路珠勒都斯进攻，任兵部尚书舒赫德、鄂实等为参赞大臣，户部尚书阿里衮、一等公明瑞等人为领队大臣；命定边右副将军、一等伯、领侍卫内大臣兆惠和参赞大臣富德领军从西路额林哈毕尔噶征讨，两路共7000名士卒，主要系满洲索伦、绿旗及蒙古兵。哨探队于二十二年二月初十日起程，大队于十一日出发。考虑到以往大军进攻，准部台吉、宰桑率领属人逃往哈萨克或潜匿山谷，清军一撤，又归回本部，继续作乱，无法彻底降服，"非一劳永逸之计"，因此这次令随军的绿旗兵丁屯垦田土，并

①《清高宗实录》卷527，第19—20页。

②《清高宗实录》卷490，第5页，卷499，第13页。

③《清高宗实录》卷530，第9—11页；卷531，第12、22页；卷532，第8、15—18页；《啸亭杂录》卷10，《兆武毅公》；《清史稿》卷313，《兆惠传》；《圣武记》卷4，《乾隆荡平准部记》。

招募维吾尔族农民耕种，这样既有利于解决军队粮食的供应，"可资军食"，又可使反叛的台吉、宰桑"无可归之路"，哈萨克也会因"不能久资养赡"，而与叛者"相戕"，"庶可以永绝根株"，彻底平定准部。①

乾隆帝调度有方，任人得当，赏罚严明，将军、大臣和三军官兵奋勇向前，军威远扬，势不可挡。而厄鲁特四部台吉、宰桑们却互相残杀，绰罗斯汗噶勒藏多尔济为其侄扎那噶尔布所杀，阿睦尔撒纳又袭掠扎那噶尔布，尼玛又欲谋害扎那噶尔布，兼之"痘疫盛行，死者相望"，因此清军进展神速，很快就收复了伊犁，擒获或斩杀了车布登多尔济、普尔普、德济特、巴雅尔、达什车凌、尼玛、扎那噶尔布。鄂勒哲依为其子敦多克斩杀，哈萨克依喇败走流窜。阿睦尔撒纳在济尔噶朗"猝遇大兵，不能抵御，即行逃走"，计穷力尽，再次逃入哈萨克，富德领兵紧追。二十二年六月初三日，哈萨克阿布赉汗之弟阿布勒比斯遣使来见，呈述说：去岁阿睦尔撒纳逃来时，"大国遣人索取，沿边居人未即达知阿布赉，是以烦大皇帝征讨"。阿布赉欲将阿睦尔撒纳擒捉，送献大皇帝，不料其事先察觉，"盗马逸去"，今后如再入其境，"必行擒送"，并恳请"带兵效力"，"往来交易"。富德派参领达里库等人前往"宣谕威德"，阿布奈"愿以哈萨克全部归顺"，并遣使入贡，呈献表文。②

阿睦尔撒纳于乾隆二十二年六月逃入俄国，清政府多次要求俄国擒献。八月，阿睦尔撒纳患天花病死。十二月，俄国边界官员将其尸送到恰克图，清政府派侍郎三泰、喀尔喀亲王齐巴克雅喇木丕勒前往验看。清军继续追剿厄鲁特"余贼"，至乾隆二十四年（1759年）始告结束。

乾隆三十六年（1771年）土尔扈特部渥巴锡汗率部民十余万离开俄国，长途跋涉，历尽艰辛，归回祖国。乾隆帝大喜，厚待其部，封渥巴锡为乌讷恩素珠克图旧土尔扈特部卓哩克图汗，封策伯克多尔济、舍楞、巴木巴尔为亲王、郡王，封恭格、默门图、旺丹沙喇扣肯、奇布腾、雅尔丕尔、额墨根乌巴什等人为贝勒、贝子，其余头领分封公、台吉。随后分授其汗、王、贝勒为四盟之盟长、副盟长，按喀尔喀四部之制编立旗盟。"于是四喀尔喀与四瓦拉（即厄鲁特四部）部众皆抚而有之，疆域几埒元代矣"。③

①《清高宗实录》卷530，第3—5页；卷533，第18—21页；卷534，第18页；卷535，第2页。

②《清高宗实录》卷535，第5页；卷536，第11、12、21页；卷537，第18、33页；卷538，第26—27页；卷539，第8页；卷543，第7—9、24—26、29—33页；卷547，第6、11页。

③《清高宗实录》卷887，第9—14页；卷890，第16—18页；卷892，第15—25、51—52页；卷983，第1—5页；《圣武记》卷4，《乾隆新疆后事记》。

五、追讨叛汗 统一回疆

（一）大、小和卓称汗叛清

乾隆二十年（1755年）四月二十四日，清定边右副将军萨喇尔呈报击败准噶尔汗达瓦齐的消息时奏称：领兵前进，陆续招降各部人员，共4000余户，"内和卓木原系叶尔羌、喀什噶尔回部之长，因策妄阿拉布坦时羁留伊父为质，未经放回，将属下三十余户，率领来归。"[①]

萨喇尔提到的原"叶尔羌、喀什噶尔回部"之长的和卓木，就是大和卓木（亦称大和卓）布拉呢敦（布那敦、博罗尼都）与小和卓木霍集占两弟兄。《清实录》《圣武记》等书所说的"回部"、"回人"，在唐朝叫"回纥"，宋、辽、金时写为"回鹘"，元、明两代叫畏吾、畏兀、畏兀儿，清人称为"回部""回民""缠回""回子"，就是今天新疆的维吾尔族，主要聚居在天山以南的广大地区，也有部分住在北疆和伊犁。

维吾尔族曾经建立过强大的回纥汗国，但从13世纪初蒙古国兴起以后，就降为蒙古汗王的属人，在相当长的时间内，由元太祖成吉思汗之次子察合台的后裔分别统治，形成了若干王国和地堡。明末清初，回疆有大小回城数十座，回庄小堡上千座，统一隶属于叶尔羌汗国，汗仍然是察合台的后人。这时伊斯兰教中出现了"白山""黑山"两个教派，互相争夺，"黑山"派在叶尔羌汗伊斯玛业勒的支持下，将白山派首领伊达雅图勒和卓驱逐出境。康熙十九年（1680年）准噶尔博硕克图汗噶尔丹应和卓伊达雅图勒的请求，发兵12万，灭了叶尔羌汗国，尽执元裔诸汗迁居天山以北，扶持伊达雅图勒为阿帕克和卓（意为世界之王），通过他及各城伯克统治回疆。康熙三十六年（1697年）噶尔丹兵败暴卒，阿帕克和卓之子玛哈木特在喀什噶尔、叶尔羌的伯克（封建主）支持下，乘机兴起，欲图建立一个伊斯兰教汗国，完全摆脱准噶尔贵族的统治。策妄阿拉布坦出兵征服南疆，拘禁玛罕木特于伊犁，以其二子布拉呢敦、霍集占为人质，令率数千维吾尔族人员垦地输赋，并曾将其子囚于地牢数载。

乾隆帝看过萨喇尔呈述和卓木来归的奏折后批示说："投诚之和卓木"，原系叶尔羌、喀什噶尔回部之长，"羁留准噶尔为质"，未经放回，"情甚可悯"，"着萨喇尔即将伊派令前来入觐"，至回营时，"仍令复回原部，并将此预行告知，俾知感戴"。[②]也许由于不久就生变

---

①《清高宗实录》卷487，第12页。
②《清高宗实录》卷487，第12—14页。

乱，二人未曾至京朝觐大皇帝。清政府遣兵送大和卓布拉呢敦回叶尔羌，"使统其旧部"，留小和卓霍集占于伊犁，"掌回务"。

乾隆帝对"投诚之和卓木"的如此安排，显然是表明此时他已确定了对回部（回疆）的基本方针，把它和哈萨克部区别开来，实行不同的政策。

对哈萨克，他只要求其朝贡，允许互市，保持与对安南等国一样的朝贡关系，基本上是国与国之间的外交关系，只不过清是大国，是天朝，哈萨克、安南等是小国，是"属国"。而对回部，则是把它当作与喀尔喀四部蒙古一样的"藩部"，将其纳入清朝的版图，征收贡赋，责令按期朝贡与入觐，重大问题要听从清政府裁处。虽然清廷没有说明为什么要这样做，但道理也很简单，因为，从13世纪以来，回疆就是蒙古察合台汗后裔和准噶尔汗的属部，归其统治，遵其命令，缴纳赋税，充当差役，金兵从征，甚至和卓、伯克成为人质，听从准汗的差遣和奴役。现在既然准汗臣服于清朝，清政府当然有权接管回疆，当然对回部拥有统治之权，清帝与回部和卓、伯克和一般人员之间当然存在着君臣之分、君民之分。所以，乾隆帝得知和卓来归时，即令其入觐，既表示予其以目睹龙颜的恩宠，让其"俾知感戴"，也清楚地显示出从此以后双方就是君臣关系，和卓成为清帝属臣。

乾隆帝不仅在二十年四月进攻准汗达瓦齐时就决定了要统一回部，而且这时还基本上确定了以"招抚"为主的策略，通过遣使宣谕，让各和卓、伯克率部来归，以便和平统一回部。他的这一想法，是与当时厄鲁特四部台吉、宰桑纷纷来归的事实分不开的，骁勇剽悍的准部台吉、宰桑都不敢与清朝对抗，都自动降顺，那么，一听准军到来就四处逃亡的回部人员，岂能举兵相敌？当然会仿其所为争先来归。所以，他敢于遣兵护送大和卓回叶尔羌，"使统其旧部"，并不将其羁为人质，又令定北将军班第遣人招抚大伯克霍集斯等来归和入觐。直到二十二年四月他还谕告军机大臣：大兵征讨阿睦尔撒纳及其他叛乱的台吉、宰桑，进展十分顺利，"即可剿灭贼众。厄鲁特等既皆剪除，则回部自可招服"。①

但是，随着回疆形势的发展，以及陆续吸取了阿睦尔撒纳权大生变和厄鲁特台吉、宰桑降而复叛的教训，他逐渐修改了策略，转变为抚剿兼施，力擒首领，招抚多数，而且就在招抚各和卓、伯克来归时，也十分警惕，尽力防止他们揽权割据独霸回疆。

在一段时间里，乾隆帝特别注意大、小和卓的动静，极力争取他们归顺清朝。他这样做的原因，是不难理解的。由于广大维吾尔族人信奉

① 《清高宗实录》卷533，第18页。

伊斯兰教，因此教主大、小和卓在回疆中威望甚高、影响很大，拉住了两位和卓，统一回部之事就易如反掌。何况，两位和卓之能脱离地牢之苦，靠的是清军，清军不打败达瓦齐，二人还得在牢中苦苦挣扎，他俩能不为有救命之恩的大皇帝尽忠效劳？退一万步说，就算是不理睬恩德之事，单就实力来考虑，拥有信徒上百万的大、小和卓，既然斗不过噶尔丹策零与达瓦齐，被拘于狱，那么，他俩又怎能和生擒达瓦齐的清军交战，怎敢拒绝"天下之共主"的大皇帝的招抚？因此，乾隆帝多次下谕，处理招抚二和卓之事。

乾隆二十一年四月十六日，定西将军策楞奏："回人总管"阿底斯等禀报：布拉呢敦、霍集占等"向与叶尔羌、喀什噶尔有隙"，现将回人并我等妻子移往库车、赛哩木、济木萨一带居住，若遣使招抚，"自必投诚"，移往吐鲁番。"查回人素受准夷奴役"，今舍伊犁而去，必不愿回，应即派员同阿底斯等前往招抚，将他们移往吐鲁番。[①]阿底斯的报告，有真有假，说二和卓带领回人离开伊犁，前往回疆，此事属实；而言其与叶尔羌、喀什噶尔有仇有怨，则系谬误。此二城为回疆中的大城，二和卓及其祖、父在此有很大的影响，亲友属员很多，是他俩依靠的重要基地，怎能说"有隙"而不前去？显然，阿底斯这样说有其个人打算，那就是欲图利用清朝的威力"招抚"一大批"回人"，带到吐鲁番，使他们成为自己的部下，听从差遣和纳赋，这样一来，不仅增加了属民，扩大了租赋收入，壮大了个人势力，而且也可讨好于清朝，得到赏赐，封授爵职，大大抬高自己的政治地位。策楞可能是由于不了解二和卓的情况，故听信了阿底斯的话，派员随其前往招抚，乾隆帝则因为早有统一回部的想法，故未加核实而听其行动。

也就是这月（四月）的二十七日，策楞再报：布拉呢敦、霍集占等两次遣人至军营，"俱未得达"，今又遣厄鲁特策勒伯探听清兵抵达伊犁的消息，"欲来投诚"。乾隆帝谕告军机大臣：布拉呢敦等"屡次遣人探信，如投诚之意属实"，策楞应立即派兵前往晓谕，他们设若亲至军营，"即准其归降，其如何安插纳贡之处，奏闻请旨"。[②]

起初，布拉呢敦与霍集占对怎样处理与清朝的关系，看法有所不同。大和卓布拉呢敦比较谨慎，不愿开罪于清政府，愿意接受清朝的辖束；小和卓霍集占则"奸诈异常"，不甘为人下，力图独主回疆。乾隆二十年秋，阿睦尔撒纳叛乱后，霍集占忘掉清帝救命之恩，"率众助逆"，于乾

①《清高宗实录》卷511，第3页。

②《清高宗实录》卷511，第23页。

隆二十年十二月与阿会合，"兵势颇盛"，击败了萨喇尔和协助清军平叛的厄鲁特台吉、宰桑之兵，使阿在这次战争中避免了失败，进入伊犁。①第二年清军收复伊犁时，霍集占始率部逃归回疆，与兄长住在一起，他对清朝始终抱有疑二之心。两弟兄意见分歧，霍集占势力大，能言善辩，对兄长的态度和行动，逐渐产生了很大的影响，因此自乾隆二十年夏被清军从地牢释放后，在相当长的时间里，他们一直没有正式向清朝臣服和归顺，但也未采取公开敌视行动，而且还故意做了一件表示友好之事。

乾隆二十一年秋，定边右副将军兆惠，感到大、小和卓情形可疑，特派镶蓝旗蒙古副都统阿敏道率索伦兵一百、厄鲁特兵两千及库车伯克鄂对等，前往察看和招抚。阿敏道于闰九月报告，行至绰鲁克特赫，途中收到以前遣往回部议定贡赋的侍卫托伦泰的奏报文书，言及去年已招降喀什噶尔，正与叶尔羌回人交战，被阿睦尔撒纳遣人擒去，后经布拉呢敦收留，今年五月霍集占来到后，"即将阿逆使人杀戮"，派人护送自己出来。兆惠看过阿敏道的报告后，秘密通知阿敏道说：据托伦泰所报，"回城地方，并无事故，毋庸多带兵前往"，即同锡克锡尔格到叶尔羌等处"详察情形，如无抗违之意，即将回人等加意安抚"，"毋得扰害"。回人应输贡赋，查明数目，令其交纳。其应赴伊犁种地回人，务于十二月内携带牛具，前赴指定地方，"并令回人头目亲赴伊犁，以便询问"。兆惠将上述情况向帝奏报，乾隆帝谕告军机大臣，奖嘉兆惠"密饬阿敏道前赴回城办理事宜，甚属妥协"，"即照所奏办理"。②

也许是准部阿睦尔撒纳等人的降而复叛，给予了乾隆帝深刻的教训，因此他在招抚大、小和卓的时候，保持了高度的警惕性。在上述谕旨下达后的第四个月，二十二年正月初八日，他谕示军机大臣："其办理各回部事宜"，现在阿敏道尚在叶尔羌，令定边将军成衮扎布、右副将军兆惠会同额敏和卓详细商议，或再派侍卫托伦泰、总管五十六前往晓谕。"其布拉呢敦、霍集占二人，看来布拉呢敦尚属恭顺，霍集占奸诈异常，应留心防范，相机办理"。③过了五天，正月十三日，他进一步明确谕示军机大臣：待霍集占所遣使人沙呢雅斯来到时，即派五十六、托伦泰一同回到叶尔羌、喀什噶尔，令布拉呢敦等"酌定贡赋章程，前来陈奏"，如他们遵谕照办，便可罢休，"倘稍有推托"，就于剿灭厄鲁特后，"再派兵往办理"。④

①《清高宗实录》卷505，第9页。

②《清高宗实录》卷522，第15-17页。

③《清高宗实录》卷530，第19页。

④《清高宗实录》卷530，第25-26页。

乾隆二十二年四月十三日，定边将军成衮扎布奏称；前遣总管五十六、侍卫托伦泰带霍集占的使者沙呢雅斯去回城晓谕，"因中途阻滞"，不能前进，折回军营。请先行文通知布拉呢敦、霍集占，"责令前来投顺"。乾隆帝批示："所办尚合机宜。第布拉呢敦、霍集占俱极狡诈，而霍集占为尤甚。伊等不即前来投顺，明系别生异心，即应派兵擒拿"。但因厄鲁特之事尚未办完，暂行缓办，待事成之后，仍令沙呢雅斯前往晓谕，"布拉呢敦等，如亲身来归，亦即擒拿解京，否则即派兵前往剿灭"。①此谕表明，乾隆帝已断定大、小和卓不会归顺，已经下定了将其擒斩的决心，只不过是因为这时还未完全平定厄鲁特台吉、宰桑的叛乱，不能同时两处用兵，因而暂缓。

过了半个月，乾隆帝的态度有了一些变化。四月十八日，他看到兆惠奏报扎那噶尔布遣人纠合回部，为霍集占等所拒时，对二和卓未能归顺的原因和性质，做了与上不同的评断，批示说："回人布拉呢敦、霍集占等，原未附和厄鲁特，特徘徊观望，未即前来投顺"，仍遣五十六等带来使沙呢雅斯"前往招抚"，如将阿敏道送回，便可洞悉彼处情形。"第布拉呢敦等生性狡猾，即使归降"，亦不得仍居叶尔羌、喀什噶尔等处，着于吐鲁番、巴里坤二处，酌量指给一地，令其迁移，稍有推托，仍行拿解来京。②

此时乾隆帝虽然认为二和卓未与准部纠合作乱，但仍然感到形势不太稳定，布拉呢敦等"生性狡猾"，易生事端，故要采取预防措施，将其迁至清朝能控制的吐鲁番或巴里坤，使其不能为乱，而且还强硬地令其迁移，如不听命，即武力捕捉，解京治罪。可见，他已认识到，必须用兵，必须以武力为后盾，才能招抚回部大小首领，才能统一回部安定回疆。这一方针是正确的，可惜为时已晚，霍集占、布拉呢敦等人已经先动手了。当乾隆二十一年冬，阿敏道遣人招抚时，布拉呢敦与霍集占商议对策。布拉呢敦说："我家三世为准夷所拘，蒙天朝释归，得统所部，此恩何可忘也。"主张归顺，"欲集所部听天朝指挥，受约束"。霍集占竭力反对，要"自长一方"。他说："我方久困于准夷，今属中国，则又为人奴"。"若听朝廷处分，必召兄弟一人留质京师，如准噶尔之例。我祖宗世以此受制于人，今幸强邻已灭，无逼处者，不以此时自立国，乃长为人奴仆，非计。中国新得准部，反侧未定，兵不能来，

---

① 《清高宗实录》卷536，第30页。

② 《清高宗实录》卷537，第32-33页。

即来，我守险拒之，馈饷不继，可不战挫也"。[①]

霍集占的这番话，看起来颇似高见和有理，拥有上百万信徒和辽阔回疆的伟大教主两位和卓，怎能为人之奴，羁居异邦为质，应该要"自长一方"，自立为国。而且清朝刚得准部，动乱未已，难以发兵来攻，即使对方来征，其据险坚守，敌军远征数千里外，供应困难，不能久屯，必然撤退，可以不战而胜。霍集占虽然素称精明，善于用智，可是，在这关系到身家性命和统治回部之权的根本问题上，却犯了致命的错误。

第一，错看了清朝对回部的政策。清政府不似准噶尔汗，欲图实行的回部政策与准汗不一样，清廷仅仅是要回部和喀尔喀四部一样，为帝藩部而已，基本上仍是由和卓、伯克管理回疆，并未剥夺大、小和卓的教主之权，更不会拘和卓为人质或关押于地牢。霍集占所谓"为人奴仆"，完全是危言耸听，乱人心怀。

第二，低估了清朝的力量，不了解乾隆帝的为人。霍集占所谓清军不可能来攻，是其一大误解。厄鲁特四部确实是动乱不已，大多数台吉、宰桑降而反叛，此时清军尚未把这一变乱完全平定下去，但是，霍集占忽略了一个重大问题，那就是清朝是一个幅员广阔臣民上亿的强大之国，是当时人们尊称的"天朝"。而且更糟糕的是，他没有能够看清乾隆帝的志向、才干和对回部的态度，不知道这位大皇帝依靠"全盛之时"的巨大财力、物力、人力和兵力，要想做出一番超越前人的伟大事业，要将回部统一，纳入清朝的版图，已经定下了用兵回疆的方针。因此，霍集占的所谓清军难来，仅只是他的幻想和希望，不是事实。

第三，夸大了己方的优势，忽略了对方长处。霍集占所说即使清军来攻，我拒险坚守，可不战而挫敌，又系谬论。谬误之一是他过高地估计了自己的力量，好像整个回疆，所有伯克、回民都会听他统治、为他卖命，上百万回人一致抗清，其实，这位教主并没有这样大的力量。后来的事实证明，大多数伯克和人民不赞同他的叛清活动，或袖手旁观，或归顺清帝，或在高压之下暂时随便附和，时机一到即舍其而去，并没有形成全民据险死守的局面。谬误之二是清朝既有力量赶运粮饷器械供应军需，把进攻延续下去，又能督军猛攻，招抚"回人"，很快就削平叛军，统一回疆。

总而言之，霍集占出于独主回疆的目的，对敌我双方的形势做了十分谬误的估计，铸成了大错。在他的煽动下，布拉呢敦及部分和卓、伯克决定叛清。霍集占还"集其伯克、阿浑等，自立为巴图尔汗，传檄各

---

①《啸亭杂录》卷6，《平定回部始末》；《圣武记》卷4，《乾隆戡定回疆记》。

城爰曼，集士马峙糗粮器械以待"。在霍集占公开起乱之前，清副都统阿敏道率兵来抚，围库车城。城中人诡告阿敏道说："厄鲁特吾仇，虑为害，撤还即纳降。"阿敏道中计，命厄鲁特兵后退，仅带一百名索伦兵进城，被霍集占拘捕。①

乾隆二十二年五月，霍集占杀害阿敏道，正式叛乱，大多数回城响应，"回户数十万皆靡"，②一场严重危害回疆的大祸，就这样发生了。

（二）任用劣帅　败酋逃出罗网

乾隆二十二年（1757年）五月十七日，定边将军成衮扎布奏称：霍集占等扰乱，杀害副都统阿敏道。俟大兵到伊犁，即前往回城，剿灭霍集占等人。紧接着成衮扎布又连上数奏，要求统兵"办理回部"，擒拿霍集占。

霍集占的反叛，虽然出乎一个月前乾隆帝之意料以外，但他毕竟早已定下剿抚兼施统一回部的方针，也曾看出霍集占"狡诈"必生事端，因此并未惊慌失措。他于五月十七日、二十日，六月十二日、二十一日，七月二十八日，陆续下达有关此事的谕旨，定下了办理回部的几条基本原则：一是必征回部；二是现先集中兵力平定准部之乱，擒获阿睦尔撒纳；三是征回较易，不需多少军队；四是定于来年进军。

十月初二日，他针对有些大臣不愿用兵征回的议论，下谕予以驳斥，指出国家对死事之臣，应当为之复仇，"我大清堂堂天朝"，不能以唾面自干"为自全之善策"。③

乾隆二十三年正月，厄鲁特之乱已基本平定下去，阿睦尔撒纳败入俄国出痘身死。乾隆帝遂于正月二十六日，以"回酋霍集占罪状"，宣谕回部各城。该谕说：

"……至布拉呢敦、霍集占兄弟，在噶尔丹策零时，被拘于阿巴噶斯、哈丹鄂拓，我兵初定伊犁，释其囚絷，令为回人头目，方欲加恩锡爵，授以土田，乃乘厄鲁特变乱，率伊犁回人，逃往叶尔羌、喀什噶尔。朕以其或惧厄鲁特骚扰，暂避以图休息，尚未加兵，第遣使招抚，不料竟敢戕害使臣，僭称巴图尔汗，情尤可恶，若不擒获正犯，则回众终不得安生，用是特发大兵，声罪致讨。……尔等皆无罪之人，朕何忍与叛逆之徒，一体诛戮。此次兴师，特为霍集占一人，尔等若将霍集占

①《清史稿》卷315，《阿敏道传》；《圣武记》卷4，《乾隆戡定回疆记》。
②《清高宗实录》卷539，第3页；卷543，第42页；《清高宗实录》卷547，第11页。
③《清高宗实录》卷548，第4页。

缚献，自必安居如旧，永受殊恩，如执迷不悟，听从逆酋指使，大兵所至，即不分善恶，悉行剿除，悔之何及，尚其熟思利害，毋自贻误。"①

乾隆帝的这道谕旨，第一次正式明确地宣布了对待回部的政策，阐明了用兵的理由。具体说，此谕讲了以下四个方面的问题。

其一，君臣之分。谕旨宣布了清帝与布拉呢敦、霍集占有着君臣关系，回部隶属于清政府。谕旨着重讲道，是清军进入伊犁，才将大小和卓出之于牢，是清朝大皇帝"令（二人）为回人头目"，而且准备封授爵位，赐以田土。这就明白无误地向广大维吾尔族人员指出，两和卓是清帝之属臣，他俩之所以能成为"回人头目"，是由于清帝的赐予，是清帝之威力。清帝封授二人为回部头目，彼此之间有君臣之分，回疆归属清政府辖治。因此，霍集占之称巴图尔汗，是"僭称"，没有得到清政府允许，未经清帝赐封，是非法的，是叛君行为。

其二，用兵之由。谕旨指出，霍集占弟兄原系准汗的阶下囚，关押于地牢，他们竟忘掉清帝将其释放并"令为回人头目"的大恩，不来归顺，率部潜逃，甚至杀害清政府前往招抚的使臣，兴兵倡乱，实属罪大恶极，如不将其擒获，"则回众终不得安生"，因此清帝要遣发大军，"声罪致讨"。

其三，专擒"逆酋"。谕旨强调指出，"此次兴师，特为霍集占一人"，连其兄长布拉呢敦，亦念彼系"被迫从行"，而命分别办理，"期无枉抑"。维吾尔族广大人民只要能将霍集占捕捉献送，"自必安居如旧"，成为清帝赤子，"永受（大皇帝）殊恩"，决不株连扰害，滥加屠戮。

其四，拒抚剿除。谕旨宣布，如果"回人"执迷不悟，听从霍集占指使，抗拒不降，不献首逆，则大兵一到，"即不分善恶，悉行剿除"，明确地表述了清帝必平叛乱、统一回疆的坚定立场。

乾隆帝坚决主张统一回部、专剿首逆、招抚多数的方针政策，是十分正确的，为进军的胜利奠定了牢靠的基础。但是，美中不足的是，他在两个问题上犯了错误。一是任人不当，不该把剿平反叛的重任委之于雅尔哈善。本来乾隆帝是依靠兆惠来负责准、回二部用兵之事，于乾隆二十二年十二月二十五日将其由定边右副将军升为定边将军，明确谕

①《清高宗实录》卷555，第23—25页。

告"来年办理进兵，唯兆惠等是赖"。但因当时兆惠还需追剿厄鲁特叛军残部，故他于二十三年正月二十六日委任参赞大臣雅尔哈善为靖逆将军，专管征讨霍集占，另以都统哈宁阿为参赞大臣，副都统顺德纳、爱隆阿为领队大臣。①这是一个严重失误。尽管额敏和卓父子效忠清帝，熟悉回务，颇有智谋，副都统爱隆阿是一员猛将，但主帅雅尔哈善太过无能，肩负不了征回的重任。

雅尔哈善是觉罗子弟，全名为觉罗雅尔哈善。此人是文人出身，从翻译举人任内阁中书升通政使，因事罢官，后历任（龙安、松江、苏州三府）知府、署江苏巡抚、浙江巡抚、户部侍郎、兵部侍郎、办事大臣、参赞大臣、兵部尚书。他在松江、苏州任知府时，倒还有点作为，但此后便未有任何建树，特别是于任办事大臣期间，做了一件特大错事。据《清高宗实录》记载，二十一年十一月初八日，乾隆帝因辉特汗巴雅尔等台吉、宰桑降而反叛，谕示军机大臣："厄鲁特等以此辜恩背叛，必应尽行剿灭。"和硕特汗沙克都尔曼济现在巴里坤居住，令雅尔哈善详加体察其情形如何，"倘尚有可疑，亦当乘其不备，先行剿灭"。十二月二十九日巴里坤办事大臣雅尔哈善奏称：遵旨详察沙克都尔曼济情形，见其向内设立卡座，又屡遣人探听巴里坤兵马情形。其属人普尔普、首伊与扎那噶尔布等潜通信息。并令伊前赴巴里坤，托病不至。种种可疑，显有叛逆形迹。遂于十二月十六日，派兵至伊游牧擒剿，"共斩贼众四千余人，以杜后患"。乾隆帝夸奖雅尔哈善察出沙克都尔曼济"背叛情形"，即领兵擒剿，"办理甚属奋往"，着交部"照军功议叙"。②雅尔哈善于第二年被授为参赞大臣，擢兵部尚书，以及荣为靖逆将军，与此次"奋往"擒剿沙克都尔曼济之"军功"，是有直接联系的。但是，雅尔哈善之所谓重大军功，纯属假冒，沙克都尔曼济之"叛乱"，完全是莫须有之事，是一件大冤案。

事情的真相是这样的。和硕特汗沙克都尔曼济虽因其弟明噶特随从阿睦尔撒纳为乱，本身处境比较艰难，容易引起清帝的怀疑，但他是坚决效忠清政府的。他拒绝附从叛军，不顾个人安危，毅然率本部四千余户离开故土投奔内地，"依巴里坤（清西路大军军营）近城以居"。由于长途跋涉，匆促内移，携带粮食牛羊不多，乏粮缺食，不得不向雅尔

① 《清高宗实录》卷553，第19—20页；卷555，第27页。

② 《清高宗实录》卷527，第13页；卷529，第23页。

哈善乞要粮食。雅尔哈善不察来情，疑其有诈，决意剿灭，遂遣裨将阎师相领兵五百，入其游牧，伪称系"失路借宿"。沙克都尔曼济热情款待贵客，"屠羊以待"。夜半大雪，阎师相以箭为令，突袭其卧庐，"尽歼全部四千余人"。沙克都尔曼吉被杀时，残灯未灭，其妻从睡梦中惊起，"不忍其夫之戕于乱刃，裸而抱持之"，双双被害，其景惨不忍睹。①雅尔哈善就是这样以数千无辜之人的鲜血染红了帽顶，伪称"平叛"，被封为一等伯，擢升靖逆将军。

这样一个胆怯畏敌、假冒军功、不谙兵法之劣臣，竟被乾隆帝委付以平回重任，怎能不误军机。雅尔哈善率领满、汉官兵八九千人，于乾隆二十三年五月包围了库车城。"回人素懦怯"，不善作战，城内又只有数千人，如果清帅用兵得法，取城并非太难之事。但是雅尔哈善乃一"书生，未娴将略，惟听偏裨等出策，令不划一"，因而迟迟不能克城。霍集占闻报，率最精锐的巴拉鸟枪兵八千，由阿克苏经戈壁捷径飞速来援，这正是清军俘获敌酋的好机会。领队大臣、副都统爱隆阿统兵奋战，初败敌前队三千于戈壁南之和托鼐，"歼贼甚众"，又于六月十六日率吉林、索伦兵一千余人，与霍集占所领五千名续援部队交战于鄂根河侧，追敌入水，"死者三千余人，拔其纛"，霍集占领余兵八百败入城内。雅尔哈善等将帅，因霍集占困于城中，料想可以将其擒获，十分高兴，督兵攻城。

库车城依山冈，系用柳条沙土密筑而成，比较坚实，清军用炮轰打，未能奏效。提督马得胜建议挖地道，突入城内，雅尔哈善同意此议，于城北一里掘入。将近至城，雅尔哈善因乾隆帝急催克城获酋，严令士卒昼夜挖掘，城上之人发现灯光，于城内开挖一道横沟，放水冲入地道，将挖城的清绿旗兵六百余人全部淹死。雅尔哈善"咄嗟无他策"，唯围城坐等，欲图待其粮尽弹绝而自毙。到七月初，前后围城一月余，城中饮食困难，弹矢渐缺。原库车伯克鄂对降清后授散秩大臣，奉命随军参战，鄂对了解敌情，熟悉地形，向雅尔哈善建议：困兽犹斗，敌必不会束手待毙，"今霍集占困守危城，食力已尽，必不坐而待缚"，一定会乘我不备而逃走，"返其巢穴，整兵复来"，那样，事就不好办了。敌若欲遁，有两条路，一是由城西鄂根河水浅处涉水而逃，另一条路是由北山口通向戈壁，逃往阿克苏。"若于二路各伏兵一千，

---

① 《啸亭杂录》卷3，《西域用兵始末》；《清史稿》卷314，《雅尔哈善传》。

则贼酋可擒矣"。雅尔哈善不听其言、不为防备、不巡营垒，还故作风雅，自命"儒将"，"终日棋弈"，饮酒为乐。六月二十四日傍晚，一索伦老兵于城下牧马，闻听城中驼鸣，似负重载，立即奔回大营，向雅尔哈善报告："其驼鸣高且健，贼将遁矣。"这位昏庸的劣帅，正在饮酒，哈哈一笑，自卖聪明地说："健卒，尔何知？""酌酒如故"。

这位昏帅可帮了霍集占的大忙。正如鄂对所料，两和卓于当日晚上率四百骑潜出西门，涉鄂根河逃走。无独有偶，上有庸帅，下有劣将。把守西门的领队大臣、副都统顺德讷，听到部下报告城中之人夜逃，"尚以昏夜不发兵"，直到天明，才遣兵一百往追，霍集占早已渡过鄂根河，并"去桥断后"，直奔阿克苏，城主不纳，转赴乌什，亦未让进，于是霍集占到叶尔羌、布拉呢敦至喀什噶尔。霍集占的党羽库车城主阿布都亦于八月夜遁突围，余下老弱三千余人投降。①擒获大、小和卓的最好机会，就这样被雅尔哈善葬送了，从而使战火蔓延，维吾尔族人员死伤众多，清朝花费了大量财力、人力，足足多用了一年的时间才把两和卓挑起的战乱平息下去。庸帅误国祸民，雅尔哈善死有余辜，任用这位劣员的乾隆帝也难辞其责。

（三）名君轻敌 定边将军兆惠被困黑水营

乾隆帝知悉雅尔哈善坐守军营、劳师糜饷、纵酋逃脱的消息后，极为震怒，连下数谕，痛责其过，将其革职解京，依法处死，并斩副都统顺德讷和提督马得胜，勒令参赞大臣哈宁阿自尽。乾隆帝命纳穆扎尔代替雅尔哈善为靖逆将军，以三泰为参赞大臣，并明确谕告军机大臣："办理回部，仍于（定边将军）兆惠是赖"，协办军务的有富德、阿里衮、舒赫德等大臣。纳木扎尔历任副都统、都统、参赞大臣、署定边右副将军等职，久理军务，因擒捕反叛的和托辉特首领郡王青衮杂布，而被封为一等勤襄伯，世袭罔替。富德，行伍出身，由护军因功连续升迁，乾隆十五年任至副都统，征准时又累立军功，擢参赞大臣，授正黄旗蒙古都统，赐云骑尉世职。阿里衮系将门之后，清开国元勋、众额真、弘毅公额亦都之曾孙，历任湖广总督、两广总督和户部、刑部、工

---

① 《清高宗实录》卷564，第3-5页；卷566，第10、11、14、21页；卷567，第9-13、15-17页；卷568，第11-14页；《啸亭杂录》卷6，《平定回部始末》；《圣武记》卷4，《乾隆戡定回疆记》；《清史稿》卷314，《雅尔哈善传》；卷316，《爱隆阿传》。

部尚书，兼镶白旗汉军都统。征准时，佐定西将军达尔当阿，任领队大臣，颇有治政经验，从军时亦有勇有谋。舒赫德，任至兵部尚书、户部尚书，一征金川时任参赞，征准时首言阿睦尔撒纳必叛，多次建言军务，颇有见解，平回初期，以头等侍卫衔驻阿克苏，后授副都统、参赞大臣。从两位将军和这些大臣来看，应当说是群英荟萃了，能够胜任征回之重担，乾隆帝这次算是用人得当。

将帅虽然有勇有谋，勇于征剿，可惜的是，在一段时间里他们受到了很大的限制，不能尽其所长，不仅不能速奏凯歌，而且还差点全军覆没，遭受惨败。束缚将军手脚、造成这样危险局面的主要负责人，不是别人，而是世称英君的乾隆皇帝。

乾隆皇帝在两个问题上犯了重大错误。一是过分轻敌，二是急于求成，冒险用兵。征讨准汗达瓦齐时，他吸取了雍正九年（1732年）傅尔丹轻敌冒进惨败于和通泊的教训，认真对待，欲图调集满、蒙、汉5万大军，远征漠西，不料，三车凌和阿睦尔撒纳来归，准部内乱，用兵异常顺利，西、北两路仅用了以降人（厄鲁特）为主的11000余名"哨探兵"，不到3个月就进入伊犁，很快擒获了达瓦齐。二征准部，平定阿睦尔撒纳的叛乱，同样是轻而易举，势如破竹，没有打过大仗，未曾发生鏖战，很快就逼使阿睦尔撒纳东逃西窜，重要叛酋陆续落网，大获全胜。名列"十全武功"之第二、第三次武功，如此轻易地到手，使这位早期用兵相当谨慎的名君顿易常态，产生了严重的轻敌思想。兼之，"回人素懦怯"，大、小和卓木被准汗拘于地牢令为人质，既然清军能打败回部的征服者准噶尔汗，难道剿除回部还不是易如反掌？

因此，乾隆二十二年五月十七日，定边将军成衮扎布等奏报霍集占杀害副都统阿敏道，要求带兵前往剿灭时，乾隆帝立即拒绝这一要求，并严加驳斥说："其回部事宜，俟荡平伊犁之后，原可从容办理"，"纵回人妄逞鸱张，俟平定厄鲁特后，再行办理，亦有何难，成衮扎布等所奏，殊不识事体轻重"。①六月二十一日，以成衮扎布一再提出攻剿霍集占，乾隆帝再次指责其奏"殊未悉合机宜"，并明确宣布："其办理回人事宜，即缓至明年，亦未为迟。且即遣兵办理回人，亦不过派兵四五千名，着一大员统领，已足胜任，亦毋庸成衮扎布亲任。"②兆惠亦

---

① 《清高宗实录》卷539，第3、4、18页。

② 《清高宗实录》卷540，第29页；卷541，第13页。

为此事，屡遭皇上申斥。兆惠察觉大、小和卓有叛乱的迹象，驻师济尔哈朗，欲图待机往剿，遭帝责其"急回部"，"失轻重"。一直到十二月初七日具体决定剿回的军队数目时，乾隆帝仍令，"往办回部，派兵二千名"，另调屯田兵三千作为"应援之兵"。①过了几天，听到厄鲁特叛军残部"投往回部"，才又下令增派绿旗兵，凑足八千，留一二千屯田，用六七千进剿，便可"均觉裕如"。②

乾隆二十三年六月，爱隆阿等大败霍集占来援库车之"最精巴拉"鸟枪兵8000名，以及一些回城的陆续归顺，使乾隆帝更加认为回人懦弱，大功即可告成，愈加急迫地敦促兆惠务必于近期擒获二和卓平定回疆。他于七月二十五日谕告军机大臣，令其传谕兆惠："回人素称选懦，近来屡经剿捕，畏我军威，乞降相续"，"如擒获霍集占，各城自然归附。兆惠其加意奋勉，以奏肤功"。③九月二十六日他谕示章嘉呼图克图："今大兵所至，闻风效顺"，"霍集占不日就擒，即可蒇事"。④

定边将军兆惠等人，在皇帝这样严厉督责下，当然要加速进兵，便无法冷静估计形势，既勇往又妥善，被迫走上了冒险侥幸的道路。兆惠于乾隆二十三年八月初收到令其前往库车（时库车仍未降清）的谕旨后，立即上奏说："当即领兵八百名速进，一抵库车，即与雅尔哈善（时尚未斩）协心剿贼，断不肯半道回京，有腼颜面。"⑤乾隆帝对其"毅然以剿贼自任"，"不肯苟且了事"，大加赞赏，奖其"器识实出诸臣之右"，乃"一急公任事之大臣"，表示"深为嘉悦"，谕加恩赏戴双眼孔雀翎，"以示优奖"。⑥

在回疆多数城庄"从逆"，"回户数十万"附和二和卓为乱的严重形势下，身为堂堂天朝大将军的兆惠仅带兵八百就从伊犁出发，前往库车，行程上千里，确实太危险了。但是，帝命难违，厚恩必报，这位过去多次主张"持重"而被皇上斥为"怯懦"的大将军，不得不冒险行军了。开始还比较顺利，八月初九日出发，九月初十日乾隆帝已在木兰行

①《清高宗实录》卷551，第19—20页；卷552，第20页。
②《清高宗实录》卷553，第15—18页。
③《清高宗实录》卷567，第16、17页。
④《清高宗实录》卷571，第15页。
⑤《清高宗实录》卷570，第1页。
⑥《清高宗实录》卷570，第2页。

围的阿贵图大营看到兆惠呈报收复库车拟往阿克苏的奏折，二十三日又收到兆惠招降阿克苏城，"领兵速进"，往攻叶尔羌，并报告大伯克霍集斯等率部来归，乌什、和阗、沙雅尔、赛哩木等城相继降顺。乾隆帝闻讯，异常高兴，接连下谕宣布捷音。一再笑说："霍集占不日就擒"，"大功即日告成"，并于九月二十九日谕令军机大臣安排回部善后事宜。重新恢复因用兵而中断的伊犁屯田，令正在前往回疆参加平乱的定边右副将军、喀尔喀多罗郡王车布登扎布率其喀尔喀兵士返回游牧休息，令厄鲁特汗罗布藏多尔济领其"宣力有年"的厄鲁特兵回游牧，让赴叶尔羌"协剿逆匪"的参赞大臣富德来京，留其所领的索伦、察哈尔兵于吐鲁番等处。①先前为了"必于今冬竣事"平定回部，乾隆帝曾于八月二十一日下谕，增派健锐营兵1000名、索伦兵2000名、察哈尔兵1000名，前往回疆，现改令将2000名驻防伊犁，其余分驻库车和阿克苏。②

十一月初五日，乾隆帝披挂甲胄，登晾鹰台，举行大阅，八旗官兵列队进退，枪炮齐发，声震天地，威武雄壮。在右部哈萨克及布噜特使臣面前显示了八旗劲旅的强大军威。然而乐极生悲，就在这一天，定边将军兆惠遇险求援的紧急奏折，送到了皇帝面前，顿使两月来欢庆胜利的喜悦气氛一扫而空，乾隆帝不得不日夜操劳，赶调兵马增援。

原来，兆惠领兵4000余名，从乌什兼程前进，穿越戈壁行走1500百里，只剩下马1000余匹，于十月初三日赶至辉齐阿里克，距叶尔羌40里，人马皆乏。叶尔羌城宽大坚固，周长十余里，四面共12个城门，清军人少，只能围其一面。霍集占先已将"村庄回众粮草"移入城中，坚壁清野，严守以待，又诱骗城民说，"大兵尽剿回人，伯克霍集斯已被杀"，煽动回民抵抗清兵。布拉呢敦领马步兵1万余人，驻于离喀什噶尔城一站路的当噶勒齐，互为犄角。

兆惠于城东隔河有水草处扎营，此河名黑水河，故称为黑水营。十月初六日清兵2000余名，分七队进攻，先攻克叶尔羌城东北五六里处的一座高台，追敌至城下，守兵开西门，各出四五百骑，迎战三次，退入城内，又从北门出数百骑，清索伦兵畏敌而逃，健锐营兵屹立不动，后队接济，交战后守兵退入城中。兆惠因听说靖逆将军纳木扎尔、参赞大臣三泰将至，遣副都统爱隆阿、署总兵戴定柱，带兵800名，前往堵截喀

---

① 《清高宗实录》卷571，第15、17、25、26页。

② 《清高宗实录》卷569，第8～9页；卷571，第19页；卷574，第4页。

什噶尔来援之路，并巡查台站，接应两位将军、大臣。他询问俘获的回人，知霍集占的牧群及沙喇斯户口俱在城南英峨奇盘山，欲图夺取以供军需，于十三日留兵守黑水营，亲率骑兵1000余人自东而南，由城南夺桥过河。兆惠明早已侦知城中有马兵5000余，步兵甚多，为什么要率兵千余去进攻10倍于己之敌？看来可能有两方面的原因：一是求胜心切，急欲生擒霍集占平定回部，建功立业，报效皇上，蒙受恩宠，避免受责；二是中了霍集占之计，轻敌冒进。初六日之战，据兆惠奏称，敌军三战三北，"败走入城"，射毙敌兵20余名，"带箭逃去者无算"，清兵只19人受伤，无一死亡。既然守兵如此不堪一击，当然可以用千余骑兵去夺取牧群，他就没有冷静分析战局，敌军是真败，还是伪装衰弱以迷惑、引诱清军？结果则是轻敌冒进。

兆惠刚领兵400余过桥到达彼岸，不料，桥忽然折断（这显然是城中之人的精心安排），霍集占统骑兵5000余、步军10000余名，前后夹攻，又从两翼冲入，将400余名清兵截断成数处，打乱了清军的编制，官兵四分五裂，未过河的清兵又无法援救。回兵猛烈冲击，地沮洳，难驰骋，清兵且战且退，浮水还营。兆惠的脸上和小腿俱负伤，其坐骑中枪倒毙，易马再战又被刺毙。行伍出身、累立军功，擢升西宁总兵、领队大臣的勇将高天喜，大学士鄂尔泰之次子曾任左翼前锋统领、参赞大臣的鄂实，原副都统、领队大臣三格，原定西将军、一等公策楞之子侍卫特通额，俱战死，数万回军包围了黑水营。从早晨到傍晚，苦战一天，清军死者数百，"受伤者无算"。

兆惠原共只有兵4000余名，马1000余匹，爱隆阿带走800人，这次战败，士卒伤亡较多，马匹倒毙不少，余下之马亦疲乏不堪，"不能冲杀"，只有握濠筑垒结寨死守。由于建筑材料有限，时间紧迫，掘濠既浅，垒又低矮，敌可轻易跨入，"遂日夜来攻"。兆惠只好飞章告急，遣索伦兵5人，各持一函，冲出重围，奔至阿克苏。驻阿克苏办事的头等侍卫舒赫德遣人飞速驰报：十月二十日，将军兆惠派遣的索伦领催阿勒丹察、披甲扎奇勒图赶到阿克苏，送到将军文书及爱隆阿移文，内称十三日攻城失利，将军受伤，被敌军万余包围，"以无马不能冲突"，遂掘壕结寨，敌兵亦结寨相持。营中粮食可供二月，军器火药不足。乾隆帝于十一月十三日看到舒赫德的奏折，在此之前的初五日，又收到兆惠的奏折，言及十月初三到叶尔羌，要求尽调库车、赛哩木等处绿旗兵和送马3000匹，十分震惊，知道大事不好，敌情严重，连下十几道谕旨，赶调兵马，他于初五日谕令舒赫德将阿克苏"现在所得马匹，即速解赴军营"。十三日，他授参赞大臣富德为定边右副将军，授阿里衮、爱隆阿、福禄、舒赫德为参赞大臣，谕令"无论何队兵丁，唯择马力有余者，作速前往"，"应援兆惠"，命陕甘总督黄廷桂将预备马2万匹"加意拳养"。十六日他又下谕说："将军兆惠等被围，亟须策应"，今拟分兵两路，一路由阿克苏、乌什，一路由特穆尔图诺尔，"夹攻逆贼"。十七日再谕，调西安满兵2000名，由将军松阿里率往乌鲁木齐。原令增调的健锐营、索伦兵、察哈尔兵4000留驻伊犁，现命火速赶往叶尔羌。对于舒赫德、富德、阿里衮主动支援兆惠的调遣兵马的安排，均予允准，并给以嘉奖。同时，他又鼓励回城伯克杀"贼"解围，晋贝子玉素布为贝勒，并命户部拨银300万两，解甘省备用。①

将军被困黑水营的消息，像一股强劲的寒风，使"伫待伊等捷奏"欲庆大勋的乾隆皇帝冷静下来了，他在调军遣将前往策应兆惠的同时，认真总结用兵以来的得失，找出了自己轻视回军、急于求成是导致兆惠失利被围的根本因素。当十一月十三日看到舒赫德第一次报告兆惠受挫的奏折时，他谕告军机大臣："兆惠领兵深入，虽未免有轻贼之心，亦恐朕责其怯懦，若当日伊暂驻阿克苏，候兵马齐集，当不至此，然于现在情形，亦未为失策，朕岂肯加之责备。"②过了八天，十一月二十一日，兆惠托舒赫德缮写转呈的奏折，送到了皇帝面前。兆惠除报告了十月十三日作战经过、官兵伤亡、敌军合围等情形以外，承认自己犯了轻敌之错，请求处治。兆惠奏称："臣等前因阿克苏、乌什既定，擒获渠魁，机不可失，遂不暇计兵多寡，马力如何，轻敌妄进，臣兆惠罪实难逭。"③

乾隆帝看过此奏后，下了一道长谕，除再申用兵回部之因以外，着重讲到轻敌之事，其中有这样一段话：

"……迨我师已得库车，将军兆惠勒兵前进，风声所过，如阿克苏、乌什等城，皆相继倾心归化，其回部大头目霍集斯伯克等，复向官军投顺，愿效前驱。惟贼首霍集占奔窜叶尔羌。是以将军兆惠率师乘机

① 《清高宗实录》卷574，第12、29页；卷575，第1—3、15、36页。
② 《清高宗实录》卷574，第29页。
③ 《清高宗实录》卷575，第19—21页。

直入。彼时若令兆惠暂且留驻阿克苏城，俟后队到齐，然后并力进取，则自此发旨到日，已属不及。然此则不过身处局外者事后好为议论则可耳，揆诸用兵机宜，兆惠尚为有进无退之良将也。……向来之轻视逆回，乃朕之误，又何忍以妄进轻敌为兆惠之责乎。此盖数年以来，平准噶尔，降左右哈萨克、东西布鲁特，实为极盛之会，而默默中有此佳兵之警，上天仁爱之意，朕实钦承感谢矣。"①

乾隆帝这样分析兆惠失利之因，引咎于自己"轻视逆回"，责己而不委过于将帅，既找到了导致失败的主要原因，又对用兵回部苦苦厮杀的将领士卒慰谕劝解，宽其畏过怕责之心，论事合情合理，论情宽厚抚爱，对激励三军以利再战，定将起到很大的作用。

乾隆皇帝还对从征被围之人从重奖赏，以兆惠"甚属奋勉"，"深入贼巢"，"志在灭此朝食"，"忠诚勇敢"，由一等武毅伯晋为武毅谋勇一等公，加赏红宝石帽顶、四团龙补褂，额敏和卓赏给郡王品级，霍集斯伯克晋贝子加贝勒品级，高天喜照一品大臣例赏给恤典，鄂实、三格照其原任前锋统领、副都统从优议恤，阵亡、负伤官兵分别赏恤，其他在场的大臣、侍卫亦加恩优叙。②因被围而从优封赏，这在清朝前期，还是少有的，可见，乾隆帝确是将失利之过归之于己，鼓励官兵继续勇往直前建功立业，彻底扭转逆局，尽快夺取胜利。

远在万里以外的黑水营清军，虽被回军重重包围，与世隔绝，未能听到皇上宽慰优遇和调遣救兵之旨，但他们仍然坚守大营，浴血奋战，待援突围。局面确是万分险恶，疲卒伤兵不过3000余名，口粮仅能供给1～2个月，军器火药不足，马匹倒毙伤残，而回军在本地作战，粮草充足，弹药甚多，2万余兵轮番攻营，实难抵挡。兆惠等官兵拼死反击，从十月十三日起，与回军"接战五昼夜"，"皆死中求生"，"杀贼甚力"。霍集占等惧清兵死战，"欲以不战收全功"，于黑水营壕外，筑长垒围困，以待清军食尽自毙。清军掘堑安营时，挖得"回人"窖粟数十石。回军在上游决水灌营，清军将冲来之水泄于下游，并用其水以供饮用，又随处掘井皆得水。回军多次进攻，"枪炮如雨"，兆惠原来是

①《清高宗实录》卷575，第21-23页。
②《清高宗实录》卷575，第24-26页。

择水草处扎营，营依树林，敌兵鸟枪所射之铅子落于林叶中，清军伐树，每伐一木，"即坠落无数"，反得"铅丸万亿"以击来兵，又砍林木作薪，柴火不缺。①

霍集占、布拉呢敦围困清营二十余日的时候，听说喀什噶尔所属英吉沙尔城被布噜特人抢掠，正紧张商议对策，忽然清军出营进攻，夺去回营二座，"劫杀看守人众过半"。两位和卓认为，必然是"将军与布噜特有约"，这样里外交兵，"即围守经年，谅难取胜，且力亦不支，莫如议和"。十一月十一日，他俩遣一回人及俘获的清厄鲁特、察哈尔兵四人持书往清营，告称霍集占抗拒时，"布拉呢敦本不知情"，"今奉书请和，愿助口粮，并求亲信人同行入觐"。兆惠拘留来人，将从前颁发给布拉呢敦令其擒送霍集占的上谕，命"对阵回人捧去"。第二日回军再申前说，兆惠命人传谕，不允其请，宣布大兵即来问罪。双方重起战斗。②

兆惠等人虽能保全大营，但"拒守日久，粮日乏"，"仅瘦驼羸马亦将尽"，眼看即将绝食饿毙全军覆没了。就在这千钧一发之际，救兵从天而降。原来，乾隆帝于八月增派的4000名健锐营、索伦、察哈尔之兵，十月二十日已经过了辟展，一听黑水营被围之信后，帝命他们火速驰援。十月十三日，靖逆将军纳穆扎尔、参赞大臣三泰遇到爱隆阿所领之800兵后，即带兵200余星夜赶赴兆惠处，不料当日夜间四更时候，遇回军3000余名，众寡不敌，战败阵亡，同行的侍卫、官员10人、兵150余人死难，60余人受伤。巴里坤办事大臣阿里衮于十月中得到兆惠调马3000匹的咨文后，奏称即往哈密，多为挑选，"亲身送至军营"，乾隆帝嘉其"所办甚合机宜"，授参赞大臣，命袭二等公，令速前往。阿里衮领兵600，解马2000匹、驼1000头兼程往援。定边右副将军富德闻黑水围急，日夜奔驰，十二月二十五日与舒赫德相合于巴尔楚克，领增派的健锐营、索伦、察哈尔和北路兵共3000余人迅速前进。乾隆二十四年正月初六日，行至呼尔璊，遇回军5000余名马兵，转战四日四夜，虽杀敌甚多，但敌军人多，层层阻截。正月初九日富德等行至沁达尔，遭回军激烈攻击，"势阻不得进"，形势险恶，"又几殆"。这时阿里衮和

①《清高宗实录》卷574，第28页；卷577，第35页；卷582，第17页；《啸亭杂录》卷6，《平定回部始末》。

②《清高宗实录》卷577，第34、36页。

爱隆阿赶到，领兵1000余名猛攻，富德乘机挥军掩杀，大败回兵。兆惠在黑水营察觉围营之兵在减少，又听到数十里外的枪炮声，知援兵已到，先遣人往富德处，随即全军冲出，二军里外夹击，击败敌军，"所向披靡，斩获无算"，两位将军会合，返回阿克苏。从乾隆二十三年十月十三日被围，至二十四年正月十四日，长达三月之久的黑水营之困，终于以清军全师安全撤走而解围了。

（四）纠错再征 马到功成

定边将军兆惠等人被困于黑水营，对清政府统一回部，产生了强大的影响。威风凛凛的大将军，竟被"回人"围得水泄不通，几乎全军覆没，这对图创伟业的乾隆帝来说，是一切齿大辱。在这关系到帝君尊严和国家利益的重大问题上，乾隆帝表现得十分明智和非常果断。一方面他痛定思痛，认真分析战局，找出失败的主要原因——轻敌冒进，引咎自责，不诿过于将帅；另一方面，他排除庸臣因循保守、唾面自干的苟且之议，坚持一定要统一回部的正确立场，做了极大的努力。按时间顺序排列，他做了以下五件事。

首先是改变轻视回军急于求成的想法。二十三年十一月十五日，即刚刚知晓兆惠被围之后的第二天，他谕告军机大臣："看来办理回部，必须整齐兵力，于来年回人收获时再行进剿"，命将"铸成炮位及办造之物料、工人"，以及所有马驼米面，速解前方，"多多益善"。①过了七天，十一月二十二日，他又谕示军机大臣：兆惠得到派去的4000健锐营、索伦、察哈尔兵的接济，如一时不能剿灭霍集占，则回到阿克苏，计其身边的4000兵，健锐营等4000兵，新遣的西安满兵2000，以及厄鲁特达什达瓦兵1000和绿旗兵4000～5000，共15000～16000名兵士，于明年春齐集进剿。这样一来，在得知黑水营被围后的十天内，乾隆帝就果断地对先前轻敌冒进的错误决策做了自我否定，转而采取认真对待、谨慎从事、大军征剿的正确方针，从而对扭转战局夺取胜利奠定了基础。

其次，重赏有功官员兵丁。乾隆二十四年二月十八日，乾隆帝听到军营奏报黑水围解两军会合的消息后，非常高兴，立即下谕封赏有功人员，特封"迅速应援，屡败贼众"，"厥功懋著"的定边右副将军富德为一等伯，侍郎、一等公明瑞，副都统由屯、温布、鄂博什，总管端济

---

①《清高宗实录》卷574，第31-32页。

布，护军统领努三，皆交部议叙，给予世职；二等侍卫瑚什等5人授为一等侍卫，三等侍卫福龄安等18人授二等侍卫，侍读学士温福补授内阁学士。提督豆斌伤重身故，照旗员一品大臣例交部议叙，给予世职。游击衔荣保擢总兵。[①]这对慰抚将官，激励三军斗志，起了很大作用。

再次，驳斥阻碍用兵的浮论，晓示中外，坚持进征。也就是在这一天，针对"选懦无知之徒"主张"罢兵息事"的"首鼠两端之浮论"，乾隆帝特下坚持用兵平乱的谕旨，谕告中外说：

"……已传谕将军等，令于附近有城之处，酌量驻营，俟马匹调齐，乘春和膘力壮健，以需继进。特恐选懦无知之徒，闻尔时援师克捷解围，势同破竹，辄谓可以罢兵息事，则大不然。毋论逆酋前此祥恩反噬，害我王臣，难逭天诛，即去冬官兵渡河进剿，辄敢悍然抗拒，稔恶更深。今虽全师整暇如故，而元凶罪大恶极，凡我大清国臣民，当无不人人切齿，使以一战得志，妄语洗甲韬戈，不但军纪国威难于中止，且于政体亦甚有关系。佳兵之戒，朕所深凛，而天讨有罪，自古无可逭之王章。且当我国家全盛时，兵力现俱充裕，又何不可执言声罪之理。……计其成功，迟亦不出夏秋间耳。若徇首鼠两端之浮论，姑息了事，朕实耻之，断断不可为也。可将此通谕中外知之。"[②]

过了两个多月，四月二十五日，在大军即将出发征回之前，乾隆帝又以阅读《圣祖实录》所载，康熙帝训斥臣僚唯图保身，贻误国事，反对平三藩、征准之例，下谕说：

"盖彼时臣工内。即有囿于己私唯图安逸之习气，故皇祖神谟独断，毅然办理，是以每遇用兵，罔不克捷。朕御极以来，曾屡降谕旨，力除此习，即如数年来，办理军务，大臣中不愿者居多，亦因朕指示督催，始能剿杀敌众，所向无前，阅时未久，即平定准噶尔。……着传谕八旗大臣官员等，嗣后各除便己求安之私意，唯知训练兵丁，务使技艺

①《清高宗实录》卷581，第5—8页。
②《清高宗实录》卷581，第12—13页。

娴熟，不失满洲旧习，庶兵丁皆成劲旅，而风俗日以还淳，于国家之事大有裨益矣。"①

乾隆帝连降谕旨，斥责畏难惧战的庸碌之臣，坚主用兵，在思想上扫除了危害进军的障碍，为使三军奋勇前进，创造了良好条件。

又次，做好长期大举征剿的充分准备。乾隆帝谕令有关部门和官员，迅速调遣士卒，赶运粮草器械，筹拨军需银两。除了兆惠、富德所领8000余名满、蒙兵丁以外，增派绿旗兵1万，使军营有兵近2万名。二月初二日甘肃巡抚明德奏称，已办好运往军前之马23000余匹、牛4000余头、羊5万余只。不久，陕甘总督吴达善等又购买羊26万余只，可供大军2万名兵士7个月的食用。他拨国库存银供应军需，两淮盐商又捐银100万两，长芦山东盐商捐银30万两，以供"军需屯务"之用。有关部、省遵照帝旨，赶运大量枪支弹药刀枪箭矢。五月二十日乾隆帝根据前方送来"霍集占于叶尔羌附近耕种"的消息，又谕军机大臣：据此，霍集占等人"尚无远遁之意"，因为他们认为，我兵前去，"不过攻围数月，未能持久，俟撤兵便可无事"，着即传谕兆惠等于进兵之时，"加意备办攻城器具"，现在陕甘总督吴达善正在肃州造送盾牌，又铸造大炮，制作云梯等器械，"足以突阵冲坚"。运送前线的11门大神威炮，"实为攻城利器"，锋镝甚锐。②

复次，乾隆帝谕令兆惠、富德收复和阗诸城。当正月十四日兆惠与富德会合解围时，乾隆帝就一再下谕，责令他们前往和阗，支援当地被围的清兵和鄂对伯克等人。和阗，乃汉朝时的于阗国，为新疆的西北地区，南接西藏，东界青海。和阗地区东西2000余里，南北1000余里。此时，和阗有六回城，维吾尔族有18600余户72000余人，"米粮甚多"，距叶尔羌很近，可以作为进攻霍集占的重要基地。兆惠于乾隆二十三年九月遣侍卫齐凌扎布与鄂对伯克往抚，和阗及其所属哈喇哈什、玉陇哈什、塔克、齐尔拉、克勒底雅等五城伯克阿什默特、阿布都哈里克等归顺，将六城大小伯克职名、户口、粮食、牲畜数目开单呈报。乾隆帝闻讯，下谕奖其"诚敬可嘉"，赏给二人三品职衔，戴孔雀翎，赐各伯克大荷包各一个。霍集占在围困兆惠的同时，曾遣少数士卒往取和阗，被

---

① 《清高宗实录》卷585，第10—14页。

② 《清高宗实录》卷587，第13页；卷601，第31页。

齐凌扎布、鄂对率众伯克击退。解围后，霍集占派兵600名进攻，破克勒底雅城，额里齐、哈喇哈什二城兵少力弱，抵挡不住，十分危急。兆惠也许由于长期被困，人马皆乏，出围之后，亟须休整，因而与富德领军返回阿克苏。实际上，从叶尔羌到和阗，比到阿克苏将近近一半，其所以不去和阗，恐与其不愿立即再战有关。

乾隆帝对兆惠、富德此举，甚为不满，虽念其久被围困，未予惩处，但多次下谕指责其非。就在二十四年二月十八日大封富德等人的同一天，他谕军机大臣：和阗离叶尔羌颇近，霍集占攻和阗，齐凌扎布请兵往援，"看来和阗之得失，惟视我与贼到彼之先后，倘为贼所据，则我侍卫、官兵及伯克鄂对等，岂不可惜。且各城伯克所积资粮，皆为贼用，再行攻取，更属烦费"，将军、大臣应当会议发兵应援。立谕参赞大臣巴禄领兵数百前往驻扎。[1]过了九天，二月二十七日兆惠、富德等将军、大臣的奏折送到了京师，兆惠等人说：应援和阗，自不可缓，但现在马力疲乏，先派瑚尔起等将领兵数百前往，沿途侦察，若和阗已失，则收兵等候，待机再进。乾隆帝看过此奏后，十分恼怒，谕责兆惠待人救出即行撤回是"不知愧奋"，不援和阗将为"霍集斯伯克所笑"，遣瑚尔起前往是"塞责而已"，愤怒宣布，"每念及此，殊增愤懑"，令领队大臣们据实奏报将军、参赞大臣在此事上各自的意见。又责令统率另一支军队的参赞大臣巴禄"明白回奏"为什么不去支援和阗。紧接着，乾隆帝连续下谕，斥责兆惠等人未即前援和阗之错，责令他们迅速带兵往援。兆惠、富德遵照帝旨，调遣军队，由富德亲自带领前去，途中闻已失二城，火速进军，击败回兵，收复了二城。[2]和阗六城归清所有，与阿克苏、乌什的清军连成一片，从北面、东面和东南面包围了大小和卓占据的叶尔羌和喀什噶尔，对即将发起的围歼霍集占弟兄的大战，提供了十分有利的条件。

另一件大事，是重用回城伯克参与征抚，但又防其揽权生变。乾隆帝从一开始用兵便采取了重用回部和卓、伯克的政策。因吐鲁番额敏和卓及哈密贝子玉素布在平准战争中忠于朝廷立下功勋，故乾隆帝在征讨霍集占的过程中，对他们寄以重任，一再晋爵。乾隆二十二年五月霍集占起兵后，贝子额敏和卓于八月奏请于明年四月进兵，愿领所部，"从

<hr>

[1]《清高宗实录》卷581，第14页。

[2]《清高宗实录》卷581，第29、34页；卷582，第11-13、20页；卷583，第1、2、16页。

军自效",帝奖其"奋勉可嘉",命派兵100名,"在前锋行走",授其为领队大臣。二十三年正月哈密贝子玉素布呈请带回兵百名,"随营效力",帝以其系"回部望族","情愿带兵效力","深可嘉奖",允其所请,厚赐钱粮。同月在任命雅尔哈善为靖逆将军时,他授额敏和卓为参赞大臣、玉素布为领队大臣,不久晋额敏和卓为贝勒,仍以参赞大臣职衔,"同将军等办理军务",并因伊犁屯田驻兵,"关系甚重",命额敏和卓于平回后驻伊犁,"同将军大臣等管束屯田兵丁",俟一切就绪后再返回吐鲁番。[①]

额敏和卓与玉素布虽然都是"回部望族",皆拥护清朝中央政府,十分可靠,但他俩毕竟不是天山南路回城的伯克,影响终归有限,因此乾隆帝积极吸收南疆有影响的伯克参加统一回部的工作,主要是着重使用和招抚鄂对、霍集斯等人。鄂对是库车伯克,乾隆二十年清军入准时,偕乌什伯克色提巴勒氏、噶岱默特等人来归。二十三年正月,帝命北路军营将鄂对等伯克送至额敏和卓处,"令其招降旧部",不久,帝以三人"俱系回人头目,恳请效力军前,甚属可嘉",授鄂对为散秩大臣,赏色提巴勒氏、噶岱默特三品顶戴,俱戴孔雀翎,并谕告三人,"若能招降各城回人",即照旧令其管辖所属,仍加恩封赏。后因鄂对等效劳立功,封晋爵职;鄂对先晋内大臣,赐公品级,随又封固山贝子,晋贝勒品级。色提巴勒氏晋至辅国公,赐贝子品级,世袭罔替。噶岱默特赐公品级。[②]

乾隆帝吸取了厄鲁特四部"双亲王"阿睦尔撒纳、绰罗斯汗噶勒藏多尔济、辉特汗巴雅尔等人降后争权复叛的深刻教训,在招抚和使用各回城伯克来归时,非常警惕,尽力防止他们包揽大权称霸割据,特别反对一人总管回部的任何活动与打算。这在对霍集斯的安排上,表现得十分清楚。霍集斯原系吐鲁番阿奇木伯克,后率子侄分居乌什、阿克苏等四城,部民众多,势力强大,在回部各城里名望甚高影响很大。霍集斯于乾隆二十年六月遵照当时担任清定边左副将军的阿睦尔撒纳的檄文,将达瓦齐擒获送献清军,立下了大功,本应受到朝廷重奖,但是,阿睦尔撒纳随即反叛,定北将军班第于七月向帝奏报,霍集斯在送俘之时,

①《清高宗实录》卷544,第26-27页;卷555,第10、27页;卷560,第26页。

②《清高宗实录》卷555,第12页;卷557,第28页;卷596,第6页;《清史稿》卷51,《藩部世表三》。

曾"阴求阿睦尔撒纳，俟招降叶尔羌、喀什噶尔后，令其总统各部，心殊叵测"，因此封赏之事暂时搁置下来。霍集占起兵后，乾隆帝又想起霍集斯来，多次谕告军机大臣和前方将军、大臣遣使往招。二十三年正月初三日，谕令靖逆将军雅尔哈善派人访问霍集斯下落，劝其来归，必将"施恩赏赉"，使其"永受恩泽"。三月初五日，将军雅尔哈善与参赞大臣议定后，奏请于吐鲁番霍集斯的旧日属下，选几人前往乌什四城，招抚霍集斯，帝允其请，嘉其如此办事"颇合机宜"。①九月二十六日定边将军兆惠的奏疏送到京师，疏中说道：霍集斯于和阗率众"归诚"，并"面陈追擒霍集占之策"，又请让其诸子分居各城。乾隆帝一方面对其来归予以嘉奖，言其"有擒献达瓦齐之功，今又归诚划策，深为嘉悦"，封为公爵，赏戴双眼孔雀翎、宝石帽顶，天马褂、荷包、鼻烟壶，"用示优眷"，命兆惠立即"传旨抚慰"；但另一方面，又对其抱有很大的戒心，谕示兆惠说："霍集斯有伊子分居各城之语，似非长策，兆惠宜留心体察"，令其诸子同居一城，如"伊微觉含怨，即令其入觐"。②乾隆帝如此对待霍集斯，原因不难理解。这位大伯克，人多势大，颇有智谋，号召力强，除去大、小和卓，任何伯克也无力超越于他之上，故他敢于向清定边左副将军阿睦尔撒纳的要求让其"总统各部"，此人能为清用，必对平定回部起到很大作用，但如其抱有野心，恐又会成为第二个阿睦尔撒纳。因此，乾隆帝明智地、警惕地对待这位伯克，既施与恩宠，晋封崇爵，授予协助将军用兵之权，又内怀戒心，时刻防备，严令将军暗中监视，观其动静，限制其势力的扩张，并在必要时将其除掉。

乾隆二十四年五月初三日，乾隆帝看过兆惠呈报霍集斯言乌什一路行走艰难，不宜由此进军的奏疏后，谕军机大臣："朕详察霍集斯情形，似以擒获霍集占等后，回酋无出其右者，意在总统回部，曾密谕兆惠等留心防范"。但霍集斯虽不可信，从前曾擒献达瓦齐，此次归顺，又随将军在叶尔羌效力，若骤行究治，"回人未免惊疑"。着再密谕兆惠等人：霍集斯此时"如情形叵测，不得姑息从事"，若其仅系"恃功率意"，即暂行包容，平乱后令其来京，"照达瓦齐之例安置"。"兆惠等宜加意缜密，以合机宜"。③既用其力，裁平回部，从优封赏，又不

①《清高宗实录》卷554，第7-8页；卷556，第6页；卷558，第6页。

②《清高宗实录》卷571，第17-18页。

③《清高宗实录》卷586，第8-9页。

许其僭越独主回部，以杜绝乱事，这就是乾隆帝对霍集斯以及鄂对等来归的回城伯克的基本方针。六月，以和阗系霍集斯旧属，授其为管和阗六城的阿奇木伯克。八月，以其在征战中"奋勉自效"，兄弟子侄多为霍集占杀戮，晋为贝勒，后大功告成，晋霍集斯为郡王，令其率领子侄入居京师。乾隆帝的这些措施，既鼓励、促使霍集斯、鄂对等回城伯克纷纷来归，率部从征，为加速平定回部，起了较大的作用，又防止了再生大变。

在乾隆帝亲自调度和严厉督促下，各方面的准备工作皆已完毕，到二十四年五月，大军2万、马3万匹、驼1万头皆集于阿克苏，又以布向维吾尔族易换大量粟米，省运费30余万两。万事俱备，定边将军兆惠、副将军富德遵循帝旨，定于六月出发，开始了第二次征讨霍集占弟兄的战争。

（五）清军获胜　霍集占败死巴达克山

乾隆二十四年（1759年）六月初二日，定边右副将军富德率军从和阗出发，和阗六城伯克带"回兵"650名从军效力，进攻小和卓霍集占所据叶尔羌城，十一日定边将军兆惠统兵由乌什出发，往取大和卓布拉呢敦驻扎的喀什噶尔城。两路大军共1万余人。喀什噶尔地居西北，距肃州嘉峪关6000余里，东界乌什、阿克苏，西界安集延、布噜特，南接叶尔羌，总计大小10座城和7座村庄，有人16000余户共数十万口；叶尔羌所属27城村，3万户，共10万余口。喀什噶尔与叶尔羌是"回部著名之地"，在回疆各城中处于举足轻重的地位，是大小和卓及其先祖长期驻扎的根本基地。霍集占凭借其教主的有利条件，将两大城及其所属城、村的数十万人动员起来，再加上其他城庄投来的"回户"，据城坚守，清军远道而来，以少击多，以劳对逸，是不大容易破敌取城的。上一年几千人的库车城，尚能坚守三月之久，叶尔羌、喀什噶尔自然更难攻克。因此，清军做好了打硬仗、打大仗、打长期攻坚仗的准备，乾隆帝还专门谕示亲外侄、侍郎、参赞大臣、一等公明瑞"临阵须当慎重"，深怕重蹈轻敌冒进遇险的覆辙。[①]所以，两位将军行军之时，十分谨慎，按序而行，不敢轻装冒进。富德还"沿途息养马力"，待收到兆惠进兵文报后，才"相机办理"。兆惠又以西安满兵2000名"不习劳苦"，随军前行，无益有害，拖累他人，将其留下，分发台站和防守阿克苏、乌

---

① 《清高宗实录》卷593，第12页；卷595，第8页；卷597，第35页。

什等处，以保证军队的战斗力。

乌什与喀什噶尔连界，距离不太远，若策马奔驰，不过6～7日即可到达，而兆惠从六月十一日离开乌什后，走了20来天，闰六月初三日才到达伊克斯哈喇。这时，前队参赞大臣明瑞送来6名骑马的回人，称系喀什噶尔众伯克遣来投降的使者，奉上降顺之书。其书说：

> "喀什噶尔大小人等谨呈阿克苏等处驻扎将军大人、伯克霍集斯：今布拉呢敦将喀什噶尔男妇驱逐出城至哈喇克尔，我等仰慕大皇帝仁化，复回城中看守。布拉呢敦同其亲信人等至提斯衮暂住，我等马匹牲只皆为所掠，无力追夺，且河水难渡，恳大兵速来救援，庶布拉呢敦不致远飏，布鲁特不来抢掠。"①

兆惠怀疑其系伪饰降人，狡词谎骗，诱引清军"轻装前进"，以设伏围袭，便再三盘问。来使阿浑和济默尔伯克和沙勒等人详细回答说："布拉呢敦去年在叶尔羌打仗时身中枪矢，曾遣人与霍集占商议投降，小和卓不允，遂分途通使巴达克山、霍罕额尔德尼等处，巴达克山已有回信。"听说霍集占于四月内即将家口行装移住叶尔羌迤西羌呼靳之赫色勒塔克，若大兵复来，则逃往巴达克山。布拉呢敦早就索取粮马等物，于六月初十日以前陆续运至塔勒巴楚克河，仅与亲信在城居住。六月十五日布鲁特百余人来掠，布拉呢敦遣兵往拒，失败，自此，"每日作为出兵之状"，向喀什噶尔各伯克及城民"凑集赏装"，二十七日"突将我等兵器夺去"，将男妇带至提斯衮，夺其衣服而去。本城所属的汗额哩吉衣城、雅普尔古城、乌什哈喇城和牌租阿巴特城，皆各自保守，"不肯从贼"。本城的阿奇木伯克墨墨氏敏、伯克阿布都尔番俱被布拉呢敦带走，城内街市俱焚，城门亦毁，伯克托喀等正在修理。②

在此之前，六月十八、十九日定边右副将军富德询问了刚从叶尔羌逃来降顺的郭尔拜默特等回人，他们回答说："闻大兵到和阗之信，叶尔羌人等惊动"，"霍集占将家口辎重移往哈子勒塔克"。③

两处降人的报告，完全出乎兆惠、富德等将军、大臣意料之外，为

---

①② 《清高宗实录》卷591，第14－15页。

③ 《清高宗实录》卷591，第18－19页。

什么号称骁勇多智桀骜难驯的小和卓霍集占竟不战而走弃城他奔？这可是两位和卓的"老巢"，他俩怎能如此轻易地抛弃了世代相传的祖业？实在令人费解。其实，说难解也并不难解，霍集占并非甘心情愿地离此他往，而完全是迫于形势不得已出走。

当霍集占弟兄自伊犁返回时，以其家世为教主，回疆数十万回户对他俩热烈欢迎，争相拥戴。因此霍集占一发难，大多数回城、回庄的伯克、和卓、阿浑及居民都起而响应，很快他就威行大半个回疆，自称巴图尔汗。然而，由于霍集占的倒行逆施，局面迅速急转直下。霍集占不相信叶尔羌等城的土著人民，仅仅依靠先前随他俩垦种伊犁后又一道返归的几千户维吾尔族及新投的厄鲁特士卒，厚待这些亲兵，而对回疆数十万"回户"则"厚敛淫刑"，"虐用其民"，使广大"回人"从原来"念其先世，推戴恐后"，转变为离心离德纷欲叛逃。①自身的基地动荡不稳，已经使霍集占坐卧不安，而乾隆二十三年六月的库车之战和十月开始的黑水营之战，更使他感到清军之可畏。尽管由于庸帅雅尔哈善的指挥失妥，影响了清军官兵的锐气，但领队大臣、副都统爱隆阿却率部以少击众，大败霍集占应援库车的8000"最精巴拉鸟枪"兵，打得他落花流水，率残兵800逃入城内。尤其是黑水营之战，兆惠仅带400余骑冲过木桥，就敢于与霍集占、布拉呢敦1万余士卒拼死厮杀，后又以3000疲兵伤卒牢守大营，坚拒2万余兵回军于营外，"掘井得水，掘窖得粟，三月不困"，使围营的回军大惊，"骇为神"。既然区区三千之军都无法应付，又怎能抵挡号称数万的雄师？何况，在乾隆帝正确指挥下，三军勇往直前，军威远扬，大部分回城已降顺于清，喀什噶尔、叶尔羌处于三面包围之中。内外交困，局势险恶，大、小和卓只好率领2万人口，在清军进攻之前，逃往巴达克山，企图暂避一时，待清军粮尽撤兵时，伺机返回，重据旧地。

兆惠、富德虽然不知道二和卓的详细情形，但根据降使和逃人提供的消息，均分别做出了前往受降和征抚的结论。兆惠向帝呈报了喀什噶尔众伯克遣来使人求降之事后，奏称：

"臣等议先攻喀什噶尔，原欲断其逃窜，今约计趱送和阗马，闰六

① 《清高宗实录》卷593，第12页；卷595，第8页；《啸亭杂录》卷6，《平定回部始末》；《圣武记》卷4，《乾隆戡定回疆记》。

月初十间可到，阿里衮、巴禄之兵亦可抵巴尔楚克，叶尔羌、喀什噶尔既差人分途迎降，想富德等自必闻知，速往追袭。现在来投人等，虽无可疑，而受降如受敌，自应倍加谨慎，不必轻骑先进，即领现在马兵三千名，前往安抚。一面侦贼踪迹，若果赴巴达克山，即直入其境，宣示军威，晓以利害，相机索取擒拿。"①

兆惠想必吸取了前两次轻兵前进遭敌围困的沉痛教训，这次果取了"受降如受敌"须"备加谨慎"的态度，不轻骑前进，而率马兵3000名开往喀什噶尔受降和安抚，准备应付突然事变。富德却与兆惠不同，处事简单得多，他仅仅得知"脱出回人"的供述，就立即向帝奏称，于闰六月初旬，即领现在马兵1200余名和绿旗步兵1200余名，"空赶马匹，径行戈壁"，向固瑶萨纳珠前进，与兆惠约期会剿，无马之兵800余名，待参赞大臣阿桂送马到达时，与其所带牧马之兵700余名一道随后赶来。②

兆惠与富德的上述奏折，于乾隆二十四年闰六月二十六日同时送到乾隆帝面前，立即下谕：令兆惠留阿里衮驻于喀什噶尔，其本人前往抚定叶尔羌，富德、额敏和卓、明瑞迅速领兵侦察霍集占逃窜之路，"穷追务获"。此兵丁必须挑选两路军队的"健锐者"，每名兵士给马3匹，并多备口粮。如天气寒冷，难以前进，即暂于叶尔羌过冬，明年再办理，"总以务获逆贼兄弟，始可告成功。若仅取二城，则事仍未竣"。霍集斯与鄂对，俱熟悉回部情形，追擒霍集占时，须令其中一人随同前去。将来两军会合时，"无论贼为谁获，皆同功一体，务宜和衷集事，不可稍分彼此"。③

乾隆帝的这道谕旨，大体上确定了下一阶段进军的基本方针和策略。一为进军目标，一定要擒获大、小和卓，不达此目的，绝不罢休。今年办不到，明年继续用兵，不能以收降喀什噶尔、叶尔羌便潦草结束，收兵还朝。二为用兵方法，立即于两路军队中挑选精兵，多带战马，备足口粮，以便迅速前进，抓住霍集占弟兄，并让霍集斯或鄂对随军行走。三为将帅分工，令兆惠留驻叶尔羌，安抚二城及所属小城村庄，命勇将富德偕额敏和卓与明瑞率军追剿。四为告诫诸将要和衷共

①《清高宗实录》卷591，第17页。

②《清高宗实录》卷591，第19页。

③《清高宗实录》卷591，第20—21页。

济，不许分彼此互相推托，擒获和卓，两军皆有功。这些安排是相当妥善的，正确地吸取了一征金川、两平准部的经验教训。讷亲与张广泗各怀私意，将帅不和，贻误了军机。阿睦尔撒纳久未捕获，很多厄鲁特台吉、宰桑因而受其影响降后复叛。所以乾隆帝特别强调一定要击毙或擒获霍集占，一定要同心协力不分彼此，一定要遣派回部大伯克随军征抚。后来的事实证明，乾隆帝的这些要求，对迅速获胜起了很大作用。

七月初一日，兆惠的奏折到京，呈报军情说：从听到喀什噶尔来投之人报告的消息以后，即领兵前进，先遣额敏和卓之子茂萨等驰往安抚城堡，查明地亩。喀什噶尔所属牌租阿巴特城伯克呢雅斯遣人来报：六月间，霍集占派人告诉布拉呢敦，将叶尔羌、喀什噶尔城堡焚毁，令回人迁往巴达克山，"我即闭城据守"。同日到达的参赞大臣阿里衮的奏折说：据俘获的回人廋默特供称：霍集占弟兄商议，"欲从巴达克山路往痕都斯坦"。①乾隆帝谕告军机大臣，再次强调必擒二和卓，指示臣下说："二城即定，而逆贼兄弟未擒，难云竣事。兆惠、富德自应穷追务获。"②第二日，他谕告军机大臣，进一步具体指出擒捉霍集占的办法。主要是三条，一是"追袭最为紧要"，要紧急追袭。霍集占携带上万人口，夹杂有妇女儿童，行走不便，我军"马力有余"，容易追上，如果派兵堵截，迂回拦堵，要绕很多道路，将"徒疲马力"。二是"恩威并用"。逃人人多杂乱，"易生变乱"，我军前进时，遣人招抚，或施用离间，逃人"必自溃散"，"或有擒献者"。三是谕令巴达克山献送。巴达克山是一小部落，"断不能收养如许逋逃"，也不肯"自招罪累"。最后，他督促兆惠、富德"悉心奋勉，以奏肤功"。③

兆惠、富德、阿里衮、明瑞等遵照帝旨，迅速前进，受到维吾尔族人热烈欢迎，"经过村庄"，"沿途回人扶老携幼，道左跪迎"，"献牛酒果饵，情词恭顺"。闰六月十四日，兆惠率马兵3000名进入喀什噶尔，十八日富德领马步兵2000余名至叶尔羌，"各回人皆具鼓吹进羊酒迎以入"。两位将军"入城抚慰回众，令各安生业"，然后兆惠留驻叶尔羌，富德、明瑞等领兵追剿。④

①《清高宗实录》卷592，第1—2页。

②《清高宗实录》卷592，第2页。

③《清高宗实录》卷592，第3—4页。

④《清高宗实录》卷594，第1—2、22页；《啸亭杂记》卷6，《平定回部始末》；《圣武记》卷4，《乾隆戡定回疆记》。

　　明瑞于闰六月下旬率兵900名追至霍斯库鲁克岭，霍集占军6000余人"负隅固守"，清军不顾敌众已寡，"整阵奋勇鏖战"，长达三个时辰。回军大败，越岭撤退，死500余人，"受伤遁走者无算"。随即富德与明瑞、阿里衮三队官兵会合，拣选4000人往追，七月初七日赶到阿尔楚山，霍集占将辎重妇女藏于安全地方，以精锐兵6000名埋伏于谷口，而以疲弱兵士前来引诱清军。乾隆帝早就谕示明瑞"临阵须当慎重"，因此，清军"严阵为备"，富德以火器营、健锐营居中，明瑞、阿桂（工部侍郎、副都统）为左翼，阿里衮、巴禄为右翼，别派奇兵、援兵各二队，"且以兵殿，如墙而进"。奇兵先夺取回军所据的左右两山，从上往下俯冲，回军"阵动"。清军三面进攻，再次以少胜多，追击20余里，斩敌1000余人，获炮纛器械牲口无算。①

　　富德领兵乘势追剿，七月初十日行至叶什勒库勒诺尔，此系巴达克山界，山脚有路，仅能容一骑通行，过一大岭，名叫和什珠克岭，两崖皆山。大和卓将家属安排在河西岭，战局不利即撤走。小和卓领兵万余据北山及迤东诸峰，准备决一死战。富德尾随回军，乘其未进入其他部落，先行分路堵截。富德先令阿里衮等由南岸趋西岭，自击东峰回兵，仰攻逾时未克，便选铳手数十名，缘山北岭往下俯击，阿里衮军亦从南岸山上以火器遥击山北回兵。山麓狭窄，回兵辎重家口拥挤堵塞，去路又被清军截断，无法逃走，人心惶惶。富德等将一面督军猛攻，一面命霍集斯、鄂对树回纛大呼招降，"降者蔽山而下，声如奔雷"，霍集占竭力拦阻，严禁部下投降，甚至手刃降者，仍无法阻止，"而降者益多"。清军共收获降人12000余名、军器2000余件，驼骡牛羊1万余只（匹、头），两和卓只好携带家眷和旧部四五百人匆忙逃往巴达克山。富德令阿里衮带兵追赶，自己随后策应，未能追上，遂遣使晓谕巴达克山部落献送大、小和卓。②

　　乾隆帝得悉捷音后，既予以嘉奖，自将军到领队大臣均交部从优议叙，侍卫、官兵及阵亡受伤人员俱送部议叙议恤，又责备富德未立急拣选精兵数百骑快马，穷追深入，致使二和卓逃入巴达克山。他严令富德行文晓谕巴达克山部落缚送二和卓，如若不献，即遣兵索取，一定要

---

　　①《清高宗实录》卷594，第1—2、22页；《啸亭杂记》卷6，《平定回部始末》；《圣武记》卷4，《乾隆戡定回疆记》。

　　②《清高宗实录》卷595，第7页；《圣武记》卷4，《乾隆戡定回疆记》。

"剿绝根株"，天如寒冷，来年再行进征，并谕告军机大臣和有关臣僚，备办军需诸物及马匹，以供支用。不久，富德奏报：巴达克山部部长素勒坦沙已遵将军之谕，击毙霍集占，生擒布拉呢敦，"但回部信奉经典，从无自擒族类转送与人之例"，如果将其擒献天朝，恐其他部落"必来滋事"，请求免送。乾隆帝不从其请，命兆惠、富德"克期勒兵向索"，如若该部违命，来年大举征剿，并于九月三十日、十月初十日两次敕谕巴达克山汗素勒坦沙，嘉其擒拿大、小和卓，"慕化归诚"，"具见恭顺"，"深用嘉悦"，讲述送献与否的利害关系，劝其"将霍集占兄弟俘馘以献"，定当赐以殊恩，使其"永荷无疆之福"。①

乾隆二十四年十月二十三日富德的奏折至京，呈报巴达克山汗素勒坦沙送献"霍集占首级，全部纳款捷音"。②大、小和卓掀起的大乱，终于被乾隆帝派遣的清军剿平了，广大回疆重新安定下来。

（六）总结准、回之役

乾隆二十四年十月二十三日，定边右副将军富德呈报捷音的奏折送到京师后，乾隆帝十分高兴，立即下谕，宣示中外，封赏有功人员。定边将军、一等武毅谋勇公兆惠，加赏宗室公品级、鞍辔，授一子为三等侍卫；富德从一等成勇伯晋为一等靖远成勇侯，戴双眼孔雀翎，授一子为三等侍卫；参赞大臣一等公明瑞、阿里衮，赏戴双眼孔雀翎；参赞大臣舒赫德等官员，交部从优议叙；参战士卒赏给两月钱粮，叶尔羌等城兵丁赏一月钱粮。贝勒霍集斯伯克，抒其所见，尽心协助将军、大臣成功，加封为郡王品级，贝子鄂对伯克加封贝勒品级。

第二天，十月二十四日，乾隆帝以西师成功始末，颁《御制开惑论》，晓示中外；十一月初五日，宣读《御制平定回部告成太学碑文》。这两道文书详细叙述了乾隆帝用兵准部、回部的原因、争议、效果及其基本过程，现将部分内容摘录于下：

"颁行《御制开惑论》之谕旨：'巴达克山素勒坦沙等归诚。逆贼霍集占授首，于办理回部因告成功，而平定准噶尔全局亦于此大

---

① 《清高宗实录》卷594，第22页；卷595，第9—11页；卷596，第3、9、10、18页；卷597，第34、39页；卷598，第22页。

② 《清高宗实录》卷599，第23页。

定。……而朕于班师奏凯时，回念前事，转深只惧，非仅为履满思谦之虚语也。准噶尔一部，久外生成，自我皇祖、皇考时，屡兴挞伐，未既厥绪。前杜尔伯特车凌、车凌乌巴什等方款关内附，在庸庸无识之徒，生际升平日久，方皆狃于便安，谓可拒而不纳，殊不思堂堂天朝，抚驭方夏……岂有俨然视如敌国，至不敢受其降人之理。……且上苍赐祚垂禧，予以经划边陲之事，俾朕继述我祖宗未竟之志事，而朕敢惑于浮议，不勉思敬以承之乎。今统计用兵，不越五载，内地初不知有征发之劳，而关门以西，万有余里，悉入版图，如左右哈萨克、东西布噜特，及回部各城，以次抚定，现在巴达克山诸部落，皆知献俘自效，捧檄前驱，以亘古不通中国之地，悉为我大清臣仆，稽之往牒，实为未有之盛事，即朕始愿，亦不敢望其遂能至此也。此番遐迩绥靖，我将军、参赞，以及一介执戈之士，无不得娴行阵，于国气人才，深有裨益，然非朕力为振作，信赏必罚，以淬励之，其谁不畏难苟安，而坐希无事之福乎。今即饮至告功，而日有万机，宵旰畴咨，又何能自释敬事之怀，有一日之可逸者，即前此军务方殷，运筹乙夜，曾不废令节燕响之文。……'"①

乾隆帝的这两道文书，是其对五年之中用兵准、回二部的基本总结，主要讲了六个方面的问题。

其一，勇于进取，坚主用兵。乾隆帝再次重申，对准、回二部必须征讨，原因有二。一是杜尔伯特三车凌来归和阿睦尔撒纳降顺，需予安排，身为堂堂天朝之"天下共主"的大皇帝，岂有畏惧准部小汗达瓦齐而拒受降人之理。二是准部之事乃皇祖、皇考"未竟之志事"，不办妥此事，无以告慰祖宗在天之灵，无法安定西北局面，消除危害社稷的隐患，也不能洗雪和通泊惨败的耻辱。

其二，浮议屡起。从一开始考虑征准之日起，庸臣反对用兵的"浮议"就不断发生。一征准部，号称天朝人才济济的八旗满洲王公大臣，除大学士傅恒一人赞同帝意外，余"皆畏怯退缩"，反对用兵。阿睦尔撒纳反叛后，又有"无识之人"认为"此事原不当办"，既办复生变，"何如不办"，直到阿睦尔撒纳"已败死俄国时，异议仍起"。甚至到了嘉庆以后，一些不谙掌故的官员，仍以乾隆帝开辟新疆岁增兵饷300万

①《清高宗实录》卷599，第30—32页。

两的错误说法，对此加以贬斥。

其三，因势利导。乾隆帝一征准部时，本来只想在擒获达瓦齐后，将厄鲁特的绰罗斯（即准噶尔）、和硕特、杜尔伯特、辉特四部分设四汗，按喀尔喀四部之例，实行扎萨克制，不屯驻官兵，不派驻将军、大臣，不料，阿睦尔撒纳谋当总汗，兴兵叛乱，因而在二征准部时，改变了原来的设想，筑城驻兵，屯垦田地，设置将军、大臣，招民入居。对于天山南路的辽阔回疆，乾隆帝最初也仅是想沿袭其臣服于准汗的旧制，收贡赋，仍让伯克管辖回城，谁知大、小和卓拒帝拒抚，忘恩为乱，遂于平叛之后，加强对回疆的管辖，设官驻兵，辖治伯克。乾隆帝根据形势的变化采取新的方针、政策，对新疆的开发，起了重大作用。

其四，亲理军务。兴兵以来，五年内乾隆帝日夜操劳，军务繁忙时，"运筹乙夜"，举凡用兵与否，征讨方针、政策与策略，将帅的任用，粮饷、马匹、器械的筹备和运输等，他都一一过问和决策。仅《清实录》所载关于用兵的上谕，就有几百道。《圣武记》总论清帝指挥征战时写道："前代方略专恃本兵，我朝悉禀庙算。羽檄交驰，立时批答，虽午夜必起披览，召见军机大臣，指示曲折，万里如禁闼。"[1]这段评述正可作为乾隆帝亲理军务的最好写照。

其五，赏罚严明。五年之中，大批官将浮沉消长，虽然不能说乾隆帝的惩奖完全正确，无一差错，但他确实对此极为重视，敢于惩治劣帅庸弁，敢于擢用猛士勇将，基本上做到了赏必信、罚必严。绿营兵高天喜，以军功陆续升为保宁堡守备，乾隆二十二年随参将迈斯汉往援副将军兆惠，风雪道梗，单骑往探，奋欲赴援，为迈斯汉所阻，帝知其情后，诏革迈斯汉职，以高代为参将，第二年升至西宁总兵，授领队大臣，年底战死黑水营。乾隆帝闻悉，赋诗悼惜，赞其为绿旗中第一人，图形于紫光阁，亲书赞词说："爪牙之将，用不拘资，感予特达，授命何辞？百战百进，义弗旋踵，怒则血赤，是为血勇。呜呼！听鼓鼙之声，则思将帅之臣；听磬声，则思死封疆之臣。"[2]富德以一贯奋勇冲杀，十余年内，由护军升至定边右副将军，兼任都统、尚书、领侍卫内大臣、御前大臣，封一等靖远成勇侯，图形于紫光阁。兆惠因两次被困，坚守出围，征服回部，五年之内，由办理粮运的侍郎荣任定边将

---

[1]《圣武记》卷11，《武事余记》。

[2]《清高宗实录》卷575，第24—26页；《清史稿》卷314，《高天喜传》；卷11，《武事余记》。

军，升为尚书、都统、领侍卫内大臣、协办大学士，封一等武毅谋勇公，加宗室公品级，图形于紫光阁，后配享太庙，其子扎兰泰娶高宗第九女和硕和恪公主，授额驸，袭爵。对怯战畏敌、因循苟且、贻误军机之人，乾隆帝严加惩治。五年内，他先后逮问定西将军、一等公策楞、参赞大臣玉保、定西将军永常，将定边左副将军、尚书、领侍卫内大臣、二等公哈达哈与定西将军、尚书、协办大学士、二等公达尔当阿革职削爵，罚充披甲，诛死靖逆将军觉罗雅尔哈善，勒令参赞大臣、都统、二等公哈宁阿自尽。这对严明军纪，激励将帅和三军官兵，增强军队战斗力，克敌取胜，起了重大的作用。

其六，建树殊勋。乾隆帝非常高兴而且十分得意地说，用兵准、回获得了极大的胜利，建立了丰功殊勋。他在《御制开惑论》中写道："两大部落，不为不强；周二万余里，不为不广；五年成功，不为不速。"他这样说，一点也不过分，辛苦五年，实现了父祖未竟的志愿，安定了西北局面，消除了产生大的变乱的基础，扩大了版图，节省了巨量军费，实为全胜，实为殊勋。

（七）设官建置驻兵屯田 新疆迅速发展

乾隆皇帝上述关于用兵准、回之成效的评论，大体上是符合历史实际的，清政府统一了天山南北广大区域，为开发大西北、促进统一的多民族国家的发展，奠定了必不可少的坚实基础。但是，事情并没有结束，这一伟大事业刚刚开始，不能半途而废，因此，紧接着，乾隆帝又做了长期不懈的努力，花费了大量人力、财力和物力，采取了许多措施，为建设巩固大西北做出了重大的贡献。

他早在战争进行中，就确定了对待准、回地区的基本方针。乾隆二十二年四月十六日，他谕告军机大臣：准噶尔喇嘛断不可信，从前尚曾降旨欲设立库伦，振兴黄教，"今准噶尔等作孽深重，福泽已尽"，未曾助乱的喇嘛可以留下性命，但"断不可仍前库伦、锡呼、堪布等名号"，也不保留鄂拓克（原系汗之部属）和宰桑名号，选择年老不生事端之人，补放总管，管辖准部人员。[①]过了一个月，五月十六日，他又降谕说：前命将军等进剿（厄鲁特四部）各鄂拓克时，将老幼人等安抚，择其可信之人，授为总管、副总管，"不得照从前留各鄂拓克旧名，仍

授为宰桑、牧楞额等名目"。①这时他已决定完全取消厄鲁特四部旧的政治制度，要实行由帝任官管辖其部人员的新制。乾隆二十三年二月二十七日，因领队大臣阿里衮奏称于布叶搜获库尔勒城伯克托克托的属人巴雅尔，他下谕给靖逆将军雅尔哈善说：如果库尔勒城归顺，即"仍令伯克托克托管辖"，"其他招服回人头目，亦可照此办理"。②同年九月十五日他又下谕说：伊犁要驻兵，回部则不驻兵，但"拣选头目，统辖城堡，总归伊犁军营节制"。③此后，由于形势的变化，具体做法有所改动，但基本方针没有变，那就是要将准、回地区纳入清朝的版图，直接隶属于清政府管辖，最终变成为大清国的一省。

对于乾隆帝统一和建设西北地区的宏伟事业，不少大臣很不理解，乱发异议。他们认为西域两万余里，"沙漠辽远，牲畜凋耗，难驻守"。大学士史贻直早在乾隆二十二年十月就提出捐弃伊犁的主张。大学士陈世倌特上专折，以"粮饷、马力、将帅"三个难题，反对继续用兵。乾隆帝予以一一驳斥，坚决排除浅见庸议的干扰，选任了几位能臣，来贯彻执行他建设西北的方针，主要是阿桂、舒赫德、明瑞和伊勒图。

舒赫德从乾隆十八年就到西北处理准部问题，二十三年起，以参赞大臣、尚书、都统的头衔驻阿克苏，连续好几年，先后奏定回城赋税台站，设伯克，阿克苏铸腾格，阿克苏、库车、哈喇沙尔、乌什、和阗置文武官员，政绩卓著。阿桂于二十年以内阁学士身份赴北路乌里雅苏台督台站起，到三十三年止，除短期调离外，基本上在准、回地区任参赞大臣、伊犁将军等职。他针对创事初期某些大臣畏难主退的异议，奏称"守边以驻兵为先，驻兵以军食为要"，建议广开屯田，建置城邑，设台站，移各省有工艺技术之人入新域，均被朝廷采纳，一一施行，使新城、新村、兵营依次建立，人口上升，田地增多，"一如内地，数千里行旅晏然"。明瑞在用兵中屡立军功，乾隆二十七年任第一位伊犁将军，直到三十三年。伊勒图很早就以副都统职衔驻乌鲁木齐，不久移驻阿克苏，三十三年任伊犁将军，三十六年降参赞大臣驻乌什，三十八年复任将军直到五十年去世。伊勒图驻边二十余年，"诸所经划，缜密垂久远"，对屯田、筑城、铸钱、采煤、炼铁等，做了很多工作，

---

① 《清高宗实录》卷539，第2页。

② 《清高宗实录》卷557，第26页。

③ 《清高宗实录》卷570，第26页。

贡献很大。①

乾隆帝依靠这些能臣，大力进行建设西北的宏伟事业，主要做了以下四个方面之事。

其一，设官建置。乾隆二十五年八月，命阿桂总理伊犁事务，第二年九月令明瑞赴伊犁代阿桂办事。二十七年十月十六日，他以"伊犁为新疆都会，现在驻兵屯田，自应设立将军，总管事务"，授明瑞为"总管伊犁等处将军"，照例颁赐敕印旗牌。②伊犁将军总管全疆军政财经等一切事务，集中军政大权于一身，下设都统、副都统、参赞大臣、领队大臣、理事大臣、总管等官，分驻各城。对天山以南的回疆各城，沿用其官名旧制，设阿奇木伯克（总管）、伊沙噶伯克（协理）、噶杂拉齐伯克（掌地亩钱粮）、商伯克（征输粮赋）、哈子伯克（管诉讼）等官"理回务"，大体上以归顺的伯克充任，均由大皇帝指派，皆听命于本城参赞大臣(或办事大臣、领队大臣)，定期轮班至京朝觐。息兵初期，乾隆帝对重要回城的阿奇木伯克的人选，十分重视，挑选可靠之人充任。他于二十五年三月初七日谕示军机大臣：授辅国公噶岱默特为喀什噶尔阿奇木伯克，贝靳鄂对为叶尔羌阿奇木伯克，贝子品级辅国公色提巴勒氏为阿克苏阿奇木伯克，噶岱默特之子阿布都喇玛为拜城阿奇木伯克，郡王品级贝勒玉素布之弟阿布都拉为乌什阿奇木伯克。这些伯克皆系早期来归并在征讨霍集占时从征立功效忠清帝之人。

其二，筑城驻兵。军务告竣之后，乾隆帝命留下部分军队屯驻重要城市，并陆续从陕西、甘肃、京师、东北，金派八旗满洲、蒙古官兵、索伦、锡伯、达呼尔、察哈尔和绿营兵前来驻防或换防，形成了固定的军事制度，又相继筑造了惠远、惠宁、绥定、广仁、赡德、拱宸、熙春、塔尔奇、宁远（以上称伊犁九城）、绥靖、迪化、巩宁、会宁、庆绥、安阜、永宁、喀喇沙尔、徕宁等城。伊犁将军所驻的惠远城有满洲驻防兵4000名，惠宁城满兵2140名，伊犁河南岸有锡伯、索伦、达呼尔、察哈尔蒙古、厄鲁特、沙毕纳尔兵6200名，绥定等六城有绿营携眷兵3000名，天山北路共15200余名兵士，星拱棋布，与伊犁城环峙，另外还有换防于回疆与塔尔巴哈台之兵2300名。天山南路回疆各城，共有番戍兵5700余名，其中，叶尔羌、喀什噶尔各900名，阿克苏800名。天山

---

① 《清史稿》卷313，《舒赫德传》；卷318，《阿桂传》；卷335，《伊勒图传》。
② 《清高宗实录》卷619，第4页；卷673，第1页。

东路乌鲁木齐，设有都统1员，辖驻防满兵3460名，兼辖巴里坤、古城驻防兵2000名及屯田绿旗兵4000名。乌什还有屯田绿旗兵1000名。以上各处兵马，皆属伊犁将军节制调遣。

其三，屯田移民。天山北路，人烟稀少，准部人员又多不习农耕，农业生产十分落后，粮食奇缺价昂。清政府从康熙末年起，便开始金兵屯垦田地，派土默特兵1000名，于苏勒厄图、喀喇乌苏等处创屯，后陆续增屯吐鲁番、鄂尔坤等地。乾隆初，回部辟展等城，"多设屯，厚兵力"。用兵准、回期间，尤其是获胜息兵以后，乾隆帝大力推行屯田政策，兵屯、民屯、回屯空前发展。乾隆二十年，以伊犁西境喀尔喀东陲多闲壤，遣满、蒙、汉兵数千开屯，又于额尔齐斯、巴里坤等处派甘肃、凉州、肃州屯兵500名垦种田地。二十三年，于辟展、鲁克察克、乌鲁木齐、托克逊、哈喇沙尔大办屯田，置新旧屯兵17000名，每人种20亩。大学士管陕甘总督事黄廷桂奏请拨饷以备屯田籽种之用，乾隆帝立命户部于附近甘肃的省分发银300万两，迅速解甘，以备供支。

乾隆二十五年起，舒赫德、阿桂、明瑞于伊犁等处大兴屯田，庸懦之臣又生异议，妄称"屯田劳民"。乾隆帝为此于二十五年五月初九日特下专谕，批驳了"蚩蚩无识之徒"的"以讹传讹"。他强调指出，大办屯田，不是劳民动众，而是于民有利，是"惠民"而不是害民，不管是招募迁移回民到伊犁等处屯垦，还是将免死之犯人遣往种地，都是有益于民的。他特别讲了一段兴办屯田的"深意"，十分精彩，摘录如下：

"……且朕规划此事，更有深意。国家生齿繁庶，即自乾隆元年至今二十五年之间，滋生民数，岁不下亿万，而提封止有此数，余利颇艰。且古北口外一带，往代皆号岩疆，不敢尺寸逾越，我朝四十八部，子弟臣仆，视同一家。沿边内地民人，前往种植，成家室而长子孙，其利甚薄，设从而禁之，是厉民矣。今乌鲁木齐、辟展各处，知屯政方兴，客民已源源前往贸易，茆檐土锉，各成聚落，将来阡陌日增，树艺日广，则甘肃等处无业贫民，前赴营生耕作，汙莱辟而就食多，于国家牧民本图，大有裨益。……今办理屯种，亦只因地制宜之举，而无识者又疑劳民，朕实不解，且付之不必解，而天下后世，自有公论耳。"[1]

①《清高宗实录》卷612，第19—22页。

　　这道谕旨强有力地表明了，乾隆皇帝确实是目光敏锐、高瞻远瞩、英明果断。他不仅把屯田当作"资兵食"解决军粮供应的重要手段，还用以改善兵火之后残弱回人的生活，振兴回部，并以此来对付人口危机，克服整个国家人口增长过快，人多地少衣食艰辛的困难，为内地汉民开辟了广阔的谋生途径。这一见解非常新颖、十分高明，根据这一思想实行的移民、容民入疆的政策，是富国利民的好政策。早在康熙五十二年（1716年）十月初二日，乾隆帝的皇祖父就下谕讲到人多地少使粮价地价昂贵的问题。他指出："先年人少田多，一亩之田，其值银不过数钱，今因人多价贵，一亩之值，竟至数两不等。……今岁不特田禾大收，即芝麻、棉花，皆得收获，如此丰年，而米粟尚贵，皆由人多地少故耳。"①第二年六月初六日，他又下谕指责一些官员的条陈徒奏垦田积谷，是"不识时务"，因"今人民蕃庶，食众田寡，山地尽行耕种，此外更有何应垦之田为积谷之计耶！"②到了乾隆朝，人口猛增，这一矛盾更为尖锐。乾隆帝在谕中讲到二十五年内，"滋生民数，岁不下亿万"，并非无根据的浮夸之词。乾隆六年，全国在册人口已达14340余万，超过了历史上任何一个朝代，而到乾隆二十五年，20年中竟达到19680余万，增加了1/3。人口增加的数量之多，比例之大，速度之快，实在令人吃惊。到乾隆六十年，更增至296968960人。内地田土有限，怎么办？很显然，移民入边疆，容许中原人丁流入边疆垦种田地，是解决人多地少矛盾的一个良好计策。乾隆帝看准了这一点，因此他果断决定，要在西北新域中大力推行屯田，哪怕冒着被无识之人讥为"劳民"，暂时不为人们理解的风险，也要把屯田办下去，但他相信"天下后世，自有公论"。这项政策的正确性，必然会在历史实践中充分显示出来。正是由于他的坚决果断，才排除了目光短浅之人的干扰，投入了大量财力、人力和物力，新疆的屯田才能大规模地迅速进行，"东自巴里坤，西至伊犁，北自科布多，南至哈喇沙尔"，兵屯、回屯、民屯、旗屯、犯屯、户屯等各类屯田蓬勃发展。③

　　其四，轻徭薄赋。准噶尔汗噶尔丹策零统治回部时，超过回人旧

---

①《清高宗实录》卷256，第15页。

②《清高宗实录》卷259，第9页。

③ 王庆云：《石渠余记》卷4，《记屯田》；《清高宗实录》卷1493，第29页。

制，重征暴敛，鱼肉回人；大、小和卓返回之后，又额外科敛，肆意抢掠，严重地破坏了回疆生产，使广大维吾尔族人民生计艰难。清政府统一回部后，实行与内地相同的轻徭薄赋政策，尤其是在息兵初期，赋税减免更多。乾隆二十四年七月定边将军兆惠奏定喀什噶尔及其所属城村赋役制度：喀什噶尔大小10座城和7座村庄，人口数十万，过去噶尔丹策零时定额每年纳钱67000腾格（1腾格折清朝制钱50文或银1两），其中，种地之鄂尔托什人等纳粮40898帕特玛（一帕特玛折清官石4石5斗，计184041石），纳棉花1463察喇克（1察喇克折清官秤10斤，计14613斤），纳红花365察喇克（折清秤3650斤，共计折钱21000余腾格）；克色克、绰克巴什人等纳钱26000腾格，商贾牧养人等纳钱2万腾格，皆以本色折纳。此外又有商人金、铜税和园户果税。边界贸易回人征税1/10，外来贸易之人征1/20。现在酌量减赋，种地人每年交粮4000帖特码（折18000石）、钱6000腾格，棉花、红花照旧输纳，征金10两、葡萄千斤交内务府，贸易税依旧课收取，其余零星杂税概行蠲免。第二月，兆惠又奏定叶尔羌及其所属27城村的赋税。这一地区有2万户共10余万人，先前噶尔丹策零时，年交贡赋10万腾格，此外还有金税、贸易缎布牲畜等税，霍集占入城后又额外科敛，"回人生计甚艰"，因此，从七月起，只征杂粮1400帕特玛和12000腾格。[1]此后，清政府统一制定了全回疆赋役制，原回人旧制征粮是1/10，"载在经教"，现减少为1/20。买卖牲畜之税，亦照旧例减少，本地回人贸易征1/20，外来部落商人贸易收1/30。[2]

　　阿桂、舒赫德、明瑞、伊勒图等将军、参赞大臣的细心筹划、认真办理，广大准、维、汉、蒙、满族人民的辛勤劳动，使乾隆皇帝巩固建设大西北的方针得到了贯彻落实，取得了重大成就，从而对全国的政治、军事、经济、民族关系等方面产生了重大的影响。首先是基本结束了干戈频起战火纷飞的混乱局面，代之以安居乐业的和平时期。清朝统一准、回各部后，虽然由于一些满、汉、维吾尔族官员胥吏的贪赃枉法为非作歹，以及少数地方分裂主义分子的作乱，新疆地区此后曾发生过一些战争，但总的说来，西北地区成为全国的一个组成部分后，大体上仍是处于和平的环境；尤其是道光以前，除乾隆三十年乌什维族起义遭

---

①《清高宗实录》卷593，第5页；卷595，第8页。

②《清高宗实录》卷595，第8页。

清兵镇压以外，60年内未起烽烟。回想昔日，康熙初至乾隆二十五年的90年里，厄鲁特四部互相厮杀，准军掠西藏、青海，"烽火逼近畿"，清军六征准噶尔汗，剿捕霍集占，兵火连年，"边民寝锋镝"，陕甘困转输，准、回人员死于劫杀病疫，两相比较，确有天壤之别。故史家称赞乾隆帝用兵及建设之效说，自此"中外一家，老死不见兵革"。[1]政治上的统一和安定，为西北地区的开发创造了极其有利的条件。

其次，人丁增多，生产发展。清朝官兵的驻防与番戍，陕甘汉民的大量移入，使人口急剧增长，从乾隆二十五年至三十六年的12年里，全疆人口猛增了10倍，为农、工、商业的发展提供了必要的劳动力。到乾隆四十年，各类屯丁多达10余万丁，天山南北有犯人兵丁屯田28万余亩，民屯田地70万余亩。伊犁、塔尔巴哈台、巴里坤、乌鲁木齐等地官营牧场，牧养着数以万计的马、驼、牛、羊。金矿、铜矿兴旺，和阗美玉名扬天下。叶尔羌先前本不产玉，自隶清朝版图以后，渐生玉石，有玉山、玉河，量多质佳，成为全国第二大产玉区。商业也迅速发展，伊犁、乌鲁木齐、哈密、塔城、奇台、喀什噶尔、叶尔羌、阿克苏等城，皆发展为重要的政治、经济、贸易中心。乾隆帝因哈萨克、布鲁特、霍罕、安集延、玛尔噶朗等部"贸易之人，络绎不绝"，前来回疆贸易，特允准参赞大臣舒赫德之请，于乾隆二十五年正月于叶尔羌、喀什噶尔等城再次减少商税，"回人买卖牲只，暂改为二十分取一，外来商人牲只，暂改为三十分取一"。[2]

其三，交往频繁，互利互助。过去，准、回地区与内地常起争端，基本上处于隔绝状态，现在同隶清政府管辖，汉民大量移入，满、汉官兵来此驻戍，蒙、维、满、汉各族人员之间，频繁往来，同居共处，互易有无，联姻嫁娶，关系越益密切。各族人民为建设新疆而辛勤劳动，各自做出了应有的贡献。

其四，减少开支，增加库银。反对用兵准、回开发新疆的官员，经常以粮饷浩繁供应艰辛财力亏损为辞，乱发议论，乾隆帝对此曾多次予以批驳。数千里之外进行征战，当然要花费巨量银米。从乾隆二十年二月出兵，到二十一年十一月，21个月内，军需费用为1700余万两，当月又增拨400万～500万两。到二十四年十月获悉霍集占败死巴达克山准、

---

① 《圣武记》卷4，《乾隆戡定回疆记》。

② 《清高宗实录》卷605，第10—11页。

回全平为止，五年之中，共用军费3300余万两，大致相当于全国一年所征的田地赋银，数量不为不多。但是，这笔巨费的开支，是值得的，不仅因为准、回地区统一于清中央政府，为巩固祖国、开发大西北奠定了坚实基础，在政治上获益极大，而且单就用费而言，自此以后清政府的总开支，也减少了许多，使它的库银得以逐步增加。从雍正七年（1729年）到十三年，在这短短的七年里，由于防止准噶尔汗的入掠和征讨准部，大量士卒、役夫驻守前线，供应浩繁，共用银5000万～6000万两，平均每年军费800万两，为全国田赋总数的1/4。这种开支不取消，清政府每年就会入不敷出，出现赤字，哪能积存余银。如果加上康熙五十七年至六十一年，四年间用于西北防边的费用，11年中共用军费7000余万两，使雍正帝尽力积存的6000余万两帑银，"动支大半"。这样巨大的开支，清政府无力长期负担。从乾隆二十四年息兵以后，年耗数百万两的征战用费，不再付出了。新疆驻兵2万名左右的饷银，因其系由内地调遣而来，仍用原来的经制银两拨付，虽驻兵而不增饷，并且，因战事结束，从康熙以来陕甘等省为防边而增募的军队，大量减员，又可省下巨万费用。乾隆二十五年八月陕甘总督杨应琚奏准节省甘肃经费：裁减各提镇名粮1/10，岁省银239500余两，各标名粮酌改马6步4，岁省74000余两；缓购摘缺马7300余匹，岁省105000余两；裁撤西宁口外台卡官兵和瓜州渠道官兵，岁省13200余两；撤回安西推莫尔图官兵，岁省700余两；安西提标官兵移驻巴里坤，撤回专派防兵2000名，岁省10万余两，合计每年省银50余万两。这是一个典型例证，对分析统一准、回与其后节省军费、帑银不断增加的关系，是很有说服力的。

　　生于乾隆末年荣中进士的史学大家魏源，在《圣武记》卷4，对乾隆帝用兵准、回之成效，做了恰如其分的评述，现摘录如下，作为本章的结束语。魏源说：

　　"……计兵屯、回屯、民屯、旗屯共十余万丁，统于乌鲁木齐提督。自官田外，余地听民自占，农桑阡陌徭赋如内地。……国家提封百万，地不加增，而户口日盛，中国土满人满。今西域南北二路地大物博，牛、羊、麦、面、蔬、蓏之贱，浇植贸易之利，金矿、铜矿之旺，徭役赋税之简，外番茶、马、布、缎互市之利，又皆什佰内地。边民服贾牵牛出关，至则辟汗莱，长子孙，百无一反，是天留未辟之鸿荒，以为盛世消息尾闾者也。"

六、错攻缅甸

（一）厂主吴尚贤冤死狱中

中国云南省的大理、丽江、永昌、腾越、顺宁、普洱、元江等府州厅，延绵数千里，皆与缅甸为界，长期以来，中缅人民通商往来，关系密切。

明洪武二十六年（1393年），缅甸首领卜刺浪遣使臣板南速刺，至南京进贡方物。第二年明设缅中军民宣慰使司，以卜刺浪为宣慰使。永乐元年（1403年），卜刺浪之长子那罗塔派人进贡，奏称："缅虽遐夷，愿臣属中国，而道径木邦、孟养，多阻遏。乞命以职，赐冠服印章，庶免欺凌。"明永乐帝谕设缅甸军民宣慰使司，以那罗塔为宣慰使，遣使往赐冠带印章。不久，缅使来贡，因缅内部合二为一，故奏表只署缅甸，明朝政府遂称其为缅甸军民宣慰使司。[1]

明崇祯十七年（1644年），明帝朱由检缢死煤山，明亡于清。清顺治十八年（1661年），平西王吴三桂、定西将军爱星阿统军入缅，索讨遁入缅甸的南明永历帝朱由榔，缅王交出明主，清军班师，双方未建立正式的朝贡关系。

从明亡清兴以来，中缅之间中断了一百年的朝贡关系，终于由一位被清朝大学士蔑称为"无籍细民"的吴尚贤努力斡旋，而得到了第一次的恢复。

吴尚贤原系云南石屏州贫民，因欲谋生，于乾隆十年（1745年）前往卡瓦（佧拉）部落的茂隆银厂采矿。卡瓦在"永昌、顺宁徼外"，"其地北接耿马土司界，西接木邦界，南接生卡瓦界，东接孟艮土司界，地方二千余里"。[2]茂隆厂山场周围六百余里，始采于明，矿工、厂主、商贾多系滇民。吴尚贤精明能干，善于开采经营，矿砂大旺，获银巨万，成为茂隆厂主，雇有工人数万。他又慷慨施财，长于交际，深得卡瓦部长蚌筑信任。吴尚贤胸怀大志，利用银厂资财，欲为国家建功立

① 《明史》卷46、卷315。

② 昭梿：《啸亭杂录》卷5，《缅甸归诚本末》。

业,垂名史册,因此力劝蚌筑,献厂纳课,归顺于清。蚌筑自称"葫芦王",有世传铁印,"缅文曰法龙湫诸木隆","华言大、小箐之长",居木城草房,戴金叶帽,形状似盔,穿蟒衣,属下头人穿花衣服,俱跣足。部民则山居穴处,以布缠头,敝衣短袴,刀耕火种。蚌筑之弟兄叔侄蚌坎、幸猛、莽恩、莽闷等,"分掌地方","亦不属于缅酋"。[①]

此时缅甸内部纷争,又与邻近部落常动干戈,卡瓦西与缅甸的木邦相接,很易遭受缅军侵扰。在这样的动乱形势下,蚌筑听从了吴尚贤的劝说,"浼耿马土司罕世屏代禀,称愿归顺"。他奏称:"境内茂隆厂,自前明开采时甚旺,厂民吴尚贤等议给山水租银,不敢受,请照内地厂例,抽课报税以作贡物。"[②]

卡瓦部长蚌筑的奏请,对云南总督张允随与乾隆皇帝来说,是一个很难处理但又应该解决的难题。历代封建王朝常对厂矿采取禁开的政策,原因之一是害怕厂矿聚集众多矿工后,容易滋生事端,违犯王法,甚至反抗官府,兴兵"作乱"。乾隆皇帝虽然不囿于旧制,从利国利民出发,在乾隆四年(1739年)下诏允许民人开矿,多年的矿禁基本上被取消了,但这仅指直辖地区而言,对于边外的少数民族地区,不但不会许民开矿,而且连出界至彼地皆予禁止,怕内地民人出边到"夷区"后惹是生非,或勾结该处部长,侵扰内地。因此,吴尚贤的劝说和蚌筑的奏请,在一般场合下,是很难被批准的。幸运的是,吴尚贤、蚌筑碰到的滇督和皇上,皆是富有开拓精神之人,其愿始能实现。

张允随,汉军镶黄旗人,祖一魁任过福建邵武知府。张非科班出身,康熙末年入赀捐为光禄寺典簿,迁江南宁国同知,擢云南楚雄知府,经总督鄂尔泰荐其"可大任",连续升迁,雍正八年(1730年)已任至云南巡抚,后继升云南总督、云贵总督,乾隆十五年(1750年)入授东阁大学士兼礼部尚书。张允随久镇云南,"熟知郡国利病,山川险要,苗夷情状",革弊兴利,政绩卓著。他长期负责和管理云南铜厂,鼓励商民开采,使被认为需要废弃的旧厂重新兴旺,又开大龙、汤丹等新厂,岁得铜800万~900万斤,从而"停采洋铜,国帑省,官累亦除"。[③]

张允随得到蚌筑的禀报后,认为这是有益之事,立即上疏,请允其

---

①② 昭梿:《啸亭杂录》卷5,《缅甸归诚本末》。

③《清史稿》卷307,《张允随传》。

禀。他奏称："滇省永顺（即永昌、顺宁）东南徼外，有蛮名卡瓦，其地茂隆山厂，因内地民人吴尚贤赴彼开采，矿砂大旺。该酋长愿照内地厂例，抽课作贡，计每岁应解银一万一千余两，为数过多，可否减半抽收。"[1]

议政王大臣审议张之奏疏时，提出了疑问，回复张允随说："卡瓦远居徼外，吴尚贤越境开矿，似属违例"，并令张查明"有无内地民人前往蛮地滋事之处"，再行奏报。议政王大臣的倾向很明确，反对接受蚌筑纳厂归附的要求。

面对议政王大臣的强大压力和不准内地民人"潜越开矿"的威严禁令，张允随毫不动摇，再上长疏据理力争。他奏称：

"滇省山多田少，民鲜恒产，惟地产五金，不但滇民以为生计，即江、广、黔各省民人，亦多来滇开采。至外夷虽产矿铜，不谙煎炼，多系汉人赴彼开采，食力谋生，安静无事，夷人亦乐享其利。查定例止禁内地民人潜越开矿，而各土司及徼外诸夷，一切食用货物，或由内地贩往，或自外地贩来，不无彼此相需，是以向来商贾贸易，不在禁例，惟查无违禁之物，即便放行，贸易民人，或遇赀耗，欲归无计，不得不觅矿谋生，今在彼打槽开矿及走厂贸易者，不下二三万人，其平常出入，莫不带有货物，故厂民与商贾无异，若概行禁止，此二三万人生计攸关。况内外各厂，百余年来，从无不靖，以夷境之有余，补内地之不足，亦属有益。今生蛮卡瓦葫芦酋长蚌筑，虽化外未通职贡，其献纳实出诚悃，请照孟连土司输纳募道厂课减半赏收之例，准其减半报纳，仍将所收，以一半解纳，一半赏给该酋长。"[2]

张允随所说商人亏损转而采矿和"厂民与商贾无异"之辞，固然不够准确，这数万名矿工之中，多系贫无立锥之地的穷民，饥寒交迫，来此受雇，采挖矿砂，并不经商行贾，他们与商人相差悬殊，不能说二者没有差异。张之如此描述，不过是因"商贾贸易不在禁例"，以此证明民人亦可出边采矿而已。此说虽有可商榷之处，但张的基本论点——允

---

[1]《清高宗实录》卷269，第30—31页。

[2]《清高宗实录》卷269，第31—32页。

许蚌筑献厂纳贡利国利民，却是无懈可击的，阐述十分清楚，很有说服力。也许是议政王大臣为张允随的精辟论证所折服，或者是他们揣摩到皇上的雄心壮志，或许另有其他原因，不管出于什么考虑，这次他们总算是改变了初衷，表示赞同督臣之议。他们复议此事时向乾隆帝奏称："应如该督所请办理。至民人往来番地，巡防宜密，或有逃犯奸徒，私入外番厂地滋事，仍令该督严饬汛口官弁，实力稽查。"乾隆帝批准了这一建议。①

这一决定产生了重大的影响，从此以后，茂隆厂地区直辖于清政府卡瓦部落内属，清朝的领土得到了巩固和发展。吴尚贤、蚌筑、张允随和乾隆帝，对此事的成功，均做出了不可磨灭的贡献。吴尚贤促使卡瓦内属献厂纳课以后，被滇督张允随委派为茂隆厂课长。他乘势交结官绅，捐纳通判，并在原籍购买土地，一度成为赀财数十万、田连阡陌、官居正六品的达官贵人和富翁。

正当春风得意之时，吴尚贤又开始实行说缅入贡的计划。乾隆十三年（1748年）缅王曾遣使至镇康土州，托土司刀闷鼎代请入贡，被云南督抚拒绝。十四年，吴尚贤带厂里的练兵1200余人前往缅甸，在镇康遇见请求入贡的缅使5人，令其前导，随至木邦，木邦首领派头人80余人跟从。吴于所过土司地方，"皆有馈遗"。吴尚贤竭力劝说缅甸国王莽达拉朝贡清帝，莽达拉因属下土司纷纷叛乱，欲倚清为援，"遂从其言，具表来降"。②十五年（1750年）七月，吴尚贤向云南督抚禀称：

"缅甸国王莽达拉情愿称臣纳贡，永作外藩。命工匠制造金银二鈂，篆刻表文；又造贴金宝塔，装载黄亭，毡缎缅布土物各色，驯象八只入贡。又贡皇太后驯象二只、毡缎缅布等物。差彼国大臣一员，头目四人，象奴夷众数十人出境过江，于四月已抵边界，请代奏。"③

云贵总督硕色、巡抚图尔炳阿令司道会议，布政使宫尔劝会集按察使及粮、盐、迤东、迤西四道商议，均认为不应允其入贡。巡抚图尔炳阿拒绝其议，将吴之禀词及缅王贡表上奏朝廷。其表文说：

①《清高宗实录》卷269，第31-32页。
②昭梿：《啸亭杂录》卷5，《缅甸归诚本末》。
③《啸亭杂录》卷5，《缅甸归诚本末》。

"缅甸国王莽达拉谨奏：盛朝统御中外，九服承流，如日月经躔，阳春煦物，无有远近，群乐甄陶。至我皇上，德隆三极，道总百王，洋溢声名，万邦率服。缅甸近在边徼，河清海晏，物阜民和，知中国之有圣人，臣等愿充外藩。备物致贡，祈准起程，由滇赴京，仰觐天颜，钦聆谕旨。"①

乾隆帝同意了缅王的要求，派官员伴送贡使于乾隆十六年六月来到北京。二十五日，乾隆帝在太和殿接受缅甸使臣朝贺，"凡筵宴赏赉一应接待事宜，俱照各国王贡使之例，以示绥怀"。②

中缅再次建立了正常的朝贡关系，是一件大事，本来会对双方之间的和平友好关系产生强大的促进作用。如果缅王莽达拉能够控制国内局势，言出令行，他就不会让属下土司率兵侵扰内附清政府的土司，如云南普洱府所辖猛阿、猛笼、猛腊、猛旺、九龙江、车里、倚邦、六困、猛遮、普笼、整董、猛乌、乌得十三土司（俗称十三猛，又名十三版纳），中缅之间就有可能和平相处，友好往来，贸易有无，也就不会发生后面所述的四次战争。可惜的是，缅国内乱兴起，莽达拉被得楞部酋长俘获，沉江而死，使吴尚贤、莽达拉与乾隆帝刚刚建立起来的中缅朝贡关系，被迫中断，令人遗憾的中缅战争终于不可避免了。

与此同时，吴尚贤惨遭迫害。吴尚贤劝说葫芦王献厂归顺，促进缅王遣使入贡，立下了重大功勋，按理说应该得到朝廷的奖赏。可是，由于吴为拥有矿工数万之大厂厂主，家赀富豪，深受厂民拥护，又与缅王、葫芦王及附近土司交往密切，兼之厂有练兵数千，因而威望甚高，势力强大，这就招致不少官绅嫉妒，也引起了官府的疑心，怕其踞地称雄对抗朝廷，因此对其施加限制，直至处死。

乾隆十六年夏，云贵总督硕色上疏，专讲吴尚贤的情况及处理的办法。他说：

"茂隆课长吴尚贤开获旺厂，为众所服，但非安分之人，难任久居

①②《啸亭杂录》卷5，《缅甸归诚本末》。

徼外，当即选人更替，而贫富皆处两难。令其自举，据称伙伴唐启虞等，可助其子吴世荣管理。复据禀缅使入贡，不谙礼法，情愿自备资斧，伴同往还，臣等因夷性难驯，吴尚贤情愿伴送，既资照料，兼可查试其子，是以允其所请。并令唐启虞等，帮同吴世荣办理厂务，倘能服众，即使接管，或难胜任，即于唐启虞数人内，选一人接管。惟吴尚贤回滇后，既不可令赴厂，亦难拘管，伊系捐纳通判，俟其出京，请旨发滇省以最简之缺试用。伊厕身仕籍，不能潜往交通，且行止有亏，即加参处，并其子亦可着落提究。再茂隆厂，现在工厂聚至二三万人，似应酌筹渐次解散之法。厂徒皆系内地民人，稍有所获，亦常陆续回家，臣等密饬各该处文武，加谨稽查口隘，许入不许出，将来可以渐少。"①

　　硕色此奏，讲了三个问题。其一，吴尚贤"为众所服"，为"夷"所重，望高势强，又"非安分之人"，不能让其永居银厂雄镇一方。其二，允吴之请，以其子继掌银厂，授彼为官，以资约束。其三，逐渐减少厂矿工人，以杜后患。应当说，硕色之议，还属高见。吴尚贤势力过大，难免引起变乱，需要加以预防和控制。但是，吴威震边内外，拥有练兵数千和矿徒数万，如若冒昧从事，将其拘拿，吴或者是逼上梁山，拒捕起兵，独霸一方；或者是交结缅王和葫芦王，合兵袭掠滇省府州县，对清危害更大。退一步说，即便官府将吴诱捕，茂隆厂没有能够代吴尚贤之人，那么，群龙无首，数万矿徒或纷起为乱，工厂亦将因缺乏善于经理的厂主而亏损衰落。这都会削弱茂隆厂，毁坏了拥清、护清为清之藩篱的可靠屏障。正可能是由于考虑了这些情形，硕色才提出了上述措施，既可对吴尚贤加以约束，不使其割据一方，又让吴有利可图，乐居官宦，子孙世掌银厂，不致因逼反抗，变生不测，而且也可以维持工厂的繁荣，和平地、正常地生产，为清之屏障。

　　可是，朝廷却否定了硕色的正确建议。十六年六月二十二日，大学士、军机大臣议复此事时向帝奏称：

　　"查吴尚贤无籍细民，交通夷众，断不可令为课长。若其子接办，

①《清高宗实录》卷393，第6-7页。

是厂务竟成世业。至唐启虞等，素受吴尚贤指使，若令接管，仍不免通同遥制。查各省矿厂，皆董于官，应令该督于府佐贰内，拣谙练之员，前往总理，并酌期更换，课长之名竟裁。或仍令唐启虞等帮助，或另行委派，临时斟酌。所请吴世荣、唐启虞更替之处，应毋庸议。至通判分倅一郡，吴尚贤粗野无知，岂能胜任。若云视其行止有乖，即严加参处，尤非政体。应令该督抚于缅使回滇，委员另送，谕令吴尚贤居住省城，安分守法，倘或显违约束，即拘禁请旨办理。"①

乾隆帝同意大学士的意见，批示："依议速行"。他又命军机大臣会同被赞为"疆吏之贤者"、曾任云贵总督的尹继善，商议此事。尹继善奏称："设官则法在必行，法行或不尽便于夷境，不如仍选课长，但不得复用吴尚贤之羽翼。"军机大臣赞成此说，取消了过去自己提出不立课长的意见，并请皇上饬云贵总督硕色、巡抚爱必达"详察情形具奏"。②十六年七月初八日，硕色、爱必达遵令奏称：

"查茂隆厂远在边外，自古不通声教，现葫芦酋长虽称臣纳贡，每年以厂课为贡款，在厂徒众，有内地民人，亦有本处夷类，素来受制于官。且该厂山场周六百余里，距内地十五站，中隔南翁江，既无官兵塘汛，止委一二文员，原难总理弹压，不如仍选课长董理为便。前督臣张允随所委课长，虽止吴尚贤一人，实则另有唐启虞、杨公亮、王朝臣等各为课长，厂民信服，今吴尚贤及其义子吴世荣已议撤退，又不便遽易生手，请于唐启虞等三人中，公举诚实干办一人董理，并饬永昌府密为查察。"③

乾隆十六年十月初三日，乾隆帝下谕，训责硕色、爱必达"所奏办理之处，尚未周到，其吴尚贤应作何办理，该督抚折内何以竟未奏及"，命军机大臣"传谕询问"。乾隆帝还具体指出：茂隆厂远在边外，既未便委员办理，杨公亮等长期办课，"且非吴尚贤党羽"，可以委令其接管厂务，但需规定更换限期，否则，"盘踞日久，势必又成一吴

①《清高宗实录》卷393，第7—8页。
②《清高宗实录》卷394，第13页。
③《清高宗实录》卷396，第14页。

尚贤矣"。①

乾隆帝此谕,一则指斥硕色、爱必达办理"尚未周到",质问其不谈对吴尚贤"作何办理";再则反复强调不用吴之党羽,不许新课长长期盘踞,以免又出一吴尚贤。其倾向性已很明确,那就是要对吴严加惩处。乾隆帝所说"办理"一词,在涉及部落和人时,基本上是表示要进行征剿或诛杀之意。几年前他讲要办理瞻对、金川,就是要对其征讨。数年后他又说要办理准部、回部之事,亦即向其进攻;平准中他多次指示要办理阿睦尔撒纳,即将其擒拿治罪处死。这一词的特定含义,大臣们是知道的。因此,硕色接到此谕及军机大臣的复议书后,不得不变更原来尚存保护吴尚贤之意的正确建议,来了一个180°的大转弯,上疏奏称:"吴尚贤前充课长,图财不法,并勒毙二命,应查封家产,革职严审。"随即将吴关于狱中,抄没家产,拟处以死刑。旨尚未下,吴尚贤"瘐死于狱",有人说是官府将其饿死的。②其子吴世荣退入云南,茂隆厂不久即衰落解散。

乾隆帝此举,十分谬误。他本想清除隐患,防止吴尚贤势力过大,据地称雄,危及云南安宁,因而将其迫害致死。不料,事与愿违,吴尚贤固然含冤去世,虽不会给清帝带来威胁,但是,一支拥有数万壮士愿意为清效劳的强大武装,却因此削弱而解体,严重危害了即将进行的阻止缅兵入掠的正当防卫战争,也对乾隆帝三次攻缅产生了不利的影响,真是弄巧成拙,贻误军机。

(二)庸督刘藻御缅无方 畏罪自杀

从乾隆十七年(1752年)缅甸国王莽达拉被得楞部酋长俘获以后,一段时间里,缅甸大乱。木梳部酋长甕藉牙起兵,联合一些部落,几经鏖战,消灭了得楞部,统一大部分缅甸土司,自立为王。莽达拉之长子色亢瑞谏历经周折,逃至猛卯,欲求清相援,为云贵总督爱必达、巡抚郭一裕所逐,回至木邦,转赴离木邦三十余程的猛放,以后下落不明。

甕藉牙因贵家首领宫里雁不服统辖,遣兵来攻。贵家乃系明末随南明永历帝朱由榔逃入缅甸之王公官员的子孙,自名为"贵家",据波龙厂采银。汉民亦纷纷出边至此采矿经商贸生,常达数万人。宫里雁率部

①《清高宗实录》卷400,第5页。
②《清高宗实录》卷400,第6页;《啸亭杂录》卷5,《缅甸归诚本末》。

和厂练反抗，并约木邦土司相助，为缅兵击败，波龙厂之人多逃归云南内地。宫里雁率领3000余人奔至耿马，几经转徙，寄住孟连。孟连土司刀派春收其兵器，按户索银3两，将其众安插于所属猛尹的各圈寨。宫里雁及其部下本已气愤难平，怨恨不已，而这时的云贵总督吴达善听说宫里雁有七宝鞍，"乃亡明至宝"，向其索取，宫里雁更加恼怒，遂带姜婢六人赴石牛厂。刀派春向宫里雁之妻囊占索要牛马童女向吴达善献贿，囊占大怒，纠众焚掠孟连城，杀刀派春及其家属，后被刀派春之族兄刀派英等击败，逃入缅甸，改嫁与缅甸国王懵驳（原缅王瓮藉牙之次子）。吴达善檄令石牛厂厂民将宫里雁暗中监视，令耿马土司诱擒宫里雁，于乾隆二十七年十月将其斩杀，以其姜婢分给有功人员，又檄令缅甸押送囊占，"以靖余孽"。

吴达善杀死宫里雁，削弱贵家势力，犯了一个很大的错误。宫里雁与新缅王不和，欲倚清为援，如果吴达善能从公出发，不乘机勒索珍宝，从经济上、军事上支持宫里雁重整旗鼓，那么，在精明能干的宫里雁领导下，有其上万名剽悍善战的波龙厂厂民和贵家人员的支持，就会形成一股强大的力量，对防御缅甸侵扰久附于清的耿马、十三猛等内地土司，对协助清军与缅兵交战，都将产生重大的作用。可惜，吴达善计不出此，不听布政使姚永泰劝说"今若留雁，可以为缅酋之忌惮，不可代敌戮仇"之忠言，将宫里雁谋害，贵家和波龙厂厂民各奔前程，一支强大的军队因而消失，给防缅入掠和对缅交战带来了严重危害，真是自毁藩篱。

缅王懵驳统一缅甸各部后，多次派人向归附于清的内地土司耿马、十三猛等索讨贡赋，声称十三猛"原隶缅甸"，遣兵烧杀袭掠，闹得云南边境不得安宁。

此时的云贵总督是刘藻。刘藻早年中举，授观城教谕，乾隆元年荐举博学鸿词考试时，取为一等，授检讨，历任左佥都御史、通政使、内阁学士、布政使等职，乾隆二十二年擢云南巡抚，二十九年升云贵总督。刘藻长于文学，为官也还廉洁，但乃一怯懦书生，不谙用兵，"不识事体"，调度无方。乾隆三十年十月，孟艮应袭土司召丙之堂弟召散，约集缅兵逐走召丙，占有孟艮。召丙逃入内地土司猛遮藏匿，并至镇沅府乞降，召散偕缅兵来追，活动于九龙江一带。刘藻闻讯，前驻茨通，提督达启、普洱总兵刘德成驻思茅，分兵四出堵御。刘藻遣往援剿的参将何琼诏、游击明浩,带兵600名,前赴猛阿。何琼诏等"漫无纪律",行军之时,"将兵器捆载行装,将弁徒手散行",于十一月二十一日渡整控江时,被缅兵袭击,何狼狈逃走,600名官兵"各仓皇逃匿"。对于这样一次见敌即逃的可耻之战,刘藻却依据总兵刘德成的报告,向朝廷奏称:十二月十九日攻九龙江一路,破缅营一座,二十日攻橄榄坝一路,又破缅军兵座六座。何琼诏"妄图邀功,轻进致败",既伪报军功,又将畏敌潜逃之懦夫粉饰为图功急进英勇战亡的猛将,真是颠倒是非,滑天下之大稽。刘藻又借口"军需银两及火药军装悉贮于"普洱,缅兵可由整控江之山僻小径进至普洱府城,而退至普洱驻扎。①

乾隆帝于三十一年正月十六日收到了刘藻的第一份奏折,很快就发现了破绽,连续下谕,斥责绿营官弁"素习狡诈"及"铺张夸诞恶习",捏报战功,指责刘藻"办理错谬",并将其降补湖北巡抚,以大学士杨应琚为云贵总督。二月初三,乾隆帝下谕详言此事,并训诫各省督抚整顿绿营"诡谲相沿"、见敌溃逃的恶习。该谕说:"向来绿营兵弁,专以欺诳捏饰为事"。比如,刘藻等办理剿捕"莽匪"一案,何琼诏等奉委赴整控江"防堵贼匪,乃将兵器捆载行李,将弁等徒手散行,遇贼冲出,败溃奔逃",复又谎报阵亡,希图掩饰。何琼诏逃回后又编造谎言,伪称"架藤牌扑杀,所骑马被贼刀砍,连马跌入江内",此明系诡饰,"藤牌非马上之器",且人与马皆跌入江内,即不溺死,亦应被马压致重伤,岂能平安无恙逃归后方。刘藻对此却不认真查实,"问其懦怯失机之罪",反而称其系"贪功轻进,以致失事",使"此案情罪全属相反"。如此"绿营欺罔恶习,不可不大加惩创",故已将何琼诏、明浩等人"立正典刑"。降刘藻为巡抚,将其与提督达启,"一并交部严加议处"。"着再通谕各省督抚提镇等,一体严饬各营",痛加改变,否则必当重治其罪。②

此时乾隆帝尚以刘藻"本属书生,军行机宜,非所娴习",故仅予薄惩。不久,他进一步了解到,当何琼诏逃遁时,刘藻竟畏敌如虎,由思茅匆忙撤回到普洱,如若缅兵尾追,后果不堪设想。刘藻已集兵7000余名,却"托言瘴疠",不敢进攻,"其檄调通省兵丁,忽调忽撤,漫无成算","节次所奏诸折,可笑可鄙之处,尤不可枚举",因

①《清高宗实录》卷753,第1页;卷755,第18页;《啸亭杂录》卷5,《缅甸归诚本末》。
②《清高宗实录》卷754,第5—7页。

而连发数谕，痛斥其过，并降旨将其革职，留滇效力，所有因调兵不合定例靡费的银两，着其赔补。①

　　刘藻因御敌无方，安边乏策，连遭帝斥，问罪革职，无计可施，于三月初三日夜间自刎，随员抢救无效，数日后死亡。

（三）杨应琚三疏蛊惑　乾隆帝批准征缅

　　乾隆三十一年（1766年）七月二十二日，乾隆帝下了一道十分错误、危害很大的谕旨。他在这道谕中讲道：

　　"据杨应琚奏，木邦土司呈称，因遭缅酋残刻，情愿归附，请俟天兵到彼，即将缅甸遣来监视之人擒献。并现今召散逃往缅甸，已行文前往索取，如其不献，应发兵办理等语。已于折内批示。杨应琚久任封疆，夙称历练，筹办一切事宜，必不至于轻率喜事，其言自属可信。况缅甸虽僻处南荒，其在明季，尚入隶版图，亦非不可臣服之地。但其地究属遥远，事须斟酌而行，如将来办理，或可相机调发克期奏功，不致大需兵力，自不妨乘时集事，倘必须劳师筹饷，或致举动张皇，转非慎重边徼之道。该督务须详审熟筹，期于妥善，以定进止。"②

　　此谕表明了三个问题。

　　其一，以攻代防，方针大变。杨应琚以木邦土司"情愿归附"和檄献召散为理由，欲图发兵攻打征服缅甸。这与刘藻在任时所办之事，有着根本性的差别。以前，是因孟艮头目召散约集零星缅兵袭扰耿马等内地土司，新缅王懵驳仿效旧缅王莽达拉之例向耿马等土司索取岁币，基本上是缅甸土司以及少数缅兵与久附于清的内地土司相争，清朝官方称之为"蛮触相寻"。刘藻遣兵往战，不过是为了绥靖边境，驱走进入内属土司的召散等人的部下和缅兵，使被骚扰的内地土司恢复正常秩序，缅甸国王并未大调兵马对清宣战，清政府亦无向缅进攻消灭其国的目的。现在，杨应琚不仅要将久为缅王统辖的木邦土司招服于清（实系兼并缅之领土），而且要迫令缅王献出召散，否则"发兵办理"，臣服缅国，用兵的性质发生了重大的变化。

---

①《清高宗实录》卷754，第25页；卷755，第8—10、15—19页。
②《清高宗实录》卷765，第10—11页。

其二，偏信狂言，草率决策。乾隆帝批准了杨应琚的建议，同意照其所说办理。他的这一决定是极不慎重的。要想对外进行一场战争，尤其是像用兵2000里以外的"远夷"缅甸，应当考虑很多问题，至少要了解双方军力、财力、人力的对比和天时地理等因素，要具有相当大的成功的可能性，否则冒昧远征，定会招致受挫，甚至全军覆没。如此重要的军国大事，怎能仅仅因为杨应琚"久任封疆，夙称历练"，"必不至于轻率喜事"，而听信其言。决定征缅，实属粗疏轻率。

其三，心有余疑，帝意尚未全决。乾隆帝虽然听信了杨应琚的意见，欲图用兵缅甸，但以其地遥远，亦有所犹豫，因此谕令杨应琚"详审熟筹"，能顺利进军，"不致大需兵力"，能够轻易取胜，就乘机征剿，"克期奏功"；如果困难较多，难以立见功效，"必须劳师筹饷"，就需认真考虑，视其情形，"以定进止"。当然，他的倾向性已很明确，确是跃跃欲试，图谋臣服缅甸，再树功勋。

此谕下达以后，过了一个半月，九月初九日，杨应琚的奏折送到了乾隆帝的龙案上。杨奏称：接奉谕旨，筹办缅甸事宜，"臣断不敢冒昧喜功"。唯因缅兵"屡次侵扰土司边境"，若不乘时办理，恐土司地区不能安宁。"今缅甸既人心涣散"，木邦情愿归顺，"是机有可乘"。前已密派土司可靠属人，潜至缅甸，将其地方广狭道路险夷，暗中详细绘图，不日进呈御览，其他预备调拨兵马等事，现已密为布置，九月内拟前往永昌，"督办此事"。"臣仰膺重寄，固不敢坐失事机，亦不敢轻举妄动"。乾隆帝阅奏后，降旨对杨嘉奖。[1]

又过了20天，乾隆三十一年九月二十八日，杨应琚的奏折又送呈皇上。杨除叙述缅甸地形外，着重讲到缅人现状。他说：缅甸自瓮藉牙"篡位"，其子孟洛、孟毒（即懵驳）"诛求无厌，各土司早已解体。闻天兵平定莽匪（指进入内地土司的召散等人及少数缅兵），缅人甚为畏惧"。木邦土司已将缅王差来监事之人杀害，"恳请天朝大人迅速发官兵到境"，蛮暮土司"亦愿来归"，"缅匪之地愈蹙"，"控制更自无难"。因此，一面调拨兵马，一面带镇营官兵3000余名，前赴木邦受降。如缅王见大势已去，欲悔罪求降，定当请旨办理，不敢草率从事。[2]

乾隆帝阅疏后十分高兴，批示说："欣悦览之，伫候佳音"。他又

---

① 《清高宗实录》卷768，第9页。

② 《清高宗实录》卷769，第18—19页。

谕告军机大臣：杨应琚"所办甚好"，倘缅王"愿效臣服"，听抚归降，固然甚好，若其畏避潜匿，仅将召散擒献，"则罪人既得，莽匪全局已竣，天朝本无事求多于外夷，亦可收功藏事"。如缅王"怙恶不悛，果有可乘之会，不致重烦兵力深入，而成戡定之功，以永靖南服，尤为一劳永逸"。一切事宜，悉听杨应琚"妥协经理"。[①]

经过两个多月的考虑，在杨应琚三封奏折的蛊惑下，乾隆帝终于最后决定进攻缅甸，终酿成大错。

（四）贪功开衅 杨应琚死有余辜

为帝倚重言听计从的杨应琚，究系何许人也？真是乾隆帝所赞"老成历练"的"公忠体国大臣"，还是言行不一、巧言惑众的伪君子？他之如此热衷于攻缅，是为国求福永靖边陲，还是为己牟利？这一切，历史给他做了正确的结论。原来，杨应琚系贪功求爵制造事端，最后兵败身亡的可耻之徒。

杨应琚，汉军正白旗人，父文乾任至广东巡抚。杨应琚初任西宁道，以乾隆帝信赖的大臣黄廷桂荐其有才，且处理一些事件比较妥当，符合帝意，很快擢任两广总督，后移闽浙总督转陕甘总督。帝以其"久任封疆，历练有素"，于三十一年正月十六日当其入京就任大学士时，调任云贵总督，办理缅甸事务。三月初杨应琚抵昆明，十七日至普洱。此时，"瘴疠大作"，"缅人渐退"，清楚雄镇总兵华封乘机进据孟艮，城空无人，"仓粮已自烧毁"，普洱总兵刘德成占整欠，车里等内地土司皆服，"普洱边外悉平"，召散的姐夫召猛烈等头人亦为清军所获。杨应琚遣派官员，往孟艮、整欠等土司，"正经界，集流亡，厘户口，定赋税"，令召丙居孟艮、叭先捧居整欠，均授三品指挥使职衔，管理土务。[②]

乾隆帝闻讯，十分高兴，于四月初八日下谕蠲欠十三土司赋税说：

"云南附近普洱之十三土司，久已输诚内向，编列版图。近日莽匪

---

①《清高宗实录》卷769，第19—20页。

②《清高宗实录》卷757，第8—9、18—19、25—28页；卷758，第20页；卷759，第20页；卷760，第10页；《啸亭杂录》卷5，《缅甸归诚本末》；《圣武记》卷6，《乾隆征缅甸记上》；《清史稿》卷327，《杨应琚传》；卷528，《缅甸传》。

滋扰各土司，边境夷民鲜得宁居，现已发兵平剿，已捣整欠、孟艮贼巢，搜捕匪党，各土司得复安故土，但既受莽匪踩蹻，元气难免亏损，深可轸念，即未经被扰土司，一切派拨土练，修理桥梁，急公踊跃，其情亦属可嘉。着加恩将普藤、猛旺、整董、猛乌、乌得、车里、六困、倚邦、易武、猛腊、猛遮、猛笼、猛住十三土司地方，所有乾隆三十一年额征条编正耗暨米折银三千余两、正耗粮六百余石，并猛笼一处乾隆三十年旧欠银二百余两，概行豁免，以示优恤边夷之意。"[1]

杨应琚如果有自知之明，如果对缅甸的国情（军力、人心、地势等）有比较正确的了解，就应该抓住这个极为难得的有利时机，巩固边防，撤兵退驻边境，与缅保持和平友好关系，不要去攻打缅属土司，更不要妄想建树奇功，率军攻缅，欲图征服缅甸。但是杨应琚却错误估计了形势，认为缅人"易于摧殄"，而利令智昏，听从了个别属员的怂恿，走上了误国误民也误己的绝路。

乾隆三十一年四月，杨应琚安定普洱后回到省城，调文武官员及熟习外域情形之人，至昆明商议下一步的工作。腾越副将赵宏榜，湖北人，年轻时曾当过波龙厂厂丁，"习缅事，野人头目皆与之善"。赵欲夺取特功，"首陈木邦、蛮暮各土司愿内附，缅酋势孤易取状"。赵"闻各土司乐于内附，又传言懵驳之母劝其子臣服"，"有机可乘"，竭力劝诱杨应琚出兵攻缅。开始，杨还清醒，不听其言，拒其议说："吾官至一品，年逾七十，复何求而以贪功开边衅乎？"赵宏榜再三怂恿，杨终为利所动，"信其言"，令道、镇、府、州官商议。迤西道陈作梅、永顺镇总兵乌尔登额、永昌知府陈大吕，"皆议以贼势甚大，边衅不可开"，乌尔登额"阻益力，书凡七上"。杨极不高兴，十分恼怒，将陈大吕革职。诸将见此情状，纷纷奏报土司内附。云南提督李勋说猛勇、猛散土司求附，普洱总兵刘德成称猛龙、补哈请归，楚姚总兵华封报整卖、景线、景海土司献土求降，木邦、孟密、孟养、蛮暮等亦求归顺，其奏表"皆言所属地一二千里、户十数万"，"为边外大都"，其实，"其土地、户口皆悬在缅地，我不能有也"。杨应琚不察虚实利弊，一一上奏，授其头人为千总、守备等职。①

得到皇上批准后，杨应琚即于三十一年九月十二日离普洱，前往永昌受木邦等土司降，进军缅甸。行前，开化同知陈元震驰檄缅甸，号称"调集精兵五十万、大炮千尊，有大树将军统领"，"陈境上，不降即进讨"，以图"震慑"缅人。清军已进据蛮暮之新街。

正当杨应琚满以为大功即将告成之时，缅王遣派的数万军队，大举来攻。缅军分兵四道，一由蛮暮，一由猛密、猛育，一由木邦，一由滚弄江，占木邦。九月二十日缅军猛攻新街，清腾越副将赵宏榜突遭敌袭，无力抵挡，焚烧器械辎重，败回铁壁关，置蛮暮于不顾，缅兵"数万尾而入"，木邦、蛮暮土司均避入内地。杨应琚闻报大惊，"痰疾遽作"，但并未将兵败实情上奏。

乾隆帝得知杨应琚患痰症，于十一月初八日下谕，调两广总督杨廷璋往滇代治军务，赐杨应琚以"素有神验"之内府所制十香返魂丹、活络丹及荷包六个，让杨"加意调摄，以冀速痊"，"慰朕眷念至意"，并以其"老年病体"，需人侍奉，遣其次子宝庆府知府杨重谷速往永昌看视。不久又派大学士傅恒之子多罗额驸、乾清门侍卫福灵安带御医李彭年往治杨病，并命杨应琚之长子江苏按察使杨重英驰驿迅往永昌，"省视伊父"，为监军，"襄助一切事务"。尽管乾隆帝此时对杨应琚还算信任，但他已开始有所怀疑，欲图直接了解全面军情，故特谕福灵安"驰往军前，详悉体察"，如能短期成功，即"同往统兵征剿"；若很难筹办，即"据实详悉入奏"，以便"得知徼外确情，以定进止"。②

杨应琚不久病愈，调集士卒14000余名，令诸军出击。十一月，提督李时升令永北镇总兵朱仑出铁壁关，攻楞木，欲进击蛮暮，收复新街；命永顺镇总兵乌尔登额带兵至宛顶，以攻木邦。朱仑于楞木失利。缅军分路进入，从乾隆三十一年十一月至第二年三月，先后攻下铜壁关，入万仞关，焚掠盏达、户撒、陇川等地，攻占猛卯等处。猛卯于万仞关、铜壁关几次击败清兵，击杀清游击马成龙、班第、毛大经和都司徐斌、

---

① 《清高宗实录》卷762，第7—8页；卷765，第10、11、20页；卷770，第20页；卷772，第15页；《圣武记》卷6，《乾隆征缅甸记上》；《啸亭杂录》卷5，《缅甸归诚本末》；《清史稿》卷327，《杨应琚传》；卷528，《缅甸传》。

② 《清高宗实录》卷772，第13、15、18、19、21页；卷773，第10页；卷778，第1—2页；《圣武记》卷6，《乾隆征缅甸记上》；《清史稿》卷327，《杨应琚传》。

守备高乾等将弁。官兵伤亡,内附土司被掠,蛮暮等新附土司被占。如此重大失败,杨应琚却视而不见,反而几次奏报大捷,声称击杀缅兵上万。

尽管杨应琚伪报战功,但他心里也很清楚,缅军势强,难以征服,不早想良策,恐其长据内附土司地区,事态扩大,无法掩人耳目,将被皇上察觉,招致重惩。因此,他想以"允降"来结局,于乾隆三十一年十二月底,会同云南巡抚汤聘、提督李时升上奏说:缅甸"自楞木溃败,大兵复乘势追剿,二次共杀贼六千余人。当有伊领兵头目莽聂眇遮来营,恳请罢兵归顺,并呈献金镯、红呢、花布等物"。不久,缅兵二三万来掠,我军于十二月初六至十六日,先后杀敌三千余人,"计前后剿杀,已几及万人"。查缅甸系边南大国,密箐崇山,阻江为险,水土恶劣,瘴疠时行,"若欲直捣巢穴",恐旷日持久,得不偿失。"如猛毒(即懵驳)果倾心凛惧,愿效臣服,似可宥其前愆,酌与自新之路"。①

过了几天,乾隆三十二年正月初,杨应琚三人又奏:"缅酋猛毒之弟卜坑,及领兵头目莽聂眇遮,屡赴军营乞降。据称,前因蛮暮及各土司,近年贡献逾期,率众索取,原非抗拒大兵,今屡被惩创,情愿息兵归顺。至蛮暮、新街等处,实系夷人资生之路,并恳赏给贸易。"②

这两道奏请罢兵允降的奏疏,分别于乾隆三十二年正月初十、二十四日送至大内。照说,乾隆帝应该认真考虑一个十分严肃、至关重大的问题:为什么过去再三恳请出兵征服缅甸的大学士、云贵总督杨应琚,突然变成了另一个人,来了180度的大转弯,竟然带领巡抚、提督,联名奏请收兵允降?须知,在未全歼敌兵、缅甸国王没有表示悔过的具体行动和亲身入求投降的条件下,就要求撤兵,显然是极其错误的,甚至可以说是在捉弄皇上。既然没有达到征服缅甸的目的就往后撤,那么,当初何必广调兵马,劳师动众,远道征剿?如此出尔反尔,诱哄圣上,牵着皇帝原地打转,简直是犯了欺君大罪。杨应琚邀游官海数十年,深蒙皇恩,应该熟知愿为英君的乾隆帝之性格,要让这位一向自诩乾纲独断、天纵英武之明主,如此稀里糊涂地撤回大军,扑灭因被自己怂恿而产生臣服缅甸的愿望,恐会惹得龙颜大怒,使自己祸生不测。为什么杨应琚要冒将被定上欺君大罪、抄家处死的危险,奏请收兵允降?难道这

①《清高宗实录》卷776,第10-11页。

②《清高宗实录》卷777,第14页。

不是最明显不过地说明了战事不利、征缅失误吗！

设若乾隆帝从这个角度考虑杨应琚三人的奏疏，冷静分析敌情（军力、士气、人心、地形等）和战局，认真检讨发兵征服缅甸之举是否得当，如有谬误，及早收手，那么，他就会做出正确的结论，撤兵议和。但是，此时的乾隆帝，已陶醉于执政31年的"文治武功"之中。在不到五年的时间，他两次用兵准部，收服回部，每次实际上只用了几千、万余名士卒，就实现了70年内皇祖、皇父的夙愿，洗雪了雍正帝时清军大败于和通泊的奇耻大辱，拓疆2万余里，威震海外。30年内，他蠲赋万万，又普免天下钱粮、漕粮各一次，国内百业兴旺，人丁激增，国库充盈。此时，他正因为未能正确对待"全盛之时"，而不像早年那样小心翼翼，深思熟虑，倾听臣言，顾全大局，讲求实效，以致在处理重大军政问题时，常常缺乏理智，感情冲动，无根据地好大喜功。因此，既在前一阶段轻信杨应琚狂言，派遣军队，欲图臣服边外主权国缅甸，又在此时杨应琚认输允降欲补其过时，坚持错误，发动更大规模的进攻。

乾隆帝从三十二年正月初十日阅读杨应琚三人联名上的奏折起，到三月二十九日的两个半月里，连续下达二十五道谕旨，有时一日连降三谕。这些谕旨，集中讲了三个问题。

第一，缅役之兴，在于杨应琚的胡言乱语，贪功开衅，使帝误信其言。谕旨说：

"从前办理缅匪之初，原因莽匪召散窜入彼处，向其索取，若缅首将召散献出，原无事多求。……杨应琚到滇后，莽匪业已剿平，不过经理疆界，搜捕逸贼诸务。嗣因莽匪召散，逃入缅甸，杨应琚行文向彼索取，并奏称如彼不将逆首擒献，即兴问罪之师。朕以缅甸僻在荒陬，从未敢侵犯内地，其事亦不值穷兵勒远。旋据奏木邦、蛮暮相率投诚，朕以杨应琚久任封疆，历练有素，必非轻率喜事者比，谕令酌审情形，以定进止。……乃该督即亲往永昌受降，且云机有可乘，不难筹办。朕谓该督必已操成算于胸中，自然相机妥办，方嘉其实心体国，勇往任事，随即加以奖谕，并望其迅奏肤功，以膺懋赏。"①

---

①《清高宗实录》卷777，第19页；卷780，第3页。

第二，痛斥庸督饰败为胜，胆怯畏敌，对其严厉惩处。乾隆帝开始是从杨应琚等人捷报中的漏洞、矛盾中发现问题的。乾隆三十二年正月二十六日的谕旨，对杨应琚等人奏报的军情，提出了一系列的疑点和质问：杨应琚已调集士兵14000余人，"兵力不为不盛"，乃伊等自新街一战，即退回楞木，而两次所报交兵之地，又止称铜壁关、铁壁关以外，按图而计，楞木已在新街之内，两关则并在我界内，"该督所奏屡次杀贼万余，究在何地？"则其所谓得胜，"仍不过绿营虚夸粉饰恶习"。进攻蛮暮、新街的缅军不过2万，如已击杀万余，"则已去其大半"，缅军"宁不胆落奔逃，尚敢拥众相拒"，"则前后奏报之不足信，益显然矣"。提督李时升驻守何处，"何未闻其亲历行阵督率进兵"？总兵华封、刘德成又在何处？何以只令总兵朱仑、乌勒登额分兵守剿？①

杨应琚还厚颜奏辩，声称："节次所报杀贼几及万人，均经臣差人查核，又经李时升就近查明，实系确情。"乾隆帝在此段上批示："此即欺罔之一端。"②他又在三十二年二月十六日的谕旨中指出："杨应琚等节次奏报，捏饰谬妄，种种未协，已屡降旨严饬矣"。今按图校阅，其中"舛谬不符之处，不一而足"。上年九月，赵宏榜驻新街，遇敌即退回铁壁关内，丢弃蛮暮、新街，十一月楞古之战后，兵退驻铜壁、铁壁二关以内，此后未曾出关交锋，"何以能杀贼多至万余"，"则其荒唐不足信，更不待言矣"。③

不久，侍卫福灵安遵奉帝旨查明军情后奏称："杨应琚前此所奏缅匪乞降，及陇川打仗，杀贼万余之处，悉属虚妄"，赵宏榜从新街失事后，即逃回铁壁关，朱仑楞木一战，即退回一站，并为缅人所欺，"信其乞降"，将兵丁撤退，以致缅兵从各隘口"窜入我境"。④

云南布政使钱度在奉帝严令"据实陈奏"否则加罪的谕旨后，亦揭露前奏捷讯的虚伪，并简述用兵失败的经过说：杨应琚办理缅事，系先因腾越副将赵宏榜禀称蛮暮土司投诚，我兵已驻新街，遂以为"机有可乘"，调兵3600名，即令赵先往受降。迨杨行至漾濞，接到赵的告急文书，始知新街已失，才加调各营官兵。十一月缅兵由万仞关小路进入永

①《清高宗实录》卷777，第20-22页。
②《清高宗实录》卷779，第3页。
③《清高宗实录》卷779，第1-2页。
④《清高宗实录》卷781，第19-20页。

顺，焚烧盏达、户腊撒，"将铜壁官兵冲散"，斩杀游击马成龙，焚烧陇川。十二月底，官兵陆续到齐，"又误听该匪投诚之诈，未经环击"，致缅军"伺懈"，于正月初进入猛卯，占据木邦。滇省绿旗兵，除昭通、东川、开化、曲浔四镇"尚敢与贼对仗，余皆退缩不前"，李时升、朱仑"俱未亲临行阵，混报斩获"，杨应琚"驭下姑息"，不察虚实，"实属欺罔"。①

乾隆帝大怒，先后下谕，革杨应琚大学士、云贵总督职，逮捕入都，转押热河避暑山庄，廷讯后，勒令自尽，"暴其罪于天下"；革其次子宝庆知府杨重谷职，并以其笞人至死罪处斩；提督李时升、总兵朱仑、刘德成、乌尔登额等将，亦相继逮治论死。②

第三，一错再错，继续征缅。乾隆帝对杨应琚的奏请收兵允降，特别不满，多次下谕斥责，以此作为杨欺君误国的大罪，宣布必须坚持用兵，征服缅甸，不得中止。他谕告如此做的理由有二：一是保护归附的土司和占据已附的地区。他说：蛮暮、新街等处，"既已纳降，并遵定制薙发，即成内地版图"，"皆为中国版宇"，"两处降附之人，即同内地人民"，"自当加意保护"，木邦、整欠、整卖等处，"前此恳求内附，并请我兵保护"，焉能还与缅甸，听其欺凌！二是王命难违，帝威无比。乾隆帝严厉训斥杨之允降，是"视受降如儿戏，何以靖远夷而尊国体"！归还已附之地，并未制胜克捷，"遽思歇手"，"将就了局"，"尚复成何事体"！他非常骄傲又十分自信地宣称："朕办理庶务，从不肯稍任颟顸完事，况用兵边徼乎。试思我大清国全盛之势，何事不可为？""至缅匪侵扰内地，则必当歼渠扫穴，以申国威，岂可遽尔中止？且我国家正当全盛之时，准夷、回部，悉皆底定，何有此区区缅甸而不加剪灭乎？而杨应琚竟思就事完事，实为大谬。"③

就这样，英明的乾隆皇帝由于骄傲轻敌，好大喜功，一错再错，受到了更大的挫折，败得更惨。

---

①《清高宗实录》卷781，第8—10页。

②《清高宗实录》卷780，第8、16页；卷781，第3页；卷782，第1—3、11—12页；卷791，第12页；《啸亭杂录》卷5，《缅甸归诚本末》；《清史稿》卷327，《杨应琚传》。

③《清高宗实录》卷777，第16、20、24页；卷780，第7页；卷781，第3页。

（五）万岁妄图灭缅　栽下兵败祸根

乾隆三十二年（1767年）三月初一日，乾隆帝下谕，授明瑞为云贵总督，经理征缅军务，又连续调遣官兵，拨发帑银，准备大举征缅。

对于此次进军的目的和要求，乾隆帝在两道谕旨中讲得十分明确。七月初九日，他谕告军机大臣：

"我兵进剿缅甸，现在广集兵粮，期以秋冬大举，自必势如破竹，迅奏肤功，使西南边境敉宁，为一劳永逸之计。但思缅地僻在荒微，兼以山峦重阻，风气隔阂，将来平定以后，自难设立郡县，同于内地，即欲如新疆回部，留驻大臣坐镇弹压，亦恐水土恶劣，瘴疠时发，我兵久驻非宜。至匪首懵驳，自其父瓮藉牙篡弑以来，济恶虐众，连年侵扰边地，近复犯我颜行，尤为贯盈蓂重，自当犁其巢穴，翦彼鲸鲵，以彰天朝威远服叛之典。而既经剿灭，其土地人民，皆我幅陨赤子，亦不可不为抚靖，俾共享太平之福。若欲另立酋长，自无如仍择莽瑞体苗裔，但恐其后人久经祸乱，或复选懦无能，设竟委以重任，未必能控群蛮而阐声教，甚或同于井蛙之见，仍然蛮触相寻，自滋猜衅，转于柔远无益。莫若量各城大小，分置土司，使各守其疆界，不相联属，则伊等势涣情暌，不能骤合为一，或可不致滋生事端，亦众建而少其力之意。而各土司定则纳赋，咸受吏职，更为易于制驭。但须度其疆域险夷，详审制宜，如阿瓦、猛密、木邦诸城，自较为重要，其余亦当酌量道里远近，画界区分，俾不相侵附。而所择土司，尤宜视其倾诚相化，才堪效用，而心可信任者，授以土官，俾之长世自卫，共沐国恩。其或桀骜叵测，及强宗大姓，虽一时震慑降附，难必其不心怀两端，则当如回部之霍集斯等，移其族党，妥为安置，以示保全，兼可永杜后患。此皆大功告成后，所必应筹办及之者。"①

过了两个半月，九月十六日，乾隆帝根据明瑞所奏九月开始进攻的奏折，谕军机大臣：此次我兵声势甚盛，克敌制胜，自可迅奏肤功。"缅匪"此时或慑我军威，诡称服罪输款，"冀逭天诛"，明瑞等切不

①《清高宗实录》卷788，第13~14页。

可稍存姑息，轻许纳降。"此等贼匪狡诈性成"，去岁楞木、铁壁关等处，屡次诈降，以缓我兵，及兵稍退，旋复抗叛，断不应为其所愚。况我兵自去岁新街至今春木邦，临阵损伤者，颇亦不少，"此非犁穴诛渠，尽歼丑类，不足以申国威而彰天讨，尤不可仅以受降葳事"。若我兵直抵阿瓦，攻克其城，"即当戮其逆酋，剿其凶党，大示惩创"，并就其地界，酌量分置土司，"以永靖蛮服"。"或王师将抵贼巢，匪党等果有仇彼渠魁，擒缚来献者，即俘囚奏捷，并多执其助恶逆党，解送京师，彼时或可贷以不死，另为处置，而进兵之始，则不可预存宽宥之心。可将此传谕明瑞、鄂宁、额尔景额知之"。[①]

这两道谕旨集中地、着重地讲了必须征服缅甸，不许轻易允降。他提出了五项明确的具体要求。一是必将缅甸全部征服，打下首都阿瓦，"犁其巢穴"。二是必"戮其逆酋"，将缅王懵驳擒获献俘斩杀。三是必"剿其凶党"，"尽歼丑类"，将缅甸军政要员全部斩尽杀绝。四是消灭缅甸，兼并入清，使统一的缅甸从此消失，"分置土司"，将其分割成若干小部，择立顺从于清之头人充当土司，为清臣仆，"定则纳赋"，缅地纳入大清国版图，缅人皆为清帝之"赤子"。五是绝不接受缅王投降，"不可仅以受降葳事"，否则，"不足以申国威而彰天讨"。

乾隆帝的这些要求是十分错误的，因而也给明瑞的进攻带来了极大的危害。如前所述，中缅之间的冲突，起因并不复杂，不过是双方土司之间争斗，即乾隆帝所说之"蛮触"，当时清无灭缅之心，缅亦未存攻清之意，最多不过是缅甸要索取耿马等土司的贡赋，并且这也不是它的首倡，而是沿袭前缅王莽达拉的旧例。因为，至清为此，中缅双方还未正式划定明确的边界，耿马等土司虽久已归附于清，交纳赋税，当兵取役，但为了避免侵扰，维持安宁，也向缅王交点贡物。在这样并未存在你亡我兴、你死我活的根本矛盾的形势下，双方本可以通过耐心谈判，消除误会，解决问题，从而建立起正常的和平关系，不需诉诸武力。缅王懵驳确曾遣使"乞降"，仅要求"赏给蛮暮、新街，照常贸易"，这也并不过分。蛮暮、新街本是缅甸之地，照常贸易，利于双方，有何不可。乾隆帝完全可以接受这一要求，停兵议和，允缅入贡。可是，他仗恃"大清国全盛之势"，硬要一错到底，坚不允降，不仅继续攻缅，而

①《清高宗实录》卷795，第2—3页。

且要将缅王及其重要将领、土司全部斩尽杀绝，要将缅甸并入清朝版图，分裂成隶属于清的许多小部。这个要求蛮横无理，欺人太甚。困兽犹斗，何况新缅王懵驳，继承开国之君瓮藉牙的宝贵遗产，拥有大批猛将和剽悍士兵，久经征战，他又善用计策，当然会动员缅甸人民武装反抗，打一场保家卫国的全面战争，摆脱亡国亡族的危险。乾隆帝这次征缅的不正义的性质，从根本上决定了他不能取胜，必将失败。

乾隆帝严厉宣布不许轻易受降，盲目相信大军会马到功成，捷音即至，也给云贵总督明瑞施加了极大的压力，促使他只能胜不能败，只能进不能退，这也成为不久以后导致明瑞自尽惨死的决定性因素。

（六）将军明瑞败死小猛育

明瑞，字筠亭，姓富察氏，满洲镶黄旗人，一等承恩公富文之子，大学士傅恒之亲侄，姑姑为孝贤纯皇后。明瑞英俊聪睿，骁勇善战，早年以官学生袭父公爵，乾隆二十一年以副都统衔授领队大臣，从征准噶尔汗阿睦尔撒纳，立下战功，擢户部侍郎，授参赞大臣，于公爵加"毅勇"二字，号一等承恩勇公。二十四年，明瑞领军从攻回部霍集占，再建功勋，赐双眼花翎，加云骑尉世职，图形紫光阁，擢正白旗汉军都统。二十七年，明瑞出任第一任伊犁将军，进加骑都尉世职。三十二年三月初一日，明瑞被乾隆帝授为云贵总督，经理征缅军务，不久，又授兵部尚书，用将军头衔，全衔为兵部尚书、云贵总督、将军明瑞，有时还在将军之后加上"公"。

明瑞于三十二年五月抵云南，即赴永昌，巡抚鄂宁亦偕往。明瑞揭发杨应琚欺罔之罪，奏劾提督李时升、总兵朱仑、刘德成、乌尔登额及副将赵宏榜畏敌惧战，贻误军机。并指出，在前阶段作战中，"滇兵积久废弛无斗志，将领亦未谙战阵，遗失炮位器械无算"。[①]

六月，明瑞奏陈征缅机宜，总结了以往失利的教训，提出新的方略。他说：前次办理，种种草率，动失机宜。永昌、腾越、顺宁、威远、普洱，沿边土境两千余里，迤西七关八隘，旁通侧出，绝少险要可守之地，若处处驻兵，两三万人亦不敷分派。今已亲督劲兵，鼓勇进剿，缅必"救护巢穴"。其各土司境内险要地方，如九龙江、陇川、黑山门等处，设置兵营，防敌来攻，其余崎岖小路，只派人巡逻备御，这

---

① 《啸亭杂录》卷5，《缅甸归诚本末》。

样，防守之兵比前大为减少，"而声势不分，较为得力"。兵自永昌、腾越两处出口，由宛顶、木邦一路作为正兵，其余分两三路，由猛密等处并进，使敌疲于奔救。前次所需兵粮，系设站滚运，派兵护送，现在改为令兵士裹带，省费、方便。帝允其奏。

八月末，明瑞偕署刑部侍郎、参赞大臣额尔景额上奏三路进兵方略：进攻之军，有京师满兵3000名、四川兵8000名、贵州兵1万名、滇兵5000名，除黔兵1000名遣往普洱外，绿旗兵共22000名，加上满兵为25000名，另调土司兵4000，以及原驻龙陵兵1000余名、杉木笼兵2000余兵，共3万余人。兵分三路，一路由宛顶出口，向木邦前进，有满兵1000余名、绿旗兵7000余名，由明瑞统领，领队大臣扎拉丰阿、伯玉鲁斯、总兵国柱、李全同行。一路由铁壁关出口往猛密，派满兵900余名、绿旗兵7000余名，由额尔景额与提督谭五格率领，总兵王玉廷同行。一路由扎防以南，经过猛古、猛浦，与猛密中路互为声援，派满兵900余名、绿旗兵3000余名，令领队大臣观音保率领，总兵长清同行。命总兵达兴阿统绿旗兵4000余名，至木邦驻防。乾隆帝基本同意，只是令中路由额尔景额为总统，命参赞大臣珠鲁讷前往木邦。

九月二十四日，大军出发，这时明瑞做了一些调整，将观音保一路并入己部，兵分两路，南路明瑞统兵12000余名，由木邦攻锡箔，北路额尔景额往老官屯攻猛密，两路至阿瓦会师；从征官将有员外郎傅显、冯光熊、滇盐道诺穆亲、迤东道钱受谷、道府杨重英、郭鹏冲、萧日章，还有革职知府陈元震、胡邦佑，武将有提督谭五格和总兵得宝、李全、国柱、达兴阿、王玉廷、哈国兴、本进忠、长青等。

九月二十四日明瑞统军出发，时天降大雨，三昼夜不绝，人马俱立泥淖中，"饥且冷，多疾病，糇粮又尽湿"，行进缓慢。十月初十日，兵至宛顶，十八日入木邦，缅兵早已弃城而去。明瑞令珠鲁讷留守，给兵5000人，以杨重英、郭鹏冲、陈元震管印务粮饷。

明瑞统兵渡大垒江，抵锡箔，缅兵千余先已撤走。清军续进，于十一月二十七日剿杀缅兵500余人，次日遇伏，复杀敌兵40余人。二十九日至蛮结，缅兵由密林内突然冲出，清军尽力厮杀，斩敌200余人。缅军2万，在蛮结扎16寨（栅），立木为栅，聚兵于其中，栅之外又开深壕，植竹木于旁，"皆锐其末而外向"，又列象阵为伏兵。缅兵有栅相护，清军枪炮不能伤害，他们又从栅隙处发鸟枪射敌，一击即中。明瑞向帝奏报蛮结之战情形说：“登山瞭望，见贼匪甚多，所设十六寨，俱属险要。密林之内，隐约见有埋伏，又见排有象阵”，不但山势峻险，兼深林密箐，并无可通之路。设法挑诱，缅兵终不出寨交锋。因与诸大臣、各侍卫商定，先破其中坚，余寨自不能守。总兵哈国兴请分三路登山，俯冲而下。十二月初二日，我军分队前进，冲击木寨，“臣等俱在兵弁之前，首先追击”，“人人奋勇”，用枪刀砍伤大象，象即倒奔冲突，缅兵不支，“纷纷败窜”。清兵“冲冒枪炮，尽力攻击，甚至彼此抱持，以手相搏，贼人不及施放枪炮”，但隔着木栅用枪刀砍戮，并抛掷火球，“我兵力战不退，奋身直入木寨”，扎拉丰阿首先攻得一处。明瑞续攻得一处，观音保亦攻取一处。贵州藤牌兵王连攻第二寨时，攀栅直上，飞身跃入，于数百缅兵中纵横砍杀十余人，头带刀伤，仍拔毁栅木，接应众兵，“我兵乃得蜂拥而进”。敌兵于晚间，复来夺栅，“我兵奋力击杀”，战到二更时刻，“所有埋伏贼人，及他处防守各匪，俱弃寨奔逸”，“地方俱已廓清”，计杀缅兵2000余人。[1]明瑞英勇督战，“身先陷阵”，右眼遭敌枪击伤，“几殒”，“犹指挥不少挫”。[2]

乾隆帝于三十三年正月初二日看到明瑞的奏折，非常高兴，下谕嘉奖说：据明瑞奏报，官兵已过蛮结，连破敌垒16座，杀敌2000余人，缅兵逃逸。“明瑞秉性纯诚，才优干济”，前在西陲之役，“每身先士卒，效绩宣猷”，今经理缅甸军务以来，办理军营诸务，“均能悉心筹划，动合机宜”。近自木邦整队深入，于冒小统众毁栅，又在蛮结亲冒矢石，摧坚陷阵，目受枪伤，犹鼓勇直前，“克扬我武”，“朕心深为嘉慰”，着授明瑞一等诚嘉毅勇公，赏给黄带子、红宝石顶、四团龙补服，原有之承恩公爵，命其弟奎林承袭。他又大赏有功人员，赏扎拉丰阿都统衔，赏乌三泰等五人副都统衔，赏王连戴花翎、成额巴图鲁称号、授为游击，本进忠等分赏巴图鲁、授蓝翎侍卫，并发给赏银。

可是，乾隆帝万万没有想到，就在他下谕奖赏将弁、“伫闻”“直捣贼巢”捷音的时候，明瑞将军已一步一步走上败亡的道路。原来，当清军于十二月初二击败缅兵后，领队大臣扎拉丰阿、观音保等人，均劝将军乘胜退兵至木邦，“整旅再进”，因为清军也有重大伤亡。明瑞不

①《清高宗实录》卷802，第3—5页。

②《啸亭杂录》卷5，《缅甸归诚本末》；《清史稿》卷327，《明瑞传》。

从，欲直抵阿瓦。观音保谏阻说："我兵出师时已失军装，今军器日见其少，粮饷不足，恐难深入以受其给。"明瑞十分恼怒地质问说："汝气馁否，非丈夫也。"观音保傲然回答说："若非满洲丈夫，吾侪共将军死可也。"于是，清军复前进，行至隔弄山，接近天生桥渡口。此处系著名险隘，从前贵家首领宫里雁曾派数百名兵士坚守此地，缅兵数万均不能通过。明瑞遣兵侦视，据称，天生桥乃隔弄山中断之处，下有河一道，"其势险急"，两岸石峰，高出两三里，峰上盘曲小径，"只容一人行走"。其桥系天生一片大石，缅人已将两旁旧有帮植大木俱行砍毁，不但乘骑不能过渡，步行也难。明瑞乃派达兴阿带兵2000名，留在大路，佯装夺取渡口之势，自己却督军从间道绕至天生桥上游，于十二月初十日，"乘雾径渡"，先将山梁占据。缅兵见状，即撤赴宋赛。明瑞于十二月十三日至宋赛，不久行至象孔，离阿瓦不远，沿途皆未遇到缅兵。这时，向导无人，道路迷失，粮食短缺，"夷境益峭险，马乏草，牛踣途，贼烧积贮，空村落，无粮可掠"，行军上千里，水土不服，病亡日多，人疲马乏，而北路额勒登额之军又无消息。明瑞集诸将商议，众将鉴于前次之争，"莫敢有言退者"。明瑞念粮既断，"势不能复进"，无法到达阿瓦，又虑及额勒登额之军若由猛密先入，则将军退兵按法当诛，听说猛笼有粮，且地近猛密，可得北路军消息，与其会合，于是决定就粮于猛笼。

缅军侦知清军不攻阿瓦，又从俘获病卒口中得知军中粮尽，便紧追清兵，于是，"无日不战"。明瑞与哈国兴、观音保等更番殿后，进至猛笼，果然获粮2万余石，"军士赖以济"，时近岁暮，于其地过年，驻兵七日始行，每人带粮数升，因未获北路军讯，议定取道大山土司，转至木邦归回。

缅军一面尾追明瑞之军不止，一面进攻锡箔、木邦，以断明瑞后路。乾隆三十三年正月初四日缅军攻占锡箔，初八日进围木邦，十八日打破清兵营盘，清参赞大臣珠鲁讷自尽，数千名绿旗兵或死或逃，革职同知陈元震早已携带参赞印信逃窜，专管支放粮食的大理府知府郭鹏冲亦已潜逃，杨重英被俘。在此之前，清北路军统领额勒登额和谭五格，带兵9000名，因进攻老官屯受阻，撤至早塔，离木邦不远，云南巡抚鄂宁七次檄令其救援木邦，额勒登额等竟拥兵不救，反退入内土司地区。

打下木邦的缅军回追明瑞，与前尾追清兵之缅军会合，众达数万。

缅军紧逼，起初，还距清兵营十余里扎营，及至邻近大山土司的蛮化时，知清军饥疲，当清军于山岭立营时，缅军即扎寨于山半。明瑞告诉众将说："贼轻我甚矣，若不决一死战，益将肆毒于我，无噍类矣。"因缅军已熟悉清军号令，每日早晨三次吹螺后即出发，缅兵亦起而尾追，明瑞遂密遣兵士尽伏于箐中，然后吹螺三遍，缅军以清兵已行，"争蚁附而上"，明瑞一声令下，清军"万众突出，枪炮声如雷"，缅军出于意外，"遽不及战"，急忙撤退，伤亡4000余人，从此每夜屯营于20余里以外，不敢近屯。

乾隆帝对明瑞的乘胜统军深入，既感到高兴，又有些担心，怕其有失，就在三十二年正月初二奖赏蛮结大捷有功人员的当日，他便谕令坐守旱塔的北路统帅参赞大臣额勒登额，立即"舍老官屯"不攻，"带兵探听明瑞一路，接应前进"，"与明瑞合军会同进剿"。过了六天，正月初八日，他得知明瑞已至宋赛离阿瓦不远时，谕军机大臣传谕明瑞，在宋赛等处择一适当地点，"联络结营，再筹兵饷"。此谕刚下，同日收到驻守木邦的参赞大臣珠鲁讷的奏折，言及缅兵远遁，明瑞在宋赛等待额勒登额之兵，他立即再谕额勒登额报告何时由旱塔起程，前往接应，现已到达何地，并严厉警告其人说："若再观望周章，不以接应明瑞大军为事，伊试自思，能当此重咎乎？"①第二天，正月十九日，鄂宁奏锡箔为缅军夺占，因该处为将军明瑞文报往来之路，"亟须克日夺回"，已札商额勒登额，让其分兵数千，"星即接应木邦"，并飞咨贵州调兵二千名备用。乾隆帝同意其议，并谕军机大臣："此时唯以妥协办理，速得明瑞大军消息为最。"②

正月二十六日，因鄂宁奏明瑞于十二月二十四日带兵往猛密去，乾隆帝甚为忧虑，即谕军机大臣："明瑞悬军深入，接应最为紧要"，谭五格在旱塔，距猛密近，令谭派巴图鲁侍卫数员，领勇锐兵丁数百名，"间道往猛密一带，迅速接应"。③此谕才下，警报又来。就在这一天，鄂宁奏革同知陈元震知府郭鹏冲从木邦溃逃。乾隆帝大怒，令将二人拿问，凌迟处死，查封其任所赏财，并于当日下谕，解马1万匹赴滇，调京师满兵6000名、索伦兵1000名备用。过了几天，鄂宁奏称七次檄调额

①《清高宗实录》卷802，第11、18-19、25-28页。

②《清高宗实录》卷803，第11页。

③《清高宗实录》卷803，第22页。

勒登额往救木邦，皆不应援，致木邦失陷。乾隆帝异常恼怒，谕将额勒登额及谭五格革职拿解来京治罪，并派协办大学士、公阿里衮为参赞大臣，调吉林兵1000名、福建水师3000名备用，又遣荆州满兵2500名、成都满兵1500名"迅往永昌"。他并传谕明瑞撤退，"整兵冲出"。①然而，远水难救近火，正当他心急如焚，坐卧不安、广调兵马往援的时候，清军已经惨败。

明瑞于蛮化驻五日，遭缅军扼于前方，攻不能拔，幸好有一波龙人导引间道，始绕过缅兵，至波龙老厂，当日之数万厂丁，已因宫里雁被清处斩和遭缅兵冲杀，而散亡殆尽。二月初七日明瑞行至猛腊，缅兵四五万挡住去路，无法前进。明瑞于山顶扎营七座，缅兵四面包围。此时额勒登额因迭奉严谕和巡抚鄂宁飞檄，已进驻宛顶，离明瑞仅二百余里，却按兵不动，不往救援。明瑞率领弹尽粮空的伤疲清兵拼命厮杀，坚持到二月初十日，明瑞命令全军乘夜向缅兵冲击，突围至宛顶，自率诸领队大臣及巴图鲁侍卫数十人，领亲兵数百断后，"及晨，血战万贼中，无不以一当百"。不久，扎拉丰阿阵亡，巴图鲁侍卫皆散，观音保自尽。明瑞身负数伤，竭力疾行二十余里，至小猛育，"气仅属"，乃从容下马，手截辫发，授家人使归报，自缢于树下，家人以木叶掩其尸而去。由于明瑞等人的舍身死战，掩护了突围兵士，总兵哈国兴、长清及副将、参将、游击、守备、满汉兵丁甚多，突出重围，于二月十三日抵达宛顶。乾隆帝发动的第二次征缅战争，就这样以清军惨败而结束。

乾隆三十三年二月初十日，清兵部尚书、云南总督、将军、一等诚嘉毅勇公明瑞败死于缅甸小猛育。人们不禁要问，明瑞之死，原因为何？是明瑞不谙用兵？还是其胆怯畏敌？看来都不是。从乾隆三十二年九月到三十三年正月的征战实情看，明瑞可谓智勇兼备、文武双全、善驭士兵的大将。他仅带领满兵2000名和柔弱绿旗兵9000余名，合共12000人，却能转战敌区数千里，迎战数倍于己的缅军，一胜于蛮结，再捷于蛮化，巧过天生桥，勇猛击强敌。原礼亲王昭梿盛赞其英勇征战说：

"计自章子坝与贼接战，贼日增，我兵日少，孤军无援，转战五六十日，未尝一败。明瑞晨起即躬自督战，且战且撤，及归营率以昏时，勺水犹未入口。粮久绝，仅啖牛炙一脔，犹与亲随之战士共之。所将皆

①《清高宗实录》卷803，第25—27页；卷804，第16—19、41页；卷805，第26页。

饥疲残创之余，明瑞体恤备至，有伤病者，令士练舁以行，不忍弃，故虽极困惫，无一人有怨志。……方军势日蹙，斗愈力，尝谓诸将曰：贼已知我力竭，然必决死战者，正欲贼知我国家威令严明，将士用命，虽穷蹙至此，无一人不尽力，则贼知所畏，而后来者易于接办。此其谋国之深猷，尤非慷慨赴死者所可同日语矣。"①

著名史学家、军机章京、翰林院编修赵翼，亦做了类似的评述。他写道：

"方明将军之自缅退师也，贼随处可调兵，而我无后继，贼随处可取粮，而我无续运，贼以一象驮一炮，而我则兵械火具日少一日。当战苦时，枪炮声如百万爆竹同时迸裂，对面不闻人语也。然六十余日未尝一败，其中又有蛮化之大捷。"②

由此可见，不能把清军之失败，归咎于明瑞个人的无能。《啸亭杂录》《圣武记》和《清史稿》，皆着重强调北路主将额勒登额不援明瑞，使其孤军苦战败于缅甸。乾隆帝亦有这样的看法。他于三十三年二月二十八日下谕讲述此事时说：

"将军、公明瑞自蛮结大破贼兵之后，进至宋赛，因前路并无贼匪踪迹，而额勒登额等又不能从猛密取道会兵同进，遂由猛弄（笼）一路，破垒因粮，屡有斩获。继复由大山移驻小猛育，数日间攻击贼营，连次取胜。此时若额勒登额领兵由外进援，腹背夹攻，贼众何难靡溃。讵额勒登额始于旱塔逗留，老师挫锐，迫退回虎踞关，又因贼众尾至猛卯一路，转避贼绕从内地，由小陇川等处，纡缓而行，以数日可达之程，迟至二十余日，方抵宛顶。经鄂宁屡檄促援，一切置之不问，致老官屯贼众转得并力拒我大军，是额勒登额丧尽天良，有心贻误，其罪可胜诛乎！"③

---

①《啸亭杂录》卷5，《缅甸归诚本末》。

②《圣武记》卷6，《乾隆征缅甸记上》。

③《清高宗实录》卷805，第29—30页。

　　这种看法有一定的道理，但不太确切，又不深刻。诚然，额勒登额领有满兵约1000人和绿旗兵7000余人，如往接应，是会增加明瑞的士卒。但是，一则数量毕竟有限，两军相会，也不过只有2万人，缅军却有4万～5万，并且"随处可调兵"，清军在数量上显然处于劣势，很难做到像乾隆帝所说"腹背夹攻，贼众何难靡溃"。再则，额勒登额并不是不知道拒援的严重后果，开始他也并非不想前进，可是，老官屯之战，使他吃了苦头。当时他随其兄参赞大臣额尔景额率北路军，于乾隆三十二年十一月初八日到达老官屯，缅兵坚守，清军屡攻不克，"久屯于坚栅之下，人亦多疾病，额尔景额幽恚以死"，帝才命额勒登额代为参赞大臣统北路军。额勒登额既为缅兵所阻，又惧强敌袭杀，故尽管皇上严谕催督抚屡檄鞭策，明瑞之军危在旦夕，他仍然逗留不前，迟缓行进。三十三年正月十七日，他率军到虎踞关，十九日才出关至遮坎，停七日，二十七日由大陇川复回蛮笼，"因连奉谕旨"，始于二月初四日赴宛顶，"到处停留延缓"，"其实自入虎踞关后，沿途未遇一贼"。①像这样的懦夫，即使与明瑞会合，又能发挥多大的作用，怎能打败缅军？诚然，设若北路军能边进边战，冲破缅军层层障碍，抵达猛腊，接应明瑞，也许明瑞部队不会遭到这样大的损失，人员伤亡会少一些，但绝对不能扭败为胜、征服缅甸。

　　乾隆帝可能也感觉到这一点，因此他在另外的场合，把这次失败归咎于自己的轻敌。早在三十三年二月初七日，云南巡抚鄂宁呈述木邦被围、军情吃紧，无兵派援情形时，便奏称："臣前与将军明瑞熟商，大兵前进，直捣巢穴，贼匪自顾不暇，必不能旁及，是以将可用之兵，明瑞尽行带去"，仅留一千数百名于杉木笼等处防御，永昌亦只留数百，以运军粮，而普洱一路，又离阿瓦辽远，"其余皆懦弱之兵，未便前进，致成鞭长莫及之势。"乾隆帝在此段批示："朕早知此事，去岁朕及尔等，皆失于轻敌。"鄂宁的奏折又写道：以我兵两路深入，缅必自顾根本，木邦驻兵数千，已不为少，"不意贼匪狡诈百端，俟明瑞深入后，复聚众侵扰木邦"。乾隆帝批示："即朕亦如此想，此即轻敌之处，又岂料滇兵之懦弱如此乎。"②

①《清高宗实录》卷807，第14-15页。
②《清高宗实录》卷804，第17-18页。

过了两个月，四月初七日，乾隆帝在讲述"此次军行始末及朕前后办理"之谕中，又谈道：若在额尔景额病故时，"即令阿里衮前往统率，即不能直进阿瓦，亦必能应援明瑞，而木邦已得之城，又何至复为贼众觊觎。乃朕既以轻视缅匪，且以道里遥远，恐鞭长莫及，未及别简大臣往代其军，致额勒登额节节贻误"。[①]

乾隆帝承认自己犯了错误，低估缅甸的力量，轻敌冒进，致遭失败。这种看法，显然比仅仅归罪于额勒登额的迟延，更接近事实，更为深刻，但是，它还未触及本质。明瑞之失败，有各种因素，轻敌之错确曾起了相当大的作用，但决定他兵败自缢的根本因素，不是其他文武官员，也不是额勒登额，而是他的亲姑父、英明天子乾隆皇帝犯了方针性的错误。

战争的胜负，决定于双方力量的对比，而这一点，在很多场合下又决定于战争的性质，小邦弱国常常能进行正当的防卫战，来打败入侵之大国强部。乾隆帝的最大错误就是不该坚持攻缅，一定要消灭缅甸并为己属。这就必然激怒缅甸人民，他们在英勇善战、足智多谋（即清朝所说"狡诈百端"）的新缅王懵驳领导下，奋勇冲杀，巧施计策，坚壁清野，诱敌深入，先袭据木邦断其后路，又重兵围追饥疲清军，连续追击六十余日，最后选择有利时间、地点，歼灭明瑞于小猛育。这样的人民，这样的军队，这样的统帅，外部敌人是很难打败的。兼之，他们在家乡作战，粮草充足，弹药丰富，武器先进，水土适合，地形熟悉，天时、地利、人和三条俱备。而清军则远道跋涉，水土不合，病亡日多，迷失道路，供应中断，最后弹尽粮绝，疲病交加，寡不敌众。乾隆帝硬要出军征缅，既违天时，又短于地利，人又不和（如额勒登额之逗留，绿旗兵之柔弱），三条皆无，怎不惨败。

再就明瑞之死而言，这也是乾隆帝造成的。当危急之时，像总兵哈国兴、长清，以及大批副将、参将、游击和满汉官兵，都能突围返归，连文官云南迤东道钱受谷，军机司官冯光熊等人，也安全出围，到达后方，明瑞英勇善战，完全可以杀出一条血路，冲破缅军包围，平安抵达宛顶，与北路军会合。他为什么不这样做？原礼亲王昭梿对此解释说：明瑞的自缢，"非不能自拔出，盖以阿瓦未平，惧无以返命。上亦有全师速出之旨，而路阻不能达，遥望阙庭，进败维谷，故彷徨辗转，决计

① 《清高宗实录》卷808，第12页。

以身殉"。①赵翼亦持此论。乾隆帝也指出："迨乎屡冒锋镝，履险如夷，（明瑞）遂不惜捐躯临阵。盖其秉志坚贞，先有自誓百折不回者，否则文员在军，如钱受谷、冯光熊等，尚皆随队旋归，并无挠阻，况以将军统率大众，更何难回至宛顶哉！"②

问题很明显，明瑞是奉旨征缅、灭缅，不取阿瓦、不臣服全缅、不擒获缅王懵驳押解至京献俘于皇上、不斩杀缅甸军政要员，他是不能收兵回朝的。前述乾隆三十二年七月初九日和九月十六日的两道谕旨，对进军的目的和要求，讲得非常清楚，规定很死，不达目的不收兵，连"轻易允降"都在禁止之例，如果明瑞在小猛育突围归回，极有可能被定上畏敌贪生、兵败溃逃的欺君违旨大罪。这就是昭梿、赵翼所说"惧无以返命"。

明瑞对其亲姑父——当今皇上的威严和有时十分任性的脾气，是相当了解的，而且有切身的体验。两年以前，当他就任伊犁将军时，乌什维吾尔族人民起义，反对办事大臣、副都统素诚的残暴压迫。明瑞统军往征，历时半年，才将此事平定，但乾隆帝却因其未遵旨将起义维吾尔2000余人尽行斩杀而大发雷霆，连下数谕痛加斥责，并将其和一同办事的尚书阿桂处以革职留任的处分。明瑞亲临行阵，顶风冒雪，督兵厮杀，历经辛苦，平定民变，为乾隆帝立下功劳，仅因其顾虑过多斩杀将生大变，而未立即尽杀出城投降的起义维吾尔族人，可算是对皇上一片忠心、与国同戚了，不料反遭天子斥责革去将军之职衔。立功受惩，效劳被罚，这怎能不教他闭门深思其中奥妙，结论是，从今以后再不要自作主张违背圣旨，哪怕自己的做法是正确的。看来，当明瑞在小猛育被困彷徨辗转之时，不会不想到平定乌什起义的教训，从而促使其下定了自缢报帝的决心。

综上所述，决定清军惨败于猛腊和明瑞之死的根本因素，是乾隆帝征缅、灭缅、不允缅降的错误方针，乾隆帝应对这次失败承担主要责任，是他促使亲内侄明瑞将军坠入了死亡的深渊。

（七）舒赫德力谏远攻　乾隆帝坚主用兵

乾隆三十三年（1766年）二月初八日，即明瑞兵败自缢的前两天，

---

①《啸亭杂录》卷5，《缅甸归诚本末》。

②《清高宗实录》卷808，第12—13页。

乾隆帝下达长谕，详言用兵缅甸及其失利的原因，评论诸臣功过，宣布继续征剿。在这道谕旨中，他仍然把轻敌和任人不当作为导致进攻受挫的根本因素。他说：

> "今该酋懵駮，始则侵扰土境，继乃抗拒颜行，若不急加剿灭，何以申国宪而辑边隅。惟是明瑞受任之日，朕以轻量穷蛮，谓其不值张皇措置，惟简派巴图鲁侍卫官兵百人，并选健锐、火器二营劲旅三千人，以为可备军营调遣之用……是朕之蔑视缅首，未为深思远计，不得不引为己过者。……设使去年即用阿里衮分剿猛密，舒赫德镇守木邦，于中接应，大功早已告成。"①

正因为乾隆帝错误地只把失利归之于因轻敌而少派满兵，任将非人，未能认识到本来就不该进行这次企图灭缅的非正义战争。因此，当他于二十八日知悉明瑞"受伤身殒"时，立即下谕说：现在续派官兵赴滇，筹办征缅，"一切机宜，关系紧要，必须重臣前往督率调度，以期迅奏肤功"。授大学士、一等忠勇公傅恒为经略，以户部尚书、协办大学士、一等果毅公阿里衮和兵部尚书、伊犁将军阿桂为副将军，命刑部尚书、署陕甘总督舒赫德为参赞大臣，升巡抚鄂宁为云贵总督。同日又下谕：明瑞照班第例从优议叙，以其子袭一等诚嘉毅勇公爵。后因明瑞无子，以其弟奎林之子惠伦为嗣袭爵。先后阵亡的都统扎拉丰阿、护军统领观音保、总兵李全，亦一并优予恤典，入祀昭忠祠。

当乾隆帝正在筹划大举征缅的时候，刑部尚书、参赞大臣舒赫德与云贵总督鄂宁联名上的长篇奏折，于乾隆三十三年四月十九日，送到了皇上面前，建议停兵息战允缅降顺。舒赫德、鄂宁奏称：缅人"敢于抗拒王师，必当大申天讨"，特以边末小民，"其事本不足办"。且滇省山多路远，一切筹办十分不易。满兵1000名，需骑马2000匹，驮马300匹，运粮及跟役需马1500匹，如系满兵1万名需马38000匹。绿旗兵1万名，需骑马3000匹，驮马3000匹、运粮余丁所需之马13000匹，共19000匹；如系3万名绿旗兵，则需马57000匹。另外，官员乘骑，驮载粮食，安设台站，续运粮食，又需马数万匹。此系办马之难。这样大量的

①《清高宗实录》卷804，第21—22页。

马匹，筹办难，购备草料也不容易。兵4万名，日需米400石，马10万匹，日需米1000石，按用兵10个月计算，需米42万石，要拨夫役100万余人运输，此为办粮之难。长途跋涉，山峻道窄，边外又烟瘴盛行，水寒土湿，易染痢疾和疟痢，上年南路"官兵病者接踵"，北路"亦病者累累"。"又闻其地险隘异常"，缅人"登山下箐如平地，而我兵无可用武"。及至深入，马行险峻之地数月，"大半疲敝无用"，加之，入缅地一两千里之遥，"粮不能继，实无胜算可操"。"臣等悉心计议，贼匪虽屡次抗我颜行，皆是自救其死，并未敢稍轶内地，必有留为求作天朝仆隶地步之心，臣鄂宁当妥密访查，若得其实情"，"可以仰邀恩赦之时，即行查闻请旨"。[1]二人又奏，鄂宁曾嘱布政使钱度、总兵哈国兴，"密商设法招致缅夷投诚"，今舒赫德至滇后，又"公同反复商定"，密令钱度、哈国兴"即妥速办理"，但钱度现奉谕往赴贵州巡抚新任，可否请其暂留滇省，"将军务料理清楚"，再赴新任。[2]

　　舒赫德、鄂宁二人之奏，对征缅之难讲得十分清楚，筹办10万匹马，很难；运送4万名兵士的食粮和10万匹马的饲料米42万石，也很难；千里迢迢，人疲马倒，粮饷难继，面对登山下箐如履平地的精壮缅兵，很难取胜，"实无胜算可操"。何况缅军并未侵入内地，两次战争皆系自卫还击，颇有欲与清政府保持朝贡关系的想法，因此，可以停兵议和。这是久历戎阵熟谙边情之老臣的明智持重之见，本应为皇上采纳。兼之，舒赫德之为人，乾隆帝并非不知。此人精明能干，熟谙兵情，敢于直言。十二年以前，当乾隆帝宠信辉特汗、双亲王阿睦尔撒纳，欲图倚彼平定准部之时，就是这个身为户部尚书、参赞大臣的舒赫德直言阿将反叛，需早为防备，奏请安置其家属、部民于远方，以为人质，防其为乱。乾隆帝大怒，曾下严旨欲将其斩杀，为大学士来保劝阻，始免死革职，籍没家产，罪及其子。不久阿睦尔撒纳果然反叛，舒赫德才复为参赞大臣，授兵部尚书，但随即又因故"夺职为兵，从军赎罪"。乾隆二十三年，舒赫德以头等侍卫衔驻阿克苏时，得知定边将军兆惠被困于黑水营，立即领兵星夜驰救，与富德一起解了兆惠之围。这样有胆有识不畏艰险的老臣之见，照说应该引起天子重视，细思其议，采纳其言。可是，历史竟似重演，乾隆帝又一次勃

　　①《清高宗实录》卷809，第7—9页。
　　②《清高宗实录》卷809，第10页。

然大怒，痛斥其非。

他在舒赫德二人之奏折上批示："朕早知尔等必为此无耻之见，大非矣。且舒赫德临去时朕未曾面谕乎？汝一离朕前，必有乖张之事，竟是不知改之庸愚耳！"同日，四月十九日，他又谕军机大臣："舒赫德、鄂宁所奏密陈情形一折，深属乖谬"，"若所称招致缅夷一节，更属无耻，大出意料之外"。"舒赫德在京，受朕调度，承办诸事，颇能尽心，而一离朕前，即有此冒昧乖张之举，实难倚任。舒赫德、鄂宁，俱着传旨申饬……二人即一同驰驿，作速来京"。①第二、第三日他又四次下谕，严斥二人之奏是"所见大谬"，"甚属乖张，可鄙可笑"，将二人"交部严加议处"，并革去舒赫德尚书和参赞大臣之职，不久赏给舒赫德都统职衔，赴乌什任办事大臣，将鄂宁降补福建巡抚。

乾隆三十三年六月初四日，协办大学士、公、副将军阿里衮关于缅甸乞和的奏折送到北京。阿里衮奏称：五月十六日，游击巴勒塔等押送被缅军于木邦俘获的贵州兵许尔功等人，来到永昌，许带有缅甸"乞降文书"并杨重英之书及许之供折。据许尔功供称：被俘至阿瓦后，分给被俘清官使用，"闻缅酋懵驳之母，不愿与天朝打仗，时常劝沮伊子。懵驳与其属下头人等，闻大兵到来，亦皆望风生畏，是以商议乞降"。杨重英所呈之书称：被俘后解到阿瓦，"讵料缅王不杀，屡有投诚之议，且缅国各头目，俱愿投诚。……如蒙允准，望即差官兵持文前来，该国即办贡物，遣令缅目，同杨重英等解送前来。"②

缅人"乞降文书"是缅王的掌事官写的，其书说：

"暹罗国、得楞国、得怀国、白古国、一勘国、罕纪国、结岇国、大耳国及金银宝石厂、飞刀、飞马、飞人有福好善之王殿下掌事官，拜书领兵元帅：昔吴尚贤至阿瓦，敬述大皇帝仁慈乐善，我缅王用是具体致贡，蒙赐缎帛、玉器，自是商旅相通，初无仇隙。近因木邦、蛮暮土司从中播弄，兴兵争战，致彼此损伤人马。今特投文叙明颠末，请循古礼，贡赐往来，永息干戈。"③

---

① 《清高宗实录》卷809，第10-11、13-14、18、22页；卷813，第5页；卷813，第25页。
② 《清高宗实录》卷812，第5-6页。
③ 《圣武记》卷6，《乾隆征缅甸记下》。

　　缅王掌事官所写的"乞和"文书，追述早年吴尚贤促成中缅和好通商之情，将此次战争归咎于木邦土司之播弄，未言清政府贪功开衅之过，请求恢复朝贡关系，罢兵和好，"永息干戈"，应当说确是诚意议好。可是，乾隆帝却因其仅遣被俘掠兵丁送书投献，缅王未"束身归命"，又未"专遣大头目赍表前来"，而认为其"甚属狡猾，殊难凭信"，"显系尝试于我"，拒而不许。①

（八）广调兵马拨银千万两　大举攻缅

　　乾隆皇帝拒绝了舒赫德、鄂宁停兵议和的建议，不允缅甸"求降"，广调兵马，赶运粮草器械，准备大举进攻，臣服全缅。

　　早在乾隆三十三年（1768年）正月二十六日，他即因将军明瑞"悬军深入，接应最为紧要"，而谕派京师满兵6000名和索伦兵1000名备马1万匹。②二月初五日，即明瑞败死小猛育之前五日，他谕军机大臣：福建水师兵丁，于驾驶战船等事，素称精熟，着于沿海营伍内，预行简选利捷谙练兵丁，酌派3000名，以备应用，待再降谕旨时，即令漳州总兵叶向德领往永昌。过了三天，二月初八日，他又下谕：征缅需用水师兵丁，吉林兵"平日渡河战阵，勇敢得力"，调熟习水性能造船之兵1000名，令明亮带领来京，领往云南。同日他又谕令云南巡抚鄂宁备办造船所需一切物料。同月十三日，他因"绿营兵甚为无用"，调荆州满兵2500名、成都满兵1500名，令其迅往永昌。十五日得悉木邦失陷，乾隆帝谕增派索伦兵1000名，前往云南。其后，又增遣索伦兵1000名、厄鲁特兵1000名、四川瓦寺和杂谷土兵2000名，增成都、荆州满兵2000名，以上增派满兵9000名、索伦兵3000名、福建水师3000名、瓦寺土兵2000名、厄鲁特兵1000名，共增兵18000名，加上云南兵16000名、川兵7000名、贵州兵4000余名，满汉官兵多达4万余人，备有马骡6万余匹。

　　乾隆帝因前征官兵多受瘴害，染病者多，于三十四年正月十三日谕两广总督：闻药材内有阿魏一种，"善能避瘴，番舶多有售者"，广东省自然易于购买，但假造乱真者不少，令该督"即悉心备办真正阿魏，务在多多益善"，解往云南。③过了五个月，大学士、经略傅恒上奏说：

---

　　①《清高宗实录》卷812，第7—8页。

　　②《清高宗实录》卷803，第22、27页；卷804，第41页。

　　③《清高宗实录》卷826，第28页。

广东已办送阿魏3000斤，统计兵数，概行散给。"查沿边虽有瘴气，讹传太甚，人心遂因疑生畏，今使人人得有避瘴良药，不特实能避瘴，并可释其疑惧，于军营大有裨益"。①

乾隆帝知道明瑞进攻时，缅兵"寨栅俱用湿木排列，人力骤难摧陷"，很早就谕令多铸大炮。他说："因思攻坚之策，莫如用炮，所向无不溃裂"。现在军行所带，谅不过子母等炮，其力量未必能如"大炮之得济"，此外未知曾否带有其他"炮位，足资应用"。内地所用威远、大神等炮，重而大，山路崎岖，长途驮载，不易运送，但滇省产铜，若将物料运赴木邦、铁壁关、虎踞关等适中之地，选调工匠，就近铸造，以备军营之用，"其势较为便利"。②傅恒到云南了解情况后奏称："询问缅匪情形，专恃木栅，抗拒我师，向来用寻常枪炮攻取，无济于事。"访闻茂隆厂一带，有善造大炮之人，将来进兵时，兵弁各带铜铁一斤，遇攻栅时，随地暗铸大炮，出其不意，自可立破敌寨，用过后，仍可熔化携带。乾隆帝赞同其法，批示："果破一二大寨，亦自如破竹之势，贼望风而散矣。"③不久，傅恒奏述试铸之情说：铸炮工匠，现已熟悉，六月初五日制成大炮1座，用铜2000余斤，装大铁弹子1个，重16两，又装小铁弹10余个，各重2两。竖立木栅于3里外，安好大炮施发，"炮子直冲木栅，复迸散山石，入土五六尺"。若将铸炮的模子略为放大，可铸3000斤重炮。铸炮的方法和程序是先分节做成泥坯模子，将模子对缝埋入土坑，然后灌入铜水，过三个时刻，"炮身可就"。土坯必须自干，不能用火烘。需预制铁杆。待铸炮时，将官员兵役分带之铜立时熔化，即可铸成。炮身退热，约需二日，掘挖土坑，钻打火门，总计不过四五日，"即可对敌施放，无论木寨砖城，无不应手立破"。乾隆帝读过奏折后，非常高兴，批示："欣慰览之。"④

军机大臣根据帝旨，安排运送了冲天炮4座及测量仪器的官员和炮手。四川原存九节炮10座，先已解滇4座，现又运去6座及纯铁炮子，不久又因劈山炮"最利军行"，运去80座。此外还有京城之神机火器、河

①《清高宗实录》卷830，第31页。

②《清高宗实录》卷803，第13页。

③《清高宗实录》卷832，第11—12页。

④《清高宗实录》卷837，第15—16页。

南的火箭，湖南的铁鹿子，云南亦铸造了大量枪炮弹药。

乾隆帝调拨大量帑银以供军需。三十一年杨应琚征缅时，拨银300万两，三十二年五月明瑞统兵时又拨300万两，到十二月，一年半的时间用银205万两，存银394万余两。乾隆帝因两淮盐商奏请捐银100万两交内务府供帝赏赍，命将此银解运云南，备军需之用。三十三年三月任傅恒为经略时，帝谕户部于各省留协项下，拨银200万两解运云南。四月，内务府奏请将广储司银150万两交户部收存备用，乾隆帝下谕说，"现在户部库帑充盈"，此银无须存贮部库，着解往云南供以军需。三十四年二月傅恒离京出征时，云南巡抚明德因办理军需，请拨银300万两备用，帝以江宁藩库有"历年积存银两"，命拨其银200万两解滇，又令户部另运银100万两前往。过了四个月，六月中，乾隆帝又下谕：内务府广储司"积存银两既多"，拨银100万两交户部存贮。"但部库帑藏亦甚充裕"，此银即备拨滇省军需之用。[①]以上共拨银1350万两运往云南，还有户部备用银100万两，确系充裕，足供军需之用。

（九）老官屯身陷险境　傅恒与缅讲和撤兵

乾隆帝在士卒、战马、粮草、枪炮、军装、帑银等方面做了充分的准备工作后，于乾隆三十四年（1769年）二月举行了隆重的授予经略敕印的仪式和出行宴会。

在钦天监择定的黄道吉日——二月十八日，礼部、工部、鸿胪寺官员，设敕、印黄案各一于太和殿内东侧，设彩亭二于内阁门外，经略大臣大学士、一等忠勇公傅恒，以及随征侍卫，分着蟒服、黄马褂，侍立太和殿丹陛东阶下。内阁学士由内阁捧敕、印置于彩亭内，校尉抬亭，前张黄盖，列御仗，由中路入太和门，至太和殿阶下。内阁学士捧敕、印，由中阶入殿内，置黄案上，大学士二人立于殿外。鸿胪寺官引经略大臣傅恒由东阶上，至殿檐下甬路东，北面立，随印官二员从行，至甬路东，西面立。大学士入殿左门，捧敕、印由中门出，经略傅恒跪受，转授随印官。鸿胪寺官引傅恒至丹陛中路左旁，行三跪九叩礼。礼毕，捧印、敕官前行，傅恒随行。由中路至阶下，安敕、印于彩亭内，随征侍卫前引，由各中门出，随印及执事各官俱随行恭送，至傅恒府第。第

----

① 《清高宗实录》卷786，第12页；卷801，第11页；卷806，第13页；卷811，第7页；卷829，第15页；卷837，第9页。

二天，即二月十九日，乾隆帝御山高水长大幄，赐经略傅恒及随征将士等宴。乾隆帝并赐御用甲胄予傅恒。

傅恒蒙帝厚恩，立志灭敌，于二月二十一日离京，三月二十四日抵达云南省城，随即紧张进行出征准备。傅恒与副将军阿桂、阿里衮及伊犁将军伊勒图等人商议出兵时间及行军路线。诸将以缅地多瘴，建议霜降后出师。傅恒不从说：以往拘泥于避瘴，秋后才行，致敌有准备，且须坐守四五月，既糜粮饷，又使军心松懈，应乘军初至，"及其锐而用之"。傅恒之策，有其来源。原来，有人曾向傅恒献计说：元朝攻缅，由阿禾、阿昔二江前往，大致为今之大金沙江。以前鄂宁（云南巡抚）说腾越的银江，下通新街，南甸的槟榔江，流注蛮暮，两江皆从万山中行，石块层布，舟楫不通。如于近江地方造船，运至江边，顺流而下，直抵阿瓦，既快又可省粮运，"师期亦较早一二月"，缅人必无暇设备。再以一队流江而西，取木梳，"如此，缅不足平也"。傅恒听从此议，遂遣护军统领乌三泰、左副都御史傅显、云南提督哈国兴出铜壁关，选定于野牛坝造船，因其地山高林密，距蛮暮河仅100余里，令总兵常青领兵3000名及湖广工匠460余人，前去造办。

傅恒等众议定，兵分二路。主帅傅恒统军由腾越州西之戛鸠江渡河，经猛拱、猛养攻木梳，再往围阿瓦。此路原定集兵9300名，其中有京师满兵1500名，由护军统领乌三泰、侍卫玉麟、纳木札、伍福、乌尔衮代等率领；吉林兵500名，由护军统领索诺木策凌、侍卫占坡图统领；索伦兵2000名、鄂伦春兵300名、厄鲁特兵300名，由副都统奎林、呼尔起、莽克察等人辖领；绿旗兵4000名，由提督哈国兴领辖。偏师由猛密夹江而下，往蛮暮；有京师满兵2000名、索伦兵1000名、厄鲁特兵300名，由副都统绵康、丰安、常保柱及侍卫海兰察等将率领；还有绿旗兵4000名，由总兵常青、马彪、于文焕领辖，副将军阿里衮、阿桂统领此军前进。另由水路行往蛮暮的有吉林、福建水师2500名及京师满兵500名，由副都统明亮、水师提督叶相德等将领辖。此外，副都统铁保等领成都满兵、绿旗兵4400名，分守驿站；侍卫诺尔奔领京师满兵500及绿旗兵1000名屯宛顶，以牵制木邦之敌；雅郎阿领荆州满兵2000名及绿旗兵1500名，驻守普洱。议定于七月二十日出发。由于各路兵马陆续到达，傅恒因时日已近，仅领兵4000余名即行。

乾隆帝收到傅恒关于上述情形的几封奏折后，一一作了批示。七月初七日他下谕说：傅恒定于七月二十日进兵很好，"及早进兵，迅速奏功，办理甚善"。但天气尚热，瘴气宜防，野牛坝地势较高，现在造船，傅恒至此地可暂驻数日，既可待后来之兵，瘴气亦可少退。以后进军时，遇到瘴气地方，"须觅高地，设法躲避"，不要勉强前行。[①]过了十八天，七月二十五日，他得知傅恒仅带兵4000余人即行，认为不妥，立下两谕说：傅恒"系天朝经略大臣"，统兵进剿，"军声必须极盛，更可震慑边夷"，否则，"体统未称"，"不足以张声势"，令云贵总督明德，"将未到官兵，即速催令兼程迈进，照原定经略一路统兵九千三百名之数"，命伊勒图带领，"赶赴接应"，"总在计出万全，毋稍疏忽"。[②]因傅恒奏副将军阿里衮"疮口未收，体气甚弱，不便乘马"，他谕令阿里衮在野牛坝监修船只，接济军粮，俟傅恒攻克老官屯，即命阿里衮移驻防守。[③]以傅恒言阿桂于七月二十日自腾越启程，前往野牛坝，督理造船事务，他谕军机大臣：阿里衮身常患病，性又朴实，见事稍迟，阿桂心细敏捷，二人同在一处，虽陈奏事件阿桂名次在后，"所有诸事主见决断，朕皆责成阿桂，当竭力抒诚，妥协为之"。倘若不肯尽心，贻误军务，必重治阿桂之罪，断不稍加宽贷。将此传谕阿桂，并让傅恒知道。[④]这是为了防止两员大将不和而特发的谕旨。

九月十四日，因阿桂奏缅甸大首领诺尔塔回到老官屯，缅人来书信称，已知清军渡戞鸠由猛拱前进，遂由老官屯派兵8000名，从水路迎战，又由阿瓦派出大批士卒，从旱路在暮鲁防守，乾隆帝下谕指授应付之策。乾隆帝修改了作战计划，令阿桂停止袭取老官屯，原来因其无人防守，故命"早占要隘"，夺取老官屯，现敌已有备，"轻进无益"，待傅恒到时，会同傅恒商议，傅恒仍由江之西岸前进，阿桂从江东岸进，阿里衮由水路行，三路齐攻，"则一举可成功"。[⑤]

过了八天，九月二十二日，可能是乾隆帝看到出征近两月，未获大胜，官兵患病者不少，感到克敌不易，不宜拘泥于今年必胜之谕旨，因此谕军机大臣：傅恒与阿桂在蛮暮会合后，能攻破阿瓦，固然很好，

---

① 《清高宗实录》卷838，第9、27页。

② 《清高宗实录》卷839，第21—22页。

③ 《清高宗实录》卷839，第22页。

④ 《清高宗实录》卷839，第26页；卷840，第4页。

⑤ 《清高宗实录》卷842，第18、19页。

"若实难攻取，莫若固守老官屯要隘，筹办军需充足，明年进剿，一举可成"。①十月十一日，他又下谕说："倘师行顺利，直抵阿瓦，一举成功，朕所深望。万一不能"，我兵既克老官屯，已据要隘，即暂将索伦、厄鲁特兵撤回腾越，荆州、成都满兵及京兵、绿旗兵俱屯驻老官屯，"俟明年再办亦妥"。②

尽管乾隆帝为征缅甸日夜操持军务，调兵遣将，拨银运粮，筹办马匹枪炮，审批作战计划，十分劳累，但这一切并未能使清军达到克敌制胜的目标，前线传来的消息并不乐观。傅恒于七月二十日统军出发，二十九日至南底坝河，土司贺丙预备渡船运送，八月初一日渡完，初四日至戛鸠，由土司接运过江。九月初四日猛拱土司浑觉降，献驯象4头、牛100头及其他物品，随即降服猛养。此时，缅人"方秋成刈获，未暇集兵"，且猛拱、猛养非其腹地，故清军行程2000余里，"皆不血刃"，但途中忽雨忽晴，山高泥滑，一马跌倒，则所负粮帐尽失，兵士出发时只带一月口粮，"军士或枵腹露宿于上淋下湿之中，以致多疾病"，"又道路不习，难深入"，故傅恒只好放弃攻取木梳直捣阿瓦的计划，收兵而回，十月初一日至蛮暮，与阿桂会合。此行，"奔走数千里，疲乏军力，而初无遇一贼，经略之声名遂损，因羞恚得病"。③

缅军见此情形，知清军不可畏，轻视清军，遂从水陆两方面向清军大举进攻，血战于新街。乾隆三十四年十月初八日，缅兵潜至江滩左右扎寨。傅恒遣海兰察等前往"捉生"，拿获缅人厄诺，据供得楞子"头目"呀得诺带船十只、盏拉机带船一百只从阿瓦赶来。傅恒、阿桂在东岸等待，阿里衮、伊勒图在西岸，云南提督哈国兴统领水兵，约定分路夹攻。此时清军实际人数有：傅恒所带之兵除留驻猛养等处外，至新街的2000余名，阿桂带至新街4400余名，驻旱塔听候调遣的4000余名，野牛坝运料与蛮暮造船之兵5000名，水师已到600名，总计16000人。

清军尚未进攻，缅军首先来击，十月初十日水陆并进，陆兵先到，"旌旗蔽野，势张甚"，水兵乘船30余只，沿江而来。清军迎战，阿桂

① 《清高宗实录》卷843，第9页。

② 《清高宗实录》卷844，第36页。

③ 《清高宗实录》卷841，第7、17、18、30页；卷842，第6页；卷843，第6、12、26页；卷845，第6、10页；《啸亭杂录》卷5，《缅甸归诚本末》。

带领海兰察等，挥军以鸟枪"连环进"，弓矢继之，"骑兵又从旁蹂之"，缅兵不支，"遂大溃"，清东岸军夺获大寨3座，"器械米粮无算"，杀敌500余名。阿里衮带领明亮等由西岸直冲敌寨，击败众军，乘胜追入大寨，缅兵逃散，杀敌500余名。哈国兴率舟师顺流而下，闽兵跃入缅船，斩杀敌兵，清军"因风水之势蹴之"，缅船"自相撞击多覆"，"凡杀溺死者数千，江水为之赤"。清军进驻新街。十月二十九日乾隆帝阅过傅恒呈述此战情形的奏折，非常高兴，下谕说："此次初与贼人接仗，即射殪贼人头目，杀贼众多，又连破贼垒，夺获贼人纛帜、军械米粮等物，军行甚为顺利，且官兵俱为勇往，朕心深为嘉悦"，头等侍卫海兰察、鄂尼济尔噶勒俱赏给副都统衔，其余有功人员，俱分别议叙。[1]

正当乾隆帝"欣慰"览奏，等待更大胜利的捷讯之时，清军却在老官屯陷入了困境。原来，新街之役虽胜，经略傅恒却病重，"诸将遂欲以是葳功"，而副将军阿里衮却说："老官屯有贼栅，前岁额尔登额进攻处也，距此仅一舍，不往破之，何以报命？"策马先行，议遂定，进攻老官屯。[2]

清军于十月十八日开始向老官屯进攻。缅军寨栅据大坡，周二里余，自坡迤下插于江，栅木皆直径一尺，深埋于土，遇树则横贯以为柱。栅之外掘壕三层，壕外又横卧多枝之木，锐其枝末外向，名为木签，"守御甚备"，此乃缅军御敌之长技。清军先筑土台，以大炮轰，"遇木辄洞，而栅不塌"，偶折即补，炮攻失效。哈国兴斫箐中长数百丈的老藤，系铁钩于端，募敢死士乘夜前往钩住其栅，以3000人拽藤，欲拉裂其栅，为缅军发觉砍断长藤，此计亦不行。傅恒又用火攻，先制挡牌防御枪炮，一牌可遮护数十人，以两人抬牌前行，十数人各挟薪一束跟随，百余牌同时并举，如墙而进，拔去木签，越过深壕，至寨下燃火，不料，西北风突起，栅木又沾湿不燃，火反倒向清军烧来，只好撤退。最后，又挖地道，至其栅底，安放火药轰炸，"栅果突然高起丈余，贼惊绕，喊声震天"，清军皆持刃以待，欲待栅破即冲进砍杀，可是"栅忽落而平，又起又落，如是者三，不复动，栅如故"。因"其立栅之坡斜而下，而地道乃平进，故坡土厚不能迸裂。"清军进攻20余

---

[1]《清高宗实录》卷845，第56、60页；《啸亭杂录》卷6，《缅甸归诚本末》。

[2]《清高宗实录》卷845，第58页。

日，无计可施，而长途跋涉，水土不服，"兵多染瘴，日有死亡"，缅军却陆续增援，使清军由进攻转为防守。①

傅恒起初未敢将军情完全如实上报，只是讲"官兵遇贼，俱各奋勇，但染病者多"，还报告一些夺取寨栅等小捷之事，可是，乾隆帝凭其执政30多年的经验，已经感到形势不妙，需要收兵了。十一月初七日，他读过傅恒呈述一等果毅公阿里衮病故及军情的奏折后，下谕说：

> "看来现在情形，贼匪新添木寨，甚为强固。……此时若已破老官屯，贼必胆裂逃窜，即乘胜前驱，犁庭扫穴。倘贼众全力固守，直至此旨到日，仍在老官屯抗拒，则已相持月余，势难必克，又何能深入阿瓦。况前途瘴疠更甚，我兵恐不能支，自应寻一屯驻处所，或遣人往谕缅匪投诚，或似已获大捷奉旨撤兵之言，宣示于众，即可筹划旋师。着传谕傅恒等酌量办理，不可拘执。"②

过了四天，十一月十一日，他读过刚收到的傅恒奏折，其中言及缅军新立大栅5座，"木植纵横，编排坚固，难以军力攻取"，欲用计潜攻，这更使他感到需要尽快撤兵。他下谕说："看来贼众情形，坚立栅寨，骤难攻克"，"我兵与其旷日持久，多伤勇士，不如相机徐图"。"即今已得老官屯，亦当计出万全，阿瓦为缅匪巢穴，固守必甚"。"现在军营人少，奎林、鄂呢济尔噶勒等亦皆受伤，尚需调养，即令由京派人前往，已属无及，若不悉心筹划，恐有疏失"。况此次已将戛鸠、猛拱、猛养等处收服，"军威大振，撤兵不为无名。"即命傅恒遣俘获的缅兵持书前往劝降，同时"即遵旨撤兵"。③

又过了七天，十一月十八日，傅恒之奏折送到，其折如下：

> "经略大学士、公傅恒等奏：臣等进攻老官屯，日夜奋勉，急图成功。现在贼情，不过借木栅为固守计，若分兵前取木梳、猛密等处，贼必接应，再绕后夹攻，自当易克。奈因本年瘴疠过甚，交冬未减，原派

---

① 《清高宗实录》卷846，第1、14、18页；卷847，第3页；《啸亭杂录》卷5，《缅甸归诚本末》；《圣武记》卷6，《乾隆征缅甸记下》。

② 《清高宗实录》卷846，第14—15页。

③ 《清高宗实录》卷846，第18—19页。

各营兵三万名、满兵一千名，现计仅存一万三千余名，加以领队大臣亦多患病，未能分路击取，贼匪得以全力自固。"[1]

　　乾隆帝读到这份奏折时，一开始必然会诧愕不已，因为这一奏折太特殊了。傅恒出行以来的几十份奏折，皆是喜报捷音，不是土司降顺纳粮供船应役从征，便是杀敌多少夺寨若干，或者是深入敌区行军顺利，不日即将"犁穴扫庭"，一派大好形势，而此折却突然改变了口气，极言敌栅难克，官兵病亡，悲观之情，狼狈之景，跃然纸上。稍一冷静，此折又必然会使乾隆帝觉察到军情严峻，局势危急。一则，若非军营遭困，这位皇上之第一亲信重臣，绝不会改变其长期报喜之习惯，绝不会说出急待捷音之天子不愿听的噩耗——无法破敌，师将失败。二则，他若细致分析奏折所提供的消息，联系出征以来的实况，便会看出问题确实非常严重。一是傅恒统军远征，行程数千里，历时二月余，原定由猛拱取木梳捣阿瓦之计划未能实现，连木梳皆未到，便折回蛮暮，就此而论，这一出征是失败了。二是阿瓦不能至，老官屯也打不下，荣任副将军的阿桂、阿里衮、伊勒图，是久经征战功勋卓著的大帅，海兰察等猛将亦在军中，天朝第一军国宣力大臣大学士、一等忠勇公、皇上爱妻之弟傅恒亲临战场，粮草弹药充足，大炮震天动地，条件是够好的了，可是，鏖战多日，就是取不了老官屯，被阻于坚寨之下。此寨尚不能克，焉能进取更为坚固之阿瓦。三是更为危险的是将士伤病死亡惨重，从全国征调来的4万余满汉精兵，除留驻边境外，参加战斗的3100名兵士，只剩下13000余名，损失过半，领队大臣亦多患病，副将军阿里衮、水师提督叶相德、总兵吴士胜、副都御史傅显、副都统瑚尔起、阿第木保等相继病故。顿兵坚城之下，历来为兵家所忌，何况此系在缅甸内地作战，如不及时决策（或退或进），缅兵不断增援，定将陷入重围，明瑞之亡的悲剧又将重演。

　　因此乾隆帝立即于该折上批示："以此观之，撤兵为是。"并谕军机大臣：昨傅恒等人以攻击老官屯情形具奏，"已节次降旨令其筹划万全，倘势难前进，即乘时撤兵"。今阅本日奏折，现届冬令，瘴气未消，叶相德等染病身亡，"缅地气候恶劣，徒伤人众，断难深入，令傅

---

[1]《清高宗实录》卷847，第3页。

恒等即遵前旨，退驻野牛坝，以现在暂退明年再行进兵之旨宣示于众。①

又过了8天，十一月二十六日，乾隆帝读到阿桂呈报"傅恒身染瘴疬，现患腹泻，形颇羸弱"的奏折后，立谕军机大臣，重申不得已用兵之因，再言官兵不耐瘴疬损伤甚多之情，谕令此旨到时，"傅恒即驰驿来京，留阿桂在彼筹划撤兵"。②

此旨尚未到达，军营已决定与缅军议和。缅军统帅诺尔塔遣使致书，"恳乞解围"，经略傅恒，病势虽重，"总欲攻克贼寨，尽力追剿，不肯允其所请"。副将军阿桂以气候恶劣，"人多疾病，势难再进"，建议与缅议和，"给予回书"。傅恒始终不以为然。于是阿桂遂"集诸将，议进止"。诸将以"兵多染瘴，日有死亡"，"皆惮水土瘴疬"，"争劝受降撤兵"。阿桂便带领各领队大臣、提督、总兵来见傅恒，齐称"现在光景，实以就势撤兵为是，并各出具甘结"。傅恒"心中甚愤，即欲一将众人参奏"，但因病无力，只好听从诸人意见，决定"受降撤兵"。③

此时，诺尔塔又遣"小头目"节缀呈上懔驳之书，"吁请停兵，词颇恭顺"，诺尔塔复会见阿桂差往议和之云南提督哈国兴，要求回信。傅恒等遂缮书晓谕，"令其具表求降，送出内地被留之人，其投诚土司，嗣后不得侵扰，若能悉遵约束，即当奏请撤兵"。十一月十七日，缅方使者与清都统明亮、提督哈国兴、侍卫海兰察等人相会，决定了议和停军。傅恒将上述情形呈报，并引咎自责。他奏称：自抵腾越以来，领兵前进，唯期迅奏肤功，但自戛鸠渡江以后，官兵多苦于瘴疬，到老官屯后自己即患腹泻，诚恐有误国事。"更念此次用兵，众以为难，独臣执意请行，致负委任，应请从重治罪"。④乾隆帝于十月二十九日收到傅恒之折后，下达长谕，说明"不得已用兵之苦心"，并决定允降罢兵。他说：傅恒攻取了猛拱、猛养，在新街击败敌兵，围攻老官屯，"势可计日而取"，但水土恶劣，官兵多生疾病，虽得老官屯亦不可以深入。因此，"朕以国威固不可不伸，而叠经夺寨狝贼，殄彼渠凶，亦既奋扬我武，况瘴乡绝徼，气候与内地迥殊。我兵之不宜久留彼土，实

---

① 《清高宗实录》卷847，第3—4页。

② 《清高宗实录》卷847，第13—14页。

③ 《清高宗实录》卷859，第15—16页。

④ 《清高宗实录》卷859，第17—18页。

属地势所限，非兵力不足军储不充也。朕筹办军国重务，一切惟顺天而行，今审时度势，自当知难而退，不宜复执直抵阿瓦之说……此时自应姑从所请，以完此局"。所有撤兵之事，"着傅恒等悉心妥议具奏"。①

此谕下达不久，十二月初七日傅恒之折又到。傅恒等人奏称：缅王懵驳遣人致书，"恳求罢兵，情愿缮具表文，十年进贡一次。兹差头目二人，呈送洋锦呢布等物，臣等坚辞不受，经头目等率夷众一百八十余人，负荷陈设营门，再三恳求，即饬令接受，将鱼盐菜蔬等物，分犒军士，绸缎银牌分赏夷众"。并令哈国兴谕以纳贡时表文，须遵各外藩体例，"应恭缮具书缅甸国王臣某奉表大皇帝陛下"。该使即书写存记。乾隆帝批示："所办甚是。前此懵驳恳求通商，曾经降旨传谕傅恒，不允许所请，今既愿奉表称臣，输城纳贡，通商自属可行。"②

此时，傅恒病重，"官军损失大半"，已是"力不能支"，故军务由副将军阿桂主持。阿桂于十七、十八两日将伤病兵士先撤，十九日傅恒带兵3000后撤，二十一日阿桂统全军于夜间二更时离营撤退。由于形势严重，纷欲早离险境，"将军大臣下至兵丁等，并无队伍，纷纷而回"，相当狼狈。傅恒、阿桂等于二十六日回到虎踞关，留兵4500名分驻虎踞关、盏达、遮放，其余满洲、吉林、锡伯、索伦、厄鲁特和绿营兵分队前往永昌屯驻。

傅恒呈上"缅酋纳款善后事宜"，乾隆帝令军机大臣复议。乾隆三十五年（1770年）正月二十八日军机大臣奏称：遮放、猛卯、陇川、盏达四土司，经缅扰散来归，无力耕作，且用兵时曾经出力，应如经略所请，交地方官借与牛具籽种和银3000两，分限5年交完。"普洱边外十三版纳，现隶内地"，未被掠，"耕作纳税如初"，命总督、提督于本年瘴退后，查其曾被扰累的穷户，借给牛具籽种，设法安集。其近日招降之整欠、景海，未与各土司同供职，应命地方官晓谕，"令就各处土产，数年一贡"。猛密大山境内，波龙老厂新厂等处，禁民潜往开挖。茂隆厂"自葫芦酋长献厂纳贡，相安已久"，且距缅远，毋庸防禁，但令沿边各土司，禁内地厂民越江偷渡。永昌、腾越民人所典干崖、盏达、南甸、陇川、猛卯、遮放、芒市各土司之地，应派道府督同地方官严查，出示告诉民、"夷"，立将典押之产开报造册，不许隐漏，照本

①《清高宗实录》卷847，第17—23页。
②《清高宗实录》卷847，第17—18页。

利多寡，收过年租若干，定限八年九年以次退出，嗣后永行禁止，如有违犯，将地入官，治承典人罪，并严禁内地民人"在夷地开铺及与摆夷婚"。将永昌府同知移驻龙陵，定为龙陵厅，移驻游击、守备各1员及兵600名，定为龙陵营。腾越以外万仞等七关并"木邦、中山、杉木笼等处，旧设抚夷厂"，该州并不申报上司，又无定额，"有名无实"，现定为额缺，每关每处"设抚夷正副二人"，给以外委职衔领带兵马，按季支领钱粮，如此，"不惟弹压野人保护行旅，并可稽查内地民人私越关隘"。此次进剿，大炮甚为得力，除冲天炮4座仍送还京城外，经略所铸大神威炮2座及食50余两弹子之神炮8座，四川解去的九节炮10座，劈山炮80座，均留贮云南。等等事项，乾隆帝皆批准照办。①

乾隆三十五年三月，傅恒赴天津行宫朝见乾隆帝，"复命"，时已病重体虚，"形神顿异"。七月十三日，这位入直军机处23年，日侍帝君左右，"以勤慎得上眷"，"为天子喉舌"，"乃国家第一宣力大臣"之首辅、军机大臣领班、一等忠勇公，终因出师失利，羞惭难堪，又气又病，而离开了人间，享年尚不到50岁。

乾隆帝闻讯十分悲痛，亲临其府第酹酒祭奠，命丧葬仪节照宗室镇国公之例举行，赐谥文忠，入祀贤良祠及其前所建宗祠。乾隆帝还特下专谕，赞扬傅恒一生忠于帝君，为国效劳，建树殊勋，宣谕帝宠爱忠贤之至意。其谕说：

"太保、大学士、一等忠勇公傅恒，才识超伦，公忠体国，德心孚契，襄赞深资。自早龄侍直禁近，即觇其器宇非常，洊膺委任。旋以金川建绩，锡爵酬庸，用是擢冠纶扉，综司庶务，荩诚匪懈，罕有其比。西师之役，独能与朕同志，赞成大勋，及崇爵再加，坚让不受，尤足嘉焉。昨岁进剿缅甸，傅恒坚决请行，朕亦以万里悬军，情难深悉，而廷臣中更无可当斯寄者，因授为经略，统率禁旅专征。傅恒自夏鸠济师以后，身先士卒，艰瘁倍经，用能收服猛拱。迨会师蛮暮，袭击新街，斩馘搴旗，贼皆溃窜，遂进攻老官屯。时傅恒业已身染沉病，犹力疾督励兵众，昼夜兼攻，克期可下。逆首畏惧，具书恳请解围，而朕亦因其地水土恶劣，军中多病，先期降旨撤兵，并遣医驰驿往视。春间傅

---

① 《清高宗实录》卷851，第13—17页。

恒于天津行在复命，见其形神顿异，隐虑难以就痊，犹冀其安居调理，以臻怱药。讵自五月以后，病势日益加剧，渐成不起，每朝夕遣使存问，赐以内膳羹糜，俾佐颐养，复间数日亲临视疾，见其有增无减，轸念弥殷，今闻溘逝，深为震悼。所有衾禭之属，业经从优颁赐，似此鞠躬尽瘁，允宜入祀贤良祠，并赏给内帑银五千两治丧，并着户部侍郎英廉经理其事。"①

乾隆帝发动的第三次征缅之役，至是以经略傅恒的去世而正式告一结束。

（十）恼羞成怒 弃和备战

从乾隆三十年（1765年）冬云贵总督刘藻调兵进击袭掠内地土司的缅兵开始，到三十四年（1769）十一月二十日傅恒于老官屯与缅军议和班师，中缅之间打了四次大仗。这五年的征缅之战，后来被乾隆帝列为"十全武功"之一，但是究竟其"武"焉在，其"功"为何？

乾隆帝为进行这场战争，调拨了大量兵马，付出了很大的代价。第一次刘藻调兵近万名，第二次杨应琚集兵2万余，第三次明瑞有满、汉、土兵及索伦、厄鲁特等兵3万余人，第四次傅恒调兵4万余名从征，士兵一次比一次多，伤亡也越来越大。刘藻时，参将何琼诏率兵600名败于整控江；杨应琚之兵一败于新街，再败于万仞关、户撒，三败于猛卯、铜壁关，游击马成龙、班第、毛大经等将阵亡，士卒死伤上千。明瑞统军12000余名败于小猛育，死伤数千。傅恒所领之兵，病故阵亡18000余人。云贵总督刘藻畏罪自杀，大学士、云贵总督杨应琚贻误军机被勒令自尽，将军、云贵总督、一等诚嘉毅勇公明瑞和参赞大臣珠鲁讷兵败自杀，经略、副将军、参赞大臣、提督、领队大臣、护军统领、总兵、副都统傅恒、阿里衮等20余员文武大臣病故、阵亡。乾隆三十四年十二月追祭恤赏入祀昭忠祠的"缅甸出师阵亡"的官员兵丁有3363人，其中侍卫、参领、副将，游击、都司、守备等将弁为475员，马步兵丁2888名。到乾隆三十四年十二月初，先后拨到云南的军需银共13201000余两，已用去9802000余两，余银存库备支。至于马匹的倒毙，米粮的食用，弹药

①《清高宗实录》卷864，第31—32页。

枪炮刀箭等武器的制造，以及千里转运等，更消耗了大量人力、物力和财力。

乾隆帝付出了这样重大的代价，损兵折将，劳民伤财，究竟得到了什么？达到了他规定的征缅目标没有？五年的历史实践做出了明确的、也应使他感到震惊和惭愧的结论：征缅之役，既不威武，也无功可言，并非大胜，而是大败。他的奢望没有得到满足，他的幻想破灭了。

乾隆帝在委派杨应琚、明瑞、傅恒出征时，对进军的目的和要求讲得非常明确，规定得很死，不许做任何的变动。这个目的就是"犁穴诛渠，尽歼丑类"，"分置土司"，"定则纳赋"，即是说要直取缅都阿瓦，斩杀缅王懵驳，尽诛缅甸军政要员，臣服全缅，将其纳入清朝版图，使一个独立的缅甸国从此消失，分裂成若干小部，向朝廷称臣纳赋。一句话，灭掉缅甸国。不达目的，决不罢休，决不允许将军们接受缅甸乞和的要求，迁就了事。五年过去了，这个目的和要求既未能达到，也看不到何时能够达到的幻影。三十四年十一月二十日傅恒与缅军统帅诺尔塔提出停兵议和的三个条件：缅甸进表纳贡，送回被留之人，不扰内地土司。乾隆帝同意了傅恒的这些议和条件。将这三条与乾隆帝颁发的出兵征缅灭缅之旨加以比较，便可清楚地看出，两者有着根本区别，乾隆帝被迫撤回了灭缅的要求，承认了缅甸是一个独立的国家，仅与清朝保持一般的藩属的朝贡关系。

不仅如此，乾隆帝之失败，还表现在连这样的三个条件都未能被缅甸接受，这样的目标都未能实现。缅甸在答应傅恒这三条时，还提出了自己的条件，即要求通商和归还随清军进入内地之木邦、蛮暮、猛拱土司，因清仅允猛拱土司浑觉返缅，不谈贸易之事，缅王遂扣留所俘清朝官兵，不肯奉表入贡。

由于未能灭掉缅甸、擒获缅王献俘于午门，由于清军四次出征失败，且缅军大有可能围歼清兵于老官屯的严重威胁，乾隆帝被迫自食其言，否定原诏，接受傅恒与缅军统帅签订的议和条款，使这位威震天下的大皇帝丢尽了面子，他已经是愤怒异常。可是征缅失败的铁的事实和上万官兵阵亡、病故的血的教训，又使他认识到不可能征服缅甸，不应该对其用兵，所以他虽然被迫决策收兵，但又气愤难平。正在这样的时刻，滇省送来了缅甸不奉表纳贡的消息，这等于是当他欲借口缅甸求降而下台阶之时，这个台阶却被缅方撤走了，使他下不了台。乾隆帝又羞又怒，一气之下，取消了与缅议和的协议，整军备战。

乾隆三十五年（1770年）正月十一日，他看到署云贵总督彰宝的奏折，言及缅老官屯首领布拉莽倘两次差人呈送棕叶缅文，"欲通贸易"。乾隆帝不从，下谕说：看来缅方"前此吁请解围……必窥见我兵有不得不退之势"，遂不奉表，但急于通商。"总之，缅匪降表一日不至，一日不可许其与内地通商。此一节，乃中国制驭外夷扼要之道"。①

过了五十多天，三月初六日，乾隆帝以时过三月，缅尚未奉表入贡，又未送回羁留之内地人，谕署云贵总督彰宝、礼部尚书、副将军阿桂遣人赍檄赴老官屯催问，并命军机大臣代作阿桂给缅之檄谕。其檄谕说：以往所许边境民人与尔国交易，"俾裕尔生计，阜尔民人"，乃征战不息，自去年十一月允尔"纳款投诚"以来，至今未奉表送人。"尔贡表一日不至，内地贸易一日不通"。如不送还内地被留之人，万一大皇帝复命本将军率兵进剿，则尔将后悔无及。②

阿桂、彰宝遵奉帝旨，遣明白妥干之奇兵营都司苏尔相及明晓通事段彩霞，率路熟健兵20名，于乾隆三十五年三月二十九日赍檄往赴老官屯。苏尔相尚未抵缅之前，老官屯首领诺尔塔致书清副将军阿桂，索取木邦、蛮暮、猛拱三土司，且有"不驯"之词，并当苏尔相到达时，将其拘留关押。阿桂、彰宝将此情上报，乾隆帝于五月二十二日看到这一奏折，极其愤怒，连下数谕，指责阿桂等办理谬误，谕令调派兵马，准备突击缅甸。

乾隆帝从两方面着手处理缅事。他命军机大臣代拟副将军阿桂给诺尔塔的檄谕一道，令其送回苏尔相及其他扣留之人，"以全尔王子之札信"，否则"自贻后悔"。同时。他又决定采取轻骑突击之策。五月二十四日，当署云贵总督彰宝奏请"即时进兵"时，他拒绝其议，下谕说：去年厚集兵力，所用皆八旗劲旅，奋勇直前，虽有新街一捷，而水土恶劣，"尚且不能成大功"。今瘴疠方盛，所留不过云贵兵1万余名，"势不及上年百分之一"，轻率前进，徒令士兵损伤，于事毫无裨益。他指示对策说：此时自宜处以镇静，严饬边防，以防缅兵之潜谋侵轶，待冬天瘴退时，选派精锐兵丁2000～3000人，以勇将统领，"乘其不备，袭击而进，

<hr>

① 《清高宗实录》卷850，第19—20页。

② 《清高宗实录》卷854，第14—16页。

掩杀贼众,以申我威凌,虽于事无甚大益,亦庶几稍纾愤懑。"①

第二日,五月二十五日,他又连下两道谕旨,宣布实行上述计策说:缅方之索取木邦、蛮暮等土司,扣押苏尔相,出言不逊,其目的在于"自恃险远,且深知我军行拮据",欲借此激我用兵,而彼得以逸待劳,坐乘便利,自不可坠其术中,应当示以镇静,严饬边防,于冬季遣兵前往,乘其不备,"袭击掩杀","剿戮其人,蹂躏其地",以稍"振我军威"。②随即遣派精干侍卫官员30员及猛将海兰察,前往云南,令阿桂、彰宝挑选精兵1000名,交海兰察和总兵哈国兴统领,又派总兵常保住、提督长清各带兵1000名策应,谕令他们务宜竭力剿杀,亦不可一味深入致不能退出,"务期惊扰贼匪"。

对于乾隆帝的这种做法,礼部尚书、副将军、都统阿桂持有不同意见。阿桂自乾隆十三年以军机处章京身份参与一征金川起,征准噶尔,讨回部大小和卓,镇压乌什维吾尔民起义,出征缅甸,22年内转战大西北,出击西南边外,屡建功勋,确可算是智勇双全的大帅。正是他,当清军坐困于老官屯坚寨之下,面临"官军损失大半"、"力不能支"将陷于全军覆没的绝境之时,他不顾皇上务必灭缅不许允降之严旨,不顾经略傅恒之反对,约集众将定议谈和收兵,使清军得以安全出险回归边境。尽管为此遭到乾隆帝的多次无理指责,并被革去领侍卫内大臣、礼部尚书、都统之职,以内大臣革职留任办副将军之事,其子三等侍卫阿迪斯、蓝翎侍卫阿弥达亦被株连革职,但他仍从大局出发,据理力争,竭力阻止继续用兵缅甸。

当缅方扣留都司苏尔相并致书阿桂索讨木邦、蛮暮土司时,阿桂将蒲叶缅书原件存滇,仅呈汉译文,称其词语恭顺;后又奏述缅方情形说,就现在情事而论,缅军不会侵扰边境。此折遭到皇上严斥。他奉到帝之谕旨,挑选兵丁,乘冬袭缅,已做好于乾隆三十五年十一月初出兵的安排,此时,缅方诺尔塔遣人致书阿桂,请求"停止今岁进兵",他立即飞奏。待诺尔塔第二次致书时,他便以"书中尚无不驯之词"及进剿无益等理由,奏请"暂停攻击"。乾隆帝虽很不满,但亦只好下谕:"此是阿桂本意,汝既不愿前往,自可暂行停止。"③从而避免了一次流血事件。

①《清高宗实录》卷859,第24页。

②《清高宗实录》卷859,第30、31页。

③《清高宗实录》卷871,第30页。

十二月，阿桂正式上奏，婉言不宜征缅，应与其议和停战。其奏说：

"（缅甸）畏惧天朝，故将杨重英等至今尚留养阿瓦城，且拘留苏尔相，不送阿瓦，仍置之老官屯，此次复遣人来呈递书信。看来（缅甸）料及事无底止，颇有悔心，且自禁止贸易以来，伊处必用之黄丝等物，价增十倍，现在上下莫不需止，而去岁亦颇有苦于兵革之状。"①

阿桂之上述叙述，虽不无巧妙贬低缅甸拘留杨重英、苏尔相之过，以缓解帝之愤怒，于事实有所出入，但其言缅甸不愿继续与清交战这一基本论点，却是十分正确的，是符合缅国实情的。如果这一建议能为朝廷采纳，中缅之间就可立即恢复正常的和平友好关系，双方就不至于花费大量人力、物力、财力，屯兵边境，随时都可引起大的争执和战争。可惜，乾隆帝听不进此议，反而严斥阿桂欲图"草率完事"，"所奏甚谬"，谕其"妥协办理，明年大进"。②数月之后，乾隆帝又指责阿桂"丧尽天良"，"始终唯逞其小智"，"妄思罢役归家"，而夺其官，贬为兵丁，"效力赎罪"。其子阿迪斯、阿弥达分别充军广西右江镇与广东雷琼镇。③

乾隆帝命理藩院尚书温福前往云南，署理副将军事务。他对缅甸的方针是轻师前袭，这在他于乾隆三十六年（1697年）五月初五日革阿桂职、任用温福的谕旨中，讲得非常清楚。他说：

"（缅甸）凶顽诡诈，恃其有险可凭，兼之水土恶劣，我将士深入非宜，意在激我用兵，彼得坐乘其利，故断不可堕其术中。即以征调馈运而计，方今帑藏充盈，八旗又多劲旅，用非不赡，力非不给，无难大图集事。第因办理军务以后，马骡不及滋生，并不欲以转输执役之劳，屡烦我内地民力，前降谕旨甚明，实深悉其事，为天时地利所限，非可拂逆而行，所谓止乎其所不得不止。……（但缅不归掳掠之人，拘留苏尔相）其罪恶实甚，若竟置之不问，则与唾面自干何异。国家当全盛之时，顾听幺么之鸥张自恣，不为控制，威令安在？因议用偏师袭击，积以岁年，使（缅甸）不得休息，以疲其力，此亦事之所不可少，而理之

①②《清高宗实录》卷875，第9页。
③《清高宗实录》卷884，第11—14页。

断不能已者。"①

此谕及前引谕旨表明，乾隆帝此时已正确地认识到无法征服缅甸，不能大举进攻缅甸，"天时地利所限"，不可拂逆而行。但是，四次攻缅失败，羞惭难堪，愤懑难平，而缅又扣俘民，拘来使，欺人太甚，故明知不能灭缅，亦要派遣少数军队岁岁进袭，以疲其力，略以抒闷。当然，这样做，对双方都是有害无利的，适值金川之战又起，大学士、四川总督阿尔泰调度无方，节节失利，乾隆帝于三十六年九月十一日下谕，"暂停袭击"缅甸，调温福和参赞大臣伍岱，领军营之全部满兵和绿旗精兵1000余名，前往四川，征剿大小金川。偏师袭击之事由此停止。

（十一）审时度势　议和许贡通商

乾隆四十二年（1777年）正月十七日，乾隆帝下了一道十分重要的谕旨，专谈对缅甸之事的方针、政策和措施，摘录如下：

"缅甸自撤兵以来，已经八载，每岁沿边派人驻守，究属不成事体。而其地水土恶劣，朕意又不欲用兵，唯严令各关隘绝其贸易，稍足使之畏惧耳。但向来虽有禁遏之名，仍恐具文塞责，徒尔因循岁月，总未能完此事之局。原拟令阿桂为云贵总督，前往经理边务，其事庶可早竣。兹据图思德奏：闻得缅酋懵驳已死，其子赘角牙袭职。前据该处头目得鲁蕴具禀镇将等称，情愿送还内地之人，输诚纳贡，恳请开关。随遣谕来人先回，俟其到关再定。今据张凤街办事之腾越州知州姜楷禀称，派送孟矣等出口之摆夷南多木比等回关，据称孟矣等至老官屯，向该头目绽拉机称扬大皇帝威德严重，及地方广大富庶光景，该头目甚为感畏。孟矣等即日登舟赴阿瓦。闻得鲁蕴现在阿瓦料理贡物，并将苏尔相、多朝相接往阿瓦，要同杨重英俱从天马关送还内地，并欲亲自到关，叩恳纳贡等语。

"缅匪果知悔罪投诚，还人纳贡，自可就此完事，但受降通市及善后章程，必须晓事之重臣相度妥办，方能合机宜而符体制，着阿桂即速驰驿前往云南，办理受降诸事，完竣即行回京。至开关以后，沿边一切事宜，均关紧要，非图思德所能经理，所有云贵总督员缺，着李侍尧调

①《清高宗实录》卷884，第12页。

补……图思德着回贵州巡抚之任。"①

这道谕旨讲了五个问题。

其一，不再征缅。乾隆帝再次明确宣布，因水土恶劣，不欲用兵于缅甸。当然，不只是地形险峻气候恶劣的问题，也包括了其他因素，如缅军奋勇抗击，缅民积极抵抗，坚壁清野，清军无粮可就，无人引路，四次失败于缅地，确系无法征缅，绝不可能征服缅甸。正是处于这种形势下，乾隆帝才明智地强调不欲用兵。

其二，不成事体。既不能向缅大举进攻，事实上轻骑袭缅之方针从未能认真执行，而每年沿边屯兵驻戍待战，既耗费大量兵力、财力和物力，又影响了边境安宁，牵制了朝廷的注意力，这种不战不和的僵局，长期进行下去，危害甚大，实属"不成事体"。

其三，欲竣缅务。在此之前，乾隆三十八年，缅方大头领得鲁蕴从阿瓦来到老官屯，遣孟矣等五人入关，"请如前约"议和，滇省官员将其押解至京。乾隆四十一年四月举行"献金川俘酋于庙社"礼仪，诛索诺木等，帝命领孟矣等赴市曹观看，告以大军威武之情，然后纵使归缅，显系示以恩威，促其议和。四十二年又欲派阿桂往云南，处理缅务，乾隆帝之欲早日了结之心，相当迫切。

其四，缅王愿和。懵驳在老官屯挫败清军以后，就有意议和，但因军势正强，故力索已逃入清境的木邦、蛮暮土司，坚持先通商、后纳贡。现在，懵驳病故，其子赘角牙嗣位，国内因多年禁市影响了长期进行的中缅贸易，土产木棉、象牙、翡翠、苏木、铜等，"恃云南官商采买者皆闭关罢市"，无法销售，中国之黄丝等为缅所需之货，"价增十倍"，进口甚难，兼之清军刚平定大小金川，武功可畏，因此，新王更愿与清交好，释嫌议和。

其五，审时度势，息战"允降"。乾隆帝根据以上各种情况，当机立断，决定"受降通市"，了结十余年未结之案，特派此时朝廷第一宣力大臣一等诚谋英勇公、大学士、军机大臣、吏部尚书阿桂，前往云南，"办理受降诸事"，并调各省总督中"老成有识、能办大事"之两广总督李侍尧任云贵总督，以处理善后事宜。②

①《清高宗实录》卷1025，第5、6页。

②《清高宗实录》卷1025，第2—8页；《圣武记》卷6，《乾隆征缅甸记下》；《清史稿》卷318，《阿桂传》。

以上情况集中表明了一个问题,即乾隆帝最后下定了与缅议和通商许贡的决心,"审时度势",妥善结束多年悬案。

乾隆帝决意"允降"通商的方针,及其遣派阿桂、李侍尧专办此事,以及缅王的愿和,为解决中缅之间十余年来的纠纷,奠定了坚实的基础。虽然在交涉过程中也出现了一些曲折,如缅方曾答应即送杨重英、苏尔相回滇,但开始仅让苏尔相归返,而且还有所反复,直到乾隆五十三年八月杨重英才被释放入滇,因而议和之事,拖延了11年之久。但在这过程中,乾隆帝一直坚持"允降"通商这一正确方针,并未因这些麻烦或其他因素,而放弃议和,再动干戈。

乾隆四十七年六月,云贵总督富纲奏称:缅国内乱,缅王赘角牙被老缅王甕藉牙之孙孟鲁斩杀,甕藉牙之第四子孟陨又将孟鲁杀死,自立为王,凡懵驳、赘角牙信用之头目、土司,尽行调回,任用甕藉牙旧人为大头领。似此情形,可乘机出兵攻缅。乾隆帝拒绝其议,于六月二十四日下谕说:缅国内乱,骨肉相残。"但伊等穴中之斗,不值烦我天朝兴师致讨。况从前首祸,系懵驳、赘角牙父子,彼时因缅地瘴疠,我兵疾疫频仍,不能久驻,又值该酋等畏罪衷恳,朕体上天好生之德,许其罢兵,已历有年所。今该酋等并不敢侵扰边关,若遽因其争立内讧,兴问罪之师,不特师出无名……况得其地不足守,非如新疆伊犁等处,西师成功后,可永远耕屯巩固金汤者可比,此事竟可毋庸办理。"着传谕阿桂议奏。阿桂遵旨议奏,赞扬皇上"睿算宸谟,不遗纤悉",确不应因其内乱而出兵。①

与此同时,乾隆帝注意加强与暹罗的联系。早在攻缅初期,帝以缅暹为世仇,便谕两广总督李侍尧探索约暹罗发兵共攻缅之事,但暹罗于乾隆三十一年(1766年)亡于缅,其事中止。四十三年(1777年),暹罗遗民推郑昭起兵,逐缅复国。四十六年(1781年)郑昭遣使入贡,蒙帝厚待。五十一年(1786年),乾隆帝允郑昭之子新主郑华之请,封其为暹罗国王,双方关系愈益密切,暹军阵于暹缅边境,对缅造成很大威胁,这进一步促使新缅王孟陨谋求改善中缅关系。

乾隆五十二年四月二十日,孟陨遣派的使臣大头目业渺瑞洞、细哈觉控、委卢撒亚3人,率小头人、从役100余人,赍金叶表文、金塔、宝石、金箔、檀香、大呢、象牙、漆盒、绒毡、洋布等物,及驯象8头,到

① 《清高宗实录》卷1159,第14—17页。

达顺宁府界，恳求进贡。来使并称，因老官屯一路，山高瘴大，象难行走，故从木邦前来。其表文说：孟云（即孟陨）系甕藉牙第四子，幼年为僧。长兄懵驳死后，其子赘角牙自立为王，孟陨之次兄孟鲁以父有兄终弟及之谕，杀赘角牙，欲为国主，国人不服，杀孟鲁，迎孟云而立。"孟云深知父子行事错谬，感大皇帝恩德，屡欲投诚进贡，因与暹罗构衅，且移建城池，未暇备办。今缅甸安宁，特差头目遵照古礼进表纳贡"。①

云贵总督富纲呈报此事及处理办法时奏称：孟陨差使具表纳款，"虽情辞恭顺诚恳，但缅性多疑，此来虚实不可不详慎办理"，随派副将定住驰往察看，验明贡物，"似属可信"，便令定住将该使带至顺宁安顿。因该使未带杨重英同来，"向其根究"，来使遂遣小头目回国携杨归返。②

乾隆帝正渴望了结缅事，于六月初五日读到此折后，十分高兴，并因富纲过疑欠妥而予以严厉斥责。他下达长谕，斥其过错及指示处理之法说：因缅水土恶劣，故停止进剿，撤兵以后，"十余年来，边境相安"。孟陨原在缅寺为僧，与其父兄之过无关，今被推管国事，差人赍表纳款，"阅其表文，情辞甚为恭顺诚恳，此系好事，将来该头目等到时，朕方欲重加赏赉"。富纲接据禀报，自应一面具奏，一面即派官员将使臣护送来京，乃始则疑其狡诈，遣人往察虚实，已属过虑，继复以无关紧要之杨重英"向其根究"，"尤属糊涂不晓事体"，"实属大错"，着军机大臣立即传旨对富纲"严行申饬"，并谕令该督，接此旨后，即派妥当官员，护送来使，迅速前来木兰行在，呈进表物。如能于万寿节（古代君王生日。乾隆帝为八月十三日）以前赶到热河，固好，若不能至，则于出哨前赶到承德等候，那时，蒙古王公"皆扈跸山庄"，"俾远国贡使同入筵宴瞻觐，尤为盛事"。③

第二日，六月初六日，他又谕军机大臣，再言富纲索要杨重英之误说："该督此奏，实属错误。该国长既已悔罪投诚，赍表纳款，此系好事，何所有其猜疑。"设若该国长以此而"心怀疑畏，殊觉阻其向化之心"。如此旨到时，缅已送回杨重英，固属好事，若未送，即令富纲照前旨办理，剀切传谕缅主，"使该国长不致心生疑畏，方为妥善"。并

---

①《清高宗实录》卷1306，第10页；《清史稿》卷528，《缅甸》。

②《清高宗实录》卷1306，第11—13页。

③《清高宗实录》卷1306，第12—13页。

命富纲将来华之人，留一半于滇，其余人员同至热河，使其"瞻养中国富庶，伊等回国互相传述，必更畏威怀德，益足以坚其效顺之诚"。[①]

其后，乾隆帝又续下数谕，责令富纲妥善安排护送缅使入觐之事，并因业渺瑞洞身患疟疾，送回耿马调理，而再次申饬富纲办理不当。富纲遵旨，遣官伴送缅甸贡使，于六月二十一日由大理出发，九月初赶到承德避暑山庄。

九月初四日，乾隆帝在避暑山庄的卷阿胜境，接受缅甸国使臣细哈觉控、委卢撒亚及小头人目便机位南等四人的朝贡，并赐他们与扈从王公大臣、蒙古王、贝勒、贝子、公、台吉等宴。第二日，乾隆帝降敕谕缅王孟陨说：

> "尔缅甸国长孟陨，本为支子，暂托释门，因兄侄梗化而戕残，为国人择亲而拥戴，前愆力改，来享情殷，既遣使以将虔，复陈词之维挚，具昭忱悃，良可褒嘉，是用降敕奖谕，赐国长并国长之妻佛像、文绮、珍玩、器皿等物，国长尚其敬受，益矢恪恭。"[②]

中缅之间二十余年来战阵厮杀、不战不和的僵局，终于打破了，双方关系从此不断得到改善和发展。两年半以后，乾隆五十五年三月，缅王孟陨遣亲信大臣便居未驼等人，赍送金叶表文、贡品和驯象，祝贺皇上八旬万寿，并"恳请敕赏封号，管理阿瓦地方，求开腾越关禁，俾通市易"。乾隆帝读过富纲呈报缅王贺寿、乞封、开禁、通商的奏折后，于三月二十四日下谕军机大臣，允其所请说：缅王遣使远涉万里来京祝寿，"实属恭顺可嘉，自应俯允所请，给予封号，以资绥辑"，"准其照旧开关通市"，并降敕褒嘉缅王，亲书御诗以赐，加赏珍珠手串、荷包等物。其诗为：

> 奉表前年施惠往，请封今岁竭诚归。
> 赤心那限万里隔，黄诏从教举国辉。
> 经事自唯老胜壮，化民因识德赢威。

---

① 《清高宗实录》卷1308，第5、18页。
② 《清高宗实录》卷1312，第11—12页。

内安外顺胥天祐，益切屏营凛敕儆。①

缅使于乾隆五十五年（1790年）三月初四日至铁壁关，四月初到省城昆明，云贵总督富纲差官伴送，六月初抵承德。乾隆帝于六月十三日降敕封缅王孟陨为国王。《清高宗实录》卷1356载录此事时写到：

"（六月）壬戌，敕封缅甸国长孟陨为国王。制曰：朕唯德孚柔远，王朝隆无外之模，忱切响风，属国被咸宁之福，既敬将夫职贡，恩备遐藩，宜褒锡以恩纶，允绥嗣服。龙光斯贲，爵命维新，尔缅甸国长孟陨，地处炎陬，系居支庶，曩者家遭多难，祸乱相寻，继因国赖长君，攀缘共戴，叩关纳贡，恪恭着摄立之年，降敕颁珍，惠恺浃归仁之感。兹以今岁为朕八旬万寿，敷天庆洽，薄海欢腾，吁大吏以抒情，遣陪臣而祝福，先期斋洁，葵倾矢在寸心，重译来同，琛献逾乎万里，麻征所应，肫款堪嘉。至尔国世裔载延，邦基复整，干戈是戢。……仰祈封号于天家，文披金叶，远赐诗章于下国，宠荷珠光。今封尔阿瓦缅甸国王，赐之敕印，王其勉修政事，慎简官僚，敦辑睦于邻封，垂敉宁于边境，永受无疆之庆，流及子孙，益坚不贰之诚，保其宗社。钦哉，毋替朕命。"②

乾隆帝专遣官员，赏敕书、印信，往其新都蛮得列，定十年一贡。钦使于七月初十日至蛮得列，缅王孟陨"率领子弟头目，俯伏罗拜"，并派特使，备办驯象及各种贡物，遣头领三人赍表来华谢恩。乾隆帝令滇省官员照例宴赏，命赴缅颁赏之粮道永慧、参将百福伴使于十二月中到京，使其"与各外藩同与朝正盛典，并入宴筵，均沐宠荣，以遂其瞻就之忱"。③

从此以后，中缅之间朝贡不断，往来频繁，贸易繁荣，两国人民均享其益。

---

①《清高宗实录》卷1351，第30页。

②《清高宗实录》卷1356，第31、32页。

③《清高宗实录》卷1363，第9、10页。

七、误剿安南

乾隆五十三年（1788年）夏，安南执掌军政实权的泰德王阮惠遣兵数万，攻克国都东京，老国王已死，其嗣孙黎维祁逃亡。高平府督阮辉宿护卫黎维祁之母、妻及宗族60余人，来到清东平府，守隘官弁将他们收受入隘，给予房屋，令其居住。广西巡抚孙永清向乾隆帝奏报此情。六月十七日，乾隆帝看过奏折，下达谕旨，讲了五个问题：此事应予询明妥办；委派两广总督孙士毅办理；查明原委；安插逃人；寻找王孙黎维祁。此后，孙士毅陆续奏报，阮惠仅占夺部分州县，黎城西方、北方州县俱不肯降贼，臣民愿拥戴旧主。乾隆帝也相应下谕，指授机宜。从六月十七日到八月二十六日，这70天里，虽然乾隆帝多次下谕，强调"安南臣服本朝，最为恭顺"，应当"兴灭继绝"，帮助安南王孙驱逐阮惠，恢复故国，但仅仅谕令王孙及安南臣民起兵逐阮，并未决定派军往征。①虽然乾隆帝没有说明这样做的原因。但联系到几年以前的进攻缅甸和第二次征剿金川的战局，攻缅失败，攻打金川非常艰苦，花银7000万两，第一任主帅定边将军温福丧命于"番人"刀下，教训太深刻、太惨痛了，大战最好不打。可能正是因为这样的考虑，所以乾隆帝才慎之又慎，不轻言出兵。然而，不幸的是，这样明智的决定没有能坚持下去，他未能抵制住贪功邀赏的两广总督孙士毅的诱惑。孙士毅错误估计了形势，以为阮惠军队不堪一击，安南臣民会拥护清军进攻阮兵，帮助旧主黎维祁重登王位，如果出兵攻阮，定能轻易取胜，建立大功，自己就可论功封赏，名列青史了。所以他多次上奏，虚报敌情，奏请出兵。八月二十七日，孙士毅奏称，阮惠、阮岳弟兄见到孙士毅令其悔罪自新的檄文，即"畏惧遁逃"。阮惠的心腹潘启德等，愿遵孙之令，纠合七州人马讨贼，看来可以直取都城，②奏请备兵征讨。这时，乾隆帝动心了，既然出兵征阮，容易成功，那就下谕派兵往讨吧。此后，孙士毅又多次奏请带兵出关，进攻安南阮惠。乾隆帝于十月初三日下谕，批准其请。不久，他又谕令孙士毅统兵一万出关，作为正兵，命云南提督乌大经领滇兵8000名。由蒙自出关，攻安南兴化等处。③

①《清高宗实录》卷1307，第6—7、10—11、34—35页；卷1309，第38页。
②《清高宗实录》卷1311，第27—29页。
③《清高宗实录》卷1312，第25、26、35页；卷1313，第19页；卷1314，第5—6页。

乾隆五十三年十月二十八日，孙士毅与广西提督许世亨统兵1万出镇南关，以8000兵直捣安南东京黎城，以2000兵驻凉山为声援。总兵尚维屏领广西兵，总兵张朝龙率广东兵，各地土兵义勇随行，号称数十万，浩浩荡荡，杀向黎城。各地守隘的阮惠士卒纷纷后撤，唯扼三江之险来抗拒清军。第一条江是寿昌江，阮兵退保南岸，十一月十三日尚唯屏领兵进攻，阮兵撤退。第二条江是球江，江面宽阔，南岸依山，高于北岸，阮军据险列炮，守备坚固。清军白天运竹木搭造浮桥，排列多门大炮，隔江轰打，佯装必从此处强攻渡江，同时潜派士卒2000名，于上游20里水流缓慢地方，用竹筏及农家小舟，于夜半偷渡。十七日早晨，清军主力乘筏渡江，与阮军交锋，正当紧张之时，上游之兵已绕至阮军背后，居高临下，呐喊冲击，声震山谷，前后夹攻，阮军大惊，"瓦解溃北"，死伤数千。第三条江是富良江。在都城门外。阮军尽伐沿江竹木，收敛各船于南岸。清军于十九日黎明抵达富良江，遥望敌阵不整，知守军无固志。乃从远处觅得小舟，载兵百余名，夜至江心，夺敌战舰一艘，载兵200余人，提督许世亨亲自率领，先渡过江，又夺小船30余只，轮番渡兵2000余人，分头攻敌，阮军"昏夜不辨多寡，大溃"。清军获敌船十余艘及总兵、侯、伯、将官数十人。二十日早晨，大军皆渡，阮军已全部撤走，黎氏宗族及城民出迎，孙士毅、许士亨进入黎城，宣慰后出城，回到大营。老国王的嗣孙黎维祁由潜匿的民村出来，赶赴军营。孙士毅即遵奉帝谕，于十一月二十二日传旨，册封黎维祁为安南国王，并将进军情形陆续奏报。

乾隆帝十分高兴，下谕嘉奖孙士毅及有功将弁，封孙士毅为一等谋勇公，许士亨为一等子。[①]

正当乾隆欢庆大捷筹划善后事宜之时，乾隆五十四年正月二十五日，孙士毅呈报清军大败、黎城失守的奏折，送到了京师，顿使朝野大惊。原来，阮惠系主动后撤，兵力并未受到多大损失，而是待机再进。清军统帅孙士毅误认为阮军惨败，清军势如破竹，所向无敌，便想功上加功，攻克全安南，活捉阮惠弟兄。这个孙士毅，也是昏了头了。他本来是个文官，不谙兵法，对军务既不熟悉，更谈不上精通，根本没有统军作战的能力和经验。他既不知彼，在判断安南国情上犯了两大错误：一是低估了阮惠的实力，认为其已狼狈奔窜，不堪一击；二是不明真

---

①《清高宗实录》卷1314，第40—41页；卷1315，第26—28页；卷1319，第6—8页。

情，不了解黎氏政权已经十分腐朽，无力自拔，没有办法和力量恢复故国。他又暗于知己，对自己的军事指挥才干和绿营兵的战斗力，都做了错误的估计，明明自己是不谙用兵的文官，却要想当智勇双全轻取强敌的卓越统帅，本来是临阵怯战动辄溃逃的弱卒劣将，却当作奋勇杀敌的猛将精兵，由此而产生了侥幸心理，要再建特大功勋。

在这个问题上，年近八旬的乾隆皇帝，比这位荣封一等谋勇公的总督就高明得多了。早在乾隆五十三年十一月二十四日，即第一次获悉兵渡寿昌江之前八天，他就下谕给孙士毅，明确规定了用兵安南的要求，即能擒阮惠，固为上策，否则，收复黎城，俾黎维祁复其境土，亦为中策，可即撤兵。十二月十九日，孙士毅进据黎城后，奏请远征广南，活捉阮惠，乾隆拒绝其请，下谕责令孙士毅遵奉前旨，撤兵回粤。

紧接着，乾隆于五十三年十二月二十日、二十二日、二十三日、二十七日、二十八日，五十四年正月初四、十二日、十六日、十九日，连下九道谕旨，责令孙士毅立即撤兵返粤。这些谕旨讲了必须撤军的四条理由：一是大功已成，恢复东京，册封黎维祁为安南国王，"兴灭继绝"的出兵目的已经达到；二是安南地方僻小，又多瘴疠，官兵役夫易染疾病；三是粮饷转运艰难，从广西边界至黎城，为供1万兵士的食粮，已用役夫15万～16万人，从云南出口至黎城，有40站，用夫10余万人，自黎城至广南，2000余里，须安设台站53所，又需役夫十余万人。不能因属国逋逃未获，大量浪费天朝钱粮兵马；四是天厌黎氏，黎维祁懦怯无能，安南又立国已久，看来天心已有厌弃黎氏之象。[①]

乾隆帝的这些主张、见解和决定撤兵，是相当正确、颇为高明的，如果孙士毅严格执行撤兵谕旨，安南形势必然好转，至少清军不会惨败。然而这个孙士毅，却被二十天来的意外"大捷"冲昏了头脑，抑制不住再建殊勋、名垂史册、荣获更大恩宠的念头，竟然违抗圣旨，迟迟不撤。当他坐待阮惠弟兄降顺美梦正酣之时，阮惠的军队突然冲进了黎城。

原来，阮惠在广南养精蓄锐等待时机之时，侦悉"孙士毅贪得阮为功，一师不即班，又轻敌，不设备，散遣士兵义勇，悬军黎城"之情后，于乾隆五十三年岁暮"倾巢出袭"，并遣使伪称亲来投降。孙士毅信以为真，毫不防备。五十四年正月初一日，"军中置酒张乐"，正在兴高采烈昏昏然之际，夜间突然有人来报"阮兵大至"，孙士毅"始仓

---
① 《清高宗实录》卷1312，第24-28页；卷1323，第28-29页。

皇御敌"，然而阮兵数万猛烈进攻，又用象载大炮冲阵，清军"众寡不敌，黑夜自相蹂躏"。孙士毅匆忙撤走，渡过富良江后，即砍断浮桥，以防阮兵追袭，可是提督许士亨、总兵张朝龙等官兵夫役1万余人，尚滞留南岸，因桥断无法渡江，皆被阮兵砍杀或溺死江中，无一幸免。孙士毅拼命逃窜，退回镇南关，"尽焚关外粮、械、火药数十万，士马还者不及一半"。黎维祁携其母先逃。一场大规模的征讨安南阮惠之战就这样以总督孙士毅贪功轻敌、违抗圣旨、迁延不撤、遭受惨败而结束。①

虽然孙士毅奏述上事时，舞文弄墨，竭力隐瞒自己贪生怕死匆匆溃逃的真实情形，把自己贪功违旨、轻敌丧师、畏死溃逃的特大罪行，修饰、缩小为调度无方的过失，但没有骗过乾隆帝，孙士毅遭到斥责，罢其封爵和总督职衔。

正月二十六日，即看过孙士毅奏折的第二天，乾隆帝下谕说，阮惠"逐主乱常"，伤害官兵，着即备兵，声讨阮逆。然而就在这一天，就在第一道欲征阮惠的谕旨下达之日，他又连下四道谕旨，除了重述孙之功过等事外，在第四道谕旨中，取消了征阮的指示，因为安南水土恶劣，千里远征，难获胜算，天厌黎氏，值不得为他兴兵。这是正确的决策。

阮惠一再乞降请封，经过多次谈判，乾隆终于赐封。于乾隆五十四年六月二十二日，谕封阮惠为安南国王，中国与安南之间的关系正常化了。

八、平定台湾

乾隆五十一年（1786年）十二月二十七日、二十八日，闽浙总督常青的两份奏折送到皇上面前。常青奏：台湾府彰化县"贼匪"林爽文结党扰害地方，十一月二十七日知县俞峻在大墩"拿贼遇害，县城失陷"。臣闻信，飞咨水师提督黄仕简领兵2000名，由鹿耳门飞渡进剿，并派副将、参将、都司带兵分路夹攻，又派陆路提督任承恩领标兵1200名于鹿耳门前进，臣于泉州、厦门等处往来督察。

乾隆阅后，认为这是台湾常有的小型械斗，不需大动干戈，立即批示：尔等俱是"张皇失措"，岂有因一匪犯，使全岛及邻疆皆怀恐

---

① 魏源：《圣武记》卷6，《乾隆征战安南记》。

惧之理。

第二天，陆路提督任承恩奏折又到，奏请登舟渡台，进剿乱民。乾隆帝又予以斥责说，"岂有两提督往办一匪类之理"，实系"至愚"，此事极易平定。①正当乾隆帝大谈不需多调兵马，消灭义军易如反掌之时，林爽文、庄大田领导的起义军，却已连下彰化、凤山、诸罗三县，台湾全府丢失大半，官军困守于郡城，形势十分危急。乾隆帝对局势的判断，完全错误了。

原来，被乾隆帝轻视为普普通通的起义军，并非轻易就可消灭的小股残匪的乌合之众，而是天地会首领组织的反清义军。台湾有大量从闽粤两省违禁私渡入台的移民，他们"轻生好勇，慷慨悲歌"，经常袭杀贪官污吏豪横将弁。天地会在台湾十分盛行，会众急剧增多，彰化县大里杙（yì）庄的林爽文，凤山县仔港庄的庄大田，都是天地会的重要首领。乾隆五十一年十一月二十五日，彰化县知县俞峻与北路营副将赫生额、游击耿世文带领兵役来至大墩，欲捕捉林爽文，在离林的住处还有7里不敢前行，谕令村民擒献林爽文，如不遵令，即焚毁村庄，并"先焚数小村怵之"。村民极端愤怒，"号泣于道"，林爽文遂因民之怨，集众夜攻，全歼官兵，斩杀知县、副将、游击，乘胜于十一月二十八日攻下彰化县城，杀知府、理番同知、摄知县事、都司孙景燧等官。十二月初一日又打下竹堑。会众拥戴林爽文为盟主大元帅，驻彰化县署，建元顺天，以杨振国为副元帅，王作为征北大元帅，王芬为平海大将军。十二月初六日，林爽文又破诸罗县。各地天地会会员纷起响应，连破六斗门、南投等处，郡中大震。台南凤山县庄大田也聚众起兵，众至数万，于十二月十三日攻下凤山县城，庄大田自称南路辅国大元帅，或称定海将军、开南将军。台湾府一共辖有四个县，现已丢失三县，只剩下台湾府城及附郭的台湾县，犹如海中孤岛。林爽文于十二月初七日，水陆两路进攻府城，水路有船数百只，陆上有兵万余，连攻三日未下。林爽文与庄大田各自派兵进攻各地官兵和支持清军的"义民"村庄，势力迅速扩展。这样强大的义军，这样危险的局面，竟被乾隆帝认定为小股残匪的乌合之众，可以轻而易举的消灭，可见其对实情太不了解了。

虽然皇上多次严谕催战，福建水师提督黄仕简、陆路提督任承恩带领援兵13000余名已经赶到台湾，台湾府又有额设驻兵12000余名，还有

---

① 《清高宗实录》卷1271，第22、26—27页。

移民中支持清军的"义民"，人数并不少于义军，且枪炮弹药皆比义军更为充裕，但两位提督都是贪生怕死怯于战阵的庸将，黄仕简自称有病，在府城"卧病床榻"，任承恩困居鹿港，不敢进攻义军。官兵处于被动挨打时有伤亡的严重局面。乾隆大怒，连下谕旨，对两位庸将严厉斥责，最后将二人革职拿问。①

乾隆把平台重任委之于他认为优于"督率搜捕"的总督常青，从三个方面提供十分优厚的条件：一是授常青为将军，以福州将军恒瑞、新福建陆路提督蓝元枚为参赞，"俾事权统一，军威益振，以期迅奏荡平，绥靖海疆"；二是严肃军纪，诛戮逃将，斩总兵郝状猷、参将图里瑚；三是增派援兵，允常青奏请，增派援兵7000名，其中有福建驻防满兵1000名。

常青于三月初抵达台湾府城。此时，他辖有官兵3万，还有各庄支持清军的"义民"，并且得到皇上大力支持，格外优遇，如若调度有方，勇猛冲杀，进展应该是很快的。然而，这位被皇上赞为优于"督率搜捕"的将军，其实是既不优于挥军征战，又系怯战怕死的胆小鬼，他的唯一长处是善于逢迎奉承，交结权贵，巴结上了权相和珅，史称其为"和相私人"。常青对于兵法一窍不通，并且胆小如鼠，极畏征战，却擅长吹牛，虚报战功。乾隆五十二年五月二十四日，诸将决定出师，第二日，常青领兵出府城，庄大田率天地会会党1万余人合攻府城，双方刚刚交战，"常青战栗，手不能举鞭，于军中大呼曰，贼砍老子头矣，即策马遁。诸将因此即退"，义军"欢跃而归"。常青入城，即令闭城株守，又请增兵1万。这样的庸帅怎能平定台湾！天地会势力更加迅速扩展，数月之内，义军"已增十万"，四处攻打官兵。将军常青、参赞恒瑞拥兵困居府城，总兵柴大纪统兵4000，死守诸罗，参赞蓝元枚、总兵普吉保困于鹿港，大半个台湾已落入义军手中。常青吓破了胆，"日夕唯涕泣而已"，别无他法，只好苦苦哀求和珅把他调离台湾，他自己也奏请皇上另派大臣来台。②

经过和珅的活动，乾隆也对常青株守郡城不能立功而生气，于六月二十日下谕，派协办大学士、户吏二部尚书、陕甘总督、御前大臣、嘉勇侯福康安前往台湾，接替常青，统率军务；派一等超勇侯、领侍卫内

①《清高宗实录》卷1274，第4、23—24页；卷1276，第25页；卷1277，第9—10、29页。
②昭梿：《啸亭杂录》卷6，《台湾之役》。

大臣海兰察为参赞大臣。八月初二日，他又下谕，授福康安为将军，增调湖南、湖北、贵州绿营兵6000名及四川"屯练降番兵"2000名。

使乾隆意想不到的是，所倚以平台的大帅福康安却呈上了一份畏难的奏折，大讲官兵疲弱怯战、敌军狡诈凶狠情形。原来，此时，绝大部分台湾州县村庄已被义军夺占，官军连遭失败，士气低下，动辄溃逃。常青龟缩郡城，福建水师提督、参赞大臣柴大纪困守诸罗，弹尽粮绝，危在旦夕。官军总数虽然已经增加到5万，这次又新调8000，人数不为不少，可是素质太差，士兵太弱，并且林爽文、庄大田领导的天地会义军已号称10万～20万。正是在这样敌强我弱的形势下，十几年来连建功勋的常胜将军福康安才感到信心不足，难胜重任，而向皇上呈交了"畏难"的奏折。[①]

乾隆帝于八月二十四日看到福康安这份"畏难"奏折后，大吃一惊，于当日及二十五、二十六日，连下三谕，讲述进剿必胜的原因，勉励福康安勇担重任，并着重强调了对福康安的宠信和关怀，专门指出，"朕之待福康安，不啻如家人父子，恩信实倍寻常"，对彼"寄以股肱心膂"。皇上推心置腹情深意厚的晓谕，使福康安消除了疑虑，增强了勇气和责任心，迅速赶往台湾。[②]

乾隆帝对征台之役，还做了不少工作，调拨白银几百万两和米100余万石运往台湾，多次下谕，嘉奖支持清军的"义民"，招抚"胁从之民"归顺。特别是，他经过反复思考后，制定了集中精锐士卒、直攻林爽文大营的战略方针，指示将帅贯彻执行。这一切，对战局的进展起了重大的作用。

福康安原本奏称，集中郡城常青之兵、盐水港恒瑞之兵5000名，柴大纪诸罗守兵3000～4000名，鹿港之兵数千余名以及自己带来的5000名援兵，南北夹攻，直捣大里杙林爽文家乡，但乾隆帝不允其请，责令其直抵诸罗，解围之后，攻敌巢穴。

福康安遵旨，于十一月初七日领己兵5000名及鹿港兵6000余名和"义民"1000余人出发，"凡遇贼庄，即行剿洗"，几经鏖战，超勇侯海兰察率巴图鲁侍卫奋勇冲杀，官兵紧紧跟上，大败义军，林爽文率会众撤走。清军于初八日酉时（下午5—7点）进入诸罗城，解了该城被困5个

①《清高宗实录》卷1287，第5-7、12页。

②《清高宗实录》卷1287，第12-18页。

多月之围。福康安又率军猛烈进攻大里杙，义军"万炬"迎战，不幸失败。十一月二十五日，林爽文携眷逃入"番社"，五十三年正月初四日被清军抓获，二月初五日，庄大田亦被俘，不久二人被处死。林爽文、庄大田领导的天地会反清起义被清军镇压下去了。

乾隆大喜，重赏有功臣将，晋福康安为一等嘉勇公，海兰察为二等超勇公，批准福康安呈上的《清查台湾积弊酌筹善后章程》，对善后事宜做了妥善安排。与此同时，他对另外臣将的奖惩却犯了严重的错误。台湾总兵柴大纪坚守诸罗，功在朝廷，起初，被乾隆帝多次奖嘉，擢封一等义勇伯，世袭罔替，升提督，加太子少保，后因福康安解诸罗之围时，柴大纪仅以宾主之礼相待，未曾叩拜，福康安大怒，再三上疏，劾参柴大纪贪黩营私，贻误军机，激生民变，乾隆帝听信其言，将柴大纪革职削爵斩首，其子充发伊犁为奴。而对惧敌畏战严重贻误军机的庸帅常青，却以其"功过可以相抵"，免交刑部治罪，并授为礼部尚书。两相比较，乾隆帝真是颠倒了是非，混淆了忠奸，做了一件有损朝廷尊严的蠢事。[1]

九、一征廓尔喀

（一）廓尔喀首侵西藏

乾隆五十三年（1788年）七月二十七日，驻藏大臣、一等诚勇公庆麟的急折，送到京师。庆麟奏：巴勒布廓尔喀属下头目苏尔巴尔达布等，西向沮木郎部落掳掠后，复东向藏入寇，"现在前后藏俱各严备"。

巴勒布廓尔喀，又称巴勒布、廓尔喀，后来叫尼泊尔。为什么廓尔喀要入侵西藏？要搞清楚这一点，看来还得将历史巨册翻阅多页，得先从几年之前班禅东行说起。

乾隆四十三年（1776年），六世班禅罗布藏巴勒垫伊西请章嘉呼图克图代奏，"因庚子年（四十五年）为大皇帝七十万寿，欲来敬祝"。

---

[1]《清高宗实录》卷1293，第3、20-21页；卷1294，第22-23页；卷1295，第21、28、40、43、44页；卷1300，第21-24页；魏源：《平武记》卷8，《乾隆三定台湾记》；昭梿：《啸亭杂录》卷6，《台湾之役》。

乾隆帝非常高兴，允其所请，并谕令隆重接待。他特遣皇六子质郡王永瑢和吏部尚书、总谙达、领侍卫内大臣永贵千里迢迢，赶到岱汉迎接，陪同前来热河。命向导处大臣编定从岱汉经察哈尔、多伦诺尔、克什克腾、翁牛特、喀喇沁、赛因达巴罕等处到热河的行程住宿地点。召陕甘总督、山西巡抚入觐陛见，"面谕妥办"接待班禅的食宿等事。漠南蒙古哲哩木盟长奏称帮马2000匹、驼200头，喀尔喀四部蒙古王公亦愿帮助提供马驼，供班禅使用。乾隆帝特令于热河为班禅建须弥福寿之庙，俗称小扎什伦布寺，供班禅来时居住。沿途各省官员遵奉帝旨，认真安排，迎送接待十分周到。

乾隆四十五年七月二十一日，乾隆帝在承德避暑山庄的清旷殿召见班禅，"赐坐慰问，赐茶"。二十四日，他又御万树园大幄次，赐班禅及扈从王公大臣与蒙古回部王公等人宴，赏赉冠服金银缎匹。班禅率众呼图克图为帝诵经祝寿；九月初二日进京后，帝又屡屡赏赐。不料班禅出痘，于十一月初二圆寂于京师。乾隆帝十分哀痛，于四十六年正月初十日下谕给达赖，详述班禅入京祝寿、蒙帝优遇及其患病等情，以及护送灵柩回藏等事。他说：

"班禅额尔德尼前以庆祝七旬万寿，起程来京，节次遣散秩大臣、副都统等携带御用朝珠鞍马等物，沿途宴劳，并命皇六子同章嘉呼图克图等迎往赏赉，于七月二十一日至热河朝见。万寿节班禅额尔德尼率领众呼图克图等诵经祝釐，于九月初二日来京，叠加赏赉，每遇朝见，意甚欢欣，并无欲归之语。十月二十九日，闻其身体发热，即遣医诊视，知花痘见苗，朕复亲临看视，忽于十一月初二日圆寂。虽本性如如，去来一致，而笃诚远来，未能平安回藏，朕心实为悼惜。尚卓特巴忠克巴呼图克图，系班禅额尔德尼之兄，而大绥绷乃其高弟，着加恩赏给忠克巴呼图克图额尔德木图诺们汗之号，赏给大绥绷扎萨克喇嘛职衔默尔根堪布之号，俟百日奉经事竣，于二月十三日护送班禅额尔德尼灵榇起程，并遣理藩院尚书博清额、乾清门侍卫伊鲁勒图等，送至扎什伦布。扎什伦布所属人众，皆赖尔喇嘛掌管，务须仰体朕怀，加意约束，善为教养，此即为吉祥善事矣。"①

①《清高宗实录》卷1122，第9、10页。

六世班禅之死，不仅是清政府和蒙藏地区的一大损失，而且由于其弟兄之贪利，导致了廓尔喀军的入侵。原来，班禅在京朝觐及其圆寂，乾隆帝多次厚赐珍宝财物，京师各王公大臣及内外蒙古"所供养"，"中外施舍，海溢山积"，"无虑数十万金，而宝冠、璎珞、念珠、晶玉之钵、镂金之袈裟、珍宝不可胜计"，皆为其同父异母之前兄忠克巴呼图克图（又称仲巴呼图克图）据为己有，既不布施各寺及唐古特兵（藏兵），连班禅之亲弟沙玛尔巴，亦借口其系红教喇嘛，而分文不与。①沙玛尔巴非常气愤，于四十九年前往廓尔喀，极言仲巴呼图克图拥有班禅的巨万赍财和奇珍异宝，并很有可能详告后藏地形守备等情况，将唐古特信佛厌战和唐古特兵懦弱畏敌之情告诉廓尔喀国王，"以后藏之封殖，仲巴之专汏"，煽动其出兵侵藏。②

廓尔喀出兵的另一重要原因是贸易纠纷问题。以前，巴勒布部落与后藏之间的交易，系行使巴勒布所铸的银钱，掺有铜铅，成色不纯。廓尔喀兴起统一巴勒布等部以后，改铸新银钱，银的成分增加，廓尔喀就要求西藏人承认一个新银钱当两个旧银钱使用，藏人不愿。在贸易中，一些藏商将廓尔喀必须购买的食盐掺入沙土，牟取厚利。噶布伦索诺木旺扎勒"肆意妄行，苛取商人物件"，第巴桑千"擅增税课"，将廓尔喀人的货物"任意加税"，廓尔喀人"实不能堪"，故兴兵报复。③

当然，以上两方面的因素，只是廓尔喀可能入侵西藏的理由，而最根本的决定性因素却是廓尔喀国正在迅速发展，军事力量相当强大，执政者力图对外扩张。廓尔喀原本系一小小部落，后其酋长博纳喇赤发奋图强，练兵习武，相继统一了曾向清朝进贡的巴勒布部及其他20余部，版图急剧扩大，国境东西2000里，南北约500里，北连后藏边境。此时的国王是博纳喇赤之孙喇特纳巴都尔，因年幼，由其叔巴都尔萨野执掌军国大权。巴都尔萨野正想对弱小的唐古特人用兵，遂借沙玛尔巴的投奔和商务纠纷，于乾隆五十三年（1788年）六月派兵入侵西藏，占领聂拉木、济咙两处，不久又夺据宗喀，围攻胁噶尔寨，中廓之间的第一次战争就这样开始了。

---

①《圣武记》5卷，《乾隆征廓尔喀记》；《清史稿》卷525，《西藏》。

②《圣武记》卷5，《乾隆征廓尔喀记》。

③《清高宗实录》卷1323，第13页；卷1332，第4页。

（二）噶隆、钦差合谋　丧权纳币赎地

乾隆五十三年（1788年）七月二十七日、二十八日，驻藏大臣庆麟的两道奏折送到大内，奏称廓尔喀头目苏尔巴尔达布率兵"向我边入寇"，抢占了济咙、聂拉木两处，围攻宗喀，"现在前后藏俱各严备"，卫藏兵力不敷堵截，已飞咨四川调拨驻防绿营官兵应用。[1]乾隆帝于二十七日、二十八日、二十九日三日连下五道谕旨，调兵遣将，前往迎剿。他在谕旨中说：巴勒布（即廓尔喀）与卫藏聂拉木、济咙、宗喀三处接壤，此三处"系卫藏所属地方"，理应派兵"堵截擒拿"，但班禅年幼，仲巴呼图克图系出家之人，"难免震惊"。着驻藏大臣雅满泰立即带领绿旗兵与达木厄鲁特兵，前赴扎什伦布，"将班禅额尔德尼加意抚慰"，与仲巴呼图克图等人商议，所有后藏和巴勒布接壤地方，"俱宜力为守御"，前藏亦令庆麟严加防范，若聂拉木、济咙、宗喀一有挫失，即先将班禅迁往前藏，"方为妥协"。着四川总督李世杰、四川提督成德于绿营及"番兵"内，就近酌调3000～4000名，派驻防满兵500名；命成德与建昌镇总兵穆克登阿统领，迅速赴藏；令成都将军鄂辉星夜返回成都，若事尚未了结，即速至西藏统军堵御。如兵不够，再带2000～3000名前往应用。[2]过了几天，已调"屯练降番三千名"。[3]

过了几天，乾隆帝为筹备粮草，于八月初一、初三、初四三日，连下六道谕旨。他指出，西藏距四川省城很远，由打箭炉至后藏用兵处有5000余里、共90余站，运粮则需分为200站，若兵丁口粮马骡草料皆由内地解送，需费浩繁，转运艰难，着照从前成案，于藏内就近购买，比平时采买之价，略为增加，并与噶隆班第达及仲巴呼图克图商议，将达赖、班禅仓库存粮拨充军用，先行估价结银，事竣以后再行买补。为此他还特给西藏僧民下达专谕，讲述买粮供军堵御廓尔喀之事。他说：达赖、班禅数世居住西藏，广兴黄教，"受朕深恩"。"西藏黄黑番众，安居乐业，亦已久矣"，今巴勒布侵犯藏界，尔等理宜竭力支持，击退敌军。但念尔等习于便安，久不知有兵戎之事，"急遇此举，势必张皇无措"，故调内地官兵赴藏讨伐敌兵，"无非保护尔等，冀安卫藏之意"，尔等当多聚粮食，以期兵食充足，克日竣事。尔等若有收藏的米

[1]《清高宗实录》卷1309，第48、50页。
[2]《清高宗实录》卷1309，第48-51页。
[3]《清高宗实录》卷1311，第11页。

面糌粑和可作行粮的牛羊等物，概行发出售卖，用济兵饷，"不唯尔等可获厚利"，大军亦不虞乏食，则成功迅速。若尔等将存粮藏匿不卖，官兵难以得食，不能保护尔等，只有将达赖、班禅移驻青海，那时尔等不仅不能获利，且将受害无穷，悔之不及了。①

为保达赖、班禅安全，他谕令大臣，一旦廓尔喀兵侵犯前藏，即将两位大喇嘛移至青海泰宁居住，免遭敌兵掠扰。

乾隆帝还令写好以庆麟、雅满泰的名义致廓尔喀的檄文，示以军威，晓谕利害，命其退兵。檄文说：聂拉木、济咙二处，"原系藏中旧属"，尔等竟来滋扰藏界，实为妄行蠢动。昔日西藏被准噶尔侵夺，"大圣皇帝不唯恢复藏地，且将准噶尔阖属及回部诸城，全行剿灭"。尔如及早引罪退兵，献还二处，或可邀宽宥，若一意孤行，本都统已备兵数万，统领前进，并续调兵数十万，大兵全至，尔部将被剿灭。念尔部数十年来尚属宁静，往来贸易，络绎不绝，今之起兵，必系属下歹徒就中取利，唆使妄行。尔接阅此书后，速行退兵，献出所占之地，否则将追悔不及。②

由于驻藏大臣庆麟、雅满泰处理不当，谬误太多，乾隆帝又派熟悉藏情、会藏语的御前侍卫、理藩院侍郎巴忠入藏，主持用兵诸事。

乾隆皇帝万万没有料到，就在他调兵遣将，筹办粮饷，指授用兵事宜，准备痛惩入侵之军，确保藏地安全之时，西藏噶隆已议定向廓尔喀纳银赎地求和，巴忠、鄂辉等人也附和其议。

成都将军鄂辉于九月二十二日抵达西藏拉萨。在此之前，仲巴呼图克图、红教喇嘛萨嘉呼图克图已派喇嘛前往廓尔喀，与国王之叔巴都尔萨野及班禅之弟红教喇嘛沙玛尔巴呼图克图商议停战退兵交地之事，大体上已有眉目，故廓尔喀兵在后藏侵扰两三月以后，陆续退出。萨嘉呼图克图所遣喇嘛寄信回藏，叙述议和之事，庆麟、雅满泰即同班第达告诉达赖。庆麟、雅满泰、达赖及班第达等噶隆商议，"令堪布第巴前往立约"。他们这样做的原因是"藏内喇嘛懦弱"，"唐古特人等赋性懦弱，见敌即走"，难以抵挡廓尔喀的入侵。

驻藏大臣雅满泰与四川提督成德，一开始是不赞同喇嘛私自议和的。雅满泰上奏说："伊等私自说和，不足为凭，总俟贼匪悔罪投诚，

① 《清高宗实录》卷1310，第2、8、16页。
② 《清高宗实录》卷1310，第4、15页。

再行妥办。"钦差大臣巴忠开始亦反对和议，奏称："萨嘉呼图克图，或因藏内喇嘛懦弱，先令巴勒布滋扰，复欲以讲和示恩，断不可受其笼络，仍当进兵严办。"①

乾隆帝一闻此事，立即连下数谕，斥责驻藏大臣庆麟、将军鄂辉附和和议，欲"将就完事"，坚决反对议和。他讲了不能草率议和的四条理由。一是巴勒布擅侵藏地，业经内地派兵前往，"若不示以兵威"，将其痛加歼戮，仅因喇嘛说和便徒手返回，"岂不师出无名"，且将来大兵一撤，又恐廓尔喀复来掠扰，就不能"安番众而靖边圉"，藏地不得安宁，内地又烦于纷纷征调。二是藏地唯达赖、班禅受僧民尊崇，若令红教喇嘛私自议和，因而了结，"则置达赖喇嘛、班禅于何地"？藏地之事，有达赖在，即使第穆呼图克图"职分较大"，"尚不应私自出名，与外夷部落交接"。何况仲巴呼图克图系班禅属下之人，"何得任意自专若此"。倘若藏地众喇嘛均可和"外夷部落私相往来"，"尚复成何事体"！三是红教喇嘛萨嘉呼图克图，"恃此议和之功，必思侵夺黄教之权，而唐古特人等愚昧无知，私相感激，渐至兴起红教，所关尤为紧要"。四是若因喇嘛讲和而撤兵，"则将来喇嘛等亦觉进退操纵，可以专主，尚复何事不可为，而驻藏大臣几为虚设矣"。②

这四条理由集中为一点，即喇嘛私自讲和，危及中央对藏区的管辖，并使达赖地位下降、影响减弱，藏区难以安宁。

乾隆帝谕令巴忠到藏后，将庆麟、雅满泰严行申饬，并传集达赖、班禅、班第达、噶布伦（即噶隆）等将上谕"明切宣谕"，如达赖亦主和议，则令将军鄂辉等，"将利害所在，剀切开导，使知远大之图，勿狃目前小利"，并革去庆麟的一等诚勇公爵，降为蓝翎侍卫章京，夺其所持钦差大臣关防，调伊犁参赞大臣舒濂为驻藏大臣，掌管钦差大臣关防。③不久又革雅满泰驻藏大臣之职，降为笔帖式，将私增税课的聂拉木第巴桑干拟斩刺字，发往烟瘴地区。

四川提督成德接到谕旨后，于五十三年九月二十二日抵藏，将喇嘛私自讲和之事详细询问庆麟等人，"并与达赖喇嘛详加讲论"，随会同

①《清高宗实录》卷1314，第19—24、42页。
②《清高宗实录》卷1314，第23、42、43页；卷1315，第5页。
③《清高宗实录》卷1314，第48、49页。

商议，将差去立约的堪布喇嘛追回，筹办进剿廓尔喀兵。乾隆帝于十月十八日看到成德的奏折，下谕说：成德的办理，"与朕节次谕旨相合，所见甚正，可嘉之至"。今后藏务由鄂辉、成德办理，巴忠到后会同商办，不许庆麟、雅满泰"搀越其事"。①

尽管乾隆帝力主进剿，坚决反对妥协，谆谆开导，严加斥责，但进藏的钦差大臣、将军、提督终因畏难怕事，而逐渐完全放弃了用兵之议，违背帝旨，苟且议和。

达赖老成有余，潜心修炼，诸事听从噶隆办理。班第达及其子丹津班珠尔等噶隆、仲巴呼图克图、红教喇嘛萨嘉呼图克图，皆主速和停战，遣人往廓尔喀谈判。早已投奔廓尔喀的已故班禅之弟沙玛尔巴红教喇嘛，积极主张议和，说服廓尔喀王叔巴都尔萨野索银退兵，巴都尔萨野也因清军大举进藏，胜负难卜，同意休战。但是廓尔喀要求西藏噶隆每年交纳元宝1000锭，以赎聂拉木、济咙、宗喀三处地方。西藏噶隆的代表丹津班珠尔因藏地无法筹措这样大量的银两，不敢与廓尔喀签订这一和约。廓尔喀减为300锭，西藏噶隆同意交300锭，"令其退还地土，曾告诉鄂辉、成德、巴忠"，曾经一度反对议和的钦差大臣、理藩院侍郎、御前侍卫巴忠，此时也赞同此议，催促丹津班珠尔迅速了结此事，将军鄂辉、提督成德因巴忠是御前大臣，也附和其议。于是丹津班珠尔与廓尔喀订立了退兵退地议和的和约。廓尔喀军撤出后藏，第一次中廓之战于乾隆五十四年（1789年）初正式结束。

（三）庸臣骗主 乾隆帝一封廓尔喀王

乾隆帝对西藏噶隆与巴忠等人丧权纳银赎地之事毫不知晓，因为巴忠、鄂辉等人隐瞒了真情，编造谎言，蒙骗了帝君。

西藏噶隆、仲巴呼图克图之所以情愿交纳岁币，换取廓尔喀兵返家，退出聂拉木三处，可能主要是因为"唐古特人怯懦"，无法驱逐廓尔喀兵，收复失地，驻藏清兵只有500名，难敌数千入侵之军。内地官兵远在数千里外，历时数月才能抵藏，军情瞬息万变，远水难解近渴。如多增兵留驻，藏地贫瘠，无力供应大批驻兵所需食用物品。因此，噶隆力主尽早送走廓尔喀兵，要回聂拉木三处，保持藏区安宁。

巴忠之所以从主战变为主和，甚至丧权赎地，除了上述原因以外，

①《清高宗实录》卷1315，第4、5页。

还可能有两个因素在起作用。一个是清军不谙地形，高原反应，水土不服，言语不通，大雪封山，行进艰难。兼之，军行数千里，人疲马乏，粮草弹药枪炮弓箭转运太难，仅从打箭炉运往后藏，就需设站200个，一石米运费高达白银26两，而且是较前大加节省，即需数十石米才能运米一石至藏。在这样的条件下，与剽悍的廓尔喀兵交锋，很难说鹿死谁手。这一点，将军鄂辉、提督成德的体会，显然更为深刻。

另一个重要因素是巴忠想侥幸建功。岁币是藏区交纳，不用朝廷负担，在远隔千山万水交通极为不便的情况下，将此事封锁起来，不让皇上知道，想来还是办得到的。更为重要的是，廓尔喀很想和清政府建立朝贡关系，乾隆五十二年便曾遣人入贡，遭驻藏大臣拒绝。现在如果允其入贡，廓尔喀人必然十分高兴，皇上也会满意。身为御前侍卫的大臣巴忠，对皇上好大喜功愿做四海之主的"大皇帝"之性格，不会不知道，能将廓尔喀招致入贡，定会博得皇上欢心。对这样能化干戈为玉帛，变"逆酋"为"顺夷"，建树奇功之臣，朝廷能不嘉奖封爵晋职？

因此，巴忠利用两情不通的机会，允许西藏噶隆向廓尔喀交纳岁币；许诺当廓尔喀入贡以后，请求皇上封授国王的王爵和王叔的公爵。廓尔喀王叔欣然同意，撤兵退地，遣使入贡。对乾隆皇帝，巴忠编造谎言，伪称廓尔喀知过悔改，求帝宽宥，恳请入贡封爵。这事本来比较难办，但语言不通，上下隔绝，鄂辉、成德又随声附和，共同作伪，终于一度欺骗了乾隆帝，办成功了。乾隆五十四年正月，鄂辉奏称，收复宗喀后，连降大雪，现在觅路前进，廓尔喀头人在交界地方，听候官兵到后，"欲行申诉"。乾隆帝于五十四年二月三十日看到此折后，谕令鄂辉迅速前进，收抚廓尔喀人，问明该头目起衅情由，遵照以前陆续下达的谕旨，"剀切宣布，总在慑服伊等之心，使永远不敢侵犯，立定界址，即行撤兵"。[1]

三月，鄂辉又奏："巴勒布所占地方，业经全行收复，边界廓清。其大头人为雪所阻，俟天气晴暖，即前来叩见，再宣谕威德，晓以顺逆，今其输诚归服，永遵王化，即次第撤兵。"乾隆帝于四月初八看到奏折，下谕说：巴勒布人因与唐古特人争执，故至后藏边界侵扰，现经鄂辉等"向其头人剀切晓谕，番众等怀畏天朝威德，从此自不敢再犯边境"。[2]

①《清高宗实录》卷1323，第42、43页。

②《清高宗实录》卷1326，第10页。

六月初二日，鄂辉等人呈报廓尔喀乞降、双方立约定界、撤兵的奏折，送到京师。鄂辉等人奏：

"巴勒布畏罪输诚，遣头目来营乞降。臣等察其意诚，随将唐古特番兵先行撤动，一面宣布恩威，设法招致。兹据总兵穆克登阿等，带领巴勒布大头目噶登嘛撒海、哈哩乌巴第哇等，环跪营门，悔罪乞恩。禀称：我等远在边外，本与唐古特和好，常来西藏交易。近因西藏人将我等货物任意加税，并于食盐内掺入沙土，我等实不能堪，冒昧侵犯边地。今大兵远来，我等不敢抗拒，望风退回。今蒙将从前在藏滋事之噶布伦，并加税之第巴等，均革退治罪，又将办理驻藏大臣更换，莫不感仰大皇帝公正严明，额手称颂。臣等随向宣布威德，大兵所向，屡着荡平，并将如天好生之心，向其一一晓示，番众等叩头畏服。随令西藏噶布伦、第巴等，将减税、售盐等事说明，立定规条，勘明边界，各设盟誓，并取具该部落永不滋事图记、番结，交噶布伦收存备案。所有汉土官兵，当令分起全撤，留换台站，随营粮员，俱以次撤回。其前（后）藏济咙、聂拉木、宗喀、胁噶尔等处，俱各慎选总管，给予执照委牌，饬令妥为经理。复谕噶布伦、第巴等随时查察，教养兼行，俾令安分守法，以仰皇上受护唐古特僧俗番众之至意。"①

乾隆帝不了解事实真相，听信了鄂辉、巴忠、成德等人上述颇不真实之言，批准了允降定界撤兵。

鄂辉、成德、巴忠等人，又遵照帝旨，奏上"收复巴勒布侵占藏地设站定界事宜"，共19条。其主要内容可归纳为七项：一、增兵。增绿营兵110名、唐古特兵1200名，其中，后藏新驻绿营兵150名、唐古特兵400名，前藏增唐古特兵800名。二、储粮。在扎什伦布城内建仓，收贮米、稞、麦3000石，拉里、察木多、巴塘、里塘四处粮台，亦一体储备。三、任官。西藏噶隆、戴绷、第巴等缺，办理地方，管束兵丁，"均关紧要"，遇有缺出，应于诚实勤妥之子弟中慎选承充。第巴、营宫、商卓特巴等共两三百缺，难以逐一奏补，应将大处紧要地方缺出，调验补放，偏远第巴缺出，仍令达赖自行选择。四、减税。聂拉木、济

①《清高宗实录》卷1333，第4—5页。

咙、绒峡三处，均与巴勒布连界，近来贩运日多，过去巴勒布驮载货物来藏贸易，第巴收税加至1/10，易起争执，今后只准减半征收，并令勒碑界所，长远遵循。五、洁盐。藏盐于沙土中刨出，本不洁净，应于挖出时，交该处第巴查验盐的成色，酌中定价，不许故昂其价，任意抑买。六、大臣职责。驻藏大臣每年轮赴后藏一次，巡查操演，四位噶布伦（即噶隆）中，每年轮派一员至后藏稽查。两位驻藏大臣须同居一处。大臣衙门规定应役官兵额数。七、诉讼。以往西藏讼事，归管理刑法头人郎仔辖断决，按照俗例，分别轻重，罚交金银牛羊，恐有高下不公之弊，现在告诉达赖及噶布伦等，"凡有关涉汉、回、外番等事"，均令郎仔辖呈报，驻藏大臣委官会同审理。军机大臣议复赞同，乾隆帝于五十四年六月十八日批示："依议速行。"①

七月初八日，鄂辉等人之折送到北京，奏称巴勒布王子复遣大头目赴营禀称："情愿具表纳贡，永归王化。"乾隆帝降谕：巴勒布王子上年即欲呈献贡物，因驻藏大臣隐瞒不奏，未及举行。"今复遣头目抒诚进贡，恭顺可嘉"，俟其来使赍表贡至京时，"予以封爵，并赏给该头目等职衔，用示鼓励"。着鄂辉派委妥当官员，"护送来使进京"。②鄂辉又奏，沙玛尔巴呼图克图红教喇嘛说："巴勒布王子、头目，尚能听我言语。但现在虽能约束，若再有接续之人，令在济咙附近庙宇居住，方有裨益。"乾隆帝知悉后，予以嘉奖，称其"能沥诚相告，甚属可嘉"，命巴忠至扎什伦布安排。③不久，巴忠等人奏："扎什伦布各庙宇，系沙玛尔巴呼图克图所建，现在系伊弟子掌管"，可毋庸议。④

廓尔喀贡使于乾隆五十四年六月出发，七月抵扎什伦布，十月初十日至打箭炉城，于"经过各土司地方，礼貌极为恭敬"。而各土司素奉佛教，"见来归，接替应付夫马，莫不踊跃输将"。⑤

乾隆五十五年正月十二日，乾隆帝御山高水长大幄次，赐王公大臣、蒙古王公、安南、暹罗、廓尔喀等国使臣宴。第二日，他又于此处赐上述茶果并赏赍物品。随即他降旨封廓尔喀王子喇特纳巴都尔为廓尔

①《清高宗实录》卷1333，第28—35页。
②《清高宗实录》卷1334，第22页。
③《清高宗实录》卷1334，第23页。
④《清高宗实录》卷1339，第21页。
⑤《清高宗实录》卷1342，第5页。

喀国王其叔巴都尔萨野为公爵。

巴忠、鄂辉等人欺骗君主封爵许贡主事，就这样办成了。不久，鄂辉荣任四川总督，四川提督成德升任成都将军，好像真是万事大吉，然而事实终究是事实，这一欺君误国大案的真相很快就大白于天下。

十、二征廓尔喀

（一）廓尔喀再侵后藏

正当乾隆皇帝为新招属国而高兴，鄂辉、成德沉醉在升官晋职的大喜日子里，突然驻藏大臣保泰、雅满泰送来紧急报告，廓尔喀兵于乾隆五十六年（1791年）七月初七日占据聂拉木，噶布伦丹津班珠尔及戴绷被围，顿使朝野大惊。

原来乾隆五十四年初廓尔喀在与西藏噶布伦议定撤兵退地的文约中，要求西藏每年交银300锭。一锭折合内地银32两，300锭为9600两，西藏根本无力交付，当年就未交清。五十五年廓尔喀王叔派人来讨，没有结果，五十六年又来索要，西藏达赖、噶布伦派丹津班珠尔携带元宝300锭，欲与廓尔喀来使谈判，交出这笔银两后将文约撤回。廓尔喀王本已十分恼怒，移住其国的红教喇嘛已故六世班禅之弟沙玛尔巴呼图克图，因恨其异母同父之兄仲巴呼图克图独吞已故班禅的巨大赀财，遂宣扬扎什伦布富饶无比，班禅金银珍宝无数，煽动廓尔喀出兵，再侵西藏。

乾隆五十六年七月初，廓尔喀王以唐古特人欠债不还，噶布伦失约为辞，发兵数千，大举入侵。

七月二十一日，驻藏大臣保泰收到前往巡查边界的噶布伦丹津班珠尔、后藏部司徐南鹏报告，呈称：六月二十四日到达聂拉木，七月初七日廓尔喀头人"领兵千余"，向聂拉木进发，"我等见来人甚众，一时不能禁止，将彼处桥梁拆毁。廓尔喀疑断其后路，混放鸟枪，至相争斗。廓尔喀即占据聂拉木，将噶布伦、戴绷等，俱围住彼处"。[①]

保泰立即上疏，奏称调达木蒙古兵500名，并酌带绿营兵，前往扎什伦布，安抚番人，遣唐古特兵把守边界要隘。若廓尔喀兵仍肆抢掠，将

---

① 清方略馆纂、西藏社会科学院编辑：《钦定廓尔喀纪略》卷1，全国图书馆文献缩微复印中心，1992年版，第1—3页。

班禅移居前藏。四川总督鄂辉、成都将军成德亦奏述此情。三人奏折于八月二十二日送到皇宫。①

八月二十五日，四川总督鄂辉、成都将军成德奏疏又送到皇宫。乾隆帝阅疏后，谕军机大臣传谕鄂辉、咸德：

"前岁廓尔喀滋事，朕特着鄂辉为正，成德、巴忠为副前往办理。乃鄂辉不思久远奠安，唯图目前，苟且了事，致廓尔喀复肆跳梁。朕以此事系鄂辉承办，已降旨仍着鄂辉前往。今据鄂辉、成德所奏，仍遣成德办理。鄂辉受朕深恩，简用总督，廓尔喀之事又系鄂辉初时办理不善，以致滋事，何尚观望不前。即云总督任重，令成德署理数日，有何不可，鄂辉过于拘泥，着严行申饬。至此事，朕于前年交鄂辉、成德、巴忠会同办理，此次二十二日保泰奏到，朕披览之后，将折令巴忠阅看，以起初系三人承办后有错误，焉得立治一人之罪，故于巴忠亦尚未加以责斥。次日巴忠在军机大臣前告称，此事系我等办理不善，恳祈将我或革或降，赶赴藏地效力赎罪。经军机大臣等代奏，朕因已遣鄂辉往办，未令前往，不意巴忠即于是夜潜出投河淹毙，殊堪骇异。因思从前商办此事时，巴忠必自恃御前侍卫，随从有年，又为钦差大员，鄂辉系外省总督，成德系提督，未免易视伊等，凡有事件，俱系自专。今复滋生事端，恐鄂辉、成德据实陈奏，心怀疑畏，是以短见自戕。伊既如此，鄂辉等闻知，未必不致狐疑慌乱，倘因此贻误公事，伊等不能当其咎也。着传谕鄂辉等，令其安心奋勉，驰赴藏地，如将此事妥办完竣，朕必如恩宽宥，以功抵罪，倘仍苟且了事，止顾目前不为久远之计，鄂辉更何颜见朕耶。至保泰现已自前藏往扎什伦布，所有事务，即着保泰相机办理，不必等候鄂辉。廓尔喀虽系绝域，但其人不无诡计，保泰于临近，时务须留心防范，不可轻视，万一为其所欺，于国体大有关系，保泰唯当慎之。"②

驻藏大臣保泰奏疏于九月初五日送到京师。保泰奏，八月初四日获悉，廓乐喀兵1000余人，夺据了定日、济咙等处，已调达木蒙古兵、唐古特兵2000名，在各处要隘把守。

①《钦定廓尔喀纪略》卷1，第4~5页。
②《钦定廓尔喀纪略》卷1，第10~12页。

　　九月十二日保泰奏章又送到北京，奏述唐古特兵懦怯溃逃，及咨告鄂辉，"派调屯练降番及川省绿营兵丁，迅速来藏援救"。据戴绷定曾纳木结禀称："我带兵五百名由撒迦沟至春队前面之桑卡松朵地方，与戴绷敏珠尔多尔济所带之兵聚在一处，正值贼人前来，当即施放枪炮，贼人被伤者甚众，因贼兵众多，连次打仗抵御不住，已自春队退出，等情。适游击乌尔公网阿领绿营兵50名、达木兵300名、后藏番兵200名闻信赶至撒迦沟地方，与戴绷敏珠尔多尔济、定曾纳木结等会合，其前后催调之各处番兵尚多未到，乌尔公阿现在收集退出之唐古特兵丁，在撒迦沟堵御。"①

　　保泰说："窃思贼匪由胁噶尔之南，绕道济咙前进，沿路番民闻风逃窜，其前派往胁噶尔堵御之各处番兵躲避不前，而胁噶尔营官寨之番兵三四百名，唯知守寨，不能追击夹攻，其催赴春队之各处番兵已到者，遇贼即退，未到者，屡次飞催耽延不到。臣看其情形，唐古特懦怯性成，即家室亦不知顾惜。现在贼匪已到春队，相距扎什伦布仅四日路程，臣于八月十六日将班禅额尔德尼由羊八井一路移送前藏，一面行知四川总督鄂辉派调屯练降番及川省绿营兵丁迅速来藏救援。再都司严廷良前经派令带领绿营兵120名，达木兵150名，今臣即带达木兵丁，护送班禅额尔德尼。其仲巴呼图克图尚住扎什伦布庙中，即令都司徐南鹏带领绿营兵丁120名护守庙宇。如贼众前来滋扰，仲巴呼图克图难以驻守，并令徐南鹏酌带绿营兵丁防护仲巴呼图克图送赴前藏。"②

　　也就是在九月十二日这一天，四川总督鄂辉、成都将军成德的奏疏，也送到皇宫。鄂辉奏称，收到保泰咨请调屯练降番咨文后，即令调2000名勇健屯练降番：

　　"保泰抄送折稿内称，廓尔喀贼匪由胁噶尔绕至春队地方，唐古特兵丁抵御不住，经游击乌尔公阿督收退出之兵，在撒迦沟堵御，已将班禅额尔德尼移送前藏，咨明臣等派调屯练降番及绿营兵丁迅速来藏。并准将军成德咨商调派士兵二千名，前往接应各等情。臣思将军成德先已带兵三百余名，现在进至打箭炉，不日出口，想藏中一闻此信，自必众心稍定。但班禅额尔德尼既已移送前藏，恐后藏各番益滋惊惧。该处虽有达木兵丁可用，究系未历行阵之人，自应钦遵谕旨在屯练土兵内，拣调前往策应，庶足夺贼人之胆，安僧俗之心。随飞行维州懋功二协，在五寨屯番内挑选勇健兵丁二千名，内将屯番五百名，令崇化营游击额尔

---
①② 《钦定廓尔喀纪略》卷1，第21~22页。

恒额管带，并酌派素能管束番兵之将弁数员，先由章谷至打箭炉出口，并令总兵张芝元由省迎至打箭炉，一俟该屯番到来，即作为头起，统领前进。其屯练一千五百名即令署维州协副将五十一带领，来至省城。臣等亦就近于各标营酌派能事有用将备千把十余员，俟该副将管带屯练到省，臣鄂辉即分为三起，带领起身，陆续进发。除现在督同司道等查照上届进兵巴勒布时一切应办章程，妥速筹办。一面飞饬打箭炉及口外各粮台，将存贮粿麦，速行料理妥协，以备应付。并咨明雅满泰，另于西藏商上购办粮石，以便接济。" ①

九月十五日，驻藏大臣保泰之疏到京，奏述廓尔喀兵3000余名连败唐古特兵情形说：

"臣护送班禅额尔德尼于八月十七日行抵相距后藏二日之托布嘉地方，十八日寅刻，接据乌尔公阿禀称，于十六日同前藏戴绸带领绿营汉兵及达木兵并唐古特兵丁，前至撒迦官寨，上首之山望见贼匪三千，数百名分作三路围困前来，达木官兵及唐古特兵丁对敌不住，即行退走，贼人乘势赶来，公札什纳木扎勒与达木协领泽巴结前后阵亡，达木兵丁阵亡者甚多。并据差来兵丁马得功面禀，十六日与贼对敌，唐古特之兵见贼施放一二枪，即行退走，唯达木兵丁尚知奋勇抵敌，无如只有三百名，众寡不敌，以致阵亡过半。贼匪乘势赶至撒迦沟庙前，庙内喇嘛俱出来与贼投递哈达，撒迦庙宇贼已占住等语。臣听闻之下，不胜愤恨，思欲转回扎什伦布，带领现在之绿营、达木兵二百余人，迎贼决战，但此时班禅额尔德尼起身才二日，年幼不能速行。且前藏之江孜地方起，至布达拉，一路处处疏懈，虽叠经臣与雅满泰分起差官督催，砌卡防守，而番目番兵视同膜外。为今之计，除一面札知都司徐南鹏，善为驾驭番民及喇嘛等保护扎什伦布庙宇暨仲巴呼图克图。一面飞调各处番兵，迅速前来，救援堵截，并可防守江孜一路临口。臣护送班禅额尔德尼自托布嘉起身，俟抵前藏，与雅满泰面商一切。再查扎什伦布现有汉兵一百二十名，达木兵一百余名，番民八百名，扎什伦布之营官寨守寨番民三百余

①《钦定廓尔喀纪略》卷1，第21—22页。

人，似可尚资防守。况仲巴呼图克图在庙，庙中有喇嘛四千余人。"①

十月初六日，送到京师的驻藏大臣保泰、雅满泰的奏折说：廓尔喀兵于八月二十日侵犯扎什伦布庙，"仲巴呼图克图先于十九日夜，将庙中细软搬至东喀尔地方藏匿。其扎什伦布庙内，有济仲喇嘛及四学堪布喇嘛等，在吉祥天母前占卜，据称龙单上云，不可与贼相持。众心已乱，喇嘛及唐古特人等俱各散去。因此，二十一日贼众直入扎什伦布庙中"。②廓尔喀兵于九月初七日撤走，后来，仲巴呼图克图于十月初一日回到扎什伦布庙。庙"并未残毁，三世班禅额尔德尼大塔三座，亦无损坏。唯塔上所镶松石、珊瑚、金银花，贼皆挖取，佛前所供金银帏幔等项，亦被取去。至庙中佛像及铜瓷器皿，未经移动。其商上所贮银器绸缎等物，俱被贼掠去"。③

（二）八旬老皇帝二征廓尔喀

乾隆帝刚看到驻藏大臣保泰、成都将军成德、四川总督鄂辉于乾隆五十六年（1791年）八月二十二日送到京师的奏折，还以为只是"索欠细故"，容易处理，并未想到需要大军进剿。他立即命军机大臣传谕保泰等人，指示处理办法。主要讲了六个问题：一是保泰如果不能办理，即令鄂辉前去。二是鄂辉是总督大员，带绿营官兵50人即可，廓尔喀"自必闻风胆落"。三是西藏现有达木蒙古兵，如还需要兵士，"可于（四川）土练番兵内就近调取千余名"。四是命吏部尚书、协办大学士孙士毅入川，署四川总督。五是着鄂辉、保泰各写告示、帖子，训斥廓尔喀。六是谕斥保泰迁移班禅到前藏。谕旨说：

"再保泰奏廓尔喀倚肆掠进攻，即将班禅额尔德尼移于前藏，所奏亦属太过。班禅额尔德尼在扎什伦布，众心安帖，倘一动移，后藏人众必致纷纷扰乱，不成事体。况廓尔喀既能侵后藏，亦必能侵前藏，彼时又将移达赖喇嘛、班禅额尔德尼于何地。保泰只可静守，断不可轻移妄动致惑心。"

---

①《钦定廓尔喀纪略》卷2，第1—2页。
②《钦定廓尔喀纪略》卷4，第9页。
③《钦定廓尔喀纪略》卷4，第10、20页；卷7，第18、19页。

保泰到后藏后，即将廓尔喀情形，速由六百里具奏。①

乾隆帝的这道谕旨，可说是不明病因，药不对症。如若真像他所指示的不移班禅，鄂辉只带几十名兵丁入藏，不调内地兵丁，发几张告示恐吓一下，廓尔喀就会震惊求降，藏事即了，那可真要出大祸了，不仅后藏会遭受更大的骚扰，说不定班禅还可能被敌军掳去，乱子就更大了。当然，不能责备乾隆帝糊涂无能，不会应付突然事变，这位已经君临天下五十六载的万岁爷，应当说是一位能文能武的英君明主，他之所以犯此错误，完全是由于不明真相，被庸臣蒙骗了。他既不了解巴忠、鄂辉、成德伙同噶隆丧权辱国纳银赎地的真相，对鄂辉等人所呈"一切事务俱已妥为安置，欠项俱已还清"完全相信，又误信鄂辉之言，以为廓尔喀兵不堪一击，一听大军入藏，即便仓皇撤归，因此才轻视廓尔喀兵入侵之事，下此谬误谕旨。但是，他毕竟不愧为有为之君，很快就揭穿了鄂辉等人的骗局，了解了真情，确定了征剿廓尔喀的正确方针。

就在保泰之折到京的第二天，八月二十三日，巴忠因请求赴藏"效力赎罪"未被允许，便"投河淹毙"。乾隆帝非常惊异，马上感觉到必是巴忠自恃系多年御前侍卫和钦差大臣，"凡有事件，俱系自专"，今见滋生事端，心怀疑置，短见自戕。

过了13天，乾隆五十六年九月初六日，乾隆帝知悉廓尔喀兵占据了聂拉木、济咙，驻藏大臣保泰调派藏兵和达木厄鲁特兵2000名防守各隘，便谕军机大臣传谕阿桂、福康安奏陈对策，并着重指出，如保泰不能完事，"必须动兵时，即遣福康安前往办理"。

藏区接连传来不好的消息：廓尔喀兵侵入扎什伦布，抢掠后于九月初七日撤回本国，留千余兵屯据聂拉木、济咙等处；驻藏大臣保泰惊慌失措，防御无方，竟奏请将达赖、班禅由前藏移至青海泰宁，幸好为达赖拒绝，才未移动；总督鄂辉、将军成德畏敌惧战，缓慢前进，御敌无方，拥兵4000余名，听任敌军抢掠后退走，又不猛攻余兵。乾隆帝感到，不发大军征剿，难以收复失地，更难制止今后廓尔喀的再次入侵。

但是，发兵征剿，谈何容易，有五大难关摆在面前。一是万里之外，兵马怎去，粮运难继；二是大山重重，雪深冰厚，悬崖峭壁，羊肠鸟道，险恶难行；三是人烟稀少，柴草难觅，人、马无法生活；四是八旗军威，已是昔日遗迹，绿营官兵更是疲弱怯懦，动辄溃逃；五是"官

---

① 《钦定廓尔喀纪略》卷1，第2页；《清高宗实录》卷1385，第8-11页。

以赀进，政以贿成"，几万官员，不是贪官昏官，就是庸碌之辈，操守廉洁、才干出众、敢于做事的廉臣能臣，确是凤毛麟角，千里挑一。何况岁月不饶人，乾隆帝已是82岁高龄的老皇帝了。一位可能行走已经困难、思路已经迟钝，老态龙钟、风烛残年之君，还有勇气、有能力、有计谋，运筹帷幄，调兵遣将，频出高招，决胜于万里之外吗？从古至今两千年里的一两百位帝君，还未有人达到如此境界。可是，过去没有，如今有了，这个君主，就是82岁的乾隆皇帝弘历。在他执政64年里的所有战争中，包括他津津乐道的"十全武功"，只有这一次二征廓尔喀之战，才是他指挥最英明、最正确、最成功之大战。

在五大难关面前，在耄耋年岁的困难面前，乾隆帝没有屈服和气馁，决心要保住皇祖创立的宏伟基业，坚决征剿廓尔喀。要想取胜，必须想出闯过五大难关的办法。路遥、道险、难行，但并不是绝对不能翻越，商人、喇嘛、敌兵可以走，皇帝挑选的勇士也能走。将弁士卒不行，但百万名八旗军、绿营军中，总可以挑选出猛将勇兵。官员昏庸贪婪，但总还有能臣和愿意上进的有识之士。何况，乾隆帝还拥有当时任何国家、任何部落没有的优势，这就是大清国还处于"全盛之时"，哪怕它已经到了盛极渐衰之际，但总还未剧衰，至少每年财政收入还有近5000万两白银，国库存银还有6000多万两。乾隆五十四年二月二十八日，乾隆帝谕告军机大臣不再大举征剿安南首领阮惠时说：

> "此次阮惠纠众，潜出滋扰，致官兵损失，并伤及提镇大员，是竟得罪天朝，在所难赦。方今国家全盛，帑藏充盈，原不难统兵进剿。现在带兵大员，谙练军务，久历戎行者，亦尚有人。帑项现存贮六千余万，即费至三千万，亦断不稍有靳惜。且朕办理庶务，唯日孜孜，亦非老而畏事，唯念安南地方水土恶劣，向多瘴疠，实不欲以天朝兵马钱粮，徒靡费于炎荒无用之地，揆之事理，实不值复行大办。"[1]

乾隆帝反复思考后，决定对二征廓尔喀采取七大措施。

其一，反复强调征剿廓尔喀的必要性，并多次强调一定要对其痛加剿杀，一劳永逸。四川总督鄂辉于九月二十八日送到宫中的奏折，声称

---

[1]《清高宗实录》卷1323，第41页。

对廓尔喀，固不可不加兵，而亦不值大用兵。乾隆帝立于当日命军机大臣传谕鄂辉、成德，予以痛加斥责：

"……至鄂辉折内，又称后藏距廓尔喀甚远，粮运乌拉更为掣肘，此时不进兵，断乎不可，若用兵大举，于事亦觉不值。看来鄂辉不免有仍前畏难将就了事之见。廓尔喀原属无能，此时鄂辉、成德等先后带兵前抵该处，贼匪自必闻风窜避，但必须慑以兵威，痛加惩创，俾加慑服，不敢再萌他念，方可期一劳永逸。若少存将就了事之意，使彼无所畏惮。大兵撤后，即使明年不来滋扰，或后年复至边境抢掠，又将作何办理。倘复须调兵进剿，是贼匪转得以逸待劳，反客为主。从来外夷，反复无常，见兵威壮盛，即行逃窜，及大兵撤去，仍来窥伺，往往疲敝内地。用兵之道，当先发制人。若云道路遥远，粮运维难，岂有贼匪能来我兵难往之理。鄂辉等唯当相度机宜，妥为筹办，俟兵力厚集，即不能捣穴擒渠，总当痛加剿杀，使之闻风胆落，不可先存迁就，致留后患。"①

乾隆帝又于五十六年十月初六日，因鄂辉、成德、署四川总督孙士毅的奏折，有"将就完事主见"，谕军机大臣传谕福康安、鄂辉、成德，重申必须大举征剿，痛加歼戮：

"命军机大臣传谕福康安、鄂辉、成德曰：廓尔喀贼匪侵扰后藏，志在抢掠，断不能在彼久住，朕早已料其必思窜回。今贼匪将唐古特粮食焚毁，可见贼匪自知势难久留，又闻鄂辉、成德先后带兵前往，急思遁去，是以将积聚概行焚毁。若贼匪尚欲在藏滋扰，则此项粮石正可掠食，岂有转行烧毁之理，看来贼匪无能，断不敢扰及前藏。况前藏距扎什伦布不过数日路程，贼匪于八月二十一日占据扎什伦布，距保泰发折之时，已及两旬，倘贼匪果有觊觎前藏之意，岂肯迟之多日，尚在后藏株守耶。此时鄂辉、成德带兵到彼，贼匪自已早窜，但必须慑以兵威，痛加歼戮，方可使之畏惧，不敢再萌窥伺。今鄂辉、成德先后奏到各折，及本日孙士毅所奏，俱不免存将就完事之见，殊不知此事初起之

① 《钦定廓尔喀纪略》卷3，第15页。

时，朕并非必欲大办。如贼匪只因索欠启衅，抢掠聂拉木等处边境，尚可为之剖断曲直，责令清还欠项。朕之初意，原不欲劳师远涉。今贼匪肆行侵扰，竟敢抢占扎什伦布，不得不声罪致讨，非彼乞哀可完之事。若因贼匪已遁，遂思就事完结，使贼匪无所畏惧，将来大兵撤归，贼匪复来滋扰，又将作何办理。岂有堂堂天朝，转为徼外番贼牵制之理。此事势在必办，竟无二义矣。……明春大举……即可穷追深入，痛加剿杀，以为一劳永逸之计。"①

其二，严惩贻误军机、贪生怕死、畏敌怯战之庸臣，革除保泰、雅满泰驻藏大臣职衔，并枷号示众。革鄂辉四川总督职，授副都统衔。革成德成都将军职，予副都统衔，充领队大臣。

其三，委授新帅。委任爱妻孝贤皇后之亲侄儿一等嘉勇公、协办大学士、两广总督福康安为统帅，初授将军，后晋授大将军。

其四，调派勇将精兵，授二等超勇公、领侍卫内大臣海兰察为参赞大臣，派勇将额勒登保、台斐英阿、岱森保等巴图鲁、章京100员，率索伦勇士1000名出征。

其五，大调屯练、降番、土兵。先后允准征调川西屯练、降番、瓦寺等土司土兵8000余名，从征厮杀。

其六，保证粮饷武器供应和运输，特授协办大学士、吏部尚书孙士毅，署四川总督，督运粮饷武器。

其七，坚决保护达赖、班禅，保障卫藏安全，痛斥保泰"丧心病狂"。驻藏大臣保泰、雅满泰以廓尔喀军凶狠，藏兵怯懦，抵挡不住，于五十六年八月下旬谒见达赖、班禅，要将他们移住泰宁，遭达赖拒绝。保泰、雅满泰立即上折，奏述其情说：

"臣保泰于八月二十五日将班禅额尔德尼护送前藏，臣雅满泰前来接迎。彼此商议，以唐古特懦弱不足抵挡贼众，且兵数亦寡，除分往各要地防守及安设台站，并各处设立堆口探信官兵，现只余兵丁二百余名。此时贼势逼近，达赖喇嘛、班禅额尔德尼为黄教之宗，最关紧要，臣等当即谒见，请达赖喇嘛、班禅额尔德尼移往泰宁居住。据达赖喇嘛称，现今班禅已到前藏，我等同住布达拉一处，尚属无妨，若移驻泰宁，恐此地喇嘛及民人等俱至惊散，布达拉并大昭诸寺皆不能保，不如驻守布达拉，以安众心。"①

保泰、雅满泰的奏折是在九月十五日送到皇宫的，乾隆帝看到保泰竟然要将达赖、班禅移往泰宁（泰宁，在今四川省道孚县，1939年属西康省），如将达赖、班禅移居此地，显然意味着要放弃西藏了。乾隆帝不禁勃然大怒，立即于当天命军机大臣传谕鄂辉、成德、奎林，痛斥保泰、雅满泰"丧心病狂"，嘉赞达赖及各大庙堪布"知大义"：

"上命军机大臣传谕鄂辉、成德、奎林曰：保泰等所奏以唐古特兵少，贼势甚迫，欲将达赖喇嘛、班禅额尔德尼移于泰宁，是何言也。保泰、雅满泰二人不料其丧心病狂一至于此，竟是无用之物，瞀乱已甚。幸而达赖喇嘛坚意不从，倘误听保泰等之言，竟弃布达拉而去，尚复成何事体。朕深喜达赖喇嘛如此通晓事理，而所属堪布及各大喇嘛亦共知大义，坚心保守，其僧俗人等俱不至惊散，朕心稍为宽慰，实堪嘉奖。今特发大制帛一方，正珠记念一串，交成德等给予达赖喇嘛，志朕奖悦之意。至保泰、雅满泰二人，一遇廓尔喀滋扰之事，即心慌胆落，懦怯已极，殊属负恩。目下正当有事之时，暂将保泰、雅满泰革职，留彼效力赎罪。所有欲保守布达拉之堪布、大喇嘛，即着查明具奏，候朕施恩赏给名号。"②

不久，九月中旬保泰、雅满泰尚未接到皇上严厉斥责他们移送达赖到泰宁的荒谬建议的圣谕，还以唐古特怯懦为借口，奏请将达赖、班禅送于泰宁或西宁：

"臣等察看唐古特人心涣散，并无固志，虽敬奉达赖喇嘛，实无保护之意，此时仰仗天威，调兵剿贼，然观其大势，达赖喇嘛、班禅断不可仍居此处。祈圣恩派兵一二千名，或将达赖喇嘛、班禅额尔德尼移于

① 《钦定廓尔喀纪略》卷2，第21—22页。
② 《钦定廓尔喀纪略》卷2，第24—25页。

泰宁，或移西宁之处伏候。"

十月十一日，乾隆帝看到刚刚送来的保泰、雅满泰请移达赖的奏折，更加愤怒，立谕内阁，痛加斥责，谕令传旨，将保泰在西藏"长期永远枷号示众"，宣示保护达赖和班禅、保护黄教、保住西藏的方针：

"据保泰等奏称：达赖喇嘛、班禅额尔德尼不可复居卫藏，请移驻泰宁或西宁等语，保泰等真丧心病狂矣。廓尔喀贼匪跳梁，方奏报之初，朕即逆料其实无能为，不过抄掠物件，一闻内地大兵信息，即自窜归，是以节次令后调官兵暂且听候，今果已窜回。自贼匪滋扰，保泰即心怀畏葸，漫无经理之策，唯亟将班禅额尔德尼移驻前藏，又欲达赖喇嘛移驻泰宁，因降旨将伊革职效力。彼时虽贼匪披猖，保泰等若能奖励唐古特等，领兵堵截，贼匪断不能至扎什伦布，俟有内地兵到，将值降雪之时，贼匪定即窜回。乃保泰并未筹计及此，唯知将班禅额尔德尼移驻前藏，是以扎什伦布之喇嘛、民人等惶惑逃散，贼匪方能侵扰扎什伦布。现今贼匪业已窜回，又并未追贼打仗，转欲将达赖喇嘛、班禅额尔德尼移驻泰宁、西宁，是诚何心。保泰为那木札尔之子，朕意以为伊从前曾经驻藏，于一切事务，自较他人熟悉，是以令其前往，不料一遇此事，颠倒错乱，竟至出人意料，实堪愤懑。雅满泰尚知带兵追贼，而保泰一味懦怯，贼匪已退，犹欲将达赖喇嘛、班禅额尔德尼内徙，直欲举全藏委之于贼。设使贼匪逐渐内侵，亦将察木多、里塘、巴塘均弃而不顾，有是理乎。卫藏地方为皇祖、皇考戡定之地，何可轻议弃置，且弃置藏地之后将处达赖喇嘛、班禅额尔德尼于何地耶。此事决非雅满泰之意，雅满泰上次曾经办理此事，如果系伊意见，必早行具奏，其为出自保泰之意无疑。朕自临御以来，五十余年，经理庶务孜孜不倦，从无畏难苟安之见，众所共知，保泰纵不为身谋，亦思朕为何如主乎。保泰以为达赖喇嘛、班禅额尔德尼移驻之后，伊即可苟全性命，仍着鄂辉于抵藏之后，传旨将保泰在彼永远枷号示众，保泰之子，有现任职官者，俱行革职，以昭炯戒。至达赖喇嘛、班禅额尔德尼驻锡前后藏，历年已久，凡蒙古番夷咸思敬礼，朕所以绥辑藏地者无非保护黄教之意。现今非特达赖喇嘛、班禅额尔德尼不愿迁徙，即在京呼图克图及喇嘛等，多有藏地之人，谅亦不愿移徙也。此旨令在京之呼图克图喇嘛等阅看，并用蒙古文翻出，通谕内外各蒙古知之。"①

乾隆帝的七大措施为二征廓尔喀的成功提供了基本的前提条件。姑以运输而言，从四川成都出发到拉萨是6170里，拉萨到后藏扎什伦布（即日喀则）又有1000多里，日喀则到被廓尔喀军占据的济咙（今吉隆县）有980里。这长达8000多里的路，大多是高山区，多雨多雪，峰高岭峻，羊肠鸟道，人烟稀少，甚至很长的地方没有人口，上万大军的口粮、马料、棉衣、兵器、枪炮弹药，怎样供应？运输的上万马、牛、人夫，途中倒毙、伤亡，怎样补充顶替（很多地方，找不到人、马、牛）？在庸臣充斥的条件下，根本没法保证供应，幸好乾隆帝找对了人，委任孙士毅负责。

孙士毅，浙江人，两榜出身，历任内阁中书、军机章京、布政使、巡抚、两广总督。乾隆五十三年征安南，先胜，封一等公，后败，革职削爵，旋又复授兵部尚书、军机大臣、两江总督，五十六年召授吏部尚书、协办大学士，现在奉命署四川总督，督运粮饷。

在官场懈怠畏难、享乐奢侈之风盛行的形势下，"士毅独廉"，②尽心竭力。七十多岁的老人，为督粮运，离京赴川，"无分雨雪，加紧前进，每日行二百五六十里及二百七八十里不等"。赶到成都后，在督运上，孙士毅主要采取了三项重大措施。一是粮饷滚运。不将粮食从四川直接运到西藏，而是中间设立若干站台，逐次转运。③

二是尽量在藏内购买粮食，可以节省10倍运费。孙士毅奏称："口外采办运送，与藏内就近买，食其价值多寡，相去悬殊。查自察木多运至西藏，若用人夫背负计费不赀。如用牛马驮载，每粮一石，亦约需银二十两，此尚就察木多起运而言，其实自炉城附近运至察木多，存贮所有应销脚价，仍需一并计入，再加每石本价米则六两有余，稞麦亦四两有余，每石已价至三十余两，若在藏内买备，每石价值不过一两有余，

①《钦定廓尔喀纪略》卷4，第24-26页。
②《钦定廓尔喀纪略》卷4，第24-26页。
③《钦定廓尔喀纪略》卷5，第32页；卷6，第12页；卷8，第9页。

是在口外备军粮一万石，运送西藏已多糜帑项二十余万两，若就采买五万石计算，即需多用一百数十万两矣。如果藏内买备，不敷兵行支食，原属无可如何。臣上年在川，知前年巴勒布滋事，派兵进剿，初议运军粮赴藏，以供兵食，嗣因藏内情形足可买备，奏明停止运送在案。即使明春厚集兵力，计数当不过万几千人，似可不难就近买食。万一藏内居奇抬价，即倍价收买，每石亦不过三两而止，较之内地何止节省十倍。"帝从其议。[1]

三是解决土司克扣工食致缺少乌拉问题。孙士毅奏称：

"口外俱系番子地方，向来官给价值，土司往往从中克扣，因之裹足不前，甚或抛弃脱逃，事所常有。此次臣抵炉后，土司来见，臣面向伊等历叙皇上恩德，开陈大议，谕令现在需用乌拉所有官给价值，务须实发番民，不许丝毫克扣。内明正土司甲木恭诺尔布系宣慰土司，职分较优，人亦比众体面，现为众土司所推服。据称：我等世受大皇帝恩典，无可图报，此次需用乌拉，自当上紧雇备，运送过境，断不敢暗中克扣，以致番众不服，自取迟延获罪等语。臣察看情形，尚属十分踊跃。"[2]

孙士毅不久又奏称：

"自炉至藏五千三百余里，计军站一百三十余站，中间山岭峻险，向来乌拉往往畏难躲避。臣此次督同地方文武，向明正土司，多方驾驭，宽严并用，宣示皇上恩德。该土司极为感动，不但应发例价并未丝毫克扣，竟又自出己资，将运米番民，每名给以棉袄一件，牛毛布裤一条，为御寒之具，邀请地方文武，限同赏给五百件，以见其急公报效。臣已面加优奖，许以奏闻。旬日以来，乌拉更加踊跃，蜂拥而至，每次或三百石，或五百石，间日赶运出口。"[3]

孙士毅不辞辛苦，来往川藏，尽心竭力，广大运输人员劳累奔波，

①《钦定廓尔喀纪略》卷5，第33页。
②《钦定廓尔喀纪略》卷5，第30页。
③《钦定廓尔喀纪略》卷9，第13–14页。

保证了大军的粮饷马料军器的供应，史称"馈运无匮"。[1]

（三）大将军福康安挂帅

乾隆帝于乾隆五十六年（1791年）十一月初二日，谕授福康安为将军，统军征剿廓尔喀，后又晋授大将军。

福康安，姓富察氏，满洲镶黄旗人，清朝开国有功之臣的后裔。曾祖米思翰，户部尚书，祖父李荣保，察哈尔总管，俱追封一等公。父傅恒，首席大学士，军机大臣领班(即首辅、宰相)，一等公，追封郡王衔。亲姑乃乾隆帝原配孝贤皇后。正因为其是勋贵大臣子弟，地地道道的皇亲国戚，所以人们一向对其才干评价不高，认为其所建功勋，是仰仗天下第一勇将海兰察之力。揆诸历史事实，笔者认为，此论有失公允。福康安固然是皇亲国戚勋贵子弟，并且少年得志，官运亨通，14岁就当上了官阶正五品三等侍卫，18岁升为户部右侍郎、蒙古副都统，官阶正二品，23岁再升为官阶正一品的吉林将军，再过3年，任云贵总督，最后42岁去世之时，相继任过大将军、大学士，封贝子，卒后追封郡王衔。这样的经历和位极人臣的高官崇爵，在清朝268年的满汉人员中，只有福康安一人。这固然与其家庭显贵，父乃皇上最为宠信钦封为"国家第一宣力大臣"，姑系皇上爱妻孝贤皇后密切相关，但是福康安本人也有相当高超的才干，颇谙兵法，奋勇冲杀，善驭猛将，军功累累。这在征廓之战中显示得非常清楚。

乾隆帝知道四川总督鄂辉、成都将军成德不能胜任剿廓统帅之责，曾于五十六年九月二十日谕授福建水师提督奎林为正红旗蒙古都统，前往西藏，操办军务。但四天以后，即于九月二十五日命军机大臣传谕时任两广总督、一等嘉勇公的福康安，命其来京。乾隆帝说："福康安素娴军旅，声势较大，或有必须到彼督办之处，亦未可定。着传谕福康安接奉此旨，即迅速趱程来京，以便预备前往。"[2]过了两天，九月二十八日，帝命军机大臣传谕福康安，命其督办征廓军务：

> "前次廓尔喀侵扰西藏边境时，鄂辉等将就了事，并未大示创惩，贼匪无所畏惧，又习见唐古特怯懦，敢肆欺凌，是以此次复来滋扰。若

---

①《清史稿》卷330，《孙士毅传》。

②《钦定廓尔喀纪略》卷2，第25页。

不示以军威，则我军甫撤，贼匪复来，方欲进兵，贼已远遁，频岁劳师远涉，仍属无功，终非一劳永逸之计。朕意俟明岁春融，厚集兵力分路进讨，鄂辉资望较轻，恐难胜统兵重任。且鄂辉前在金川军营，尚系守备，奎林已为领队大臣，即成德彼时职分亦在鄂辉之上，今令奎林、成德分路带兵，鄂辉在后路接应，则奎林、成德转似偏裨，恐不相下。朕再四思维，竟需福康安前往督办，方足以资统率。福康安素娴军旅，识见较鄂辉为优，且奎林系福康安堂兄，平日尚称友爱，令其同办军务，想能和衷协力，迅速藏功。"①

　　福康安被授为大帅，统军征剿廓尔喀后，半年之内，做了五件大事。他做的第一件大事，是立即紧急赶往西藏，且坚持必由青海西宁前去，哪怕雪深冰坚，险峻难行，也要由此路前行，从而可以比由四川入藏，更快、更早到拉萨。福康安于十月初三日在江西吉水接到帝旨，立即赶往北京，晋见皇上，面授方略后，于十月十九日离京，前往西安，再往西宁。途中收到陕甘总督勒保咨文，声称青海难行，福康安考虑后，奏称，仍应由青海入藏，说：

　　"臣于途次接到勒保咨会，并录送折稿。臣阅该督折内称，接准奎舒来咨，以青海口外并无树株，今值隆冬，冰雪甚大，马草牛粪均被雪压，难以趱行。又称，从前雍正年间由西宁进兵，系雪消草长之时，方始取道前进，若人无炊爨，马无牧饲，关系甚大等语。伏念臣钦奉谕旨，令由西宁一路行走，原因程站较打箭炉捷近，以期早抵藏地，查明实在情形，迅速具奏。臣仰蒙委任，断不敢轻信人言，稍存畏难避险之见。前于途中，遇见恒秀，询以如何并站兼行，约须何时可到。据称，西宁通藏大路，向无柴薪，每年达赖喇嘛遣使进京，皆在夏秋之际，沿途放马前进，捡粪炊爨。一交冬令，该处大雪封山，即无行人来往。及至西安时，接见副都统敷伦泰，亦称伊曾在西宁办事，常闻赴藏之通事蒙古人等，言及此路，冰雪甚大，阻隔道途，从前留保住、雅满泰，由西宁调藏，即因冬月难行，仍绕回四川出口等语。臣以伊等所言，或系

<hr>

① 《钦定廓尔喀纪略》卷3，第18—19页。

得自传闻，不尽确实，唯恐道路稽延，寸衷实深焦急。前据勒保查奏情形，虽亦与恒秀、敷伦泰所言相同，然该督折内又称设法筹办，以利遄行，似不致竟难行走。且该督现在已经遵旨驰赴西宁，会同奎舒商办，并称传齐各旗扎萨克等，在于经过地方，攒集粪草，以供军行之用。又令各蒙古探明路径，安设军台，该督如此预为办理，若冰雪不至封山，或可毋虞阻滞。臣唯有赶紧驰赴西宁，面晤勒保、奎舒，再行详询喇嘛及蒙古番子等，查探明确，即使冰雪较大，尚有一径相通，可以勉力行走，臣断不敢稍惮跋涉，仍当轻骑裹粮，觅路前进，仰赖皇上洪福，自可道途无阻，迅抵藏地，预筹一切，仰慰旨圣怀。"①

乾隆帝于十一月二十三日看到福康安奏折后，谕示福康安酌情决定。

过了几天，福康安又上奏折，坚持由青海西宁入藏，说：

"臣接勒保、奎舒咨，据称：询之蒙古番子通事人等，金称，青海一路，冰雪甚大，柴草无从采觅，贸易人等，冬令往来，悉皆携带干粮，沿途放马，缓程行走。设遇大雪，多致耽延阻滞。此次赴藏，均系长行马匹，实每日必须牧放，难以兼程，等语。臣伏查所询西宁口外草地情形，行走固属艰难，然道路尚不致阻隔，贸易既可往来，臣等即能前往。臣蒙圣恩，委以军旅重任，宁敢稍惮艰辛，转生退怯。前在京时，亲见皇上宵旰焦劳，以青海道近而平，且西宁二字语谶吉祥，特命自西宁出口，由青海早抵藏地。若该处万难行走，臣自应据实直陈，奏请改道，断不敢迁就拘泥，贻误时机。今勒保、奎舒所言不过柴粪无从采觅，长马难以速行，若非连遇大雪，中途想不致稽阻。勒保等，现已将马匹口粮妥为备办，蒙古札萨克等亦皆感激天恩，争先趋事，臣一到西宁，检点裹带物件，即可轻装出口。近日天气晴明，过兰州后，转觉和暖，为向年边地所无，事机顺遂，已兆于斯。臣再三详察情形，仍以由青海一路前往为是。若此时因行走稍难，复自西宁改道由川省赴藏，计程共九千五百余里，而西宁至藏程途，现据勒保等安设台站，询问熟

---

① 《钦定廓尔喀纪略》卷9，第21-22页。

悉路径之人，实有四千一百余里，彼此相较，远近迟速，不啻倍徒，即使边外草地，冬令间遇风雪，寻觅有草地方，牧放长马，或不能每日兼程，而约计抵藏日期，较之回赴打箭炉前进，往返纡迟，总可早到一月。臣现已行抵平番，即日可达西宁，出口后自当倍加勤勉，尽力趱行，以期早至西藏，预筹进剿。"①

乾隆帝于十二月初二看到福康安奏折，十分高兴，嘉赞福康安说：

"前因勒保，奏青海出口，一路冰雪较大，柴草艰难，途中恐有阻滞，是以降旨令福康安到西宁后，与勒保、奎舒面商定议，若青海一路势难行走，即改道仍由四川赴藏。然朕屡向军机大臣言及，以福康安素性勇往急公，能耐劳苦，如青海道路稍有可通，伊必不辞辛苦，仍由青海前进。今览奏，果与朕言适相符合，且称兰州一带，气候较往年和暖，此实上天垂佑，额庆之余，益深敬感。现在福康安既坚持定见，由青海一路进发，嗣后所降谕旨，俱由四川驰递。"②

福康安从西宁出口后，陆续奏报前行情形：

"窃臣自西宁起程，行次贡额尔吉地方，业将出口行走顺适情形，奏蒙圣鉴。伏查，口外地方，山路甚多，里数亦俱窵远，每日寅初起程，行至戌刻，始行驻牧，止余两三时，牧放马匹，尽力趱行，并站前进。一日所行道路，较之喇嘛番子人等行走两日程途，尚属有余。唯是数站以来，所过之亢阿拉山扎苏拉山，及和约尔达巴罕等处，旧存积雪，或七八寸至二三尺不等，石径崎岖，难于登陟，并有大河数道，冰坚雪厚，宽逾数里，亦属难行。若夏秋盛涨之时，想更难以济渡。迄日以来，渐觉水草平常，马匹稍形瘦乏，且沿途毫无树木，全赖在台站地方捡寻粪草，以供炊爨，未免稍有迟延，并站趱行，究不能倍加迅速。臣五中焦急，莫可名言。所幸出口以后，仰赖圣主洪福，天气晴明，午

①《钦定廓尔喀纪略》卷11，第1—2页。
②《钦定廓尔喀纪略》卷11，第12页。

间气候尚和。自过贡额尔吉以西，早晚稍觉寒冷，瘴气颇甚。十三日行抵玛沁鄂博地方，申酉之间遇雪一次，是夜亦即晴霁，并无阻滞。兹于十六日已抵玛楚喀地方，现届冬令，沿途尚无人烟，亦无贸易番子来往，间有扎萨克王公台吉等远来迎候，呈送羊只，臣俱宣谕圣恩，优加赏赉，察看该扎萨克等情形，极为感激踊跃。"①

乾隆帝于十二月二十五日看到福康安的奏折，谕军机大臣："福康安途次所发奏沿途行走情形各折，据称出口后，天气晴朗，午间气候尚和，唯贡额尔吉地方稍有瘴气，计今早经平安过去，向前行走，自当更为顺利。现距福康安发折，又阅一旬，想抵藏之期，日近一日，朕盼望綦切，勤念尤殷也。"②

福康安于乾隆五十六年十二月中，上折奏述行走情形说：

"臣于上年十二月初一日，自西宁出口后，十六日行抵玛楚克地方，并站兼行，已逾半月，沿途水草平常，驼马俱形疲乏。十七日至哈达都，水草颇好，探得此后十余站，冰坚草微，均难牧放，因即于哈达都暂住一日，略加牧放，即行起程前进。连行数站，马力尚可支持，唯驼只行走过缓，且因每日寅刻起身，戌刻住宿，驼只一至夜间，即不能食，牧饲既缺，疲乏更甚。臣思驼只所运各物，柴薪较为累重，前于出口时酌带柴薪，原以备捡粪缺乏之用，今沿途野牛野马遗粪颇多，足供捡拾烧燃，毋庸柴薪炊爨，因将柴薪全行减去。其应用之锣锅帐房，改用马匹驮运，复将随从员役人等再加删减，令其随后缓程进发，臣分派一日，当即轻骑先行。二十三、四等日经过之鄂林察林诺尔星宿海、白尔齐尔喇嘛陀罗海等处地方，系黄河发源之地，数百里内溪涧交错，泉水甚多，冬令处处凝冰，远近高下，竟无路径。且该处多系沟礓沙滩，乱石纵横，与冰块相间层积，马足倾滑，行走艰难。询之熟悉路径之蒙古番子，皆称：此系通藏正路，冬间冰大难行，须由阿克塔齐领山呼吉鲁肯山一带绕行，道路稍纡，尚无阻隔。因即绕道前进，计程多行三

①《钦定廓尔喀纪略》卷13，第25—26页。
②《钦定廓尔喀纪略》卷13，第28页。

日，于二十七日至巴颜哈拉那都军台地方。二十八日过巴颜哈拉，据蒙古等言，该处即是昆仑山，地势极高，瘴气最大，虽不比云贵烟瘴伤人，然人行寸步即喘，头目眩晕，肌肤浮肿，冬间冷瘴，较之夏间尤甚。臣出口时即已冒寒患病，兹复触染瘴疠，略形困顿，而随后人等，亦俱头晕气喘，未能速行。于渡木鲁乌素河后，停息二（日）渐就痊可，即日前进。经过查军额尔吉，至东布赖达巴罕，雪山层叠，登涉甚难，而山下道路偏坡，仄径处处，坑洼凹凸，冰凌相间，设遇大雪，竟难觅路。看来各该处地方，夏间山水甚大，奔腾冲刷，弥望沮洳，冬间低下之地，凝结成冰，步步阻碍，冬夏均难行走。现于正月初二日，过多伦巴图尔，已抵西藏交界。计自西宁起程，行至藏界，除沿途耽延七日外，共行二十五日。仰赖圣主洪福，仅遇微雪两次，并无阻隔。据蒙古番子等皆言，途中设遇大雪，必有稽滞，虽口外气候甚冷，朔风峻厉，然较之往岁严寒，已为和暖，实边地所罕见。臣欣庆之余，倍深感戴。查自西宁至多伦巴图尔共有二千八百余里，从此抵藏，据番子等查明，实在程途尚有一千八百余里。现在将交春令，近藏地方气候渐暖，沿途赶紧行走，约计灯节后，定可抵藏，查办一切，迅速驰奏，仰慰圣怀。至青海地方军台俱已安设，臣留心察看，实因道里遥远，较内地里数加倍，马力稍疲，坐台兵丁口粮按日裹带，并无赢余。臣已一面飞咨勒保，令其速筹接济，又恐缓不济急，已将自带米面，通融匀给各台，并赏给银两，以便买食蒙古番子羊只，借资糊口。其旧定军台地方，有水草缺乏，道里遥远之处，酌量迁移，添设腰站。"[1]

乾隆五十七年正月，福康安奏称，已到拉萨情形时说：

"臣自过玛楚喀以后，一路雪山层叠，路径崎岖，驼马俱形疲乏，就地牧放，以及冰大难行之处，绕山行走，共计耽延七日。前闻一交藏界，气候即可渐和，不料自过多伦巴图尔后，至西藏所属三十九族番地，连遭风雪天气，更觉严寒，程站亦愈加窎远。兼之粪草缺乏，必须沿途捡拾，始足稍供炊爨，冒雪前行，尚无阻滞，唯马匹疲乏，无可更

<hr>

① 《钦定廓尔喀纪略》卷18，第1-4页。

换，因在察珠喀地方停驻一日，次早勉力前进。至楚札噶拉地方，马力更疲，且多倒毙者，差人赴各番族地方，催雇乌拉，而番子所居辽远，一时不能齐集，守候三日，正深焦急，适鄂辉遣盐茶道林隽自藏携带乌拉马匹来迎，因将长马酌量更换行走，方能迅速。一过喀拉乌苏，系达赖喇嘛所属地方，天气骤觉和暖，冰雪渐已融化，得以并站遄行，于正月二十日，驰抵前藏。臣自西宁口外，以至藏地，程途辽阔，共计四千六百里，实不下五千余里，时值隆冬，竟无贸易番子来往。此次行走除前后耽延，共十一日外，实行三十九日，询之通事番子人等，皆言喇嘛等行走，总需一百二三十日，不能如此迅速。此皆仰赖恩光远庇祗迓天麻。一路并无阻滞，间遇马力疲乏，难以前进之时，即有接续，更换事机，甚为顺利，随行人众行走俱属平宁，所过风雪瘴疠地方，并无疾病，臣不胜钦感欣幸之至。"①

乾隆帝于二月十八日看到福康安奏折，十分高兴，谕军机大臣传谕福康安、海兰察等人说：福康安行走平宁"皆仰赖上天默佑，欣慰之余，益深虔感"。②

为了赶路，为了克服沿途供应的极端困难，柴草牛粪（用牛粪燃烧煮饭）的稀缺，福康安从西宁出口，"轻骑趱程，随从人等，减之又减，随行官弁跟役，不过三十余人"。③

堂堂天朝统军征剿敌国的大帅、一等嘉勇公、两广总督、皇帝的亲内侄，顶风冒雪，燃烧柴草牛粪做饭烧水，艰辛行走，对于本需行一百二三十天的路程，仅仅走了39天，"随行官弁跟役，不过三十余人"，已是够快、够艰险、够刻苦、够节约了，这哪里有一丝一毫的娇贵气息！

福康安做的第二件大事，是安抚了达赖、班禅和众多呼图克图（活佛）、藏官，稳定了藏人之心。廓尔喀入侵的导火线，是噶布伦的失职和一些藏官的贪婪苛索，现在敌军还占据后藏大片地区，天朝大皇帝会不会怪罪西藏僧俗要员，会不会埋怨，甚至怀疑达赖、班禅，会不会采取严厉惩罚手段？人们不免忐忑不安，六神无主。福康安入藏途中及到

①《钦定廓尔喀纪略》卷20，第1-2页。
②《钦定廓尔喀纪略》卷20，第19页。
③《钦定廓尔喀纪略》卷23，第2页。

达拉萨以后，做了大量安抚藏人的工作，尤其是对待达赖、班禅，更是百般劝慰，鼓励嘉赞，取得了很好的效果，受到达赖、班禅、呼图克图、藏官、藏人的热情接待，他们非常感激大皇帝派兵来剿贼军。

福康安奏称，到达距拉萨还有两站的嘉勒察穆时，"济咙呼图克图、地穆呼图克图及众呼图克图，大喇嘛等来迎，恭请圣安。臣即宣谕圣恩，优加慰劳，各呼图克图极为欣慰。询以藏地情形，俱称唐古特人等，闻知大皇帝调派大兵，来藏剿贼，人心大定，僧俗人等俱各安居复业"。①

福康安又奏称："到藏之日（即到拉萨之日），噶布伦、第巴、头人及僧俗番众，并在藏贸易之克什米勒、巴勒布商人等，先后纷纷迎接，无不感激欢欣。察看情形，地方极为宁谧，近藏番民各寨部落，亦皆安静，实堪仰慰圣怀。"②

福康安还比较详细地奏述了御赐物件，嘉赞达赖、班禅和藏地需要整顿，以及达赖、班禅感激圣恩，愿意听从大皇帝安排的情形：

"臣抵西藏交界，达赖喇嘛遣人远来迎候，行至哈喇乌苏，系达赖喇嘛所管地方，屡次差人迎接，致送食物，臣俱优加酬答，差官先往问候，并经达赖喇嘛、班禅额尔德尼告知暂署驻藏事务侍卫额尔登保，以臣系御前亲信大臣，奉旨特派来藏，统兵剿贼，实深感激，欲亲自下山迎接，恭请圣安。臣以达赖喇嘛、班禅额尔德尼总领黄教，仰蒙皇上优礼，向无下山恭请圣安之例，且山下时气不正，出痘甚多，班禅额尔德尼年龄尚轻，恐有触染，转非仰体恩慈体恤之意，再三遣人辞阻。臣即于到藏之日，先赴布达拉叩谒圣容，随至经堂。达赖喇嘛、班禅额尔德尼下座，迎至堂外，恭请圣安。臣告以圣躬万安，精神日益强固。达赖喇嘛、班禅额尔德尼欢欣赞颂，形于辞色。臣复将恩赏哈达、朝珠、荷包等物，亲为赏给，传旨致问。并敬宣面奉谕旨，以此次官兵远赴卫藏，征剿廓尔喀贼匪，全为保护达赖喇嘛、班禅额尔德尼及各僧俗番民人等，俾得安禅复业，以副圣主护卫黄教，崇重佛法至意，全藏僧俗人众自必深知顶感。贼匪扰至后藏，人心未定，前任驻藏大臣保泰遇事张皇，遽欲请达赖喇嘛移至西宁、泰宁等处，达赖喇嘛深明大义，不肯迁

①②《钦定廓尔喀纪略》卷20，第3页。

移，大皇帝闻之，极为嘉奖。半载以来，大皇帝筹办军务，调发大兵，宵旰勤怀，劳心焦思，无日不奉训谕，无事不秉庙谟，又以藏地辽远，转运维艰，就地采办粮石，不惜多发帑金，按时给价。并奉面谕谆切，恐藏内办事之人，未能从长计划，只顾目前，唐古特兵丁又多怯懦，使贼匪生心长智，又如上次办理未妥，致有反复。将来剿平贼匪后，一切善后事宜，必须另立章程，逐一筹办，务使边围永宁。达赖喇嘛、班禅额尔德尼，慧性明澈，于藏地利弊，谅所周知，所有将来应办应改各事宜，自当晓谕僧俗人众，一一永远遵奉。伊等亦必明谕圣意，感激奋兴。如此宣谕再三，达赖喇嘛同班禅额尔德尼告称，前后藏地方仰沐圣恩，振兴黄教，我等久叨殊眷，渥被恩施，此次因卫藏之事，不远万里，特遣亲信大臣，督兵剿贼保护，复蒙赏赉物件，恩谕谆谆，凡滋蠢动含灵，皆应知感，何况我等夙叨慈庇，得以奉教安禅，番民等具有人心，均沾化泽，敬聆谕旨，无不心悦诚服，顶感难名。至贼匪滋扰藏地时，因保守布达拉，安抚大众，不肯遽行迁移，亦系分所应为之事，屡蒙圣明奖谕，尤切感惭，将来应办事宜，悉听裁酌主持，永远遵奉，自于藏地大有裨益。所有我等感激之忱，敬具表文，无量寿佛等件，恭谢天恩，并恳代为详细具奏，等语。臣察看达赖喇嘛等及藏内僧俗番众，感激光景，凡有交办事件，无不遵奉，不致退有后言，稍形格碍。"①

特别重要和难能可贵的是，福康安列举大量事实，驳斥了诬称达赖无能的谬论，力言达赖有才有识，明辨是非，遇逢大事，果断裁定，忠顺效劳。福康安奏称：

"窃臣钦奉谕旨，以从前巴忠曾奏及达赖喇嘛人甚老实，与人谈谕俱不能明晰，一木讷无能之人，于卫藏事务恐难料理裕如。即前日召见都司严廷良，询问达赖喇嘛为人，所奏与巴忠大概相同，等因。臣福康安在京时，即闻达赖喇嘛木讷无能，过于诚实，不特巴忠所言如此，凡曾至西藏之人，无有称达赖喇嘛聪慧者。及臣到藏时，与之接见，言语

①《钦定廓尔喀纪略》卷20，第14—17页。

之次，极知感激圣恩，欢忭情形，实属至诚流露。臣复宣示圣主保护黄教辑宁卫藏之意，令其办理乌拉粮石等项。达赖喇嘛即督率济咙呼图克图及各呼图克图、大喇嘛、噶布伦等，添办粮石，帮出乌拉，极为踊跃。因军营需用铅药炮位，即将布达拉存贮火药铅子炮位，全数交来。臣等派员，前赴贡布等处，试办火药需用硝斤，达赖喇嘛闻知，即将所有硝斤运往配制。现因巴图鲁侍卫等及索伦达呼尔兵丁需马较多，将来进剿时，过尽贼境险隘，地势稍平，正资马力驰骤，臣在前藏挑买好马一百匹，暨鄂辉所买马匹尚恐不敷更换，西宁骑来马匹趱程疲乏，不能立时喂养膘壮，原拟在后藏添买马数百匹，因番民避痘，远出零星居住，派员采买，恐致扰累，复寄知达赖喇嘛及济咙呼图克图商办。兹据复称：前后藏地方可办马一千匹，并遣人携银三万两，赴青海、蒙古番族地方买办马匹，以供军营进剿及凯旋时骑用。可见达赖喇嘛感恩图报，凡有交办事件，无不急公趋事，并非不晓事务者可比。即前次廓尔喀滋事时，达赖喇嘛以巴忠及丹津班珠尔所办冒昧，不应许银赎地，达赖喇嘛之意，以贼匪贪狡无厌，若不示以惩创，恐有反复，所见甚正，曾经据实具奏。臣复闻达赖喇嘛言及巴忠过藏时，劝令进剿，并云我是出家人，原不应力劝进兵，伤害生灵，但因廓尔喀不信佛法，意在欺凌，恐黄教从此衰微，所以力主进兵，除去边患，方可保全黄教，等语。细加询访藏内人等，皆言达赖喇嘛实有此语。是此言尚在许银说和之前，并非因商上给银，意存吝惜，始行阻止，且丹津班珠尔等许给银两，办定后禀明达赖喇嘛，当将银两给还。及藏内未将次年银两付给，廓尔喀不允，达赖喇嘛以此事终非了局，恐滋事端，复派堪布喇嘛托格穆特等，备带元宝一百五十个，前往讲论，撤回合同，永断葛藤，亦系商上给发，并无靳惜之意。从前不愿说和之说，尚非为财物起见。即如屯练兵丁，皆系深信佛教，各兵一到前藏，即叩谒达赖喇嘛，当经达赖喇嘛传令一一进见，为其跋涉远来，用好言抚慰，每兵各给银一两。昨据岱森保禀报，索伦兵丁三百名行抵前藏，带领至布达拉叩见时，达赖喇嘛以索伦兵丁调来，更属遥远，又按名给银一两、护身佛一尊、彰噶一个、阿机苏一包。达赖喇嘛因此次蒙恩派兵，前来保护西藏僧俗，逐名给予银两，连后起索伦屯土各兵计算，所费亦及八千余金。外番素习虽多见小，然自臣到藏后，屡向达赖喇嘛敬宣圣训，佛法以虚无为宗，施舍为重，财帛货币皆身外之物，不容坚守。达赖喇嘛敬聆之下，颇能领会，是以臣每次布施，俱以自备物件，从优送给，而达赖喇嘛送臣之物，除铜佛藏香外，其余概不收受。达赖喇嘛知臣勤励之意，凡遇采买牛马办粮犒兵等事，需用银两，从不稍存吝惜。臣详察达赖喇嘛为人明白，赋性真诚，心有计划，藏而不露，唯言语稍觉迟钝，外人不知底里，遽以为老实无能品评，殊为失当。臣自到藏以来，随时留心体察，众论竟不足凭。臣查唐古特番民，本属软弱，又因久享升平，从未经事，一遇贼匪，怯懦张皇，不能抵御，前闻大内派调出兵应役番民，退缩不前。又风闻堪布喇嘛罗卜藏根敦，自达赖喇嘛幼年跟随至今，最为达赖喇嘛信任，管事声名颇属平常。臣抵藏后，即向达赖喇嘛、济咙呼图克图等反复剀切开导，告以此次大兵进剿，全为辑宁藏地，军兴所需，悉皆优给价值，毫不累及番民，屡次详述圣恩，多方鼓励。并传见罗卜藏根敦，观其人颇有才具，本系可与为善之人，随即宣布圣主恩威，明示赏罚，严行驾驭，并向达赖喇嘛详悉告知。达赖喇嘛感激天恩，矢诚报效，督率众喇嘛认真办事，罗卜藏根敦自经臣饬谕之后，尤为奋勉，事事认真出力，番目番民，亦皆知所激劝，力改疲玩积习，挑派番兵时，并有自告奋勇者。看此情形，达赖喇嘛尚知感戴恩慈，率领众喇嘛及唐古特人等，加以振作，其非鲁钝无能，即此可证。又如藏内商贾贸易，向来达赖喇嘛及管事喇嘛、噶布伦等，置买物件，多占便宜，臣在前藏时因行李未到，将恩赏银两买办备赏多物，俱照时价从优给予，俾沾余润。达赖喇嘛闻知，亦即公平交易，并令管事喇嘛及噶布伦等，不得贱价买物，众皆遵奉约束，积弊顿除，商贾等无不感悦。可见唐古特人等见小贪利习气，并非不可化诲，而达赖喇嘛竟能身先表率，留心整饬，尚属能知大体。"[1]

乾隆帝在五十七年四月二十八日看到送来的上述福康安奏折，赞同他的分析，立即谕内阁，嘉奖达赖说：

---

[1]《钦定廓尔喀纪略》卷28，第11—17页。

"福康安奏达赖喇嘛感激朕恩，将现在进兵应需口粮、马匹、火药等项，竭力捐办，且索伦屯练各兵丁到藏，俱分别赠给银两等件，朕甚为欣慰，着加恩赏达赖喇嘛哈达一条、珍珠串一挂，以示优奖。达赖喇嘛、嗣后于进剿廓尔喀事宜，益当实心报效，以期迅速成功。"①

经过福康安的宣谕圣旨和安抚，达赖、班禅、呼图克图、僧俗官员、头人感激圣恩，拥护征廓，踊跃售粮，出人、出牛、出马，办理军务，现举三例。一是办好乌拉所需牲畜，出牛15000头。福康安奏称：

"自藏至军营一路运送粮食军火军装，需用乌拉甚多，现在乌拉短缺，办理极为竭蹶。揆厥所由，总缘藏地积习疲玩，遇事皆然，自噶布伦，以及大小头人，多不出备乌拉，唯派番民当差，远处住牧者，不能调集应付，而附近番民人等，更番雇用，颇形苦累，凑办仍属无机。因思西藏地方，畜牧是其本业，噶布伦、戴琫、第巴、营官、大小头人等，及各寺喇嘛，无不牧养牛只，若果各出乌拉应差，原属众擎易举。此次进剿廓尔喀贼匪，仰蒙皇上动帑发兵，本为保全卫藏，噶布伦等素享丰厚，当此军兴之际，分应首先出力，仰报圣恩，岂可坐视不办，徒累番民。臣到藏后，即传齐噶布伦等，谕以此次奉旨，特派大兵，进剿贼匪，全为保护黄教，抚安番众，尔等自应痛改积习，共思出力报效。如此剀切晓谕，明白开导，并令署理驻藏事务侍卫额尔登保同林隽赶紧督催。现据林隽自行捐办牛五百头，为之倡率，噶布伦、戴琫、第巴、营官、头人等，均皆遵奉面谕，感激天恩，踊跃趋事，即达赖喇嘛、班禅额尔德尼以下及各寺呼图克图大喇嘛等，亦愿将所养牛只助出乌拉，现在共有牛一万五千头，分派各粮台往来输运，核计已属敷用，庶粮运一切，得以通行无误。而前藏至军营，一路穷苦番民，均可毋庸差派，免致扰累，以仰负圣主加惠远人，辑宁卫藏至意。"②

二是提供火药、铅丸和大炮。福康安奏称：

---

① 《钦定廓尔喀纪略》卷28，第17页。
② 《钦定廓尔喀纪略》卷21，第16—17页。

"查西藏驻防各营操演铅丸火药，向由川省运送赴藏，自贼匪滋事以来，旧存者将已用完，新运者尚未到藏，前调劈山炮位亦不能一时运来。臣已屡次遣人持令严催，特因沿途乌拉短少，山高路远，连日大雪，阻隔道路，不能克期到藏。查军营所需铅药炮位，最关紧要，若止借川省解运，实属缓不济急，自应在藏地就近筹办，方为省便。查唐古特地方处处皆山，必当有产礦之地，番民等自应有习放鸟枪主人，所用铅药，谅非赴内地采买，详加访问。查得前藏南界贡布地方出产硝磺，达赖喇嘛向来即系在该处采办，其边坝洛隆宗、桑阿、曲宗、作岗四处，皆有例交商上硝斤。臣因思藏地现产硝磺硝斤，布达拉存贮铅丸火药必多，随传集济咙呼图克图、扎萨克喇嘛、堪布喇嘛、噶布伦等，剀切晓谕，以此次进剿贼匪，仰蒙大皇帝发兵远来，全为保护黄教，辑宁卫藏。今自宣示谕旨后，达赖喇嘛深知感激恩，督率各呼图克图大喇嘛及噶布伦等，采办粮石，帮出乌拉情形，甚属踊跃，业经奏闻大皇帝自必仰蒙嘉奖。现在军营火药较多，内地运送，尚未到齐，闻布达拉旧有存贮者，达赖喇嘛想亦必情愿交出，尔等应即回明查办。旋据济咙呼图克图并扎萨克堪布喇嘛噶布伦等，查明布达拉现存火药二千四百三十八斤，又查出铅子二万八千斤，达赖喇嘛情愿一并交来，听候运送军营应用。臣复思布达拉现有旧存铅丸火药，亦应有旧存炮位，复询之。达赖喇嘛又据将大小炮三十余位送出，有重至数百斤者，臣择其共可用者二十位，解送军营，将来进至贼境，足供击贼之用，臣已将交出火药铅丸照数点验，拣出炮位逐加演放，俱属可用，先行陆续解送军营。仍专派妥员前赴边坝贡布等处地方，试办铅丸火药，酌量给予价值，以应军营急用，较之川省调发，运脚更可节省。此次进剿贼匪，仰赖圣主天威，迅速藏事，计算采办铅丸火药及川省运送者，已足敷用，亦毋庸再赴内地调取，即将来西藏操防火药铅丸，均可就近采办以省靡费。"[1]

三是提供膘壮战马，以供巴图鲁侍卫、索伦兵驰骋疆场砍杀敌军之用。福康安奏称：

---

①《钦定廓尔喀纪略》卷23，第10—12页。

"再查巴图鲁侍卫等带兵打仗，必须健壮马匹骑用。自西宁骑来之马，俱已疲乏，鄂辉前奏买马数百匹，现今俱在后藏，恐此项采买番民之马，未能十分膘壮。臣闻各寺喇嘛及噶布伦等，俱有自行蓄养好马。经臣明白晓谕，该喇嘛及噶布伦等俱情愿交出马匹，以供军营之用，臣已酌加赏赉，选得健壮好马一百匹。臣俟到后藏时，再添买好马数百匹，一并先送军营，同鄂辉所买马匹，俱在水草丰美地方牧放，将来进剿时，将此健壮马匹分给巴图鲁侍卫及索伦达呼尔兵丁，乘骑打仗可期得力。所有疲乏马匹，臣已留于前藏，喂养牧放，歇息数月，将来军营需用时，再行陆续送往，庶西宁带来马匹不致疲乏无用，军营战马为数更可敷余。"[1]

可见，达赖、班禅、呼图克图、僧俗官员尊崇圣谕，踊跃办理军务，对于胜利剿除敌军，起到了重大作用。

福康安又奏称，一征廓尔喀时，本系每日给兵士1斤糌粑，后因未曾打仗，只以日给1升糌粑报告户部，以此报销，但实际上军营是按1日1斤发与兵士，1斤与1升之间的差价所需银两，由领兵将领另行设法筹银了结。这次户部按照一征之例，规定每日只按1升报销。但是，"军需定例，每兵每日给米八合三勺，或面一斤"，米的体质较面重，每米1升，重23两。"每面一升，重十三两零，是以米只八合三勺，面则例给一斤。今西藏所办军粮，皆系糌粑，以稞麦炒磨而成，体质轻松，更非麦面可比。臣现将糌粑与米称量比较，糌粑一升只重十两零，较米轻至一半有余，且八合三勺之米炊熟成饭，已及一斤有余，糌粑系炒熟之物，不能稍溢升合，若每兵每日只给糌粑一升，实属不敷口食。况各台驰送文报兵丁，每日尚照例给予麦面一斤，征兵打仗出力，日给口粮，未便转较台兵减少，相应仰恳天恩，特降谕旨，每兵每日照例给予糌粑一斤，使各兵得资果腹，益当感颂皇仁，倍加奋勉。"[2]

福康安又以藏内已经采买贮存大量米粮，足够兵士食用，奏请停止内地转输，"以节靡费"：

①《钦定廓尔喀纪略》卷23，第12、13页。
②《钦定廓尔喀纪略》卷23，第9页。

"前经孙士毅、鄂辉奏明，前后藏地方共办粮七万余石，牛羊在外，足敷支应。臣到藏后即饬管理粮务道员林儁等，通行查核，前藏共办粮四万四千五百余石，后藏共办粮三万石，现在聂拉木军营及各处兵丁口粮，俱于此内支放。所有此项粮石，系粮员督催喇嘛及噶布伦等，分投采办，就近存贮，各寨落寺庙陆续逐运军营，并飞送至布达拉、扎什伦布地方，再行运往。臣现未能逐处盘验，唯据道员林儁等禀报，采办俱系实数，并无短少，业经催令磨炒，用新设各台乌拉牛只赶紧运赴军营。又令于各处粮台每台分贮数百石，设遇阴雨泥泞之时，远处粮石未能克期运到，即可将各台存粮，就近逐台递运，以资兵食。又前藏采办牛二千二百只，羊一万五千一百只，后藏采办牛二千只，羊一万一千只，俱系在有草地方牧放，陆续赶赴军营，以备索伦达呼尔兵丁及屯土各兵食用。核计粮石牛羊数目，足敷现调各兵支食，臣已通盘筹划，咨会孙士毅，现在粮石充裕，竟毋庸内地转输，即或将来应需添办，亦先尽藏内采买，以节靡费。"①

乾隆帝于五十七年三月初九日看到送来的福康安奏折，"深为嘉悦"，予以批准，并于当日命军机大臣传谕福康安、海兰察、奎林、惠龄、鄂辉、成德等人：

"福康安奏采办火药、铅丸一折，军火为行兵急需，福康安到藏后查知该处旧有火药铅丸，即谕令济咙呼图克图等就近交出，既可早为储备应用，且省内地运送之烦，已另降谕旨，分别奖赏，以示鼓励。又各寺喇嘛及噶布伦等，俱有自养好马，现酌加赏赉，选得健壮好马一百匹，俟到藏后，再添买好马数百匹，一并先送军营。筹办一切，具见留心，览奏深为嘉悦。又据奏，现在前后藏采办粮石牛羊，足敷官兵支食，已咨会孙士毅，毋庸内地转输，等语。所办甚好。至征兵日支口粮，现在大兵进剿，唯期迅速藏功，即稍有多费，原所不靳，着照所请，每名每日给予糌粑一斤，俾官兵益加踊跃，以期迅奏肤功，不必锱铢计较。"②

①《钦定廓尔喀纪略》卷23，第6—8页。
②《钦定廓尔喀纪略》卷23，第22页。

福康安做的第三件大事，是遵旨考察噶布伦情形，令其不得专擅。福康安奏称：

"臣奉到谕旨：卫藏一切事务，嗣后驻藏大臣与达赖喇嘛商同办理。其噶布伦等，应与在藏章京会办，不得稍有专擅，等因。仰见皇上绥辑远人，大公至正，于卫藏疲玩积习，洞烛无遗，训诫周详，永垂法制。臣查藏地，例设噶布伦四人，管理一切事务，设有噶厦公所，办理事件。其分管地方之第巴、营官、头人等，俱听噶布伦指挥。遇有应办事件，皆由噶布伦转禀达赖喇嘛办理。间有禀知驻藏大臣之事，驻藏大臣亦不能每事与闻，而达赖喇嘛深居习静，外事未能周悉，诚如圣谕，离尘出世之人，岂复经理俗务。因此噶布伦等乘机干预，多致专擅。从前，又有达赖喇嘛弟兄及管事喇嘛等，串通舞弊，遇有事务，徇私偏袒，办理不公，积习相沿，已非一日。将来事定后，自应另立章程，申明约束。臣于奉到谕旨后，即详悉告知达赖喇嘛及济咙呼图克图、呼图克图、大喇嘛等，现在办理诸事，令暂署驻藏事务侍卫额尔登保督率办理，不许令噶布伦等滋弊，将来办理善后事宜时，再当订立章程，永远遵守。至驻藏大臣，总理卫藏事务，最关紧要，因循日久，尤宜大加振作。鄂辉人甚安详，心思细密，遇事虽间有稍软之处，然于藏地情形，尚为熟悉，现蒙圣恩，弃瑕录用，应倍加奋勉。"[1]

福康安做的第四件大事，是奏请增调四川屯练降番2000名。

福康安做的第五件大事，是不耽误时机，不枯坐呆等，率领千余兵士前往军营，剿除逗留敌兵，又飞催已调大兵速到，穷追深入，并责令鄂辉、成德改正兵分多处防守后方，致进攻之兵太少的错误。福康安于乾隆五十七年二月上旬奏称：

"现在边境地方，聂拉木已经收复，济咙、绒辖两处尚有贼匪逗留。鄂辉等于收复聂拉木后，将通贼小路，零星分发兵丁防守，未免兵分力薄，臣已飞札鄂辉等，除聂拉木应行驻兵防守外，其余分派之兵俱

---

[1]《钦定廓尔喀纪略》卷21，第20—21页。

应撤回，为进剿济咙之用。臣到藏已及两旬有余，所有索伦达呼尔兵丁及屯土番兵，虽未到来，但藏内应办各事，业已办有头绪，济咙等处贼匪尚在屯聚，臣不便坐待各兵到齐，始行前进。现已催到川省换防兵四百名，又挑选唐古特番兵五百名，并西宁一带安台兵丁一百余名，臣即定于二月十七日带领起程，驰赴军营，遵旨令鄂辉回藏办事。臣当相机调度，先将逗留贼匪铲除，一俟各兵齐集，即行穷追深入，直捣贼巢。再惠龄于二月初八日抵藏，海兰察因臣派员，携带马匹前往，令其轻骑简从，先带巴图鲁侍卫五十员赶程前往，亦于初十日到藏，均即起程，前往军营。其后起巴图鲁侍卫章京，臣已另备马匹，迎往哈拉乌苏一带，令即换马，并站趱行。并飞饬岱森保，挑选索伦兵三百名，先行带领来藏，以供调遣，其余各兵，亦令乌什哈达带领，迅速前往。臣以青海至藏界一带，春雪较大，恐各兵马力疲乏，口粮不继，已备办马匹及米面牛羊，派员送往接济，以仰负皇上轸念戎行至意。"①

上述福康安的一系列奏折，皆是他一人单独思考、自行奏述的。这时从京师派往西藏办差的所有大臣，皆未到西藏，是福康安这位大帅独撑大厦，创造了进剿胜利的良好条件。可见，福康安并不是仗恃显贵家庭、饱食终日、庸碌无能的纨绔子弟，而是不畏艰险、有勇有谋、有才有胆识的一位大帅。

（四）三战三捷 四天收复全部失地

福康安于乾隆五十六年(1791年)十一月初二日被帝授为将军，统率二征廓尔喀大军。第二年三月十五日，帝又谕晋授其为大将军：

"谕军机大臣曰：福康安，统领大兵，剿办廓尔喀贼匪，特授为将军，与外省驻防将军，体制称谓相同，究觉等威莫辨。此次福康安应称为大将军，遇有檄谕行文等事，竟以大将军列衔，更觉威严尊重，足使番众生畏，贼匪破胆。"②

---

① 《钦定廓尔喀纪略》卷24，第22—23页。

② 《清高宗实录》卷1398，第24页；《钦定廓尔喀纪略》卷24，第29页。

福康安于乾隆五十六年十月十九日离京，前往西安，再往西宁。十二月初一日从西宁出口，抓紧前行，正月二十日到拉萨，一方面办理钦办事务，一方面了解情况，等待调遣的索伦兵、金川屯练降番、德尔格等土司兵，思考用兵之法。经过两个多月的考察、询问、分析，情况摸清楚了，思路清晰了，用兵之法也想出来了。一是敌国之情。福康安奏："查得贼匪廓尔喀，地本褊小，巴勒布三部落均在廓尔喀之东，自乾隆三十二、三年间，贼匪吞并阳布若囊廓库木，掳其部长，迁居阳布，益肆强横。将廓库木东面记拉部落，廓尔喀西面拉木宗等二十四部落，依次蚕食，较之原旧地方，加至数倍"。"计其地界，东西有数千余里，南北亦不下一千数百里"。①

二是敌兵之情。"贼匪虽非劲敌，而在边外诸番中，似为强横善守"。成德率军攻打聂拉木时，敌兵就"死守"顽抗。②

三是战区气候地理之情。山高岭峻，雪大雨多，道路狭窄，天寒地冻，崎岖难行。

四是我军之情。清军人数不多，乾隆五十七年四五月间，征调兵士不过9000余人，但是索伦兵、达呼尔兵、降番屯练兵，"皆系久经行阵勇健得力之兵"，"屯练各兵，善于登山涉险"。③

五是路程遥远，运输艰难，费用太高。从四川运往军营，一石米需要30～40石米的运费，并且途中时间太长，路太难走，人夫马牛难以雇觅，绝对不能保证几万人马的供应，不能保证长期征战。

六是上谕指示。皇上谕令福康安统五六千劲旅进剿，皇上斥责鄂辉、成德只重防守，分散兵力，四处设防，而不将主力用于征剿。

针对这些情形，福康安决定了用兵之法，采取四大措施。

第一，精兵勇将。勇将这个问题，皇上已经安排好了，派海兰察率百员巴图鲁侍卫章京来到军营，分领兵士作战。至于兵卒，成德所率兵士有400名，其中绿营官兵1800名，降番屯练2200名。福康安于乾隆五十二年统兵征剿台湾天地会时，四川降番屯兵2000名，奋勇冲杀，军功累累，所以福康安前往西藏途中，即于五十六年十月奏准增调降番屯练2000名。随后又于五十六年十二月奏称："所调屯练降番等，素为奋

---

① 《钦定廓尔喀纪略》卷24，第19页；卷26，第11页。

② 《钦定廓尔喀纪略》卷26，第14页。

③ 《钦定廓尔喀纪略》卷26，第14页；卷27，第4页。

勇，登山涉险，最称矫健"，再奏准增调土兵3000名。署四川总督孙士毅遵旨，征调德尔格土兵1000名，绰斯甲、梭磨、松冈、卓克采四土司兵各500名，于五十七年五月赶到军营。①

第二，计取勇攻，一战克敌，不打消耗战，不打持久战。

第三，乘胜前进，不给敌军喘息机会。

第四，集中兵力，主力用于进攻，不分派大量士卒防守后边各处隘口。

此外，还发布檄文，宣示用兵之意。乾隆五十七年三月，福安康檄谕廓尔喀说：

"御前大臣、太子太保、协办大学士、将军、一等嘉勇公福，谕廓尔喀拉特那巴都尔知悉，照得本将军恭膺简命，统领大兵前来。近接尔呈寄总督将军禀内称，唐古特人许给银两，并不按年给予，背弃盟誓前言，转带领多兵前来，此事如此办理，并未奏闻大皇帝，等语。尔此言实属无知已极。大皇帝抚驭中外，事无巨细，悉奉圣明，裁酌办理。尔之使者进京，曾未见乎？即本将军现在督师前来，声罪致讨，皆系禀承训谕，敬谨遵办，岂有未奉圣旨，即轻涉尔地之理。至尔部落与唐古特人等，既因钱债细事，彼此争竞，即应将实在情形，禀明天朝驻藏大臣，听候查办。或驻藏大臣不为申理，亦应禀知总督、将军等，自必为尔秉公判断。且尔上次有进贡头人巴拉叭都尔喀哇斯、哈哩萨野等，曾蒙圣恩赏给顶戴，尔即欲具表遣头人赍奏大皇帝，谁能将尔差人阻抑。乃尔自外生成，辄敢称兵，滋扰卫藏，不但占据边界，且敢侵犯扎什伦布，将庙宇塔座损坏，镶嵌金什物肆行抢掠。尔岂不思，卫藏之地，即天朝之地，岂容尔等作践，况尔得受大皇帝封爵，宠荣逾格，竟全不知感激，如此反复无常，负恩藐法，实属罪大恶极，为覆载所不容。今本将军奉命，亲统大兵，问尔廓尔喀之罪，唯有将尔部落一举荡平，申明天讨，尔等从前所议钱债细事，概不值理论。现在调集各兵，源源而来，克期进发，捣尔巢穴，务在悉数歼擒，不留余孽，此皆尔孽由自作，速取灭亡，恶贯满盈，罪在不赦。至尔给噶布伦信内称，若能说

①《钦定廓尔喀纪略》卷18，第13、30页。

和，也免汉番官兵并廓尔喀的生灵受罪，如要动干戈，我处也预备着等语，尤属妄诞。本将军统领雄兵劲旅，无不一以当千，尔所目击，随后尚有统兵猛将，率领大兵陆续进发，较现在所统之兵，更为众多，将士亦更为骁勇，谅尔等么么，顷刻尽成齑粉，彼时尔虽欲悔罪乞降，噬脐何及。本将军共行天罚，号令严明，即日统兵进剿，断不似从前与尔说和完事，谅宜知悉。"①

　　一切准备妥当以后，福康安就统军进攻了，首先是收复失地。第一仗是擦木之战。乾隆五十七年（1792年）四月二十七日，福康安率军，自第哩浪古出发，前往绒辖、聂拉木，察看地势，认为仍应以济咙为进兵正路，因即兼程行走，直往宗喀。宗喀到济咙，名为240里，实际上却有500余里。

　　福康安所领的兵士，本来应该有两次从杂谷、金川征调的屯练降番4200名、绿营兵1800名，索伦达呼尔兵1000名，德尔格、绰斯甲等土司土兵3000名，共1万名，但此时德尔格3000名士兵还在途中，所以只有7000余名，还要留一些兵士屯驻聂拉木。

　　路很难走，但福康安、海兰察、惠龄（后两人为参赞大臣）三人，率领将士艰辛前进，大败擦木要隘寨子敌军。福康安于五月中奏述战情及胜后安排说：

　　"臣福康安、海兰察于四月二十七日自第哩浪古起程，前往绒辖、聂拉木，察看地势，仍以济咙为进兵正路，因即兼程行走，径趋宗喀。臣惠龄亦由拉子前来。臣等带兵前进，自过宗喀之后，道路辽远，里数加倍，该处至济咙名为二百四十里，即有五百余里之遥。途中山势，极为陡峻，积雪甫消，溪河水涨，激石奔腾，路径在悬崖之上，窄处不及尺许，牵马步行，处处溜滑，马匹间有倾跌落崖者。行过鄂穆畅拉、扎萨拉、孟底拉、杂乌拉大山十余重，于五月初六日至辖布基地方。该处至擦木仅数十里，路更险峻，若待各兵到齐，始行进攻，恐贼匪闻知，据险抵御，未免费手。且臣等自到藏以来，候兵多日，昼夜筹思，万分焦急，未便再有稽延，应就现带各兵，先行进剿擦木、济咙，大挫贼锋，使贼众闻风胆落。查擦木两山夹岭，中亘山梁，贼在山梁极高之处，瞭望甚远，路径逼仄，必须乘夜，潜兵进攻，方可立时夺据要隘。初六日，途适阴雨，入夜势甚绵密，因即于雨夜发兵。分为五队，派哲森保、翁果尔海等，带领两队，由东西两山，进至擦木贼寨左右山梁堵截。另派墨尔根保、阿哈保等，带领两队，亦由东西两山梁，绕至贼后，截其去路。臣海兰察及阿满泰、额尔登保、珠尔杭阿、安禄、桑吉斯塔尔等，带领一队，由正路直攻贼寨。臣福康安督率台斐英阿、德楞泰等，往来截杀，指示攻剿。臣惠龄带同总兵张芝元等，在后路接应。路中溪河数道，势甚汹涌，各队官兵涉水径渡，遇有石磡陡险之处，亦皆攀缘而上。及抵擦木，天甫黎明，该处山甚高峻，树木茂密，山梁扼要之处，前后有石碉两座，大河环绕，山梁三面周围砌筑石墙，即在临河磡上，约高二丈有余，向北留门，只有一径可上。臣等恐贼匪知觉，仰攻更为费力，因即督令官兵，疾速登山，潜至贼寨墙外。臣等直前攻扑，屯兵等踏肩登墙，奋勇越墙，先开寨门，官兵等一拥而入。贼匪出碉，抵死抗拒，我兵枪箭如雨，杀死贼匪一百余名，遂将前一座石碉夺据。其后一座大碉，在高磡之上，裹外墙垣两磡，用石块堆砌，上留枪眼密排，木桩鹿角势更险要。贼匪见前面碉座已失，东西山梁上，四队官兵亦已围截严密，无从逃逸，因在碉内藏匿不出，放枪投石，并力固守。臣等令官兵等进攻碉座西面，贼匪俱撤至西面抵拒，随即将东面墙脚石块尽力撬开，立时塌一缺口，官兵等奋勇先登，短兵相接，杀死贼目咱玛达什拉尔木等三名，贼匪九十余名，余俱退至裹层墙内潜匿。我兵乘胜直上，拿获活贼十八名，俱已身带重伤，即行正法。臣等恭秉睿谟，由济咙一路进剿大兵，初次打仗，将士等人人用命，奋勇争先，仰赖圣主天威，将擦木要隘贼寨立时攻克，全歼贼众，事机极为顺利，可期迅速藏事。臣等现在乘胜直前，进剿济咙贼匪。其聂拉木一路，业已酌遣成德、哲森保、永德、阿尼雅布、穆克登阿、彦吉保、楞格等，带领兵丁三千名，作为偏师，牵缀贼势。成德打仗勇往，经历较多，并令其酌量情形，于臣等攻克济咙，进兵后，亦可乘胜直前，与大兵会于阳布。至绒辖地方，由窝朗卡前往，山高路窄，尤属险远，卓木空山、伯斯山及达克仓济木笼衮巴等处，巨石塞路，竟难行走。况自绒辖通往阳布，原系僻径，并非正路，不值发兵深入，现在所有官兵，亦不便派拨多路，转致兵分力薄。窝朗卡为绒辖要口，不可无大员堵御，现已于该处留兵一千名，酌派诸神保带领防守，断无虞贼匪抄截后路。即日边界肃清之后，绒辖贼匪势孤，亦可不攻自溃。查诸神保现因委催后起各兵尚未到来，成德本在第哩浪古，此时先令成德移至第哩朗卡暂驻，一俟诸神保赶到，成德即赴聂拉木一路，会同岱森保等进剿。"①

乾隆帝于五十七年六月初三日看到奏折，十分高兴，谕军机大臣传谕福康安、海兰察、惠龄，予以嘉奖和赏赐。

福康安并不休息，乾隆五十七年五月初七日，攻克擦木要隘全歼敌兵后，立即乘胜前进，初八日到达玛噶尔辖尔甲，与敌军交战，大败敌人。福康安立即向帝奏述战情说：

"臣等于五月初七日攻克擦木要隘，全歼贼众，随于初八日乘胜直前，行抵玛噶尔辖尔甲地方，该处山梁陡峻，后倚峭壁，山前俱系深林密箐，路甚丛杂。臣等正在查探路径，即有占据济咙贼匪三百余人，于树林内潜进，甫至山麓，经前队官兵望见，巴图鲁侍卫章京等即行分投下压。臣等立即带领到各兵，并力击贼。贼匪拼命上扑，官兵杀死数十名，仍不退败，往来追压数次，有贼匪数人已受箭伤，尚敢持刀扑上。臣等以贼势泼猛，须令上至半山，从中邀击，使之首尾不能相顾，方可得手。因即绕至半山石碉下埋伏，即令各兵故留一路，诱贼上山。贼匪果蜂拥前来，红色大旗下有贼目数人，督催前进，一至山半，臣等即带兵横冲贼队，杀死贼目，夺获大旗，山梁各兵及巴图鲁侍卫章京等拼力压下，枪箭齐发，刀矛竞进，绞杀一处，贼众始行败窜。唯贼匪步行捷速，巴图鲁侍卫章京等所乘马匹，因连日登山陡险，稍形疲乏，尽力驰驱，仅能赶及追奔十余里，贼匪犹敢回身，放枪抵拒，紧赶过沟，复于沟碉上，扼险排立，希图阻我军行，我兵一拥过沟，杀贼甚众。遥

① 《钦定廓尔喀纪略》卷33，第1—4页。

望前面路径逼仄，叠石如门，恐有埋伏。各兵由正路进剿，臣海兰察带领巴图鲁侍卫等于对面山下，取道疾驰，绕至贼前，截杀逸贼及守隘贼匪数十名，直追过帮杏地方，距济咙不远，所剩贼匪不过二十余名，逃回官寨。查贼匪自恃剽悍，竟敢迎至中途打仗，抵死抗拒，实属可恶，我兵迎头截杀，转因其抗拒之坚，得以痛加歼戮，经巴图鲁侍卫章京等及索伦达呼尔兵丁，用箭射死者尤多。共计杀死贼目苏必达多拉喇木一名，苏必达畅亦拉萨达尔一名，咱玛达朗杏克得哩一名，哈瓦达多鄂尔与一名，阿木尔达登克达巴一名，别哩哈哇二名，贼匪二百三十余名，夺获大旗二杆，鸟枪刀矛无算，拿获活贼三十余名，均即正法。巴图鲁侍卫定西鼐于打仗时，胸前得受枪伤，幸系穿过护身佛龛，枪子未能打入，尚不甚重。我兵受伤阵亡者，亦属无多。而贼匪三百余人，临阵歼擒殆尽。臣等现在帮杏扎营，探明路径地势及贼匪卡寨情形，悉心调度，即行进攻济咙，痛歼贼众，大示军威，务期数日内将边界克复，断不致久稽时日。此次打仗，贼匪拼死抗拒，臣等带兵往来冲突，贼队接战良久，海兰察所乘马匹，右腿中枪，幸未颠蹶。海兰察嘱臣毋庸具奏，恐致上勤圣怀，但海兰察身先士卒，冲锋杀贼，实属奋勇出力。"[1]

济咙，即今天西藏日喀则地区的吉隆县，南面、西南面与尼泊尔相邻，边境线长达162公里，东面与聂拉木县搭界，县城驻地吉隆镇距日喀则市490公里，全县面积为9000平方公里。吉隆县城海拔为4200米，全县平均海拔为4000米以上。

福康安于五月初八日大胜玛噶尔辖尔甲敌军后，没有休息，急速行军，于五月初九日到达济咙，观察形势。济咙敌军官寨高大宽广坚固，周围还有大碉，强攻会遭受严重伤亡，乃设下智攻勇攻之计，于初十日夜间，发起突击，大败敌军，歼敌1000余人。福康安向帝详述战情说：

"臣等进兵以来，仰借天威，连得胜仗，贼匪当屡败之余，业已闻风胆落，阳布援兵不能一时赶到，必须乘胜直前，迅攻济咙，庶可一鼓克复，不致久延时日。五月初九日踩看道路形势，查得济咙官寨高大宽

---

①《钦定廓尔喀纪略》卷33，第12—15页。

广，原在山冈上砌筑石墙甚坚，贼匪复周围叠石为垒，高及二丈，密排鹿角桩木，为守御之计，又在官寨西北，临河砌大碉一座，直通官寨为取水之地。官寨东北，在石上砌大碉一座，倚石为固。官寨东南，山梁甚陡，另砌石碉一座，贼匪分据险要，负嵎固守。山下喇嘛寺与石碉斜对，亦有贼匪占据，臣等屡奏训谕，务令加意慎重，断不可越过济咙，别寻间道。而官寨层碉高耸，形势险固，各处碉卡贼匪又可相援应，共成犄角之势。臣等再四筹思，应于进攻官寨时，分遣兵丁攻扑，使之处处受敌，彼此不能佐顾，将各碉卡贼匪歼除净尽，然后并驻官寨一处，贼匪势孤，自必立时溃散。因令巴图鲁侍卫章京、屯弁等，各督官兵分路攻取，派巴颜泰、巴彦察萨宁阿、长春等，往攻临河碉座，桑吉斯塔尔、克色保、筹保、巴哈、张占魁等，往攻石磡碉座。哲森保、墨尔根翁果尔海、阿哈保纳、丹保、德勒克依、雅尔哈善、富永、高怀仁、金川屯备散秩大臣衔木塔尔、巴底土弁占布木、巴旺土弁阿达、革布什咱土弁索诺木敦朱等，四面往攻山梁上碉座。蒙兴保、绰尔浑、额尔金保、扎尔德宁等攻取喇嘛寺。阿满泰、额尔登保、珠尔杭阿、吹扎布、温春、哲克温保、张志林、屯土备弁木泰尔、色穆哩雍中等，往攻官寨。臣福康安带领乌什哈达、安禄、定西鼐、穆克额升额、永善、张芝元、达音泰、巴塘副土司成勒春丕勒等，相机调度，督催各路，攻取官寨。臣惠龄带兵往来策应。其山麓稍平之地，臣海兰察率同台斐英阿、德楞泰、阿木尔塔、阿纳保、鄂尼保、巴津达尔等，带领索伦骑兵，分为两翼以备截杀逸匪。分派各队已定，唯查通往各碉卡之路，皆距官寨不远，贼匪据高望见，枪炮可及，因潜于初十日丑刻发兵，令各路同时并进。哲森保等抢上东南山梁，贼匪在碉内死守，我兵奋勇攻围，争先上碉，贼始拼命扑出，臣海兰察率领台斐英阿等带兵，复往来冲击，杀贼甚多，我兵即将山梁占据。蒙兴保等，亦同时攻得喇嘛寺。巴颜泰等进至临河碉下，贼匪因系取水要隘，恐官兵断其水道，抵御甚坚，枪毙贼匪多人，尚敢抗拒，随将攻克山梁兵丁撤下，添往协攻，并用炮轰击碉座，塌去一角，贼匪纷纷跳下大河淹毙，登岸逃逸者，俱被索伦骑兵截杀。其石磡碉座，距官寨较近，桑吉斯塔尔等带兵攻扑，抛入火弹，焚毁上两层，将贼匪焚毙。唯下层周围，皆系整块巨石，高宽数丈，官兵攀缘登磡，而石磡陡滑，不能即上，贼匪犹藏匿碉座下层，向外放枪，实属憨不畏死。火力延烧，直至日暮，始行烧塌，仅剩贼匪二名，冒火窜出，即被拿获。其派攻官寨之间满泰等，进扑数次，未能得手，随焚烧寨下房屋，乘势进攻官寨，贼匪见我兵奋勇直前，枪箭如雨，在石垒内站立不定，俱退至寨内，放枪投石，抵死守御。复令各路官兵全行撤至官寨，拼力进攻，并于临河碉座及贼匪砌碉大石上，设炮对官寨炮眼并瞭望窗内两面轰入，另缚大木为梯，令屯兵等，蚁附而登，将官寨外石垒拆毁。而寨墙甚坚，不能即时摧破，自丑刻进兵，直至戌刻，我兵攻战一日，人人鼓勇，午后密雨半日，官兵冒雨攻围，倍加振奋，并未稍形疲乏。天色向暮，雨益倾注，本应令各兵略为休息，但当屡胜之后，正应乘此锐气，将济咙立时克复，未便予贼以修备之暇，因复催兵连夜进攻，至亥刻，将官寨东北隅攻破。西南一面俱系石崖，贼匪滚山逃窜，我兵尽力穷追，痛加截杀。此次打仗，共杀贼六百四十七名，呈验首级内大小头目七名，其投河落崖及在碉寨内伤毙不及割取首级者，尚不在此数内，拿获活贼一百二十三名。派兵搜山，又搜获逃匿活贼七十五名，讯非紧要之犯，酌留五名备讯路径，其余均即正法。伏查擦木至济咙地方，扼塞险要，贼匪自上年占据屯聚，备御甚坚。臣等带兵前来察看情形，势须迅速进兵，方可连夺要隘，一举收复，不能待后起兵丁到来，始行进剿。是以就现带索伦达呼尔屯土各兵，奋勇直前，于四日内痛歼贼众，连战皆捷，将擦木至济咙边界克复。此皆仰赖我皇上先机指示，以济咙为进兵正路，应将济咙先行收复，大兵直捣阳布，方无后顾之虞，睿训周详，臣等得以钦遵办理，迅奏捷音。再查济咙西南，热索桥，相距八十里，即系贼境。臣等虽已克复济咙，但尚系西藏地方，现在查探道路，整顿兵力，即行设法夺桥，进攻贼境，并严催后起德尔格、绰斯甲、三杂谷等处兵丁，迅速前来，即行带领进剿。其军火弓箭饷银等项，不能待川省运来者应用，亦须将臣福康安在藏购办铅药炮位粮石，及带来弓箭，运到济咙，以资接济。再贼匪强悍善守，此次打仗，官兵奋勇攻扑，受伤阵亡者，照例汇册送部办理。其攻夺碉座时，乾清门侍卫桑吉斯塔尔督率屯兵进攻，臂带枪伤，枪子并未打入头，面上擦伤数处，尚不甚重。游击刘怀仁，头上亦带石伤，唯参将长春，带兵鼓勇先登，中枪阵亡，恳圣恩交部议恤。"[1]

福康安、海兰察、惠龄又奏请赏赐立功将士说：

"福康安、海兰察、惠龄又奏言，臣等在擦木与贼打仗，巴图鲁侍卫众官兵等，皆同力奋勉，攻克寨碉，尽歼贼众，次日至玛噶尔辖尔甲贼匪从树林内冲出，巴图鲁等率领索伦官兵，将贼人痛加歼戮。自分路领兵后一日半夜冒雨攻战，夺取济咙官寨，实为奋勇出力。臣等前因久待官兵，未得早行进剿，仰赖皇上威福，始能克复济咙，本不应即将伊等保奏，但巴图鲁与众官兵等从西宁、打箭炉前赴军营，路远马疲，步行者甚多，甫经赶到，即随机进攻，未得休息，三次接战，皆感皇上深恩，尽力剿杀，臣等目睹伊等奋勉情形，谨开单呈览。"[2]

乾隆帝于六月二十日看到福康安奏折，万分欢喜，"不禁以手加额，叩谢恩福"，立谕军机大臣传谕福康安、海兰察、惠龄等人，予以嘉奖和赏赐说：

"济咙为进兵要路，一得此处，军威大振，必当势如破竹。此次官兵冒雨攻围，人人鼓勇，可怜可嘉。而福康安等分兵攻扑，使贼不能相顾，是行军正策，一切布置调度，俱合机宜，着赏福康安本日御制攻克济咙志喜诗画扇一柄、御用大荷包一对、小荷包四个、鼻烟壶一个、小刀一把、火镰袋一个。海兰察、惠龄各赏大小荷包、鼻烟壶、小刀、火镰袋，用示优眷。其打仗出力将弁，已另降谕旨，分别擢用，加恩赏巴图鲁名号，官兵赏给一月钱粮。统俟大功告蒇，凯旋宴劳，再沛酬庸之典。福康安等统领大兵，攻克济咙，痛歼贼众一千余人，所有带兵将领人员奋勇出力，甚属可嘉，其受枪阵亡之参将长春，着加恩照副将阵亡

---

①《钦定廓尔喀纪略》卷33，第18—24页。

②《钦定廓尔喀纪略》卷33，第36页。

之例议恤，至火器管委署护军参领额勒谨、护军达春，皆系因病留于前藏，力疾告请随往军营，今在中途病故，甚为奋勉可悯，亦着加恩照阵亡例议恤。"①

（五）四战四捷 深入敌国七百里

清军于乾隆五十七年（1792年）五月初十日夺据济咙，休整两天，十三日即起程，前往攻夺热索桥。热索桥离济咙有80里，是西藏与廓尔喀分界处，过桥就是廓尔喀国土。

福康安奏述于十五日攻克热索桥之艰辛及用计等情况说：

"济咙西南，山势愈窄，道路愈险，两山之间有藏地流出大河一道，各处溪河皆汇归下注，水势汹涌。通往贼境之路，唯热索桥为扼要之地。臣等于克复济咙后，整顿兵力，五月十三日起程前进，两面高山夹峙，石崖壁立，俯临大河，缘山一线窄径，乱石崎岖，步步陡折，并有大石直礴高至丈余者。其两崖高峻，不相连属处所，横架独木偏桥，攀藤而过，几无置足之地。是日正值大雨，泥泞溜滑，尤属难行，人马均有倾跌落崖者。道里甚长，名为七八十里，即有一百三四十里之遥。步行一昼夜，于十四日黎明，始至摆吗奈撒地方，距热索桥，尚有十余里。探得该处有大河一道，自东来会注正河，过河即系贼境。贼匪过河，浮搭木板为桥，并于北岸三四里外索喇拉山上，砌石卡一处，南岸临河，砌大石卡二处，据险拒御。臣等带领巴图鲁侍卫及索伦屯土兵丁，至索喇拉山，直前攻扑，贼匪抵敌不住，弃卡奔逃。我兵沿途追剿，有逸贼数名，甫上热索桥，其南岸守桥贼匪，见官兵追至，不及待其过桥，仓促撤去桥板，俱即落河淹毙。我兵一到，即一面伐木，预备搭桥，一面施放枪炮，隔河击贼，无如河面宽阔，水深流急，贼匪阻河抗拒，枪声不断，而北岸山境极狭，竟无多兵驻足之地。若径对贼卡进攻，与贼相持，徒费兵力，急切不能得手。因将各兵暂撤。十五日寅刻派兵，乃至河边，作为欲进之势，密遣阿满泰、哲森保、墨尔根保、翁果尔海等，带领屯土兵丁，令由东面峨绿大山，绕至上流潜渡。查峨绿

---

① 《钦定廓尔喀纪略》卷33，第31、34、35页。

山与济咙热索桥一带，大山连接，峻岭巉岩，树林茂密，陡险之处，有一线僻径可上。我兵越过两重大山，已至热索桥上游，距桥尚有六七里，当即砍伐大树，扎为木筏，渡至南岸，沿河疾行，直扑贼卡，贼匪只在正路拒御，不知别寻间道，一见官兵骤至，出卡抵御，杀死贼匪数十人，随即推倒头层石卡，所有正路官兵，争先乘势搭桥，一时并济。复将后层石卡夺据，贼即纷纷溃乱，抛弃枪刀，仓皇奔窜。而该处路径险仄，拥挤不开，贼匪自相践踏滚跌落河。官兵复奋勇进剿，直至贼境色达木地方，已过热索桥三十余里，沿途痛歼贼众，复擒获活贼达尔拉木塔巴等八名。询以济咙被官兵攻破后，官寨贼匪于初十日夜间奔窜，由热索桥逃回者，共有若干。据供，济咙地方，我们头人兵丁甚多，管兵的是三个列必达。初八日头人们差两个兵赶回阳布，从桥上经过，说是大兵来了，连夜回去，请发救兵。自初十日以后，总没见有逃回去的人。大兵打破济咙官寨，我们在桥上还不知道信息，我们派来守桥已有三个多月，等语。详核贼匪所供，是济咙屯聚贼匪，被官兵歼除净尽，兹又将热索桥设法攻得，已据贼境门户，从此相机深入，定能迅捣贼巢。唯是前途山路险仄更甚，官兵鱼贯而进，并少扎营之处，而两边山上，如塔木那等处，又有旁出小径，通往贼中，亦应酌量留兵，严防贼匪抄截后路。现在探明路径，妥为布置，慎重前进。臣等仰蒙圣恩，委以统兵重任，敬唯皇上宵旰焦劳，勤筹军务，固不稍涉稽延，又叠蒙训示谆谆，谕令加意慎重，亦不敢因屡得胜仗，轻率冒昧，总期全师克捷，蒇事完善，上慰圣怀。至后起兵丁，及运送军火粮饷，实缘道路艰难，行走不能迅速，此时进兵剿贼，决机只在顷刻，若待各项齐全，诚恐有误事机。臣等一面严催，一面就现有军粮铅药，计日裹带前进，俟陆续运到，即雇觅番夫源源背运前往，以资接济。福康安、海兰察、惠龄又奏，言聂拉木一路，前经派令成德、岱森保等，带兵三千名，前往牵缀贼势，令其酌量情形进剿。随于定期进攻济咙时，飞行岱森保等酌量形势，进攻贼卡，兹据岱森保等报称，聂拉木以南，我兵原在上木萨桥要隘驻扎贼匪，于通往贼巢路上，在德亲鼎山前筑卡三处，又在下木萨桥前安有木栅一道。岱森保于十二日五鼓发兵经过措克沙木地方，派屯弁额尔古、塔尔甲、勒木带领屯土兵丁，由夹河两面山梁前进，岱森保、永德、扪撒木、保察灵阿，总兵穆克登阿、游击常春，率同屯弁瑮木布塔尔带兵，由正路前进，占住德亲鼎山，从山坡压下，攻破头卡。贼匪正在二卡、三卡内放枪抵御，复经官兵枪毙贼匪多人，将两座石卡攻克。进至下，木萨桥，额尔古、塔尔甲、勒木等分路进攻，贼匪拼力抵拒，岱森保等催兵直前攻扑，始行纷纷逃窜，随将木栅焚毁。官兵尽力追赶，杀死贼目一名，贼匪数十名，擒获活贼乃勒与等七名，余俱败窜。因该处河水极深，山路逼仄，偏桥甚多，贼匪于窜回时，用火焚毁偏桥，道路不通。现拟伐木，搭桥前进，等语。臣等查聂拉木一路官兵，原系派往偏师，以分贼势，今岱森保等已得胜仗，成德亦经禀报，于诸神保到窝朗卡后，赶紧驰赴聂拉木，计此时早经赶到，自可商同前进。若能乘胜直前，固属甚善，但该处山路亦属险仄，自德亲鼎以南，如扎木等处，皆有贼匪据守，臣等已行知成德、岱森保等，令其探明路径，修葺偏桥，慎重前进，不可因得胜仗之后，稍涉大意。即日，臣等率领大兵，直捣贼巢，贼匪自必悉力抵御，其成德、岱森保一路，相机乘隙进攻，更可得手。"①

福康安领兵于乾隆五十七年五月十五日，夺据热索桥，已至廓尔喀国境。十七日，前进至密哩顶地方。越往前走，大山越多，路径越窄，甚至无路可走，地势越险，敌军于各要害地方，设立众多木城寨卡，顽抗死守，正面进攻，根本无法取胜。福康安乃因地制宜，巧施计策，佯攻、猛攻、绕道进攻，从上往下冲压，想了许多办法，终于在五月二十日至二十四日，取得了协布噜等地战役的胜利。

清军攻克协布噜之后，于乾隆五十七年六月初三日进攻东觉一带廓尔喀兵。此时，清军一共有三次征调川西土司土兵7200余人，索伦达呼尔兵1000人，绿营兵2000人，共1万余人。福康安派成德领兵3000人，作为偏师，陆续前进，进入廓尔喀境内，剿除沿途守兵，以便将来在廓尔喀首都阳布与大军会师。留兵1000人守绒辖，剩下6000余人作为主力，继续进剿，从六月初三日起，连续作战，到六月初六日，相继攻克东

①《钦定廓尔喀纪略》卷34，第6—12页。

觉、博尔东拉、雅尔塞拉等处敌军碉卡木城寨子，六月初九日到达雍鸦，暂时休整。福康安等军前大臣写折，奏述了地势险恶，敌兵凶狠顽抗，官兵疲惫奋勇，以及用计勇攻获胜之情形：

"窃臣等攻克协布噜一带地方，业经恭折奏闻、查协布噜至东觉，须由噶多前往，噶多距协布噜约有百十里，该处山径从杂，处处相通，大兵一过，恐贼匪从中邀截，即得东觉，终有后顾之虞。现在打仗官兵将及六千名，势不能再行留兵抵御，臣等察看情形，密探路径，自噶多正路至作木古拉巴载山梁，二十余里，山下又有横河一道，隔河对面大山，即系东觉，为贼境险要之地，贼匪据险设备，前后高下分布颇为联络。自噶多东南越山，至雅尔赛拉博尔东拉一带大山，亦有贼匪多人屯聚，该处系属间道，与正路互为犄角，最关紧要。臣等共同商酌，所有雅尔赛拉、博尔东拉一路，臣海兰察前往攻剿，带领巴图鲁侍卫章京、索伦屯土官兵，分作三队，桑吉斯塔尔、翁果尔、海鄂尼、阿哈保等，为头队，阿满泰、哲森保、温春、敷卫善、温保为二队，珠尔杭阿、墨尔根保、纳丹保、富僧额、多尔济、达音泰为三队。金川屯备木塔尔等，即派三队之内，因此路极为险远，将前队官兵先行进发，臣海兰察于六月初三日起程，督催前进。其东觉一路，臣福康安带领巴图鲁侍卫章京、索伦屯土官兵等，前往攻剿，亦于初三日起程。臣福康安先至作木古拉巴载山梁，望见隔河东觉山巅，贼寨贼营甚多，半山以下，俱有木城石卡，临河砌筑堵截，正路两山南北夹峙壁立数千仞，下视横洲，仅如一线，虽济咙以外沿途山势已极逼仄，然贼匪据守卡寨，及渡河处所，尚各有偏坡，总未行如此地险峭高峻者。若带兵直下，至山根渡河，即有二十余里之遥，贼匪枪炮处处可及，断难从此径渡。探得上游，噶多普大山系横河来源，其水稍浅，山路亦稍曲折，虽对面河岸亦多碉卡，防守甚严，而噶多普山上巨石林立，树木茂密，尚可藏身徐下，因留台斐英阿、蒙兴保、图尔岱、萨宁阿、巴颜泰、巴哈等，驻兵作木古拉巴载山梁，暂缓下山进攻，仍用大炮昼夜轰击，使贼匪抵御正路官兵，不得稍息。臣福康安即带领额尔登保安禄、张芝元、德楞泰、克升额、五绍、定西鼎、绰尔浑、克色保、诺托保、双福、富永、屯备色穆哩雍中、朗尔结等，由山岭重叠之处，潜往噶多普，绕行两日。初五日黎明，带兵下至半山临河石卡内，贼匪一见官兵，先行出卡，放枪抵御，我兵且伏且行，于初六日下至山麓浮水渡河，碉内贼匪亦尽出抵御，当即督率官兵，一面奋勇剿杀，一面将近河各碉卡夺据。而上面陡礅上，尚有木城层列，石卡亦多，贼匪见近河碉卡已失，即从陡礅上绕来攻扑，我兵奋力剿杀，将带领匪众头目临阵擒获，余众始行败回。随即催兵，直趋头座木城，屯兵数人，鼓勇先登，被刀砍伤，各兵并未稍却，攀缘继上，立时攻克其二座、三座木城。贼匪俱即出至树林内攒集，吹号呐喊，乘高扑下，而木城两旁石卡内贼匪亦来邀截，我兵毫不退却，分投接战，搅杀一处，不及放枪，唯用弓箭刀矛将贼匪歼戮殆尽。山巅营寨内贼匪，闻知赶来援救，行走捷速，甫至半山复被官兵截杀。其台斐英阿等在山梁上连日用炮轰击打死红衣绿衣贼目及贼兵多人，探则大队官兵已由噶多普渡河得胜，亦即乘势由正路下山，搭桥过河，将正路之木城、石卡攻得前来，鼓勇登山，追奔二十余里，遂将贼寨、贼营全行克获。共攻克大小贼寨十一处，贼营三处，石硼四座，木城五座，石卡二十余处，杀死贼目苏必达奈新一名，殊必达巴撒喀尔一名，哈瓦达三名，咱玛达二名，贼匪四百余名，滚崖落河者不计其数。拿获大贼目萨尔达尔巴载巴拉哩一名，活贼七十六名。臣海兰察分路后，绕行雅尔赛拉，博尔东拉各山，极为高峻，林深箐密，毫无路径，连日潜伏步行，冒雨登陟，昼夜遄行，至博尔东拉前山，遥见木城三座，石卡七处，当路砌筑，颇得地势，若即直前攻扑，未免徒费兵力。随于初六日黎明，径登山颠，绕至贼卡之上，前队之翁果尔海等正拟压下，贼匪已蜂拥前来，势甚泼猛，竟敢迎头衡突。二队之阿满泰等，三队之珠尔杭阿等，亦即接续前来，臣海兰察带领巴图鲁侍卫及索伦屯土各兵奋勇剿杀，枪箭并无虚发，自卯至午，往返追压十余次，在前贼匪甫被击退，在后纷纷接应，拼命竞进，短兵相接，贼尸纵横遍地，杀死贼目殊必达那塔新巴一名，咱玛达二名，贼匪二百余名，始行败窜。当将木城、石卡全行拆毁，整队前进。行至玛木拉，复遇埋伏贼兵，堵截去路，臣海兰察于高处望见，即督率巴图鲁侍卫章京等直前迎击，又杀贼百余名。维时东觉余贼业已败窜，臣海兰察即由博尔东拉山梁赶下，与臣福康安会台一处，带兵尽力追剿，贼匪绕山越岭，行走官兵跟踪搜捕，沿途多有斩获。兹于初九日赶至雍鸦地方，再此次打仗，贼匪拼命抵拒，巴图鲁侍卫、官兵等奋勇直前，侍卫翁果尔海、纳丹保俱右臂中枪，鄂尼保右肘中枪，俱可勉强行走，唯乾清门侍卫哲森保枪中左膝，损骨，枪子未出，伊子侍卫富永亦枪中右足骨出，受伤俱重，现已派人妥为照看，送往济咙调养。又索伦佐领多尔济、四川都司伊鲁尔图中枪阵亡，仰恳圣恩，交部议恤。其余官弁兵丁等，带伤阵亡，约及百余名，俟查明照例汇册报部。"[1]

乾隆五十七年（1392年）七月初二、初三日，清军与廓尔喀军在噶勒拉、堆补木、特帕朗古、甲尔古拉、集木集等处，鏖战两日一夜。对于这场决定战局的大战，原礼亲王昭梿，在其所著《啸亭杂录》中，做了如下评述：

"七月庚子，裹粮再进，噶勒拉、堆补木、特帕朗古桥、甲尔古拉、集木集等处七百余里，凡六战皆捷，所杀四千余人。至热索桥，福康安以为势如破竹，旦夕可奏功，甚骄满，拥肩舆挥羽扇以战，自比武侯也。我兵皆解囊裹鞬，负火枪以休息。贼乘间入，我兵狼狈而退，台斐英阿死之，武弁亦多阵亡者。贼复遣人乞和，福康安遂允其请。贼献所掠金瓦宝器等物，今大头人噶木第马达特塔巴等赍表恭进驯象、番马、及乐王一部，上鉴其诚，乃许受降。八月丁亥班师。是役也，巴忠既辱国于前，福康安复偾师于后，犹赖夷人畏葸，为国家威德所慑，故而献表投诚，以结其局。后之用兵绝域者，应引以为戒欤。"[2]

魏源在《圣武记》中，也对此做了评述：

"下游，接河侧枯树为桥而度，始夺其险。六月九日，至雍鸦山，

①《钦定廓尔喀纪略》卷35，第3—12页。
②昭梿：《啸亭杂录》卷6，《乾隆征郭尔喀之降》。

廓夷震慑，遣使诣车前乞降。将军、参赞严檄斥之，数日不报。复三路进攻，六战六捷，逾大山二重，先后杀贼四千，涉贼境七百余里，将近其国部阳布之地。前此，山势皆东西夹河，自雍雅以后，山皆南北夹河。贼踞守两山，中亘一桥：八月初，我兵三略攻夺其北岸之山，并破其桥北之贼。其南岸大山数十里，山后即其国都也。贼以十营踞山，守御甚固。海兰察欲扼河立营，福康安不可。逾桥攻之，冒雨上山二十余里，至斗绝处，贼乘高木石雨下，隔河之贼三路来犯，我兵且战且却，死伤甚众，赖海兰察隔河接应，而额勒登保扼桥力战，乃退贼。方是时，其国境南邻印度之曰披楞者，久为英吉利属国，与廓夷积衅。福康安进兵时，曾檄近廓夷东南之哲孟雄宗木布鲁克、西面之巴作木朗、南面之甲噶尔披楞等部同时进攻，许事平分裂其地。及是，廓夷南告急于披楞，披楞佯以兵船赴援，实阴逼其边鄙。廓夷两支强大敌，汹惧无计，且恐我军闻而气奋也，再遣人诣军，卑词乞哀。时我师方挫，而贼境益险，且逾八月即大雪封山难返，乃允其降。"①

这两篇评述，都有硬伤，记述有错误。昭梿生于乾隆四十一年，二征廓尔喀时，只有15岁，尚未袭王爵，也未担任一二品大员，没法接触机密奏疏。魏源更晚，二征廓尔喀之役结束以后两年，乾隆五十九年才出生，并且29岁才中举人，52岁中进士，也不可能亲身听闻、经历和看到机密奏章。因此二人在记述事实时，难免有不准确的地方，对于这些欠妥之处，笔者认为不应过分责备。但是，二人对这次大战的基本评价，认为这是一次败仗，昭梿说："我兵狼狈而退"，是"偾师"，偾者，败坏出，人们以"偾军之将"，来斥责贻误军机、导致作战失败的将领？魏源说"我师方挫"，也是说这一仗打败了。笔者认为，这个根本性的评价，是与事实不符合的，有失公允。一则，此仗清军并未战败，只是没有取得完全的胜利而已，双方皆是伤亡惨重，打了一个平手。二则此仗迫使廓尔喀认罪认错求降纳贡议和：口说无凭，请看福康安、海兰察对此战情形的详细奏述。

大战之前，清军已经面临严重的危险局面。这在乾隆五十七年六月初九日清军攻克东觉等处，于雍鸦休整时，给皇上写的奏折上，体现得

①魏源：《圣武记》卷5，《廓尔喀记》。

十分清楚。福康安、海兰察奏称：

"兹于初九日赶至雍鸦地方，对面噶勒拉山梁上先有接应贼匪，据险设防，屯聚拒守，本应即日进攻，但各兵登山陟险，打仗追贼，昼夜辛勤，已经八日，履袜擦损，跣足徒行，为石棱擦伤，蚂蟥吮噬，两足多已肿痛。且贼境天气阴雨，最多每日唯辰巳二寸稍霁，交午即云雾四合，大雨如注，山巅气寒，入夜雨皆成雪，兵丁昏夜登山，遇有数丈石磡，攀缘树枝，始能跳越上下，一经雨雪，尤属溜滑难行，随带弓箭多致跌折，锣锅帐房更不能携往，裹带糌粑又已食完，必须休息数日，稍养兵力，并严催粮石、铅药、弓箭到来，分别给散，方可整兵进剿。查贼匪素恃险远，滋扰各处，颇谙攻战，自大兵直入贼境后，屡次克据，贼匪尚思抗衡，未形畏惧。今进攻东觉、博尔东拉险要之地，各处碉卡、营寨、木城掘险密布，甚得地势，贼匪屯聚甚多，据守甚固。我兵共有数千名，后路并无接应，势难克期取胜，是以臣等于发兵时，宣谕我皇上抚恤士卒深恩，加以激励，官兵等无不倍加感奋，勇往争先，屡经贼匪迎扑，兵屹立不动，枪箭如雨，歼擒匪众，俱系壮大凶横之人。而各碉卡木城内贼匪并不藏匿死守，悉皆空壁而出，希图抵御，得以派兵，一面攻击，一面夺据，不烦逐处攻围，久延时日。此皆仰赖圣主洪福，将士用命，于万难攻剿之时，克获全胜。"[1]

这一大段奏述，表明了八个问题。一是气候极其恶劣，云雾四合，大雨如注，山岭天寒，雨夜成雪，溜滑难行。二是地势险恶，登山之时，常遇高达数丈的石磡，必须攀缘树枝才能上下。三是随身携带的弓箭，大多跌折，锣锅帐房更是无法携带，不能好好吃饭、喝水、住宿。四是补给不上，裹带的糌粑已经吃完，弓箭多已损坏，后方运输已经中断，急需粮食、弓箭、铅丸、火药。五是艰苦万分，痛苦难忍，鞋破袜烂，跣足徒行，被石块擦伤，脚遭蚂蟥吮噬吸血，多已肿痛，使乾隆帝读后感到"将弁兵丁劳苦之状，可怜可嘉，竟不忍复视"。六是攻战两月，身心疲惫，必须"休息数日"，"稍养兵力"。七是敌军碉卡木城

---

① 《钦定廓尔喀纪略》卷35，第9—10页。

"据险密布","甚得地势",十分坚固。八是廓尔喀兵"俱系壮大凶横之人","颇谙攻战",毫不畏惧清军进攻,拼死顽抗。八是集中为一点,即这个仗太难打了,是福康安、海兰察所说"万难攻剿"。这也是整个二征廓尔喀之战情形的基本写照。

所以,福康安、海兰察带领6000兵士,在雍鸦地方整整待了20多天,休息待力,等待粮食、弓箭、铅丸、火药到了以后才继续前进,于七月初二、初三日的两天一夜,与廓尔喀军拼死苦战。

福康安、海兰察奏述此战详细情形说:

"查贼匪将从前裹去兵丁噶布伦等全行送出,遣大头人来营具禀乞降。经臣等严檄饬驳,当令朗穆几尔帮哩等二人回巢,谕知贼首即行亲来,并令将前途各山梁拒守贼众全数撤回,若稍有支吾,即统兵进剿。兹距发檄之后,又经数日,各山上拒守贼众,尚未撤动,贼首等亦无亲来之信,自仍当相机进取。官兵自到雍鸦以来,已经两旬,后起川兵,尚未到来,亦未便稽延坐守。况藏地边界,雪下最早,如宗喀通拉山等处,常年八九月间即已大雪,雪山今年节气较早,已交秋令十余日,总须赶封山之前,藏事撤兵,不能久稽时日。臣等再三筹划,察看形势,经过贼境地方数百里内,大山皆系东西对峙,中夹大河,官兵屡次败贼,皆绕道上至东山之巅,从上压下,势若建瓴。而自过雍鸦以南,山势皆南北相向,如噶勒拉、堆补木、甲尔古拉、集木集大山层叠横亘,陡峻异常。而堆补木与甲尔古拉两山之间,又有横河一道,我兵由山北径上,步步皆须仰攻。若攻克噶勒拉、堆补木两重大山,须即夺桥过河,方能得势,臣等带领桑吉斯塔尔、墨尔根保、张芝元、德楞泰、克升额、达尔精阿、薛大烈、也屯备朗尔结等,拟由中路前进,直至噶勒拉山麓,作为上山之势,诱贼下压。另派额尔登保、七十五、额尔金保、定西鼐、五绍、张志林等,由左一路进攻,珠尔杭阿、阿哈保、图尔岱、达音泰、张占魁、屯备色木哩雍忠等,由右一路进攻。俱令乘夜进兵,于树林内潜身而上,俟贼匪下至半山,两路官兵即疾上山巅,夺据贼卡。分派已定,臣等于初二日丑刻,先将两路官兵进发,即亲督大队,于黎明越过雍鸦大山,径下山沟。遥望噶勒拉山巅,有木城两座,木城内贼匪尚未敢遽行迎敌。臣等督率官兵，分为数队，佯欲觅路分上，贼匪自恃山险，径从高处压下，势甚泼猛，而左右两路官兵已于树林内绕出其上，奋勇登山，分趋东西贼卡，贼匪不虞官兵骤至，立时溃乱，将石卡两处全行夺据。其中路迎来贼匪，行至半山，见山上山下俱有官兵，不能进退，臣等即以鸟枪弓箭兵丁排列在前，径行扑上，贼匪正在惊惧之际，抵敌不住，逃回木城。我兵跟踪追上，又有先上之两路官兵，从左右夹击，贼匪在木城放枪投石，迎拒甚力。木城系以大木竖立，用竹箦藤条扎缚坚固。乾清门侍卫墨尔根保、侍卫图尔岱、参将张占魁，攀缘木城径上，中枪阵亡。我兵并不退却，分投攻剿，抛入火弹，焚烧木城内草棚、帐房，自辰刻直至未刻，攻克木城两座，又连克石卡二处，歼戮贼目五名，贼匪三百余名，落崖者甚多。随将木城焚毁，乘胜穷追数十里，直至堆补木山口。象巴宗地方，该处有贼一处，山上有木城两座，木城旁又有石卡三处，大石卡一处，败逃余贼未及全过象巴宗，我兵赶及，卡内贼匪弃卡奔逸。众兵齐上山巅，木城贼匪俱山抵拒，其木城旁石卡内，贼匪拒守不出。随令桑吉斯塔尔、袁国璜、英贵、萨宁阿、绰尔浑、筹保、达音泰等进冲贼阵。阿木尔塔、额尔全保、纶布春、索多尔、海富兰、刘怀仁、魏玉龙、巴底大头人松鼎、巴塘副土司成勒春丕勒等，分攻贼卡，临阵杀死贼匪一百余名，连夺贼卡。复派屯兵等爬越大石卡围墙，奋勇攻克，余众奔溃，唯巴图鲁三等侍卫索多尔海，都司魏玉龙于夺卡时，因枪伤落崖身故。其时已及半夜，本应稍为休息，但堆补木山下帕朗古地方，即系横河，现有贼匪据守桥座，若不将桥夺据，贼匪循河东上，即可绕出我后，况堆补木南面较北面山势稍有偏坡，阻河为固，方可将堆补木守住。随连夜分兵两路，派珠尔杭阿、安禄、七十五、蒙兴保、穆克登布、敷里善、荣义、马登荣，屯备木泰尔、朗尔结等，由横河上游，进攻集木集。阿满泰、额尔登保、袁国璜、阿木尔塔、达尔精阿、定扎、永善、棍德依、云保、森伯鼎、屯备木塔尔、斯丹巴等，由帕朗古攻桥，进扑甲尔古拉。于初三日卯刻至横河北岸，臣等以该处桥座最关紧要，当即带兵前进，督率攻取，贼匪于桥座南北两岸，圈砌石卡。过河即系甲尔古拉大山，与集木集大山连属，山梁自东至西横长七八十里，木城碉卡据险排列，不下数十处，尽西山脚有木栅一道，约长数里，守御极为险固。臣等带领官兵进攻，桥座北岸卡内贼匪拼命抵御，我兵奋勇攻扑，于高礅上用枪炮向下轰击，自辰刻攻至午刻，卡内贼匪大半枪毙，站立不住，逃遁过桥。南岸贼匪排枪数层，连环不断，一面抵住我兵，一面即欲拆桥，已将桥板拆去数块。唯恐桥座拆断，过河愈难，阿满泰等直前争夺，兵丁乘势竟进，一拥过桥，阿满泰及屯备斯丹巴在前行走时中枪伤，落水身故。其时兵已抢至南岸，将贼卡攻得．杀死贼目三名，贼匪一百余名。沿河贼匪败窜上山，我兵即追蹑贼踪，往攻甲尔古拉。其横河上游一路珠尔杭阿、安禄等见正路官兵已过，亦乘势搭桥渡河，进攻集木集。臣等即带兵过桥，督率两路官兵奋勇前进，适值大雨倾注，山崖险滑，直上二十余里，将近木城，形势更陡。贼匪居高临下，枪炮甚多，我兵仰攻，又无大石密树可以藏身，不能立时攻克。当将官兵撤至山下，贼匪乘高扑来，巴图鲁侍卫章京及官兵等，人人奋勇，赶上接战，搅杀一处，歼戮甚多。集木集山梁上贼匪从旁抄下接应，欲来夺桥，而横河归入大河之处，复有贼匪在大河隔岸放枪助势，三路之贼不下七八千人。我兵往来攻击，贼匪仍不败退。臣等随亲率台斐英阿、张芝元、德楞泰、七十五、五绍、英贵、克升额、扎保、富罕、双宁、定珀鼐、德清额、屯备阿忠、安普木等，奋勇冲杀，贼稍退却。台斐英阿等出队直前，射死红衣贼目二人，台斐英阿及二等侍卫英贵、索伦佐领棍德依，旋中枪阵亡。因将各兵分队排开，四面围截，复杀死贼目三名，贼匪一百六十余名，余贼纷纷窜逸，又拿获活贼十七名。我兵追至山麓，始行撤回。此次进攻，接战两日一夜，连克两重大山，大木城四座，石卡十处，大石卡一处，夺据帕朗古，大桥一座。官兵并未稍为休息，攀缘险阻，冲冒枪石，奋不顾身，杀死贼目十三人，贼匪六百余名，拿获活贼十七名，讯明俱已正法。贼匪当屡次败衄之余，复经此次痛加歼戮，自必更形畏惧。伏思廓尔喀自恐灭亡，处处负嵎据险，今官兵追逼更近，已过帕朗古大桥，与贼营对山驻扎，较雍鸦地方复深入七十余里，贼匪备御益加严密，所谓困兽犹斗，自不肯束手待毙。然贼匪震慑军威，仅能据险自守，即人众较多，亦不敢前来窥伺，臣等再当酌量情形，相机办理。至后路一带，因续调川兵未到，只于搭木那及协布噜博尔东拉酌留兵丁防卫，今官兵又已深入，自济咙至军营后路，约有数百里，道里绵长，应于东觉、雍鸦及清吉扎喇，果藏果桥上各要隘，添安兵丁数十名至百余名不等，庶声势稍为联络，沿途粮运军火亦可借资防护。再乾清门侍卫哲森保前在博尔东拉受伤较重，经臣等奏明，送回济咙，派人照料，上紧调治，兹据呈报，哲森保行至协布噜，不能行走，因伤身故。又此次打仗阵亡各员，请旨交部议恤。侍卫英贵系音吉图之子，伊父子均殁于行阵，殊堪悯恻，应否酌加优恤之处，出自皇上天恩。"①

福康安、海兰察又奏请优恤赏赐说：

"臣等自雍鸦分兵进攻，巴图鲁侍卫官兵攻取木栅碉卡，抢夺桥梁，与贼接战两日一夜，不辞劳苦，实属奋勉出力，理合分析开单进呈。再额外总管兼头等侍卫阿木勒，塔凡遇督兵打仗，俱属奋勇，谨附折陈奏。"②

乾隆帝于五十七年八月二十一日看过福康安、海兰察奏折后，谕军机大臣传谕福康安、海兰察等人，对将士奋勇冲杀，战果丰硕，予以嘉奖赏封。

（六）廓尔喀认错纳贡求降　乾隆帝二封廓尔喀王

乾隆帝对进剿廓尔喀入侵后藏之军，规定了作战的方针、目的和重要策略，在相当长的时间里，他的进军目标是直取阳布（今加德满都），征服整个廓尔喀，"捣穴擒渠"。乾隆五十七年（1792年）三月十一日，他看到四川总督鄂辉所呈分兵防守图后，下谕斥其"所办殊属非是"。着军机大臣传旨"福康安即统领五六千劲旅进剿，为捣穴擒渠之计"。③

过了12天，三月二十三日，福康安等人的奏折到京，言及廓尔喀首领禀称，唐古特人欠债不还，沙玛尔巴红教喇嘛致噶布伦之信，宣扬廓

---

① 《钦定廓尔喀纪略》卷39，第1—10页。

② 《钦定廓尔喀纪略》卷39，第10页。

③ 《清高宗实录》卷1398，第17—18页。

尔喀军强大之势，并"虚声恫吓"。乾隆帝十分生气，谕军机大臣：
"福康安等恃有坚持定见，勉奏肤功"，在扫清境内之敌后，"再行厚
集兵力"，直抵敌都。福康安现檄廓尔喀王叔缚沙玛尔巴献送军，如能
成功，其功不小。若对方怀疑观望"福康安等即当统兵深入"，直捣敌
都，"以期一举集事"。①

又过了10天，四月初三日，乾隆帝说得更明确了。他谕军机大臣：
此时藏内原有兵丁及陆续调派屯土兵与索伦达呼尔兵，共有1万余名，加
上添调的3000名川兵，其13000余名，粮食足够食用，若兵力不敷，可于
川省兵丁或屯练士兵中就近再调3000～4000名。廓尔喀"虽已并吞三十
余部落，但从来用兵之道，唯在攻捣腹心，得其要领，则此外皆望风瓦
解，不难一举荡平"福康安等当厚集兵力，直趋阳布，使敌"失其所
据，此外各部落自必纷纷瓦解，一举集事"。②

藏区奏折陆续前来，敌方情形知悉更多，乾隆帝感到有必要对进军
的目的做些调整，即能灭其国固为大胜，万一不行，也可乘胜允降班
师。四月八日，他下谕给军机大臣说：

"廓尔喀系边外极边，地势险远，贼匪又于要隘处所，添设碉卡，
抵死守御，若有万难深入之势。而福康安等统领官兵，声罪致讨，藏内
僧俗番众人等，群系观瞻，事在有进无退。福康安等，即不肯事半中
止，而限于地险，又难克期集事，或致彼此相持，劳师糜饷，亦属非
策。今反复筹划，若福康安等于官兵齐集后，探访贼匪情形，道路险
易，事在可办，自必直前进剿，扫穴擒渠，将其土地给还各部落，永免
卫藏驻兵防守，岂不甚善。福康安素性勇往，自不肯因行此旨，稍存迁
就，功亏一篑。倘审度事势，实难直抵贼巢，或将济咙、宗喀一带据守
贼匪尽行剿杀，大振军威，或前抵贼境，与贼打几次胜仗后，贼匪心怀
慑服，望风胆落，差人前至军营投递禀帖，悔罪乞哀，或可将计就计，
令其坚明约束，俯允所请，准其投诚，振旅班师．亦完事之一法。然必
先慑以军威……（使其）有所创惩，不敢复行滋事。"③

---

① 《清高宗实录》卷1399，第14—15页。

② 《清高宗实录》卷1400，第7—8页。

③ 《清高宗实录》卷1401，第5—6页。

乾隆帝显然是认真吸取了远攻缅甸遭受挫折的教训，决心不长期用兵边外，硬要达到难以达到的目标，不将"边外极边"之廓尔喀并为己有，进军的目的是制止其再次入侵藏区，保持藏地的安全，维护中央对西域的管辖，最多是"将其土地退还各部落"而已。

廓尔喀王叔因清兵不断深入，来势凶猛，失地数百里，南界印度之披楞与己又有宿怨，佯以兵船来援，实阴逼边鄙。福康安进兵初期，曾檄令廓尔喀东南的哲孟雄、宗木布鲁克，南面的甲噶尔和西面的巴作木朗等部同时进攻，"许事平分裂其地"。各部见清兵连胜，开始考虑出兵之事，哲孟雄部长向驻藏大臣和琳"奏请派兵"，求领赏银。强敌深入腹地，周边各部不稳，廓尔喀执政王叔巴都尔萨野决意"乞降"求贡。早在清兵攻克东觉进兵雍鸦时，巴都尔萨野便送出上年掳去之兵丁王刚、第巴塘迈，王刚递禀帖一件，内称红教喇嘛沙玛尔巴已于五月十五日病故，乞求降顺，但未"自行认罪"。福康安拒其所请，檄令国王拉特纳巴都尔、王叔巴都尔萨野亲至军营乞降，献交祸首及所掠财物，因其不应，继续进兵。七月初双方大战于集木集后，初八日国王拉特纳巴都尔再次遣大头人恳请乞降，愿遵檄令，交送所掠扎伦布寺财物及西藏噶布伦所立年交元宝300锭作为聂拉木三处地租的文约，献祸首沙玛尔巴之骨。

乾隆帝于五十七年八月初五日看到福康安送来兵丁王刚交的禀帖，上谕给军机大臣说：此次廓尔喀仅令掳去兵丁来投禀帖，"禀内只妄想乞降，尚来自行认罪"。[1]此谕意即赞同福康安拒其所请的做法，要继续进兵，征服廓尔喀。刚过了四天，乾隆帝的方针有了重大的变化，决意允贡受降，了结此事。他于八月初九日下谕说：藏内气候骤冷，九月以后，冰雪封山，今岁气节较早，预计九月中旬，已可能有雪霰，"若非及早藏事撤兵，设粮运稍有不继，是进不能直捣贼巢，退又为大雪所阻，事关匪细。早经降旨，令福康安就近筹酌，如实在万难进取，不妨据实奏明，受降完事。朕远在万里之外，不能一一遥为指示"，福康安受恩深重，历经委任，不肯畏难迁就，"唯在临机应变，妥速藏功也"。[2]第二天，八月初十，他又谕军机大臣：今年气候较上年更凉，

<hr>

①《清高宗实录》卷1410，第6页。
②《清高宗实录》卷1410，第21页。

下雪封山会更早，万一福康安锐于进取，冒险深入，"转瞬冬令设至，进退两难，关系尤为重天"。着再传谕福康安等，"如实不能进取"，巴都尔萨野又不敢亲自来营，"即趁其畏惧恳乞"，令其遣大头人进京，"具表纳贡，悔罪投诚"，亦即受降撤兵。①

乾隆帝的态度发生了这样大的变化，显然是因为他能够深刻地、正确地吸取将军明瑞冒险深入，粮尽援绝，败死缅甸小猛育的惨痛教训。廓尔喀与缅甸有许多相似之处。比如，此时的廓尔喀，与明瑞深入时的缅甸，都有国破家亡的危险，故皆拼死反击，卫国卫家；两国皆是山高林密，道路险阻，气候恶劣，天时地利均属恶劣，对清军十分不利；清军远道跋涉，转运数千里以外，人力、物力、财力耗费巨大；山地陡斜狭窄，骑兵难施所长等。如若硬要坚持灭绝其国分地与各部土司的方针，恐又会重蹈明瑞一军惨败的覆辙。实际上集木集一战，清军已遭受重大损失，若不及时收兵，后果难以设想。尽管乾隆帝此时还不知晓集木集大战之情，但他根据福康安先前陆续呈报军情的奏折，已深知行军之难，打仗之艰苦，以及将士伤亡不小等情况，考虑到缅甸之役的前车之鉴，因此，在连胜之际痛下决心，当机立断，决定放弃过去征服廓尔喀将其国分给各剖土司的方针，改为"受降完事"。这一转变是可取的，是十分正确的，是符合中廓两国的利益的，而且也与实际形势相符合。就在此谕下达前的一个月，福康安已与对方议和了。

原来福康安连战连胜，深入廓尔喀境700余里，距其都城仅数十里，眼看大功即将告成，所以先前拒绝廓尔喀的求和。现在眼看集木集一战，伤亡重大，5000名士兵，断难再进，更难攻克都城征服全国。因此，七月初八日，拉特纳巴都尔差大头人赏角帖，至帕朗古清军大营"乞降"，禀称愿遵檄令，送还所掠扎什伦布寺物品，缴出与噶布伦私立合同两张，不敢复提西藏交纳岁币之事，呈献唆使入侵后藏的祸首沙玛尔巴的骨殖（尸骨）及其眷属、徒弟、财物。

福康安、海兰察并未断然拒绝，而是一方面等其呈献有关人、物，一面向皇上奏述说：

"兹于初八日接到拉特纳巴都尔来禀，译出阅看，如交送扎什伦布什物，缴出大小合同，并呈献沙玛尔巴骨殖，及伊徒弟跟役财物等，款

俱已一一遵奉，唯檄令拉特纳巴都尔、巴都尔萨野亲来一节，只婉陈感畏之意，不敢切实禀复。察看贼情，总因官兵追逼日近，势已空虚，所有噶拉勒、堆补木、帕朗古等处拒守贼众，被我兵痛歼，连战攻克，贼匪震慑军威，知难抗拒，故以畏服之词，为归诚之请。禀内语意，多系感戴圣恩，自行认罪，凡自称之处，俱改为'小的'，以见其十分恭顺。无如外番心性，畏惧既切，疑虑愈有，唯恐亲出被擒，未敢来营谒见。臣等此时既不便遽准所请，亦不值再发檄谕，应俟其将合同、扎什伦布物件呈交，并送出沙玛尔巴骨殖、徒弟、跟役、物件等项，看其如何具禀，再行相机酌办。臣等身当巨任，虽贼匪畏惧乞哀，断不敢遽存将就了事之见，上负委任深恩。唯官兵深入贼境，已有七八百里，屡次打仗，绕山陟险，渐形疲乏，且贼境水土恶劣，积雨蒸湿，风瘴甚大，各兵患病日多，后路粮运，设法严催，尚不敷兵丁日食，种种掣肘情形，臣等实属万分焦急。前途山愈险峻，贼匪畏惧剿灭，各处纠集贼众，安设木城石卡甚多，据险负嵎，颇得地势，必须整齐兵力，方可再图进取。至贼匪邻近部落，如布鲁克巴、哲孟雄、宗木等处，仅能自守，作木朗曾闻与贼打仗，至今亦无确信，可见外番观望迟疑，未足深恃。臣等唯有审时度势，计出万全，断不敢坐失时机，亦不敢轻率前进，总期藏事完善，以仰蒙我皇上绥靖边围至意。"[1]

这道奏折，已经透露出福康安、海兰察有了允降议和的想法。乾隆帝于五十七年八月二十二日看到福康安、海兰察的这道奏折，立命军机大臣传谕福康安、海兰察等人，允许廓尔喀国降顺议和。

乾隆五十七年七月下旬，福康安与参赞大臣海兰察、惠龄联名写折，奏称官兵不足5000名，敌境水土恶劣，山高路远，运输困难，即将大雪封山，廓尔喀恳求归顺，准备受降班师。

"福康安、海兰察、惠龄奏言，七月十七日，据贼酋遣小头目巴拉巴都尔哈瓦斯递禀，呈缴从前原立大小合同二纸，送出沙玛尔巴骨殖物件，伊徒弟接咙尸身一具，喇嘛拉布结等二名，并女喇嘛布哩一名，跟役罗布藏等二名，番妇索诺木一名，幼孩、噶尔玛拉、布塞等二名。臣等查阅大小合同，以译出丹津班珠尔呈出合同底稿，查对相符，唯小合同上图记较多，详细查核亦俱系说和列名之人，并无歧义。臣等此次统兵，进剿廓尔喀贼匪，仰蒙皇上指授机宜，得以钦遵筹算，痛歼贼众，屡奏捷音。今已深入贼境地方，自应力图上策，唯是审时度势，不得不通盘筹划，未便因屡得胜仗，稍有冒昧。查此路进剿官兵，节次打仗攻扑，间有阵亡、带伤，现存兵丁，除分防后路，不及五千名之数。复因贼境水土恶劣，霖雨不止，触染风瘴，患病者甚多，呈报病故，日有数名。前调川兵原拟五月中赶到，今总兵彭承尧带领头起瓦寺等处士兵五百名，于本日始行到营。即使早调多兵，粮食愈益增多，更难运送。至于后路粮饷，后藏至宗喀、济咙一带，总线道路险远，不能源源接济。由此前至阳布，尚有大山数重，大河数道，险阻更甚，贼匪护其巢穴，处处备御坚固，以倾巢之力，纠集贼众，据险负嵎，若无机会可乘，势难立时攻克。转瞬已届深秋，藏界气候早寒，冰雪封山，恐难久驻。此系体察地势、天时，自量兵力粮运，熟思审处，预为计虑及此。臣等渥受恩慈，身当巨任，宁敢稍存迁就，即官员兵丁等感恩思奋，亦不因粮少力疲，遽形退却。唯念时日已迫，贼匪地界尚宽，即使能到阳布，贼酋亦必预行逃窜，跟踪追剿，愈入愈深，以数千之兵逐处搜捕，难以克期必获。臣等再四思维，与其悬军深入，难以计出万全，莫若宣示恩威，尚可永绥边境。现在贼匪经官兵痛加歼戮之后，心惊胆落，实已十分畏惧，先将王刚等送出，递禀乞降，经臣等严行斥驳，又遣大头人普都尔帮哩等，前至军营，哀恳当即发檄，谕令其逐条遵奉。复据贼酋禀缴私立合同，不敢再提西藏许银之事，并已将沙玛尔巴骨殖物件及伊徒弟跟役遵檄送出，其现存之扎什伦布物件，亦愿呈缴。又恳请另差办事大头人进京瞻仰天颜，恭进表贡禀内情词，极为恭顺。察看贼情，实因震慑天威，投诚悔罪，似不敢再萌他念。臣等已公同商酌，察看情形，若贼酋再遣办事大头人前来吁恳察其词意，如出真诚，即拟遵强前奉谕旨，坚明约束，纳款受降，亦足以绥靖边隅，尊崇国体。"[1]

乾隆帝于九月初三日看到福康安三人奏折，即谕军机大臣传谕福康安等人，允许廓尔喀降顺。

皇上允降退兵的圣谕还未到达军营之前，大将军已允敌军投降了。乾隆五十七年八月，福康安、海兰察、惠龄联名上折，奏述廓尔喀诚心悔过，纳贡求降，已允其请，撤兵回藏。奏折说：

"窃臣等秉承帝算，统率劲兵，自擦木进剿以来，连战克捷，边界肃清，夺据热索桥，深入贼境，如协布噜、东觉、博尔东拉、噶勒拉、堆补木、帕朗古等处，皆系峭壁悬崖，大河湍急，我兵绕山涉水，间道出奇，将贼匪所设碉卡、木城，处处攻克。仰仗天威，得以痛歼贼众，所向无前，贼匪败血刃奔逃，心惊胆落，于大兵进至雍鸦时，送出上年被裹兵丁王刚等，具禀乞降。旋遣贼匪噶布党普都尔帮哩等，迎赴军前，将上年被裹之噶布伦丹津班珠尔等、兵丁卢献麟等，全行送出，禀陈被沙玛尔巴唆使情形，悔罪哀恳。经臣等严加驳饬复行进兵，及攻至帕朗古，移营进逼，贼匪益加震恐，所有沙玛尔巴眷属徒弟什物等项，及抢掠扎什伦布银两物件，皆已遵檄呈交，并将上次私立合同二张缴出，不敢复提西藏给银之事，再三具禀恳求。圣主逾格施恩，赦宥前罪，以全阖部落番民之命。兹于八月初八日，遣办事大头目噶箕第乌达特塔巴、苏巴巴尔底曼、喇纳甲察、布拉咱音达萨野、喀尔达尔巴拉、巴达尔等四名，恭赍表文进京，并虔备乐工、驯象、马孔雀、甲噶尔，所制番轿、珠佩、珊瑚串、金银丝缎、金花缎毡呢、象牙、犀角、孔雀尾、枪、刀、药材等共二十九种，随表呈进。另禀恳请臣代奏，译出表文阅看，词意极为恭顺意至。并据第乌达特塔巴等伏地哀恳，叩头乞命，至于泣下，跪称廓尔喀部长拉特纳巴都尔、部长之叔巴都尔萨野，本系边外微末番人，曾归王化，渥受大皇帝天恩，特加封爵，赐赉多珍，高厚恩慈，至今预感。乃拉特纳巴都尔年幼无知，巴都尔萨野罔识天朝法度，因沙玛尔巴从中播弄，唆使廓尔喀与唐古特借端滋事，拉特纳巴都尔等轻听其言，侵犯后藏，仰烦大皇帝特发天兵远来征讨，诛戮头目人众三四千人，攻得地方七八百里。天威震叠，兵力精强，廓尔喀实属胆落心惊，不能抵敌。拉特纳巴都尔及巴都尔萨野，自知罪在不赦，惶惧尤深，所有从前侵犯藏界之事，固由沙玛尔巴教唆，而拉特纳巴都尔等被其煽惑，即系身犯重罪，不敢丝毫置辩，唯有恳求转奏大皇帝，发沛恩施，开一线之路。如蒙允准，免其诛灭廓尔喀阖部落，地土人民皆出大皇帝所赐，衔感恩施，保守境土，不敢再行滋事，从前私立合同，内混行开写各条，万不敢复提一字。今廓尔喀服属天朝。本应年年纳贡，但道路过于遥远，每至五年，即差办事噶箕一名，朝贡一次，仰瞻大皇帝天颜，永为天朝属下，子子孙孙遵奉约束，恳求大将军据情转奏，等语。随后再遣噶箕前来碰头，恳求如蒙转奏，大皇帝施恩原宥，廓尔喀永远遵奉约束，不敢丝毫滋事，不但西藏许银之语，不敢再提一字，即如济咙向来有给予鹰马之例，亦永远不敢索取。又聂拉木边外扎木地方，虽系巴勒布之地，五辈达赖喇嘛时，曾归藏内管辖，从前私立合同内所写扎木归给廓尔喀之语，实属不知分量，今情愿仍属西藏，亦不敢提及，等语。查看所禀情形，贼匪实已畏惧慑服。至贼境地方，气候恶劣，实有难以持久之势，今贼匪慑服天威，恭进表贡，查所遣之噶箕第乌达特塔巴实系廓尔喀世为噶箕正经办事之人，若候奉到谕旨，后再行班师，计期已在十月中旬，兵丁触染风瘴，不服水土，久驻似属非宜。且藏界气候早寒，现在贼境高山之巅已有积雪，万一边界封山，更难撤退。臣等拟带领各兵，整齐队伍，以次分起缓撤。其聂拉木一路兵丁已行知成德等，一体缓程撤退。绒辖一路兵丁，系在藏界之内，应暂留侍卫贝保等，带兵三百名，在彼驻扎，其余兵丁，令诸将带带领撤回。"[1]

乾隆帝于五十七年九月十六日看到福康安允降撤兵的奏折，立谕军机大臣传谕福康安等，允准福康安所奏，纳降班师。

乾隆帝随即封赏有功人员，授福康安为大学士、领侍卫内大臣、加赐一等轻车都尉与其子德麟，晋二等公海兰察为一等公，其余人员晋职升官。

廓尔喀贡使于乾隆五十七年九月二十日，经清领队大臣珠尔杭阿带领，至扎什伦布谢罪。班禅对其晓谕："尔部落自恃强横，滋扰佛地，

---

[1]《钦定廓尔喀纪略》卷42，第1—10页。

仰蒙大皇帝发兵进剿，犹幸及早悔过，允准归降，此后唯当永远恭顺。"班禅并赐来使银物，来使及随行人员"均各感悦"。①

乾隆五十八年正月初廓尔喀使者抵京，呈进表文和贡物。乾隆帝于正月初八、十三、十九等日，赐来使宴，并随即封拉特纳巴都尔为廓尔喀国王。

过了三年，乾隆帝传位于嘉庆帝，自称太上皇帝时，特下专敕给予廓尔喀国王拉特纳巴都尔。该敕说：

"尔自归顺以来，遵奉天朝定制，诸事恭谨尽礼。昨岁因朕在位六十年大庆，专陈表贡，并将年例表贡遣噶箕迈尔与大头人玛都萨野恭赍进呈，其见诚悃可嘉。据表文内称，尔年已长成，所有尔部落事务，均能亲理，披览之余，尤为欣慰，并悉尔叔图萨拉克齐公巴都尔萨野，已将部落事务归尔自理，伊住庙诵经等语。从前尔年幼时，巴都尔萨野曾为尔代办一切，今以尔长成，遂将部落事务交代，甚属得体。尔今既躬亲理事，倍当感朕恩施，凛遵法度，辑睦邻封，御下有方，庶事成期妥协。并当念尔叔巴都尔萨野前劳，时加眷顾，巴都尔萨野亦应恪供臣职，勉荷王休。……嗣后天下庶政，以及抚绥藩服事宜，嗣皇帝悉遵朕指示办理。尔部落诸宜恪守旧规，安居边徼，遵奉钦差大臣法度，公平贸易，严束下人，勿致滋事，以期永受殊恩。"②

从乾隆五十七年停兵议和修贡以后，廓尔喀国王遣使五年一贡，双方关系密切融洽，贸易发达，友好往来，边境安宁。

紧接着，福康安又根据皇上的谕旨，整顿西藏，确立金奔巴瓶制，制定《钦定西藏善后章程》，使之成为清政府管辖西藏的基本文件。

《钦定西藏善后章程》明确规定了中央政府拥有管辖藏区政治、军事、经济（租赋和银钱）、外交、外贸等各个方面的最高权力，在宗教上也有很大的权限，达赖、班禅及各大呼图克图之呼毕勒罕，需经清政府掣签挑选和批准，各呼图克图违犯国法，将受到中央政府的严厉制裁。简而言之，从此以后，西藏进一步直隶中央，这对藏族的发展，西

①《清高宗实录》卷1416，第19页。

②《清高宗实录》卷1494，第26-28页。

南、西北的安宁和中华民族的发展，都起了重大的作用。

《圣武记》有一段概括性的话，盛赞乾隆帝治藏之功，说得不错，现以此作为本节的结束语。其文为：

"（击廓尔喀之后）留土番兵三千，汉、蒙古兵千戍藏。自是驻藏二大臣行事、仪注始与达赖、班禅平等，其四噶布伦及番目缺，均大臣与达赖会同选授，定商上喇嘛银钱出入之额，与春秋巡查鄂博之制，于是事权始归一。自唐以来，未有以郡县治卫藏如今日者。……自元明以来，未有以齐民治番僧如今日者。……其土伯特四部、青海二十九旗、厄鲁特王各旗、喀尔喀八十二旗、蒙古游牧五十九旗、滇蜀边番数十土司皆黄教。使无世世转生之呼毕勒罕以镇服僧俗，则数百万众必互相雄长，狼性野心，且决骤而不可制。南北朝时，西域数十国迎法师，求舍利，动至兵争，为部落安危所系。盖边方好杀，而佛戒杀，且神异能降服其心，此非尧、舜、周、孔之教所能驯也。高宗神圣，百族禀命，诏达赖、班禅两汗僧当世世永生西方，维持教化。故卫藏安，而西北之边境安，黄教服，而准、蒙之番民皆服。……盖至金奔巴瓶之颁，而大圣人神道设教变通宜民者，如山如海，高深莫测矣。……允矣，曼殊师利天可汗哉！允矣，曼殊师利天可汗哉！达赖进表称（清帝）曼殊师利大皇帝，盖曼殊音同满珠，即满洲转音也。"[1]

（七）征廓大军以金川为核心的川西土司土兵（藏族）为主

清帝历来强调"满洲甲兵，国家根本"，在各次大战中，都以满洲八旗将士作为主力。但是，这次赶走外国侵略军，收复失地，保卫了神圣不可侵犯的国土的战争，主要人员却不是满洲八旗兵士，而是以金川为核心的川西土兵（藏兵）。

证据之一，乾隆帝根本没有调集满洲八旗兵士，而是只命100员巴图鲁、章京、侍卫驰往前线领兵作战。这次征廓军队，有索伦兵1000名，四川绿营兵4000名，川西16个土司的土兵（藏族）8000名。这16个土司，属于今天阿坝藏族羌族自治州的有9个土司，即原大金川土司、绰斯

①《圣武记》卷5，《国朝抚绥西藏记下》。

甲土司（金川县），原小金川土司、沃日土司（小金县），原杂谷土司（理县），梭磨、丹坝、松冈、卓克基4个土司（马尔康县）。属于今天甘改藏族自治州的土司是6个，即革布什咱、巴底、巴旺3个土司（都在丹巴县），巴塘土司（巴塘县），德尔格特土司（德格县），孔萨土司（甘孜县）。川西土兵（藏族）占了全军总数13000名的62%，其中，真正到达前线作战的兵士，只有1万名，瓦寺土司的500土兵和四川绿营2500名兵士，在集木集决战之后10天，都没有到达兵营，扣除这3000兵，川西土兵还有7500名，占1万名兵士总数的75%，当然是征廓军队的主要人员。

证据之二，到达前线的1万名兵士中，大将军福康安派原成都将军成德领兵3000名作为偏师，牵制敌军，留兵1000守绒辖。他亲领6000兵作为主力，先后收复擦木等全部失地，并进入敌围700里，攻取协布噜、东觉，帕朗古，决战集木集。这6000名主力兵士中，有索伦兵1000名，绿营官兵2000名，降番、屯练（即大金川、小金川、杂谷脑土司的土兵）2500名和德尔格等土司土兵500名。土司土兵占了作战兵士总数的一半。

证据之三，金川藏兵声名远扬。大将军福康安和乾隆帝称赞降番屯练作战勇敢，军功累累，最受大将军赏识和倚赖。

乾隆五十七年二月初六日，大将军、大学士福康安，大学士孙士毅，四川总督惠龄，督办粮运的工部尚书和琳，联名上折，奏请将出征廓尔喀立下军功获赏世职的降番头人，允其子孙世代袭承，如像杂谷脑五寨屯练之头人一样。奏折说：

> "窃查降番屯练等打仗奋勇，最为出力。此次进剿廓尔喀，自本处调赴西藏万余里，均系步行，进兵之时，攻坚夺险，绕山涉河，冒雨攀缘，不辞劳瘁，每次打仗俱能奋不顾身，争先杀贼，驰驱尽力，实属可悯可嘉。仰蒙圣主轸念戎行，恩施叠沛，屯官俱邀职衔奖赏，兵丁人等亦蒙屡赏钱粮。"①

乾隆帝命军机大臣会同该部议复。军机大臣等虽然不同意降番头人职衔世袭，但也议称："查此次出兵进剿廓尔喀，该降番备弁（即守备、千总、把总）等攻坚夺险，鼓勇争先"。②当时帝从其议，不

---

① 《钦定廓尔喀纪略》卷47，第22—25页。
② 《钦定廓尔喀纪略》卷47，第26—27页。

允世袭。

然而，乾隆帝毕竟不愧是一位对用兵赏罚严明，且重赏勇士的君主，他也知道降番打仗奋勇，军功卓著。所以多次予以嘉奖赏赐，并于乾隆五十八年五月十一日，以金川屯土官兵踊跃征战，谕命赐给世职袭次说：

"谕向：来绿营阵亡官弁，俱给予世职，俟袭次完时，给予恩骑尉世袭罔替，原以轸恤勋劳，特加优典。至屯土官弁，遇有征调，无不踊跃争先，着有劳绩，而临阵捐躯者，向止给予赏恤银两，分别加衔，并未一体议给世职。该屯土员弁，与绿营同一效命疆场，而恤典各殊，究未免稍觉向隔，嗣后屯土官弁，设遇调发，有随征阵亡者，均着照绿营之列，按照实任职分，给予世职袭次，俟袭次完时，再给予恩骑尉世袭罔替。至此等承袭世职人员，遇有该处屯土备弁缺出，着先仅此项人员酌量拔补，如此逾格加恩，永为定例。该屯土官弁等，益当倍加感激，尽力戎行，以负朕一视同仁。奖励忠荩之意，所有此次进剿廓尔喀，应行议恤之阵亡屯土员弁，即照此例办理。"①

也就是在这一天，乾隆帝谕军机大臣，将此消息告诉已因二征廓尔喀之功升为大学士的福康安说：

"金川屯土官弁，遇有征调，向为出力，现已降旨，将出征阵亡者，照绿营之例一体给予世职。此等屯土官弁，屡经福康安调用，奋勇争先，最得其力，今有此恩旨，想福康安闻之，亦为喜慰，所有现降谕旨，并着抄寄阅看，将此谕令知之。"②

过了13天，五月二十四日，乾隆帝又谕军机大臣，令四川总督惠龄查明屯练降番实数，以贯彻执行不久前施恩赏给他们每人白银3两的谕旨：

①《清高宗实录》卷1428，第13—14页。

②《清高宗实录》卷1428，第15页。

"惠龄另上奏，接奉赏给屯练降番银两谕旨，飞咨将军提督，并札饬藩司确查各兵番回寨实数，将银两按名给赏，等语。此次进剿廓尔喀，所调屯练降番冒险攻碉，实为奋勇，已节次加恩奖赏，前又念该兵等俱已撤回归屯，步行远涉，复令惠龄再行查明，每名各赏银三两以示格外恩施。"①

乾隆五十八年八月十一日，乾隆帝又下达谕旨说：

"谕：此次办理廓尔喀，所有随征出力之降番，前因其打仗立功时，业经赏给巴图鲁名号及赏翎升等，即已优酬劳绩。今据福康安奏，此项降番，屡经征调，最为奋勇，经次远征廓尔喀，更属劳苦出力，请照屯练之例，一体准其袭替，等语。降番停袭世职，原为慎重屯务起见，但念伊等此次调遣远役，深入徼外，劳苦备至，非寻常随征可比，着照福康安所奏，加恩准其各照本职，一体袭替，以示轸念屯番逾格恩施至意。"②

正因为皇上的谕旨，大将军、大学士福康安及其军营大臣联名上的奏折，都强调降番奋勇征战，"最为得力"，"劳苦出力"，并且常把降番称之为"金川屯土兵"，无形中形成了劳苦出力"冒险攻碉，实为奋勇"的降番，等同于金川番兵的气氛。降番，就是指金川番兵，几乎成为人们的共识。所以督办粮饷、兵器、补派士卒的钦差大臣大学士孙士毅，在奏报屯土兵从征的数字时，竟奏称"此次办理廓尔喀军务，先后派调大小金川屯土兵共计七千九百余名"。屯练、降番、各土司的土兵，通通被"大小金川屯士兵"七个字代替了。

清朝军事史学者魏源在其《圣武记》卷5，《乾隆征廓尔喀记》中，也将福康安奏请添调屯练降番兵2000名，与鄂辉奏请增士兵5000名（包含屯练降番的2000名），一共5000名屯练、降番、土司土兵之事，记述为"金川各屯土兵五千"。可见，金川番兵之骁勇善战、军功累累、已是家喻户晓。金川兵真是声名远扬了。

①《清高宗实录》卷1429，第19—20页。
②《清高宗实录》卷1434，第12页。

证据之四，征大金川、小金川，杂谷脑头人战功赫赫。

乾隆三十六年（1771年）至四十一年（1776年）的二征金川时期，及其结束以后二十多年里，清朝官方文书上出现了一个新的名词，即"降番"。"降番"本系指原来大金川、小金川土司投降的番人，但因为小金川番人投降较早，大金川番人拼死抵抗，后来实在没有办法，寨破之后才投降，所以小金川的降番早就摘掉了"降番"的帽子。大金川的降番虽然多次恳求和小金川一样，改土为屯，去掉"降番"名目，乾隆帝也曾于乾隆四十八年批准成都将军奏请"除去"大金川降番的"降番名目"，但实际上，人们、甚至一些高级官员，还习惯地称金川人为"降番"。在大金川设立的番屯，委授头人为守备、千总。在获赏人员名单上，标明了是"降番""金川"的有：赏给章布巴图鲁的降番都司嘎噶尔普穆，赏给定布巴图鲁的降番都司绰斯嘉，赏戴花翎的"金川降番都司色拉色丹、巴尔嘉"，"金川降番守备肯普穆丹、巴尔吉"。赏戴蓝翎的有："金川降番守备克穆查尔，千总阿泰、阿戴、阿藏、策楞、四达、塔尔郎、喀尔嘉，把总索诺穆占"，"金川把总查勒嘉、朗喀尔杰。还有金川屯游击郎尔结，着赏给副将衔"。有的获赏人员，虽然在名单上没有写明为金川番、降番，而写的其他名目，如"番子游击衔赛木里雍忠"。

清军于乾隆五十七年五月初九、初十日进攻济咙官寨时，大将军福康安、参赞大臣海兰察派满汉将领屯土备弁52员，领兵分路攻敌。其中，阿满泰、额尔登保、珠尔杭阿、吹扎布、温春、哲克温保、张志林，"屯土备弁木泰尔、色穆里雍中等"，"往攻官寨"。福康安"督催各路，攻取官寨"，海兰察带领索伦骑兵往来冲杀。应该说，色穆里雍中这一路，是分兵各路中的主要一路。廓军拼死顽抗，战斗激烈。最终清军攻下官寨。乾隆五十七年六月十二日，根据大将军福康安写的攻克济咙官寨有功人员名单，帝谕内阁，"番子游击衔赛木里雍忠，着赏给副将衔"。

金川屯练游击朗尔结，忠于朝廷，勤勉效劳，从征廓尔喀时，奋勇杀敌，屡立军功。他带领土兵、随从原成都将军成德，"进攻聂拉木官寨，打仗四次"。后又听从大将军福康安调遣，攻克擦木、玛噶尔辖尔甲、济咙、热索桥、协布噜、东觉、帕朗古尔地方，左膝带石伤。又参加了攻打协布噜、东觉、帕朗古尔这场连续八战的战斗。

根据大将军福康安奏请赏赐此战有功人员的名单。乾隆帝于乾隆五十七年八月初九日，谕内阁传谕福康安，照其所请，对有功将士予以嘉奖赏赐，如"金川屯游击郎尔结，荐赏给副将衔"。①

乾隆五十九年正月，内阁通知四川总督、驻藏大臣，以朗尔结从征廓尔喀，立功受伤，"该屯（守）备现系副将职衔，并赏喀达布巴图鲁名号，得有花翎，并未食俸。今拟在屯守备上加二等照绿营游击，每年赏俸银三十九两三钱二分九厘"。②

朗尔结色木里雍中，是二征廓尔喀之战中众多金川头人奋勇杀敌、军功累累的代表人物。

证据之五，获赏的士兵（藏）及其头人，超过获赏人总数的三分之一。乾隆五十七年六月十二日、八月初九日、八月二十一日，乾隆帝钦定三份征廓官员兵士奖赏封赐名单，共有340余名将士分获"巴图鲁"（英雄）嘉号、赏戴孔雀翎、赏戴蓝翎，以及封授散秩大臣、头等侍卫、二等侍卫、三等侍卫、副将、护军参领、副都统。其中，大金川、小金川、理县（即原杂谷脑土司）等川西土司的土兵，有130余位荣列获奖名单。比如，在第一份名单赏赐进攻擦木、玛噶尔辖尔甲、济咙立功人员名单上，"屯练守备朗噶尔结，赏给喀达布马图鲁。屯练都司斯丹巴，赏给索洛克多尔巴图鲁。阿嘉（屯练都司）赏给觉克博马图鲁。屯练守备登什占布木，赏给纳木巴图鲁"，"仍照例各赏银一百两"。屯练守备阿拉、千总盛根、阿塔尔、阿那什壁，"俱着赏戴孔雀翎"。在第二份获赏名单上（赏给攻打热索桥等地有功人员），"九子寨屯都司库苏尔济，着赏给图布丹巴图鲁，阿勒古塔尔着赏给喇布登巴图鲁。下孟东屯游击阿噶尔库穆布穆，着赏给嘉穆巴巴图鲁。都司班达尔嘉，着赏给绰瓦巴图鲁。上孟东屯守备嘉尔木，着赏给色当巴图鲁"。"杂谷脑屯都司安善穆，着赏给德罗特巴图鲁。嘉噶尔，着赏给巴特博巴图鲁"。"杂谷脑屯都守备阿拉，着赏给罗丹巴图鲁。本布塔尔，着赏给噶图布巴图鲁"。"仍照例每人各赏银一百两"，至于赏戴化翎、蓝翎者，更多不胜记。

①《钦定廓尔喀纪略》卷10，第6页。
②《金川历史文化览略》上册，第379页。

小结：十全武功的六大特点

乾隆五十七（1792年）十月初三日，82岁的乾隆皇帝因允准廓尔喀修贡停兵议和，亲撰《御制十全记》，记述他认为是"十全大武扬"的"十全武功"，谕令军机大臣将此文缮写满、汉、蒙、藏四种文字，建盖碑亭，"以昭武功而垂永远"。此时他真是志得意满狂笑欢歌了。对于"十全武功"，评价各有不同。笔者认为"十全武功"有六大特点。

其一，战争之多，军费之巨，清朝罕有。乾隆朝一共是60年，再加上太上皇时期的嘉庆年间3年零3天，也就是63年；而两征金川、两征准噶尔与统一回疆、平靖台湾、中缅之役、用兵安南、两征廓尔喀，总计"十全武功"的征战多达26年之久，较之顺治、康熙、雍正及嘉庆以后的各朝，用兵次数之多和时间之长，无一可以与之相提并论。并且，军费之多，也是十分惊人的。一征金川，军费花掉白银980万～1100余万两；二征金川，7000余万两；征准平回，3300余万两；远征缅甸，910余万两；出兵安南，100余万两；台湾用兵，800余万两；廓尔喀之役，1050余万两。"十全武功"共开支军费1.5亿两白银，相当于4年的全国财政收入，又超过了顺治、康熙、雍正三朝。

其二，"十全"不全，胜中有败。所谓"十全武功"，实际上是功不满十，这十次用兵，并非是每次皆凯旋。一征金川，损兵折将，庸帅总督张广泗、经略讷亲战败被诛，皇上见获胜无望谕令班师，名胜实败。缅甸之役，将军、一等公明瑞败死小猛育，经略大学士傅恒受挫老官屯，被迫议和，匆忙撤退。出征安南，统帅孙士毅狼狈逃归，提督许士亨战死，全军溃败。初征廓尔喀，双方既未正式交锋，钦差大臣巴忠还附和藏区噶布伦之议，丧权纳银赎地，当然也谈不上功成凯旋。十全武功就有四不全，有四次失败，怎能冒称是十战十胜的"十全武功"！并且，就是那些得胜之战，也不是所向无敌，势如破竹。征准部，定北将军、一等公班第丧命于乌兰库图勒。定回疆，定边将军兆惠被困黑水营，差一点就全军覆灭。二征金川，定边将军、大学士温福中枪而死，清军溃败于木果木。"靖台湾"，将军常青龟缩郡城，参赞大臣、一等义勇伯柴大纪被围于诸罗，险些身亡城毁。二征廓尔喀，七战七捷之后，大将军、大学士、一等公福康安差点战败，清军"死伤甚众"。由此看来，以取胜的六大武功而言，这些武功也有不甚光彩之处。

其三，大起大落，变化多端。各次战争中，军情紧急，胜负难测，瞬息突变，吉凶未卜。一征准噶尔，进展神速，来归恐后，"师行数千里，无一人抗颜行者"，仅仅三个月的时间，就取了伊犁，全准归顺；可是，乾隆帝庆功之宴刚开不久，辉特部首领、"双亲王"、定边左副将军阿睦尔撒纳即率部叛清，定北将军班第、参赞大臣鄂容安被围殉国，厄鲁特四部大乱，清军连续奋战了3年，才再次统一准部。回疆用兵，旗开得胜，败叛汗，下库车，回城纷纷纳款；可是，转眼之间，清军主帅定边将军兆惠兵败叶尔羌，被困黑水营长达3个月之久，弹尽粮绝，即将全军覆没，幸遇富德等援兵救助，始免于难。远征缅甸，主帅明瑞起初督军屡败敌兵，连奏捷报，后因长途转战，孤军深入，人疲马乏，弹尽粮绝，身陷重围，敌众我寡，兵败自尽。二征金川，主帅定边将军温福统兵数万，连取敌碉，降服小金川，进攻大金川，驻军木果木，遭敌包围，断粮断水，军心震动，大营失陷，温福中枪死，3位提督及总兵、副都统、副将、参将、游击等100余员和3000余名士卒阵亡。进攻安南，主帅两广总督孙士毅初因率军轻取东京，功封一等谋勇公，旋因违旨不即撤兵，遭敌军大举围攻，伤亡惨重，弃城逃窜。

其四，用兵多年，调度有方。过去人们对乾隆指挥征战的能力多持贬词，尤其是将他与祖父康熙相比，更认为他是相差太远，简直到了不屑一提的程度。笔者认为，此议欠妥，对乾隆的"武功"及其军事指挥才干的评判，是太不公正了。因为，祖孙两人所处的时代不尽一样，形势差异很大。康熙年间，八旗军的军威仍旧可观，绿营兵的战斗力也不可小看，还涌现出了图海、费扬古、赖塔、张勇、赵良栋、王进宝、孙思克、施琅、蔡毓荣、穆占等满洲、汉军、绿营名帅勇将。乾隆年间的军队可就是远逊于前了，兵不如前，弁不如前，将不如前，帅更不如前，调动这样的军队去打仗，去攻城克碉，斩将擒王，其难度显然远远大于康熙朝，而乾隆正是在这样不利的条件下，指挥这样的军队去创立"十全武功"的。从这个角度来看，乾隆早年用兵的一些失误，就可以理解了。

乾隆在指挥"十全武功"的前几次大的战争中，确实犯了很严重的错误。一征金川，首先就错在形势判断有误，不该打这场大仗。其次是错在任帅非人，一不该用川陕总督庆复统军，二不该让张广泗接替其任，三不该用短弃长，派善理国政却不谙用兵的讷亲去当经略。两征准部时，过分依赖投诚的准噶尔汗贝勒，在没有以清军为核心为强大后盾的前提下，实行"以准攻准"方针，致阿睦尔撒纳突然叛乱，主帅班第被围殉国。用兵回部，起初误用昏帅雅尔哈善，后又因过分轻敌逼令将军兆惠冒险速击，致其被困于黑水营。远征缅甸，料敌不明，错误定下必灭其国的目标，致将军明瑞孤军深入，败死荒郊等。虽然遭受到如此一系列的惨重失败，但乾隆并未灰心绝望，也不诿过于下，而是振奋精神，总结教训，承揽责任，找出错误原因，制定新的正确方针，任用得力将帅，坚持战斗，夺取胜利。他还奖惩分明，擢用名帅猛将。他先后惩办了庆复、张广泗、讷亲、策楞、玉保、永常、达尔当阿、哈达阿等昏庸统帅，或革职，或斩杀。他对智勇双全、骁勇善战的将帅弁士格外重赏擢用，像索伦马甲海兰察勇冠三军，身经百战，屡建殊勋，封授一等超勇公、领侍卫内大臣；像额森特、额勒登保、德楞泰、台斐英阿等几十名马甲、前锋、拜唐阿、珠户出身的勇士，都因军功累累，任至总兵、提督、都统、头等侍卫、御前侍卫、领侍卫内大臣；像善于统军征战的名帅阿桂，从军机章京擢任至定西将军、首席大学士、领班军机大臣，封一等诚谋英勇公。这些难得的将帅对创建"十全武功"起了很大作用。总的来说，乾隆早期的指挥，有错有对，从乾隆三十八年六月木果木清军惨败以后的历次征战，他的调度基本上是正确的，可以说是已经成为一位善于用兵、屡战屡胜的英明君主了。

其五，勇于进取，改革旧制。准噶尔部有20余万户共60余万人，剽悍善战，曾大败清军于和通泊，使"三朝（康雍乾）四顾，盱食仄席，戍塞防秋"，乾隆趁准部内乱，决定出兵，痛斥满洲王公大臣"畏怯退缩"，虽遇挫折，也不动摇，终于平准定回。当兵强马壮的廓尔喀军入侵西藏时，尽管他已是80多岁的高龄老人，仍然不顾诸多的不利条件，不畏艰险，毅然发兵征讨，打败敌军。他还废除厄鲁特四部总汗及回部和卓掌权与藏区噶布伦专权旧制，设立伊犁将军，筑城驻兵屯田，颁行《钦定西藏善后章程》。

其六，成效显著，贡献巨大。由于乾隆的勇于进取，调度有方，广大将士的浴血奋战，汉满藏维等族人民反分裂、求统一、反抗外来侵略的坚决斗争，乾隆年间出现了"十全武功"的大好局面。在沙皇俄国还未来得及大规模侵略厄鲁特蒙古和回部之前，乾隆帝的平准定回，统一了天山南北地区。在英国还未完全占领印度进而向中国西南边疆侵袭之前，两征廓尔喀的胜利，保卫了西南国土，使西藏更加紧密地直隶清廷之下，西藏与内地其他省一起，共同组成了中央政府直接管辖的密不可分的大清国。"十全武功"，以及乾隆初年对贵州苗疆的用兵，使西北、北方彻底安定，西藏严格隶属中央，四川青海宁谧，贵州改土归流得以坚持，云南南部民族地区牢固内附，从而最后奠定了近代中国的版图，使广达1300余万平方公里的强大的中国屹立于世界东方。

第六编　书香园美远使来

一、编纂《四库全书》

（一）搜访遗书

《四库全书》是我国历史上最大的一部丛书，它将古代重要典籍全文抄录，按经、史、子、集4部44类编排，共收图书3461种，多达79309卷，分装成36000册。此书从乾隆三十八年（1773年）开设四库全书馆起，到四十六年（1781年）十二月初六日，历时9年，第一部《四库全书》才编纂完成，缮录装帧，后又缮录6部《四库全书》，检查书籍内容，补错校漏，直到乾隆五十八年（1793年）才算最后结束，足足用了20年的时间。

乾隆帝对《四库全书》的编纂，做了大量工作，起了很大的作用，是此书的总主持人。此书是他亲自倡议并谕令编纂的。他之所以要编纂这部丛书，是与他下谕搜访古今遗书和随之而来的辑校《永乐大典》分不开的。或者可以说，《四库全书》的编纂，起源于"搜访遗书"，搜访遗书又引出辑校《永乐大典》，从而正式开始了《四库全书》的编纂。

乾隆三十七年（1772年）正月初四日，乾隆帝下达了"命中外搜辑古今群书"的谕旨。谕旨说：

"朕稽古右文，聿资治理，几余典学，日有孜孜。因思策府缥缃，载籍极博，其巨者羽翼经训，垂范方来，固足称千秋法鉴，即在识小之徒，专门撰述，细及名物象数，兼综条贯，各自成家，亦莫不有所发明，可为游艺养心之一助，是以御极初，即诏中外搜访遗书，并命儒臣校勘十三经、二十一史，遍布黉官，嘉惠后学，复开馆纂修《纲目》三编、《通鉴辑览》及三通诸书，凡艺林承学之士，所当户诵家弦者，既已荟萃略备。第念读书固在得其要领，而多识前言往行以蓄其德，惟搜罗益广，则研讨愈精，如康熙年间所修《图书集成》全部，兼收并录，极方策之大观，引用诸编，率属因类取裁，势不能悉载全文，使阅者沿流溯源，一一征其来处。今内府藏书插架，不为不富，然古（往）今来著作之手，无虑数千百家，或逸在名山，未登柱史，正宜及时采集，汇送京师，以彰千古同文之盛。其令直省督抚会同学政等，通饬所属，加意购访，除坊肆所售举业时文，及民间无用之旋谱、尺牍、屏障、寿言等类，又其人本无实学，不过嫁乡驰骛，编刻酬唱诗文，琐碎无当者，均毋庸采取外，其历代流传旧书，内有阐明性学治法，关系世道人心者，自当首先购觅。至若发挥传注，考核典章，旁暨九流百家之言，有俾实用者，亦应备为甄择。又如历代名人，洎本朝士林宿望，向有诗文专集，及近时沉潜经史，原本风雅，如顾栋高、陈祖范、任启运、沈德潜等，亦各著成编，并非剿说后言可比，均应概行查明，在坊肆者或量为给价，家藏者或官为装印，其有未经镌刻只系抄本存留者，不妨缮录副本，仍将原书给还，并严饬所属，一切善为经理，毋使吏胥借端滋扰。但各省搜辑之书，卷帙必多，若不加以鉴别，悉令呈送，烦复皆所不免。着该督抚等先将各书叙列目录，注系某朝某人所著，书中要指何在，简明开载，具折奏闻。候汇齐后，令廷臣检核，有堪备阅者，再开单行知取进，庶几副在石渠，用储乙览，从此四库七略，益昭美备，称朕意焉。"①

　　乾隆帝的这道谕旨，讲明了搜辑古今群书的目的、原因、标准、范围，以及如何办理等问题，都做了原则性的指示，不需多说，现仅就其搜辑群书的真实目的和客观条件做些评述。乾隆帝的搜书，可不是一般的搜集几十种、几百种书，而是要"搜集古今群书"，要"搜访"中外各地各家存藏的有价值的遗书，要"搜罗益广"，为"研讨愈精"提供条件，要收集"天下遗书"。具体来说，首先是要超过收书6109部编成万卷巨著的《图书集成》，要搜访到比《图书集成》多得多的珍贵遗书。

①《清高宗实录》卷900，第7—9页。

谕中"以彰千古同文之盛"这八个字，充分表述了乾隆帝对搜访遗书的高标准要求及其欲图达到的目的。他所说的"天下同文之盛"，指的是此时大清的"全盛之势"或"全盛之时"。这是他那几年颇喜引述的常用之词。因为，经过他30余年的励精图治，中国已经进入人们称之为"盛世"或"康乾盛世"的阶段，百业兴旺，府库充盈，平准定回之胜拓疆2万里。就在宣布搜辑天下群书之后的第11天，即乾隆三十七年（1772年）正月十五日，他谕告军机大臣用兵金川说："此时部库所积，多至八千余万，朕每以存积太多为嫌……朕实不欲其多聚，若拨发外省公事动用，稍减盈积之数，亦属调剂之一端。"①国库存银8000余万两，相当于2年全国总收入，在有清268年里，是空前绝后的最高数字，也是体现"堂堂大清势当全盛"的有力证据。这既使乾隆帝产生了搜访天下遗书的想法"以彰天下同文之盛"，也为搜书的编纂创造了雄厚的物质条件。国强才能"文盛"，国富也需有"文盛"来加以衬托，并为进一步富国强国提供必不可少的有利条件。

乾隆帝定下搜访天下遗书的目标后，便极力促其实现。他先后下达了几十道谕旨，反复强调访书的重要性，督促各省总督、巡抚、学政想方设法收集典籍，有功者奖，延宕者斥。乾隆三十七年十月十七日，即颁旨之后的第10个月，他因各省督抚未曾进献书籍而颇为恼怒，予以训诫，责令他们立即抓紧征集文献。②又过了5个月，因各省进书极少，乾隆帝十分恼怒，于乾隆三十八年三月二十八日下达专谕，谴责督抚，并限以半年期限，务必妥为办理，大量进呈书籍，谕旨说：

"前经降旨，令各该督抚等访求遗书，汇登册府……俾古今图籍荟萃无遗，永昭艺林盛轨。乃各省奏到书单，寥寥无几，且不过近人解经论学诗文私集数种，聊以塞白，其实系唐宋以来名家著作，或旧版仅存，或副稿略具，卓然可传者，竟不概见。当此文治光昭之日，名山藏弆，何可使之隐而弗彰？此必督抚等视如具文，地方官亦第奉行故事，所谓上以实求，而下以名应，殊未体朕殷殷咨访之意……着再传谕各督抚等，予以半年之限，即遵谕旨，实力速为妥办，陆续奏报，若再似从

①《清高宗实录》卷900，第32页。
②《清高宗实录》卷919，第5、6页。

前之因循搪塞，唯该督抚是问。"①

第二天，乾隆帝又下谕给军机大臣，详述江浙藏书十分丰富，并具体指出一些著名藏书家，以及懂书熟悉古书之人，责令督抚搜访。乾隆帝还不止一次下谕，鼓励藏书家进献典籍。他闻听扬州商人马姓家内"藏书颇富"，便传谕两淮盐政李质颖，"令其就近妥协访问借钞"，商人马裕因"心存畏惧"，开始只呈报有书195种。乾隆帝得知此情后，谕军机大臣："马裕家夙称善于收藏，何所存仅止于此"，必系地方官办理欠妥，"其家未免心存畏惧，又惮将善本远借"，故所开书目"不清不备"。着该盐政"善为询觅"，"务祈多多益善"。后来马裕感激帝恩，呈报并进献书五六百种。②不少藏书家遵奉帝旨，踊跃献书，"愿以家藏旧书，上充秘府"。乾隆十分高兴，予以嘉奖。乾隆三十九年（1774年）五月十四日，他特降专谕说：

"国家当文治修明之会，所有古今载籍，宜及时搜罗大备，以充策府而裨艺林，因降旨命各督抚加意采访，汇上于朝。旋据各省陆续奏送，而江浙两省藏书家呈献者种数尤多，廷臣中亦有纷纷奏进者，因命词臣分别校勘应刊应录，以广流传。其进书百种以上者，并命择其中精纯之本，进呈御览，朕几余亲为评咏，题识简端，复命将进到各书，于篇首用翰林院印，并加钤记，载明年月姓名于面页，俟将来办竣后，仍给还本家自行收藏，其已经题咏诸本，并令书馆先行录副，即将原书发还，俾收藏之人益增荣幸。今阅进到各家书目，其最多者如浙江之鲍士恭、范懋柱、汪启淑和两淮之马裕四家，为数至五六七百种，皆其累世弆藏，子孙恪守其业，甚可嘉尚。因思内府所有《古今图书集成》，为书城巨观，人间罕觏，此等世守陈编之书，宜俾尊藏勿失，以永留贻。鲍世恭、范懋柱、汪启淑、马裕四家，着赏《古今图书集成》各一部，以为好古之劝。又进书一百种以上之江苏周厚堉、蒋曾莹，浙江吴玉墀、孙仰曾、汪汝瑮，及朝绅中黄登贤、纪昀、励守谦、汪如藻等，亦俱藏书旧家，并着每人赏给内府初印之《佩文韵府》各一部，俾亦珍为

①《清高宗实录》卷929，第18、19、20页。

②《清高宗实录》卷931，第19—21页。

世宝，以示嘉奖。"①

　　经过乾隆帝的多方督促、鞭策和嘉奖，在全国收集了大量珍贵典籍，加上内府所藏，仅提供四库馆供编修之用、需缮写之书，就多达13000余种共168000册，确系"卷帙浩繁"，数量巨大。这为编纂巨型丛书《四库全书》，奠定了雄厚的坚实基础。

（二）四库开馆

　　乾隆三十七年（1772年），安徽学政朱筠借朝廷下诏访求遗书的机会，上疏提出搜访校录书籍的四条建议，其中第三条便是奏请辑校《永乐大典》。朱筠奏称："前明《永乐大典》一书，陈编罗载，请择其中若干部，分别缮写，以备著录。"军机大臣奉旨议复朱筠奏疏时，提出："查此书原共二万二千九百余卷，一万一千九十五册。就原书目录检查，其中不恒经见之书颇有，若概不分别选择，殊非采访经书本义。应拣派修书翰林逐一查校，如有实无传本，而各门凑合尚可成书者，摘开书名，伏候训示。"②

　　乾隆帝对辑校《永乐大典》的建议十分重视，立即谕令提取此书目录及首套"东""冬"字韵各十本阅看，看后，便于二月初六日下谕，对军机大臣的议复予以批示说：

　　"军机大臣议复朱筠条奏，内将《永乐大典》择取缮写各自为书一节，议请分派各馆修书翰林等官前往检查，恐责成不专，徒致岁月久稽，汗青无日。盖此书移贮年深，既多残缺，又原编体例分韵，类次先已割裂，全文首尾难期贯串，特因当时采摭甚博，其中或有古书善本，世不恒见，今就各门汇订，可以凑合成部者，亦足广名山石室之藏。着即派军机大臣为总裁官，仍于翰林等官内选定员数，责令及时专司查校，将原书详细检阅，并将《图书集成》互为校核，择其未经采录，而实在流传已少，尚可袞辑成编者，先行摘阅目录奏闻，候朕裁定。其应如何酌定规条，即着派出之大臣详悉议奏。"③

①《清高宗实录》卷958，第22、23页。
②《清高宗实录》卷926，第15、16页。
③《清高宗实录》卷926，第16、17页。

　　过了五天，二月十一日，乾隆帝又下专谕讲了五个问题。其一，《永乐大典》一书的得失优劣。谕旨说，此书的优点在于"采缀搜罗，颇称浩博"，可以说是能够"津逮四库"。在稍后一个多月的三月二十八日的另一道谕旨中，乾隆帝还专门讲道，从翰林院旧藏的《永乐大典》中，"详加别择校勘，其世不经见之书，多至三四百种"。①但是，此书又"意在贪多务得"，所以体例未为允协，所用韵次"凌杂不伦"，"各韵鳌轇"，序次欠妥，采用各字前后错置，"支离无谓"，"枘凿不合"，存在严重缺陷。其二，确定辑校方针和体例，谕令"以经史子集为纲领，裒辑分储"，按此准则，"采撷所登"。其三，增派总裁官，命礼部尚书王际华、工部尚书裘曰修添任总裁官，会同遴简分校官仔细商定条例，进行工作。其四，谕令从速辑校，不得任意稽延。其五，即速详议应行条例，缮折具奏。

　　不久，军机大臣等遵旨详议后，奏呈三条意见。其一，议定条例。《永乐大典》"但夸繁博，殊无体例"，必须确加校核以"部分去取"，谨遵旨悉心酌定条例。其二，多派办事纂辑人员，此书卷帙浩繁，必须多派人员，方能迅速排纂，"谨派发校翰林官三十员专司纂辑"，并派办事翰林及军机司员"作为提调"，派翰林院典簿等官"作为收掌"，"常川起办，毋致作辍"。其三，选定纂辑地点，翰林院署内迤西房屋一区，原系修撰《皇清文颖》《功臣列传》各书时的办公场所，现在即将此项房屋作为办事之所。乾隆帝降旨批示："依议。将来办理成编时，著名《四库全书》。"②

　　至此，《四库全书》正式开始编纂，四库全书馆也因此而出现了。

　　由于编纂《四库全书》工程浩大，编纂人员便不断增加，四库全书馆的地方也就越益扩大。刚开始，乾隆帝委派大学士、军机大臣刘统勋为总裁官，乾隆三十八年二月十一日又增派礼部尚书王际华、工部尚书裘曰修为总裁官，三月二十九日，命户部左侍郎英廉充四库全书处副总裁。③闰三月十一日，乾隆帝又下谕旨说："现在办理《四库全书》，卷册浩繁，必须多派大臣董司共事。刘统勋、刘纶、于敏中、福隆安、王际华、裘曰修俱着为正总裁，英廉、庆桂外，并添派张若溎、曹秀先、

---

　　①《清高宗实录》卷929，第18页。

　　②《清高宗实录》卷926，第26、27页。

　　③《清高宗实录》卷929，第21页。

李友棠为副总裁。""所有武英殿承办纸绢装潢、饭食及监刻各事宜，着添派金简一同经营。"①随后，又陆续添派皇六子永瑢、皇八子永璇、皇十一子永瑆、大学士舒赫德等人为正总裁，梁国治等人为副总裁。

四库全书馆又称四库全书处，其最高的职务是正总裁，其次是副总裁，他们负责总理馆内一切事务。在正总裁、副总裁之下，设有纂修处、缮书处、监造处。纂修处专职纂修校理勘定全部书籍，并兼司缮书处缮写书籍的分校工作。纂修处设总阅官、总纂官、总校官、翰林院提调官、武英殿提调官、总目协勘官和各类纂修官。总阅官，负责总理书籍的审阅工作。总纂官，负责"各书详检确核，撮举大纲，编纂总目"事宜。总校官，总管全部书籍的校订工作。翰林院提调官、武英殿提调官，负责提取两处书籍。总目协勘官协助编订总目。各类纂修官，则具体纂修各类书籍，如校勘《永乐大典》纂修兼分校官，校办各省送到遗书纂修官，黄签考证纂修官，天文算学纂修兼分校官等，他们既负责纂修，大部分还兼任校勘。

缮书处专管全书的缮写及校勘事宜，设总校官，总理全部缮与书籍的校勘事宜；分校官，具体负责校勘自己承担的一般书籍；篆隶分校官和绘图分校官，负责校勘专门书籍；督催官，掌管督责缮写校勘事宜；翰林院、缮书处、武英殿收掌官，分别负责三处书籍的收发出入。担任纂修官、分校长官、提调官等职的人员有200多位。监造处，主要经管武英殿刊刻印刷装订整理的书籍，设有临造官。

（三）总裁其人

从《四库全书》馆所列的正总裁、副总裁，可以反映出六个问题。

其一，进士出身以上的总裁，占据压倒性优势。名单所列的正总裁有16位，副总裁10位，除永瑢、永璇、永瑆三位皇子及和硕额驸、一等忠勇公福隆安未参加科举考试外，其余22位正副总裁中，有16位进士，即刘统勋、于敏中、彭元瑞、梁国治、嵇璜、蔡新、程景伊、裘曰修、王际华、曹秀先、刘墉、王杰、董浩、沈初、曹文埴、钱汝诚。进士乃系科举中最高一级头衔。在当时科举制度下，读书之人一般叫童生，经过县试、府试、院试，考中者被录取为生员，一般习俗称为秀才。生员经过本省全省的"乡试"，取中者为举人，每三年，每省取举人三四十

① 《清高宗实录》卷930，第19、20页。

人至八九十名。全国每三年会试一次，举人考中者为贡士，再参加复试、"殿试"，录取者为进士（其中，按甲第又细分为进士及第、进士出身、同进士出身），名登金榜。能考上进士者很少。每三年的会试殿试，录取的进士名额，一般只有一二百名，这是全国每三年中从上千万童生、生员、举人中挑选出来的科举精英，就此意义讲，进士应系全国最高水平的才子学者了。并且在这16位进士中，还有于敏中、梁国治、王杰三位状元及王际华、沈初两位探花，状元乃是进士之中的第一名，榜眼是第二名，探花是第三名，可见其在科举中地位之高。如果加上与状元可以相提并论的乾隆丙辰博学鸿词科荣登榜首的第一名刘纶，则有17位，真不少了。

其二，翰林多达17位。上面的16位进士及博学鸿词科第一名的刘纶，分别曾被委授为修撰或编修。修撰、编修是翰林院的官员，官阶分别为从六品和正七品。状元都授为修撰，编修主要从进士、庶吉士中选授。修撰、编修任满六年以后，以知府任用。修撰、编修，一般都称为翰林，总共不过几十员，因此在人们心目中，"翰林"一词十分清贵，是博学多识才华高超的学者专家。进士以上有17位，曾任修撰、编修的也有17位，可见这些正副总裁确系学者、专家中之精英。

其三，相国居多。除了皇子、驸马以外的22位正副总裁中，有13位大学士，即刘统勋、舒赫德、于敏中、阿桂、英廉、蔡新、程景伊、嵇璜、刘墉、王杰、董浩、刘纶、和珅（蔡新、刘墉、王杰、董浩、和珅五人是乾隆四十七年以后升为大学士），有一位协办大学士，即梁国治。刘统勋、舒赫德、于敏中、阿桂、梁国治、刘纶、和珅、董浩、王杰还兼任军机大臣。其中，除阿桂、英廉是举人，和珅是生员，舒赫德是笔帖式以外，其余11位大学士、协办大学士都是进士出身，都曾当过修撰或编修，而且确是博学多识，才华出众，或著书立说，或书画奇妙，或诗文优异。比如刘纶，"为文法六朝，根柢汉魏"。刘墉，"工书，有名于时"，片纸千金。蔡新，古文极好，乾隆帝常与其论文，所著之文多给予蔡新阅看，蔡新致仕还乡后，乾隆帝叹说，"在朝无可与言古文者"，蔡新著有《辑斋诗文集》。梁国治著有《敬思堂集》。[①]彭元瑞，"以文学被知遇"，乾隆帝撰写《全韵诗》，彭元瑞"重次周兴嗣《千字文》为跋"，"上手诏奖谕，称为'异想逸材'，赐貂裘砚

---

①《清史稿》卷302，《刘纶传》《刘墉传》；卷320，《蔡新传》《梁国治传》。

墨"。元瑞奉敕"撰宁寿宫、皇极殿灯联，称旨，赐以诗"。"内廷著录藏书及书画，辑《秘殿珠林》《石渠宝笈》《西清古鉴》《宁寿鉴古》《天禄琳琅》诸书，元瑞无役不与"，著有《经进稿》《知圣道斋跋尾》诸书。①

其四，能臣不少，政绩卓著。像刘统勋，久任大学士、军机大臣，当过首席大学士和领班军机大臣，为官清廉，断案公允，惩治贪官，"尤以决疑定计契于高宗"，被帝誉为"真宰相"。②阿桂，文武双全，统军征战，治理国政，审断贪案，兴修河工，无不建功立业。《清史稿》对其盛赞说："将者国之辅，智信仁勇，合群策群力而治之，是之谓大将……乾隆间，国军屡出，熊罴之士，因事而有功；然开诚布公，谋定而后动，负士民司命之重，固无如阿桂者。还领枢密，决疑定计，瞻言百里，非同时诸大臣所能及，岂不伟欤。"③刘纶，丙辰博学鸿词科第一名，清俭严谨，政绩卓著，"直军机处十年，与大学士刘统勋同辅政，有'南刘东刘'之称"。另外，舒赫德、梁国治、蔡新、嵇璜、程景伊、刘墉、王杰、董浩等大学士、协办大学士，也是各有军功政绩。在任过大学士、协办大学士的14位正副总裁中，除和珅专权乱政，贪婪奸狠，于敏中收受贿赂，"拥有厚赀"外，其余大学士、协办大学士倒也不愧为贤能大臣。

其五，皇子亦非平庸之辈。在上述16位正总裁的名单中，前3位都是皇子，但这三位皇子可不是唯知戏耍胸无点墨的纨绔子弟，因为他们的父皇管教太严、要求太高了。乾隆帝十分重视对皇子皇孙的教育培养，督令皇子皇孙习文练武，对教授皇子的师傅、总师傅要求非常严格，严禁他们怠懈旷职。众师傅也认真教习和管教，因而皇子皇孙勤奋学习，进步很快，造诣颇高。

在担任正总裁官的三位皇子中，皇六子永瑢过继与慎郡王允禧。允禧多才多艺，画艺很高。昭梿赞其"诗清秀，尤工画，远希董源，近接文征明"，"诗笔清秀，擅名画苑，可与北苑、衡山把臂入林"。允禧自号紫琼道人，声望甚高。永瑢过继允禧后，封贝勒，进封质郡王，后晋亲王。永瑢"亦工画"，"济美紫琼，兼通天算"，画有《长江帆影

————

① ②《清史稿》卷320，《彭元瑞传》。

③《清史稿》卷318，《阿桂传》。

图》卷，是一幅描绘祖国壮丽山河千妖万姿景象的艺术珍品。①皇十一子永瑆，自幼爱好书法。听老太监说：他的老师年少之时，曾亲眼见过明末著名书法家董其昌以前三指握管，悬腕写字。永瑆对此很受启发，反复思考，"广其说，作拨灯法，推论书旨，深得古人用笔之妙"。昭梿盛赞永瑆说："（王）善书法，幼时握笔，即波磔成文，少年工赵少敏"。后"作拨灯法，谈论书法具备。名重一时，士大夫得片纸只字，重若珍宝"。"论者谓，国朝自王若霖下一人而已。"嘉庆帝命永瑆书写《裕陵圣德神功碑》，并令其自择书迹，刻为《诒晋斋帖》，御书帖序，颁赏群臣。②

其六，位尊权大，无比高贵。在16位正总裁中，有3位荣封郡王亲王的皇子，有10位大学士，有2位尚书，有1位驸马爷，其中还有7位兼任军机大臣。这样多的皇子、亲王、国戚、重臣、相国同任《四库全书》的正总裁，在钦定编纂的那么多官书中，仅此一家，其爵位之崇，官职之高，权势之大，任何其他官书的编纂人员都难以望其项背，可以说是清政府的最高领导人员在领导和管理《四库全书》的编纂工作。这对调集全国学术精英，提供优越的房舍经费物品，解决各种问题，保证全书的顺利编纂，起了很大的作用。

总的看来，担任正副总裁的26位皇子、驸马、大臣中，除皇八子永璇与和硕额驸、一等忠勇公福隆安的学问政绩不甚知晓外，只有和珅一人系工于逢迎，蒙帝宠信，因而特授正总裁，纯粹是滥竽充数，欺世盗名。阿桂、舒赫德则系政绩卓著的军国重臣，就任此职，以示对此书的重视。其余总裁、副总裁，既有高贵的身份，又的确是有真才实学的行家，分别是杰出的学者、专家、诗人和画家，而且他们还实实在在地工作，议定体例，邀聘人员，领导、管理全书的编纂、缮写、校勘、印刷工作，为《四库全书》的编纂付出了心血，做出了贡献。其中，刘统勋、于敏中、王际华、金简等总裁、副总裁的贡献，尤为突出。

刘统勋，山东诸城人，雍正二年进士，选庶吉士，授编修，直南书房、上书房，历任詹事、内阁学士、刑部侍郎、左都御史、署漕运总督、协办陕甘总督、刑部尚书、吏部尚书、上书房总师傅、协办大学

---

① 昭梿：《啸亭杂录》卷10，《三王绝技》；《清史稿》卷220，《允禧传》《永瑢传》。

② 昭梿：《啸亭杂录》卷2，《成王书法》；卷10，《三王绝技》；《清史稿》卷220，《永瑢传》；卷221，《永瑆传》。

士、大学士，乾隆三十五年七月至三十八年十一月任首席大学士，三十六年四月三十八年十一月任领班军机大臣，连续两年多既是首席大学士又是领班军机大臣，实实在在是位总理军国要政的真宰相，是位"神敏刚毅，终身不失其正"，善于"决疑定计"，政绩卓著的名相。乾隆三十七年安徽学政朱筠提出搜访遗书和辑校《永乐大典》的四条建议时，刘统勋虽一时未能看到此事之重要和需要，认为其"非政要，欲寝其议"，但一当乾隆帝做出决定，下谕编纂《四库全书》，并委任刘统勋为正总裁时，刘统勋立即全力以赴，反复思考，会同其他总裁副总裁仔细研究，议定条例，奏请升任纪昀、陆锡熊为总纂官，增加纂修官，特荐戴震等5人为分校官，对《四库全书》编纂的顺利进行，起了很好的促进作用。

于敏中，江苏金坛人，乾隆三年状元，授翰林院修撰，"以文翰"为帝赏识，值懋勤殿，受敕书《华严》《楞严》两经，相继出任山东、浙江学政，历任户部等部侍郎、户部尚书，从乾隆二十五年起任军机大臣，"敏捷过人，承旨得上意"。乾隆三十三年任协办大学士，三十六年晋大学士，仍兼户部尚书，又兼任《四库全书》正总裁、国史馆正总裁、三通馆正总裁、上书房总师傅、翰林院掌院学士，乾隆三十八年起任领班军机大臣，直到四十四年病故。于敏中虽然贪恋权势，"潜受苞苴"，官风不佳，但博学多识，才华横溢，当三十七年安徽学政朱筠提出辑校《永乐大典》的建议遭到首席大学士刘统勋反对，因而险被否决之时，他却对其建议十分赞赏，据理力争，蒙帝采纳，促进了《永乐大典》辑校工作的进行及《四库全书》的开馆。于敏中十分重视《四库全书》的编纂工作，从分别部居，厘定体例，到制定取舍标准，纂修规则等方面，都提出了许多建议，做了大量工作。[①]

王际华，浙江钱塘人，乾隆十一年探花，授编修，历任工部、刑部、兵部、户部、吏部侍郎、礼部尚书、户部尚书，《四库全书》开馆，任正总裁，以后又兼任《四库全书荟要》总裁，主要办理《四库全书荟要》纂修及缮录事宜，"自发凡起例，以逮丹铅甲乙之式"，多所裁定。在馆任职期间，"殚精竭虑，晓夜研勤"，一切经理承办，无不尽心竭力。当时四库全书馆进呈的缮录书籍因校阅不精，"疵谬迭

①《清史稿》卷319，《于敏中传》；《陈垣学术论文集》第2集，《书于文襄论四库全书手札后》。

出"，唯王际华"于校勘《荟要》诸书加签标识者甚多"，无一错讹，深得乾隆帝赞赏。四十一年，王际华病卒于任，帝下专谕褒奖，赞其"才品端谨，学问优长，久直内廷，简任部务，懋着勤劳。迩年承办《四库全书》及《荟要》事，尤为殚心经理"，赐谥文庄。[①]

金简，赐姓金佳氏，初系内务府汉军，父亲三保任至武备院卿，官阶正三品。金简之妹嫁与宝亲王弘历，为贵人，弘历登基后，于乾隆初年封金氏为嘉妃，后晋封嘉贵妃。按清制，皇帝有一位皇后、一位皇贵妃、两位贵妃、四位妃，金简之妹能封为妃和贵妃，地位已很崇高了。金简于乾隆中授笔帖式，历任奉宸院卿、总管内务府大臣、户部侍郎、镶黄旗汉军副都统、都统、工部尚书、吏部尚书、协办大学士，四十五年三月升任大学士，四月兼任户部尚书。乾隆三十七年金简为内务府总管大臣时，监武英殿刻书。《四库全书》开馆时，金简被帝委任为副总裁，"专司考核督催"，经管书籍刊刻刷印装潢等各项事宜。在刻书实践中，金简比较活字与刻板两种方法的利弊，提出制造枣木活字，摆板刷印书籍的建议，蒙帝赞赏，称此法"既不滥费枣梨，又不久淹岁月，用力省而成功速，至简且捷"，特赐名为"聚珍版"。金简考核督催，始终其事，终于使《武英殿聚珍版丛书》134种得以问世。[②]

（四）纂修之官

担任《四库全书》的总阅官、总纂官、总校官、纂修官、分校官的人员，大都是真正的学者专家，可以说是集中了全国的学术精英。之所以做到了这一点，与刘统勋等总裁的认真挑选英才，大胆推荐学者是分不开的。就在乾隆三十八年（1773年）闰三月十一日乾隆帝下谕，任命刘统勋、刘纶、于敏中、福隆安、王际华、裘曰修俱为正总裁的这一天，大学士刘统勋等便奏请多派人员，并具体推荐贤人。《清高宗实录》卷930，第21、22页载：大学士刘统勋等奏："纂辑《四库全书》，卷帙浩繁，必须斟酌综核，方免挂漏参差，请将现充纂修纪昀、提调陆锡熊作为总办。原派纂修三十员外，应添纂修十员。又查有郎中姚鼐、

---

①《办理四库全书档案》，乾隆三十九年十月十八日谕、四十一年三月二十日谕；陆锡熊：《宝奎堂集·文庄王公墓志铭》。

②乾隆帝《御制诗四集》卷22，《题武英殿聚珍版十韵》诗序；《清史稿》卷321，《金简传》。

主事程晋芳、任大椿、学正汪如藻、降调学士翁方纲，留心册籍，应请派为纂修。又，进士余集、邵晋涵、周永年，举人戴震、杨昌霖，于古书原委俱能考订，应请旨调取来京，令其在分校上行走，更资集思广益之用。从之。"

这道奏折及"从之"二字，字虽不多，不过一百五六十个字，但分量很重，意义很大，对《四库全书》的编纂起了很好的促进作用。奏折对编好《四库全书》，提出了三点要求。第一点，升纪昀、陆锡熊为"总办"，即总纂官。第二点，要求增加纂修官。第三点，推荐戴震等10人为纂修官和分校官，调其来京任职。这三点要求，十分难得，非常中肯，作用很大。先说升纪昀、陆锡熊为总纂官之事。提出这个要求，很难，要经过三道很难逾越的关口。第一个关口，是众总裁能否秉公选人，不存私心，不推荐自己的子侄、亲友和心爱的亲近门生。《四库全书》编纂的好坏，进展的速度，一个关键性因素在于总纂官的人选是否妥当，是否称职。从乾隆三十八年三月四库全书馆成立起，总纂官一直只有纪昀和陆锡熊两人，直到四十五年三四月份，孙士毅才被委任为第三位总纂官，这时《四库全书》已近完成，四十六年十二月第一部《四库全书》告竣，奏呈皇上。《四库全书》的"总纂官"职务，既非常重要，又十分光荣，十分金贵，文人无不心向往之。大学士、正总裁等人若有私心，便会推荐自己的亲友、子弟和亲近门生，充任此荣耀之职，既可使其将来成为学界泰斗、文坛领袖，又可借此步步高升，位列九卿，入阁拜相。刘统勋、刘纶、于敏中、程景伊、嵇璜、蔡新、裘曰修、王际华等正总裁都是进士出身，书香门第，其子侄、亲友，其得意门生，不乏进士、编修之类的学者，像刘纶之子刘跃云便是乾隆三十一年的探花，授编修，累迁至礼部侍郎；刘统勋之子刘墉，乾隆十六年进士，自编修再迁侍讲，相继任安徽学政、江苏学政，而纪昀却是乾隆十九年进士，陆锡熊是二十六年进士，时间皆比刘墉晚，名次都比刘跃云低。论年限，论名次，刘跃云、刘墉以及其他类似学衔的正总裁之子侄，都比纪昀、陆锡熊更好，众总裁要推荐他们当总纂官是完全可以的，但刘统勋等众总裁没有这样做。而且他们还不局限于庸俗成规，不推荐乾隆二十五年以来的历科状元、榜眼、探花和这几年的翰林院侍读学士、侍讲学士，真是难得。

升纪昀、陆锡熊为总纂官的第二道难关，是此次系升任，而不是委任。在此之前，纪昀只被委任为纂修官，是第一次调派翰林院的30位翰林充任的纂修官之一。陆锡熊只是负责提取书籍的提调官，并且此时他还不是翰林院的翰林，正在刑部任职，任郎中。按常规而论，论资历，纪昀、陆锡熊当个纂修官、提调官就可以了，不能说是屈才，要当总纂官，就太出人意料了。要升任，要将纪昀从30个平列的纂修官中，擢任总纂官，陆锡熊从提调官升任总纂官，更是人们万万想不到的。从前四库馆编纂人员名单看，在200多位纂修官、分校官、提调官里，中过状元、榜眼、探花之人就有好多位。比如，状元金榜，是缮书处分校官；状元戴衢亨，是翰林院提调官；状元黄轩，是校勘《永乐大典》纂修兼分校官；状元张书勋，是缮书处分校官；状元钱棨，是缮书处分校官；榜眼王增，是校勘《永乐大典》纂修兼分校官等。刘统勋等总裁，不推荐金榜等状元、榜眼、探花，而举荐纪昀、陆锡熊，真是不拘常规，慧眼识英才了。

升纪昀为总纂官，还有第三难关，即他是一个曾经犯过罪的罪臣。纪昀考上进士后，改庶吉士，散馆授编修，再迁左春坊左庶子。京察之时，授贵州都匀府知府，乾隆帝以纪昀"学问优，加四品衔"，留任庶子，不久升翰林院侍读学士。正当纪昀蒙帝赏识荣升有望之时，纪昀却犯了大错。乾隆三十三年查办两淮盐政高恒等官贪婪不法，千万两盐亏损流失的大案时，原任两淮盐运使卢见曾隐匿提引银两，"私行营运寄顿"，被革职抄家。纪昀因卢见曾系其姻家，便私自漏泄谕旨，告诉卢见曾之在京孙子卢荫恩，卢见曾闻讯，立即将家产四处转移藏匿。事发之后，大学士等奏请将纪昀"照例拟徙"。乾隆帝于三十三年七月降旨说，"纪昀瞻顾亲情，擅行通信，情罪亦重"，将其革职，充戍乌鲁木齐，"效力赎罪"。[1]乾隆三十六年，纪昀才获释免回家。乾隆帝从热河返京，纪昀到密云迎驾，以土尔扈特全部归顺为题，写诗进呈，帝喜，复授其为编修。对于这样一位曾犯错误遭帝发配边疆的饱学之士，刘统勋等总裁敢于破格推荐，升其职衔，确系难能可贵，优遇奇才。

刘统勋等大学士、正总裁在三十八年闰三月十一日奏折中提出的第二点要求是，增加纂修官，除原派30位纂修外，添派10员。帝从其请。此后又不断增加，纂修官、分校官、提调官、总目校勘官等，多达二百七八十余位，保证了编纂的人手。

---

① 《清高宗实录》卷814，第25页。

　　刘统勋等大学士奏折中的第三点要求是特别推荐五位纂修官和五位分校官。这个推荐从两个方面打破了原来的框框。一是不限于翰林。乾隆三十八年二月上旬《四库全书》开馆之时，纂修官规定是派翰林充任，现在刘统勋大学士等提出，请派郎中、主事、学正姚鼐等人参加。这一点，相当重要，《四库全书》卷帙浩繁，三四十位翰林充任的纂修官根本不能胜任，必须多增人手，然而翰林院只有几十员侍读、侍讲、修撰、编修、检讨，尽数调派编书，也无济于事，现在打破了这个框框，有才学的郎中、主事等官也可担任纂修，就解决了纂修官、分校官人手缺乏的问题。另一方面，刘统勋奏请派举人戴震、杨昌霖充任分校官，又打破了过去纂修大书大多是由进士以上出身的官员担任纂修官、分校官的惯例，只要有真才实学，举人也可充任纂修官。这种任人唯贤，不问其科举资历的做法，十分难得，作用显著。

　　刘统勋大学士等人于乾隆三十八年闰三月十一日奏折的三条要求，以及乾隆帝的依允其请，保证了纂修、分校人员的调派，陆续增加到二百八九十位，从而完成了卷帙浩繁的《四库全书》的编纂工作。

　　被诸位大学士、正总裁、副总裁推荐委任的纪昀等学者专家，不负所托，不负众望，辛勤工作，贡献很大。先从两位总纂官谈起。纪昀，直隶献县人，乾隆十九年进士，改庶吉士，授编修，升侍读学士，因事革职，重任编修，被推举升任总纂官以后，在馆任职十余年，"从《永乐大典》中搜辑散佚，尽读诸行省所进书"，与陆锡熊等人一起，编修《四库全书总目》及《简明书目》。纪昀以"一生精力备注于《四库提要》及《目录》"之中，"凡六经传注之得失，诸史记载之异同，子集之支分派别，罔不抉奥提纲，溯源彻委"，在各位纂修官所撰各书提要的基础上，纂成这《四库全书总目》200卷，成为中国目录学史上总结性著作。同时又主持编成《四库全书简明目录》20卷，简明扼要，提纲挈领，为查找利用图书资料提供了便利。《四库全书》成书后，纪昀又多次参加复校工作，改正了不少讹阙脱误之处。嘉庆初年，纪昀还主持参与了《四库全书》最后一部分书籍的补遗工作，为《四库全书》的修成及完善做出了贡献。《四库全书》修成上表时，乾隆帝看过以正总裁名义写的表文时说，"表必出昀手"，谕命嘉奖，纪昀先已从正七品的编修迁为翰林院侍读学士，官阶从四品，至是升左都御史，官阶从一品，随即又升任礼部尚书，不久又转任左都御史，后又迁礼部尚书，仍署左都御史，嘉庆十年任协办大学士。①

　　陆锡熊，江苏上海人，乾隆二十六年进士，二十七年授内阁中书，充方略馆纂修，值军机处，三十三年迁刑部郎中，官阶正五品。《四库全书》开馆后，经大学士刘统勋等人推荐，从提调官擢为总纂官。在馆期间，陆锡熊协同纪昀"考字画之伪误，卷帙之脱落，与他本之互异，篇第之倒置，蕲其是否不谬于圣人。又博综前代著录诸家议论之不同，以折中于一是，总撰人之生平，撮全书之大概"，纂成《四库全书总目》，时人多赞其功。陆锡熊也因此一再升官，初迁侍读学士，继授大理寺卿，官阶正三品，再迁都察院左副都御史。乾隆五十五年，因《四库全书》"舛错脱漏，所在多有，文溯阁书尤甚"，派陆锡熊前往盛京校勘。他率领参加复校的人员，根据有关档册及书籍资料，对文溯阁全书进行了比较全面的校勘，查出了不少错漏讹误之处。乾隆五十七年，陆锡熊又往盛京，因天寒致病，卒于当地。②

　　再看看众位大学士推荐的戴震、周永年、邵晋涵等十位学者。戴震，安徽休宁人，字东原，学问渊博，识断精审，思想深刻邃密，是清中期最著名的学者之一。戴震家境贫寒。少年聪颖，勤学不倦。"就传读书，过辄成诵，日数千言，不肯休"，"少时塾师授以《说文》三年尽得其节目"。"年十六七，研精注疏，实事求是，不主一家"。青年时期，与金榜等人从大学者江永游，"震出所学质之永，永为之骇叹。永精《礼经》及推步、钟律、音声、文字之学，唯震能得其全"。海内学界泰斗、经学大家、知名学者惠栋、沈彤、纪昀、朱筠、钱大昕、王鸣盛、卢文昭、王昶等，均知震名，"皆折节与交"。乾隆二十七年，戴震考上举人，三十八年《四库全书》开馆，大学士刘统勋等诸位总裁特荐仅系举人的戴震为纂修官。四十年帝特命戴震与会试中式者同赴殿试，赐同进士出身，改翰林院庶吉士。戴震任校勘《永乐大典》纂修兼分校官，"以文学受知，出入著作之庭，馆中有奇文疑义，辄就咨访"，"震亦思勤修其职，晨夕披检，无间寒暑。经进图籍，论次精

<hr />

①阮元：《揅经室三集》卷5，《纪文达公集序》；《国朝先正事略》卷20，《纪昀传》；《清史稿》卷320，《纪昀传》；《清代碑传全集》卷38，朱珪：《协办大学士、礼部尚书文达公纪昀墓志铭》）。

②王昶：《春融堂集》卷55，《陆君墓志铭》；《清史稿》卷320，《陆锡熊传》；《清代碑传全集》卷35，王昶：《督察院左副都御史陆公锡熊墓志铭》）。

审"，"所校《大戴礼记》《水经注》尤精赅"。其他如《礼仪集释》
《礼仪识误》诸书，"皆详慎不苟"。又以《方言》一书"与《尔雅》
相为左右，学者以其古奥难读，郭景纯之注语焉不详，少有研摩者"，
故戴震为之"正伪、补脱、删衍，复还旧观"。特别是戴震从《永乐大
典》中辑出早已亡佚不传的《算经五书》，即：《九章算术》《海岛算
经》《孙子算经》《五曹算经》《夏侯阳算经》，分别"尽心排纂成
编，并考订伪异，附案语"，使"古书之晦者以显，而《周官》九数之
学益明"。戴震在四库全书馆中工作过于劳累，终于"积劳成疾"，于
乾隆四十二年去世，享年五十五岁。戴震为学，"精诚解辨，每立一
义，初若创获，乃参考之，果不可易"。戴震之学，"由声音、文字以
求训诂，由训诂以求义理"。其学"大约有三：曰小学，曰测算，曰典
章制度"。其小学之书有：《六书论》《声韵考》《声类表》《方言疏
证》；测算之书有《原象》《迎日推策记》《勾股割圜记》《历问》
《古历考》《续天文略》《策书》；典章制度之书有《诗经二南补注》
《毛郑诗考》《尚书义考》《仪经考正》《考工记图》《春秋即位改元
考》《水经注》等20余部共200余卷。①

周永年，字书昌，山东历城人，乾隆三十六年进士，酷好读书买
书，作《儒藏说》，筑借书园，"聚古今书籍十万卷，供人阅览传抄，
以广流传"。永年"博学贯通，为时推许"。四库全书馆开馆时，"以
凤望被征"，任纂修官，改翰林院庶吉士，授编修，做《永乐大典》的
辑校工作。永年在馆时，"好深沉之思，四部兵、农、天算、术数诸
家，钩稽精义，襃讥悉当，为同馆所推重"。永年工作认真，一丝不
苟，"无间风雨寒暑，目尽九千巨册，计卷一万八千有余，丹铅标识，
摘诀编摩"，从《永乐大典》辑出"自永新刘氏兄弟《公是集》《公非
集》以下，凡得十余家，皆前人所未见者，咸著于录"。时人无不称其
"有功斯文"。②

邵晋涵，字二云，浙江余姚人，乾隆三十六年进士，归班铨选时，
《四库全书》开馆，"首膺其选，由徒步入翰林"被征为纂修官，改庶

①钱大昕：《潜研堂文集》卷39，《戴先生传》；《清史稿》卷481，《戴震传》；
《清代碑传全集》卷50，王昶：《戴东原先生墓志铭》。
②章学诚：《章氏遗书》卷18，《周书昌别传》；《清史稿》卷481，《周永年传》；
《清代碑传全集》卷50，桂馥：《周先生永年传》。

吉士，授编修，做《永乐大典》的辑校工作。晋涵"于学无所不窥，而尤能推求本原，实事求是"，"善读书，四部、七录，靡不研究"，"尤长于史"。在同时被荐的5人中，邵晋涵与戴震各以史学、经学冠绝一时，"天下士大言经学必推戴，言史学必推邵"。在馆期间，邵晋涵被"总裁倚为左右手"，凡"问以某事，答曰在某册第几页中，百不失一"。尤致力于史学诸书的编纂校订，史部提要也多出其手。他见《永乐大典》采有薛居正的《旧五代史》，"乃荟萃编次，得十之八九，复采《册府元龟》《太平御览》诸书，以补其缺。并参考《通鉴长编》诸史及宋人说部、碑碣，辩证条系，悉符全书一百五十卷这数"。书成之后，呈帝御览。"馆臣请仿刘煦《旧唐书》之例，列于廿三史，刊布学宫，诏从之。由是薛史与欧阳史并传矣"。邵晋涵的这一成就，使佚亡百年之久的古书复行于世，得到学者的一致称赞，被公认为《大典》辑本中最好的一种。邵晋涵著有《孟子述义》《韩诗内传考》《皇朝大臣谥迹录》《方舆金石编目 》《南江诗文稿》等书。[①]

程晋芳，字鱼门，江苏江都人，出身富豪盐商，却"独好儒，罄其赀，购书五万卷，招致方闻辍学之士，与共探讨"。少问经艺于从父廷祚，学古文于刘大櫆，而与袁枚诸人往复唱和，"甚相得也"。晋芳治学，"综览百家，出入贯串于汉宋诸儒之说"，凡"经史子集、天星地志、虫鱼考据俱宜究，而尤长于诗、古文"。乾隆二十七年高宗南巡之时，晋芳献赋行在，为帝拔置第一，赐中书舍人，三十六年中进士，授吏部主事。《四库全书》开馆后，被刘统勋推荐为纂修官，担任总目校勘官，协助纪昀等人勘定《四库全书总目》，并参与全书的纂修及分校工作，其经手辑校各书，均"毫发无疵"，受到馆内纂修各官好评，后由特旨改授翰林院编修，任文渊阁校理，著作甚丰。[②]

翁方纲，字正三，顺天大兴人。乾隆十七年进士，选庶吉士，授编修。后累迁至内阁学士。翁方纲精研经术，"宏博德闻，于金石、谱

---

① 洪亮吉：《卷施阁文甲集》卷9，《邵学士家传》；陈寿祺：《左海文集》卷7，《南江诗文钞序》；钱大昕：《潜研堂文集》卷43，《邵君墓志铭》；《清史稿》卷481，《邵晋涵传》；《清代碑传全集》卷50，章学诚：《邵与恫别传》。

② 翁方纲：《复初斋文集》卷14，《戴园先生墓志铭》；《清代碑传全集》卷50，徐书受：《翰林院编修程鱼门先生墓志铭》；《清史列传》卷72，《程晋芳传》。

录、书画、辞章之学皆能抉摘精审"。"方纲读群经，有《书》《礼》《论语》《孟子附记》，并为《经义考补正》。尤精金石之学，所著《两汉金石记》，剖析毫芒，参以《说文》《正义》，考证至精"。"所为诗，自诸经注疏，以及史传之考订，金石文字之爬梳，皆贯彻洋溢其中，论者谓能以学为诗"。翁方纲被荐为校办各省送到遗书纂修官后，经常与其他纂修官讨论编纂当中出现的问题，考辨订误。数年之内，他经手办理经史子集各类书籍1000余种，随校随记，写下包括1000多种书籍在内的校书笔记，其中有提要稿900余篇，为总纂官纪昀等人进一步斟酌综核、修改勘定提供了可供依据的底稿。翁方纲著有《复初斋文集》《礼红目次》及《苏诗补注》等书。①

任大椿，字幼植，江苏兴化人，乾隆三十四年进士，二甲第一名，荣称"传胪"，授礼部主事。任大椿少工文辞，后从戴震问学，始留意经籍，于"典册、制度、名物、文字、音韵之属，研精覃思，驰骋上下"，尤深三礼，多所考订。任大椿被荐为总目协勘官后，参与《四库全书》的纂修及《四库全书总目》的考订工作，他"条分义举，钩剔醇驳，简要赅洽"，人称《书目》出其笔者"什七"，"于礼经衰辑为多"。任大椿著有《弁服释例》《深衣释例》《释增》《吴越备史注》《小学钩沉》《字林考逸》等书。②

姚鼐，安徽桐城人，乾隆二十八年进士，选庶吉士，改礼部主事。"鼐工为古文"，"所为高简深古，尤近欧阳修、曾巩"。与方苞、刘大櫆皆系同乡，"世传以为桐城派"。姚鼐被刘统勋荐任校办各省送到遗书纂修官。姚鼐精于经学，擅长古文，"清约寡欲"，"世人言学品兼备，推鼐无异词"。著有《九经说》《老子》《庄子章义》《惜抱轩文集》《三传补注》《诗集》《法帖题跋》等书。③

从这些被大学士刘统勋等总裁特别推荐的纂修官看，他们确是学识渊博，"识断精审"，著作甚丰的大学者，对《四库全书》的纂修做出了重大贡献。

在刘统勋等16位正总裁、10位副总裁的推荐和委任下，200多位学者

①《清史稿》卷485，《翁方纲传》。

②《清代碑传全集》卷56，章学诚：《任君大椿别传》，施朝干：《任幼植墓表》；姚鼐：《惜抱轩文集》卷13，《兴化任君墓志铭》）。

③《清史稿》卷485，《姚鼐传》；《清代碑传全集》卷141，姚莹：《姚先生鼐家状》。

先后来到四库全书馆，分别担任总阅官、总校官、纂修官、分校官、总目协勘官、提调官等职，真是人才济济，群英荟萃。他们大都是进士出身，而且还有不少人荣登榜首，成为状元、榜眼、探花。这些状元、榜眼、探花并非虚有其名，而是确有真才实学，有的还为官清廉，刚直不阿。

像总阅官庄存与，江南武进人，擅长经学，乾隆十年中探花，授编修，四迁，任内阁学士，官阶从二品，二十一年任直隶学政，"按试满洲、蒙古童生，严，不得传递。群哄"。御史汤世昌参劾庄存与，部议，命革其职。乾隆帝痛恨"满洲、蒙古童生纵恣，亲复试，搜得怀挟文字"，遂亲临审讯。童生海成狂言不驯，乾隆帝大怒，立命诛海成，哄堂附和者，3人发拉林种地，40人令在旗披甲，不许再赴试，"并以存与督试严密，仍命留任"，擢礼部侍郎。庄存与清廉耿直，典试浙江时，巡抚馈送黄金，存与拒绝不受。巡抚改赠一顶二品之冠，存与不知其中有诈，遂接受了。返京途中，从者告诉存与："冠顶真珊瑚，直千金"，存与立即遣人千里奔驰，将冠送还与巡抚。①

翰林院提调官戴衢亨，乾隆四十三年戊戌科状元，历任修撰、侍讲学士、侍郎、尚书、协办大学士兼翰林院掌院学士、军机大臣，后升任大学士。嘉庆帝最信用戴衢亨，"衢亨亦竭诚赞襄，时号贤相"，卒后帝温诏优恤，"称其谨饬清慎，实为国家得力大臣"，谥文端。②

缮书处分校官金榜，乾隆三十七年壬辰科状元，治学"博稽而精思，慎求而能断"，擅长经学，"师事江永，友戴震"，著《礼笺》10卷，"刺取其大者数十事为三卷"，寄予"文章奥博""锐意求才""为士林宗仰者数十年"的一代大师朱珪。朱珪为金榜之书作序，赞其"词精义赅"。③

没有当上状元、榜眼、探花的进士出身的总阅官、纂修官、分校官、提调官们，绝大多数也是博学多识，才华横溢，著作甚丰，或是担任要职，政绩卓著。比如，总目协勘官刘权之，进士，庶吉士，编修，任过司经局洗马和安徽学政，"预修《四库全书》，在事最久。及《总目提要》告成，以苏擢侍讲"。后历任大理寺卿、左都御史、吏部兵部

①《清史稿》卷305，《庄存与传》。

②《清史稿》卷341，《戴衢亨传》。

③《清史稿》卷481，《金榜传》。

礼部尚书、协办大学士、大学士，史称其"在吏部久，疏通淹滞，铨政号平"。①

戴衢亨叔父戴均元、兄戴心亨，皆系缮书处分校官。戴均元考上进士后，历任编修、御史、四川安徽学政、工部户部吏部侍郎、东河总督，左都御史、礼部尚书、吏部尚书、协办大学士、大学士，《清史稿》赞其"历官五十余年，叔侄继为枢相，家门鼎盛。自在翰林，数司文柄，及跻卿贰，典顺天乡试一，典会试三。晚岁获咎家居，世犹推为耆宿"。②

总阅官朱珪，是奏请辑校《永乐大典》，从而促成编纂《四库全书》的安徽学政朱筠之弟。乾隆十三年考中进士时，朱珪才18岁。选庶吉士，散馆，授编修，"数遇典礼，撰进文册，高宗重其学行，累迁侍读学士"，官阶正四品。这时朱珪还不到30岁。后朱珪历任按察使、布政使、侍郎、学政、巡抚、兵部吏部户部尚书、上书房总师傅、协办大学士兼翰林院掌院学士、大学士。朱珪少年聪睿勤学，"与史筠同乡举，并负时誉"，为官后，历任各职，均有建树，利国利民。他任按察使时，"治狱平恕"，任山西布政使及署巡抚时，奏请以归化、绥远二城谷搭放兵粮、免士默特蒙古私垦罪，以所垦牧地召兵民认耕纳租，除弊便民，皆下部议行。他任户部尚书时，安徽对漕粮"加赠银"，江苏"加耗米"，朱珪力争，终于将其革罢。长芦盐政请加盐价，广东请将滨海沙地升赋，朱珪皆驳斥其非，奏准不从其请。朱珪"文章奥博，取士重经策，锐意求才"。嘉庆四年朱珪"典会试，院元佐之，一时名流搜拔殆尽，为士林宗仰者数十年"。朱珪擅长经学，且"学无不通，亦喜道家，尝曰朱子注《参同契》，非空言也"。③

朱筠，朱珪之兄，进士，庶吉士，编修，在安徽学政任上奏请辑校《永乐大典》，促成编纂《四库全书》，开馆后，任校办各省送到遗书纂修官。朱筠擅长经学、小学，"博闻宏览，以经学六书训士"。"视学所至，尤以人才经书名义为急务，汲引后进，常苦不及。因材施教，士多以得名，时有朱门弟子之目"。朱筠"锐然以兴

---

① 《清史稿》卷341，《刘权之传》。

② 《清史稿》卷341，《戴均元传》。

③ 《清史稿》卷340，《朱珪传》；《清代碑传全集》卷38，阮元：《太傅体仁阁大学士大兴朱文正公珪神道碑》。

起斯文为己任，搜罗文献，表章风化，一切破悬岩而为之"。他"好金石文字，谓可佐证经史。诸史百家，皆考订其是非同异"，著有《筼河集》等书。①

邹炳泰，乾隆三十七年进士，庶吉士，编修，任校勘《永乐大典》纂修兼分校官，书成后升任国子监司业。因生性清高，"不登权要之门，浮沉馆职"，直到嘉庆三年，久任内阁学士，不得升迁。此后才历任左都御史、兵部尚书、吏部尚书并任协办大学士。邹炳泰"在吏部久，尤慎铨政"，"屡掌文衡，称得士，立朝不苟"。②

王太岳，乾隆七年进士，授检讨，任黄签考证纂修官，历任侍读、平庆道 、西安道、按察使、布政使。王太岳"莅官有惠政，尤留心水利"。王太岳擅长古文，与（邵）刘焘最善，骈文清刚简直亦相近，著有《清虚山房集》。③

吴锡麒，进士，编修，缮书处分校官，后迁至祭酒，以亲老乞归，主讲扬州安定乐仪书院。"锡麒工应制诗文，兼善倚声。浙中诗派，前有朱彝尊、查慎行，继之者杭世骏、厉鹗，二人殂谢后，推锡麒 ，艺林奉为圭臬焉"。著有《正山房集》。④

另外，校勘 《永乐大典》纂修兼分校官陈昌齐，长于经学、史地、天算；总目校勘官李潢，天文算学纂修兼分校官郭长友、陈际新，精于算学；篆隶分校官王念孙深于小学、校勘学；总阅官谢墉，缮书处分校官赵怀玉精于校勘；缮书处分校官洪梧擅长经学、小学；副总裁彭元瑞精通金石书画；副总裁曹秀先擅长古文；校勘《永乐大典》纂修兼分校官余集、缮书处分校官曾燠擅长骈文；绘图分校官门应兆长于书画，可谓"贤俊蔚兴，人文都茂，鸿才硕学，肩比踵接"。⑤这200多位学者专家荟萃一堂，各献所长，勤奋工作，为《四库全书》的编纂做出了重大贡献。

---

① 《清史稿》卷485，《朱筠传》；《清代碑传全集》卷49，孙星衍：《朱先生筠行状》，章学诚：《朱先生墓志铭》。

② 《清史稿》卷352，《邹炳泰传》。

③ 《清史稿》卷485，《王太岳传》。

④ 《清史稿》卷485，《吴锡麒传》。

⑤ 《揅经室三集》卷5，《纪文达公集序》。

（五）《四库全书》告竣

在乾隆帝弘历的亲自调度、督责和检察下，正副总裁、总纂官、总阅官和总校官领导着300来位纂修官、分校官、提调官、督催官、收掌官，以及3800余位誊录，持续工作15年，终于完成了7部《四库全书》的编纂、校勘、誊录、校订、装订成册的工作，并分别建库存藏。

第一部《四库全书》是在乾隆四十六年（1781年）十二月初六日告成的。这一天，乾隆帝谕告内阁："《四库全书》第一份，现在办理完竣，所有总校、分校人员等，着该总裁查明咨部，照例议叙。"①

第一部《四库全书》完成后，乾隆帝谕令四库全书馆照样缮录第二、三、四部《四库全书》。总裁们遵旨办理，第二部《四库全书》于四十七年十一月二十八日告成，存放于盛京故宫的文溯阁。第三部《四库全书》于四十八年十一月底或十二月初完成，置放于京郊圆明园的文渊阁。第四部《四库全书》成于四十九年十一月二十五日，置放于承德避暑山庄的文津阁。

乾隆四十七年七月，乾隆帝下谕要求再续缮三部《四库全书》分存江苏、浙江。他说："江浙为人文渊薮，朕翠华临莅，士子涵濡教泽，乐育渐摩，已非一日。其间力学好古之士，愿读中秘书者，自不乏人。兹《四库全书》，允宜广布流传，以光文治"，着四库馆再缮写全书三部，分别送藏扬州文汇阁、镇江文宗阁、杭州文澜阁。"俾江浙士子得以就近观摩誊录，用昭我国家藏书美富，教思无穷之盛轨"。②

乾隆五十二年（1787年）四月十七日，总裁、皇六子永瑢奏报，续缮三部《四库全书》已经"缮校全竣"。至此，持续了15年多，7部《四库全书》的纂修、缮校、装潢工作，基本完成。

北京皇宫内文渊阁存藏的《四库全书》，共有书3459种，计36078册，分装成6144函。照此推算，7部《四库全书》当有252546册。置放于承德避暑山庄文津阁的《四库全书》，共有2291100页，照此推算，7部《四库全书》合共1603万余页。

《四库全书》的装潢色彩，乾隆帝的谕旨是"经史子集四部各依春

---

① 《办理四库全书档案》，乾隆四十六年十二月六日谕。这份《四库全书》存藏于北京皇宫内文华殿后兴修的文渊阁。

② 《纂修四库全书档案史料》，乾隆四十七年七月八日谕。

夏秋冬四色"装潢，即"经部用青色绢，史部用赤色绢，子部用白色绢，集部用灰墨色绢"，后来略有改动，即经部用绿色绢，史部红色绢，子部蓝色绢，集部灰色绢。全书的装帧形式，一律采用包背装，即将书页正折，使版心朝外，书页左右两边都向书背，用纸捻订起，然后用纸或绢帛将书册前后连书脑一并包裹糊连而成。书册装订后，分别装入乾隆帝指示制作的楠木函套，每若干书册放入一匣，衬以夹板，束之绸带，既精致美观，又能防虫防潮。

存藏7部《四库全书》的七阁，是奉乾隆帝的谕旨而专门修建的。乾隆三十九年六月，乾隆帝决定为《四库全书》建立专门的存藏地方，"以垂久远"。他因"藏书之家颇多，而必以浙之范氏天一阁为巨擘"，便谕派杭州织造曹寅前往宁波范懋柱的藏书楼天一阁考察，曹寅将天一阁的构造情形详细奏报，并"折算丈尺，烫成准样"。乾隆帝看后，"乃知其阁建自明嘉靖末，至于今二百一十余年，虽时修葺而未曾改移。阁之间数及梁柱宽长尺寸皆有精义，盖取天一生水，地六成之之意"。[1]遂先后下谕，命仿其规制，建造文津、文源、文渊、文溯四阁，分别存藏4部《四库全书》。

承德避暑山庄内的文津阁，修得最早，乾隆三十九年秋便动工修建，第二年夏天完成。其地在"山庄千尺雪之后，卜高明爽垲，以藏《四库全书》，题曰'文津阁'，与紫禁、御园、三阁遥峙，前为趣亭，东则月台，西乃西山，盖仿范氏成规，兼米庵之胜概矣"。[2]

文渊阁在圆明园内，乾隆三十九年在原有的四达亭的基础上，"略增葺为文渊阁"。文渊阁在水木明瑟之北稍西，上下各六楹，阁额及阁内汲古观澜额皆乾隆帝题。其联为：因溯委以会心，是处原泉来活水；即登高而游目，当前奥突对玲峰。屏联为：宁夸池馆消闲暇，雅喜诗书悦性灵。乾隆帝还写了《御制文渊阁记》和《御制题文渊阁诗》。其诗为：

> 四库犹辽待，图书今古披。
>
> 缥缃馥新岁，前后绕清池。
>
> 触目资深造，澄怀得妙思。

---

[1]《日下旧闻考》卷81，《国朝苑囿·御制文渊阁记》。

[2]《热河志》卷41。

文源端在此，谍谓骈姘辞。

北京皇宫内的文渊阁，建于文华殿后，乾隆四十年动工，次年修成。阁凡三重，上下各六楹，层阶两折而上，瓦用青绿色。阁前甃方池，跨石梁一，引御河水相注。阁东立有乾隆帝的御制文渊阁记碑亭。阁额及三联皆乾隆帝亲题。其中一联为：

额：汇流澄鉴。
荟萃得殊观，象阐先天生一；
静深知有本，理赅太极函三。[①]

文溯阁建于盛京故宫内，乾隆四十七年才修成。阁在宫殿之西，正字6楹，东西游廊25楹，明楼1座，敞轩5楹，南配房17楹，东西南北耳房6楹，直房14楹。阁南檐前，悬有乾隆帝御书满汉文字"文溯阁"匾额，碑亭内有乾隆帝之《御制文渊阁记》，用满汉文书写。[②]

文宗阁，位于镇江金山寺行宫之左，乾隆四十四年建成。文汇阁，位于扬州，乾隆四十五年建成。据李斗所著《扬州画舫录》记载："御书楼在御花图中，园之正殿名大观堂，楼在大观堂之旁……赐名文汇阁。"

文澜阁在杭州，乾隆四十八年建成，是利用圣因寺之东的藏书楼及其后的空地改建而成。"阁在孤山之阳，左为白堤，右为西泠桥，地势高敞，揽西湖全胜。外为垂花门，门内为大厅，厅后为大池，池中一峰独耸，名仙人峰。东为御碑亭，西为游廊，中为文澜阁。"

在编纂《四库全书》的同时，乾隆帝又相继委派人员，编纂《四库全书荟要》（即《四库全书》的选本）和《四库全书总目》。《四库全书荟要》于乾隆四十四年完成，共两份，随《荟要》的编纂，又编了一部《四库全书荟要总目》，共收书463种。《四库全书荟要》共收录书籍473种，共19931卷，11151册，分装2001函。

《四库全书总目》由纪昀、陆锡熊担任总纂官，200卷，历时20余年，到乾隆六十年（1795年）终于"校勘完竣，随加紧刊刻毕工"，初版印刷100部，在

① 《钦定日下旧闻考》卷81。
② 雷以诚：《盛京通史》卷20。

此期间，纪昀、陆锡熊遵照帝旨，又编成《四库全书简明目录》20卷。

随着岁月的流逝，7部《四库全书》也经历了巨大的变迁，各阁存放的《四库全书》，命运相差悬殊。北京皇宫文渊阁藏存的《四库全书》，几经周折，于1949年运到台湾，现藏台北故宫博物院。盛京故宫文溯阁存放的《四库全书》，曾于1914年运往北京，存放在故宫保和殿，1925年运回文溯阁，东北解放后归辽宁省图书馆负责，仍存于文溯阁，1966年由文溯阁迁往甘肃，存放在甘肃省图书馆新建专库中。北京西郊圆明园文渊阁存藏的《四库全书》，1860年八国联军攻占北京，火烧圆明园，文渊阁的《四库全书》也在这次浩劫中化为灰烬。承德避暑山庄文津阁的《四库全书》于1914年运到北京，存藏京师图书馆（今国家图书馆），是7部《四库全书》中保存最完整的一部。存放在江苏镇江文宗阁和扬州文汇阁的两部《四库全书》，在咸丰三年（1853年）太平军攻入镇江、扬州时，毁于战火。杭州文澜阁的《四库全书》在咸丰十一年太平军第二次攻克杭州时，文澜阁在战乱中倾圮，阁书星散。当地绅士丁申、丁丙兄弟以及一些人士大力搜辑，找回8000余册，后又多次由当地官员士绅及浙江省图书馆补抄，又重建文澜阁，到1926年，文澜阁的《四库全书》已有3459种，36309册。此后又多方购求阁书原本，1958年浙江省图书馆清点时，阁书已有36465册，至今保存完好。

从《四库全书》的编纂，可以看出许多问题。其一，"盛世"产物。《四库全书》是一项庞大的文化工程，是乾隆"全盛之世"的时代产物，在乾隆帝的发起、组织、指导、督责和检察下，集中了全国学界精英，近400位学者通力合作，3800余位誊录人员辛勤抄写，前后历时20年，7部《四库全书》才得以编纂完成，又补遗复校，缮录装帧，入阁存藏。没有乾隆帝的高度重视，亲自主持，没有每年国库平均存银六七千万两或七八千万两的"大清国全盛之势"的"盛世"基础，没有全国进呈的13000余种古今遗书和内府珍藏的巨量书籍，这7部《四库全书》是不能出现的，所以说，它是乾隆"全盛之世"的时代产物，是中国传统文化的结晶，是一项前所未有的庞大的文化工程。

其二，古代书籍的渊薮。根据《四库全书总目》的统计，《四库全书》共著录书籍3461种，79309卷，36078册，存目书籍6793种，93551卷，总计书籍10254种，172860册，几乎囊括了乾隆以前中国历史上的主要典籍。在此之前的最大的丛书是明初的《永乐大典》，多达22870卷。

仅次于《永乐大典》的是康熙年间编的《古今图书集成》，1万卷。这两部书都远远少于《四库全书》。可见，《四库全书》是前所未有的中国历史上最大的一部丛书，是中国传统文化的总汇，是古代典籍的渊薮。

其三，保存了大量古书。《四库全书》著录了古书3400余种，其中有很多是孤本珍本，特别是从2万余卷的《永乐大典》里，辑录出好些"现在流传已少，不恒经见之书"。早在开馆之初，乾隆帝于乾隆三十八年三月二十五日下谕说，经初步查阅，便发现"翰林院旧藏《永乐大典》"中，"其世不经见之书，多至三四百种"。[1]此后，经过邵晋涵、戴震、黄轩（状元）、汪如洋（状元）、王增（榜眼）、孙辰东（榜眼）、陈万青（榜眼）、刘跃云（探花）、范衷（探花）、俞大猷（探花）、周永年、邹炳泰等39位校勘《永乐大典》纂修兼分校官的考核辨证，拾遗补阙，排比编次，又将不少珍贵古书重见天日，荟萃成书。如像邵晋涵辑出薛居正的《旧五代史》，戴震辑出的《五曹算经》，前者早已佚亡百年之久，后者"元明以来无刻本，散见《永乐大典》内"。类似《旧五代史》等已经佚失，但散见《永乐大典》各条内的数百种古书，经过39位纂修官的辛勤工作，终于亡而复传，蔚为大观。

其四，汉学跃居首位，乾嘉学风形成。乾隆中期以前，汉学虽然方兴未艾，但宋学仍占统治地位。《四库全书》开馆后，一大批造诣很高功力很深的汉学家进入馆内，辑佚校勘，考核辨证，整理编次，成就很大。朝廷也转而赞赏汉学，肯定其"发挥传注，考核典章"的作用，给予汉学家们优厚的待遇，晋职授官，从而吸引了大批知识分子转向汉学，使文学、音韵、校勘、训诂、考证、辑佚的研究成为一时风气，几至"家家许郑，人人贾马"，考据学迅速发展到全盛阶段，形成独具特色的乾嘉学风，影响深远。

史学大家章学诚对这个转变做了总结性的评论。他说：戴震、周永年等著名学者应"特征修四库存书，授官翰林，一时学者称荣遇。而戴以训诂明经，绍明绝学，世士疑信者半。二君者，皆以博洽贯通为时推许，于是四方才略之士挟策来京师者，莫不斐然有天禄石渠、句坟抉索之思，而投卷于公卿间者，多易其诗赋举子艺业，而为名物考订与夫声音文字之标，盖骎骎乎移风易俗矣"。[2]乾隆五十五年庚戌科榜眼洪亮

---

① 《清高宗实录》卷929，第18页。

② 章学诚：《章氏遗书》卷18，《周书昌别传》。

吉，"辞章考据，著于一时"，著作等身，精于论述，对此情更做了精辟的评论。他说：

> "自元明以来，儒者务为空疏无益之学，六书训诂屏斥不谈，于是儒术日晦，而游谈纷兴，虽间有能读书如杨慎、朱谋㙔者，非果于自用，即安于作伪，立论往往不足依据。迨我国家之兴，而朴学始辈出。顾处士炎武、阎征君若璩首为之倡，然奥窔未尽辟也。乾隆之初，海宇乂平，已百余年，鸿伟瑰特之儒，接踵而见，惠征君栋、戴编修震，其学识始足方驾古人。及四库馆之开，君（邵晋涵）与戴君（震）又首膺其选，由徒步入翰林，于是海内之士知向学者，于惠君（栋）则读其书，于君（邵晋涵）与戴君（震）则亲闻其绪论，向之空谈性命及从事帖括者，始駸駸然趋实学矣……夫伏而在下，则虽以惠君（栋）之学识，不过门徒数十人止矣；及达而在上，其单词只义，即足以歆动一世之士。则今之经学昌明，上之自圣天子启之，下之即谓出于君（邵晋涵）与戴君（震）讲明切究之力，无不可也。"[1]

进士出身，著作甚丰，擅长评论，任至按察使的姚莹，是姚鼐的侄孙，对此也详述说："自四库馆启之后，当朝大老，皆以考博为事，无复有潜心理学者，至有称颂宋、元、明以来儒者，则相与诽笑。"[2]

其五，各门专科学术兴盛。《四库全书》的纂修。促进了各门专科学术的发展。一是掀起了刊刻丛书的热潮。许多丛书总汇经史子集四部，囊括百家，以卷帙浩瀚刻印精良而闻名于世。比如，鲍廷博、鲍世恭父子辑刊的《知不足斋丛书》，共30集，收书207种，781卷；张海鹏辑刊的《学津讨原》，收书192种，计1048卷；《墨海金壶》，收书115种，727卷，《借月山房汇钞》，收书135种，283卷；吴省兰印行的《艺海珠尘》；李调元刊刻的《函海》；阮元辑刊的《皇清经解》；王锡祺辑刊的《小方壶斋舆地丛书》等。后世学者对此评述说："我朝稽古右文，广开四库，遗书大出，是正讹误，往往汇成巨帙，刊布于世，在乾嘉之时为极盛。"[3]

---

① 洪亮吉：《卷施阁文甲集》卷9，《邵学士家传》。
② 姚莹：《东溟文外集》卷1，《复黄文园书》。
③ 《平津馆丛书》卷首，闵萃祥：《重刻平津馆丛书序》

二是辑佚工作的普遍展开，辑佚成了一种专门的学问。一些学者沿袭四库馆臣的方法，继续在《永乐大典》以及其他古书中搜辑佚书。如从《大典》中抄出《宋会要》《宋中兴礼书》《续中兴礼书》《中兴政要》、淳祐《临安志》《大元海运记》《大元官制杂记》、明《顺天府志》等一批珍贵遗书。从各种古书搜辑遗书，产生了像严可均的《全上古三代秦汉三国两晋六朝文》，收录3497家，计764卷，被誉为艺林渊薮。黄奭的《汉学堂丛书》，收书216种，马国翰的《玉函山房辑佚书》，收书630种。

三是校勘学发展到鼎盛阶段，出现了一些声名远扬的校勘大家。如王念孙、王引之父子精校先秦两汉古书，著有《读书杂志》《广雅疏证》《经义述闻》，钱大昕、王鸣盛的《二十二史考异》和《十七史商榷》，段玉裁的《说文解字注》，阮元主持刊印的《十三经注疏》《校勘记》等，订伪补缺，考辨异同，校勘注释，都是众所公认的名著。

四是目录学空前繁盛，目录著作大量涌现，如经学方面有翁方纲的《通志堂经解目录》，史学方面章学诚的《史籍考》，小学方面谢启昆的《小学考》，版本方面黄丕烈的《求古居宋本书目》，金石方面孙星衍的《寰宇访碑录》，戏剧有黄文旸、董康的《曲海艺目提要》，宗教有官撰《大清重刻龙藏汇记》等，目录学理论的研究，也在深入开展，章学诚的《校雠通义》是负有盛名的目录学理论专著，提出了许多精辟的见解。

虽然《四库全书》的编纂，在文化领域起了很大的影响，但按照编纂此书的极其有利的条件来看，它本应编成一部录书更多、质量更高、影响更大更好的巨著，可惜由于时代的限制，尤其是由于乾隆帝的极端自私和非常狭隘，做出了不少不能容忍的蠢事坏事，犯下了大错，以致严重地影响了此书的质量，带来了一些恶劣的影响。

乾隆帝本来是一位雄心勃勃、勇于进取、敢于决断的英明君主，又博学多识，聪睿机智，诗、书、文、史、语兼长，所以他才决定利用"全盛之世"的条件，编纂一部"以彰千古同文之盛"的规模空前的大丛书。他亲自主持，先后下达数百道谕旨，委任总裁，选授纂修官，搜访天下遗书，指示编纂方针，缮写装潢，建阁造架，解决具体问题，督促鞭策，奖勤惩劣，历时一二十年，终于完成了这部空前巨大的丛书。

然而，作为封建晚期的君主，他摆脱不了封建专制制度的烙印，而且由于是少数民族的君主，存在着狭隘的民族观，非常担心多出几十倍几百倍于满族的汉族官绅兵民反对清朝的统治，他痛恨"华夷有别"思想，骨子里充满着"重满轻汉"、"疑汉、怕汉和仇汉"的想法，所以，他便在编纂《四库全书》时，竭力消除一切不利于专制君主统治、宣传尊华轻夷的论述。他主要采取了三项重大措施。

一是查缴"禁书"。从乾隆三十九年八月开始，他开始进行大规模的查缴、销毁所谓"违碍""悖逆"书籍活动，直到乾隆五十八年才告结束。所谓"违碍"和"悖逆"，主要是宋、元、明、清时期具有民族思想、反清意识和触犯专制权威、指责时政的书籍碑刻，以及记述清入关前史实、明末清初史事的著作。凡有"斥金""斥元""斥清""怀明"的书籍，有"建夷"之类文字的书籍碑刻，通通查缴销毁。据有关学者统计，在长达19年的禁书活动中，全部焚毁的书籍多达3100多种，15万部以上，还销毁书板8万块以上。

二是撤改与复校《四库全书》。乾隆帝于乾隆五十二年阅看进呈书籍时，发现已收入《四库全书》的李清所撰《诸史同异录》中，"妄逞臆说"，是"悖妄之书"，"一无可采"，谕令撤出销毁。李清的《南北史合注》《南唐书合订》《历代不知姓名录》亦一并撤出销毁。不久，乾隆帝下谕，复校内廷四库全书，凡系"违碍"之书，或撤出销毁，或删削，或挖改抽换，或抽毁，于是，钱谦益的《国史考异》被撤毁；《十六家词》中龚鼎孳之词被撤毁，改书名为《十五家词》；吴伟业的《绥寇纪略》，陈鼎的《东林列传》，虽均无违碍，但其内外之词称谓，有悖体制，被一律改正等。计乾隆五十二年，共撤毁书籍11种，抽毁或删改书籍12种。

三是大兴文字狱（详后）严重地阻碍了文化、学术的发展。

（六）文狱繁兴

清君由于是僻处边远的少数民族首领入主中原，又继承了前朝的封建专制统治传统，因此用以恐吓、威慑、镇压持有异见或不够温顺的官员与知识分子的文字冤狱，较诸以往王朝，就更为频繁、更加残酷、更无道理。康熙时的两大文字冤案，都是针对作品中怀念明朝的民族意识而发生的。庄廷鑨署名编的《明史》，有指斥清朝的词句，又奉南明弘光、隆武、永历为正朔，戴名世著的《南山集》，用南明诸帝的年号，议论南明史事，皆被朝廷定成悖逆大罪，数百名有关人员被诛戮充军籍没。雍正朝虽只有13年，文字狱比康熙时还多，或因作者有反清思想，或因其人依附帝之政敌，而掀起大狱，严予诛戮。最大的案子是曾静、张熙案。曾静崇信清初著名学者吕留良，深受其著作反清思想的影响，指使弟子张熙投书川陕总督岳钟琪，劝其毋忘是岳飞的后裔，应当起兵反清，书中还指斥雍正帝有弑父、篡位、逼母、杀兄、屠弟等罪行。事发之后，已故之吕留良被开棺戮尸，一大批吕留良的弟子、家人、亲友被株连。

乾隆帝更扩大了文字狱的范围，反清者惩，讽上者诛，连歌功颂德不得法者也被加上欺君大罪，就是一般诗文，也常因官府望文生义捕风捉影而被定成逆书叛案，少数歹徒更借此讹诈诬告良民。像安徽和州人戴移孝《碧落后人诗集》一案，作者系明末清初人，因其诗内有"长明宁易得""短发支长恨""且去从人卜太平"等句，遂被安徽巡抚闵鹗元定为"悖逆遗书"，上奏朝廷，乾隆帝谕令严查。闵鹗元会同两江总督萨载上奏，拟将戴移孝之曾孙戴世道按"大逆知情故纵隐藏者斩律，处以斩立决"，其余戴用霖、戴世法、戴世德等子孙曾孙照"逆犯子孙缘坐律"斩立决，家属发给功臣之家为奴，财产入官。乾隆帝于四十五年七月十四日降旨：戴世道着即处斩。其缘坐之戴用霖、载世德、戴世法改为斩监候，秋后处决。余依议。①

浙江仁和县人监生卓长龄，生于顺治十五年，卒于康熙四十九年，著有《高樟阁诗集》10卷，其子捐纳州同卓征、生员卓敏、卓慎亦各有著作。因卓长龄等人诗内有："可知草莽偷垂泪，尽是诗书未死心。楚衽乃知原尚左，剃头轻卸一层毡""发短何堪簪，厌此头上帻"等字句，被闽浙总督陈辉祖定为逆书，并奏请按"大逆律"将已故之卓长龄等"剉碎其尸，枭首示众"，其孙卓天柱等依"大逆正犯之子孙年十六以上皆斩律"斩立决，家眷依法严处。②

乾隆帝还亲自指定查办一些案件，比较重要的案子是胡中藻、鄂昌一案。胡中藻是江西新建人，乾隆元年进士，十三年二月至广西任学

①故宫博物院文献馆稿：《清代文字狱档》，第449—490页，上海书店，1986年。以下简称《清代文字狱档》。

②《清代文字狱档》，第539—552页。

政，十四年七月返京，著有《坚磨生诗钞》。乾隆帝读过其诗集后，认为胡是"出身科目，名列清华，而鬼蜮为心，于语言吟咏之间，肆其悖逆，诋讪怨望"，于乾隆二十年二月谕令广西巡抚卫哲治将胡在学政时"所出试题及与人倡和诗文并一切恶迹，严行查出速奏"，若稍姑容，则与卫之身家性命有关。随即又谕令有关省府追查有关人员。

乾隆二十年三月十三日，乾隆帝召见大学士、九卿、翰林、詹事、科道等官，对胡中藻之事下达专谕，严厉指责其"丧心病狂"，"悖逆讥讪"，"种种悖逆，不可悉数"。他在谕中举了一些例子。其一，"集内所云'一世无日月'，又曰'又降一世夏秋冬'"，"我朝定鼎以来"，承平熙宁，远逾汉唐宋明，"乃曰又降一世，是尚有人心者乎？"其二，"又曰'一把心肠论浊清'，加浊字于国号之上，是何肺腑？"其三，"至若'老佛如今无病病，朝门闻说不开开'之句，尤为奇诞。朕每日听政，召见臣工，何乃有朝门不开之语！"其四，"又曰'人间岂是无中气'，此是何等语乎？"其五，"其颂蠲免，则曰'那似偏灾今降雨，况如平日佛燃灯。'朕一闻灾歉，立加赈恤，何乃谓如佛灯之难觏耶？"等。

他在这道谕旨中还着重指出，胡中藻如此目无王法，欺君悖理，是因为其系大学士鄂尔泰之党羽，故其诗中"乃有'记出西林第一门'之句，攀缘门户，恬不知耻"。甘肃巡抚鄂昌系鄂尔泰之侄，"身为满洲世仆"，"见此悖逆之作，不但不知愤恨，且丧心与之唱和，引为同调，其罪实不容诛"。胡中藻、鄂昌令拿解，待其至京，着大学士、九卿、翰林、詹事、科道严审定拟具奏。[①]

不久，查审完竣，乾隆帝下谕：胡中藻即行处斩。鄂尔泰生前赞赏胡中藻，其侄鄂昌与胡"援引世谊，亲加标榜"，形成朋党，"使鄂尔泰此时尚在，必将伊革职，重治其罪，为大官植党者戒"。鄂尔泰着撤出贤良祠。"鄂昌负恩党逆"，勒令自尽。[②]

其实，胡中藻之诗文很难说是讽刺清朝帝君的，乾隆帝兴办此案的目的，显然不是就诗论事，而是袭用其父雍正帝之故技，兴诗文之案来惩治自己想处罚的大臣，通过诛戮胡中藻来惩罚鄂尔泰，抬高自己的君威，达到"乾纲独断"的目的。

---

① 《清高宗实录》卷484，第18-23页。

② 《清代文字狱档》，第49-105页。

据《清代文字狱档》记载，乾隆年间所兴文字冤案数倍于其父祖，竟达60余案，确是冤狱横兴，滥杀无辜。乾隆帝实行的这种文化专制政策，带来了严重恶果，窒息了人们的思想，破坏了文化学术思想界自由探讨勇于创新的传统，使许多文人提心吊胆，不敢议论时政，不敢撰写富有教育性质能为前车之鉴的政治历史书籍，而逃避现实，埋首于故纸堆，烦琐的学风恶性膨胀，以致后来龚自珍发出了"避席畏闻文字狱，著书都为稻粱谋"，"万马齐喑究可哀"的叹息。

二、大修宫殿园林寺庙

（一）改建宁寿宫

在"大清正当全盛之时"的乾隆年间，乾隆十五年乾隆帝就曾谕告群臣说："国家全盛之时"，此后多次宣称"我国家正当全盛之时""我清国全盛之势""我大清正当全盛之时"。[①]酷爱山水园林、对建筑和园林艺术有精深见解、诗词书画兼优、锐意创新并且好大喜功的乾隆帝，运用"全盛之时"的财力、物力、人力和时机，指点能工巧匠，按照自己的设想和意愿，大兴土木，对北京的皇宫和承德的避暑山庄进行了持续50余年大规模的新建、改建扩建工程，建成了一大批蜚声中外的宫殿寺庙园林，使北京皇宫、颐和园和承德避暑山庄名列世界自然与文化遗产名录。其修建时间之长，建筑项目之多，经费之巨大，珍品精品之多，成就之显著，是中国历史上的任何帝君难以与之比拟的。没有乾隆年间的营建，北京皇宫、颐和园、避暑山庄就没有今天这样光彩夺目，圆明园也成不了闻名世界的"万园之园"。

在北京的皇宫内，除了明成祖在永乐年间初建皇宫外，任何朝代也没有乾隆年间兴建的项目之多。乾隆帝在皇宫的东路和西路兴修了多项工程。比如：建福宫，是当时宫中的小花园。雍正帝死后，乾隆帝在养心殿守丧居住27个月，经过两个夏季，天气炎热，难以忍受，考虑到母后将来去世须守丧，遂在西四所较为阴凉之地修建福宫。乾隆帝在乾隆四十四年的《御制建福宫题句》中就此写到："昔皇考大事，常居养心

---

① 《清高宗实录》卷369，第5页；卷777，第22页；卷780，第30页；卷898，第16页。

殿，二十七月后始居御园，宫内几经两夏。彼时年力正壮，虽烦暑不甚觉也。后葺建福宫，以其地较养心殿稍觉清凉，构为邃宇，以备慈寿万年之后居此守制。"

重华宫，是改建乾隆帝为皇子时居住的乾西二所而建，并升格为重华宫。宫之前为重华门，门内为崇敬殿，殿内悬挂弘历"御书额曰乐善堂"，乐善堂之后为重华宫。重华宫东庑为葆中殿，西庑为浴德殿，宫后为翠云馆，馆之东次室为长春书屋。重华宫之东为漱芳斋。乾隆帝为重华宫写了多首诗词匾额对联。如乾隆十一年春正与诸王及内廷大学士、翰林等小宴时所写的一首诗："兰殿辛盘迓早春，展亲更复洽臣邻。从来盛事成佳话，况是宗藩与吉人。金荔色酣朱乍点，玉梅香度粉初皱。说之灯夕诗如绘，花萼楼前雨露新。"①

慈宁宫、寿康宫、寿安宫三宫占地很广，原系顺治十年（1653年）建，乾隆十六年重修，工程很大，是乾隆帝之生母和其他太妃居住之地。慈宁宫的东门为永康左门，西为永康右门，正中南向为慈宁门，前列两座金狮。门内正殿悬挂弘历"御书额曰宝篆骈禧"，殿前东庑门为徽音左门，西庑门为徽音右门，后殿供佛像。慈宁宫左殿宇二层。慈宁宫之前有花园，叫慈宁宫花园。花园前宇为咸若馆，供佛。馆之左为宝相楼，右为吉云楼。宝相楼南为含清斋，吉云楼南为延寿堂。咸若馆后为慈荫楼。慈宁宫之西为寿康宫。寿康宫之后为寿安宫。在慈宁宫重修时又在其后面明代建筑上改建成雨华阁，供藏传佛像。②

寿皇殿。此殿原在景山东北，本明季游幸之地，康熙帝常视射较士于此，雍正帝建室三间，恭奉神御，乾隆帝于十四年移建寿皇殿，南临景山中峰，殿门外正中和左、右各建宝坊1座，北为砖城门3道，门前置石狮2座，"门内戟门五楹，大殿九室，规制仿太庙"，供奉列帝列后御容圣容。于乾隆十五年竣工。

乾隆帝对中南海和北海也进行了大规模的营建工程，修葺改建了中南海内的惇叙殿、涵元殿、瀛台、勤政殿、丰泽园，新建同豫轩、宝月楼、紫光阁、千尺雪。在北海内，将团城修葺一新，重修白塔山顶的白塔寺，改名为永安寺，又新建阅古楼、分凉阁、漪澜堂、道芳斋、九龙壁、小西天、万佛楼、阐福寺、镜清斋、远帆阁、濠濮间等。

---

①《钦定日下旧闻考》卷16。

②《钦定日下旧闻考》卷19。

在乾隆年间皇宫的营建中，规模最大的工程当数宁寿宫的改建。这项工程最能体现乾隆帝对宫廷建筑的新创意，能够反映出当时大建宫殿的基本情况，可以称之为清代宫廷建筑的代表作。

宁寿宫在皇宫的东翼，位于宫廷东北城角的一块纵长用地，东西宽130米，南北长395米，面积为47400平方米。此地原为明代外东裕库、仁寿殿、哕鸾宫、喈凤宫旧址，清初基本上已经全毁，只剩下少量的辅助服务用房。康熙二十八年（1689年）在此地改建成宁寿宫，"（宁寿）宫正殿二重，前为宁寿门，列金狮二，门内为凝祺门，西为昌泽门，再西为履顺门，门外即夹道直街。……宁寿宫之后，为景福宫，前为景福门，门内正殿两重。……宫西有花园，门榜曰衍祺门"。[①]这宁寿宫是为康熙帝之祖母孝庄太皇太后和母后孝惠皇太后而修的，景福宫的三座宫室可能是太妃、太嫔的居室。

乾隆三十六年（1771年），乾隆帝宣布将在乾隆六十年禅位归政，为了归政以后颐养天年，便在圆明园内修建长春园，在宫中改建宁寿宫。

《钦定日下旧闻考》卷18对宁寿宫的情形做了如下的描述：

"宁寿宫建自康熙年间，乾隆三十六年皇上命重加增葺。宫垣南北一百二十七丈有奇，东西三十六丈有奇。门六，正中南向者，恭悬御书额曰皇极门，东出者曰敛禧门，西出者曰锡庆门，又西向者曰履顺门、曰蹈和门，东向者曰保泰门。皇极门之内曰宁寿门，门内为皇极殿，殿庑东出者为凝祺门，西出者为昌泽门。皇极殿后为宁寿宫，宫内东暖阁御书联曰：周雅庆攸宁，长宜茀禄；箕畴徵曰寿，递演京垓。"

上述叙述，一则过分简略，看不出宁寿宫的规模，特别是难以使人了解其在皇宫内宫殿群中的地位；再则"重加增葺"四字，使人们容易得出只是简单的小型维修而已，而不知道这个"重加增葺"，竟是一项大规模的改建工程，并且这个"改建"实际上几乎等于是重建。

因为，这是乾隆帝作为禅位归政当太上皇帝时的住处，而他这位"太上皇帝"不同于晚年的唐玄宗，不同于明天顺年间的太上皇帝明英

①《钦定日下旧闻考》卷18。

宗，这些太上皇都没有实权，基本上是被其儿子唐肃宗、弟弟明景泰皇帝所软禁。可是，乾隆帝这位"太上皇帝"却依然是乾纲独断掌握军政大权的真皇帝，其子嘉庆帝仅是虚有其名的天子而已，是一切听命于父皇的儿皇帝。既然仍要治国理政，就得需要有听政之所，而且其规格不能太低于先前理政地方，既然是太上皇帝，就得有符合这一高贵无比身份的各种享受设施，比如高规格的花园和戏台等，这一切，都需要钱，需要大量人力。并且，这个"重加增葺"的工程是乾隆帝还是皇帝时施工的，这时又是"大清国全盛之时"，国库充盈，存藏的银子多得不得了，从乾隆三十年起，每年国库存银都在六千万两以上，三十七年正月更多达8000余万两。

因此，宁寿宫的"重加增葺"，花费了大量白银，仅工程预算，就有白银130万两，还不包括宫内其他设施。施工的时间历时6年，从乾隆三十七年开工起，到四十二年才完成。

宁寿宫的改建工程分为宁寿宫前路和后路两个部分。后路是在原景福宫、花园、三宫、兆祥所、值房之地重建为宁寿宫的寝宫，共分东路、中路、西路三路。中路为寝宫主体，前为养性门，后为前殿养性殿和后殿乐寿堂，其后为颐和轩与景祺阁。养性殿为正殿，是仿造养心殿而建的，正中设宝座，在此处接见大臣，赐宴外藩。其东暖阁叫明窗，阁后叫随安室，西暖阁因收藏一块传世古墨而叫墨云室，西暖阁后是长春书房，北是佛堂。养性殿内多用楠木柱，又用紫檀木包镶门口、栏杆、供柜、夹纱槅窗，前檐添设五间抱厦，内檐装修十分精美。乐寿堂是仿照圆明园中长春园的淳化轩而建，面阔七间带围廊，进深宽，以装修分为前后两部，东西又隔出暖阁。堂内碧纱窗、落地罩、仙楼等装修皆以硬木制作，并以景泰蓝饰件装饰，天花全部为楠木井口天花，天花板雕刻卷叶草。

东路有戏台畅音阁，这是宫城内最大的戏台。戏台之北为阅世楼，是帝后观戏处，周围有转角楼32间围护，是群臣的看戏房。阅世楼之北为寻沿书房。书房之北为庆寿堂，有三排房屋。东路的最后部分是景福宫及供佛的梵华楼、佛日楼。景福宫是乾隆四十一年仿照建福宫之静怡轩而修的，主要用于娱老，并陈设西洋天文仪器。

西路为宁寿宫花园，俗称乾隆花园。园的基地狭窄而长，宽仅36米，长却为60米，并且西边夹道墙高耸。在这样的地基条件限制下，本来是很难设计出好的花园来的。但是，经过精心构思，巧妙安排，这里却建成了人们赞之为"内廷苑囿"的珍品，被公认为"宫中苑"或"内廷园林"的精品。宁寿宫花园的总体布局采用纵向串联式，自南向北安排了分别以"幽""敞""变""雄"为意境特色的四进院落，每进院落皆在北面安排主体建筑，院落间似分似隔，但又互为因借，景色渗透。第一进院落南门为衍祺门，进门后，左右夹假山，正北为古华轩，是三间花厅，古华轩之东是小巧玲珑的抑斋和矩亭，构成南向的封闭幽深的小院。全院以轩、亭、斋、廊相间，隔以假山花木，将空间以大化小，园林意境以"幽"为题。第二进院落是以"敞"为意境的生活空间，正房为遂初堂。院内仅石盆景1座及少量花木，空间通敞，视野开阔。第三进院落中庭全部布满假山，主体建筑是萃赏楼，西配属建筑是延趣楼，假山东面是三友轩。这座院落除了建楼阁、山亭以外，又利用叠石造山之巧妙，经由曲折的山涧、山洞、磴道通达各处建筑，忽宽忽窄，忽明忽暗，形成园林中"变"的意境。第四进院落以5间两层大阁的符望阁为主体建筑。符望阁是仿照建福宫西花园的延春阁而建的。阁之北的倦勤斋，9间，系仿照建福宫的敬胜斋建造的。符望阁的下层，用各类落地罩、隔扇门窗、板墙等纵横间隔为很多房间，并且地面标高不同，还有夹层，各房之间交通穿插复杂，故有"迷楼"之称。这进院落以"雄"为特色。

整座乾隆花园贯穿通行，一气呵成，幽、敞、变、雄景色各异，完全摆脱了明代御园对称工整的呆板构图，尽量以山水意境规划全园，处处以造景、框景手法，将诗情画意融在景观中，使深宫御苑成为娱悦灵性、陶冶情感的艺术境界。

宁寿宫前路工程是将康熙年间的旧宁寿宫扩大，将宫门外移60余米，建红墙1道，中间为随墙3间七楼琉璃券门皇极门，皇极门对面建五色琉璃殿九龙影壁一座。皇极门内原宁寿宫门仍然保留，但将原宁寿前殿改建为皇极殿，仿外朝保和殿规制，为9间带前后廊、重檐庑殿式建筑，周围汉白玉栏杆台基前设月台、甬路，拟为乾隆帝归政后的临御之所，原宁寿后宫改悬宁寿宫匾，但规模亦增大为7间，内部亦按坤宁宫的制度分隔室内空间，改建为祭神所。此外，与宫殿相配还建造了敛禧、锡庆、履顺、凝祺、昌泽等门、转角围房62间、东西各3所、茶膳房12座，还有库房、值房、造旗房等，总计有80座建筑、317间房屋。这部分工程虽然名叫改建，实际上已类似新建。

整个宁寿宫的改建工程，规模巨大，估算造价130万两白银，还不包括鼎、炉、缸、座，以及院内陈设的日晷、月影、铜龟鹤、铜鹿、铜狮、装修用颜料、硬木、铜锡等金属的价款，仅宁寿宫用的铜缸就有30口，用黄铜约15万斤；宁寿宫门前的一对镀金铜狮，镀金5次，共用黄金334两。

宁寿宫占地规模大，建筑类型齐全，朝、寝、宫、苑，以及服务房屋皆备，就像一座小型的紫禁城，是一座皇城内之皇城。它的规划和建设，反映了乾隆帝对宫廷建筑的新创意，即在维持前朝后寝、中轴对称的传统模式之外，着重改造内廷，使宁寿宫的后三路殿座之中路成为文化休闲颐养情性之处，东路为听戏、读书、侍亲、茶宴、供佛之处，西路（宁寿宫花园）为屏山镜水、梦月秋风，具有诗情画意的园林游赏之处。这样的宫廷建筑，更能体现丰富的帝王生活内涵，具有更大的艺术魅力，对比元明以来刻意复古、追御周制、规整如壁的呆板宫城构图，显然是重大的进步。①

（二）新建清漪园

清漪园为三山五园之一，兴建于乾隆年间，后改名为颐和园。清漪园位于北京西郊海淀附近，总面积约为6000亩，水面占4/5。《日下旧闻考》卷84载："清漪园建于万寿山之麓，在圆明园西二里许，前为昆明湖。"万寿山原来叫瓮山，在玉泉山之旁，明朝旧有园静寺，后废。这里背山临水，没有大的建筑，乾隆帝为了庆祝母后于乾隆十六年的60大寿，于十五年在瓮山建大报恩延寿寺，十六年竣工，与此同时，又疏导玉泉山诸处水脉，汇于西湖，遂于十五年（1750年）易西湖名昆明湖，十六年改瓮山为万寿山，并大兴土木，修建了一大批殿宇亭阁楼台寺庙，到乾隆二十六年工程完成，乾隆帝赐此园名为"清漪园"。后来乾隆帝作《御制万寿寺清漪园记》一文，对园的兴建及用途，做了如下的叙述：

"万寿山昆明湖记作于辛未（乾隆十六年），记治水之由与山之更名及湖之始成也。万寿山清漪园成于辛巳（乾隆二十六年），而今始作

---

①本题的写作，参考了孙大章先生的《清代紫禁城宁寿宫的改建及乾隆的宫廷建筑意向》一文，谨志谢意。

记者，以建置题额间或缓待而亦有所难于措辞也。夫既建园矣，既题额矣，何所难？而措辞以与我初言有所背，则不能不愧于心。……盖湖之成以治水，山之名以临湖，既具湖山之胜，概能无亭台之点缀？事有相因，文缘质起，而出内帑，给雇直，敦朴素，祛藻视，一如圆明园旧制，无敢或逾焉。……然而畅春以奉东朝，圆明以恒莅政，清漪静明，一水可通，以为敕几清暇散志澄怀之所。"①

在乾隆年间各座宫殿、各处园林的兴建工程中，清漪园的建筑费用花银最多。据乾隆二十九年大学士傅恒等人奏称：建园经费"用过银四百八十九万七千三百七十二两三钱四分六厘"。②

清漪园有大小景点100多个，各式建筑3000余间，分为前山、后山、湖内三个部分。前山又分为东段、中段、西段三个区域。东段有勤政殿、怡春堂、玉澜堂、宜芸馆、乐寿堂等宫殿建筑。清漪园的宫门是五楹东向，门外有南北朝房，左右罩门内有内朝房，南北向，内为勤政殿，七楹。勤政殿后北达怡春堂，西为玉澜堂，北为宜芸馆，馆之西为乐寿堂。乐寿堂前有"青芝岫"大石，长七丈，广三尺，"色青而润"，明朝米万钟于房山采得此石，欲运往京中自己的勺园，仅运至良乡，因石太大，不能搬运而放在路旁。乾隆帝知道此事后，命将巨石移放在乐寿堂，赐其名为"青芝岫"，亲书石名，并写诗以记其事。前山的中段有大报恩延寿寺、罗汉堂等。大报恩延寿寺为清漪园的主体工程，"殿宇千楹，浮屠九级，堂庑翼如，金碧辉映"，非常豪华壮丽。③寺之西为罗汉堂，有三座门，南门叫华严真谛，东门为生欢喜心，西门名法界清微。堂内分甲乙十道，塑罗汉五百尊，十分精美。罗汉堂后为宝云阁，是"范铜为字"。大报恩延寿寺后面的山顶，建有佛香阁，在此往下俯瞰昆明湖，满园景色尽收眼底。前山的西段有听鹂馆，乃观曲听戏之处。听鹂馆之西为石舫，建于昆明湖中，不依汀傍岸。

后山的主体建筑为"须弥灵境"和"香严宗印之阁"，是由汉藏混

---

① 《钦定日下旧闻考》卷84。

② 中国第一历史档案馆藏《内务府奏案》，第165包，第26号。这个数目还不包括室内陈设、家具与绿化费用。

③ 《钦定日下旧闻考》卷84。

合而又系仿藏式建筑。《钦定日下旧闻考》卷84载称："北楼门在万寿山之山。……其南为长桥，桥南佛寺，三面立坊楔，内为须弥灵境，后为香严宗印之阁"。"须弥灵境"，包括香严宗印之阁，是清漪园内大的建筑群之一，位于万寿山后山的中央，坐南朝北，大致在乾隆二十三年建成。殿宇自山顶北坡逶迤而至于山麓，构成一条全长约200米的中轴线。山麓临后湖第一层台地为广场。北半部的"汉式"部分，南北长115米，东西宽70米，基本上按"七堂伽蓝"格式。第二层台地高出于第一层台地208米，进深25米，东西配殿是五开间的楼房。第三层台地高出于第二层406米，进深50米，为正殿须弥灵境殿，面阔9间，总长14丈9尺，进深6间，总宽9丈2尺。北半部的"藏式"部分建在须弥灵境殿南面的金刚墙之上，南北长85米，东西宽130米，以"香严宗印之阁"为构图中心，周围陈列着许多藏式的碉房建筑物——红台、白台，以及4座喇嘛塔——四色塔。香严宗印之阁面阔五间，总宽19.4米，进深5间，总深17.5米，供铜胎站像四十二臂观音。

香严宗印之阁的东面是善观寺，其阁之西为云会寺。在后山山腰，建有构虚轩、绘芳堂、花承阁、绮望轩等若干小园。后溪河绵延数里，河的东端建有惠山园（后改名谐趣园），是仿照无锡秦氏的寄畅园而建。乾隆帝写有《惠山园八景诗》，诗里讲的八景是：载时堂、墨妙轩、就云楼、澹碧斋、水乐亭、知鱼桥、寻诗径、涵光洞。

湖内有十七孔桥，旁有镇水铜牛。十七孔桥通广润祠，此祠原为龙神庙，兴修清漪园时改名广润祠。湖区还有文昌阁、廓如亭、凤凰楼、景明楼、藻鉴堂、畅观堂、治镜阁、延赏斋、织染局、水村居，等等。乾隆帝对清漪园内的殿宇楼台亭阁等景点，都题名吟诗，十分认真，多次来此游赏。经过乾隆年间的大规模营建，清漪园建成为建筑精美风景如画的又一大型皇家园林，荣列今日的世界自然与文化遗产名录。

此外，乾隆帝还在香山新建静宜园、实胜寺、宝相寺、昭庙，重修碧云寺，又在玉泉山扩建静明园，终于形成了规模宏伟、建筑精妙、风景如画的"三山五园"大型皇家苑囿。

（三）扩建圆明园

圆明园是众所周知的"三山五园"中最有名的一处园林。"三山五园"的三山，系万寿山、香山和玉泉山，五园是圆明园、清漪园（后改名颐和园）、静宜园、静明园和畅春园。五座皇家园林之中，除畅春园系康熙年间修建外，其余四园或在乾隆年间新建，或加以改建扩建，工程巨大，花银成百上千万两，形成北京西北郊园林建设空前兴盛的局面。

圆明园是清代继畅春园、承德避暑山庄之后修建的第三座大的斋宫型皇家园林。圆明园在畅春园的北面，原系明代的一座私家园林，入清后收归内务府奉宸院，经过修整后，于康熙四十八年（1709年）赐给皇四子雍亲王胤禛，正式题名为"圆明园"，是一座以水面为主体的水景园。胤禛做了一些修建，到康熙末年，全园占地面积已不小于1000亩。胤禛即位为帝以后，按照御园的功能要求，在圆明园内大兴土木，在园的南部修建了宫廷区，并大规模地向东拓展园地，开凿了福海。到雍正末年，经胤禛题署或已悬匾额的园林建筑已不少于160座，全园占地增至3000亩。圆明园的四十景中，雍正帝题名的已有二十八景，即28处重要的建筑群组。这二十八景是：正大光明、勤政亲贤、九州清宴、镂月开云、天然图画、碧桐书院、慈云普护、上下天光、杏花春馆、坦坦荡荡、茹古涵今、长春仙馆、万方安和、武陵春色、汇芳书院、日天琳宇、淡泊宁静、多稼如云、濂溪乐处、鱼跃鸢飞、西峰秀色、四宜书房、平湖秋月、蓬岛瑶台、接秀山房、夹镜鸣琴、廓然大公、洞天深处。

乾隆帝即位以后，从三个方面对圆明园进行了大规模的营建工程。第一个方面，是在圆明园内部调整园林景观，增建若干建筑组群。在圆明园原有的二十八景之外，经乾隆帝题名新修、扩修、改建的比较重要的建筑群组，增加了十二景，圆明园有了四十景。乾隆年间增加的十二景为：山高水长、月地云居、鸿慈永祜、映水兰香、水木明瑟、北运山村、方壶胜境、澡身浴德、别有洞天、涵虚朗鉴、坐石临流、曲院风荷。按其在圆明园四十景中排列的次序，则山高水长楼为第十五景。山高水长楼在圆明园之西南隅，西向九楹，后拥车岗，前带河流，中央地势平衍，广凡数顷。乾隆帝于九年写的《御制山高水长诗》写道：此楼"为外藩朝正锡宴，陈鱼楼角觚之所，平时宿卫士于此较射"。其诗为："重构枕平川，湖山万景全。时观君子德，式命上宾筵。湛露今推惠，彤弓古尚贤。更殷三接晋，内外一家连。"①

月地云居，为四十景中第十六景，在山高水长楼之北，乃梵刹之区，山门额为"清净地"，前殿额为"妙证无声"，后楼檐额为"莲花

---

① 《钦定日下旧闻考》卷81。

法藏”，皆乾隆帝题署。

月地云居之后是第十七景鸿慈永祜。鸿慈永祜坊乃安佑宫的琉璃坊座南面之额，其南、东、西还建有羹墙忾慕坊、勋华式焕坊、德配清宁坊。坊后是安佑门，门前白玉石桥三座，左右井亭各一，朝房各五楹，门内重檐正殿九楹，为安佑宫，殿内正中龛供奉康熙帝圣容，左龛奉雍正帝圣容，左右配殿各五楹。这组建筑物建于乾隆七年。

映水兰香，在淡泊宁静楼之西，为四十景中第二十一景，西向，五楹，其东北是水木明瑟，乃第二十二景，与第二十六景之北远山村均有乾隆帝题写之诗、额。

方壶胜境为四十景中第二十九景。方壶胜境楼宇在四宜书房之东，临池，上下各五楹，南建坊座二，其北楼宇为哕鸾殿，又北为琼华楼。乾隆帝之《方壶胜境诗》写到：“飞观图云镜水涵，拿空松柏与天参。高岗翔羽鸣应元，曲渚寒蟾印有三。鲁匠营心非美事，齐人搤掔只虚谈。争如茅土仙人宅，十二金堂比不惭。”[①]

澡身浴德，为四十景中第三十景，在福海西南隅，正宇三楹，东向。别有洞天，是第三十四景，在福海东隅的接秀山房之南，五楹，北倚山，南临水。

涵虚朗鉴，为第三十六景，在福海之东。坐石临流，乃第三十八景，在水木明瑟东南，淡泊宁静之东，溪水周环，轩宇三楹，西向。坐石临流之东为曲院风荷，乃四十景中第三十九景，五楹，南向。

除了这十二景外，乾隆年间还在圆明园内增建和改建了好些建筑群组。添建的有：纳翠楼，杏花春馆的春雨轩与得树亭，舍卫城的湛然室，北远山村的皆春阁群楼，紫碧山房东所的纳翠轩、石帆室、景晖楼、翼翠亭、澄素楼、引溪亭，别有洞天的活画舫、开鉴堂、柳浪闻莺、断桥残雪、若舰之阁、耕云堂、爽籁居、静香馆、旷然阁、解愠书房，清晖阁之松云楼、露香斋、茹古堂、涵德书房四景，自远轩、贮清书房、溜琴亭，汇万总春之庙的味真书房、披襟楼等。添建改建的有：安澜园、澄景堂、清旷楼、华照楼、抱朴草堂等。

经过乾隆年间在圆明园内部大规模的改建、新建和扩建，圆明园成了以四十景为主、辅以若干景点的大型皇家园林，光彩夺目。

乾隆帝对圆明园扩建的第二个方面就是新修长春园。长春园在圆明

---

①《钦定日下旧闻考》卷82。

园之东，原系隙地，旧名水磨村。乾隆十年以前即开始兴建，十年至十六年全面施工，十六年基本完成，此后又于三十一年至三十七年重点建设东部各景。长春园建筑用地为1000亩，大约相当于圆明三园总面积的1/5。园中的建筑组群分为中路、东路、西路、北路四路。中路的主要建筑群有澹怀堂、含经堂和淳化轩，这是长春园中最大的建筑群。长春园宫门五楹，门外东西朝房各五楹，入门后为正殿，即澹怀堂。澹怀堂九楹，前有月台丹陛，东西配殿各五楹，堂的北河岸建有双檐方亭一座，叫众乐亭，有转角游廊与正殿后檐左右相通。众乐亭之北，过长春桥，便到达含经堂，七楹。含经堂之后为淳化轩，九楹，以存藏淳化阁法帖而命名。含经堂之东为霞翥楼、渊映斋，堂西为梵香楼、涵光室。淳化轩之后为蕴真斋，斋的宫门之东为味腴书房，收藏历代名画真品，宫门之西为焚香楼，楼的北侧有一座戏台。蕴真斋的东墙之外为长街，是"买卖街"，每年正月开市三天，由太监扮作商人，出售物品。蕴真斋共有殿堂230余间，游廊160余间，值房库房、茶膳房、花房等30余间，长街40余间，共计480余间，这是按皇家寝宫设计的。

东路有如园、鉴园、映清斋、玉林玲珑馆等。如园在长春园宫门东侧，园中水体面积不大，以叠山为盛，园内有静虚室、观景台、惟绿轩、秀林精舍、桐荫轩、延清亭、含碧楼、清瑶榭等。如园之北为鉴园，正宇为蔼然静云殿堂一座，东西庑廊20间，廊西有桐荫书房廊北有万源阁，收藏历代图书字画，是圆明三园中的第二座皇家图书馆。玉玲珑馆建于东长河西侧内湖的岛上，宫门五楹，正宇为正谊明道，七楹，馆之东南方对岸为映清斋，这是环境非常幽静的景点。

西路有茜园、思永斋、小有天园、海岳开襟、仙人台，等等。茜园（倩园），在澹怀堂之西，乾隆帝写有茜园八景的诗，这八景为朗润斋、湛景楼、菱香沂、青莲朵、别有天、韵天琴、标胜亭和委婉藏。青莲朵本是宋德盛宫的芙蓉石，素有盛名，乾隆帝修茜园时特意将此石从杭州运到京城，置放在茜园中。思永斋与茜园隔河相望，南向正门三楹，入门正宇三卷工字殿，额为思永斋，十七楹。思永斋之北院为"小有天园"，系仿杭州西湖汪姓之"小有天园"而建。海岳开襟，建在湖内岛上，为圆形双层石台，四面俱有码头，可以乘船往来。台分两层，全是玉石栏杆，上下石栏内陈列盆栽观堂树木，有紫薇等十多种，上建"金阁"。台上殿宇三层，殿前东西列玲珑上等象皮青太湖石两块。前殿设有围屏宝座，龙书案上列各类文具，前殿之北为后殿，皆充满古玩金石。海岳开襟，远望如海市蜃楼，近看如登仙界，楼阁建筑之美，在圆明三园之中，当数此处最为精彩。

北路有狮子林、谐奇趣等。狮子林在长春园内的东北角，占地15亩，系仿照苏州的狮子林，并汲取了元代山水画家倪云林故乡山庄的一些建筑而修建的。乾隆帝于三十七年题写了《狮子林八景诗》，这八景是：狮子林、虹桥、假山，纳景堂、清閟阁、藤架、磴道、占蜂亭。后来他又写了《续题狮子林八景诗》，这诗中所写的八景是：清淑斋、小香幢、探真书屋、延景楼、画舫、云林石室、横碧轩、水门。谐奇趣等欧式建筑群，一般称为"西洋楼"，建筑在长春园的北面。"谐奇趣"是长春园中最早的西洋楼，建于乾隆十二年，正楼上下两层，上层三楹，下层七楹，建于汉白玉高台上。楼前有月形台两层，上层平台正中楼门左右有西洋石狮子两座。楼前有巨大海棠式喷水池，池中有西洋翻尾大石鱼一尾，嘴上翻水由口内喷出，高5丈余。三座洋楼的"方外观"是第二座西洋楼，完工于乾隆二十五年。另一座西洋楼"海晏堂"，是西洋楼中最大的建筑，西向，上下共36间。海晏堂以东是"大水法"，大水法的正北是"远瀛观"。这些西洋楼都有巧妙的喷泉水戏，集全国水法精华。

长春园内还建有法慧寺和宝相寺。法慧寺位于长春园的北山区，随山层层高起，头层寺门五楹，山门西向，入门正殿五楹，额为"福佐大千"，内奉三世佛，两旁为十八罗汉，东西廊殿各11间，后殿5间，后殿东西顺山殿各3间。法慧寺之东为宝相寺，南向，前后到底4层，正殿五楹，奉三大士，骑狮、象、犼。过正殿北行，为二门，三小间，内塑守门神将四尊，青龙、白虎、朱雀、玄武四神。进二门至后殿澄光阁，内塑玉皇大帝。法慧寺的西跨院为方形高台，台环以四面游廊，正中建八面七层五色琉璃多宝塔。塔七级，塔身皆有壁龛，内坐观音像，塔顶为铜包金覆钟锦罐式。在乾隆年间建的清漪园花承阁、玉泉山西大庙之琉璃塔、香山昭庙八角塔、承德须弥福寿庙之琉璃塔及法慧寺多宝塔的五塔之中，当以法慧寺多宝塔之建造最为精妙。

乾隆帝对圆明园营建的第三个方面，是修建绮春园。绮春园在康熙雍正年间是怡亲王允祥的赐邸，园名交辉，乾隆前期赐予大学士傅恒，改名春和园。乾隆三十五年，春和园归入御园后，赐名绮春园，殿宇虽多，却间有倾圮，只添修了宫门、朝门和公主住房，岁修工程规模较小。乾隆六十年至嘉庆元年，对绮春园进行了大规模修缮，共修理殿宇、楼阁、亭廊263座共976间，并添盖殿宇、游廊50座共181间，嘉庆帝亲政以后进行了更大规模的修缮和增建，到嘉庆十九年（1814年），绮春园占地已达千亩，主要园林风景群近30处。这时，圆明三园处于全盛时间，占地5200亩，有景点100余处，成为"万园之园"。

（四）扩建避暑山庄

避暑山庄位于承德府（今河北省承德市），占地面积约为560公顷，折算为84000余市亩或560万平方米，是我国现存规模最大的皇家离宫别苑。

避暑山庄始建于康熙四十二年（1703年），到四十七年初步建成。康熙帝为避暑山庄题了以四字题名的三十六景，即：烟波致爽、芝径云堤、无暑清凉、延薰山馆、水芳岩秀、万壑松风、松鹤清樾、云山胜地、四面云山、北枕双峰、西岭晨霞、锤峰落照、南山积雪、梨花伴月、曲水荷香、风泉清听、濠濮间想、天宇咸畅、暖流暄波、泉源石壁、青枫绿屿、莺啭乔木、香远益清、金莲映日、远近泉声、云帆月舫、芳渚临流、云容水态、澄泉绕石、澄波叠翠、石矶观鱼、镜水云岭、双湖夹镜、长虹钦练、甫田丛樾、水流云在。

乾隆帝于十九年以三字为名，题写了山庄的三十六景，亦称为"乾隆三十六景"或"后三十六景"，与康熙题名的三十六景合为七十二景。"乾隆三十六景"是：丽正门、勤政殿、松鹤斋、如意湖、青雀舫、绮望楼、驯鹿坡、水心榭、颐志堂、畅远台、静如堂、冷香亭、采菱渡、观莲所、清晖亭、般若相、沧浪屿、一片石、萍香泮、万树园、试马埭、嘉树轩、乐成阁、宿云斋、澄观斋、翠云岩、罨画窗、凌太虚、千尺雪、宁静斋、玉琴轩、临芳墅、知鱼矶、涌翠岩、素尚斋、永恬居。

这三十六景中的丽正门、永恬居、一片云等23景，有康熙帝的墨迹，可见这时已有这些景点，至于勤政殿、松鹤斋、青雀舫、驯鹿坡、冷香亭、万树园、试马埭、嘉树轩、乐成阁、宿云斋、罨画窗、千尺雪、知鱼矶13景，全无康熙帝墨迹，都是乾隆帝添设的。

七十二景以外，还有许多景点。山庄大体上可分为宫殿区、湖洲区、平原区和山岭区四个部分。

　　乾隆帝对避暑山庄进行了长时期的大规模改建扩建新建工程，到乾隆五十七年（1792年）才全部完成山庄的主要建筑工程。这几十年的营建大体上可以分为两个阶段。第一阶段，到乾隆十九年，主要是维修原有建筑（包括正宫），调整改建了湖洲区的几组建筑群，新建了松鹤斋、永佑寺、烟雨楼、狮子林、戒得堂、汇万总春之庙等。第二阶段，到乾隆五十七年，兴建繁多，不止庄外的外八庙工程十分浩大，还在庄内修建了8座寺庙和1座舍利塔，又在湖洲区山岭区兴建了不少工程浩大的建筑组群。

　　乾隆帝十分喜爱江南名园，仿其意境而建于山庄之内，成为苑中之园，湖洲区青莲岛上新建的烟雨楼，就是一个典型的例子。青莲岛上中心建筑烟雨楼，五楹，北面临水，是仿照浙江嘉兴的烟雨楼之意，为欣赏山庄的澄湖烟雨之景而筑。楼之东，有"青扬书屋"，书屋南北各有一亭，楼之西有"对山斋"，斋之南有一六角亭，叫翼亭。每当盛夏，烟雨蒙蒙，景色绝佳，乾隆帝常常来此赏景吟诗。其诗之一为："携图去岁兴工始，断手今年蒇事勤。数典可知自元璙，赓诗更以忆陈群。最宜雨态烟容处，无碍天高地广文。却胜南巡凭赏者，平湖风递芰荷芬。"

　　戒得堂，在镜湖西畔的小岛上。小岛四周环以山冈，中为平地，乾隆帝为庆祝其母七十大寿而于此建戒得堂，面阔五间，堂背有庑伸出，叫镜香亭，堂的第二个院落，有一小池，池周叠有山石。堂的后院，有一楼，叫阅月楼。戒得堂之西的跨院，前后有轩屋三重，第一重叫桂荫堂，第二重叫来薰书屋，第三重叫含古轩。

　　文园，又称文园狮子林，在山庄的东南角，东临镜湖和宫墙，南接镜湖水面，在清舒山馆之前，于乾隆三十九年建成，占地面积7000余平方米。此园既仿照苏州狮子林的意境，又仿照圆明园狮子林之神似，加上追求倪瓒狮子林图中的神仙境界。乾隆帝为此园题了十六景随景题诗。这十六景是：狮子林，虹桥，假山，纳景堂，清閟阁，藤架，蹬道，占峰亭，清淑斋，小香幢，探真书屋，延景楼，画舫，云林石室，桐碧轩，水门。这十六景中的纳景堂、清閟阁、清淑斋、延景楼、桐碧轩、云林石室、占峰亭、小香幢等，都是按画家倪瓒的笔意来理水叠山。文园建筑的精妙和独特，不愧为古典园林中的一颗明珠。

　　庄内还新建了一批寺庙。从戒得堂奔北，向东突入镜湖水际，在一个仿佛是半岛的小区，建了汇万总春之庙，俗称花神庙，供奉花神。花神庙正殿，面阔7间，供十二水神，东西两厢配殿各面阔三间。庙内还建有峻秀楼和华敷坞书屋。

舍利塔，在平原区永佑寺之北，建有八方形九层的浮屠，即八角佛塔舍利塔，系仿杭州六和塔而建的，为仿木结构砖塔，最下层以上全用青砖，斗拱桁橼全用绿色琉璃瓦，斗拱间小壁用黄色琉璃瓦，宝顶为金属包金。塔身每面各刻佛像一尊。

珠源寺，在石矶观鱼后山上，第一层台地是庙门前广场，庙门面阔三间，叫定慧门。庙门后是第二层台地，左、右为钟楼鼓楼，正中是前殿天王殿，殿后是镜乘阁佛阁，全为铜铸，与清漪园的宝云阁铜殿式样相同。镜乘阁后是第三层台地，建有后殿，叫大须弥山，供奉诸佛菩萨。第三层台地的后沿还建有众香楼，是面阔13间飞楼。

乾隆帝在西峪、松林峪、梨树峪和松云峡深处等山岭区新建了许多建筑组群，在松云峡里，有依山而建的清溪远流，分为上下两组院落，上院的主体建筑是清溪远流殿，下院为不规则小院。峡东山坡上建有山神庙，峡西有水月庵，分两个院，水月庵西北有一组庞大的建筑群，这就是旃檀林，庙内有澄雾楼、正殿、"天池"、瞻轩堂、超然宇、云涧楼、松云楼等，以廊相连。这里古树参天，松林苍翠，是一组园林化的寺院建筑。松云峡东北山岭最高处有广元宫，系仿泰山顶碧霞元君庙的规制而建，规模宏大，外形轮廓多变，整个寺庙分为前院、中院、后院三个院落。

乾隆帝还修建了清音阁。这是一座大戏台，坐落在松鹤斋东面的卷阿胜境，坐南朝北，分上中下3层。下层台高约1.6米，台面宽3间，约16.7米，进深3间，约14.5米。中层和下层面积相同，上层稍小一点。演戏时，使用面积，下层最大，中层次之，上层最小。各层檐下都有乾隆帝题写的匾额，上层为"清音阁"，中层是"云山韶濩"，下层为"向叶钧天"。台前挂乾隆帝御笔对联一副，上联是"鱼藻庆那居诗征恺乐"，下联是"风梧鸣盛世音矢游歌"。台左右有木刻的假山，高与阁齐。

清音阁与北京紫禁城内的畅音阁、圆明园的清音阁、清漪园的德和园，是当时宫廷的四大戏园，其戏楼的形制与畅音阁等三大戏楼基本似。台上设天井，一层台为木质活动地板，地板下为地下室，地下室深两米，下有五眼水井。戏台南与二层楼式的扮戏房相连。扮戏房面宽五间，前后有廊。戏台的北面是面宽五间前后带廊的二层楼，名"福寿园"，是皇帝看戏的地方。福寿园两侧有带有前廊的群楼，叫"烟月清真"，是受赏的王公大臣及外国使臣饮宴看戏的地方。

曾扈从乾隆帝木兰秋狝的军机章京赵翼，就其观赏清音阁演大戏的情形做了如下叙述：

"戏台阔九筵（即九间），凡三层。所扮妖魅，有自上而下者，自下突出者，甚至两厢楼亦作化人居，而跨驼舞马，则庭中亦满焉。有时神鬼毕集，面具千百，无一相肖者。神仙将出，先有道童十二三岁者作队出场，继有十五六岁、十七八岁者。每队各数十人，长短一律，无分寸参差。举此则其他可知也。又按六十甲子扮寿星六十人，后增至一百二十人，又有八仙来庆贺，携带道童不计其数。至唐玄奘僧雷音寺取经之日，如来上殿，迦叶、罗汉、辟餐、声闻，高下分九层，列坐几千人，而台仍绰有余地。"[1]

据此可见清音阁戏台之大，构建之奇特，演员人数之众多，戏剧场面之伟大。

综上所述，避暑山庄虽由康熙帝开创，但就山庄的现有规模看，很多建筑都是乾隆年间增建改建扩建的，如果说乾隆帝是避暑山庄现有规模的奠定者，大概比较符合实际情况吧，这个说法不会过分。

（五）普宁等三寺

在承德避暑山庄东面的武烈河东岸、北面的狮子沟北侧丘陵起伏地段上，康熙年间和乾隆年间曾相继修建了大型佛寺12座。因为这12座寺庙中有8座寺庙是由清政府派驻喇嘛，由理藩院发放俸银，分八处"下处"（办事机构）管理，又在京师之外，故通称为"外八庙"。

这12座大型寺庙是：溥仁寺、溥善寺、普宁寺、安远庙、普乐寺、普佑寺、普陀宗乘之庙、殊像寺、广安寺、罗汉堂、广缘寺、须弥福寿之庙。12寺庙之中，溥善寺、广安寺、罗汉堂现已不复存在，普佑寺和广缘寺已残，其余普宁寺等7寺仍然屹立在山庄周围。除溥仁、溥善二寺

---

[1]赵翼：《檐曝杂记》卷1，《大戏》。

建于康熙年间外，其余十座寺庙都是乾隆年间兴建的。

康熙五十二年（1713年），各部蒙古王公来到承德，为帝祝寿，要求建造寺庙，经康熙帝同意，修建了溥仁寺和溥善寺，位于武烈河东岸的山麓下。这两座寺庙在平面布局和建筑形式上都沿用了汉式"伽蓝七堂"式的传统手法，依中轴线布置，形成若干四合院落。溥仁寺现存内殿，内供三世佛，两侧有十八罗汉像。下面着重叙述普宁寺、安远庙和普乐寺。

普宁寺，俗称大佛寺，位于避暑山庄东北约5里，建于乾隆二十年。这座寺庙是为了纪念清政府统一准噶尔部和尊重蒙古族信奉喇嘛教习俗而建的。准噶尔部是漠西蒙古厄鲁特四部之一，另外三部是和硕特部、杜尔伯特部、土尔扈特部。明末清初土尔扈特部远徙俄国伏尔加河流域，乾隆前期原附于杜尔伯特部的辉特部顶替了土尔扈特部的位置，仍合称厄鲁特四部，或叫厄鲁特四卫拉特。由于准噶尔部势力最强，其汗噶尔丹、策妄阿拉布坦、噶尔丹策零相继兼任厄鲁特四部总汗，所以清朝又往往以准噶尔部（简称准部）来概括厄鲁特四部。康熙前期，准噶尔汗噶尔丹横行西北，兼任厄鲁特四部总汗，占哈密，取吐鲁番，灭回部，大败漠北蒙古喀尔喀三部，占其牧地，迫使几十万喀尔喀蒙古弃地逃走，投靠清朝。噶尔丹又亲率大军，进入清朝汛地，深入至乌兰布通，距北京只有350公里，京师为之戒严，严重威胁了清朝安全。康熙帝三次统军亲征噶尔丹，好不容易才大败准军，噶尔丹兵败病卒，喀尔喀蒙古还居故里，阿尔泰山以东尽隶清朝版图。不久，噶尔丹之侄策妄阿拉布坦起西北，继主准部，荣任厄鲁特四部总汗，遣军侵入西藏拉萨，虽被清军击退，但仍时时窥伺青海西藏。雍正帝调兵10万，进攻准部，双方交战，清军于雍正九年六月大败于和通泊，两位副将军及10余位参赞大臣、都统、副都统阵亡，将士死亡8000余人。准军乘胜退击，清军怯战退缩，幸好喀尔喀亲王、额驸策凌率军拼死鏖战，打败准军，才迫使准噶尔汗与清政府议和停战。准噶尔部成为严重威胁清朝北方和西北安全的可怕力量。

乾隆十年（1745年），噶尔丹策零去世，其次子策妄多尔济那木扎勒继承汗位，凶暴淫乱，被废，其兄喇嘛达尔扎为汗，肆意诛杀。大台吉达瓦齐部属众多，又倚恃其祖父大策零敦多的赫赫战功和崇高威望，割据一方。策妄阿拉布坦的外孙阿睦尔撒纳这时是辉特部首领，二人合谋起兵，于乾隆十七年击杀喇嘛达尔扎。达瓦齐自立为汗，准部其他大台吉、大宰桑不服，爆发内战。厄鲁特四部大乱。杜尔伯特部大台吉车凌等率部众3000余户共1万余人投奔清朝。阿睦尔撒纳也因与达瓦齐不和，交战失利，与同母之兄和硕特部大台吉班珠尔、小舅子杜尔伯特大台吉纳默库率三部2万余人投清。乾隆帝抓住准部内乱这一千载难逢的极好时机，出兵征准，重用阿睦尔撒纳、"三车凌"等台吉宰桑，封赐王公爵位，让他们率部从征。清军于乾隆二十年二月出发，五月下伊犁，六月擒获达瓦齐，各部台吉宰桑纷纷归顺，统一了厄鲁特蒙古四部。四部台吉、宰桑奉谕来到承德避暑山庄，朝觐大皇帝。二十年九月十二日，乾隆帝在淡泊敬诚殿接受绰罗斯（即准噶尔）大台吉噶勒藏多尔济、杜尔伯特部大台吉车凌、和硕特部大台吉沙克都尔曼济、辉特部大台吉巴雅尔等人的朝贺（这时阿睦尔撒纳、班珠尔、纳默库已叛清），并下诏分别封授噶勒藏多尔济为绰罗斯汗（即准噶尔汗），车凌为杜尔伯特汗，沙克都曼尔济为和硕特汗，巴雅尔为辉特汗，其他台吉宰桑分别封授爵位，从此革除了厄鲁特四部总汗之位。

为了纪念俘获达瓦齐统一厄鲁特四部及宴赏归顺台吉封授爵位之事，乾隆帝谕令修建普宁寺。他在自己写的《普宁寺碑记》中讲了建寺的缘由和目的。他说："乾隆二十年五月，平定准噶尔。冬十月，大宴赉四卫拉特部落旧附新归之众于避暑山庄，曰绰罗斯，曰都尔伯特，曰辉特，曰和硕特。四族台吉各封以王、贝勒、贝子、公……如内八旗、外四十九旗、喀尔喀四部之例。至是而内外一家，遐迩同风之言允符。"遵照皇祖"定喀尔喀，建汇宗寺于多论诺尔，以一众志"的先例，故"建普宁寺于山庄的北麓"。普宁寺至今仍保存完好。

辉特部首领阿睦尔撒纳归顺清朝后，受到重用，封授亲王和定边左副将军，食亲王双俸（即双亲王），但他梦想登上厄鲁特蒙古四部总汗的宝座，辖治四部，当这个要求被乾隆帝拒绝后，便于乾隆二十年八月率部叛清，其他部的一些台吉宰桑也乘机起兵叛清，逼死清军主帅定北将军班第和参赞大臣鄂容安，准噶尔四部大乱。乾隆帝调兵进剿，历时3年多，诛杀叛清作乱的台吉宰桑，阿睦尔撒纳败遁俄国，病卒。到乾隆二十四年，准噶尔、和硕特、杜尔伯特、辉特四部重新统一于清政府辖属之下。乾隆帝为此先后写了两道平准碑文刻于石上，以记其事。第一道碑文为《平定准噶尔勒铭伊犁之碑》，第二道碑文是《平定准噶尔后勒铭伊犁之碑》，这两块平准石碑皆立于普宁寺内。

普宁寺规模宏大，寺的主体沿南北中轴线布置，全长250米，分为前后两个部分。前半部也叫南半部，为汉族寺庙的布局形式，后半部也叫北半部，是仿照西藏最早的喇嘛教寺院三摩耶庙的布局形式建造的。寺的山门南向，正对避暑山庄。由山门至大雄宝殿为前半部，主体建筑是大雄宝殿，殿顶盖绿色琉璃瓦，正中有鎏金铜舍利塔。殿内供三世佛，两侧为十八罗汉。东配殿供金刚像三尊，西配殿供三大士。普宁寺后半部的主体建筑是大乘之阁，又称大乘阁，高39.16米，是国内仅次于应县木塔和颐和园佛香阁的木结构多层建筑物。大乘阁平面分间为面阔7间，进深5间，总面阔27米，总进深约20米，高为3层，室内地坪至宝顶高36.7米。大乘阁内供着一尊千手千眼观音菩萨木雕立像，高24.14米，是国内外已知的最高的木造像。这座观音菩萨像，头顶一尊小佛，全身42只手，每只手有一只眼睛，每只手持一件巨器，造型匀称优美，面部富有表情，是件难得的大型木雕艺术品。大佛重120吨以上，用木材120多立方米。大佛两侧，东有长髯拱手穿芒鞋的男像，名为"婆娑仙人"，西面的女像是"功德天女"，皆系木雕，高18米。大乘阁的前后左右有4个喇嘛塔、4个重层白台和2个矩形白台，都是喇嘛教的小型建筑。

在普宁寺附近的岗阜上，有一座三层建筑的寺庙，名叫安远庙，建于乾隆二十九年，是乾隆帝为照顾达什达瓦部众宗教活动需要而建立的。达什达瓦是准噶尔部的大台吉，其父小策零敦多布是准部名将，战功赫赫。达什达瓦因反对新汗喇嘛达尔扎被其杀害。他的儿子图鲁巴图在几年之后又被达瓦齐杀害。达什达瓦之妻坚决支持清政府统一准部，率领部众参加平叛战争，在阿睦尔撒纳叛乱时，达什达瓦之妻带领部众从叛军割据的伊犁逃出，长途跋涉，边走边战，历时1个多月，来到清军重镇巴里坤，投奔清政府。乾隆帝闻讯，立即于二十年十月二十六日谕令厚待其部。谕旨说：

"达什达瓦之妻，因伊犁扰乱，并不听从彼处众喇嘛之言，带领游牧人等前来投顺，诚悃可嘉，着封授车臣默尔根哈屯名号，派副都统鄂实赍妆蟒缎十匹、银五百两、茶叶一千斤，前往赏赉。"①

---

① 《清高宗实录》卷499，第36页。

哈屯，亦写为哈敦或可敦，是可汗之妻的称号，意为王妃。车臣，意为聪明，默尔根意为贤者名人。

乾隆二十一年秋天，因巴里坤运输任务繁重，纷繁扰乱，达什达瓦部在清政府派的官员照料下，迁往外蒙阿尔泰山以东的鄂尔坤。由于两次长途跋涉，畜群损失惨重，生产生活十分困难，达什达瓦部的总管布林（王妃已去世）要求向内迁移。乾隆帝于二十三年十一月十七日下谕，同意其请求，并令迁往热河，予以厚待。谕旨说：

"三宝等前经呈报达什达瓦属人穷蹙情形，深可悯恻，已谕将存贮籽种三百石全行散给。又布林等告知，伊等情愿向内迁移，承受恩泽等语。伊等既愿内移，则来年交春后，三宝即率领伊等，量力行走，至热河居住。但计迁移之前，为日尚多，仅给籽种，亦不敷食用，是以从伊游牧选兵一千名，前往西路，不但入选官兵优加赏给，即其余人等亦配给三分之一，庶伊等普沾恩赉，不致拮据。似此格外施恩，特因伊等自迁移游牧以来，感戴朕恩，安静守分，将来支给钱粮，更于生计有益。可传谕三宝，将此晓示布林等，俾众皆知悉。"[1]

乾隆二十四年四月，总管布林带领达什达瓦部众来到热河，乾隆帝于五月十七日谕令从优厚待说：

"富当阿等奏称：达什达瓦属人等已到热河，一切办理尚需时日，先按人口每月给米二斗、银三钱，暂行接济，俟查明户口若干，以定官兵额数，给予钱粮养赡，另行具奏，等语。富当阿此奏，稍觉稽迟，已差三和前往办理赏给。所奏支领米石，即准其散给，至赏给银两，三和现在办理，或已经分赏，亦不必追缴。其将伊等作为官兵，酌给俸饷之处，着详议具奏。伊等未经出痘，应授官职人等，不必进京，俟朕驻跸热河时，再行带领引见。"[2]

过了12天，五月二十九日，热河副都统富当阿上疏，奏报拟议安排

---

① 《清高宗实录》卷575，第7、8页。
② 《清高宗实录》卷587，第3、4页。

达什达瓦属人的办法。富当阿奏称："两次移来热河安插之达什达瓦属人，及前往军营人等，男妇大小共二千一百三十六口，内丁壮七百三名。臣等酌拟每丁壮七十名编一佐领，每佐领下领催四名。马甲六十六名。前奉谕分为三旗，每旗设散秩大臣、总管各一员，副管旗章京、副总管各二员，佐领各三员，换给关防图记。俸饷每年按三季支放，照所得职衔降一等减半支给。其散秩大臣、总管镶黄旗布林，管正黄旗鄂齐尔，管正白旗托里，曾赏三品全俸，今既给甲米，请亦减半支给。至伊等住房，共需一千三百一十二间，现在添造，俟工竣分派。其鳏寡孤独人等，各附亲属养赡。又喇嘛十七名，照例归入普宁寺，按月各支银米。"乾隆帝批示："布林、鄂齐尔，俱久经归顺之人，着加恩仍给予全俸。余依议。"①

过了5年，达什达瓦部遵照帝旨，出兵500名，及其家属返回新疆驻戍。到达伊犁后，编为左翼，分为上三旗，"在特斯一带游牧"。没有移防的达什达瓦部众从此留居热河。为了供达什达瓦部众瞻礼需要，乾隆帝下谕，仿照伊犁河北著名的固尔扎都纲（伊犁庙）的旧制，建造安远庙。他在《安远庙瞻礼节事（有序）》中讲了建庙的缘由和目的。他说：原来伊犁河畔的固尔扎都纲，在阿睦尔撒纳叛乱时，"贼党肆掠焚劫，庙乃毁废"。"因思山庄为秋搜肆觐之所"，每年蒙古王公"络绎鳞集"，更为了迁居热河的达什达瓦部人的膜拜顶礼，故而兴建此庙，使他们有如昔日"在固尔扎都纲闻呗赞也"。

安远庙坐落在武烈河东岸的岗阜上，山门西向，面对避暑山庄。门外有用64间平房连接起来的围廊组成的三层围墙，围廊绘有释迦牟尼一生演化的故事壁画。这种围廊是喇嘛庙的常见建筑。围廊之中是庙的主体建筑普渡殿，是3层建筑。殿内第一层供大型木雕地藏王像。

安远庙岗下的平川谷地至普宁寺周围，就是达什达瓦部众居住的地方。

普乐寺，乾隆三十一年建于武烈河东的山冈上。这是乾隆帝为了供蒙古族、维吾尔族、哈萨克族、柯尔克孜族人员瞻礼膜拜而建立的。哈萨克是西北的游牧民族，臣服于准噶尔汗。乾隆帝统一准部，俘获达瓦齐，平定阿睦尔撒纳叛乱，从二十二年起，哈萨克首领一再遣使上表，表示"全部归于鸿化，永为中国臣仆"，"永无二心"，使者多次入京

①《清高宗实录》卷587，第31页。

朝觐。柯尔克孜族，游牧于天山南北，准噶尔人称他们为布鲁特，乾隆二十三年，东布鲁特的五个部落向定边将军兆惠请求归附，清政府同意，从此按期朝觐。天山南疆的回部（即维吾尔族）长期臣服于准噶尔汗，达瓦齐兵败以后，清军进驻准部，大、小和卓得以从拘禁地方解脱，"自拔来归"，乾隆帝谕令将大和卓木布拉呢敦送回叶尔羌，令其"统其旧部"，让小和卓霍集占留居伊犁，"掌回务"。乾隆二十二年五月，大、小和卓忘了清军救其脱困之恩，妄图分裂割据，起兵叛清，清军历经鏖战，平定了大、小和卓之乱，将回部直接隶属清政府管辖之下。为了让蒙古族、维吾尔族、哈萨克族、柯尔克孜族来到承德，有顶礼膜拜之地，乾隆帝下谕修建普乐寺，于乾隆三十一年动工，次年竣工。乾隆帝为此写了《普乐寺碑记》，讲了兴建缘由及目的。《普乐寺碑记》说："唯大蒙之俗，素崇黄教，将欲因其教，不易其俗，缘彻构而踵成之。且每岁山庄秋巡，内外扎萨克觐光以来者，肩摩踵接。而新附之都尔伯特，及左右哈萨克，东西布鲁特，亦宜有以遂其仰瞻，兴其肃恭，俾满所欲，无二心焉。"

关于普乐寺修建的模式形制及陈设，乾隆帝采纳章嘉国师的意见。他在这碑记中讲道："咨之章嘉国师云，大藏所载，有上乐王佛，乃持轮王化身，居常东向，洪济群品必若外群重暗，疏三涂，中翼广殿，后规阇城，叠磴悬折，而上置龛，正与峰对者，则人天咸遂皈依。"章嘉国师说的这段话的意思是：根据大藏经的记载，上乐王佛是持轮王佛的化身，居住常向东，济度众生。建造上乐王佛的寺庙，必须按照大藏经的规定，寺前要开三条大道，中翼广殿，大殿后要修建一座阇城，城上佛龛供奉上乐王佛，面东，与磬锤峰相对。这样，便会使人人皈依佛法，从而服从皇帝的辖治。乾隆帝听了十分满意，谕令按照章嘉法师的要求，修建普乐寺。

普乐寺的前半部基本上与一般佛教寺庙相同，但宗印殿屋脊正中的琉璃塔，殿内天花板用喇嘛教六字箴言图案，左右配殿的金刚塑像，却反映了喇嘛教的特点。普乐寺的主体建筑是阇城，则很有特色。阇城是一个用砖石砌筑的三层方形高台，下层墙内有一圈廊房。中层墙上有雉堞，类似城墙，四角和四边正中都有琉璃喇嘛塔。上层围以石栏杆，台上建有旭光阁。旭光阁内中央，在圆形石制须弥座之上建一少见的大型立体"曼陀罗"模型，中间供奉上乐王佛铜像一座。

（六）普陀宗乘之庙

普陀宗乘之庙，又称"布达拉庙"，坐落于承德避暑山庄之北狮子沟北坡，系乾隆帝下谕修建的，于乾隆三十二年（1767年）三月动工，历时4年多，到三十六年八月建成。这座寺庙由近40座佛殿、僧房组成，占地近22万平方米，是外八庙中规模最大的寺庙。

这座宏伟浩大的建筑工程，虽然大家都知道是乾隆帝谕令修建的，但是总管、监督、主持这项工程的大臣究竟是谁，是哪几位，用了多少银子？这两个重要问题从中国第一历史档案馆存藏的几份档案，可以得到一些说明。

乾隆三十六年五月，福隆安等大臣给皇上上了一道奏疏，原文如下：

"奴才福隆安、三和、英廉谨奏：查热河布达拉庙工程所需砖块，现今由京运往，日今不时落雨，道路泞淖难行，不能克期速至。奴才三和在工次，数日遍购小式砖块及前所办红砂石料，通盘核算足敷添凑使用（唯需车运）……前奴才英廉在热河时，曾与明山保商明，伊有车四百五十辆，将木植运完，即分为协运别项物料之用。今木植尚未运完，此项车辆亦自未能即得。奴才福隆安会同详加筹划，京砖既转运维艰，彼处之砖石加车协运又可以敷用，应请将京砖尽此一运，不必续发其砖。到热河卸载后，即核计物料之多寡，酌留京车，令其协运……所有留用之车，应给之车价，交管工大臣等秉公核定，由商人物价内扣发。……再查庙工尚有需用之墁地尺七方砖等五项细泥砖块，计有六万三千六百余块，系彼处所无，前经工次大臣于月内二十七日寄信到京，令由京运往。查此五项细泥京砖，奴才三和到彼筹划通融办理，亦毋庸运往。……为此谨奏请旨。"[1]

这道奏折表明了，福隆安、三和、英廉三人是主管热河布达拉庙工程的大员，其中，又以福隆安为主管大臣中之总管。这三位皆非等闲之辈。福隆安是傅恒的第二个儿子，娶乾隆帝之第五皇女和硕和嘉公主，授和硕额驸，袭封一等忠勇公，历任御前侍卫、御前大臣、领侍卫内大

---

[1] 中国第一历史档案馆：《清代档案史料丛编》第7辑，第234、235页，中华书局，1981年。

臣、军机大臣、兵部尚书、工部尚书、步军统领、管理藩院事、总管内务府大臣、满洲都统等军政要职。从乾隆三十三年八月到四十一年正月，福隆安皆任工部满尚书，在此时期他还同时任御前大臣、总管内务府大臣、领侍卫内大臣、步军统领、管理藩院事，真可说是皇帝之驸马、八旗之王公、军政之要员、万岁的内府总管，是乾隆帝极为信任和依靠的亲信重臣。奏折上排名第二的大臣三和，《清史列传》和《清史稿》没有他的传，但从《清史稿》卷184，《部院大臣年表四上》中得知，三和从乾隆六年六月署户部左侍郎七年十月补户部左侍郎起，一直在户部、工部中交替任侍郎。到三十八年八月卒于任上时止，三和一共当了28年的工部侍郎，确实是一位"老工部"。在奏折上署名排列第三位的大臣英廉，内务府汉军镶黄旗人，举人，历任道员、护军统领、布政使、户部尚书和协办大学士，四十五年升任大学士，仍领户部。这次奏折上呈时，英廉是户部左侍郎和内务府总管大臣。从这道奏折及另外一些档案看，三和是具体负责布达拉庙工程的主管大臣，英廉协助，福隆安总管各事。后来由于布达拉庙大红台部分墙垣、千佛阁后檐墙踏跺等处有坍塌情形，乾隆四十年八月福隆安奏准："将此座工程所用钱粮七万五千四百余两，即着原任承修大臣三和、英廉，监督寅着三格、萨哈练等分赔。"可见三和、英廉是具体负责布达拉庙工程的大臣。另外，副都统和尔景额、热河总管永和，也参与了布达拉庙修建工程的部分领导工作。

关于修建布达拉庙的费用，内务府于乾隆三十六年八月十一日奏称：

"臣等遵旨，查得布达喇庙工程自三十一年起，至本年四月内，共领内库银一百二十九万一千四百八十七两一钱七分六厘，内发过工料银一百十八万三千二百六十三两七钱三分五厘。又本年五月起，领过热河道库银二十万两，连前用存银十万八千二百二十三两四钱四分一厘，二项共银三十万八千二百二十三两四钱四分一厘，内发过工料银二十二万九千五百二两四钱三分九厘，除发净存银七万八千七百二十一两二厘，内在京库存银七万八千六百十二两七钱四分五毫，在本处工程库存银一百八两二钱六分一厘五毫。其热河道库除五月内发过银二十万两外，现存备用银四十五万六千九百两。至布达喇工前后领用银一百四十一万二千七百六十六两一钱零，内得余平银五万二千七百六十四两四钱零，内给发过各工程处公费饭食纸笔及进京请领钱粮盘费等项，五年共用过四万九千一百三十六两七钱四分外，现存余平银三千六百二十七两七钱零。"①

这份档案表明，普陀宗乘之庙工程，领用银两很多，到三十六年八月十一日，这项工程共"领用银一百四十一万二千七百六十六两一钱零"。

这还不是最后的数额，三十六年八月十一日以后，布达喇庙工程还在开支银两。内务府于乾隆三十七年三月二十二日奏称：

"遵旨查核布达喇庙工，调取前后案件，逐一细加查对，自乾隆三十二年起，领过养心殿库银一百七十二万四千六十两零，热河道库银二十万两，古北口余剩赏恤银九千三十两零，崇文门银四百两，明山保等赔交银三千三百两，共领过银一百九十三万六千七百九十八两五分。内布达喇庙建造都罡殿亭楼台塔等项，前后共用过银一百四十八万六百三十五两六钱一分零，其余银两，询问该监督等，据称，尚有砍伐木植并粘修清音阁等处、开挖河道、挪盖民房等工，共用过银五十八万一千四百四十余两外，现存银一千三百八十六两零。……至前领热河道库银二十万两，系暂时借用，俟工程统行完竣后，再行由养心殿库内领拨归款。"②

这份档案表明，布达喇庙工程共用银206万余两，数量确系巨大。之所以说它的数量很大，根据有三。一是白银206万两，本身就是巨大的数目，比直隶一年田赋丁税总额200万两还多5万—6万两，超过四川全年田赋丁税总额80万两1倍多。京师王公百官俸银1年总共是93万余两，只相当于布达喇庙工程银的44%，可见其数之巨。二是乾隆帝为自己归政后修的宁寿宫，规模宏大，建造精美，大兴土木，历时6年才建成，其用费高

————————
① 中国第一历史档案馆：《清代档案史料丛编》第7辑，第236页。
② 中国第一历史档案馆：《清代档案史料丛编》，第237页。

达130万两，算是够多的用费了，但也只相当于布达喇庙工程用费的64%。三是乾隆帝新建的清漪园，总面积达5000亩，有大小景点100多个，各式建筑3000余间，用银489万余两，是乾隆年间各座宫殿各处园林建造用银最多的建筑，但也只比布达喇庙工程用银多了1倍有余。由此可见，乾隆帝为了修建布达喇庙，确实是不惜工本，调拨巨款。并且还要看到，这笔巨款，不是动用国库，用户部的库银，而是拿出皇帝自己的"内帑"，更可看出其对布达喇庙兴建的极其重视。

乾隆帝为什么要这样地花费巨款，金拨车辆夫役物料，建造布达喇庙？看来可能出于下述三种考虑。其一，兴黄教，崇达赖。建好普陀宗乘之庙后，乾隆帝亲自书写了《御制普陀宗乘之庙碑记》和《御制千佛阁碑记》。在《御制普陀宗乘之庙碑记》中，他强调指出，西藏是喇嘛教的中心，"藩服皈依之总汇"，故要建造此庙。这固然是对黄教的尊崇，但更重要的是要极大地提高达赖喇嘛的威望和地位。达赖喇嘛在西藏的政治地位是逐步提高的，并且是与乾隆帝的鼎力支持和授权分不开的。

顺治十年（1653年），清世祖福临册封五世达赖为"西天大善自在佛所领天下释教普通瓦赤喇怛喇达赖喇嘛"，册封厄鲁特蒙古和硕特部顾实汗为"遵行文义敏慧顾实汗"。册文还说"尔尚益矢忠诚，广宣声教，作朕屏辅，辑乃封圻"。这就是明确地宣布，清朝中央政府封授达赖为藏区的最高宗教领袖，封授顾实汗是藏区之汗，是藏区军政事务的领袖。顾实汗死后，其子孙达颜汗、达赖汗、拉藏汗相继袭汗，继续是西藏的军政领袖，但达赖的势力和影响也逐渐渗入政界，掌握了相当大的政治权力，尽管这种局面并未得到清政府的确认和授权。康熙五十六年（1717年）准军侵入后藏，杀害了拉藏汗，结束了蒙古汗王在西藏的军政统治。清政府决定废除第巴，设四噶伦处理西藏地方行政事务，四位噶伦之中，忠于清政府的首席噶伦康济鼐，以及噶伦隆布鼐、噶伦阿尔布巴三人，原来都是拉藏汗的官员，只有噶伦扎尔鼐曾任七世达赖的强佐。可见清政府是在继续沿用顾实汗以来西藏政教分离政策。康济鼐忠于清帝，被清帝授以总理西藏地方行政事务的权力，遭到另外三位噶伦妒忌。隆布鼐又以二女嫁与达赖的父亲索南达结，四人互相勾结，雍正五年（1727年）六月，阿尔巴巴、隆布鼐、扎尔鼐等三位噶伦合谋，杀害了康济鼐，七世达赖之父索南达结实际上参与了这个阴谋。阿尔布巴、隆布鼐等主持藏务，欲勾结准噶尔汗，康济鼐生前倚重的主要助手颇罗鼐（这时已升为噶伦，兼管后藏）发兵征剿，打败隆布鼐三噶伦叛军，进入拉萨，"各庙喇嘛将阿尔布巴、隆布鼐、扎尔鼐等擒献"，阿尔布巴、隆布鼐二人被处死。雍正帝命颇罗鼐总理西藏事务，并连续晋封至贝勒，令礼部铸给"办理卫藏噶伦事务多罗贝勒银印一颗，交与颇罗鼐掌管"，以便其"行文管理地方"。同时又派驻藏大臣二员，监督藏务。七世达赖的职权严格限制于宗教事务方面。其父索南达结以干预藏政，遭帝严斥，勒令住居桑耶寺，每年只许到拉萨一次，视看达赖，住一个月。达赖对西藏地方政务的影响大大削弱。

颇罗鼐死后，其次子珠尔墨特那木扎勒袭封贝勒，晋封郡王，总理西藏军政事务，政教更加分离。乾隆十五年（1750年），藏王珠尔墨特那木扎勒阴谋杀害驻藏大臣，叛清割据，被驻藏大臣傅清、拉布敦诛杀，其死党卓呢罗卜藏扎什纠集党羽胁迫藏民，围攻衙署，杀害了两位驻藏大臣。噶伦班第达禀告达赖，达赖令班第达"集兵抗逆"，"暂理藏王事务"，卓呢罗卜藏扎什等逃走，被班第达拿获。达赖又对逃入布达拉的清朝官兵百姓"给银养赡"，又传令"各番不许伤害汉人"，"各塘照旧应付官兵"，很快平定了叛乱。乾隆帝闻讯大喜，连下谕旨，安抚、嘉慰达赖，赏赐物品，以示"朕优眷之怀"，宣布不再册封藏王，并于十五年十一月二十九日专门下谕给达赖、班第达和"卫藏所属番众"，着重指出："朕此番办理，唯欲藏地永远宁谧，敬奉达赖喇嘛，令人心悦服。"不久，乾隆帝又批准了四川总督策楞奏上的办理西藏事务的三条原则，即"务期达赖得以专主，钦差有所操纵，噶伦不致擅权"，批准了策楞等拟议的《酌定西藏善后章程》，规定各地喋巴等官，由噶伦等"公同禀报达赖喇嘛并驻藏大臣补放"，噶伦、代本等重要官员，须奏请中央任命等。这次善后章程的制定，加强了驻藏大臣的权力，也正式由中央授权达赖喇嘛参与管理西藏行政事务，正式确立了西藏政教合一，但军政要务须经中央批准的制度。过了十几年，现在要建普陀宗乘之庙，乾隆帝便借大修此庙，以进一步提高达赖喇嘛的地位，笼络达赖和黄教上喇嘛为己所用，更有利于安定西藏。

其二，"安蒙古"，"宠嘉群藩"。清朝诸帝之尊崇黄教，主要是为了"安蒙古"。《御制普陀宗乘之庙碑记》中明确指出，西藏是喇嘛教中心，"藩服皈依之总汇"，为了"宠嘉群藩"，应该建设此庙。乾隆帝在其后来撰写的《御制喇嘛说》中，更着重告知："盖中外黄教，总司以此二人（达赖、班禅），各部蒙古一心归之，兴黄教即以安蒙古，所系非小，故不可不保护之。"他又在《普陀宗乘庙即事》诗中写道："普陀本以抚遐为，神道诚看有相之。"这也表述了建造普陀宗乘之庙是为了"抚遐"，让漠北喀尔喀蒙古、漠南蒙古、漠西厄鲁特蒙古各部，以及信仰黄教的藏族等族人员，更加心仰天朝，更加安宁，不生二心，永尊大皇帝。

其三，恭祝万寿。乾隆帝弘历生于康熙五十年（1711年）八月十三日，乾隆三十五年是他的60大寿，三十六年是他母亲80大寿。他在《御制普陀宗乘之庙碑记》中说道："曩者康熙癸巳年，尔群藩叩祝皇祖六旬万寿，请构溥仁一寺"，现在，"自旧隶蒙古喀尔喀、青海王公台吉等，暨新附准部、回部众藩长，连轸偕来，胪欢祝嘏"。这就是说，漠南、漠北、漠西蒙古和准部、回部等部首领，都要到承德为他祝贺六十大寿，应该仿效康熙年间营建溥仁寺的事例，建一寺庙，遂预先下谕"营构斯庙"，兴建普陀宗乘之庙。

由于这些原因，所以乾隆帝不仅要下谕修建普陀宗乘之庙，而且要不惜工本，大兴土木，把它建好。这座大庙也确实修得很好。这座庙是遵奉帝之谕旨，仿西藏拉萨达赖喇嘛居住的布达拉宫修建的。普陀宗乘之庙坐北朝南，依山而建。全寺分前部平地区和后部山区。山门南向，进门后有御碑亭一座，亭中是乾隆帝书写和刻于石上的三块巨大石碑，一为《御制普陀宗乘之庙碑记》，二为《御制土尔扈特全部归顺记》，三为《优恤土尔扈特部众记》。碑亭以北是五塔门，为一高大的藏式白台，高10余米，有拱门3个，上建喇嘛塔5座。山门、御碑亭、五塔门等建筑都放在一条轴线上，两边不对称地布置次要建筑。五塔门左右，有一腰墙与后部山区隔开，使前面形成一院落，这个院落的东、南、西三面都用高大的围墙围绕，围墙上有雉堞，东墙西墙延伸至寺后，两边各有一座门楼，最南的围墙有三门，中间的门大，两旁的门小，围墙的东南角和西南角各有一座角楼。

后部山区，沿山坡建琉璃牌坊。琉璃牌坊之后，依照逐渐高起的地形，散建一些二三层具有藏族式样的平顶建筑，俗称"白台"，有的在平顶上建木构小屋，作为佛殿或僧舍，有的组成小院，作僧舍，有的在屋顶上建塔，如东塔、西塔、五塔白台和单塔白台，有30余座。最后面的高坡上，在这一群白台建筑的北面正中，耸立着普陀宗乘之庙的主体建筑——大红台建筑群。这组主体建筑群是建在一个高达18米的大白台上。高台的台体是实心的，墙面设3层假窗，窗为紫红色，外观有4层高。墙面为白色。在这18米高的大白台上，矗立着高达25米的大红台，平顶，内外都有女儿墙。大红台上，中央及靠东面部分有两座群楼，其主体是中间体量最大的红色群楼，外观是7层，内部实际上仅是三层的群楼，不过在下部的外面装设了4层假窗。群楼平顶上的西面北面再建亭阁。天井中央有一座高大的单层重檐方攒尖顶的建筑，叫"万法归一殿"，顶覆鎏金铜瓦，金光闪闪，耀眼夺目。红色群楼东面为外观四层的白色群楼，其内有"落伽胜境殿"，平顶上也建有亭阁。红色群楼的西面是千佛阁。此外，还有"文殊胜境殿"，还有高3层的戏台。普陀宗乘之庙的大红台，是全庙的灵魂和至尊。它以其海纳百川的磅礴气概，精美缜密的造型，再现了"佛教圣地"的情景，揭示了万法归一的教义。普陀宗乘之庙以它雄伟、壮观而具有藏族建筑风貌受到人们的称赞，被誉为"小布达拉宫"。

（七）须弥福寿之庙

须弥福寿之庙，又称"扎什伦布庙"，或称"班禅行宫"，坐落于避暑山庄东北狮子沟北坡，在普陀宗乘之庙的东边。须弥福寿之庙是由乾隆帝谕令修建的，开工于乾隆四十三年（1778年）底，四十五年四月竣工，是供六世班禅到承德祝贺乾隆帝七十大寿时居住之用。此庙规模宏大，依山傍水，秀丽清幽，占地37900平方米，仅次于普陀宗乘之庙。

六世班禅生于乾隆三年（1738年），名叫贝丹意希，出生地是后藏襄地扎西孜，不久被定为前世班禅的转世"灵童"，坐床，受沙弥戒，取法名为罗桑贝丹意希巴桑布，又写为罗卜藏巴丹伊什。

从几世班禅情形看，第一世班禅叫凯朱结格雷贝桑，是宗喀巴的一位大弟子，二世班禅是索南乔朗，第三世班禅为罗桑敦朱，事迹皆不详，或者准确一点说，在西藏政教上没有什么显著建树。从第四世班禅罗桑确吉坚赞起，班禅才在政教各界发挥了强大影响，而且对清政府十分尊敬和忠诚，班禅的地位也随之相应地迅速提高，成为与达赖并列略次其后的第二宗教大领袖。在四世达赖早年去世，五世达赖还很年轻，黄教危机重重之时，四世班禅罗桑确吉坚赞勇挑重担，以非凡的才干应付危机，大获成功，使黄教和五世达赖转危为安，并扩大了势力。固始汗（顾实汗）控制全藏后，以罗桑却结坚赞为师，赠以"班禅博克多"称号（班禅意为大班智达，博克多乃英武人物之尊称），请其主持扎什伦布寺，并划后藏部分地区归其管辖。固始汗与达赖、班禅议定，遣使前往盛京，朝见清太宗。顺治四年（1647年），清世祖顺治帝封班禅为"金刚上师"，并请四世班禅和五世达赖一同进京，罗桑确吉坚赞因已86岁未能成行。康熙元年（1662年）罗桑确吉坚赞圆寂，五世达赖为他选定转世灵童，从此黄教又建立了一个大活佛转世系统。五世班禅罗桑耶歇从五世达赖受戒学法，他又是六世达赖、七世达赖的戒师，从此达赖、班禅互为师徒。康熙五十二年，清圣祖康熙帝封五世班禅罗桑耶歇为"班禅额尔德尼"，赐以金册金印，又由皇帝的命令重新划定班禅在后藏的辖区，由中央确定了班禅在宗教上的崇高地位。雍正六年（1728年）平定阿尔布巴三噶伦杀害忠于清帝的首席噶伦康济鼐的叛乱后，雍正帝谕召五世班禅到拉萨，摄理黄教教法，并以拉孜、彭错林、昂仁、宗喀、济咙、阿里、三围等地赐为班禅辖区，五世班禅仅受领拉孜、彭错林、昂仁三地，又以自己所辖的帕里、江孜、白地拨给前藏，还定下以白兰宗为前后藏分界。六世班禅坐床成长以后，为八世达赖剃度受戒，培育教诲，在安定西藏上起了很好的作用。乾隆帝十分称赞六世班禅，于三十年向班禅颁敕金册、金印，"金册十三折，重二百三十两，又金印一方，重二百零八两"，印文是"敕封班臣额尔德尼之印"。[1]

六世班禅于乾隆四十三年（1778年）请章嘉国师代奏，要求进京朝觐大皇帝。乾隆帝十分高兴，欣允其请，于四十三年十二月初六日下谕说："据章嘉呼图克图奏称，班禅额尔德尼情愿来京入觐，等语。即照所请。着传谕留保住，协同堪布诺们汗阿旺簇勒提不赍旨前往后藏扎什伦布，允其前来。至四十五年，班禅额尔德尼起程时，即令留保住照料随行，沿途一切事务，仍会同阿旺簇勒提木妥协办理。"[2]

过了三天，十二月初九日，乾隆帝对此又下谕说："昨据章嘉呼图克图奏称：班禅额尔德尼因庚子年为大皇帝七十万寿，欲来称祝。朕本欲见额尔德尼，因道路遥远，或身子尚生，不便令其远涉，今既出于本愿，实属吉祥之事，已允所请。是年朕万寿月即驻热河，外藩毕齐，班禅额尔德尼若于彼时到热河，最为便益，已谕令于热河度地建庙，备其居住。至沿途应办事宜尚多，均系理藩院承办。虽为日尚宽，而早为部署，更觉从容妥当，福隆安因此事更宜早来。着将前日所发清字谕旨钞寄阅看。此旨着由六百里加紧发往，仍令将续讯紧要情节迅速复奏。"①

乾隆帝认识到六世班禅入京祝寿，对增强中央政府与藏区的隶属关系，增进民族之间的友好互利团结共处，都具有十分重大的意义，也是对帝之威望极大的提高，因此指派大臣精心办理班禅来京事宜，动用大量人力、物力、财力，做好接待工作，还专门在热河修建了须弥福寿之庙，作为六世班禅居住和讲经的场所。

须弥福寿之庙是仿照班禅在后藏居住的扎什伦布寺修建的，于乾隆四十五年四月竣工。此庙山门南向，门上悬乾隆帝御书"须弥福寿之庙"匾额。进山门后，正北为碑亭，亭内是乾隆四十五年立的《御制须弥福寿之庙碑记》，全碑通高约25尺。碑亭以北，地势渐高，沿石级而上，有月台，上筑3间四柱七楼式琉璃牌坊，坊前有象征佛教"大乘"的石象一对，坊后为藏式建筑大红台，平顶，台上四角筑小殿。大红台内壁四周为3层群楼，中央是"妙高庄严殿"，又称"都罡殿"，为六世班禅讲经处。殿是3层，上下贯通。殿顶为汉式重檐攒尖顶，覆盖鎏金铜瓦，成鱼鳞状，即人们称之为"金顶"。殿的4个屋脊各有巨大鎏金黄龙两条，栩栩如生。大红台东有御座楼，西有"吉祥法喜殿"，为班禅的住宿处，又称"住宿楼"。殿北有金贺堂和万法宗源殿。再北，便是八角七层的琉璃万寿塔，塔周围有九间楼、罡子殿、单塔白台等建筑。整个寺庙花木遍植，假山叠砌，显示出了高大、精湛、深奥、幽趣的建筑美学风格。

乾隆帝拨发大量银两建筑此庙，又亲自过问庙的修建工程。和内部装饰。造办处原来拟议给妙高庄严殿、吉祥法喜殿镀金装饰宝顶、行龙脊料瓦片只镀金一次，用头等镀金叶7714两余，但帝批示："俱照普陀宗乘之庙一样"，"镀金二次"。因此，"共需用头等镀金叶一万五千四百二十九两八钱五分四厘"。经帝指示或批准，将北京皇宫内慈宁宫现供的六品佛挪往须弥福寿之庙供奉，将佛堂现供的玉观音一尊，送往热河安奉。妙高庄严殿群楼上层、中层、下层应挂欢门幡32堂，应用锦179匹，从内库挑选制造。绣吉祥天母一幅、绣十面观音一幅，送吉祥法

①《清高宗实录》卷1072，第28页。

喜殿安挂。须弥福寿之庙陈设了大量珍贵物品佛像，比如，班禅源流画像，墨刻填金娑罗树轴，博普嘉克，各种画像佛，佛尊，佛龛，御笔匾、字、对、番经，多心经，佛塔，铜珐琅吗呢，嘎布拉鼓，以及七班、八宝、五供等。其中，妙高庄严殿西面楼群，中层6间有画佛像18张，上层明间有画佛像3张，西间南挂有乾隆帝御笔"宝地祥轮"匾一面，面北挂"福缘恒演"匾一面。南面楼群，南门内避板上有画像天王4张。御座楼上下东西进间有佛像84张等。

乾隆帝在须弥福寿之庙落成后亲书《须弥福寿之庙碑记》，对建庙之因及班禅之来的意义做了如下叙述：

> "今之建须弥福寿之庙于普陀宗乘之庙左岗者，以班禅额尔德尼欲来觐，而肖其所居，以资安禅，且遵我世祖章皇帝建北黄寺于京师，以住五世达赖喇嘛之例也。然昔达赖喇嘛之来，实以敦请，兹班禅额尔德尼之来觐，则不因招致而出于喇嘛之自愿来京。……自昔达赖喇嘛之来，至今亦百余年矣。且昔为开创之初，如喀尔喀、厄鲁特尚有梗化者。今则重熙修和，喀尔喀久为世臣，厄鲁特亦无不归顺，而一闻班禅额尔德尼之来，其欢欣舞蹈，欲执役供奉，出于至诚，有亡待教而然者。则此须弥福寿之庙之建，上以扬历代郅致保邦之谟烈，下以答列藩倾心向化之悃忱。……"

六世班禅罗桑丹意希巴桑布于乾隆四十四年六月率三大寺堪布及僧职人员百余人、护送的僧俗官员及马队2000余人离开扎什伦布，前往承德，沿途受到钦差大臣、西安将军任弥泰等官员隆重接待和护送，乾隆帝还先后派皇六子质郡王永瑢、章嘉国师、协办大学士吏部尚书永贵、御前侍卫公主之子丰绅济伦等人分别在归化城、岱海、多伦诺尔迎接和陪护，转赐大量御赐裘帽等珍贵物品。过黄河时，为班禅专门备有特制重楼大船，还有300条民船，抵鄂托旗时，帝又特赐"金顶御轿"以及仪仗。四十五年七月二十一日，六世班禅一行来到承德，当天下午即到避暑山庄觐见乾隆帝，"于淡泊敬诚殿跪请圣安，上亲扶起"，"至依清旷殿内赐座慰问"，乾隆帝用藏语问班禅安，说："长途跋涉，必感辛苦。"班禅答："远叨圣恩，一路平安。"帝甚喜悦，即兴赋诗一首：

祝厘远至郁宗风，三接欣于避暑宫。
敬一人而千万悦，垂名册亦乃予同。
雪山青海胥增忭，色罽精金许献衷。
初见宛然旧相识，本来如是匪神通。

接见完毕，乾隆帝亲自引导班禅诣"宝代喻""烟波致爽""云山胜地"等"各佛堂瞻拜"。当天，御赐班禅大量金曼达、银曼达、金壶、金盒、绣佛像、经卷等奇珍异宝。晚上，须弥福寿之庙为班禅入住洗尘的饭菜特别丰盛可口，班禅十分赞赏。

第二天，七月二十二日，乾隆帝亲临"须弥福寿之庙拈香"。并同班禅一起参观寺内各佛殿，诵经开光。班禅主持开光典礼，在承德的皇子、王公、大臣，蒙古王公台吉大臣，参加了盛大的开光念经仪式。参加念经的活佛和大喇嘛有章嘉国师、堪布诺们汗罗卜桑扎木皮勒、敏珠尔活佛、果蟒活佛、堪布桑斋鄂咱尔、扎萨克喇嘛阿旺班珠尔、格勒克纳木喀，还有大喇嘛4名，副大喇嘛10名，小喇嘛200名。典礼完毕之后，按照普陀宗乘之庙开光念经之例，重赏活佛、喇嘛。如赐"章嘉呼图克图绣金龙袍料一件、妆缎一匹、蟒缎一匹、大卷八丝缎一匹、小卷八丝缎一匹、大荷包一对、小荷包十个"。

八月初六日和二十四日，乾隆帝又两次到须弥福寿之庙拈香，听班禅讲授佛法，解释经典，班禅向帝施无量寿佛大灌顶。在承德的皇子、王公和蒙古三公都求班禅摩顶，并捐献"供养"，求赐法名。乾隆帝三次到须弥福寿之庙与班禅交谈，都是用的藏语。

八月初三日，乾隆帝派和硕额驸、御前大臣、一等忠勇公、军机大臣、兵部尚书兼领工部福隆安及御前大臣、领侍卫内大臣、军机大臣、都统、户部尚书、理藩院尚书和珅赍御赐玉册、玉宝，到须弥福寿之庙赐给班禅。帝在敕书中赞扬六世班禅说："以朕七旬万寿之年，爰自后藏跋涉二万里，来臻上国，因于热河肖建扎什伦布，以资安禅。普天福寿，遍满吉祥，诚国家道洽重熙休和之盛事也。以尔道行纯金，法源广布，兹特加殊礼，锡之玉册、玉宝，俾传宗乘，归镇法门，若逢国庆章奏用之，其余奏书文移，仍用原印。"①

乾隆帝还参加了须弥福寿之庙的熬茶活动。班禅坐在面向大殿的座位，章嘉国师、敏珠尔呼图克图、济咙呼图克图率众喇嘛坐在两侧，乾隆帝入庙就座后，众喇嘛诵赞释迦牟尼经和怛喇额克颂。帝派诸皇子向班禅献哈达。然后两名扎萨克喇嘛引导诸皇子熏香，再赏诸大臣、众喇嘛哈达。皇六子质郡王永瑢向六世班禅呈献特为熬茶制造的50两重银曼达及哈达等物。六世班禅开始摩顶，众喇嘛诵吉祥诗经。最后，班禅离开座位，向帝献哈达。熬茶时，皇子公主和蒙古王公都纷纷布施，请求班禅赐福摩顶。

八月十三日，在避暑山庄的淡泊敬诚殿举行隆重的万寿庆典时，乾隆帝与班禅携手同登宝座，接受蒙古王公、扈从王公大臣和外国使者的庆贺，随从班禅的三大寺堪布、各大德及章嘉国师唱赞无量寿经，乐亭奏中和韶乐。班禅恭庆万寿，递丹舒克，并代表八世达赖等人献了很多贵重礼品。

乾隆帝在山庄的万树园为班禅举行了四次大型野宴，其中包括两次夜晚观火戏，还在清音阁（大戏楼）连续演戏10日。

诸位皇子也曾于七月二十三日奉谕专门来到须弥福寿之庙，拜见班禅。班禅额尔德尼立迎于居室门外，握手问好毕，诸阿哥向班禅额尔德尼献伯勒克，班禅额尔德尼欣然接受，而后一同入座，对诸阿哥称：大圣皇帝今特遣诸阿哥来探望小僧，并赠伯勒克，小僧感欢不尽，等语。"敬诸阿哥以茶，彼此互赠礼品，送诸阿哥至大门"。诸皇子向班禅敬献的礼品有："三十两重银曼达一个、上用鹅黄八丝缎十四匹、亮花缎十匹、小巷鹅黄八丝缎十四匹、小巷金黄八丝缎十匹、小巷红八丝缎十匹、红锦十匹、红锦绒十匹、黄毡十件、红大呢十件、头等哈达十个、二等哈达二十个、三等哈达三十个"。②

六世班禅十分感谢乾隆帝对自己的优遇和恩宠，一再表示感谢。他尊称帝为"文殊菩萨大皇帝"。他奏称："文殊菩萨大皇帝驾临普陀宗乘之庙、须弥福寿之庙，为众生祈求福祺，因佛事告成，赐小僧及众徒饮茶、赏哈达外，特赐小僧数样珍物，又逾格加恩，赏大菩萨画像。文殊菩萨大皇帝为振兴黄教，安乐众生，仁爱我等佛徒，格外施恩，实难报称。"③

六世班禅还"照后藏扎什伦布拣选能宣化经咒堪布一名"，经管须

---

① ②中国第一历史档案馆藏：军机处满文班禅议复档1740号。

③中国第一历史档案馆藏：军机处满文档录副奏折2842-2845号。

弥福寿之庙，又留下引赞（经师）、格国（管纪律的喇嘛）各1名及喇嘛20名，传习后藏纪律，传播宗教文化。清政府派喇嘛180名在寺内习经。

八月二十六日，在皇六子永瑢的陪同下，班禅离开承德，九月初一日驻进北京西黄寺。在京期间，先后观瞻了雍和宫、白塔寺、香山的宗镜大昭之庙（即昭庙）、永宁寺、柏林寺、永安寺、万寿寺等寺，游览了前门、昆明湖、万寿山、圆明园、长春园、南苑等名胜风景。乾隆帝多次会见班禅，还专门前往西黄寺与班禅交谈，请江南画师给班禅画像。班禅在皇宫内各个佛堂及一些寺庙念经，为僧受戒，弘扬佛法，并在雍和宫等处"为国为教祈祷"，向乾隆帝传授六臂金刚仪轨。特别需要提出的是，班禅向帝奏述情形，蒙帝批准，正式册封八世达赖。册文的稿本由章嘉国师译成藏文，帝请班禅核定。这对西藏的进一步安定起了很大作用。[①]

十月二十七日，班禅患病，乾隆帝遣御医诊视，发现天花，帝亲临看望，不幸医治无效，乾隆四十五年十一月初一日，六世班禅圆寂于黄寺。帝亲率王公大臣谒灵，并在寺内以"赤金制班禅肖像一尊"，又赐"赤金七千两造金塔一座，上嵌珍珠"，将肉身迎入金塔，遣理藩院尚书博清格护送灵柩，于四十六年八月二十一日抵达扎什伦布寺，建灵堂楼阁和银塔，银塔内放入赤金塔和肉身。乾隆帝为了纪念班禅，选择其在西黄寺内曾居住过的后楼前，建造了六世班禅的衣冠百塔，取名清净化成塔。

须弥福寿之庙，是六世班禅来承德、北京朝觐，促进西藏地方与中央隶属关系的紧密，巩固统一的多民族国家的团结与发展的具有历史意义的纪念建筑物。它虽历经两百多年的风风雨雨，仍然屹立在狮子沟北坡，和外八庙建筑组群中的"普陀宗乘之庙""普宁寺"等寺庙一起，光彩夺目，建筑艺术的魅力不减，是我国珍贵的文物建筑。

三、英使马戛尔尼来华

（一）访华缘由

乾隆五十八年（1793年）七月，以马戛尔尼勋爵为特使的英国使团

[①]本题的写成，参考了杜江先生的《承德须弥福寿之庙》（载于1986年出版的《避暑山庄论丛》）和郭美兰女士的《六世班禅与须弥福寿之庙》（载于1994年出版的《山庄研究》），谨志谢意。

来到了北京。这个使团为什么要漂洋过海历时将近一年来到中国呢？不少论著阐述了这个问题。在这里，想以当时这个使团的副使乔治·斯当东编写的《英使谒见乾隆纪实》为主要线索，做些论述。[①]

《英使谒见乾隆纪实》这本书，可以反映出中英贸易关系的八个问题。其一，贸易不断扩大。英国与中国之间的贸易发展很快，贸易的货物，数量接连增加。这从东印度公司输出到中国的货物数量的增加上显示得非常清楚。乾隆四十年（1775年），东印度公司输出到中国的货物（主要是毛织品）价值是99113英镑。1776—1784年（乾隆四十一年到四十九年）的九年里，每年都在10万英镑以上，1784年达到177479英镑。1785年、1786年分别是27万英镑和24万余英镑。1787年是36万余英镑，1788年40万余英镑，1789年47万余英镑。1790年54万余英镑，1791年57万余英镑，1792年68万余英镑，1793年，即使团到北京这一年，是76万余英镑，1794年74万余英镑，1795年67万余英镑。[②]英镑、白银的数额一般省略了尾数，如几百几十几两等。这还只是东印度公司账上所记公司出口到中国货物的价值数额，不包括私商对中国的出口货物，私商货物的数量，大体上与公司货物差不多。

其二，数量巨大。乔治·斯当东总结性地这样说道：

"几年以前，按东印度公司账上所记，从英国船上运销到中国的英国货物每年不过10万英镑。私商贸易额大约也是10万英镑左右。由中国输入的茶叶及其货物的差额由现银支付。自交易法案（1784年制定）实施之后，出口额逐渐增加，但距离实际可能达到的最高额相差尚远。1792年16只东印度公司船从英国运销广东的铅、锡、毛织品、皮革和其他私商货物共达100万英镑。次年只毛织品一项的订货额即比前一年超出25万英镑。1794年中国出口到英国的货物原价在150万英镑以上，连水脚及其他费用计算在内将超过300万英镑。"[③]

---

①乔治·斯当东的《英使谒见乾隆纪实》，系他根据访华人员的记录编写而成的，1797年在伦敦出版，1963年经叶笃义翻译，由商务印书馆出版。乔治·斯当东是特使马戛尔尼的挚友，准男爵，牛津大学名誉法学博士，伦敦皇家学会会员。来华时，任使团秘书兼代理缺席时的全权特使，故一般称他为副使。

②斯当东：《英使谒见乾隆纪实》，第552、553页。

③斯当东：《英使谒见乾隆纪实》，第541页。

1792年（乾隆五十七年）就是英国使团乘船离英，前往中国的那一年，这一年，16只东印度公司的船运往中国广东的货物价值高达100万英镑，按当时市场价折算，"中国每两合七先令三便士"，①这百万英镑当折合成白银275万余两，数量大得惊人。第二年，1793年，即英国使团到达北京的那一年，又有了很大的增加，"只毛织品一项的订货额即此前一年超出25万英镑"，总的货物折合成中国的白银当多达350万两。②这还只是英国出口到中国广东的货物，还未计算中国对英国运销的商品，后者的数量也是巨大的，尤其是茶叶。

其三，无可代替的必需品。这个必需品就是茶叶。斯当东说，"茶叶已经成为英国人生活上的需要"，这种"主要的中国产品，而在其他地方所买不到的东西，日益变成英国各级社会人士生活上的必需品"。"在英国本土、欧洲、美洲的全体英国人，不分男女、老幼、等级，每人每年平均需要一磅以上茶叶"，英国及其属地每年消费茶叶1333万磅。"突然停止这种大量的消耗品而又无其他代替品，将会在广大人民当中发生很大困难"。③因此，英国商人从中国大量采购茶叶，运回国内售卖。斯当东根据英国船大班们的日记材料统计出由外国船从中国运到欧洲的茶叶数量，根据平安到达的轮船发票统计出由英国船从中国运出的茶叶数量，列了一张《由外国船和英国船从中国输出到欧洲的茶叶数额统计表》，引录如下：

由外国船和英国船从中国输出到欧洲的茶叶数额统计（其中由外国船运输的数字系根据英国船大副们的日记材料，由英国船运输的数字系根据平安到达的轮船发票）：

年别（截至3月底）	外国船	茶叶（磅）	英国船	茶叶（磅）	船只总数	茶叶总数（磅）
1772	8	9407564	20	12712283	28	22119847
1773	11	13652738	13	8733176	24	22385914

① 斯当东：《英使谒见乾隆纪实》，第549页。

② 斯当东：《英使谒见乾隆纪实》，第541页。

③ 斯当东：《英使谒见乾隆纪实》，第26、27页。

年别 （截至3月底）	外国船	茶叶 （磅）	英国船	茶叶 （磅）	船只总数	茶叶总数 （磅）
1774	12	13838267	8	3762594	20	17600861
1775	15	15652934	4	2095424	19	17748358
1776	12	12841596	5	3334416	17	16176012
1777	13	16112000	8	5549087	21	21661087
1778	15	13302665	9	6199283	24	19501948
1779	11	11302266	7	4311358	18	15613624
1780	10	12673781	5	4061830	15	16735611
合计	107	118783811	79	50759451	186	169543262
九年平均	12	13198201	9	5639939	21	18838140

　　斯当东说，以上数字并未包括"合法和非法运到欧洲的私商茶叶"，"根据机密材料，英国船上每只船经常偷运回国1000到3000箱茶叶，外国船长们个人也经常偷运大量茶叶到英国"。[1]

　　即使不包括私商、船长们偷运的茶叶，斯当东的上述表格已经清楚地说明了从中国运到欧洲（包括英国在内）的茶叶，数量是非常巨大的，1772年（乾隆三十七年）外国船8只、英国船20只，运回茶叶2219万余磅（每磅合0.454公斤）。1772—1780年间的9年里，共有外国船107只、英国船79只，从中国运回茶叶16954万余磅。此后，每年继续从中国运回巨量茶叶，计1781年是2331万余磅，1782年1424万余磅，1783年1876万余磅，1784年2898万余磅，1785年2311万余磅，1786年2989万余磅，1787年3195万余磅，1788年3642万余磅，1789年3120万余磅，1790年2825万余磅，1791年2540万余磅，1792年1948万余磅，1793年2540万余磅，1794年2619万余磅，1795年2931万余磅。从1781—1795年的15年里，共从中国运回茶叶39693万余磅，加上1772—1780年9年里运回的茶叶16954万余磅，则24年共从中国运回茶叶56647万余磅，这5亿64余万磅折合当时中国市斤，当为5亿又1000斤茶叶，数量之巨，十分惊人。如果按斯当东关于1773年到

①斯当东：《英使谒见乾隆纪实》，第543页。

1782年从中国入口茶叶的费用，平均每磅为13.3便士计算，则从1772—1795年的24年里从中国运到欧洲茶叶56647万余磅，当支付300多万英镑，折合中国白银为800万—900万两，其数之大，更为惊人。

其四，税收之多。每年从中国运回1000多万磅茶叶及其他丝织品等项货物，为英国政府提供了大量税款，仅斯当东当时的估计，"现行的茶叶税每年平均收入七十万英镑"，加上丝织品等货物的收税，数量更大。而且还给运输茶叶丝织品的船主、船员及在英国国内运输、销售茶叶丝织品的店主、小贩以及相关的从业人员，提供了大量的工作岗位和谋生机会，据斯当东说，只是运这1300万磅茶叶，每年就需远洋航运大船38只和4560名船员。[①]

其五，逆差太大。据斯当东说，英国向中国出口的货物主要是毛织品，另外是铅、锡、皮革等，数量不多。[②]从中国输出到英国的货物，以茶叶为主，丝及丝织品次之，再次是瓷器，另外还有白铜、明矾、南京布等，数量不大。据斯当东对1773—1782年从中国进口的货物，每年平均计算，入口费用为100万英镑，其中，1300万磅茶为72万余英镑，生丝2000担，为20万英镑，2万匹南京布为3000英镑，20船瓷器及西米为2万镑，货栈费及圣赫勒拿岛的消费为54655英镑。[③]但是，从英国出口到中国的货物，却远远低于入口的价款。据斯当东的统计，每年从东印度公司输出到中国的货物，1775年为9万余英镑，1776年10万余英镑，1777年11万余英镑，1778年10万余英镑，1779年10万余英镑，1780年10万余英镑，1781年14万余英镑，1782年10万余英镑。每年逆差多达80万—90万英镑。1783—1786年的4年里，每年是10万—20万英镑，1787年36万余英镑，1788年40万余英镑，1789年47万余英镑，逆差也很大，英国只有用现金现银来抵付。在1785年，出口到中国的货物为27万英镑，运去的金银却为70万余英镑。1786年输出到中国的金银为69万余英镑，1787年为62万余英镑，1788年为46万余英镑，1789年为71万余英镑。[④]在1785—1789年的5年里，东印度公司输出到中国的金银为320万余英镑，同期出口到中国的货物是175万余英镑，只是金银的54%。金银年复一年地大量流

---

① 斯当东：《英使谒见乾隆纪实》，第542—544页。

② 斯当东：《英商谒见乾隆纪实》，第541、552页。

③ 斯当东：《英使谒见乾隆经实》，第549页。

④ 斯当东：《英使谒见乾隆纪实》，第552、553页。

向中国，影响了英国国内金银价格的上涨，以至斯当东说："现在英国的金银价格很高。"[1]英中贸易之间长期的巨额逆差带来了强大压力，英国不能承担，无力承担，也不愿忍受，必须解决这个迫切难题。

其六，降低成本。任何商人都要不断地提高利润，而提高利润的一个重要手段就是要降低成本，要减少从中国运回货物支付的用费，减少运往中国出卖商品的用费。按照当时的客观环境，在这个问题上英国可以采取最为有效的一项措施是，竭力扩大贸易，大幅度地、持续增加中英进口出口的商品。要做到这一点，非常需要在中国进行"多口通商"，取消现行"一口通商"的限制，即不只是在广州通商，中英之间的贸易，中国与欧洲其他国家的贸易，都应该在多个口岸进行，都可以在广州及广州以外的城市进行。英国从中国进口的商品中，数量最大的是茶叶，其次是丝及丝织品，再次是瓷器，这三种产品中，茶的主要产地是福建和浙江，丝及丝织品的主要产地在浙江，瓷器以江西景德镇最为有名，如果能"多口通商"，英国商人可以到福建、浙江、江西去买茶叶、买丝、买瓷器，价格当然比在广州买要低很多，一下子就可使成本降低不少。而且"多口通商"为英国商人大量出售货物带来了更多的机会，也可稍微减轻粤海关和"十三行"对英商的敲诈盘剥。

其七，潜力巨大。英中之间的贸易虽然在不断扩大，数量增加，英国使团来华之前，"中英两国的贸易额每年达几百万英镑"。[2]但是还存在着很大的潜力，若经营得好，贸易规模可以扩大很多，贸易的商品品种和数量可以成倍地、成十倍地持续地增加。姑且以茶叶为例，按照斯当东的分析和统计，英国及其属地每年需要消费茶叶1300余万磅，可是，这笔巨大的交易却不完全是英国商人做的，或者准确一点说，半数以上的茶叶是外国商船从中国运来的。在1772—1780年的9年里，外国船和英国船从中国运往包括英国在内的欧洲的茶叶，总计为1.69亿余磅，这1.69亿余磅的茶叶中，英国船只运了5075万余磅，比这个数字多了一倍多的1.18亿余磅茶叶全为外国商船运到欧洲。[3]英国商人当时是领袖航运、领袖外贸的大老板，他们完全有能力、有条件从外国同行手中夺过

①斯当东：《英使谒见乾隆经实》，第549页。

②斯当东：《英使谒见乾隆纪实》，第25页。

③斯当东：《英使谒见乾隆纪实》，第542页。

很大的份额，从而扩大中英之间的贸易。而且按照斯当东从接待英国使团的天津道道员乔人杰处了解到，"长城以内中国本部的人口和面积"情形，总人口是3.33亿，面积为129万余平方里，耕地为8.3亿余亩，赋税总数4245万余两。①中国人口总数超过英国几十倍，就此而言，就蕴藏着中英贸易将大大增加的无限商机。

其八，保护英商。在与中国进行的贸易中，英国商人起步较晚，葡萄牙、荷兰、西班牙等国商人早就捷足先登，与中国商人做了几十年，甚至上百年的生意了，他们当然不愿看到正在迅速发展实力雄厚的英国商人挤进来，抢走他们的生意，所以尽力使坏，在中国官员面前诋毁英商。而且斯当东也承认一些"英国的水手和低级人员往往滥用自由做出一些不规矩的、放纵的事情"。因此，"在所有到广州经商的外国人中，英国人处在最不利的地位，也当然在当地受到最严厉的对待"。"当地的中国官吏无论怎样恶劣地对待英国人和压制英国商业，他们也不会受到责难"。②为了改变这样恶劣的处境，"在中国经商的一些东印度公司代理人建议派遣一个使节到北京面见中国皇帝，请求他下一个命令解除英商的这些困难"。这样，斯当东在《英使谒见乾隆纪实》的第一章"派遣使节团的缘起"的开始一段，便写到："大家都知道，英国是一个商业国家，商人是社会中最活跃最富裕的组成部分。商人的利益和活动随时受到政府极大的注意，并在许多方面影响政府的措施。因此，英国派遣一个使节到中国访问，自然它是为了商业的目的而去的。"紧接着，他又写到，"到远方各国从事贸易，一向是受到历代英王的鼓励和支持的。"③

保护英商对华贸易的利益，扩大中英贸易，这就是斯当东认为的英使来华的缘由。当然，既然这是英国政府派遣的使团，那么，除了"是为了商业的目的而去的"外，它自然也会肩负有政治的、军事的任务，这在使团在华期间的活动上显示得十分清楚。

（二）礼仪之争
英国政府委任马戛尔尼勋爵为特命全权大使，率英国使团前往中国，谒见大清国乾隆皇帝，商谈中英关系，特别是双方贸易问题。

---

① 斯当东：《英使谒见乾隆纪实》，第246、537、538、539页。
② 斯当东：《英使谒见乾隆纪实》，第23页。
③ 斯当东：《英使谒见乾隆纪实》，第17、18页。

　　马戛尔尼勋爵是位任职很久的外交官，在印度担任过重要职务，又当过驻俄国圣彼得堡的公使，后来英国政府委任他做孟加拉总督，马戛尔尼辞而未任，这次英王乔治三世委任马戛尔尼为"访华特使"（有时又称为"全权特使"），委任他的"挚友"乔治·斯当东爵士（准男爵）为大使团"秘书"。斯当东也是位有丰富经验的外交官，他这次担任的秘书，可不是一般的普通秘书，而是被英国政府授予了"在必要情形下充任特使的继承人选"的权力，被英国委任为"兼任全权公使"，是特使的副手，即副使。大使的随行人员有：副官本松少校，大使卫队司令官；副官巴瑞施中尉，皇家炮兵队军官；副官克卢中尉，大使的私人秘书马克斯威和温得，医生吉兰博士，助理秘书培林（东印度公司董事长佛兰西斯·培林爵士的儿子）；斯当东准男爵的儿子，以及画家、制图师、侍从人员、仆役、乐队的6个乐师、马夫、木工、马具匠、园丁、裁缝、钟表匠、仪器工匠等40余人。使节团的卫队有20名皇家炮兵队士兵、10名轻骑兵、20名步兵。使节团的座船有两只大船，一只是海军具有64门炮的一流军舰，名叫"狮子号"，另一只船"印度斯坦"号比"狮子"号更大，是东印度公司提供的，这是公司体积容量最大的船。为这两艘大船供应物品的供应船，是双桅船"豺狼"号，也是东印度公司提供的。"狮子"号船的司令是高厄爵士，"印度斯坦"号船的司令是马金托计。

　　据副使斯当东说："特使随员，包括乐队、工匠、兵士及仆役等共100人左右，全体在1792年9月齐集朴次茅斯，整装待发。""特使及随员分乘狮子号和印度斯坦号船在1792年9月26日从朴次茅斯港出发。豺狼号二桅船随行，作为狮子号的供应船。"①这两段叙述了特使一行的人数和船只数量，似乎当以此为准了，英使一行只有100人左右，只有3只船，但是船员有多少？有没有商船随行？英使及随员、船员以及其他人员，一共是多少人？这些问题没能从斯当东的上述叙述找到正确答案。现据《清实录》等书的资料，对几个问题作些叙述。一是船只数目，马戛尔尼一行驶至天津的船一共有5只。奉谕陪护英使的长芦盐政征瑞奏称："（五十八年）六月二十日探明有大小夷船五只，在（天津）外洋抛碇，询问即是英吉利国贡船"，当即将船引至近口，"于二十二日停泊定妥"。②这5只船

　　①斯当东：《英使谒见乾隆纪实》，第41、42页。
　　②《清高宗实录》卷1431，第8页。

中，2只较小，另外3只是大船。这大船，"船身过大，吃水三丈余尺"，现有的天津码头不能靠岸和停泊。①二是人员数目。斯当东说特使随员，包括乐队、工匠、兵士及仆从等，"共百人左右"。留在浙江的英国管船官噶尔准备留给贡使马戛尔尼等人乘坐回国的一只大船，"舵水人等共一百二十余名"。②浙江巡抚长麟于六月初奏称，英使贡船从浙江青龙港开行赴津，"船上有官员五十余人，从人、水手八百余名"。③陪护英使的钦差、长芦盐政征瑞于六月二十二日引导贡船停泊天津海口后，奏述了所见情形，乾隆帝据此于六月末下谕说："该国大小船内共有七百余人，将来贡使前赴热河，携带官役人等，不过百人，其留于船内照看者，不下五六百人。"④军机处于乾隆五十八年七月十二日的《拟赏物品单》载称：拟赏英国"贡使带赴热河"官役兵丁90名，"拟赏英吉利国贡船留船官役兵丁水手"655名，加上贡使及使团，则英国使团人员及船员兵丁等，共745名。⑤看来，根据征瑞所奏乾隆帝下的谕旨中所说"七百余人"，是比较正确的数字。

在使节团出发之前，东印度公司董事长佛兰西斯·培林爵士给署两广总督、广东巡抚郭世勋写了一封正式信函，用英文和拉丁文各写一份，通知马戛尔尼勋爵奉命访华。

在这封信里，佛兰西斯爵士是这样说的："最仁慈的英王陛下听说，贵国皇帝庆祝八十岁寿的时候，本来准备着英国住广州的臣民推派代表前往北京奉申祝敬，但据说该代表等未能如期派出，陛下感到十分遗憾。为了对贵国皇帝树立友谊，为了改进北京和伦敦两个王朝的友好来往，为了增进贵我双方臣民之间的商业关系，英王陛下特派遣自己的表亲和参议官、贤明干练的马戛尔尼勋爵作为全权特使代表英王本人谒见中国皇帝，深望通过他来奠定两者之间的永久和好。特使及其随员等将要马上启程。特使将携带英王陛下赠送贵国皇帝的一些礼物。这些物品体积过大，机器灵巧，从广州长途跋涉到北京，恐怕路上招致损伤，因此他将乘坐英王陛下特派的船只直接航至距离皇帝所在地最近的天津

①《清高宗实录》卷1431，第4页；卷1439，第6页；卷1439，第2页。

②《清高宗实录》卷1437，第6页。

③《清高宗实录》卷1431，第2页。

④《清高宗实录》卷1431，第9页。

⑤故宫博物院：《掌故丛编》第1辑。

港口上岸。"佛兰西斯爵士的信内最后"请求把这个情况转呈北京，恳祈皇帝下谕在特使及其随员人等到达天津或邻近口岸对予以适当的接待"。①

这封信，从行文的方式，用词和口气来看，都是按双方是一样的地位、是平辈的关系来表述的，英国国王乔治三世和大清国乾隆皇帝都是大国之主，地位相当，分庭抗礼，并肩齐坐，不分上下，彼此之间，没有尊卑的不同，没有强弱之区分，是同辈的不分伯仲的平等关系，更不是君臣之间的隶属关系。从英国提出的要求来看，也是平等的、互利的，是为了改进双方王朝的友好往来，增进双方臣民的商业关系，奠定两者之间的永久和好，并非乞沐皇恩，只想经商牟利。这样的信函或表文，恐怕是自诩万国之君的天朝大皇帝难以接受的，料想署两广总督的广东巡抚郭世勋也没有胆量敢如实地翻译转奏，因为，这样做，将招致被定上媚夷欺君的大罪。果然，郭世勋既将英文、拉丁文的信函原件转呈皇上，又将来信译成汉文，把原函平行的口气译成了下对上、外夷对天朝的禀帖口气，还做了一些修改，并写了奏折，呈述此事。现将其译稿之一译文引录于下。

"英吉利总头目官、管理贸易事百灵谨禀请天朝大人钧安二敬禀者，我国王兼管三处地方，向有夷商来广贸易，素沐皇仁，今闻天朝大皇帝八旬万寿，未能遣使晋京叩祝，我国王心中惶恐不安，今我国王命亲信大臣，公选妥干贡使马戛尔尼前来，带有贵重贡物进呈天朝大皇帝，以表其慕顺之心，唯愿大皇帝施恩远夷，准其永远通好，俾中国百姓与外国远夷同沾乐利，物产丰盈，我国王感激不尽。现在马戛尔尼即自本国起身，因贡物极大极好，恐由广东进京，水陆路途遥远，致有损坏，令其径赴天津，免得路远难带，为此禀求大人代奏大皇帝，恳祈由天津海口或附近地方进此贡物，想来必蒙大皇帝恩准，谨禀。西洋一千七百九十二年四月二十七日。"②

乾隆帝于乾隆五十七年十月二十日之前看到郭世勋的奏折及其转呈

①斯当东：《英使谒见乾隆纪实》，第38页。
②故宫博物院：《掌故丛编》第1辑。

的英国东印度公司董事长培林爵士之信的译稿，非常高兴。就在此信之前不久，也就是这个十月的初三日，乾隆帝因廓尔喀国王纳表请贡，征剿廓尔喀的大功告成，特亲写《御制十全记》，喜述完成之"予之十全武功"[①]，并自称"十全老人"，欢喜不已，志得意满，俨然以"文治武功"兼备、"千古一君"自诩。这时看到了远夷诸国中"素习桀骜，船多人众"，"在西洋诸国中较为强悍"，常有"劫掠西洋各国商船之事"，令"附近西洋一带夷人畏其恣横"的英吉利强国之主，[②]居然慑服于"天朝大皇帝"之威严，进表献贡，求谒祝寿，甘居属夷之位，当然使他更加飘然得意，更为沾沾自喜，立即于十月二十日下谕，要允其所请，并从厚优遇贡使。他说：郭世勋等奏称：据洋商蔡世文等禀报，"英吉利国夷人啵哷哑质臣等来广禀称：该国王因前年大皇帝八旬大寿，未及叩祝，令遣使臣马戛尔尼进贡，由海道至天津赴京，等语"。郭世勋"并译出原禀进呈"。乾隆帝谕称："阅其情辞，极为恭顺恳挚，自应准其所请，以遂其航海向化之诚，即在天津进口赴京。"但海洋风帆无定，或于浙、闽、江苏、山东等处近海口岸收泊，亦未可知，着各督抚遇到"该国贡船到口，即将该贡使及贡物等项，派委妥员，迅速护送到京，毋得稍有迟误"。[③]

乾隆帝的这次下谕，对马戛尔尼来华及接待定下了基调，主要包括五点。一是英国乃夷国，是与葡萄牙、荷兰等夷国一样地位的夷国，与"天朝"大清国有上下之分尊卑之别。二是英国国王乃夷国之王，与葡萄牙国王一样，都是大皇帝的属夷。三是马戛尔尼乃夷国朝觐天朝大皇帝的"贡使"，而不是同等地位国家的使者，所带之物为"贡物"，所乘之船为"贡船"。四是马戛尔尼既是"贡使"，又不是一般的贡使，而是负有特殊身份的"贡使"，即英国国王专门派遣来华向大皇帝补祝寿辰的"贡使"。五是因此要对这位贡使一行予以特别优待。

以东印度公司董事长佛兰西斯·培林爵士写给两广总督的信的原件，与署两广总督郭世勋及军机处对这封信的三份译稿相比较，特别是与乾隆帝的谕旨相比较，可以看出双方存在着很大差别。英方信的原件，真正的含义是要求扩大贸易，奠定彼此都是同等大国之间的"永久

①《清高宗实录》卷1414，第9页。
②《清高宗实录》卷1435，第30页；卷1436，第2页。
③《清高宗实录》卷1415，第3、4页。

和好"，而乾隆帝则将之视为夷国之主向天朝大皇帝补祝寿辰，"航海向化"，这就注定了双方谈判的必然失败。英使访华达不到目的，哪怕英使如何绞尽脑汁，能言善道，乾隆帝如何从优厚待，都改变不了这个还未交涉就已注定要失败的结局。

乾隆帝相继下达几十道谕旨，谕令有关官员给予英国使团以各种优遇，如供给充分的上等食物，"赏给一年米石"，"携带货物，免其纳税"等。乾隆五十八年六月中旬，马戛尔尼一行到达天津，八月初到达热河，双方之间不可避免的矛盾终于因谒见礼仪的争执而公开爆发了。

乾隆帝虽然因为盲目认为英国国王甘居属臣，为己纳贡补祝寿辰，而沾沾自喜，但他毕竟没有完全糊涂，他也担心在入觐之时在礼仪问题上出了差错，故于英使来到热河之前，即于七月初七日下谕，着重讲述贡使必须实行藩国见君须行三跪九叩之礼。他在谕中说道：

"梁肯堂、征瑞折内，俱称筵宴时，该使臣等免冠叩首等语。前据梁肯堂奏，与该使臣初次相见，敬宣恩旨时，该使臣免冠竦立，此次折内何以又称免冠叩首。向闻西洋人用布扎腿，跪拜不便，是其国俗不知叩首之礼，或只系免冠鞠躬点首，而该督等折内声叙未能明晰，遂为叩首，亦未可定。着传谕征瑞，如该使臣于筵宴时，实在叩首则已，如仍止免冠点首，则当婉辞告知，以各处藩封到天朝进贡观光者，不特陪臣俱行三跪九叩首之礼，即国王亲自来朝，亦同此礼。今尔国王遣尔等前来祝嘏，自应遵天朝法度，虽尔国俗俱用布扎缚，不能跪拜，但尔叩见时暂时松解，行礼后再行扎缚，亦属甚便。若尔等拘泥国俗，不行此礼，转失尔国王遣尔航海远来祝禧纳贡之诚，且贻各藩部使臣讥笑，恐在朝引礼大臣亦不容也。如此委曲开导，该使臣到行在后，自必敬谨遵奉天朝礼节，方为妥善。特此由六百里传谕征瑞，并谕梁肯堂知之，仍即迅速复奏。"[1]

这道谕旨显然反映出乾隆帝对英国的情形知之太少。哪有人会将布牢固扎缚自己，使之不能自由行动不能跪拜之理，就是三岁孩童也不会这样想、这样问，令人听后不禁要捧腹大笑。此说虽然可笑，但还不会

---

[1]《清高宗实录》卷1432，第12、13页。

惹出多大麻烦，比这更可怕的是乾隆帝一定要英王充当藩王，将这个横行西洋的、强大的、独立的、辖有很多殖民地附属国的国家视为藩国、属国，强迫其王任命的特命全权大使施行属国夷使叩见天朝大皇帝的礼仪，必须"行三跪九叩首之礼"，不行此礼，即不能容之。这是太强人所难了，英国使臣能接受吗？

奉谕接待和陪护英使的直隶总督梁肯堂和钦差、长芦盐政征瑞，遇到这个难题，也不知道该怎么办，不传达圣谕，不说服英使施行"三跪九叩首"的藩封之礼，会遭受皇上惩办；执行谕旨吧，英使很难接受，只好巧言相诱，见机行事了。

英使马戛尔尼一行是于乾隆五十七年（1792年）七月十一日住进北京海淀宏雅园的。清朝奉谕陪护英使的钦差征瑞，带马戛尔尼到了圆明园，考虑贡品的陈列。在正大光明殿参观御座时，征瑞"开始强迫特使"行叩头礼，这个礼是"双膝下跪，前额碰地九次"（即乾隆帝谕中所说"三跪九叩礼"）。马戛尔尼对清朝的这个礼仪早已知悉。副使斯当东对此事写到："中国广大臣民的心目中……认为皇帝的统治普及全世界……外国或外国人同他们的皇帝的关系和他们没有什么分别。假如他们在皇帝不在的时候向御座行供献礼，自不待言在谒见皇帝的时候要行拜见礼了。中国人称这个礼为'叩头'，它包括双膝下跪，前额碰地九次。实际上很难想象世界上还有什么礼节比它更表示行礼者的恭顺卑贱和受之者的神圣崇高的了。"马戛尔尼对征瑞的要求予以拒绝，但巧妙地提出："他可以下跪来表示自己对皇帝的尊敬，但应当清除这种举动对自己的国家所产生的附属地位的印象。"马戛尔尼提出条件说："假如坚持叫他磕头，那么，一位同特使身份地位相同的中国官员必须朝衣朝冠在特使携来的英王陛下御像前也要行同样磕头礼。"马戛尔尼并将这件事这样处理的方式写成正式书面文件的"说帖"，请征瑞转交给"当朝首相和中堂"。这个说帖写道：英国特使"准备执行贵国臣民和贵国属地君主谒见贵国皇帝陛下时，所行的一切礼节"，但清国皇帝也要"钦派一位同本使地位身份相同的大员，穿着朝服在英王陛下御像前，行本使在贵国皇帝面前所行的同样礼节"。[1]

征瑞一开始还抱有能够诱使英使叩拜的信心，除了自己出面劝说英使接受"磕头礼"外，还通过经常接触特使的中国官员从旁相助。他起

① 斯当东：《英使谒见乾隆纪实》，第348、349、324页。

初对上蒙骗，向帝奏称：英国使臣"深以不娴天朝礼节为愧，连日学习，渐能跪叩，征瑞随时教导，俾臻妥善"。乾隆帝十分高兴，于七月十二日下谕夸奖英使说："该使臣等奉伊国王差遣，远来祝禧纳贡，其敬奉天朝，自系出于至诚，断不敢稍愆礼节。"①但是，英使坚决拒行三跪九叩礼，征瑞隐瞒不成，只好向上禀报。乾隆帝很不高兴，于八月初五日下谕，指责英使妄自骄傲，谕令接待不须如前优待。谕旨说：

"现在英吉利国使臣等前来热河，于礼节多未谙悉，朕心深为不惬。伊等前此进京时，经过沿途各地方官，款接供给，未免过于优待，以致该贡使等妄自骄矜。将来伊等回国，应令由内河水路，前抵江南，即由长江至梅岭起旱，再由水路前往广东，陆路尖宿供顿，俱可照例预备，不可过于丰厚。其经过水程地方，该督抚等只应饬令州县照常供应，虽所需口分等项，自不应致有短缺，但只需照例应付，不得踵事增华，徒增繁费，此等无知外夷，亦不值以优礼。"②

马戛尔尼一行是在1792年9月8日上午10点到达热河，住进清政府给他们安排的馆舍。征瑞来到馆舍，将托他转交阁老和珅的"说帖"退还给马戛尔尼，"既不说明理由，又不表示歉意"。马戛尔尼急于在谒见皇帝之前把问题解说清楚，就派副使、"全权公使"斯当东携带英王的信件和特使的说帖前往谒见和珅。斯当东记述会见情形说：和珅首先"询问使节团访华的意图"，斯当东把英王给皇帝信件的译文交和珅过目，"他看过之后似乎相当满意"。公使又交出说帖，"但看样子和中堂还要提出反对"，最后说考虑之后回答特使。第二天，钦差征瑞来访马戛尔尼，劝说和威胁特使改变主张，马戛尔尼"仍然坚持或者双方行对等礼，或者必须使独立国使节和属国代表的谒见礼节有所区别"。最后，马戛尔尼提议：他以谒见英王行单腿下跪的礼节，谒见"中国皇帝"。③斯当东在其编写的《英使谒见乾隆纪实》中叙述这个交涉时写道："中国官员听到之后，似乎表示非常高兴。他们说马上回去以后，

---

① 《清高宗实录》卷1434，第18页。

② 《清高宗实录》卷1434，第8页。

③ 斯当东：《英使谒见乾隆纪实》，第359、361页。

很快可以带回中国朝廷的决定，或者双方对等的行叩头礼，或者即采纳英国礼节"。"正在全体使节团关心如何觐见的时候，中国方面最后通知特使说，皇帝陛下已经允许特使可以以觐见英王陛下同样的礼节来觐见中国皇帝"。"特使得到这个通知之后，心中如释重负。又要完成任务，又要不失国体，这个矛盾圆满地解决了"。"特使了解到，在礼节问题上他虽然得到胜利"，但他将因此而更遭受仇视英国的官员们的忌妒。[①]

乾隆帝于八月初十日"御万树园大幄次"，接受英国正使马戛尔尼、副使斯当东入觐。马戛尔尼、斯当东身着礼服进幄。[②]马戛尔尼"双手恭捧装在镶着珠宝的金盒子里面的英王书信于头顶，至宝座之旁拾级而上，单腿下跪，简单致辞，呈书信于皇帝手中"，皇帝"亲手接过，并不启阅，随手放在旁边"。乾隆帝取出玉如意一柄，作为赠送英王的第一件礼物。马戛尔尼与斯当东各自呈献了礼物，帝亦分别回赠，并赐特使宴筵，谕其游御花园。乾隆帝还即兴写了《御制红毛英吉利国王差使臣马戛尔尼等奉表贡至志事诗》：

> 博都雅昔修职贡，英吉利今效荩诚。
>
> 竖亥横章输近步，祖功宗德逮遥瀛。
>
> 视如常却心嘉笃，不贵异听物诩精。
>
> 怀远薄来而厚往，衷深保泰以持盈。[③]

紧接着，八月十三日举行乾隆帝83岁的祝寿大典，马戛尔尼及其随员与缅甸国使臣和蒙古王公等一起，向皇帝祝寿。"全体祝寿的人根据指挥举行了三跪九叩礼。特使及其随从行深鞠躬礼"。[④]他们也和其他祝寿人员被赐宴、观看表演和领取赐物。

英国副使斯当东和爱德逊（狮子号第一大副）在叙述谒帝典礼和祝寿之时情形，尽量突出了英使比其他国家部落使者王公更加受到帝之优遇。比如，马戛尔尼呈献英王信函时，"皇帝很仁慈地对特使说：'贵

---

① ② 斯当东：《英使谒见乾隆纪实》，第359、367页。

③《清高宗实录》卷1434，第11页；斯当东：《英使谒见乾隆纪实》，第367页。

④ 斯当东：《英使谒见乾隆纪实》，第377页。

国君主派遣使臣携带书信和宝贵礼物前来作致敬和访问，我非常高兴。我愿意向贵国君主表示同样的心意，愿两国臣民永远和好。'"①又如："皇帝是用最庄重的仪式接受大使的国书的"。皇帝对副使斯当东的令郎斯当东公子的"富有生气和优秀的风采深有所感"，"他对这青年人能说六国语言表示赞美"，"亲手赠送"给斯当东公子"一把美丽的扇子和几个小的绣花荷包"。②再如，祝寿宴筵完毕时，"皇帝命人召特使等至御座前，各亲赐温酒一杯"，又对特使说，"希望英王陛下也能同他一样长寿"。③又如，"中国皇帝为了证明他对大不列颠皇帝的崇高敬意，他亲手交给大使一只极为珍贵的小箱，箱子里装着他的前代皇帝的小型画像，注上每位皇帝他自己的诗句和他的政府的主要特点，以及后代子孙遵守的修身立德的规章"。皇帝并对特使说了下列的一段话："把这个小匣亲手奉送给你的君主，并告诉他，这礼物虽形似微小，但在我的估计，这是我所能赠送的，也是我的国家所能提供的，最珍贵的物品。因为这是从我的历代的祖先遗传了很长的时代而留传给我的最后的纪念品，在我已经保存下来遗传给我的儿孙后裔。作为祖宗的遗言，这是我儿子的唯一的座右铭。我希望这高贵的先人的言行，可以鼓舞他作为光明的榜样。由于祖先的创业，他必须把发扬皇朝盛德和增进万民安乐与繁荣为他一生的崇高目的。"④

正当英国使节团为入觐礼节交涉取得的"胜利"而高兴的时候，为英国使节团高出于其他国家部落使团的地位而自我陶醉之时，为即将进入正式的具体的英中贸易谈判极有可能达到自己的目的而充满信心的时候，突然晴空霹雳，传来了极坏的消息——他们的要求被大皇帝拒绝了。

（三）拒绝英使要求

英国特使马戛尔尼勋爵在觐见皇帝之前，拜访了和珅和中堂，"详细说明英国政府的和平仁爱政策在发展有益于全人类进步的商业往来"，"英国绝不干预其他邻国的事务"。他"在关于发展两国商业对中国有什么好处的问题上谈得非常委婉"，他"志在谋求发展两国贸

①斯当东：《英使谒见乾隆纪实》，第367页。

②安德逊：《英使访华录》，第131页，商务印书馆，1963年。

③斯当东：《英使谒见乾隆纪实》，第369页。

④爱德逊：《英使访华录》，第135页。

易，即使中国人说成是对英国的恩赐，他也在所不惜"。他提出了八项要求。和珅很客气地回答说，在特使留住中国期间，这个问题可以从长计议。

马戛尔尼离开热河之前，和珅给了英使一封回信，大意是说，可以允许印度斯坦号船在舟山一带出售洋货，收买土货，"由于该船系专为携带礼物而来中国，因此可予优待，不收进出口税"。"免收进出口税的优待是意想不到的"，出乎英使一行的意料。①

马戛尔尼本想争取留下来，长驻北京。"使节团已经做好在北京过冬的准备了"。但经过努力，看来不可能成功，马戛尔尼又想"能多留一天就多留一天"，好跟和中堂继续谈公事，即英中贸易等事，便致信和珅，告知"使节团过了明年二月中国元旦庆祝典礼之后，即启程返国"。②

正当英国使团为任务很有可能圆满完成而很有信心，欢欣地、积极地、忙碌地做各种过冬的准备工作时，突然和珅催促英国使团离京回国，并遣人恭奉乾隆帝给英王的敕谕，以及送给英王及使节团的礼物，送到英使住处。礼品很多，英王、正使、副使、司令官、船长、官兵、船员、仆人、厮役，以及留在浙江的官员、船长、船员、兵士，都得到了优厚的礼品，尤其是赐给英王的礼品，又多，又"俱系中国出产的精品"。礼品的详细清单列于后。

乾隆帝给英王的敕谕共有两道，是在五十八年八月十九日写好的，但未立即下达，九月初一日才送给英使。第一道敕谕，是正式的国书性质的敕谕，主要是讲英王"倾心向化"，遣使来庭，"恭赍表章"，"叩祝万寿"，"备进方物"，故特许使臣朝觐，赐宴赏赍，并赏赐其随行人员及通事兵役。现使臣返国，"特颁敕谕"，并锡赍英王"文绮珍物"。同时，这道敕谕又专门讲了，英王表内请派一人留京照管英国买卖的要求，不能批准的各种理由。③

第二道敕谕是对英王具体讲述拒绝英国提出八项要求的理由。敕谕一开头就总论性地宣布拒绝英使的要求。敕谕说：

---

① 斯当东：《英使谒见乾隆纪实》，第362、385页。

② 斯当东：《英使谒见乾隆纪实》，第407、412页。

③《清高宗实录》卷1435，第11–14页。

"昨据尔使臣以尔国贸易之事，禀请大臣等转奏，皆系更张定制，不便准行。向来西洋各国及尔国夷商赴天朝贸易，悉于岙门互市，历久相沿，已非一日。天朝物产丰盈，无所不有，原不借外夷货物以通有无，特因天朝所产茶叶、瓷器、丝斤为西洋各国及尔国必需之物，是以加恩体恤，在岙门开设洋行，俾得日用有资，并沾余润。今尔国使臣于定例之外，多有陈乞，大乖天朝加惠远人抚育四夷之道。且天朝统驭万国，一视同仁，即在广东贸易者，亦不仅尔英吉利一国，若俱纷纷效尤，以难行之事，妄行干渎，岂能曲徇所请。"[1]

敕谕接着便一条一条地就英使所提八项要求加以拒绝，并说明拒绝的理由。英使提出的第一项要求是，多口通商，英国货船"将来或到浙江宁波、珠山及天津、广东地方收泊交易"。敕谕不予批准说，历来西洋各国来华贸易，俱在岙门"设有洋行，收发各货，由来已久"，浙江宁波、直隶天津等海口，均未设有洋行，英船也未到那里销卖货物，故不准许。

英使的第二项要求是，要在北京"另立一行，收贮货物发卖"，仿俄国之例。敕谕断然拒绝说："京城为万方拱极之区，体制森严，法令整肃"，"从无外藩人等在京城开设货行之事"，俄国在恰克图开设口岸后，即不准在京城贸易。

英使的第三项要求是，"欲求相近珠山地方小海岛一处"，英商可到此停歇，"收存货物"。

第四项要求是，"拨给附近广东省城小地方一住"，居住英商，或准令住在澳门的英商，"出入自便"。敕谕亦予拒绝和驳斥。

英使提出的第五项要求是，英国商人自广东下澳门，由内河行走，"货物或不上税，或少上税"，因为英国"船只较多"。敕谕亦予拒绝。

英使提出的第六项要求是，英国船只"请照例上税"，敕谕说，现在英商既不便在其他海口交易，自应仍在粤海关"按例纳税"。

英使提出的第七项要求是，允许英国传教士在中国自由传教。敕谕亦断然拒绝。[2]

连同英王在其国表中提出请派一位使臣在京常驻的要求在内，英王

①《清高宗实录》卷1435，第15、16页。

②《清高宗实录》卷1435，第15—19页。

及英使提出的八项要求皆被乾隆皇帝拒绝了，且一一予以驳斥，指责其不谙天朝体制，于定例之外滥行陈乞。

以上八项，如果单据具体要求而言，有的要求固然可以断然拒绝，绝对不该批准，因为这涉及国家主权问题，比如说要求给予珠山附近一个海岛和广州附近一处地方，这实质上是割让国土，形成第二个、第三个澳门，当然应该断然拒绝。至于英商自广东下澳门由内河行走，货物不上税或少上税的要求，也不合理，既是贸易，就应依章纳税，凭什么要比其他国的商船少上税，甚至不上税。至于派驻英使常驻京城，设立使馆，在浙江宁波、直隶天津开口通商，在京城设立英国洋行，买卖货物，传教士在华自由传教等，单是孤立地来看，并不过分，双方贸易，越多越好，通商口岸多了，双方皆利，信仰自由，当然可以自由传教，设立使馆，也未尝不可。乾隆帝如此对英国要求一律拒绝，是否太狭隘了，太感情用事了，只因英使不行三跪九叩礼，就将其所有要求全部拒绝，也未免太小气了。但是，如果联系到当时的历史客观条件，特别是结合英国国王致清朝皇帝的信，以及英王给其特使马戛尔尼的指示，便可做出另外一种解释了。

英国国王乔治三世致清朝皇帝的信，是在乾隆五十八年八月初十日英使马戛尔尼谒见乾隆帝时呈送的。清朝官员将其译成汉文，称之为《英吉利国表文》，现引录如下：

"英吉利国王热沃尔日敬奏中国大皇帝万万岁，热沃尔日第三世蒙天主恩，英吉利国大红毛及佛郎西依拜尔呢雅国王海主恭维大皇帝万万岁，应该坐殿万万年。本国知道中国地方甚大，管的百姓甚多，大皇帝的心里常把天下的事情、各处的人民时时照管，不但中国的地方，连外国的地方都要保护他，他们又都心里悦服，内外安宁，各国所有、各样学问、各样技艺，大皇帝恩典都照管他们，叫他们尽心出力，又能长进生发，变通精妙。

"本国早有心要差人来，皆因本境周围地方俱不平安，耽搁多时，如今把四面的仇敌都平服了，本境平安，造了多少大船，差了多少明白的人漂洋到各处，并不是要想添自己的国土，自己的国土也够了，也不是为贪图买卖便宜，但为着要见识普天下各地方有多少处，各处事情物件可以彼此通融，别国的好处我们能得着，我们的好处别国也能得着，恐各处地方我们有知道不全的，也有全不知道的，从前的想头要知道，如今蒙天主的恩可办成了，要把各处的禽兽草木土物各件都要知道，要把四方十界的物件各国互相交易，大家都得便宜，是以长想着要将各国的风俗礼法明白了。

"如今闻得各处只有中国大皇帝管的地方，一切风俗礼法比别处更高，至精至妙，实在是头一处，各处也都赞美心服的，故此越发想念着来向化输诚。此时不但大西洋都平安，就是小西洋红毛邻国的人，他没有理同本国打仗，也都平复了，如今本国与各处全都平安了，所以趁此时候，得与中国大皇帝进献表文，盼望得些好处，从前本国的许多人到中国海口来做买卖，两下的人都能得好处。但两下往来，各处都有规矩，自然各守法度。唯愿我的人到各处去，安分守规矩，不叫他们生事。但人心不一样，如没有一个人严厉管束他们，就恐不能保其不生事。故此求与中国永远平安和好，必得派一我国的人，带我的权柄，住在中国地方，以便弹压我们来的人。有不是，罚他们，有委屈，亦可护他们。这样办法可保诸事平安。

"我如今为这些缘故，特差一个人到中国来照管这些事情，要得一妥当明白的人，又有才学，又有权柄，又要到得大皇帝跟前对答得上来的。故此我所派的热沃尔日·吗哩格德厄·公哩萨诺吧咙，是本国王的亲戚，忠信良善，议国事的大臣，身上带的两个恩典的凭据，从许多博学的人里挑出来一个大博学的人。他从前办过多少大事，又到俄罗斯国出过差，又管过多少地方办事，又到过小西洋本噶拉等处属国地方料理过事情。这就是此次派的正贡使，到大皇帝驾前办事。因他能办差使，表文上有本国的印信为凭，所以叫他将表文呈进。在大皇帝驾前说话如自己说话一般。如今求大皇帝见他，即同见我，与他说话，即同与我说话一样，施恩典看待他。

"我又恐正贡使到那里或有别的缘故，所以又派一副贡使临时替他也与正贡使一样，热沃尔日·呼沃纳多·当东，这也是个体面人，他的博学、会办事与正贡使一样的，故此从前派他在海岛平复过许多的事情，又到小西洋痕都斯坦国与那第博·苏渥尔当王讲过和。因他能办这些事，能出力，故此派他同去，预备着好替正贡使办事，再求大皇帝也与正贡使一样恩待他。

"如今我国知道，大皇帝圣功威德、公正仁爱的好处，故恩准将所差的人在北京城切近观光，沐浴教化，以便回国时奉扬德政，化道本国众人。至所差的人，如大皇帝用他的学问巧思，要他办些事，做些精巧技艺，只管委他。或在内地办不出来，还好寄信来，在大西洋各地方采办得出来。

"我本国的人，或是在中国管的地方住着，或是来做买卖，若是他能安分小心，求大皇帝加恩，他们都好仗着洪福承受厚恩，他们若得了不是，即该处治，若并无不是，自然常受大皇帝的恩典。贡使起身，已详细嘱咐他在大皇帝前小心敬慎，方显得一片诚心，能得大皇帝喜欢，下怀亦得喜欢。

"唯有祷求全善天主保护大皇帝长享太平之福，庇佑英吉利国永远平安受福。

"天主降生一千七百九十二年英吉利国王热沃尔日三十二年。"①

这封信是清朝官员根据英王原信翻译的，把原信英王与清帝之间是平行的、同等地位的关系之口气，改译为属国之王的口气。当时任副使的斯当东在其编写的《英使谒见乾隆纪实》一书里，记述了英王信件的一部分内容，现引录如下：

"它这样说：英王陛下奉天承运，事事以仁慈为怀，践祚以后，除随时注意保障自己本土的和平和安全，促进自己臣民的幸福、智慧和道德而外，并在可能范围内设法促使全人类同受其惠。在这种崇高精神的指导下，英国的军事威力虽然远及世界各方，但在取得胜利之后，英王陛下对于战败的敌人也在最公平的条件下给以同享和平的幸福。除了在一切方面超越前代增进自己臣民的繁荣幸福外，陛下也曾几次派遣本国最优秀学者组织远航旅行，做地理上的发现和探讨。此种举动绝非谋求扩充本国已经足以满足一切需要的非常广大的领土，亦非谋求获取国外财富，甚至并非谋求有益本国臣民的对外商业。陛下志在研究世界各地

---

① 故宫博物院：《掌故丛编》第8辑。

的出产，向落后地方交流技术及生活福利的知识，增进整个人类世界的知识水平。陛下常常派遣船只载动物及植物种子至荒瘠地区帮助当地人民。此外，对于一切具有古老文明国家的物质和精神生活，陛下更是注意探询研究以资借镜。贵国广土众民在皇帝陛下统治下，国家兴盛，为周围各国所景仰。英国现在正与世界各国和平共处，因此英王陛下认为现在适逢其时来谋求中英两大文明帝国之间的友好往来。"[①]

据英国副使斯当东说，英国国王的这封信，"总的精神"同"陛下写给马戛尔尼特使的指示是一致的"。[②]斯当东所说英王对特使的指示，是英王"通过一位国务大臣写给马戛尔尼特使的私人指示"，从这个"指示中，也可以看出本使团的总的意图"。这个十分重要的指示，其关键部分内容如下：

"在中国经商的英国臣民很久以来多于任何其他欧洲各国。有些国家得力于他们在中国的传教士。这些传教士，由于他们的科学的专长或艺术上的天才，常常和那里的神秘而文雅的王朝发生亲密联系。他们在传教之外也为他们国家的利益有所尽力。但英国商人缺少这种帮助，在这个遥远的国度里，每每被人误解而得不到尊重。在这等情形下，虽然英国本身的经济繁荣绝不依靠在华英商的成败和得失，我对于自己的远方臣民不能不予以应有的关怀，并以一个大国君主的身份有力地要求中国皇帝对于他们的利益予以应有的保护。我为了开辟人类知识领域，过去曾几次组织远航，取得很大成果，获得普遍的赞同。中国是一古老国家，有它自己长久不断的独特的文化系统，可以说是地球上第一个神奇国家，因而组织这次旅行更显得有其必要。自不待言，除了人类的幸福，两国的互利和中国政府对英国商业的应有的保护而外，我们没有任何其他的目的。"[③]

根据以上信函、指示，结合有关资料，我们可以看出五个问题。其一，英王乔治三世基本上就是另外一个乾隆皇帝。乾隆皇帝在其给英王

①斯当东：《英使谒见乾隆纪实》，第40、41页。
②斯当东：《英使谒见乾隆纪实》，第40页。
③斯当东：《英使谒见乾隆纪实》，第39、40页。

的两道敕谕中，自诩"天朝统驭万国"，"天朝所管地方，至为广远"，"天朝抚有四海"，"天朝德威远被，万国来王"，视英国为纳表进贡、"倾心向化"的各个夷国之一，英王亦系夷国之君，应当"善体朕意，盖励款诚，永矢恭顺"，俨然一派君临天下的"天朝大皇帝"的姿态。[1]而英王乔治三世，亦在表文和指示中，自诩"奉天承运"，"事事以仁慈为怀"，拥有"足以满足一切需要的非常广大的领土"，既"促进自己臣民的幸福"，又"设法促使全人类同受其惠"，已经"把四面的仇敌都平服了"，"英国的军事威力虽然远及世界各方"，但战胜之后，也给敌人以同享和平和幸福。[2]两相比较，英王与清帝何其相似。当然，中英国情不同，两人也有差异，一是英王乔治三世较之乾隆皇帝，还稍微多了一点自知之明，还把中国视为与己同等的国家，英国与中国，英王与清帝，彼此旗鼓相当，不分伯仲，不像乾隆帝自诩为抚有四海统驭万国的"天朝大皇帝"，任何国家都是藩国，都是夷国。二是英王此时锐意扩展，勇于进取，而乾隆帝却故步自封，盲目自满，因循守旧。

其二，英王坚决支持扩大对华贸易，保护英商利益，谋求得到超过其他国家的特权和方便。他在给马戛尔尼的指示中明确讲道：在中国经商的英国臣民早就超过欧洲其他国家，他们得不到尊重，他要以"一个大国君主的身份，有力地要求中国皇帝对于他们的利益予以应有的保护"，使团的目的就是要让中国政府对英国商业给以"应有的保护"。因此他在致清帝的信中着重提出要"派一（个）我国的人，带我的权柄，住在中国地方"，"有委屈，亦可保护他们"。他让使者马戛尔尼向中国提出多口通商、少上税、拨给地方、自由传教等要求。

其三，不等价交换的趋势有可能迅速加强。英国工艺、技术先进，很多商品价廉物美，如果扩大对华出口，定会获得高额利润。比如钟表，"内装弹簧齿轮，外镶贵宝石的八音匣"，"这一类机器售价最高"，"这些玩物源源不断地由私商运进中国，价值已达一百万英镑之巨"。[3]又如各种机械，像天文仪器，像"英国名厂制造的增进人类生活方便和舒适的最新产品"。再如船只和马车。英国造的船，远比中国造的船更大更坚固更灵巧。英国的马车，更比中国的马车好。斯当东记述

---

① 《清高宗实录》卷1435，第11—20页。

② 斯当东：《英使谒见乾隆纪实》，第39、40页。

③ 斯当东：《英使谒见乾隆纪实》，第37页。

皇帝返京情形时写道：“皇帝轿后有一辆二轮马车，式样笨重，又无弹簧座位，同中国的普通马车相差无几。……同英国赠送的舒适、轻便、华丽的马车比较起来，上下悬殊简直无法相比。”[1]至于枪炮火器，英国更比中国高出若干倍。中英贸易显然有着很大的扩展潜力，那时，英国不仅能弥补目前存在的巨量逆差，而且还很有可能形成巨大的顺差。当然，由于英国比当时的中国更先进，因而在相当多的对华出口的商品中，英方获得了远远超过在本国和在法国等欧洲国家出卖的利润。对中国而言，这种商品的买进，实际上是不等价交换，吃了大亏。

其四，鸦片输华的增加。英国商人很早就偷偷地将鸦片运到中国贩卖，年复一年，对华输入的鸦片数量越来越大。据斯当东的记述：“从英属印度卖给广州的合法贸易在1792年（乾隆五十七年）达七十万英镑左右。这项贸易主要包括棉花、锡、胡椒、檀香木、象牙和蜂蜡。此外还有偷运中国的鸦片将近二十五万英镑。”[2]25万英镑的鸦片，数量相当大了，而且此后还在不断增加，终于成了危害中国的大祸。

其五，英国必将对华宣战。英国国王乔治三世及英国政府，此时正是船坚炮利，兵强马壮，屡征各国，连连得胜，拓疆开土，而且又是“世界工场”和外贸大国，哪能忍受被清帝蔑视为“夷国”藩臣之气？哪能接受使团“为了促进商业利益”的任务的失败现实？而且，英国使节团还遭受被驱逐之辱。使节团本来已经做好了在北京过冬的准备，可是乾隆帝于九月初一日颁发敕谕之时，便命人通知英使马戛尔尼立即离京回国，英国人员大为震惊，既失望，又气愤，认为这是被“驱逐”。他们说，“疲惫的旅行将一再来临，不仅是忍受着一切耻辱，被迫向专横的权力屈服”，并且还因“希望的突然毁灭”，而产生了“痛心绝望的感情”。他们认为这是“政治上的失败”。“为了这政治任务尽了这么多的劳力艰险和坚忍，支出这么大的费用，而我们国家所热烈期待于此的是为了促进商业利益”。他们为了“争取延长一些时间”，“免得使大使好像被驱逐出这国家的首都的样子，大使在这里是代表大不列颠国王的”。他们要求清朝的护送官报告给阁老和珅，要求延长时间。护送官去了之后回来说：得到阁老的批准，离京的时间可以从10月9日推迟到11月11日。但是，11月8日一位清朝官员带来了“发自皇帝本人的命

①斯当东：《英使谒见乾隆纪实》，第405页。

②斯当东：《英使谒见乾隆纪实》，第541页。

令，他明确地命令英国大使和他的随从人员明天（11月9日）就离开北京"。使节团无可奈何，只好赶紧收拾行装，时间太紧，忙得一塌糊涂，形成了"混乱状态"，第二天，匆促出发。为了报复清帝的傲慢和对英国的轻视，为了达到"促进商业利益"的目的，为了扩大英国的对华贸易，获取巨额利润，英国政府必将在时机成熟之时，发动侵华战争。

考虑到这些问题，便可看出，乾隆帝对英国提出的八项要求完全予以拒绝，是有其历史的、实际的原因，是经过深思熟虑而做出的严肃的决定，并非仅仅因为来使拒绝三跪九叩而意气用事，草率胡来。从当时中国的历史条件看，如果乾隆帝能够彻底整顿粤海关，制止十三行对外商的过分勒索，遏制贪官污吏对洋商的盘剥，那么，哪怕是就是一口通商，就只有广州是外贸的唯一城市，中外贸易也有扩大的潜力，中英贸易也能发展，这样一来，乾隆帝对英国的要求说不，也就没有多大的不安了。当然，乾隆帝的盲目自大，对西方情形的无知、闭关保守的对外政策，也是应予批判和否定的。

在帝谕的严厉督促下，英国特使马戛尔尼一行，由钦差、御前侍卫、内务府大臣、军机大臣松筠陪同护送，于乾隆五十八年九月初离京返国。除原来在浙江等候的随员仆役船员"六百五六十人已先行赴粤外"，马戛尔尼一行89人，携带"行李箱笼"791件，从通州坐船前往杭州，再由杭州到广州。公元1794年（乾隆五十九年）6月14日，马戛尔尼到达澳门。1794年3月17日。马戛尔尼一行乘"狮子"号船，与同行的脱劳勋爵号等14只英国船起锚，向万里之外的英国驶去，过了5个多月，9月6日，马戛尔尼一行到达了两年前从这里出发的朴次茅斯港，结束了使华之行。

第七编 衰兆显露

一、尹壮图直言时弊

（一）奏革"议罪银"

此处讲的议罪银，不是清初以来的罚俸，而是开始实行于乾隆四十五年（1780年）左右的一种规定，又叫"自行议罪银"，或简称为"议罪银"，前后延续了一二十年。乾隆五十五年内阁学士尹壮图上疏，奏请革除罚银之规，乾隆帝予以拒绝。为什么尹壮图要奏请革此规例？为什么乾隆帝要坚决拒绝？此规对吏治有何影响？给政局带来什么后果？有必要予以阐述，首先是要弄清楚议罪银之规的内容，议罪银到底有什么规定。

清朝官书和私人著述，极少甚至是没有提到议罪银之例，幸好军机处档案有了这样的史料。现将军机大臣和珅、福长安于乾隆五十二年六月初一日奏述议罪银等项情形的奏折，以及附呈的清单，摘录如下：

"现已解到银两清单"，共收银两件：

乾隆四十五年十二月十九日，全德奏交"苏州织造任内应赔用料银并关税短少银共二万八千七百七十二两"，自乾隆四十六年十一月起至五十二年二月，四次，"造办处库收讫"。

乾隆五十一年九月十七日，伊龄阿"奏交自行议罪银三万两"，自乾隆五十一年十一月十二月，两次，"广储司库收讫"。

"已交尚未全完银两清单"，共计13件：

长芦盐政西宁任内，"奏交赏借商人帑本银十五万两，一分起息，分为十五年完交"，自乾隆四十二年起至五十年，共八限，"广储司库收过本利银十九万三千七百两，其余银尚未收到"。

"三宝奏交自行议罪银共十一万两"，自乾隆四十六年四月起，至五十一年五月，广储司库收过银"七万二千五百两"、"其余银尚未收到"。

"巴延三奏交自行议罪银八万两"，自乾隆四十七年四月起，至四十八年十二月，三次，"广储司库收过银五万两"。

"征瑞奏交国栋名下入官银五万两"，自乾隆四十七年十二月起，至五十年正月，"广储司库收过银三万两"。

"西宁奏交自行议罪银八万两"，自乾隆四十八年三月起至五十二年四月，九次，"广储司库收过银四万五千余两"。

"李质颖奏交自行议罪银十四万两，又关税短少银三万余两，共银十七万余两。奏明先交银三万两，其余银十四万余两分为七限，交纳广储司库"，自乾隆五十年三月内，广储司库收过银3万两，于五十一年五月、十一月广储司库二次收过银2万两。

"和珅代奏原任巡抚杨魁之子杨超铮，议交银五万两"，自乾隆四十八年十月起，至四十九年十一月，二次，"广储司库收过银一万五千两"。

"文绶名下共奏交自行议罪银八万两"，自乾隆四十六年十一月起，至四十九年二月，"广储司库二次共收过银三万两"。

"征瑞奏交范清济自行议交银八万两"，自乾隆五十年正月内，"广储司库二次收过银二万两"。

"福康安代奏尚守自行议罪银四万两"，自乾隆四十九年八月起，至五十一年十二月，户部收过银二万两"。

"和珅代奏李天培自行议罪银四万两"，自乾隆四十九年七月起，至五十一年十二月，四次，"广储司库收过银三万五千两"。

"明兴奏交自行议罪银三万两"，自乾隆五十一年十一月，至五十二年三月，"广储司库二次收过银二万两"。

"和珅等代奏福崧名下共应交银二十万两零，内已完过银四万三千两，又交银二万两"，乾隆五十一年十一月内，"广储司库收过银二万两"。

"解交浙江海塘河工备用银两清单"，计有5件：

"姚成烈奏交自行议罪银三万两"，"奉旨解往浙江备用"。浙江咨报，收银"二万两"。

"福康安代奏巴延三自行议罪银十万两"，浙江尚未收到。

"和珅代奏：据布政使郑源鹏因承审谭体元控案不实，自请认罪银三万两，解交海塘备用。又农起奏：布政使郑源鹏承审（草），率蒙恩留任，自请议罪银三万两，解交豫省河工备用。前后共银六万两。俱奉旨知道了"。河南收过银三万两，浙江收银一万两。

"和珅、福长安代奏刘峨自行议罪银三万两，藩司梁肯堂自行议罪银二万两"，"奉旨：知道了。钦此。此项留于本省充公应用"。直隶收过刘峨银二万两、梁肯堂一万两。

"未经解到银两清单"，计7件：

"乾隆五十年十二月二十六日，富勒浑代奏运司张万选自行议罪银三万两"。

"乾隆五十一年八月初八日，和珅、福长安代奏雅德自行议罪银六万两"。

"乾隆五十一年十二月十九日，征瑞奏交外支银并裁革陋规银共六万五千四百七十三两八钱"。

"乾隆五十一年十二月十九日，征瑞奏交外支不敷银四万两"。

"乾隆五十一年十二月十九日，征瑞奏交江西吉安府窝利银共五万七千三百四十二两三钱零"。

"乾隆五十二年二月十八日，勒保奏代伊弟双保交赎罪银二万两"。①

"乾隆五十一年九月初四日，特升额代伊弟特成额请交自行议罪银二万两"。

---

① 《文献丛编》第25辑，《密记档》。

和珅、福长安的上述奏折和清单，保存在军机处的《密记档》里。《密记档》现在已知的共有4册，存藏于中国第一历史档案馆，其中3册已分别刊载在《文献丛编》1935年第25辑与1937年第27辑。这四册《密记档》是了解"议罪银"的基本材料，十分珍贵。

尹壮图，字楚珍，云南蒙自人，乾隆三十一年（1766年）进士，改庶吉士，散馆授礼部主事，官阶正六品，三十九年五月迁礼部郎中，官阶正五品。十一月授江南道御史，四十二年转京畿道御史，四十四年十月擢光禄寺少卿，十二二月迁太仆寺少卿。四十五年擢内阁学士、官阶从二品，兼礼部侍郎，四十八年充顺天乡试副考官，五十二年丁父忧回家，五十五年服阕，补授原职。

乾隆五十五年十一月，尹壮图上疏，奏请取消罚银之规说："近有严罚示惩，而反今宽纵者。如督抚自蹈愆尤，不即罢斥，罚银数万，以充公用，因有督抚等自请认罚若干万两者，在桀骜之督抚，借口以快饕餮之私，即清廉自示者，不得不望属员资助，日后遇有亏空营私，不得不曲为庇护。是罚项虽严，不唯无以动其愧惧之心，且潜生其玩葛之念。请永停罚银之例，将罚项改记大过若干次，如才具平常者，或即罢斥，或量予京职，毋许再膺外任。"①

《清史稿》卷322，《尹壮图传》对此疏的背景，做了这样的叙述："高宗季年，督抚坐谴，或令缴罚项贷罪，壮图以为非政体"，故上此折。

尹壮图讲述罚银例的危害有三，一是"桀骜之督抚"借口认罚，交纳罚银，保住了官职，从而继续贪赃枉法。"以快饕餮之私"；二是为了交纳罚银以"清廉自示者"，无法凑足银两，"不得不望属员赍助"，以后遇到属员亏空库银、营私舞弊的时候，念其曾经送银与己，"不得不曲为庇护"，纵容属员侵吞国帑，坑害百姓；三是由于上述两个因素，罚银之例看似严厉，实际上却既不能感动劣员，使其产生"愧惧之心"，洗手忏悔，悬崖勒马，改恶从善，又易"潜生其玩葛之念"，认为只要能够交足罚银，便可稳坐公堂，长保官职，从而大肆贪婪，欺压良民。三条集中到一点．那就是议罪银之规，败坏了吏治，助长了贪风，应该立即革除，而且要"永停罚银之例"。尹壮图奏革议罪

————————
① 《清高宗实录》卷1367，第3、4页；《清史列传》卷26，《尹壮图传》。

银的理由，十分充分，揆诸时局，非常中肯，照说以英君自诩的乾隆帝定会纳此良言，革此弊规了，不料，事与愿违。乾隆帝看过尹壮图的奏疏后，于乾隆五十五年十一月十九日下了一道谕旨，拒绝停止罚银之规，并进行辩解说：

"督抚等坐拥厚廉，以其尸位素餐，故议罚充公之项，令其自出己赀，稍赎罪戾，亦不过偶尔行之，非定例也。若敢借此敛派，累及属员，则是贪黩营私，自蹈重罪。……尹壮图虑有此等情弊，奏请将罚银之例永远停止，固属不为无见，殊不知朕之简用督抚，皆因一时无人，而又非犯侵贪徇庇之过者，以爱惜人才起见，偶有过误，往往弃瑕录用，量予从宽。即或议缴罚项，皆留为地方工程公用，亦以督抚等禄入丰腴，而所获之咎，尚非法所难宥，是以酌量议罚，用示薄惩。其案情重大，如富勒浑、雅德、闵鹗元诸人，一经罢斥，即不能复邀起用。甚至戕法营私，贪婪败检，有若王亶望、陈辉祖、国泰、郝硕等，无不按律惩治，立寘极刑，未曾但示罚而复用也。此朕权衡情罪，一秉至公，或重或轻，惟视其人之自取，并非封疆大吏身获罪愆，概得以罚银幸免。"①

乾隆帝的这道谕旨，讲的是议罪银之规是正确的，不应取消，根据有四。一是此例乃"偶尔行之，非定例也"；二是此规仅适用于"非犯侵贪徇庇之过"的督抚，"所获之咎，尚非法所难宥"，而不包括"案情重大"、"贪婪败检"的督抚，对后者是依法严惩；三是督抚若借此敛派，则是"自蹈重罪"，他们畏惩，不致因此例而走上贪污营私的绝路；四是议罚之银，"皆留为地方工程公用"。讲起来头头是道，似乎罚银例确应继续实地，于国于民，不仅无害，而且有益。

君、臣之议，截然相反，孰是孰非，看来只有让事实来裁判了。从前面《密记档》所载和珅、福长安的奏折，以及其附呈的清单，可以看出不少问题，能够说明道理并不在至尊无上的天子这一边。

其一，此乃定规。议罪银例并非"偶尔行之，非定例也"，而是自乾隆四十五年左右即已成为定例，持续了好多年。《密记档》明确写明

_____
① 《清高宗实录》卷1367，第4、5页。

是"议罪银"的罚银之规，从乾隆四十六年起，即已实行。如档册所载，三宝"奏交自行议罪银共十一万两"，自乾隆四十六年四月起，陆续交银。文绥"奏交自行议罪银八万两"，自乾隆四十六年十一月起分期交纳。和珅、福长安另一份乾隆五十二年十一月初六日的奏折及附呈的清单里，写道："乾隆四十六年二月初一日三宝奏交自行议罪银共十一万两"，可见至少在乾隆四十六年二月，即有大臣"奏交自行议罪银"的事例。而乾隆四十五年十二月十九日，全德"奏交苏州织造任内应赔罚料银并关税短少银共二万八千七百七十二两零"，西宁在长芦盐政任内"奏交赏借商人帑本银十五万两"，一分起息，分十五年完交的奏折，于乾隆四十一年六年初二日经内务府核准，自四十二年起，陆续交纳。这两桩案虽未写明"议罪银"字样，但其性质显然是属于纳银赎罪的范围。和珅、福长安于乾隆六十年初奏呈议罪银情形的奏折及附呈清单，乾隆帝于闰二月初十日下旨批示："知道了，钦此。"这也表明，此时仍在实行罚银定例。

其二，人数众多。交纳议罪银的人员，官衔不一，人数不少。仅和珅、福长安乾隆五十二年六月初一日进呈的罚银清单，就载录了全德、伊龄阿、西宁、三宝、巴延三、国栋、李质颖、杨魁、文绥、范清济、尚安、李天培、明兴、福崧、姚成烈、郑源鹴、刘峨、梁肯堂、吴垣、张万选、雅德、征瑞、双保、特成额，共24人。除范清济是商人外，其他人员绝大多数是三品以上大员，不少人任过巡抚、总督。像西宁，曾久任长芦盐政，后以内务府总管品级休致，内务府总管，官阶正二品，比官阶从二品的巡抚还高半级。巴延三，历任山西巡抚、湖南巡抚、陕西巡抚、两广总督。杨魁，历任江苏巡抚、河南巡抚、陕西巡抚和福建巡抚。李质颖，历任安徽巡抚、广东巡抚、浙江巡抚。尚安，广东巡抚。文绥，历任河南巡抚、陕西巡抚、四川总督、陕甘总督、湖广总督。福崧，历任浙江巡抚、阿克苏办事大臣、叶尔羌参赞大臣、署两江总督。姚承烈，广西巡抚、湖北巡抚。明兴，山东巡抚。刘峨，广西巡抚、直隶总督兼直隶河道总督。梁肯堂，直隶布政使、河南巡抚、直隶总督兼直隶河道总督。吴垣，广西巡抚、湖北巡抚。雅德，山西巡抚、河南巡抚、广东巡抚、闽浙总督。征瑞，长芦盐政、两淮盐政。特成额，历任总兵、领侍卫内大臣、礼部尚书、成都将军、湖广总督、云贵总督。张万选，两浙都转盐运使司盐运使（官阶从三品）。李天培，湖北布政使。伊龄阿，工部侍郎、浙江巡抚。全德，两淮盐政。郑源鹴，布政使。在这批交议罪银的人员中，三宝的官阶最高。三宝先是历任直隶、四川、湖北、湖南、贵州诸省布政使，后又历任山西巡抚、浙江巡抚、湖广总督、闽浙总督，又升任大学士，留任总督。总督、巡抚占了交纳议罪银人员总数2/3左右。

其三，庸臣受惠。既然"尸位素餐"，"非犯侵贪徇庇之过"的督抚，可以缴纳罚银而保官保职，那么这个规例岂不就成了庸官的保护伞了？要知道，督抚之中，大贪官毕竟不是很多，更多的督抚之所以能当上封疆大吏，并不是靠才能和政绩，而是或走门路，打点关系，或凭资格老年限长，或工于逢迎，才干不济，或昏昏沉沉，尸位素餐，侥幸荣任，有了这个"议罚"之规，他们更可以放心地一混再混了。姑以清单中所列的三宝为例，三宝是交纳罚银中官阶最高的大员，在历任督抚之后，还当了六年大学士，死于任中。这位三宝，何许人也？他有什么才干学识，建树了多大的功劳，为什么会久任要职，入阁拜相？查其简历才知，此人不过是平庸之辈。三宝是满洲正红旗人，乾隆四年翻译进士，授内阁中书，袭世管佐领，乾隆二十五年起，相继任直隶、湖北、湖南贵州诸省布政使，三十七年擢山西巡抚，次年移任浙江巡抚，四十二年升湖广总督。阅兵时，衡州协副将海福、沅州协副将洪昌运"皆衰老"，三宝偏袒满员，奏请以海福内授旗员，令洪昌运休致。乾隆帝以三宝"偏护满洲，显分轩轾，拒不允"。就是这样一位重满轻汉、才具平庸之辈，却于四十四年当上了大学士，还留任湖广总督、闽浙总督，后才入阁办事。乾隆四十六年原浙江巡抚大贪官王亶望案发处死，当时还曾经是留任闽浙总督的大学士三宝，因未举劾，此时被部议夺职，革其大学士职。三宝上疏自劾，奏请"交自行议罪银共十一万两"，帝批准其请，令其留任，三宝得以继续当大学士，直到病故。①

再以西宁为例。《密记档》里几次提到西宁，一次是乾隆四十一年，"长芦盐政西宁任内奏交偿借商人帑本银十五万两，一分起息，分为十五年完交"，乾隆帝批令该衙门议奏。内务府奏旨议准。自乾隆四十二年起，至五十年，共八限，西宁向广储司交过"本利银共十九万三千七百两"，下欠之银，至乾隆五十二年六月，仍未交清。另一处是"西宁奏交自行议罪银八万两"，经帝批准。自乾隆四十八年三月起，

①《清史稿》卷320，《三宝传》。

至五十二年四月，西宁向广储司库九次交过"银四万五千两"。①

这位西宁，何许人也？为何要交纳多达二三十万两的巨额罚银？这可是他几十年官俸、养廉银的总和，他交得清吗？一查，才知这位西宁，颇有来头。《清史列传》《清史稿》等书，没有西宁的传，幸好，《密记档》的另一处记载，对西宁其人及罚银之因，做了这样的叙述，引录如下：

内务府总管品级休致西宁呈请代奏《为仰恳圣恩展限事》：

"乾隆四十七年八月内，蒙中堂面传谕旨：西宁在长芦盐政多年，办理不善，以致商人拖欠甚多，着西宁自行议罪。钦此。当经宁自议缴银八万两，请限八年，每年按二季交纳，等因。仰蒙恩允在案，伏念宁受恩深重，外任三十余年，毫无报效。前于长芦盐政任内办理不善，商力疲乏，实属罪无可宥，乃蒙皇上天恩，仅令自行议罪，宁具有人心，敢不上紧设措，按限完纳，以赎前愆。缘数年以来，将家中所有房屋地亩及衣服等项尽力变抵。自乾隆四十八年起，至五十二年，已依限交纳过内库银五万两，尚有未交银三万两，而宁现有变存住房地亩，总计置价银六千余两，实不足抵应缴之项，且变卖日久，竟不能售去，本年四月内不能依限交纳，致干参处，日夜焦愁，寻思无计。适于二月内，宁胞侄书麟进京陛见，与宁面为筹划，所有现存住房地亩不足抵官项，书麟情愿将总督应领养廉银内每年交银六千两，代宁交清官项。为此呈请中堂据情代奏，仰恳圣恩赏限一年，前限尚有三年，接算共四年，以完应缴之项……尚有不敷银六千两，容宁将现存住房地亩竭力变卖，每年于十月内交一千五百两，四年交纳全完，庶于交项有着，更戴天高地厚深恩于生生世世矣。伏乞中堂代奏，宁不胜惶悚激切之至。谨呈。"②

这个西宁，看来确实是一位笨拙之员、平庸之辈，在长芦当了好多年的盐政，不但没有给朝廷保证额定盐课的如数交纳，反而课银积欠，"以致商人拖欠甚多"。可是，这样一员严重失职的庸官，为什么能在长芦久任盐政？须知此乃重要官职。以其所管盐课而言，长芦运司处于

①②《文献丛编》第25辑，《官记档》。

直隶，有8个盐场，每年要征收盐课40余万两，相当于直隶田赋丁税的20%，比四川全省地丁赋银仅少1/3。以运销而言，长芦运司所产之盐，系供应直隶和河南官民食用的，如果盐政败坏，盐商亏损，必然使得产盐减少，整个直隶省的士农工商、官绅兵卒，以及河南的许多州县，都将有淡食之灾。这样一个重要官职，怎么会让庸官西宁久任其职？这个疑问由西宁托和珅（文中之中堂，指的是和珅）上交的奏折解答了，一是西宁有一位胞侄叫书麟。书麟可非平凡之人，乃名门之后，娘娘之亲戚。《清史稿》卷343，《书麟传》载：书麟，满洲镶黄旗人，"大学士高晋子"，历任副都统、领队大臣、广西巡抚、安徽巡抚、两江总督、闽浙总督、湖广总督、吏部尚书、协办大学士，此时书麟正任两江总督。书麟既然是西宁的胞侄，那么西宁与书麟之父高晋便必然是亲弟兄了，从这个线索往上推，西宁便必然是原大学士高斌之侄了，而高斌之女是乾隆帝之爱妻慧贤皇贵妃高佳氏。这一连串的线索，追到最后，其结论是，西宁乃大学士高斌之侄，大学士高晋之弟，慧贤皇贵妃之堂弟。这样一位笨官庸官却是皇亲国戚，门第显赫，因此他能当上30多年的"外官"，能够在长芦盐政这个肥缺上一任再任。二是罚银之规，也帮了西宁的忙，他自行议罪，认交罚银8万两，从而抵消了盐商拖欠之罪，留任长芦，后来还以官阶正二品的内务府总管品级休致。从三宝、西宁之例，可以看出，罚银之规，确实大大有利于庸员笨官。

其四，贪官叫好。乾隆帝辩解谕中着重讲说，议罪银之规不适用于贪赃枉法之臣，不影响惩贪之法，但实际上却远非如此。贪官案发败露之前，一般情形是无人知晓的，或者准确点说，皇上不知，吏部、刑部、都察院没有参劾，那么，这些未曾落入法网的贪官，当然仍然是无罪之臣，仍然是封疆大吏，也就可以利用罚银赎罪的规定交银保官，继续为非作歹了。这不是推理，而是事实俱在，根据充分。最能说明这个问题的就是上述和珅、福长安于乾隆五十二年清单上列举交纳罚银的官员名单。其中突出的例子有三个。一是福崧之案。清单载称："和珅等代奏：福崧名下应交银二十万两零，内已完过银四万三千两，现交银二万两，等因一折。奉旨：知道了。钦此。于乾隆五十一年十一月内广储司库收过银二万两，又于五十二年十月内户部收过银五千两，其余尚未收到。"这里讲到的福崧，乃湖广总督硕色之孙，历任道员、按察使、布政使、浙江巡抚。平阳知县黄梅侵吞帑银，勒索百姓，赃银多达20余万两，被革职处死，福崧身为巡抚，对此重大贪案未能举发参劾，被革职问罪。福崧奏请愿交自行议罪银20万两，乾隆帝允许其请，将其降为二等侍卫，遣往新疆，担任和阗帮办大臣。此后，福崧不断升迁，历任叶尔羌参赞大臣、江苏巡抚、署两江总督、浙江巡抚，乾隆五十七年以向浙江盐道柴桢索贿"十一万两，又侵公使钱六万有奇"，被革职处死。

第二个例子是伍拉纳案。和珅、福长安于乾隆六十年初奏报自乾隆五十九年十月以后，议罪银征收情况时讲道："伍拉纳奏交自行议罪银三万两，等因一折，奉朱批：览。钦此。乾隆五十八年八月内，广储司库收过银一万五千两，又于五十九年十月内广储司库收过银一万五千两完讫。"这里讲到的伍拉纳，可不是平民百姓，而是觉罗，从笔帖式起，历任福建布政使、河南巡抚，乾隆五十四年升任闽浙总督，以其于五十八年交纳自行议罪银3万两，得以继续稳坐闽浙总督的太师椅。就是这个伍拉纳，与福建巡捕浦霖，"贪纵、婪索诸属吏，州县仓库多亏缺"。伍拉纳仅"受盐商赆"，即多达白银15万两，案发之后，被押解京师斩决，籍没其家，"得银四十万有奇，如意至一百余柄"，乾隆帝"比之元载胡椒八百斛"。[①]

第三个例子是郑源鹴。和珅于乾隆五十二年六月呈上的清单载称："和珅代奏：据布政使郑源鹴因承审谭体元捏案不实，自请议罪银三万两，解交（浙江）海塘备用。又农起奏：布政使郑源鹴承审草率蒙恩留任，自请议罪银三万两，解交豫省河工备用。前后共银六万两（已交五万两）。"郑源鹴乃湖南布政使，布政使官阶从二品，每年俸银是155两，湖南布政使每年的养廉银是8000两，这两笔钱，要养家糊口，要聘请几名师爷（一名师爷年薪总得上千两），要雇用长工、轿夫、厨子等人役，如不贪污，如果节俭，倒还可以周转得开，一年能积攒几百两乃至一二千两，设若摆排场，挥霍浪费，可就不够开销了。在这样的条件下，假如不是别有打算，郑源鹴哪能交得起六万两议罪银，哪会去认交这笔巨款！显然，没有贪赃枉法的想法，郑源鹴是不会这样做的，事实就是这样的。郑源鹴交了议罪银，保住了布政使，就继续贪污挥霍，为非作歹。《清史稿》卷339，《郑源鹴传》载称："乾隆季年，诸贪吏首（王）亶望，次则郑源鹴。"后来有人参劾郑源鹴："需索属员多金，

①《清史稿》卷339，《伍拉纳传》。

方准到任，各员借书役为之干办，遂纵令吓诈浮收，苦累百姓。"经巡抚姜晟查明，郑仅"收发库项，加扣平余"，便勒索白银8万余两。郑自己又供称："署内眷属几三百人，自蓄优伶，服官奢侈。"嘉庆帝对郑源鹴之贪案十分震惊，专门下谕痛加谴责说：

> "若署内自养戏班，则习俗攸关，奢靡妄费，并恐启旷废公事之渐。况朕闻近年各省督抚两司署内教演优人及宴会酒食之费，并不自出己资，多系首县承办，首县复敛之于各州县，率皆腅小民之脂膏，供大吏之娱乐，辗转苛派，受害仍在吾民。湖南地方虽尚未激变，而川楚教匪借词滋事，未必不由于此。……嗣后各省督抚司道署内俱不许自养戏班，以肃官箴而维风化。再郑源鹴供内，有眷属人口几及三百人之语，伊系一藩司，而署内食指如此甚众，用度浩繁，其侵贪数逾八万两，亦势所必然。"[1]

其五，罚银多入内库。乾隆帝所谓罚银系"皆留为地方工程公用"，这简直是睁眼说瞎话，纯是掩人耳目之欺人之谈。和珅、福长安于乾隆五十二年奏呈的议罪银两交纳情形的清单，就是最有说服力的证据。和珅、福长安奏述自五十一年十二月十三日以后，到五十二年五月底，议罪银案共计24起，累计共银168万两，其中只有32万两是钦命拨解浙江海塘、河南河工及留存本省（直隶）公用，仅占总数的20%，其余银子都收存于内务府广储司库。[2]

综上所述，完全可以肯定，议罪银之规，于国于民皆有百害而无一利，特别是对于吏治的败坏、官僚的贪婪，更是给予了很大的推动。它只有利于皇帝、奸相和贪官，它为乾隆皇帝的内库和奸相和珅的私库，提供了源源不断、滚滚而来的巨量银子。议罪银之规害了百姓，乐了贪官，肥了皇帝及和珅，的确是该革该废。

（二）直言招祸

尹壮图奏请革除"议罪银"的奏折，虽然切中时弊，绝对正确，但

---

①《清仁宗实录》卷45，第6、7页。

②《文献丛编》第25辑。

是他想必也知道，此举是冒着很大风险的。尹壮图既系进士出身，又被选为庶吉士，在馆培育三年，散馆之后，授礼部主事，迁郎中，考选江南道监察御史，累迁至内阁学士，兼礼部侍郎，在官场混了一二十年，对官场情形当然了解。尤其是此时正是和珅专权，势倾朝野，御史曹锡宝因弹劾其家奴刘全，被和珅阴谋陷害，被革职留任，含愤而死。尹壮图不会不知道"议罪银"之规是和珅奏准才实行的，要革此规，必然得罪和珅，招来杀身之祸，曹锡宝之死，即系前证。而且，此事还涉及各省督抚藩臬，他们也会怪罪尹壮图。一位没有皇亲国戚相国尚书作后盾的清闲学士，怎能革除权相和珅倡立之规？确系危险之极。因此，当尹壮图反复思考，最后决心冒死一谏，起草奏疏之时，其弟尹英图十分担心。昭梿记述此情况："当其草疏夜，秉烛危坐，竟夕抄录，其弟英图代为之危，屡窥其门。公笑曰：'汝照常困眠，不必代兄忧虑，区区头早悬之都市矣！汝代余养老亲之天年可也。'其忠鲠也如此。"①

事态的发展，果然不出尹壮图及其兄弟的预料，一场杀身灭门的大祸很快就降临到尹壮图头上。

尹壮图此奏，本不算是错误。奏中所讲督抚派令属员交银，以及属员借此挟持上司之事，早已层出不穷，若从制度上加以预防，未必非计，即使所见欠妥，尽可置之不理，几十年来臣工进呈几千几万道奏章，真知灼见者有几？还不是"报闻"了结，不值得大惊小怪，此章亦可照此办理。不料，乾隆帝阅过此疏后，甚为不满，于五十五年十一月十九日下谕，指责尹壮图所言对"贪黩营私自蹈重罪"之官，处以罢斥或改用京员，是"名为严之，实以宽之"，"各督抚必感尹壮图此奏矣"。他也讲到，尹壮图这样上奏，可能已知实有其弊，命其指明违法之督抚、属员的姓名，如果查实，必重治其罪。②

尹壮图遵旨复奏说："各督抚声名狼藉，吏治废弛"，"经过之直隶、山东、河南、湖广、江、浙、广西、贵州等省"，"体察官吏贤否，商民半皆蹙额兴叹，各省风气，大抵皆然"。"疆臣中唯李世杰、书麟独善其身"。"请简派满洲大臣，同伊密往各该省盘查亏空"。③尹壮图确实是个书呆子。这个在乾隆三十一年就已考中进士之人，经过

①昭梿：《啸亭杂录》卷7，《尹阁学》。

②《清高宗实录》卷1367，第4、5页。

③《清高宗实录》卷1367，第7页；《清史稿》卷343，《书麟传》。

24个春夏秋冬，却始终在礼部主事、郎中、御史、学士中转来转去，外而抚台、藩、臬之位，内而九卿之缺，皆未谋上，可见其从政乏术。他也不想一想，这样的复奏，会带来什么后果？他之奏疏不是仅只指责某省某位督抚或二三省的制台大人、抚台大人，这已经暗藏着很大危机，他还将全国各省的总督、巡抚通通囊括在内，一网打尽，斥责他们是"声名狼藉"，所辖省区是"吏治废弛"，商民对官员之贪婪横行是痛心疾首，"蹙额兴叹"，并且是"各省风气，大抵皆然"。他还要同满洲大臣亲往各省盘查亏空。这样一来，尹壮图谴责和打击的范围就太广泛了，涉及之人太多了。不管尹壮图是出于何种考虑，是有意还是无意，但事实上他的矛头是直接对准了整个官僚集团。总督、巡抚固然是其命中之的，藩臬二司、道、府、州、县官员也不能幸免，全国的地方官都是贪官劣员，各省吏治俱皆废弛。而且，进一步看，这几千名"父母官"是怎样上任的？还不是由大学士、军机大臣、吏部户部尚书等九卿，亦即中央机构高级官员推荐、奏准而委派的，他们这样声名狼藉却能安然无恙稳坐大堂，自然是朝廷没有觉察，如其罪过属实，京师部院大臣和阁辅皆有失察之过，俱有徇情容隐之责，并且还可能有纳贿交结通同作弊之嫌。这样一来，从朝中一二品大臣到省府州县官员，不是赃银上万两的贪官墨吏就是隐恶、徇情、党庇的庸相劣臣，由这上万名官员组成的官僚集团岂不是腐朽透顶，岂不应予清除，重建新的执政集团？尹壮图更没有想到，照此追究下去，必然要涉及当今皇上。京师、地方官员如此贪婪、无能，自诩明察秋毫任人唯贤的乾隆皇帝又当何罪？如果民皆怨叹，爱民如子自封"盛世"的万岁爷又该有何想法？英明天子岂不成了重用劣员、残害百姓的暴主昏君，皇上能不生气，又将招致何种后果？

局势正是朝着不利于尹壮图的方向迅速发展的。尽管尹壮图所说，确系实情，讲清了时弊，但是，执政初期曾多次下谕鼓励臣僚直言诤谏之乾隆帝，这时却大发雷霆，屡降明旨，严责尹壮图。他于五十五年十一月初十日，即览尹之疏的当天，便下达专谕说：自谓勤政爱民，惩治贪官，"从不稍存宽假"。"自御极以来，迄今已五十五年，寿跻八秩，综览万几，自谓勤政爱民，可告无愧于天下，而天下万民亦断无泯良怨朕者"。"若如尹壮图所奏，则大小臣工等皆系虚词贡谀，而为期罔，而朕五十余年以来，竟系被人蒙蔽，于外间一切情形，全无觉察，终于不知者"。着尹壮图将何省亏空等弊一一指实复奏，否则将"自蹈欺罔之咎也"。①

他随即连下谕旨，继斥其非，并命户部侍郎庆成带尹壮图往查各省仓库。庆成所至省府，"辄游宴整日，乃发仓库校核"，当地官员早已设法挪补，故所察仓库皆完满无亏，尹壮图毫无办法，只有自认罪过请求处分。乾隆帝抓住此事，多次下谕严厉斥责尹壮图。现将其于五十六年正月初十日一道总结性的谕旨，摘录如下：

"前据尹壮图具奏，督抚因有赔项，派累属员，以致仓库多亏，小民兴叹，屡经降旨询问，尹壮图全改其言，虚誉朕爱民勤政。及至讯其实事，尹壮图节次复奏，总不能指实一人一事，因令庆成带同赴山西、直隶、山东、江南等省，盘查仓库，俱无亏短，是尹壮图逞臆妄言，其罪已无可宥。……

"至其所称吏民蹙额兴叹之语，则实造作无稽，天良尽泯之言，不可不辨。试思我国家列圣相承，厚泽深仁，洽于寰宇。圣祖仁皇帝御宇六十一年，普免天下钱粮一次，漕粮一次。世宗宪皇帝十三年中，整纲饬纪，内外肃清，爱民实政，不可殚述，其时因筹办西北两路军粮，未暇议及普蠲之事。迨朕缵绪承庥，临御五十六年，偏灾赈恤，蠲贷频施，以及修筑河工海塘，捍卫民生，所费何止万万。而普免天下钱粮四次、漕粮二次，为数又不啻数千万万，孚惠闾阎，有加无已。朕历观史册，自胜国以溯汉初，仅有汉文帝赐农民田租之半，史臣已侈为美谈，从未有如我朝普免正供再三再四者。朕爱养黎元，如伤在抱，唯恐一夫不获，施惠犹以为不足，是以宵旰忧劳，勤求民瘼，迨今年逾八秩，犹日孜孜，无事无时不以爱民为念，虽底小康，犹怀大惕，从不肯矜言示惠。……乃尹壮图忍为此蹙额兴叹之言，直似方今天下民不聊生，不特诬及朕躬，并将亿兆黎民爱戴悃忱，全为泯没，故不得不将朕子惠元元之实政实心一为剖析。……兹如尹壮图所言，竟已民不堪命，何以百数十年海宇清宁，地方无事，即有王伦、苏四十三、田五、林爽文等一二乱民聚众滋事，亦无不立就扑灭，民皆安堵。……

"至于宫中嫔御，以及给使女子，合之皇子、皇孙等乳姬使婢，约计不过二百人，实从古宫闱所未有。朕以躬行节俭为天下先……

①《清高宗实录》卷1367，第7—11页。

"至现在纪纲整肃，内外大臣实无敢有营私枉法者。康熙、雍正年间，虽法度严明，吏治整饬，尚不免有明珠、徐乾学、索额图、噶礼、隆科多、年羹尧诸臣窃权交结，鄂尔泰、田文镜、李卫亦尚有三家鼎峙之说。自朕临御以来，大学士傅恒为朕倚任多年，恪恭奉职。讷亲亦为朕所向用，因贻误军机即行正法，而平日居官并无贪黩之事也。且近日总督中，如福康安为朕信任之人，毕沅与前任总督书麟、李世杰辈均系素能办事者，有敢于公然角立门户营私舞弊者乎？其有贪婪不法如王亶望、陈辉祖、国泰、郝硕诸人，一经败露，无不立置典刑，天下各督抚当此吏治肃清之际，即有不肖之心，亦必默化潜移，岂敢以身试法！夫各督抚……倘谓藉端赔项派累属员，则断断不敢为此……

"总之，尹壮图谬妄无知，以蹙额兴叹之言诬及朕躬，诬及百姓……尹壮图不但无君，而且无亲，人伦尽丧，岂可忝居朝列，玷辱缙绅。尹壮图着革职，交与庆成押带来京，交刑部治罪。"①

过了24天，五十六年二月初四日，乾隆帝下谕，对尹壮图的上奏做了处理。他说：前因尹壮图奏督抚借词赔项，勒派属员，"仓库遂致亏缺，商民蹙额兴叹"，遂几次降旨询问，令其据实指出，并派侍郎庆成带同前赴直隶、山西、山东、江苏等省盘查，"尹壮图目击各省库项丰盈，仓储充足，并无丝毫短缺，而往来数千里内，复见商贾士民安居乐业，共享升平，实无地方官滋扰之事，伊又全改前言，自认为愚谬妄谈"。大学士、九卿照挟诈欺公妄生异议律，拟将尹立即斩决。尹壮图摭拾虚词，妄行渎奏，原难从宽；其造作无稽，污蔑良民，其咎更无可宥，然朕"不妨以谤为规"，着加恩免治其罪，以内阁侍读用，仍带革职留任，八年无过，方准开复。②

乾隆帝对尹壮图之据实直谏，如此加以无理指责，并几乎将其处死，实为大谬，纯系以势压人横不讲理，这将阻塞言路，危害吏治。更加严重的是这些谕旨充分反映出，自诩明君的乾隆皇帝已无先年励精图治、知错改错、转失败为胜利、化挫折为成功的英君气魄，而变成为盲目自大、耳塞目花、文过饰非的昏庸之帝。简要说来，他在五个方面的

---

① 《清高宗实录》卷1370，第13—19页。

② 《清高宗实录》卷1372，第4—7页。

判断，与实际情况不符，甚至是完全颠倒的。其一，他自称"无事无时不以爱民为念"，而此时之政却不是爱民而是害民。其二，他认为各省仓库"均属充盈"，其实却是亏缺甚多。其三，他自诩已达"盛世"，"海宇清宁，地方无事"，实则却是"民不聊生"，"大乱"即起。其四，他将贪污盛行，"政以贿成"的污浊局面，美化为"吏治肃清之际"。其五，他夸称大权独揽并无大臣揽权营私，不料此际却是和珅专权，乱政误国。一句话，他陶醉在英明天子太平盛世的美梦之中，却不知好景即将消失，全盛之势业已渐失，盛世将要一去而不复返了。

乾隆帝的这种错误判断和盲目自满、讳过喜功的思想境界，使奸佞小人得以投其所好，乘虚而入。早在30年前他之此弊尚不太严重之时，大学士、陕甘总督黄廷桂便深知皇上的脾气，尝言："事英主有法。若先有市惠、好名、党援诸病，为上所知，便一事不可行。"①正是由于乾隆帝的上述致命弱点，才为和珅专权敞开了大门，才使他所亲自倾注了大量心血而促成的"盛世"，逐渐转向衰落。

二、和珅乱政

（一）粘杆处侍卫

和珅，原名善宝，字致斋，钮祜禄氏，满洲正红旗人。《清史稿》等一些史书载称，和珅"少贫无籍"，出身低贱、低微。这种说法是错误的。

和珅的姓，是钮祜禄，钮祜禄氏是满洲八大姓之一，尤其是英额峪的钮祜禄氏，更出现了好些门第显赫的文官武将和皇亲国戚。比如，额亦都，是清朝开国元勋，任至五大臣之一，死后追封弘毅公。额亦都初娶太祖努尔哈赤族妹，后"尚和硕公主"。额亦都之次子达启、八子图尔格皆娶太祖之女和硕公主，其女嫁皇太极，是太宗的元妃。额亦都的一个孙女是康熙帝的孝昭仁皇后，另一孙女是温僖贵妃。额亦都的第八子图尔格初封三等公，后晋一等公世袭。

和珅的祖先也住居英额峪，虽非额亦都的同族，可是，也出了一些文臣武将。英额峪，在今辽宁省清源县境内，离努尔哈赤居住的新宾县赫图阿拉不远，兼之额亦都又在努尔哈赤1583年兴兵以前就跟随太祖，

①《清史稿》卷323，《黄廷桂传》。

所以，和珅的祖先，有不少人很早就投门英明汗。和珅的九世祖噶哈察鸾及其子达古山巴颜，其弟额赫里萨满，其亲侄赖卢浑等人，皆投归太祖。其中，赖卢浑一支官运最为亨通。赖卢浑曾系哈达都督，又"率本地方人来归"，故受到太祖厚待，编其率来之人为牛录，"令其孙库尔禅统之"。赖卢浑的一个儿子叫索塔兰。努尔哈赤"以女妻索塔兰"。索塔兰任至副都统。其次子库尔缠颇受太祖、太宗赏识和重用，任至弘文院大学士。库尔缠之弟库拜，任至吏部参政（侍郎），授一等轻车都尉。赖卢浑之子、孙、曾孙苏拜、汪古理等20余人，分别任头等侍卫、长史、都统、副都统、副都御史等职。

相比之下，噶哈察鸾一支，领兵做官的人员就比较少了。噶哈察鸾及其长子达古山巴颜皆无官职。直到噶哈察鸾的曾孙，即四世孙，才出了四位官员，一位是倭琛，行伍出身，任至副都统，授骑都尉世职，又加一云骑尉，后缘事革职。一位是阿尔吉禅，原任郎中，兼佐领。另两位是雅尔吉和达珠瑚，俱任护军校。噶哈察鸾的五世孙，即元孙，有9人当过文官武将，如锡礼军、常绥、鄂克济哈，分别任过护军校、步军校和骁骑校（正六品），纳鼐任山西布政使，图尔泰、爱唐阿、硕礼和、拉汉泰任过御史、给事中、郎中。尤需一提的是和珅的五世祖即高祖父尼雅哈纳，行伍出身，在太宗时从征，"过北京，征山东，梯攻河间府，首先登城，克之，赐巴图鲁号，授三等轻车都尉"。轻车都尉是公、侯、伯、子、男这五等封爵之下的封号，相当于官阶正三品。尼雅哈纳之孙阿哈硕色袭祖世职后，又兼任佐领，雍正九年从征准噶尔时，于和通呼尔击敌阵亡，后追赠一云骑尉（官阶正五品）。尼雅哈纳的曾孙，即噶哈察鸾的八世孙常保，就是和珅的父亲，袭尼雅哈纳的三等轻车都尉与阿哈硕色追赠的一云骑尉世职。[1]

和珅的父亲常保袭了曾祖父尼雅哈纳的世职后，还在八旗军里任过职，当上了副都统。[2]

副都统，官阶正二品，是个位尊有权的重要官职。在北京十几万八旗军队里，每旗只有一位都统、两位副都统。满洲八旗、蒙古八旗、汉军八旗一共只有48位副都统。都统、副都统的职责和权力是"掌八旗政令，宣布教养，厘诘戎兵，以赞旗务"，即掌管八旗事务。另外，全国

①《八旗满洲氏族通谱》卷5，《噶哈察鸾》；《清史列传》卷35，《和珅传》。

②《清史列传》卷29，《和琳传》。

各地的驻防八旗军十余万人，也有副都统。各省驻防八旗的最高官将是将军和都统，皆是正一品，一共有13位将军和两位都统。为将军、都统左右手的副都统有33位，其中，独当一面没有将军兼辖的副都统有4位，属将军兼辖的副都统是29位。将军、都统、副都统"掌镇守险要，绥和军民，均齐政刑，修举武备"。简言之，不管是北京八旗的副都统，还是各省驻防八旗的副都统，都是地位很高权力颇大的军界要员。副都统是二品大员，每年支领俸银155两、米155石，又领养廉银500两，仅此正额俸银俸米养廉银，数量就相当多，还不要说其利用职务和权力，来盘剥属人，大发横财了。常保又袭有三等轻车都尉世职，每年又可领俸银160两、米80石，常保只有和珅、和琳两个儿子，家庭人口不多，经济条件属于上等。由此可见，从和珅的曾祖父尼雅哈纳起，到他的父亲常保，皆是有世职的官宦之家，尤其是其父任至副都统，二品大员，门第也相当高贵了。有了这样的家庭，和珅怎能说是出身低贱、低微呢？

和珅生于乾隆十五年（1750年），十多岁后进入皇宫西华门内的咸安宫官学读书，成绩较好，能"少小闻诗达礼"。乾隆三十二年，18岁的和珅与当时任官阶正二品的内务府总管大臣、户部侍郎英廉的孙女结婚。由于与继母的关系不好，少年时期的和珅经济条件并不好，这也可能是《清史稿》所说其"少贫无籍"的原因。但是，到20岁时，和珅情形就有了好的变化。

乾隆三十四年，和珅开始摆脱了困境，因为他承袭了高祖尼雅哈纳的三等轻车都尉世职。这个世职给和珅带来了相当可观的收入。三等轻车都尉岁俸为银160两、米80石。银1两大致可以买米1石。这笔收入不小。当时，官居正二品的总督、侍郎和从二品的巡抚、布政使岁禄才银155两、米77石，还低于三等轻车都尉所领之数。和珅有了这笔可观的固定收入，就可以安享中等以上的生活水平。这一世职在政治上给和珅带来更大的好处，为他提供了一条接近万岁爷的便捷之径。既然他的高祖尼雅哈纳是开国功臣，那么，其后人就有可能随侍帝君了，因此和珅袭三等轻车都尉不久，便于乾隆三十七年授三等侍卫，旋补粘杆处侍卫。

三等侍卫，官阶正五品，每年岁俸银80两，禄米80石，粘杆处，即尚虞备用处。昭梿的《啸亭续录》卷1，《上虞备用处》条载称："定制，选八旗大员子弟之矫捷者为执事人，司上巡狩时扶舆、擎盖、罟雀之事，名曰上虞备用处。盖以少年血气贲张，故令习诸劳勤，以备他日干城侍卫之选。实有类汉代羽林之制，而精锐过之，盖善于宠驭近侍之制也。"

粘杆处三等侍卫，官阶虽不高，但经常随侍皇帝出巡，接近皇帝，就有了与皇帝回奏、回答的机会，从而为和珅的飞黄腾达创造了十分有利的条件。清人对和珅借此条件蒙帝重问而得以发迹的情形，做了下述几种记述。

陈焯的《归云室见闻杂记》载称："和珅起自寒微。以生员銮仪卫一小职，扈从上临幸山东。上喜御小辇，辇驾骡，行十里一更换，其快如飞。一日，和珅侍辇旁行，上顾问是何出身，对曰生员。问汝下场乎？对曰庚寅（乾隆三十五年）曾赴举。问何题？对孟公绰一节。上曰：能背汝文乎？随行随背，矫捷异常。上曰：汝文亦可中得也。其知遇实由于此。比驾旋时，迁其官，未几躐居卿贰，派以军机，凡朝廷大政俱得与闻，朝夕论思，悉当上意。"

陈康祺在《郎潜纪闻》卷4，《和珅蒙恩眷之缘》条目中写道："闻其始，特銮仪卫一校尉。一日警跸出宫，上偶于舆中阅边报，有奏要犯脱逃者，上微怒，诵《论语》'虎兕出于柙'三语。扈从诸校尉及期门羽林之属，咸愕眙互询天语云何。和珅独对曰：'爷谓典守者不得辞其责耳。'（凡内臣称上皆曰老爷子，或曰佛爷）上为霁颜。问汝读《论语》乎？对曰：然。又问家世、年岁，奏对皆称旨。自是恩礼日隆。"

薛福成在《庸庵笔记》卷3，《轶闻》之《入相奇缘》中说："一日大驾将出，仓促求黄盖不得。高宗云：'是谁之过欤？'各员瞠目相向，不知所措。和珅应声云：'典守者不得辞其责。'高宗见其仪度俊雅，声音清亮……遂派总管仪仗，升为侍卫，洊擢副都统……尊宠用事，旋由尚书授大学士。"

和珅就是这样以自己的聪明才智和善于临机应变，博得了皇上的欢心，立即于乾隆四十年闰十月迁乾清门侍卫，十一月擢御前侍卫，授正蓝旗满洲副都统。

（二）一等公、大学士

和珅蒙帝赏识，青云直上，乾隆四十年闰十月迁乾清门侍卫，十一月擢御前侍卫，授正蓝旗满洲副都统。四十一年正月和珅授户部右侍郎，三月为军机大臣，四月授内务府总管大臣，十一月充国史馆副总裁，赏戴一品朝冠，十二月总管内务府三旗官兵事务，赐紫禁城骑马，四十三年又兼步军统领，监督崇文门税务。乾隆四十五年是和珅春风得意之年。这一年，他口衔帝命赴云南查办总督李侍尧贪污案，晋户部尚书兼议政大臣，兼御前大臣，补镶蓝旗满洲都统，授正白旗领侍卫内大臣，充四库馆正总裁，兼办理藩院尚书事务。这一年五月二十日，乾隆帝又特下谕旨：“尚书和珅之子赐名丰绅殷德，指为十公主之额驸，赏戴红绒结顶、双眼孔雀翎，穿金线花褂，待年及岁时，再派结发大臣，举行指婚礼。”四十六年和珅奉帝旨，带钦差大臣关防前往兰州，平苏四十三起义，旋被召回京师，兼署兵部尚书，管理户部三库事务。四十七年和珅加太子太保，充经筵讲官，第二年赏戴双眼花翎，充国史馆正总裁和文渊阁提举阁事，四十九年调吏部尚书、协办大学士，管理户部，五十一年晋文华殿大学士，仍兼吏部、户部事，五十三年以承书谕旨有助于平台湾林爽文起义，封三等忠襄伯，赏紫缰，五十五年又赏给黄带，此后不断增兼新职。嘉庆三年（1798年）以“襄赞机宜”，于擒白莲教首领王三槐时晋一等忠襄公。

和珅之子丰绅殷德于乾隆五十四年娶帝最钟爱之皇十女固伦和孝公主，封固伦额驸，授御前大臣，不久擢护军统领兼内务府总管大臣，总理行营事务。和珅之弟和琳原系一小小笔帖式，仗兄之势，不断升迁，任至尚书、总督、都统，督办贵州征苗军务，卒于军，晋赠一等公，以其子丰绅伊绵袭爵。

和珅由一个少年家贫应试不中的文生员，经乾隆帝一手提拔，飞跃高升，成为一等公、首辅大学士、领班军机大臣，身兼多种要职，荣为万岁爷的亲家翁，满门显贵，位极人臣，真算是荣华富贵无以复加了。

和珅之所以受到皇上如此特殊宠信和委以大权，成为主持朝政的宰相，并非因其才华横溢，学富五车，文武双全，而完完全全是由于天子的错爱。论才学，和珅仅系一名落孙山的小小文生员；言治政，他不止一次因“扶同瞻徇”“拟罪轻纵”“回护”劣员而遭帝训诫降级留任；谈武略，他之水平更为低下。乾隆四十六年夏，甘肃苏四十三起义，帝命和珅、阿桂前往统军征剿，大学士阿桂时在河南督办河工，未即赴甘，和珅先往。和珅“自负其才”，欲于阿桂到来之前扑灭起义，分兵四路进攻，失利，总兵图钦保阵亡。和珅既匿败不奏，又归过于下。原礼亲王昭梿就此评述和珅之无能及阿桂的才智说：“和因自负其才，欲于公（阿桂）至前先时驱灭，乃刻期进师，卒为所败。又所调至将帅，俱不为所用，和每发一议，众辄沮之，亦不能难也。及公（阿桂）至，和出迎，公问其失机状，和赧然曰：将帅皆傲慢，不为吾用，公请试之。公曰：然则斩耳。和复问进兵状，公笑不答，令诸将帅于次日晨集辕前。公每呼一将入，辄命和坐其侧，公有所调拨，及命屯戍处，其人辄应如响，如是者数，和坐上甚恚愤。公部署毕，问和曰：诸将初不见其慢，尚方剑不知诛谁之头也。和战栗无人色。公乃命和即日衔命归。"[1]乾隆帝并不知悉这些情形，但他从和珅劾奏击敌有功之将领海兰察，已看出其颠倒是非等过失，数发谕旨加以训斥，又下部议，将其降三级留任。

和珅既无文治，也无武功，资历又浅，还非正科出身，威望自然不高，且其在大学士和军机大臣中，相当长时间都仅只名列第三位、第四位。同僚阿桂、嵇璜、王杰、福康安等，皆系多年军国重臣。阿桂是相门之子大帅之才，军功卓著，特封一等诚谋英勇公，从乾隆四十二年起任大学士，在四十六年至嘉庆二年去世之前连任16年首辅和领班军机大臣。嵇璜亦系宰相之子，治河有功，从四十五年起任大学士直至五十九年去世。王杰是乾隆二十六年状元，蒙帝赏识，信任不疑。福康安是皇上的亲内侄，军功累累。论资历、门第、威望、才干和人品，哪一位都比和珅强。可是，从乾隆四十六年以后，特别是五十一年以后，在受帝宠任和委以大权上，这四位大学士没有一位能比得上和珅。出现这种特殊局面，并非由于其他什么因素，而完完全全是因为乾隆帝中了圈套，错爱了和珅。

和珅虽不谙治国统军，无甚功业，却擅长于揣摩帝意，迎合君旨，玩弄权术，故能博取万岁欢心，蒙受特宠。这在乾隆四十六年增补兵额问题上，表现得非常清楚。康熙中，各省提督、总兵等将官即有空名坐粮，雍正八年以文官有养廉银，遂正式规定武官养廉名粮数额，提督亲丁名粮80分，总兵60分，副将30分，参将20分，均马步各半。游击15分，都司10分，守备8分，把总4，分马一步四，此各级武官应得的虚粮。乾隆四十六年，乾隆帝欲将此虚粮及红白赏恤银两俱由部拨，各省提督、总兵以下武官之"公费名粮"，"亦改照文员之例，议给养廉，所扣兵饷，即可挑补实额"，计京营及陕甘添补满汉兵约2万名，各省添

---

[1]《啸亭杂录》卷10，《阿文成公用兵》。

补绿营兵粮实额数万名，加以改给养廉银及兵丁红白赏恤等项，每年需银300万两。帝询问阿桂有何意见。尚在河南督办河工的大学士阿桂复奏："国家经费，骤加不觉其多，岁支则难为继。此项经费岁增三百万，统计二十余年即须用七千万两"，请不添补腹里省分之兵。乾隆帝不听其言，于四十六年九月二十八日下谕，坚持增兵说：国家"财赋充足"，普免天下钱粮三次漕粮两次及地方赈济与新疆、金川军需，"所费何啻万万"，而赋税并未增加，"现在户部库银尚存七千余万两"，支付这新增之三百万两岁费，绰绰有余。"朕意究以多添兵力，不惜经费为是"。着大学士、九卿、科道详筹议奏。

和珅深知帝必行此法，故极力赞成。大学士、九卿、科道于十月复奏："现在统计部库每年出入大数，余银九百万两有零，户部经理一切裕如，所有各省挑补名粮，议给养廉，请遵照前旨，不论腹地边陲，一律办理。"乾隆帝于十月二十一日降旨批准此议。随即添补满汉兵士65143名，每岁增支军费银300万两。

和珅善体帝意，摸透帝之心思，奏请行帝之想说想行而未即启口之事，在李侍尧案的处理上，也显示得十分清楚。

李侍尧是清朝开国元勋汉军"抚顺额驸"李永芳的四世孙，蒙帝夸奖为"天下奇才"，迅速擢升，历任尚书、都统、湖广总督、两广总督、云贵总督，授大学士，袭祖爵二等昭信伯。因被劾收贿贪污，乾隆帝于四十五年正月下旬派户部尚书和珅、刑部侍郎喀宁阿为钦差大臣，前往查审。和珅很快就查明大学士、伯、云贵总督李侍尧收受属官庄旋金等官贿银及勒索来的赃银3万余两。按律量刑，李侍尧当立斩不饶。可是，和珅知道乾隆帝赏识李之才干，不想杀李，遂奏请将李侍尧拟处"斩监候"。大学士、九卿核议后，改拟"斩立决"。乾隆帝谕命各省总督、巡抚各抒己见，绝大多数督抚赞同大学士、九卿拟议的"斩立决"。最后，乾隆帝于四十五年十月初三日下谕宣布，采纳和珅"斩监候"的拟议，定为"李侍尧着即定为斩监候，秋后处决"。仅仅过了几个月，乾隆帝即谕命李侍尧为陕甘总督，后移任闽浙总督，又以其在镇压台湾林爽文起义时有功，复其伯爵，图形于紫光阁。①可见和珅之能善体帝意，其他大臣在这个关系自己仕途升降的重大问题上，没有一个人赶得上和珅这方面的才干。

①《清高宗实录》卷1116，第4、5页；《清史稿》卷323，《李侍尧传》。

和珅还善于聚敛银财，供皇上支付各种费用。正因为和珅擅长逢迎，摸透了，也迎合了乾隆帝志得意满、好大喜功、爱听谀言、文过饰非、自诩明君的心理，按其意旨行事，又善于敛财，因此受到帝之特殊宠信，成为乾隆帝的唯一心腹和代理人。

（三）专权乱政　富可敌国

有了皇上的宠信和庇护，和珅便肆无忌惮地揽权索贿，乱政祸国。和珅是大学士、军机大臣，兼管吏部、刑部、户部、理藩院、户部三库、太医院、御药房等衙门，又兼翰林院掌院学士，屡充殿试读卷官，拥有这样一批显赫头衔，皇上又对其言听计从，百般庇护，因此和珅基本上掌握了用人、理财、施刑、"抚夷"等方面的大权。

和珅聚敛财富的主要方式是任用官员索取贿银。兵部侍郎玉保系乾隆四十六年进士，颇有才华，为乾隆帝赏识，欲用为山西巡抚。但和珅因已受另一人之贿，遂荐"其资格较玉某为深，上从和言"，玉保因此气愤忧虑成病，40岁时即去世。[1]内至九卿，外至督抚司道，不向和珅纳银献贿，不是和珅亲友，是很难当上官的，即使到任，也不能长留，甚或被和珅阴使诡计而革职罢官遣戍，直至处死，从而形成了"和相专权，补者皆以赀进"，"政以贿成"的严重混浊局面。[2]

这样一来，吏治败坏，贪风盛行。像昏庸无能的苏凌阿，因与和珅之弟和琳联姻，从吏部员外郎超擢兵部、工部、户部侍郎，再迁户部尚书，后晋大学士兼署刑部尚书。当其出任两江总督时，"贪庸异常，每接见属员曰：皇上厚恩，命余觅棺材本来也。人皆笑之"。[3]江西巡抚陈淮，"性贪婪，又信任南昌令徐午，人争怨之。其民谣云：江西地方苦，遇见陈老虎，大县要三千，小县一千五。过付是何人，首县名徐午"。[4]户部银库郎中一职，本系肥缺，欲谋此职者，必向和珅献银，才能授职就任，因此此官"任意贪纵，侵盗官项，又勒索运饷，外吏经年累月不时兑纳"。[5]

---

① 《啸亭续录》卷3，《玉阆峰侍郎》。

② 《啸亭杂录》卷4，《松相公好理学》。

③ 《啸亭杂录》卷8，《苏相国》。

④ 《啸亭杂录》卷10，《嘉庆初年督抚》。

⑤ 《啸亭杂录》卷10，《嘉庆初年督抚》。

　　和珅的揽权纳贿，任用墨吏，"政以贿成"，严重危害了清王朝的统治，使乾隆帝苦心经营促成的"盛世"遭到了很大的破坏，以皇上数十年中最关心的两件大事之一河工而言，便败坏得不像个样子。史称："乾隆中，自和相秉政后，河防日见疏懈。其任河帅者，皆出其私门，先以巨万纳其帑库，然后许之任视事，故皆利水患充斥，借以侵蚀国帑。而朝中诸贵要，无不视河帅为外府，至竭天下府库之力，尚不足充其用。……而庚午、辛未高家堰、李家楼诸决口，其患尤倍于昔，良可嗟叹。"[1]

　　大学士王杰在惩治和珅后上疏总论各省亏空的严重及其原因时，做了这样的评述：

　　"唯是积弊相治，有积重难返而又不可不亟加整饬者。

　　"一、各省亏空之弊，起于乾隆四十年以后，州县有所营求，即有所馈送，往往以缺分之繁简，分贿赂之等差。此等赃私初非州县家财，直以国帑为夤缘之具，上司既甘其饵，明知之而不能问，且受其挟制，无可如何，间有初任人员天良未泯，小心畏咎，不肯接收，上司转为之说合，懦者千方抑勒，强者百计调停，务使之虚出通关而后已。一县如此，通省皆然，一省如此，天下皆然。于是大县有亏空十余万者，一遇奏销，横征暴敛，挪新掩旧，小民困于追呼，而莫之或恤，靡然从风。……

　　"二、各省驿递（裁归州县后）……于是使臣乘骑之数日增一日，有增至数十倍者，任意随带多人，无可查询。由是管号、长随、办差、书役乘间需索，差使未到，火票飞驰，需车数辆及十余辆者，调至数十辆、百余辆不等。骡马亦然。小民舍其农务，自备口粮草料，先期守候，苦不堪言。……至于州县之耗帑，又有无可如何者，差使一过，自馆舍铺设，以及酒筵，种种靡费，并有夤缘馈送之事，随从家人，有所谓钞牌礼、过站礼、门包、管厨等项，名目甚繁，自数十金至数百金，多者更不可知，大抵视气焰之大小，以为应酬之多寡。其他如本省之上司及邻省之大员，往来顿宿，亦需供应，其家人借势饱欲，不餍不止，而办差长随浮开冒领，本官亦无可稽核。凡此费用，州县之廉俸不能支，一皆取之库帑，而亏空之风又以成矣。"[2]

---

　　[1]《啸亭杂录》卷7，《徐瑞》。

　　[2]《清史列传》卷26，《王杰传》。

　　嘉庆帝颙琰在几次谕旨中，对和珅定了22条大罪，很能反映和珅贪婪专权及其祸国殃民之情。现摘录如下：一、于乾隆六十年九月初三日册立皇太子之前一天，和珅向颙琰"先递如意，泄露机密，居然以拥戴为功"。二、见帝时，骑马直进圆明园左门，过正大光明殿，至寿山口，"无父无君，莫此为甚"。三、借称腿疾，乘坐椅轿抬入大内，肩舆出入神武门。四、娶出宫女子为次妻。五、延搁军报，有心欺蔽，致征剿白莲教之军务日久未竣。六、乾隆帝病重时，其"谈笑如常，丧心病狂"。七、帝带病批谕，字画间有未真之处，其竟胆敢口称不如撕去，另行拟旨。八、将户部事务一人把持，变更成例，不许部臣参议一字。九、隐匿不办抢夺达赖之商人的"番人"。十、不许蒙古王公来京祭悼皇父。十一、大学士苏凌阿老迈难堪，因系其姻亲，竟隐匿不奏，侍郎吴省兰、李潢、太仆寺卿李光云皆曾在其家教读，"并保列卿阶，兼任学政"。十二、军机处记名人员，其竟任意撤去，"种种专擅，不可枚举"。十三、其家所盖楠木房屋，"僭侈逾制。其多宝格及隔段式样，皆仿照宁寿宫制度。其园寓点缀，竟与圆明园、蓬岛、瑶台无异"。十四、其蓟州坟茔，竟设立享殿，开置隧道，"附近居民有和陵之称"。十五、家内所藏珍宝甚多，其中珍珠手串竟有200余串，较大内多数倍，大珠较御用冠顶还大。十六、其本不应戴宝石顶，却藏有真宝石顶数十个，整块宝石不计其数，且有内府所无者。十七、家内银两及衣服，数逾千万。十八、夹墙藏金26000余两，私库藏金6000余两，地窖内埋银百余万两。十九、以首辅大臣与小民争利，附近通州、蓟州地方均有当铺钱店。二十、其家人刘全家产多达20余万，且有大珠及珍珠手串，"若非（和珅）纵令需索，何得如此丰饶"。二十一、和珅私藏皇上才能服用的正珠朝珠一挂，"往往于灯下无人时私自悬挂，临镜徘徊，对影谈笑"。二十二、京师步军统领衙门及巡捕五营所管步甲兵丁，"在和珅宅内供私役者，竟有千余名之多"。①

　　在这样勒索压榨下，民不聊生，"官逼民反"，湘黔蜀苗民起义和川楚陕甘豫五省白莲教领导的历时十年的大起义终于爆发了，严重地打击了封建统治阶级。

---

　　①《清仁宗实录》卷37，第33—35、47—50页；卷39，第33页。

三、湘黔蜀三省苗民起义

(一) 苗区矛盾尖锐

这里讲的苗区，是指乾隆六十年（1795年）在湖南、贵州、四川三省交界地方四厅一府二县发生苗民起义的地区。这四厅一府二县是：贵州松桃厅、湖南永绥厅、湖南凤凰厅、湖南乾州厅、贵州铜仁府、四川秀山县、湖南保靖县，都是苗民聚居地方。

这些地区，既处于全国政局、吏治、经济、社会的环境之中，受其制约，被其影响，又有本地区的特别形势和特殊问题，情形更加恶劣，苗民的日子更加难过。

乾隆末年，和珅专权纳贿，任用官员，升降职衔，以其献银多少为准，以致"政以贿成"，"补者皆以赀进"，贪污盛行，侵吞国库，暴敛于民。兼之，一再用兵，将帅挥霍奢侈，督抚竞相效尤，从而形成了"和相专权于内，福文襄豪纵于外，天下督抚习为奢侈，因之库藏空虚，民业凋敝"。①

荣中榜眼，历任编修、学政的大才子洪亮吉，上疏直言地方弊政说：

"（总督、巡抚、布政使、按察使、道员、知府）出巡则有站规，有门包，常时则有节礼、生日礼，按年则又有帮费。升迁调外之私相馈谢者，尚未在此数也。以上诸项，无不取之于州县，州县则无不取之于民。钱粮漕米，前数年尚不过加倍，近则加倍不止。督、抚、藩、臬以及所属之道、府，无不明知故纵，否则门包、站规、节礼、生日礼、帮费无所出也。州县明言于人曰：我之所以加倍加数倍者，实层层衙门用度。日甚一日，年甚于年。究之州县，亦恃督、抚、藩、臬、道、府之威势以取于民，上司得其半，州县之入己者亦半。……百姓亦习知上控必不能自直，是以往往至于激变。"②

嘉庆帝在其当皇子和嗣皇帝期间，亦深知此弊，亲政后立即于嘉庆

---

① 昭梿：《啸亭杂录》卷7，《尹阁学》。

② 《清史稿》卷356，《洪亮吉传》。

四年三月初六日就此通病谕告内阁说：

　　"有人条奏外省积弊四项：一系督、抚、司、道经过所属州县，随从动辄百余人，公馆至五六处，需索规礼供应，以致州县借词派及闾阎。一系由京出差大员，经过省份，督、抚、司、道差人迎送，逐日随行，途中致送筵席，每站勒索分例，此等家人之费，浮于所应之差。一系督、抚、司、道衙门，到任铺设器用，修理房屋，饲养马匹，以及凉棚煤炭，皆由首县承办，摊派各邑，其各府由首县承担者，弊亦相等。一系设宴征歌，广觅优伶，另集成班，官为豢养，亦由首县承值，一宴所赏，费数百金，陪席属员深以为苦，甚或蓄养优童，任情妄费，等语。附言皆切中时弊，朕所素知。"①

　　全国政局、吏治、民生如此，各省既不能例外，自夸桃源，也各有本省特殊问题。像江西省，其巡抚陈淮，"性贪婪，又信任南昌令徐午，人争怨之。其民谣云：江西地方苦，遇见陈老虎，大县要三千，小县一千五，过付是何人，首县名徐午"。②

　　就湖南而言，情况更糟，从乾隆五十年七月起，巡抚是浦霖，一直到五十五年十一月才迁任福建巡抚。此人是个大贪官，六十年案发，被革去福建巡抚之职，正法，籍没，抄出"窖藏金七百、银二十八万，田舍值六万有奇，他物称是"。③巡抚如此，布政使更坏。布政使，官阶从二品，与巡抚同级，又称"藩司"或"方伯"，掌一省的行政，司全省财赋的出纳，国家政令由其宣布于府州县，"帅府、州、县官，廉其录职能否，上下其考，报督、抚上达吏部"，"凡诸政务，会督、抚议行"，乃封疆大吏，权势很大，尤其是对于赋税的征收出纳，更直接关系到民人的生死盛衰。从乾隆末年到嘉庆四年，这样一个十分重要的官职竟由郑源鹴长期担任。郑源鹴之所以能久任此职，并非因其简朴清廉，才干超群，为民谋利，政绩优异，万民敬戴，而是由于他媚上有术，"交结和珅"，攀上了这棵参天大树，得其庇护，因此，他不仅能

①《清仁宗实录》卷40，第10、11页。
②昭梿：《啸亭杂录》卷10，《嘉庆初年督抚》。
③《清史稿》卷339，《浦霖传》。

长期稳坐藩司的太师椅，而且使新巡抚姜晟"不敢举发"这个万民痛恨的大贪官。《清史稿》在叙述诸位大贪官时，总结性地评论说："乾隆季年，诸贪吏首亶望，次则郑源鹴。"①

王亶望何许人也，为什么能坐上贪官的首席？是《清史稿》弄错了吗？不是。王亶望确实是乾隆季年最大的贪官。王亶望历任知县、知府、布政使、巡抚，主持并制造了甘肃捐监冒赈的大贪案，事发后籍没，赃财多达300余万两，超过了乾隆年间任何一位被惩处的贪官。郑源鹴能被《清史稿》列为仅次于王亶望的第二大贪官，可见其贪婪之甚。

湖南省在浦霖这样的巡抚和郑源鹴这样的布政使辖治之下，百姓的生计焉能不窘，日子怎能好过！

这是全国和湖南省的基本情况，而苗区更有其特殊灾难，这从其地理沿革即可看出。湖南的永绥厅，原系生苗地，明为镇溪千户所，雍正元年招徕生苗，建吉多营，置永绥厅于此，设永绥协副将一员，以及都司等将弁，"辖红苗寨二百二十有八"，嘉庆七年升直隶厅，移治花园砦（今湖南花垣县）。凤凰厅，明为生苗地，是五寨、筸子坪二长官司，康熙四十三年改沅州总兵官为镇筸总兵官，移驻于此，改土归流，置通判一员，雍正四年改为凤凰营，乾隆五十二年改为凤凰厅，"辖红苗寨一百有五"，今为湖南凤凰县。辰沅永靖道亦驻此。乾州厅，明为生苗地，康熙四十七年置乾州厅，"辖苗寨一百一十有五"，为今湖南吉首市乾州镇。保靖县，明为保靖宣慰司，雍正四年改流官，置厅，七年改为县，即今湖南保靖县。贵州松桃厅，明为红苗地，康熙四十三年平红苗，设正大营，以同知驻守雍正八年平松桃，建成于松桃山下，置松桃厅于此，辖坡东坡西苗地，嘉庆二年升直隶厅，以铜仁府属的平头、乌罗两土司地改属松桃厅，副将驻此，今为贵州松桃苗族自治县。铜仁府，明初为铜仁长官司，不久置铜仁府，顺治初沿明之制，仍为铜仁府，今为贵州铜仁县。四川秀山县，明属酉阳宣慰司地，雍正十三年改平茶长官司为秀山县，今为四川秀山土家族苗族自治县。

从这些厅府县的沿革看，可以看出三个问题。一是这些地方原来都是苗人居住的地区，都是土司制度。二是这些地区是经过了招抚或征剿，才改土归流，建立厅府县的，厅府县的官员往往兼有平变定乱的职责，一些地方还有将领率兵驻戍，如凤凰厅系镇筸总兵官驻戍之地，永

---

① 《清史稿》卷339，《郑源璹传》。

绥厅、松桃厅皆有副将驻戍。总兵官官阶为武职正二品，一般辖有将士数千名，副将官阶为武职从二品，领兵上千名。三是这些厅府县到了乾隆末年，已有大量民人进入，或苗民共处一个地区，或苗居苗寨，民居民村，但总的看来，苗人仍占多数。这三个问题从两个方面反映出其恶劣影响，其一，贪官污吏蛮横将弁横征暴敛，残酷压迫苗民。时人描述此情说："往时百户与办苗外委，多外间奸民承充，遇苗户事件，敲骨吸髓，无所不至。甚至一苗在案，阖寨被害。"[①]魏源更对官吏之威之凶，作了精辟的概括。他说："苗未变也，畏隶如官、官如神。"[②]前面提到的四厅一府二县，永绥厅、凤凰厅、松桃厅、乾州厅的最高长官不过是同知或通判，同知官阶正五品，通判官阶正六品，称不上封疆大吏，仅仅是中级官员而已，其属员有经历、知事、照磨、司狱等，官阶更低，分别是正八品、正九品、从九品。凤凰厅驻有总兵，永绥厅、松桃厅驻有副将，官阶为正二品从二品，很高，但很少到苗寨，其具体办理苗寨事务的则基本上是百户和外委，品级很低，外委千总是正八品（千总是正六品），外委把总为正九品（把总是正七品）。铜仁府的知府是从四品，秀山县、保靖县的知县为正七品，其属员更低。然而，就是这些低级官员（八品、九品）和吏役，在苗区却横行霸道，作威作福，以致苗民"畏隶如官"，畏"官如神"，可见其对苗民的欺压是何等的厉害。乾隆帝在刚刚得知苗民起义时，就曾于乾隆六十年二月初四、初五两次下谕，指出苗变与地方官员有关。他在初四日的谕旨中说道："贵州、湖南等处苗民，数十年来甚为安静守法，与民人等分别居住，原有民人不准擅入苗寨之例。今因日久懈弛，往来无禁，地方官吏暨该处土著及客民等，因其柔弱易欺，恣行鱼肉，以致苗民不堪其虐，劫杀滋事。"[③]第二天，他又说："此事必不仅止胥役等借端扰累，自由历任大小官员漫无觉察，一任客民肆意欺凌，置之不问，以致苗民忿激生变"，着将"该管之历任州县及道、府、两司、督抚等，查明分别具奏，听候核办"。[④]

第二个严重祸害和恶果是"客民"盘剥欺凌苗人。泛泛而言，"客

---

①严如熤：《苗防备览》卷22，《杂识》。

②魏源：《圣武记》卷7，《乾隆湖贵征苗记》。

③《清高宗实录》卷1470，第15页。

④《清高宗实录》卷1470，第22页。

民"是指进入苗区务农经商谋生的汉人,但汉人有富有穷,有贵有贱,有恶有善,真正进入苗区,佃种苗地开垦苗地的农民和小商小贩,他们既无权无势,没有条件、没有势力去敲诈苗人、欺压苗人,也一般是比较善良,希望汉苗友好相处,不愿互相争执,损人利己,甚至还常常受到"生苗""凶苗"的殴打抢掠,这部分汉人既是广义上的"客民",又不是狭义上的欺压苗人的"客民"。后者基本上是凶横地主、奸商、流氓和官吏将弁的子弟亲友,他们才有条件有势力压榨苗人,才强占苗地,高利盘剥,无恶不作。时人指出:

> "苗寨中富民放账,其息甚大,钱一千,谷一石,一二年加息数倍。不能偿,折以山地衣服。虽受其盘剥,而仰以为生,或即所折山地转求佃耕,或易以他山地为之佃耕,听其役使,生死唯命。"①

魏源对此情形总结性地指出:"初永绥厅悬苗巢中,环城外寸地皆苗,不数十年尽占为民地。兽穷则啮,于是奸苗倡言逐客民,复故地,而群寨争杀,百户响应矣。"②

乾隆帝亦认为苗变必系客民行凶。他于乾隆六十年二月初五日的谕旨中着重指出:"苗民安静畏法,素习供役,与内地民夫无异,此次聚众抢劫,杀毙客民,自有起衅缘由。必系外来客民平日有侵占地亩,恣意欺凌等事,以致苗民不堪其虐,激成事端,不可不严行查办。"③

经过两月的征苗之战,查讯变情,乾隆帝更加看清楚了"客民"欺压苗人,占夺苗产,是滋生苗变的一个主要因素。他于乾隆六十年三月十九日的谕旨中说道:"此次石柳邓、石三保、吴陇登纠众滋事,即因附近客民平日在彼盘占苗产,以致日久生隙,酿成叛案。"

"逐客民,复故地";抗官府,反驻军,这就是苗区两大矛盾尖锐化的写照,石柳邓等苗族首领就在此基础上发动了湘黔蜀三省苗民起义。

(二)四厅起义

乾隆六十年(1795年)二月初四日,湖广提督刘君辅呈报苗变的奏

---

①严如煜:《苗防备览》卷8,《风俗》。
②魏源:《圣武记》卷7,《乾隆湖贵征苗记》。
③《清高宗实录》卷1470,第21页。

折送到皇上面前。刘君辅奏称：正月二十二日镇算镇总兵明安图咨称，"黔省松桃厅属大塘苗人石柳邓聚众不法"，恐窜入楚境，现带兵堵截。二十五日镇算游击田起龙等禀称，"侦闻永绥厅属黄瓜寨苗人石三保纠众抢劫，由永绥之黄土坡及凤凰厅之栗林，烧毁民居，杀毙客民，现在竭力保护城池"。"臣恐石三保等或与大塘苗人互相勾结，檄派永绥兵五百、靖州兵三百、沅州兵三百、辰州兵二百、常德兵一百，速赴凤凰栗林一带听用，并带本标将弁及战兵六百名，前往办理"。

乾隆帝没有从奏折了解到苗变的严重性，认为只是个别头人"纠众仇杀"，不应如此惊惶大动干戈，立即下谕责斥其非。他在二月初四日谕旨中说道："看来石柳邓、石三保等不过纠众仇杀，止当讯明起衅缘由，将为首之犯拿获严办，安抚余众，苗民自然帖服，何必带领多兵前往，转致启其疑惧，甚或激成事端。是因一二不法苗民累及苗众，成何事体。刘君辅系行伍出身，擢至提督，未能深晓事体，一闻禀报，辄调兵两千名之多，办理未免张皇，所奏又无头绪，着传谕（湖广总督）福宁即行前赴该处，驻扎办理。"（云贵总督）福康安素娴军旅，贵州是其所属，想必已前往，但福康安是该省总督，声势较大，"恐苗民闻福康安前往，疑为带兵往剿，群怀疑惧，所关匪轻"。着福康安必须不动声色，查明妥办，若尚未起身，察看情形，亦可不去。①

这位自诩精通兵法洞察万里的英君，指挥过千军万马多次鏖战，创下"十全武功"，尊称"十全老人"，这次竟然看走了眼。他不想想，提调湖北、湖南两省几万士兵的湖广提督刘君辅，若非事态严重，怎能调兵2000名前往剿杀，怎敢张皇入奏，惊动圣驾？他的谕旨至少犯了两个错误。一是形势判断有误，把贵州松桃厅和湖南永绥厅上万苗民起义，说成是个别头人纠集少许苗民与"客民"发生争执的"纠众仇杀"。二是对策不当，不主张发兵征剿，只应遣役传讯，缉拿为首之犯，予以严办，对广大苗民进行安抚。因此他把提督刘君辅正确地调兵征剿，斥之为张皇失措，要福康安可以无须亲往，以免惊动地方，致"苗民惊疑"。

当然，乾隆帝之所以做出这样错误的判断和决策，也与提督刘君辅故意缩小敌情，隐瞒实况，是分不开的。辖区之内发生了多年不遇的大规模的"苗变"，他这个提督是怎么当的，且不说革职问斩，至少也要落个溺职失察交部议处的不利处境，所以他只轻描淡写地笼统地报禀苗

①《清高宗实录》卷1470，第15—17页。

人"聚众不法","杀毙客民","烧毁民居",既不具体叙述如何"聚众",怎样"不法",有多少苗人滋事,又不列举出哪几座城池受到威胁,围城没有,官员将弁有无伤亡等,一概略而不提,难怪乾隆帝要斥责刘君辅"未能深晓事体","办理未免张皇"。

其实,事态已经非常严重了,它不是常见的苗汉仇杀,而是广大苗民反抗官府和狠毒地主、不法奸商的反封建起义。事情的真相是这样的。松桃厅大塘汛大寨营的苗民首领石柳邓,永绥厅黄瓜寨苗民首领石三保等人,于乾隆五十九年末,在凤凰厅鸭保寨百户吴陇登家聚会,商议于第二年正月十八日三厅苗民同时起义,不料,机密泄露,石柳邓不得不提前动手,率领苗民于正月十三日攻占大塘汛,包围了松桃厅和铜仁附近的盘石营和正大营。正月十九日,永绥厅黄瓜寨石三保、凤凰厅苏麻寨吴半生和鸭保寨吴陇登,乾州厅平陇寨吴八月,也各率苗民起义。

这时的苗民起义有三大特点。其一声势浩大。四厅同时起义,虽然官方未说明有多少起义人员,只说了一句"各路苗人约有数千",但是,从苗民能分别包围永绥城、乾州城和镇筸城来看,这三座城是永绥厅、乾州厅、凤凰厅三厅长官所在之地,驻有官兵和各级官员及衙役,此时竟被苗民围困,可见义军人数之多,声势之盛。

其二,斩将诛官。湖广提督刘君辅奏报将领官员伤亡情形说:据永绥协马兵高明珑禀称:"正月二十九日,镇筸镇臣明安图、副将伊萨纳、永绥厅同知及守备二员、巡检二员,带兵五百名,行至鸦酉寨,与苗匪接仗,至夜半,全寨已失,次日苗势更大,明安图等均于整打扣地方被害。"按照刘君辅的奏述,似乎清军损失不大,只有500名将士伤亡,但是,一位总兵官,一位副将,一位永绥厅同知,这在苗区来说,是最大的官、最大的将了,还有守备、巡检,如果敌兵不多,他们怎么会同时"被害"?敌兵到底有多少?刘君辅这次奏报又是重施故技,有意地含混其词,以致乾隆帝看过刘君辅奏折后,立即于二月十七日下的谕旨中,斥责其"所奏总不明晰"。他明确问道:"明安图系曾经出兵金川之人。且此次带兵五百名,为数不少,即使遇苗匪一两千人,亦必悉力奋击,互有杀伤,岂有束手坐待,而所带兵丁五百名竟至悉数陷没?"他又据此判断说:"明安图等如何与苗匪打仗及如何被害情形,刘君辅俱未询明详悉具奏。"[①]乾隆帝问得好,问得有理,判断也正确,

---

①《清高宗实录》卷1471,第4页。

刘君辅就是没有讲明白明安图是怎样"被害"的，因为，他不敢、不愿据实禀报，他是在故意掩饰和缩小苗人声势浩大的起义实情，实际上，死亡的兵丁远远超过500名。明安图是镇筸镇的总兵官。镇筸镇总兵官早在康熙三十八年就设立了，是湖南省三个总兵官之一，辖区重要，苗变频发，因此兵士也多。镇筸镇总兵官驻扎凤凰厅，统辖镇标中营、左营、右营、前营官兵3000余人，并兼辖沅州协兵士900余名、靖州协兵士900余名、绥宁营兵士400余名、长安营兵士300余名，总计镇筸镇总兵官直辖标兵3000余人，兼辖兵士2000余名。这样一位辖兵6000名左右的武职正二品的大将，出征之时，带领的将弁能少吗？伊萨纳是永绥协副将，官阶武职从二品，直辖本标中营、左营兵士800名，兼辖芭茅坪营兵士400名。这样一位总兵、一位副将，还加上永绥厅同知，三位大员一起，怎能只带领500名兵士出征？太不可能了。并且乾隆帝也特别指出了明安图"系曾经出兵金川之人"，即是说不会是平庸之辈。不错，明安图确系一员战将。明安图是蒙古正红旗人，以云骑尉授三等侍卫，连续迁升，当上湖南保靖营游击。在第二次用兵金川时，明安图从征，"大小战五十有四，叙功，累迁镇筸镇总兵"。[1]

由此可见，刘君辅所说明安图等人"被害"的情况是很不确切的。那么，实情如何呢？魏源在《圣武记》卷7，《乾隆湖广征苗记》对此做了如下的记述。他说：

"乙卯正月，贵州铜仁府苗石柳邓妖煽其党，官捕之，遂叛，焚掠松桃厅正大营，湖南永绥黄瓜寨石三保应之。永绥副将伊萨纳、同知彭凤尧以兵六百往捕，狃于勾补之役也，责苗缚献。而镇筸镇总兵明安图亦以兵八百携绳索以往，会营鸭酉。夜，苗忽数千焚鸭酉，镇筸苗吴半生、吴陇登、吴八月及乾州三岔坪苗同时蠢动，火光照百十里。军中止短刀，无火枪，镇筸路绝，议向永绥，媾于苗，讲且行，沿途益蜂集，又从苗绐，尽释兵仗，明安图等束手死。时（乾隆六十年正月）二十三日也。"

魏源的记述，说明了三个问题。一是明安图、伊萨纳带领征苗的官

兵是600加800，即1400名，不是500名，带的兵数与死亡的兵数比刘君辅奏报的500名，足足多了2倍多。二是此时清军装备太差，只带绳索以缚系苗人，只有短刀而无火枪，这哪里是二品大将统军出征的架势？三是将领畏战，士气低落，屈膝求生。在敌众己寡又无火枪的不利条件下，统帅明安图、伊萨纳吓得魂飞魄散，不仅不激励将士奋勇冲击，杀出一条血路，死里求生，反而与苗人"媾和"，边讲边行，而且还听从苗人之命，受其愚弄，"尽释兵仗"，束手待毙，听其斩杀，真是昏庸透顶，确是该死。

这时苗民起义的第三个特点是攻城围寨，苗疆大震。魏源在记完明安图等束手待死以后，接着写道："（苗民）遂围永绥，而乾州、镇筸苗民亦同日各围其城。永绥城仅余兵二百，士民自婴城守。乾州本土城，游击陈纶又以营兵遁，明日遂陷，同知宋如椿死之。贵州总兵珠隆阿亦被围正大营。苗疆大震。"①这里写明，永绥厅、乾州厅、镇筸（即湖南凤凰厅治所）、正大营（贵州松桃厅所在之地）皆被苗民围攻，也就是说湖南的永绥、乾州、凤凰和贵州的松桃等四厅同时被苗人围攻，声势已经够大的了，何况，苗民起义还在其他州县发生。湖南永顺府窝喇寨苗民首领张廷仲"聚集党与至万人之多"，"扑城夺卡"。②四川酉阳州的秀山县，被贵州"松桃苗匪拥入秀山县境，将村庄汛地烧毁抢掠"。③云贵总督福康安，奏述贵州苗变情形说："松桃嗅脑、正大等处贼匪，尚肆出滋扰，而思南、印江及镇远四十八溪地方，均有贼匪窥伺之事，自当先行剿除，俾后路肃清，方可带兵前进。"④思南，是贵州思南府，辖领三县，西南距省会贵阳322.5公里，印江是县，隶思南府，在府城之东北20公里，东与松桃相连。镇远府在思南府之南，辖二厅一州三县。其首县（即府城）为镇远县，四十八溪乃县辖之地，可见思南府、镇远府也有"苗变"。至此，发生苗民起义或义军所到之地已有永绥、凤凰、乾州、松桃四厅和永顺府、思南府、镇远府，以及四川的秀山县，湖南、贵州、四川三省交界的几百里内，起义苗民都在"攻城""扑卡"，而且，常常几千人围攻一城。像湖广提督刘君辅被苗军围困于镇筸镇所在之地凤凰厅，他奏述一次战情说："本月（二月）十六

①魏源：《圣武记》卷7，《乾隆湖贵征苗记》。

②《清高宗实录》卷1491，第9页；卷1472，第6、10页。

③④《清高宗实录》卷1471，第18页。

日，有贼苗数千，吹号执旗，攻击镇城东北山梁"，经官兵"枪炮齐发"，"抛掷火弹"，"痛加冲打"，又有"弓兵乡民截路夹攻"，好不容易才打退苗兵，"烧死寨苗甚众，余匪逃散"。[1]

总而言之，从乾隆六十年正月十三日贵州省松桃厅苗民首领石柳邓聚众围攻正大营起，一二十天内，"湖南三厅两县腹内之地，俱被贼苗滋扰，蔓延百数十里"，"黔楚交界从逆之苗，无虑数百寨"，湘、黔、川三省四厅三府一州参加起义的苗民多达数万，而且还在迅速发展，人数越来越多，起义苗民在湖南、贵州、四川三省四厅三府一州里攻城夺卡，扑击军营，斩将杀官，"苗疆大震"。[2]

（三）七省官兵围剿

乾隆六十年（1795年）二月初五日，湖广总督福宁呈述"苗变"的奏折送到京城。福宁奏称：正月二十九日，据署辰州府知府朱绖兰禀报："乾州城已被围，仓库亦被抢劫。并探闻乾州同知宋如椿、巡检江瑶俱已殉难，各路苗人有数千。镇篝镇臣明安图在永绥鸦酉地方被阻。"当即调兵数千前往应援明安图和剿捕"苗贼"。

乾隆帝阅过奏折后，改变了原来的看法，认为这是聚众不法，抢城伤官，不是一般的客民与苗人之间的个别械斗，必须派兵剿除，定下了派兵征剿严厉镇压的基本方针。他立即于当日（二月初五日）下谕说："此事前据刘君辅奏到，朕尚以为不过该处苗民互相仇杀，无须大办。今阅福宁所奏，竟系逆苗等聚众不法，胆敢抢城伤官，必须痛加剿除，以惩凶顽而彰国宪。"着福康安统领官兵前往督办。[3]

二月十七日，看过湖广提督刘君辅奏报镇篝总兵明安图等阵亡的奏折后，乾隆帝十分恼怒，下谕要严惩"逆苗"说："逆苗竟敢戕害镇将，杀毙多兵，不法已极，查办时不得不痛加惩创使之震慑畏惧，不敢复萌故智。"[4]

为了贯彻严厉镇压苗民起义的基本方针，乾隆帝主要采取了三项重大措施。一是委派得力将帅。他谕令云贵总督福康安总理军务，指挥各

---

① 《清高宗实录》卷1471，第20页。
② 《清高宗实录》卷1471，第2页；卷1474，第8、19页。
③ 《清高宗实录》卷1470，第24、25页。
④ 《清高宗实录》卷1471，第4、5页。

路官兵征剿苗民，命四川总督和琳参赞军务，派遣额勒登保等勇将前往战场，领兵作战。奉谕总理军务的福康安，乃原一等公、大学士傅恒之子，是孝贤皇后之侄，十七八岁时就以头等侍卫、满洲副都统的身份从征金川，任领队大臣，多次带兵攻破敌碉敌卡，立下军功，封三等男，晋都统，此后历任吉林将军、盛京将军、云贵总督、四川总督、御前大臣、兵部尚书。乾隆四十九年授参赞大臣，从将军阿桂剿平甘肃回民田五起义，立功，晋三等嘉勇侯。乾隆五十二年任将军，偕海兰察，率军剿平台湾林爽文起义，晋一等公。乾隆五十七年，福康安被特别封授大将军，偕海兰察，统兵入藏，击走侵入后藏的廓尔喀兵，深入其国，屡胜之后议和，授大学士，加赐一等轻车都尉，给予其子德麟。福康安因军功三次图形紫光阁，在纪念安藏逐廓的图形紫光阁时，福康安荣居首位。在平苗之时，福康安是最能胜任重任的大帅。

福康安的部下，有不少骁勇善战的将领。比如，额勒登保，世为吉林珠户，以马甲从征缅甸起，先后参加征剿大小金川、回变、台湾和廓尔喀，因功相继封授三等侍卫、御前侍卫、护军统领、都统。平苗时，福康安特别奏请让额勒登保率京师巴图鲁侍卫赴军，帝允其请，至军后屡立功勋。德楞泰，蒙古正黄旗人，以前锋、蓝翎长身份从征金川起，打石峰堡，平台湾，攻廓尔喀，一再立功，屡屡升迁，任至护军统领，奉帝谕，率巴图鲁侍卫赴军，征讨"苗变"。富志那，满洲正红旗人，以健锐营前锋身份从征回部起，连续参加缅甸、金川的战争，因功累迁，任永绥协副将。花连布，蒙古镶黄旗人，充健锐营前锋，勇猛善战，被人称为"花老虎"，相继升任护军参领、参将和贵州安笼镇总兵。

接替福康安之职的明亮，是福康安的堂兄，当过伊犁领队大臣，从征"乌什回乱"、缅甸、金川、"甘肃回乱"，屡立军功，历任副都统、领队大臣、参赞、成都将军、四川提督、黑龙江将军、汉军都统。

乾隆帝采取的第二项措施是陆续调遣官兵。二月初五日看过湖广总督福宁呈述苗民"抢城杀官"的奏折时，即谕福宁、福康安调兵征剿。到二月十九日，"楚省调派官兵已及万余"，云贵总督福康安亦已"带领黔兵数千，军威已极壮盛"。乾隆帝又于当日"派巴图鲁侍卫章京"，令护军统领德楞泰带领，驰往军营。[1]此后又陆续调兵，到闰二月

---

[1]《清高宗实录》卷1471，第8页。

初一日，已调湖南、湖北两省官兵13000余名，四川汉土官兵2000名、"降番"600名，官兵1405名，共4000余名，福康安统领"黔省劲兵数千名"，"共计约有三万上下"。随后又调云南、贵州、四川兵7000名，调湖广满兵2000名，又从广东、广西调兵，合计湘、楚、黔、滇、蜀、粤、桂七省官兵5万—6万，会剿起义苗人。①

乾隆帝的第三项重大措施就是拨发大量银子，用作剿苗的费用。征剿一开始，即陆续解运银子到军营，直至嘉庆元年（1796年）十一月初一日明亮奏报"攻克平陇贼巢"后，初八日嘉庆帝还下谕说必须擒获石柳邓首逆，彻底平定苗疆，才能收兵，为此又令"拨部库银四百万两，分解湖北、湖南，以备军需"。②后来为朝廷建立"平苗"殊勋的道员衔凤凰厅同知傅鼐载述军费开支说："湖南乙卯（乾隆六十年）二载用兵来，已靡帑金七百余万。"③

乾隆帝就是这样以大帅统领7省官兵、耗银700余万两的、强大兵力、财力、物力，来对付湘黔蜀三省苗民起义的，时人评之为"恃搏象之力搏兔"，照说应该马到成功擒渠捣巢了吧。可是问题并没有那样简单，征苗之战打得非常艰苦，将帅士卒伤亡不少，成效不大。

（四）"苗疆悉平"

七省官兵剿苗之战，足足打了两年。一开始，清军进展是比较顺利的，但很快就遇到强大阻力，寸土必争，前进难艰，清军是帅卒兵疲、士气不振了。

战争初期，清军兵分三路，分别进剿贵州、四川和湖南的"逆苗"。主帅福康安统率贵州兵，首先前往铜仁县，差遣兵役绕道进入正大营，通知被苗民围困在正大营的贵州镇远镇总兵珠隆阿和前来援应的贵州提督彭廷栋，"约日出城迎合"，随即于二月十九日夜间，偕安笼镇总兵花连布，领兵直趋盘塘坳，"探知该处苗寨丛杂，即令连抛火弹。烧毙苗匪多人，其寨内逃出之贼，亦多歼戮"。迨天色渐明，"对山贼匪鸣锣吹号，四面俱有苗贼赶来对拒"，清军"枪炮并发"，奋力攻打，"杀贼百余人，搜获米粮二千余石"。守在正大营的贵州提督彭

---

① 《清高宗实录》卷1482，第1、2、25页；魏源：《圣武记》卷7，《乾隆湖贵征苗记》。
② 《清仁宗实录》卷11，第1、6页。
③ 魏源：《圣武记》卷7，《乾隆湖贵征苗记》。

廷栋"一闻枪炮声，立即带兵出城会合"，解了已被起义苗民围困月余的正大营之围。正大营之东为新寨，"通楚境，苗寨聚焉"，福康安"率兵进剿，焚大寨二十六，获粮万石"。①闰二月初，清军绕出距嗅脑城二三十里的高垅坡，"破贼棚数百，自高垅坡至嗅脑皆贼寨，其岩门寨、地所坪尤险"，福康安"令用火攻，将各寨焚烧，其时风势正大，贼苗囤积火药经枪炮轰打，烟冲偏岭，并将官舟营木城一座烧毁"，又分兵取倬山等寨百余，然后追击逃敌，赶到枚陂寨，这时总兵花连布正"与贼匪数千相持"。福康安令官兵上前迎击，苗民惊逃。第二日，花连布等将奉帅命令，分头进攻，"共烧贼寨百十余座"，杀散正在"围扰攻扑"嗅脑城的苗人，该城守备黄上达、千总汪连栋闻听枪炮声，立即带领兵丁乡勇难民，出城接应，解了嗅脑之围。②福康安继续前进，由嗅脑追出山口，见地势稍平，苗寨无数，"各持镖矛扑拒，几有四五千人"，"经官兵杀毙甚多"，又沿途追剿，闰二月中，军抵松桃城，苗民早已在城外修建大批寮寨，把城团团围住，福康安督促清军尽焚其寮"分路围杀"，"将贼众截为两段，竟被杀尽"。城内困守的都司孙清元等，望见火光，即带兵民出城会合进剿，苗人逃走。③福康安随即分遣将士征剿正大营、嗅脑、松桃一带山内未经剿净苗寨，"由老虎岩、小陇塘等路分路进攻，痛加追截，杀毙殆尽。并将正大营迤东与楚省连界之上下岩坳所有贼寨尽行烧毁"。④又"探知大寨营地方聚有贼众"，福康安派额勒登保带兵，"将长冲塘贼匪奋勇围杀，直追至卡落塘"，苗人逃向大寨营。"嗅脑、盘垛地方，有楚苗三四千前来攻扑，经都司德宁等带兵剿杀，贼皆逃散，杀贼共有六百余名。"⑤

四川总督和琳带领川兵，连攻苗人，解了秀山县之围，随即前往贵州松桃，与福康安会合。侦知石柳邓据守大塘汛、大寨营，福康安、和琳统兵进剿，"攻剿炮木山、大塘汛一带苗匪，焚烧贼寨四十余处，杀毙贼匪八九百名，并擒获活口多人"，"石柳邓渡河逸入楚匪石三保黄瓜寨中"。闰二月底，贵州、四川苗变基本平定。⑥

①《清高宗实录》卷1472，第9页；《清史列传》卷26，《福康安传》。

②《清高宗实录》卷1473，第2、3页；《清史列传》卷26，《福康安传》。

③《清高宗实录》卷1473，第18页；《清史列传》卷26，《福康安传》。

④《清高宗实录》卷1474，第3页。

⑤《清高宗实录》卷1474，第19页。

⑥《清高宗实录》卷1474，第27、29、30页；《清史列传》卷26，《福康安传》。

清军在乾隆六十年三月的战事，主要是解永绥之围，并收复花园。湖广总督福宁、提督刘君辅、永州镇总兵苏灵、宜昌镇总兵张廷彦等各率将士，固守镇箄，应援永绥。福康安、和琳统兵入湘剿苗，并遣贵州安笼镇总兵花连布领精兵3000名往援永绥。福康安等进攻土空，夺据得拉大山木棚，起义苗民拼死抗击，"蜂拥前来"，"官兵从山梁压下，往来冲击各寨应援贼匪"，都统额勒登保等将"分投截杀"，"攻克土空，打仗杀贼，几至三昼夜"，"痛剿土空一带各寨苗匪"。花连布攻克梁冒寨，且战且前，三月十一日抵达永绥城，围城苗人退走，城内都司吴开太等带领官兵及绅士难民出城迎接，解了被困80余日的永绥之围。①湖广提督刘君辅领兵2000名自保靖县与总兵张廷彦合攻永绥西北苗寨。苗民夺据花园，"窥伺粮台"，阻断粮道。刘君辅与张廷彦，"在保靖分兵前进，追绕截杀"，"由古铜溪续至长潭一带，两路夹攻"，苗民溃逃，收复花园。②

四月份上半月的战争是攻取黄瓜寨。黄瓜寨在永绥县西南蜡尔山之南。福康安、和琳统领大军，遵循帝谕，往攻永绥苗首石三保所据的黄瓜寨，贵州松桃苗首石柳邓及其部属亦投奔此处。③军抵竹子山，起义苗民"多聚兰草坪西北崖板寨中，伪于东南山凹树旗，示我兵出入路"。清军将计就计，"设伏对山石间"，藏炮，仍督兵自凹入，"贼悉众来犯"，清军"伏兵望见"，"俟其过，飞炮击之，贼惊溃"，弃木城，退保瑯木陀山卡，四月，被清军攻克。清军驻营山梁。瑯木陀山之西为登高坡，与黄瓜山对峙，坡右之老虎湾，"亦通黄瓜山贼巢"。清军兵分五路进攻，"冒风雨进剿，枪矢无虚发"，敌退走山后，清军夺据黄瓜山大梁，于夜间，乘风雨下压，掷火药，焚寨，"毁大寨五十六，擒贼百余"，"杀死逆苗无数"。石三保、石柳邓等首领率领苗民前往鸦酉寨、鸭保寨（皆永绥厅辖区）。④

清军在四月下半月接着进行的下一个战役是进剿另一苗民起义首领吴半生。福康安从俘获的苗人口中得知，"首逆吴半生纠黑苗据苏麻

①《清高宗实录》卷1475，第17–19页；《清史列传》卷26，《福康安传》；卷29，《花连布传》。

②《清高宗实录》卷1475，第8页。

③《清高宗实录》卷1475，第11页。

④《清高宗实录》卷1477，第20、21页；《清史列传》卷26，《福康安传》。

寨。石柳邓、石三保据鸦酉、鸭保等寨，附之"。①苏麻寨属凤凰厅辖治，"该处万山丛杂"，起义苗人又"负隅固守"，兼之"阴雨连绵"，很难攻克。②福康安领军往攻。四月二十日与敌交战，连续打到二十一日，攻克苏麻寨，吴半生突围走。福康安、和琳奏述此战情形说："四月二十日、二十一等日进剿逆苗，攻克苏麻寨一带贼巢。"苗人拼死抗击。"官兵分路进攻""贼匪据险抗拒，潜出滋扰"，清军"痛歼贼众，打仗二日一夜，未能憩息，连克构皮寨、清水塘、水红岩、喇耳柳瓦山梁，直抵苏麻贼寨，擒拿贼回活贼八十余名，杀贼六七百名，焚烧苗寨四十余处"。③吴半生率众过大乌草河，逃往西梁，"复纠猿猴寨、狗脑坡花苗二十余寨来拒"，石三保亦率鸭保苗民来援。清军于四月二十八日进攻。额勒登保领一部分将士进攻雷公山，阴截石三保来援之苗，福康安统率主力则进攻西梁上寨、中寨、下寨。这里"俱系峭壁悬崖"，官兵猛烈进攻，苗人"往来冲突，抵死抗拒"。清军见势难力取，便"佯为撤退，分投设伏"，"乘势攻剿"，"遂将山梁夺据，擒获多名，焚烧苗寨，歼灭贼匪无算"。额勒登保亦打败雷公山的敌军。吴半生受伤，"退入猿猴寨、狗脑坡"。④

至四月底为止，清军进展算是比较顺利的，但也付出了好些将士伤亡的代价，让主帅福康安认识到了作战之艰辛，成功之不易。苗区"万山丛杂"，"林深菁密"，"山径丛杂，处处可通"，苗人首领所据之地，"皆叠嶂岖险"，石城、木城、碉卡林立，"贼匪皆据险抗拒"，天气又很恶劣，炎热难堪，雨雪频仍，经常阴雨连绵，甚至突降暴雨，"山潦涨阻"，行进艰难。将士不习水土，难熬酷热，多中瘴毒。苗人还不断袭击粮台，致"饷道不通"。花连布不得不率兵护送"贵州粮以饷"，遭苗人围攻，"中途遇伏几殆"。苗民还利用地形熟悉，经常突袭官兵。湖广总督福宁领兵6000名，前往乾州，在狗爬岩被苗人围困，福宁"急匿辎重中以遁，众士崩，苗乘势四面蹂躏，福宁仅身免"。这个贪生怕死的庸帅不知羞耻为何物，竟撒下弥天大谎，伪报战功，"辄以杀贼无算闻"，还受到年迈皇上的嘉奖。⑤

---

① 《清史列传》卷26，《福康安传》。

② 《清高宗实录》卷1479，第5页。

③ 《清高宗实录》卷1478，第14、15页。

④ 《清高宗实录》卷1478，第21页；《清史列传》卷26，《福康安传》。

⑤ 魏源：《圣武记》卷7，《乾隆湖贵征苗记》；《清高宗实录》卷1480，第8页。

　　这时的主帅福康安，虽然年仅41岁，又曾身经百战，应该说是风华正茂勇创伟业之时，本来可以运筹帷幄，指挥数万大军，奋勇进击，速平苗疆。不料，他却长期骄奢惯养，吃不得苦，丢掉了当年攀越峭壁悬崖夺取金川坚碉的传统。在天时、地利、人和这三方面都不算好，甚至可以说是十分恶劣的条件制约之下，在绿营官兵怯战畏敌恶习的影响之下，这位昔日的勇将勇帅却步了，停滞不前，过分持重，没有冒险冒难乘胜前进，猛攻敌寨。并且他又想独自获取收复乾州之大功，所以"兵至丑陀，终以大帅欲专乾州功，阻河溪不进"，起义苗民又寸土必争，拼死抗击，因此从四月底攻下苏麻寨、西梁及吴半生受伤撤走起，清军就进展缓慢。整整五月、六月两个月，福康安就以大乌草河"河水深阔"，猛涨，难以逾越为词，声称"为河所阻"，不得前进，同时又以扫荡河这边"大小苗寨六十、木城四、石卡三十五"，下沙兜诸寨，克盘基坳山等事，上奏朝廷，以表战功。①比如，福康安于五月下旬奏称：连日驻扎大乌草河，该处有大山一道，地势险峻，苗寨甚多，所有鸭保、鸦酉、无星寨等处远近山势，约略可见。"该处山坡狭窄，险峻异常"，"贼匪往来出没，俱可沙兜寨聚集。随督率将备等，分路进攻"，将沙兜、盘喇多喜、汲河、独盖等处寨落"悉行攻克"。②

　　隐匿实情，夸大战功，舞文弄墨，固可暂时拖延时日，但毕竟是奉谕出征，大军数万，军费几百万，总不能长期待在苗疆，无功而返，弄不好，不仅二十几年来屡立军功的赫赫"英名"砸得个粉碎，而且还有可能被定上"贻误军机"祸国殃民的罪状，被革职削爵籍没斩首，如同一征金川时的经略、大学士、公讷亲和总督张广泗那样的悲惨下场。为了保爵保职保英名，为了不被惩处，为了再建功勋，晋爵得赏，福康安、和琳必须打赢这一仗，必须平定"苗变"。乾隆帝对征苗的要求很明确，即擒获"首恶"，降服胁从，安定苗疆，特别是一定要捕获"首恶"。早在乾隆六十年闰二月二十九日，乾隆帝就谕告军机大臣说："只需将湖南逆首速行擒捕，其余党与自然望风解散。"③此后他一再强调这一方针，指出："福康安等惟当备加努力，奋勇进攻，速将首恶石柳邓、石三保、吴陇登三人设法擒获，速成大功，懋膺嘉

---

①《清高宗实录》卷1480，第3、18、19页；魏源：《圣武记》卷7，《乾隆湖贵征苗记》。

②《清高宗实录》卷1480，第13～15页。

③《清高宗实录》卷1473，第21页。

赏。"①由于军情不断变化，乾隆帝最后圈定的"逆首"，共有4人，即石柳邓、石三保、吴半生和吴八月（吴陇登已自动投降）。乾隆帝也一再强调以苗攻苗的策略。他曾于六十年闰二月二十二日下谕指出："其各寨熟苗被胁听从者固多，而安分良苗被其侵掠者亦复不少，势难一律歼除。毕沅等出示晓谕，设法招徕，俾其效命前驱，离散余党。"②七月十七日，得知大军已渡过大乌草河后，他又重申大力招抚苗人之事。他下谕说："官兵现已乘胜渡过大乌草河，贼匪无险可恃，且与镇筸一路官兵业已会合，贼人不过在猿猴寨及鸦酉、鸭保一带窜匿，不致蔓延。但镇筸、永绥、乾州三厅，暨保靖、辰溪一带，及四川酉阳、贵州铜仁等处，在在苗疆。道里绵长，苗户甚多，倘必悉数剿办，不特兵力不敷搜捕，兼恐余党闻知，以罪在不赦，反坚其死守之念。朕意此时福康安、和琳自应遵照续降谕旨，于擒获首逆吴半生等四犯后，再将各处焚抢为首有名贼目查拿惩办外，其余被胁附和各犯，及一闻官兵进剿而即畏罪乞降者，俱可毋庸深究。"③

曾经聚众上万反抗官府的永顺府富喇寨首领张廷仲，愿主动降顺，乾隆帝立即嘉奖其父子。不久因其子"张荣炳率领亲族，跟同官兵奋勇杀贼，甚为出力"，他谕告军机大臣说，"张廷仲父子既系真心投诚，且能立功自效。自当加恩。冀收以苗攻苗之益"，着湖广总督福宁传旨，"将张廷仲赏给六品顶戴，张荣炳赏给七品顶戴，如父子情愿在营伍当差，张廷仲即以千总补用，张荣炳以把总补用"。④从六十年五月以后的军情看，很可能是福康安、和琳根据敌我双方情形和帝之要求与策略，定下了用兵之法，即一方面集中大军，逐一进攻，不用兵分几路的方式，攻一处，必克一处，而且要枪炮齐发，充分发挥炮枪优势，猛攻勇攻，但要稳妥，不冒险；另一方面，则大力招抚，尤其是劝诱苗人大小头目降顺，给以官职俸禄，一般强壮苗民则录其为兵，月领饷银。这样做，果然有效，虽然时间慢一点，进展不快，但总有进展。

乾隆六十年七月，清军渡过大乌草河，"克蚂蟥冲等大小寨五十，抵古大坪。八月，乾州厅所属平陇寨首领吴八月声称是吴三桂之后，自

①《清高宗实录》卷1475，第20页。

②《清高宗实录》卷1473，第10页。

③《清高宗实录》卷1483，第3、4页。

④《清高宗实录》卷1475，第6、7页。

称吴王，势力强大，石三保、石柳邓等"皆附之"。清军攻克虾蟆峒、乌龙岩、茶它、杨柳坪等处，"降者七十余寨"。①九月，清军克岩碧山，焚烧和攻取巴沟等苗寨60寨，并围吴半生于高多寨，"吴半生穷蹙，出降"。②

在清军征剿的威胁和"苗酋皆许官爵花翎，散苗优以金钱"的招降引诱下，苗人头目和苗人纷纷归顺，早在闰二月底清军解了松桃城之围时，贵州"投顺苗民人口三万有余"。③六月下旬湖广总督毕沅呈报招降情形说："抚缉苗寨头人石大贵等六十八寨，设法羁縻附近辰州、乾州一带苗寨，前后投诚者计共有一百五十处。"④两个月以后，毕沅又奏："乾州、保靖、永绥、永顺等属二百二十七寨诣行署乞降，连前已共有三百七十七寨。"⑤一些苗寨大头人，甚至连"首逆"吴陇登在内，也向清帝降顺。吴陇登是鸭保寨首领，身份是百户。鸭保寨在湖南永绥县西南七十五里的鸭保山中，南距凤凰县北九十三里，东南距僾木营十里。苗地自正大营逶迤而上，渐入登山界，至鸭保寨前为山界之巅，涧壑幽曲，灌莽丛集，地极高寒。此次石三保聚众商议起义时，就是在吴陇登家中商议的，可见其地位之高势力之大。当时"吴陇登初不肯从逆，因伊子怂恿附从"。早在六十年五月初，乾隆帝就将此情谕告军机大臣，让福康安"设法离间"诸逆首，"或于石三保、石柳邓中招致一人，或招致吴陇登，使之互相擒献"。⑥吴陇登于清军四月上半月攻克黄瓜寨后，"即有意投出，因恐各路逆苗见伊归顺，必将其寨落焚烧争相仇杀，总俟大兵到日，再行立功自赎"。因此，当平陇寨首领吴八月来到鸭保寨，清军"四面攻围鸭保"，战事紧张之时，吴陇登设法，于卧盘寨"缚献吴八月"及另一首领陇五斤，并和吴八月之子吴廷礼厮杀。乾隆帝谕令福康安赏给吴陇登六品顶戴蓝翎。后又因"吴陇登往约鸭保寨苗众三百余人，帮同官兵打仗出力，尚属实心效顺"，帝谕对吴陇登加赏五品顶戴花翎，并发去大小荷包，传旨赏给，使其"加倍感激"，其

① 《清高宗实录》卷1486，第44页；《清史列传》卷26，《福康安传》。
② 《清高宗实录》卷1488，第5页；《清史列传》卷26，《福康安传》。
③ 《清高宗实录》卷1474，第19页。
④ 《清高宗实录》卷1482，第10页。
⑤⑥ 《清高宗实录》卷1478，第23页。

余苗人亦会因见"吴陇登投出之后，如此荣耀"，"必更有临阵纷纷乞降者"。①降苗杨鼎元等人，在清军攻打鸭保寨之右边天星寨时，"缚献贼目石老四"，吴八月之子愤怒，"挟仇报复，将平郎寨、阳二寨降苗数十户全行烧毁，抢劫一空"，乾隆帝谕令赏授杨鼎元五品顶戴。②到嘉庆元年（1796年）八月初，"湖南自剿办苗匪以来，降苗不下二十余万，头目亦不下百余人"。③两个月后，"乾州、永绥所属各苗投顺者，又不下五千户把。该降苗等闻事竣后有设立苗守备千把等官，甚为歆羡"。④仅"湖南投诚入伍苗兵不下三万余人，皆仰给于官，为日已久"。⑤

　　降苗多达20余万人，"头目亦不下百余"，降苗收入营伍当兵从征的3万余人，这就大大地削弱了起义苗人的力量。因此，尽管石三保、石柳邓等首领和一些"大小头目"与"散苗"坚持斗争，拼死抵抗，清军主帅福康安、和琳又分别于嘉庆元年五月、八月相继病逝，但起义仍然延续不下去了。在清军的进攻和苗人的降顺下，乾州被清军夺回，苗寨相继失守，石三保被擒。起义的最后的大本营平陇于嘉庆元年十月被清军攻陷，十二月石柳邓阵亡，清帝宣告"苗疆悉平"，随即又制定"苗疆善后事宜"。⑥湖南、贵州、四川三省的苗民起义暂时被镇压下去了。但是，由于问题并未解决，矛盾仍然十分尖锐，因此，嘉庆四年湖南"镇箪黑苗吴陈受数千犯边"。六年"贵州变起"，"石岘苗复思狡逞，煽十四寨并附近湖南苗以叛"，持续到嘉庆十一年，"苗变"方被平定。⑦

---

　　①《清高宗实录》卷1491，第1、2、21页；《清仁宗实录》卷5，第7页。

　　②《清高宗实录》卷1492，第16页。

　　③《清仁宗实录》卷8，第17页。

　　④《清仁宗实录》卷11，第21页。

　　⑤《清仁宗实录》卷15，第6页。

　　⑥《清仁宗实录》卷3，第1页；卷6，第3页；卷7，第1、16页；卷11，第1页；卷12，第8—18页；卷16，第1—6页；魏源：《圣武记》卷1，《嘉庆湖贵征苗记》；《清史列传》卷26，《福康安传》；卷29，《明亮传》《和琳传》《额勒登保传》《花连布传》。

　　⑦魏源：《圣武记》卷7，《乾隆湖贵征苗记》。

第八编 盛极渐衰

一、谕令和珅自尽

满洲正红旗人一等公、大学士和珅深受乾隆皇帝宠信，助君治国理政，执掌军政大权，揽权纳贿，造成"官以赀进，政以贿成"的严重恶劣局面，聚敛了巨量金银。

嘉庆四年（1799年）正月初三日，太上皇帝乾隆帝去世，嘉庆帝颙琰开始亲理朝政。此时，"全盛之势"已渐消逝，统治危机比较严重，土地兼并激烈，人口增长太猛，帝王大臣奢侈浪费、奢靡之风盛行，吏治败坏，贪污成风，八旗、绿营军队腐朽衰弱，灾害频仍等难题，摆在41岁的颙琰面前。

颙琰生于乾隆二十五年（1760年），是高宗弘历的第十五子。其母魏佳氏，乃内管领清泰之女，初为贵人，封令嫔，累进令贵妃，生颙琰后于三十年进令皇贵妃，四十年正月卒。颙琰于乾隆五十四年（1789年）封嘉亲王，六十年九月立皇太子，嘉庆元年（1796年）即位，二十五年七月去世，尊谥睿皇帝，庙号仁宗，通常被称为嘉庆帝。

颙琰是一位颇有胆识和能力的皇帝，当太上皇在世时，他虽极端厌恶和珅，但丝毫不露形迹。嘉庆四年正月初三日他亲政后，对乾隆时留下的棘手问题进行整顿，先从吏治着手，首先拿和珅开刀。正月初八日，谕革大学士和珅、户部尚书福长安职，下狱治罪。

正月十一日，即太上皇去世后的第8天，嘉庆帝谕内阁，列举和珅十余大罪，命群臣议定其罪。嘉庆帝谕举和珅的大罪有，以拥戴为功，无父无君、贻误军务、把持吏部、户部、刑部等，并专门指出其贪黩营私罪行：

"昨将和珅家产查抄，所盖楠木房屋僭侈逾制，其多宝阁，及隔段式样，皆仿照宁寿宫制度，其园寓点缀，竟与圆明园蓬岛瑶台无异，不知是何居心。又所藏珠宝内，珍珠手串二百余串，较之大内多至数倍，并有大珠，较御用冠顶尤大。又宝石顶并非伊应戴之物。伊所藏真宝石顶数十余个。而整块大宝石不计其数，且有内府所无者。至金银数目，尚未抄毕，已有数百余万之多。似此贪黩营私，实从来罕见罕闻，以上各款，皆经王大臣等公同鞠讯，和珅俱供认不讳。和珅如此丧心昧良，目无君上，贻误军国重务，弄权舞弊，僭妄不法，而贪惏无厌，蠹国肥家，犹其罪之小者，实属辜负。

"皇考厚恩，设数年来，廷臣中有能及早参奏，必蒙圣断，立寘重典，而竟无一人奏及者。内外诸臣，自以皇考圣寿日高，不敢烦劳圣心，实则畏惧和珅，箝口结舌，皆朕所深知。"[1]

过了四天，正月十五日，嘉庆帝谕内阁，列举和珅二十大罪及直隶总督胡季堂奏折，谕群臣议奏：

"又谕，昨经降旨，将和珅罪状，宣谕各督抚，令其议罪。兹据直隶总督胡季堂奏称，和珅丧尽天良，非复人类，种种悖逆不臣，蠹国病民，几同川楚贼匪，贪黩放荡，真一无耻小人，丧心病狂，目无君上，请依大逆律凌迟处死，并查出和珅苏州坟茔，僭妄违制及附近州县置有当铺资财现饬查办各等语，又据连日续行抄出和珅金银等物，特再行谕众知之。朕于乾隆六十年九月初三日，蒙皇考册封皇太子，尚未宣布谕旨，而和珅于初二日即在朕前先递如意，漏泄机密，居然以拥戴为功，其大罪一。上年正月，皇考在圆明园召见和珅，伊竟骑马直进左门，过正大光明殿，至寿山口，无父无君，莫此为甚，其大罪二。又因腿疾，乘坐椅轿抬入大内，肩舆出入神武门，众目共睹，毫无忌惮，其大罪

<hr>

[1]《清仁宗实录》卷37，第22、23、24、25、26页。

三。并将出宫女子娶为次妻，罔顾廉耻，其大罪四。自剿办教匪以来，皇考盼望军书，刻萦宵旰，乃和珅于各路军营递到奏报，任意延搁，有心欺蔽，以致军务日久未竣，其大罪五。皇考圣躬不豫时，和珅毫无忧戚，每进见后，出向外廷人员叙说，谈笑如常，丧心病狂，其大罪六。昨冬皇考力疾披章，批谕字画，间有未真之处，和珅胆敢口称不如撕去，竟另行拟旨，其大罪七。前奉皇考谕旨，令伊管理吏部刑部事务，嗣因军需销算，伊系熟手，是以又谕令兼理户部题奏报销事件，伊竟将户部事务一人把持，变更成例，不许部臣参议一字，其大罪八。上年十二月内，奎舒奏报，循化、贵德二厅贼番聚众千余，抢夺达赖喇嘛商人牛只，杀伤二命，在青海肆劫一案，和珅竟将原奏驳回，隐匿不办，全不以边务为事，其大罪九。皇考升遐后，朕谕令蒙古王公未出痘者，不必来京，和珅不遵谕旨，令已未出痘者，俱不必来京，全不顾国家抚绥外藩之意，其居心实不可问，其大罪十。大学士苏凌阿，两耳重听衰迈难堪，因系伊弟和琳姻亲，竟隐匿不奏，侍郎吴省兰、李潢、太仆寺卿李光云，皆曾在伊家教读，并保列卿阶，兼任学政，其大罪十一。军机处记名人员，和珅任意撤去，种种专擅，不可枚举，其大罪十二。昨将和珅家产查抄，所盖楠木房屋，僭侈逾制，其多宝阁，及隔段式样，皆仿照宁寿宫制度，其园寓点缀，竟与圆明园蓬岛瑶台无异，不知是何肺肠，其大罪十三。苏州坟茔，居然设立享殿，开置隧道，附近居民有和陵之称，其大罪十四。家内所藏珍宝，内珍珠手串竟有二百余串，较之大内多至数倍，并有大珠，较御用冠顶尤大，其大罪十五。又宝石顶并非伊应戴之物，所藏真宝石顶有数十余个，而整块大宝石不计其数，且有内府所无者，其大罪十六。家内银两及衣服等件，数逾千万，其大罪十七。且有夹墙藏金二万六千余两，私库藏金六千余两，地窖内并有埋藏银两百余万，其大罪十八。附近通州苏州地方，均有当铺钱店，查计资本，又不下十余万，以首辅大臣，下与小民争利，其大罪十九。伊家人刘全，不过下贱家奴，而查抄资产，竟至二十余万，并有大珠及珍珠手串，若非纵令需索，何得如此丰饶，其大罪二十。其余贪纵狂妄之处，尚难悉数，实从来罕见罕闻者。着将胡季堂原折，发交在京文武三品以上，官员，并翰詹科道阅看，即着悉心妥议具奏。"①

嘉庆四年正月十八日，嘉庆帝谕内阁：大学士、九卿、文武大员、翰林院、詹事府、科、道等拟议，将和珅凌迟处死，福长安斩立决，姑念和珅曾任首辅大臣，着赐令自尽，福长安斩监候。二人家产俱予抄没。②

第二天，正月十九日，帝又谕内阁，缩小打击面，禁止株连不是和珅死党的一般官员：

"谕内阁，昨经降旨将和珅罪状明白宣示，据大学士、九卿等会同定拟具奏，已将和珅赐令自尽矣，和珅任事日久，专擅蒙蔽，以致下情不能上达，若不立除元恶无以肃清庶政，整饬官方。今已明正其罪，此案也经办结，因思和珅所管衙门本多，由其保举升擢者，自必不少，而外省官员，奔走和珅门下，逢迎馈赂，皆所不史，若一一根究，连及多人，亦非罚不及众之义，且近来弊端百出，事难悉数。现在宣示和珅罪状，其最重各款，俱已晓然众著，傥臣工误会朕意，过事搜求，尚复攻击阴私，摘发细故，或指一二人一二事以实其言，则举之不胜其举，并恐启告讦报复之渐，是除一巨蠹，又不免流为党援门户陋习，殊非朕之本意也。朕所以重治和珅之罪者，实为其贻误军国重务，而种种贪黩营私，犹其罪之小者，是以立即办理，刻不容贷，此外初不肯别有株连，唯在儆戒将来，不复追究既往。凡大小臣工，毋庸心存款惧，况臣工内中材居多，若能迁善改过，皆可为国家出力之人，即有从前热中躁进，一时失足，但能洗心涤虑，痛改前非，仍可勉为端士，不至终身误陷匪人，特此再行明白宣谕，各宜禀遵砥砺，以负朕咸与维新之治。"③

这对整饬吏治和稳定政局，起了积极作用。

和珅究竟聚敛了多大财富？档案、实录、正史、官书、私家著述

①《清仁宗实录》卷37，第46、47、48、49、50页。
②《清仁宗实录》卷38，第2、3、4页。
③《清仁宗实录》卷38，第7、8页。

（笔记）、野史、民间传说等，有不同的记述。考证、辨析以后，我认为，官方的资料比较可靠，现将金银、房屋、土地分别引录于下。

定亲王绵恩、睿亲王淳颖、总管内务府大臣缊布奏折：

"臣等奉旨查抄和珅及伊家人刘全等家产，所有查出和珅家：二两平金三万三千五百五十一两，银三百一万四千九十五两三钱三分。俱已交广储司收讫，业经奏闻在案。续查出和珅借出本银钱所开当铺十二座，及家人刘全、刘印、刘陔、胡六自开、伙开当铺共八座，亦经奏闻在案。臣等自正月初八日起，迄今查得和珅契置取租房计一千零一间半，取担地计一千二百六十六顷零，通计价银二十万三千三百两零，价钱六千一百吊零。此外查出和珅借出应追本利银二万六千三百十五两，并自拴大车八十辆，每辆银一百二十两，共发出车价银九千六百两，分给各户领办。今已在各户名下追出二两平银三千九百六十两，尚有未经交出银五千六百四十两，逐一另缮清单恭呈御览。臣等拟将房地、车价、银两分别交户部，内务府照例查办，其未经呈交之车价造具清册，移咨内务府就近着追。和珅家人经手管事之刘全、刘印、刘陔、方二、王平、胡六、太监呼什图各名下，现在查出金银，钱文及查出银钱，今已分折，另缮清单。……查出和珅家借出银两开后：

"计开

"陈偏儿借银二千两（陈偏儿系和珅取房租家人，所借银两并无利，此项银两于每月工食内坐扣）。除扣过银二十二两，尚欠银一千九百七十八两，又欠房租五百五十八两。

"傅明借银一千两（傅明系和珅已故家人。现有伊子花纱布还所借银两，每月八厘起利）。欠利银二百两，共欠银一千二百两。

"兴儿借银一千两（兴儿系和珅家人，所借银两每月一分起利，此项本利银子每月工食内坐扣）。除扣过本利银二百三十五两，尚欠银一千一百五十九两。

"明保借库平银一万五千两（明保系和珅母舅，所借银每月一分起利）。欠利银六千四百五十两，共欠本利银二万一千四百五十两。

"四人共借出本银一万九千五百六两，共欠利银六千八百九两，通共本利银二万六千三百十五两。

"查出和珅家取租房地开后：

"计开京城内外取租房三十五项。按契载共房一千零一间半，共价银四万九千四百八十六两，价钱二千三百二十五吊。每年共取租银一千二百六十八两三钱，取租钱四千四百九十二吊二百四十文。

"安肃县等处地七十二项。按契载共地七百六十六顷七十一亩七分一厘，共价银十一万八千六十五两一钱二厘，价钱三千八百吊，每年共取租银二千五百四十六两，取租钱二万六千九百十六吊七百二十八文。

"苏州地十九项。按契载共地一百十七顷六十三亩七分三厘，共价银二万八千九百二十二两四钱，每年共取租钱三千五百十九吊。

"古北口等处地三项。按契载共地三百八十三顷，共价银六千八百五十两，每年共取租银九百五十二两四钱。

"以上地亩九十四项，共地一千二百六十六顷三十五亩四分四厘，共价银十五万三千八百三十七两五钱二厘，价钱三千八百吊，每年共取租银三千四百九十八两四钱，取租钱三万四百三十五吊七百二十八文。统计取租房地共价银二十万三千三百二十三两五钱二厘，价钱六千一百二十五吊。每年通共取租银四千七百六十六两七钱，租钱三万四千九百二十七吊九百六十八文。"①

内务府奏折：

"总管内务府谨奏，为奏闻事，由提督衙门交到查抄和珅家产案内：二两平纹银九十六万两，杂色元宝六十八万两，色银一百三十七万四千九十五两三钱三分，以上共银三百一万四千九十五两三钱三分，随即令广储司银库官员弹兑查收。现据该库官呈称所有前项钱两逐一弹兑，数目俱属相符，已照例按库法弹兑，共得库平银二百八十三万三千二百四十九两六钱一分，理合奏明归入月折收贮，为此谨奏。嘉庆四年

---

① 第一历史档案馆（以下简称一史馆）藏：《军机处录副奏折·法律·发递48》；《史科旬刊》第7期，《嘉庆诛和珅案》。

正月二十九日，具奏奉旨知道了，钦此。"①

《内务府官房租库呈稿》：

"京城内外取租房一千零一间半、涿州等处当铺取租房二百七十九间、有契典卖热河小南门等处房二百二十八间。赏给十公主家人住房六所，计九十八间、赏给庆郡王宅门口等处铺面房七十五间、会计司胡同等处房一百四十一间、正阳门外大栅栏等处铺面住房四百九十六间、马圈一所，房四十五间。和珅花园内，房一千零三间、游廊、楼亭共房三百五十七间。马圈一所，房四十五间。善缘庵寓所一处，房八十六间，游廊四十二间，共三千八百五十一间半。"②

肃亲王永锡、贝勒绵懿、总管内务府大臣永来奏折：

"现查得和珅花园，内房一千零三间，游廊楼台其三百五十七间。"③

《内务府来文》档案：

"查抄和珅家产内，查出钱五万九千一百二十六吊七百十四文。曾经奏准将此项钱文动用给发抬运呈进物之苏拉、步甲等饭食，并买绳杠等项。今将用钱文逐一核实，共用出钱二万三千五百五十三吊五百八十文，现在实存钱三万五千五百七十三吊一百三十四文。又查出刘全等各家钱一千三百二吊二百文，追出欠刘全等二十名下钱四万八千五十吊。以上共实存钱七万七千七百二十五吊三百三十四文，应交纳广储司银库。"④

---

① ③ ④《史科旬刊》第14期，《嘉庆诛和珅案》。

② 一史馆藏：《内务府官房租库呈档》，嘉庆四年十二月二十七日。

"热河总管查抄和珅等入官闲散房间：

"计开：

"和珅名下：

"附近房三处，马圈二处，计房一百六十五间半，内灰棚七间。坐落宫门口红栅栏内，房一所计五十三间半，坐落皮袄街北头胡同内，房一所计三十间，坐落新街内，铺面房一所，现开德兴号，计二十二间，坐落皮袄街下坡，马圈七阌、马棚五间、坐落二道街，马圈房二十七间，马棚十八间、又零星大小房六十三间半，内灰棚十七间、坐落小南门西口内租给民人堆货房五间，相连灰棚五间、坐落北大门外西边，房九间，灰棚二间，坐落东边，房二十六间半，灰棚五间、坐落小南门，铺面房六间，灰棚三间、坐落皮袄街下坡，马圈墙外灰秘二间。

"自两间房至阿穆呼郎图寓所八处，计房一百七十六间，内草房十七间。坐落两间房下处，草瓦房计二十五间、坐落长山峪下处，草瓦房二十三间、坐落喀拉河屯下处，瓦房三十一间、坐落中关下处，计房十四间，坐落张三营下处，计房二十一间，坐落吉尔喀郎图下处，计房二十二间。①

"热河寓所一处，计房间、游廊三百八十六间，附近三处，马圈二处计房一百六十五间半，内灰房七间。又零星大小房六十三间半，内灰房十七间。自两间房至阿穆呼朗图寓所八处，计房一百七十六间，内草房十七间。坐落承德府地方墙子路口外，山平地三百五十顷。坐落滦平县地方四泉庄山平地二十九顷九亩二分，贵口山平地八顷六十九亩，牧放马十六匹，家人三户，计男妇大小十名。"②

以上所记抄出和珅的现金、土地、房屋，当有白银一二千万两之多。③和珅可算是清朝赃银最多首屈一指的最大贪官，两千年的中国封建王朝里，也罕有能与其并列的墨吏。

---

① 一史馆藏：《内务府来文》卷号8，刑罚，第2179号。

② 一史馆藏：《宫中杂件档》，《查抄物品项》第2094号。

③ 本题参考了冯佐哲《贪污之王》第八章，《和珅家产知多少》，谨志谢意。

二、嘉庆初政

（一）任命新枢臣

乾隆末年到嘉庆三年间，和珅结党营私，揽权乱政，"内而公卿，外而封疆大吏，皆出和门"，内阁、军机处亦为和珅把持。嘉庆元年（1796年），内阁大学士是阿桂、和珅、王杰、福康安（五月卒）、孙士毅（七月卒）、董诰。二年，阿桂（八月卒）、和珅、王杰、董诰、刘墉、苏凌阿。三年，和珅、王杰、刘墉、苏凌阿。二年三年的协办大学士是保宁。嘉庆元年时军机大臣是阿桂、和坤、王杰（十月病假）、福长安、董诰、台布、沈初。二年，阿桂（八月卒）、和珅、王杰（闰六月罢）、董诰（二月丁忧免）、沈初、台布、傅森、戴衢亨、吴熊光。三年，和珅、福长安、沈初、傅森（二月罢直）、戴衢亨、那彦成。

以上所列大学士、军机大臣，最有影响能与和珅相抗的有阿桂、王杰、董诰、刘墉。然而阿桂、王杰、董诰皆因顾及乾隆皇帝，不便也不愿直言和珅罪恶，刘墉又怀有私心，明哲保身，模棱两可，因此和珅得以把持内阁军机处。

嘉庆四年正月初八日诛除和珅，罪其党羽后，嘉庆帝即大力擢用和倚任刚直、清廉、政绩卓著的大臣，委行内阁大学士、军机大臣。王杰，乾隆二十六年殿试时，读卷大臣们拟职为三名，乾隆帝阅其卷后，乾纲独断，取其为第一名，即状元，不断擢升其职，乾隆五十一年授军机大臣，第二年授大学士。王杰也忠君爱国，刚直不阿，绝不与和珅交结，遇逢和珅之议有不妥之时，"辄力争"。议政毕，王杰默然独坐，"距和相位甚远，和相就与之言，亦漫应之"。一天，和珅执王杰手笑说："阿柔第万尔？"王杰正色回应说："王杰手虽好，但不会要钱耳！"和珅满脸通红，无地自容，"赫然退"。王杰于嘉庆二年六月罢官，嘉庆帝于嘉庆四年正月即诛和珅，委任王杰为首席大学士（首辅），倚其治国。

董诰，两榜出身，入直南书房，乾隆四十四年为军机大臣，嘉庆元年授大学士，第二年丁父忧，免大学士、军机大臣。嘉庆四年五月服阕，复官。董诰"直军机先后四十年，熟于朝章故事，有以咨者，无不悉。凡所献纳皆面陈，未尝用奏牍"，是个活字典。董诰"奉职恪谨"，"在直勤勉"，并在和珅借嗣皇帝给师傅朱珪的贺词，兴师问罪，欲陷害嘉庆帝时，仗义执言，去除了太上皇乾隆帝对嗣皇帝的疑心，保护了嗣皇帝，故在嘉庆皇帝亲政以后，复为大学士、军机大臣。

朱珪，19岁就考上进士，乾隆帝赞其"不惟文好，品亦端方"，多次擢升，并于乾隆四十年命朱珪入直上书房，做皇十五子颙琰的师傅。

《清史稿》卷340，《朱珪传》记述了朱珪政绩及和珅对其陷害等情，现摘录于下：

"（乾隆）五十五年，典会试，出为安徽巡抚。皖北水灾，驰驿往赈，携仆数人，与村民同舟渡，赈宿州、泗州、砀山、灵璧、五河、盱眙馀灾，轻者贷以粮种。筑决堤，展春赈，并躬莅其事，民无流亡。五十九年，调广东。寻署两广总督，授左都御史、兵部尚书，仍留巡抚任。嘉庆元年，授总督，兼署巡抚。珪初以文学受知，洎出任疆寄，负时望，将大用。和珅忌之，授受礼成，珪进颂册，因加指摘，高宗曰：'陈善纳诲，师傅之职宜尔，非汝所知也。'会大学士缺，诏召珪，卒为和珅所沮。以广东艇匪扰劫闽、浙，责珪不能缉捕，寝前命，左迁安徽巡抚。皖北复灾，亲治赈，官吏无侵蚀。三省教匪起，安徽亦多伏莽。珪曰：'疑而索之，是激之变。'亲驻界上筹防御，遍莅颍、亳所属，集乡老教诫之，民感化，境内迄无事。明年，授兵部尚书，调吏部，仍留巡抚任。

"四年正月，高宗崩，仁宗即驰驿召珪，闻命奔赴。……至京哭临，上执珪手哭失声。命直南书房，管户部三库，加太子少保，赐第西华门外。时召独对，用人行政悉以谘之。珪造膝密陈，不关白军机大臣，不沽恩市直，上倾心一听，初政之美，多出赞助。

"寻充上书房总师傅，调户部尚书。诏清漕政，禁浮收。疆吏以运丁苦累，仰给州县，州县不得不取诸民，于是安徽加赠银，江苏加耗米。珪谓小民未见清漕之益，先受其害，力争罢之，令曹司凡事近加赋者皆议驳。长芦盐政请加增盐价，驳曰：'芦东因钱价贱，已三加价矣，且免积欠三百六十万两，余欠展三年，商力已宽，毋庸再议加价。'广东请滨海沙地升赋，驳曰：'海沙淤地，坍涨靡常，故照下则减半赋之。今视上、中田增赋，是与民计微利，非政体。且民苦加赋，别有涨地，将不敢报垦，不可行。'仓场请预纳钱粮四五十倍，准作义盐生，驳曰：'国家正供有常经，名实关体要。于名不正，实必伤，断不可行。'凡驳议每自属稿，奏上，皆题之。五年，兼署吏部尚书。"

戴衢亨，17岁中举人，乾隆四十三年殿试，中状元，嗣后，历典江南、湖南乡试，督山西广东学政，任侍读学士，官阶从四品。嘉庆二年升军机大臣，以其侍读学士官品低，特加三品卿御，寻迁礼部侍郎，调户部。嘉庆四年兼署吏部侍郎，六年升兵部南书，兼管顺天府尹户部三库。十二年授协文大学士兼翰林院掌院学士，十五年拜体仁阁大学士，"时号贤相"。

庆桂，满洲大学士尹继善之子，历任军机章京、内阁学士、库伦办事大臣、理藩院侍郎、军机大臣、伊犁参赞大臣、乌里雅苏台将军、盛京将军、吉林将军、福州将军、荆州将军、兵部尚书，嘉庆四年授刑部尚书、协办大学士，复直军机、授内大臣、拜文渊阁大学士。史称"庆桂性和平，居枢廷数十年，初无过失，举止不离跬寸，时感称其凤度"。①

（二）嘉庆初年谏臣

嘉庆四年（1799年）正月初三日，太上皇乾隆帝去世，嘉庆帝颙琰亲政。初五日，嘉庆帝为了振兴朝政，下诏求言，谕内阁：

"皇考付托之重，兢兢业业，勤求治理，唯惧政事或有阙失，敬念皇祖皇考御极以后，俱颁诏旨求言。盖以九州之大，臣民之众，几务至繁，兼听则明，偏听则蔽，若仅一二人之言，即使出于至公，亦不能周知天下之务，况未必尽公也。粤稽二典分设九官十二牧，博采畴咨，共襄郅治，是以圣德如皇祖皇考，践阼之初，即以求言为急务，矧朕德薄，何敢不虚怀延访，听受谠言，特此通行晓谕，凡九卿科道，有奏事

①《清史稿》卷341，《庆桂传》。

之责者，于用人行政，一切事宜，皆得封章密奏，俾民隐得以上闻，庶事不致失理。诸臣务须宅心虚公，将用人行政，兴利除弊。有裨实政者，各抒诚悃，据实敷陈，佐朕不逮，用副集思广益至意。"①

嘉庆初年，皇帝鼓励言官批评朝政，弹劾奸臣贪官，久遭权相和珅压抑的言官、学士，应诏直言，参劾和珅及其党羽，弹劾贪婪墨吏，使和珅伏法，李奉翰、景安、秦承恩等相继获罪，当时朝政为之一新。原礼亲王昭梿在其《啸亭杂录》卷10中，专门写了《嘉庆初年谏臣》一条，概述谏臣情形，现引录如下：

嘉庆初年谏臣

今上即位，首下求言之诏，故一时言官，皆有丰采，指摘朝政，改如转圜。虽其间不无以妄言获咎者，然其补益良多矣，故列名于后。广公泰，满洲人。下诏时，泰同广兴首先应诏，参劾和珅奸慝诸款。即时伏法，人争快之。今任内阁学士蒋公攸铦，当军人。尝劾外省贪吏宜降革者，李奉翰、景安、秦承恩诸人因之先后获罪。外省吏治为之更张，实自攸铦发也。副宪公瑚图灵阿，宜制府绵子也。性豪迈不屑小节。今上亲政，公首条关税、盐务诸弊，又请却纳贡献，停止捐纳，一时皆懔其丰采云。马公履泰，仁和人。今上亲政，履泰首论湖督景安畏缩偷安，老师糜饷之罪，安为之罢职。又论湖北教匪，奸民宜除，难民宜抚诸条，上尽从之。继公善，满洲人。虽为和相所引，无所依附。时翻译科场，皆近臣子弟借以进身，顶冒传递之弊，繁不胜言。言官以其伤众，无敢言者，但括取文场弊玷渎不休，惟善首论翻译诸弊，场务始严。公后迁太仆卿，八旗士卒畜养马匹，多有冒领其饷，饲者十不二三，出牧时啗番使以金帛，为蒙古所哂。善复犯众怒言之，其弊遂清。满人恨入切骨，至验马日，众误以戴菔塘璐为善，殴之几毙。事闻，首谋者伏诛。今迁盛京礼部侍郎张公鹏展，广西人。任御史时，颇为敢言。尝陈奏出师八弊政，皆中窾要。刑部郎中金光悌素便佞，专擅一时，诸堂官多包庇之。后迁光禄少卿，犹恋恋其司职，鹏展劾请离任，其略云："以天子之刑部而金光悌一人专擅二十余年，其余司官皆出门

①《清仁宗实录》卷37，第21、22页。

下。故使比昵为奸，无阻之者，良可慨也。"上遽允其请，人争快之。和公靖额，满洲人。以翻译起家，而素重文士。满洲举人，旧例三科后始简选小京官。人多缺少，致多壅塞，非历科三十余年不能入仕，反不若汉人大挑之捷径。靖额深悯之，因陈请同汉人例，一体选授县令。百年弊政，一旦改之，人争颂其德云。卫公谋，济源人。成辛巳进士，年七十余始为谏官。福文襄王康安虽屡立战功，然所历封疆，苞苴广进，没后复膺重殿，未免滥觞。今上责那绎堂司空谕旨有"福康安历任封圻，簠簋不饰"之语，因备论王贪婪诸状，不宜配享太庙，子孙享其非分之荣。上虽未允其请，一时之公论与之。周公栻，宁夏人。初论外省大吏多有参劾："属员初无劣迹，恐悃愊无华之人，不得上司之欢心，以致被劾者众。请嗣后照大计例，许其付咨引见，则其员之贤否，自难逃圣明洞鉴之中，可使大吏专擅之习为之稍减。"上允其请。庚申夏，彭芸楣尚书入内，落民昏仆，朱石君司农因以己舆载出。故事，大内无特旨不容车轿出入，栻因劾之，其略云"朱珪无无君之心，而有无君之迹"云云。又温藩司承惠，冒以乡勇功为己功，又依附罪抚秦承恩，致使武关有失，亦附劾之。当时虽奉严旨，未数月，石君舆夫有闯禁门，故殴伤守者。上切责之，尝曰："周栻之言甚正，殊堪嘉也。"沈公琨，归安人。江苏生员之狱，巡抚宜兴庇护属员；又信任管门家人，致使苞苴日进；特造严刑以讯告者，有小夹棍、头脑箍诸名目；又于国丧中任意演剧，无所忌惮。琨皆一一陈之，乃罢兴职。逾岁，上欲巡幸盛京，琨复上疏阻之，亦见称一时云。萧公芝，汉阳人。久淹词馆，及用御史，年已七十余。上疏奏端正风俗反朴还纯，以天道人心启沃上闻。其文洋洋数千言，皆有关于政治，一时翕然称之。王公宁炜，山东人。尝上疏言"上之用人行政，宜习其素，不可因其有人保举，遽加升用。如金光悌、黎兆登等，非不有人荐用，然考核其实，殊有未称者"云。游公光绎，福建人。曾上疏言："今大臣未尽和衷，武备未尽整饬，愿效魏元成《十思疏》以裨治化。"上奖之。后满洲某侍郎因公争愤，上曰："游光绎之言不为无见，殊属可嘉。"后以劾黄公永沛罢职，人争惜之。

（三）嘉庆初年督抚

人们常说，省、府、州、县吏治、民生之好坏，系乎总督、巡抚之优劣。康熙中年，之所以能够迅速改变田荒人逃、国库如洗、贪婪盛行、民不聊生的困境，使垦田增多，农业发达，百业兴旺，财政充裕，国库存银四五千万两，很重要的原因就是，康熙帝大力扶植清官，奖励廉官，相继出现了于成龙、汤斌、张伯行、陈瑸等一批清官。

嘉庆帝亲政以后，"特重廉吏"，出现了岳起等一批廉臣。岳起，满洲镶白旗人，乾隆三十六年举人，历任户部员外郎、翰林院侍讲学士、詹事府少詹事、乾隆五十六年（1791年）迁奉天府尹。《清史稿》卷359，《岳起传》记述了岳起政绩和操守，现引录如下：

五十六年，迁奉天府尹。前官贪黩，岳起至，屋宇器用遍洗涤之，曰："勿染其污迹也！"与将军忤。逾年，擢内阁学士，寻出为江西布政使。殚心民事，值水灾，行勘圩堤，落水致疾。诏嘉其勤，许解任养疴。

嘉庆四年，特起授山东布政使。未几，擢江苏巡抚。清介自矢，僮仆仅数人，出屏驺从，禁游船声伎，无事不许宴宾演剧。吴下奢俗为之一变。疏陈漕弊，略曰："京漕积习相因，唯弊是营。米数之盈绌，米色之纯杂，竟置不问。旗丁领运，无处不以米为挟制，即无处不以贿为通融。推原其故，沿途之抑勒，由旗丁之有帮费；旗丁之索帮费，由州县之浮收。除弊当绝其源，严禁浮收，实绝弊源之首。请下有漕各省，列款指明，严行禁革，俾旗丁及漕运仓场，无从更生观望冀幸之心。"诏嘉其实心除弊。常州知府胡观澜结交盐政征瑞长随高柏林，派捐修葺江阴广福寺。岳起疏言观澜、柏林虽罢逐，尚不足服众心，请将钱二万余串责二人分偿，以修苏州官塘桥路。丹徒知县黎诞登讽士绅胪其政绩保留，实不职，劾罢之。

五年，署两江总督。劾南河工员庄刚、刘普等侵渔舞弊，莫沄于任所设店肆运货至工居奇网利，并治如律。扬州关溢额税银不入私，尽以报解；核减两藩司耗美闲款，实存银数报部：并下部议行。六年，疏请浚筑毛城铺以下河道堤岸、上游永城洪河、下游萧、砀境内河堰，并借帑举工，分五年计亩征还，允之。

八年，入觐，以疾留京，署礼部侍郎。会孝淑皇后奉移山陵，坐会疏措语不经，革职留任。寻命解署职，遂卒。帝深惜之，赠太子少保，赐恤如例。

无子，诏问其家产，仅屋四间、田七十六亩。故事，旗员殁无嗣者产入官。以岳起家清贫，留赡其妻；妻殁，官为管业，以为祭扫修坟之资。异数也。妻亦严正，岳起为巡抚时，一日亲往籍毕沅家。暮归，饮酒微醺。妻正色曰："毕公耽于酒色，不保其家，君方畏戒之不暇，乃复效彼耶？"岳起谢之。及至京，居无邸舍，病殁于僧寺，妻纺绩以终。吴民尤思其德，呼曰岳青天，演为歌谣，谓可继汤斌云。

原礼亲王诏梿盛赞岳起的清廉正直，特在《啸亭杂录》卷4，写了《岳青天》：

岳青天

岳少保起，满洲人。以孝廉起家。初任奉天府尹，前令尹某以贪黩著，公入署时，命仆自屋宇器用皆洗涤之，曰："勿缁染其汙迹也。"后与将军某抗，罢官。今上亲政，首起用为山东布政使，俄调任江苏巡抚。公以清介自矢，夫人亲掌签押，署中僮仆不过数人。出则驺从萧条，屏却舆轿，瘦骖敝服，居然寒素。禁止游船妓馆，无事不许宴宾演剧，吴下奢侈之风，为之一变，实数十年中所未有者。其驭下甚宽，然不假以事权，尝与客共谈，指其侍从曰："若辈唯可令其洒扫趋走，烹茶吸烟而已。署中政事，乃天子付我辈者，安可使其与闻？从来大吏多不能令终者，皆倚任若辈为心腹故也。"其夫人尤严正。公尝往籍毕弇山尚书产，归已暮，面微醺，夫人正色告曰："弇山尚书即以耽于酒色故，至于家产荡然。今相公触目惊心，方畏戒之不暇，乃复效彼为耶？"公长谢乃已。故吴民至今思之，演为《岳青天歌》，以汤文正之后一人而已。

昭梿又在《啸宁杂录》卷10，写了《嘉庆初年督抚》：

今上亲政之始，政治维新，一时督抚罔非正人，如岳中丞辈已详载于前。其他大吏，亦皆卓然一时，今因某公之论，故详载之。长公麟，觉罗氏。中乙未进士。抚吴中时，廉名素著。尝私行街市间以察下吏贤否。首清漕政，下属抗之，公斥其最贪者，力持其议，故吴民至今赖之。尝忤和相，遣戍伊犁数年。今上召入，命为陕甘总督。陈公大文，会稽人。成辛卯进士。乾隆中历抚两粤，以能吏名。今上初政，首调山东。其省大吏屡非其人，吏治废弛，贪污遍野，公至日，剔清漕务，首劾贪吏三十余员。公性深严，凡下属叩见，皆温颜以对，谈论良久，然后正色申之曰："汝某政事贪贿若干，予皆悉知，若不速改，余劾章已定草矣。"故下属咸畏之。故哄传曰："山东民不反而官反"之言，亦可觇公之为人矣。觉罗吉公庆，武功郡王某世孙。性温厚长者。初抚齐、越诸邦，虽无所施为，去后民辄思之。每于署中构屋三间，不采不琢，仅庇风雨，室中惟设长几一，椅十数，宋儒书数册而已。凡判事、见客、起居、饮食无不于其室中，他屋皆封锁之，其俭朴也如此。今任两广总督，加协办大学士高公书麟，文端公晋子之也。首擢安徽巡抚，有善政。纯皇帝最喜之，加两江总督。以忤和相故，贬谪西域数载。今上亲政，首擢浙闽总督。再调云贵，劾罢前督富纲，人谓仁者之勇。其弟副宪公广兴，以劾和珅擢官，屡劾大吏。公不喜其所为，尝于上前告之。后调两湖总督，屡奏大捷。尝于炎暑中奔驰山谷间堵剿教匪，不使入境，卒以是构疾薨。上甚悼惜之，以一等男世其家。汪公志伊，桐城人。以县令起家，累任至福建巡抚，皆以廉著。尝陛见热河，公唯乘一敝车，束补被于其中，后随二奚奴而已。往来都邑数十，人皆不知其为封疆大吏也。请客惟用二簋，不事口腹。又尝疾天下废讲宋儒，因刊幼学义节之书，皆总括濂、洛之书为之，人争目为怪物。书制府特与之甚契，后易以某制府，情性不适，因引疾去，人争惜之。台公布，蒙古人。初任户部银库郎中。时和相专权，补者皆以赀进，故任意贪纵，侵盗官项。又勒索运饷，外吏经年累月，不时兑纳。公至日，与员外郎和公德盟诸库神，积弊为之一清，人以为瑞云。后任广西巡抚，粤西储粮亏缺甚多，公调停数年，仓庾充牣，下僚争庆。公性廉明而不外显，尝不喜制府吉公之沽名太甚，与之抵牾。时人有疑之者，余曰："韩、范上殿，争之如虎；蜀、洛二党，讦如寇雠，然均不失为君子，亦可定二公之品矣。"初公彭龄，莱阳人。初任御史，劾彭参政元瑞兄子冒充吏员事，彭公为之罢官。时言路久闭，无敢与大员忤者，公毅然疏入，人谓之鸣凤朝阳云。江西巡抚陈淮性贪婪，又信任南昌令徐午，人争怨之，其民谣云："江西地方苦，遇见陈老虎，大县要三千，小县一千五。过付是何人，首县名徐午。"公即并其谣劾之，陈为之罢官。任云南巡抚，前抚江兰，虎而冠者，公又劾罢之。逾年以亲老陈情，改补京职。后任巡抚为伊桑阿，任黔抚时即以贪婪著，又冒铜仁苗洞功绩，入境后勒索沿路供用，滋扰下属。公已去任，闻之叹曰："均为天子大臣，岂可以去官故，即目睹下民受害而弃之不顾？"又露章劾之。上震怒，以手书奖公而赐伊自尽，滇民大悦。吴公熊光，常熟人。初任军机时，以才能著，纯皇帝与今少司农戴公衢亨特擢卿贰。和相以非己保荐，故改补外吏。今上亲政，首擢河南巡抚。时豫省重遭景安、倭什布之虐，盗贼遍野，民不聊生。公至之日，为之定保甲，聚乡勇，堵御卢氏东境，不容一贼犯边，处之数载，豫省安堵如故，士民赖之。今迁两湖总督王公秉韬，汉军人。以县令起家，累迁颍州守。丁巳春，教匪突至光州，去颍州甚近，豫省大吏皆畏葸闭关，任其寇饱飏去。公慨然曰："均为天子守臣，岂可以疆域故，致贻害于众也！"因同提臣定公柱团结乡勇数千，战于境上。定公故知兵，军容甚整，公复励以忠义之言，助其粮饷，屡破贼垒，贼甚畏之，踉跄而去，豫省赖以安。朱石君司农时守皖抚，甚器重之。今上亲政，首荐为奉天府尹，有德政。今任南河道总督。公性方正，不好沽名。长制府麟、汪中丞志伊皆以廉名著，公辄不喜其为人，尝曰："长三、汪六皆名过于实者，奚足为贵也。"荆公道乾，介休人。性直朴。为县令时，尝着敝衣冠独步上辕，絮应手出，人争笑之，不顾也。以朱石君荐，代其为安徽巡抚，虽无所更张，而下属畏之，不敢以非道，请客惟用五簋饭脱粟而已。后以疾去官，人争惜之。阮公元，仪征人。家世任武职，惟公以科甲著，自释褐至卿贰甫五年。好博学，群经诸子无不通贯，尤精《尔雅》、小学诸书。以朱石君荐，任浙江巡抚。前中丞以贪名著，而公易以宽和，下属相庆以为更生。温、台盗贼充斥，公与提臣李长庚设法捕之，其风稍戢。性和蔼而能守正不阿，尝有县令欲谋美缺，以贿干其父某代为之请，公谢曰："元未仕时，此身本属父母，今承乏为天子大吏，岂可以私犯义？"绝不允其请云。上待之甚厚，每批其折，尝卿之而不名云。

三、嘉庆帝屡谕禁烟

鸦片，分为生鸦片和熟鸦片。生鸦片，是割伤罂粟未成熟的蒴果之皮，其果渗出的白色乳汁、干燥凝固而成，将其入药，有安神、安眠、镇痛、止泻、止咳、忘忧的功效。生鸦片加工成为熟鸦片后，就成为毒品。

古希腊人种罂粟为阿扁。公元6世纪初，阿拉伯人把它传入波斯，波斯人称罂粟为阿片。公元7—8世纪的时候，罂粟作为药材，从印度等地传入中国，中国人称其为鸦片。

《大明会典》载，暹罗、爪哇、孟加拉国向明帝献纳鸦片作为贡物，称其为乌香。暹罗每次进贡明帝200斤，皇后100斤。

清朝雍正年间，生鸦片、熟鸦片输入增多，已经造成一定危害，雍正帝下谕，禁止贩卖熟鸦片，但仍将生鸦片当成药材，先其纳税后买卖。这在福建巡抚刘世明于雍正七年七月二十六日。呈报处理陈远家藏鸦片案的奏折上，显示得非常清楚。

雍正七年（1729年），福建漳州知府李治国为清源节流，注意查拿贩毒之人，从陈远家中查出鸦片33斤，将陈远拟以枷号充军之罪，陈远称冤说，他家中的鸦片是医用鸦片，不是毒品鸦片烟。福建巡抚刘世明将这33斤鸦片送到药店鉴别，确系医药用品，尚未制成毒烟，因将陈远释放，鸦片储存藩库。刘世明认为知府李治国犯下误将陈远定为贩毒之罪的过失，本欲参动李治国，但又怕百姓认为是开放烟禁，故先上折奏请谕皆。刘世明在雍正七年七月二十六日的奏折上奏称：

"为知府错误施行案件几致陷害平民理合据实奏闻恭请睿鉴事。窃照外洋制就鸦片烟一种，最能淫荡人心，贻患不浅。荷蒙皇上敕部议复定例通行禁戢在案。凡属臣工均当钦遵，实力奉行，岂可错施违混诬陷无知，辜负我皇上勤求治理视民如伤之至意。本年三月二十日，据漳州府知府李治国申称，鸦片毒烟甚为流害现奉严禁，恐奸徒私藏偷卖卑府莅任，随刊刻示禁并饬所属照式举行。但欲塞其流，当清其源，欲求永无服食之革，必先跟究贩卖之人。密差文韬访查，于二月二十二日据该差转托苏笑，从陈市行中向陈远买得鸦片一斤，当即委令能溪县典史丁进前往陈远家，起获三十三斤等。语通详到（臣）。（臣）即批发按察使潘体丰饬令确审，究拟招解以凭审。

"题。去后，绩经李治国审据陈远供于去年载运橘饼往广货卖，因无售主，适有不知姓名客人以鸦片、木香等物，与伊兑换带回。将陈远拟照兴贩鸦片烟例枷号一个月，满日发边卫充军，招解到司。据潘体丰复审无异，照依府拟于七月初九日解院审题。（臣）随亲审，未据陈远服辩坚称，鸦片原系药材必需，并非做就之鸦片烟。满口叫呼，殊有冤抑之状，但是否鸦片与果否成烟，只需一验便明。因原贼未经随解即差，（臣）标把总林正英箭诣漳州府，于七月二十三日提到鸦片烟一箱，当令陈远看明，系伊原物，复令署福州府李伤爵同标下中军官马骥传到太和堂药铺户陈书珮，并标官宋鼎认验，同供验看得此系鸦片熬膏药用的，又可作鸦片丸，医治痢疾病，这是并未做成烟的鸦片等语。夫鸦片为医家需用之药品。必须做成可吃之烟。始为淫荡害人干犯禁例之物。"①

　　刘世明奏折称，"行洋制就鸦片烟一种，最能淫荡人心，贻患不浅，荷蒙皇上敕部，议复定例，通行禁戢在案"。这一段引文，很重要，这是迄今发现国家禁戢鸦片烟的最早史料。漳州知府李治国依照部覆定例，拟判将陈远按"兴贩鸦片烟例，枷号一个月，满日发边卫充军"。这也是至今发现的最早判处贩卖鸦片烟犯人的例案，相当珍贵。

　　这时，英国输入中国的鸦片还不算多，每年大约是200箱。每箱装40个鸦片球，重60公斤。鸦片球的外壳是用硬橡胶状物质做成。以后逐渐增多，到18世纪90年代，每年已达4000余箱。

　　乾隆中后期，鸦片对国计民生、人民身体的危害已经相当严重。嘉庆帝一即位，就颁布了禁止鸦片进口的禁烟令。②

　　嘉庆五年（1800年），在两广总督吉庆的倡议下，嘉庆帝再次重申禁止鸦片进口，并禁止内地种植罂粟，此后他又多次下谕禁烟。

　　嘉庆十二年十二月初七日，谕军机大臣等：

　　"吴熊光等奏，查照御史郑士超陈奏：又鸦片烟一项亟应严禁，现在闽粤等省私行销贩者甚多，近并有携至京师售卖者。最为风俗之害，该督等现已通行饬禁，唯当严密稽查杜绝，毋任透漏。"③

①《雍正汇编》15册，第901页。

②夏燮：《中西纪事》卷4，第1页。

③《清仁宗实录》卷189，第19页。

嘉庆十五年三月初二日，以盘获杨姓身藏鸦片烟6盒，嘉庆帝谕内阁大学士庆桂等，责令严查严禁：

"谕内阁，庆桂等奏，据广宁门巡役人等盘获杨姓身藏鸦片烟六盒，请交刑部审办一折。鸦片烟性最酷烈，食此者能骤长精神，恣其所欲，久之遂致戕贼躯命，大为风俗人心之害，本干例禁，该犯杨姓，胆敢携带进城，实属藐法，着即交刑部严审办理，唯此项烟斤，近闻购食者颇多，奸商牟利贩卖，接踵而来，崇文门专理税务，仅于所属口岸地方稽查，恐尚未能周到，仍着步军统领、五城御史，于各门禁严密查访，一有缉获，即当按律惩治，并将其烟物毁弃，至闽粤出产之地，并着该督抚关差查禁，断其来源，毋得视为具文，任其偷漏。"①

嘉庆十六年三月初一日，以湖北巡抚钱楷上疏，力言鸦片烟的危害，嘉庆帝谕内阁严查严办严集：

"嘉庆十六年，辛未三月，己酉朔谕内阁，钱楷奏，外洋鸦片烟透入内地贻害多端，请饬严禁一折所奏甚是。鸦片烟一项流毒无穷，无赖匪徒，沉迷癖嗜，刻不可离，至不惜以衣食之资恣为邪僻，非特自甘鸩毒，伐性戕生，而类聚朋从，其踪迹殆不可问，大为人心风俗之害，前经降旨饬禁，而奸商贩鬻如故，流行浸广，皆由滨海各关查禁不力，纵容偷越所致，着责成各处海关监督严加禁遏，并交广东、福建、浙江、江苏，沿海各督抚认真查察，嗣后海船有夹带鸦片烟者，立行查拿，按律惩办。如委员胥吏有卖放情弊均予重惩，倘竟透入内地货卖，一经发觉，着穷究来从何处，买自何人，不得以买自不识姓名商船，搪塞蒙混，当将失察卖放之监督，及委员吏役人等，一并惩办不贷。"②

嘉庆十八年七月初十日，嘉庆帝谕刑部制定吸食鸦片定罪条例：

"谕，刑部议奏，侍卫官员买食鸦片烟者，革职杖一百，加枷号两

---

①《清仁宗实录》卷227，第4页。

②《清仁宗实录》卷240，第1、2页。

个月，军民人等杖一百，枷号一个月，均着照所议办理。近日侍卫官员中，朕风闻即有违禁买食者，姑因事未发觉，免其查究，若不知悛改，将来或经举发，即照新例惩办，不能宽贷。再太监供役内廷，闻亦有买食者，其情即尤为可恶，着总管内务府大臣先通行晓谕，如有违禁故犯者，立行查拿，枷号两个月，发往黑龙江，给该处官员为奴。至鸦片烟一项，由外洋流入内地，蛊惑人心，戕害生命，其祸与鸩毒无异，奸内嗜利贩运，陷溺多人，皆由各处海关私纵偷越。前曾降旨各省海关监督等严行查禁，乃数年来迄未遏止，并闻各海关竟有私征鸦片烟税银者，是竟导奸民以贩鬻之路，无怪乎流毒愈炽也，着再严饬广东、福建、浙江、江苏等省沿海各关，如查有奸民私贩鸦片烟冒禁过关，一经拿获，将鸦片烟立时抛弃入海，奸商按律治罪。傥管关监督等阳奉阴违，并私收税课，着该省督抚实力查参，将该监督先行革职，由驿具奏，朕必从重惩治。其各处辗转营贩之徒，并着五城顺天府步军统领衙门，及各直省督抚等，一体严查，按律究办。”①

嘉庆二十年春，两广总督蒋攸铦和广东巡抚董教增联合制定《查禁鸦片烟条规》：西洋商船到港待检查确无鸦片后，始准卸货；减免官员以往失察的处分，以免瞻顾；该管官查获邻境兴贩首犯及鸦片烟应按量议叙，200斤记录1次，1000斤加1级，5000斤以上准送部引见，军民人等查获100斤以上赏银10两，以次递加，赏银由失察地方官赔交；有徇情故纵者立即拿问，兵差诬拿者以诬良治罪。嘉庆帝批准了这一章程，并降谕旨指出：“鸦片烟流毒甚炽，当向该夷人等明白晓谕，断不准销售。嗣后夷船到澳，均须逐船查验，如一船带有鸦片，即将此一船货物全行驳回，不准贸易；若各船皆带有鸦片，亦必将各船货物全行驳回，俱不准其贸易，原船即逐回本国。”②此后在禁烟杜源方面有较大的进展，粤省陆续查获一些烟案。

从总体上来看，嘉庆年间中英贸易中的鸦片问题在严查和走私的不断摩擦和冲突中，终于在道光二十年（1840年）演发成“鸦片战争”。

---

①《清仁宗实录》卷271，第15、16页。

②《清仁宗实录》卷304，第18页。

四、积重难返

嘉庆帝颙琰亲政以后，虽曾一度诏求直言，委任新的大学士、军机大臣，谕令督抚大法小廉，惩治贪官污吏，吏治有所好转。然而，乾隆"会盛之势"已盛极渐衰，百弊积重难返。嘉庆帝既非能够力挽狂澜胸怀大略的英明天子，枢臣也无前朝名相张居正之胆识、才干，不能解决日益尖锐的阶级矛盾和社会问题。兼之，嘉庆帝没有真正力求直谏的气度，反而自食其言，重惩详述朝政大弊之榜眼、大学者洪亮吉，将其革职从军伊犁。

洪亮吉是在嘉庆四年八月上的奏疏，洋洋洒洒4000余字，详述朝政大弊，其要点有：励精图治尚未尽法，集思广益之法未备；用人行政未尽政（权相当政之时）；风俗日趋卑下（士大夫不顾廉耻）；进贤退不肖似尚游移；赏罚仍不严明；言路似通尚未通；吏治欲肃而未肃等。讲得清清楚楚，有根有据，确系洞见症结。洪亮吉特别着重指出白莲教起义是由于官府"激变"，"邪教之起，由于激变"，百姓遭受贪官污吏残酷压迫，无法上控，而起义反抗，"湖北之当阳，四川之达州，其明效大验也"。现引其言吏治恶劣于下：

"夫欲吏治之肃，则督、抚、藩、臬其标准矣。十余年来，督、抚、藩、臬之贪欺害政，比比皆是。幸而皇上亲政以来，李奉翰已自毙，郑元璹已被纠，富纲已遭忧，江兰已内改。此外，官大省据方面者如故也，出巡则有站规、有门包，常时则有节礼、生日礼，按年则又有帮费。升迁调补之私相馈谢者，尚未在此数也。以上诸项，又宁增无减，宁备无缺，此皆无不取之于州县，州县则无不取之于民。钱粮漕米，前数年尚不过加倍，近则加倍不止。督、抚、藩、臬以及所属之道、府，无不明知故纵，否则门包、站规、节礼、生日礼、帮费无所出也。州县明言于人曰：'我之所以加倍加数倍者，实层层衙门用度，日甚一日，年甚一年，究之州县，亦恃督、抚、藩、臬、道、府之威势以取于民，上司得其半，州县之入己者亦半。初行尚有畏忌，至一年二年，则成为旧例，牢不可破矣。诉之督、抚、藩、臬、道、府，皆不问也。千万人中，或有不甘冤抑，赴京控告者，不过发督抚审究而已，派钦差就讯而已。试思百姓各官之案，千百中有一二得直者乎？即钦差上司稍有良心者，不过设为调停之法，使两无所大损而已。若钦差一出，则又必派及通省，派及百姓，必使之满载而归而心始安，而可以无后患。是以州县亦熟知百姓之伎俩不过如此，百姓亦习知上控必不能自直，是以往往至于激变。湖北之当阳，四川之达州，其明效大验也。亮吉以为今日皇上当法宪皇帝之严明，使吏治肃而民众生；然后法仁皇帝之宽仁，以转移风俗，则文武一张一弛之道也。"①

对于这样直言诤谏且洞见朝政积弊症结的忠直诤臣，嘉庆帝不仅不嘉赞纳言，擢升要职，反而勃然大怒，竟于八月二十七日谕内客，严斥洪亮吉"狂谬已极"，"肆意妄言，有心诽谤"，军机大臣会同刑部奏请将洪亮吉"斩决"，但朕"亏冀开谠论，岂转以言语罪人"，着从宽免死，发往伊犁，交与将军保宁严行管束。②

嘉庆帝对洪亮吉的谬误惩治，葬送了亲政之后广开言路的大好局面，严重损害了朝政的改善，吏治腐败。以湖北湖南而言，湖广总督毕沅，虽系两榜出身，且荣中状元，然违背圣贤教诲，见利忘义，贪赃枉法与湖北巡抚福宁、布政使陈淮三人朋比为奸，勒索钱财，为非作歹。昭梿的《啸亭杂录》卷10，《湖北谣》记述其情说：

"毕公任制府时，满洲王公福宁为巡抚，陈望之淮为布政，三人朋比为奸。毕性迂缓，不以公事为务；福天资阴刻，广纳苞苴；陈则摘人瑕疵，务使下属倾囊解橐以赠，然后得免。时人谣曰'毕不管，福死要，陈倒包'之语。又言毕如蝙蝠，身不动摇，唯吸所过虫蚁；福如狼虎，虽人不免；陈如鼠蠹，钻穴蚀物，人不知之，故激成教匪之变，良有以也。今毕公死后，籍没其产，陈为初颐园所劾罢，唯福宁尚列仕版，人皆恨之。"

湖南藩司郑源璹，据载，他"在署家属四百余人外，养戏班两班，争奇斗巧，昼夜不息。昨岁九月，因婚嫁将家眷一分送回，用大船十二只，旌旗耀彩，辉映河干。凡此靡费，皆民膏脂"。③

①《清史稿》卷356，《洪亮吉传》。
②《清仁宗实录》卷50，第40、41、42页。
③姚元之：《竹叶亭杂记》卷2。

当时比较突出的事例，是地方和中央的私造假印案。嘉庆十一年（1806年）八月，直隶布政使庆格查出司书王丽南私雕藩司及库官印信，共虚收过定州等19县地粮正耗杂税等银28万余两。九月，经协办大学士费淳、尚书长龄等查明，自嘉庆元年（1796年）起至本年止，计24州县，共侵盗银310600余两。于是将书吏王丽南及州县官陈锡钰、徐承勋等20余人抵法，对失察之督抚藩司分别治罪。接着又查出武昌五县，将库收照票涂改之事。清中央政府亦有类似事件发生，嘉庆十四年（1809年），工部书吏王书常及蔡泳受等私雕假印，冒领库银14次，获得大量银两。王书常等伏法，户部尚书、侍郎禄康、德瑛、戴衢亨、赵秉冲、刘镮之、工部尚书、侍郎英和、常福、和世泰、费淳、万承风、曹振镛、成书、蒋予蒲等均降黜有差。

更为严重的是杀官灭口。嘉庆十四年山阳令王伸汉捏报户口，贪污救灾款3万金。江南总督铁保派李毓昌查办，王伸汉用巨款进行收买，被李毓昌拒绝。王伸汉便派仆人包祥，与李毓昌的仆人李祥、顾祥、马连升合谋将李毓昌害死。又用银1000两贿赂知府王毂，敷衍了事。李毓昌叔李泰清迎丧，开殓时发现尸身青黑，便到京师上诉都察院。经查实后，李祥、顾祥、马连升俱凌迟处死，包祥处斩，王伸汉、王毂伏诛，总督以下贬官。由此可见，嘉庆皇帝对吏治进行整顿，收到了一定的效果，但未从根本上得到整治。

乾隆以前治河尚能讲求实效，乾隆后期官吏多以治河为借口，从中侵蚀中饱，河防日益败坏，因此，嘉庆时河患频仍，各河漫口大的就有16次之多，至于防护堤决等就不可胜数。嘉庆帝为了根治河患，在嘉庆十六年（1811年）派托津、初彭龄等前往南河调查河工积弊，将调查结果报告清廷。

嘉庆十六年二月初八日，嘉庆帝谕内阁，讲述军机大臣、户部尚书、钦差大臣托津等，奏述河工弊端及惩处失职官员：

"谕内阁，托津等奏查明南河节年银款工程，分别核办参奏一折，近年以来，南河钜工林立，费用蕃繁，统计各项银数，不下四千余万，而每年岁抢修各工，甫经动项兴修，一遇大汛，即有蛰塌淤垫之事，甚至上年堰盱砖石各工，制塌四千余丈之多，恐承办工员，自不免有偷减浮冒情弊，是以特派托津，初彭龄，前往彻底查办，兹据复奏，到江后，即亲赴工次遍加察验，并将各年文卷印领，逐层核对，所发银两，与各工所领数目，均属相符，是银款出，入尚无虚捏情弊，惟支领后，该工员不能如式实心办理，以致新工未竣，旧工复生，而历任河督等，又未能经理协宜，均难辞咎，其中有自乾隆五十七年起，至嘉庆十四年止，已经题销尚未找领之款，银六十万六百两零，据查此款虚悬日久，工程已无可考，且经手工员，又多升迁事故，未便复行找领，致滋冒滥等语，着照所请，所有前项未领一款，竟毋庸再行找发，以归核实，其十四五两年，加培黄运中河大堤土工夫役增价，核计多用银四万八百余两，及上年挑复海口时，酌量接济疲累工段，所借银数，核计共有十万六千余两，均着陈凤翔分别勒追，以清款项，又挑挖淮北盐河一事，虽系预行挑挖，以备宣泄盛涨，但于减坝兴工之前，该河督等未经先行奏明。殊属疏忽，且查所办工段，已有淤垫处所，所有此项工用银八万三千余两，着吴璥、徐端照数分赔完缴，均仍交部严加议处，其另单所开承办工员，除已故及革职治罪各员外，其余四十五员名，均着照所请革职，但念概令离工，一时全易生手，未免贻误，且未便令其置身事外者，将各员弁中，现任者姑留本任，候补者留工效力，各限三年，如果各知奋勉，所修工段并无制塌，届时再请开复，如限内再有疏失，着陈凤翔随时参奏，定当加倍治罪，至原任道员叶观潮，所管地方，屡有漫口大工，实属漫不经心，着即革职，留工以观后效，历任河督，除徐端前已降旨惩处外，戴均元、吴璥，均在任年余，着交部分别严加议处；那彦成，在副总河任内，已历数月，亦着交部议处，寻议上，得旨；吴璥素晓河务，前后在任年份最久，因循贻误，且任内又有挑挖盐河应奏不奏一案，伊现已衰病，岂能胜尚书之任，着照部议降四级调用，仍于补官日降三级留任；戴均元在任年余，亦不能查出弊端，姑念河工非所素悉，其在任年份，较吴璥为浅，着加恩改为革职留任，那彦成本不谙河务，在任仅止数月，着加恩改为降四级留任。"[1]

　　谕中提到的吴璥，从嘉庆四年起，就任河东河道总督，知晓河工官员虚报工程贪污国帑弊病，曾告诉两淮盐政阿克当阿："厅员、营弁，不肖者多，往往虚报工程，且有无工借支，前在任六七年，用帑一千余万，今此数年，竟至三四千万。"[2]

---

①《清仁宗实录》卷239，第9、10、11页。

②《清史稿》卷360，《吴璥传》。

五、川楚陕甘豫五省白莲教大起义

乾隆中后期，白莲教盛行于河南、四川、陕西、湖北、甘肃等省许多州县，清政府对其严密搜捕，残酷镇压。

乾隆六十年（1795年），湖北各地白莲教首领们秘密集会，议定于嘉庆元年（1796年）三月初十日辰时各地同时起义。不料，消息泄漏，被官府发觉，官府遂大肆搜捕。枝城、宜昌两地教首张正谟、聂人杰毅然决定，提前于正月初七日（1796年2月15日）起义。邻近州县白莲教首迅速响应，两月之中，席卷当阳、长阳、长乐、保康、竹山、孝感、枝江。到嘉庆元年五月，起义已遍及湖北、河南大部及四川部分州县。

总观这次白莲教起义，共有六个特点。第一，根基深厚。白莲教起义的爆发及其迅速扩大，有其深厚的社会经济政治基础。首先是土地兼并激烈，成千上万农民失掉祖业。乾隆帝因为米价昂贵，谕问各省总督巡抚米贵的原因。两榜出身，历任主事、郎中、御史、道员、布政使、广西巡抚的杨锡绂，乾隆十年移任湖北巡抚、十三年遵谕上疏，论述米贵之因说：

"奉上谕，米谷为民生日用所必需，而迩年以来日见腾贵，穷黎何以堪此。即如川湖素称产米，而川抚纪山则以商贩云集，米价腾涌为奏。湖北督抚则以江南被灾，资楚粮接济，以致本省米贵为奏。又如直隶一省，向借八沟粮石，今岁畿辅尚属有秋，而八沟亦以搬运太多而贵。

"臣窃以米谷之贵，由于买食者多。买食者多，由于民贫，夫国家休养生息百余年于兹，荒土尽辟，宜乎民之日富，而反贫者，积渐之势然也。所谓积渐之势有四，一曰户口繁滋，一曰风俗日奢，一曰田归富户，一曰仓谷采买。仓谷采买之弊，我皇上所谓处处积贮，年年采买，民间所出，半入仓庾，未免致妨民食。盖已洞悉情形，毋庸更赘。户口繁滋，则圣谕谓自康熙年间以来，休养生息，便应逐渐加增何至一时顿长。以臣观之，实亦未尝不系渐增。臣生长乡村，世勤耕作，见康熙年间，稻谷登场之时，每石不过二三钱，雍正年间，则需四五钱无复二三钱之价，今则必需五六钱，无复三四钱之价，盖户口多，则需谷亦多。臣谓由于田归富户者，盖国初地余于人，则地价贱，承平以后，地足养人，则地价平，承平既久，人余于地，则地价贵，向日每亩一二两者，今至七八两，向日七八两者，今至二十余两，贫而后卖，既卖无力复买，富而后买，已买不可复卖，近日田之归于富户者，大约十之五六，旧时有田之人，今俱为佃耕之户，每岁所入难敷一年口食，必须买米接济，而富户登场之后，非得善价，不肯轻售，实操粮价低昂之权。夫一物也，一人市之，价不能增也，十人市之，则一时顿长矣，十人出售，价不能求多也，一人独售，则任其高勒矣，如是而米谷安得不贵乎。"①

　　米费之因，是"田归富户"，"近日田之归于富户者，大约十之五六，旧时有田之人，今俱为佃耕之户"。这就是千千万万失地农民纷纷加入义军的深厚根基。

　　第二，官逼民反。乾隆中后期，奸相和珅揽权乱国，"官以赀进，政以贿成"，吏治败坏，贪官污吏敛财虐民，草菅人命，特别是湖北、湖南、四川，吏治之腐败，官吏之贪婪残暴，更是前所未有，百姓实在活不下去了，于是纷纷以"官逼民反"而起义。

　　这在嘉庆帝的一些上谕，体现得非常清楚。嘉庆帝关于白莲教起义的原因，在好些上谕中做了论述。一类上谕是讲州县官员及其上司总督、巡抚和京师奸相和珅贪婪勒索，苦累百姓，官逼民反。四川达州白莲教首领王三槐被俘后对帝供称，白莲教之所以起义，是"官逼民反"。

　　嘉庆四年正月二十日，嘉庆帝下谕说：

　　"教匪聚众滋事，皆以官逼民反为词。昨冬贼首王三槐解到审讯时，供词内亦有此语。朕闻之殊为恻然，是以暂停正法，我国家百数十年来，厚泽深仁，周洽寰宇。

　　"皇考临御六十年，无时不厪念民生，恫瘝在抱，普免天下钱粮漕粮，以及蠲缓赈贷，不啻亿万万，凡民以惠爱问阎者至优极渥，朕仰承

① 杨锡绂：《陈明米贵之由疏》，《清经世文编》卷39。

付托之重，夙夜兢兢，视民如伤，一夫不获，宵旰殷怀，岂忍令数省苍生，罹于锋镝哉。百姓幸际昌期，安土乐业，若非迫于万不得已，焉肯不顾身家，铤而走险。总缘亲民之吏，不能奉宣朝廷德意，多方婪索，竭其脂膏，因而激变至此。然州县之所以剥削小民者，不说自肥己橐，在半趋奉上司，而督抚大吏之所以勒索属员者，不尽安心贪黩，无非交结和珅，是层层朘削，皆为和珅一人，而无穷之苦累，则我百姓当之。"①

此谕承认了王三槐所说白莲教起义的原因是"官逼民反"，是州县"剥削小民"，是州县上司"督抚大吏"的"勒索属员"，而督抚又是为了"交结和珅"，结果是"无穷之苦累"，则由百姓承担。

嘉庆帝不止一次地谕称，州县官吏借口搜捕白莲教，勒索士民，敲诈银财，诬捕无辜良民，逼民为寇：

"故查拿之始，原因谋逆之一二人，如刘松、宋之清、刘之协首犯耳，刘松、宋之清皆已伏法，并未株连，而刘之协自扶沟脱逃，所缉者仍此一犯。而地方官有奉行不善者，有苛求图利者，胥役衙书，四出滋扰闾阎，无赖借事吹求，将正犯反置于不问，妄拿无辜名曰欲办白莲教，以致群起于襄阳，由豫入陕。而川省达州徐添德、王三槐，亦乘时蠢动，互相勾结，自此遂东奔西窜，疲我官兵，害我良民。"②

上谕又说：

"皇考屡次严饬各省购缉，原因刘之协系属谋逆要犯，不可不迅速擒捕，初不因其传习白莲教之故，彼时各省地方官，未能仰体皇考圣意，竟以查拿邪教为名，四处搜求，任听胥役多方勒索，不论习教不习教，只论给钱不给钱，以致含恨之人，与习教者表里勾结借无可容身之名，纷纷蠢动，起于襄阳，蔓延川陕，迄今剿办五年，尚稽藏事。"

①《清仁宗实录》卷38，第16页。
②《清仁宗实录》卷78，第26页。

上谕还专门列举了两个贪婪凶狠残暴的贪官作为具体例证。

一个是武昌府同知常丹葵。进士、庶者士、编修、御史谷际岐，因征剿白莲教长达三年之久而无成效，遍访知情之人后，于嘉庆四年春上疏，论述白莲教起义之因及其迅速扩大之情。

"教匪滋扰，始于湖北宜都聂杰人，实自武昌府同知常丹葵苛虐逼迫而起。当教匪齐麟等正法于襄阳，匪徒各皆敛戢。常丹葵素以虐民喜事为能，乾隆六十年，委查宜都县境，吓诈富家无算，赤贫者按名取结，纳钱释放。少得供据，立与惨刑，至以铁钉钉以壁上，或铁锤排击多人。情介疑似，则解省城，每船载一二百人，饥寒就毙，浮尸于江。殁狱中者，亦无棺殓。聂杰人号首富，屡索不厌，村党结连拒捕。宜昌镇总兵突入遇害，由是宜都、枝江两县同变。襄阳之齐王氏、姚之富，长阳之覃加耀、张正谟等，闻风并起，遂延及河南、陕西。此臣所闻官逼民反之最先最甚者也。臣思教匪之在今日，自应尽党枭磔。而其始犹是百数十年安居乐业人民，何求何憾，甘心弃身家、捐性命，铤而走险耶？臣闻贼当流窜时，犹哭念皇帝天恩，殊无一言怨及朝廷。向使地方官仰体皇仁，察教于平日，抚弭于临时，何至如此？臣为此奏，固为官吏指事声罪，亦欲使万禩子孙知我朝无叛民，而后见恩德入人，天道人心，协应长久，昭昭不爽也。常丹葵逞虐一时，上戾圣仁，下殃良善，罪岂容诛？应请饬经略勒保严察奏办。又现奉恩旨，凡受抚来归者，令勒保传唤同知刘清，同川省素有清名之州县，妥议安插。楚地曾经滋扰者，亦应安集。臣闻被抚州县，逃散各户之田庐妇女，多归官吏压卖分肥。是始不顾其反，终不愿其归。不知民何负于官，而效尤覥忍至于此极？若得惩一儆众，自可群知洗濯。"[1]

嘉庆帝览疏后，采纳其言，于嘉庆四年二月二十五日，谕军机大臣将常丹葵革职拿问定罪：

---

[1]《清史稿》卷356，《谷际岐传》。

"谕军机大臣等：朕闻武昌府同知常丹葵，前岁因奉文查缉刘之协，任意吓诈村民，连累无辜至数千人，非刑拷打，极为残酷。及聂杰人约谋拒捕，常丹葵尚不知收敛安慰，以致激成事端，是邪匪所称官逼民反，皆由该同知起衅，实为罪首，不可不确切审讯，严行惩治。着传谕景安，即将常丹葵革职拿问，派委妥员迅速解京，交刑部严审定拟具奏，如所派之员不妥，致令有畏罪自尽之事，皆景安之咎。"①

另一个凶残贪官是四川达州知州戴如煌。抓戴如煌，可不容易。这个贪官，既狡猾，又很警惕，还善于走门路，交结权贵。嘉庆元年正月初七日湖北宜昌、枝城白莲教首领张正谟、聂杰人起义后，迅速扩展，戴如煌立即感到将会东窗事发，银铛入狱，便申请告病，以避免查证，定上贪婪激变大罪。不料乾隆帝既不允其告假，又将其定上"规避"之过，谕革其职，留在军营效力。戴如煌虽然被革职，但总算躲过了"激变"大罪，未被朝廷审查惩治，逍遥无事地过了几年。可是他万万没有想到嘉庆帝亲政以后，严密查访"官逼民反"真情，于嘉庆四年三月二十日，谕军机大臣，查审戴如煌：

"谕军机大臣：再经此次教匪起事，始于达州。朕闻彼时有知州戴如煌，居官贪劣，以激成事端，但戴如煌是否因老病无能，任听官亲幕友长随等从中扰害，抑系伊任意贪婪，自有实在劣迹。曾闻戴如煌与川东道李宪宜，系属乡亲，为之详请告病，嗣经皇考察见规避情由，未曾允准，将戴如煌革职，仍留军营效力，此时戴如煌自必尚在川省，着勒保即将指出情节，向其切实讯问，此系前任英善、宜绵，任内之事，可毋庸稍存袒护。又朕闻达州尚有吏目一员，尤为贪婪不职，但未记忆姓名，亦着勒保将该吏目系属何人，有何劣迹，是否仍在该处，有无被贼戕害之处，一并严查审办。"②

不久，嘉庆帝又加派魁伦为查审戴如煌的钦差大臣。这两位审案大

①《清仁宗实录》卷39，第28页。
②《清仁宗实录》卷41，第17、18页。

臣可非微员末弁。勒保之父是原定边将军、大学士温福。勒保历任军机章京、郎中、道员、库伦办事大臣、兵部侍郎、山西巡抚、陕甘总督、云贵总督、湖广总督，现任四川总督和节制川楚陕甘豫五省军务的经略大臣，以平苗功封一等侯、擒王三槐功晋公爵。魁伦的祖父是原副将军、尚书查弼纳，魁伦历任总兵、福州将军、闽浙总督、署吏部尚书，现署四川总督。这样两位官高权大的审案大臣，照说可以迅速查明案情依法重惩戴如煌了，不料，嘉庆五年十月，勒保反续派审案大臣、成都将军、领侍卫内大臣德楞泰奏报审讯情形及拟定惩处建议。嘉庆帝于嘉庆五年十月十五日下谕说：

> "据德楞泰、勒保奏，将已革知州戴如煌，审拟治罪一折。前因戴如煌老病无能，任听书差在外滋事，以致民闻多有怨言，凡习教之人，无不遭其索诈，不能安身，遂萌异志，是戴如煌实为激变启衅罪魁，不可不严加惩治。因降旨命勒保，将戴如煌提至军营，悉心研鞫，按律定拟具奏。今据德楞泰、勒保，审讯戴如煌，并无贪婪切实证据，而检查任内书差卯簿，竟有四千余名之多，一任差役在外诈钱滋事，虽事隔四年，书役王国学、马贵等，均已先后被戕病故，此外更无质证之人。而戴如煌滥设衙役四千余名，任听借端讹索，以致达州教匪首先滋事，自未便因其现无索诈入己确据，致有轻纵。戴如煌，着照德楞泰勒保所拟，在达州地方枷号三个月，满日发往伊犁充当苦差，子嗣不准出仕，以示惩儆。"①

此谕实为奇怪，既然皇上都明确指出，戴如煌听任书差滋事，习教之人无不遭其索诈，致激民变，谕令严审严惩，为何审案大臣却奏称"戴如煌并无贪婪切实证据"，而只以纵役滋事结论。

是戴如煌真无索贿贪婪之罪吗？那么审案大臣查明戴如煌养有衙役四千余名，"借端讹索，以致达州教匪首先滋事"，又该如何解释？

达州是散州，不是等于府的直隶州，而是县级州，与县同级。清朝官制对各级衙署、官员的书吏、差役人数有严格的规定。光绪《大清会典事例》卷148、149、150、151，专门载明了"各省吏额"。卷150载

---

① 《清仁宗实录》卷75，第18、19页。

称，四川省的督、抚、藩、臬、司、道、府、州、县官员各自应有书吏：

四川总督兼巡抚，书吏46人，学政，书吏6人，布政司，典吏72人，按察司，典吏56人，监茶道，典吏14人，成绵龙茂道，典吏19人，川东道，典吏14人，建昌道，永宁道，典吏各10人，川北道，典吏13人，成都府，典吏31人，宁达府，典吏15人，保宁府，典吏21人，顺庆府，典吏18人，叙州府，典吏21人，重庆府，典吏25人，夔州府，典吏24人，绥定府，典吏16人，龙安府，典吏19人，大宁县，典吏9人，达县，典吏9人，东乡县，典吏13人，新宁县，典吏8人，渠县，典吏8人，大竹县，典吏9人，（县承、攒典2人，典史儒学、攒典各1人）太平县，典吏8人。

达县（达州）属绥定府。绥定府一共辖有达县、东乡县、新宁县、渠县、大竹县、太平县。达县知县有书吏9名，比书吏最多的东乡县12名少，与大竹县并列第二，在全国1300余县中，书吏人数处于中等偏下。

县里除编制规定的书吏之吏外，还有役。各县的书吏，人数多少不一，但役的数额，基本上是相同的。例如，东安县、信半县、婺源县，都有马快8名、皂吏16名、民壮50名、灯夫4名、门子2名、看监禁卒8名、库子4名、斗级4名、轿伞扇夫7名、一共是103名。除去库子、斗级、门子、桥伞夫、灯夫21名，还有82名，可算是役，是差役，加上书吏12名，是94名。这些人的工食银是官府给的，按照规定，此时的书吏、民壮、皂吏、禁卒，每人每月工食银都是5钱银子，马快的工食银多一些，每月1两4钱。这94名书吏、皂吏、马快、民壮、禁卒，每年的工食银共为650两4钱。

这94名书吏、皂吏、民壮、马快、禁卒，一年要给工食银650两，那么，戴如煌的衙役有4000余名，一年该给6000—7000两，戴如煌的知县养廉银一年才700—800两，他哪里养得起，他也根本不会、不愿意拿自己的钱来养这4000余名非法、非编制的衙役，官府也不能给他们发工食银。并且，更关键的是，这4000多名非法衙役（人们称之为白役）敲诈勒索了大量金银，能不孝敬他们的知州老爷吗？怎么可以得出戴如煌只是纵役勒索而"无贪婪切实证据"的结论，并且据此定案轻惩？这两个审案大臣不是白痴傻瓜，听信了戴的巧言诡辩，就是收了戴的贿赂。可笑的是，自诩中兴维新之君的嘉庆帝也竟批准了勒保的奏疏而结案了。

戴如煌虽然暂时蒙混过关，但最后也未能掩盖住纵役讹银纳入私囊的罪行。嘉庆五年八月初三日，嘉庆帝下谕说：

"戴如煌在达州知州任内，藏私狼藉，民怨沸腾，朕所深悉。从前宜绵参奏戴如煌年力就衰，并未叙及敛怨肇衅情事，蒙皇考谕令将戴如煌革职，仍留军营效力。朕亲政后，节次降旨令勒保魁伦查办，嗣据勒保覆奏，以戴如煌老疾无能，任听书差在外滋事，以致民间多有怨言，而魁伦复奏，亦只以该员病废，饬将经手报销各案，交代清楚，勒令回籍，俱未将戴如煌激变之处据实查奏。今据广兴奏称，戴如煌私设衙役至五千名之多，首逆徐添德、王学礼等，曾被戴如煌拘拿，讹银数千余两，私行释放。凡有习教之人，无不遭其索诈，以致不能安身，遂萌异志，是戴如煌实为邪教启衅罪魁，不可不严加惩治。此时戴如煌尚在重庆地方逗留，着勒保即行提至军营，将戴如煌在达州任内，借查拿教匪为名，勒索银两，及激变起事缘由，逐一详悉研鞫，速行按律定拟具奏。"①

达州知州戴如煌的贪婪激变，是"官逼民反"的又一铁证。

第三，起义教民众多，波及地区辽阔。这次白莲教大起义，参加者多达40余万人，斗争的区域遍及四川、湖北、陕西、河南、甘肃5省204个府、州、县、厅、卫，人数之多，地区之广，此前清朝未有。

第四，起义延续时间很长，从嘉庆元年正月初七日宜昌、枝城白莲教首领张正谟、聂杰人揭竿而起，到嘉庆九年五月初五日，收到前线统帅、成都将军、一等侯德楞泰600里报捷奏折。嘉庆帝大喜，谕内阁，宣布平定教匪。前后历时9年，用兵时间之长，前所未有。

第五，调兵16省，军费过亿。9年征剿白莲教，前后调兵16省，官兵多达10余万，还征金招募大量乡勇，仅"四川应募乡勇至三十余万"，军费本已激增，兼之将帅腐败，奢侈浪费。昭梿的《啸亭杂录》卷8，《军营之奢》称：

"宗室副都统东林，文皇帝第十子韬塞裔也。任侍卫时，从征川、

①《清仁宗实录》卷73，第8页。

楚教匪凡十余年。其亲为余言者云："军中靡费甚众，其帑饷半为粮员侵蚀，任其滥行冒销，有建昌道石作瑞，曾侵蚀帑银至五十余万两。然其奢费亦属糜烂，延诸将帅会饮，多在深箐荒麓间，人迹之所罕至者，其蟹鱼珍羞之属，每品皆用五六两，一席多至三四十品，而赏赐优伶，犒赉仆从之费不与焉。有某阁部初至，石为馈珍珠斛，蜀锦一万匹，他物称是。故其所侵蚀者，转皆荡尽，至死无赢费，人皆快之。军中奢靡之风，实古今之所未有也。""闻明参政亮言其随明忠毅公瑞征乌什回部时，军中大帅，唯有肉一戴，盐酪数品而已。其事未逾数十年，而其风变易至此，其作俑者可胜诛乎。"

嘉庆四年初，军费已用去7000余万两，之后继续激增。魏源在《圣武记》卷10中写到："自贼起事，至再报戡定，计先后用兵九载，费帑银几至二万万两。"

第六，盛极转衰的标志。吏治腐败，"官逼民反"。军队腐败，八旗军疲弱惧战，绿营兵战辄溃逃。剿教初期的督抚将帅，多系开国元勋名帅勇将之后裔，养尊处优，官阶虽高，拥兵虽众，多以贻误军机遭惩，未见建功立业之人，以致剿教数年，越剿越乱，嘉庆帝亲政之后，改弦更张，罢革庸臣。史称：

"谕曰：方教匪之初起也，苗疆军事未藏，楚、蜀空虚，草泽么麻骨，燎原莫制。永保、惠龄号曰总统，局于襄阳一隅。景安、秦承恩不谙军旅，贼遂蹈瑕，蔓延豫、陕。宜绵受事，仅顾蜀疆，及劲兵移陕，束手求退矣。英善、福宁并皆庸才，三年之中，防剿无要领，如治丝而益纷。仁宗亲政，赫然震怒，诸臣相继罢谴，士气一新，事机乃转。庙堂战胜，固有其本哉！"[1]

嘉庆帝擢升马兵、前锋等行伍出身的额勒登保、德楞泰等勇将，重用汉将杨遇春、杨芳、罗恩举，征金、招募几十万乡勇，作为军队的主要人员。

---

[1]《清史稿》卷345，《论》。

史称：遇春结发从戎，大小数百战，皆陷阵冒矢石，未尝受毫发伤。仁宗询及，叹为"福将"。治军善于训练，疲卒归部下即胆壮，或精锐改隶他人，仍不用命。将战，步伐从容，虽猝遇伏，不至失措。俘虏必入贼三月以外始诛，老稚皆赦免。驭降众有恩，尤得其死力。操守廉洁。

罗思举，"川中殄诸剧寇，多赖其力"。

论曰："川、楚之役，竭宇内之兵力而后定之。材武骁猛，萃于行间，然战无不胜，攻无不取者，厥惟二杨及罗思举为之冠。遇春谋勇俱绝，剧寇半为所歼。思举习于贼情、地势、险阨，强梁非其莫克。至于忠诚忘私，身名俱泰，遇春际遇之隆，固为稀觏；而思举以薮泽枭杰，终保令名，焕于旂常矣。乡兵出平钜寇，亦自其为始云。"①

白莲教大起义虽然被镇压下去了，但是它重重地打击了清王朝，击杀清军副将、参将以下将官400余人及一品二品提督、总兵官、都统、统领20余员，官兵伤亡惨重。②军费开支"几至二万万两"，清政府竭力开源敛银，并大开捐例，卖官、卖秀才、卖顶戴，收银7000余万两，仍然是财政紧张，从此再也没有"康乾盛世"之财政充裕，国库存银5000万、6000万、8000万两的美景了。

并且，吏治本已腐败到"官逼民反"程度，这捐纳收来的7000余万两银子又将卖掉多少顶乌纱帽？按照捐例，生员交银2000两，可以捐个知县。知县交银4000两，可以升为知府。已经罢了知府官职的原知府，交银3600两，不仅可以重新当官，还可以升一级，当上道员。普通旗人交银720两，可以捐个五品顶戴（相当于直隶州知州和六部的郎中、员外郎）。包衣佐领下人和内务府买卖人交银2000两，可以捐个三品顶戴，相当于各省掌管刑法大权的按察使、京师的顺天府尹、左副都御史、通政使、大理寺卿、詹事、光禄寺卿等官的顶戴。康熙五十四年的京师开捐，卖官职、卖功名（卖生员）、卖顶戴，收了439万两银子，允准了16687人，捐官、捐功名、捐顶戴。以此例比较嘉庆年间的7000万两捐银，应有20余万名捐纳人员，要卖掉几万名知县、知州、知府、道员、

---

① 《清史稿》卷347，《杨遇春、罗思举传》《论》。

② 《清史稿》卷349，《论》。

郎中、主事，或者几十万名生员。这些官员中，这些将来要当官的生员中，不知有多少千名、万名生员、官员要成为贪官，吏治能不更加腐败吗！从今以后，再也不能出现"康熙盛世"吏治比较清明，军威无敌，国库充盈的盛世美景了。

六、禁门之变

"禁门之变"，指的是陈德行刺嘉庆帝未遂之事。陈德，原名陈岳，乾隆二十二年（1757年）生于北京，不久随父母跟家主松年赴山东青州府海防同知任二所。五十二年（1787年）因父母先后病故，在山东无法谋生，偕岳母、妻子回北京，投靠外甥、内务府正白旗护军姜六格，曾在侍卫宗室绷额布、兵部笔帖式庆臣，以及内务府造办处笔帖式于姓家服役。乾隆六十年（1795年）至嘉庆二年（1797年）跟镶黄旗包衣管领常索在内务府服役，经常出入宫中。嘉庆三年（1798年）至八年（1803年）二月十五日，典于回京粤海关监督王姓的家人孟明家当厨役，因妻子、堂姊相继病故，岳母重病，儿子幼小，"往后难过日子，心气恼"，"时常喝酒，在院歌唱哭笑"。每被解雇后，自己感到百计无出，活着还不如死了清静，因他曾跟人在内务府当差服役，有过进园入宫的经历，于是便打起行刺杀驾的主意。他暗中发誓："我将来总要一硬对儿，哪怕官员们。拿刀扎死了一个我与他抵偿，扎了两个，我抵偿了还便宜一个，若扎四五个，我就便宜好几个。我就在这几天内，总（要）闹事。"就这样，闰二月十六日他见街上垫道，并听得皇上将于二十日回宫，于是事先从东华门潜入紫禁城。

与官场的腐败一样，当时的紫禁城门禁十分涣散。早在乾隆年间，侍卫松松垮垮，禁门出入稽查也是糊里糊涂，嘉庆初年，随着和珅倒台，整饬吏治，曾经一度有所改观。然而，官场积习已久，振作也只是一时，未久就又故态复萌。因此，禁卫的松懈已连续发生了数次事故。就在陈德行刺事件发生前不久，嘉庆八年二月初，嘉庆帝谒东陵，闰二月初一日回銮路上在静寄山庄赐宴王公大臣，初四日，禁城内炭库失火。初八日在驾幸南苑的途中，发生了御轿竿脱肩事件。因此事兵部尚书、掌銮仪卫事的丰绅济伦被革职。10天后，嘉庆帝在清漪园内玉澜堂召见大臣，又见门前闲人随便往来，又降旨"申饬"。至于禁城宫门出入，更管理混乱。

闰二月二十二日，嘉庆帝准备进行亲耕籍田，便于二十日自圆明园入宫斋戒。当其乘舆进入神武门内将进顺贞门时，陈德持小刀突然从西大房后冲出，直扑乘舆。在一片惊呼声中，乘舆快速逃进顺贞门。在场各门护军、侍卫100多人一时惊呆、不知所措，竟无一人上前拦阻捉拿。只有御前大臣定亲王绵恩，固伦额驸拉旺多尔济，御前侍卫扎克塔尔、珠尔杭阿、乾清门侍卫丹巴多尔济、桑吉斯塔尔6人，上前拦挡，围捉陈德。陈德奋力拼搏，但寡不敌众，被定亲王绵恩等拿住。

闰二月二十四日，嘉庆帝谕内阁，审讯陈德，嘉赞绵恩等6人，斥责畏敌退缩之人，并称自己"当谋身修德，勤政爱民"：

"己丑谕内阁：二十日进宫斋戒将入顺贞门，突有一人趋出，彼时朕乘轿已入宫门，实未见其面貌，差内监询问御前大臣，方知其凶悍拒捕状。因命军机大臣会同刑部严审竟日，所供情节出乎情理之外。次日又添派满汉大学士六部尚书会审，所供矢口不移。又命九卿科道一同会审，仍如前供。在诸臣见此等逆犯，义愤自不容已，必欲穷究主使何人，同谋何人，有无党羽，反复究诘，悉心讯问，忠君为国之忱，必应如是尽心穷诘，并非锻炼周内也。

……

"朕所惭惧者，风化不行，必有失德始有此警予之事。当谨身修德勤政爱民，自省己咎耳，所有此案，凶犯陈德并伊二子即行公同按律定拟具奏，候旨施行。

……

"但二十日捕捉凶犯之时，定亲王绵恩首先奋力推却，衣被浮伤。固伦额驸亲王拉旺多尔济、御前侍卫丹巴多尔济、珠尔杭阿、扎克塔尔、桑吉斯塔尔同擒逆犯，即时就缚，丹巴多尔济身被三伤，实堪嘉尚，是以超封贝勒，绵恩等俱分别加恩矣。然御前侍卫及各项人等，彼时不下百余人，而奋不顾身擒捕凶犯者，只此六人。在绵恩、拉旺多尔济等六人，受恩固厚，然百余袖手旁观之人竟无一人受恩厚者乎。绵恩系朕之侄，拉旺多尔济系朕之额驸，固应休戚相关，朕怀深慰，然百余袖手旁观者，岂无朕之至亲，岂非世受国恩之臣仆乎？见此等事尚如此漠不关心，安望其平日尽心国事耶。朕之所深惧者在此而不在彼，诸臣具有天良，自问于心能无愧乎。特书此谕中外知之。"[①]

不久，陈德被凌迟处死，其子禄儿、对儿年未足岁，按律本应监禁，成丁后充军伊犁，但仍绞杀。

七、癸酉之变

癸酉之变，指的是嘉庆十八年（癸酉年）天理教在京城和河南滑县的起义。

天理教，原名荣华会或龙华会，属白莲教的一个支派，其教义与白莲教基本相同，也信奉"三际说"。以"真空家乡，无生父母"为八字真言，以此表达的意思为：要造就一个"无生无灭"、法力无边的"无生父母"，作为超度人间苦难的救星，使受苦受难的贫穷百姓，得以进入"真空家乡"的"极及国"享受富贵荣华。企图以这种宗教幻想安慰难以生存、对人生绝望的农民弟兄。正因其教义在一些方面唤起了垂死挣扎者的一线希望，立即不胫而走，迅速传播，获得了河南、河北、山东、山西等北方地方民众的支持。此教又以八卦分支派，所以又被称为八卦教。

八卦教的著名首领有河南滑县震卦首领李文成，被称为"人王"。直隶大兴县坎卦首领林清，被称为"天王"，冯克善为"地王"。其他的首领如乾卦首领山东定陶人张廷举、艮卦首领河南虞城人郭泗湖、巽卦首领山东程武人程百岳、离卦首领山东城武人张景文、坤卦首领山西岳阳人邱玉、兑卦首领山西岳阳人侯国龙等，皆分隶震卦。

嘉庆十八年（1813年）七月，嘉庆帝按惯例，自圆明园启驾秋狝木兰，并准备到遵化谒陵。行前，命令次子旻宁、皇三子绵恺于八月初旬

[①]《清仁宗实录》卷109，第13、14页。

前往热河（今承德）伴驾行围。命仪亲王永璇、大学士勒保、协办大学士吏部尚书邹炳泰、兵部尚书福庆留京。皇帝出宫离京，使原本就很懈怠的宫廷警卫立即松弛下来，这种情形无疑给林清的起义计划提供更为有利的契机。

按原定计划，嘉庆帝在木兰要举行十三围，但连日阴雨，使得山中河水暴涨，道路泥泞，人马行进艰难。九月一日下令减围出哨，命皇子旻宁先行回宫，自己顺路谒东陵，然后回銮。九月初九日，车驾行至半路，嘉庆帝突然收到奏报：河南滑县天理教徒造反，"滑县已失，县官被戕"。

河南李文成的起义按原定计划提前发动。原来，在起义前夕，李文成命牛亮臣率数百名教徒，在滑县大伾山制造武器，不慎被一当地巡检官夜巡时发现，经审讯工匠，得知起义计划。滑县知县强克捷一面派人向卫辉府知府和河南巡抚密报有关情况，同时因事情性质严重而又紧急，不等上级指示便派衙役将李文成、牛亮臣逮捕。在严刑拷打下，李、牛二人死不招供，李文成足胫被夹断，牛亮臣也是血流遍体。强克捷准备将二人解省正法。

这一突然变故，立时打乱了天理教原来的起义计划。由于事情紧急，其他天理教首领经密议，认为事不宜迟，起义必须提前发动。于是，九月初七，黄兴宰、黄兴相、宋元成等率领教徒3000余人大张声势，揭竿而起，一举拿下滑县县城，杀死知县强克捷，将李文成和牛亮臣救出。"于是直隶之长垣、东明，山东之曹县、定陶、金乡同时杀官围城，而曹、定陶皆破"。两天后，嘉庆帝得知消息，当即发布上谕，调兵遣将，对起义进行捕剿。他任命温承惠为钦差大臣，即赴长垣、滑县。在镇压的原则上，指示温承惠，要尽量不事声张，尽量不提"习教"的因由，尽量严打起事教徒，对胁从者要有所区别。同时指示临近教乱的地区注意防守，以挖壕筑堡坚壁清野。

天理教北京林清对这一重大的变故一无所知，还在按原定计划进行。

林清仍按原计划联络教徒200人，分成东西两队，于嘉庆十八年九月十五日潜伏东华门和西华门，由太监接应夺门入宫。东队由陈爽居首，刘呈祥押后，在太监刘得财、刘金的导引下进入东华门。西队由陈文魁居首，刘永泰押后，在太监高泰、高广福的导引下进入西华门。进入大内后由陈爽指挥战斗，林清坐镇黄一村以待河南的援兵。

东队冲入东华门后，很快被官兵发现，将城门关闭。义军经过与官兵的激烈战斗，终因路径不熟，全部壮烈牺牲，"官兵受伤者亦多"。西队全部冲进西华门后，在宫内浴血奋战，因寡不敌众，大部分被阻于隆宗门外。曼宁（即后来的道光帝）在上书房闻知后，"自用鸟枪击毙二人"，以待援兵。留京王大臣和内务府大臣率兵入神武门，镇国公奕灏亦率火器营兵1000余人进入宫内，义军在无援的情况下被镇压下去。义军牺牲31人，被俘40人，而宫廷侍卫护军那伦等死41人，伤60名，死伤者过于义军。十七日晨，林清在宋家庄被擒，后寸磔而死，传首三省。

嘉庆帝九月十五日驻跸髻山行宫。第二天驻白涧行宫，他连下上谕四道。第一谕是嘉奖守宫王公大臣，封二阿哥旻宁为智亲王，于皇子分例加倍，发给俸银12000两，三阿哥绵恺随同杀贼，亦属可嘉。第二谕是命在热河的军机大臣、内大臣、户部尚书、都统托津回京查办逆案，谕在热河的军机大臣、礼部侍郎英和回京署步军统领擒拿逆犯。谕革守宫失职的步军统领吉纶、总兵玉麟之职。

第三谕是根据臣下奏报战情指授搜捕：

"谕军机大臣等，本日申刻，仪亲王等递到剿办贼匪事已大定一折，据讯取活贼供词贼匪共进禁城二百名，现所呈递草单三纸内，细核歼毙及活拿者，共只三十一名，其余贼匪一百六十九名究竟作何下落，所奏殊未明晰。再成亲王讯出贼供，地安门外尚有贼五百名，此项贼匪，此时是否伏而未动，抑系查有踪迹，伊等现在如何办法，折内亦未提及，着仪亲王等即速明白回奏。至折内请将格布舍等六人，留京剿捕贼匪，事属可行。内苏尔慎格布舍二人，着速迎赴行在，朕面询剿贼情形。其伊勒通阿等四人，留京责令帮同搜捕俟朕回銮后，再谕令一同驰赴军营，将此传谕知之。"

第四谕是令全城搜捕逃贼：

"现在查缉匪犯最关紧要，都城满洲蒙古汉军二十四旗，各有所辖地方，着托津等到城后，即传谕满洲蒙古汉军八旗正署各都统、副都统迅即督率本旗章京、兵丁等，各在本管地面严密搜查；八旗正署护军统领，各在本管三旗地面搜查；两翼前锋统领，督同所管官兵，在紫禁城内外详细挨查，勿任一名漏网，亦毋许扰累居民，一有拿获之犯，一面具奏，一面将犯人交与托津等严审，如本管地面实无匪犯潜匿，伊等自信可以出结，即各自具奏。其管理圆明园之大臣，着饬令俱赴圆明园，督率该管章京兵丁等，将御园四面附近村庄烟户以及清河等处地方逐细访查。"①

第三天，九月十七日，驻烟郊行宫，颁朱笔所写《遇变罪己诏》：

"朕以凉德，仰承皇考付托，兢兢业业，十有八年，不敢暇豫。即位之初，白莲教煽乱四省，黎民遭劫，惨不忍言，命将出师，八年始定。方期与吾赤子，永乐升平。忽于九月初六日，河南滑县，又起天理教匪，由直隶长垣，至山东曹县，亟命总督温承惠率兵剿办，然此事究在千里之外；猝于九月十五日，变生肘腋，祸起萧墙，天理教逆匪七十余众，犯禁门，入大内，戕害兵役，进宫四贼立即捆缚，有执旗上墙三贼，欲入养心门。朕之皇次子亲执鸟枪，连毙二贼，贝勒绵志续击一贼，始行退下，大内平定，实皇次子之力也。隆宗门外诸王大臣，督率鸟枪，兵竭二日一夜之力，剿捕搜拿净尽矣。我大清国一百七十年以来，定鼎燕京，列祖列宗，深仁厚泽，爱民如子，圣德仁心，奚能缕述？朕虽未能仰绍爱民之实政，亦无害民之虐事，突遭此变，实不可解。总缘德凉怨积，惟自责耳。然变起一时，祸积有日，当今大弊，在因循怠玩四字，实中外之所同。朕虽再三告诫，舌敝唇焦，奈诸臣未能领会，悠悠为政，以致酿成汉唐宋明未有之事，较之明季梃击一案何啻倍蓰，思及此，实不忍再言矣。予惟反躬修省，改过正心，上答天慈下释民怨，诸臣若愿为大清国之忠良，则当赤心为国，竭力尽心，匡朕之咎，移民之俗，若自甘卑鄙，则当挂冠致仕，了此一身，切勿尸禄保位，益增朕罪。笔随泪洒通谕知之。"②

① 《清仁宗实录》卷274，第1—5页。
② 《清仁宗实录》卷274，第8、9页。

　　九月十九日，嘉庆帝进入北京回宫以后，加紧布置围剿滑县天理教的军事行动。他立即任命陕甘总督那彦成代替温承惠为直隶总督，并为钦差大臣，节制山东、河南各路兵马。同时，调京师健锐营、火器营、陕西绿营、八旗马队和徐州绿营，速往河南、山东集中。

　　二月底，那彦成率重兵齐集河南卫辉一带。当时，滑县一带天理教起义者声势正盛，清军未敢贸然出击，那彦成上书请增派援兵，再作对策。一个月的时间未见出兵捷报，嘉庆帝又急又气，认为那彦成畏敌避战，逗留不前，屡出严旨催促。十一月上旬，清军各部与起义者的战斗渐次展开，双方死伤惨重。起义者坚守道口，清军数路强兵猛攻，道口被攻陷时，教徒们的尸体填塞街屋，伤亡惨重。

　　尽管李文成仍坚守滑县，但基本已孤立无援，犹疑之间，滑县道口陷落，立即陷入清军的重围之中。当李文成幻想外围起义各部能有所增援的时刻，清军迅速调集大量的增援部队。嘉庆帝令那彦成务必将滑县四门围定，决不能让造反者逃脱，"若滑县之贼再行散窜，则唯那彦成是问"。而让那彦成暗自庆幸的正是李文成恰恰不想撤离孤城，因为他先前被捕时曾受过重刑，腿伤未愈。一些起义首领揣度形势，感到固守滑县无异于坐以待毙，于是决定先将李文成护送出城，然后防守滑县的全部人马再西移太行。

　　那彦成在嘉庆帝的严旨督催下不敢懈怠，时刻关注起义者的动静。当李文成所部刚一转移，便被侦知动向，那彦成派重兵抄近路直趋太行，双方在太行山隘口的司寨展开了激烈的争夺。经过惊心动魄的生死拼杀，司寨终被清军攻占。十二月二十日傍晚，寨中的巷战接近尾声，起义首领与部下相继战死，李文成见大势已去，自报姓名后自焚而死。

　　西移太行计划的失败和起义领袖的战死，不仅给固守滑县的起义者带来了更大的困难，也带来了精神上的沉重打击。十二月上旬，2万清军日夜围攻，牛亮臣等起义领袖拼死抵抗。初十日，清军用炸药炸坍县城西南角，起义者与清军巷战一昼夜，大部分教徒战死。被俘的牛亮臣等首领被械送京师，"磔死枭首"。其他山东定陶、金乡、曹县等地的起义，在滑县陷落前已先后失败。整个天理教起义坚持了4个月后终于失败。

　　林清一案，暴露了清朝整个国家机器的腐朽。嘉庆帝在十二月二十四日的御制《行实政论》中也不得不承认，"乱民罪大恶极，固不待言，而潜匿近畿，往来约会，自十六年（1811年）夏季，林清即造谋定于今岁（1813年）九月十五日起事，先抢宫禁，次劫京城，既得此地，皇上必避往关东，如此逆谋已三年之久，朕意不能知，实深惭愧，实切痛心。国家设立王公文武大臣以及侍卫章京不下千员，八旗步营将弁兵士几及十余万人，竟无一人出首者，呜呼痛哉"①。又在《有感五首》中叹道："玩愒政无纪，疲庸俗敝雕；从来未有事，竟出大清朝。"此后，清朝不仅有内忧，而且增加了外患，在下坡路上越滑越远。

嘉庆二十五年（1820年）七月，颙琰幸热河避暑山庄，因途中感暑而病，临死前召御前大臣、军机大臣、总管内务府大臣等打开密匣，宣示嘉庆四年（1799年）四月初十日遵家法立旻宁为皇太子的御书。未几，嘉庆帝病逝于行宫，旻宁即位，以次年为道光元年。

八、道光朝朝政简述

（一）内忧外患

嘉庆二十五年（1820年）七月二十五日，嘉庆帝颙琰在热河避暑山庄去世，皇二子智亲王旻宁继位为君，以次年为道光元年。道光三十年，旻宁病逝于北京圆明园，后尊谥为效天符运立中体正至文圣武智勇仁慈俭勤孝敬成皇帝，庙号宣宗人们称其为宣宗，为道光帝，有时也叫道光。

道光朝共30年，可说是内忧外患兼重。

内忧之一是，土地兼并集中严重，难养众多人口。道光元年（1821年）十二月，全国"会计天下民数谷数。直隶等省共大小男妇三万五千五百五十四万二百五十八名"②。略去千、百、十，为35554万，简称3亿5千5百余万。过了10年，道光十年十二月，全国人口为39478万4681名，③即3亿9千4百余万，增加了59244423名口，即3592万余人，比例率高达11%。道光二十年，全国人口为41281万4828名口，比道光元年增加了57274543名口，增长了16.1%。道光二十八年，除台湾未报人

---

①《清仁宗实录》卷281，第21、22页。

②《清宣宗实录》卷27，第45页。

③《清宣宗实录》卷182，第35页。

口外，直隶等省人口为42673万7016名（4亿2673万余）①。比道光元年增加了71196731名（7119万余），增长率为20%。道光二十九年，除甘肃、江苏、浙江、福建未报人口数外，奉天等省人口为41298万6649名口（4亿1298万余）②。道光三十年，除江苏、福建等省未报人口数外，奉天等省人口为41449万3899名（4亿1449余万）③。道光二十九年、三十年未报人口数较多，不便做统计比较。

乾隆六十年（1795年），"各省通共大小男妇二万九千六百九十六万八千九百六十八名口"④。这一年的全国册载征赋田地数目，目前还不知晓。但是，《大清一统志》载称，全国册载征赋田地7605694顷，这一年，"各省通共大小男妇二万八千六百三十三万一千三百七名口"。⑤人口数与征赋田地数相除，每人平均有征赋田地2.665亩。此后，征赋田地，很少增加，道光二年是7562102顷，咸丰元年7562857顷，同治十二年7564057顷。就算有隐漏，按80亿亩（800万顷）计算，道光元年的35554万人，每人平均为2.25亩；道光十年，每人平均2.02亩；道光二十八年，每人平均有征赋田地1.874亩，这样的田地是很难度日的。如果考虑到田地大多并入大地主、大富商、官僚，千千万万无地佃农、少地贫下中农，日子更难过了。

人多田少，粮食很难满足全国人口食用，粮价必然上涨，其他物品也就跟着上涨，更加剧了穷人的艰辛。著名学者（探花、翰林）洪亮吉对比五十年前后田价、粮价、布匹等物价的昂贵，以及由此逼民反叛情形，做了如下叙述：

"闻五十年以前，吾祖若父之时，米之以升计者，钱不过六七；布之以丈计者，钱不过三四十。一人之身，岁得布五丈，即可以无寒；岁得米四石，即可以无饥。米四石，为钱二千八百；布五丈，为钱二百。是一人食力，即可以养十人。即不耕不织之家，有一人营力于外，而衣食

---

①《清宣宗实录》卷462，第33页。

②《清宣宗实录》卷475，第39页。

③《清文宗实录》卷24，第30页。

④《清高宗实录》卷1493，第29页。

⑤《清高宗实录》卷1221，第21页。

固已宽然矣。

"今则不然，为农者十倍于前，而田不加增；为商贾者十倍于前，而货不加增；为士者十倍于前，而佣书授徒之馆不加增。且昔之以升计者，钱又须三四十矣；昔之以丈计者，钱又须一二百矣。所入者愈微，所出者愈广。于是士农工贾各减其值以求售，布帛粟米，又各昂其价以出市。此即终岁勤勤，毕生皇皇，而自好者居然有沟壑之忧，不肖者遂生攘夺之患矣。"①

内忧之二是吏治严重腐败。嘉庆元年爆发川楚陕甘豫五省白莲教大起义的公认原因，是吏治腐败，"官逼民反"。嘉庆朝的25年里，单是卖官收银7000余万两，就卖了几万名官员，这些官员多数在道光朝为官，导致吏治更加腐败。

交银买官的捐纳官员，多以弁利出发，清人对此评论说：

"今之由捐例进者，推其本意，不过以官为以官为市，则剥民以自奉，损国以肥己，固其试之职，待其有过，大吏按劾而罢之，是以士尝试之具也……或曰：然则当如国用不足何？不足，不在捐例之行不行，而在制用者之权其捐例益广，而国用益亏者，何也？天下多一贪无穷失业之民，以至啸聚而为变，比其剪除矣；又或亏损公饷，动以万计，逾其所捐数倍。"

所谓正途的两榜出身的官员，贪官也多。进士、翰林出身的江苏人张集馨，署太原知府时，介依县16位富商希望知府责打仇人，愿以10万两白银献给知府。张随后移任福建汀漳龙道道员。闽浙总督颜伯焘，官宦之家，祖任巡抚，父为总督。颜因贻误军机革职，回广州。这样一个因罪革职官员，竟然由沿途州县供应其3000名随行人员食宿，据载：

"前帅回粤，道经漳城。二月杪，县中接上站差信，预备夫马供张。至初一日，即有扛夫过境，每日总在六七百名，至初十日，余与英

<hr>

① 洪亮吉：《生计篇》，见《中国古代经济文选》第1分册，第259—260页。

镇迎至十里东郊，大雨如注。随帅兵役、抬夫、家属、舆马仆从几三千名，分住考院及各歇店安顿，酒席上下共用四百余桌。帅有亲军营三百人，感恩护送回粤，沿途皆须酒饭犒劳，是以酒席数多。"[1]

张集馨随后移署陕西督粮，据称"是缺总有三四十万金"。粮道是肥缺，故须打点门路，交结权贵，应酬甚多，不然难保其位。张集馨说：

"将军三节两寿，粮道每次送银八百两，又表礼、水礼八色，门包四十两一次。两都统每节送银二百两，水礼四色。八旗协领八员，每节每员送银二十两，上白米四石。将军、都统又荐家人在仓，或挂名在署，按节分账。抚台分四季致送，每季一千三百两，节寿但送表礼、水礼、门包杂费。制台按三节致送，每节一千两，表礼、水礼八色及门包杂费，差家人赴兰州呈送。

"遇有过客，皆系粮道承办。西安地当孔道，西藏、新疆以及陇、蜀皆道所必经。过客到境，粮道随将军，中丞等在官厅迎接，俟各官回署后，差人送至官客公馆，一面张灯结彩，传戏备席。每次皆戏两班，上席五桌，中席十四桌。上席必燕窝烧烤，中席亦鱼翅海参。西安活鱼难得，每大鱼一尾，值制钱四五千文，上席五桌断不能少。其他如白鳝、鹿尾，皆贵重难得之物，亦必设法购求，否则谓道中悭客。次日，过客起身，又往城西公送，并馈送盘缠，其馈送之厚薄，则视官职之尊卑。每次宴会，连戏价、备赏、酒席杂支，总在二百余金，程仪在外。其他如副都统、总兵，非与院有交情者不大宴会，惟送酒肴而已。大宴会则无月无之，小应酬则无日无之。春秋年节，又须请将军、副都统及中丞司道府县，以及外道府县之进省者，皆是戏筵；满城协领、绿营参游，亦于春秋延请一次。如十天半月，幸无过客滋扰，道中又约两司、盐道在署传戏小集，不如是不足以联友谊也。通计每年用度，连京城炭敬，总在五万金上下，而告帮告助者不在其内。"[2]

①张集馨：《道咸宦海见闻录》第65页。
②张集馨：《道咸宦海见闻录》第79、80页。

仅以粮道送陕西将军节礼寿礼而言："三节两寿，粮道每次送银八百两"，一年就是4000两。再加上家人在仓办事，又要"按节分账"。粮道每年送陕甘总督三节节礼3000两，送陕西巡抚三节节礼3900两，送两位都统三节节礼各600两。总加起来，共送礼银15100两。

外官进京述职，要向京官大学士、九卿等官送"留别"礼。张集馨说，他当粮道出京的留别费为17000余两，当四川按察使的留别费是13000余两，贵州布政使的留别费为11000余两，河南布政使时留别费为12000两。[①]

外官要支付数以万两计的银子，他的8年养廉银2万余两，哪能支撑！张集馨还自诩久读圣贤书，要做好官，但也不得不说，任粮道时，"每年入项六万余金"，而他这个粮道，一年的养廉银才2400两，这6万两银从何而来，能不说是赃银吗？他能不说是贪官吗？只是不是大贪官而已。无官不贪，没有贪官、清官的区别，只有大贪官、中贪官、小贪官之分，吏治腐败太严重了。

内忧之三是军队腐朽衰弱，再也承担不了"拱卫宸极，绥靖疆域"的重任，八旗军20万，绿营兵60来万，平时作威作福，祸害百姓，战时则动辄溃逃，城池失守，再加上装备落后，长矛大刀弓，鸟枪弓弩，哪能敌西洋大炮快枪！国家的军事支柱腐朽不堪、名存实亡了。

内忧之四是财政出现严重危机。康乾盛世的入多于出、财政充裕，国库充盈，年存库银5000余万、6000余万、8000余万的美妙情景，已是久已逝去的幻梦。道光帝即位之时，国库只有白银2000万两，并且还是纸上数字，实际上库中没有这么多钱，亏空太多。道光二十三年盘查户部银库时，发现亏空多达925万两！

而外患更是令人胆战心惊，英国政府决定强力向中国输入鸦片。英军军舰多次闯入广东内河，与清军对峙，一再制造事端，武装挑衅，最后终于挑起鸦片战争。

（二）旻宁其人

旻宁，嘉庆帝颙琰的第二个皇子，生于乾隆四十七年（1782年）八月初十日，嘉庆二十五年（1820年）七月，39岁时继位为君，道光三十

---

①张集馨：《道咸宦海见闻录》第271页。

年（1850年）去世。

旻宁生于乾隆朝"大清朝盛之时"，眼见嘉庆朝25年间的白莲教大起义与癸酉之变，对朝政、吏治、军队、官风、民俗有所知晓，即位之时39岁，正是年富力强之时，他又长期勤读经、史，对古代明主贤君，特别是高祖康熙帝、祖父乾隆帝雄才大略，力创伟业更为钦佩、向往，对康熙盛世的灿烂美景十分思恋，所以即位之初，他雄心勃勃，对治理国政自有一套打算与方略。

道光帝旻宁首先以吏治为核心整饬内政。一是通过遗诏风波，强词夺理地断定，嘉庆帝遗诏中之"避暑山庄"乃乾隆帝"降生之地"，是错误的，罢了大学士、军机大臣托津、戴均元，改组了内阁大学士和军机大臣班子，倚任曹振镛，以其为首辅和军机大臣领班。

道光帝惩治违法横行之人。以豫亲王裕兴强奸使女，使女羞愤自缢，革其王爵，囚禁3年。以皇三弟惇亲王绵恺囚禁民人，降其爵为郡王，并撤销一切职务。以协办大学士、军机大臣、吏部尚书英和的家人私加地租，革英和军机大臣，派往热河任都统，以观后效。

道光帝要求地方官实心奉公，力戒草菅人命。为了转变积习，早在道光四年，他抓住赵二姑一案，处分了一批官员。原来，山西榆次县民阎思虎强奸了赵二姑，县官在审理此案时，受阎思虎家族贿赂，将强奸改判为和奸，并将赵二姑屈打成招，后来赵二姑愤激自杀，其家属赴京控告。道光帝命山西巡抚邱树棠重新审理，邱树棠敷衍应付，委托给属员处理，太原知府官官相护，审理结果仍然维持原判。道光帝大怒，命将此案交刑部审理，结果翻案。道光帝认定山西承审官员"显有贿嘱、徇纵、回护、刑逼情弊"[1]，将榆次知县、太原知府革职发往新疆，太原知县、山西按察使革职，将巡抚降为按察使。道光帝以此案件为典型，要求地方官公平执法，伸张正义，互相监督，不许徇私附和。

道光帝即位之初，还拟清查陋规。道光帝决定对全国各地陋规进行一次彻底的清查，然后"明定章程，立以限制"，公开地、有限度地收取陋规，以补办公经费的不足。"此外多取于民者，一经发觉，即行从重治罪，不稍宽贷。庶廉吏得以措施，贪人无从影射。此系朕恤吏之心，正所以爱民之意"[2]此事出发点是好的，但后来受制于各级官员抵

---

① 《清宣宗实录》卷69，第15、16、17页。

② 《清宣宗实录》卷4，第18、19、20页。

制，未得实行。

十一年冬，道光帝下令裁撤了一批冗官。

针对饮鸩止渴的捐纳一事，道光帝深恶痛绝。即位之初，本拟停止捐纳，后来虽限于经费不足而不得不开设，但做出了现任官员不准加捐职衔，补缺时正途出身者优先之类限制性规定，并要求各级官员严格考核捐纳入仕者，从而在一定程度上限制了捐纳的恶性膨胀。道光帝还对地方衙门的吏役数额做出了限定，超额人员一律裁汰。规定了赈灾细则，以防侵冒。责成宗人府对皇室宗族严加管束。针对刑狱黑暗，申明了"一味刑求，致滋冤滥，固属不可"，禁止官员非刑逼供。

道光帝注重发现人才，使用人才。他虽然重用了曹振镛之类庸才、穆彰阿之类佞臣，但也提拔重用了陶澍、林则徐等著名人物。这些人起自布衣，以才干、学识获得皇帝信任，他们兴利除弊，利国利民，终于开府封疆，位极人臣，凡所举措，离开道光帝的支持是难以想象的。对于前朝重臣，他也能量才使用，如长龄、王鼎、松筠等人。当然，限于胆识和魄力，加之曹振镛、穆彰阿之流的阻挠，使林则徐等人不能尽其才干，一展宏图，也是不争的事实。

可见，道光帝一心求治，孜孜不倦，其真诚无可置疑，对其整饬吏治的一些举措应予以充分的肯定。但也应指出，这些举措远不足以扭转王朝没落的大趋势，况且，也未能始终如一地坚持下去。由于一再整顿不见效果，难免懈怠，再加上鸦片战争的打击，晚年的道光帝转为苟安，一些好的作风未能坚持下去，他本人闭目塞听，掩耳盗铃，整饬吏治不复何矣。

总的来看，道光帝是一位平庸的君主，他洞察不到历史的变化，即使在鸦片战争一触即发的道光二十年四月，他居然还说什么"海宇乂安，黎民康阜，持盈保泰"[1]。在个性上，他谨小慎微，注意细节，缺乏开拓进取精神。他不想变革，不敢变革，也不知如何变革。他闭目塞听，完全按照祖宗的法则治理着变化中的中国，其结果就不问而可知了。

同样，由于眼光、个性、能力等因索的影响，道光帝在用人方面也出现了种种失误。道光帝在用人方面的失误主要表现为任人唯亲、赏罚不明、亲疏不一、刚愎自用、自以为是、作风疲软等问题。这些问题大

---

[1]《清宣宗实录》卷333，第28页。

多出现于其执政的中期以后，在其即位初期，在官员的赏罚升迁等方面尚能尽量做到公允，对批评建议也能尽量采纳。由于屡治无效，自然懈怠倦勤；再则随着年龄的增长，难免不思进取，问题就更突出地表现出来。当然，有些问题是其个性使然，则一生始终如此。

在道光帝执政前期，他求治急迫，志向远大，注重实政，倡导经世致用，所以，也任用了陶澍、林则徐等经世派的代表人物，为其提供了施展才干的舞台，使其在官场脱颖而出，逐级升迁，成为政坛新星。但是，道光帝又是一位志大才疏的皇帝，其过于小心谨慎的个性决定了他不可能对林则徐等人放手任用，他对陶澍、林则徐的支持是有条件的，所以，一旦危机有所缓解。或改革遇到了新问题，道光帝往往首先妥协，甚至牺牲改革者。在此，最典型的就是林则徐，道光帝对其既不敢放手任用，有时又需要其开拓进取的魄力。于是，就出现了林则徐一生几起几落、荣辱分明的现象。其实，就个性来说，道光帝对改革派的支持往往带有"不得不"的因素，而其真心喜欢的还是曹振镛、穆彰阿、潘世恩一类人物。如前所述，这些人虽然不至十分贪婪，但目光短浅，谨小慎微，专坏大局，无任何开拓进取精神。而且，其所倡导的斤斤计较于形式和细节，多磕头少说话的官场风气，贻害晚清政治者可谓无穷无尽。

在其执政的中晚期以后，更突出地表现出用人方面的失误。

一是任人唯亲。道光帝置满洲官僚早已颟顸无能的事实于不顾，在官僚队伍建设上依然固守着重满轻汉的国策，难免给官僚队伍建设带来日益严重的弊病。汉族人入仕，往往需经严酷的竞争，或者十年寒窗，或出钱捐纳，或出生入死于沙场，取得品级资格后还须经漫长的、充满不确定因素的"候补"过程，方有可能获得实际官职。比较之下，道光朝满人入仕则容易得多。同治年间，大学士、两广总督瑞麟听说米价骤涨的原因是由于"市侩居奇"，居然好奇地向下署打听这"四怪"（即"市侩"谐音）分别是哪些人，一时传为笑谈。这个瑞麟就是因嗓音洪亮而被道光帝破格提拔的。1847年，道光帝岁暮祭祖，瑞麟将祝文读得抑扬顿挫，精神十足，道光帝高兴之余立即赏给他五品顶戴。瑞麟受此鼓舞，越发苦练，进步神速，也因此屡获提升，仅用了一年的时间就从小小的九品读祝官跃升为二品大员。当时京师流行这样一句牢骚："十年寒窗苦，不及一声噢。"①（笔者按：因瑞麟读的是满语，一般人听不懂，故称其为"噢"。）

道光帝愿意使用亲贵，这在鸦片战争中表现突出。琦善、奕山、奕经这些志大才疏、少不更事的皇亲国戚除了政治可靠外，本来一无所长，却被道光帝委以重任，他们视公事为儿戏，结果一塌糊涂，所过之处官吏绅民怨声载道，像送瘟神一样希望他们赶紧离开；与英军交锋，更是不堪一战。

二是赏罚不明。这也表现在鸦片战争中。为了推卸责任，道光帝不辨曲直，对主张抵抗和主张妥协的大臣一并给予严惩，如林则徐被发往西域，已难免赏罚不明之讥。而且，若论到量刑，则对宗室皇族宽大无边，对汉族官僚则不嫌其重。譬如，余步云、琦善、奕经、奕山均罪论大辟，但只有余步云被执行了死刑，而罪责更大的琦善、奕经、奕山等人仅禁闭了数月至一年多不等的时间就分别改任热河都统、叶尔羌参赞大臣、和阗办事大臣等职。由于引起了满朝众怒，道光帝居然匪夷所思地解释赦免琦善等人的理由是因为其"现在年力正强，是以弃瑕录用"，同时表示"黜陟之权，操之自上，本非臣下所能干"②，摆出一副蛮横的嘴脸。

三是工作作风疲软。在清代帝王中，若论手段、魄力，道光帝上不如其父嘉庆，下不如其子咸丰，甚至在其儿媳慈禧之下，在清代历朝统治者中可谓最软弱。他缺乏洞察力、决断力，对因循懈怠的官僚队伍缺乏震慑力。对众官僚，除了声嘶力竭地恫吓外，并无切实解决办法，而且，恫吓几次后，也就成了滑稽的表演。

九、两淮盐法改革

清朝全国有11个产盐区。江苏的产盐区产盐最多，行销地区最广，食盐人口最多。清沿明制，把产盐区划分为11个运司，分设盐政、运

---

① 赵蕙蓉：《大学士瑞麟升官之道》，见郑逸梅等《清宫轶事》，第214-217页，紫禁城出版社，1985年。

②《清宣宗实录》卷391，第4页。本题参考了朱诚如主编的《清朝通史》第11分卷之3，《整饬内政》，谨志谢意。

使、盐法道、运司、运判、大使等官管理。

江苏产盐区叫两淮运司,习惯上分为淮南盐区和淮北盐区。淮南盐区有20个盐场,即富安场、庙湾场、任佑场、刘庄场、安丰场、梁垛场、东台场、新兴场、河垛场、草堰场、丁溪场、拼茶场、余东场、余西场、吕四场、金沙场、石港场、角斜场、掘港场、丰利场。淮北盐区只有中正场、板浦场、临兴场。

清朝沿袭明朝官督商办的纲盐制。盐场的灶户、盐丁生产的盐,不许私卖,全部必须卖与缴纳课银(即税银)向运司领得引票的盐商,行盐地区也有规定,淮盐行销是江苏、河南、湖北、湖南、江西、安徽等6省。

清政府规定各个运司每年行销多少引盐。两淮运司额定销盐的引数最多,每年是160余万引,其中淮北三场是20余万引,淮南20场是140余引。

盐场生产的盐,卖钱不多,以两淮运司而言,每斤两三文钱。官府征收时正额课银也不多,嘉道年间,淮南盐场每100斤纳正赋税银0.292两,淮北盐场每100斤纳正赋税银0.262两。按银1两折钱1000文计算,每100斤盐纳正赋税银293文,每斤盐纳1.5文,加上场上盐价,每斤盐成本和正赋银不过四文五文。然而正赋之外有杂课,多于正赋。道光十八年(1838年),湖广总督林则徐说:"每百斤淮南盐的正杂课银达到一两。"[1]

1两银折钱1000文,100斤盐价1000文,每斤是10文钱,也不算贵。但是,一则朝廷还要盐商表忠心,给盐商立功封官的机会,于是,乾隆三年、六年、七年、十一年的6次水灾,两淮盐商报效银84万余两;十三年大金川军需,盐商报效80万两;二十年伊犁军需,报效100万两;二十三年西北军需,报效100万两;三十八年西北军需,报效400万两;四十七年东省工赈,报效200万两;五十三年荆州决堤,报效100万两;五十七年后藏军需,报效400万两;六十年苗疆军需,报效200万两。仅据不完全统计,乾隆年间两淮盐商向朝廷捐输了白银2000万两,两浙盐商捐输490万两,长节盐商捐输180万两,广东盐商捐130万两。嘉庆年间,两淮盐商又报效朝廷2300万余两。

---

[1] 《清续文献通考》卷35。

二是两淮运司的盐政、运使等官员、衙署，每年要向盐商索要上百万两陋规银。

三是盐从盐场运往湖北、湖南、安徽、江西、河南等省售卖，沿途漕标、河标、缉拿私盐的将官弁士，州、县、府、省官员，皆要逼索银钱，总数以万百两计。道光十年（1830年），两江总督陶澍奉旨兼管两淮盐务，他就"裁减衙门陋规十六万两有奇，凡准商之窝价，淮北之坝杠，两淮之岸费，分别减除，岁计数百万两"。[①]

上面提到的"窝价"，是清君入主中原后，运司招商交银认领引票，此后盐就由这些盐商领引售买，后来这些运司选中的盐商，固定地每年交银领若干引营运，他们有时就将认领的引票出卖与人，于是引票就有了价格，俗称"窝价"。康熙年间，窝价已达1引2两，有时还高达4两，两淮每年行盐160余万引，按每引"窝价"2两计算，两淮的几百名盐商每年就白得300余万两。

上面提到的"岸费"，是汉口的一种陋规银。盐船到达汉口时，"到岸有岸费"，道光十年，每引捐银1两4钱，合计每年一百数十万两。

诸多陋规、报效银，一年多达上千万两，全部压在盐引上，官盐焉能不贵！陶澍说："汉镇为销盐第一口岸，盐价每斤需四五十文，迨分运各处销售，近者六七十文，远者竟需八九十文不等。"[②]江西、湖广的官盐"有昂至六七十文者"。河南的汝州、光州及所属县，每斤60文左右。

官盐价格的昂贵，促进了私盐的畅销。私盐只出在盐场买盐的盐价，1斤盐2、3文钱，只出装船运输和到岸装卸的运费，不出窝价（每引二三两），不交盐税，不交沿途陋规银（武装走私的盐枭，官兵不敢查拿，或者只交少量的人情钱），不受运司盐官的勒索，所以价格便宜，质量又好，受到消费者欢迎。包世臣说："枭私价贱、色净、秤足。凡每之百计病民者，皆为枭作利市。近（官盐）又重加河费三厘，每斤增价五文，而枭私益加畅达。枭驻盐出无官司之烦，课回无压搁之累。……出费愈轻，则卖价愈贱，私愈畅，官愈滞。"[③]"两淮纲食引

①《清史稿》卷379，《陶澍传》。
②陶澍：《陶文毅公全集》卷11，《敬陈两淮盐积弊附片》。
③包世臣：《安吴四种》卷5，《小倦游阁杂说》。

地，无论城市村庄，食私者十七八。"①

私盐的兴旺，严重冲击了官盐的销售，官盐卖不出去。嘉庆二十三年（1818年），"湖广、江西丁丑（嘉庆二十二年）纲盐引运销不及十分之一"。道光十六年（1836年）包世臣说，如果销售顺利，淮盐的引地6省（江苏、江西、安徽、湖南、湖北、河南）每年可销三纲，②以每纲160万引，每引374斤计，共179亿5200万斤，但实际上却是"或数年始行一纲之引，或充引而全纲不行"。

史称，"时两淮私枭日众，盐务亦日坏。其在两淮，岁应行纲盐百六十余万引，及（道光）十年，淮南仅销五十万引，亏历年课银五千七百万。淮北销二万引，亏银六百万"。③

两淮盐商也积欠税银3000万两左右。

盐法必须改革了。道光帝旻宁于道光十年谕命两江总督陶澍兼理两淮盐务（即兼两淮盐政之职），改革两淮盐法。

陶澍于道光十一年在淮北实行票盐制，改革淮北盐法。主要内容是：

第一，取消盐引和引商对盐引的垄断，实行"招贩行票，在局纳课，买盐领票，直运赴岸，较商运简捷。不论资本多寡，皆可量力运行，去来自便"④。淮北一共有3个盐场（板浦、中正、临兴），共设6局。⑤商人只需向局里纳税领票，不必购买盐引。由盐引派生出来的窝价银当然没有了。盐的运输路线和买盐的手续都比过去简便了，如盐包经过盐卡官员秤验后，不必改捆，就可直接运至口岸。

第二，裁减赋税和浮费。"官盐滞销之由，不外浮费多而成本重，故先减课额以轻成本。淮北定例每引正课银一两五分，则减为每引七钱。更裁去一切浮费，定为每引杂课二钱，经费四钱"⑥。每引的正杂课银共为1两3钱，以每引400斤计，每百斤负担的赋税为0.325两⑦，比之前引道光十八年林则徐所说的淮南盐课，无疑是轻得多了。

---

①② 包世臣：《安吴四种》卷5，《小倦游阁杂说》。

③ 《清史稿》卷123。

④ 陶澍：《陶文毅公全集》卷14，《会同钦差覆奏体察淮北票盐情形折子》。

⑤ 刘隽：《道光朝两淮废引改票始末》，见《中国近代经济史研究集刊》卷1，第2期，1933年5月，第167页。

⑥ 《皇朝政典类纂》卷71，王守基：《两淮盐法议略》。

⑦ 刘隽：《道光朝两淮废引改票始末》，道光十三年淮北票盐每百斤负担的正杂课银为三钱一分，道光十五年为三钱三分。

第三，在淮北引地的范围内，取消了行盐地界的限制。"查行票各岸，俱听民贩请运，并不能甲乙分占，各销各盐。"① "查票盐章程，如所指州县盐壅滞销，准其转运他岸贩卖，唯不准越出行票州县之外。"② 贩运比过去自由些了。

第四，允许"盐枭"当盐贩。"虽请运之民贩间有昔日贩私之辈，然已一一凛遵法度。"③所以说票盐法有"不但化枭为良，而且化私（盐）为官（盐）"④的作用。这就在一定程度上缓和了"盐枭"和封建政权之间的矛盾。

但是，不能认为票贩行盐已完全自由。实行票盐法以后，无论是纳税、领票、付价、买盐、运盐、卖盐等环节，都保留了许多烦琐的手续。行盐的路线虽然较前简便，但必须遵循指定的路线，否则仍将目之为私盐。如所指州县盐壅滞销，要想转运他岸贩卖，也需要取得地方衙门的允准。

票盐法实行后，取得了显著的效果。盐价降低了，盐的销路打开了，盐税也增加了。"……且盐价腾贵，每斤需钱六七十文。自票盐到境，盐价顿减，取携甚便，民情安之。"⑤ "行之期年，淮北大畅，不但正额复归原额，每年销盐至四十六万余引，除奏销淮北正杂课银三十二万两外，更协贴淮南银三十六万两。嗣又带销淮南悬引二十万，纳课银三十一万两。"每年共计补助淮南之奏销67万两。

《清史稿》卷379，《陶澍传》赞称：

"道光元年至十年，淮南行六纲，淮北仅行三纲。澍承极弊之后，自十一年至十七年，淮南已完六纲有余，淮北率一岁行两纲之盐，尽完从前滞欠，且割淮南悬引，两淮共完正杂银二千六百四十余万两，库贮实存三百余万两。两届京察，并被褒奖优叙。晚年将推淮北之法于淮南，已病风痹，未竟其施，然天下皆知票盐减价敌私，为正本清源之

①③陶澍：《陶文毅公全集》卷14，《会同钦差覆奏体察淮北票盐情形折子》。

②陶澍：《陶文毅公全集》卷18，《淮北改行票盐请免州县考核折子》。

④陶澍：《陶文毅公全集》卷18，《淮南丁酉纲无著恐引请提出二十二万引融于淮北行销折子》。

⑤陶澍：《陶文毅公全集》卷14，《淮北票盐试行有效请将湖运各畅岸推广办理酌定章程折子》。

计。后咸丰中乃卒行之。"

道光二十九年（1849年），湖北武昌塘角大火，烧盐船400余号，损失钱粮银本500余万两。盐商无力承办盐运，"群商请退"。两江总督陆建瀛乘机奏准，在淮南20个盐场实行淮北的票盐制，并比淮北票盐制还更加详细。"如运司书吏积弊，则改为领引纳课。设扬州总局办理。汉口匣费虽裁，而应酬仍多，则改为票盐运至九江，验票发贩，盐船经过桥关，有掣验规费，则改为坝掣后不过所掣，在龙江一关验票截角，余皆停免。盐包出场至江口，其驳运船价及杠盐各人工勒索，则改为商自雇觅。凡省陋规岁数百万，又减去滞引三十万，年只行百零九万引，每引正课一两七钱五分，杂课一两九钱二分，经费六钱五分八厘，食岸正课同，杂费减半。其要尤在以带连之乙盐为新引之加斤。乙盐者，乙巳纲盐船遭火，而商已纳课，例得补运，故定为每运新盐一引，带乙盐二百斤，每引六百斤，出场至仪征，改为六十斤子包，一引十包。既裁浮费，又多运盐二百斤，成本轻减过半。故开办数月，即全运一纲之引，楚西各岸盐价骤贱，农民欢声雷动。是年两淮实收银五百万两。"两淮盐法改革，在道光朝的国家财经方面，确应值得大书一笔。

十、平定张格尔叛乱

新疆原称西域，是祖国固有的领土，但由于其远离国内的政治、经济、文化、地理的中心，加之民族、宗教问题较为复杂，故动乱较多。清朝由于国力强盛，对此地的控制甚于前代。清朝前期，自乾隆二十年（1755年）平定准噶尔，二十四年（1759年）平定大小和卓木之后，清政府在当时称为"回部"的天山南路建立军府制度，以喀什噶尔为南路军府，为参赞大臣驻节处，节制南路各城。喀什噶尔参赞大臣统辖下的回部诸城，主要包括西四城之喀什噶尔、叶尔羌、英吉沙尔、和阗；东四城之阿克苏、库车、喀喇沙尔、乌什。在这些大小城镇中，分设办事大臣和领队大臣，每城又有归其管辖的多少不一的回城，各回城设官（伯克）自治。南路诸城均受北路伊犁将军统制。军府制度的建立，保证了清中央对天山南路的有效控制，此后，清政府慎选官吏守将，实行轻徭薄赋，"蠲苛省敛，二十而取一，回户休息更始焉"①。60余年间，边境安定，西陲巩固，回户"纳赋交粮，与腹地编氓无异"。②

但是，讫道光初年，西北的问题已经很严峻了。

清廷的边疆、民族政策，主要是笼络、利用少数民族的上层，由其来直接管理下层，实施统治，这在当时被自诩为"以夷制夷"。这固然有其高明的一面，但在这种体制之下，慎选将弁官吏，加强对少数民族上层的监管、控制就显得十分重要了。而清廷在此环节的薄弱越来越突出起来。出于对边疆荒凉寒苦生活的畏惧，将弁官吏多不愿意到西北服役，"新疆各城章京……各衙门保送之员往往以年老衰庸者塞责"。③所以，到边疆任职者中，不称职者不少，他们或操守不佳，或能力不足，或"不洽舆情"，或年老昏聩，一旦到了天高皇帝远的西北边陲，将如何贯彻清政府对当地民族的"羁縻之道""以夷制夷之略"，便不问可知了。

加之由于此时国力贫弱，财政拮据，嘉、道二帝对边疆、民族问题多采取消极、保守的政策。他们认为将财力、兵力这些"内地精华置于边外之极边"，是件得不偿失的事，更不愿意增加边疆守卫的财政投入和保卫力量，这使得边疆防卫空虚。譬如，伊犁沿边数千里地仅设卡伦70余座，每卡伦驻兵10—30余人不等，各卡伦相距近百里至百余里，每月周巡一次，而且，军队还负担着屯田等任务，真正能够投入战备的力量还要再打折扣。这样的边防可谓形同虚设，其效果也就不问可知了。

从嘉庆朝开始，随着吏治腐败的加深，清廷边疆办事大臣、领队、侍卫、章京人等，"子女玉帛，嗜欲纷营，又役使回人自恣威福"。④此外，他们还与伯克相勾结，"敛派回户，日增月盛"，"赋外之赋，需索称是，皆章京、伯克分肥，而以十之二奉办事大臣"。⑤各城办事大臣既不相统属，又远离伊犁将军，"恃无稽查，威福自出"。⑥喀什噶尔参赞大臣斌静居然奸宿回商之女，几酿命案。后来，道光帝也承认："近十余年来，历任参赞办事大臣等贪淫暴虐，回子等愤恨忍受，当时伊犁

①⑤⑥魏源：《圣武记》卷4，《道光重定回疆记》。

②曹振镛：《平定回疆剿擒逆匪方略》卷14，文海出版社影印本。

③《道光朝东华续录》卷3。

④《平定回疆剿擒逆匪方略》卷14。

将军或漫无察觉，或隐忍不言……致酿成叛乱"①。总之，清政府驻新疆各级官员和维吾尔族上层狼狈为奸，横征暴敛，结怨于当地人民，以致在张格尔叛乱之前，当地的反抗斗争就时有发生。而嘉庆后期的伊犁将军松筠，一改乾隆以来清政府谨慎的民族政策，在处理玉努斯案和孜牙墩案中大加杀戮，株连无辜，又与回疆上层结怨，从而使清政府在西北边疆的统治处于风雨飘摇的危机之中。

谈到此时清政府在新疆的统治危机，就不能不提到其与浩罕国的关系问题。浩罕国是中亚乌孜别克族建立的重要汗国之一，与新疆为邻，清政府在平定大、小和卓木的过程中与浩罕政权发生直接联系。因畏于乾隆时代清王朝国力的强大，浩罕纳贡称臣，成为清王朝的附属国，甚至有时还要听命于清政府驻喀什噶尔、叶尔羌大臣的指令。这种关系也给浩罕带来了利益，清政府给予其在新疆免税贸易的权利，其在贸易中获得的利润成为经济命脉之一。自19世纪起，浩罕迅速崛起，其统治者称汗建国，迅速扩张，成为中亚最大的汗国之一，于是，其对清政府渐蓄异志，图谋分庭抗礼。

张格尔是大和卓波罗泥都的孙子。大和卓波罗泥都反对清朝统一新疆的活动失败后，他的儿子萨木萨克逃往中亚浩罕汗国。萨木萨克生3子，其次子就是张格尔。张格尔在浩罕流亡时自称是穆罕默德的嫡裔，以此来抬高自己的身份，迷惑和骗取人民的拥护。另外，他借口为他祖父复仇，常欲进入喀什噶尔，恢复他的家族统治。

嘉庆二十五年八月十一日（1820年9月17日），张格尔叛军入侵新疆，东四城之一的乌什办事大臣巴哈布向道光帝报告了这一情况。八月三十日，道光帝接到了这一消息，但刚刚登上皇帝宝座的道光帝尚忙于嘉庆帝的丧事，无暇顾及西北边陲而未及时做出指示。

九月初七日，道光帝又接到了喀什噶尔参赞大臣斌静和伊犁将军庆祥的紧急奏报：长期匿居于浩罕汗国的张格尔率众寇边，攻击卡伦、烧杀劫掠、势甚猖獗。道光帝当即命令边将："即日选派得力将备兵丁，星夜兼程，驰赴该处，将为首滋事贼匪，奋力擒捕，讯明谋叛情由，按律严办。"②可见，道光帝除了要求边将立即平叛外，还对张格尔叛乱的原因较为关心。另外，从上谕的口气来看，他似乎尚未认识到这次事变

①《清宣宗实录》卷102，第19、20页。
②《清宣宗实录》卷4，第10、11页。

的严重性。

张格尔于嘉庆二十五年（1820年）八月的首次寇边，规模不大，时间不长，给清军造成的损失也是有限的。300余叛军"将图舒克塔什卡伦城池烧毁，戕害副护军参领音德布，并满兵十三名，余丁一名，玉斯图阿尔图什六品阿齐木伯克阿布都而满亦被戕害"。①清政府领队大臣色普征额率兵败之，张格尔仅余20—30人，舍骑步逃。因为中秋佳节将至，清军无心恋战，未穷追猛打，使得张格尔逃脱了惩罚。显然，当时的清军将领并未把张格尔放在眼中，在皇帝的上谕中，张格尔的这次寇边也被定性为"滋事"②。

张格尔初次寇边以大败告终，在清统治集团中，很多人认为这是一件事情的结束，他们不愿整军备战，对流亡的张格尔一追到底。刚刚即位的道光帝虽然颇想有所作为，但他想的是借此整饬边疆吏治，不愿动用武力，故一再告诫新疆清军不得"违例出卡"，认为张格尔已"不值再劳兵力"。总之，清廷从上到下都对张格尔掉以轻心，这埋下了后来大败的祸根。

清军在这次军事行动中，俘虏叛军百余人，第一次战斗中俘虏叛军20余名，被前线将领色普征额下令于军前正法；第二次战斗，生擒叛军80余名，色普征额将其解交斌静，却被斌静下令全部杀戮。这引起了道光帝的疑心。旧时将领杀降、杀俘习为故常，道光帝自然不会以此怪罪责罚，但他疑心的是边疆将领是以此来掩饰、隐瞒着真相，并怀疑是喀什噶尔参赞大臣斌静所为激起了张格尔之乱。他说：

> "所获活贼，自应先将起衅缘由，讯问明确，并查明孰为起意，孰为胁从，分别办理。乃色普征额将卡外所获之贼，全行正法，但云俱系情罪重大，并无切实犯供，恐系斌静等因事激变，此时转妄行杀戮，希图灭口。"③

道光帝多次要求伊犁将军庆祥严格查办此事，但庆祥出于为下属回护，同样也是保护自身的目的，不愿将真相揭示于众，屡屡以枝节搪

---

①②《清宣宗实录》卷4，第10、11页。

③《清宣宗实录》卷5，第10、11页。

塞，尽管道光帝指责其"存化大为小之见，欲将就完案，辄将起衅根由，匿不奏闻"。①直到道光帝将斌静和色普征额革职拿问，庆祥也未将真相全部上奏。②

斌静和色普征额被革职拿问后，道光帝任命台湾镇总兵武隆阿为喀什噶尔参赞大臣，后又调宗室永芹为参赞大臣。永芹到任后，并未吸取教训，整军备战，调整清政府对新疆的政策，所以，矛盾并未解决。

道光四年（1824年）九月，张格尔纠集布鲁特人（柯尔克孜人）再次寇边，由乌鲁克卡伦入境，一路焚烧杀掠，清军迎击，双方损失相当。但由于张格尔部力量薄弱，仅200余人，故承受不了如此损失，被迫溃逃出境，清军追击未果，只好退回卡伦，加意防范。此后，张格尔残余势力在边境附近飘忽不定，清军几次越界讨贼，但效果不彰。

道光五年，是清政府在新疆的多事之年，张格尔屡次骚扰近边，官军往剿则远遁。这年七月，发生了一件严重的事件。领队大臣巴彦巴图率军出塞追击张格尔，不料，竟纵容部将滥杀无辜之游牧布鲁特部妻子百余而还，致使该部起兵反清。首领汰劣克率领2000余骑追击清军，清军被围，巴彦巴图自杀，清军几乎全军被歼，一时新疆震动，皇帝震怒。此后，相当多的布鲁特部众倒向了张格尔一边，以往只有几百人的张格尔叛乱队伍一下子壮大到三四千人，势力益发昌炽，分别屯驻于要隘，蓄势而动。一场大规模的动乱几乎一触即发了。

道光五年底，永芹病逝，道光帝以庆祥为喀什噶尔参赞大臣，长龄为伊犁将军，并增兵新疆。面对复杂、险恶的形势，除了严阵以待以外，尚没有什么更好的办法，此间，叛军与清军多次发生冲突，就结果而论，多为清军获胜利，只是战果不大，但也足堪自慰。同时，清政府越来越重视使用"以夷制夷"的策略，希望以此扩大自己在新疆的统治基础。事实上，很多"回人"（维吾尔人）头领反对分裂，愿意维护国家统一，因而受到国家的表彰。

至道光六年六月，张格尔率众500人，由开齐山路突至回城，祭奠祖先和卓木之墓，利用宗教情绪煽动叛乱，领队大臣乌凌阿以兵千余剿之，张格尔竟率领部众突围而去，一时震动了整个回疆，"各回响应，

①《清宣宗实录》卷10，第18、19、26页。

②直到道光六年（1826年），皇帝方知斌静奸宿回妇和色普征额贻误军机之事，将其二人定为斩监候，次年免其死罪，改为"永远圈禁"。

旬日万计"。张格尔尤其获得回教中白山派的支持，他以此为核心，组织起了一支势力达数万人的叛乱军队，叛军进逼喀什噶尔，将喀城围困。此时清军处于十分不利的境地，一方面由于轻敌自大，缺乏充分的准备，一方面有限的清军分散于广袤的新疆各地，加之信息不便，一时难以集结。被困于孤城之中的庆祥向朝廷报告说："喀什噶尔城中，回子全行变乱，现在分股狷獗，道路不通，万分紧急。"清军坚守70余天后喀城陷落，叛军对被俘清军进行了残酷的民族报复和人格侮辱，并将城内官署拆毁。城陷之前，庆祥绝望自杀。

不久，叶尔羌、英吉沙尔、和阗也相继陷落，至此，西四城全落于叛军之手，得意忘形的张格尔称王建国。张格尔进窥东四城，一时西北边陲狼烟滚滚。

附带指出，在此次军事行动中，浩罕国扮演了不光彩的角色。起初，应张格尔之邀，并为收渔人之利，浩罕国也出兵参与了对喀什噶尔的围攻，但张格尔见清军不过"技止此耳"，又对当初许诺给浩罕的利益颇感后悔，于是决定毁约。浩罕将领发觉背后的张格尔军队有异，愤而引兵回撤，并受到叛军的追击。浩罕君臣为入火中取栗，也算咎由自取，但张格尔之夜郎自大由此可见一斑，这种跳梁小丑注定不会有所作为。

早在四城失陷之前，道光帝就一定程度上认识到了新疆问题的严重性，因为一则未能擒获贼首张格尔，再则新疆清军对叛军的屡屡寇边一筹莫展。所以，当张格尔叛军围攻四城的消息传来之后，道光帝立即决定发动大规模的讨伐战争，并在政治、军事等方面进行了详尽的布置。这主要有以下几方面：

第一，正确判断形势，果断调兵遣将，迅速入疆平叛。此时，道光帝认识到，仅仅依靠新疆的力量已经不足以解决张格尔问题，并且，也不是仅用过去的撤换大臣的办法就会取得效果的。他立即改变了以往的"陈兵以示威，悬赏以结信"的方针。自六年七月开始，大规模地调集军队，以厚集兵力，一举平叛。道光帝首先任命陕甘总督杨遇春为钦差大臣，督率陕甘两省精锐军队就近驰往回疆。接着命令洞悉新疆形势的山东巡抚武隆阿驰驿来京。不久，又授大学士、伊犁将军长龄为扬威将军，同时，命杨遇春、武隆阿为参赞。从而在短时间里形成了一个以长龄、杨遇春、武隆阿为首的平叛指挥中心。在命将的同时，道光帝大规模地调兵，他发出了一道道的征兵上谕，从四川、吉林、黑龙江、陕西、甘肃调集大兵发往新疆，还在流寓新疆伊犁的汉族客民中招募乡勇，投入战争。在整个平叛战争中，清政府先后调遣军队总数达36000余人，雄厚的兵力，保证了军事行动的迅速展开。

第二，万里转输，保障粮饷供应。"天子告庙，命将出征；大军未动，粮草先行"，是古来军事行动的程序。加之新疆幅员广袤，人烟稀少，各城镇之间，动辄相隔数百里、上千里，平叛的军事行动能否取得胜利，后勤转输供应起着关键的作用。道光帝十分重视这一问题，并做了周密的布置。他命陕西巡抚鄂山署理陕甘总督，办理"最关紧要"的军需粮饷驮载等项事宜，并令鄂山于陕甘两省拣派明干道府大员专司其事，"随时妥速拨运，务须源源接济，不可稍有短绌迟误"。不久，道光帝又把熟悉陕甘情形的前任巡抚卢坤派到甘肃，要他会同鄂山总理粮饷。鄂山驻省城调度策应，卢坤在肃州督办。

哈密是进入新疆的咽喉要地，过去关内粮饷俱由哈密办事大臣经理。为使粮饷的输转确保无虞，道光帝任命曾在四川军营办理过粮饷的恒敬在哈密专司其事，督办一切。考虑到肃州、嘉峪关距大兵围集的阿克苏5000余里，如果仅于哈密总设粮台，必然联络困难，鞭长莫及，因此道光帝又命令于吐鲁番、库车两处设立粮台，分驻大员，并于中途多设腰站，以"催前提后，递相接运"。[1]此外，乌鲁木齐为口外省会，各处粮台聚集之所，所积屯粮食为数不少，将乌鲁木齐之粮食运往阿克苏，较之由内地转运，里程近至过半，道光帝于是决定以乌鲁木齐为后路粮台，令英惠总其事。后来还在伊犁采买粮食，节省了转输时间。在道光帝的调度下很快形成了鄂山驻兰州、卢坤驻肃州、恒敬驻哈密、英惠驻乌鲁木齐这样一个解决粮饷、军需物质转输的大格局。同时，于平叛大军经过之地广设粮台、腰站，各委员照料支应，这样一来就在粮饷和军用物资的转输方面形成了节节联络、源源接济的局面，从而妥善解决了平叛大军的粮饷供应。

用兵新疆路途遥远，费用浩繁，这对于国家财政已陷于匮乏困顿境地的道光朝来说，并不是一件轻而易举的事。道光帝拨内库银200万两，令户部拨饷银400万两，继而命令户部调拨各省饷银，同时飞咨各省，迅速起解。清政府用兵新疆1年多，共支帑银1116万余两，由于大兵云集，

①《平定回疆剿擒逆匪方略》卷18。

新疆钱价骤涨，市面流通的铸钱（普尔钱）不敷支用，道光帝令伊犁将军德英阿等"通盘筹划西南两路鼓铸事宜，如伊犁山场现有铜苗，即派明练妥员募熟谙工匠指定矿穴招商开采，加卯鼓铸，以期泉布充盈"。[1]道光帝还力戒积弊，要求官员保证将粮饷全部用于平叛战争。可以肯定，在清廷历次西北用兵之中，这次的后勤组织是规模较大、效果较好的一次，正因如此，才使得平叛战争得以顺利进行。

第三，命令前敌将领赏罚公正，将士严明纪律。调赴新疆的军队以汉、满为主体，还有少部分蒙古军队，他们来自各地，互不统属。为能协调一致，不发生内耗，道光帝为此谆谆告诫领兵主帅必须赏罚公正，"无论满汉官兵，总当视为一体，秉公持正，微功不掩，小过亦惩"。[2]"各宜禀遵纪律，安静遄行，现值大兵络绎出关，经历军台回部地方，尤当严明约束，除照例供顿外，不得丝毫扰累。"[3]为了解决军粮运输的难题，清军决定在当地购买一些粮食，但道光帝考虑到新疆大乱之中百业萧条，生怕因此给当地人民增加负担，特谕："各城办事大臣，随时体察情形，可买则买，应少买则少买，傥不应该买则竟不必买，总须按照时价公平采买，断不可苛派扰累回户，别滋事端。"[4]新疆是各民族聚居之区，清军尤其注意不惊扰其他民族，应该承认，清军此次军事行动中纪律较好，因而得到了回、汉人民的支持，这也是平叛军事行动迅速取胜的一个重要原因。

第四，正确分析新疆民心向背，制定公正的民族政策。张格尔叛乱带有一定的民族因素和宗教因素，但道光帝认为：加入叛乱者"自系逆裔张格尔煽惑所致，其中甘心助逆者，谅必无多"。[5]这一分析是清醒、正确的，在张格尔纠集的叛乱势力中，确有不少被裹挟的无辜回部民人，在回部上层中，为虎作伥、助纣为虐者也是少数。在这一认识的指导下，朝廷首先严惩了渎职启衅的驻疆大臣，以谢回人。其次由清军沿途张贴告示，宣布区别对待的民族政策，凡被裹挟的回族民众，能解甲迎降，皆可量予宽贷，仍令各复旧业。道光六年，礼部侍郎那彦成条奏

① 《平定回疆剿擒逆匪方略》卷25。
② 《平定回疆剿擒逆匪方略》卷18。
③ 《平定回疆剿擒逆匪方略》卷30。
④ 《平定回疆剿擒逆匪方略》卷14。
⑤ 《平定回疆剿擒逆匪方略》卷15。

剿办事宜，建议："从逆者童稚不留，即未从逆者亦须按户迁徙，或云贵闽广，一州县只分三四户安插。"[①]道光帝未予采纳。清政府吸取了边臣和少数民族上层横征暴敛的教训，特命将在回疆实行的一切科派陋规永远革除，并勒石告示，以垂久远。

与张格尔集团的褊狭、自大、放纵不同，清政府表现出了天朝大国的气度，这些措施的制定和实行，得到了各民族的欢迎，保障了清军平叛行动的顺利展开，张格尔这个跳梁小丑的失败命运已经注定了。

道光六年（1826年）底，数万大军冒着严寒，穿越几千里荒无人烟的戈壁原野，尤其是吉林、黑龙江的清军从长白山下到天山山麓，横越了整个祖国的北部边疆，开到了新疆前线，征尘未洗，即迅速展开穿插阻隔的战略部署，一场惩罚分裂势力、维护国家统一的正义战争即将打响。

清军在平定叛乱的大规模军事行动开始前，道光帝强调战则必胜，指出："此番大举之后，仍不能歼厥渠魁，永除后患，成何事体，该将军等将何以对朕耶！"[②]但在具体实施上，道光帝与前线将领是有分歧的。道光帝的战术要求是出奇制胜，具体做法或诱敌深入，或绕敌后路，出其不意，前后夹击。这两种战法都要求清军分为"奇"、"正"两支，而且需双方配合协调一致方可奏效，似乎与其谨小慎微的一贯作风不同。前线将领委婉地拒绝了这一指令，他们从兵力数量、后勤补给、地理条件、民众情绪、军队协调能力等方面否决了道光帝的分兵出奇的想法，主张全力相向，突往围攻，震慑声威，迅成破竹。道光帝尊重了前线将领的意见，最后确定了缓进速决，集中优势兵力，一鼓扫除的总体战略。

道光七年二月二十二日，敌我双方经过一段时间的准备和迂回，终于发生了战斗，此时清军缺粮断水，只求速战速决。次日，双方战至洋阿尔巴特，长龄将大军分为三路：杨遇春居左，武隆阿居右，张翼前驱，仰攻高岗之上的叛军。叛军几次阻击，但在清军的猛烈火力和顽强斗志面前终于溃散了，清军追杀30余里，据报共杀敌1万余名，擒贼3200余人，其中包括5名叛军头目。清军取得了洋阿尔巴特大捷，一时震动新疆，道光帝获奏大悦，晋长龄为太子太保。

二十五日，清军于沙都布尔再次与叛军遭遇。此地水网密布，叛军

---

① 《平定回疆剿擒逆匪方略》卷22。

② 《平定回疆剿擒逆匪方略》卷23。

临水列阵，还暗潜奇兵，但这一切均未逃过清军的眼睛。叛军以骑兵发起冲击，但为清军的火力击退，长龄仍将大军分为三路，以步兵前驱，骑兵断后，步兵不顾渠水深浅，不畏早春水寒刺骨，涉水冲锋，与叛军短兵相接，骑兵迂回杀向敌前。叛军大败而逃，清军追击30余里，此战歼灭叛军四五万人，取得了沙都布尔大捷。

二十八日清晨，在阿瓦巴特，清军与叛军再度交锋，长龄以杨芳率步军居中，以骑兵分为两翼。杨芳下令施放连环枪炮，又令藤牌兵身着虎衣虎帽，冲入敌阵，致使敌骑兵军马受惊，一溃而散。清军以骑兵追杀，歼敌2万余人，其中包括一些叛军头目。阿尔巴特大捷后，清军已经扫除了通往喀什噶尔的道路。道光帝获奏赏长龄紫缰，杨遇春晋太子太保衔，武隆阿赏太子少保衔。

二十九日，清军一鼓作气，至浑河北岸与叛军遭遇，双方用火炮对射，并以小股兵力骚扰，但均未取得效果，只是在互相试探着。此时，张格尔尚有10万军力，长龄隔河遥望，只见对岸营垒相连，横亘10余公里，又闻鼓角声声，心中不免胆怯。入夜，突然刮起了西南大风，一时撼木扬沙，山呼海啸，咫尺莫辨。此时如果一方发起攻击，另一方便难以组织反击。长龄考虑到敌众我寡，急欲引兵后退5公里，与敌人脱离接触。但杨遇春力主立即发动攻击，长龄坚定了决心，传令立即乘风进兵。清军以1000索伦骑兵转至下游，杨遇春占据上风，渡河从上游发起攻击。清军一边冲锋，一边开炮射击，风声炮声人喊马嘶声从天而降，宛如百万大军，冲杀而来，叛军措手不及，顿时溃散了，清军几经冲杀，歼敌6万余人，三月一日午后，清军进入被叛军盘踞达半年之久的喀什噶尔城。此战张格尔的妻子、侄子、外甥或被击毙，或被活捉，但遗憾的是张格尔逃脱了。

清军于三月五日收复了英吉沙尔，继而收复了叶尔羌、和阗。至此，回疆西四城全部收复，张格尔叛乱基本上被平定了。

当时的新疆战场，叛军的人数达数十万，又有不明真相的一些回众的支持，而清军投入新疆战场的兵力仅有3.6万人，且面临着缺粮、缺水、道路不熟、补给困难等难题。但叛军多为乌合之众，缺乏必胜的信心和效死的决心，而险恶的客观环境实际上将清军置于"死地"，使之只有拼死一搏，方可死里求生，这激发了清军的斗志，使之在战斗中能以一当十、万众一心。所以，综合起来看，清军的人数虽少于对手，但战斗力却远在叛军之上。

尽管如此，清军万里奔袭，以劳对逸、以寡搏众、奋不顾身、一鼓作气，十余日中将士征衣不解，日夜力战，歼敌10余万，所向披靡，写下了中国战争史上的光彩一页，为此，很多士兵血洒天山，这是世世代代的中华儿女应该铭记的。此战的胜利巩固了中央对西域的统治，保证了国家的完整与统一，足以永载史册。附带指出，此战得到了我国各族、各阶层人民的大力支持，有实力的沿海商人报效了数百万两的饷银，蒙古王公、喇嘛提供了数千匹骆驼，以供运输之用，而且，蒙古将士还亲赴前线，与叛军浴血奋战。以张格尔为首的民族败类背叛祖国，也给维吾尔族人民带来了巨大的灾难，所以，很多维吾尔族伯克、群众拒绝与其同流合污，他们为清军指路、提供情报、供应粮食，甚至将匪首擒送清军，表现出了高尚的民族大义。所有这些，都是清军得以迅速取胜的重要因素。

张格尔叛乱虽然大势已去，但叛首张格尔却未被擒获，这就未从根本上消除不安定因素，叛乱随时有死灰复燃的可能。长龄深知利害，所以，在攻克喀什噶尔城后，就按户搜查，但无下落；又严审俘虏，四处打探，派出大军四处搜捕，也无结果。无奈，只好据实上报，道光帝大怒，说：

"若此番兴师致讨，仅擒一二逆裔家属，即可塞责，岂非徒劳师旅，虚糜帑项，该将军等屡承谆谕，将来何颜见朕！"[1]

但是长龄就是一筹莫展、无计可施，结果被道光帝夺回前赏紫缰，杨遇春由太子太保降为太子少保，武隆阿则被取消了太子少保的荣誉。前线将领大功不赏，反受重罚，如同冷水浇背。道光帝还埋怨当初长龄不听其分兵出奇的建议，认为这是张格尔逃脱的原因："朕早料其穷蹙奔窜……该将军等此时如梦方醒，览奏实深愤懑！"[2]完全是一副"事后诸葛亮"的姿态，史称道光帝"小气"，由此可见一斑。

长龄如坐针毡，他广悬告示，厚给赏格（擒得张格尔者赏白银十万），严密查堵，四处打探，并向回众部落施加压力，最后这个举措收到了实效，一些部落发誓表态一旦张格尔前来，立即擒拿；或如有信息，立即报告。浩罕也做出了同样的承诺。这样一来，有关张格尔的消

①《平定回疆剿擒逆匪方略》卷41。
②《平定回疆剿擒逆匪方略》卷42。

息骤然多了起来。

但新的难题又出现了，一则是各种报告莫衷一是，根据署理陕甘总督鄂山奏折称："屡接军营来信，或称该逆窜往阿赖，或在拉克沙，或在木吉，或在喀拉提锦，昨又窜到达尔瓦斯地方。"①再则，新疆广袤，张格尔部多为骑兵，飘忽不定，而情报一来一往费时又长，于是清军连连扑空，疲于奔命。这样过了4个月，七年七月，很多人对此失去了信心，节俭成性的道光帝考虑到大军长驻新疆开支浩繁，决定从新疆撤兵，只留8000人驻守，后经长龄力争，方改为留兵18000人。

但在七年下半年，由于张格尔贼心不死，总想东山再起，结果被清军紧紧地咬上了，几次战斗，双方互有损失。为擒拿张格尔，清军行反间计，由回民前往与张格尔联系，称大军已经撤退，喀什噶尔城防空虚，回众盼张格尔重回喀什噶尔。张格尔不知是计，又联想到汉族新年将至，信以为真，引兵入关，结果被清军包抄，张格尔急撤，清军追击，沿途回众也协同清军，使张格尔陷入四面楚歌之境。在杨芳的追击之下，逃至喀尔铁盖山的张格尔身边仅剩30余名亲兵，山势险阻，叛军弃马攀缘而上，清军紧追不舍，到了山顶，又仅剩10余名亲兵了。站在山巅之上的张格尔俯视清军呐喊着包围而上，走投无路，大势已去，拔刀在手，犹豫着欲自刎，这时一声断喝，总兵胡超、都司段永福、锡伯兵舒兴阿、汉族士兵杨发、田大武等一拥而上，夺刀将张格尔按倒在地，这个给国家和边疆带来无穷灾难的祸首终于落到了清军手中。这是一个历史性的时刻，时为道光七年腊月二十八日未时，即公历1827年2月13日14时。

长龄立即红旗报捷，信使以"八百里加急"的速度向北京奔驰。按驿递制度，这一喜讯将在20天后传至北京。

正月初二日，2000名官兵押解着张格尔，缓缓地向北京进发。

八年正月二十二日（3月10日），道光帝接到了这一喜讯，喜出望外的道光帝夸奖长龄"显功丕绩，当与兆惠、阿桂先后媲美"。兆惠与阿桂在乾隆年间平定阿睦尔撒拉及伊犁、金川等战斗中立有大功，道光帝将长龄与兆惠、阿桂相提并论，无疑是自拟于圣祖乾隆帝，可见其颇以此自诩。他还宣布对参加叛乱的余众不再追究，以示宽大。但他也不愿

---

① 《平定回疆剿擒逆匪方略》卷48。

过于张扬，拒绝了王大臣为其加尊号的请求。

长龄被加封为"威勇公爵"，世袭罔替，并赏用紫缰，换戴双眼花翎，授为御前大臣；杨芳被加封为"果勇侯爵位"，世袭罔替，亦赏用紫缰，换戴双眼花翎，在御前侍卫上行走；杨遇春实授陕甘总督。此外，长龄、杨芳、杨遇春、武隆阿所受处分均加开复。参与了这次战役指挥的军机大臣如曹振镛、文孚、王鼎、穆彰阿等也受到不同程度的奖励。此后又发出十余道谕旨，奖励各级有功人员。道光帝还不忘关帝的庇佑，特加尊号"威显"，以谢神灵。

正月二十五日，鉴于以往新疆吏治的腐败，强调加强对新疆各级官员的考核、管理，特命："每届年终，该将军、都统、参赞大臣等，将各城大臣出具切实考语，密行陈奏"，倘有失察徇隐，即将该将军、都统、参赞等交部议处。亦准各大臣据实参奏，以资维制。各城章京、粮员，责成该城大臣认真考察。"新疆驻防人员，非实系守洁才优者，不准保奏，傥所保之员或犯私赃，即将原保大臣一并议处"。

同时，命增加新疆官员养廉银，如伊犁将军原支养廉银3000两，现在加支1000两，伊犁参赞大臣原支养廉银1000两，加支500两。下至各城办事大臣、领队大臣，均有不同程度的增加。此后，驻蒙古官员的养廉银也相应有所提高。官员收入的增加，并不能从根本上杜绝腐败的滋生，但可堵住其贪污的借口，也使国家在惩贪方面少了顾忌，所以，也是应该给予肯定的。

二月初七日，上谕军机大臣："着将浑巴什河、柯尔坪、洋阿尔巴特、沙布都尔庄、阿瓦巴特、攻克喀什噶尔、克复和阗及喀尔铁盖山各战功，绘图八分，所有各该处山川形势，及将帅士卒若何督兵，若何接仗各情形，详晰声叙，分条帖说，迅速具奏。"后又于喀尔铁盖山前建碑，以垂永远。

二月初十日，谕令内阁，将此次回疆用兵，"照历届办理成案，编纂方略"。

二十二日，命将平定回疆功臣长龄、杨芳、杨遇春、武隆阿4人绘图于紫光阁。

五月初十日，张格尔被解至京城。次日，献俘于太庙社稷。

五月十二日，清廷在紫禁城午门前举行了盛大的受俘礼。帝王的仪仗依次摆开，百官分班排列，一律朝服盛装，威严中透着喜气。道光帝驾出太和门，在金鼓振作之中登午门，升御座，一时全场肃穆，鸦雀无声。赞礼官高唱："进献俘虏！"丹陛大乐高奏《庆平章》，在礼官的引导下，清军将张格尔押至午门下，使之向北跪伏，兵部尚书高奏："平定回疆，生擒俘囚张格尔，谨献阙下，请旨！"道光帝命曰："所献俘囚张格尔交刑部，着王大臣会同刑部严讯！"于是，刑部尚书领旨，在天子脚下从兵部手中接收张格尔，然后，押出天安门，送往刑部大牢。此时百官分班朝贺，一时"万岁"之声似山呼海啸。

这是有清一代第五次，也是最后一次在午门举行受俘礼。①

十四日，道光帝在圆明园廓然大公殿亲审张格尔，经过一番象征性的"审问"之后，张格尔被判处"寸磔枭示"，然后解往刑场，立即执行。

六月初，经过3个月的跋涉，长龄凯旋至京，郑亲王迎至郊外，长龄至圆明园向道光帝缴还"扬威将军"印信，道光帝与其行抱见礼，"恩礼优渥"，一时称盛。节俭过度的道光帝还做出了一件阔绰之举——在万寿山玉澜堂设宴款待文武群臣，以庆西陲大胜，与以往赐宴仅有一碗打卤面不同，这次有酒有菜，实属罕见。

十一、严禁鸦片

英国向中国输入鸦片始于18世纪中叶，每年不过200箱，②以后逐年增加，到90年代，达到4000余箱，最初由东印度公司直接向中国运销鸦片，嘉庆元年（1796年）以后由于清政府的禁烟，由港脚商人向中国走私鸦片。英国运往中国的鸦片有两种：孟加拉鸦片，中国称为"公班土"，为最上等品；马尔瓦鸦片，中国称为"白皮土"，质量稍次。所谓"公班"，是英语company的音译，company意为"公司"，当然指的是"东印度公司"。在这一罪恶的活动中，英商获得了巨大的利益，英国政府对此是支持的。同时，美国商人也从印度、土耳其向中国走私鸦片。

到19世纪，鸦片走私更形猖獗，由于清政府的禁烟，鸦片贸易无法公开在广州内河进行，改以走私的方式。随着广东当局对禁烟令执行的

---

① 本题参考了朱诚如《清朝通史》11分卷，《五、平定张格尔叛乱》，谨志谢意。

② 鸦片一般装在球体中，球体的外壳用硬橡胶状的物质做成，每箱装40个这样的鸦片球，每箱重60公斤，木箱是用杧果树木材制成的。

时宽时严，走私的地点在澳门和黄埔之间徘徊，后来固定在伶仃岛洋面一带。此处停泊着趸船，以储存鸦片，趸船上配备有火炮，英国鸦片贩子用"飞剪船"将鸦片运到趸船上，再由中国烟贩用"快蟹"船运往陆地上的"大窑口"（大的囤积和批发点），然后再运销全国各地。而鸦片的交易则是在广州谈好的，购买者交纳现金后，烟贩将写好数量、等级的"领货单"（时称"券"，签字称为"立券"）交给买主，再由走私集团包办运输事宜。这一罪恶活动是在清政府广东当局的眼皮底下公开进行的。如加拦截，走私者竟敢以枪炮还击，而且，清军水师的船只根本追不上走私者的快船，内地的走私者也十分嚣张，"其大伙烟贩，动辄百十成群，犹如私枭之出没，器械森严，人视死如归"。[1]这样一来，鸦片输入量急剧增加，从原来的每年几千箱增加到上万箱。

从道光十年开始，鸦片的输入更加猖獗。走私已不仅限于伶仃洋，而是蔓延到整个东南沿海，鸦片的进口数量自然十分惊人，请看下表：

道光十年至十九年（1830—1839年）鸦片输入情况表[2]

年　　度	箱　　数
1830—1831	21849
1831—1832	16225
1832—1833	21609
1833—1834	21177
1834—1835	21885
1835—1836	26000
1836—1837	28307
1837—1838	30000
1838—1839	35500

①《周天爵议奏查禁鸦片章程折》，《筹办夷务始末》（道光朝）册1，第66页，中华书局，1964年。

②李伯祥等：《关于十九世纪三十年代鸦片进口和白银外流的数量》，《历史研究》1980年第5期。

道光十八至十九年走私入境的35500箱鸦片价值近2000万元①，这就超过了欧洲国家从中国进口货物的总价值，从而扭转了贸易逆差，获得了巨大的利益。鸦片走私、泛滥给中国社会带来了全面的灾难：

第一，经济危机严重。由于鸦片走私的加剧，中国在对外贸易中由"出超"变为"入超"，这直接导致了白银的大量外流。由于白银外流是因为走私造成的，所以对于外流的数量，难以精确统计，以至说法不一，有每年几十万、几百万两（圆）的不同说法。但是自道光朝开始，中国白银外流逐年加剧却是事实。

在经济方面，鸦片的吸食者本人及其家庭也承担着沉重的负担。对此，林则徐做了分析，他指出：在"食贫之人"和"中熟之岁"的经济前提下，每人的日生活费用为白银4—5分，而"吸鸦片者，每日除衣食外，至少亦须另费银一钱，是每人每年即另费银三十六两"。②在经济落后的农业社会，这是一笔巨大的开销，一般家庭是难以长期承受的，其最终结果，只能是倾家荡产，为害社会。另外，由于从事鸦片活动有利可图，中国南方地区也有农民开始种植鸦片，浙江、福建、广东、云南的边远地区开始有农民种植鸦片，这改变了农村的经济结构，给中国社会带来的消极影响是多方面的。

第二，鸦片泛滥给中国人的身心健康造成了巨大伤害。随着鸦片潮水般的涌入中国，吸食者也越来越多，据道光十五年（1835年）估计，全国约有近200万人吸食鸦片。道光十八年五月，据林则徐估计，中国吸食鸦片者，至少在400万人。"其初不过纨绔子弟，习于奢靡，尚知敛戢。嗣后上自官府、缙绅，下至工商、优隶，以及妇女、僧尼、道士，随在吸食。置买烟具，为市日中。盛京等处为我朝根本重地，近亦渐染成风"③。鸦片是一种麻醉性的毒品，一旦吸食，很快就会上瘾，终身难以戒除，"瘾至，其人涕泪交横，手足委顿不能举，即白刃加于前，豺虎逼于后，亦唯俯首受死，不能稍为运动也。故久食鸦片者，肩耸项缩，颜色枯羸，奄奄若病夫初起"④。中国人在近代被称为"东亚病夫"，原因即在于此。

①《中国近代经济史统计资料选辑》，第19页。
②林则徐：《钱票无甚关碍宜重禁吃烟以杜弊源片》，《中国近代史资料选辑》第41页。
③黄爵滋：《严塞漏卮以培国本折》，《中国近代史资料选辑》第34页。
④《鸦片战争》（丛刊）第1册，第296页，新知识出版社，1955年。

　　第三，鸦片泛滥、走私造成了国家机器的更加腐化和社会风气的败坏。这一方面是由于统治集团中吸食者日众，如幕友、官吏、长随、书办、军人、差役，嗜鸦片者，在所皆是，这样一来，本就腐败的官僚队伍就更加腐败，国家机器的运转更加迟滞，军队战斗力大幅度下降。而且，鸦片对人的精神境界的毒害也是严重的，吸食者不知廉耻，浑浑噩噩，甚至男盗女娼，社会风气日形败坏。另一方面，从沿海到内地的鸦片走私进一步腐蚀着官僚队伍，清政府越是禁烟，官吏的利益就越大。譬如，广州的鸦片走私是在当局的眼皮底下进行的，各关口都被走私者贿赂，鸦片的走私者害怕的是海盗，而不是清政府的海关稽查人员。这样的滑稽场面几乎每一天都在广州海面上演：水师军官登上外国商船，向外商庄严地宣布着天朝的鸦片禁令。鸦片船的外国船长诺诺连声，承诺没有夹带鸦片。例行公事很快走完，然后，清军军官被请到舱内，与外国鸦片商人进行英国文献上称为的"私人会见"。实际上是在商定和索取默许走私的费用。其费用随清政府禁烟政策执行力度的不同而有所浮动，但一般不低于走私额的2%，往往以现金支付，而清军军官有时也要求对方直接给予鸦片，以便于再按一定比例作为"没收品"上缴，以换取稽查有功的奖赏。当时，清政府特许的公行也参与了鸦片走私。

　　马克思说："中国人的道义抵制的直接后果就是帝国当局、海关人员和所有的官吏都被英国人弄得道德堕落。侵蚀到天朝整个官僚体系之心脏、摧毁了宗法制度之堡垒的腐败作风，就是同鸦片烟箱一起从停泊在黄埔的英国趸船上被偷偷带进了这个帝国。"①

　　由此可见，鸦片泛滥，流毒中华，国库空虚，百业萧条，野有游民，国无劲旅，这是一幅多么可怕的景象啊！如果听之任之，只会坐以待毙。正如林则徐所说："若犹泄泄视之，是使数十年后，中原几无可以御敌之兵，且无可以充饷之银。"②

　　道光帝对鸦片走私的注意开始于财政危机的加深。他成长于乾隆盛世，那时国家的富庶和乃祖高宗的奢靡挥霍在其脑海中留有深刻的印象。当然，挥霍浪费是不对的，但为什么那时国家似乎有用不完的财力，以至现在的大臣一提到目前的财政危机动辄就与乾隆时代相比，这

①《马克思恩格斯选集》卷2，第717页，人民出版社，1995年。
②《钱票无甚关碍宜重禁吃烟以杜弊源片》，《中国近代史资料选辑》第42页。

不能不让道光帝感到相形见绌，自惭形秽。道光帝是一位节俭的皇帝，他怎能容许鸦片这个大漏洞的存在呢？

　　清政府之禁鸦片，始于雍正七年（1729年），其后，乾嘉两朝沿袭了这一禁令，但那时的禁烟政策主要是针对贩卖者和开设烟馆者，处罚力度并不太重，一般是处以枷号和充军的处罚，未规定对吸食者该如何处理，而且执行情况也不理想。当然，这是因为当时中国人吸食鸦片者不多，鸦片输入量不大，危害尚属有限。在这种情况下，统治者未予充分重视就是自然的了。清政府禁烟后，鸦片交易退出了广州内河入口，转移到了澳门。当时，窃据澳门的葡萄牙殖民者允许英国商船每年运鸦片5000箱入澳门，为此而获得10万两的关税，澳门一时成了鸦片输入内地的集散地。当然，英国商人对此是大为不满的，于是，就于正常货物中夹带鸦片，在广州黄埔走私。所以，乾嘉两朝禁烟政策的直接结果是将鸦片贸易变成了鸦片走私，鸦片输入有增无减，终于酿成了道光朝鸦片的大泛滥。

　　应该指出，有清一代，道光朝是禁烟规模最大、历时最久、禁令最严的一个时期。确切地说，从道光帝即位到鸦片战争爆发，相当严格地执行了禁烟政策。

　　道光元年（1821年），即位之初的道光帝决定实行"源流并重"的禁烟方针，颁布了一系列的禁令。为了清源，特规定："凡洋船至粤，先令行商出具所进黄埔货船并无鸦片甘结，方准开舱验货，其行商容隐，事后查出，加等治罪。"①十一月，故意隐瞒外商夹带鸦片的广州十三行总商伍敦元被摘掉了三品顶戴，十一月十九日道光帝谕内阁：

　　"鸦片流传内地，最为人心风俗之害。夷船私贩偷销，例有明禁，该洋商伍敦元并不随时禀办，与众商通同徇隐，情弊显然，着将伍敦元所得议叙三品顶戴，即行摘去，以示惩儆，仍责令率同众洋商实力稽查，如果经理得宜，鸦片渐次杜绝，再行奏请赏还顶戴，倘仍前疲玩，或通同舞弊，即分别从重治罪。"②

---

①李圭：《鸦片事略》，载《鸦片战争》（丛刊）第6册，第141页。

②《清宣宗实录》卷26，第20页。

而且，道光帝不仅颁布了禁令，还以实际行动显示了禁烟决心，他指示广东当局封锁了黄埔和澳门的鸦片市场，将4艘夹带鸦片的外国商船驱逐回国，令其永远不得再来广州。为了遏流，道光帝做出了对"开馆者议绞，贩卖者充军，吸食者杖徙"的新规定，这就比前代历次禁烟令都要严格得多了。道光帝注意健全禁烟的各种制度法规，如道光三年八月，制定失察鸦片烟条例，规定：

嗣后如有洋船夹带鸦片烟进口，并奸民私种罂粟煎熬烟膏、开设烟馆，文职地方官及巡查委员，如能自行拿获究办，免其议处，其有得规故纵者，仍照旧例革职，若止系失于觉察，按其鸦片多寡，100斤以上者，该管大员罚俸1年；1000斤以上者，降一级留任；5000斤以上者，降一级调用。武职失察处分，亦照文职划一办理。①

黄爵滋，提出了著名的禁烟新思路——重治吸食。

黄爵滋（1793—1853年），江西宜黄人，字德成，号树斋，道光进士，曾经任翰林院编修、陕西道监察御史等职，此时任鸿胪寺卿。道光十八年闰四月初十日（1838年6月2日），他向道光帝上《严塞漏卮以培国本折》，这是道光朝禁烟运动中的经典性文件。黄爵滋奏称：

"然则鸦片之害，其终不能禁乎？臣谓非不能禁，实未知其所以禁也。夫耗银之多，由于兴贩之盛；贩烟之盛，由于食烟之众；无吸食者自无兴贩，无兴贩则外夷之烟自不来矣。今欲加重罪名，必先重治吸食。臣请皇上严降谕旨：自今年某月日起，至明年某月日止，准给一年期限戒烟，虽至大之瘾，未有不能断绝。若一年之后，仍然吸食，是不奉法之乱民，置之重刑，无不平允。查旧例，吸食鸦片者，罪仅枷杖；其不指出兴贩者，亦止杖一百，徒三年。然皆系活罪，断瘾之苦，甚于枷杖与徒，故甘犯明刑，不肯断绝。若罪以死论，是临刑之惨急，更苦于断瘾之苟延，臣知其情愿绝瘾而死于家，必不愿受刑而死于市。"②

至此，黄爵滋提出了其禁烟的新思路——重治吸食：凡吸毒者在国

①李圭：《鸦片事略》，载《鸦片战争》（丛刊）第6册，第141页。
②《严塞漏卮以培国本折》，《中国近代史资料选辑》第34—38页。

家规定的期限内不能戒烟，将被处以死刑。因为以往对吸食鸦片者的处罚都太轻，要比戒毒而蒙受的痛苦小得多，所以对吸食者没有威慑力，故不得不加重刑罚。处以死刑，以达到"无吸食者自无兴贩，无兴贩则外夷之烟自不来矣"的目的。而且，打击吸食鸦片者的难度要比打击贩卖者的难度小得多，也不会产生诬告或株连无辜的问题。黄爵滋还设想通过保甲制、官吏考核制度来保障其计划的实施。

道光十八年九月二十二日，道光帝接到了直隶总督琦善向他报告的一个令人振奋的好消息：天津镇道于大沽一带，在洋船金广兴号上，搜获烟土82口袋，计13万余两及一批烟具军械，这是自雍正年间开始禁烟以来最大的成果，道光帝被鼓舞了，次日，便做出了一件震惊朝野中外的举措——下旨招湖广总督林则徐来京陛见。

林则徐是道光政坛的一颗明星，此时是黄爵滋主张的支持者，他奉诏进京，预示着道光政坛和禁烟斗争一场大波澜的即将兴起。

林则徐（1785—1850年），福建侯官（今福州）人，字元抚，一字少穆，嘉庆进士，曾任翰林院编修、御史等职，后长期在地方任职，由按察使、布政使、河督、巡抚而逐级升迁，是深受道光帝赏识的实力派人物，同时，他还是与龚自珍、魏源齐名的著名经世派代表人物。

道光十八年十一月二十三日，林则徐焚香叩拜，领受关防大印，然后揖别了送行的文武百官，毅然离京，迈出了前往广东的步伐。

林则徐在京期间，皇帝连日召见，恩典接踵而至，君主信任，百官羡慕，可以说是其一生中最为荣耀的时光。但林则徐没有被此冲昏头脑，在前往广东的旅途中，他展开了龚自珍的来函，仔细阅读起来。本来龚自珍是林则徐的旧好，同为经世派的代表人物。林则徐来京后，龚自珍前来拜会，但因为不是单独会面，龚自珍不得畅怀，故写了《送钦差大臣侯官林公序》，并委婉地表达了希望到广东亲历此事的愿望，林则徐拒绝了，他回信说："至阁下有南游之意，弟非敢沮止旌旆之南，而事势有难言者，曾嘱敝本家岵瞻主政代述一切，想蒙清听。"一句"事势有难言者"，表达了林则徐对坎坷前程的清醒认识。一路上正逢北国冬日，茫茫旷野，朔风呼号，雨雪纷飞，林则徐肩负重担，心情难得舒展。

年关将至，林则徐一行马不停蹄，向南急驰，但林则徐的心情逐渐开朗起来，一方面我国南方各地人民欢度新年的气氛感染了他，另一方面，道光十九年正月初，他接到了广东督抚信使送来的信件，他们表示欢迎他前往查禁鸦片，并承诺全力配合。正月十八日，当他踏上南粤大地之时，广东省的巡捕、差官已经恭候多时，他们簇拥着钦差大臣一行，向广州进发。二十五日（1839年3月10日），林则徐抵达广州，就任钦差大臣，邓廷桢、怡良、关天培、豫坤、德克金布、奕湘等广东地方要员举行了盛大的欢迎会。

此前，广东督抚就已开始打击鸦片的走私贩运，而林则徐的到来，更壮大了禁烟运动的声势，鸦片贩子们闻风丧胆，外国鸦片趸船驶离零丁洋，烟枭跑到了澳门，暂避锋芒。国内的烟贩也惶惶不可终日，他们昼伏夜出，打探着消息，但紧张之余，他们也对清政府的禁烟心存侥幸，因为从以往的情况判断，他们不相信清政府的官员有能力严禁鸦片。一度喧嚣污浊的广东沿海顿时清静下来了。到达广州之后，林则徐就沿途所思所见向道光帝做了汇报，他认为，外国的鸦片趸船虽然驶出海口，但毕竟不会将鸦片抛入大海，也不会运回本国，终究还是欲"乘间觅售"，故必须收缴趸船鸦片，杜绝来源。所以，3月18日，林则徐发布命令，要求外国鸦片贩子立即向中国政府交出鸦片："查尔等以此物蛊惑华民，已历数十年，所得不义之财，不可胜计，此人心所共愤，亦天理所难容。从前天朝例禁尚宽，各口犹可偷漏，今大皇帝闻而震怒，必尽除之而后已。所有内地人民贩鸦片、开烟馆者，立即正法，吸食者亦议死罪。尔等来至天朝地方，即应与内地民人同遵法度。"林则徐要求外商：第一，"将趸船鸦片尽数缴官，由洋商查明共缴若干箱，造具清册，呈官点验，收明毁化，以绝其害，不得丝毫藏匿"；第二，"出具夷字、汉字合同甘结，声明嗣后来船永远不敢夹带鸦片，如有带来，一经查出，货尽没官，人即正法"。林则徐以停止贸易相要挟，并表示"若鸦片一日未绝，本大臣一日不回，誓与此事相始终，断无终止之理"。①这一告示通过洋商向外商做了传达。3月19日，粤海关告示洋商，在交烟之前，不许其前往澳门。

①《附呈谕夷原稿并夷禀二件》，《鸦片战争》（丛刊）第2册，第144—145页。

但是外国鸦片贩子是不会轻易交出鸦片的。

他们先报以沉默，继而在压力下交出了1000余箱鸦片，这是其对付中国官员的惯技，企图以小的代价来蒙混过关。林则徐经过调查早已掌握了外国鸦片贩子手中鸦片的大致数量，有鉴于此，他决定采取断然措施，下令传讯英国港脚商人、大鸦片贩子颠地（Lancelot Dent）。当时，广州外海趸船上的鸦片多半系其经营，林则徐将其确定为"首恶"，使得外国人顿时感到了恐慌。

在这种情况下，英国驻华商务监督义律（Charles Elliot）站出来挑衅，他首先企图将中国政府查禁鸦片的内政转变为国际事件，在他的命令下，英国商船组织起来，准备抗拒清政府的禁烟令，他还挑衅地质问林则徐："现在特以本国国王的名义质询贵总督，是否想同在中国的英国人作战？"①其次，义律从澳门潜往广州，混入商馆，亲自为奸商们打气，并筹划使颠地逃脱的活动。

林则徐针锋相对，采取了更加严厉的对应措施。按照以往成例，他下令封舱、停止对外贸易、撤出夷馆中的华籍买办工人、增加兵役、切断夷馆与外界的联系，同时，重申缴烟禁令，只要外商交出鸦片，就改变上述政策。应该指出，林则徐的这些措施是必要的、正义的，也是中国主权的具体表现，中国政府在自己的领土上追究外国商人的不法行为，是任何国家都无可非议的，但别有用心的义律和不法商人却对此大加渲染，叫嚷英国商民的财产和生命受到了威胁，这成了后来英国侵略者发动鸦片战争的主要借口。

林则徐的措施很快收到了成效，其他国家的商人开始前来具结，保证今后不再贩卖鸦片，承诺违约甘愿受罚。一些英国商人也纷纷对义律的强硬表示不满，认为这损害了他们的利益。内外交困的义律终于不得不妥协，下令英国商人向林则徐缴烟。他们报告了其所拥有的鸦片数量：20283箱，每箱烟土净重60公斤，这一数字与林则徐所掌握的大体一致。

从1839年4月开始，20余只趸船陆续驶至虎门口外，以英国为首的鸦片商人开始缴烟。根据缴烟的进度，林则徐制定了解除制裁的时间

---

① 马士：《中华帝国对外关系史》卷1，第249页。

表：当缴烟达到总数的1/4时，中国仆役被允许回到商馆；达到1/2时，恢复澳门间的水上往来；而达到3/4时，外商们的生活基本恢复了正常，中外贸易也已重新开始。到5月下旬，在广东水师的监督下，最后一批鸦片被卸到了穿鼻岸上，至此，林则徐的禁烟斗争取得了重大的进展，共收缴鸦片烟19187箱又2119麻袋，计2376000余斤，虽然鸦片的箱数与义律所报稍有出入，但总重量与其所述基本一致。林则徐恩威并用，为安抚洋商，特规定凡缴出1箱鸦片者，赏茶叶5斤，所需茶叶10余万斤。林则徐向道光帝汇报了这些情况，为了易于获得道光帝的批准，林则徐特声明采购茶叶的款项由他和两广当局筹划，同时，林则徐还请示将所缴鸦片原箱解京验明，再行销毁，对此，道光帝均表同意。

当时在虎门这样的偏僻地方，根本不存在能装下如此之多鸦片的仓库，只好临时搭起草棚，外围以木栅栏，周围戒备森严，有文官12人、军官10人督率士兵100人昼夜巡逻，一待接到谕旨，即将鸦片运往北京。

此时的道光帝对林则徐是相当满意的，他决定对广东禁烟有力官员论功行赏："林则徐等查办妥协，自应量加奖励。林则徐、邓廷桢着交部从优议叙，怡良、豫坤、关天培着交部议叙。"[①]不久，道光帝接受御史建议，决定取消将鸦片运来北京的指示，特下诏曰：

"林则徐等经朕委任，此次查办粤洋烟土，甚属认真，朕断不疑其稍有欺饰。且长途转运，不无借资民力，着毋庸解送来京，即交林则徐、邓廷桢、怡良于收缴完竣后，即在该处督率文武员弁，公同查核，目击销毁。俾沿海居民及在粤夷人，共见共闻，咸知震詟。"[②]

道光帝的诏令中有"销毁"一语，如何销毁呢？林则徐颇费了一番苦心。按一般的理解，似乎是应该烧毁，但经实验，鸦片经火烧之后，其"残膏余沥"渗入地下，还可以从这里的土壤中提炼出品质稍次的鸦片。后经研究了解到鸦片最忌盐与石灰，于是，最终林则徐采取了这样

---

① 《清宣宗实录》卷320，第28页。
② 《清宣宗实录》卷320，第38、39页。

一个办法：在虎门海滩稍高的地方挖了两个15丈见方的池子，池底铺有石板，池壁镶有木板，以防鸦片渗透，池子临海的一面建有闸门，相反的一面建有沟渠。将水从沟渠引入池中，加入大量的盐，然后将鸦片切碎投入盐水池中，浸泡半天后，再加入生石灰，池中立即发生类似沸腾一样的化学反应，同时由士兵用长竿搅拌，加速鸦片的溶解。最后打开通往大海的闸门，将其放入大海。之所以建了两个池子，是因为鸦片溶解需要一定时间，两个池子交替使用，可以加快销烟的进度。

1839年6月3日，是世界禁毒史上光彩的一页，是中华民族永远值得自豪的一天。是日，林则徐率领两广当局各级文武员弁来到了虎门，荒僻的海滩顶翎辉煌，庄严肃穆，彩旗猎猎，观者如堵。林则徐面向大海，祭告海神[①]，然后传令销烟，顿时鼓声隆隆，欢声雷动，销烟池中升腾起阵阵烟雾。110年后，这一幕刻在了人民英雄纪念碑上。

虎门销烟从6月3日开始，直到25日方才结束。此间，林则徐遵照道光帝的指示，将销烟的全过程向中外公开。"该处沿海居民，观者如堵"[②]，拍手称快。鸦片的外国走私者本来对清政府的禁烟持怀疑态度，他们不相信中国政府会销毁鸦片，甚至异想天开地以为林则徐会将鸦片拍卖，此时大为惊异。虽然林则徐邀请他们前来参观，但英国人不忍目睹其"财富"化为灰烬，只是远远眺望着虎门的烟尘，内心中升腾着愤恨的怒火，盘算着新的毒计。而美国人中有人来到了现场，传教士裨治文（Elijah Coleman Bridgman）看了销烟的过程后，在其主编的《中国丛报》（**Chinese Repository**，也译为《澳门月报》或《中国文库》）上发文指出：

"我们反复检查过销烟的每一个过程，他们在整个工作进行的细心和忠实的程度，远出乎我们的臆想，我不能想象再有任何事情会比执行

---

① 这是一种迷信的考虑，因为鸦片销毁后的残余要排入大海，恐伤水族，故祭告海神，令水族暂时迁徙回避。

② 林则徐：《会奏销化烟土已将及半情形折》，《鸦片战争》（丛刊）第2册，第154页。

这个工作更为忠实了。监视工作比广州拘留外人时更严密得多。在镇口，一个穷人只因为企图拿走身边的一些鸦片，一经发觉，立即受到法律的严重处罚。即使偷窃一点鸦片，那也要冒着极大的生命危险。最低限度，这令我不得不相信了。"①

---

①《鸦片战争史料选择》，第169页，中华书局，1983年。

结语："全盛之时"

（一）四份简表

表一　乾隆十八年（1753年）田地、赋银简表

地名	田地（顷）	赋银（两）	赋粮（石）	合计（两）	每亩纳银
直隶	657191	2411286	101229		
盛京	25243	38110	76026		
山东	971054	3346257	207680		
山西	329586	2970246	169246		
河南	722820	3303080	248865		
江苏	689884	3371334	2155021		
安徽	338120	1688000	845248		
江西	479207	1879810	899632		
福建	128270	1177899	168453		
浙江	459787	2812449	1130481		
湖北	566913	1108153	286554		
湖南	312287	1163063	277641		
陕西	252371	1530907	168453		
甘肃	477831	257723	503476		
四川	459146	659075	14329		
广东	328832	1257286	348905		
广西	87400	382597	130375		
云南	69499	153750	230848		
贵州	25691	100156	154590		
全国	7081142	29611201	8406422		

（注：粮1石，折银1两，《乾隆二十九年修行龙清会典》卷10）

另外，据同书载，还有屯田259496顷，学田11380顷，内务府庄田19063顷，宗室庄田13338顷，八旗庄田140128顷，共443605顷。加上民田，全国实有册载田地7524747顷。

表二　乾隆三十一年（1766年）田地、赋银简表

地名	田地（顷）	赋银（两）	赋粮（石）	合计（两）	每亩纳银
直隶	682343	2463708	95219		
秦天	27525	45544	76944		
江苏	659817	3255236	2085451		
安徽	364680	1202123	694316		
山西	535481	3069325	123546		
山东	967140	3332879	506095		
河南	31735	3322216	202313		
陕西	259579	1555513	31948		
甘肃	236330	287486	521746		
浙江	462400	2821483	1386700		
江西	461006	1939126	899826		
湖北	568443	1121043	286537		
湖南	313083	1178357	277949		
四川	460071	660801	13446		
福建	138047	1278570	313919		
广东	336962	1260933	348174		
广西	99752	391352	130420		
云南	83363	105784	167938		
贵州	26730	121282	155250		
全国	7414495	29917761	8317735		

《清文献通考》卷10载，乾隆三十一年各省有屯田392795顷，收屯赋银784902两、屯赋粮1097064石，草5050620束，乾隆《大清会典》载，乾隆十八年有学田11580顷，内务府庄田19063顷，宗室庄田

13.338顷，八旗庄田140128顷。内务府庄田，宗室庄田、八旗庄田皆是免赋田地，数额不变，人们称之为老园地。学田的土地变化也不大。据此，乾隆三十一年，全国实有在册田地应为7991389顷。

表三　乾隆朝历年人口简表

年　度	人口数	备　考
乾隆六年（1741年）	143411559	
乾隆七年（1742年）	159801551	
乾隆八年（1743年）	164454416	
乾隆九年（1744年）	166808604	
乾隆十年（1745年）	169922127	
乾隆十一年（1746年）	171896773	
乾隆十二年（1747年）	——	
乾隆十三年（1748年）	——	
乾隆十四年（1749年）	177495039	《通考》《通典》《通志》《癸巳类稿》皆同
乾隆十五年（1750年）	179,538,540	
乾隆十六年（1751年）	181811359	
乾隆十七年（1752年）	182857277	《东华续录》是年缺
乾隆十八年（1753年）	183678259	《通考》102750000；乾隆《会典》103050000；《癸巳类稿》同《会典》，作乾隆初年
乾隆十九年（1754年）	184504493	
乾隆二十年（1755年）	185612881	
乾隆二十一年（1756年）	186615514	
乾隆二十二年（1757年）	190348328	《通考》《通典》《通志》《癸巳类稿》皆同
乾隆二十三年（1758年）	191672808	
乾隆二十四年（1759年）	194791859	《通考》同

年　度	人口数	备　考
乾隆二十五年（1760年）	196837977	
乾隆二十六年（1761年）	198214555	
乾隆二十七年（1762年）	200472461	《通典》同。《通考》作 200473275
乾隆二十八年（1763年）	204209828	
乾隆二十九年（1764年）	205591017	《通考》《通志》《癸巳类稿》《清史稿》皆同，《通典》作205290017
乾隆三十年（1765年）	206993224	《东华续录》是年缺
乾隆三十一年（1766年）	208095796	
乾隆三十二年（1767年）	209839546	《通考》《通典》皆同
乾隆三十三年（1768年）	210837502	《东华续录》是年缺
乾隆三十四年（1769年）	212023042	
乾隆三十五年（1770年）	213613163	
乾隆三十六年（1771年）	214600356	《通考》《通典》皆同
乾隆三十七年（1772年）	216467258	
乾隆三十八年（1773年）	218743315	
乾隆三十九年（1774年）	221027224	
乾隆四十年（1775年）	264561355	
乾隆四十一年（1776年）	268238181	《通考》《通典》皆同
乾隆四十二年（1777年）	270863760	《东华续录》是年缺
乾隆四十三年（1778年）	242965618	
乾隆四十四年（1779年）	275042916	
乾隆四十五年（1780年）	277554431	《通考》《通典》皆同
乾隆四十六年（1781年）	279816070	
乾隆四十七年（1782年）	281822675	

续表

年 度	人口数	备 考
乾隆四十八年（1783年）	284033780	《东华续录》《通典》作284033785；《通考》作284033755；《癸巳类稿》作284037055
乾隆四十九年（1784年）	286321307	《东华续录》作286331307
乾隆五十年（1785年）	288863974	
乾隆五十一年（1786年）	291102486	户档同。《续通考》第一数2误为3
乾隆五十二年（1787年）	292429018	户档同
乾隆五十三年（1788年）	294852089	户档作294852189
乾隆五十四年（1789年）	297717496	户档同
乾隆五十五年（1790年）	301487115	户档作301,487,114。《癸巳类稿》作301629098
乾隆五十六年（1791年）	304354110	户档作304354160
乾隆五十七年（1792年）	307467279	
乾隆五十八年（1793年）	310497210	
乾隆五十九年（1794年）	313281795	
乾隆六十年（1795年）	296968968	

表四　乾隆朝户部银库历年存银数

乾隆元年	实在银三千三百九十五万九千六百二十四两
乾隆二年	实在银三千四百三十八万五千一百三十八两
乾隆三年	实在银三千四百八十五万八千四百七十八两
乾隆四年	实在银三千二百五十八万二千九百七十六两
乾隆五年	实在银三千四十八万五千八百七十六两
乾隆六年	实在银三千一百四十六万三千五百三十九两
乾隆七年	实在银三千二百七十四万六千七百五十二两

乾隆八年	实在银二千九百一十二万一千一百四两
乾隆九年	实在银三千一百九十万二千五百一十八两
乾隆十年	实在银三千三百一十七万六百五十五两
乾隆十一年	实在银三千四百六十三万三千一百七十七两
乾隆十二年	实在银三千二百三十六万三千四百四两
乾隆十三年	实在银二千七百四十六万三千六百四十五两
乾隆十四年	实在银二千八百七万三千四十三两
乾隆十五年	实在银三千七十九万六千一百七十七两
乾隆十六年	实在银三千二百四十九万三千七百八十六两
乾隆十七年	实在银三千八百六十三万二百八十七两
乾隆十八年	实在银三千九百八十七万三百九十四两
乾隆十九年	实在银三千七百六十万五千四百二十二两
乾隆二十年	实在银四千二百九十九万七千四十八两
乾隆二十一年	实在银上千三百二十二万二千三十两
乾隆二十二年	实在银四千十五万二千二百五十四两
乾隆二十三年	实在银三千六百三十八万八百九两
乾隆二十四年	实在银三千六百七十三万二千八百六十五两
乾隆二十五年	实在银三千五百四十九万六千九百二两
乾隆二十六年	实在银三千六百六十三万八千五百七十二两
乾隆二十七年	实在银四千一百九十二万七千九百二十四两
乾隆二十八年	实在银四千七百六十万三千六百十两
乾隆二十九年	实在银五千四百二十七万三千八百一十四两
乾隆三十年	实在银六千三十三万六千三百七十五两
乾隆三十一年	实在银六千六百六十一万三千一百二十七两
乾隆三十二年	实在银六千六百五十万一千五十二两
乾隆三十三年	实在银七千一百八十二万三千八百八十八两
乾隆三十四年	实在银七千六百二十二万二千八百七十七两
乾隆三十五年	实在银七千七百二十九万九千七百三十六两

续表

乾隆三十六年	实在银七千八百九十四万一两
乾隆三十七年	实在银七千八百七十四万二百六十二两
乾隆三十八年	实在银六千九百六十七万七千七十一两
乾隆三十九年	实在银七千三百九十万五千六百十两

以上存银数录自《历史档案》1984年4期一史馆《康雍乾户部银库历年存银数》。

另外，《清高宗实录》卷900，第32页载：乾隆三十一年正月十五日，帝谕军机大臣："此时部库所积，多至八千余万，每以存积太多为嫌。"

乾隆四十一年（1776年）十月十三日，以两淮盐商奏请捐银，帝谕军机大臣："今大功告成（指二征金川成功），部库尚存六千八万，朕方以日渐蓄积，筹所以裕民藏富之道，岂可复令商人为此无名之捐助耶。"

仅仅过了三个月，乾隆四十二年正月二十四日，乾隆帝谕大学士，宣布第三次普免天下钱粮：

"谕：前因圣母万寿，特宏赐类之仁，普蠲各省钱粮，以贻庆惠。朕本欲俟恭祝圣母九旬万寿之年，再溥恩施一次。兹者仙驭升遐，此后更无可推广兹仁之处。现在部库帑项，又积至七千余万，着再加恩。自戊戌年为始普蠲天下钱粮，仍分三年轮免；俾寰宇亿兆人民，仍得共被兹恩。永惟哀慕，而朕终天罔极之忱。"①

从乾隆三十六年（1771年）七月至四十一年（1776年）二月的五年二征金川，用了军费白银7000万两，现在又普免天下钱粮，免去赋银3000万两。

乾隆四十六年（1781年）八月十五日。以革除"名粮""公费名粮"，募兵补足兵额，给武将养廉粮，一年需多支出白银300万两，大学上阿桂谏阻。帝下谕说："朕御极之初，户部库项不过三

①《清高宗实录》卷1025，第29页。

千万两，今已增至七千余万，复有何不足，而不加惠天下，散财以济世乎。"①

乾隆四十九年（1784年）八月十五日，帝谕军机大臣："朕临御之初，部库帑银只有三千万两，现已积至七千余万两。"②

乾隆五十一年闰七月十九日，帝谕："现在户部库银，尚存七千余万。"③

乾隆五十四年（1789年）二月二十八日，帝谕："帑项现存贮六千余万，即（征安南）费至三千万，亦断不稍有靳惜。"④

魏源《圣武记》附录卷11，《兵制兵饷》载：

"康熙六十一年，户部库存八百余万，雍正间渐积至六千余万。自西北两路用兵，动支大半，乾隆初部库不过二千四百余万。以上据阿桂疏。及新疆开辟之后，动帑三千余万，而户库反积存七千余万。及四十一年两金川用兵，费帑七千余万。发帑六千余万，尚有一千余万，经部核议，不准开销，令各省摊补，奉旨斥驳。然是年诏称库帑仍存六千余万，及四十六年之诏，又增至七千八百万。且普免天下钱粮四次，普免七省漕粮二次，巡幸江南六次，共计又不下二万万两。而五十一年之诏，仍存七千余万，又逾九年而归政，其数如前，是为国朝府藏之极盛。"

（二）"全盛"之情

乾隆帝弘历即位之初，还比较谨慎，相当谦逊。但是，禀性难移，这位生母身份比较低微、在百余皇孙之中身份屈居后排的小王子，全凭自己聪睿、刚强英勇的本事，获得父王与皇祖的青睐、赏识、器重、宠信，脱颖而出，继位为君，且在短短几年的"乾隆初政"中，取得很大成就，自然而然地会自诩明君，高度赞扬所治国家的强盛富饶，喜称

---

① 《清高宗实录》卷1138，第31、32、33页。

② 《清高宗实录》卷1212，第23页。

③ 《清高宗实录》卷1261，第10页。

④ 《清高宗实录》卷1323，第41页。

"全盛之时"。早在乾隆十二年（1747年）六月，乾隆帝就谕称"在国家全盛之时"。①十四年二月，又谕"国家当全盛之时"。②十五年七月谕："国家全盛之时"；十一月又谕："国家全盛之力"；十九年五月谕："我朝当全盛之时"；二十二年二月谕："且当我国家全盛时"；三十二年正月、三月、七月三次谕称："我国家正当全盛之时""我清国全盛之势，何事不可为"；三十五年正月宣布二免天下钱粮时，谕称："我国家全盛之模，内外经费度支，有赢无绌，府库所贮，月羡岁增"；三十六年五月十二月谕："国家当全盛之时"，"我大清正当全盛之时"；五十四年正月谕："方今国家全盛"；三月又谕"以天朝全盛之势"，进勋安南，"何难立就荡平"。③

"全盛"，这不仅是乾隆帝的口头禅，也是他对乾隆年间国家状况的高度概括。

"全盛之时"，体现在五个天下第一，即国土之广、人口之众、田地之多、财政收入之多、国库存银数量之巨。在这五个方面，当时天下，没有一个国家比得上大清国。而这五个天下第一之出现，又是与以乾隆帝为首的中央政府施政得当，有着密切关系。

康熙年间，三征噶尔丹，多伦会盟，逐准安藏，统一了西藏、外蒙，国土广达1100余万平方公里。雍正初年平定和硕特部蒙古亲王罗卜藏丹叛乱，青海全部归隶中央，又增加了60余万平方公里（青海是72.3万平方公里，战前清政府只辖有几万平方公里）。乾隆年间的"十全武功"，统一了天山南北辽阔地区，大清国疆域广达1300余万平方公里，国土之广以及边疆地区的有效管辖，任何一个国家都望尘莫及。

不增田赋，广蠲租赋，赋率较低，乾隆帝继承了顺、康、雍三朝的薄赋政策。前述田赋、田地简表表明，乾隆六十年里，正赋一分银子未

---

①《清高宗实录》卷293。

②《清高宗实录》卷334，第8页。

③《清高宗实录》卷369，第5页；卷377，第10页；卷464，第9页；卷581，第13页；卷780，第7、30页；卷850，第2、3页；卷884，第12页；卷898，第10页；卷1321，第27页；卷1324，第29页。

增，还减低赋银，且屡蠲田赋，五次普免天下钱粮，累计免征赋银3亿两，相当于足足10年未收赋税，这给自耕农、半自耕农、中小地主带来了很大利益。乾隆三十一年（1766年）全国册载人口208095796人，民田7414495顷，加上屯田、旗地、学田576404顷，全国共有册载田地7990899顷，按人口平均计算，每人有地3亩8分4厘。当时全国平均每亩产谷1石（300斤），每人可收获稻谷1152斤，折米576斤。再按5人为1户计，每户可收谷5760斤或米2880斤。10年不征田赋，则每户可收米2888斤，不交田赋。

同时，赋率也不高。乾隆三十一年，册载民田7414495顷，征赋银29917761两，扣除摊入田地的丁银3295359两，平均每亩实征赋银3分5厘9毫，约折米13斤半，与每亩可收米150斤相比，占收米量12%，不算高。

因此，不增正赋，赋率不高，屡蠲租赋，如无其他天灾人祸，很有利于自耕农、半自耕农改善生活、增加收入，至少可以维持生计，居家度日，不致饥寒而死。中小地主、大地主、商人地主，获益更多，这就为田地、人口的增加，为经济、文化发达，为国家财富的蓄积，提供了良好条件。

顺治十八年（1611年），全国册载田地为5493576顷，其中，直隶459772顷，河南383403顷，四川11883顷。康熙二十四年（1685年），全国册载田地为6078430顷，其中，直隶459772顷，河南543434顷，四川17261顷。乾隆三十一年（1766年），全国册载田地为7414495顷，比康熙二十四年增加了1336065顷，多了1亿3千多万亩。其中，直隶为682243顷，比康熙二十四年多了223471顷（2234万余亩）。河南为731735顷，比康熙二十四年多了159629顷（1596万余亩）。四川为460071顷，比康熙二十四年多了442810顷（4428万余亩）。

乾隆年间，人口的增长，显示了两个特点。一是增长速度惊人，二是数量巨大。几千年来，中国政府辖区的人口都不多，直到明朝末年，人口才达到1亿。经过顺治康熙的79年，经过"康熙盛世"，康熙末年达到1.5亿，已是空前未有的数字，增长率为50%，也是前往未有，前述人口简表载明，乾隆六年（1741年），有大小男妇143411559（1亿4千多万），按照顺治康熙79年后才增加50%的例子，从乾隆元年算起，到嘉庆十九年，才有79年，大口增加50%，应增加75000000人，加上原有1.5亿，应为225000000人（2亿2500万），可是简表载明，乾隆四十年（1775年），人口已达2.6亿多，只用了40年的时间。到乾隆五十九年（1794年），全国已有大小男妇3.1亿多，增长速度之快，人数之多，前所未有。要养活这3亿人，比诸过去1亿人、1.5亿人，要增加多少油、盐、柴、米、茶、肉、布、帛，要增盖多少房屋，要增加多少车牛马骡，数量之大，简直是天文数字，当然，也强有力地推动了农业、手工业、商业、交通运输业、矿业的发展，成倍地增加了国家盐课、关税、杂税、矿课的收入，也增加了几百万两田地赋银，从而促使国库存银急剧增多。

国家财政收入之多，空前未有。乾隆十八年（1753年），征田赋银2961万余两，比康熙二十四年多了516万余两，另外，还征收粮840万余石。盐课收入556万余两，比康熙二十四年多了279万余两，增加了一倍多。关税收入432万余两，比康熙二十四年（或二十六年）关税137万余两多了294万余两，增加了3倍。此外还有屯田租赋、旗地租赋、茶课、矿课、田房契税、乐当杂税等收入，总计达到4900余万两。

曾于康熙三十六年至京参与《明史》及《一统志》纂修工作的史学家刘献廷，在其所著《广阳杂记》卷2写道："天下钱粮出进存剩总数列后：每岁进银三千四百八十四万四千九百七十五两，加闰在外。每岁出银二千七百三十八万五百八十八两，加闰在外。每岁存剩银七百四十五万六千三百八十七两。"乾隆十八年国家财政收入银两，远比康熙二十四年多。

关于乾隆三十一年清政府财政收入、支出及其抵销后的盈余情形，人们常引《清史稿》卷125，《食货六》的记述：

"至乾隆三十一年，岁入地丁为二千九百九十一万两有奇，耗羡为三百万两有奇，盐课为五百七十四万两有奇，关税为五百四十余万两有奇，芦课、鱼课为十四万两有奇，茶课为七万两有奇，落地、杂税为八十五万两有奇，契税为十九万两有奇，牙、当等税为十六万两有奇，矿课有定额者八万两有奇，常例捐输三百余万，是为岁入四千数百余万之大数，而外销之生息、摊捐诸款不与焉。

"岁出为满、汉兵饷一千七百余万两，王公百官俸九十余万两，外藩王公俸十二万肉有奇，文职养廉三百四十七万两有奇，武职养廉八十万两有奇，京官各衙门公费饭食十四万两有奇，内务府、工部、太常寺、光禄寺、理藩院祭祀、宾客备用银五十六万两，采办颜料、木、铜、布银十二万两有奇，织造银十四万两有奇，实泉、实源局工料银十万两有奇，京师各衙门胥役工食银八万两有奇，京师官牧马牛羊象刍秣银八万两有奇，东河、南河岁修银三百八十余万两，各省留支驿站、祭祀、仪宪、官俸役食、科场廪膳等银六百余万两，岁不全支，更定漕船岁约需银一百二十万两，是为岁出三千数百余万之大数，而宗室年俸津贴、漕运旗丁诸费之无定额者，各省之外销者不与焉。

"自是至道光之季，军需、河工、赈务、赔款之用，及历次事例之开，盐商等报效修河工料之摊征，凡为不时之入与供不时之出者，为数均巨。然例定之岁入岁出，仍守乾隆之旧。是以乾隆五十六年，岁入银四千三百五十九万两，岁出银三千一百七十七万两。嘉庆十七年，岁入银四千十三万两，岁出银三千五百十万两。道光二十二年，岁入银三千七百十四万两，岁出银一千一百五十万两，均有奇。咸丰初年，粤匪骤起，捻、回继之，国用大绌。迄于同治，岁入之项，转以厘金洋税为大宗，岁出之项，又以善后筹防为巨款。"

这份材料是迄今为止发现的总论乾隆三十一年收支情形最为详细的史料，十分珍贵，但也有一些地方不够准确。比如，"更定漕船岁约需银一百二十万两"，有误，应是十年造船价银120万两之误，每年只需造船银12万两。又如，"武职养廉八十万两有奇"，武职养廉银的制度是乾隆四十六年才制定的，乾隆三十一年没有武职养廉银的支出，此系抄袭魏源《圣武记》数字，二者皆错。

按照《清史稿》上述材料，岁入约为4854万余两，岁出为3450万余两，盈余应为1400万两。但是，因为《清史稿》已经声明："宗室年俸津贴、粮运旗丁诸费之无定额者，各省之外销者不与焉"，还是不能知道这一年到底有多少剩余银两。

《圣武记附录》卷11载，乾隆四十六年议论革名粮，给武职养廉银时，大学士阿桂以此举每年要多开支白银300万两，予以谏阻，乾隆坚持要行此制，令大学士、九卿、科、道集议。"旋经部议，以每年度支约余银五百万两，今即增费三百万，尚岁余三百万，一切支发裕如，遂依前旨实行"。尽管《圣武记》所述，每年约余银500万两，有根有据，应是岁余实际银数，但是，如果革名粮后，每年只有200万两剩余，一遇大的天灾，大的用兵，动辄花银几百万上千万两，这岁余200万两怎能应付，可见此时每年剩余银500万两的数字不准确，太少了。

看来，还是得以《清高宗实录》的两段记载，来反映乾隆五十几年内"赋赋充足"及收支相抵后的剩余银数。《清高宗实录》卷1261，第9、10页载：总督李世杰等以黄河、运河决口数处，修筑抚恤需费甚多，奏请开捐，"纳赀授官"。乾隆五十一年七月十九日，帝谕不允其奏：

"又谕，据李世杰等奏，本年黄运两河，漫口数处，一切修筑抚恤，及善后事宜，需费甚巨，请暂开捐例等语。纳赀授官，本非善政，如川运军粮之事，需用浩繁，偶一行之，旋即停止，而自停止以来，十有余年，亦从未有人再以开捐奏请者，方今帑藏充盈，足敷供亿，李世杰等，何必鳃鳃过计，为言利之请乎，朕思泉货本流通之物与其聚财于上，毋宁藏富于民，朕即位初年，户部银库，计不过三千余万两，今五十余年以来，仰蒙上苍嘉佑，年谷顺成，财赋充足，中间普免天下地丁钱粮三次，蠲免漕粮两次，又各省偏灾赈济，及新疆两金川军需所费，何啻亿万万，即去年江南等处赈费，亦至千余万，然现在户部库银，尚存七千余万，较之即位初年，已多一倍有余，朕寿已高，距归政之期，屈指九年，若非因上年各省荒旱赈恤所需，用去帑银一千四百余万两，则尚欲于此数年内，设法施恩，以散帑项，至归政时库藏，较即位时，自必尚有盈余，又何必于此时转以要工费用，稍为靳惜乎。"

这段记载，准确地概述了乾隆五十年来"财赋充足"情形，虽然广蠲田赋，大赈灾民，军费用银亿万，五年前又革名粮，给武职养廉银，每年多开支300万两，今年"户部库银，尚存七千余万"。

另一面记载，直接具体地说明了每年财政收支相抵后的剩余银数。《清高宗实录》卷1143，第16页载：

"大学士等议复各省武职名粮，遵旨裁添养廉，挑补实额，现查部库充裕，请不论腹地边陲，通行一律办理，得旨依议。此次挑补各省名粮议给武职养廉，经大学士公阿桂奏请，除滇黔四川闽广等省，应查明增添兵额，陕甘两省，业经添设满汉兵外，其余腹里省份，均可毋庸挑补实额。朕意究以多添兵力，不惜经费为是，因交大学士九卿科道，详悉妥议其奏，兹据奏，现在统计部库每年出入大数，约余银九百万两有零，户部经理裕如，所有各省挑补名粮，议给养廉，请遵照前旨，不论腹地边陲，一律办理等语。所奏自一切经国久远之计，现令各省督抚，将武职名粮，逐一查奏，俟到齐时，军机大臣，会同该部悉心妥议酌定章程，奏明遵办。"

这段记载，明确写道，"据奏，现在统计，部库每年出入大数，约余银九百万两有零"。可见，前引《圣武记》所述剩余银只有500万两，是错误的。

每年国家财政收支相抵后，有剩余银900万两，这又是一个空前未有。

财政收入多，每年剩余银多，当然使国库存银不断地、陆续增多。前列国库存银简表表明，乾隆元年到十九年，年年国库存银都是3000余万两。二十年到二十八年，除二十三年、二十四年、二十五年、二十六年是3000余万两外，其余都是4000多万两，二十九年为5400余万两。三十年、三十一年、三十二年，增为6000余万两。三十三年至三十六年，均为7000余万两。三十七年正月，乾隆帝谕军机大臣："此时部库所积，多至八千余万"。此后直到乾隆六十年，基本上是年年有库银7000余万两，少数年岁是6000余万两。国库存银这巨，又是一个前所未有。

与此相应的是，垦田增加，人口增加，农业发达，手工业发展，商业贸易繁荣，出现了"天下四大名镇"。

广东的佛山镇，以冶铁业发迹；江西的景德镇，以陶瓷业扬名；湖北的汉口镇，以"船码头"著称；河南的朱仙镇，以集商贾繁兴。这种建立在工商业基础上的专业城镇，展示了中国封建城市发展的新途径，在中国封建城市经济发展史上具有重大的意义。

佛山此时作为广东冶铁业中心的地位已经形成，四远商人挟资来投建炉房者逐年增多。乾隆年间，佛山计有"炒铁之炉数十，铸铁之炉百余"。乾隆十五年（1750年），估计冶铁行业工人有一两万人，整个冶铁行业工人不下两三万人。佛山还不断为虎门、广州、崖门等处炮台承造大炮。当时制造的八千斤大炮，在鸦片战争中曾发挥了重要作用。康、雍、乾年间，估计佛山整个冶铁业的生铁消耗量约为五千万斤，产值超过一百万两。

雍正乾隆之际，景德镇"商贩毕集，民窑二三百区，终岁烟火相望，工匠人夫不下数十余万"。当时景德镇的生产窑约有烧柴窑、烧槎窑、包青窑、大器窑、小器等；窑户有五种类型：计有烧窑户、搭坯窑户、烧圆窑户、柴窑户、槎窑户；各窑内又根据工序分为二十三个工种；各户间又根据所作之器分为十八作；此外附属各专业户如柴户、槎户、匣户、白土户、青料户等又共有十六个户种。可见分工之细密。正所谓"共计一坯之力，过手七十二，方克成器"。当时全镇官民窑每年总产值约在六百一十两以上，其中民窑年产总值约在六百两以上，可见民窑产值之巨。

汉口"地当天下之中"，因此商业贸易也极其繁盛。乾隆《汉阳府志》载："汉镇一镇耳，而九州之货备至焉。行户数千家，典铺数十座，船泊数千万，九州诸大名镇皆有让焉，非镇之有能也，势所能也。"汉口的商业，以淮盐、粮食、布匹、木材为大宗，故称"该镇盐、当、谷、木、花布、药材六行最大"。清代的汉口，是中南地区淮盐最大的集散地，也是米粮贸易的一大中心。清中叶时，汉口镇的年贸易额达到一亿两左右，堪称当时中国各大工商城市之首。

朱仙镇的制曲业、酿酒业、年画业、染纸业素称发达。创始于明代，著闻于清代的"西双泰"竹竿青酒，色味俱佳，盛销于河南各州及安徽等地。清代朱仙全镇有年画店三百余家，年产年画三百余万张，行销各省。乾隆年间，朱仙镇已成为"水陆舟车会集之所"。南门外贾鲁河沿岸，码头林立，长达五里。朱仙镇输出货物以西北山货、本省牲口与土特产为大宗。输入货物以木材、瓷器、茶、盐、糖、纸、布匹、粮食、京广杂货为大宗。入多于出，是其贸易的特点。当时聚焦在朱仙镇的外籍商人有山西、陕西、甘肃、安徽、福建诸省人。以山西帮商人势力最大，山西票号独揽全镇金融权，设有山西会馆。陕甘帮多经营山货皮毛，安徽帮多经营典当茶业，福建帮多经营米糖业，本省商人则多经营酒馆饭店及一般工商业。此外，朱仙镇还有回族小商贩和手工业，镇中建有清真寺两所。清代前期，朱仙镇不仅是河南，而且亦是华北最大的水陆交通联运码头（参见白寿彝总主编的《中国通史》卷10，第6章，第2节《天下四大名镇》）。

雍正九年（1731年）清军惨败于和通泊后，八旗军、绿营军皆已疲弱不振，乾隆帝多次申饬，岁岁秋狝，有所改善。尤其是二征金川后半期阿桂挂帅以后，统领满兵1万，绿营兵5万及四川屯士练兵，共7.5万名，携带众多大炮，大将军炮重达三四千斤，弹子重20余斤，二将军炮，三将军炮重一两千斤，从乾隆三十九年正月起进攻。尽管大金川藏民拼死反抗，地势又险恶，易守难攻，气候恶劣，"天时之多雨久雪，地势之万夫莫前"，藏民又"同恶誓死"，"险万阴平，艰百石堡，自蚩尤以来，未有凿凶裂缝目瞢魂如兹役者"，几乎是根本不能攻克。然而阿桂指挥有方，海兰察、福康安等满汉将领士卒舍命强攻，大炮猛轰，万枪齐发，鏖战两年，先后攻克坚固战碉2400余座，石卡500余座、木城200余座，焚毁寨落21000余间。歼毙番兵12800余名，打下大金川，再现清军无敌军威。

乾隆四十年以前，吏治还算不太恶劣，文化方面，《四库全书》编纂完毕，《红楼梦》《儒林外史》相继问世。

综上所述，此时大清国确是"全盛之时"。

然而，物极必反，乾隆五十年以后，大清国出现了渐衰三大征兆。一是吏治腐败，"和相专权，补者皆以赀进"，"政以贿成"；二是无兵可用，八旗军、绿营兵军力极弱；三是"官逼民反"，乾隆六十年湘黔蜀三省苗民起义，嘉庆元年川楚陕白莲教起义，大清国盛极渐衰。